CONTENTS 目录

U0814352

第1章 备考指南

第2章 汉语百科高频考点

第 3 章 百科知识 · 真题分类训练

第 4 章 百科知识 · 真题综合训练

第1章 备考指南

第1节 考试大纲及说明

一、考试目的

本考试是全日制翻译硕士专业学位研究生的入学资格考试之专业基础课，考生统一用汉语答题，重点考查考生的现代汉语写作水平和百科知识。

二、考试的性质与范围

本考试是测试考生百科知识和汉语写作水平的尺度参照性水平考试。考试范围包括本大纲规定的百科知识和汉语写作。

三、考试基本要求

1. 具备一定的中外文化、政治、经济、法律和中外人文、历史、地理等方面的背景知识。
2. 具备较强的汉语基本功。
3. 具备较强的现代汉语写作能力。

四、考试形式

本考试采取客观试题与主观试题相结合、单项技能测试与综合技能测试相结合的方法，强调考生的百科知识和汉语写作能力。试题分类参见“考试内容一览表”。

五、考试内容

本考试包括三个部分：百科知识、应用文写作、命题作文。总分150分。考试时间为180分钟。

I. 百科知识

1. 考试要求

要求考生对中外文化、国内国际政治、经济、法律以及中外人文、历史、地理等方面有一定的了解。

2. 题型

要求考生对涉及以上领域的信息进行分析与判断，做出正确选择。共25题，每题2分，总分50分。

II. 应用文写作

1. 考试要求

该部分要求考生根据所提供的信息和场景写出一篇450字左右的应用文，体裁包括说明书、会议通知、商务信函、备忘录、广告等，要求言简意赅，凸显专业性、技术性和实用性。

2. 题型

试卷提供应用文写作的信息、场景及写作要求。共计40分。

III. 命题作文

1. 考试要求

根据所给题目及要求写出一篇不少于 800 字的现代汉语短文。体裁可以是记叙文、说明文、议论文等。要求文字通顺，用词得体，结构合理，文体恰当，文笔优美。

2. 题型

试卷给出情景和题目，由考生根据提示写作。共计 60 分。

《汉语写作与百科知识》考试内容一览表 *

序号	题型	题量	分值	时间（分钟）
1	百科知识	25 道选择题	50	40
2	应用文写作	一篇应用文体文章，约 450 字	40	60
3	命题作文	一篇不少于 800 字的现代汉语文章	60	80
共计			150	180

第 2 节 主要参考书目

部分院校会在官网上给出参考书目及考试范围。综合来看，汉语写作与百科知识的主要参考书目如下：

分类	书名	作者 / 编者 / 译者	出版社
百科知识	《中国文化概论》	张岱年，方克立	北京师范大学出版社
	《中国文化概览》	龙毛忠	华东理工大学出版社
	《中国文化概要》	陶嘉炜	北京大学出版社
	《中国文化读本》	叶朗，朱良志	外语教学与研究出版社
	《中国文化要略》	程裕祯	外语教学与研究出版社
	《中国文化通览》	杨敏等	高等教育出版社
	《中国传统文化》	朱筱新	中国人民大学出版社
	《中国文学与中国文化知识应试指南》	林青松	东南大学出版社
	《大学语文》	徐中玉	高等教育出版社
	《大学语文实验教程》	张新颖	复旦大学出版社
	《实用汉语语法与修辞》	杨月蓉	西南师范大学出版社
	《西方文化史》	庄锡昌	文汇出版社
	《自然科学史十二讲》	卢晓江	中国轻工业出版社

* 翻译硕士（MTI）考试均为各高校自主命题，因此，命题方式在细节上的要求会有差异。各高校会根据各自实际调整各题的考试形式。

（续上表）

分类	书名	作者 / 编者 / 译者	出版社
汉语写作	《应用文写作》	夏晓鸣，张剑平	首都经济贸易大学出版社
	《应用文写作》	王首程	高等教育出版社
	《公文写作教程》	白延庆	对外经济贸易大学出版社
	《现代应用文写作大全》	康贻祥	金城出版社
	《新编大学写作教程》	王锡渭，李华珍	北京大学出版社

第 3 节 考情分析及备考规划

汉语写作与百科知识考试，大部分院校考的主要有三部分：百科知识、应用文写作和命题 / 话题作文写作。有的院校只考百科知识和命题 / 话题作文，有的院校会考古文翻译等，但总体上，百科知识、应用文写作和命题 / 话题作文写作是最常见的。

使用本套书进行备考时，建议首先使用第一册，通过分类训练、研读解析将大部分百科知识吃透，打下坚实基础。其次，使用第二册，了解各类应用文的写作规范，了解命题 / 话题作文写作，通过模板及范文学习如何思考和写作。通过这两步，基本可把握百科知识、应用文写作和命题 / 话题作文写作，在此基础上，再使用第三册，利用实考真题实训，提升做题能力。

一、百科知识备考

百科知识涉及的范围很广，各个院校偏重考查的知识领域不尽相同。总体而言，文学和历史方面的知识，考查的学校较多，是热门的出题点之一；人文方面的知识点考得比较多；自然科学方面的知识点考得相对较少。具体而言，不同学校侧重考查的百科知识的领域不尽相同，有的侧重翻译知识，有的侧重政治经济。备考时，考生可以提前了解目标院校近 5 年的真题，把握目标院校出题偏重的领域。在时间较紧的情况下，这样复习起来比较高效。当然，目标院校出题的偏向并非一成不变，有可能以前没涉及的领域，在下次考试时就涉及了，所以时间允许的话，可将备考做到更加全面。

本套书第一册在百科知识上设置了分类训练，考生可根据自己目标院校的命题偏向选择性地使用第一册。比如，如果目标院校侧重考文学和哲学知识，那么考生可在第一分册中有针对性地做这方面的题，多把备考时间放在文学和哲学的百科知识上。如果目标院校的出题偏向不明显，那么建议考生将第一册完整地学习一遍。

使用本套书第一分册时，要利用好答案解析部分。该部分内容详细，除了名词解释题提供名词解释外，选择题和填空题均对相关知识点作解释和归纳总结，如选择题除了解释正确选项，还将干扰项涉及的百科知识进行解释、归纳。因此，在使用第一分册时，答案解析部分的内容很值得花时间阅读。

另外，有的学校会根据学生所选的专业而在命题上调整侧重点。比如，针对报考英语翻译硕士的试卷，英美国家方面的知识点就考得多；针对报考日语翻译硕士的试卷，关于日本的知识点就考得多。考生可提前了解目标院校有没有根据专业的不同而在命题上做区分。

大部分院校的百科知识题题干都是中文，少部分院校是外语，如英语、日语等，考生可以提前了解。

百科知识命题的另一个趋势是，考查与当下时事、热词有关的知识点。因此，考生在备考时，可留意当下的时事热点和网络热词。

二、应用文和命题作文备考

备考应用文写作时，要尽量熟悉各类应用文的写作要求和规范；备考命题作文，则要多读多思考，多关注社会多下笔。建议将本套书的第二册读透，了解各类应用文写作套路，并学习如何写命题作文，同时了解不同的观点、写作思路，积累一定的素材。本套书的第三册是各学校汉语写作与百科知识的考试真题，也建议考生尽量将题目做全，在做题时要尽量用和考试一样的态度对待，将答案都写出来，尤其是应用作文和命题作文，因为想的和写的往往不一样，并且写出来要比在脑中凭空构思更加锻炼逻辑思维能力。与第一册同理，第二、三册答案解析部分的内容也很值得花时间阅读。

三、灵活使用本套书备考

虽然全国各地学校考试的具体题目数量、题型、作文字数等细节和要求不尽相同，但是在考查的百科知识点和写作能力上其实是相通的。比如，用“都江堰”出题，可以让考生直接解释“都江堰”；可以给一段包含“都江堰”的文字，让考生阅读后解释“都江堰”；也可以出选择题让考生选出主持建造都江堰的人；还可以出填空题让考生填都江堰建成的朝代；甚至可以出判断题、问答题等。无论如何出题，其实都是考查关于“都江堰”的知识，如果因为目标院校只考名词解释题而不考选择题，就不去做非目标院校关于“都江堰”的选择题，那就可能错过对该知识点的积累，而目标院校以后有可能也会考关于“都江堰”的名词解释。写作也是同理，各类应用文和各个话题作文涉及的讨论点、思考点和写作技巧是能广泛应用的，乃至写作的素材积累也是。所以，无论是不是目标院校的真题，建议考生都要多做题，这有益于考生对百科知识的掌握和写作能力的提高。因此，考生要灵活使用本套书，使其价值得到充分发挥。

第 4 节 百科知识题型分析和应对策略

一、题型分析

百科知识考试，各个院校考的题型不尽相同。总体而言，最常见的是**选择题**和**名词解释题**。关于选择题，有的院校是三选一，有的则是四选一。填空题也是常见的题型。很少出现问答题和判断改错题。

有的院校只考一种题型，如只考选择题或只考名词解释题；有的是多种题型组合，如选择题 + 名词解释题，或选择题 + 填空题等。各题数量、单题的分值也依个院校命题而定，如有的院校选择题一道 2 分，而有的一道 1 分。

以下是常见题型的例子。

【真题范例 1】选择题 **北京邮电大学**

南京素以“六朝古都”“十朝都会”名世。以下哪个朝代不在“六朝”“十朝”之列？

A. 南宋 B. 南唐 C. 萧齐

【真题范例 2】名词解释题（独立词条式） **北京第二外国语学院**

请解释下列名词

1.《三国演义》　2. 顾炎武　3. 苏轼　4. 辛弃疾　5.“三教”　6.“三皇”

……

【真题范例 3】名词解释题（组合式） **暨南大学**

简要解释下列文章片段中画线部分的名词和术语

《诗经》和《楚辞》是中国古代诗歌发展的源头，同时也是后世难以企及的不朽之作。而《文心雕龙》是在儒道佛三家哲学、美学和文学思想熏陶下产生的一部伟大的文学理论巨著。……

【真题范例 4】填空题 **南京林业大学**

我国魏晋时期出现一种崇尚老庄思想的潮流，史称 ______，其主要代表人物有阮籍、嵇康和向秀等。

二、名词解释题应对策略

选择题和填空题只要选和填即可，掌握好知识点，答题的难度就不大。但是，名词解释题往往让考生难以下手，无论是直接解释某个名词还是阅读一段材料后解释其中的名词，考生往往不知道要答什么。以下整理一些名词解释题的答题要点，方便考生理清思路，在做题时可考虑这些要点。

名词类型	答题要点	范例
地点	1. 地理位置 2. 历史地位 3. 历史沿革 4. 现今发展状况等	**亚丁湾**，位于也门和索马里之间的一片阿拉伯海水域，通过曼德海峡与北方的红海相连，并以也门的海港亚丁为名。亚丁湾是船只快捷往来地中海和印度洋的必经站，又是波斯湾石油输往欧洲和北美洲的重要水路。由于该地区海盗猖獗，所以亚丁湾又叫作“海盗巷”。亚丁湾是印度洋通向地中海、大西洋航线的重要燃料港和贸易中转港，具有重要的战略地位。
人物	1. 姓名 2. 所属时代 3. 身份或工作 4. 贡献 （作家需写代表作；思想家需写思想观点；政治家需写出政治主张等）	**明成祖**，即明朝第三位皇帝朱棣。朱棣在位 22 年，年号“永乐”。明成祖在位期间，削弱藩王势力，设立内阁；占领安南（今越南），五征漠北；营建紫禁城并迁都北京；编修《永乐大典》；派郑和下西洋，完善了开国皇帝明太祖的丰功伟绩，并使明朝的力量和影响达到顶峰，是我国历史上杰出帝王的代表。

（续上表）

名词类型	答题要点	范例
历史事件	1. 具体时间 2. 人物 3. 基本内容 4. 影响或评价	**郑和七下西洋**是明代永乐、宣德年间进行的海上远航外交活动，由郑和率领船队从南京出发。下西洋（当时西洋是指西太平洋和印度洋）期间，郑和和船队拜访了 30 多个国家和地区，最远到达了非洲东海岸和红海沿岸。郑和下西洋是中国古代规模最大、船只和海员最多、时间最久的海上航行，也是 15 世纪末欧洲的地理大发现的航行以前世界历史上规模最大的一系列海上探险。
文献著作	1. 作者 2. 别名 3. 主要内容 4. 历史意义等	**《红与黑》**是法国作家司汤达创作的长篇小说，也是其代表作。小说围绕主人公于连个人奋斗的经历与最终失败，尤其是对他的两次爱情的描写，客观上揭露了法国王政复辟时期的残酷现实状况，以及由此产生的对青年一代的腐蚀和摧残。该小说开创了后世“意识流小说”“心理小说”的先河。
组织机构	1. 机构名称 2. 成立时间 3. 总部地址 4. 主要职能	**国际标准化组织**（ISO），是标准化领域中的一个国际性非政府组织，成立于 1947 年，是全球最大、最权威的国际标准化组织，负责当今世界上绝大部分领域（包括军工、石油、船舶等垄断行业）的标准化活动。全体大会是 ISO 最高权力机构，理事会是 ISO 重要决策机构，中央秘书处是日常办事机构，设在瑞士日内瓦。
重大节日	1. 具体日期 2. 节日的来历 3. 别称 4. 纪念方式等	**重阳节**，亦称“登高节”“老人节”，是中国民间传统节日，节期在每年农历九月初九。重阳节源自天象崇拜，起始于上古，普及于西汉，鼎盛于唐代以后。古时民间在重阳节有登高远眺、观赏菊花、遍插茱萸等活动。登高赏秋与感恩敬老是当今重阳节活动的两大重要主题。
谚语俗语	1. 本义 2. 喻义 3. 起源	**开门七件事**，柴米油盐酱醋茶，是老百姓日常生活所必需的七样东西，更是平民百姓每天为生活而奔波的七件事。开门七件事的排列和内容都大有讲究，全都与中国历史悠久的饮食文化有关。直到现在，开门七件事的意义除了泛指老百姓家庭中的必需品外，更是指与人民切身利益有关的“事情”。

（续上表）

名词类型	答题要点	范例
理论类名词	1. 起源 / 背景 / 提出人物、书籍论文 2. 核心要义 3. 理论本身关键内容 4. 评价（理论或实践、积极或消极、后续发展）	**邓小平理论**，是以邓小平为主要创立者、以建设有中国特色社会主义为主题的理论，是马克思主义中国化的一大理论成果。邓小平理论第一次比较系统地初步围绕“什么是社会主义，怎样建设社会主义”这个根本问题回答了中国社会主义的发展道路、发展阶段、根本任务、发展动力等一系列基本问题，指导我们党制定了在社会主义初级阶段的基本路线。1997 年，中共十五大将邓小平理论写入党章，确立为党的指导思想。
现象类名词	1. 起源 / 背景 / 提出人物、书籍论文 2. 定义 3. 举例 4. 原因 5. 影响 6. 评价 / 对策	**城市热岛**效应是由于人们改变城市地表而引起小气候变化的综合现象，是城市气候最明显的特征之一。其特点是城市中的气温明显高于外围郊区。形成城市热岛效应的主要因素有城市下垫面、人工热源、水气影响、空气污染、绿地减少、人口迁徙等。该效应会造成人们生活、工业生产、交通工具运转中燃烧石化燃料而形成的大气污染物质在热岛中心区域聚集，危害人们的身体健康甚至生命。

第2章 汉语百科高频考点

第1节 文学

1. 吴中四士：张旭、贺知章、张若虚、包融

2. 边塞四诗人：岑参、高适、王昌龄、王之涣

3. 初唐四杰：王勃、杨炯、卢照邻、骆宾王

4. 南朝“三谢”：谢灵运、谢惠连、谢朓

5. 三苏：苏洵、苏轼、苏辙

6. 苏门四学士：黄庭坚、秦观、晁补之、张耒

7. 建安三曹：曹操、曹丕、曹植

8. 建安七子：孔融、陈琳、王粲、徐干、阮瑀、应玚、刘桢

9. 竹林七贤：嵇康、阮籍、山涛、向秀、刘伶、王戎、阮咸

10. 唐宋八大家：唐代柳宗元、韩愈；宋代欧阳修、苏洵、苏轼、苏辙、王安石、曾巩

11. 汉赋四大家：司马相如、扬雄、张衡、班固

12. 桐城派“四祖”：戴名世、方苞、刘大櫆、姚鼐

13. 乾嘉性灵派三大家：袁枚、赵翼、张问陶

14. 南洪北孔：孔尚任、洪昇

15. 元曲四大家：关汉卿、白朴、郑光祖、马致远

16. 中国武侠小说四大宗师：金庸、古龙、梁羽生、温瑞安

17. 中国现代戏剧三大奠基人：欧阳予倩、田汉、洪深

18. 清华四子：朱湘、饶孟侃、孙大雨、杨世恩

19. 香港四大才子：金庸、倪匡、黄霑、蔡澜

20. 楷书四大家：唐朝欧阳询、唐朝颜真卿、唐朝柳公权、元代赵孟頫

21. 宋四家：苏轼、黄庭坚、米芾、蔡襄

22. 元四家：黄公望、吴镇、倪瓒、王蒙

23. 颠张醉素：张旭、怀素

24. 颜筋柳骨：颜真卿、柳公权

25. 巴金的爱情三部曲：《雾》《雨》《电》

26. 巴金的激流三部曲：《家》《春》《秋》

27. 茅盾的“蚀”三部曲：《幻灭》《动摇》《追求》

28. 茅盾的农村三部曲：《春蚕》《秋收》《残冬》

29. 郭沫若的女神三部曲：《女神之再生》《湘累》《棠棣之花》

30. 鲁迅的三部短篇小说集：《呐喊》《彷徨》《故事新编》

31. 杜甫的“三吏三别”：《新安吏》《石壕吏》《潼关吏》《新婚别》《无家别》《垂老别》

32. 乐府双璧：《孔雀东南飞》《木兰诗》

33. 四书：《大学》《论语》《孟子》《中庸》

34. 五经：《诗经》《尚书》《礼记》《周易》《春秋》

35. 春秋三传：《左传》《春秋公羊传》《春秋谷梁传》

36. 前四史：《史记》《汉书》《后汉书》《三国志》

37. “三通”：唐朝杜佑的《通典》、宋朝郑樵的《通志》、元朝马端临的《文献通考》

38. 中国传统蒙学三大读物“三百千”：《三字经》《百家姓》《千字文》

39. 临川四梦：《牡丹亭还魂记》《紫钗记》《南柯记》《邯郸记》

40. 南戏四大传奇：《荆钗记》《白兔记》《拜月亭记》《杀狗记》

41. 元代四大爱情剧：王实甫的《西厢记》、关汉卿的《拜月亭》、郑光祖的《倩女离魂》、白朴的《墙头马上》

42. 元曲四大悲剧：关汉卿的《窦娥冤》、马致远的《汉宫秋》、白朴的《梧桐雨》、纪君祥的《赵氏孤儿》

43. 明代“四大奇书”：《金瓶梅》《三国演义》《水浒传》《西游记》

44. 晚清四大谴责小说：李宝嘉（李伯元）的《官场现形记》、吴沃尧（吴趼人）的《二十年目睹之怪现状》、刘鹗的《老残游记》、曾朴的《孽海花》

45. 三言二拍：冯梦龙的《喻世明言》《警世通言》《醒世恒言》、凌濛初的《初刻拍案惊奇》《二刻拍案惊奇》

46. 中国古典四大名著：《三国演义》《水浒传》《西游记》《红楼梦》

47. 中国戏曲五大传奇：《荆钗记》《白兔记》《拜月亭记》《杀狗记》《琵琶记》

48. 中国传统医学四大经典：《黄帝内经》《难经》《伤寒杂病论》《神农本草经》

49. 中国古代四大类书：《太平御览》《册府元龟》《文苑英华》《全唐文》

50. 六书：象形、指事、形声、会意、转注、假借

51. 六艺：礼、乐、射、御、书、数

52. 八股文：破题、承题、起讲、入题、起股、中股、后股、束股

53.《诗经》中的诗歌表现手法：赋、比、兴

54. 20 世纪三大显学：甲骨学、敦煌学、红学

55. 三大语文运动：切音字运动、国语运动、白话文运动

56. “三绝”：张旭的草书、李白的诗歌、裴旻的剑舞

57. 岁寒三友：松、竹、梅花

58. 古希腊三大喜剧家：克拉提诺斯、欧波利斯、阿里斯托芬

59. 文艺复兴三巨头：但丁、彼特拉克、薄伽丘

60. 法国古典主义戏剧三大师：莫里哀、高乃依、拉辛

61. 世界三大短篇小说巨匠：莫泊桑、契诃夫、欧·亨利

62. 世界推理小说三巨匠：松本清张、阿瑟·柯南·道尔、阿加莎·克里斯蒂

63. 英国文坛移民三雄：石黑一雄、拉什迪、奈保尔

64. 英国现代小说三大奠基人：笛福、菲尔丁、理查逊

65. 科学幻想小说大师：儒勒·凡尔纳

66. 无产阶级文学之父：高尔基

67. 现代新闻报道之父：丹尼尔·笛福

68. 欧洲文学作品中的四大吝啬鬼：英国戏剧家莎士比亚喜剧《威尼斯商人》中的夏洛克、法国剧作家莫里哀喜剧《悭吝人》中的阿巴贡、俄国小说家果戈里《死魂灵》中的泼留希金、法国小说家巴尔扎克《欧也妮·葛朗台》中的葛朗台

69. 古希腊三大悲剧作家及其代表作：埃斯库罗斯《被缚的普罗米修斯》、索福克勒斯《俄狄浦斯王》、欧里庇得斯《美狄亚》

70. 勃朗特三姐妹及其代表作：夏洛蒂·勃朗特《简·爱》、艾米莉·勃朗特《呼啸山庄》、安妮·勃朗特《艾格妮丝·格雷》

71. 莎士比亚的四大悲剧：《哈姆雷特》《奥赛罗》《李尔王》《麦克白》

72. 莎士比亚的四大喜剧：《仲夏夜之梦》《威尼斯商人》《第十二夜》《皆大欢喜》

73.《荷马史诗》：《伊利亚特》《奥德赛》

74. 德莱塞“欲望三部曲”：《金融家》《巨人》《禁欲者》

75. 反乌托邦三部曲：《美丽新世界》《1984》《我们》

76. 高尔基自传体三部曲：《童年》《在人间》《我的大学》

77. 儒勒·凡尔纳的科幻三部曲：《格兰特船长的儿女》《海底两万里》《神秘岛》

78. 日本最古老的诗歌总集：《万叶集》

79. 朝鲜三大古典巨著：《春香传》《兴夫传》《沈清传》

80. 阿契贝的尼日利亚四部曲：《瓦解》《动荡》《神箭》《人民公仆》

第2节 历史

1. 战国四公子：齐国的孟尝君田文、赵国的平原君赵胜、魏国的信陵君魏无忌、楚国的春申君黄歇

2. 明四家 / 吴门四家：沈周、文徵明、唐寅、仇英

3. 四大美女：西施、王昭君、貂蝉、杨玉环

4. 国民党四大元老：张静江（张人杰）、蔡元培、吴稚晖、李石曾

5. 戊戌六君子：谭嗣同、康广仁、林旭、杨深秀、杨锐、刘光第

6. 前辈史学四大家：陈寅恪、吕思勉、陈垣、钱穆

7. 四大民间传说：《牛郎织女》《孟姜女哭长城》《梁山伯与祝英台》《白蛇传》

8. 史学两司马：司马迁的《史记》、司马光的《资治通鉴》

9. 中国上古三大奇书：《山海经》《易经》《黄帝内经》

10. 古代史书体例及代表作品

纪传体史书：《史记》

编年体史书：《春秋》《左传》《资治通鉴》

国别体史书：《国语》《战国策》

纪事本末体史书：《通鉴纪事本末》《宋史纪事本末》

11.《史记》：十二本纪（记历代帝王政绩）、三十世家（记诸侯国和汉代诸侯、勋贵兴亡）、七十列传（记重要人物的言行事迹）、十表（大事年表）、八书（记各种典章制度）

12. 科举名次

乡试（通过即为举人）：第一名为解元，第二名为亚元，第三、四、五名为经魁，第六名为亚魁

会试（通过即为贡士）：第一名为会元

殿试（通过即为进士）：第一名为状元，第二名为榜眼，第三名为探花

13. 三家分晋：韩、赵、魏

14. 战国七雄：秦国、楚国、齐国、燕国、魏国、赵国、韩国

15. 三藩之乱：镇守云南的平西王吴三桂、镇守福建的靖南王耿精忠、镇守广东的平南王尚可喜之子尚之信

16. 汉代三绝：徐州汉墓、汉兵马俑、汉画像石

17. 东汉末年“三大战役”：官渡之战、赤壁之战、夷陵之战

18. 五胡：匈奴、鲜卑、羯、羌、氐

19. 七大古都：北京、西安、洛阳、开封、南京、杭州、安阳

20. 古代手工业的三种主要经营形式：官营、私营和家庭经营

21. 十天干：甲、乙、丙、丁、戊、己、庚、辛、壬、癸

22. 十二地支：子、丑、寅、卯、辰、巳、午、未、申、酉、戌、亥

23. 三省：中书省、门下省、尚书省

24. 六部：吏部、户部、礼部、兵部、刑部、工部

25. 红军长征路线：江西瑞金—突破敌四道防线—强渡乌江（贵州）—占领遵义（贵州）—四渡赤水（贵州）—巧渡金沙江（云南）—强渡大渡河（四川）—飞夺泸定桥（四川）—翻雪山（四川）—过草地—陕北吴起会师（1935 年 10 月）—甘肃会宁会师（1936 年 10 月）—宁夏西吉县将台堡会师

26. 四风：形式主义、官僚主义、享乐主义、奢靡之风

27. 世界四大文明古国：古巴比伦、古埃及、古印度、中国

28. 世界四大古文字：中国甲骨文、古埃及纸草文字、巴比伦泥版文字、美洲印第安人的玛雅文字

29. 文坛三杰 / 文艺复兴前三杰：但丁、彼特拉克、薄伽丘

30. 美术三杰 / 文艺复兴后三杰：列奥纳多·达·芬奇、米开朗基罗、拉斐尔

31. 法兰西启蒙运动三剑侠：孟德斯鸠、伏尔泰、卢梭

32. 欧洲三大工人运动：英国宪章运动、德国西里西亚纺织工人起义、法国里昂工人起义

33. 八国联军：英、俄、日、美、法、德、意、奥

34. 四大国（二战后托管朝鲜的四国）：中国、美国、英国、苏联

第 3 节 哲学

1. 三教：儒、释、道

2. 三皇：伏羲、神农、黄帝

3. 五帝：黄帝、颛顼（zhuān xū）、帝喾（kù）、尧、舜

4. 五行：金、木、水、火、土

5. 佛家三宝 / 皈依三宝：佛、法、僧

6. 明末清初三大思想家：黄宗羲、王夫之、顾炎武

7. 七情六欲：喜怒哀惧爱恶欲、生死耳目口鼻之欲

8. 世界三大宗教：基督教、佛教、伊斯兰教

9. 天启宗教（世界三大神宗教）：犹太教、基督教、伊斯兰教

10. 基督教三大流派：天主教、新教、东正教

11. 三大新教：路德教、加尔文教、安立甘宗

12. 摩西五经：《创世纪》《出埃及记》《利未记》《民数记》《申命记》

13. 犹太教的三个主要节日：逾越节、五旬节、住棚节

14. 社会学的三大奠基人：马克思、韦伯、涂尔干

15. 结构主义五巨头：法国的文化人类学家列维·斯特劳斯、精神分析学家拉康、文化思想史家福柯、文学批评和符号学家巴尔特、马克思主义学者阿尔都塞

16. 马斯洛的需求层次结构：生理需要、安全需要、社交需要、尊重需要、自我实现需要

17. 古希腊神话十二主神（奥林匹斯十二主神）

主神	职位	主神	职位
宙斯	众神之王	阿瑞斯	战神
赫拉	天后	赫尔墨斯	神使
阿波罗	太阳神	德墨忒尔	农业神
阿尔忒弥斯	月亮神	赫淮斯托斯	火神
雅典娜	智慧女神	波塞冬	海神
阿佛洛狄忒	爱神	哈迪斯	冥王

18. 古希腊神话中与人类相关的神

普罗米修斯：创造人类，并为人类取得火种

阿忒拉斯：反抗宙斯失败，而被罚在世界最西处用头和手顶住天

埃庇米修斯：娶了潘多拉

墨诺提俄斯：被宙斯用雷电劈中的暴力愤怒之神

第 4 节 人文地理

1. 三江并流：金沙江、澜沧江、怒江
2. 长江三峡：瞿塘峡、巫峡、西陵峡
3. 中国三大平原：东北平原、华北平原、长江中下游平原
4. 中国四大高原：青藏高原、内蒙古高原、黄土高原、云贵高原
5. 中国四大盆地：塔里木盆地、柴达木盆地、准噶尔盆地、四川盆地
6. 中国三大内陆盆地：塔里木盆地、柴达木盆地、准噶尔盆地
7. 中国南海的四个群岛：东沙群岛、西沙群岛、中沙群岛、南沙群岛
8. 中国五大淡水湖：湖南洞庭湖、江苏太湖、洪泽湖、安徽巢湖、江西鄱阳湖
9. 三山夹两盆：阿尔泰山、天山、昆仑山；准噶尔盆地、塔里木盆地
10. 中国五大造型地貌：丹霞地貌、喀斯特地貌、嶂石岩地貌、张家界地貌、岱崮地貌
11. 中国各民族分布的特点：大散居、小聚居、交错杂居
12. 秦始皇的四大工程：万里长城、秦始皇陵、阿房宫、秦直道
13. 中国四大名桥：广济桥、赵州桥、洛阳桥、卢沟桥
14. 中国四大名园：颐和园、避暑山庄、拙政园、留园
15. 中国四大名亭：醉翁亭、陶然亭、爱晚亭、湖心亭
16. 岭南四大园林：佛山清晖园、佛山梁园、番禺余荫山房、东莞可园
17. 苏州四大名园：狮子林、沧浪亭、拙政园、留园
18. 江南三大名楼：岳阳楼、黄鹤楼、滕王阁
19. 故宫三大殿：太和殿、中和殿、保和殿
20. 四大书院：应天府书院（河南商丘）、岳麓书院（湖南长沙）、白鹿洞书院（江西九江）、嵩阳书院（河南郑州）
21. 宋代五大名窑：汝窑、官窑、哥窑、钧窑、定窑
22. 中国四大石窟：甘肃敦煌莫高窟、河南洛阳龙门石窟、山西大同云冈石窟、甘肃天水麦积山石窟
23. 五岳：中岳嵩山（河南登封）、东岳泰山（山东泰安）、西岳华山（陕西渭南）、南岳衡山（湖南衡阳）、北岳恒山（山西大同）

24. 五大佛教名山：供奉文殊菩萨的山西五台山、供奉观音菩萨的浙江普陀山、供奉普贤菩萨的四川峨眉山、供奉地藏菩萨的安徽九华山、供奉弥勒菩萨的浙江雪窦山

25. 四大道教名山：湖北武当山、江西龙虎山、四川青城山、安徽齐云山

26. 九州：冀州、兖州、青州、徐州、扬州、荆州、豫州、梁州、雍州

27. 二十四节气：立春、雨水、惊蛰、春分、清明、谷雨、立夏、小满、芒种、夏至、小暑、大暑、立秋、处暑、白露、秋分、寒露、霜降、立冬、小雪、大雪、冬至、小寒、大寒

28. 三光：日、月、星

29. 常见的年龄称谓

年龄	称谓	年龄	称谓
襁褓	未满周岁的婴儿	而立	男子三十岁
孩提	二三岁的儿童	不惑	男子四十岁
垂髫	三四岁至八九岁的儿童	知命	男子五十岁
总角	八九岁至十三四岁的少年	花甲	六十岁
豆蔻	女子十三四岁	古稀、仗国、致事	七十岁
束发、成童	男子十五岁至二十岁	耄耋	八十岁
及笄	女子十五岁	鲐背	九十岁
弱冠	男子二十岁	期颐	一百岁

30. 三大国粹：京剧、中医、国画

31. 中国五大戏曲剧种：京剧、豫剧、越剧、黄梅戏、评剧

32. 中国戏曲表演的四种艺术手段：唱、念、做、打

33. 中国京剧四大名旦：梅兰芳、程砚秋、荀慧生、尚小云

34. 京剧中的人物类别：生、旦、净、丑

35. 京剧脸谱颜色代表含义及典型人物

脸谱颜色	代表含义	典型人物
黑色	直爽刚毅、忠耿正直；粗略鲁莽	包拯；张飞
红色	忠勇侠义	关羽
白色	阴险狡诈	曹操
蓝色	桀骜不驯、骁勇善战	窦尔敦
金色	神秘、威武、庄严	神仙：如二郎神
黄色	勇猛善战；凶暴残忍	廉颇、典韦；宇文成都
绿色	鲁莽暴躁、勇猛侠义	程咬金

36. 相声艺术的基本功：说、学、逗、唱

37. 三不朽：立德、立功、立言

38. 三军：前军、中军、后军

39. 烈士纪念日：9 月 30 日

40. 南京大屠杀难者国家公祭日：12 月 13 日

41. 植树节：3 月 12 日

42. 中国航海日：7 月 11 日

43. 中国航天日：4 月 24 日

44. 中国旅游日：5 月 19 日

45. 四灵（四大神兽）：青龙、白虎、朱雀、玄武

46. 四灵：龙、凤、麒麟、龟

47. 四诊法：望、闻、问、切

48. 五禽戏：虎、鹿、熊、猿、鸟

49. 唐三彩：黄、绿、白

50. 唐装四要素：对襟、立领、连袖、盘扣

51. 文房四宝：笔、墨、纸、砚

52. 语法单位：语素、词、词组（短语）、句子

53. 五声音阶：宫、商、角、徽、羽

54. 中国古代乐器的八类：匏（páo）、土、革、木、石、金、丝、竹

55. 中国古代汉语的八个声调：阴平、阳平、阴上、阳上、阴去、阳去、阴入、阳入

56. 生活四艺：插花、点茶、焚香、挂画

57. 文人四艺：琴、棋、书、画

58. 益者三友：友直、友谅、友多闻的朋友

59. 中国四大菜系：鲁菜、川菜、粤菜、淮扬菜

60. 中国四大传统节日：春节、端午节、中秋节、清明节

61. 中国四大名绣：湖南的“湘绣”、四川的“蜀绣”、广东的“粤绣”、江苏的“苏绣”

62. 华语电影三大奖：中国电影金鸡奖、香港电影金像奖、台湾电影金马奖

63. 八大行星：水星、金星、地球、火星、木星、土星、天王星、海王星

64. 地球上的三大生态系统：森林（“地球之肺”）、海洋（“地球之心”）、湿地（“地球之肾”）

65. 开普勒定律：轨道定律、面积定律、周期定律

66. 世界古代七大奇迹：埃及胡夫金字塔、巴比伦空中花园、阿尔忒弥斯神庙、奥林匹亚宙斯巨像、摩索拉斯陵墓、罗德岛太阳神巨像、亚历山大灯塔

67. 世界新七大奇迹：中国万里长城、约旦佩特拉古城、巴西里约热内卢基督像、秘鲁马丘比丘遗址、墨西哥奇琴伊查库库尔坎金字塔、意大利罗马斗兽场、印度泰姬陵

68. 世界四大博物馆：法国卢浮宫、英国大英博物馆、俄罗斯艾尔米塔什博物馆、美国大都会博物馆

69. 世界上三大地震带：环太平洋地震带、欧亚地震带、海岭地震带

70. 世界五大宫殿：中国故宫、法国凡尔赛宫、英国白金汉宫、俄罗斯克里姆林宫、美国白宫

71. 中亚五国：乌兹别克斯坦、吉尔吉斯斯坦、土库曼斯坦、塔吉克斯坦、哈萨克斯坦南部

72. 北美五大湖：苏必利尔湖、休伦湖、密歇根湖、伊利湖、安大略湖

73. 美洲三大文明：印加文明、玛雅文明、阿兹特克文明

74. 英伦三岛：英格兰、苏格兰、威尔士以及北爱尔兰

75. 山的高度

丘陵：海拔 500 米以下

低山：海拔 500~1,000 米

中山：海拔 1,000~3,500 米

高山：海拔 3,500~5,000 米

极高山：海拔 5,000 米以上

76. 空气污染指数的取值范围

Ⅰ级（优）：0~50

Ⅱ级（良）：51~100

Ⅲ级（轻度污染）：101~200

Ⅳ级（中度污染）：201~300

Ⅴ级（严重污染）：大于 300

77. 世界上最深的洼地：死海

78. 世界上最大的群岛：马来群岛

79. 世界上最深的海沟：马里亚纳海沟

80. 世界上最长的河流：尼罗河

81. 世界上最大的冰川：兰伯特冰川

82. 世界上最深的湖泊：贝加尔湖

83. 世界上最低的盆地：吐鲁番盆地

84. 世界上最大的沙漠：撒哈拉沙漠

85. 世界上最大的印度教寺庙建筑群：柬埔寨的吴哥寺

86. 世界上最长的运河：京杭大运河

87. 世界上最大的黄土地貌：黄土高原

88. 世界上最大的水利枢纽工程：三峡工程

89. 世界上含沙量最大的河流：黄河

90. 世界上海拔最高的河流：雅鲁藏布江

91. 世界上东西向最狭长、跨经度最广的国家：俄罗斯（跨 170 经度）

92. 世界上铀矿储量居第一位的国家：澳大利亚

93. 世界上最长的海峡：莫桑比克海峡

94. 世界上最大的洋流：墨西哥湾暖流

95. 欧洲流经国家最多的河流：多瑙河（流经 9 个国家）

96. 美国演艺界四大奖（EGOT）：奥斯卡金像奖（电影类奖项）、艾美奖（电视类奖项）、格莱美奖（音乐类奖项）、托尼奖（戏剧类奖项）

97. 西方四大通讯社：英国的路透社、美国的美联社、合众国际社、法国的法新社

98. 20 世纪西方文化三大发现：墨菲定律、帕金森定律、彼德原理

99. 20 世纪人类知识界的三大革命：凯恩斯的宏观经济学、弗洛伊德的精神分析法、爱因斯坦的相对论

100. 国际四大顶级医学期刊：《新英格兰医学杂志》《英国柳叶刀》《美国医学会杂志》《英国医学期刊》

101. 诺贝尔奖：诺贝尔化学奖、诺贝尔物理学奖、诺贝尔生理学或医学奖、诺贝尔文学奖、诺贝尔和平奖、诺贝尔经济学奖

102. 空手道的三大禁忌：用脚、用肘、出击触及对方身体

103. 世界地球日：4 月 22 日

104. 世界环境日：6 月 5 日

105. 世界水日：3 月 22 日

106. 世界图书日：4 月 23 日

107. 世界无烟日：5 月 31 日

108. 世界羽毛球日：7 月 5 日

109. 世界防止荒漠化和干旱日：6 月 17 日

110. 世界动物日：10 月 4 日

111. 国际保护臭氧层日：9 月 16 日

第5节 科技

1. 度量衡：计量长度、体积、轻重

2. 中国古代四大发明：造纸术、指南针、火药、印刷术

3. 中国航空母舰：辽宁舰、山东舰、福建舰

4. 中国首次太空出舱的女航天员：王亚平

5. 神舟载人飞行任务

   神舟五号：杨利伟

   神舟六号：费俊龙、聂海胜

   神舟七号：翟志刚、刘伯明、景海鹏

   神舟九号：景海鹏、刘旺、刘洋

   神舟十号：聂海胜、张晓光、王亚平

   神舟十一号：景海鹏、陈冬

   神舟十二号：聂海胜、刘伯明、汤洪波

   神舟十三号：翟志刚、王亚平、叶光富

   神舟十四号：陈冬、刘洋、蔡旭哲

6. 句芒号：首颗陆地生态系统碳监测卫星

7. 墨子号：首颗量子科学实验卫星

8. 天问一号：首次火星探测任务

9. 祝融：火星车

10. 羲和号：首颗太阳探测科学技术试验卫星

11. 嫦娥：探月工程

12. 玉兔：月球车

13. 天宫：空间站（天和核心舱、梦天实验舱、问天实验舱）

14. 神舟：载人飞船

15. 天舟：货运飞船

16. 中国人造地球卫星系列

   风云：气象卫星

   北斗：导航定位卫星

   东方红：通信广播卫星

   实践：科学探测与技术试验卫星

资源：地球资源卫星

悟空：暗物质粒子探测卫星

17. 中国四大卫星发射基地及其发射任务

甘肃酒泉：长征系列运载火箭、中低轨道的各种试验卫星、应用卫星、载人飞船、火箭导弹

四川西昌：广播、通信和气象等地球同步轨道（GTO）卫星

山西太原：试验卫星、应用卫星、运载火箭

海南文昌：地球同步轨道卫星、大质量极轨卫星、大吨位空间站、货运飞船、深空探测器

18. 自然科学史上的“三项计划”：人类基因组计划、曼哈顿原子弹计划、阿波罗计划

19. 最早创造数字的人：印度人

20. 牛顿运动定律：惯性定律、加速度定律、反作用力定律

21. 19 世纪自然科学三大发现：细胞学说、能量守恒定律、生物进化论

22. 世界上第一部手机：摩托罗拉 DynaTAC 8000X

23. 三次工业革命的标志

第一次工业革命：蒸汽机的使用

第二次工业革命：电力的发明和广泛应用、内燃机的使用

第三次工业革命：计算机的使用

第 6 节 翻译

1.《越人歌》：中国历史上第一篇诗歌翻译

2. 汉传佛教四大译师：玄奘、鸠摩罗什、真谛、不空

3. 开元三大士：善无畏、金刚智、不空

4. “五不翻”原则：秘密故不翻、多义故不翻、此无故不翻、顺古故不翻、生善故不翻

5. 翻译的“忠实标准”（林语堂）：非字译、须传神、非绝对、须通顺

6. 中国第一本西方逻辑学译著：明代科学家、翻译家李之藻与葡萄牙人傅汎际合译的亚里士多德名著《名理探》

7. “当代翻译理论之父”：尤金·奈达

8. 国际翻译日：9 月 30 日

9. 后殖民理论“三巨子”：霍米·巴巴、赛义德、斯皮瓦克

10. 翻译单位：音位层翻译、词素层翻译、词层翻译、词组层翻译、句子层翻译、话语层翻译

11. 泰特勒翻译三原则：译作应该完全复述原作的思想；译作的风格和表达方式应该与原文在特点上保持一致；译作应该和原作一样通顺流畅

12. 外国翻译学派及其代表人物

翻译的语言学派	霍姆斯、雅各布逊、卡特福德、奈达、穆南、费道罗夫、巴尔胡达罗夫、科米萨罗夫
翻译的文艺学派	庞德、纳博科夫、加切奇拉泽、斯坦纳、克里斯蒂娃
翻译的哲学学派	尼采、本雅明、德里达、海德格尔、奎因
翻译的功能学派	豪斯、哈蒂姆、梅森、格特、贝尔
多元系统及规范学派	佐哈、图里、切斯特曼、赫曼斯
翻译目的论学派	赖斯、弗米尔、诺德、曼塔里
翻译研究的文化学派	巴斯内特、勒费弗尔、韦努蒂
女性主义翻译观	戈达德、雪莉·西蒙、罗莉·张伯伦、苏珊·罗宾涅尔·哈伍德、路易斯·冯·弗洛托
后殖民翻译理论	玛丽亚·铁木志科、特贾斯维莉·尼兰贾纳、道格拉斯·罗宾逊

第 7 节 政法

1. 五位一体：经济建设、政治建设、文化建设、社会建设、生态文明建设

2. 四个全面：全面建成小康社会、全面深化改革、全面依法治国、全面从严治党

3. 中国经济发展新常态：从高速增长转为中高速增长；经济结构不断优化升级；从要素驱动、投资驱动转向创新驱动

4. 法的规范作用：指引作用、评价作用、教育作用、预测作用、强制作用

5. 行政处罚：①警告、通报批评；②罚款、没收违法所得、没收非法财物；③暂扣许可证件、降低资质等级、吊销许可证件；④限制开展生产经营活动、责令停产停业、责令关闭、限制从业；⑤行政拘留；⑥法律、行政法规规定的其他行政处罚

6. 行政强制执行：①加处罚款或者滞纳金；②划拨存款、汇款；③拍卖或者依法处理查封、扣押的场所、设施或财物；④排除妨碍、恢复原状；⑤代履行；⑥其他强制执行方式

7. 行政处分：警告、记过、记大过、降级、撤职、开除

8. 刑罚：主刑包括管制、拘役、有期徒刑、无期徒刑、死刑；附加刑包括罚金、剥夺政治权利、没收财产

9. 第一顺序继承人：配偶、子女、父母；第二顺序继承人：兄弟姐妹、祖父母、外祖父母

10. 民事行为能力

无民事行为能力人	不满 8 周岁的未成年人；不能辨认自己行为的精神病人
限制民事行为能力人	8 周岁以上不满 18 周岁的未成年人；不能完全辨认自己行为的成年人
完全民事行为能力人	18 周岁以上的自然人；16 周岁以上以自己的劳动收入为主要生活来源的未成年人

11. 刑事责任年龄

负刑事责任年龄	已满 12 周岁不满 14 周岁的人，犯故意杀人、故意伤害罪，致人死亡或者以特别残忍手段致人重伤造成严重残疾，情节恶劣，经最高人民检察院核准追诉
相对负刑事责任年龄	已满 14 周岁不满 16 周岁的人，犯故意杀人、故意伤害致人重伤或者死亡、强奸、抢劫、贩卖毒品、放火、爆炸、投放危险物质罪
完全负刑事责任年龄	已满 16 周岁的人犯罪

12.《劳动合同法》对试用期长短限定：劳动合同期限三个月以上不满一年的，试用期不得超过一个月；劳动合同期限一年以上不满三年的，试用期不得超过两个月；三年以上固定期限和无固定期限的劳动合同，试用期不得超过六个月；以完成一定工作任务为期限的劳动合同或者劳动合同期限不满三个月的，不得约定试用期

13. 和平共处五项原则：互相尊重主权和领土完整、互不侵犯、互不干涉内政、平等互利、和平共处

14. 马克思主义的三个来源：德国古典哲学、英国古典政治经济学、法国社会主义

15. 马克思主义的三个组成部分：哲学、政治经济学、科学社会主义

16. 与中国建交的部分国家及时间

瑞士、印度	1950 年
法国	1964 年
加拿大	1970 年
英国、澳大利亚、德国、日本	1972 年
巴西	1974 年
美国	1979 年
韩国	1992 年

17. 金砖国家（BRICS）：巴西、俄罗斯、印度、中国、南非

18. 联合国的六种工作语言：英语、法语、俄语、汉语、阿拉伯语和西班牙语

19. 联合国安全理事会常任理事国：中国、英国、美国、俄罗斯、法国

20. 中国共产党历次全国代表大会

一大	1921 年	上海、嘉兴	通过《中国共产党纲领》，正式宣告中国共产党的诞生
二大	1922 年	上海	制定《中国共产党章程》，第一次明确提出反帝反封建的民主革命纲领
三大	1923 年	广州	正式确立建立国共合作统一战线的方针
四大	1925 年	上海	第一次明确提出无产阶级在民主革命中的领导权和工农联盟问题
五大	1927 年	武汉	正式提出党内实行民主集中制的组织原则，选举产生中央监察委员会
六大	1928 年	苏联莫斯科近郊	唯一一次在国外召开的全国代表大会，认真总结了大革命失败以来的经验教训
七大	1945 年	延安	确立毛泽东思想为党的指导思想并写入党章，制定正确的路线、纲领和策略
八大	1956 年	北京	我党取得全国执政地位后召开的第一次全国代表大会，确定把党的工作重点转向社会主义建设
九大	1969 年	北京	通过政治报告和党章修正草案
十大	1973 年	北京	通过政治报告和党章修正草案
十一大	1977 年	北京	宣告历时十年的文化大革命结束，重申在 20 世纪内把我国建设成为社会主义现代化强国的根本任务
十二大	1982 年	北京	正式提出“建设有中国特色的社会主义”的新命题，党的全国代表大会每五年召开一次，实现制度化
十三大	1987 年	北京	明确党在社会主义初级阶段的基本路线——“一个中心，两个基本点”
十四大	1992 年	北京	加快改革开放和现代化建设步伐，夺取有中国特色社会主义事业的更大胜利
十五大	1997 年	北京	确立邓小平理论为党的指导思想并写入党章，确定依法治国的基本方略
十六大	2002 年	北京	确立“三个代表”重要思想为党的指导思想
十七大	2007 年	北京	提出实现全面建设小康社会奋斗目标的新要求，把中国特色社会主义理论体系和科学发展观写入党章
十八大	2012 年	北京	确立科学发展观为党的指导思想
十九大	2017 年	北京	确立习近平新时代中国特色社会主义思想为党的指导思想并写入党章

第8节 经济

1. 马太效应：强者愈强、弱者愈弱

2. 凡勃伦效应：价钱越高越好卖

3. 搭便车效应：在集体行动中，个人支付本钱取得的收益被集体中的其他成员免费分享

4. 木桶定律：在一个系统单位中，整体的效益往往取决于单位的单薄环节

5. 帕金森定律：在行政治理中，行政结构会像金字塔一样不时增多，行政人员会不时膨胀，每个人都很忙，但组织效率越来越低

6. 破窗效应：环境中的不良现象如果被放任存在，会诱使人们仿效，甚至变本加厉

7. 鲇鱼效应：引入竞争可以激活组织或集体的内部生机

8. 羊群效应：基于从众心理而产生的盲从现象

9. 二八法则：80% 的社会财富集中在 20% 的人手里，而 80% 的人只拥有社会财富的 20%

10. 墨菲定律：如果事情有变坏的可能，不管这种可能性有多小，它总会发生

11. 彼得原理：在各种组织中，雇员总是趋向于晋升到其不称职的地位

12. 纽伦港：纽约、伦敦、香港

13. 二战后维持世界经济贸易稳定发展的三大支柱：世界银行、国际货币基金组织、关贸总协定

14. 现代宏观经济学的建立：1936 年英国凯恩斯《就业、利息与货币通论》的出版

15. 通货膨胀应对措施

    紧缩性货币政策：降低货币供应量的增长率；提高利率

    紧缩性财政政策：增加税收；削减政府财政支出；减少政府转移支付

16. 现代企业分类：业主制企业、合伙制企业、公司（有限责任公司和股份有限公司）

17. 偏离利润最大化的企业经营目标：销售收入最大化、经理效用最大化、内部人控制

18. 国际收入平衡表：经常性账户、资本项目账户、平衡项目账户

19. 货币的四大职能：交换媒介、价值尺度、支付功能、价值贮藏手段

20. 引起利率变动的因素：社会平均利润率的变动、经济的周期性变动、国家经济政策的变动

21. 中央银行执行货币政策的方式：调整法定存款准备金率、调整再贴现率、公开市场业务

22. 证券流通市场：证券交易所集中交易市场、场外市场、二板市场

23. 经济的晴雨表：股价指数

第3章 百科知识·真题分类训练

第1节 文学知识

一、中国文学

一、选择题

1. “赋、比、兴”中的“兴”指的是_______。

A. 直陈其事　B. 以彼物比此物　C. 先言他物以引起所咏之词　D. 比喻

2. 《战国策》属于_______。

A. 纪传体　B. 国别体　C. 纪事本末体　D. 编年体

3. 《论语》属于_______。

A. 寓言体　B. 韵散结合体　C. 语录体　D. 对话体

4. 喜欢采用大量寓言故事来阐述哲理的著作是_______。

A.《墨子》　B.《老子》　C.《孟子》　D.《庄子》

5. 以下属于屈原作品的是_______。

A.《九歌》　B.《七发》　C.《登徒子好色赋》　D.《上林赋》

6. 《史记》的体例中主要用来记载典章制度的是_______。

A. 本纪　B. 表　C. 列传　D. 书

7. 魏晋南北朝时期著名的文学理论著作是_______。

A.《沧浪诗话》　B.《文心雕龙》　C.《诗集传》　D.《文镜秘府论》

8. 陶渊明最著名的代表作有_______。

A.《月下独酌》　B.《归园田居》　C.《终南山》　D.《过故人庄》

9. 杜甫的主要艺术风格是_______。

A. 雄浑豪放　B. 飘逸洒脱　C. 沉郁顿挫　D. 闲适淡远

10. 下列词句中属于宋代著名女词人李清照作品的是_______。

A. 流水落花春去也，天上人间。

B. 老夫聊发少年狂，左牵黄，右擎苍。

C. 莫道不消魂，帘卷西风，人比黄花瘦。

D. 众里寻他千百度。蓦然回首，那人却在，灯火阑珊处。

11. 下列不属于爱国主义诗人陆游的诗句的是_______。

A. 楼船夜雪瓜洲渡　B. 遗民泪尽胡尘里

C. 铁马冰河入梦来　D. 了却君王天下事

12. _______是老舍话剧的代表作之一。

A.《原野》　B.《龙须沟》　C.《四世同堂》　D.《骆驼祥子》

13. “不治已病治未病”出自_______。

A.《黄帝内经》　B.《伤寒杂病论》　C.《本草纲目》　D.《难经》

14.《四库全书》是乾隆主持、由纪昀等多位学者编撰的丛书。该丛书分 ______ 四部，故名四库。

A. 经史子集　　B. 礼乐御射　　C. 仁义礼智　　D. 文史哲法

15. 号称“中国 17 世纪的工艺百科全书”的是 ______。

A.《梦溪笔谈》　　B.《天工开物》　　C.《农政全书》　　D.《齐民要术》

16. 北魏地理学家郦道元著有 ______。

A.《水经》　　B.《水经注》　　C.《山海经》　　D.《地理志》

17. 以下哪本书是我国古代的文学评论作品？

A.《说文解字》　　B.《文心雕龙》　　C.《史记》　　D.《影响的焦虑》

18. 在清代所编的《四库全书总目》“经”部的总序中，提到了“经”部书籍的选择标准“经秉圣裁，垂型万世”。这句话说明“经”部的典籍都是经过圣人裁定的。这里的“圣”是指 ______。

A. 周公　　B. 孔子　　C. 泛指古代的圣人　　D. 当今的皇上

19. 下面与成语“防微杜渐”意思不相关的是 ______。

A. 差之毫厘，失之千里　　B. 木秀于林，风必摧之

C. 千里之堤，毁于蚁穴　　D. 一着不慎，满盘皆输

20. 刘禹锡《乌衣巷》一诗云：“旧时王谢堂前燕，飞入寻常百姓家。”这里的王、谢，是指东晋时的以 ______ 和谢安为首的两个家族。

A. 王导　　B. 王羲之　　C. 王濬　　D. 王戎

21. 西方现代文论认为，一部作品产生后就是独立的文本，和作者无关。然而这个原则却不适用于中国传统文学。中国古代的文学家，很多是朝廷的官员或预备官员，至少是读书人，是文明的传承者，他们的言行是社会风尚的风向标，文学承载着移风易俗的责任，因此，社会价值体系对文学家的人格有较高的要求。例如，汉代的扬雄写过赞美王莽的文章，因而被宋人看不起；严嵩的诗写得好，但是后世读的人少，诗集也少有刊刻——怎能让祸国殃民的罪人立言不朽呢！古人虽也说过“孔雀虽有毒，不能掩文章”的话，但仍坚持“德艺双馨”的文艺评论原则。

根据这段文字，下列哪项符合传统上中国古代对文学作品的看法？

A. 知人论世　　B. 文以载道　　C. 诗以言志　　D. 文如其人

22. 对下列词语中每组相同的字的解释有误的一组是 ______。

A. 怀古（思念）　少怀大志（心里存有）　襟怀（胸怀）　怀瑾握瑜（胸部衣里掩着）

B. 横幅（跟地面平行的）　蔓草横生（纵横杂乱）　横贯（地理上东西向的）　横行霸道（蛮横）

C. 花灯（用花或花纹装饰的）　花言巧语（用来迷惑人的）　火花（形状像花朵的东西）　文艺之花（比喻事物的精华）

D. 化冻（融化）　潜移默化（变化）　化解（消除）　化险为夷（使变化）

23. 在汉字的“六书”中，一般认为不属于造字法而只是用字法的是 ______。

A. 象形　　B. 会意　　C. 假借　　D. 形声

24. 下面诗句中，“锦书”一词意思与其他三句差别较大的一句是 ______。

A. 青冢曾无尺寸归，锦书多寄穷荒骨。　　B. 云中谁寄锦书来？雁字回时，月满西楼。

C. 山盟虽在，锦书难托。莫！莫！莫！　　D. 上元锦书传宝字，王母琼籍荐金约。

25. 下面四首诗歌，各题咏一种花。按顺序排列，对应花名完全正确的一组是 ______。

①陆龟蒙：“素花多蒙别艳欺，此花真合在瑶池。还应有恨无人觉，月晓风清欲堕时。”

②释道潜：“从来托迹喜深林，显晦那求世所闻。偶至华堂奉君子，不随桃李斗氤氲。”

③赵友直：“行到篱边地满霜，曩时物物已非常。自怜失意秋风后，独有寒花不改香。”

A. 兰花、白莲、菊花
B. 白莲、兰花、菊花
C. 兰花、菊花、白莲
D. 白莲、菊花、兰花

26. 元杂剧《西厢记》描写了张生和崔莺莺的爱情故事。这个故事的前身，来自唐代 ______ 所作的传奇《莺莺传》。

A. 元稹
B. 李朝威
C. 白行简
D. 蒋防

27. 下列关于中国古典小说的描述中，不正确的一项是 ______。

A. 章回小说是我国古典长篇小说的唯一形式

B. 我国古代的章回小说是由宋元讲史话本发展起来的

C. 元末明初出现的章回小说，都是在民间长期流传，经说话和说书艺人的补充，逐渐丰富，最后由文人加工改写而成的

D. 中国古代的章回小说，在内容上都与“讲史”保持着联系

28. 下列依次填入横线处的词语，恰当的一组是 ______。

①鲁迅那一篇篇如匕首般的杂文至今仍显露着 ______ 的思想锋芒。

② ______ 是可以杀人的。中国有句老话叫“人言可畏”。

③这件事已经过去多年了，但是，现在想起来，他内心深处还感到 ______。

④他心烦意乱，意志消沉，经常独自 ______ 街头。

A. 锋利 流言 内疚 流连
B. 犀利 流言 歉疚 踯躅
C. 锋利 谎言 歉疚 踯躅
D. 犀利 谎言 内疚 流连

29. ______ 的创作“诗中有画，画中有诗”，呈现出一种清幽淡雅、静逸明秀，他的诗可吟，可听，可观，可思。

A. 王维
B. 孟浩然
C. 祖咏
D. 储光羲

30. 在《告子》下中，______ 说：“天将降大任于斯人也，必先苦其心志，劳其筋骨，饿其体肤，空乏其身，行拂乱其所为，所以动心忍性，曾（增）益其所不能。”

A. 孔子
B. 孟子
C. 庄子
D. 老子

31. ______ 是中国近代最后一位重要的美学和文学思想家。他第一个试图把西方美学、文学理论融于中国传统美学和文学理论中，构成新的美学和文学理论体系，著有《人间词话》。

A. 梁漱溟
B. 胡适
C. 王国维
D. 钱钟书

32. “大风起兮云飞扬。威加海内兮归故乡。安得猛士兮守四方！”以下对该诗描述不正确的 ______。

A. 这是刘邦的《大风歌》
B. 该诗唱出了英雄末路的挽歌
C. 该诗响彻着类似焦虑与前途未卜的悲音
D. 该诗表达出得酬壮志的豪迈心声

33. 诔文叙述死者生前事迹，表示哀悼，相当于后世的悼词或哀悼死者的文章，也简称为“诔”。______ 中的《芙蓉女儿诔》就是一篇祭文。

A.《红楼梦》
B.《牡丹亭》
C.《西厢记》
D.《赵氏孤儿》

34. “明犯强汉者，虽远必诛。”出自 ______。

A. 曹操《三国演义》

B. 文天祥《正气歌》

C. 魏征《谏太宗十思疏》

D. 甘延寿和陈汤在攻灭匈奴郅支单于后给汉元帝发去的著名疏奏

35. “出师未捷身先死，长使英雄泪满襟。”这是杜甫七律《蜀相》中的尾联，其中诗人表达了对 ______ 献身精神的崇高敬仰和对他事业未竟的痛惜心情。

A. 岳飞　　B. 辛弃疾　　C. 屈原　　D. 诸葛亮

36. “民不畏死，奈何以死惧之？若使民常畏死，而为奇者，吾得执而杀之，孰敢？”出自 ______ 之口。

A. 老子　　B. 孔子　　C. 庄子　　D. 孟子

37.《五柳先生传》一文中，“短褐穿结，箪瓢屡空，晏如也”的“晏如”应解释为 ______。

A. 安然自若的样子　　B. 穷困潦倒的样子

C. 忧心忡忡的样子　　D. 孤独寂寞的样子

38. 对明末秦淮名妓 ______ 这一优美动人的妇女形象的塑造，是《桃花扇》成为不朽名著的重要原因。

A. 杜十娘　　B. 李香君　　C. 蔡文姬　　D. 刘兰芝

39. ______ 是我国第一部系统阐述文学理论的专著，体例周详，论旨精神，清人章学诚称赞该书“体大而虑周”。

A.《典论·论文》　　B.《文献》　　C.《文心雕龙》　　D.《文选》

40. 下列不属于“五经”的是 ______。

A.《尚书》　　B.《春秋》　　C.《诗经》　　D.《论语》

41. 司马迁的史学名著《史记》是我国第一部 ______。

A. 纪传体通史　　B. 编年体通史　　C. 纪传体断代史　　D. 编年体断代史

42. “春蚕到死丝方尽，蜡炬成灰泪始干”是唐朝诗人 ______ 的名句。

A. 李贺　　B. 李商隐　　C. 白居易　　D. 韩愈

43. 下列全是唐宋时期的一组作品是 ______。

A.《过秦论》《捕蛇者说》《劝学》《兵车行》

B.《师说》《论语》《六国论》《鸿门宴》

C.《捕蛇者说》《六国论》《念奴娇·赤壁怀古》《琵琶行》

D.《邹忌讽齐王纳谏》《崤之战》《过秦论》《蜀道难》

44. 与“欲穷千里目，更上一层楼”有异曲同工之妙的诗句是 ______。

A. 不畏浮云遮望眼，只缘身在最高层　　B. 总为浮云能遮日，长安不见使人愁

C. 不识庐山真面目，只缘身在此山中　　D. 莫愁路遥无知己，天下谁人不识君

45. 下列作品与作家对应正确的一项是 ______。

《朝花夕拾》《子夜》《激流三部曲》《白洋淀纪事》

A. 鲁迅；曹禺；茅盾；李健吾　　B. 鲁迅；茅盾；巴金；孙犁

C. 郭沫若；曹禺；巴金；李健吾　　D. 郭沫若；茅盾；巴金；孙犁

46. 下列文学常识中说法有误的一项是 ______。

A. 孟子，名轲，战国时期邹国人，他与门人所著的《孟子》是儒家经典之一。

B.《天净沙·秋思》表达了羁旅之思。“天净沙”是曲牌名，“秋思”是题目。

C.《马说》是初唐时期文学家韩愈所著，文章运用托物寓意的写法，以千里马不遇伯乐来比喻贤才难遇明主。

D. 陆游，南宋爱国诗人。“山重水复疑无路，柳暗花明又一村”出自他的《游山西村》。

47. 下列诗句不属于唐代诗人李白所作的是 ______。

A. 吾爱孟夫子，风流天下闻

B. 君不见高堂明镜悲白发，朝如青丝暮成雪

C. 弃我去者，昨日之日不可留，乱我心者，今日之日多烦忧

D. 忽如一夜春风来，千树万树梨花开

48. 下列作品属于医圣张仲景所著的是 ______。

A.《黄帝内经》《神农本草经》　　B.《伤寒论》《金匮要略》

C.《黄帝内经》《伤寒论》　　D.《神农本草经》《伤寒论》

49. 纳兰性德的词“人生若只如初见，何 ______ 秋风 ______ 画扇。”

A. 时；哀　　B. 事；悲　　C. 事；哀　　D. 时；悲

50. 现存的唯一的保存中国古代神话资料最多的著作是 ______。

A.《山海经》　　B.《镜花缘》　　C.《天问》　　D.《淮南子》

二、名词解释题（1~24 题解释画线部分即可）

1. 杭州月下老人的签词恐怕是全国任何庙宇所不及的，不但风雅，而且幽默，全部集自经书和著名的诗文。

2. 《菜根谭》的文辞秀美，对仗工整，含义深邃，耐人寻味。表现了作者的儒、释、道思想之三味，读之令人心旷神怡。

3. 孔尚任是清初期戏曲作家、诗人。他的作品有《桃花扇》等。

4. 五四时期涌现了大批作家，包括鲁迅、郭沫若、冰心。

5. 钱钟书的著名小说是《围城》。

6. 蒲松龄的短篇小说集《聊斋志异》是作者倾尽其一生精力所写。

7. “古文”概念的对立面是骈文。

8. 春秋战国时期出现了国别体，《国语》是其代表作。

9~12. 二胡之于江南，恰如杏花春雨之于江南一般地诗意和绵长。虽然高山流水，我们只见过俞伯牙的那具焦尾琴；浔阳江边，我们也只闻见白居易的那把琵琶。虽然众多的唐诗、宋词、元曲、明剧之中，我们很难听得二胡的那一声低泣，触到二胡的那一脉无奈，但是谁能说，倘无焦尾琴和琵琶，二胡就不会在江南寂寞地流浪呢?

13~15. 读过《红楼梦》的人，如偶然到了这个地方，会联想起当年书中那个性情乖巧，虽出家还多世俗幻念的女尼妙玉的住处。还有“史湘云醉眠芍药茵”的故事，也可能会发生在霁清轩大门前边那个芍药花坛前一点。

16~17. 小说之名，昔者见于庄周之云“饰小说以干县令”（《庄子·外物》），然案其实际，乃谓琐屑之言，非道术所在，与后来所谓小说者固不同。

18~20. 20 世纪二三十年代涌现的作家有茅盾、徐志摩和巴金、曹禺等，其中曹禺的《雷雨》影响非常大。

21~22. 北宋词作家包括苏轼、秦观、贺铸等人。汉乐府民歌中出现了《古诗十九首》。

23~24. 近体诗的代表人物有李白、杜甫、李商隐等。

25. 诗经
26. 吴敬梓《儒林外史》
27. 张爱玲
28. 吴承恩
29. 《春江花月夜》
30. 唐宋八大家
31. 莫言
32. 克己复礼
33. 《周易》
34. 建安风骨
35. 汉赋
36. 今文经
37. 《资治通鉴》
38. 《六祖坛经》
39. “三言二拍”
40. 《永乐大典》
41. 《梦溪笔谈》
42. 性灵说
43. 《天工开物》
44. 《战国策》
45. 明清小说

三、填空题

1. 《回春之曲》的作者是 ________________，他是我国现代话剧运动的先驱。
2. “老骥伏枥，志在千里；烈士暮年，壮心不已”的作者是 ________________。
3. “衣带渐宽终不悔，为伊消得人憔悴”的作者是 ________________，后来王国维加以借用，来描绘成大事业、做大学问的人所具备的忘我、坚韧、锲而不舍的精神境界。
4. “初唐四杰”是指王勃、卢照邻、________________、________________。
5. 我国发生在 20 世纪的三大语文运动指的是切音字运动、国语运动和 ________________。
6. 白居易的诗最重要的特点就是浅显易懂、明白如话。________________ 是他的代表作之一，全诗描写了唐玄宗和杨贵妃的爱情悲剧。
7. “空山不见人，但闻人语响。返景入深林，复照青苔上”的作者是 ________________。
8. 在中国古代史上，《左传》《春秋公羊传》和 ________________ 合称为“春秋三传”。
9. “谁言寸草心，报得三春晖”出自 ________________ 之手。
10. 《永乐大典》是明朝时期编撰的一部大型类书。该著作编撰时明朝在位的皇帝是 ________________。
11. 茅盾的“农村三部曲”包括《春蚕》《秋收》和 ________________。
12. “左联”是中国左翼作家联盟的简称，主要发起人除了沈端先、冯乃超，还有 ________________。
13. 中国人所说的“岁寒三友”包括 ________________、________________、________________。
14. 成语“自强不息”和“厚德载物”出自 ________________。
15. 《水浒传》是一部英雄传奇，描写 ________________ 代下层社会形形色色的英雄人物，着重刻画他们的起义。
16. “身无彩凤双飞翼，心有灵犀一点通”是 ________________ 的诗句。
17. 俗话说“打蛇打七寸”，七寸指的是蛇的 ________________。
18. 清末四大谴责小说：李伯元的《官场现形记》、吴趼人的《二十年目睹之怪现状》、刘鹗的《老残游记》和 ________________。
19. 奠定汤显祖在中国古代戏曲史上大家地位的作品是其“临川四梦”中的 ________________。
20. 中国现代第一个新文学社团是 ________________。

（答案见 33~48 页）

二、外国文学

一、选择题

1. ______是19世纪末俄国杰出的批判现实主义作家、短篇小说巨匠，笔调幽默，寓意深刻，著有经典小说《变色龙》《套中人》等。

A. 莫泊桑　　B. 屠格涅夫　　C. 契诃夫　　D. 托尔斯泰

2. “美即是真，真即是美”是哪位英国浪漫主义诗人的名言？

A. 济慈　　B. 拜伦　　C. 雪莱　　D. 布莱克

3. 下面哪一部不是D. H. 劳伦斯的小说作品？

A.《追风筝的人》　　B.《恋爱中的女人》　　C.《儿子与情人》　　D.《虹》

4. 英国浪漫主义诗人塞缪尔·泰勒·柯勒律治的著名诗篇《古舟子咏》叙述一只 ______ 被枪杀后灾难是如何降临到一艘船上的。

A. 海燕　　B. 天鹅　　C. 信天翁　　D. 相思鸟

5. 关于英国文学家威廉·莎士比亚的四大悲剧，描述正确的是 ______。

A.《罗密欧与朱丽叶》《哈姆雷特》《奥赛罗》《麦克白》

B.《李尔王》《麦克白》《罗密欧与朱丽叶》《奥赛罗》

C.《哈姆雷特》《奥赛罗》《麦克白》《李尔王》

D.《麦克白》《奥赛罗》《威尼斯商人》《哈姆雷特》

6. “God helps those who help themselves”（天助自助者）这句话最先出现在 ______ 的作品中？

A. Tom Paine（汤姆·佩恩）

B. Benjamin Franklin（本杰明·富兰克林）

C. Philip Morin Freneau（菲利普·莫林·弗雷诺）

D. Thomas Jefferson（托马斯·杰弗逊）

7.《嘉莉妹妹》和《欲望三部曲》是美国作家西奥多·德莱赛（Theodore Dreiser）的代表作。学术界一般认为西奥多·德莱赛是一位 ______。

A. 现代主义作家　　B. 浪漫主义作家　　C. 自然主义作家　　D. 古典主义作家

8. “黑色幽默”是20世纪60年代美国重要的文学流派。下列作品不属于该派的是 ______。

A.《第二十二条军规》　　B.《万有引力之虹》　　C.《烟草经纪人》　　D.《喧哗与骚动》

9. 英国作家詹姆斯·希尔顿的小说《消失的地平线》描写了一个纯净的“世外桃源”，它是传说中的 ______。

A. 拉萨　　B. 香格里拉　　C. 丽江　　D. 甘孜

10. 查尔斯·狄更斯是19世纪英国批评现实主义小说家。以下哪部小说不是他的作品？

A.《悲惨世界》　　B.《雾都孤儿》　　C.《艰难时世》　　D.《老古玩店》

11. 下列作品中，反映英国工业革命时期社会状况的是 ______。

A.《镀金时代》　　B.《格利佛游记》　　C.《丧钟为谁而鸣》　　D.《艰难时世》

12. 1962年，美国女作家蕾切尔·卡逊出版的《寂静的春天》引起人们对 ______ 的关注。

A. 热带雨林砍伐　　B. 空气污染　　C. 杀虫剂使用　　D. 地质与土壤环境

13. 在以下美国作家中，以“国际题材”小说著称的是 ______。

A. 亨利·詹姆斯　　B. 威廉·詹姆斯

C. 马克·吐温　　D. 西奥多·德莱塞

14. 埃兹拉·庞德对中国传统文化非常感兴趣。他翻译了大量的中国文化作品，其中不包括 ______。

A.《神州集》　　B.《孟子》　　C.《诗经》　　D.《论语》

15. 美国意识流小说杰出的代表人物是 ______。

A. 詹姆斯·乔伊斯　　B. 威廉·福克纳　　C. 海明威　　D. 菲茨杰拉德

16. 乔叟的出现标志着以本土文学为主流的英国书面文学历史开端。其代表作 ______ 为作者赢得了“英国诗歌之父”的称号。

A.《天路历程》　　B.《坎特伯雷故事集》

C.《鲁滨逊漂流记》　　D.《力士参孙》

17. 19 世纪英国小说的成就非常辉煌。______ 的浪漫主义历史小说为他赢得“西欧历史小说之父”的称号。

A. 史蒂文森　　B. 柯勒律治　　C. 司各特　　D. 狄更斯

18. 英国文艺复兴时期最伟大的喜剧作家本·琼森出生于伦敦威斯敏斯特。其成名作是 ______，表现的是 12 小时以内所发生的事情。

A.《人人高兴》　　B.《狐狸》

C.《炼金术士》　　D.《卡塔林的阴谋》

19. 英国文学批评的创始人是 ______。他最早从美学的角度对乔、斯宾塞、琼生等人做出合理的评价。

A. 约翰·班扬　　B. 乔纳森·斯威夫特　　C. 约翰·弥尔顿　　D. 约翰·德莱顿

20. 美国启蒙运动是在独立革命的基础上发展起来的。______ 是来自贫苦人民的革命家和作家，在美国启蒙主义者中，他的民主倾向是最激进的，其成名作是《常识》。

A. 本杰明·富兰克林　　B. 托马斯·杰弗逊

C. 托马斯·潘恩　　D. 菲利普·弗瑞诺

21. 继霍桑之后，梅尔维尔是美国浪漫主义小说最重要的代表作家，______ 不是他的作品。

A.《白鲸》　　B.《福谷传奇》　　C.《泰比》　　D.《奥穆》

22. 在美国废奴文学中，希尔德烈斯的长篇小说 ______ 比《汤姆叔叔的小屋》出版的时间更早，曾被称为是“第一部十足的反蓄奴制小说”，只不过影响不及后者。

A.《贝尼托·切莱诺》　　B.《猎人笔记》　　C.《白奴》　　D.《劳工之歌》

23. 18 世纪德国著名文学家歌德二十四岁时创作的描写爱情的书信体小说 ______，曾对我国五四新文学产生过很大影响。

A.《阴谋与爱情》　　B.《少年维特之烦恼》　　C.《红与黑》　　D.《浮士德》

24. 德里达的代表作不包括 ______。

A.《单行道》　　B.《论文字学》　　C.《写作与差异》　　D.《声音与现象》

25.《埃涅阿斯记》是谁的著作？

A. 西塞罗　　B. 安德罗尼库斯　　C. 昆体良　　D. 维吉尔

26. 在一部堪称世界之最的反骑士小说中，主人公叫______。他“行侠仗义”、游走天下，做出了种种与时代相悖、令人匪夷所思的行径，结果四处碰壁，但最终幡然醒悟。小说提出了一个人生中永远解决不了的难题：理想和现实之间的矛盾。

A. 亚瑟王　B. 浮士德　C. 堂吉诃德　D. 绿衣骑士

27. 荒诞派戏剧是第二次世界大战以后西方戏剧界最有影响的流派之一。其代表剧作《等待戈多》的作者是______。

A. 尤涅斯库　B. 品特　C. 阿达莫夫　D. 贝克特

28. ______意即故事，是日本古典文学的一种体裁，文学作品由口头说唱发展而成，包括传奇小说、历史小说、恋爱小说、战记小说等。

A. 能剧　B. 狂言　C. 物语　D. 俳句

29. 在赫西俄德的《神谱》中，促生了众神的生育相爱，______是一切爱欲和性欲的化身（包括同性、异性），是宇宙最初诞生新生命的原动力和自然力创造本原的化身。

A. 阿佛洛狄忒　B. 厄洛斯　C. 维纳斯　D. 雅典娜

30. “爱是恒久忍耐，又有恩慈；爱是不嫉妒，爱是不自夸，不张狂，不做害羞的事，不求自己的益处，不轻易发怒，不计算人的恶，不喜欢不义，只喜欢真理。”这段著名的关于“爱”的阐释是出自______。

A. 亚米契斯的《爱的教育》　B. 但丁的《神曲》　C. 卢梭的《忏悔录》　D.《圣经》

31. 但丁《神曲》中的维吉尔象征的是______。

A. 信仰　B. 理性　C. 神学　D. 智慧

32. 不属于日本推理小说天王东野圭吾的作品是______。

A.《白夜行》　B.《嫌疑人 X 的献身》　C.《真相》　D.《恶意》

33. 拉丁美洲作家马尔克斯的《百年孤独》是一部______作品。

A. 魔幻现实主义　B. 批判现实主义　C. 浪漫主义　D. 现代主义

34. 古希腊神话中，智慧之神为______，爱与美之神为______，太阳神为______。

A. 雅典娜；阿佛洛狄忒；阿波罗　B. 阿佛洛狄忒；雅典娜；阿波罗
C. 赫拉；雅典娜；波塞冬　D. 缪斯；雅典娜；阿波罗

35. 下列作品不属于现代文学鼻祖弗兰茨·卡夫卡的是______。

A.《城堡》　B.《饥饿艺术家》　C.《审判》　D.《铁皮鼓》

36. 詹姆斯·乔伊斯的《都柏林人》是______。

A. 短篇小说集　B. 一部小说　C. 自传　D. 短篇小说

37. 以下世界文学大师及其作品不相匹配的一项是______。

A. 巴尔扎克——《人间喜剧》　B. 左拉——《卢贡·马卡尔家族》
C. 托马斯·哈代——《福尔赛世家》　D. 列夫·托尔斯泰——《战争与和平》

二、名词解释题（1~4 题解释画线部分即可）

1. 20 世纪三四十年代，现象学和存在主义文论，在重点研究文学作品的同时，已开始关注读者的接受问题，如英伽登认为读者也参与了文学作品的创造，萨特也对读者的再创造给予高度评价。

2~4. 西方人的文化背景不同，大家都知道史诗《伊利亚特》的故事：希腊人去打特洛伊城，就为了一个美人海伦，海伦现在成了西方社会中美人的代名词。

5. 威廉·布莱克　**6.** 玄学派　**7.**《人性的弱点》

8. 英国湖畔诗人　**9.** 海明威　**10.**《菊与刀》

11. 伍尔夫　**12.**《红与黑》　**13.** 骑士文学

14. 骨中之骨，肉中之肉　**15.**《神曲》

16. 欧洲文学作品中的四大吝啬鬼　**17.**《阿拉丁神灯》

三、填空题

1. “雅虎”网站的名字“Yahoo”，曾出现在 ________ 第四卷的故事中，是一个怪物的名字。

2.《仙后》采用中古骑士传奇的体裁，以寓言为主要手法，传达了正在兴起的清教主义的严峻的道德观。它的作者是 ________。

3.《失乐园》（*Paradise Lost*）这首诗的作者是 ________。

4. ________ 是第一位获得诺贝尔文学奖的美国黑人女作家。

5. 美国建国后第一个获得国际声誉的作家是 ________，有“美国文学之父”的称号。

6. 18 世纪法国启蒙运动中的重要著作《波斯人信札》是法国启蒙思想家 ________ 所著。

7. 日本最古老的和歌总集是 ________。

8.《白雪公主》的作者是 ________。

9. 有“二十万行长诗”之称的世界最长的史诗是 ________。

10. “世界上最有力量的人是最孤独的人。”这句话是易卜生剧本 ________ 中主人公斯多克芒医生最后的一句话。

（答案见 48~57 页）

答案详解

一、中国文学

一、选择题

1. [C] 赋比兴，是中国古代根据《诗经》的创作经验归纳出来的诗歌表现手法。赋，指平铺直叙，铺陈、排比，相当于如今的排比修辞方法。比，指类比，对人或物加以形象的比喻，使其特点更鲜明。兴，指以其他事物为发端，引起所要歌咏的内容。

2. [B]《战国策》，又称《国策》，为西汉刘向编订的国别体史书，全书共三十三卷，分十二国的“策”论。内容以战国时期策士的游说活动为中心，同时反映了战国时期的一些历史特点和社会风貌，是研究战国历史的重要典籍。国别体以国家为单位，分别记叙历史事件。纪传体，以为人物立传记的方式记叙史实，主要代表作品有《史记》。纪事本末体，以历史事件为主，将重要史事分别列目，独立成篇；各篇又按年月的顺序编写，可补编年、纪传体之不足，主要代表作品有《通鉴纪事本末》《宋史纪事本末》等。编年体史书，以时间为中心，按年、月、日顺序记述史事，主要代表作品有《春秋》《左传》《资治通鉴》等。

3. [C]《论语》是春秋时期思想家、教育家孔子的弟子及再传弟子记录孔子及其弟子言行而编成的语录文集，成书于战国前期。全书共 20 篇 492 章，以语录体为主，叙事体为辅，较为集中地体现了孔子及儒家学派的政治主张、伦理思想、道德观念、教育原则等。语录体是中国古代散文的一种体式，常用于门人弟子记录先生的言行，也用于佛门的传教记录。因其偏重于只言片语的记录，短小简约，不重文采，不讲求篇章结构，也不讲求段落、内容间的联系，还没有构成单篇的、形式完整的篇章，故称之为语录体。寓言是一种以故事来寄寓道理的文学体裁，篇幅短小，具有明显的讽喻意义。庄子的寓言创作成就最高，他创作了大量意蕴丰富深邃、妙趣横生的哲理寓言，形成了“寓言群”，创立了“寓言体”。韵散结合，是我国古代小说尤其是白话小说的一大文体特征。白话小说中韵文有两种用法：一为补充式，即与散文相互补充，各自表达独立内容，共推叙事进程；二为重复式，即在散文叙述有关内容后，用韵文重复一遍，对其进行铺陈渲染。对话体散文是先秦诸子散文的一种体式，常以对话为结篇方式，展开论述。它体现了对话者的在场性，容易给读者一种如同置身于当时的语境之中，聆听古代贤者的教诲的感觉，生动而形象。它是语录体散文向专题性论文过渡的一种文学形式。代表作有《孟子》。

4. [D]《庄子》又名《南华经》，是战国中后期庄子及其后学所著道家学说汇总。《庄子》不仅是一本哲学名作，更是文学、审美学上的寓言杰作典范。《墨子》是战国时期的哲学著作，由墨子自著和弟子记述墨子言论两部分组成。文章由小及大、连类比譬、逐层推理，典型如《非攻》，语言质朴无华，造句遣词口语化。《道德经》，春秋时期老子的哲学作品，又称《老子》，是中国古代先秦诸子分家前的一部著作，是道家哲学思想的重要来源。文本以哲学意义之“道德”为纲宗，论述修身、治国、用兵、养生之道，而多以政治为旨归，乃所谓“内圣外王”之学，文意深奥，包涵广博。《孟子》是儒家的经典著作，战国中期孟子及其弟子著。《孟子》的理论，不但纯粹宏博，文章也极雄健优美。

5. [A]《九歌》是《楚辞》的篇名，原为中国神话传说中的一种远古歌曲的名称，战国楚人屈原对其进行了重新创作，多数篇章皆描写神灵间的眷恋，表现出深切的思念或所求未遂的伤感。《七发》是汉代辞赋家枚乘的赋作，是一篇讽喻性作品，赋中假设楚太子有病，吴客前去探望，通过互相问答，构成七大段文字。《登徒子好色赋》是战国时期楚国文学家宋玉的辞赋作品。此赋巧妙地运用烘托的手法描绘了美女，文章还刻画了一个丑女形象，说明登徒子的好色，并借章华大夫之口，表明作者的爱情观。全文寓理于事，刻画生动形象，比喻精巧传神，具有很高的艺术成就。《上林赋》是西汉辞赋家司马相如创作的一篇赋，是《子虚赋》的姊妹篇。此赋先写子虚、乌有二人之论不确来引出天子上林之事，再依次夸饰天子上林苑中的水势、水产、草木、走兽、台观、树木、猿类之胜，然后写天子猎余庆功，最后写天子悔过反思。

6. [D]“书”记述的是制度发展，涉及礼乐制度、天文兵律、社会经济、河渠地理等方面内容。“本纪”是全书提纲，以王朝的更替为体，按年月时间记述帝王的言行政绩。“表”用表格来简列世系、人物和史事。“列传”是帝王诸侯外其他各方面代表人物的生平事迹和少数民族的传记。

7. [B]《文心雕龙》是南朝文学理论家刘勰创作的文学理论著作，是中国现存最早的一部文章学论著，由于书中所论多涉及文学创作，故现代学者又多视之为现存最早的一部用中文撰写的综合性的文学批评专著。作为一部体大思精之作，它既总结了先秦以来文学创作的经验，又继承和发扬了前人文学理论的丰富遗产，在文学的各个方面提出了自己精辟的见解，形成了完整的理论体系。《沧浪诗话》是南宋诗论家严羽所著的一本中国古代诗歌理论和诗歌美学著作，约写成于南宋理宗绍定、淳祐年间。它的系统性、理论性较强，是宋代最负盛名、对后世影响最大的一部诗话。《诗集传》是北宋文学家苏辙的著作，收入《四库全书》。《文镜秘府论》，日本僧人遍照金刚编撰的中国古代文论史料，收录了中国南北朝直至中唐时期诸多诗歌作法、诗歌理论著作。

8. [B]《归园田居》是文学家陶渊明的组诗作品，共五首（一本作六首），每首诗分别从辞官场、聚亲朋、乐农事、访故旧、欢夜饮几个侧面描绘了诗人丰富充实的隐居生活，更重要的是，就其所抒发的感情而言，是以质性自然、乐在其中的情趣来贯穿这一组诗篇的。《月下独酌四首》是唐代诗人李白的组诗作品。这四首诗写诗人在月夜花下独酌、无人亲近的冷落情景。《终南山》是唐代诗人王维创作的一首五言律诗，此诗写景由远及近，移步换形，有声有色，写出了终南山景物的千形万态。全诗笔力劲健，气韵生动，意境清新，宛若一幅山水画。《过故人庄》是唐代诗人孟浩然创作的一首五言律诗，写的是诗人应邀到一位农村老朋友家做客的经过。在淳朴自然的田园风光之中，主客举杯饮酒，闲谈家常，充满了乐趣，抒发了诗人和朋友之间真挚的友情。

9. [C] 杜甫的诗歌在语言上，普遍认为具有“沉郁”的特点，语言和篇章结构又富于变化，讲求炼字炼句。后来杜甫更以“沉郁顿挫”四字准确概括出他自己作品的语言——“至于沉郁顿挫，随时敏捷，而扬雄、枚皋之徒，庶可跂及也。”

10. [C]“莫道不消魂，帘卷西风，人比黄花瘦。”出自宋代词人李清照所作的《醉花阴》。“流水落花春去也，天上人间。”出自李煜的《浪淘沙·怀旧》。“老夫聊发少年狂，左牵黄，右擎苍。”出自苏轼的《江城子·密州出猎》。“众里寻他千百度。蓦然回首，那人却在，灯火阑珊处。”出自辛弃疾的《青玉案·元夕》。

11. [D]“了却君王天下事”出自辛弃疾《破阵子·为陈同甫赋壮词以寄之》。“楼船夜雪瓜洲渡”出自陆游《书愤五首·其一》；“遗民泪尽胡尘里”出自陆游《秋夜将晓出篱门迎凉有感二首·其二》；“铁马冰河入梦来”出自陆游《十一月四日风雨大作》。

12. [B]《龙须沟》是老舍创作的 3 幕话剧，描写了北京一个小杂院 4 户人家在社会变革中的不同遭遇，表现了新旧时代两重天的巨大变化。原本是为配合时事和政策宣传而创作的戏剧，是一曲社会主义新中国的颂歌。《原野》是曹禺的剧作，通过一个复仇的命运悲剧故事，深刻地展示出作家对“人生困境”的困惑以及对神秘宇宙的哲学思考。《四世同堂》是老舍创作的长篇小说，是一部表现抗战北平沦陷区普通民众生活与抗战的长篇小说，全书共三部。《骆驼祥子》是老舍所著的长篇小说，描述了 20 世纪 20 年代军阀混战时期人力车夫祥子的悲惨命运。

13. [A]“不治已病治未病”是中医的精髓理论，出自《黄帝内经》。寓意是要防病于未然，不要等病入膏肓了才四处求医。《黄帝内经》是中国最早的医学典籍，传统医学四大经典著作之一，奠定了人体生理、病理、诊断以及治疗的认识基础，是中国影响极大的一部医学著作，被称为医之始祖。《伤寒杂病论》是中国传统医学著作之一，是一部论述外感病与内科杂病为主要内容的医学典籍，作者是东汉末年张仲景。《本草纲目》，是明代李时珍撰写的药学著作，主要介绍历代诸家本草及中药基本理论等内容。《难经》原名《黄帝八十一难经》，又称《八十一难》，是中医现存较早的经典著作。全书共八十一难，采用问答方式，探讨和论述了中医的一些理论问题，内容包括脉诊、经络、脏腑、阴阳、病因、病机、营卫、腧穴、针刺、病证等方面。

14. [A]《四库全书》全称《钦定四库全书》，是清代乾隆时期编修的大型丛书，耗时十三年编成，分经、史、子、集四部，故名“四库”。礼乐射御书数为春秋战国时期读书人必须学习的六种技艺，分别为学习礼法、乐舞、射箭、驾车、书法和算术。仁义礼智，意思是遵守仁爱、忠信、礼仪并勤学，以增长见识等伦理规范，见于《孟子·公孙丑》章句。

15. [B]《天工开物》由明代著名科学家宋应星所著，是世界上第一部关于农业和手工业生产的综合性著作，是中国古代一部综合性的科学技术著作，外国学者称它为“中国 17 世纪的工艺百科全书”。《梦溪笔谈》是北宋科学家、政治家沈括撰写的一部涉及古代中国自然科学、工艺技术及社会历史现象的综合性笔记体著作，英国科学史家李约瑟评价其为“中国科学史上的里程碑”。《农政全书》是明代徐光启创作的农书，成书于明朝万历年间，基本上囊括了中国明代农业生产和人民生活的各个方面。《齐民要术》是中国农学家贾思勰所著的一部综合性农学著作，也是世界农学史上专著之一，是中国现存最早的一部完整的农书，被誉为“中国古代农业百科全书”。

16. [B]《水经注》是古代中国地理名著，共四十卷。作者是北魏晚期的郦道元，详细记载了一千多条大小河流及有关的历史遗迹、人物掌故、神话传说等，是中国古代最全面、最系统的综合性地理著作。《水经》，作者郭成，简要记述了 137 条全国主要河流的水道情况。原文仅 1 万多字，记载相当简略，缺乏系统性，对水道的来龙去脉及流经地区的地理情况记载不够详细、具体。后来被郦道元改编为《水经注》。《山海经》成书于战国时期至汉代初期，与《易经》《黄帝内经》并称为上古三大奇书，包含着关于上古地理、历史、神话、天文、动物、植物、医学、宗教以及人类学、民族学、海洋学和科技史等方面的诸多内容，是一部上古社会生活的百科全书。《地理志》是指记述一个地区自然和人文方面的地理状况及其历史演变过程的专志。

17. [B]《文心雕龙》是南朝文学理论家刘勰创作的文学理论著作，是中国现存最早的一部文章学论著，由于书中所论多涉及文学创作，故现代学者又多视之为现存最早的一部用中文撰写的综合性的文学批评专著。《说文解字》，是由东汉经学家、文字学家许慎编著的语文工具书著作，是中国最早的系统分析汉字字形和考究字源的语文辞书，也是世界上最早的字典之一。《史记》，西汉史学家司马迁撰写的纪传体史书，是中国历史上第一部纪传体通史，撰写了黄帝时代至汉武帝太初四年间共 3,000 多年的历史。《影响的焦虑》是一部由（美）布鲁姆所著书籍，从精神分析学的角度研究诗人对诗人的影响。

18. [B]“经秉圣裁，垂型万世”中的“经”指儒家经典著作，“圣”指孔子，因儒家思想受到推崇，孔子被尊称为“圣人”。周公，姬姓名旦，亦称叔旦，西周开国元勋，杰出的政治家、军事家、思想家、教育家，“元圣”、儒学先驱，为西周典章制度的主要创制者。

19. [B]“木秀于林，风必摧之”，指高出森林的大树总是要被大风先吹到。比喻才能或品行出众的人，容易受到嫉妒、指责。“防微杜渐”指在不良的事物刚刚露出苗头时，就加以制止和杜绝，不让它发展下去。也作“杜渐防萌”“杜渐防微”。“差之毫厘，失之千里”的意思是微小的疏忽，结果会造成很大的错误或损失。强调我们平时要重视细节。“千里之堤，毁于蚁穴”，意思是一个小小的蚂蚁洞，可以使千里长堤毁于一旦。比喻小事不注意会造成大乱子。“一着不慎，满盘皆输”意思是比喻某一个对全局具有决定意义的问题处理不当，结果导致全局失败。

20. [A] 诗句中的“王谢”指王导、谢安，他们都是东晋丞相，两家都是世家大族，是六朝时期士族中最风光显赫的两大家族。王导，东晋开国元勋，政治家、书法家，镇军司马王裁的儿子。王导善于书法，以行草最佳，代表作有《省示帖》《改朔帖》。谢安，东晋时期政治家、军事家、名士，多才多艺，善行书，通音乐。王羲之，东晋大臣、书法家，有“书圣”之称。王濬，西晋时期名将，在益州创建水军，灭吴之战中首入建业。王戎，三国至西晋时期名士、官员，“竹林七贤”之一。

21. [D] 文段先援引了西方现代文论的观点“作品和作者无关”，后通过“然而”引出了中国传统文学的原则：社会价值体系对文学家的人格有较高的要求。之后列举了扬雄和严嵩两个人的例子进行论证，强调作品和作者人格密切相关。“文如其人”指文章的风格同作者的性格特点相似，符合传统上中国古代对文学作品的看法。“知人论世”指只有了解一个人所处的时代背景，才能理解一个人的行为和思想。“文以载道”指文章是为了说明道理的。“诗以言志”意思是用诗来表达自己的志向和决心。

22. [D] “潜移默化”指人的思想或品性受到环境或别人的影响、感化，不知不觉地起了变化。其中，“潜”指暗中，“默”指无声无息，“化”指感化。此处，“化”是因“感”而化，即用言行感动人，使之变化。

23. [C] 汉字的“六书”指汉字的六种构造条例，是后人根据汉字的形成所做的整理，而非造字法则。六书指象形、指事、形声、会意、转注、假借，其中象形、指事、会意、形声主要是“造字法”，转注、假借是“用字法”。象形属于“独体造字法”，即用文字的线条或笔画，把要表达物体的外形特征，具体地勾画出来。会意属于“合体造字法”，会意字由两个或多个独体字组成，所以组成的字形或字义，合并起来，表达此字的意思。形声属于“合体造字法”，形声字由两部分组成：形旁（又称“义符”）和声旁（又称“音符”）。形旁是指示字的意思或类属，声旁则表示字的相同或相近发音。汉字有很多代表某些事物的概念不能用象形、指意的方式随时造出文字来表现，于是就假借已有的音同或音近的字来代表，这种跟借用的字的形义完全不合的字就称为假借字，也可以说是不造字的假借。

24. [D] D 项出自王勃《七夕赋》，其中“锦书”指华美的文书。A 项出自陈陶《关山月》；B 项出自李清照《一剪梅·红藕香残玉簟秋》；C 项出自陆游《钗头凤·红酥手》。这三句中的“锦书”都是指夫妻、情侣间的书信。

25. [B] ①出自唐代陆龟蒙《和袭美木兰后池三咏·白莲》，②出自释道潜《送兰花与毛正仲运使》（其二），③出自赵友直《观菊有感》。

26. [A]《崔莺莺待月西厢记》故事前身是唐代元稹所作的《莺莺传》。《莺莺传》是唐代文学家元稹创作的一篇传奇，讲述了贫寒书生张生对没落贵族女子崔莺莺始乱终弃的爱情悲剧故事。元稹，唐朝大臣、文学家，代表作有《元氏长庆集》。李朝威，唐代著名传奇作家，代表作有《柳毅传》《柳参军传》。其中《柳毅传》被鲁迅先生与元稹的《莺莺传》相提并论。白行简，唐代文学家，著名文学家白居易之弟。白行简文笔优美，代表作有唐人传奇《李娃传》《三梦记》等。其所作的《天地阴阳交欢大乐赋》由法国汉学家伯希和从敦煌石窟发现，带回巴黎；后又经荷兰外交家高罗佩翻译成英文，闻名世界。蒋防，唐代文学家，善诗文，有文集 1 卷，赋集 1 卷，《全唐诗》录存其诗 12 首，《全唐文》收录其赋 20 篇及杂文 6 篇。其传奇《霍小玉传》尤为著名。

27. [D] 明代中叶以后，章回体小说发展更加成熟，出现了《西游记》《金瓶梅》等著名作品。由于社会生活日益丰富，章回体小说的故事情节更趋复杂，描写也更为细腻，它们在内容上与讲史已没有多少关系，只是在体裁上还保持着讲史的痕迹。

28. [B] ①句：“犀利”和“锋利”都表示言论、文笔等尖锐的意思，但“锋利”语义较轻，且句中有“锋芒”，填“锋利”显得重复，故填“犀利”。②句：“人言可畏”的“言”指流言，而非谎言。③句：由“内心深处”可知，“内疚”用于句中会导致语意重复，故填“歉疚”。④句：“踯躅”指徘徊，在一个地方来回走动，而“流连”指留恋不止，舍不得离去，与此处感情色彩不搭。

29. [A] 王维，字摩诘，号摩诘居士，唐朝诗人，有“诗佛”之称，盛唐山水诗派代表，开创水墨山水画派，代表作有《王右丞集》《画学秘诀》等。苏轼评价其：“味摩诘之诗，诗中有画；观摩诘之画，画中有诗。”

孟浩然，字浩然，号孟山人，唐代著名的山水田园派诗人，代表作有《过故人庄》《春晓》。祖咏，唐代诗人，少有文名，擅长诗歌创作，与王维友善。储光羲，唐代官员，田园山水诗派代表诗人之一。储光羲的诗以描写田园山水著名，代表作有《牧童词》《钓鱼湾》等，风格朴实，能够寓细致缜密的观察于浑厚的气韵之中。

30. [B]《告子》是《孟子》书中的篇目，分上、下两篇。《告子》以两人的论辩开头，集中阐述了孟子关于人性、道德及其相关理论。孟子，名轲，字子舆，战国时期哲学家、思想家、教育家，是孔子之后、荀子之前的儒家学派的代表人物，与孔子并称“孔孟”。孟子宣扬“仁政”，最早提出“民贵君轻”思想。孔子，字仲尼，中国古代伟大的思想家、政治家、教育家，儒家学派创始人、“大成至圣先师”，开创私人讲学之风，倡导仁义礼智信。庄子，名周，战国中期思想家、哲学家、文学家，道家学派代表人物，与老子并称“老庄”，他最早提出的“内圣外王”思想对儒家影响深远。老子，姓李名耳，字聃，春秋末期人，中国古代思想家、哲学家、文学家和史学家，道家学派创始人和主要代表人物，后被道教尊为始祖，称“太上老君”。

31. [C]《人间词话》是王国维所著的一部文学批评著作。《人间词话》作于 1908 至 1909 年，最初发表于《国粹学报》，是作者接受了西洋美学思想之洗礼后，以崭新的眼光对中国旧文学所作的评论。王国维，中国近、现代相交时期一位享有国际声誉的著名学者，在教育、哲学、文学、戏曲、美学、史学、古文学等方面均有深诣和创新，为中华民族文化宝库留下了广博精深的学术遗产，代表作有《海宁王静安先生遗书》《红楼梦评论》等。梁漱溟，中国著名的思想家、哲学家、教育家、社会活动家、爱国人士，现代新儒家的早期代表人物之一，有“中国最后一位大儒家”之称，代表作有《中国文化要义》《东西文化及其哲学》。胡适，现代著名学者、诗人、历史家、文学家、哲学家，因提倡文学革命而成为新文化运动的领袖之一。钱钟书，中国现代作家、学者，对中国的史学、哲学、文学等领域有深入的研究，同时不曾间断过对西方新旧文学、哲学、心理学等的阅览和研究，并取得显著的学术成就，在国内外学术界都享有很高的声誉，代表作有《围城》《管锥编》等。

32. [B]“大风起兮云飞扬。威加海内兮归故乡。安得猛士兮守四方！”为汉朝皇帝刘邦创作的一首诗歌——《大风歌》。此诗歌仅有三句，前二句直抒胸臆，雄豪自放，亦显得踌躇满志，第三句却突然透露出前途未卜的焦灼，抒发了作者内心对国家尚不安定的浓郁的惆怅。全诗浑然一体、语言质朴、大气磅礴，包含了双重的思想感情，别具一格。

33. [A]《芙蓉女儿诔》是清代文学家曹雪芹的小说《红楼梦》主人公贾宝玉祭奠丫鬟晴雯时所用的一篇祭文，是《红楼梦》所有诗文词赋中最长的一篇。贾宝玉用最美好的语言，热情赞颂这个“心比天高，身为下贱”被迫致死的女婢，他以无限惋惜的心情追忆了自己和这位女婢近五年八个月的生活与游处，又以无比激愤的语言痛斥了那些制造悲剧的当权者和那些卑鄙无耻的奴才。《红楼梦》，中国古代章回体长篇小说，中国古典四大名著之一，以贾、史、王、薛四大家族的兴衰为背景，以富贵公子贾宝玉为视角，以贾宝玉与林黛玉、薛宝钗的爱情婚姻悲剧为主线，描绘了一些举止见识出于须眉之上的闺阁佳人的人生百态。《牡丹亭》是明朝剧作家汤显祖创作的传奇剧本，该剧描写了官家千金杜丽娘对梦中书生柳梦梅倾心相爱，竟伤情而死，化为魂魄寻找现实中的爱人，人鬼相恋，最后起死回生，终于与柳梦梅永结同心的故事，中国四大古典戏剧之一。《西厢记》是元代王实甫创作杂剧，该剧具有较浓的反封建礼教的色彩，作者写青年人对爱情的渴望，写情与欲的不可遏制与正当合理，写青年人自身的愿望与家长意志的冲突；表达了“愿天下有情的都成了眷属”的爱情观。《赵氏孤儿》是元代纪君祥创作的杂剧，全剧五折一楔子。剧演春秋时晋国上卿赵盾遭到大将军屠岸贾的诬陷，全家三百余口被杀。为斩草除根，屠岸贾下令在全国范围内搜捕赵氏孤儿赵武。该剧被列为元杂剧四大悲剧之一。

34. [D]“明犯强汉者，虽远必诛”出自西汉名将陈汤给汉元帝的上书，是表明诛灭北匈奴郅支单于的功绩，意思是让蛮夷们明白，敢于侵犯强大汉帝国的人，即使再远，我们也一定要杀掉他们。陈汤，西汉大将。西汉元帝时，他任西域副校尉，曾和西域都护甘延寿一起出奇兵诛杀与西汉王朝对抗的匈奴郅支单于，为安定边疆做出了巨大贡献。《三国演义》，是元末明初小说家罗贯中创作的长篇章回体历史演义小说，与《西游记》《水浒传》《红楼梦》并称为中国古典四大名著，讲述了东汉末年的群雄割据混战和魏、蜀、吴三国之间的政治和军事斗争的故事。《正气歌》是南宋诗人文天祥在狱中写的一首五言古诗。全诗感情深沉、气壮山河、直抒胸臆、毫无雕饰，充分体现了作者崇高的民族气节和强烈的爱国主义精神。《谏太宗十思疏》是魏徵（征）写给唐太宗的奏章，意在劝谏太宗居安思危，戒奢以俭，积其德义。太宗，即李世民。

35. [D]“出师未捷身先死，长使英雄泪满襟”出自杜甫七律《蜀相》，此诗借游览古迹，表达了诗人对蜀汉丞相诸葛亮雄才大略、辅佐两朝、忠心报国的称颂以及对他出师未捷而身死的惋惜之情。岳飞，南宋时期抗金名将、军事家、战略家、民族英雄、书法家、诗人，位列南宋“中兴四将”之首，代表作有《满江红·怒发冲冠》。辛弃疾，中年后别号稼轩，南宋官员、将领、文学家，豪放派词人，有“词中之龙”之称，与苏轼合称“苏辛”，与李清照并称“济南二安”。主要作品有词集《稼轩长短句》等，词作有《永遇乐·京口北固亭怀古》《摸鱼儿·更能消几番风雨》等。屈原，战国时期楚国诗人、政治家，是中国历史上一位伟大的爱国诗人，中国浪漫主义文学的奠基人，“楚辞”的创立者和代表作家，开辟了“香草美人”的传统，被誉为“楚辞之祖”，代表作有《离骚》《九歌》《九章》《天问》等。

36. [A] 此句出自《老子》第七十四章，意思是如果人民饱受暴政的逼迫，到了连死都不怕反抗的时候，统治者又怎能用死来威胁他们呢？若人民都畏惧死，一有人做坏事就被抓起来杀掉，那还有谁敢胡作非为呢？《老子》，又称《道德经》，是道家学派创始人老子的代表作。老子，中国古代思想家、哲学家、文学家和史学家，道家学派创始人和主要代表人物。孔子，字仲尼，中国古代伟大的思想家、政治家、教育家，儒家学派创始人。庄子，战国中期思想家、哲学家、文学家，道家学派代表人物。孟子，战国时期哲学家、思想家、教育家，是孔子之后、荀子之前的儒家学派的代表人物。

37. [A]“短褐穿结，箪瓢屡空，晏如也”意思是粗布短衣上打满了补丁，盛饭的篮子和饮水的水瓢里经常是空的，可是他还是安然自得。《五柳先生传》是陶渊明所作，在文中作者表明其三大志趣，一是读书，二是饮酒，三是写文章，塑造了一个真实的自我，表现了卓然不群的高尚品格，透露出强烈的人格个性之美。

38. [B]《桃花扇》是清代文学家孔尚任创作的传奇剧本，以侯方域、李香君的悲欢离合为主线，展现了明末南京的社会现实。杜十娘是明代冯梦龙所著《警世通言·杜十娘怒沉百宝箱》中的女主人公，曾为青楼女子，深受压迫却坚贞不屈，为摆脱逆境而顽强挣扎。蔡文姬，名琰，字文姬，东汉末年女性文学家，文学家蔡邕之女，代表作有《悲愤诗》二首和《胡笳十八拍》。刘兰芝，17岁时嫁给庐江郡的一个小官吏焦仲卿为妻。为焦母不容，而被遣回娘家，兄逼其改嫁。新婚之夜，兰芝投水自尽，焦仲卿亦殉情而死。记叙其事的《孔雀东南飞》成为东汉乐府民歌中最杰出的长篇叙事诗。

39. [C]《文心雕龙》是南朝文学理论家刘勰创作的文学理论著作，是中国现存最早的一部文章学论著，由于书中所论多涉及文学创作，故现代学者又多视之为现存最早的一部用中文撰写的综合性的文学批评专著。《典论·论文》是中国文学批评史上第一部文学专论，作者是曹丕（魏文帝）。《典论》是他在建安后期为魏世子时所撰的一部政治、社会、道德、文化论集。《文献》创刊于1979年，是由中华人民共和国文化和旅游部主管、中国国家图书馆主办的哲学与人文科学学术性刊物。《文选》，中国现存的最早一部诗文总集，由南朝梁武帝的长子萧统组织文人共同编选，收录自周代至六朝梁以前七八百年间130多位作者的诗文700余篇，是一部现存最早的文学总集。

40. [D]“五经”指儒家典籍《诗经》《尚书》《礼记》《周易》《春秋》的合称，为历代儒客学子核心研习书经。《论语》是春秋时期思想家、教育家孔子的弟子及再传弟子记录孔子及其弟子言行而编成的语录文集，体现了孔子及儒家学派的政治主张、伦理思想、道德观念、教育原则等。《论语》与《孟子》《大学》《中庸》合称“四书”。

41. [A]《史记》是西汉史学家司马迁撰写的纪传体史书，是中国历史上第一部纪传体通史。纪传体，以人物为纲，按时间顺序，连贯地记述各个时代史实。编年体，以时间为中心，按年、月、日顺序记述史事。断代史是记述某一个朝代或某一个历史阶段的史实的史书，如《汉书》《宋史》《明史》等。通史是指连贯地记叙各个时代的史实的史书，如《史记》《资治通鉴》等。

42. [B]“春蚕到死丝方尽，蜡炬成灰泪始干”出自李商隐《无题》。李商隐，晚唐著名诗人，和杜牧合称“小李杜”，擅长诗歌写作，骈文文学价值颇高。其诗构思新奇，风格秾丽，尤其是一些爱情诗和无题诗写得缠绵悱恻，优美动人，广为传诵。李贺，唐朝中期浪漫主义诗人，与诗仙李白、李商隐称为“唐代三李”，后世称李昌谷，代表作有《昌谷集》。白居易，唐代伟大的现实主义诗人，唐代三大诗人之一，诗歌题材广泛，形式多样，语言平易通俗，有“诗魔”“诗王”之称，代表作有《长恨歌》《卖炭翁》《琵琶行》等。韩愈，唐代中期官员，文学家、思想家、哲学家、政治家，唐代古文运动的倡导者，被后人尊为“唐宋八大家”之首，有《韩昌黎集》传世。

43. [C]《捕蛇者说》是唐代文学家柳宗元的散文名篇；《六国论》是北宋文学家苏洵政论文代表作品；《念奴娇·赤壁怀古》是宋代文学家苏轼的词作；《琵琶行》是唐代诗人白居易创作的长篇叙事诗。《过秦论》是西汉贾谊政论文的代表作；《劝学》是战国时期思想家、文学家荀子创作的论说文；《兵车行》是唐代诗人杜甫创作的叙事诗。《师说》是唐代文学家韩愈创作的一篇议论文；《论语》是春秋时期思想家、教育家孔子的弟子及再传弟子记录孔子及其弟子言行而编成的语录文集；《鸿门宴》是汉代史学家、文学家司马迁创作的史传文。《邹忌讽齐王纳谏》出自《战国策·齐策一》，创作于战国年代；秦晋崤之战是春秋时期发生晋秦争霸战争中的一场决定性战役；《蜀道难》是中国唐代诗人李白的代表诗作。

44. [A]“欲穷千里目，更上一层楼”意为想要看到千里之外的风光，那就要再登上更高的一层楼。此句咏物抒怀，表达了一种无止境探求的愿望和昂扬向上的进取精神。“不畏浮云遮望眼，只缘身在最高层”意为不怕层层浮云遮住我那远眺的视野，只因为我站在飞来峰顶，登高望远心胸宽广。此句与题干的诗句相似，表达了只有向上才能高瞻远瞩的精神。“总为浮云能遮日，长安不见使人愁”意为天上的浮云随风飘荡，有时把太阳遮住，使我看不见长安城，而不禁感到非常忧愁。“不识庐山真面目，只缘身在此山中”意为我之所以认不清庐山真正的面目，是因为我人身处在庐山之中。“莫愁路遥无知己，天下谁人不识君”意为不要担心前路茫茫没有知己，普天之下哪个不识君？

45. [B]《朝花夕拾》是现代文学家鲁迅的散文集，此文集作为“回忆的记事”，多侧面地反映了作者鲁迅青少年时期的生活，形象地反映了他的性格和志趣的形成经过。《子夜》，茅盾创作的中国现代长篇小说，以1930年5、6月间半封建、半殖民地的旧上海为背景，以民族资本家吴荪甫为中心，描写了当时中国社会的各种矛盾和斗争。《激流三部曲》是中国现代文学家巴金创作的长篇小说系列作品，包括《家》《春》《秋》

三部作品，主要是描写一个大家庭的没落及分化，描绘了封建社会衰退。《白洋淀纪事》是孙犁所著的纪实类图书，以一个个日常小故事串联，记录了白洋淀发生的故事。曹禺，中国现代话剧史上成就最高的剧作家，代表作有《雷雨》《日出》《原野》等。李健吾，近代著名作家、戏剧家、翻译家，代表作有《草莽》《这不过是春天》等。孙犁，中国现代作家、散文家，“荷花淀派”的创始人，代表作有《风云初记》《铁木前传》等。郭沫若，著名作家、历史学家，代表作有《女神》《屈原》等。

46. [C] 韩愈，世称“韩昌黎”“昌黎先生”，唐代中期官员，文学家、思想家、哲学家、政治家。《天净沙·秋思》是元曲作家马致远创作的散曲小令，全曲仅五句二十八字，语言极为凝练却容量巨大，意蕴深远，结构精巧，顿挫有致，被后人誉为“秋思之祖”。陆游，南宋文学家、史学家、爱国诗人，代表作有《剑南诗稿》《渭南文集》等。“山重水复疑无路，柳暗花明又一村”出自《游山西村》，表现了诗人与众不同的思维与精神：在逆境中往往蕴涵着无限的希望。

47. [D] D 项出自岑参《白雪歌送武判官归京》。岑参，唐代边塞诗人代表，代表作有《逢入京使》等。A 项出自李白《赠孟浩然》，B 项出自李白《将进酒·君不见》，C 项出自李白《宣州谢朓楼饯别校书叔云》。

48. [B]《伤寒论》为东汉张仲景所著汉医经典著作，是一部阐述外感热病治疗规律的专著。张仲景原著《伤寒杂病论》在流传的过程中，经后人整理编纂将其中外感热病内容结集为《伤寒论》，另一部分主要论述内科杂病，名为《金匮要略》，后者是我国现存最早的一部论述杂病诊治的专书。《黄帝内经》，分为《灵枢》《素问》两部分，是我国最早的中医医学典籍，与《难经》《伤寒杂病论》《神农本草经》并称为我国传统医学四大经典著作，成书于战国至秦汉时期，是我国劳动人民长期与疾病做斗争的经验总结。《神农本草经》成书于汉代，是现存最早的中药学著作，是对中国中医药的第一次系统总结，奠定了中药学的理论基础。

49. [B] 该句出自纳兰性德《木兰词·拟古决绝词柬友》，全句为“人生若只如初见，何事秋风悲画扇。”意为人生如果都像初次相遇那般相处该多美好，那样就不会有现在的离别相思凄凉之苦了。纳兰性德，清朝初年词人。纳兰性德的词以“真”取胜，写景逼真传神，词风“清丽婉约，哀感顽艳，格高韵远，独具特色”。代表作有《通志堂集》《侧帽集》《饮水词》等。

50. [A]《山海经》，成书于战国时期至汉代初期，与《易经》《黄帝内经》并称为上古三大奇书，包含着关于上古地理、历史、神话、天文、动物、植物、医学、宗教以及人类学、民族学、海洋学和科技史等方面的诸多内容，是一部上古社会生活的百科全书。《镜花缘》是清代文人李汝珍创作的长篇小说。小说前半部分描写了唐敖、多九公等人乘船在海外游历的故事，包括他们在女儿国、君子国、无肠国等国的经历；后半部写了武则天科举选才女，由百花仙子托生的唐小山及其他各花仙子托生的一百位才女考中，并在朝中有所作为的故事。《天问》是中国战国时期诗人屈原创作的一首长诗。此诗从天地离分、阴阳变化、日月星辰等自然现象，一直问到神话传说乃至圣贤凶顽和治乱兴衰等历史故事。《淮南子》是西汉皇族淮南王刘安及其门客收集史料集体编写而成的一部哲学著作。在继承先秦道家思想的基础上，糅合了阴阳、墨、法和一部分儒家思想，但主要的宗旨属于道家。

二、名词解释题

1. 月下老人，即月老，宋州宋城（今河南商丘）人，是汉族民间传说中主管婚姻的红喜神，也就是媒神。月老这一形象最初在唐朝小说家李复言的小说集《续玄怪录》的《定婚店》中出现。月下老人后来也成为媒人的代称。月下老人以红绳相系男女，确定男女姻缘，体现了唐代人们对爱情与婚姻“前世注定今生缘”的认知态度。

2. **《菜根谭》**是明朝还初道人洪应明收集编著的儒家经典，是一部论述修养、人生、处世、出世的语录集。其文字简练明隽，兼采雅俗，言辞中流露出山林意趣，渗透着万物一体的世界观。该书告诫世人及时转念，戒贪少欲，取中庸之道。

3. **《桃花扇》**是清代文学家孔尚任创作的传奇剧本，以侯方域、李香君的悲欢离合为主线，展现了明末南京的社会现实。同时也揭露了弘光政权衰亡的原因，歌颂了对国家忠贞不渝的民族英雄和底层百姓，展现了明朝遗民的亡国之痛。以男女情事来写国家兴亡，是此剧的一大特色。该剧作问世三百余年来长盛不衰，已经被改编成黄梅戏、京剧、话剧多个剧种。

4. **郭沫若**，中国现代作家、历史学家、考古学家，于1921年发表第一本新诗集《女神》，书中洋溢着强烈的浪漫主义气息，是中国新诗的奠基之作，郭沫若也因而成为中国新诗的重要奠基人之一；同年，又与郁达夫等人一同创立上海文学学社“创造社”，是新文化运动的重要旗手。1922年3月15日，《创造季刊》问世。这一时期，郭沫若的诗作同胡适等人的新文化运动、五四运动作品，影响了日据时期台湾的早期新诗创作。

5. **《围城》**是钱钟书所著的长篇小说，是中国现代文学史上一部风格独特的讽刺小说，被誉为“新儒林外史”。故事主要描写了20世纪20年代到40年代知识分子的群像。

6. **《聊斋志异》**是中国清朝小说家蒲松龄创作的文言短篇小说集。全书共有短篇小说491篇，它们或者揭露封建统治的黑暗，或者抨击科举制度的腐朽，或者反抗封建礼教的束缚，具有丰富深刻的思想内容。描写爱情主题的作品，在全书中数量最多，表现了强烈的反封建礼教的精神。

7. **骈文**又称骈体文、骈俪文或骈偶文，是一种以字句两两相对而成篇章的文体，起源于汉代，盛行于南北朝。因其常用四字句、六字句，故也称“四六文”或“骈四俪六”。全篇以双句（俪句、偶句）为主，讲究对仗的工整和声律的铿锵。

8. **《国语》**相传是春秋时期左丘明所撰的我国第一部国别体史书。其编纂方法是以国分类，以语为主，故名“国语”。该著作记录范围为上起周穆王十二年（公元前990年）西征犬戎（约公元前947年），下至智伯被灭（公元前453年）。《国语》中包括各国贵族间朝聘、宴飨、讽谏、辩说、应对之辞以及部分历史事件与传说。

9. **俞伯牙**，春秋战国时期楚国郢（yǐng）都人，虽为楚人，却任职晋国上大夫，且精通琴艺。他是当时著名的琴师，善弹七弦琴，技艺高超，既是弹琴能手，又是作曲家，被人尊为“琴仙”。古时有伯牙摔琴以谢知音的故事，被传为千古佳话。

10. **白居易**是唐代伟大的现实主义诗人，新乐府运动倡导者，诗歌题材广泛，形式多样，语言平易通俗，有“诗魔”和“诗王”之称。代表作有《长恨歌》《卖炭翁》《琵琶行》等。

11. **宋词**，宋代盛行的一种中国文学体裁，是一种相对于古体诗的新体诗歌之一，为宋代儒客文人智慧精华，标志着宋代文学的最高成就。宋词句子有长有短，便于歌唱。它始于南朝梁代，形成于唐代而极盛于宋代。主要代表人物有苏轼、辛弃疾（豪放派代表词人）、柳永、李清照（婉约派代表词人）等。

12. **明剧**，主要剧种包括传奇戏曲和杂剧，分别在宋元南戏和元杂剧的基础上发展衍化而来。明传奇作为明代戏曲的主体，它的繁荣标志着中国戏曲发展的新阶段，在明代后期发展到辉煌时期，形成以汤显祖为领袖的“临川”与以沈璟为领袖的“吴江”两大流派。明初杂剧创作从平民化走向宫廷化、贵族化，代表人物有朱权与朱有炖；而明代中后期杂剧进入鼎盛时期，并实现了杂剧创作的转型，其创作体现出强烈的文人化、抒情化特色，代表人物有徐渭。

13. **《红楼梦》**，中国古代章回体长篇小说，中国古典四大名著之一，以贾、史、王、薛四大家族的兴衰为背景，以富贵公子贾宝玉为视角，以贾宝玉与林黛玉、薛宝钗的爱情婚姻悲剧为主线，描绘了一些举止见识出于须眉之上的闺阁佳人的人生百态。

14. **妙玉**，《红楼梦》中金陵十二钗之一，苏州人氏，是一个带发修行的居士。她原是仕宦人家的小姐，自小在玄墓蟠香寺出家为尼。贾府建造大观园，妙玉入住栊翠庵。

15. **史湘云**，《红楼梦》中金陵十二钗之一，金陵省贾、史、王、薛四大家族史家的千金，父母在她还是襁褓时就已经亡故，由叔叔婶婶养育。她是贾母的内侄孙女，贾府通称史大姑娘，是一个富有浪漫色彩的豪爽女性。

16. **小说**，指琐屑而偏颇的言论，出自《庄子·外物》，原句为“饰小说以干县令，其于大达亦远矣”。意思是，修饰浅薄的言辞以求得高高的美名，对于达到通晓大道的境界来说距离也就很远很远了。

17. **庄周**，指庄子。庄子，名周，战国中期思想家、哲学家、文学家，道家学派代表人物，与老子并称“老庄”，最早提出的“内圣外王”思想对儒家影响深远。他洞悉易理，指出“《易》以道阴阳”，其“三籁”思想与《易经》三才之道相合。其作品收录于《庄子》一书，代表作有《逍遥游》《齐物论》《养生主》等。

18. **茅盾**，中国现代作家、文学评论家、文化活动家以及社会活动家，是新文化运动的先驱者、中国革命文艺的奠基人之一。1981年，茅盾将稿费25万元人民币捐出设立茅盾文学奖，以鼓励当代优秀长篇小说的创作。代表作有小说《子夜》《春蚕》和文学评论《夜读偶记》。

19. **徐志摩**，现代诗人、散文家，新月派诗人，新月诗社成员。在剑桥大学学习两年，深受西方教育的熏陶及欧美浪漫主义和唯美派诗人的影响，奠定其浪漫主义诗风。代表作有《再别康桥》《翡冷翠的一夜》等。

20. **《雷雨》**是剧作家曹禺创作的一部话剧，以1925年前后的中国社会为背景，描写了一个带有浓厚封建色彩的资产阶级家庭的悲剧。该剧情节扣人心弦、语言精练含蓄，人物各具特色，是“中国话剧现实主义的基石”、中国现代话剧成熟的里程碑。据称是被翻译成各国语言文字最多的中国话剧。

21. **秦观**，北宋婉约派词人，善诗赋策论，与黄庭坚、晁补之、张耒合称“苏门四学士”。所写诗词高古沉重，寄托身世，感人至深。长于议论，文丽思深，兼有诗、词、文赋和书法多方面的艺术才能，尤以婉约之词驰名于世。代表作有《淮海集》《劝善录》等。

22. **《古诗十九首》**是中国古代文人五言诗选辑，由南朝萧统从传世无名氏古诗中选录十九首编入《文选》而成。《古诗十九首》是乐府古诗文人化的显著标志，深刻地再现了文人在汉末社会思想大转变时期，追求的幻灭与沉沦、心灵的觉醒与痛苦，抒发了人生最基本、最普遍的几种情感和思绪。全诗语言朴素自然，描写生动真切，具有浑然天成的艺术风格，被刘勰称为“五言之冠冕”（《文心雕龙》）。

23. **近体诗**，又称今体诗、格律诗，是一种讲究平仄、对仗和押韵的汉族诗歌体裁。为有别于古体诗而有近体之名。在近体诗篇中，句数、字数、押韵都有严格的要求，讲究平仄对仗。代表诗人有李白、杜甫、李商隐、陆游等。代表作有杜甫《春望》、李白《送友人》等。

24. **李商隐**，晚唐著名诗人，和杜牧合称“小李杜”。擅长诗歌写作，骈文文学价值颇高。其诗构思新奇，风格秾丽，尤其是一些爱情诗和无题诗写得缠绵悱恻，优美动人，广为传诵。代表作有《无题》《锦瑟》等。

25. **《诗经》**，又称《诗》《诗三百》，是我国最早的一部诗歌总集，收集了西周初年至春秋中叶（前11世纪至前6世纪）的诗歌，共311篇。《诗经》在内容上分为《风》《雅》《颂》三部分。《风》是周代各地的歌谣；《雅》是周人的正声雅乐，又分为《小雅》和《大雅》；《颂》是周王庭和贵族宗庙祭祀的乐歌，又分为《周颂》《鲁颂》和《商颂》。《诗经》内容丰富，反映了劳动与爱情、战争与徭役、压迫与反抗等方方面面，是周代社会生活的一面镜子。

26. **《儒林外史》**是清代**吴敬梓**创作的长篇小说。全书五十六回，以写实主义描绘各类人士对于“功名富贵”的不同表现，一方面，真实地揭示人性被腐蚀的过程和原因，从而对当时吏治的腐败、科举的弊端、礼教的虚伪等进行了深刻的批判和嘲讽；另一方面，热情地歌颂了少数人物以坚持自我的方式所作的对人性的守护，从而寄寓了作者的理想。《儒林外史》代表着中国古代讽刺小说的高峰，它开创了以小说直接评价现实生活的范例。

27. **张爱玲**，是中国现代文学史上一个独具魅力的作家。她一生的创作涉及小说、散文、剧本评论，其中以小说成就最高。她拓展了女性批判新视野和女性文学的新天地，创造了写实小说的新高度，形成了与众不同的艺术风格。代表作有《沉香屑·第一炉香》《倾城之恋》等。

28. **吴承恩**，明代文学家，自幼敏慧，博览群书，尤其喜爱神话故事。擅长绘画、书法，多才多艺。吴承恩诗文词赋曲艺术特色鲜明，其成就在明代文坛不逊于“前后七子”、唐宋派诸大家。由于官场的失意，生活的困顿，吴承恩加深了对封建科举制度、黑暗社会现实的认识，于是运用志怪小说的形式来表达内心的不满和愤懑。代表作有长篇小说《西游记》、词集《花草新编》、短篇小说集《禹鼎志》等。

29. **《春江花月夜》**是唐代诗人张若虚创作的七言长篇歌行。此诗沿用陈隋乐府旧题，运用富有生活气息的清丽之笔，以江为场景，以月为主体，描绘了一幅幽美邈远、惝恍迷离的春江月夜图，抒写了游子思妇真挚动人的离情别绪以及富有哲理意味的人生感慨，突破了梁陈宫体诗的狭小天地，表现了一种迥绝的宇宙意识，创造了一个深沉、寥廓、宁静的艺术境界。

30. **唐宋八大家**，又称“唐宋散文八大家”，是唐代和宋代八位散文家的合称，分别为唐代韩愈、柳宗元和宋代欧阳修、苏洵、苏轼、苏辙、王安石、曾巩。其中韩愈、柳宗元是唐代古文运动的领袖，欧阳修、三苏（苏轼、苏辙、苏洵）是宋代古文运动的核心人物，王安石、曾巩是临川文学的代表人物。他们先后掀起的古文革新浪潮，使诗文发展的陈旧面貌焕然一新。

31. **莫言**，本名管谟业，中国当代作家，首位中国籍诺贝尔文学奖获得者。莫言的系列小说打破宏观历史叙事，展示小人物的历史和人性的丰富，颠覆了传统革命叙事整体的、进化的历史观，代之以小人物的多维的、立体的性格展示，通过他们人性的自私、欲望和面对民族大义时冲锋陷阵的伟岸以及在历史的洪流面前无能为力的苍凉来展现历史的另类书写。代表作有《红高粱》《丰乳肥臀》等。

32. **克己复礼**是一则成语，有关典故最早出自《论语·颜渊》。“克己复礼”指克制自己的私欲，使言行举止合乎礼节。

33. **《周易》**即《易经》，先秦时期传统典籍，相传系周文王姬昌所作，是对四百五十卦易卦典型象义的揭示和相应吉凶的判断，内容包括《经》和《传》两个部分。《周易》是中国传统思想文化中自然哲学与人文实践的理论根源，是古代汉民族思想、智慧的结晶，被誉为“大道之源”，对中国几千年来的政治、经济、文化等各个领域都产生了极其深刻的影响。

34. **建安风骨**也称汉魏风骨，是汉魏之际的文学风格，具有慷慨悲凉、雄健深沉等特点。建安时期的作品真实而广泛地反映了动乱的社会现实和人民的苦难，展示了广阔的时代生活画面，抒发了作家建功立业的理想壮志和积极进取的精神，同时也流露了人生短促、壮志难酬的悲凉幽怨情绪。代表诗人有“三曹”（曹操、曹丕、曹植）、“七子”（孔融、陈琳、王粲、徐干、阮瑀、应玚、刘桢）和女诗人蔡琰。

35. **汉赋**是汉朝流行的主要文学体裁，由《楚辞》发展而来，吸收了荀子《赋篇》的体制，外加纵横家的夸张手法，形成一种兼有诗歌与散文特征的文学形式，其特点是散韵结合，专事铺叙。从赋的形式上看，在于“铺采摛文”；从赋的内容上说，侧重“体物写志”。代表作有司马相如《上林赋》、贾谊《吊屈原赋》等。

36. **今文经**是对汉代从师生口耳相传，最终以通行字体——隶书写定的儒家经典的总称。以今文经为基础，出现了汉代的今文经学。有汉一代与古文经学攻讦不断，直到东汉末年郑玄综合今、古文注经。到了清代晚期，今文经学曾一度复兴，为新兴的资产阶级所用。代表作有施氏《易》、欧阳氏《书》《鲁诗》《齐诗》等。

37. **《资治通鉴》**，是由北宋史学家司马光主编的一部多卷本编年体史书，共294卷，历时十九年完成。主要以时间为纲，事件为目，从周威烈王二十三年到五代后周世宗显德六年征淮南，涵盖十六朝1,362年的历史。司马光开创了编年体史书多功能目录的新体例，使《资治通鉴》更臻于完善，将中国的历史编纂推进到了新的水平上。司马光的《资治通鉴》与司马迁的《史记》并列为中国史学的不朽巨著，所谓“史学两司马”。

38. **《六祖坛经》**，佛教经典，亦称《六祖大师法宝坛经》，简称《坛经》。禅宗六祖慧能说，其弟子法海集录，是禅宗的主要经典之一。经文主要记载慧能的生平事迹和言教。根据“自性本清净”之说，宣扬“明心见性”“顿悟成佛”的基本思想。《坛经》的思想对禅宗发展起到了重要作用。中国佛教著作被尊称为“经”的，仅此一部。

39. **“三言二拍”**是指明代五本著名传奇小说集的合称，包括冯梦龙编著的《喻世明言》《警世通言》《醒世恒言》以及凌濛初创作的《初刻拍案惊奇》《二刻拍案惊奇》。以一回一个世俗小故事成就了中国古典短篇白话小说的巅峰之作。

40. **《永乐大典》**是明永乐年间由明成祖朱棣先后命解缙、姚广孝等主持编纂的一部集中国古代典籍于大成的类书。《永乐大典》内容包括经、史、子、集，涉及天文地理、阴阳医术、占卜、释藏道经、戏剧、工艺、农艺，涵盖了中华民族数千年来的知识财富。《不列颠百科全书》在“百科全书”条目中称中国明代类书《永乐大典》为“世界有史以来最大的百科全书”。

41. **《梦溪笔谈》**由北宋科学家、政治家沈括撰，是一部涉及古代中国自然科学、工艺技术及社会历史现象的综合性笔记体著作。其内容涉及天文、数学、物理、化学、生物等各个门类学科。书中的自然科学部分，总结了中国古代、特别是北宋时期科学成就。社会历史方面，对北宋统治集团的腐朽有所暴露，对西北和北方的军事利害、典制礼仪的演变、旧赋役制度的弊害，都有较为翔实的记载。英国科学史家李约瑟评价其为“中国科学史上的里程碑”。

42. **性灵说**，中国古代诗论的一种诗歌创作和评论的主张，以清代袁枚倡导最力。它与神韵说、格调说、肌理说并为清代前期四大诗歌理论派别。一般把性灵说作为袁枚的诗论，实际上它是对明代以公安派为代表的“独抒性灵，不拘格套”（袁宏道《叙小修诗》）诗歌理论的继承和发展。代表人物有袁枚、赵翼、张问陶，并称乾嘉性灵派三大家。

43. **《天工开物》**由明代著名科学家宋应星所著，是世界上第一部关于农业和手工业生产的综合性著作，是中国古代一部综合性的科学技术著作，外国学者称它为“中国17世纪的工艺百科全书”。作者在书中强调人类要和自然相协调、人力要与自然力相配合。《天工开物》是中国科技史料中保留最为丰富的一部，它更多地着眼于手工业，反映了中国明代末年出现资本主义萌芽时期的生产力状况。

44. **《战国策》**，又称《国策》，为西汉刘向编订的国别体史书。全书共三十三卷，分十二国的“策”论。内容以战国时期，策士的游说活动为中心，同时反映了战国时期的一些历史特点和社会风貌，是研究战国历史的重要典籍。《战国策》善于述事明理，描写人物形象逼真，大量运用寓言、譬喻，语言生动，富于文采。无论个人陈述或双方辩论，都具有很强的说服力。所以也是一部优秀的散文集，对中国两汉以来史传文政论文的发展有相当影响。

45. **明清小说**，是诞生在明清时期小说的总称。就文学理念、文学体式和文学表现手段而言，明清小说以其完备和丰富将叙事文学推向了极致。从明清小说所表现的广阔的社会生活场景、丰硕的艺术创作成果和丰富的社会政治理想而言，明清小说无疑铸就了中国古典文学的最后的辉煌。代表作有《红楼梦》《儒林外史》等。

三、填空题

1. [田汉]《回春之曲》，是田汉于 1935 年 1 月创作的第一部救亡多幕剧（共三幕）。全剧表现了华侨青年的爱国主义精神，颂扬了海外儿女坚贞不渝的爱情。田汉，剧作家、戏曲作家、中国现代戏剧三大奠基人之一。他创作歌词的歌曲《万里长城》的第一段后来成为中华人民共和国国歌《义勇军进行曲》的歌词。

2. [曹操] 该句出自《龟虽寿》——东汉文学家、政治家曹操创作的一首四言乐府诗，表现了其老当益壮、积极进取的人生态度，充满了对生活的真切体验，有着一种真挚而浓烈的感情力量。魏武帝曹操，字孟德，中国古代杰出的政治家、军事家、文学家、书法家、诗人。曹操善诗文，知兵法，开建安文风。代表作有《曹操集》。

3. [晏殊] 该句出自《蝶恋花·槛菊愁烟兰泣露》——宋代词人晏殊的作品。此词写深秋怀人，是宋词的名篇之一，也是晏殊的代表作之一。全词情致深婉而又寥廓高远，深婉中见含蓄，广远中有蕴涵，很好地表达了离愁别恨的主题。晏殊，北宋政治家、文学家。晏殊以词著于文坛，尤擅小令，风格含蓄婉丽，与其第七子晏几道被称为“大晏”和“小晏”，又与欧阳修并称“晏欧”。代表作有《珠玉词》《晏元献遗文》《类要》等。

4. [杨炯；骆宾王] 初唐四杰是唐朝文学家王勃、杨炯、卢照邻、骆宾王的合称，简称为“王杨卢骆”。王勃，唐朝文学家，王勃的诗歌继承了贞观时期崇儒重儒的精神风尚，又注入新的时代气息，既壮阔明朗又不失慷慨激越。代表作有《送杜少府之任蜀州》。杨炯，唐朝大臣、文学家，文学才华出众，善写散文，尤擅诗歌。在内容和艺术风格上以突破齐梁“宫体诗风”为特色，在诗歌发展史上起到承前启后的作用，代表作有《从军行》。卢照邻，唐朝诗人，工诗歌骈文，诗以歌行体为最佳。代表作有《卢照邻集》《幽忧子》。骆宾王，唐朝大臣、诗人，诗歌辞采华赡，格律谨严。代表作有《骆宾王文集》。

5. [白话文运动] 三大语文运动是指我国发生在 20 世纪的切音字运动、国语运动、白话文运动。切音字运动是清末 20 年间发端于民间的创造和推行汉语拼音方案的运动。切音就是拼音，也叫合声，音字就是泛指在这一运动中产生的各种各样的汉语拼音方案。国语运动是指中国从清末到 1949 年推行的以官话为基础制定汉语标准语和中国国语的运动。它提出“言文一致”和“国语统一”两大口号。“言文一致”是书面语不用文言，改用白话。白话文运动是 20 世纪早期中国文化界中，一群受过西方教育（当时称为新式教育）的人发起的一次革新运动。

6. [《长恨歌》]《长恨歌》是唐代诗人白居易创作的一首长篇叙事诗，描写了唐明皇和杨贵妃的爱情生活、爱情效果，以及由此导致的荒政乱国和安史之乱的爆发。白居易，唐代伟大的现实主义诗人，与元稹共同倡导新乐府运动，世称“元白”，与刘禹锡并称“刘白”。白居易的诗歌题材广泛，形式多样，语言平易通俗，有“诗魔”和“诗王”之称。代表作有《长恨歌》《卖炭翁》《琵琶行》等。

7. [王维] 该句出自《鹿柴》——唐代诗人王维的诗作。此诗写一座人迹罕至的空山，一片古木参天的树林。全诗语言清新自然，运用以动衬静、以局部衬全局的手法，把禅意渗透于自然景色的生动描绘之中，创造了一个空寂幽深的境界。王维，字摩诘，号摩诘居士，唐朝诗人，有“诗佛”之称，盛唐山水诗派代表，开创水墨山水画派。代表作有《山居秋暝》《终南别业》等。

8. [《春秋谷梁传》]“春秋三传”是《左传》《春秋公羊传》《春秋谷梁传》三本古代作品的合称。《左传》以《春秋》为本，通过记述春秋时期的具体史实来说明《春秋》的纲目，归为儒家重要经典之一，主要记录了周王室的衰微、诸侯争霸的历史，对各类礼仪规范、典章制度、社会风俗、民族关系、道德观念、天文地理、历法时令、古代文献、神话传说、歌谣言语均有记述和评论。《公羊传》亦称《春秋公羊传》《公羊春秋》，是专门解释《春秋》的一部典籍，其起止年代与《春秋》一致，即公元前722年至前481年，其释史十分简略，而着重阐释《春秋》所谓的“微言大义”，用问答的方式解经。《谷梁传》又称《谷梁春秋》《春秋谷梁传》，以语录体和对话文体为主，用这种方式来注解《春秋》，是研究儒家思想从战国时期到汉朝演变的重要文献。

9. [孟郊]该句出自《游子吟》——唐代诗人孟郊创作的一首五言诗。这是一首母爱的颂歌。全诗共六句三十字，采用白描的手法，通过回忆一个看似平常的临行前缝衣的场景，凸显并歌颂了母爱的伟大与无私，表达了诗人对母爱的感激以及对母亲深深的爱与尊敬之情。孟郊，唐代著名诗人。因其诗作多写世态炎凉，民间苦难，故有“诗囚”之称，与贾岛并称“郊寒岛瘦”。代表作有《孟东野诗集》。

10. [明成祖朱棣]《永乐大典》是明永乐年间由明成祖朱棣先后命解缙、姚广孝等主持编纂的一部集中国古代典籍于大成的类书。《永乐大典》内容包括经、史、子、集，涵盖了中华民族数千年来的知识财富。《不列颠百科全书》称其为“世界有史以来最大的百科全书”。

11. [《残冬》]茅盾的这三篇小说，从《春蚕》写蚕丝业萧条所引起的农村破产，到《秋收》写农民在饥饿中的抢粮风潮，到《残冬》写农民在一年生计完全绝望以后，终于自发起来进行武装斗争，反映出了那个年代旧中国农村变化和农民觉醒的全过程，留下了一幅清楚、生动的历史图画。因此，这三篇小说也是姐妹篇，合起来称为“农村三部曲”。

12. [鲁迅]左联的旗帜人物是鲁迅。中国左翼作家联盟，简称左联，是中国共产党于20世纪30年代在中国上海领导创建的一个文学组织，目的是与中国国民党争取宣传阵地，吸引广大民众支持其思想。1936年春，根据形势的需要，为了建立文艺界抗日民族统一战线，“左联”自动解散。

13. [松；竹；梅花]松、竹经冬不凋，梅花耐寒开放，因此有“岁寒三友”之称。

14. [《易经》]“自强不息”最早出自先秦《易经·乾卦·象曰》，指自己努力上进，永不懈怠；形容一种积极的人生态度。“厚德载物”最早出自先秦《易经·坤卦》，指道德高尚者能承担重大任务，也指有德行的君子，应该以深厚的德行，来容载世间的万物。

15. [宋]《水浒传》，元末明初施耐庵编著的章回体长篇小说，与《三国演义》《西游记》《红楼梦》并称中国古典四大名著。全书描写了北宋末年，以宋江为首的一百零八条好汉在山东梁山泊聚义的英雄故事。

16. [李商隐]该句出自唐代诗人李商隐的组诗作品——《无题二首》其一，为七言律诗。该句为颔联，抒写了今夕对意中人的思念，表现了诗人对这段美好情缘的珍视和自信。

17. [心脏]“七寸”指的是一个笼统的部位，其实就是蛇心脏的所在处，而“三寸”是蛇脊椎骨所在处。打蛇打七寸，比喻说话做事必须抓住主要环节。

18. [曾朴的《孽海花》]晚清四大谴责小说分别为李宝嘉（李伯元）的《官场现形记》、吴沃尧（吴趼人）的《二十年目睹之怪现状》、刘鹗的《老残游记》以及曾朴的《孽海花》。《官场现形记》是晚清文学家李伯元创作的长篇小说，它由30多个相对独立的官场故事连缀起来，涉及清政府中上自皇帝、下至佐杂小吏等，开创了近代小说批判现实的风气。《二十年目睹之怪现状》是晚清文学家吴趼人创作的一部带有自传性质的长篇小说，全书以主人公“九死一生”的经历为主要线索，描述了日益殖民地化的中国封建社会的政治状况、道德面貌、社会风尚以及世态人情，揭露了晚清社会和封建制度行将灭亡、无可挽救的历史命运。《老残游记》是清末文学家刘鹗的代表作，以一位走方郎中老残的游历为主线，对社会矛盾开掘很深，尤其是他在书中敢于直斥清官（清官中的酷吏）误国，清官害民，独具慧眼地指出清官的昏庸常常比贪官更甚。《孽海花》是清末民初金松岑、曾朴创作的长篇谴责小说。采用隐喻的手法，以苏州状元金汋和名妓傅彩云的经历为线索，展现了同治初年至甲午战争三十年中国社会政治文化生活的历史变迁。

19. [《牡丹亭还魂记》]汤显祖，中国明代戏曲家、文学家。他有多方面的成就，而以戏曲创作为最。其戏剧作品《牡丹亭还魂记》《紫钗记》《南柯记》和《邯郸记》合称“临川四梦”，其中《牡丹亭还魂记》是他的代表作。《牡丹亭还魂记》（简称《牡丹亭》，也称《还魂梦》或《牡丹亭梦》）是汤显祖创作的传奇（剧本），描写了官家千金杜丽娘对梦中书生柳梦梅倾心相爱，竟伤情而死，化为魂魄寻找现实中的爱人，人鬼相恋，最后起死回生，终于与柳梦梅永结同心的故事。

20. [文学研究会]文学研究会是新文学运动中成立最早、影响和贡献最大的文学社团之一，由周作人、郑振铎、沈雁冰、郭绍虞、朱希祖、瞿世英、蒋百里、孙伏园、耿济之、王统照、叶绍钧、许地山十二人发起，其宗旨是“研究介绍世界文学，整理中国旧文学，创造新文学”。文学研究会作为中国历史上最早的新文学团体，对中国现代文学和白话诗歌的发展起到了重要的作用，在介绍外国进步的现实主义文学方面做出了很大努力。

二、外国文学

一、选择题

1. [C]契诃夫，19世纪俄国批判现实主义作家、戏剧家和短篇小说艺术大师，代表作有《变色龙》《苦恼》《万卡》等。莫泊桑，19世纪后半期法国批判现实主义作家，被誉为现代文学中的“世界短篇小说之王”，是法国文学史上短篇小说创作数量最大、成就最高的作家，代表作有《项链》《漂亮朋友》《羊脂球》等。屠格涅夫，19世纪俄国批判现实主义作家，代表作有长篇小说《罗亭》《贵族之家》、中篇小说《阿霞》《初恋》等。托尔斯泰，19世纪中期俄国批判现实主义作家、政治思想家、哲学家，代表作有《战争与和平》《安娜·卡列尼娜》《复活》等。

2. [A]“美即是真，真即是美”出自济慈所作的一首诗歌《希腊古瓮颂》。约翰·济慈，19世纪初期英国诗人，与雪莱、拜伦齐名，被推崇为欧洲浪漫主义运动的代表，代表作有《恩狄芒》《夜莺颂》等。拜伦，英国浪漫主义诗人，代表作有《恰尔德·哈洛尔德游记》《唐璜》等。雪莱，英国浪漫主义诗人，被认为是历史上最出色的英语诗人之一，受空想社会主义思想影响颇深，代表作有《西风颂》等。威廉·布莱克，英国文学史上最重要的浪漫主义诗人之一，主要诗作有诗集《纯真之歌》《经验之歌》等。

3. [A]《追风筝的人》是美籍阿富汗作家卡勒德·胡赛尼的第一部长篇小说，全书围绕风筝与阿富汗的两个少年之间展开，描述了一个富家少年与家中仆人关于风筝的故事，主题是人性的背叛与救赎。《恋爱中的女人》是英国作家D. H. 劳伦斯创作的长篇小说，是《虹》的续集，故事围绕两对恋人的情感纠葛展开。《儿子与情人》是英国作家D. H. 劳伦斯创作的一部长篇小说，是作者的半自传体作品。小说中，劳伦斯通过现实主义和心理分析的写作方法，描写了19世纪末叶英国工业社会中下层人民的生活和特定环境下母子间和两性间的复杂、变态的心理。《虹》是英国作家D. H. 劳伦斯创作的长篇小说，通过一家三代人的遭遇，描述了工业革命给传统的乡村带来的巨大变化，同时以巨大的热情和深度，探索有关性的心理问题。

4. [C]《古舟子咏》是英国浪漫主义诗人塞缪尔·泰勒·柯勒律治创作的叙事长诗。故事以老水手在海上的经历为中心展开。第一章叙述老水手所在的航船在向赤道航行时突遇风暴，被吹至杳无人迹的南极附近，为冰雪所困。这时，一只信天翁在雾雪中飞来，水手们兴高采烈，喂之以食。随即，坚冰破裂，南风吹起，航船复向赤道驶去，信天翁亦随船而飞。九天后，老水手却莫名其妙地将信天翁射死。第二、三章主要叙述老水手及其同伴所遭遇的一系列厄运。

5. [C] 威廉·莎士比亚的四大悲剧是《哈姆雷特》《奥赛罗》《李尔王》《麦克白》。《哈姆雷特》讲述了叔叔克劳狄斯谋害了哈姆雷特的父亲，篡取了王位，并娶了国王的遗孀乔特鲁德，哈姆雷特王子因此为父王向叔叔复仇的故事。《哈姆雷特》是莎士比亚所有戏剧中篇幅最长的一部，也是莎士比亚最负盛名的剧本，具有深刻的悲剧意义。《奥赛罗》的主题包括爱情与嫉妒、轻信与背信、异族通婚等。奥赛罗是威尼斯城邦雇用的一个将军，是黑皮肤摩尔人，与威尼斯一个贵族的女儿结婚。他受阴谋家摆布，杀死了心爱的妻子；当他得知真相后，悔恨之余拔剑自刎，倒在了妻子身边。《李尔王》最富于哲学意义，主要写李尔王从一个有绝对权威的封建君主变为一个人文主义者心目中的"人"的过程；处理了权威与爱的矛盾、权威与社会正义的矛盾、"真诚的"爱与虚伪爱的对比、人性与大自然的善恶问题。《麦克白》在更广泛的意义上探索人性的善转变为恶的过程。主人公麦克白是苏格兰大将，由于野心的驱使，杀死了慈祥的国王；他是个立过功、有所作为的英雄，性格中有善良的一面，由于女巫和夫人的诱惑，他想干一番大事业的雄心变成了野心；一旦野心实现，必然引起一连串新的犯罪，最后导致灭亡。《罗密欧与朱丽叶》讲述意大利贵族凯普莱特女儿朱丽叶与蒙太古的儿子罗密欧诚挚相爱，誓言相依，但因两家世代为仇而受到阻挠。许多学者和评论家从这个意义上称这出戏是乐观主义的悲剧，也就是人们惯说的悲喜剧。《威尼斯商人》是一部具有讽刺性的喜剧，主题是歌颂仁爱、友谊和爱情，同时也反映了资本主义早期商业资产阶级与高利贷者之间的矛盾，表现了作者对资产阶级社会中金钱、法律和宗教等问题的人文主义思想。

6. [B] "God helps those who help themselves"（天助自助者）这句话最先出现在本杰明·富兰克林的作品中。本杰明·富兰克林，美国政治家、物理学家、印刷商和出版商、作家、发明家和科学家，以及外交官，美国开国元勋之一。他参与起草和签署《独立宣言》；发明避雷针，并最早提出电荷守恒定律。

7. [C] 西奥多·德莱塞，美国现代小说的先驱、现实主义作家之一，也是自然主义者，他的作品贴近广大人民的生活，诚实、大胆、充满了生活的激情。代表作有《嘉莉妹妹》《珍妮姑娘》《美国悲剧》等。

8. [D] 黑色幽默是一种用喜剧形式表现悲剧内容的文学方法，是西方现代派文学中的一个十分重要的流派，对现代世界文学有着广泛而深刻的影响。代表作有《第二十二条军规》《万有引力之虹》《烟草经纪人》《第五号屠场》等。《第二十二条军规》是美国作家约瑟夫·海勒创作的长篇小说，该小说以第二次世界大战为背景，通过对驻扎在地中海一个名叫皮亚诺扎岛（此岛为作者所虚构）上的美国空军飞行大队所发生的一系列事件的描写，揭示了一个非理性的、无秩序的、梦魇似的荒诞世界。《万有引力之虹》是美国作家托马斯·品钦所著的一部长篇小说，以"反英雄"式的主人公斯洛索普的荒诞命运，揭露西方病态和疯狂的社会。《烟草经纪人》是美国后现代主义文学大师约翰·巴思所著的讽喻史诗，讲述17世纪80年代，一位不谙世事的天真诗人埃比尼泽·库克，在被马里兰领主查尔斯·卡尔弗特授予"马里兰桂冠诗人"称号后，决定乘船前往马里兰照管父亲的烟草种植园，并写作记录马里兰历史的英雄史诗《马里兰纪》，由此开始了一段奥德赛式的旅程。《喧哗与骚动》是美国作家威廉·福克纳创作的长篇小说，创作于1929年，讲述的是南方没落地主康普生一家的家族悲剧，属于意识流小说。

9. [B]《消失的地平线》是英国作家詹姆斯·希尔顿创作的小说，叙述了英国驻巴基斯坦的领事康韦及助手马里森上尉、法国女传教士布林克洛小姐、美国人巴纳德在飞机失事后到达香格里拉的神奇之旅。詹姆斯·希尔顿，英国著名畅销书作家。《不列颠百科全书》指出，《消失的地平线》的一大功绩是为西方世界创造了世外桃源——“香格里拉”一词。

10. [A]《悲惨世界》是法国作家维克多·雨果创作的一部长篇小说，故事的主线围绕主人公苦刑犯冉·阿让的个人经历，融进了法国的历史、革命、战争、道德哲学、法律、正义、宗教信仰。《雾都孤儿》是狄更斯创作的长篇写实小说。该作以雾都伦敦为背景，讲述了一个孤儿悲惨的身世及遭遇。《艰难时世》是狄更斯创作的长篇小说，以工业小镇焦煤镇为故事发生地，展现了工业革命及机器生产的时代背景下小镇人所经历的“艰难”，深刻地揭露了资产阶级功利主义哲学的反动实质和它的危害性。《老古玩店》是狄更斯创作的长篇小说，描写老古玩店店主吐伦特和他美丽、善良的外孙女小耐儿相依为命的悲惨故事，被誉为“维多利亚时期的忧伤”。

11. [D]《艰难时世》是英国批评现实主义小说家狄更斯创作的长篇小说，以工业小镇焦煤镇为故事发生地，展现了工业革命及机器生产的时代背景下小镇人所经历的“艰难”，深刻地揭露了资产阶级功利主义哲学的反动实质和它的危害性。《镀金时代》是美国作家马克·吐温与查尔斯·沃纳合写的长篇小说，运用现实主义的手法大胆揭露了美国南北战争以后，资本主义发展阶段的腐朽黑暗。《格列佛游记》是英国作家乔纳森·斯威夫特创作的一部长篇游记体讽刺小说，通过格列佛在利立浦特、布罗卜丁奈格、飞岛国、慧骃国的奇遇，反映了18世纪前半期英国统治阶级的腐败和罪恶。《丧钟为谁而鸣》是美国作家海明威创作的长篇小说，以美国人参加西班牙人民反法西斯战争为题材。

12. [C]《寂静的春天》是美国科普作家蕾切尔·卡逊创作的科普读物。在这本书中，作者以详尽的阐释和独到的分析，细致地讲述了以DDT为代表的杀虫剂的广泛使用，给人们的生存环境所造成的难以逆转的危害——人类不断想控制自然的结果，却使生态破坏殆尽，也在不知不觉间累积毒物于自身甚至遗祸子孙。

13. [A] 亨利·詹姆斯，英籍美裔小说家、文学批评家、剧作家和散文家，代表作有长篇小说《一个美国人》《一位女士的画像》等。在他的小说中，国际主题是不变的主旋律，他刻画了大量旅居欧洲的美国人的形象。威廉·詹姆斯，亨利·詹姆斯的哥哥，美国心理学之父，美国本土第一位哲学家和心理学家，也是教育学家、实用主义的倡导者，美国机能主义心理学派创始人之一。马克·吐温，美国作家、演说家，美国批判现实主义文学的奠基人，代表作有《百万英镑》《哈克贝利·费恩历险记》《汤姆·索亚历险记》等。西奥多·德莱塞，美国现代小说的先驱、现实主义作家之一，代表作有《嘉莉妹妹》《美国悲剧》等。

14. [B] 埃兹拉·庞德，美国诗人和文学评论家，意象派诗歌运动的重要代表人物。他从中国古典诗歌、日本俳句中生发出“诗歌意象”的理论，为东西方诗歌的互相借鉴做出了卓越贡献。《神州集》，又译作《华夏集》或《中国集》，是庞德翻译的十九首中国古诗的合集。《诗经》与“四书”中的《大学》《中庸》《论语》是庞德在精神病院翻译的儒家经典，其中《孟子》他译了一部分成意大利语，但英语译文一直没有完成。

15. [B] 意识流小说是20世纪20年代兴起的小说样式，特点是唯主观、反理性，采取直接叙述意识流动过程的方法来构建篇章和塑造人物形象。代表作家有马塞尔·普鲁斯特、威廉·福克纳、弗吉尼亚·伍尔夫等。威廉·福克纳，美国文学史上最具影响力的作家之一，美国意识流文学的代表人物，1949年诺贝尔文学奖得主，代表作有《喧哗与骚动》《我弥留之际》等。詹姆斯·乔伊斯，爱尔兰作家、诗人，20世纪最伟大的作家之一，后现代文学的奠基者之一，其作品及意识流思想对世界文坛影响巨大，代表作有《都柏林人》《尤利西斯》等。海明威，美国作家、记者，被认为是20世纪最著名的小说家之一，代表作有《老人与海》《乞力马扎罗的雪》等。菲茨杰拉德，20世纪美国作家、编剧，他的小说生动地反映了20世纪20年代“美国梦”的破灭，展示了大萧条时期美国上层社会“荒原时代”的精神面，代表作有《了不起的盖茨比》《夜色温柔》等。

16. [B] 杰弗雷·乔叟，英国小说家、诗人，被公认为中世纪英国最伟大的诗人之一，英国诗歌的奠基人，被后人誉为“英国诗歌之父”，代表作有小说集《坎特伯雷故事集》。《坎特伯雷故事集》是一部诗体短篇小说集，叙述朝圣者一行 30 人会聚在泰巴旅店，这些朝圣者有当时英国社会各个阶层的人士，他们准备前往坎特伯雷去朝拜圣托马斯。《天路历程》为英国作家约翰·班扬创作的长篇小说，其主旨是让人们遵循基督教义，并通过不断战胜自身弱点与身外的邪恶来获得拯救。《鲁滨逊漂流记》是英国作家丹尼尔·笛福的一部长篇小说，主要讲述了主人公鲁滨逊·克鲁索出生于一个中产阶级家庭，一生志在遨游四海的故事。《力士参孙》是英国文学家约翰·弥尔顿所作长篇诗歌。这首诗剧以希腊悲剧为典范写成，突出地表现了人物的内心感受，具有震撼人心的力量。

17. [C] 沃尔特·司各特，英国著名的历史小说家和诗人。他以苏格兰为背景的诗歌十分有名，而后逐渐转行开始写作历史小说，其创作对欧洲历史小说起了开创作用，被尊为历史小说的创始人，代表作有《艾凡赫》《惊婚记》等。罗伯特·路易斯·史蒂文森，英国小说家，其作品风格独特多变，对 20 世纪现代主义文学影响巨大，代表作有长篇小说《金银岛》《化身博士》等。塞缪尔·泰勒·柯勒律治，英国诗人、文评家，英国浪漫主义文学的奠基人之一，代表作有《古舟子咏》《克里斯塔贝尔》等。查尔斯·狄更斯，英国作家，代表作有《雾都孤儿》《双城记》《远大前程》等。

18. [A] 本·琼森，英格兰文艺复兴剧作家、诗人和演员。他的作品以讽刺剧见长，抒情诗也很出名。《人人高兴》是琼森于 1598 年根据气质论创作的癖性喜剧，也是其第一部成功之作。《福尔蓬奈》又名《狐狸》，是琼森于 1606 年创作的讽刺喜剧，淋漓尽致地揭露了文艺复兴时期英国社会中的丑恶现象，成功地刻画了福尔蓬奈和莫斯卡两个骗子形象。《炼金术士》是琼森于 1610 年创作的喜剧，讲述在伦敦的一处房舍，主人到乡下去躲避瘟疫，房子被仆人租给一个能谎称能点石成金的骗子和一个妓女，不料三人却合伙干起骗人钱财的勾当。《卡塔林的阴谋》是琼森于 1611 年创作的罗马历史悲剧。

19. [D] 约翰·德莱顿，英国诗人、剧作家、文学批评家。一生为贵族写作，为君王和复辟王朝歌功颂德，被封为“桂冠诗人”。德莱顿也是英国文学批评的创始人，他著名的文学批评著作有《论戏剧诗》《寓言集序言》等。约翰·班扬，英国著名作家、布道家。1660 年斯图亚特王朝复辟，当局借口未经许可而传教，把他逮捕入狱两次，分别监禁十二年、六个月。狱中写就《天路历程》，被誉为“英国文学中最著名的寓言”。乔纳森·斯威夫特，爱尔兰作家、政论家、讽刺文学大师，曾被高尔基称为“世界文学创造者之一”，代表作有《格列佛游记》《一只桶的故事》等。约翰·弥尔顿，英国诗人、政论家、民主斗士，是英国历史上伟大的艺术家，被称为英国文学史上伟大的六位诗人之一。代表作有长诗《失乐园》《复乐园》《力士参孙》等。

20. [C]《常识》是托马斯·潘恩于 1776 年发表的一部宣传小册子，主要揭露和批判了英国的黑暗与压迫本质，促进了美国独立战争的胜利。托马斯·潘恩，英裔美国思想家、作家、政治活动家、理论家、革命家、激进民主主义者。本杰明·富兰克林，美国政治家、物理学家。托马斯·杰弗逊，美利坚合众国第三任总统、《美国独立宣言》主要起草人，与乔治·华盛顿、本杰明·富兰克林并称为美利坚开国三杰。菲利普·弗瑞诺，美国 19 世纪著名诗人、记者。弗瑞诺的诗歌创作不仅数量多，而且题材多样，艺术成就过人，被认为是美国浪漫主义文学的先驱。代表作有《美洲光辉的升起》《印第安人墓地》《野忍冬花》等。

21. [B]《福谷传奇》是美国作家纳撒尼尔·霍桑创作的长篇小说，讲述了一群知识分子试图建立一个乌托邦式理想社会的故事。赫尔曼·梅尔维尔，19 世纪美国最伟大的小说家、散文家和诗人之一，被普遍认为是美国文学的巅峰人物之一，被誉为美国的“莎士比亚”。代表作有《白鲸》《泰比》《奥穆》《玛迪》等，后三部小说合称《波里尼西亚三部曲》。《白鲸》是梅尔维尔的一篇海洋题材的长篇小说，描写了亚哈船长为了追逐并杀死白鲸（实为白色抹香鲸）莫比·迪克，最终与白鲸同归于尽的故事。《波里尼西亚三部曲》既算不上严格意义上的自传，也不全是虚构，而是一部“融冒险、轶事、人种学和社会批评于一体的著作”。

22. [C] 废奴文学是指产生于 19 世纪 30 年代而盛行于 50 年代的，以废除奴隶制度，揭露和控诉奴隶主罪行为目的的美国资产阶级进步文学潮流。《白奴》是美国作家希尔德烈斯的代表作，控诉了 19 世纪 30 年代至 50 年代美国蓄奴制，是美国第一部反蓄奴制的现实主义小说。《贝尼托·切莱诺》是美国作家梅尔维尔所著的一部中篇小说，描写了在贩奴船上黑人奴隶濒临绝境时揭竿而起，杀死白人主人，最后惨遭血腥镇压的故事。《猎人笔记》是俄国作家屠格涅夫的一部通过描写猎人的狩猎活动，记述 19 世纪中叶俄罗斯农村生活的随笔集。《劳工之歌》是惠蒂埃所著的诗集，以不加雕琢的语言讴歌美国早期的渔民、农民、鞋匠、伐木工人的劳动。

23. [B]《少年维特之烦恼》是德国作家歌德创作的中篇小说，描写了进步青年对当时鄙陋的德国社会的体验和感受，表现了作者对封建道德等级观念的反应以及对个性解放的强烈要求。在中国，郭沫若所译的《少年维特之烦恼》在 1922 年出版后，马上引起巨大的反响，当时正值“五四运动”之后，参与反封建斗争的中国青年产生了共鸣，这本书在国内广泛流传。《阴谋与爱情》是德国作家弗里德里希·席勒创作的戏剧，描写了宰相瓦尔特的儿子斐迪南与平民乐师米勒的女儿露易丝之间的爱情故事，展现了当时社会特别是上层社会的人际关系和生活场景。《红与黑》是法国作家司汤达创作的长篇小说，开创了后世“意识流小说”“心理小说”的先河。《浮士德》是德国作家歌德创作的诗剧，以浮士德思想的发展变化为线索，以德国民间传说为题材，以文艺复兴以来的德国和欧洲社会为背景，写一个新兴资产阶级先进知识分子不满现实，竭力探索人生意义和社会理想的生活道路。

24. [A]《单行道》由马克思主义文学评论家瓦尔特·本雅明所著。本书是一部品位极高的、经过升华的哲理文字，是作者对他那个时代的哲学、文学、政治和社会等许多领域现实问题思考的结晶。雅克·德里达，法国哲学家，20 世纪下半期最重要的法国思想家之一，西方解构主义的代表人物，代表作有《论文字学》《写作与差异》《声音与现象》等。

25. [D]《埃涅阿斯记》是古罗马作家普布留斯·维吉留斯·马罗（通称维吉尔）创作的一部史诗。《埃涅阿斯记》取材于古罗马神话传说，是叙述埃涅阿斯建立罗马国家的故事。维吉尔，在欧洲文学发展中占据关键地位。他开创了一种新型的史诗，在他手里，史诗脱离了在宫廷或民间集会上说唱的口头文学传统和集体性。他的作品具有历史感和思想的成熟性，可以说是第一个近代意义上的作家。马尔库斯·图利乌斯·西塞罗，古罗马政治家、哲学家、演说家和法学家，以善于雄辩而成为罗马政治舞台的显要人物，其影响在启蒙时代达到了顶峰。李维乌斯·安德罗尼库斯，古罗马诗人、剧作家。他曾将荷马史诗《奥德赛》用古罗马传统的萨图尔努斯诗体译成拉丁文。他的文学活动促进了罗马人对希腊文化的了解，推动了罗马文学和戏剧的发展。昆体良，古罗马律师、教育家和皇室委任的第一个修辞学教授，也是公元 1 世纪罗马最有成就的教育家。他是教育史上大大发展完善教育方法和思想的先驱。他主张对儿童的教育应是鼓励的，能激发他们兴趣的。

26. [C]《唐·吉诃德》（又译作《堂吉诃德》《堂·吉诃德》等）是西班牙作家塞万提斯·萨维德拉的长篇反骑士小说。作者采用讽刺夸张的艺术手法，把现实与幻想结合起来，表达他对时代的见解。文学评论家称《唐·吉诃德》是西方文学史上的第一部现代小说，也是世界文学的瑰宝之一。亚瑟·潘德拉贡，通称亚瑟王，是传说中的古不列颠最富有传奇色彩的伟大国王。流传的亚瑟王传说，大多是出自《不列颠诸王史》以及托马斯·马洛礼的奇幻小说《亚瑟王之死》。浮士德，是歌德创作的诗剧《浮士德》中的主角。绿衣骑士，是 14 世纪英国著名的头韵诗《高文爵士和绿衣骑士》中的人物，这是一首亚瑟王传说体系中关于骑士的浪漫诗歌。

27. [D]《等待戈多》，是爱尔兰现代主义剧作家塞缪尔·贝克特的两幕悲喜剧。作品着重表现人的心态、心理活动过程以及人的心理活动障碍。《等待戈多》是戏剧史上真正的革新，也是第一部演出成功的荒诞派戏剧。贝克特，爱尔兰作家，创作的领域主要有戏剧、小说和诗歌，尤以戏剧成就最高。他是荒诞派戏剧的重要代表人物。1969 年，他因"以一种新的小说与戏剧的形式，以崇高的艺术表现人类的苦恼"而获得诺贝尔文学奖，代表作有《等待戈多》《最后一局》等。尤金·尤涅斯库，戏剧家，被公认为荒诞派戏剧的鼻祖之一，代表作有《阿麦迪》《椅子》等。品特，英国戏剧家，获 2005 年诺贝尔文学奖。受荒诞戏剧影响，剧作多表现外界对生存的威胁，被称为"威胁喜剧"。代表作有《送菜升降机》《背叛》《归家》等。阿达莫夫，俄裔法国剧作家，法国荒诞派戏剧奠基人之一，代表作有《徒有其表》《进犯》《大小演习》等。

28. [C] 物语，日本的一种文学体裁，由口头说唱发展为文学作品，主要指自平安时代（794 至 1192 年）至室町时代（1336 至 1573 年）的传奇小说、恋爱小说、历史小说、战记小说等。最著名的有《源氏物语》《伊势物语》《竹取物语》等。日本的能剧和狂言的产生可以追溯到 8 世纪，随后的发展又融入了多种艺术表现形式，如杂技、歌曲、舞蹈和滑稽戏。这类剧主要以日本传统文学作品为脚本，在表演形式上辅以面具、服装、道具和舞蹈组成。狂言是一种兴起于民间，穿插于能剧剧目之间表演的一种即兴简短的笑剧，是猿乐能与田乐能的派生物，属于日本四大古典戏剧（狂言、能剧、歌舞伎、人形净琉璃）。俳句，是日本的一种古典短诗，要求严格，受"季语"的限制。俳句是中国古代汉诗的绝句这种诗歌形式经过日本化发展而来，同时在日本以每日小诗的形式发展。代表人物有山崎宗鉴、荒木田守武等。

29. [B] 厄洛斯，古希腊神话中的小爱神，赫西俄德认为他是世界之初创造万物的基本动力，是一切爱欲和情欲的象征，但在柏拉图之后，他被认为是爱神阿佛洛狄忒的儿子，一个手持弓箭的美少年。阿佛洛狄忒，古希腊神话中爱情与美丽的女神，同时也是性欲女神，奥林匹斯十二主神之一。她象征女性的美丽，被认为是女性身体美的最高象征。维纳斯，罗马神话中美的女神，罗马十二主神之一，对应希腊神话中的阿佛洛狄忒。雅典娜，古希腊神话中的智慧女神和战争女神，奥林匹斯十二主神之一。古希腊文献所述雅典娜是一位端庄貌美的年轻女神，她从人类诞生起就常驻凡间，教会人类各种生存知识，为人类创造了初始的生存工具。

30. [D] 该句出自《圣经》中的《新约·哥林多前书》第 13 章。《圣经》是犹太教与基督教的共同经典，基督教的《圣经》又名《新旧约全书》，由《旧约》《新约》组成。《爱的教育》，意大利作家埃迪蒙托·德·亚米契斯创作的长篇日记体小说，描写了一个小学四年级学生安利柯一个学年的生活，期间穿插着老师每月给学生讲述的"故事"，还有父母为他写的许多具有启发意义的文章。《爱的教育》被誉为现代意大利人必读的十本小说之一，也被评为"对当代美国文化影响最为重大的书籍之一"。《神曲》，是著名意大利诗人但丁·阿利盖利创作的长诗，通过与地狱、炼狱以及天堂中各种著名人物的对话，反映出中古文化领域的成就和一些重大的问题，带有"百科全书"性质，从中也可隐约窥见文艺复兴时期人文主义思想的曙光。《忏悔录》是法国启蒙思想家、哲学家、教育家、文学家卢梭在其晚年写成的自传，记载了卢梭从出生到 1766 年被迫离开圣皮埃尔岛之间 50 多年的生活经历。

31. [B] 在但丁的《神曲》中，维吉尔象征着理性。《神曲》，是著名意大利诗人但丁·阿利盖利创作的长诗，通过与地狱、炼狱以及天堂中各种著名人物的对话，反映出中古文化领域的成就和一些重大的问题，带有"百科全书"性质，从中也可隐约窥见文艺复兴时期人文主义思想的曙光。

32. [C]《真相》是日本警察小说家横山秀夫创作的小说。《白夜行》是日本作家东野圭吾创作的长篇小说，也是其代表作。小说将无望却坚守的凄凉爱情和执着而缜密的冷静推理完美结合。《嫌疑人 X 的献身》是东野圭吾创作的长篇推理小说，也是“伽利略系列”的第三本小说。该作讲述一个数学天才为了帮助一对母女隐藏杀害前夫的罪行，和警方展开了一连串的斗智，制造整个骗局。《恶意》是东野圭吾创作的长篇小说，讲述的是作家在出国前一晚被杀，警方很快锁定了凶手，但事情的真相绝非如此。

33. [A]《百年孤独》，是哥伦比亚作家加西亚·马尔克斯创作的长篇小说，是其代表作，也是拉丁美洲魔幻现实主义文学的代表作，被誉为“再现拉丁美洲历史社会图景的鸿篇巨著”。作品描写了布恩迪亚家族七代人的传奇故事，以及加勒比海沿岸小镇马孔多的百年兴衰，反映了拉丁美洲一个世纪以来风云变幻的历史。魔幻现实主义文学是一种用魔幻的内容表现现实生活的写作手法。虽然情节怪诞，却突显真实。代表作有阿斯图里亚斯的《玉米人》。批判现实主义特指 19 世纪在欧洲形成的一种文艺思潮和创作方法，批判现实主义文学是在继承以往文学中的现实主义传统的基础上形成的。代表作有《红与黑》《人间喜剧》《儒林外史》等。浪漫主义是文艺的基本创作方法之一，其与现实主义被并称为文学艺术上的两大主要思潮。作为创作方法，浪漫主义在反映客观现实上侧重从主观内心世界出发，抒发对理想世界的热烈追求，常用热情奔放的语言、瑰丽的想象和夸张的手法来塑造形象。代表作家有威廉·布莱克、塞缪尔·柯勒律治等。现代主义思潮本身具有很复杂的背景，20 世纪初期的两次世界大战中，人类使用借助科技发明的武器大规模屠杀自己的同类，西方的自由、博爱、人道理想等观念被战争蹂躏得体无完肤，西方文明被抛进了一场深刻的危机之中，现代主义应运而生。代表作有《变形记》《局外人》等。

34. [A] 雅典娜，古希腊神话中的智慧女神和战争女神。阿佛洛狄忒，古希腊神话中爱情与美丽的女神，同时也是性欲女神。阿波罗，古希腊神话中的光明、预言、音乐和医药之神，消灾解难之神，同时也是人类文明、迁徙和航海者的保护神，有太阳神属性。赫拉，古希腊神话中的第三代天后，同时也是婚姻与生育女神。波塞冬，古希腊神话中的海神。缪斯，古希腊神话中主司艺术与科学的九位古老文艺女神的总称。

35. [D]《铁皮鼓》是德国作家君特·格拉斯创作的长篇小说，作者采用倒叙的手法，让主人公以第一人称“我”的口吻在两个时空平面上叙述发生在德、波边境和但泽地区半个多世纪的事件。1999 年 10 月，瑞士文学院在授予格拉斯诺贝尔文学奖时，称“《铁皮鼓》是二战之后世界文学最重要的作品之一”。《城堡》是卡夫卡晚年创作的一部长篇小说（未完成）。在《城堡》中，卡夫卡以冷峻的笔调叙述了一次绝望的挣扎，由此揭示世界的荒诞、异己和冷漠。《饥饿艺术家》是卡夫卡创作的短篇小说，描述了一个“痴迷”饥饿艺术的表演者从其风靡全城的荣光到被人厌弃的落寞，始终不被真正理解而孤寂痛苦直至无声死去的过程。《审判》是卡夫卡创作的长篇小说，讲述了银行助理约瑟夫·K 无故受审判并被处死的故事。

36. [A]《都柏林人》是詹姆斯·乔伊斯久负盛名的短篇小说集，书中 15 篇故事，以写实和讽刺的表现手法描绘了 20 世纪初期都柏林中下阶层的生活。《都柏林人》以乔伊斯的故乡都柏林为背景展开描写，以现实主义和象征主义相结合的手法，成功地再现了 19 世纪末 20 世纪初英国殖民国爱尔兰的社会现实。

37. [C] 托马斯·哈代，英国诗人、小说家，代表作有《德伯家的苔丝》《无名的裘德》等。《福尔赛世家》是英国小说家约翰·高尔斯华绥创作的小说集，《福尔赛世家》三部曲（《有产业的人》《骑虎》《出租》）着重叙述福尔赛家族中大房老乔里恩父子和二房詹姆士与索米斯父子的交恶。《人间喜剧》是法国小说家巴尔扎克创作的小说，他以毕生心血创作的由九十多部独立而又有所联系的小说组成的这部巨著，被誉为“资本主义社会的百科全书”。《卢贡·马卡尔家族》是法国自然主义作家左拉最重要的作品，是一部包括 20 部长篇小说的鸿篇巨著。这部巨著以女主人公阿·福格为中心，以卢贡·马卡尔家族前后五代人的人生轨迹为线索，形象真实地表现了法国 19 世纪下半叶社会发展、经济生活中的一系列重大现象和法国从资本主义过渡到帝国主义的历史，暴露出第二帝国的黑暗与罪恶，批判统治阶级、资产阶级上流社会的卑鄙腐朽，描绘出日益尖锐的劳资冲突和工人阶级反抗剥削的斗争。《战争与和平》是俄国作家列夫·托尔斯泰创作的长篇小说，也是其代表作，以 1812 年的卫国战争为中心，反映从 1805 到 1820 年间的重大历史事件。作者将"战争"与"和平"的两种生活、两条线索交叉描写，构成一部百科全书式的壮阔史诗。

二、名词解释题

1. **存在主义**，是当代西方哲学主要流派之一。德国哲学家马丁·海德格尔是西方存在主义的创始者。存在主义主要包括神论的存在主义、无神论的存在主义和人道主义的存在主义三大类。存在主义以人为中心、尊重人的个性和自由。代表作品有《存在与虚无》，代表人物有西蒙娜·德·波伏娃。

2. **《伊利亚特》**，相传是由盲诗人荷马所作史诗。全诗共 15,693 行，分为 24 卷，主要内容是叙述希腊人远征特洛伊城的故事。它通过对特洛伊战争的描写，歌颂英勇善战、维护集体利益、为集体建立功勋的英雄。《伊利亚特》是重要的古希腊文学作品，也是整个西方的经典之一。

3. **特洛伊城**，古希腊殖民城市，公元前 16 世纪前后由古希腊人所建，位于小亚细亚半岛西端赫勒斯滂海峡（即达达尼尔海峡）东南。1998 年被列入《世界遗产目录》。公元前 1184 年 4 月 24 日，特洛伊城发生过著名的特洛伊战争，沦陷成为古希腊殖民城市。特洛伊木马也是在这场战争中产生的。

4. **海伦**是古希腊神话中第三代众神之王宙斯跟勒达所生的女儿，在她的后父斯巴达国王廷达瑞俄斯的宫里长大。她是人间最漂亮的女人。出生时，神赋予她可以模仿任意一个女人的声音的能力。长大后，她和特洛伊王子帕里斯私奔，引发了长达十年的特洛伊战争。

5. **威廉·布莱克**，英国第一位重要的浪漫主义诗人、版画家，英国文学史上最重要的伟大诗人之一。他的早期作品简洁明快，中后期作品趋向玄妙深沉，充满神秘色彩。代表作有诗集《纯真之歌》《经验之歌》等。布莱克的诗摆脱了 18 世纪古典主义教条的束缚，以清新的歌谣体和奔放的无韵体抒写理想和生活，有热情，重想象，开创了浪漫主义诗歌的先河。

6. **玄学派**是 17 世纪英国文坛出现的一个独特的诗歌流派，用哲学辩论和说理的方式写抒情诗，用词怪僻晦涩，韵律不流畅。它们往往以精致典雅的形式表现情感与观念的矛盾，把古典主义的性情与浪漫主义的风骨很好地融合到了一起，这也是英国文艺复兴时期诗歌的特色。玄学派持一种道德至上主义立场，且带有一种宗教色彩。代表人物有英国诗人约翰·邓恩。

7. **《人性的弱点》**是美国戴尔·卡耐基编著的社会学著作，以人性具有的一般弱点为切入点，内容涉及人际交往、心态调节、维系家庭、安排工作和合理用钱等诸多方面。在书中，卡耐基为读者提供了如何与他人相处、如何得到他人的认同、如何回避人性的弱点、如何战胜人性的弱点的种种方法，并提出了应对各类弱点的有效策略。

8. **英国湖畔诗人**是英国早期浪漫主义的代表，指华兹华斯、柯勒律治、骚塞这三位诗人结成的诗歌流派。由于他们三人曾一同隐居于英国西北部的昆布兰湖区，先后在格拉斯米尔和文德美尔两个湖畔居住，以诗赞美湖光山色，所以有"湖畔诗人"之称。他们的诗作中的词句赞美大自然的湖光山色、抒发缠绵的爱情、歌颂纯真的友谊，多带有清新自然、青春亮丽、富有哲理的特点。

9. 海明威，美国作家和记者，被认为是20世纪最著名的小说家之一，是美国“迷惘的一代”作家中的代表人物，作品对人生、世界、社会都表现出了迷茫和彷徨。曾获1954年诺贝尔文学奖，代表作有《老人与海》《乞力马扎罗的雪》等。

10.《菊与刀》是美国文化人类学家鲁思·本尼迪克特创作的文化人类学著作。作者运用文化人类学的研究方法，以日本皇室家纹“菊”和象征武士身份的“刀”作为一组对比鲜明的矛盾的意象，从他者的角度对日本文化中看似矛盾的方方面面进行了阐释和解说，指出日本文化是一种耻感文化。

11. 伍尔夫，英国女作家、文学批评家和文学理论家，意识流文学代表人物，被誉为20世纪现代主义与女性主义的先锋。伍尔夫被誉为20世纪最伟大的小说家之一，是英国文坛的前卫开拓者之一。代表作有《达洛维夫人》《到灯塔去》等。

12.《红与黑》是法国作家司汤达创作的长篇小说，也是其代表作。小说围绕主人公于连个人奋斗的经历与最终失败，尤其是对他的两次爱情的描写，客观上揭露了法国王政复辟时期的残酷现实状况，以及由此产生的对青年一代的腐蚀和摧残。该小说开创了后世“意识流小说”“心理小说”的先河。

13. 骑士文学，是欧洲封建骑士的产物，就是一切关于骑士的文学作品，大致包括骑士抒情诗、骑士传奇、骑士小说及后来的反骑士小说。骑士文学盛行于西欧，反映了骑士阶层的生活理想。代表作有《阿马迪斯·德·高拉》《堂吉诃德》等。

14. “骨中之骨，肉中之肉”出自《圣经》。上帝在亚当身上取下一根肋骨造了女人夏娃，并让两人结为夫妻。亚当说：“这是我的骨中之骨，肉中之肉，可以称她为妻，因为她是从夫身上取下来的。因此男人要和妻结合，夫妻成为一体。”后喻指骨肉相连的关系，也比喻耗费了自己很多心血和精力所获得的成果和最心爱的东西。

15.《神曲》，著名意大利诗人但丁·阿利盖利创作的长诗，通过与地狱、炼狱以及天堂中各种著名人物的对话，反映出中古文化领域的成就和一些重大的问题，带有“百科全书”性质，从中也可隐约窥见文艺复兴时期人文主义思想的曙光。在这部长达一万四千余行的史诗中，但丁坚决反对中世纪的蒙昧主义，表达了执着地追求真理的思想，对欧洲后世的诗歌创作有极其深远的影响。

16. 欧洲文学作品中的四大吝啬鬼指英国戏剧家莎士比亚喜剧《威尼斯商人》中的夏洛克、法国剧作家莫里哀喜剧《悭吝人》中的阿巴贡、俄国小说家果戈里《死魂灵》中的泼留希金、法国小说家巴尔扎克《欧也妮·葛朗台》中的葛朗台。由于对利益的追逐，他们丧失理智、人性，并将愚蠢、下作、卑鄙无耻等人心的黑暗面表现得淋漓尽致。这四位吝啬鬼，年龄相仿，脾气相似，有共性，又有各自鲜明的个性特征。简言之，泼留希金迂腐，夏洛克凶狠，阿巴贡多疑，葛朗台狡黠。

17.《阿拉丁神灯》出自阿拉伯民间故事合集《天方夜谭》（又名《一千零一夜》），讲的是少年阿拉丁偶遇神灯，并在灯神的帮助下跟公主结婚，并对抗邪恶的魔法师的故事。故事中阿拉丁用神灯正义的力量打败了邪恶的力量，寓意着邪不胜正。

三、填空题

1. [《格列佛游记》] 雅虎是美国著名的互联网门户网站，也是20世纪末互联网奇迹的创造者之一。其服务包括搜索引擎、电邮、新闻等，业务遍及24个国家和地区，为全球超过5亿的独立用户提供多元化的网络服务。同时也是一家全球性的因特网通讯、商贸及媒体公司。“雅虎”网站原名“Yahoo”，Yahoo一词出自乔纳森·斯威夫特所著小说《格列佛游记》第四卷。在小说里，它代表一个在外表和行为举止上都非常讨厌的家伙——耶胡（Yahoo）。

2. [埃德曼 · 斯宾塞]《仙后》，是英国诗人埃德曼 · 斯宾塞所著的史诗，由于其崇尚亚瑟王传奇中的骑士精神，所以效仿亚瑟王传奇的手法，写下史诗中描述骑士霍理士（圣洁）与公主优娜（真理）一同对抗恶龙（邪恶）的故事。《仙后》表达了人文主义道德理想，歌颂冒险精神和征服的快乐、对现实生活的热爱。

3. [约翰 · 弥尔顿]《失乐园》是英国政治家、学者约翰 · 弥尔顿创作的史诗，取材自《圣经 · 旧约 · 创世纪》，以史诗一般的磅礴气势揭示了人的原罪与堕落，与荷马的《荷马史诗》、但丁的《神曲》并称为西方三大诗歌。

4. [托妮 · 莫里森] 托妮 · 莫里森，美国黑人女作家，于 20 世纪 60 年代末登上文坛，其作品情感炽热，简短而富有诗意，并以对美国黑人生活的敏锐观察闻名。1993 年，托妮 · 莫里森获诺贝尔文学奖。代表作有《最蓝的眼睛》《苏拉》《所罗门之歌》《柏油娃》等。

5. [华盛顿 · 欧文] 华盛顿 · 欧文是 19 世纪美国最著名的作家，号称“美国文学之父”。华盛顿 · 欧文向往田园生活和古代遗风，最爱写随笔和短篇小说，其主要作品的大部分题材都是欧洲的，极少描写美国的生活，尤其关注奇闻轶事和穷乡僻壤的风俗习惯。代表作有《纽约外史》《见闻札记》等。

6. [孟德斯鸠]《波斯人信札》是法国查理 · 路易 · 孟德斯鸠创作的长篇小说，是一部书信体小说。《波斯人信札》由一百六十余封书信所组成，主要讲述了波斯人郁斯贝克遭仇敌忌恨不得不前往法国，朋友黎伽和他一起游历欧洲的故事。《波斯人信札》中，孟德斯鸠揭露了法国的专制制度，批判了路易十四的专制统治，反映了启蒙运动初期人们要求重新认识现实、寻求真理的心态。

7. [《万叶集》]《万叶集》是日本最早的和歌总集，在日本相当于《诗经》在中国的地位，所收诗歌自 4 世纪至 8 世纪中叶长短和歌。一般认为《万叶集》经多年、多人编选传承，约在 8 世纪后半叶由大伴家持完成。它的最大贡献在于摆脱了汉诗的窠臼，用日本民族语言，把不定型的古歌谣发展为定型的民族化、个性化的诗歌形式，为后世诗歌创作树立了典范。

8. [格林兄弟] 白雪公主的故事出自《格林童话》，作者是来自德国的格林兄弟。《格林童话》是由德国语言学家雅各布 · 格林和威廉 · 格林兄弟收集、整理、加工完成的德国民间文学，约有 200 多个故事，大部分源自民间的口头传说，其中《灰姑娘》《白雪公主》《小红帽》《青蛙王子》等童话故事较为闻名。

9. [《摩诃婆罗多》]《摩诃婆罗多》是享誉世界的摩诃婆罗多和印度史诗，被称为百科全书式的史诗，规模宏大、内容庞杂。印度现代学者认为《摩诃婆罗多》是印度的民族史诗，内含印度民族的“集体无意识”，堪称是“印度的灵魂”。《摩诃婆罗多》现存的本子是在一部史诗的基础上编订而成，其中不但有长篇英雄史诗，而且有大量的传说故事作为插话，还有宗教哲学及法典性质的著作，因此篇幅很长。《摩诃婆罗多》有“二十万行长诗”之称，在《格萨尔王》被发现之前，是世界上最长的史诗。

10. [《人民公敌》]《人民公敌》是易卜生创作的剧散文。由话剧改编的《人民公敌》故事发生于挪威一个沿海小镇，主人公斯多克芒医生和担任市长的哥哥共同负责在小镇发展温泉浴场的计划。亨利克 · 易卜生，挪威戏剧家，欧洲近代戏剧的创始人。他的作品强调个人在生活中的快乐，无视传统社会的陈腐礼仪。代表作有《培尔 · 金特》《玩偶之家》等。

第2节 历史知识

一、中国历史

一、选择题

1. “才高八斗”指的是______。

A. 曹植　B. 曹操　C. 苏轼　D. 陆机

2. 唐文宗曾诏令唐代三位文化艺术大师的作品为“三绝”。以下不属于“三绝”的是______。

A. 李白的诗歌　B. 裴旻的剑舞　C. 张旭的草书　D. 吴道子的壁画

3. 下面关于“六艺”的解释错误的是______。

A. 礼：礼节　B. 乐：音乐　C. 御：防御　D. 射：射箭

4. 汉代盛行的学术是______。

A. 经学　B. 玄学　C. 理学　D. 诸子学

5. 西藏从______开始，成为中国领土不可分割的一部分。

A. 唐朝　B. 元朝　C. 明朝　D. 清朝

6. 在中国历史上，宦官专权、外戚专权、丞相专权现象出现的根本原因是______。

A. 皇权专制制度使然　B. 皇权软弱使然

C. 宦官和外戚都是统治阶级中的腐朽势力　D. 丞相有较强的能力和较大的权力

7. 在中国古代，一向被看作是“经国大业、不朽盛事”的是______。

A. 诗歌　B. 词曲　C. 戏剧　D. 散文

8. 世界上最早的纸币“交子”出现于______。

A. 唐代　B. 宋代　C. 元代　D. 明代

9. 吕叔湘是我国著名的______。

A. 语言学家　B. 音乐家　C. 哲学家　D. 科学家

10. “万历”是我国______皇帝使用的年号。

A. 宋朝　B. 元朝　C. 明朝　D. 清朝

11. 我国古代臣民给君主的呈文有各种不同的名称：战国时期统称为“书”；汉代则分成“章”“奏”“表”“议”四类，主要是内容上的分工不同，即刘勰说的“章以谢恩，奏以按劾，表以陈情，议以执异”；到魏晋南北朝时期，这类文章又统称为“______”。

A. 赋　B. 表　C. 疏　D. 书

12. 以下中国十大传世名画中作者是黄公望的一幅是______。

A.《清明上河图》　B.《富春山居图》　C.《百骏图》　D.《洛神赋图》

13. 以下指教育界的是______。

A. 士林　B. 杏林　C. 杏坛　D. 梨园

14. 京剧中表示性格粗犷鲜明的男性配角的是______。

A. 生　B. 旦　C. 净　D. 丑

15. ______ 是中国汉传佛教中影响最大、传播最广、发展最成熟的一个宗派。

A. 密宗　B. 禅宗　C. 太一宗　D. 天台宗

16. 创立于清光绪三十年（1904 年），为我国现存历史最悠久的文人社团，也是海内外成立最早的金石篆刻专业学术团体，指的是 ______。

A. 文学研究会　B. 复社　C. 创造社　D. 西泠印社

17. 下列称呼中，______ 不是对父亲的别称。

A. 荣棣　B. 椿庭　C. 严君　D. 严亲

18. 世界上最早的天文学著作是《______》。世界上第一位测量子午线的人是 ______。

A. 石氏星经；邹衍　B. 论衡；祖冲之

C. 开元占经；张衡　D. 甘石星经；僧一行

19. 维新变法运动期间，______ 在天津主办《国闻报》，宣传西方的政治制度；他还翻译英国人赫胥黎的《______》，宣传“优胜劣汰”的社会进步理论。

A. 邹容；人类在自然界的位置　B. 康有为；物种起源

C. 郑观应；数学原则　D. 严复；天演论

20. 下列成语典故与历史人物对应正确的一项是 ______。

①草木皆兵　②东窗事发　③指鹿为马　④四面楚歌

A. 苻坚 岳飞 赵括 项羽　B. 韩信 岳飞 赵高 刘邦

C. 韩信 秦桧 赵括 刘邦　D. 苻坚 秦桧 赵高 项羽

21. 秀才、举人、贡士、进士依次是封建社会科举考试中 ______、______、______、______ 的合格者。

A. 乡试 院试 会试 殿试　B. 乡试 会试 院试 殿试

C. 会试 乡试 院试 殿试　D. 院试 乡试 会试 殿试

22. 京剧作为综合性艺术，最贴切的概括是 ______。

A. 生、旦、净、丑　B. 说、学、逗、唱

C. 唱、念、做、打　D. 吹、拉、弹、唱

23. 历史上曾有的“风声雨声读书声声声入耳；家事国事天下事事事关心”对联是在 ______。

A. 岳麓书院　B. 应天书院　C. 东林书院　D. 白鹿书院

24. 下列说法不正确的一项是 ______。

A. 京剧、中医、国画是中国三大国粹

B.《说文解字》是中国第一部词典

C. 四书指的是《大学》《中庸》《孟子》《论语》

D. 书法四体指的是楷、草、隶、篆

25. 下列说法不正确的一项是 ______。

A. “味摩诘之诗，诗中有画”所指是王维

B. 豆蔻年华中的豆蔻是指女子年龄十五岁

C. 汉字六书包括象形、指事、形声、会意、转注、假借

D. 古代五音是指宫、商、角、徽、羽

26. 以下关于中国历史的表述，不正确的一项是 ______。

A. 中国真正建立起中央集权的统一的封建国家是由秦完成的

B. 唐朝是继汉朝之后最繁荣强大的朝代，标志着封建社会发展到了最高峰

C. 宋朝时，中国北部和西部少数民族强大，先后建立了契丹、西夏和女真

D. 清朝作为中国历史上最后一个封建王朝，被 1911 年的辛亥革命推翻

27. 我国著名的赵州桥建于哪个朝代？

A. 唐朝　　B. 南北朝　　C. 隋朝　　D. 明朝

28. 下列哪个尊称是古代对太子的尊称？

A. 陛下　　B. 阁下　　C. 殿下　　D. 私下

29. 中国佛教出现过许多派别，主要有八宗。以下选项不全属于八宗的是 ______。

A. 三论宗、瑜伽宗、天台宗　　B. 禅宗、净土宗、律宗

C. 曹溪宗、贤首宗、密宗　　D. 贤首宗、密宗、三论宗

30. 法国作家雨果说 1860 年有两个强盗闯入圆明园，能拿的拿走，拿不走的烧坏、砸坏。这两个强盗指的是 ______。

A. 八国联军　　B. 英法联军　　C. 美日联军　　D. 美法联军

31. 以下不属于中国古代手工业主要经营形式的是 ______。

A. 官营手工业　　B. 私营手工业

C. 家庭手工业　　D. 官私合营手工业

32. 中国近代“实业救国”的道路之所以行不通，主要是因为 ______。

A. “实业”往往被反动政权所垄断　　B. 科技水平严重滞后

C. 中国是一个半殖民地半封建国家　　D. 资产阶级力量弱小

33. 一般来讲，古时年龄称谓中的“总角”大致是指多少岁？

A. 五岁至十岁　　B. 六岁至十二岁　　C. 八岁至十四岁　　D. 十岁至十二岁

34. 下列作品被称为“南戏之祖”的是 ______。

A.《西厢记》　　B.《琵琶记》　　C.《牡丹亭》　　D.《长生殿》

35. 台湾自古以来就是我国的神圣领土，早在秦汉时期，台湾在三国时被称为 ______。

A. 夷洲　　B. 流求　　C. 东番　　D. 毗舍耶

36. 中国古代文人雅士的“生活四艺”是指 ______。

A. 插花、点茶、焚香、挂画　　B. 琴、棋、书、画

C. 插花、点茶、焚香、吟诗　　D. 焚香、点茶、弹琴、吟诗

37. 下列作品不属于仕女图的是 ______。

A.《捣练图》　　B.《簪花仕女图》　　C.《虢国夫人游春图》　　D.《游春图》

38. 中国古代的“丝绸之路”共有 ______ 条。

A. 1　　B. 2　　C. 3　　D. 4

39. 以下哪一项不是重阳节的风俗？

A. 登高　　B. 插茱萸　　C. 赏菊　　D. 吃皮蛋

40. 以徽调“二簧”和汉调“西皮”为主，兼收昆曲、秦腔、梆子等地方戏精华的剧种是 ______。

A. 京剧　　B. 豫剧　　C. 越剧　　D. 黄梅戏

41. 海上“丝绸之路”（陶瓷之路）是古代中国与外国交通贸易和文化交往的海上通道，起点是福建泉州。唐朝时经过海上“丝绸之路”最远可到达 ______。

A. 印度　　B. 波斯湾　　C. 孟加拉　　D. 非洲东海岸

42. “杯酒释兵权”是下面哪位皇帝所为？

A. 宋太祖　　B. 汉高祖　　C. 唐高祖　　D. 宋高宗

43. 下列清朝皇帝中哪位是末代皇帝？

A. 宣统　　B. 光绪　　C. 同治　　D. 道光

44. 我国对外关系史上，发生在唐太宗时的重大事件是 ______。

A. 张骞出使西域　　B. 郑和下西洋

C. 玄奘大师印度取经　　D. 印刷术传到外国

45. 在中国音乐史上至为重要，被视为音乐艺术的代表的是 ______。

A. 琴　　B. 琵琶　　C. 丝竹　　D. 编钟

46. 康有为的维新思想吸收了西方资本主义政治学说的内容，其中最主要的是 ______。

A. 民主共和思想　　B. 三权分立学说　　C. 君主立宪思想　　D. 人文主义思想

47. “破釜沉舟”这个成语出于哪次战争？

A. 官渡之战　　B. 长平之战　　C. 巨鹿之战　　D. 淝水之战

48. 度量衡是我国古代使用的计量单位，其中“衡”是指哪个方面的标准？

A. 长度　　B. 面积　　C. 体积　　D. 重量

49. 中日邦交正常化是在哪一年？

A. 1972 年　　B. 1973 年　　C. 1979 年　　D. 1982 年

50. 以下历史事件中，与关羽无关的是 ______。

A. 单刀赴会　　B. 水淹七军　　C. 大意失荆州　　D. 七擒七纵

51. 历史上被称为“三绝”（才绝、画绝、痴绝）的绘画大师是 ______。

A. 顾恺之　　B. 吴道子　　C. 唐伯虎　　D. 郑燮

52. 对以下成语出处和意义的解释，不完全正确的是 ______。

A. 马革裹尸：出自汉代马援的故事，表示决心为国捐躯的英雄气概。

B. 草木皆兵：出自淝水之战的历史故事，比喻普通百姓全民武装，踊跃参战。

C. 穷寇勿追：出自《孙子兵法》，意思是绝境中的敌人格外危险，所以追击败兵不要过于急迫。

D. 血流漂杵：出自武王伐纣的历史故事，形容战况惨烈，伤亡巨大。

53. 明清科举中，“榜眼”是指 ______。

A. 乡试一甲二名　　B. 会试一甲一名　　C. 殿试一甲二名　　D. 殿试二甲一名

54. 古人早在殷商时代就开始用天干地支纪日，已有 4,000 多年的历史。天干的汉字数目依次是甲、乙、丙、丁、戊、己、庚、辛、壬、癸。地支的汉字数目依次是 ______。

A. 子、丑、寅、卯、辰、巳、午、未、申、酉、戌、亥

B. 申、酉、戌、亥、子、丑、寅、卯、辰、巳、午、未

C. 午、未、申、酉、戌、亥、子、丑、寅、卯、辰、巳

D. 子、丑、寅、卯、巳、午、未、申、酉、戌、亥、辰

55. 在中国古代书法史上，有著名的“楷书四大家”。他们分别是 ______。

A. 欧阳询、颜真卿、柳公权和赵孟頫　　B. 欧阳询、苏轼、黄庭坚和柳公权

C. 羊欣、柳公权、黄庭坚和赵孟頫　　D. 苏轼、欧阳询、柳公权和赵孟頫

二、名词解释题（1~12 题解释画线部分即可）

1. 五代时，在南方和河东地区，先后存在过十个割据政权（不包括一些小的割据势力），史称“十国”。

2. 战国七雄，各自统一一方，都是多民族的诸侯国。所以秦统一已具有统一的多民族国家的性质，南北农业各民族，基本上已统一于中央集权的秦王朝。

3. 赵匡胤发动了陈桥兵变。

4. 汉朝末年发生了黄巾起义。

5. 西汉初期出现了文景之治。

6~10. 郑和，明朝太监，云南人，小名三宝。14 岁时，他经宫中指派，进入燕王府做朱棣的侍从。永乐元年，姚道衍和尚收郑和为菩萨戒弟子，法号福吉祥，一生笃信佛法，广造佛经传世。永乐二年，郑和因功升任为内官监太监，官至四品，地位仅次于司礼监。郑和有智略，知兵习战，明成祖对郑和十分信赖。从 1405 到 1433 年，郑和七下西洋，完成了人类历史上伟大的壮举，宣德八年四月，郑和在印度西海岸古里国去世，骨灰葬于南京弘觉寺地宫。

11~12. 中国早期的新诗运动包括湖畔派、新月派、象征派、现代派、七月派等。

13. 三省六部　　14. 黔首　　15. 京剧四大名角

16. 中国四大名绣　　17. 杨柳青年画　　18. 昆曲

19. 辛亥革命　　20. 重阳节　　21. 清明节

22. 小篆　　23. 五岳名山　　24. 颜真卿

25. 天台宗　　26. 文房四宝　　27. 中体西用

28. 元曲四大家　　29. 竹林七贤　　30. 吴道子

31. 中国航海日　　32. 重庆谈判　　33. 戚继光

34. 王安石变法　　35. 林则徐　　36. 贞观之治

37. 商鞅变法　　38. 《史记》　　39. 古文运动

40. 《三国志》

三、填空题

1. 唐朝的科举制度常设的两个科目是 ______ 和 ______。

2. 1894 年 7 月，中日甲午海战爆发，中国战败。1895 年，李鸿章与伊藤博文签订 ______，规定中国承认日本对朝鲜的控制，割让辽东半岛、台湾全岛以及附属岛屿、澎湖列岛给日本等。

3. 中国于 ______ 年以主权国家身份加入亚太经合组织。

4. ______，郑和带领庞大船队 ______ 下西洋，最远直达中东的 ______ 和非洲的 ______。

5. 玄奘于公元 627 年出发去 ________________，前后 ________________ 年，游历了当时的一百一十多个国家，带回了佛教 ________________、________________、________________ 各类经典 657 部。

6. ________________ 是我国最早在奥运会上夺金牌的运动员。

7. 我国清朝最后一位皇帝退位是在 ________________ 年。

8. 秦始皇灭六国后，统一了全国文字，这种文字称作 ________________。

9. 先秦的春秋战国时期是我国学术和思想蓬勃发展的“百家争鸣”时期，有“九流十家”之说。一般认为，苏秦、张仪是 ________________ 家的代表人物。

10. 相传首创八卦的是 ________________。

11. “十年树木，百年树人”出自 ________________ 的名言。

12. 在“四大发明”中，________________ 是最早流行到国外的。

13. “战国四公子”中齐国的孟尝君名为 ________________。

14. 成语“闻鸡起舞”“中流击楫”是出自古代将领 ________________ 的故事。

15. 唐太宗的“太宗”指的是他的 ________________。

（答案见 67~81 页）

二、外国历史

一、选择题

1. 德商美国史学家 _______ 的巨著《启蒙时代》，包括《自由的科学》和《现代异教精神的兴起》上、下两卷，被公认为 20 世纪对启蒙运动做出整体诠释的重要作品之一。

A. 塞缪尔·亨廷顿　　B. 彼得·盖伊

C. 阿诺德·约瑟夫·汤因比　　D. 法兰西斯·福山

2. 路透社是由 _______ 保罗·朱利叶斯·路透于 1850 年在德国亚琛创办的。

A. 德国人　　B. 法国人　　C. 英国人　　D. 美国人

3. 传播学诞生于 _______。

A. 美国　　B. 英国　　C. 日本　　D. 法国

4. 被称为 20 世纪西方文化三大发现之一的帕金森定律，是某种现象的一种别称。这种现象是 _______。

A. 官僚主义　　B. 通货膨胀　　C. 道德危机　　D. 贸易壁垒

5. “你有权保持沉默。如果你不保持沉默，那么你所说的一切都能够用作为你的呈堂证供。你有权在受审时请一位律师。如果你付不起律师费的话，我们可以给你请一位。你是否完全了解你的上述权利？”这句话就是美国刑事诉讼中著名的 _______。

A. 米兰达警告　　B. 辛普森警告　　C. 埃斯科韦多警告　　D. 戴维斯警告

6. 18 世纪后半期，英国成为世界最大的殖民国家，获得了巨大的海外市场，在此过程中，英国打败的竞争对手有 _______。

①西班牙　　②荷兰　　③美国　　④法国

A. ①②　　B. ①②③　　C. ①②④　　D. ①②③④

7. 1963 年 8 月 28 日，马丁·路德·金在 _______ 发表了《我有一个梦想》的演说，标志着美国黑人反对种族隔离与歧视、争取民主权利的运动达到了高潮。

A. 林肯纪念堂前　　B. 孟菲斯

C. 杰斐逊纪念堂前　　D. 美国国会大厦前

8. 英美法系又称 _______。

A. 罗马法系　　B. 普通法系　　C. 法典法系　　D. 民法法系

9. 文艺复兴时期，人文主义思潮强调人的价值，追求个性解放，反对神学迷信，主要是因为 _______。

A. 新航路的开辟打破了“天圆地方”说

B. 资本主义工商业的发展突出了人的作用

C. 宗教改革运动动摇了天主教会的地位

D. 哥白尼“太阳中心说”的创立

10. 到 1900 年英国已建立的“日不落”的大英帝国不包括下列哪个国家？

A. 加拿大　　B. 新西兰　　C. 美国　　D. 印度

11. 欧洲的中世纪被称为“黑暗时代”。这时期所发展的一套社会制度和生活方式，大抵而言是 _______。

A. 城邦　　B. 封建制度和庄园生活　　C. 市民政治　　D. 议会政治

12. 凯尔特人是 _______ 的祖先。

A. 英格兰人、苏格兰人和爱尔兰人　　B. 威尔士人、苏格兰人和爱尔兰人

C. 英格兰人、威尔士人和爱尔兰人　　D. 英格兰人、苏格兰人和威尔士人

13. “一战”后英国在欧洲的基本外交政策是 _______。

A. 全力削弱德国　　B. 大陆均衡政策

C. 争夺控制国联　　D. 制止法国势力膨胀

14. 美国独立战争以后，建立了比较典型的资产阶级民主政体，它的显著特点是 _______。

A. 联邦制　　B. 议会分为参众两院　　C. 总统掌握行政权　　D. 三权分立

15. 美国《独立宣言》的起草人是 _______。

A. 杰斐逊　　B. 潘恩　　C. 汉密尔顿　　D. 华盛顿

16. 1605 年 11 月 5 日，英国几个狂热的天主教徒企图在议会大厦炸死国王和大臣，史称“火药阴谋案”，其始作俑者是 _______。

A. 福克斯　　B. 富兰克林　　C. 查尔斯　　D. 克伦威尔

17. 英国的传播媒介比较丰富，其中每周评论是英国出版业的重要组成部分，_______ 是历史最悠久的周刊。

A.《观察家》　　B.《每周新闻》　　C.《旁观者》　　D.《读者文摘》

18. 英国 _______ 赛艇对抗赛始于 1829 年，除了战争外从未间断过。

A. 曼彻斯特牛津　　B. 牛津剑桥　　C. 剑桥格拉斯哥　　D. 剑桥华威

19. 14—16 世纪意大利文艺复兴时期绘画艺术臻于成熟，被誉为“美术三杰”的是列奥纳多·达·芬奇、米开朗基罗和 _______。

A. 但丁　　B. 彼特拉克　　C. 薄伽丘　　D. 拉斐尔

20. 在下列选项中，采用多党制的君主立宪制国家有 ______。

A. 加拿大、荷兰、意大利

B. 澳大利亚、比利时、西班牙

C. 英国、荷兰、澳大利亚

D. 丹麦、比利时、西班牙

21. 罗马帝国灭亡后，欧洲的精神领袖是 ______。

A. 佛教与喇嘛

B. 伊斯兰教及穆斯林

C. 罗马天主教与教皇

D. 法兰克宫廷及国王

22. “大东亚共荣圈”是 ______ 在第二次世界大战期间提出的建立殖民大帝国的侵略计划。

A. 苏联　B. 日本　C. 美国　D. 德国

23. ______ 是西方现代艺术史上的一个运动和流派，P·毕加索是该画派的主将之一，其油画《弹曼陀铃的少女》（1910）被认为是该派的代表作品之一。

A. 印象派　B. 立体派　C. 野兽派　D. 超现实派

24. 三一律（classical unities）是西方结构理论之一，______ 亦称“三整一律”。

A. 音乐　B. 绘画　C. 雕塑　D. 戏剧

25. 意大利伟大的歌剧作曲家 ______ 在 19 世纪 50 年代创作了《弄臣》《游吟诗人》《茶花女》《假面舞会》等七部歌剧，奠定了歌剧大师的地位。

A. 瓦格纳　B. 威尔第　C. 贝尔格　D. 施特劳斯

26. 东欧剧变最先爆发于 ______。

A. 南斯拉夫　B. 捷克　C. 波兰　D. 阿尔巴尼亚

27. 最后统一战国中的日本的是 ______。

A. 丰臣秀吉　B. 德川家康　C. 织田信长　D. 石田三成

28. 对于代表着古希腊数学最高成就的《几何原本》一书，以下描述不正确的是 ______。

A. 其作者是古希腊著名数学家毕达哥拉斯

B. 它既是数学巨著，也是哲学巨著

C. 由意大利传教士利玛窦将其带入中国

D. 它在西方是仅次于《圣经》而流传最广的书籍

29. ______ 年，美国、加拿大、英国、法国等 12 个国家的代表，在 ______ 集会，签订了《______》，建立了北大西洋公约组织。

A. 1949；华盛顿；北大西洋公约

B. 1949；布鲁塞尔；北大西洋公约

C. 1952；巴黎；北大西洋公约

D. 1949；伦敦；北大西洋公约

30. 下列不属于文艺复兴思想的是 ______。

A. 追求个性解放　B. 提倡自由平等　C. 反对宗教专制　D. 推崇神的价值

31. 莫里哀是 17 世纪法国著名剧作家，关于其叙述不正确的一项是 ______。

A. 莫里哀是法国著名的悲剧作家

B. 莫里哀是法国芭蕾舞喜剧的创始人

C. 莫里哀在法国代表“法兰西精神”

D.《伪君子》是莫里哀的代表作之一

32. 古巴比伦王国兴起于 ______。

A. 尼罗河流域　B. 两河流域　C. 印度河流域　D. 恒河流域

33. 公元 1—2 世纪，地跨欧、亚、非三大洲的大帝国是 ______。

A. 罗马帝国　　B. 奥斯曼土耳其帝国　　C. 波斯帝国　　D. 阿拉伯帝国

34. 下列历史人物中不属于法国启蒙思想家的是 ______。

A. 孟德斯鸠　　B. 伏尔泰　　C. 亚当 · 斯密　　D. 卢梭

35. 下列音乐作品与作曲家对应不正确的是 ______。

A.《命运交响曲》——贝多芬　　B.《交响曲》——莫扎特

C.《天鹅湖》——柴可夫斯基　　D.《蓝色的多瑙河》——巴赫

36. 决定建立联合国的会议是 ______。

A. 开罗会议　　B. 德黑兰会议　　C. 雅尔塔会议　　D. 波茨坦会议

37. 圆舞曲又叫华尔兹，它起源于下列哪一个国家？

A. 奥地利　　B. 法国　　C. 意大利　　D. 西班牙

38. 文艺复兴时期，米开朗基罗作品颇丰，代表性的有 ______。

A.《大卫》《最后的审判》《哀悼耶稣》《创世纪》

B.《最后的晚餐》《最后的审判》《哀悼耶稣》《创世纪》

C.《大卫》《最后的审判》《哀悼耶稣》《圣母圣婴图》

D.《大卫》《天使报喜》《哀悼耶稣》《创世纪》

二、名词解释题（1~5 题解释画线部分即可）

1. 经过明治维新而渐趋富强的日本，利用强盛的国力，逐步废除与西方列强签订的不平等条约，收回国家主权，摆脱了沦为殖民地的危机；于 1895 年、1904 年分别在甲午战争和日俄战争中击败昔日清帝国与俄罗斯，成为称雄一时的亚洲强国。

2. 15 世纪后期至 16 世纪前半期，意大利文艺复兴运动达到鼎盛，出现了“美术三杰”。

3. 古代两河的定期泛滥，给这一区域带来了适益农耕的肥沃泥土。这里有优越的自然环境，并地处东西交通要冲，因此，在公元 5000 年以前，苏美尔人就开始在这里定居繁衍，并逐步开创了两河流域文化的先河。

4~5. 在外国人眼里，他们对英国的过去知道的较多，对英国的今天了解相对较少，英国是第一个建立国会的国家，并走上党派政治之路；英国还是第一个实现资产阶级革命的国家，走向更为民主的君主立宪制；英国首先启动了第一次工业革命，造就了“永不日落”的大英帝国。作为威斯敏斯特体制的英国政府，为包括美国在内的许多西方国家提供了较为完美的政治体制的示例。

6. 本杰明 · 富兰克林　　7. 马歇尔计划　　8. 诺曼底登陆

9. 南北战争　　10. 曼哈顿计划　　11. 百年战争

12. 诺曼征服　　13. 玫瑰战争　　14. 五月花号

15. 大陆法系　　16. 第一国际　　17. 启蒙运动

18. 不结盟运动　　19. 东盟　　20. 楔形文字

21. 象形文字

三、填空题

1. 美国历史上第一次举办世界博览会的城市是 ________________。

2. ________________ 是美国 20 世纪上半叶"迷惘的一代"的代言人。

3. 英国是采用 ________________ 为管治国家的管治制度。

4. 建于 1851 年的路透通讯社是世界前三大多媒体通讯社，其总部位于 ________________。

5. 钦定版圣经是由英王 ________________ 命令翻译的，于 1611 年出版。

（答案见 81~90 页）

答案详解

一、中国历史

一、选择题

1. [A] "才高八斗"最早出自南朝无名氏的《释常谈·斗之才》，比喻才学极高。谢灵运曰："天下才共一石，曹子建独得八斗，我得一斗，自古及今共用一斗。"因此，"才高八斗"指的是曹植。曹植，三国时期文学家、政治家，曹操之子，代表作有《七步诗》《白马篇》《洛神赋》等。曹操，我国古代杰出的政治家、军事家、文学家、书法家、诗人，曹魏政权的奠基者，代表作有《观沧海》《短歌行》《蒿里行》等。苏轼，北宋文学家、书画家、美食家，唐宋八大家之一，代表作有《题西林壁》《饮湖上初晴后雨》《记承天诗夜游》等。陆机，西晋诗坛的代表之一，被誉为"太康之英"，代表作有《辨亡论》《平复帖》等。

2. [D]《新唐书·文艺传》记载：文宗时，诏以李白歌诗、裴旻剑舞、张旭草书为"三绝"。豪放是李白诗歌的特征，诗句常常超脱现实，有着强烈的浪漫主义色彩。裴旻，唐朝将领，我国古代第一剑圣，他的剑术无人能敌，剑法如游龙般灵活。张旭，盛唐书法家，擅长草书，世称"张颠"，与怀素并称"颠张醉素"，代表作有《古诗四帖》《肚痛帖》等。吴道子，唐代著名画家，画史尊称画圣，精于佛道、人物，长于壁画创作，代表作有《送子天王图》《明皇受箓图》《十指钟馗图》等。

3. [C] 御，指驾驭马车、战车的技术。六艺，指我国周朝贵族教育体系中要求学生掌握的六种基本技能，包括礼、乐、射、御、书、数。礼，指礼节，类似当今的德育教育，五礼包括吉礼、凶礼、军礼、宾礼、嘉礼。乐，指音乐，六乐包括云门、大咸、大韶、大夏、大濩、大武。射，指射箭技术，五种射技包括白矢、参连、剡注、襄尺、井仪。书，指书法。数，指计算、数学的技术。

4. [A] 两汉的学术主流是经学，也是经学发展最为繁荣和昌盛的时期。经学，原本泛指先秦时期各家学说要义的学问，在汉武帝罢黜百家、独尊儒术之后，儒家的《诗》《书》《礼》《易》《春秋》五经，超出了一般典籍的地位，成为崇高的法定经典。汉代儒生们即以传习、解释五经为主业。玄学，是汉代经学衰落后，盛行于魏晋时期的学术思想。魏晋玄学吸收道家精神，崇尚老庄，代表人物有阮籍、嵇康、向秀等。理学，是宋明时期占主导地位的儒家哲学思想体系，主要表现为程朱理学和陆王心学，代表人物有周敦颐、程颐、程颢、朱熹、陆九渊、王阳明等。诸子学，盛行于春秋战国时期，主要派别有儒家、法家、道家、墨家、阴阳家、名家等，代表人物有孔子、孟子、韩非子、老子、庄子等。

5. [B] 元朝时期，为加强对西藏的管辖，在中央设置宣政院管理西藏地区军政要务。宣政院是元朝掌管全国佛教事宜和藏族地区军政事务的中央机关。从此，西藏地区正式成为我国中央政府直接管辖的一个地方行政区域，成为我国领土不可分割的一部分。唐朝对西藏采取的主要是和亲政策，文成公主入藏，加强与西藏的沟通往来。明朝设置乌思藏都司、朵甘都司，管辖西藏。清朝设置理藩院兼理藏族事务，雍正设立驻藏大臣监理西藏地方事务。

6. [A] 在我国历史上，封建君主专制这一根本政治制度是导致宦官专权、外戚专权、丞相专权现象出现的根本原因。君主专制导致皇权至上，缺少其他开明官员的监察，从而个人专断职权，因此极易形成暴政、腐败等现象，是历史上一系列不良政治现象出现的根本原因。B 项说法错误，C 项说法片面，D 项与题干无直接关系。

7. [D] “文章乃经国之大业，不朽之盛事”出自《典论·论文》，是三国时期曹丕提出的。意思是，文章有助于治理国家的大业，是传之万世而不朽的盛事。这里的“文章”指的是“散文”。在我国古代，文人可以借助文章雄视千古，垂名百代，表达自己的功业道德和治国理想，因此，历代文人都非常重视散文创作。

8. [B] 交子是中国最早的纸币，也是世界上最早使用的纸币，出现于北宋时期。最初的交子实际上是一种存款凭证。交子的出现，是北宋商品经济快速发展的必然产品。纸币比金属货币容易携带，可以在较大范围内使用，有利于商品的流通，促进了商品经济的发展。“交子”的出现，便利了商业往来，弥补了现钱的不足，是我国货币史上的一大业绩。唐代、元代和明代使用的主要货币形式是铜钱。

9. [A] 吕叔湘，著名学者、语言学家，曾担任《现代汉语词典》主编。其研究重点是汉语语法，主要著作有《中国文法要略》《汉语语法分析问题》《汉语语法论文集（增订本）》等，为我国的语言学研究做出了重要贡献。

10. [C] 万历是明神宗朱翊钧的年号，也是明朝使用时间最长的年号，使用此年号共 48 年。由于张居正在经济上行“一条鞭法”，在政治上整饬吏治，任用贤臣，在防守方面任用名将戚继光抵御沿海为患的倭寇，因此，万历帝在位的头十五年，国家出现了短暂的中兴局面，史称“万历中兴”。宋朝代表性年号有庆历、靖康、绍兴等；元朝著名帝王有元太祖铁木真、元世祖忽必烈等；清朝代表性年号有顺治、康熙、雍正、乾隆等。

11. [B] “表”，是古代奏章的一种，专门用于臣吏向帝王上书言事。“表”的特点有：在写作风格上以议论为主，侧重于“陈情”；内容多为表达臣子对君主的忠诚和希望以及陈说政治请求和愿望；带有抒情色彩，一般用于较重大的事件；开头要说“臣某言”，结尾常有“臣某诚惶诚恐，顿首顿首，死罪死罪”之类的话。著名的“表”有诸葛亮的《陈情表》《出师表》等。赋，我国古代的一种文体，讲究文采、韵律，兼具诗歌和散文的性质。其特点是“铺采摛文，体物写志”，侧重于写景，借景抒情。著名的“赋”有杜牧的《阿房宫赋》、曹植的《洛神赋》、庾信的《哀江南赋》等。疏和书，是臣吏向皇帝分条陈述意见、进谏的文体，著名的“疏”有贾谊的《论积贮疏》、魏征的《谏太宗十思疏》等，著名的“书”有乐毅的《报燕惠王书》、李斯的《谏逐客书》等。

12. [B] 黄公望，元代画家，尤擅画山水，曾得赵孟頫指授，名列“元四家”（黄公望、吴镇、倪瓒、王蒙）之首。传世画作有《富春山居图》《水阁清幽图》《天池石壁图》等。《富春山居图》是纸本水墨画，以浙江富春江为背景，画面用墨淡雅，山和水的布置疏密得当，墨色浓淡干湿并用，极富于变化。《清明上河图》是北宋张择端创作的风俗画，生动记录了北宋都城东京（今河南开封）的城市面貌和当时社会各阶层人民的生活状况，是北宋时期都城东京当年繁荣的见证，也是北宋城市商品经济活跃的写照。《百骏图》是意大利籍清代宫廷画师郎世宁创作的绘画作品，体现了一种人与自然界其他生物间的和谐关系。《洛神赋图》是东晋顾恺之的画作，曲折细致而又层次分明地描绘着曹植与洛神真挚纯洁的爱情故事。

13. [C]杏坛指教育界，源于孔子杏坛（在今山东曲阜）讲学的传说。相传孔子杏坛设教，收弟子三千，授六艺之学。自古以为美谈，为士林所称颂。士林指文人士大夫阶层、知识界，出自东汉陈琳《为袁绍檄豫州》。杏林是中医学界代称，典出三国时期闽籍道医董奉，后世遂以“杏林春暖”“誉满杏林”等来称颂医家的高尚品质和精良医术。梨园，原是古代对戏曲班子的别称，现主要指戏班、剧团。

14. [C]京剧人物分“生”“旦”“净”“丑”四大类。“净”是性格粗犷鲜明的男性角色，“花脸”就是“净”一类的人物，也叫“黑头”。“生”是男性正面角色，又分老生、小生、武生等。“旦”是女性正面角色，有“青衣”“老旦”“花旦”“刀马旦”等区别。“丑”是幽默滑稽或反面角色，有文丑、武丑、小丑、老丑等区分。

15. [B]汉传佛教对中国文化影响深远，在历史发展过程中曾出现过许多派别，主要有台、禅、净、律、密等宗派。禅宗是中国化最彻底的一个佛教宗派，也是影响最大、传播最广、发展最成熟的一个宗派。创始人为达摩祖师，禅宗指出佛性人人皆有，创顿悟成佛之学，使烦琐的佛教简易化。密宗，又称真言宗，以《大日经》《金刚顶经》等真言密教为依据，主张修持“三密”，使自己身、口、意三业清净，与大日如来相应。太一宗，是尊太上老君为始祖的道教派别。天台宗，是中国佛教史上创立最早的一个宗派，因其实际创始人智凯大师长期住在天台山而得名“天台宗”；又由于此宗奉《法华经》为主要经典，由此也称为“法华宗”。

16. [D]西泠印社，是我国现存历史最悠久的文人社团，也是海内外成立最早的金石篆刻专业学术团体，社址位于浙江杭州。西泠印社由浙派篆刻家丁仁、王禔、吴隐、叶铭等召集同人发起创建。除金石篆刻与书画艺术的创作研习之外，西泠印社在文物收藏与研究、编辑出版、对外文化交流等领域均有重要建树。文学研究会，是新文学运动中成立最早、影响和贡献最大的文学社团之一，由周作人、郑振铎、沈雁冰等 12 人发起，其宗旨是“研究介绍世界文学，整理中国旧文学，创造新文学”。复社，是明末以江南士大夫主张改良政治为核心的政治、文学团体，有“小东林”“嗣东林”之称。创造社，是“五四”新文学运动中的新文学团体，由郭沫若、成仿吾、郁达夫等新文化运动健将创立。

17. [A]荣棣，棣同“弟”，不是对父亲的别称。椿庭，《论语·季氏》述孔鲤趋庭接受其父孔丘训导之事，后因以椿庭为父亲的代称。严君，古代常称指父母亲，后专指父亲，晋潘尼《乘舆箴》中有：“国事明王，家奉严君。”严亲，出自《吕氏春秋·孝行》，可以指父母或单指父亲。其他常见的对父亲的别称还有家严、家尊、先考等。

18. [D]《甘石星经》是世界上最早的天文学著作，成书于战国时期。《甘石星经》是齐国人甘德所著《天文星占》和魏国人石申所著《天文》两书的合称，记录了我国最早的恒星变化位置图表，发现了五大行星的出没规律，记载了八百多颗恒星的名字等，标志着我国古代天文学的发展高度。僧一行，唐朝著名天文学家、释学家，是世界上第一位用科学方法实测地球子午线长度的人。《石氏星经》，战国时期魏人国石申所著《天文》一书，西汉以后被尊称为《石氏星经》。邹衍，是战国时期阴阳家代表人物、五行创始人。《论衡》，东汉思想家王充所作，是古代一部不朽的唯物主义哲学文献。祖冲之，南北朝时期杰出的数学家、天文学家，首次将“圆周率”精算到小数后第七位，撰写当时最科学、最进步的历法《大明历》，给后世的天文研究提供了正确方法。《开元占经》，全名《大唐开元占经》，作者是瞿昙悉达，是我国古代天文学著作之一，保存了唐朝以前大量的天文、历法资料和纬书，还介绍了 16 种历法有关纪年、章率等基本数据，在天文史上很有研究价值。张衡，东汉时期杰出的天文学家、数学家，发明了浑天仪、地动仪，是东汉中期浑天说的代表人物之一，被后人誉为“木圣”。

19. [D] 严复，清末极具影响力的资产阶级启蒙思想家，著名翻译家、教育家，1897 年在天津创立《国闻报》，系统地介绍西方民主和科学，宣传维新变法思想。他还翻译了英国生物学家赫胥黎的《天演论》，宣传“优胜劣汰”的社会进步理论。邹容，近代著名资产阶级革命家，代表作是《革命军》。《人类在自然界的位置》的作者是赫胥黎，该书通过对人类、类人猿和大猩猩在解剖结构和行为习性等方面的比较，详细讨论了人类和次于人的动物的关系。康有为，维新变法代表人物，曾发动“公车上书”，代表作有《新学伪经考》《孔子改制考》等。《物种起源》是英国生物学家达尔文系统阐述生物进化理论基础的生物学著作，书中的“物竞天择”“适者生存”“遗传变异”等观点对世界影响巨大。郑观应，清末启蒙思想家、实业家、教育家，提出“立宪法”“商战”思想，代表作有《盛世危言》《易言》等。《数学原则》的作者是英国著名数学家罗素。

20. [D] 草木皆兵，出自《晋书·苻坚载记》，意思是，把山上的野草和树木都当作敌兵，形容为对方的声势所吓倒而疑神疑鬼产生错觉。东窗事发，出自元代刘一清《钱塘遗事》，比喻不可告人的秘密已彻底败露，是关于秦桧的成语典故。指鹿为马，最早出自西汉司马迁的《史记·秦始皇本纪》，原义是指着鹿，说是马，比喻故意颠倒黑白，混淆是非，是关于赵高的成语典故。四面楚歌，最早出自西汉司马迁的《史记·项羽本纪》，指四面八方皆响起楚地的山歌，比喻四面受敌，孤立无援。岳飞，南宋时期抗金名将、书法家、诗人，关于岳飞的成语典故有精忠报国。赵括，战国时期赵国将领，关于赵括的成语典故有纸上谈兵。韩信，西汉军事家，关于韩信的成语典故有一饭千金、国士无双、背水一战等。

21. [D] 明清时期，秀才、举人、贡士、进士是科举制度的四个等级。院试是各地府县组织的考试，每年一届，是选拔秀才的考试。乡试，一般由各地州府主持举办，每三年一届，考中乡试的人称为举人。《范进中举》中范进参加的就是乡试。会试，是由朝廷直接组织的考试，对象是全国各地的举人，每三年一届，一般是在乡试的第二年举办。考中会试的人称为贡士。殿试，是参加完会试以后，由皇帝亲自主持的考试。进士科考试是最高级别的考试，一般分为三甲，三甲所有的考中者，都称为进士。其中一甲中的第一名为状元，第二名为榜眼，第三名为探花。

22. [C] 唱、念、做、打是我国戏曲表演的四种艺术手段，同时也是戏曲表演的四项基本功。由于京剧的特点是我国戏曲特点的集中体现，所以京剧作为综合性艺术，从表演的角度讲，唱、念、做、打是最贴切的概括。唱指唱功，念指具有音乐性的念白，做指舞蹈化的形体动作，打指武打和翻跌的技艺。生、旦、净、丑是京剧中的人物类别，说、学、逗、唱是相声艺术的基本功，吹、拉、弹、唱指吹奏、拉弦、弹拨乐器、歌唱等技艺。

23. [C] 东林书院，创建于北宋政和元年，位于江苏无锡，是当时北宋理学家程颢、程颐嫡传高弟、知名学者杨时长期讲学的地方。明朝万历三十二年，东林学者顾宪成在此聚众讲学，他们倡导“读书、讲学、爱国”的精神，引起全国学者普遍响应，一时声名大著。顾宪成撰写的名联“风声雨声读书声声声入耳，家事国事天下事事事关心”更是家喻户晓。岳麓书院，创建于北宋时期，位于湖南长沙，大门两旁悬挂有对联“惟楚有材，于斯为盛”。应天书院，创建于五代后晋时期，位于河南商丘，范仲淹曾在此讲学。白鹿书院，始于唐代，位于江西九江，南宋理学家朱熹曾制订《白鹿洞书院教规》。

24. [D] 中国书法习惯上分为“正”“草”“隶”“篆”四体。正书不仅指楷书，还指魏碑。草书则指以张旭、怀素等为代表的狂草，也指大草和比狂草规范一些的小草。隶书产生于秦末汉初，开始主要用于抄写公文，以求简便，后来也用于书写碑刻与摩崖石刻。篆书则是甲骨、钟鼎、石鼓及小篆的总称。京剧、中医、国画是我国的三大国粹。《说文解字》，是由东汉经学家、文字学家许慎编著的语文工具书著作，是我国最早地系统分析汉字字形和考究字源的语文辞书，也是世界上最早的字典之一。四书指的是《大学》《中庸》《孟子》《论语》这四部儒家经典书籍。

25. [B] 豆蔻年华，出自唐代杜牧的《赠别》："娉娉袅袅十三余，豆蔻梢头二月初"，指少女十三四岁的年纪。王维，字摩诘，有"诗佛"之称。苏轼曾评价："味摩诘之诗，诗中有画；观摩诘之画，画中有诗。"汉字六书，指的是汉字的六种造字和使用方式，包括象形、指事、形声、会意、转注、假借。古代五音指五声音阶中的宫、商、角、徵、羽五个音级。

26. [B] B 项"标志着封建社会发展到了最高峰"说法片面，单从经济层面来说，两宋和明清时期的商品经济发展程度就远远盖过唐朝。公元前 221 年，秦王嬴政灭六国，真正建立我国历史上第一个统一的多民族的中央集权封建国家。宋朝时，中国北部和西部少数民族强大。10 世纪初，契丹族首领耶律阿保机统一了契丹各部，建立政权。11 世纪前期，党项族首领元昊称帝，史称西夏。12 世纪初，女真族首领完颜阿骨打建立金国。清朝，是中国历史上最后一个封建王朝，统治者为爱新觉罗氏。1911 年 10 月 10 日，辛亥革命爆发，起义迅速席卷整个大清王朝。短短四个月的时间，清朝就宣布灭亡。

27. [C] 赵州桥，位于河北石家庄赵县，因赵县古称赵州而得名。赵州桥始建于隋代，由匠师李春设计建造，是世界上现存年代久远、跨度最大、保存最完整的单孔坦弧敞肩石拱桥，其建造工艺独特，在世界桥梁史上首创"敞肩拱"结构形式，对全世界后代桥梁建筑有着深远的影响。

28. [C] 古代对太子的尊称是殿下，"殿"即"宫殿"，"殿下"本意为宫殿的陛阶之下，古代臣子不敢直达皇帝，就告诉在陛阶下的人，请他们把意思传达上去，所以用陛下代称皇帝，殿下则是对太子、亲王的尊称。对三公、郡守等有一定社会地位的人称阁下，也可对品行高尚或兼有要务之类的人物尊称阁下。现多用于外交场合，如大使阁下。私下，指的是不公开。

29. [C] 汉传佛教对中国文化影响深远，在历史发展过程中曾出现过许多派别，主要有八宗，分别是三论宗、瑜伽宗、天台宗、贤首宗、禅宗、净土宗、律宗和密宗。曹溪宗是韩国最大的佛教宗派，创立于唐朝年间，始祖是道义和尚，代表了韩国佛教 1,700 年的历史传统。曹溪宗传承了中国的禅，开创了韩国民族精神文化新的一页。

30. [B] 1856 年 10 月至 1860 年 10 月，英、法两国在美、俄支持下联合发动第二次鸦片战争，其目的是进一步打开中国市场，扩大在华侵略利益。1860 年，英法联军占领北京，闯进圆明园，他们烧杀抢掠，圆明园昔日的辉煌化为灰烬，圆明园的劫难，毫无疑问是人类文化史上一次无法估量的损失，就连法国作家雨果都说英法联军是"两个强盗"。八国联军指的是 1900 至 1901 年，由英、俄、日、美、法、德、意、奥八国派遣的军队组成的侵华联军。

31. [D] 我国古代手工业主要有官营、私营和家庭经营三种主要经营形式。官营手工业主要生产武器和军用品以及供官府贵族消费的生活用品；私营手工业主要生产供民间消费的产品；家庭手工业是农户的一种副业，产品主要供自己消费和交纳赋税，剩余部分才拿到市场上出售。

32. [C] 近代中国的社会性质是半殖民地半封建社会。在帝国主义控制下，中国民族工业不可能走上独立发展的道路；中国国内的封建势力和自然经济也严重束缚了民族资本主义的发展，表现在国内市场狭小、苛捐杂税沉重和资本匮乏等方面。不推翻帝国主义和封建主义的统治，不彻底改变半殖民地半封建社会的性质，中国的民族资本主义就不可能得到发展，"实业救国"的道路就不可能行得通。

33. [C]“总角”出自《诗经·卫风·氓》：总角之宴，言笑晏晏。意思是，少年时一起愉快地玩耍，尽情地说笑。在我国古代，儿童常将头发分作左右两半，在头顶各扎成一个结，形如两个羊角，故称“总角”。“总角”一般用来指八岁至十四岁这个年龄段。

34. [B]《琵琶记》，是元末戏曲作家高明根据长期流传的民间戏文《赵贞女蔡二郎》改编创作的南戏，是我国古代戏曲中的一部经典作品，被称为“南戏之祖”。此剧叙写东汉书生蔡伯喈（jiē）与赵五娘悲欢离合的爱情故事，结构完整巧妙，语言典雅生动，是高度发达的中国抒情文学与戏剧艺术结合的作品。《西厢记》是元代王实甫创作的杂剧，是元杂剧中最为著名的作品。全剧叙写了书生张生与相国小姐崔莺莺在侍女红娘的帮助下，冲破孙飞虎、崔母、郑恒等人的重重阻挠，终成眷属的故事。《牡丹亭》是明代剧作家汤显祖的代表作，是中国戏曲史上杰出的作品之一。该剧描写了官家千金杜丽娘与梦中书生柳梦梅的动人爱情故事。《长生殿》是清初剧作家洪昇创作的戏剧，故事来源于唐朝开元、天宝年间的史实，剧本虽然谴责了唐明皇的穷奢极侈，但同时又表现出对唐明皇和杨贵妃之间的爱情的同情。

35. [A]台湾在三国被称为夷洲，最早对此有记载的是三国时期吴国太守沈莹的《临海水土志》。据记载，三国时期，孙权曾派卫温与诸葛直抵达夷洲，也就是如今的台湾。隋代改为“流求”，宋朝称“毗舍耶”，明初又叫作“东番”，直到明代万历年间，才开始有“台湾”之称。清朝正式更名为“台湾”，并设置台湾府，隶属于福建省。

36. [A]插花、点茶、焚香、挂画，被宋人合称为“生活四艺”，是当时文人雅士追求雅致生活的一部分。此四艺者，通过嗅觉、味觉、触觉与视觉品味日常生活，将日常生活提升至艺术境界，且充实内在涵养与修为。吟诗与弹琴不属于“生活四艺”。琴、棋、书、画，又称为“文人四艺”或“秀才四艺”，通常指中国文人所推崇和要掌握的四门艺术。

37. [D]《游春图》，是隋代画家展子虔创作的非常具有代表性的山水画作，是展子虔传世的唯一作品。仕女图，原指以封建社会中上层士大夫和妇女生活为题材的中国画，后为人物画科中专指描绘上层妇女生活为题材的一个分目。《捣练图》，作者是唐代画家张萱，是唐代仕女画中取材较为别致的作品，描绘了唐代城市妇女在进行捣练、络线、熨平、缝制时的情景。《簪花仕女图》，相传是唐代画家周昉创作的仕女画作，描绘的是六位衣着艳丽的贵族妇女及其侍女于春夏之交赏花游园的情景，体现出贵族仕女养尊处优、无所事事、游戏于花蝶鹤犬之间的生活情态。《虢国夫人游春图》，是唐代画家张萱创作的仕女画作，描绘的是虢国夫人和秦国夫人两姐妹游春的场面，表现了宫廷妇女游春时的欢悦情绪和美好气氛。

38. [D]“丝绸之路”形成于西汉时期，是中国古代连接亚洲、非洲和欧洲的一条商业路线，是我国与西方进行经济、政治、文化交流的主要道路。“丝绸之路”一共有四条，分别为西北“丝绸之路”，即由西汉张骞出使西域后开通的去往中亚和欧洲的陆上通道；海上“丝绸之路”，起源于唐代，以福建泉州为起点，经过中南半岛和海南诸国进入红海，然后到达东非和欧洲；草原“丝绸之路”，指从蒙古草原地带沟通欧亚大陆的商贸大通道，在元代时期发展达到顶峰；西南“丝绸之路”，一般泛指历史上不同时期四川、云南、西藏等我国西南地区对外连接的通道，包括历史上有名的蜀身毒道和茶马古道等。

39. [D]重阳节，亦称“登高节”“老人节”，是中国民间传统节日，节期在每年农历九月初九。古时民间在重阳节有登高远眺、观赏菊花、遍插茱萸、吃重阳糕、饮菊花酒等活动。登高赏秋与感恩敬老是当今重阳节活动的两大重要主题。吃皮蛋是端午节的习俗，因为蛋形如心，民间普遍认为吃了皮蛋就能使心气精神不受亏损。

40. [A]京剧，我国国粹之一，是我国影响最大的戏曲剧种，与豫剧、越剧、黄梅戏、评剧并称“中国五大戏曲剧种”，由清代中叶的徽调、汉调相继传入北京合流演变而成。腔调以徽调“二簧”和汉调“西皮”为主，兼收昆曲、秦腔等地方戏精华，用胡琴和锣鼓等伴奏，后流行于全国。代表剧目有《智取威虎山》《霸王别姬》等。豫剧，最初流行于河南，之后流传至全国各地的传统戏剧，在发展中汲取了昆腔、吹腔、皮簧等艺术因素，同时广泛吸收河南民间流行的音乐，形成了朴直淳厚、富于乡土气息的剧种特色。代表剧目有《花木兰》《秦香莲》等。越剧，发源于浙江嵊州，在发展中汲取了昆曲、话剧、绍剧等特色剧种之大成，经历了由男子越剧到女子越剧为主的历史性演变。代表剧目有《梁山伯与祝英台》《孟丽君》等。黄梅戏，起源于湖北黄梅，发展壮大于安徽安庆，吸收了汉剧、楚剧、高腔、采茶戏、京剧等众多剧种的因素，逐渐形成了自己的艺术特点。代表剧目有《天仙配》《女驸马》等。

41. [B]唐朝海上“丝绸之路”分为东海航线和南海航线两条线路，其中主要以南海为中心。唐后期的《皇华四达记》记载了唐对外交通发展的情况，当时海上“丝绸之路”最远可到达非洲的波斯湾。海上“丝绸之路”最远可到达印度半岛南端是在汉代，最远可到达非洲东海岸和红海沿岸是在明代郑和下西洋时期。

42. [A]“杯酒释兵权”，是北宋初期宋太祖赵匡胤通过酒宴威逼利诱高阶军官交出兵权的一次政治事件。宋太祖赵匡胤本是后周大将，后来在陈桥兵变中被部下“黄袍加身”，篡位登基。为防止自己的故事重演，采纳赵普的建议，在一次宴会上对石守信等大将威逼利诱，迫使其交出兵权，回家养老，从而收回了大将的兵权。汉高祖刘邦亡秦灭楚，建立汉朝；唐高祖李渊晋阳起兵，建立唐朝，颁布《武德律》，发行“开元通宝”；宋高宗赵构是南宋开国皇帝，对金绍兴议和。

43. [A]爱新觉罗·溥仪，年号宣统，光绪死后继位，是清朝第十二位皇帝，是清朝皇帝中的末代皇帝，也是中国历史上最后一位皇帝。光绪，是清德宗爱新觉罗·载湉的年号，是清朝第十一位皇帝。同治，是清穆宗爱新觉罗·载淳的年号，是清朝第十位皇帝。道光，是清宣宗爱新觉罗·旻宁的年号，是清朝第八位皇帝。清军入关前的两位皇帝分别是努尔哈赤和皇太极，入关后十位皇帝的年号依次为顺治、康熙、雍正、乾隆、嘉庆、道光、咸丰、同治、光绪、宣统。

44. [C]玄奘，唐代高僧，为了解佛学底蕴，于唐贞观元年私出玉门关，取道西域，到达古印度境内，求法取经，研习讲学，周游印度。历时19年，其所著的《大唐西域记》详述亲所历见的各国风土人情，成为中外文化交流史上的不朽之作。张骞出使西域，即汉武帝时期希望联合月氏夹击匈奴，派遣张骞出使西域各国，对开辟从中国通往西域的丝绸之路有卓越贡献。郑和下西洋是明代永乐、宣德年间的一场海上远航活动，是中国古代规模最大、船只和海员最多、时间最久的海上航行，也是15世纪末欧洲的地理大发现的航行以前世界历史上规模最大的一系列海上探险。印刷术开始传入西方是在元太祖成吉思汗时期。

45. [A]琴，是一种七弦无品的古老的拨弦乐器，常与瑟合称，在八音系统中属于“丝”，在中国音乐史上至为重要，被视为音乐艺术的代表。琴最早见之于典籍的是《诗经·周南·关雎》中的“窈窕淑女，琴瑟友之”。孔子、列子、庄子等都是琴学大家，他们心目中的理想境界，在古琴文化中都表现得淋漓尽致。琵琶，是中国传统弹拨乐器。最早被称为“琵琶”的乐器大约出现在秦朝。丝竹，是中国古代乐器中最重要的乐器，是汉族传统民族弦乐器和竹制管乐器的统称。编钟，中国古代大型打击乐器，兴起于周朝，盛于春秋战国直至秦汉。

46. [C]康有为，是资产阶级维新派的代表，戊戌变法代表人物，其政治主张就是要变封建专制制度为资产阶级的君主立宪制。康有为首次倡导政治体制上的中西结合，最早在中国提出立宪政体。百日维新使康有为的君主立宪思想发展到高峰时期，变法运动虽然以失败而告终，但仍具有重大的积极意义。民主共和是孙中山的思想主张。三权分立学说是法国启蒙思想家孟德斯鸠提出的，主张立法、行政和司法三种国家权力分别由不同机关掌握，各自独立行使、相互制约制衡。人文主义思想的渊源是14至17世纪的文艺复兴运动。

47. [C] “破釜沉舟”出自巨鹿之战。釜指古代用来烧饭的大锅，比喻不留后路，下定决心，不顾一切干到底。巨鹿之战，是秦末大起义中，项羽率领数万楚军（后期各诸侯义军也参战），同秦名将章邯、王离所率四十万秦军主力在巨鹿（现属邢台市平乡县地区）进行的一场重大决战性战役，是我国历史上著名的以少胜多的战役之一。官渡之战是东汉末年“三大战役”之一，建安五年曹操军与袁绍军相持于官渡（今河南中牟东北）的决战，也是中国历史上著名的以弱胜强的战役之一。长平之战是秦昭襄王四十七年，秦国率军在赵国的长平一带同赵国军队发生的战争，最终秦军获胜，赵军几乎全军覆没。这场战争加速了秦国统一中国的进程，也是中国古代军事史上最早、规模最大、最彻底的大型歼灭战。与长平之战有关的成语有纸上谈兵。淝水之战，是公元383年东晋和前秦之间发生在淝水（今安徽省寿县的东南方）的一场战争，最终东晋以少胜多。与淝水之战有关的成语有投鞭断流、风声鹤唳、草木皆兵。

48. [D] “衡”在古代是用来测量物体轻重的工具。在很早以前，铢、两、斤、钧、石五者都是重量单位，但是测量物体轻重的重量单位各家说法都不尽相同，而且换算也比较麻烦。秦国时期秦始皇统一全国度量衡后，才有了统一的重量单位。度制是指衡量物体长度的标准，量制是指衡量物体体积的标准。

49. [A] 1972年9月25日，日本内阁总理大臣田中角荣访问中国，双方发表《中日联合声明》，标志着中日邦交正常化。中日邦交正常化以来，中日关系总体不断发展，各领域友好交流和务实合作日益深化，给两国和两国人民带来实实在在的利益，也有利于维护地区乃至世界的和平、稳定与繁荣。

50. [D] 七擒七纵，指的是诸葛亮七擒七纵孟获的故事，与关羽无关。单刀赴会，指的是关羽随身只带一口大刀和少数随从在东吴参加鲁肃的宴会。后泛指一个人冒险赴约，有赞扬赴会者的智略和胆识之意。水淹七军，指的是关羽率兵攻取樊城的经典战役，成为关羽历史上最辉煌的一段生涯。大意失荆州，指的是诸葛亮派关羽镇守荆州。关羽出兵攻打曹操，孙权乘虚突袭荆州，导致荆州失陷。

51. [A] 顾恺之，东晋时期著名画家、文学家，博学多才，擅诗赋、书法，尤善绘画。精于人像、佛像、禽兽、山水等，时人称之为“三绝”（才绝、画绝、痴绝）。代表作有《洛神赋图》《女史箴图》《列女传图》等。吴道子，唐代著名画家，尤精于佛道、人物，长于壁画创作，代表作有《送子天王图》《十指钟馗图》等。唐伯虎，明代著名画家、书法家、诗人，擅长山水、人物、花鸟画，代表作有《落霞孤鹜图》《春山伴侣图》等。郑燮，又名郑板桥，清代书画家、文学家，“扬州八怪”重要代表人物。一生只画兰、竹、石，代表作有《修竹新篁图》《兰竹芳馨图》等。

52. [B] 草木皆兵，出自《晋书·苻坚载记》中淝水之战的故事，指把山上的草木都当作敌兵，形容人在惊慌时疑神疑鬼。马革裹尸，出自《后汉书·马援传》，指用马皮把尸体裹起来，即战士牺牲于战场；寓意将士要英勇牺牲在战场，方为天职的英雄气概。穷寇勿追，出自《孙子兵法·军争》，指不追无路可走的敌人，以免敌人情急反扑，造成自己的损失，也比喻不可逼人太甚。血流漂杵，出自《尚书·武成》中武王伐纣的故事，形容战死的人很多，也泛指流血很多。

53. [C] “榜眼”，是科举考试中的一种名次称号。殿试，是由皇帝亲自主持的考试，分三甲录取。第一甲赐进士及第，第二甲赐进士出身，第三甲赐同进士出身。第一甲的前三名分别称为状元、榜眼和探花，合称“三鼎甲”。殿试二甲一名称为传胪。乡试，一般由各地州府主持举办，每三年一届，考中乡试的人称为举人。乡试一甲二名称为亚元。会试，是由朝廷直接组织的考试，对象是全国各地的举人，每三年一届，一般是在乡试的第二年举办。考中会试的人称为贡士。会试一甲一名称为会元。

54. [A] 地支的汉字数目依次是子、丑、寅、卯、辰、巳、午、未、申、酉、戌、亥。天干地支二者的组合，产生了六十甲子，在中国采用公历之前，人们长期用它记年、月、日，如甲子年、丙寅年、戊辰年等。

55. [A] 楷书四大家，是对书法史上以楷书著称的四位书法家的合称，他们分别是唐朝的欧阳询（欧体）、唐朝的颜真卿（颜体）、唐朝的柳公权（柳体）、元朝的赵孟頫（fǔ）（赵体）。欧阳询楷书严谨，笔力险峻，代表作是《九成宫醴泉铭》。颜真卿楷书端庄雄伟，气势开张，代表作有《颜勤礼碑》《多宝塔碑》等。柳公权楷书清健遒劲，结体严谨，笔法精妙，笔力挺拔，代表作是《玄秘塔碑》和《神策军碑》。赵孟頫楷书圆润清秀，端正严谨，又不失行书之飘逸娟秀，代表作是《玄妙观重修三门记》。苏轼和黄庭坚是北宋书法家，与米芾和蔡襄合称“宋四家”。羊欣，晋宋时期书法家，东晋著名书法家王献之外甥，与同时代书法家薄绍之并称“羊薄”。

二、名词解释题

1. **五代**，不是指某一个朝代，而是介于唐宋之间的特殊历史时期。唐朝灭亡之后，在中原地区相继出现了定都于开封和洛阳的后梁、后唐、后晋、后汉和后周五个政权，史称五代。五代各国存在时间长短不一，疆土大小各异。五代十国是我国历史上的一段大分裂时期，直至北宋统一各地方割据政权。

2. **战国七雄**，指的是秦国、楚国、齐国、燕国、魏国、赵国、韩国，这七个政权是当时中原地区最强盛的存在。春秋时期持久的争霸战争导致诸侯国间战争不断，互相讨伐，春秋五霸结束，战国七雄的格局正式形成。最初的战国七雄中，论各国的综合实力，齐楚最强，后面则是魏国、赵国以及韩国，秦国第六，燕国第七。

3. **陈桥兵变**，又称陈桥驿兵变、黄袍加身，指的是赵匡胤发动的取代后周，建立宋朝的兵变事件。960 年，传闻契丹联合北汉南下攻周，宰相范质等未辨真伪，急遣赵匡胤统率诸军北上御敌。周军行至陈桥驿（位于今河南新乡），赵匡胤和赵普等密谋策划，发动兵变，众将将黄袍加在赵匡胤身上，拥立他为皇帝。随后，赵匡胤率军回师开封，京城守将石守信、王审琦开城迎接赵匡胤入城，胁迫周恭帝禅位。赵匡胤即位后，改国号为“宋”，仍定都开封。

4. **黄巾起义**，指的是东汉末年由张角、张宝等领导的，主要战场在巨鹿（今河北邢台）的一场农民战争，也是中国历史上规模最大的一次以宗教形式组织的农民起义。东汉末年，朝廷腐败，民不聊生，走投无路的贫苦农民在张角的号令下，纷纷揭竿而起，他们头扎黄巾，高喊“苍天已死，黄天当立，岁在甲子，天下大吉”的口号，向官僚地主发动了猛烈攻击，并对东汉朝廷的统治产生了巨大冲击。虽然起义最终以失败告终，但军阀割据、东汉名存实亡的局面不可挽回。

5. **文景之治**，是指西汉汉文帝（刘恒）、汉景帝（刘启）统治时期，中国历史上出现的第一个“盛世”。汉文帝、汉景帝相继即位后，在汉廷推崇黄老治术的基础上进一步实施“轻徭薄赋”“与民休息”的措施。在 40 年左右的时间里，国家政治稳定，经济上始终保持高速发展的势头，出现了封建社会第一次“盛世”景象。文景之治奠定了其后雄才大略的汉武帝将大汉盛世推上顶峰的基础。

6. **太监**，即宦官，也称为寺人、妇寺、宦者等，俗称公公，是指古代宫廷中替皇室服务并阉割生殖器官的男性。太监是负责宫廷杂事的奴仆，不得参与国家政务，但因与皇族朝夕相处，博取信赖，有可乘之机，故在东汉、唐、明等朝代都存在着宦官掌握国家政务大权的情况。早期宦官不一定都是阉人，在东汉之后才完全使用阉人做宦官。宦官制度起源于先秦时期，《诗经》《周礼》《礼记》中都有关于宦官的记载。

7. **菩萨**，是“菩提萨埵”的简称，意思是“有情”，有情是指有情爱与情性的生物。菩萨，便是觉有情，即将自己和一切众生一齐从愚痴中解脱出来，而得到彻底的觉悟。菩萨早已在他方成佛，为助此土世尊、教化众生，故示现菩萨形。中国人最熟悉的菩萨有观世音、文殊、普贤、弥勒、地藏等。

8. **四品**，是古代的一种官阶，属于我国封建时期九品（正一品到从九品）十八级官员等级中的第七级，低于从三品，高于从四品。明朝四品官名有大理寺少卿、太常寺少卿、鸿胪寺卿等。从四品官员相当于现在的正厅级干部，正四品相当于现在的省秘书长之类的职务。

9. **明成祖**，即明朝第三位皇帝朱棣。朱棣在位22年，年号“永乐”。明成祖在位期间，削弱藩王势力，设立内阁；占领安南（今越南），五征漠北；营建紫禁城并迁都北京；编修《永乐大典》；派郑和下西洋，完善了开国皇帝明太祖的丰功伟绩，并使明朝的力量和影响达到顶峰，是我国历史上杰出帝王的代表。

10. **郑和七下西洋**是明代永乐、宣德年间进行的海上远航外交活动，由郑和率领船队从南京出发。下西洋（当时西洋是指西太平洋和印度洋）期间，郑和和船队拜访了30多个国家和地区，最远到达了非洲东海岸和红海沿岸。郑和下西洋是中国古代规模最大、船只和海员最多、时间最久的海上航行，也是15世纪末欧洲的地理大发现的航行以前世界历史上规模最大的一系列海上探险。

11. **新月派**，又称新格律诗派，是我国现代新诗史上一个重要的诗歌流派，受泰戈尔《新月集》影响。主要成员有闻一多、徐志摩、朱湘等。新月派提倡新格律诗，主张“理性节制情感”的美学原则与诗的形式格律化，坚持超功利的、自我表现的、贵族化的“纯诗”立场。

12. **象征派**，我国现代新诗史上一个重要的诗歌流派，没有统一的社团组织，也没有共同刊物作为阵地，而是以艺术审美观点的近似，共同汇成一股象征派诗歌的创潮流。1925年，李金发的《微雨》出版，标志着象征诗派的诞生。代表诗人有李金发、穆木天、王独清、冯乃超等。象征派认为现实世界是虚幻的、痛苦的，诗歌应表现自我的“内心梦幻”而不是再现现实。可以用有声有色的物象来暗示微妙的内心世界，崇尚朦胧晦涩，“诗必须有谜”。

13. **三省六部**，是中国古代封建社会一套组织严密的中央官制，确立于隋朝，完善于唐朝，此后一直到清末，六部制基本沿袭未改。三省指中书省、门下省、尚书省。中书省掌握朝廷的行政大权，也掌握一部分地方行政权力；门下省与中书省共同掌管机要，参议国家大事；尚书省负责执行国家的重要政令。六部指尚书省下属的吏部、户部、礼部、兵部、刑部、工部。吏部负责管理全国官员的任免、升迁、降职、调动等；户部掌管全国户籍、钱粮、税收等；礼部主要负责科举考试、婚丧嫁娶、典礼和部分外交工作；兵部负责全国军队政务和防御外敌；刑部主要负责对全国百姓和绝大部分官员的监督、审判和法律量刑等；工部掌管全国的建筑、施工工作。

14. **黔首**，是战国时期和秦代对平民的称呼，秦始皇时期开始作为官方辞令使用，含义与当时常见的“民”“庶民”相同。《史记·秦始皇本纪》记载：“分天下以为三十六郡，郡置守、尉、监。更名民曰‘黔首’。”

15. **京剧四大名角**，是指“生”“旦”“净”“丑”四大京剧著名角色类型。“生”是男性正面角色，根据角色的年龄、性格等不同，又分老生、小生、武生等。“旦”是女性正面角色，有青衣、老旦、花旦、刀马旦等区别。“净”俗称花脸，以在面部用各种色彩和图案勾勒脸谱为特色，是性格粗犷鲜明的男性角色。“丑”是幽默滑稽或反面角色，有文丑、武丑、小丑、老丑等区分。

16. **中国四大名绣**，指湖南的“湘绣”、四川的“蜀绣”、广东的“粤绣”和江苏的“苏绣”，是中国刺绣的突出代表。湘绣以中国画为神，充分发挥针法的表现力，达到构图严谨、形象逼真、形神兼备的艺术境界。蜀绣针法多达100多种，充分发挥了手绣的特长。粤绣题材广泛，在针法上具有“针步均匀、纹理分明、处处见针、针针整齐”的特点。苏绣自古便以精细素雅著称于世，构图简练，主题突出，技巧精湛。

17. **杨柳青年画**，全称“杨柳青木板年画”，属于木版印绘制品，是著名的中国民间木版年画之一，与苏州桃花坞年画并称“南桃北柳”。杨柳青年画产生于明代崇祯年间天津杨柳青镇，继承了宋、元绘画的传统，吸收了明代木刻版画、工艺美术、戏剧舞台的形式，采用木版套印和手工彩绘相结合的方法，创立了鲜明活泼、喜气吉祥、富有感人题材的独特风格。代表作有《五子夺莲》《莲年有余》等。

18. **昆曲**，又称昆腔、昆山腔、昆剧，是元末明初南戏发展到江苏昆山一带，与当地的音乐、歌舞、语言结合而生成的一个新的声腔剧种。相传为元末明初昆山人顾坚初创，行腔优美，以缠绵婉转、柔曼悠远见长，具有“水磨调”风格。在演唱技巧上注重声音的控制、节奏速度的顿挫疾徐和咬字吐音的讲究，场面伴奏乐曲齐全。代表剧目有《牡丹亭》《长生殿》《单刀会》等。

19. **辛亥革命**，指发生于1911年至1912年初，旨在推翻清朝封建君主专制、建立共和政体的全国性革命。领导人有孙中山、黄兴、蒋翊武、黎元洪等。辛亥革命的发生，是近代以来中国社会矛盾激化和中国人民顽强斗争的必然结果。它开创了完全意义上的近代民族民主革命，推翻了统治中国几千年的封建君主专制制度，建立起共和政体，传播了民主共和理念，极大地推动了中华民族的思想解放，以巨大的震撼力和影响力推动了中国的社会变革。

20. **重阳节**，亦称“登高节”“老人节”，是中国民间传统节日，节期在每年农历九月初九。重阳节源自天象崇拜，起始于上古，普及于西汉，鼎盛于唐代以后。古时民间在重阳节有登高远眺、观赏菊花、遍插茱萸等活动。登高赏秋与感恩敬老是当今重阳节活动的两大重要主题。

21. **清明节**，又称踏青节、行清节、祭祖节等，节期在每年公历4月5日前后。清明节源自上古时代的祖先信仰与春祭礼俗，是中华民族最隆重盛大的祭祖大节。扫墓祭祖、缅怀祖先与踏青郊游是清明节的两大礼俗主题。

22. **小篆**，是秦始皇下令全国统一的一种汉字书写形式。公元前221年，秦始皇统一六国后，推行“书同文，车同轨”，以秦国通行的文字为基础制定小篆，颁行全国。小篆是在大篆的基础上发展改造而来的，具有小而简的特点。字形规整端庄，形状整齐，形体偏长，呈现长方形的形状，同时结构排列整齐，大小一致，有一份端庄肃重的美感。代表作有《泰山刻石》。

23. **五岳名山**，分别是中岳嵩山（位于河南登封）、东岳泰山（位于山东泰安）、西岳华山（位于陕西渭南）、南岳衡山（位于湖南衡阳）和北岳恒山（位于山西大同）。五岳自然景观风格各异，文化积淀声名显赫，是远古山神崇拜、五行观念和帝王封禅相结合的产物，彰显了中华民族文化的博大厚重。大量历代帝王祭祀封禅的岳庙，佛教和道教修建的佛院和道观，增添了五岳的威严与神秘。

24. **颜真卿**，唐代著名书法家，创立了“颜体”楷书，与唐代柳公权、欧阳询、元代赵孟頫并称“楷书四大家”，和柳公权并称“颜筋柳骨”。颜真卿的楷书端庄雄伟，用笔浑厚强劲，善用中锋笔法，饶有筋骨，亦有锋芒。代表作有《颜勤礼碑》《颜氏家庙碑》《多宝塔碑》等。

25. **天台宗**，汉传佛教历史发展过程中出现的派别之一，与三论宗、瑜伽宗、贤首宗、禅宗、净土宗、律宗和密宗合称佛教八宗。天台宗是中国佛教史上创立最早的一个宗派，因其实际创始人智凯大师长期住在天台山而得名“天台宗”；承继中国南方的禅观与北方三论宗的中观见，奉《法华经》为主要经典，因此也称为“法华宗”。

26. **文房四宝**，是中国独有的书法、绘画工具，即笔、墨、纸、砚。文房四宝之名，起源于南北朝时期，在宋代已成为书房中最重要的书写绘画用具。自宋代以来“文房四宝”特指安徽宣城的宣笔、安徽歙（shè）县的徽墨、安徽宣城的宣纸、安徽歙县的歙砚、甘肃卓尼县的洮（táo）砚和广东肇庆的端砚。我国的“文房四宝”既表现了中华民族不同于其他民族的风俗，又为世界文化的进步和发展做出了贡献。

27. **中体西用**，即“中学为体，西学为用”，是 19 世纪 60 年代到 90 年代晚清洋务运动中洋务派的指导思想。该思想主张以中国伦常经史之学为原本，以西方科技之术为应用。其实质是主张在维护清王朝封建统治的基础上，采用西方造船炮、修铁路、开矿山等自然科学技术以及文化教育方面的具体办法来挽救统治危机。中体西用的思想对于冲破封建顽固派的阻挠，引进西方自然科学，促进中国工业、军事的近代化和新式教育的产生发挥过积极作用，但因为清政府昏庸腐败的封建统治根本无法适应时代的发展。

28. **元曲四大家**，指关汉卿、白朴、郑光祖、马致远。关汉卿的杂剧题材广阔，内容丰富，多揭露社会黑暗势力的丑恶和腐败，颂扬民众，特别是青年妇女的抗争精神，在现实的深刻描绘中渗透着民主和人道主义的思想光辉。代表剧目有《窦娥冤》《救风尘》等。白朴的剧作，题材多出历史传说，剧情多为才人韵事。代表剧目有《唐明皇秋夜梧桐雨》《裴少俊墙头马上》等。郑光祖的作品以描写男女爱情生活为主，代表剧目有《迷青琐倩女离魂》《㑳梅香骗翰林风月》等。马致远的作品以反映退隐山林的田园题材为多，风格兼有豪放、清逸的特点。代表剧目有《汉宫秋》《江州司马青衫泪》等。

29. **竹林七贤**，指我国魏晋时期的七位名士，即嵇康、阮籍、山涛、向秀、刘伶、王戎及阮咸。因七人常集于竹林之下喝酒纵歌、肆意酣畅，故世谓竹林七贤。竹林七贤是魏晋玄学的代表人物。他们的作品基本上继承了建安文学的精神，但由于当时的血腥统治，作家不能直抒胸臆，所以不得不采用比兴、象征、神话等手法，隐晦曲折地表达自己的思想感情。

30. **吴道子**，唐代著名画家，画史尊称画圣，精于佛道、人物，长于壁画创作。吴道子善于从复杂的物体形态中吸收精髓，完全基于线条的组织而描摹出物体的性格。元代永乐宫、明代法岗寺壁画等都是吴道子的风格，敦煌壁画也不乏吴派风貌的作品。代表作有《送子天王图》《十指钟馗图》《维摩经变图》等。

31. **中国航海日**，每年的 7 月 11 日，同时也是世界海事日在中国的实施日期。航海日当天，各地会举办多种庆祝活动，相关船舶都要统一鸣笛一分钟。中国航海日既是所有涉及航海、海洋、渔业、船舶工业、航海科研教育等有关行业及其从业人员和海军官兵的共同节日，也是宣传普及航海及海洋知识，增强海防意识，促进社会和谐团结的全民族文化活动。

32. **重庆谈判**，是抗日战争胜利之际，中国共产党和中国国民党两党就中国未来的发展前途、建设大计在重庆进行的一次历史性会谈。从 1945 年 8 月 29 日至 10 月 10 日，经过 43 天谈判，国共双方达成《政府与中共代表会谈纪要》，即“双十协定”。重庆谈判及达成的“双十协定”给中国人民带来了和平、民主、团结的希望和曙光。虽然国民党统治集团违背全国人民迫切要求休养生息、和平建国的意愿，在 1946 年 6 月底全面撕毁“双十协定”，但其历史意义和启示仍是非常重大的。

33. **戚继光**，明朝抗倭名将、民族英雄、杰出的军事家、书法家、诗人。嘉靖年间，戚继光联合俞大猷等抗击倭寇十余年，扫平为祸多年的倭患，确保了沿海人民的生命财产安全；镇守北方，抗击蒙古部族内犯，保障了北部疆域的安全，促进了蒙汉民族的和平发展。戚继光也是一位杰出的兵器专家和军事工程家，改造、发明了各种火攻武器；建造的大小战船、战车，使明军水陆装备优于敌人；富有创造性地在长城上修建空心敌台，进可攻退可守，是极具特色的军事工程。

34. **王安石变法**，指宋神宗时期，由王安石发动的旨在改变北宋建国以来积贫积弱局面的一场政治改革运动。王安石变法以发展生产、富国强兵、挽救宋朝政治危机为目的，以“理财”“整军”为中心，涉及政治、经济、军事、社会、文化各个方面。王安石变法在一定程度上增加了政府财政收入，推进了军队建设，但由于触犯了保守派的利益，遭到保守派的强烈反对，最后以失败而告终。

35. **林则徐**，清代后期政治家、文学家、思想家，民族英雄。道光年间，以钦差大臣赴广东禁烟时，派人明察暗访，强迫外国鸦片商人交出鸦片，并将没收鸦片于虎门销毁。林则徐一生遍历地方，治绩卓著。虽在两广抗击西方入侵，但对于西方的文化、科技和贸易则持开放态度，主张学其优而用之。由他主持编译的《四洲志》《华事夷言》，对晚清的洋务运动乃至日本的明治维新都具有启发作用。

36. **贞观之治**，是唐朝初年唐太宗李世民在位期间出现的政治清明、经济复苏、文化繁荣的治世局面，因其时年号为“贞观”而得名。唐太宗任用贤能，知人善任；广开言路，尊重生命，自我克制，虚心纳谏；采取了以农为本，厉行节约，休养生息，文教复兴，完善科举制度等政策，使得社会出现了安定的局面；大力平定外患，尊重边族风俗，稳固边疆，最终取得天下大治的理想局面。贞观之治为后来全盛的开元盛世奠定了重要基础，将中国传统农业社会推向鼎盛时期。

37. **商鞅变法**，是指卫国人商鞅在秦国实行的变法运动。秦孝公即位以后，决心图强改革，便下令招贤，商鞅自卫国入秦，并提出了一整套变法求新的发展策略。在公元前356年和公元前350年，商鞅先后两次变法，主要内容有废井田、开阡陌，实行县制，奖励耕织和军功，实行连坐之法。经过商鞅变法，秦国的经济得到发展，军队战斗力不断加强，发展成为战国后期最富强的集权国家。

38. **《史记》**，二十四史之首，最初称为《太史公书》《太史公记》《太史记》，是西汉史学家司马迁撰写的纪传体史书，是中国历史上第一部纪传体通史。《史记》记录历代帝王政绩、诸侯国兴亡、重要人物的言行事迹和各种典章制度等。其首创的纪传体编史方法为后来历代“正史”所传承。《史记》还被认为是一部优秀的文学著作，在中国文学史上有重要地位，被鲁迅誉为“史家之绝唱，无韵之离骚”。

39. **古文运动**，一般指唐宋古文运动，即唐代中期及宋朝时期以提倡古文、反对骈文为特点的文体改革运动。“古文”，是相对骈文而言的，指的是先秦和汉朝的散文。“古文”这一概念由韩愈最先提出。韩愈提倡古文，目的在于恢复古代的儒学道统，将改革文风与复兴儒学变为相辅相成的运动，同时进一步强调文以明道。除唐代的韩愈、柳宗元外，宋代的欧阳修、王安石、曾巩、苏洵、苏轼、苏辙等人也是古文运动的代表。

40. **《三国志》**，二十四史之一，是由西晋史学家陈寿所著，记载三国时期曹魏、蜀汉、东吴的纪传体断代史。《三国志》完整地记叙了自汉末至晋初近百年间中国由分裂走向统一的历史全貌。取材精审，作者对史实经过认真的考订、慎重的选择，对不可靠的资料进行了严格的审核，不妄加评论和编写。这虽使《三国志》拥有文辞简约的特点，但也造成关键人物记载史料不足的缺点。

三、填空题

1. [进士；明经] 自唐代开始，科举分为“常科”和“制举”两种。常科，就是根据制度定期举行的考试，常设的两个科目是进士科和明经科。进士科除考经书外，侧重考诗赋和时务策论，对文学水平和治国治民见解有很高要求；明经科主要对儒家经书的记忆和理解。在当时，进士科是读书人入仕做的首选途径。制举，则是根据需要临时和不定期举行的考试，科目设置极为繁多。

2. [《马关条约》]《马关条约》是以李鸿章为代表的清朝政府和以伊藤博文为代表的日本明治政府于 1895 年 4 月 17 日在日本马关（今山口县下关市）签订的不平等条约。《马关条约》的签署标志着中日甲午战争的结束。《马关条约》使日本获得巨大利益，刺激其侵略野心。与此同时，该条约也使中国民族危机空前严重，半殖民地化程度大大加深。该条约适应了帝国主义列强对华资本输出的需要，随后列强掀起了瓜分中国的狂潮。

3. [1991] 亚太经合组织，全称亚洲太平洋经济合作组织，是亚太地区最具影响的经济合作官方论坛。1991 年 11 月，中国以主权国家身份加入亚太经合组织。中国为促进亚太经合组织的发展，提出了“相互尊重、平等互利、彼此开放、共同繁荣”的区域经济合作原则。

4. [15 世纪上半期；七；红海沿岸；东海岸] 郑和下西洋是明代永乐、宣德年间进行的海上远航活动，首次航行始于永乐三年（1405 年），末次航行结束于宣德八年（1433 年），共计七次。在七次航行中，郑和率领船队从南京出发，远航西太平洋和印度洋，拜访了 30 多个国家和地区，最远到达中东的红海沿岸和非洲的东海岸。

5. [天竺；17；《大般若经》《解深密经》《大菩萨藏经》] 玄奘，唐代著名高僧，我国汉传佛教四大佛经翻译家之一。为了解佛学底蕴，玄奘于唐贞观元年（公元 627 年）8 月从长安出发，长途跋涉 5 万余里，到达天竺国学习佛教。645 年 2 月回到长安。往返 17 年，游历了当时的 110 多个国家，带回了佛教《大般若经》《解深密经》《大菩萨藏经》等各类经典 657 部。

6. [许海峰] 许海峰，前中国男子射击队运动员，奥运冠军，中国奥运金牌第一人，也是中国体育射击史上第一个集奥运会冠军、世锦赛冠军、亚运会冠军、亚锦赛冠军多项荣誉于一身的运动员。许海峰在 1984 年洛杉矶奥运会上夺得男子手枪 60 发慢射冠军，成为本届奥运会首金得主，同时也是中国首位奥运冠军，实现了中国奥运会历史上金牌“零”的突破。

7. [1912] 清宣统三年（1911 年），辛亥革命爆发，1912 年元旦，中华民国成立。1912 年 2 月 12 日，因溥仪当时年仅六岁，无行为能力，隆裕太后被迫代溥仪颁布了《退位诏书》，宣告了清王朝的灭亡和延续了两千多年的封建君主专制制度的结束。

8. [小篆] 春秋战国时期，诸侯割据，各国的汉字简繁不一、一字多形。公元前 221 年，秦始皇统一六国后，推行“书同文，车同轨”，以秦国通行的文字为基础制定小篆，颁行全国。

9. [纵横]“九流十家”是对春秋战国时期到汉初各种学说派别的总称，即儒、道、阴阳、法、名、墨、纵横、杂、农、小说十家，除掉小说家，就称为九流。纵横家是战国时期以纵横捭阖之策游说诸侯，从事政治、外交活动的谋士，主要代表人物有苏秦、张仪等。“苏秦合纵，张仪连横”，苏秦力主燕、赵、韩、魏、齐、楚合纵以拒秦，张仪则力破合纵，连横六国分别事秦。他们的活动对于战国时期政治、军事格局的变化有重要的影响。

10. [伏羲] 八卦是我国古代的一套有象征意义的符号，相传是伏羲所造，后来用于占卜。所谓八卦，其实是古代劳动人民通过地之八方测量太阳位置，从而知季节、记录劳作规律的手段。

11. [管仲]“十年树木，百年树人”出自《管子·权修》：“一年之计，莫如树谷；十年之计，莫如树木；百年之计，莫如树人。”这句话意指，要使小树成为木料需要很长的时间，而培养一个人才则需要更多的时间，比喻培养人才是长久之计，十分不容易，是管仲人才观的体现。管仲，史称管子，春秋时期齐国著名的政治家、军事家。管仲任齐国宰相 40 多年，帮助齐桓公在政治、经济、军事等方面进行改革，使齐国称为“春秋五霸”之首。

12. [造纸术] 我国古代“四大发明”是指火药、指南针、造纸术和印刷术。火药发明于唐末，13 世纪中期传入阿拉伯，再由阿拉伯传入欧洲。指南针最早是司南，发明于战国时期，13 世纪传入阿拉伯和欧洲。造纸术最早是在西汉前期被发明，蔡伦于公元 105 年改进造纸术，4 世纪传入朝鲜，7 世纪传入日本，8 世纪传入阿拉伯国家。印刷术发明于唐中期，毕昇于 11 世纪中期发明活字印刷术，也是这时期传入朝鲜、日本、埃及和欧洲。因此，造纸术是“四大发明”中最早流行到国外的。

13. [田文] 战国四公子，是指齐国的孟尝君田文、赵国的平原君赵胜、魏国的信陵君魏无忌与楚国的春申君黄歇。战国末期，秦国越来越强大，各诸侯国贵族为了对付秦国的入侵和挽救本国的灭亡，竭力网罗人才。他们礼贤下士，广招宾客，以扩大自己的势力，因此养“士”之风盛行。因这四人都是礼贤下士、结交宾客之人，后人称之为“战国四公子”。

14. [祖逖] 闻鸡起舞出自《晋书 · 祖逖传》，原意为听到鸡叫就起来舞剑，后比喻有志报国的人及时奋起。中流击楫出自《晋书 · 祖逖传》，指船到中流时敲着船桨起誓，比喻收复失地、报效国家的激昂意气。祖逖，东晋时期杰出的军事家、民族英雄。

15. [庙号] 庙号，区别于年号（如贞观、开元、康熙等）、谥号（如汉武帝、魏文帝、隋炀帝等），是中国君主死后在庙中被供奉时所称呼的名号，起源于重视祭祀与敬拜的商朝。最初只有立下重大功绩，值得子孙后代长久祭祀的君王才可以拥有庙号。最原始的庙号标准为“创基立业曰‘太’、功高者曰‘高’、中兴者曰‘中’”，至于结尾是“祖”还是“宗”，则取决于“有功”还是“有德”。为了替代谥号，对帝王进行较为公正的评判，庙号自唐代开始成为帝王的标配。常见的庙号有唐太宗、宋仁宗、明太祖等。

二、外国历史

一、选择题

1. [B] 彼得 · 盖伊，德裔美国历史学家，其两卷本《启蒙时代》被公认为 20 世纪对启蒙运动做出整体诠释的最重要作品之一。彼得 · 盖伊追根溯源，对启蒙运动的成就给出令人信服的解释，运用极其丰富的史料，呈现了整个启蒙运动的面貌。“博学而迷人”“谦逊而令人愉快”是彼得 · 盖伊通过作品传达给我们的感受。塞缪尔 · 亨廷顿，美国当代政治学家，以“文明冲突论”闻名于世，认为 21 世纪核心的政治角力是在不同文明之间而非国家之间。代表作有《文明的冲突与世界秩序的重建》《变化社会中的政治秩序》等。阿诺德 · 约瑟夫 · 汤因比，英国著名历史学家，曾被誉为“近世以来最伟大的历史学家”。他的 12 册巨著《历史研究》讲述了世界各个主要民族的兴起与衰落，被誉为“现代学者最伟大的成就”。法兰西斯 · 福山，日裔美国政治学者，曾师从塞缪尔 · 亨廷顿，是“历史终结论”缔造者，曾提出“共产主义失败论”，代表作是《历史的终结及最后之人》。

2. [C] 路透社，是世界上最早创办的通讯社之一，也是目前英国最大的通讯社，与美国的美联社、美国的合众国际社、法国的法新社并称西方四大通讯社。路透社由英国人保罗 · 朱利叶斯 · 路透于 1851 年在德国亚琛创办，次年迁往英国伦敦。路透社以快速的新闻报道被世界各地报刊广为采用而闻名于世，是世界前三大的多媒体新闻通讯社，提供各类新闻和金融数据，在 128 个国家运行。路透社名义上是私人企业主所有，实际上受政府控制，是英国的官方喉舌。

3. [A] 传播学作为一门独立的学科是从 19 世纪末以来逐步形成的，在 20 世纪三四十年代作为跨学科研究的产物，诞生于美国。传播学，又称传学、传意学等，是通过汇集各种观点和方法论来研究人类一切传播行为和传播过程发生、发展的规律以及传播与人和社会的关系的学问，是研究社会信息系统及其运行规律的科学。它具有交叉性、边缘性、综合性等特点。传播学研究大体分为两大学派：以美国为中心的传统学派和以西欧为中心的批判学派。

4. [A] 帕金森定律，是官僚主义现象的一种别称，被称为 20 世纪西方文化三大发现之一，源于英国著名历史学家诺斯古德·帕金森于 1958 年出版的《帕金森定律》一书的标题，常被用来解释官场的形形色色。通货膨胀，经济学概念，指整体物价水平持续性上升，一般表现为货币贬值或购买力下降，是一种不良经济现象。道德危机，又称道德风险，是在信息不对称的条件下，不确定或不完全合同使得负有责任的经济行为主体不承担其行动的全部后果，在最大化自身效用的同时，做出不利于他人行动的现象。1963 年，美国数理经济学家阿罗将此概念引入到经济学中。贸易壁垒，又称贸易障碍，主要指对外国商品、劳务进口所实行的各种限制措施，一般分为关税壁垒和非关税壁垒两类。

5. [A] 米兰达警告，又称米兰达权利，是美国刑事诉讼中犯罪嫌疑人、被告人在被讯问时，有保持沉默、拒绝回答、请律师帮助的权利。米兰达警告源于 1966 年美国最高法院“米兰达诉亚利桑那州”案中由美国首席大法官厄尔·沃伦所撰写的判决书。辛普森警告，源于 1994 年美国著名橄榄球运动员辛普森杀妻案，最终陪审团判决辛普森无罪，当庭释放。在这个案件中能看到现代司法重要的“程序正义”原则，即通过什么方式将一个人进行定罪判刑。埃斯科韦多警告，源于 1964 年“埃斯科韦多诉伊利诺伊州”案，指非法取得的自白无效。戴维斯警告，源于 1966 年“戴维斯诉北卡罗来纳州”案，指认罪前警察告知权利的义务。

6. [C] 自 1588 年击败西班牙无敌舰队后，英国逐渐取代西班牙，成为海上新兴的霸权国家，开始不断扩展海外殖民地。18 世纪后半期，英国相继在英荷战争和七年战争中，打败最强劲的对手荷兰和法国，夺取了两国大片殖民地，确立了海上霸权，成为世界上最大的殖民国家，号称“日不落帝国”。

7. [A]《我有一个梦想》，是美国黑人民权运动领袖马丁·路德·金于 1963 年 8 月 28 日在美国首都华盛顿特区的林肯纪念堂前发表的纪念性演讲。该演讲意在改变当时美国黑人的悲惨现状，标志着美国黑人反对种族隔离与歧视、争取民主权利的运动达到了高潮。孟菲斯，是田纳西州最大的城市，马丁·路德·金于 1968 年在孟菲斯被刺身亡。杰斐逊纪念堂，坐落于美国首都华盛顿特区，是为纪念美国第三任总统托马斯·杰斐逊而建的纪念堂，毗邻堂马丁·路德·金纪念堂。美国国会大厦，是美国国会的办公大楼，坐落于美国首都华盛顿特区。

8. [B] 英美法系，又称普通法系、英国法系、判例法系，是以英国普通法为基础发展起来的法律的总称。产生于英国，后扩大到曾经是英国殖民地、附属国的许多国家和地区，包括美国、加拿大、澳大利亚、新西兰、印度、马来西亚、中国香港和新加坡等。英美法系是西方国家中历史悠久和影响较大的法系，注重法典的延续性，以传统、判例和习惯为判案依据。法官对英美法系的发展起举足轻重的作用。罗马法系，又称法典法系、民法法系、大陆法系，指欧洲大陆上源于罗马法、以 1804 年《法国民法典》为代表的各国法律，是与英美法系并列的、影响较大的法系。特点有强调成文法典的权威性，明确立法与司法的分工；重视法律的理论概括，强调法典总则作用等。

9. [B] 文艺复兴，是发生在 14 世纪到 17 世纪的一场反映新兴资产阶级要求的欧洲思想文化运动。它兴起于意大利，核心思想是人文主义，强调人的价值，追求个性解放，反对神学迷信。代表人物有但丁、达·芬奇、莎士比亚等。其出现的根本原因是资本主义工商业的发展突出了人的作用。文艺复兴为宗教改革和启蒙运动做了思想准备，为欧洲资本主义社会的产生奠定了思想文化基础。新航路的开辟和宗教改革都是在16世纪，晚于文艺复兴兴起的时间。哥白尼“太阳中心说”是在文艺复兴解放人们思想的基础上创立的。

10. [C] 美国于1776年宣布独立，脱离了英国的殖民统治。到1900年英国已经建立了“日不落”的大英帝国，包括受保护国、英国殖民地、势力范围和自治领，占世界人口与面积的25%。领土范围除本土外，还包括纽芬兰、加拿大、新西兰、澳大利亚、中国香港、新加坡、印度等地，地球上的24个时区均有大英帝国的领土。

11. [B] “中世纪”是指以希腊、罗马为代表的古典文化时期与文艺复兴时期之间的时代。庄园是欧洲中世纪时期农业生产的基层单位，也是当时的政治和社会基层单位。“典型的庄园”包括一个农村和周围的土地，而庄园的土地是封建领主所有。因此，欧洲中世纪所发展的一套社会制度和生活方式是封建制度和庄园生活。城邦制度形成于公元前8世纪至公元前6世纪，欧洲历史上有两个重要的城邦时期——古希腊的城邦和文艺复兴时期的意大利城邦。市民政治制度形成于近代17世纪；议会政治是17世纪以来在欧美行之有效的一种资产阶级专政手段。

12. [B] 凯尔特人，在罗马帝国时期与日耳曼人、斯拉夫人一起被罗马人并称为欧洲的三大蛮族，也是现今欧洲人的代表民族之一。分布于西欧，现今爱尔兰人、苏格兰人、威尔士人、英格兰的康沃尔人和法国的布列塔尼人，都属于凯尔特人，其中以爱尔兰人、苏格兰人和威尔士人为代表，他们中许多人在学术和科学领域以及艺术和工艺领域都颇有建树。

13. [B] 英国传统的外交政策是维持欧洲大陆均势，不能让欧洲大陆任何一个国家过分强大。19世纪末，资本主义国家政治、经济发展不平衡性加剧，英国逐渐丧失世界工业的垄断地位，德国后来居上。“一战”后，英国从它传统的外交政策上出发，力求维持欧洲大陆势力的均衡，既不愿意德国过分强大，也不愿意看到俄国的势力在巴尔干半岛过于膨胀，随着在殖民地问题上的冲突的加剧，英德矛盾开始激化，逐渐成为帝国主义国家之间的主要矛盾。

14. [D] 美国独立后，为克服联邦时期的危机，根据1787年宪法组建了联邦政府，从而形成了联邦制、总统制和共和制的国家政治制度。1787年宪法的显著特点是行政、立法、司法权三权分立并相互制衡。和英国的君主立宪制政体相比，美国的政治制度很好地体现了“分权与制衡”原则。联邦制、议会制和总统制都不是美国政体的显著特点。

15. [A]《独立宣言》，由杰斐逊起草，签署于1776年，是北美洲十三个英属殖民地宣告自大不列颠王国独立，并宣明此举正当性之文告，是美国最重要的立国文书之一。《独立宣言》的中心思想是宣布美国独立，它深刻地阐述了资产阶级民主主义原则。托马斯·潘恩，英裔美国思想家、作家、政治活动家、理论家、革命家、激进民主主义者。其代表作《常识》以简练而生动的语言准确地回答了北美殖民地人民所关心的问题，并从一个全新的角度指出了北美殖民地独立的必要性。汉密尔顿，美国开国元勋，是《美国宪法》的起草人之一。华盛顿，美国首位总统，带领美国赢得独立战争，主持制定了《美国宪法》，领导创立并完善了共和政体。

16. [A] 福克斯，天主教“阴谋组织”成员，该“阴谋组织”企图实施“火药阴谋案”，计划炸死拒绝给予天主教徒同等权利的英国国王詹姆士一世和英格兰议会上下两院的所有成员。富兰克林，美国政治家、物理学家、作家、发明家和科学家，第二届大陆会议代表，参与起草《独立宣言》，还是《美国宪法》的签署人之一。查尔斯，又称查尔斯一世、查理一世，英国国王，在位期间宗教冲突剧烈，是英国历史上唯一被公开处死的国王。克伦威尔，英国政治家、军事家、宗教领袖，曾逼迫英国君主退位，解散国会，建立英吉利共和国，出任护国公，成为英国事实上的国家元首。

17. [C]《旁观者》，创刊于 1828 年，是英国全国性周刊中历史最悠久的杂志。其内容主要谈及政治议题，笔风偏向保守，同时也涵盖书籍、音乐、歌剧、电影、电视节目评论等内容。《观察家》，创刊于 1791 年，是英国创刊最早的星期日报纸。该报是政治文艺综合性报纸，着重政治、经济和文艺方面的长篇评论，偏重于反映当政者的观点。《每周新闻》，创刊于 1621 年，是英国第一家定期刊物。该刊形式以荷兰的新闻书为准，采用本册式，每期 20 页，出版了数年。《读者文摘》，创刊于 1922 年，是美国的月刊杂志，是一本能引起大众广泛兴趣、内容丰富的家庭杂志，在全球多个国家和地区都有发行。内容涵盖健康、生态、政府、国际事务、体育等多个领域。

18. [B] 英国的牛津和剑桥这两座世界名校间的历史源远流长。在学术方面，他们都源于英国上层社会，虽然齐名，但两校互不称臣；而在体育方面，每年一度的牛津剑桥赛艇对抗赛正是他们证明各自强弱高低的最好写照。比赛从 1829 年开始至今，除了战争期间，从未间断。这项比赛的起源来自两个分别在牛津和剑桥大学读书的朋友，英国著名诗人威廉·华兹华斯的侄子查尔斯·华兹华斯一次突发奇想，在牛津向剑桥的学生查尔斯·梅里瓦勒写下挑战书，在泰晤士河上进行八人艇挑战赛。

19. [D]“美术三杰”，又称“文艺复兴后三杰”，指列奥纳多·达·芬奇、米开朗基罗和拉斐尔。达·芬奇，意大利画家、科学家、发明家，其最大的成就是绘画，代表作有《蒙娜丽莎》《最后的晚餐》等。米开朗基罗，意大利画家、雕塑家、建筑师和诗人，文艺复兴时期雕塑艺术最高峰的代表，代表作有《最后的审判》《创世纪》等。拉斐尔，意大利著名画家，代表作有《西斯廷圣母》《雅典学派》等。但丁、彼特拉克和薄伽丘则被称为“文坛三杰”，又称“文艺复兴前三杰”。但丁，意大利中世纪诗人，现代意大利语的奠基者，欧洲文艺复兴时代的开拓者，以史诗《神曲》留名后世。彼特拉克，意大利学者、诗人，文艺复兴第一个人文主义者，被誉为“文艺复兴之父”。他以其十四行诗著称于世，为欧洲抒情诗的发展开辟了道路，后世人尊他为“诗圣”。代表作有《歌集》《阿非利加》等。薄伽丘，意大利文艺复兴运动代表，人文主义作家、诗人。代表作有《十日谈》《菲洛柯洛》等。

20. [D] 在当前各资本主义国家政党制度中，比较流行的是两党制和多党制。两党制是指一个资本主义国家内，政治上存在着举足轻重而又势均力敌的两个政党，它们通过控制议会的多数席位或争取总统选举的胜利，用轮流上台的方式交替组织政府。代表国家有英国、美国、加拿大、澳大利亚、新西兰等。多党制是指一个资本主义国家内，存在着三个以上的政党，其中没有一个政党能长期保持绝对优势，需要靠选举时的偶然胜利或与其他政党结成联盟以组织政府。代表国家有法国、意大利、比利时、丹麦、荷兰、西班牙等。A 项中的加拿大、B 项中的澳大利亚、C 项中的英国和澳大利亚属于两党制国家。D 项中的丹麦、比利时、西班牙既实行君主立宪制又实行多党制。

21. [C] 精神领袖一般指宗教领袖，在罗马帝国灭亡后的西欧，基督教是被广泛信奉的宗教，因此排除 A、B 两项；法兰克宫廷及国王属于世俗领袖，排除 D 项。西罗马帝国灭亡以后，基督教西部教会——罗马天主教和教皇成为欧洲的精神领袖。

22. [B]“大东亚共荣圈”是第二次世界大战期间，日本帝国主义提出的建立殖民大帝国的侵略计划，是在 1931 年提出的“满蒙是日本的生命线”和 1938 年提出的“东亚新秩序”的基础上发展而来。日本鼓吹“日满华三国合作”，企图独霸中国，排斥西方列强在华势力。1940 年，日本确立建立“以皇国为核心，以日、满、华的强固结合为基础的大东亚新秩序”。中国和亚洲各国人民的抗日斗争与美国在太平洋的作战相配合，最终打败日本法西斯，使“大东亚共荣圈”彻底崩溃。

23. [B] 立体派是西方现代艺术史上的一个运动和流派，又译为立方主义，1907 年始于法国。立体派艺术家追求碎裂、解析、重新组合的形式，物体的各个角度交错叠放，背景与画面的主题交互穿插，形成分离的画面。立体主义的主将是 P・毕加索和布拉克。毕加索，西班牙画家、雕塑家，现代艺术的创始人，西方现代派绘画的主要代表，代表作有《弹曼陀铃的少女》《格尔尼卡》等。印象派，产生于 19 世纪 60 年代的法国。印象派最明显的特点是力图客观地描绘视觉现实中的瞬息片刻，注重在绘画中对外光的研究和表现。代表人物有莫奈、马奈等。野兽派，是自 1898 至 1908 年在法国盛行的一个现代绘画潮流。野兽派画家热衷于运用鲜艳、浓重的色彩，往往用直接从颜料管中挤出的颜料，以直率、粗放的笔法，创造强烈的画面效果，充分显示出追求情感表达的表现主义倾向。代表人物有马蒂斯、弗拉曼克、德兰等。超现实派，两次世界大战之间盛行于欧洲，在视觉艺术领域中其影响最为深远。其基本特点有打破理性与意识的樊篱，追求原始冲动和意念的自由释放，将文艺创作视为纯个人的自发心理过程等。代表人物有阿尔普、米罗、达利等。

24. [D] 三一律是西方戏剧结构理论之一，亦称“三整一律”。先由文艺复兴时期意大利戏剧理论家提出，后由法国新古典主义戏剧家确定和推行。要求戏剧创作在时间、地点和情节三者之间保持一致性，即要求一出戏所叙述的故事发生在一天（一昼夜）之内，地点在一个场景，情节服从于一个主题。18 世纪以后，特别是浪漫主义剧作家，一再攻击这一规则，其创作实践也已突破了这一规则。

25. [B] 威尔第，意大利歌剧作家，在 19 世纪 50 年代成功地创作了《弄臣》《游吟诗人》《茶花女》《假面舞会》等歌剧，把意大利歌剧从神话传说转向了现实世界。他创作的歌剧，音乐技巧娴熟，刻画人物性格细致入微且丰富，并保持了意大利歌剧在音乐表演上的优势，以及歌剧音乐中传统的分曲体结构，还注重发挥乐队的作用、声乐的写作和器乐的平衡。瓦格纳，德国浪漫主义作曲家、剧作家，欧洲浪漫主义音乐的代表性作曲家，也是继贝多芬、韦伯后，德国歌剧舞台上的重要人物，代表作有《尼伯龙根的指环》《特里斯坦与伊索尔德》等。贝尔格，奥地利作曲家、剧作家，表现主义音乐的代表人物，代表作有《沃采克》《弦乐四重奏》等。施特劳斯，奥地利作曲家、音乐家，和作曲家约瑟夫・兰纳共同奠定了维也纳圆舞曲的基础，代表作有《蓝色多瑙河》《维也纳森林的故事》等。

26. [C] 东欧剧变，又称苏东剧变，西方社会称之为东欧 1989 年系列革命，是指 1989 年前后东欧一些社会主义国家共产党和工人党在短时间内纷纷丧失政权，社会制度随之发生根本性变化的事件。剧变最先在波兰出现，后来扩展到德意志民主共和国、捷克斯洛伐克共和国、南斯拉夫联邦共和国、阿尔巴尼亚人民共和国、匈牙利人民共和国等国家。东欧剧变以苏联解体告终，一般被认为标志着冷战的结束。

27. [B] 德川家康，江户时代第一代征夷大将军，与织田信长、丰臣秀吉合称日本战国三杰，日本历史上杰出的政治家和军事家。1600 年，德川家康率领的“东军”与石田三成组成的“西军”在关原地区战斗，最终德川家康取得胜利，建立江户幕府，实现日本的大一统。1615 年，德川家康灭掉丰臣氏正式统一了日本。丰臣秀吉，日本战国时代著名政治家、军事家，建立了新的封建体制：确定士农工商的身份，奖励新兴工商业，扶植城市的发展。丰臣秀吉的政策对日本社会由封建社会向近代幕藩体制转化有重要意义。织田信长，日本战国时代著名政治家、军事家，将各个有力敌对力量逐个击破，掌握了一大半的日本领土。他施行大量使用火枪的战术，实行兵农分离，鼓励自由贸易，整顿交通路线等革新政策，开拓了日本近代化的道路。石田三成，是日本战国时代和安土桃山时代的武将及大名，关原之战中西军的实际领导者。

28. [A]《几何原本》是古希腊数学家欧几里得创作的一部数学著作，代表着古希腊数学的最高成就。它既是数学巨著，也是哲学巨著，其公理化体系成为许多派别的哲学家构筑哲学理论体系的框架，也引发了深刻的认识论问题。意大利传教士利玛窦明朝万历年间将其带入中国，与徐光启等人的合译本极大地影响了中国原有的数学学习和研究习惯，改变了中国数学发展的方向，是中国数学史上的一件大事。它在西方是仅次于《圣经》而流传最广的书籍。毕达哥拉斯，古希腊数学家、哲学家，发现勾股定理，是第一个注重“数”的人，证明了正多面体的个数。

29. [A]1949 年，美国、加拿大、英国、法国等 12 个国家的代表，在华盛顿集会，签订了《北大西洋公约》，建立了以美国为首的军事政治集团——北大西洋公约组织，其总部位于比利时的布鲁塞尔。北约拥有大量核武器和常规部队，是西方的重要军事力量。这是二战后资本主义阵营军事上实现战略同盟的标志，是马歇尔计划在军事领域的延伸和发展，使美国得以控制欧洲联盟的防务体系，是美国世界超级大国领导地位的标志。

30. [D] 文艺复兴，是发生在 14 世纪到 17 世纪的一场反映新兴资产阶级要求的欧洲思想文化运动，兴起于意大利，核心思想是人文主义，强调人的价值，追求个性解放，反对宗教专制，提倡自由平等。代表人物有但丁、达·芬奇、莎士比亚等。

31. [A] 莫里哀，17 世纪法国古典主义喜剧的代表作家，法国芭蕾舞喜剧的创始人，欧洲戏剧史上最杰出的喜剧大师。他被伏尔泰尊称为“描绘法兰西的画家”，是法兰西超越精神的代表。《伪君子》是莫里哀的代表作之一，创作于 1664 年。答尔丢夫是《伪君子》中的主要人物，他伪善、狡黠、狠毒。作者用这个形象高度地概括了伪善行为的一切方面。莫里哀的其他代表作有《悭吝人》《唐璜》等。

32. [B] 两河流域，是古巴比伦王国的发源地，指发源于西亚山区的幼发拉底河和底格里斯河两条河流流经的地区，包括现今的伊拉克、伊朗、土耳其、叙利亚和科威特部分地区。古巴比伦王国，兴起于公元前 19 世纪。公元前 18 世纪，第六代国王汉谟拉比统一两河流域，建立了强大的中央集权制国家。为维护统一王国的统治和奴隶制社会秩序，汉谟拉比制定了一部成文法典，史称《汉谟拉比法典》。非洲的尼罗河流域是古埃及文明的发源地，印度河流域和恒河流域是古印度文明的发源地。

33. [A] 公元前 27 年，屋大维独揽国家大权，罗马共和国被罗马帝国取代。之后，罗马帝国在屋大维的统治下，发动多次侵略战争，疆域不断扩大，到 2 世纪达到最大规模，成为地跨欧、亚、非三大洲的大帝国，广袤的地中海成为它的内湖。奥斯曼土耳其帝国，是由土耳其人建立的国家，控制现在的土耳其、希腊、塞浦路斯、埃及、阿拉伯半岛。公元 15 世纪中期，在国王苏莱曼一世的领导下，成为一个地跨欧、亚、非三大洲的大帝国，也是世界历史上最后一个疆域横跨亚、欧、非三大洲的国家。波斯帝国，发源于伊朗地区，强大时，包括现在的伊拉克、阿拉伯半岛、巴基斯坦、土耳其等地区。公元前 6 世纪，国王大流士时期，波斯成为首个地跨欧、亚、非三大洲的奴隶制大帝国。阿拉伯帝国，是由阿拉伯人建立的伊斯兰教封建国家。公元 7 世纪 30 年代，阿拉伯半岛在穆罕默德领导下统一后，阿拉伯人开始在“圣战”的旗帜下对外扩张，占领西亚、北非、中亚以及西班牙广大领土，形成庞大的地跨亚、非、欧三大洲的帝国。

34. [C] 启蒙运动，是发生在 17—18 世纪的一场资产阶级和人民大众反封建、反教会的思想文化运动，是继文艺复兴之后又一次伟大的反封建的思想解放运动。启蒙运动以法国为中心，其核心思想是“理性崇拜”，用理性之光驱散愚昧的黑暗。孟德斯鸠与伏尔泰、卢梭合称“法兰西启蒙运动三剑侠”，是法国启蒙思想家的代表。孟德斯鸠的代表作是《论法的精神》，伏尔泰的代表作是《哲学通信》《路易十四时代》等，卢梭的代表作是《社会契约论》《论人类不平等的起源和基础》等。亚当·斯密，是英国经济学家、哲学家、作家，经济学的主要创立者。亚当·斯密强调自由市场、自由贸易以及劳动分工，被誉为“古典经济学之父”“现代经济学之父”。代表作有《国富论》《道德情操论》等。

35. [D]《蓝色多瑙河》，是奥地利著名音乐家，被誉为“圆舞曲之王”的小约翰·施特劳斯最负盛名的圆舞曲作品。此曲创作于1866年，被称为“奥地利的第二国歌”，每年的维也纳新年音乐会都会将该曲作为保留曲目演出。巴赫，德国最伟大的作曲家之一，以创作大量的教堂音乐和器乐曲而著称，被尊称为“西方现代音乐之父”。代表作有《勃兰登堡协奏曲》《b 小调弥撒曲》等。贝多芬，德国作曲家、钢琴家、指挥家，维也纳古典乐派的代表人物之一。代表作有《命运交响曲》（即《第五交响曲》）《月光奏鸣曲》等。莫扎特，奥地利作曲家，维也纳古典乐派的代表人物之一。代表作有《交响曲》《费加罗的婚礼》等。柴可夫斯基，俄国浪漫乐派作曲家。代表作有芭蕾舞剧《天鹅湖》《胡桃夹子》等。

36. [C]1945 年初，美、英、苏之间的矛盾日益明显暴露。为协调战略计划，尽快结束二战，安排战后国际事务，维护战后和平，三国首脑罗斯福、丘吉尔和斯大林于 1945 年 2 月在苏联雅尔塔举行会议。会议决定分区占领德国，彻底摧毁军国主义和纳粹制度；战后成立联合国；苏联在结束欧战的三个月内参加对日作战。开罗会议，是中、英、美于 1943 年在埃及开罗召开的会议，主要商讨反攻日本的战略及战后国际局势的安排，制定盟军合作反攻缅甸的战略及援华方案。德黑兰会议，是美、英、苏三国首脑罗斯福、丘吉尔和斯大林于 1943 年在伊朗首都召开的会议，主要讨论美英开辟西欧第二战场，东西方配合对德作战问题。波茨坦会议，是美、英、苏三国首脑杜鲁门、丘吉尔和斯大林于 1945 年在柏林近郊的波茨坦举行的会议，主要商讨对战后德国的处置问题和解决战后欧洲问题的安排，以及争取苏联尽早对日作战。

37. [A] 圆舞曲，又名华尔兹，起源于奥地利北部的一种民间三拍舞蹈。圆舞曲分快、慢步两种，舞时两人成对旋转。17 世纪末进入维也纳皇宫成为宫舞，进而发展成为历史最悠久的社交舞。现在通行的圆舞曲，大多是维也纳式的圆舞曲，速度为小快板，其特点为节奏明快，旋律流畅。著名的圆舞曲有小约翰·施特劳斯的《蓝色多瑙河》、韦伯的《邀舞》等。法国的常见舞曲有阿勒曼德舞曲、库朗特舞曲、小步舞曲等；意大利的代表性音乐主要是歌剧；西班牙的著名舞曲有斗牛舞曲、弗拉门戈舞曲等。

38. [A]《最后的晚餐》，意大利艺术家达·芬奇的画作，以《圣经》中耶稣跟十二门徒共进最后一次晚餐为题材。《圣母圣婴图》是文艺复兴初期意大利画家、雕塑家韦罗基奥（达·芬奇和波提切利的老师）的作品。《天使报喜》，意大利画家波提切利为斯卡拉的圣马丁医院所作的壁画。米开朗基罗，意大利文艺复兴时期伟大的绘画家、雕塑家、建筑师和诗人，文艺复兴时期雕塑艺术最高峰的代表，与拉斐尔和达·芬奇并称为文艺复兴时期“美术三杰”。代表作有《大卫》《创世纪》《最后的审判》《哀悼耶稣》等。

二、名词解释题

1. **明治维新**，指 19 世纪 60 年代至 90 年代日本在受到西方资本主义工业文明冲击的背景下所进行的自上而下、具有资本主义性质的全面西化与现代化改革运动。在“富国强兵、殖产兴业、文明开化”三大口号下，明治政府对社会进行了深刻改革。政治上，力图建立仿效西方三权分立的新式政府；经济上则推动财政统一，稳定幕府后期严重负债的国家财政，并推行殖产兴业，学习欧美技术，进行工业化浪潮；社会上提倡“文明开化”，大力发展教育。明治维新使日本快速走上资本主义道路，但也遗留下如天皇权力过大、土地兼并依然严重、新兴财阀垄断市场经济等许多问题，最终直接或间接促使日本走上侵略扩张的道路。

2. **“美术三杰”**，又称“文艺复兴后三杰”，指达·芬奇、米开朗基罗和拉斐尔。达·芬奇，意大利画家、科学家、发明家，其最大的成就是绘画，代表作有《蒙娜丽莎》《最后的晚餐》等。米开朗基罗，意大利画家、雕塑家、建筑师和诗人，文艺复兴时期雕塑艺术最高峰的代表，代表作有《最后的审判》《创世纪》等。拉斐尔，意大利著名画家，代表作有《西斯廷圣母》《雅典学派》等。

3. **两河流域**，古称美索不达米亚，指发源于西亚山区的幼发拉底河和底格里斯河两条河流流经的地区，包括现今的伊拉克、伊朗、土耳其、叙利亚和科威特部分地区。两河流域是人类最古老的文化摇篮之一，灌溉农业为其文化发展的主要基础，曾孕育古巴比伦文明。

4. **君主立宪制**，是相对于君主专制的一种国家政体形式，是在保留君主制的前提下，通过立宪，树立人民主权，限制君主权力，实现事务上的民主共和。1689年英国《权利法案》的颁布确立了君主立宪制，由此英国成为最早确立君主立宪制的国家。君主立宪制可分为二元制君主立宪制和议会制君主立宪制。

5. **第一次工业革命**，指18世纪60年代从英国发起的技术革命，以蒸汽机的广泛使用为标志，开创了以机器生产代替手工劳动的时代，是技术发展史上的一次巨大革命。这不仅是一次技术改革，更是一场深刻的社会变革，使依附于落后生产方式的自耕农阶级消失了，工业资产阶级形成和壮大起来，最终确立了资产阶级对世界的统治地位。第一次工业革命大大加强了世界各地之间的联系，改变了世界的面貌，率先完成工业革命的英国，很快成为世界霸主。

6. **本杰明·富兰克林**，美国政治家、物理学家、作家、发明家和科学家，富兰克林不仅是美国大陆会议的代表及《独立宣言》的起草和签署人之一，还是美国制宪会议代表及《美国宪法》签署人之一。他在科学研究方面也有杰出贡献，曾进行多项关于电的实验，发明避雷针，并最早提出电荷守恒定律，在研究大气电方面做出贡献；哲学上拥护自然神论，承认自然界的存在及其规律的客观性。

7. **马歇尔计划**，官方名称为欧洲复兴计划，是第二次世界大战结束后，美国对被战争破坏的西欧各国进行经济援助、协助重建的计划。该计划由美国时任国务卿马歇尔出台，于1947年7月正式启动，并整整持续了4个财政年度之久。马歇尔计划使美国开始掌控西欧经济政治格局，对欧洲国家的发展和世界政治格局产生了深远影响。

8. **诺曼底登陆**，是第二次世界大战中包括英国、美国、法国、苏联等在内的盟军在欧洲西线战场发起的一场大规模攻势。1944年6月6日，接近三百万士兵渡过英吉利海峡抢滩登陆法国诺曼底。主要指挥官是艾森豪威尔和伦德施泰特。诺曼底战役是世界上最大的一次海上登陆作战，成功开辟了欧洲大陆的第二战场，使第二次世界大战的战略态势发生了根本性变化。

9. **南北战争**，指1861年4月至1865年4月美国历史上一场规模最大的内战，也是美国历史上唯一一次内战。美国内战是南北方两种经济制度的矛盾不可调和的产物。参战双方为北方美利坚合众国和南方的美利坚联盟国。战争最初是为了维护国家统一，后来演变为为了黑奴的自由而战。战争最终以联邦胜利而告终，废除了奴隶制度，为美国资本主义的发展进一步扫清了障碍。

10. **曼哈顿计划**，指美国陆军部于1942年6月开始实施利用核裂变反应来研制原子弹的计划。该计划集中了当时西方国家（除纳粹德国外）最优秀的核科学家，于1945年7月16日成功地进行了世界上第一次核爆炸，并按计划制造出两颗实用的原子弹。曼哈顿计划的成功促进了第二次世界大战后系统工程的发展。

11. **百年战争**，是1337年至1453年期间，发生在金雀花王朝统治下的英格兰王国和瓦卢瓦王朝统治下的法兰西王国之间，针对法兰西统治权的战争。最终法兰西取得了战争的胜利，战争胜利使法兰西完成民族统一，更为日后在欧洲大陆的扩张打下了基础。英格兰几乎丧失所有的法兰西领地，这也使得英格兰的民族主义兴起。

12. **诺曼征服**，是发生于 1066 年的英国被入侵的事件，是以诺曼底公爵威廉为首的法国封建主对英国的征服。征服英国国王哈罗德二世后，威廉在伦敦威斯敏斯特教堂加冕为英国国王，即威廉一世，诺曼王朝开始了对英国的统治。在多次巩固统治的过程中，威廉获得了征服者的称号。诺曼征服加速了英国的封建化进程，标志着英国中世纪的开始。

13. **玫瑰战争**，又称蔷薇战争，是 15 世纪中晚期英王爱德华三世的两支后裔兰开斯特家族和约克家族的支持者为了争夺英格兰王位而发生的断续内战。此名称源于两个家族所选的家徽——兰开斯特家族的红蔷薇和约克家族的白蔷薇。战争最终以兰开斯特家族的亨利七世与约克家族的伊丽莎白联姻为结束，也结束了法国金雀花王朝在英格兰的统治，开启了新的威尔士人都铎王朝的统治，也标志着英格兰中世纪时期的结束并走向新的文艺复兴时代。

14. **五月花号**，是英国移民驶往北美的一艘最为著名的船只。1620 年 9 月 6 日，该船从英国的普利茅斯出发，前往普利茅斯殖民地（今天美国的马萨诸塞州）。该船上的清教徒由于受到英国国教的残酷迫害，因此决定搭船离开英国，迁居北美。随着美国的独立，五月花号作为普利茅斯移民社会发展的标志名闻遐迩。

15. **大陆法系**，又称罗马法系、法典法系、民法法系，是指欧洲大陆上源于罗马法、以 1804 年《法国民法典》为代表的各国法律，是与英美法系并列的、影响较大的法系。1896 年，德国以《法国民法典》为蓝本，制定了《德国民法典》，该法典以后为一些国家所仿效，故大陆法系又称为罗马—德意志法系。大陆法系的特点包括强调成文法典的权威性，明确立法与司法的分工；重视法律的理论概括，强调法典总则的作用等。

16. **第一国际**，即国际工人协会，是于 1864 年建立的国际工人联合组织，目的是联合全世界的无产阶级为反对压迫者而斗争。马克思是创始人之一和实际领袖。第一国际是在 19 世纪 50 年代末、60 年代初欧洲工人运动和民主运动重新高涨的形势下产生的。反压迫反剥削的斗争实践使各国无产阶级认识到，他们有着共同的利益和共同的敌人，无产阶级必须在国际范围内联合起来，用无产阶级的国际团结去对抗资产阶级的国际联合。1876 年，第一国际正式宣布解散。

17. **启蒙运动**，是发生在 17 至 18 世纪的一场资产阶级和人民大众反封建、反教会的思想文化运动，是继文艺复兴之后又一次伟大的反封建的思想解放运动。启蒙运动以法国为中心，其核心思想是“理性崇拜”，用理性之光驱散愚昧的黑暗。代表人物有孟德斯鸠、伏尔泰、卢梭等。启蒙运动有力地批判了封建专制主义、宗教愚昧及特权主义，宣传了自由、民主和平等的思想，为欧洲资产阶级革命做了思想理论准备和舆论宣传。

18. **不结盟运动**，是成立于冷战时期 1961 年的国际组织，其成员的绝大部分是亚洲、非洲和拉丁美洲的发展中国家。它不设总部及常设机构，最重要的活动形式是首脑会议，每 3 年举行一次。不结盟运动自成立起始终奉行独立、自主和非集团的宗旨和原则，支持各国人民争取和维护民族独立、捍卫国家主权以及发展民族经济和民族文化的斗争，维护世界和平；呼吁第三世界国家加强团结；主张国际关系民主化和建立国际经济新秩序。

19. **东盟**，全称是东南亚国家联盟，于 1967 年在泰国曼谷成立，秘书处设在印度尼西亚首都雅加达。东盟峰会是东盟最高决策机构，每年召开一次。东盟是亚洲第三大经济体和世界第六大经济体，在促进区域合作、促进各成员国经济社会发展、加强与区域外部国家的协调等方面均做出了重大努力，并取得了巨大成就。

20. **楔形文字**，是世界上最早诞生的文字，由两河流域的苏美尔人所创，演变自象形文字。楔形文字雏形产生之时，多为图像符号。公元前 500 年左右，楔形文字成了西亚大部分地区通用的商业交往媒介。古代两河流域地区各奴隶制国家常以楔形文字锲刻而成法律，由此形成楔形文字法，如古巴比伦王国国王汉谟拉比制定的《汉谟拉比法典》是楔形文字法的集大成，标志着楔形文字法发展到较完备的程度。

21. **象形文字**，是由图画文字演化而来的，是一种最古老的字体，属于表意文字。象形文字与所代表的物体在形状上通常很相似，通过文字的线条或笔画，把要表达物体的外形特征，具体地勾画出来。代表有埃及的圣书体、苏美尔的楔形文字、古印度文以及我国的甲骨文。

三、填空题

1. [费城]1876 年，美国费城举办世界博览会，这是美国历史上的第一次世界博览会。这一年，适逢美国建国百年纪念年。它的意义，绝不只在美国首次获得了世博会的举办权；通过博览会，美国要向世界展示一个新兴工业国家的崛起，证明它已走出欧洲工业强国的阴影。

2. [海明威] 海明威，美国作家、记者，被认为是 20 世纪最著名的小说家之一，也是美国 20 世纪上半叶“迷惘的一代”作家中的代表人物，其作品对人生、世界、社会都表现出了迷茫和彷徨。他一向以文坛硬汉著称，是美利坚民族的精神丰碑。代表作有《老人与海》（曾获得普利策奖和诺贝尔文学奖）《太阳照样升起》等。

3. [君主立宪制] 英国采用君主立宪制为管治国家的管治制度。在名义上，这些君主领地不是联合王国的一部分，但也是由联合王国政府来管理其国防和外交事务，包括由联合王国议会为这些领地立法。君主立宪制制度下，国王是国家元首，是国家权利的象征，但没有实权，其职责大多是礼仪性的。国家的实权在内阁。首相是代表英国王室和民众执掌国家行政权力的最高官员，是国家实权的中心。议会是最高的司法和立法机构，由国王、上议院和下议院组成。在这种制度下，议会掌握立法权，内阁由议会产生并对议会负责，掌握国家实权。英国的君主立宪制政治制度直接影响了包括加拿大、印度、澳大利亚和牙买加等英联邦成员国的政治制度。

4. [英国伦敦] 路透社，是世界上最早创办的通讯社之一，也是目前英国最大的通讯社，由英国人保罗 · 朱利叶斯 · 路透于 1851 年在德国亚琛创办，次年迁往英国伦敦。

5. [詹姆斯一世] 钦定版圣经，是由英王詹姆斯一世命令翻译的，是《圣经》的诸多英文版本之一，于1611 年出版。钦定版圣经不仅影响了随后的英文版圣经，对英语文学的影响也很大。为了让更多未受良好教育的普通人也能知晓上帝的旨意，该部圣经的词汇量总共只有 8 千个常用的英文单词，因此十分容易理解。它也被认为是现代英语的基石，并从它诞生以来一直是被最广泛阅读的文献之一。

第3节 哲学知识

一、中国哲学

一、选择题

1. 心学集大成者 ______ 与儒学创始人孔子、儒学集大成者孟子、理学集大成者朱熹并称为孔、孟、朱、王。

A. 王守仁　B. 王安石　C. 王夫之　D. 王士祯

2. 从道家的发展阶段看，以下表述准确的是 ______。

A. 先秦玄学道家　B. 秦汉玄学道家　C. 魏晋玄学道家　D. 明清玄学道家

3. “祸兮，福之所依，福兮，祸之所伏”是我国先秦时期著名思想家 ______ 的名言。

A. 老子　B. 庄子　C. 慎到　D. 孔子

4. 理学是吸收佛教哲学和道家思想而成的新儒家学派，创始人是 ______。

A. 周敦颐　B. 程颢、程颐兄弟　C. 朱熹　D. 陆九渊

5. 下列对古语名句的哲学寓意理解正确的是 ______。

① 天下难事，必作于易；天下大事，必作于细——抓住时机，促成质变

② 明者因时而变，知者随事而制——事物是变化发展的

③ 履不必同，期于适足；治不必同，期于利民——矛盾具有特殊性

④ 伤其十指，不如断其一指——看问题要分清主流和支流

A. ①②　B. ②③　C. ①④　D. ③④

6.《孟子·尽心上》说：“万物皆备于我矣。反身而诚，乐莫大焉。”这句话反映出了孟子什么样的哲学思想？

A. 唯心主义思想　B. 唯物主义思想　C. 辩证唯物主义思想　D. 无神论思想

7. 古人所谓“慎终追远，民德归厚矣”，强调的是祭祀祖先、悼念死者的教化作用。这一主张属于什么思想？

A. 道家思想　B. 墨家思想　C. 儒家思想　D. 农家思想

8. “菩提本无树，明镜亦非台，本来无一物，何处惹尘埃”出自 ______。

A. 慧思　B. 慧能　C. 神秀　D. 玄奘

9. 明末清初三大思想家是 ______。

A. 黄宗羲、王夫之、朱舜水　B. 顾炎武、王夫之、朱舜水

C. 黄宗羲、王夫之、顾炎武　D. 黄宗羲、王夫之、方以智

10. “兼爱非攻”是中国先秦诸子百家中 ______ 的命题。

A. 孔子　B. 公孙龙　C. 孟子　D. 墨子

11. 下列哪一句是孔子关于人生态度的名言警句？

A. 三人行，必有我师焉

B. 老吾老，以及人之老；幼吾幼，以及人之幼

C. 生，亦吾所欲也；义，亦吾所欲也；二者不可兼得，舍身而取义者也

D. 发愤忘食，乐以忘忧，不知老之将至

12. ______ 是老子哲学的核心，围绕这一核心，老子提出了“反者道之动”“无为而无不为”“不争”“回到婴儿状态”等许多极富启发意义的观点。

A. 返璞归真　　B. 自然无为　　C. 上善若水　　D. 逍遥自在

13. 战国时期的韩非子是 ______ 学派的创始人。

A. 儒家　　B. 道家　　C. 法家　　D. 墨家

14. “心即理”是中国古代哪位哲学家提出的重要哲学命题？

A. 王阳明　　B. 陆九渊　　C. 朱熹　　D. 程颢

15. “白马非马”是 ______ 家代表人物 ______ 提出的命题。

A. 道；庄周　　B. 法；韩非子　　C. 名；公孙龙　　D. 阴阳；邹衍

16. “天道有常，不为尧存，不为桀亡”是百家中哪位思想家的观点？

A. 孟子　　B. 韩非子　　C. 荀子　　D. 老子

17. “皈依三宝”是成为正信佛教徒的第一课，其中三宝是指 ______。

A. 佛、法、僧　　B. 金银、珍珠、玛瑙

C. 同修、同解、同悦　　D. 尊敬、福德、善人

18. 以下典籍中属于道教著作的是 ______。

A.《春秋繁露》　　B.《五经正义》　　C.《道德经》　　D.《华严经》

二、名词解释题

1. 孔子　　2. 禅宗　　3.《春秋繁露》　　4. 名家

5.《南华真经》　　6. 魏晋玄学　　7. 道法自然

（答案见 94~97 页）

二、外国哲学

一、选择题

1. ______ 是西方传统哲学的最高范畴，源于古希腊哲学。

A. 形而上学　　B. 逻各斯　　C. 辩证法　　D. 唯心主义

2. “转向事物本身”是 ______ 哲学的要求。

A. 现象学　　B. 存在主义　　C. 实证主义　　D. 人本主义

3. 人文主义是 ______ 时期形成的思想体系、世界观或思想武器，也是这一时期进步文学的中心思想。它主张一切以人为本，反对神的权威，把人从中世纪的神学枷锁下解放出来。宣扬个性解放，追求现实人生幸福；追求自由平等，反对等级观念；崇尚理性，反对蒙昧。

A. 理性主义　　B. 文艺复兴　　C. 现代主义　　D. 后现代主义

4. “认识你自己”本是希腊德尔斐神庙门楣上的名言，______ 将其作为自己哲学原则的宣言。

A. 柏拉图　　B. 苏格拉底　　C. 康德　　D. 尼采

5. “我爱吾师，我更爱智慧”是下列哪位哲学家说的？

A. 苏格拉底　　B. 亚里士多德　　C. 尼采　　D. 柏拉图

6. 20 世纪 60 年代，一种新的思潮在法国兴起，成为一股强大的哲学、人文科学思潮，传遍西方社会，扩及全世界。这就是 _______。

A. 结构主义　　B. 存在主义　　C. 法兰克福学派　　D. 人文学派

7. _______ 将现代残存的原始部落称为社会化石。

A. 恩格斯　　B. 马克思　　C. 尼采　　D. 康德

8. 18 世纪法国哲学家孟德斯鸠的重要思想是 _______。

A. 法的精神　　B. 对因果关系的怀疑

C. 良心论　　D. 人是环境的产物

9. “我知道自己一无所知”是下面哪一位希腊哲学家的名言？

A. 苏格拉底　　B. 柏拉图　　C. 亚里士多德　　D. 赫拉克利特

10. “生命在于运动”是下面哪位思想家所言？

A. 托尔斯泰　　B. 泰戈尔　　C. 伏尔泰　　D. 爱因斯坦

11. “人不能两次走进同一条河流”这句名言出自 _______。

A. 赫拉克利特　　B. 毕达哥拉斯　　C. 泰勒斯　　D. 巴门尼德

12. _______ 的代表作是《论法的精神》，_______ 和制约说是书中最精彩的部分。

A. 卢梭；天赋人权　　B. 爱尔维修；人的本质

C. 叔本华；生命意志　　D. 孟德斯鸠；三权分立

13. 孔德是 _______ 的哲学家和社会学家，是 _______ 学的创始人，他最早把自己的哲学称为 _______ 主义。

A. 法国；社会；实证　　B. 英国；现代文；现实

C. 德国；社会；实证　　D. 意大利；现代文；浪漫

14. 历史上哪位启蒙主义思想家提出了天赋人权、人民主权、社会契约说等民主思想，并在美国的《独立宣言》和法国的《人权宣言》中留下了深刻烙印？

A. 伏尔泰　　B. 卢梭　　C. 狄德罗　　D. 孟德斯鸠

15. “自由是做法律所许可的一切事情的权利；如果一个公民能够做法律所禁止的事情，他就不再有自由了，因为其他的人也同样会有这个权利。”这段话出自 _______。

A. 伏尔泰　　B. 列宁　　C. 孟德斯鸠　　D. 赫胥黎

16. 最早提出“莎士比亚化”这个命题的是 _______。

A. 马克思　　B. 恩格斯　　C. 列宁　　D. 斯大林

17. 喊出“上帝死了”的西方哲学家是 _______。

A. 马丁 · 海德格尔　　B. 尼采　　C. 黑格尔　　D. 叔本华

18. “世界上所有一切中最神圣和最强有力的上帝已经在我们的屠刀下流血而死了。”说这话的是 _______。

A. 黑格尔　　B. 康德　　C. 叔本华　　D. 尼采

19. 哲学上，凡是轻蔑既成社会制度和道德习惯，主张独善、自足自得的，称为 _______。

A. 犬儒主义　　B. 自由主义　　C. 费边主义　　D. 非道德主义

20. 以下与伊斯兰教无关的是 _______。

A. 阿波罗　　B. 圣战　　C. 穆罕默德　　D. 朝圣

二、名词解释题

1. 赫尔巴特的意识阈理论
2. 叔本华的欲望理论
3. 拉尔夫·沃尔多·爱默生
4. 自然权利
5. 实用主义
6. 解构主义
7. 形而上学

（答案见 97~101 页）

答案详解

一、中国哲学

一、选择题

1. [A] 王守仁，亦称王阳明，明代著名的思想家、文学家、哲学家和军事家，心学集大成者，提出“心外无物”“心外无理”和“知行合一”。王阳明的心学学说，是明代影响最大的哲学思想，曾传至日本、朝鲜半岛以及东南亚，对世界影响深远。王安石，北宋时期政治家、文学家、思想家、改革家，唐宋八大家之一。在哲学上，他用“五行说”阐述宇宙生成，丰富和发展了中国古代朴素唯物主义思想；其哲学命题“新故相除”，把中国古代辩证法推到一个新的高度。王夫之，明末清初思想家，与顾炎武、黄宗羲、唐甄并称“明末清初四大启蒙思想家”，是朴素唯物主义思想者。王士祯，清初诗人、文学家、诗词理论家，创“神韵说”。

2. [C] 道家起源于春秋战国时期，代表人物有老子、庄子，主张道法自然、无为自化、应物变化。秦汉时期，崇尚法家思想，主张“罢黜百家，独尊儒术”，道家思想的发展受到阻碍和限制。魏晋南北朝时期，谈玄之风兴起，道家思想重新复活，形成了影响深远的魏晋玄学。魏晋玄学崇尚老庄，主要代表人物有阮籍、嵇康、向秀等。明清时期，道家的发展从停滞渐趋衰落。清朝时期道教分化为两个派别——正一派和全真派。

3. [A]“祸兮，福之所依，福兮，祸之所伏”出自道家学派创始人老子所著的《道德经》，意思是，祸与福互相依存，可以互相转化。这句话说明了老子的辩证法思想。庄子，战国中期思想家、哲学家、文学家，道家学派代表人物，与老子并称“老庄”。庄子的哲学思想主要有天道观念、自由、平等、辩证思想等。慎到，战国时期法家创始人之一，主张法治、清净而智、驭人等。孔子，儒家学派创始人，建构完整的“德道”思想体系，提倡“性善论”，主张“为政以德”等。

4. [A] 理学，产生于北宋时期，是吸收佛教哲学和道家思想而成的新儒家学派。理学的天理是道德神学，同时成为神权和王权的合法性依据，至南宋末期被采纳为官方哲学。理学的中心观念是“理”，把“理”说成是产生世界万物的精神的东西。周敦颐是北宋理学思想的开山鼻祖，是理学创始人。程颢、程颐兄弟曾就学于周敦颐，将周的理学思想进一步扩大，是宋明理学的奠基者。朱熹，南宋时期理学家，是理学集大成者。其理学思想影响很大，成为元、明、清三朝的官方哲学。陆九渊，南宋时期哲学家，与王守仁同为心学的代表人物。

5. [B] ②出自汉代桓宽的《盐铁论》，意思是，聪明的人（往往会）根据时期的不同而改变（自己的策略和方法），有大智慧的人（会）伴随着事物（发展方向）的不同而制定（相应）的管理方法。这体现了事物是变化发展的，我们在处理问题时应该因时制宜、因地制宜，根据情境、形势的不同而灵活变通。③出自清代魏源的《默觚》，意思是，每一个人的鞋子大小不必相同，关键是要适合自己的脚；每个国家的治理方法不必雷同，关键是要有利于人民。这说明矛盾具有特殊性，我们应针对不同问题采用不同方法。①出自春秋时期老子的《道德经》，意思是，天下间的难事，一定是由容易的事情演变而成的；天下的大事，一定是从细小处开始累积的。这说明一切事物的变化发展都是从量变开始的，量变是质变的前提和必要准备。④出自毛泽东的《中国革命战争的战略问题》，说明要集中力量解决主要矛盾。

6. [A] “万物皆备于我矣。反身而诚，乐莫大焉”意思是，万物的本性我都具备了。向内探求到至诚境界，便是最大的快乐。这句话强调的是我心为万物之本，即精神是世界的本原，精神决定物质，属于唯心主义思想。唯物主义思想与唯心主义思想相对，主张物质是世界的本原，物质决定意识，人的认识是对事物的反映。辩证唯物主义思想，是把唯物主义和辩证法有机地统一起来的科学世界观，是唯物主义的高级形式，有助于我们客观、全面地看待事物。无神论思想，广义上指一种否认、否定、不相信神明存在的信念；狭义上指对相信任何神明存在的一种抵制、排斥、打击。

7. [C] “慎终追远，民德归厚矣”出自《论语》，意思是，谨慎地对待父母的丧事，恭敬地祭祀远代祖先，就能使民心归向淳厚了。儒家非常重视道德的教化作用，重视丧祭之礼，认为人们只要做到忠与孝，社会与家庭就能得到安定。道家思想主张道法自然、无为自化、应物变化，代表人物有老子、庄子等。墨家思想主张兼爱、非攻、尚贤、尚同等，代表人物是墨翟。农家思想主张推行耕战政策，奖励发展农业生产，研究农业生产问题，代表人物是许行。

8. [B] “菩提本无树，明镜亦非台，本来无一物，何处惹尘埃”出自唐代高僧慧能大师的《菩提偈》，意思是，原本就没有菩提树，也没有明镜台。佛性就是一直清澈干净，哪里会有什么尘埃？意在说明一切有为法皆如梦幻泡影，教人不要妄想执着，才能明心见性，自证菩提。慧思，南北朝时期高僧，长期研究《法华经》，倡导“法华安乐行”的实践行法。神秀，唐代高僧，北宗禅学创始人，与师弟慧能（南宗禅创始人）并称“南能北秀”。玄奘，唐代高僧，我国汉传佛教四大佛经翻译家之一，代表译作有《大般若经》《解深密经》《大菩萨藏经》等。

9. [C] 明末清初三大思想家指黄宗羲、王夫之、顾炎武。黄宗羲政治上激烈批判封建君主专制制度，继承先秦民本思想，提出“天下为主，君为客”的民主思想；经济上主张“工商皆本”。王夫之是我国古代唯物主义理论的集大成者，认为“气理相依”，认知来源于实践；并具有朴素辩证法思想。顾炎武倡导经世致用，主张知识与实践相结合，学以致用。朱舜水，明朝中国五大学者之一，曾东渡日本传播儒学，开创日本水户学。方以智，明代思想家、哲学家、科学家，主张中西合璧，儒、释、道三教归一。

10. [D] “兼爱非攻”是墨家学派的主要思想观点，其代表人物是墨子。“兼爱”指的是大到国家之间要兼相爱交相利，小到人与人之间也要兼相爱交相利。“非攻”即反对攻战。“兼爱”与“非攻”是相辅相成的，只有兼爱才能做到非攻，也只有非攻才能保证兼爱。孔子是儒家学派的创始人，提出“仁”，主张“礼”，强调道德的教化作用。公孙龙，战国时期著名哲学家，名家代表人物之一，“诡辩学”的祖师，提出“离坚白”“白马非马”等命题。孟子，儒家学派的代表人物，与孔子并称“孔孟”，宣扬“仁政”，最早提出“民贵君轻”思想。

11. [D]D 项出自《论语・述而》，意思是，发愤追求学问，专心致志到了忘记吃饭的程度，沉溺于学有所得的快乐中而忘记了忧虑，甚至自己即将进入老年了都不知道。此句体现了孔子勤奋好学、积极向上的人生态度。A 项出自《论语・述而》，体现了孔子自觉修养、虚心好学的精神。B 项出自《孟子・梁惠王上》，这是孟子对其所设想的理想社会的描述。C 项出自《孟子・告子上》，体现了孟子的道德标准和政治节操。

12. [B] “自然无为”是老子哲学的核心，即任何事物都应该顺应自身的情状发展，不必参与外界的意志去制约它。“自然”强调不勉强作为而任其自由延伸，“无为”强调顺应自然而不加以人为。在“自然无为”的基础上，老子提出了“反者道之动”“无为而治”“无为而无不为”等观点。返璞归真、上善若水、逍遥自在都是老子所倡导的哲学思想，但并不是其核心思想。

13. [C] 韩非子，战国时期思想家、哲学家和散文家，法家学派代表人物，提倡“以法治国”。韩非子是法家思想之集大成者，将辩证法、朴素唯物主义与法融为一体，其学说一直是我国封建社会时期统治阶级治国的思想基础。代表作有《韩非子》。儒家学派主张实行“仁政”“德治”等，重视伦理道德教育，代表人物有孔子和孟子等。道家学派主张“无为而治”“道法自然”等，代表人物有老子、庄子等。墨家学派主张“兼爱”“非攻”“尚贤”等，代表人物是墨子。

14. [A] 明代著名理学家王阳明的思想体系中，比较经典的理论有“心外无物”“心外无理”和“知行合一”。“心外无理”即“心即理”，认为心是赋予万物存在意义的“理”。人眼中世界之万物之所以是万物，实则是人的意识赋予万物意义。陆九渊，南宋时期哲学家，与王阳明同为心学的代表人物，主张“吾心即是宇宙”“明心见性”。朱熹，南宋时期理学家，是理学集大成者，提出“存天理，灭人欲”。程颢，北宋时期理学家，宋明理学的奠基者，提出“天者理也”和“只心便是天，尽之便知性”。

15. [C] “白马非马”是战国时期著名哲学家公孙龙提出的命题，认为“白马不是马”。白马非马论反映的是辩证法中矛盾的特殊性和普遍性二者之间的关系。白马即是特殊性，马是普遍性，说白马不是马，是忽略了矛盾的普遍性，不能因为特性而忽略共性。公孙龙，战国时期著名哲学家，名家代表人物之一，“诡辩学”的祖师。道家学派庄周的哲学思想主要有天道观念、自由、平等、辩证思想等。法家学派的代表人物韩非子主张“以法治国”。阴阳学派的代表人物邹衍提出五行学说、五德终始说、大九州说。

16. [C] “天道有常，不为尧存，不为桀亡”出自战国末期儒家学派代表人物荀子的《天论》，意思是，大自然的运行有其自身规律，这个规律不会因为尧的圣明或者桀的暴虐而改变。荀子认为，自然的运行是有规律的，顺应规律就吉祥，违背规律就有灾凶。智者、圣人应该只考虑如何顺应自然，而不去考虑怎样改变自然规律。孟子，儒家学派代表人物，宣扬“仁政”，最早提出“民贵君轻”的思想。韩非子，法家学派的代表人物，主张“以法治国”。老子，道家学派的代表人物，主张“无为而治”“道法自然”等。

17. [A] 在佛教皈依的宣誓中，“佛、法、僧”三者分别列出，这就是我们俗称的佛家三宝、皈依三宝。“佛”是佛陀，“法”是佛的言教，“僧”是弘扬佛法的出家人。金银、珍珠、玛瑙指物质上的财富，与佛教所倡导的戒、定、慧等思想明显不符。同修、同解、同悦属于佛教中的“六和精神”。尊敬、福德、善人是佛教所倡导的思想，不属于“皈依三宝”。

18. [C]《道德经》，又称《道德真经》《老子》等，是春秋时期老子所著的哲学作品，是道家哲学思想的重要来源。《道德经》以哲学意义之“道德”为纲宗，论述修身、治国、用兵、养生之道，而多以政治为旨归，乃所谓“内圣外王”之学，文意深奥，包涵广博，被誉为万经之王。《春秋繁露》是汉代哲学家董仲舒的政治哲学著作，属于儒家著作。《五经正义》为唐代大儒孔颖达等奉敕编写的五经义疏著作，被奉为科举考试的标准教科书。《华严经》是佛教的经典著作。

二、名词解释题

1. 孔子，名丘，字仲尼，我国古代伟大的思想家、政治家、教育家，儒家学派创始人，被统治者尊为孔圣人、至圣、万世师表。孔子编纂《春秋》，修订《六经》；曾带领部分弟子周游列国，去世后，其弟子及再传弟子把孔子及其弟子的言行语录和思想记录下来，整理编成儒家经典《论语》；创办私学，广招学生，提倡“有教无类”；创立了以仁为核心的道德学说；在治国方略上，他主张“为政以德”。孔子的最高政治理想是建立“天下为公”的大同社会。

2. **禅宗**，我国佛教宗派，主张修习禅定。相传菩提达摩为禅宗创始人，被尊为初祖，其后几代的传承者依次有慧可、僧璨、道信、弘忍等。禅宗主要分派有沩仰宗、临济宗、曹洞宗等。禅宗的祖庭有河南少林寺、安徽岳西二祖寺、天柱山三祖寺、湖北黄梅四祖寺、五祖寺以及广东南华寺等。《六祖坛经》是禅宗代表经典，主张心性本净，佛性本有，觉悟不假外求，提出“即身成佛”的“顿悟”思想。

3. **《春秋繁露》**，汉代哲学家董仲舒的儒家政治哲学著作，以儒家宗法思想为中心，杂以阴阳五行学说，阐述了以阴阳五行、天人感应为核心的哲学和神学理论。其神学体系包括“三纲”“五常”“三统”“三正”“性三品”诸说，宣扬“王道之三纲可求于天”的伦理思想及赤黑白三统循环的历史观，为汉代中央集权的封建统治制度奠定了理论基础，对我国封建社会的发展产生了巨大的作用与影响。

4. **名家**，诸子百家之一，是以辩论“名”“实”问题为中心，并且以善辩成名的一个学派。与“墨家”“数术家”等并列为诸子百家中专门研究自然科学的学派。名家是我国严谨逻辑思想的开创者，和西方逻辑思想先锋亚里士多德同期。名家“辩者”以严谨逻辑思想而闻名，在我国开创了逻辑思想探究，著名的命题包括“历物诸题”“辩者诸事”等，代表人物有邓析、公孙龙、宋钘（xíng）等。

5. **《南华真经》**，又名《庄子》，道家学派经典著作，是战国中后期庄子及其后学所著道家学说的汇总。《南华真经》主要反映了庄子的批判哲学、艺术、美学、审美观等，内容丰富，博大精深。《南华真经》不仅是一本哲学名作，更是文学、审美学上的杰作典范，对中国文学、审美的发展有着不可分割的深远影响。

6. **魏晋玄学**，是魏晋时期出现的一种崇尚老庄的学派。魏晋时期，谈玄之风兴起，道家思想重新复活。玄学即是研究幽深玄远问题的学说，“玄”这一概念，最早出现于《老子》：“玄之又玄，众妙之门。”魏晋时，人注重《老子》《庄子》和《周易》，称之为“三玄”，而《老子》《庄子》则被视为“玄宗”。魏晋玄学是魏晋时代的思想主流，代表人物有阮籍、嵇康、向秀等。

7. **“道法自然”**出自老子《道德经》，是老子哲学思想的重要体现。道，是宇宙最原始最基础的存在，是事物变化最根本的动力，是万物的最终归宿，是最简明而又最深邃的事物规律。自然，即自己的样子，指不为外力及人为干涉的状态，即一般所说的“自己如此”。“道法自然”指道自然而然，它揭示了整个宇宙的特性，囊括了天地间所有事物的根本属性，宇宙天地间万事万物均效法或遵循“自然而然”的规律。

二、外国哲学

一、选择题

1. [B] 逻各斯，是欧洲古代和中世纪常用的哲学概念，源于古希腊哲学，一般指世界的可理解的一切规律，因而也有语言或“理性”的意义。逻各斯是西方哲学史上最早提出的关于规律性的哲学范畴，是西方传统哲学的最高范畴。形而上学，是西方哲学的核心部分，是一门探究“存在”的学问，主张脱离具体事件，探究现象本源。辩证法，是关于普遍联系的科学，是在肯定矛盾的基础上关于发展的学说，是关于自然、人类社会和思维发展的最一般规律的科学。唯心主义，是哲学两大基本派别之一，主张意识是世界的第一性质，物质是世界的第二性质。

2. [A] 现象学，20 世纪在西方流行的一种哲学思潮，由德国哲学家胡塞尔开创。现象学的态度是面向事物本身。现象学不是一套内容固定的学说，而是一种通过“直接的认识”描述现象的研究方法。它所说的现象既不是客观事物的表象，亦非客观存在的经验事实或马赫主义的“感觉材料”，而是一种不同于任何心理经验的“纯粹意识内的存有”。存在主义，20 世纪 20 年代产生于德国，由德国哲学家马丁·海德格尔开创，以人为中心，尊重人的个性和自由。实证主义，产生于19世纪三四十年代的法国和英国，创始人为法国哲学家、社会学始祖孔德，强调感觉经验、排斥形而上学传统。人本主义，通常指人本学，是一种从生物学的角度解释人的形而上学学说，代表人物有德国费尔巴哈、俄国车尔尼雪夫斯基。

3. [B] 文艺复兴，是指发生在14—17世纪的一场反映新兴资产阶级要求的欧洲思想文化运动，其指导思想是人文主义。人文主义精神的核心是提出以人为中心而不是以神为中心，肯定人的价值和尊严，倡导个性解放，反对愚昧迷信的神学思想，认为人是现实生活的创造者和主人。理性主义，承认人的推理可以作为知识的来源，17至18世纪间主要在欧洲大陆上得以传播，本质上体现科学和民主，是启蒙运动的哲学基础。现代主义，指的是19世纪末至20世纪中期前卫反叛的各种文艺思潮，特点是唯心、荒诞、抽象、虚无等。后现代主义，源自现代主义但又反叛现代主义，是20世纪60年代以来在西方出现的具有反西方近现代体系哲学倾向的思潮。

4. [B]“认识你自己”是古希腊哲学家苏格拉底主张的哲学原则，是其在受到早期自然哲学家和智者运动影响后，从潜心研究自然哲学进而转向对人自身的研究而提出的哲学宣言。“认识你自己”要求人们去发现人的共同和普遍本质，将哲学研究的范畴从天上拉回人间，是西方哲学发展过程中的重大进步。柏拉图是苏格拉底的学生，是西方客观唯心主义的创始人，主张理想国学说。康德是德国古典理性主义哲学创始人。尼采，德国哲学家、唯意志论继承者，存在主义演进过程中的重要人物。

5. [A] 苏格拉底，古希腊哲学家，西方哲学的奠基者，古希腊三贤之一，提倡理性主义。苏格拉底一生留下许多脍炙人口的名言，“我爱吾师，我更爱智慧”“美德即知识”等皆出自他。亚里士多德是柏拉图的学生，是希腊哲学的集大成者，曾说过“我爱吾师，吾更爱真理”。尼采，德国哲学家、唯意志论继承者，存在主义演进过程中的重要人物。柏拉图是苏格拉底的学生，是西方客观唯心主义的创始人，主张理想国学说。

6. [A]20世纪60年代，结构主义在法国兴起，成为一股强大的哲学、人文科学思潮。其代表人物有法国的文化人类学家列维·斯特劳斯、精神分析学家拉康、文化思想史家福柯、文学批评和符号学家巴尔特以及马克思主义学者阿尔都塞，人称“结构主义五巨头”。结构主义试图借用自然科学的研究手法去探讨社会、文化生活的问题，力求找到一种超越时间性的“结构”和“原始模式”。存在主义，20世纪20年代产生于德国，由德国哲学家马丁·海德格尔开创，以人为中心、尊重人的个性和自由。法兰克福学派，是以德国法兰克福大学的“社会研究中心”为中心的一群社会科学学者、哲学家、文化批评家所组成的学术社群。法兰克福学派主要从哲学、社会学等多个角度对资本主义进行综合研究，开创了一种新型理论，即“社会批判理论”。人文学派，产生于14—17世纪的文艺复兴时期，主张一切以人为本，肯定人的价值和尊严，倡导个性解放。

7. [A] 恩格斯曾经将现代残存的原始部落称为社会化石。他认为原始社会是人类社会发展的第一阶段，是阶级社会出现和发展的基础，是阶级社会的化石。恩格斯，德国思想家、哲学家、革命家、军事理论家，是全世界无产阶级和劳动人民的伟大导师和领袖，马克思主义创始人之一，代表作有《共产党宣言》《私有制和国家的起源》等。马克思，马克思主义的创始人之一、第一国际的组织者和领导者、全世界无产阶级和劳动人民的革命导师、无产阶级的精神领袖、国际共产主义运动的开创者，是恩格斯的战友和挚友。尼采，德国哲学家，唯意志论继承者，存在主义演进过程中的重要人物。康德，德国古典理性主义哲学创始人。

8. [A] 孟德斯鸠，法国启蒙运动时期思想家、律师，西方国家学说以及法学理论的奠基人，与伏尔泰、卢梭合称“法兰西启蒙运动三剑侠”。代表作是《论法的精神》。对因果关系的怀疑，是18世纪苏格兰启蒙运动人物、不可知论哲学家休谟的怀疑主义观点。良心论，是法国启蒙运动代表人物卢梭的思想。人是环境的产物，是 18 世纪法国唯物主义哲学家爱尔维修提出的著名论断。

9. [A] 在古代科学文化巅峰的雅典，哲学家苏格拉底被视为“最有智慧的人”，而这位哲学家却说：“我知道自己一无所知。”古往今来，这句话便成了“自知无知”的苏格拉底式智慧的最好体现。柏拉图是苏格拉底的学生，是西方客观唯心主义的创始人，主张理想国学说。亚里士多德是柏拉图的学生，是希腊哲学的集大成者。赫拉克利特，古希腊哲学家、朴素辩证法思想的代表人物，认为万物都处于不断的变化之中，持对立统一的观念。

10. [C] 伏尔泰，18 世纪法国启蒙思想家、文学家、哲学家，提出“生命在于运动”的格言和体育哲学运动观和生命观等重要命题。伏尔泰主张开明的君主政治，强调自由和平等，被誉为“法兰西思想之王”“法兰西最优秀的诗人”“欧洲的良心”。托尔斯泰，19 世纪中期俄国批判现实主义作家、思想家、哲学家，代表作有《战争与和平》《安娜 · 卡列尼娜》等。泰戈尔，印度诗人、文学家、社会活动家、哲学家，代表作有《吉檀迦利》《飞鸟集》等。爱因斯坦，现代犹太裔物理学家，被公认为是继伽利略、牛顿之后最伟大的物理学家，提出光量子假说，解决了光电效应问题，创立了狭义相对论、广义相对论等，曾获得诺贝尔物理学奖。

11. [A]“人不能两次走进同一条河流”出自赫拉克利特。赫拉克利特，古希腊哲学家，朴素辩证法思想的代表人物，认为万物都处于不断的变化之中，持对立统一的观念。毕达哥拉斯，古希腊数学家、哲学家，是第一个注重“数”的人，发现毕达哥拉斯定理（勾股定理），证明了正多面体的个数。泰勒斯，古希腊思想家、科学家，古代朴素唯物主义哲学家，被称为“科学和哲学之祖”。巴门尼德，古希腊哲学家，“存在论”是其最为著名的理论。

12. [D] 孟德斯鸠的代表作是《论法的精神》，该书中提出追求自由、主张法治、实行分权的理论。行政、立法、司法三权分立和制约说是书中最精彩的部分。卢梭，法国启蒙运动代表人物，代表作有《论人类不平等的起源和基础》《社会契约论》《爱弥儿》等。爱尔维修，法国哲学家，“教育万能论”倡导者，代表作是《论精神》，主要内容是反对宗教和当时的统治制度。叔本华，德国著名哲学家，是哲学史上第一个公开反对理性主义哲学的人，开创了非理性主义哲学的先河，也是唯意志论的创始人和主要代表之一，认为生命意志是主宰世界运作的力量。

13. [A] 孔德，法国著名哲学家、社会学家，实证主义的创始人，开创了社会学这一学科，被尊称为“社会学之父”。他创立的实证主义学说是西方哲学由近代转入现代的重要标志之一。实证主义强调感觉经验，排斥形而上学传统。其基本特征是，将哲学的任务归结为现象研究，以现象论观点为出发点，拒绝通过理性把握感觉材料，认为通过对现象的归纳就可以得到科学定律。它把处理哲学与科学的关系作为其理论的中心问题，并力图将哲学融解于科学之中。

14. [B] 卢梭，法国启蒙运动代表人物，与伏尔泰、孟德斯鸠合称“法兰西启蒙运动三剑侠”，提出了天赋人权、人民主权、社会契约说等民主思想，代表作有《论人类不平等的起源和基础》《社会契约论》《爱弥儿》等。伏尔泰，法国启蒙运动代表人物，反对封建君主专制制度，提倡自然神论，批判天主教会，主张言论自由，信奉自然权利说，认为“人们本质上是平等的”，要求人人享有“自然权利”。狄德罗，法国启蒙思想家、哲学家，被誉为“百科全书”派代表人物。孟德斯鸠，法国启蒙运动代表人物，西方国家学说以及法学理论的奠基人，代表作有《论法的精神》。

15. [C] 该段话出自孟德斯鸠《论法的精神》，主张法治，强调公民在法律许可的范围内行事，尊法守法。孟德斯鸠是西方国家学说以及法学理论的奠基人。伏尔泰，法国启蒙运动代表人物，反对封建君主专制制度，提倡自然神论，批判天主教会，主张言论自由。列宁，俄国无产阶级革命家、政治家、理论家，领导俄国十月革命，是世界上第一个社会主义国家的缔造者，也是世界上第一个无产阶级执政党的创建者。赫胥黎，英国博物学家、生物学家、教育家，提出了著名的科学教育和不可知论，是达尔文进化论最杰出的代表。

16. [A] “莎士比亚化”这一命题是马克思在 1859 年致拉萨尔的信中提出的，是马克思所倡导的戏剧创作形式，与“席勒化”（“把个人变成时代精神的单纯的传声筒”）相对。其具体内涵包括艺术必须具有审美属性，文学必须是美的文学；文学艺术作为一种社会意识形态，必须表达“意识到的历史内容”。“莎士比亚化”是对现实主义艺术的基本特征和创作规律的形象化表述，是马克思运用科学世界观对莎士比亚创作经验和创作特点的概括与总结，是针对戏剧创作中存在“席勒化”的缺点而提出的创作原则。恩格斯，德国思想家、哲学家、革命家、军事理论家，马克思主义创始人之一，代表作有《共产党宣言》《私有制和国家的起源》等。列宁，俄国无产阶级革命家、政治家、理论家，领导俄国十月革命。斯大林，苏联无产阶级革命家、政治家、军事家，苏联党和国家最高领导人（1924 年至 1953 年），对 20 世纪的苏联和世界影响深远。

17. [B] 尼采，德国哲学家、唯意志论继承者，存在主义演进过程中的重要人物。“上帝死了”是尼采最为疯狂的名言之一，出自《查拉图斯特拉如是说》。尼采认为基督教伦理约束人的心灵，使人的本性受到压抑，因此“上帝死了”是对上帝无畏的批判，其启蒙价值不容低估。马丁 · 海德格尔，德国哲学家，20 世纪存在主义哲学的创始人和主要代表之一。黑格尔，德国 19 世纪唯心主义哲学的代表人物，德国古典哲学的代表人物，建立了世界哲学史上最为庞大的客观唯心体系，极大地丰富了辩证法。叔本华，德国著名哲学家，是哲学史上第一个公开反对理性主义哲学的人，开创了非理性主义哲学的先河，也是唯意志论的创始人和主要代表之一。

18. [D] 这句话可以视作“上帝死了”的表述之一，出自德国著名哲学家尼采。康德，是德国古典理性主义哲学创始人，被认为是继苏格拉底、柏拉图和亚里士多德后，西方最具影响力的思想家之一。

19. [A] 犬儒主义，亦称昔尼克主义，主张以追求普遍的善为人生之目的，为此必须抛弃一切物质享受和感官快乐。犬儒主义追求超脱的、淡然的、独善其身的状态，与我国的老庄哲学十分相似。其创始人和主要代表人物为雅典的安提斯泰尼。自由主义，是以自由为主要政治价值的一系列思想流派的集合，主张国家的政治生活、经济生活和社会生活都应以维护个人自由为目的，反对任何形式的专制。费边主义，即渐进社会主义，是英国社会改良主义团体费边社的思想体系。费边精神主要包括两点，一是知识分子的独立身份，这种独立不是遗世独立，而是保持独立身份参与到社会的改良之中；二是渐进主义，通过理性思考得出解决方案，但同时采取渐进的态度。非道德主义，是西方伦理学中否定任何道德价值的一种虚无主义态度和理论。非道德主义从人性恶的观点出发，否认道德的价值和社会作用，蔑视正义和良心，摈弃一切德行，认为只要达到目的，一切手段都是正当合法的。

20. [A] 阿波罗，古希腊神话中的光明与预言之神，宙斯与勒托之子，同时也是人类文明、迁徙和航海者的保护神，与伊斯兰教无关。伊斯兰教，与佛教、基督教并称为世界三大宗教，相传在公元 7 世纪由麦加人穆罕默德在阿拉伯半岛上创立。伊斯兰教中，圣战的概念一般是指为真主安拉和伊斯兰而战，伊斯兰教初创时期的圣战通常是为了传教，而近现代的伊斯兰圣战离不开伊斯兰复兴运动和崇尚圣战的伊斯兰原教旨主义浪潮。朝圣，指的是教徒朝拜圣地的宗教活动，信仰伊斯兰教的穆斯林朝拜麦加。

二、名词解释题

1. **赫尔巴特的意识阀理论**，指人的意识中集聚着无数观念，其中一部分观念由于其力量和强度较小而被抑制。一个观念若要由一个完全被抑制的状态进入一个现实观念的状态，便须跨过一道界限，这些界限便为意识阀。赫尔巴特是19世纪德国唯心主义哲学家、心理学家，科学教育学的奠基人。他认为意识和无意识是可以互相转化的。随着时间的变迁，意识阈限上的观念可以转入意识阈限下而成为无意识。反之也可。

2. **叔本华的欲望理论**，指19世纪德国著名哲学家叔本华认为意志是本质的世界，这种本质植根于所有世界里，整个自然所有的事物都受意志支配。意志在人的世界里表现为欲望，盲目追求满足，是非理性的。欲望不能满足表现为痛苦，但得到满足过后又表现为无聊与空虚，只有得到满足的那一瞬间，才表现为快乐。因为得到满足的时刻总是短暂的，所以人总是处在不能满足的痛苦，与满足以后的无聊这两种痛苦中。因此，叔本华认为人永远是痛苦的。

3. **拉尔夫·沃尔多·爱默生**，19世纪美国思想家、文学家、超验主义哲学家，是确立美国文化精神的代表人物，也是新英格兰超验主义最杰出的代言人。美国总统林肯称他为“美国的孔子”“美国文明之父”。代表作有《论自然》《美国学者》等。

4. **自然权利**，源于拉丁文，中文习惯译为天赋人权，指自然界生物普遍固有的权利，且该权利并不限由法律或信仰来赋予。文艺复兴以来，自然权利成为西方法律与政治思想的重要议题。17、18世纪，荷兰的格劳秀斯、斯宾诺莎，英国的霍布斯、洛克，法国的伏尔泰、狄德罗、卢梭等对这一思想进行重要的发展。自然权利在资产阶级语境中是指人的生存平等权、生命权、自由权、幸福权以及财产所有权，它是最基本的权利。

5. **实用主义**，是产生于19世纪70年代的现代哲学派别，创始人为美国人皮尔士，在20世纪的美国成为一种主流思潮。实用主义强调依靠经验所获得的真理论，其实质是一种不可知论。实用主义忠于事实，不反对神学的观点。在一定程度上继承了经验主义路线，认为经验是世界的基础，人的认识局限于经验的范围。实用主义的特点在于把实证主义功利化，强调生活、行动和效果，将经验和实在归结为行动的效果，将知识归结为行动的工具，将真理归结为有用或行动的成功。

6. **解构主义**起源于20世纪60年代的法国。解构主义领袖雅克·德里达不满西方几千年来贯穿的哲学思想，乃至一切封闭僵硬的体系，对传统的不容置疑的哲学信念发起挑战，对自柏拉图以来的西方形而上学传统大加责难，从而逐渐形成解构主义。解构主义大力宣扬主体消散、意义延异、能指自由，强调语言和思想的自由嬉戏。解构的基本特征是开放性和无终止性。解构主义及解构主义者就是打破现有的单元化的秩序，然后再创造更为合理的秩序。但解构主义所运用的逻辑、方法与理论，大多是从形而上学传统中借用的。

7. **形而上学**，又称本体论、第一哲学、实体论，是西方哲学的核心部分，于公元前4世纪由亚里士多德首创，是一门探究“存在”的学问。形而上学研究实有的学科，即研究所有事物的共同点及此共同点所拥有的特性，因此研讨的对象为超物质、超感觉或超现象之物。它主张脱离具体事件，探究现象本源。此外，形而上学也指与辩证法相对的孤立、静止、片面的思维方式。

第4节 地理知识

一、中国地理

一、选择题

1. 中国很多城镇由其地理位置得名，如通过地名便可知 ______ 地处江河北面。

A. 洛阳　　B. 江阴　　C. 天津　　D. 武汉

2. 下面哪一个物种不是我国特有的动物？

A. 中华鲟　　B. 红松鼠　　C. 大熊猫　　D. 朱鹮

3. 位于渤海沿岸的港口城市是 ______。

A. 大连、天津　　B. 秦皇岛、连云港　　C. 青岛、大连　　D. 天津、青岛

4. “穗”是 ______ 的简称。

A. 广州　　B. 福州　　C. 柳州　　D. 郴州

5. 以下属于道教名山的是 ______。

A. 庐山　　B. 黄山　　C. 青城山　　D. 峨眉山

6. 中共中央、国务院决定设立的国家级新区雄安新区地处京津 ______ 腹地。

A. 唐　　B. 秦　　C. 廊　　D. 保

7. 女儿墙，指的是 ______。

A. 建筑物屋顶的矮墙　　B. 建筑物侧面的墙壁

C. 女性房间的墙壁　　D. 儿童房间的墙壁

8. 丹霞地貌是指由陆相红色砂砾岩构成的具有陡峭坡面的各种地貌形态，形成的必要条件是砂砾岩层巨厚，垂直节理发育。因在中国 ______ 仁化县丹霞山有典型发育而得名。

A. 广西　　B. 广东　　C. 贵州　　D. 四川

9. 关于我国地形、山脉与海洋的表述，不正确的一项是 ______。

A. 在新疆南部的柴达木盆地，有我国最大的沙漠——塔克拉玛干沙漠

B. 中国大陆地形的突出特点是西高东低，复杂多样

C. 辽东半岛和山东半岛环抱着的海叫渤海，是中国的内海

D. 额尔齐斯河向西北流出国境，注入北冰洋

10. 匾额是中国古建筑的重要组成部分，显示建筑物的性质，下列匾额与建筑物对应正确的一组是 ______。

A. 明镜高悬——贡院　　B. 万世师表——关帝庙

C. 还我河山——武侯祠　　D. 正大光明——乾清宫

11. 有关环境人口容量的叙述，正确的是 ______。

A. 科技发展水平是制约环境人口容量的首要因素，所以发达国家的环境人口容量大

B. 我国人口承载量最高为16亿左右，所以目前我国的耕地和淡水资源人均占有量较高

C. 不论是以悲观或乐观的观点来评估我国环境人口容量，人口与环境矛盾都十分突出

D. 随科技发展和消费水平的不断变化，环境人口容量不能定量地评估，只能定性说明

12. 下列不属于佛教名山的是 ______。

A. 浙江普陀山　B. 山西五台山　C. 四川峨眉山　D. 湖北武当山

13. 下列不属于“苏州四大名园”的是 ______。

A. 沧浪亭　B. 狮子林　C. 拙政园　D. 清晖园

14. 下面不是中国邻国的国家是 ______。

A. 朝鲜　B. 泰国　C. 越南　D. 巴基斯坦

15. 世界遗产委员会第 24 届会议决定把龙门石窟列入《世界遗产名录》，龙门石窟在 ______。

A. 洛阳　B. 大同　C. 敦煌　D. 开封

二、名词解释题

1. 堰塞湖　2. 法门寺　3. 江南园林

4. 水立方　5. 天府之国

三、填空题

1. 山东、山西的“山”是指 ______________。

2. 中国九州包括冀州、______________、______________、荆州、扬州、梁州、雍州、徐州和豫州。

3. 中国南海有四个群岛，即东沙群岛、西沙群岛、南沙群岛和 ______________。

4. ______________，俗称“千佛洞”，是中国三大石窟中规模最大的一座，保存了长达一千多年的古代珍贵壁画和彩塑艺术品。

5. 我国少数民族分布最多的省份是 ______________。

（答案见 105~108 页）

二、世界地理

一、选择题

1. 沙漠治理不能引种下面哪种植物？

A. 胡杨　B. 垂柳　C. 沙枣　D. 枸杞

2. 加拿大第一大城市和金融中心是 ______。

A. 渥太华　B. 温哥华　C. 多伦多　D. 蒙特利尔

3. 斯特拉福是 ______ 的诞生地。

A. 莎士比亚　B. 歌德　C. 普希金　D. 普鲁斯特

4. 17 世纪至 18 世纪在意大利文艺复兴建筑基础上发展起来的一种外形自由，追求动态，喜好富丽的装饰和雕刻，具有强烈神秘气氛的建筑风格是 ______。

A. 巴洛克建筑　B. 哥特式建筑　C. 拜占庭式建筑　D. 功能主义建筑

5. 卡迪夫（Cardiff）是英国 ______ 的首府。

A. 英格兰　　B. 苏格兰　　C. 威尔士　　D. 北爱尔兰

6. 巴黎圣母院是什么式建筑的代表作？

A. 巴洛克　　B. 洛可可　　C. 哥特　　D. 古罗马

7. 全球气候变暖是世界各国所关注的问题，大气中能产生温室效应的气体已经发现近 30 种，造成温室效应最主要的气体是 ______。

A. 二氧化碳　　B. 氟利昂　　C. 一氧化二氮　　D. 臭氧

8. “蓝蓝的天空，飘着那白云；白云的下边，跑着那羊群……”这段歌词中赞美的蓝天，其蓝色的形成是由于 ______。

A. 大气对太阳辐射的吸收作用　　B. 大气对太阳辐射的反射作用

C. 大气对地面辐射的吸收作用　　D. 大气对地面辐射的反射作用

9. 美国历史上的第二次人口流动的主要特点是下列哪一个？

A. 由东岸地区向西流动　　B. 南部黑人向其他地区流动

C. 由东北部及北部地区向西部及南部流动　　D. 由农村向城市流动

10. 有“世界花城”之称的是那个城市？

A. 纽约　　B. 伦敦　　C. 巴黎　　D. 华盛顿

11. ______ 是地球上生物多样性丰富和生产力较高的生态系统，在控制洪水、调节水流、调节气候、降解污染等方面有重要作用，被誉为“地球之肾”。

A. 森林　　B. 湿地　　C. 海洋　　D. 草原

12. 影响英国气候的因素不包括 ______。

A. 海水环绕　　B. 北大西洋暖流经过　　C. 高山阻隔　　D. 西风盛行

13. 世界上最大的白鹤栖息地在 ______。

A. 鄱阳湖　　B. 洞庭湖　　C. 太湖　　D. 巢湖

14. 下列世界奇迹哪个位于伊拉克？

A. 金字塔　　B. 空中花园　　C. 宙斯神像　　D. 太阳神铜像

15. 世界上三大地震带是 _____。

A. 环太平洋地震带、印度洋地震带和海岭地震带

B. 环太平洋地震带、欧亚地震带和海岭地震带

C. 亚欧地震带、北冰洋地震带和环太平洋地震带

D. 印度洋地震带、北冰洋地震带和环太平洋地震带

二、名词解释题

1. 日食　　2. 亚丁湾　　3. 巨石阵

4. 大陆架　　5. 英伦三岛

三、填空题

1. 世界上最长的运河是 ________________。

2. 大气由干洁空气、水汽、悬浮微粒组成。在结构上将大气圈分为五个气层，其中 ________________ 最接近地面，平均厚度约为 12 公里。

3. 世界上最长的山脉是 ________________。

4. 地球上出现四季更替是由于 ________________。

5. ________________ 现象，又称圣婴现象，是秘鲁、厄瓜多尔一带的渔民用以称呼一种异常气候现象的名词。

（答案见 108~111 页）

答案详解

一、中国地理

一、选择题

1. [A] 我国地形西高东低，河流在流动时会倾向于向东南方向流动，南岸较容易受到河水的侵蚀，形成南湿北干的情形，故称水北为阳、水南为阴。洛阳因地处古洛水之阳而得名。江阴因地处长江的南面而得名。天津位于华北平原东北部，东临渤海，北依燕山。武汉地处江汉平原东部、长江中游。

2. [B] 红松鼠，喜栖于寒温带或亚寒带的针叶林或阔叶混交林中，多在山坡、河谷两岸林中觅食，广泛分布于欧洲中部到西亚等整个寒温带森林地区。中华鲟，硬骨鱼纲、鲟科的鱼类，是中国长江中最大的鱼，故有“长江鱼王”之称。夏秋两季，生活在长江口外浅海域的中华鲟洄游到长江，历经 3,000 多公里的溯流搏击，才回到金沙江一带产卵繁殖。大熊猫，被誉为“活化石”和“中国国宝”，主要栖息地是中国四川、陕西和甘肃的山区。朱鹮，是鹮科、朱鹮属的鸟类动物，誉为鸟中“东方宝石”“鸟中大熊猫”，是国家一级保护鸟类，目前唯中国仅有。

3. [A] 大连地处中国东北地区最南端，东濒黄海，西临渤海。天津位于华北平原东北部，东临渤海，北依燕山。秦皇岛地处中国华北地区、河北东北部，南临渤海。连云港地处江苏省东北部、海州湾西岸，东濒黄海。青岛地处中国华东地区、山东半岛东南，东濒黄海。

4. [A] 广州简称“穗”，福州简称“榕”，柳州简称“柳”，郴州简称“郴”。

5. [C] 青城山，位于四川成都，中国四大道教名山之一，群峰环绕起伏、林木葱茏幽翠，享有“青城天下幽”的美誉。庐山，位于江西九江，以雄、奇、险、秀闻名于世，素有“匡庐奇秀甲天下”之誉。黄山，位于安徽黄山，以奇松、怪石、云海、温泉、冬雪“五绝”及历史遗存、书画、文学、传说、名人“五胜”著称于世，有“天下第一奇山”“天开图画”“松海云川”之称。峨眉山，位于四川乐山，中国四大佛教名山之一，地势陡峭，风景秀丽，素有“峨眉天下秀”之称。

6. [D]“保”即保定的简称。雄安新区为河北省管辖的国家级新区，位于河北省中部，地处北京、天津、保定腹地，包括雄县、容城县、安新县三县及周边部分区域。“唐”即唐山，“秦”即秦皇岛，“廊”即廊坊。

7. [A] 女儿墙，是建筑物屋顶周围的矮墙，主要作用除维护安全外，亦会在底处施作防水压砖收头，以避免防水层渗水，或是屋顶雨水漫流。依国家建筑规范规定，上人屋面女儿墙高度一般不得低于 1.1m，最高不得大于 1.5m。

8. [B]1928年，获美国哥伦比亚大学地质学硕士学位的矿床学家冯景兰，在我国广东省韶关市仁化县丹霞山注意到了分布广泛的第三纪红色砂砾岩层。丹霞地貌在我国广泛分布于28个省（自治区、直辖市、特别行政区），其中四川的蜀南竹海和七洞沟属于幼年期丹霞，贵州赤水丹霞属于青年期丹霞，广东丹霞山属于壮年期丹霞，江西龙虎山则属于老年期丹霞。

9. [A] 塔克拉玛干沙漠，位于新疆南疆的塔里木盆地中心，是中国最大的沙漠，也是世界第十大沙漠，同时亦是世界第二大流动沙漠。柴达木盆地，中国三大内陆盆地之一，盛产铁矿、铜矿、锡矿、盐矿等多种矿物，故被称作"聚宝盆"。其腹地的柴达木沙漠在中国八大沙漠里居第五。中国地形地势西高东低，呈阶梯状分布；地形多种多样，山区面积广大。渤海，是一个近封闭的内海，东面以辽东半岛的老铁山岬经庙岛至山东半岛北端的蓬莱岬的连线与黄海分界。额尔齐斯河发源于阿尔泰山，沿阿尔泰山南麓向西北流，流经中国、哈萨克斯坦、俄罗斯，是中国唯一流入北冰洋的河流。

10. [D]"正大光明"匾额高悬于乾清宫正殿，由清朝顺治皇帝御笔亲书。由于它特殊的历史意义和近年来影视作品的不断渲染，几乎成为清王朝的一大标志。明镜高悬的牌匾多挂于衙门的公堂上，以示官员判案公正廉明，执法严明，判案公正，办事公正无私。贡院是科举时代考试士子的场所。"万世师表"指值得永远学习的榜样，一般挂于孔庙。关帝庙为武庙之祖，地处山西运城市解州镇，是现存规模最大的宫殿式道教建筑群和武庙，被誉为"关庙之祖""武庙之冠"。庙内悬挂有康熙御笔"义炳乾坤"、乾隆钦定"神勇"、咸丰御书"万世人极"、慈禧太后亲书"威灵震叠"等匾额。岳飞庙，位于河南省安阳市汤阴县，中国三大岳庙之一，悬"还我河山"贴金巨匾。武侯祠，位于四川省成都市武侯区，原是纪念诸葛亮的专祠，亦称孔明庙、诸葛祠、丞相祠等，后合并为君臣合祀祠庙。

11. [D] 环境人口容量与科学技术成正向关系，科学技术不是定量，是变化，是随着时间逐渐前进的，因此，同一个地区或国家，不同时间的环境人口容量是不同的。环境人口容量，即一个国家或地区的环境人口容量，是在可预见到的时期内，利用本地资源及其他资源和智力、技术等条件，在保证符合社会文化准则的物质生活水平条件下，该国家或地区所能持续供养的人口数量。自然资源是人类生产生活资料的主要来源。要保证人类社会的持续发展，就必须拥有足够的自然资源。所以资源是制约环境人口容量的首要因素，A项错误。我国环境人口容量最高控制在16亿左右，然而，虽然我国耕地资源和水资源总量都居世界前列，但人均占有量不足，B项错误。乐观的观点是我国的人口数量不会达到人口环境容量，故"矛盾十分突出"说法不妥，C项错误。

12. [D] 湖北武当山，中国道教圣地，是道教名山和武当武术的发源地，被称为"亘古无双胜境，天下第一仙山"。供奉文殊菩萨的山西五台山、供奉观音菩萨的浙江普陀山、供奉普贤菩萨的四川峨眉山、供奉地藏菩萨的安徽九华山，供奉弥勒菩萨的浙江雪窦山，并称为"中国五大佛教名山"。

13. [D] 清晖园，位于广东省佛山市顺德区，是始建于明代的岭南园林建筑，岭南四大园林（佛山市清晖园、佛山梁园、番禺余荫山房、东莞可园）之一。苏州四大名园，指狮子林、沧浪亭、拙政园、留园，分别代表着宋、元、明、清四个朝代的艺术风格。苏州园林善于把有限空间巧妙地组成变幻多端的景致，结构上以小巧玲珑取胜，素有"江南园林甲天下，苏州园林甲江南"之誉。苏州园林代表了中国古典私家园林的风格和艺术水平。

14. [B] 中国有陆上邻国 14 个：俄罗斯、印度、蒙古、朝鲜、哈萨克斯坦、巴基斯坦、吉尔吉斯斯坦、尼泊尔、塔吉克斯坦、缅甸、阿富汗、越南、不丹、老挝；海上邻国 6 个：日本、韩国、马来西亚、菲律宾、文莱、印度尼西亚。

15. [A] 龙门石窟，位于河南省洛阳市，是世界上造像最多、规模最大的石刻艺术宝库，被联合国教科文组织评为“中国石刻艺术的最高峰”。云冈石窟，位于山西大同，中国规模最大的古代石窟群之一。莫高窟，俗称千佛洞，坐落在河西走廊西端的敦煌。它始建于前秦宣昭帝苻坚时期，是世界上现存规模最大、内容最丰富的佛教艺术地。

二、名词解释题

1. **堰塞湖**是由火山熔岩流、冰碛物或由地震活动使山体岩石崩塌下来等原因引起山崩滑坡体等堵截山谷、河谷或河床后贮水而形成的湖泊，常见于藏东南峡谷地区。堰塞湖一旦决口会对下游形成洪峰，处置不当会引发重大灾害。

2. **法门寺**，又名“真身宝塔”，位于宝鸡市，全国重点文物保护单位。法门寺始建于东汉末年桓灵年间，距今约有 1,700 多年历史，有“关中塔庙始祖”之称。法门寺被誉为皇家寺庙，因安置释迦牟尼佛指骨舍利而成为举国仰望的佛教圣地。法门寺地宫是迄今所见最大的塔下地宫。法门寺珍宝馆拥有出土于法门寺地宫的两千多件大唐国宝重器，为世界寺庙之最。

3. **江南园林**，是中国古典园林的杰出代表。江南古典园林是最能代表中国古典园林艺术成就的一个类型，它凝聚了中国知识分子和能工巧匠的勤劳和智慧，蕴涵了儒释道等哲学、宗教思想及山水诗、画等传统艺术。江南园林以江南“四大名园”为代表，即南京瞻园、苏州留园、拙政园、无锡寄畅园。

4. “**水立方**”，是国家游泳中心的别名，位于北京市朝阳区北京奥林匹克公园内，是 2008 年北京奥运会的精品场馆和 2022 年北京冬奥会的经典改造场馆，也是唯一一座由港澳台同胞、海外华侨华人捐资建设的奥运场馆。场馆外观如同一个冰晶状的立方体，造型简洁现代。场馆内部是一个六层楼建筑，平面呈正方形。

5. **天府之国**是四川的美誉，形容土壤肥沃物质富饶的土地。“天府”一词，今存文献首见于《战国策秦策一》中，当时的“天府”是用来形容秦都咸阳所在的“关中盆地”。秦灭巴蜀以后，以四川盆地为基地灭齐伐楚建立秦朝。西汉时继续开发巴蜀，巴蜀大地繁富兴盛富甲一方，又称为“天府之国”。在现代人的眼里，“天府之国”的称号独属于四川省。

三、填空题

1. [太行山] 太行山，又名五行山、王母山、女娲山，是中国东部地区的重要山脉和地理分界线，位于山西省与华北平原之间，纵跨北京、河北、山西、河南 4 省、市。山脉北起北京市西山，向南延伸至河南与山西交界地区的王屋山，西接山西高原，东临华北平原，呈东北—西南走向，绵延 400 余公里。它是中国地形第二阶梯的东缘，也是黄土高原的东部界线。

2. [兖州；青州] 汉族先民自古就将汉族原居地划分为九个区域，即所谓的“九州”。根据《尚书·禹贡》的记载，九州分别是冀州、兖州、青州、徐州、扬州、荆州、豫州、梁州、雍州。自战国以来，九州即成为古代中国的代称，而自汉朝起成为汉族地区的代称，又称为“汉地九州”。

3. [中沙群岛] 中国南海的四个群岛为东沙群岛、西沙群岛、中沙群岛、南沙群岛。南海群岛自古就是中国领土不可分割的一部分。1988 年 4 月 13 日，第七届全国人民代表大会第一次会议批准设立海南省，将西沙群岛、南沙群岛、中沙群岛的岛礁及其海域划归海南省管辖。东沙群岛归广东省汕尾市陆丰市管辖，实际隶属于台湾高雄市旗津区。南海群岛位于太平洋和印度洋之间，正当广州、中国香港和新加坡、马尼拉三角航路的中途，是邻近各国航空运输的必经之地。南海群岛是中国最南的领土，对巩固海防和维护海洋权益具有重要作用。

4. [莫高窟] 莫高窟，俗称千佛洞，坐落在河西走廊西端的敦煌。它始建于前秦宣昭帝苻坚时期，是世界上现存规模最大、内容最丰富的佛教艺术地。甘肃敦煌莫高窟与河南洛阳龙门石窟、山西大同云冈石窟、甘肃天水麦积山石窟并称中国四大石窟。

5. [云南省] 云南省是我国少数民族分布最多的一个省份，有 52 个民族，囊括了中国绝大多数的少数民族。其中人口在 5,000 人以上的民族有 26 个，而且其中还有 15 个少数民族是云南省独有的，包括白族、哈尼族、傣族、傈僳族等。

二、世界地理

一、选择题

1. [B] 垂柳，喜光，喜温暖湿润气候及潮湿深厚之酸性及中性土壤，最宜配植在水边，也可作庭荫树、行道树、公路树，亦适用于工厂绿化，还是固堤护岸的重要树种，但不适宜用作沙漠治理。胡杨不但能耐盐碱、耐旱，还能耐寒冷，是防风固沙的主要树种，因此被人称为沙漠的守护神。沙枣是盐碱地区主要的护林树种，而且也是城镇绿化常见的树种。它是西北地区植树造林的一种首选树种，具有很好的防风固沙作用。枸杞是干旱沙土保持优良水土的最强灌木，是防风治沙、保护生态环境的高效树种。

2. [C] 多伦多，加拿大最大的城市、安大略省的省会，也是加拿大的政治、经济、文化和交通中心，世界著名的国际大都市，世界上最大的金融中心之一。渥太华，加拿大的首都，也是加拿大第四大城市。温哥华，加拿大的主要港口城市和重要经济中心，加拿大西部的政治、文化、旅游和交通中心。按人口来算，温哥华是加拿大第三大城市。蒙特利尔，加拿大魁北克省的经济中心和主要港口，是加拿大面积第二大城市。

3. [A] 斯特拉福是莎士比亚的出生地，莎士比亚是英国文艺复兴时期剧作家、诗人。歌德，德国著名思想家、作家、科学家，是魏玛的古典主义最著名的代表，出生于美因河畔法兰克福，代表作有《少年维特之烦恼》《浮士德》等。普希金，俄国诗人、作家，出生于莫斯科，代表作有《自由颂》《叶甫盖尼·奥涅金》《假如生活欺骗了你》等。普鲁斯特，20 世纪法国最伟大的小说家之一，意识流文学的先驱与大师，出生于法国巴黎，代表作有《追忆似水年华》《欢乐与时日》等。

4. [A] 巴洛克建筑是 17 世纪至 18 世纪在意大利文艺复兴建筑基础上发展起来的一种建筑和装饰风格。其特点是外形自由，追求动感，喜好富丽的装饰、雕刻和强烈的色彩，常用穿插的曲面和椭圆形空间来表现自由的思想和营造神秘的气氛。哥特式建筑是一种兴盛于中世纪高峰与末期的建筑风格，它由罗曼式建筑发展而来，为文艺复兴建筑所继承。哥特式建筑的特色包括尖形拱门、肋状拱顶与飞拱。拜占庭式建筑的诞生于东罗马帝国的一种建筑文化，以基督教为背景，具有鲜明的宗教色彩，其突出特点是屋顶的圆形。功能主义建筑是 19 世纪八九十年代产生的一种建筑流派，认为建筑的形式应该服从它的功能。

5. [C] 卡迪夫是英国西南部的重要港口和工业、服务业中心，威尔士首府。英格兰的首府是伦敦，也是英国的政治、经济、文化、金融中心。苏格兰的首府是爱丁堡，位于苏格兰中部低地的福斯湾的南岸，造纸和印刷出版业历史悠久。北爱尔兰的首府是贝尔法斯特，英国北爱尔兰地区的最大海港。1888 年开始建港，自 1920 年起成为北爱尔兰的首府。

6. [C] 巴黎圣母院大教堂，位于法兰西共和国首都巴黎市中心城区，为哥特式基督教教堂建筑。哥特式建筑是一种兴盛于中世纪高峰与末期的建筑风格。巴洛克建筑是 17—18 世纪在意大利文艺复兴建筑基础上发展起来的一种建筑和装饰风格，代表建筑有罗马耶稣会教堂。法国洛可可风格产生于 18 世纪 20 年代，是在巴洛克建筑的基础上发展起来的，特点是室内应用明快的色彩和纤巧的装饰，代表建筑有十四圣洁大教堂。古罗马建筑一般以厚实的砖石墙、半圆形拱券、逐层挑出的门框装饰和交叉拱顶结构为主要特点，代表建筑有罗马万神庙。

7. [A] 二氧化碳是导致地球温室效应最主要的原因。氟利昂是一种常见的制冷剂，排放到大气中会导致臭氧含量下降，导致地球上的生物受到严重紫外线的伤害，平流层下部和对流层温度上升。一氧化二氮是一种氧化剂，在一定条件下能支持燃烧，但在室温下稳定，有轻微麻醉作用，并能致人发笑。臭氧，是氧气的一种同素异形体，存在于大气中，可吸收太阳光中对人体有害的短波光线，使生物免受紫外线的伤害。

8. [B] 太阳光是由赤、橙、黄、绿、青、蓝、紫七种光组成的。这七种光中青、蓝、紫波长较短，容易被空气分子和尘埃散射。被散射的这三种光布满天空，而人眼原本对紫色就不敏感，加上紫色光在散射的同时也被大量吸收，这时，眼睛里视锥细胞中含有的蓝敏色素起到了重要的作用，于是，眼睛所看到的天空便是蓝色的。

9. [D] 美国的人口迁移历程可简要概括为第一次 19 世纪中期南北战争造成人口西移；第二次在 19 世纪和 20 世纪之交伴随着工业化城市化，人口由农村流入城市；第三次 20 世纪 20 年代到 40 年代，由于农业危机自然灾害等原因，南部人口迁往北部和西部。第四次 20 世纪 50 后至今，东北部老工业区人口迁往南部和西部有新资源、新工业的阳光地带。

10. [C] “世界花城”指的是法国首都巴黎。巴黎是法兰西共和国的首都和最大城市，也是法国的政治、经济、文化和商业中心，世界五个国际大都市之一。纽约，美国第一大城市及第一大港口，与伦敦并列为全世界顶级的国际大都市，有“大苹果”“不夜城”等称呼。伦敦，是大不列颠及北爱尔兰联合王国首都、世界第一大金融中心，全世界博物馆、图书馆和体育馆数量最多的城市，别名“雾都”。华盛顿哥伦比亚特区，简称华盛顿，又称华都、华府，美利坚合众国的首都，得名于美国首任总统乔治·华盛顿。

11. [B] 地球上有三大生态系统，即森林、海洋、湿地。湿地生态系统具有较高的生态多样性、物种多样性和生物生产力，覆盖地球表面仅有 6%，却为地球上 20% 的已知物种提供了生存环境，被人们称为“地球之肾”。森林，是集中的乔木与其他植物、动物、微生物和土壤之间相互依存相互制约，并与环境相互影响，从而形成的一个生态系统的总体，被称为“地球之肺”。海洋，是许多动植物的生活之地，被称为“地球之心”，海洋中的绿藻是大气层氧气的主要生产者之一。绿地被称为是“地球之肝”，土壤被称为是“地球之脾”。

12. [C] 英国西北部多低山高原，东南部为平原，西面为大西洋，且没有高山阻隔。英国全境由靠近欧洲大陆西北部海岸的不列颠群岛的大部分岛组成，隔北海、多佛尔海峡和英吉利海峡同欧洲大陆相望，被北海、英吉利海峡、凯尔特海、爱尔兰海和大西洋包围，是一个岛国。英国属温带海洋性气候，受盛行西风控制，全年温和湿润，四季寒暑变化不大。北大西洋暖流经过不列颠群岛西海岸，使气候变暖。

13. [A] 鄱阳湖，位于江西省北部，是中国第一大淡水湖，也是中国第二大湖，仅次于青海湖。鄱阳湖栖息着数量众多的珍禽水鸟，其中白鹤数量占世界总数的 95% 以上，被称为“白鹤王国”。湖南洞庭湖、江苏太湖和洪泽湖、安徽巢湖和江西鄱阳湖并称为中国的五大淡水湖。

14. [B] 空中花园，位于尼尼微（今伊拉克北部），传说是公元前 6 世纪由巴比伦王国的尼布甲尼撒二世在巴比伦城附近为其患思乡病的王妃安美依迪丝修建。金字塔，在埃及和美洲等地均有分布，是古埃及国王的衣冠冢，被认为是古埃及的象征。宙斯神像，指奥林匹亚宙斯巨像，位于希腊，是当今世界上最大的室内雕像。罗得岛太阳神铜像，是一尊太阳神海利欧斯的青铜像，约建于公元前 200 年，位于爱琴海东南的罗德斯岛。世界古代七大奇迹包括埃及胡夫金字塔、巴比伦空中花园、阿尔忒弥斯神庙、奥林匹亚宙斯巨像、摩索拉斯陵墓、罗德岛太阳神巨像、亚历山大灯塔。

15. [B] 世界上三大地震带包括环太平洋地震带、欧亚地震带、海岭地震带。环太平洋地震带，即太平洋的周边地区，是地震活动最强烈的地带，全球约 80% 的地震都发生在这里。欧亚地震带，即从欧洲地中海经希腊、土耳其、中国的西藏延伸到太平洋及阿尔卑斯山，也称地中海—喜马拉雅地震带，全长两万多公里，跨欧、亚、非三大洲，占全球地震的 15%。海岭地震带，分布在太平洋、大西洋和印度洋的海岭（海底山脉）。

二、名词解释题

1. **日食**，又叫作日蚀，分为日偏食、日全食、日环食、全环食。当月球运动到太阳和地球中间，如果三者正好处在一条直线时，月球就会挡住太阳射向地球的光，月球身后的黑影正好落到地球上，这时就会发生日食现象。在民间传说中，称此现象为“天狗食日”。日食只在朔，即月球与太阳呈现合的状态时发生。

2. **亚丁湾**，位于也门和索马里之间的一片阿拉伯海水域，通过曼德海峡与北方的红海相连，并以也门的海港亚丁为名。亚丁湾是船只快捷往来地中海和印度洋的必经站，又是波斯湾石油输往欧洲和北美洲的重要水路。由于该地区海盗猖獗，所以亚丁湾又叫作“海盗巷”。亚丁湾是印度洋通向地中海、大西洋航线的重要燃料港和贸易中转港，具有重要的战略地位。

3. **巨石阵**，欧洲著名的史前时代文化神庙遗址，位于英格兰威尔特郡索尔兹伯里平原，约建于公元前 4000 至 2000 年。巨石阵是由呈环形屹立的巍峨巨石组成，不仅在建筑学史上具有的重要地位，在天文学上也同样有着重大的意义：它的主轴线、通往石柱的古道和夏至日早晨初升的太阳，在同一条线上；另外，其中还有两块石头的连线指向冬至日落的方向。因此，人们猜测，这很可能是远古人类为观测天象而建造的。

4. **大陆架**，指大陆沿岸土地在海面下向海洋的延伸，被海水所覆盖的大陆。大陆架是大陆向海洋的自然延伸，通常被认为是陆地的一部分，又叫作“陆棚”“大陆浅滩”。在国际法上，大陆架指邻接一国海岸但在领海以外的一定区域的海床和底土。沿岸国有权为勘探和开发自然资源的目的对其大陆架行使主权权利。大陆架有丰富的矿藏和海洋资源，已发现的有石油、煤、天然气、铜、铁等 20 多种矿产。

5. **英伦三岛**，大不列颠及北爱尔兰联合王国的俗称，包括英格兰、苏格兰、威尔士以及北爱尔兰等。“英伦三岛”一词是国人对“英国”或“大不列颠”的别称，一般出现在非正式场合或文学艺术作品中。

三、填空题

1. [京杭大运河] 京杭大运河始建于春秋时期，是世界上里程最长、工程最大的古代运河，也是最古老的运河之一。大运河南起余杭（今杭州），北到涿郡（今北京），途经今浙江、江苏、山东、河北四省及天津、北京两市，贯通海河、黄河、淮河、长江、钱塘江五大水系，全长约 1,797 公里。大运河对中国南北地区之间的经济、文化发展与交流，特别是对沿线地区工农业经济的发展起了巨大作用。

2. [对流层] 整个地球大气层按其成分、温度、密度等物理性质在垂直方向上的变化，世界气象组织把它分为五层，自下而上依次是对流层、平流层、中间层、热层和散逸层。对流层是最接近地球表面的一层大气，也是大气的最下层，密度最大，所包含的空气质量几乎占整个大气质量的 75%，以及几乎所有的水蒸气及气溶胶。

3. [安第斯山脉] 安第斯山脉，属于科迪勒拉山系，位于南美洲的西岸，从北到南全长 8,900 余千米，是世界上最长的山脉。安第斯山脉从南美洲的南端到最北面的加勒比海岸绵亘约形成一道连续不断的屏障。安第斯山脉将狭窄的西海岸地区同大陆的其余部分分开，是地球重要的地形特征之一，它对山脉本身及其周围地区的生存条件产生深刻的影响。

4. [地球公转] 四季更替是由于地球围绕太阳公转形成的，周期约为一年。

5. [厄尔尼诺] 厄尔尼诺现象，西班牙语中又称圣婴现象，主要指太平洋东部和中部的热带海洋的海水温度异常地持续变暖，使整个世界气候模式发生变化，造成一些地区干旱而另一些地区又降雨量过多。

第5节 自然科学

一、科学知识

一、选择题

1. 血管破裂时，血液中的什么物质会凝结成块，堵住破裂部分以止血？

A. 红血球　　B. 白血球　　C. 血小板　　D. 血清

2. 自然界存在着四种基本的相互作用，即强作用、电磁作用、弱作用和引力作用等。请问核子间的相互作用是哪一种？

A. 强作用　　B. 电磁作用　　C. 弱作用　　D. 引力作用

3. 白菜属于______科。

A. 豆科　　B. 菊科　　C. 十字花科　　D. 蔷薇科

4. 冬天倒开水时，容易爆破的杯子是______。

A. 很薄的玻璃杯　　B. 很厚的玻璃杯　　C. 越高的玻璃杯　　D. 没区别

5. 不论是儿童、成年人或老年人缺钙都会影响健康，患各种疾病，钙的吸收与______有关。

A. 维生素 A　　B. 维生素 B　　C. 维生素 C　　D. 维生素 D

6. 我国已取消入学、就业、国家公务员招考等体检中的乙肝检测项。乙型病毒性肝炎（简称“乙肝”）是由乙肝病毒（HBV）引起的一种世界性疾病，科学已经证明其主要通过______、母婴和亲密接触进行传播，一般的人际交往并不会传播乙肝病毒。

A. 血液　　B. 消化道　　C. 呼吸道　　D. 遗传

7. 核电站通常采用的核燃料是______。

A. 铀　　B. 钚　　C. 钴　　D. 镭

8. 我们平时所说的太白星或启明星实际上就是______。

A. 金星　　B. 土星　　C. 火星　　D. 木星

9. 大量氮、磷等植物性营养元素进入水体后，藻类大量繁殖，水质恶化，水生生物死亡，一般称为______。

A. 重金属水污染　　B. 湖泊酸化　　C. 需氧有机物污染　　D. 富营养化

10. 有线电视的信息传播是通过光导纤维通信来实现的，大量信息高速传输利用了光的全反射现象。光线由折射率大的介质进入折射率小的介质才可能发生全反射现象。那么，如果采用的光导纤维由内芯和包层两种介质组成，下列说法正确的是______。

A. 内芯和包层折射率相同，折射率都极大　　B. 内芯和包层折射率相同，折射率都极小

C. 内芯和包层折射率不同，包层折射率较大　　D. 内芯和包层折射率不同，包层折射率较小

11. 没有动力推进装置，靠机动带动的船是______。

A. 帆船　　B. 驳船　　C. 轮帆船　　D. 轮船

12. 开电扇使人体感到凉快的主要原因是______。

A. 电扇有制冷作用　　B. 汗水在空气流通中迅速蒸发

C. 空气流通后室内温度迅速降低　　D. 心理作用，其实并没有凉快多少

13. 电是用途最广泛的能源之一，它属于 ______。

A. 一次能源　　B. 二次能源　　C. 可再生能源　　D. 不可再生能源

14. 集成电路的主要原材料是 ______，它是世界上除氧以外最丰富的元素。

A. 磷　　B. 钾　　C. 氢　　D. 硅

15. 从航天飞机里看太阳是什么颜色的？

A. 黄色　　B. 白色　　C. 蓝色　　D. 红色

16. “反粒子”“反物质”概念属于 ______ 学科。

A. 化学　　B. 物理　　C. 生物　　D. 天文

二、名词解释题（1~3 题解释画线部分即可）

1. 他们将寻找在恒星前穿过的行星，但是那只有在行星轨道恰好在正确的角度的时候，那种方法才能见效。

2~3. 每一个 GPS 卫星都装有多台原子钟，为 GPS 信号提供非常精确的时间数据。

4. 大型强子对撞机　　5. 红移　　6. 黄道游仪　　7. 暗物质

8. 载人航天　　9. 达尔文进化论　　10. 库仑定律

（答案见 114~118 页）

二、科学发展史和科学人物

选择题

1. 引力波是哪位科学家的预言？

A. 霍金　　B. 波普　　C. 爱因斯坦　　D. 笛卡尔

2. X 射线穿透力极强，它是由 ______ 发现的。

A. 吕克　　B. 戈尔茨坦　　C. 伦琴　　D. 贝克勒尔

3. 1879 年，美国发明家 ______ 制成了耐用的电灯泡。

A. 富尔顿　　B. 爱迪生　　C. 贝尔　　D. 莱特兄弟

4. 20 世纪 50 年代，DNA 双螺旋模型的提出宣告 ______ 这一学科的诞生。

A. 生物化学　　B. 分子遗传学　　C. 基因理论　　D. 分子生物学

5. 克隆羊“多莉”是世界上首个通过无性繁殖诞生的动物个体，它被评为 ______ 年十大科技突破之首。

A. 1994　　B. 1997　　C. 1999　　D. 2000

6. 1831 年，英国物理学家 ______ 用实验证明了感应电流的存在。感应电流的发现有着重大的意义，它意味着通过连续的运动磁体可以不间断地得到电流。

A. 爱迪生　　B. 法拉第　　C. 麦克斯韦　　D. 奥斯特

7. 法拉第发现了电磁感应现象，这是 ______ 的原理。

A. 电池　　B. 电动机　　C. 发电机　　D. 无线电波

8. 牛顿力学第一定律、第二定律基本思想的奠基者是 ______。

A. 开普勒　　B. 伽利略　　C. 哥白尼　　D. 哈雷

9. 菲利普·费尔南德兹·阿迈斯托在评价某科学家时指出：在他的宇宙里，“每一种现象都是带有欺骗性。物质和能量可以相互转换。双胞胎以不同的速度衰老。平行线可以交叉。光线弯曲的径迹其实缠绕宇宙。”这位科学家是______。

A. 伽利略　　B. 达尔文　　C. 牛顿　　D. 爱因斯坦

10. 1587 年，牛顿发表了著名的《自然哲学之数学原理》，其中提出了经典力学三大定律。下面不属于经典力学三大定律的一项是______。

A. 加速度定律　　B. 惯性定律　　C. 能量守恒定律　　D. 反作用力定律

11. 文艺复兴时期，有一个学科的革命成为近代自然科学开端的标志，这一学科是______。

A. 数学　　B. 物理学　　C. 医学　　D. 天文学

12. 研究银河系外宇宙空间的先驱是______。

A. 哈勃　　B. 哈雷　　C. 牛顿　　D. 爱因斯坦

13.《天体运行论》所阐述的主要内容是______。

A. 日心说　　B. 地心说

C. 大爆炸宇宙论　　D. 高能天体物理学

14. 英国 17 世纪著名的医学家、生理学家______在前人研究的基础上发现了血液循环的规律，使生理学确立为科学。

A. 哥白尼　　B. 开普勒　　C. 哈维　　D. 培根

（答案见 118~120 页）

答案详解

一、科学知识

一、选择题

1. [C] 血小板的功能主要是促进止血和加速凝血，同时血小板还可以维护毛细血管壁完整性。血小板在止血和凝血过程中，能形成血栓、堵塞创口、释放与凝血有关的各种因子等。红细胞，即红血球，是血液中为数最多的一类血细胞，同时也是脊椎动物体内通过血液运送氧气的最主要的媒介，同时还存在免疫功能。白细胞是无色、球形、有核的血细胞，可因每日不同时间、机体的功能状态而在一定范围内变化。白细胞，即白血球，一般有活跃的移动能力，它们可以从血管内迁移到血管外，或从血管外组织迁移到血管内。因此，白细胞除存在于血液和淋巴中外，也广泛存在于血管、淋巴管以外的组织中。血清，指血液凝固后，在血浆中除去纤维蛋白原及某些凝血因子后分离出的淡黄色透明液体或指纤维蛋白原已被除去的血浆。其主要作用是提供基本营养物质、提供激素和各种生长因子、提供结合蛋白、提供促接触和生长因子使细胞贴壁免受机械损伤、对培养中的细胞起到某些保护作用。

2. [A] 核子之间存在比电磁力更强的作用力，就是核力，它是一种强相互作用。因此，核力是核子之间的强相互作用，它导致原子核内的核子之间紧密结合。强作用最强，也是一种短程力。其理论是量子色动力学，强作用是一种色相互作用，具有色荷的夸克所具有的相互作用，色荷通过交换 8 种胶子而相互作用，在能量不是非常高的情况下，强相互作用的媒介粒子是介子。电磁相互作用力是带电荷粒子或具有磁矩粒子通过电磁场传递着相互之间的作用。次原子粒子的放射性衰变就是由弱作用力引起的，恒星中一种叫氢聚变的过程也是由它启动的。弱相互作用会影响所有费米子，即所有自旋为半奇数的粒子。引力作用，是所有具有质量的物体之间的相互作用，表现为吸引力，是一种长程力，力程为无穷大。其规律是万有引力定律，更为精确的理论是广义相对论，在4种基本相互作用中最弱。

3. [C] 白菜是十字花科，芸薹属二年生草本。十字花科根有时膨大成肥厚的块根。茎直立或铺散，有时茎短缩，它的形态在本科中变化较大，如花茎甘蓝、汤菜、甘蓝。豆科为双子叶植物纲、蔷薇目下的一个科，属于乔木、灌木、亚灌木或草本，直立或攀缘，常有能固氮的根瘤植物，如大豆、蚕豆、豌豆。菊科，为双子叶植物纲、桔梗目的一个科，是双子叶植物的第一大科，如莴苣、莴笋、茼蒿。蔷薇科是蔷薇目下一个科，双子叶植物纲，如苹果、梨。

4. [B] 冬天倒开水时，容易爆破的杯子是厚的玻璃杯。因为杯子的玻璃比较厚，热传导不好，杯里杯外受热不均匀，玻璃杯内壁因为热胀冷缩会迅速膨胀，但是杯子外壁依然保持原来的状态，所以容易破裂。

5. [D] 钙的吸收一般与维生素D和鱼肝油有关。这是由于在服用钙物质或者钙药物的时候，通过服用维生素D或者鱼肝油，可以起到辅助钙吸收的效果。维生素D是一种脂溶性维生素，乃环戊烷多氢菲类化合物，一组结构上与固醇有关，功能上可防止佝偻病的维生素，最主要的是维生素D_3与D_2。维生素A是一种脂溶性维生素，有机化合物，对热、酸、碱稳定，易被氧化，紫外线可促进其氧化破坏。维生素B，是B族维生素的总称，它们常常来自相同的食物来源，如酵母等。维生素B是身体内新陈代谢必需的一环，每种维生素B都参与了关键的代谢反应，通常以辅酶的形式存在。维生素C是高等灵长类动物与其他少数生物的必需营养素，是一种存在于食物中的维他命，可作为营养补充品。

6. [A] 乙肝病毒（HBV）主要的传播途径是血液传播（输血和血制品）。其次是母婴传播，即分娩前后及过程中由带乙型肝炎病毒的母亲感染新生儿，母乳喂养也可导致母婴传播。第三是密切接触传播，如通过精液和阴道分泌物传播病毒。第四是医源性传播，如消毒不彻底、不安全注射等。

7. [A] 核电站通常采用的核燃料是铀。用铀制成的核燃料在反应堆的设备内发生裂变而产生大量热能，再用处于高压下的水把热能带出，在蒸汽发生器内产生蒸汽，蒸汽推动汽轮机带着发电机一起旋转，电就源源不断地产生出来，并通过电网送到四面八方。铀，是自然界中能够找到的最重元素。在自然界中存在三种同位素，均带有放射性，拥有非常长的半衰期。铀化合物早期用于瓷器的着色，在核裂变现象被发现后用作核燃料。钚是一种放射性元素，是原子能工业的一种重要原料，可作为核燃料和核武器的裂变剂。钴，银白色铁磁性金属，氢还原法制成的细金属钴粉在空气中能自燃生成氧化钴。钴是生产耐热合金、硬质合金、防腐合金、磁性合金和各种钴盐的重要原料。镭是一种具有很强的放射性的元素，镭放出的射线能破坏、杀死细胞和细菌。因此，常用来治疗癌症等。此外，镭盐与铍粉的混合制剂，可作中子放射源，用来探测石油资源、岩石组成等。镭是原子弹的材料之一。

8. [A] 金星，是离太阳第二近的行星，在中国古代被称为太白、明星或大嚣，早晨出现于东方称启明，晚上出现于西方称长庚。土星，是离太阳第六近的行星。古代中国土星是中国古代人根据五行学说结合肉眼观测到的土星的颜色（黄色）来命名的，亦称之为镇星。火星，是离太阳第四近的行星，也是太阳系中仅次于水星的第二小的行星，为太阳系里四颗类地行星之一。欧洲古称火星为“马尔斯”，古罗马神话中的“战神”，也被称为“红色星球”。古汉语中则因为它荧荧如火，位置和亮度时常变动而称之为荧惑。木星，是距离太阳第五近的行星，也是太阳系中体积最大的行星。罗马人以主神朱庇特命名这颗行星。古代中国则称木星为岁星，取其绕行天球一周约为 12 年，与地支相同之故。

9. [D] 富营养化是一种氮、磷等植物营养物质含量过多所引起的水质污染现象，即在人类活动的影响下，生物所需的氮、磷等营养物质大量进入湖泊、河口、海湾等缓流水体，引起藻类及其他浮游生物迅速繁殖，水体溶解氧量下降，水质恶化，鱼类及其他生物大量死亡的现象。重金属水污染是指相对密度在 4.5 以上的金属元素及其化合物在水中的浓度异常使水质下降或恶化，包括铜、铅、锌、镍等。湖泊酸化是含有硫酸和硝酸的雨、雪污染了湖泊水体，长年累月使湖水酸度增高的现象。需氧有机物包括碳水化合物、蛋白质、油脂、氨基酸等有机物。含病原微生物的污水中，一般均含需氧有机物，因为它能提供病原微生物所需要的营养。需氧有机物没有毒性，在生物化学作用下易于分解，分解时消耗水中之溶解氧，故称需氧有机物。水体中需氧有机物愈多，耗氧愈多，水质愈差，说明水体污染愈严重。

10. [D] 光从光密介质射向光疏介质时，当入射角超过某一角度 C（临界角）时，折射光完全消失，只剩下反射光线的现象叫作全反射。本原理可以用于解释海市蜃楼现象、潜水镜、自行车尾灯、光纤通信等。由此可知，光必须从折射率大的介质射向折射率小的介质中才能发生全反射，所以内芯和包层折射率不同，且包层的折射率小。

11. [D] 现代轮船指用机械发动机推动的船只，多用钢铁制造。原始的轮船是以人力踩踏木轮推进，近代轮船是以蒸汽推动外部明轮轮桨的蒸汽船，现代轮船多用涡轮发动机。帆船是利用风力前进的船，主要靠帆具借助风力航行，靠桨、橹和篙作为无风时推进和靠泊与启航的手段。驳船是本身无自航能力，需拖船或顶推船拖带的货船。驳船一般为非机动船，与拖船或顶推船组成驳船船队，少数增设了推进装置的驳船称为机动驳船，机动驳船具有一定的自航能力。轮帆船是风力、发动机双动力船。

12. [B] 电扇转动，加快空气流通，使人身体表面的汗液蒸发加快，蒸发会带走体表热量，所以人感到凉快。

13. [B] 按能源的基本形态分类，能源可分为一次能源和二次能源。一次能源是指自然界中以原有形式存在的、未经加工转换的能量资源，又称天然能源，如煤炭、石油、天然气、水能等。二次能源是一次能源经过加工，转化成另一种形态的能源，主要有电力、焦炭、煤气、沼气、蒸汽、热水和汽油、煤油、柴油、重油等石油制品。能源可以进一步分为可再生能源和不可再生能源。可再生能源包括太阳能、水能、风能、生物质能、波浪能、潮汐能、海洋温差能、地热能等。它们在自然界可以循环再生。不可再生能源，是指在自然界中经过亿万年形成，短期内无法恢复且随着大规模开发利用，储量越来越少总有枯竭一天的能源，包括煤、原油、天然气、油页岩、核能等。

14. [D] 硅，是目前最主要的集成电路材料，绝大部分的集成电路是采用这种材料制成。磷存在于人体所有细胞中，是维持骨骼和牙齿的必要物质，几乎参与所有生理上的化学反应。磷还是使心脏有规律地跳动、维持肾脏正常机能和传达神经刺激的重要物质。钾在自然界没有单质形态存在，钾元素以盐的形式广泛的分布于陆地和海洋中，也是人体肌肉组织和神经组织中的重要成分之一。氢通常的单质形态是氢气，无色无味无臭，是一种极易燃烧的由双原子分子组成的气体，氢气是最轻的气体。医学上用氢气来治疗疾病。

15. [B] 太阳光是由红外线、红、橙、黄、绿、蓝、靛、紫、紫外线组成，我们从地球上看太阳主要是红、橙、黄三色，主要是因为波长较短的颜色被空气散射掉了，而在太空中，因为没有空气的折射，所以看到的太阳会是七色光混合而成的白色。

16. [B] “反粒子”“反物质”是量子物理学的范畴。反粒子，是正电子、反质子、反中子、反中微子、反介子、反超子等粒子的统称。反物质是正常物质的反状态。当正反物质相遇时，双方就会相互湮灭抵消，发生爆炸并产生巨大能量。赵忠尧是人类物理学史上第一个发现反物质的物理学家，并观测到正负电子对的湮灭现象。

二、名词解释题

1. **恒星**是由发光等离子体（主要是氢、氦和微量的较重元素）构成的巨型球体。太阳是离地球最近的恒星，而夜晚能看到的恒星，几乎都处于银河系内。恒星的亮度被称为星等，星越亮，星等越低。常见的恒星有太阳、天狼星、织女星、牛郎星等。

2. **GPS**（Global Positioning System），即全球定位系统，是一种以人造地球卫星为基础的高精度无线电导航的定位系统，它在全球任何地方以及近地空间都能够提供准确的地理位置、车行速度及精确的时间信息。GPS 是美国于 1994 年全面建成，具有在海、陆、空进行全方位实时三维导航与定位功能的新一代卫星导航与定位系统。

3. **原子钟**是目前世界上最准确的计时工具，精度可以达到每 2,000 万年才误差 1 秒。原子钟是利用原子吸收或释放能量时发出的电磁波来计时的。由于这种电磁波非常稳定，再加上利用一系列精密的仪器进行控制，原子钟的计时就可以非常准确，为天文、航海、宇宙航行提供了强有力的保障。

4. **大型强子对撞机**是粒子物理科学家为了探索新的粒子和微观量化粒子的“新物理”机制设备，是一种将质子加速对撞的高能物理设备。大型强子对撞机将是世界上最大、能量最高的粒子加速器。它是一个圆形加速器，深埋于地下 100 米，它的环状隧道有 27 公里长，坐落于瑞士日内瓦的欧洲核子研究中心（又名欧洲粒子物理实验室）。

5. **红移**在物理学和天文学领域，指物体的电磁辐射由于某种原因频率降低的现象，在可见光波段，表现为光谱的谱线朝红端移动了一段距离，即波长变长、频率降低。红移的现象多用于天体的移动及规律的预测上。红移最初是在人们熟悉的可见光波段发现的，随着对电磁波谱各个波段的了解逐步深入，任何电磁辐射的频率降低都可以称为红移。

6. **黄道游仪**由唐代天文仪器制造家、画家梁令瓒发明。僧一行和梁令瓒奉命主持，铸成金属黄道游仪，用它测量 28 宿距天球极北的度数，在世界上第一次发现了恒星位置变动的现象，比欧洲要早约 1,000 年。黄道游仪的成功，解决了无由测候的矛盾。

7. **暗物质**是理论上提出的可能存在于宇宙中的一种不可见的物质，它可能是宇宙物质的主要组成部分，但又不属于构成可见天体的任何一种已知的物质。现代天文学通过天体的运动、牛顿万有引力的现象、引力透镜效应、宇宙的大尺度结构的形成、微波背景辐射等观测结果表明暗物质可能大量存在于星系、星团及宇宙中，其质量远大于宇宙中全部可见天体的质量总和。最早提出“暗物质”可能存在的是天文学家卡普坦。

8. **载人航天**是人类驾驶和乘坐载人航天器在太空中从事各种探测、研究、试验、生产和军事应用的往返飞行活动。其目的在于突破地球大气的屏障和克服地球引力，把人类的活动范围从陆地、海洋和大气层扩展到太空，更广泛和更深入地认识整个宇宙，并充分利用太空和载人航天器的特殊环境进行各种研究和试验活动，开发太空极其丰富的资源。

9. **达尔文进化论**，是英国生物学家达尔文对物种起源的一种猜测而提出的一种假说。达尔文在1859年出版的《物种起源》一书中系统地阐述了他的进化学说。达尔文主张，生物界物种的进化及变异，系以天择的进化为其基本假设；此外，并以性别选择和生禀特质的遗传思想来作辅助。达尔文的进化理论震动了整个学术界和宗教界，强烈地冲击了《圣经》的创世论。

10. **库仑定律**是静止点电荷相互作用力的规律。1785年，法国科学家库仑由实验得出，真空中两个静止的点电荷之间的相互作用力同它们的电荷量的乘积成正比，与它们的距离的二次方成反比，作用力的方向在它们的连线上，同名电荷相斥，异名电荷相吸。

二、科学发展史和科学人物

选择题

1. [C]1916年，爱因斯坦基于广义相对论预言了引力波的存在。引力波，是物质和能量的剧烈运动和变化所产生的一种物质波。霍金，英国剑桥大学著名物理学家，现代最伟大的物理学家之一，主要研究领域是宇宙论和黑洞，证明了广义相对论的奇性定理和黑洞面积定理，提出了黑洞蒸发理论和无边界的霍金宇宙模型。约翰·安东尼·波普，英国化学家。1998年，他由于在量子化学计算方法方面卓越的贡献获得了当年度诺贝尔化学奖。爱因斯坦，现代物理学家。他一生中开创了物理学的四个领域：狭义相对论、广义相对论、宇宙学和统一场论。他是量子理论的主要创建者之一，在分子运动论和量子统计理论等方面也做出了重大贡献。爱因斯坦开创了现代科学技术新纪元，被公认为继伽利略和牛顿之后最伟大的物理学家。勒内·笛卡尔，法国哲学家、数学家、物理学家。他将几何坐标体系公式化，被认为是解析几何之父，创立了解析几何学。同时，他也推导出了笛卡尔定理等几何学公式和心形线方程。

2. [C] 伦琴，德国物理学家。1895年，伦琴发现了X射线，为人类利用X射线诊断与治疗疾病开拓了新途径，开创了医疗影像技术的先河。X射线，是一种频率极高，波长极短、能量很大的电磁波。X射线具有穿透性，人体组织间有密度和厚度的差异，当X射线透过人体不同组织时，被吸收的程度不同，经过显像处理后即可得到不同的影像。吕克·蒙塔尼，法国病毒学家、艾滋病病毒的发现者之一。他在艾滋病的研究和防控领域取得了巨大成就，获得2008年诺贝尔生理学或医学奖。戈尔茨坦，美国生化学家与遗传学家，由于关于胆固醇的研究而获得1985年诺贝尔生理学或医学奖。安东尼·亨利·贝克勒尔，法国物理学家。因发现天然放射性，与皮埃尔·居里和玛丽·居里夫妇因在放射学方面的深入研究和杰出贡献，共同获得了1903年诺贝尔物理学奖。

3. [B] 爱迪生，著名发明家、物理学家、企业家，被誉为“世界发明大王”。他拥有众多知名发明专利超过2,000项，包括留声机、电影摄影机、钨丝灯泡等。富尔顿，美国著名工程师。他制造了第一艘以蒸汽机作动力的轮船，于1803年在法国的塞纳河试航成功，但当晚为暴风雨所毁。后来富尔顿在美国造成明轮推进的蒸汽机船“克莱蒙脱”号。亚历山大·格拉汉姆·贝尔，著名苏格兰裔美国发明家、企业家。他获得了世界上第一台可用的电话机的专利权，创建了贝尔电话公司（AT&T公司的前身）。莱特兄弟，美国著名发明家，首次试飞了完全受控、依靠自身动力、机身比空气重、持续滞空不落地的飞机，也就是世界上第一架飞机“飞行者一号”。

4. [D]1953年，沃森和克里克发现了DNA双螺旋的结构，开启了分子生物学时代，使遗传的研究深入到分子层次。分子生物学是从分子水平研究生物大分子的结构与功能从而阐明生命现象本质的科学。自20世纪50年代以来，分子生物学是生物学的前沿与生长点，其主要研究领域包括蛋白质体系、蛋白质—核酸体系（中心是分子遗传学）和蛋白质—脂质体系（即生物膜）。生物化学，顾名思义是研究生物体中的化学进程的一门学科，常常被简称为生化。它主要用于研究细胞内各组分，如蛋白质、糖类、脂类、核酸等生物大分子的结构和功能。分子遗传学是在分子水平上研究生物遗传和变异机制的遗传学分支学科，主要研究基因的本质、基因的功能以及基因的变化等问题。基因理论是研究生物体的遗传和变异的科学，是生物学的一个重要分支。其注重在微观层面下对生物体进行研究，以带有遗传信息的 DNA 片段为研究对象，有着追溯物种起源、分析生物体结构功能和推演遗传概率等重要作用。

5. [B] 多莉是一只通过现代工程创造出来的绵羊，也是世界之初第一个成功克隆的哺乳动物。克隆羊多利的诞生，引发了世界范围内关于动物克隆技术的热烈争论，是科学界克隆成就的一大飞跃。它还被美国《科学》杂志评为 1997 年世界十大科技进步的第一项，也是当年最引人注目的国际新闻之一。

6. [B] 法拉第，英国物理学家、化学家，也是著名的自学成才的科学家。1831 年，法拉第首次发现电磁感应现象，即“磁生电”的条件，产生的电流叫感应电流。同年，法拉第发明了世界上第一个圆盘发电机，被称为“电学之父”和“交流电之父”。爱迪生，著名发明家、物理学家、企业家，被誉为“世界发明大王”。麦克斯韦，英国物理学家、数学家，经典电动力学的创始人，统计物理学的奠基人之一。1873 年，麦克斯韦出版的《论电和磁》被尊为继牛顿《自然哲学的数学原理》之后的一部最重要的物理学经典。奥斯特，丹麦物理学家、化学家和文学家。在物理学领域，他首先发现载流导线的电流会产生作用力于磁针，使磁针改变方向。在化学领域，他发现了铝元素。

7. [C] 电磁感应俗称磁生电，多应用于发电机。电磁感应现象是电磁学中最重大的发现之一，它揭示了电和磁现象之间的相互联系。一方面，依据电磁感应的原理，人们制造出了发电机，电能的大规模生产和远距离输送成为可能；另一方面，电磁感应现象在电工技术、电子技术以及电磁测量等方面都有广泛的应用，人类社会从此迈进了电气化时代。电动机是把电能转换成机械能的一种设备，使用了通电导体在磁场中受力的作用的原理，而发现这一原理的是丹麦物理学家奥斯特。

8. [B] 伽利略，意大利天文学家、物理学家和工程师、欧洲近代自然科学的创始人，被称为“观测天文学之父”“现代物理学之父”“科学方法之父”“现代科学之父”。他曾非正式地提出惯性定律和物体在外力作用下运动的规律，提出运动相对性原理（现称伽利略相对性）。这些为牛顿正式提出牛顿第一定律、牛顿第二定律奠定了基础。开普勒，德国天文学家、数学家与占星家，发现了行星运动三大定律，也是现代实验光学的奠基人。哥白尼，文艺复兴时期波兰天文学家、数学家，提出了日心说，改变了人类对自然、对自身的看法，代表作有《天体运行论》。哈雷，英国天文学家、地理学家、数学家、气象学家和物理学家。他把牛顿定律应用到彗星运动上，并正确预言了现被称为哈雷的彗星作回归运动的事实，他还发现了天狼星、南河三和大角这三颗星的自行及月球长期加速现象。

9. [D] 从材料内容看，该科学家的成就涉及质能转化、时间和空间的相对性和可变性，这是爱因斯坦提出的相对论的内容。伽利略的主要成就是开创以实验事实为依据并有严密逻辑体系的近代科学，达尔文的主要成就是创立进化论，牛顿的主要成就是创立经典力学体系，均不合题干主旨。达尔文，英国生物学家，进化论的奠基人，出版《物种起源》，提出了生物进化论学说，从而摧毁了各种唯心的神造论以及物种不变论。牛顿，英国著名物理学家、数学家，百科全书式的“全才”。在力学上，牛顿阐明了动量和角动量守恒的原理，提出牛顿运动定律。在光学上，他发明了反射望远镜，并基于对三棱镜将白光发散成可见光谱的观察，发展出了颜色理论。

10. [C]能量守恒定律是自然界普遍的基本定律之一。一般表述为能量既不会凭空产生，也不会凭空消失，它只会从一种形式转化为另一种形式，或者从一个物体转移到其他物体，而能量的总量保持不变。加速度定律，牛顿第二定律，即物体在受到合外力的作用会产生加速度，加速度的方向和合外力的方向相同，大小与合外力成正比，与物体的惯性质量成反比。惯性定律，牛顿第一定律，即任何物体都要保持匀速直线运动或静止状态，直到外力迫使它改变运动状态为止。反作用力定律，牛顿第三定律，即相互作用的两个物体之间的作用力和反作用力总是大小相等，方向相反，作用在同一条直线上。

11. [D]近代自然科学是以天文学领域的革命为开端的。天文学是一门最古老的科学。在西方，通过毕达哥拉斯、柏拉图、托勒密等人的研究，已经提出了几种不同的理论体系，天文学成为一门最具理论色彩，又是提出理论模型最多的学科。同时，天文学与人们的生产和生活密切相关，这就必然会有力推动天文学的发展。然而，天文学在当时又是一门十分敏感的学科。在天文学领域有两种宇宙观，新旧思想的斗争十分激烈。特别是到了中世纪后期，天主教会还别有用心地为托勒密的地心说披上了一层神秘的面纱，严重阻碍着天文科学的进步。后来，托勒密体系的错误日益暴露，人们急需建立新的理论体系。当时，文艺复兴正蓬勃开展，它不仅大大解放了人们的思想，同时也推动了近代自然科学的产生。波兰天文学家哥白尼创立了一种天文学的新理论——日心说，并公开发表《天体运行论》，这是近代自然科学诞生的主要标志。

12. [A]哈勃，美国著名天文学家，研究现代宇宙理论最著名的人物之一，河外天文学的奠基人和提供宇宙膨胀实例证据的第一人。他发现了大多数星系都存在红移的现象，建立了哈勃定律，被认为是宇宙膨胀的有力证据。同时，他也是星系天文学的创始人和观测宇宙学的开拓者，被称为星系天文学之父。哈雷，英国天文学家、地理学家，正确预言了现被称为哈雷的彗星作回归运动的事实。牛顿，英国著名物理学家、数学家，阐明了动量和角动量守恒的原理，提出牛顿运动定律，发明反射望远镜。爱因斯坦，现代物理学家，开创了物理学的四个领域，是量子理论的主要创建者之一。他的相对论冲击了牛顿以来经典物理学理论体系，改变了传统的空间、时间观念。

13. [A]《天体运行论》是波兰天文学家哥白尼的天文学著作，创立了“日心说”。日心说，也称为地动说，是关于天体运动的和地心说相对立的学说，它认为太阳是宇宙的中心，而不是地球。哥白尼提出的“日心说”，有力地打破了长期以来居于宗教统治地位的“地心说”，实现了天文学的根本变革。地心说，又名天动说，是一种认为地球位于宇宙中心的地球中心说，人类则住在半球型的世界中心。从 13 世纪到 17 世纪左右，地心说也一直是天主教教会公认的世界观。“大爆炸宇宙论”是现代宇宙学中最有影响的一种学说。它的主要观点是认为宇宙曾有一段从热到冷的演化史。在这个时期里，宇宙体系在不断地膨胀，使物质密度从密到稀地演化，如同一次规模巨大的爆炸。高能天体物理学是研究发生在宇宙天体上的高能现象和高能过程的学科，是理论天体物理学的一个分支学科。

14. [C]哈维，英国 17 世纪著名生理学家和医生，发现了血液循环的规律，奠定了近代生理科学发展的基础。他的工作标志着新的生命科学的开始，属于发端于 16 世纪的科学革命的一个重要组成部分。哥白尼，文艺复兴时期波兰天文学家、数学家，提出了日心说，改变了人类对自然、对自身的看法，代表作有《天体运行论》。开普勒，德国天文学家、数学家与占星家，发现了行星运动三大定律，是现代实验光学的奠基人。培根，英国文艺复兴时期散文家、哲学家、英国唯物主义哲学家，实验科学的创始人，近代归纳法的创始人，又是给科学研究程序进行逻辑组织化的先驱，代表作有《新工具》《论科学的增进》等。

第6节 中西方翻译知识

一、翻译史

一、选择题

1. “白马驮经”掀起了我国佛教翻译的第一个高潮。请问那是什么历史时期？

A. 秦　B. 汉　C. 隋　D. 唐

2. 林纾是我国早期的翻译家，他与精通法文的王寿昌合译的一部名著是 ______。

A.《巴黎茶花女遗事》　B.《三个火枪手》　C.《简·爱》　D.《呼啸山庄》

3. 在中国佛教史上，有人把鸠摩罗什、真谛、玄奘和 ______ 并称为四大译师。

A. 释道安　B. 不空　C. 彦琮　D. 赞宁

4. 下面哪一位不属于翻译的功能派学者？

A. 豪斯　B. 赖斯　C. 荷尔德林　D. 曼塔里

5. 促成西方翻译理论发展史上第二次飞跃的领军人物是 ______。

A. 巴斯内特　B. 威尔斯　C. 霍姆斯　D. 图里

6. 为了培养翻译人才，清朝总理衙门创办的学习外国语言学校是 ______。

A. 洋务学堂　B. 京师大学堂　C. 西艺堂　D. 京师同文馆

7.《译者的隐身》作者是 ______。

A. 韦努蒂　B. 巴巴　C. 赛义德　D. 弗洛托

8. 佛经翻译在“文”“质”之争外，还进而讨论了译名（名实）问题。其代表论争者是 ______。

A. 僧睿　B. 佛图澄　C. 释道安　D. 慧远

9. ______ 在他的译文集《点滴》中说，它的这几篇译作有“两件特别的地方”，其中一件便是“直译的文体”。

A. 鲁迅　B. 周作人　C. 林纾　D. 梁实秋

10. “象胥”是古代对翻译官的称呼。据《礼记》记载，“象胥”主要是对 ______ 的翻译官的称呼。

A. 东方各地　B. 西方各地　C. 南方各地　D. 北方各地

11. 被称为“极端直译的代表”是下列哪一位？

A. 庞德　B. 斯坦纳　C. 纳博科夫　D. 加切奇拉泽

12. 下列作品不是严复译作的是 ______。

A.《群学肄言》　B.《社会通诠》　C.《富民说》　D.《名学浅说》

13. 下列哪一项不属于工具性翻译的特点？

A. 与原文保持神似　B. 尽可能替代原文功能

C. 发现文本的其他功能　D. 取代原文的效果

二、名词解释题

1. 支谦　2. 机器翻译　3. 鸠摩罗什　4. 奈达

三、填空题

1. 美国著名诗人埃兹拉·庞德在促进中西文化交流方面做了很大努力，他曾译过《大学》《中庸》《论语》，还翻译了李白的 ________________。

2. ________________ 于20世纪30年代因成功地翻译英国文学大师托马斯·哈代的代表作《德伯家的苔丝》和《还乡》一举成名。

3. 近代翻译家 ________________ 精通西洋科学、语言以及中国国学，翻译了中国“四书”中的三部。

4. 对于翻译的标准，提出“化境”一说的是 ________________。

（答案见124~127页）

二、翻译理论

一、选择题

1. 提出“译”“诱”“媒”“讹”“化”这些一脉通连、彼此呼应的意义的书是 ______ 所著。

A. 钱钟书　　B. 王佐良　　C. 傅雷　　D. 许渊冲

2. 下面哪一项不是梁启超的翻译思想？

A. 救亡图存，必须发展翻译事业，培养翻译人才

B. 提倡翻译政治小说，启发民智

C. 主张用比较通俗的语言去翻译外国著述

D. 强调译事之难，必须加以认真研究

3. 20世纪五六十年代倡导了翻译的语言学转向的法国翻译理论家是 ______。

A. 索绪尔　　B. 雅各布逊　　C. 梅耶　　D. 穆南

4. 关于贝尔的翻译过程的模式说法不正确的是 ______。

A. 翻译是人类信息处理一般现象的特殊例子

B. 翻译过程的模式应建立在信息处理的分析层面

C. 文本的处理包括“自上而下”也包括“自下而上”的方法

D. 翻译在语言的子句层面上起作用

5. 关于翻译的目的论说法不正确的是 ______。

A. 认为原文的地位不再神圣不可侵犯　　B. 原文仅是译者采用的多个信息来源之一

C. 重视译文与原文的等值　　D. 强调译者的主体性

6. ______ 提出了翻译中的“功能加忠诚”原则。

A. 赖斯　　B. 弗米尔　　C. 诺德　　D. 豪斯

7. 英国语言学家韩礼德提出的“field of discourse”的概念指的是 ______。

A. 交际方式　　B. 交际内容　　C. 交际场所　　D. 交际风格

8. 20世纪30年代,林语堂对翻译理论做出了极大的贡献,关于翻译的“忠实标准”,以下哪一选项不是他的观点?

A. 须通顺　　B. 须传神　　C. 非意译　　D. 非绝对

9. 傅雷是在翻译理论与实践两方面都独树一帜的翻译大师，以下哪一选项不是他的观点？

A. 重神似不重形似；译文必须为纯粹之中文

B. 翻译于用之外，还有美一方面须兼顾的，理想的翻译家应当将其作为一种艺术

C. 译笔要求“行文流畅，用字丰富，色彩变化”

D. 强调译者本身的条件、气质对于原作的“适应力”

10. 道安在 _______ 中，提出了著名的“五失本”“三不易”的理论。

A.《般若经》　　B.《摩诃钵罗若波罗蜜经抄序》

C.《出三藏记集》　　D.《鞞婆沙序》

11. 巴斯内特提出的翻译学基本内容不包括 _______。

A. 翻译史研究　　B. 目的语文化中的翻译研究

C. 翻译与文艺学研究　　D. 翻译与诗学研究

12. 多元系统理论的创始人是 _______。

A. 佐哈　　B. 图里　　C. 切斯特曼　　D. 赫曼斯

13. 下列翻译理论家中，哪一个不属于文艺学派？

A. 庞德　　B. 纳博科夫　　C. 费道罗夫　　D. 斯坦纳

14. 以下不通外语的翻译家是 _______。

A. 朱生豪　　B. 梁实秋　　C. 林纾　　D. 傅雷

15. _______ 在翻译的语言问题上也做了一系列精彩的论述。他认为白话文“一无规则、二无体制”。

A. 鲁迅　　B. 周作人　　C. 郭沫若　　D. 傅雷

16. 严复是我国翻译史上明确提出翻译标准的人，他在《天演论》卷首的 _______ 第一段中指出译事三难：信、达、雅。

A.《杂谈》　　B.《译例言》　　C.《序言》　　D.《开场白》

17. 翻译一是求知，求真理，“裨益当世”；二抓重点，抓“急需”，并能从哲学方法论角度着眼。这是 _______ 的观点。

A. 徐光启　　B. 严复　　C. 梁启超　　D. 林则徐

18. 傅雷实际上是赞成鲁迅提出的“四不像的白话”的观点的，这在他的哪一篇文章中提到过?

A.《〈高老头〉重译本序》　　B.《论翻译》

C.《翻译论》　　D.《翻译经验点滴》

19. 指出翻译必须音不讹、语不谬，才能义不失、理不乖的是 _______。

A. 不空　　B. 真谛　　C. 道安　　D. 玄奘

二、名词解释题（1~2 题解释画线部分即可）

1. 翻译也是一种写作，是一种再创作。严复的《译〈天演论〉例言》提出“信、达、雅”的主张，至今仍是翻译家尊奉的信条。

2. 佛经传入中国掀起了中国历史上第一次翻译的高潮，涌现出一批著名译师，他们总结出“五失本”“三不易”“五不翻”等宝贵经验。

3. 林语堂“忠实标准”

4. 泰特勒翻译三原则

5. 后殖民翻译理论

（答案见 128~131 页）

答案详解

一、翻译史

一、选择题

1. [B] 在汉朝时，佛教第一次传入中国是用一匹白马驮着佛像和经卷，汉明帝于是专门为之建立佛寺，命名“白马寺”。白马寺是我国汉地最早的佛寺，取回的佛经则收藏于皇室图书档案馆“兰台石室”中。

2. [A] 林纾翻译小说始于 1897 年，与精通法文的王寿昌合译法国小仲马的《巴黎茶花女遗事》。林纾，中国近代文学家。1897 年，已步入不惑之年的林纾从《巴黎茶花女遗事》译本开始了他迟来且丰硕的著译生涯。翻译作品有《迦因小传》《鬼山狼侠传》《歇洛克奇案开场》等。《巴黎茶花女遗事》是法国作家亚历山大·小仲马创作的长篇小说，讲述了一个青年人与巴黎上流社会一位交际花曲折凄婉的爱情故事。作品通过一个妓女的爱情悲剧，揭露了法国七月王朝上流社会的糜烂生活，对贵族资产阶级的虚伪道德提出了血泪控诉。《三个火枪手》，法国 19 世纪浪漫主义作家大仲马的代表作之一，以法兰西国王路易十三朝代和权倾朝野的红衣主教黎塞留掌权这一时期的历史事实为背景，描写三个火枪手阿多斯、波尔多斯、阿拉密斯和他们的朋友达达尼昂如何忠于国王，与黎塞留斗争，从而反映出统治阶级内部钩心斗角的种种情况。《简·爱》是英国女作家夏洛蒂·勃朗特创作的长篇小说，是一部具有自传色彩的作品。这本小说通过描写孤女坎坷不平的人生经历，成功地塑造了一个不安于现状、不甘受辱、敢于抗争的女性形象。《呼啸山庄》是英国女作家艾米莉·勃朗特的作品，是 19 世纪英国文学的代表作之一。小说全篇充满强烈的反压迫、争幸福的斗争精神，又始终笼罩着离奇、紧张的浪漫气氛。

3. [B] 汉传佛教四大译师，指汉传佛教历史上的四位在翻译方面贡献最大的翻译家：玄奘、鸠摩罗什、真谛、不空。不空，佛学家、翻译家，与善无畏、金刚智并称开元三大士，佛教史家称不空为密教三大创始人之一。不空自幼来华，能够通晓中国的语文和文化，所译显密教典共 110 部 143 卷。玄奘，唐代高僧，中国汉传佛教唯识宗创始人，先后译出大小乘经论共 75 部 1,335 卷，其中主要有《大般若经》《解深密经》等，他还曾把《老子》和《大乘起信论》译为梵文，传入印度；将入印路途见闻撰写《大唐西域记》十二卷。玄奘在翻译理论上提出“五不翻”，对“译场”采取 11 种分工，使其严密、健全。鸠摩罗什，后秦高僧，译出《大品般若经》《妙法莲华经》《维摩诘经》等，第一次把印度佛学按本来面目介绍过来，对六朝时中国佛学的繁荣以及隋唐佛教诸宗的形成都起了重要作用。鸠摩罗什为南北朝时佛经翻译的意译派开创了风气，主张翻译时只要不违背原义，对原文形式无须复制。真谛，印度优禅尼国人，精通大乘佛教。真谛及其弟子共译出佛典48部232卷，著名的有《无上依经》《十七地论》《摄大乘论》等。释道安，前秦杰出佛教学者，提出翻译文体问题和五失本、三不易的翻译原则，对后世影响颇大。彦琮，推崇释道安的五失本、三不易，评论了历代译人的得失，提出“八备”，即做好佛经翻译工作的八项条件，代表作有《辩证论》，还在该书中提出翻译要例十条。彦琮在我国译论史上最早较全面地论述了翻译活动的主体——翻译者本身的问题。赞宁，宋初高僧，因精于南山律，时人称之为“律虎”。赞宁主持编撰了《宋高僧传》，提出了“六例”，归纳了译经中的各种情况，提出了解决各类矛盾的方法，还用问答的形式，对译文的雅俗问题发表了看法。

4. [C] 荷尔德林，德国著名诗人、思想家和翻译家，古典浪漫派诗歌的先驱，翻译作品有索福克勒斯的两部悲剧《俄狄浦斯王》和《安提戈涅》。荷尔德林认为，翻译的实质就是找寻构成“纯语言”的核心成分。这一翻译观点属于翻译的语文学派。西方早期的译论学派称为语文学派，这一学派的研究方法是语文学的，主张翻译是艺术，把翻译视为原作者用译入语进行再创造，译文注重神韵，要求译文和原文一样能够给译入语读者带来美的感受。这一学派的主要代表人物有德莱顿、泰特勒、塞弗瑞等。功能翻译理论源于20世纪70年代后期的德国，是以目的论为核心的强调文本和翻译功能的一种流派。它的出现反映了翻译的全面转向，即由原来占主导地位的语言学及侧重形式的翻译理论转向更加注重功能和社会文化因素的翻译观。这一学派的主要代表人物有豪斯、弗米尔、曼塔里、赖斯、诺德等。豪斯，德国汉堡大学应用语言学教授，根据其对翻译质量评估模式的研究成果，提出了“翻译分类学”的概念，即根据原文文本功能及译文文本的功能异同，将翻译划分为“显性翻译”与“隐形翻译”，并为此提出了不同的翻译质量评估模式。赖斯，德国目的论翻译理论的开创者，其翻译理论的核心概念是文本类型与文本功能分析。曼塔里，借鉴交际理论和行为理论，提出了翻译行为理论，进一步发展了功能派翻译理论。

5. [C] 促成西方翻译理论发展史上第二次飞跃的是霍姆斯。霍姆斯，著名美籍翻译理论家，曾在荷兰阿姆斯特丹大学任教。他首次建议把翻译理论或翻译学叫作“翻译研究”，并第一次较为完整地勾勒出翻译学科的基本蓝图。巴斯内特是文化翻译学派的领军人物，在国际译坛有深远影响，代表作《翻译研究》是世界上翻译研究领域最重要的教科书。威尔斯，德国翻译科学派的主要代表人物之一，代表作有《翻译科学：问题和方法》。图里，以色列特拉维夫大学诗学、比较文学与翻译理论教授，是将多元系统理论应用到翻译研究的代表人物，同时也是翻译描述研究理论用力最勤的理论家，代表作有《翻译理论探索》等。

6. [D] 京师同文馆是清末第一所官办外语专门学校，于1862年正式开办，初以培养外语翻译、洋务人才为目的，以外国人为教习，专门培养外文译员，属总理事务衙门。1902年，京师同文馆并入京师大学堂，改名京师译学馆，并于次年开学，仍为外国语言文字专门学校。洋务学堂，是19世纪中后期的洋务大臣们倾力兴办的各种新式学堂，名为“西学”，大致分为方言学堂、技术学堂、军事学堂，均为专科学校性质。京师大学堂，是北京大学前身，创办于1898年，是中国近代第一所国立大学，创办之初也是国家最高教育行政机关，其成立标志着中国近代国立高等教育的开端。

7. [A]《译者的隐身》由美国著名翻译理论学家劳伦斯·韦努蒂所著。韦努蒂在书中追溯了以通顺为目标的“归化”翻译理论以及作者所赞成的“异化”翻译理论的由来和发展。霍米·巴巴，与赛义德、斯皮瓦克一起被誉为后殖民“三巨子”，是后殖民理论的杰出代表，善于从拉康式的精神分析角度，对外在的强迫的权力通过心理因素扭曲人性加以描述。其代表作有《文化的定位》。爱德华·赛义德，美国当代重要的批评理论家、后殖民批评理论代表人物。赛义德的理论有着强烈的意识形态和政治批判色彩，其批判的锋芒直指西方的文化霸权主义和强权政治，其明显的理论基石就是“东方主义”。其代表作有《东方主义》《康拉德与自传小说》

《开始：意图与方法》等。路易斯·冯·弗洛托，加拿大文学翻译家，主要从事翻译理论研究与教学工作，重心放在意识形态和性别对翻译的影响等方面。她认为，性别是翻译研究不可或缺的部分。翻译研究应该从女性语言着手，因女性被赋予创造新的语言和新的观念的潜力，而翻译是表述女性语言这种私密性语言的最好方式。其代表作是《翻译与性别》。

8. [A] 古代佛经翻译除了文质之争外，还讨论了译名（名实）问题。代表论争者就是后秦的僧睿。僧睿，曾师事道安，后赴长安师事鸠摩罗什，参与译场助译，为罗什门下高徒之一，撰有《大智度论》《十二门论》等。关于名实问题，僧睿认为首先要详细地理解原意，并反复考虑汉译名之是否对等，然后才能正确定名。佛图澄，是汉传佛教早期极为重要的宣教家。他注重戒律，为僧团立下良好的传统。他的德行与学识，为佛教义理的传入展开新页，下启鸠摩罗什与道安。释道安，前秦杰出佛教学者，主张直译（质），提出翻译文体问题和五失本、三不易的翻译原则，对后世影响颇大。慧远，东晋高僧，继承其师道安的遗志，热忱弘法，是我国翻译史上私立译场的第一人。他还针对“文”“质”之争，提出“厥中”论，即要以适中的方法完成翻译。

9. [B]《点滴》，周作人所著译文集。周作人，鲁迅（周树人）之弟，中国现代著名散文家、文学理论家、评论家、诗人、翻译家、思想家，中国民俗学开拓人。代表作有《知堂文集》《雨天的书》等，代表译作有古希腊喜剧《财神》《希腊神话》《伊索寓言》等。鲁迅，原名周樟寿，后改名周树人，著名文学家、思想家、革命家、教育家、民主战士，中国翻译文学的开拓者。鲁迅主张翻译必须兼顾两面，一方面必须力求其明白易解，另一方面要求保存原作的丰姿，也就是说既要通顺，又要忠实。他还提出“硬译”的方法论，并在与梁实秋的论争中提出了“宁信而不顺”的翻译原则。林纾，中国近代文学家、翻译家，认为要通过发展翻译事业来“开民智”，是对翻译目的和功能强调最多的一位翻译家。他一生著译甚丰，翻译小说达二百余种，为中国近代译界所罕见，曾被人誉为“译界之王”。梁实秋，中国现当代文学家、翻译家。梁实秋不仅一生给中国文坛留下了两千多万字的著作，创造了中国现代散文著作出版的最高纪录，而且是中国国内第一个研究莎士比亚的权威，中国翻译《莎士比亚全集》第一人。

10. [C] 根据《周礼》和《礼记》记载，“象胥”是对南方各地的翻译官的称呼，而周代对专管其他各方面的翻译人员还有不同的称呼。

11. [C] 纳博科夫，俄裔美国作家、诗人、翻译家，在翻译上倡导“过分的”绝对直译观。他主张以字译字，逐字对应，在翻译中大量使用注解、评论和说明，充分显示了他对文本的干预策略的运用，译者的主体性也就体现在其中。庞德，美国诗人和文学评论家，意象派诗歌运动的重要代表人物。他从中国古典诗歌、日本俳句中生发出“诗歌意象”的理论，为东西方诗歌的互相借鉴做出了卓越贡献。他主张“阐释性翻译法”，认为翻译是具有自主性的，代表译作有《神州集》《诗经》《大学》等。斯坦纳，当代著名学者、翻译理论家，精通英、法、德三种语言，他将解释学引入翻译理论，扩大了翻译的内涵和外延，主张“理解即是翻译”。代表做有《通天塔之后》。加切奇拉泽，俄罗斯著名翻译家、翻译理论家、对比诗学创始人之一，俄罗斯文艺学派翻译观的代表人物。他倡导现实主义文学翻译观，主张在保全形式和内容统一的情况下，最小限度地做出形式和内容的改变。代表作有《文艺翻译理论问题》《文艺翻译理论研究》等。

12. [C]《富民说》是马建忠于 1890 年所著作品，反映了早期资产阶级改良思想家的重商特征。马建忠，维新派人士，提出了“善译”的标准。代表作《马氏文通》是我国第一部以西方语法理论比较全面、系统地研究古代汉语的语法著作，对中国语言学史做出了开创性的贡献。严复，中国近代翻译家，提出“信、达、雅”的翻译标准，代表译作有《天演论》《群学肄言》《社会通诠》《名学浅说》等，成为系统介绍西方思想、文化、制度的第一人。《群学肄言》是严复于 1897 年翻译的英国社会学家斯宾塞的《社会学研究》，是一部研究社会方法的著作。《社会通诠》是严复于1903年翻译的甄克思的《政治史》，是一部政治学经典著作。《名学浅说》是严复翻译的耶方斯的作品，此书概括传统逻辑的所有问题，其译述更推动了当时对西方逻辑思想的认识。

13. [C] 工具性翻译是功能主义翻译目的论学派的第二代代表人物诺德提出的翻译策略，其目的是用目的语创作一种新的交际互动的工具，在源语文本的创作者和目的语文化的受众之间进行交流，也就是试图实现与原文相同功能的文本翻译。

二、名词解释题

1. **支谦**，三国时佛经翻译家，译作有佛经《大明度无极经》《大阿弥陀经》等88部118卷。我国第一篇谈翻译的文字就是支谦写的《法句经序》，他首次提出译事不易，反对译文尚质的偏向，主张尚文尚约应该调和。其译文风格也很适合佛传文学的翻译。

2. **机器翻译**，又称自动翻译，是利用计算机将一种自然语言（源语言）转换为另一种自然语言（目标语言）的过程。它是计算语言学的一个分支，是人工智能的终极目标之一，具有重要的科学研究价值和实用价值。1954年，美国乔治敦大学首次完成了机器翻译试验，正式拉开了机器翻译研究的序幕。

3. **鸠摩罗什**，后秦高僧，中国汉传佛教四大佛经翻译家之一，译出《大品般若经》《妙法莲华经》《维摩诘经》等，第一次把印度佛学按本来面目介绍过来，对六朝时中国佛学的繁荣以及隋唐佛教诸宗的形成都起了重要作用。鸠摩罗什为南北朝时佛经翻译的意译派开创了风气，主张翻译时只要不违背原义，对原文形式无须复制。

4. **奈达**，美国语言学家、翻译家、翻译理论家，公认的现代翻译译论奠基人。奈达从语言学的角度出发，根据翻译的本质，提出了著名的“动态对等”翻译理论，即“功能对等”。代表作有《翻译科学探索》《从一种语言到另一种语言》等。

三、填空题

1. [《长干行》] 埃兹拉·庞德，美国诗人和文学评论家。他从中国古典诗歌、日本俳句中生发出“诗歌意象”的理论，为东西方诗歌的互相借鉴做出了卓越贡献。曾翻译李白的经典之作《长干行》，并入选了美国人的教科书。

2. [张谷若] 张谷若，文学翻译家，于20世纪30年代成功地翻译了英国文学大师托马斯·哈代的三部小说《德伯家的苔丝》《无名的裘德》《还乡》而一举成名。他强调在翻译过程中，要摆脱源语语言的形式束缚，用地道的译语传递源语所表达的艺境。译作还有狄更斯的《大卫·科波菲尔》、亨利·菲尔丁的《弃儿汤姆·琼斯史》以及唐诗英译等。

3. [辜鸿铭] 辜鸿铭，中国学者、翻译家，精通英、法、德、拉丁、希腊、马来西亚等9种语言，获13个博士学位，是满清时代精通西洋科学、语言兼及东方华学的中国第一人。一方面，他将中国“四书”中的三部——《论语》《中庸》《大学》译成英文，热衷于向西方人宣传东方的文化和精神；另一方面，他将外国诗歌等译成中文，主要有威廉·柯伯的《痴汉骑马歌》和柯勒律治的《古舟子咏》，成为近代中国向国内译介西方诗歌的先驱。

4. [钱钟书] “化境”翻译标准是由我国著名学者钱钟书提出的。他认为，文学翻译的最高标准是“化”，即把作品从一国文字转变成另一国文字时，既能不因语文习惯的差异而露出生硬牵强的痕迹，又能完全保存原有的风味。他的“化境”翻译思想融合中西文化之精髓，对中西方文学中的互解、互译有着重要的价值与借鉴意义。

二、翻译理论

一、选择题

1. [A] 钱钟书在《林纾的翻译》书中提及：南唐以来，“小学”家都申说“译”就是“传四夷及鸟兽之语”，好比“鸟媒”对“禽鸟”的引“诱”，“讹”“化”和“囮”是同一个字。“译”“诱”“媒”“讹”“化”这些一脉通连、彼此呼应的意义，组成了研究诗歌语言的人所谓“虚涵数意”（polysemy，manifold meaning），把翻译能起的作用（“诱”）、难于避免的毛病（“讹”）、所向往的最高境界（“化”），仿佛一一透示出来了。钱钟书，中国现代作家、学者，提出“化境”的翻译标准。王佐良，诗人、翻译家、教授、英国文学研究专家。20 世纪 50 年代起，王佐良以双向翻译从事文化交流和文学研究，把中国戏剧文学名著《雷雨》等作品译成英文，把英诗多种移译为中文，主张以诗译诗，存原诗风貌；研究英国文学的中英文论著，以文艺复兴时期和现代诗歌两个领域为主。傅雷，中国翻译家、作家，追求“神似而非形似”的风格，翻译了大量的法文作品，其中包括巴尔扎克、罗曼·罗兰、伏尔泰等名家著作，后被编成《傅雷译文集》。许渊冲，翻译家，获“北极光”杰出文学翻译奖，系首位获此殊荣的亚洲翻译家。他从事文学翻译长达六十余年，译作涵盖中、英、法等语种，翻译集中在中国古诗英译，形成韵体译诗的方法与理论，提出“三美论”（意美、音美、形美），被誉为“诗译英法唯一人”。代表译作有《诗经》《楚辞》《红与黑》《包法利夫人》等。

2. [D] 梁启超，近代中国著名的资产阶级政治家和思想家，一代杰出的大学问家，对我国思想界、文化界各方面都影响极大。他在翻译评论和翻译史的研究方面做出重大贡献，提出救亡图存，必须发展翻译事业，培养翻译人才，制定当译之书，并统一翻译名词术语；提倡翻译政治小说，启发民智；主张用比较通俗的语言去翻译外国著述。

3. [D] 穆南，法国著名语言学家和翻译理论家，他代表了法国翻译理论研究的转向和发展趋势，以现代语言学理论为指导，摒弃了翻译是“可能的”或“不可能”的主观臆断，用科学的观点阐明可译性和不可译性的问题，强调语言学对翻译的重要指导作用。索绪尔，瑞士作家、语言学家，后世学者公认的结构主义的创始人，现代语言学理论的奠基者。雅各布逊，美国著名语言学家，西方最有影响的翻译理论家。他从符号学的角度出发，将翻译分为三类：语内翻译、语际翻译、符际翻译。同时，语言和等值也是雅各布逊思考的核心问题。他认为完全的对等是不可企及的，因此翻译除了传递表层结构之外，还要传递语言的深层含义。代表作有《语言学与诗学》《论翻译的语言学问题》。梅耶，法国语言学家、教育学家。他编出了斯拉夫语和亚美尼亚语教材；对伊朗语研究很有成绩；论述希腊语史和拉丁语史的著作获得了很高的评价。他研究过日耳曼语、凯尔特语、波罗的语、亚尔巴尼亚语；也探索过吐火罗语和赫梯语。

4. [B] 贝尔的翻译过程的模式：翻译是人类信息处理一般现象的特殊例子；文本的处理包括“自上而下”也包括“自下而上”的方法；翻译在语言的子句层面上起作用。贝尔，英国翻译理论家，代表作有《翻译与翻译过程：理论与事件》。他的翻译模式是建立在“意义”的本质特点上的，以及建立在记忆中的信息处理模式基础之上的，也被称为认知翻译模式。

5. [C] 翻译目的论是德国功能派翻译学家赖斯从翻译行为的目的性出发提出的一种翻译理论。代表人物有弗米尔、诺德和曼塔里等。其核心原则为“目的准则”，即任何翻译行为都由翻译目的决定。翻译目的论将翻译看作是一种基于原文的文本处理过程，原文的地位不再神圣不可侵犯，译者主体性得到提高，可以根据翻译目的来决定原文的哪些内容可以保留，哪些需要调整或改写，而且“原文仅仅是译者使用的多个信息来源之一”。

6. [C] 诺德，德国功能翻译学派代表人物之一，提出了“功能加忠诚”的翻译理论，以及两种翻译策略——纪实性翻译和工具性翻译。代表作有《翻译中的语篇分析》。赖斯，德国目的论翻译理论的开创者，其翻译理论的核心概念是文本类型及文本功能分析。她将文本分为信息功能文本、表情功能文本、操作性功能文本。弗米尔，在赖斯具体理论的基础上，提出以翻译“目的论”为主的基本理论。目的论的出现，标志着翻译的研究角度从语言学和形式翻译理论转向更加倾向于功能化和社会、文化方向，因而成为功能主义翻译理论最核心的理论。他主张在翻译的过程中遵循三个原则，即目的原则、连贯原则、忠实原则。豪斯，德国汉堡大学应用语言学教授，根据其对翻译质量评估模式的研究成果，提出了“翻译分类学”的概念，并为此提出了不同的翻译质量评估模式。

7. [C] 按照系统功能语言学，“field of discourse”是交际场所的意思。韩礼德，英国当代语言学家，世界两大主要语言学派之一的系统功能语言学的创始人，世界语言学界的杰出代表和语言大师。他的语言学框架在当代世界语言学及应用语言学界具有广泛和深远影响。代表作有《语言功能探索》《功能语法导论》等。

8. [C] 关于翻译的“忠实标准”，林语堂先生详细解释为四个方面：第一，非字译。“字义了解的确是句义了解的根基，但是所谓字义，不能看作死的、固定的、分立的，须当作活的、有连贯的、不可强为分裂的东西。”第二，须传神。“译者不但需求达意，并且须以传神为目的。”这是与鲁迅、茅盾、郭沫若诸人完全一致的看法。第三，非绝对。“译者所能谋达到之忠实，即比较的忠实之谓，非绝对的忠实之谓。”第四，须通顺。

9. [B]“翻译于用之外，还有美一方面须兼顾的，理想的翻译家应将其工作当作一种艺术”是林语堂提出的关于“美”的翻译标准。“重神似不重形似；译文必须为纯粹之中文”可看作傅雷的座右铭。他认为译文是让中国人看的，所以必须是“纯粹之中文”。傅雷对自己的译笔曾以“行文流畅，用字丰富，色彩变化”相要求。此外，傅雷也十分强调译者本身的条件、气质对于原作的“适应力”。

10. [B] 前秦高僧道安总结历代译经的成败得失，在《摩诃钵罗若波罗蜜经抄序》中提出“五失本”“三不易”的理论，对如何忠实地传达佛经原义做出具体的规范和要求。《般若经》是大乘佛教空宗的主要经典，也是大乘佛教中形成最早的一类经典，由般若部类的众多经典汇编而成。《出三藏记集》是中国现存最早的佛教文献目录，作者为僧祐，故后人又简称为《僧祐录》《祐录》。

11. [C] 巴斯内特提出的翻译学的最基本内容为翻译史研究、目的语文化中的翻译研究、翻译与语言学研究、翻译与诗学研究。

12. [A] 多元系统理论于20世纪70年代初由佐哈提出。佐哈，以色列学者，提出了“动态结构”的概念，代表作有《多元系统研究》。图里，以色列特拉维夫大学诗学、比较文学与翻译理论教授，是将多元系统理论应用到翻译研究的代表人物，代表作有《翻译理论探索》。切斯特曼，英国翻译理论家，补充和发展了翻译规范理论，创立翻译米姆论，代表作有《翻译米姆论——翻译思想传播》。赫曼斯，英国翻译理论家，操纵学派的代表人物，提出了翻译操纵理论，代表作有《文学操纵》。

13. [C] 费道罗夫，俄罗斯翻译理论家，其代表作《翻译理论概要》的出版标志着俄罗斯翻译的语言学派正式走上了历史舞台。文艺学派，把翻译当作一种文学艺术，认为翻译的再现是一种再创造。该学派强调尊重译入语文化，避免死译，讲究译文的风格和文学性，要求译者具有文学天赋和修辞上的才华。其主要代表人物有庞德、纳博科夫、加切奇拉泽、斯坦纳等。

14. [C] 林纾，中国近代文学家、翻译家，一生著译甚丰，翻译小说达二百余种，为中国近代译界所罕见，曾被人誉为"译界之王"。但林纾不懂外文，选择原本之权全操于口译者之手。朱生豪，中国著名翻译家，是中国翻译莎士比亚作品较早的人之一，译文质量和风格卓具特色，为国内外莎士比亚研究者所公认。梁实秋，中国现当代文学家、翻译家，创造了中国现代散文著作出版的最高纪录，是中国国内第一个研究莎士比亚的权威，中国翻译《莎士比亚全集》第一人。傅雷，中国翻译家、作家，翻译了大量的法文作品，包括巴尔扎克、罗曼·罗兰、伏尔泰等名家著作，后被编成《傅雷译文集》。

15. [D] 傅雷曾言："白话文跟外国语文，在丰富、变化上面差得太远。文言在这一点上比白话就占便宜文言有它的规律，有它的体制，任何人不能胡来，词汇也丰富。白话文却是刚刚从民间搬来的，一无规则，二无体制，各人摸索各人的，结构就要乱搅。"鲁迅，著名文学家、思想家、革命家、教育家、民主战士，中国翻译文学的开拓者。鲁迅主张翻译既要通顺，又要忠实。他还提出"硬译"的方法论和"宁信而不顺"的翻译原则。周作人，是鲁迅（周树人）之弟，中国现代著名散文家、文学理论家、评论家、诗人、翻译家、思想家。代表作有《知堂文集》《雨天的书》等，代表译作有古希腊喜剧《财神》《希腊神话》《伊索寓言》等。郭沫若，中国现代作家、历史学家、考古学家，在诗歌翻译上提出"诗人译诗，以诗译诗"的主张和"风韵译"的说法，译作有《浮士德》《少年维特之烦恼》《社会组织与社会革命》等。

16. [B]"信""达""雅"是由我国清末新兴启蒙思想家严复在《译例言》中提出的翻译标准。信是忠实，达是通顺，译文首先要求忠实，其次要求通顺，使读者能看懂。雅，指译文时选用的词语要得体，追求文章本身的优雅。严复，著名翻译家、教育家，代表译作有《天演论》《群学肄言》《社会通诠》《名学浅说》等，成为系统介绍西方思想、文化、制度的第一人。

17. [A] 徐光启，中国明代农艺师、天文学家、数学家、翻译家，是最早将翻译的范围从宗教以及文学扩大到自然科学技术领域的出类拔萃的人物。他和利玛窦合作翻译了《几何原本》（前 6 卷），其翻译思想有两大特点：一是求知，求真理，"裨益当世"；二是抓重点，抓"急需"，并能从哲学方法论角度着眼。他认为，翻译工作就是虚心吸取别国的长处，将他们多年积累的科技成果以最快的速度为我所用，以此超越前人。严复，著名翻译家、教育家，系统介绍西方思想、文化、制度的第一人。梁启超，近代中国著名的资产阶级政治家和思想家，一代杰出的大学问家，对我国思想界、文化界各方面都影响极大。他提出救亡图存，必须发展翻译事业，启发民智。林则徐，中国清代后期政治家、文学家、思想家，民族英雄，被称为近代中国"开眼看世界的第一人"。由他主持编译的《四洲志》对晚清的洋务运动乃至日本的明治维新都具有启发作用。

18. [D]《翻译经验点滴》是傅雷系统谈论翻译的文章，他认为白话文"一无规则，二无体制"，不赞同瞿秋白有关"绝对的白话"的观点，而赞同鲁迅"四不像的白话"的观点。傅雷在 1951 年 9 月撰写的《〈高老头〉重译本序》一文中提出："翻译应像临画一样，所求的不在形似，而在神似。"《论翻译》是著名翻译家和翻译理论家彼得·纽马克所著，主要叙述了关于翻译的各种问题的解决办法，提出全新概念“翻译关联法”。《翻译论》是许均所著。

19. [D] 玄奘在646年完成的《大唐西域记》的序言中，引用了孔子的话，强调翻译必须音不讹、语不谬，才能义不失、理不乖。玄奘，唐代高僧，我国汉传佛教四大佛经翻译家之一，中国汉传佛教唯识宗创始人，先后译出大小乘经论共75部1,335卷，他还曾把《老子》和《大乘起信论》译为梵文，传入印度。不空，佛学家、翻译家，我国汉传佛教四大佛经翻译家之一，与善无畏、金刚智并称开元三大士，佛教史家称不空为密教三大创始人之一。真谛，印度优禅尼国人，精通大乘佛教。真谛及其弟子共译出佛典48部232卷，著名的有《无上依经》《十七地论》《摄大乘论》《俱舍释论》等。道安，前秦时代杰出佛教学者，提出翻译文体问题和五失本、三不易的翻译原则，对后世影响颇大。

二、名词解释题

1. **“信、达、雅”**是由我国清末新兴启蒙思想家严复在《译例言》中提出的翻译标准。信是忠实，达是通顺，译文首先要求忠实，其次要求通顺，使读者能看懂。雅，指译文时选用的词语要得体，追求文章本身的优雅。

2. **“五不翻”**是唐代高僧玄奘提出的翻译理论，指的是佛经由梵文翻译成汉文时，在五种情况下，应该采用“不翻”原则，即“音译”原则。这五项原则依次为秘密故不翻、多含义故不翻、此无故不翻、顺古故不翻、生善故不翻。

3. **林语堂“忠实标准”**共有四义：第一，非字译。“字义了解的确是句义了解的根基，但是所谓字义，不能看作死的、固定的、分立的，须当作活的、有连贯的、不可强为分裂的东西。”第二，须传神。“译者不但需求达意，并且须以传神为目的。”这是与鲁迅、茅盾、郭沫若诸人完全一致的看法。第三，非绝对。“译者所能谋达到之忠实，即比较的忠实之谓，非绝对的忠实之谓。”第四，须通顺。

4. **泰特勒翻译三原则**，是英国学者泰特勒于《论翻译的原理》中提出的翻译原则，即译作应该完全复述原作的思想；译作的风格和表达方式应该与原文在特点上保持一致；译作应该和原作一样通顺流畅。

5. **后殖民翻译理论**主要关注翻译在殖民化过程中所涉及的权力运作机制，以及随之而来的一系列抵抗的历史，其中包括翻译的混杂性、翻译的身份认同、文化霸权、他者等内容。后殖民主义译论是西方翻译理论中不可或缺的理论。主要代表人物有铁木志科、尼兰贾纳等。

第7节 综合类百科

一、选择题

1. 它是每年维也纳新年音乐会的结束曲，用它作为音乐会的结束曲已经成为一种传统，这首乐曲就是______。

A. 土耳其进行曲　　B. 蓝色多瑙河圆舞曲
C. 拉德斯基进行曲　　D. 维也纳森林故事圆舞曲

2. 日本传统乐器中，最具代表性的是______。

A. 三弦琴　　B. 神乐笛　　C. 冲绳鼓　　D. 海螺

3. 世界上历史最悠久的股票指数是______。

A. 纳斯达克综合指数　　B. 标准·普尔股票价格指数
C. 纽约证券交易所股票价格指数　　D. 道琼斯股票指数

4.《柳叶刀》是世界上最悠久及最受重视的同行评审性质之医学期刊，它属于______。

A. 法国　　B. 美国　　C. 德国　　D. 英国

5. 下列句子中，标点符号使用规范的一项是______。

A. “伟大”、“壮烈”、“崇高”都是形容词。

B. 先秦典籍《吕氏春秋》记载：“今夫举大木者，前呼邪许，后亦应之。此举重劝力之歌也”。

C. 怎么可以涂改出厂日期？你们心里还有没有群众利益？？你这个总经理是怎么当的？？？

D.《三言二拍》是我国古代短篇小说的宝库。

6. 中国古代医学著作现存约8,000多种，形成了完整的理论体系。汉代时出现的______是现存最早的医学专著，载有365种药物。

A.《黄帝内经》　　B.《神农本草经》　　C.《伤寒杂病论》　　D.《针灸甲乙经》

7. 在17世纪至18世纪殖民争霸战争中，印度成为英法争夺焦点的原因是______。

A. 具有重要的军事战略地位　　B. 当地较落后，容易被控制
C. 是潜在的商品市场和原料产地　　D. 属于东西方交通要道，易守难攻

8. 效益和效率是企业运营中经常运用的两个既有联系又有区别的概念。下面指标中最直接反映企业经营效率的是______。

A. 销售净利率　　B. 资产负债率　　C. 资金周转率　　D. 市场占有率

9. 英国资产阶级革命、美国独立战争、法国大革命的相同之处是______。

A. 发生的原因都是本国的封建统治阻碍了资本主义的发展

B. 都推翻了封建统治

C. 都建立了共和国

D. 都促进了本国资本主义经济的发展

10. 货币的本质是______。

A. 商品交换的媒介　　B. 衡量商品价值大小的尺度
C. 一般等价物　　D. 社会财富的代表

11. NATO 这个缩略词的意思是 ______。

A. 北大西洋公约组织　B. 石油输出国组织　C. 亚太经济合作组织　D. 南南合作

12. 汇率贬值将会引起 ______。

A. 国内生产总值增加，贸易收支状况改善　B. 国内生产总值增加，贸易收支状况恶化

C. 国内生产总值减少，贸易收支状况恶化　D. 国内生产总值减少，贸易收支状况改善

13. 物权是指权利人对物的 ______。

A. 直接占有和支配　B. 间接占有和支配

C. 直接占有，间接支配　D. 间接占有，直接支配

14. 一部新电影采用了老电影中曾出现过的某一表现手法（包括动作、表情、场景、台词，以至部分情节等），这种被“借用”或“化用”的表现手法都可称为“______”。

A. 桥段　B. 翘楚　C. 放鸽子　D. 悬壶

15. 中医学以阴阳五行作为理论基础，将人体看成是 ______、形、神的统一体。

A. 气　B. 水　C. 火　D. 木

16. 以下不属于基督教主要宗派的是 ______。

A. 天主教　B. 正教　C. 新教　D. 犹太教

17. 西格蒙德·弗洛伊德（Sigmund Freud）是 ______ 的创始人。

A. 心理学　B. 精神分析学　C. 临床医学　D. 教育学

18. 以下拉丁文缩写中，表示“比较”的是 ______。

A. cf.　B. A.D.　C. M.A.　D. a.m.

19. 以下描述不正确的是 ______。

A. 天然气水合物（简称 Gas Hydrate）是分布于深海沉积物或陆域的永久冻土中，由天然气与水在高压低温条件下形成的类冰状的结晶物质。因其外观像冰一样而且遇火即可燃烧，所以又被称作“可燃冰”

B. 大数据技术是以数据为本质的新一代革命性的信息技术，在数据挖潜过程中，能够带动理念、模式、技术及应用实践的创新

C. 物联网就是物物相连的互联网，即其一，物联网的核心和基础仍然是互联网，是在互联网基础上的延伸和扩展的网络；其二，其用户端延伸和扩展到了任何物品与物品之间，进行信息交换和通信，也就是物物相息

D. 云计算是计算机的一种强大的计算能力，即在本地计算机或远程服务器上完成超大量计算任务

20. 以下对人工智能描写错误的是 ______。

A. 人工智能的英文缩写为 AI

B. 人工智能是研究、开发用于模拟、延伸和扩展人的智能的理论、方法、技术及应用系统的一门新的技术科学

C. 人工智能是计算机科学的一个分支，它企图了解智能的实质，并生产出一种新的能以人类智能相似的方式做出反应的智能机器，该领域的研究包括机器人、语言识别、图像识别、自然语言处理和专家系统等

D. 人工智能是人的智能，但仅限于逻辑思维

21. ______ 是研究人体疾病发生的原因、发生机制、发展规律以及疾病过程中机体的形态结构、功能代谢变化和病变转归的一门基础医学课程。

A. 生理学　B. 解剖学　C. 病理学　D. 临床医学

22. 尼奥（Neo）是电影 ______ 中的主角。

A.《指环王》　B.《星球大战》　C.《沉默的羔羊》　D.《黑客帝国》

23. 博弈论属于 ______ 学科。

A. 经济学　B. 军事学　C. 应用数学　D. 力学

24. 黑天鹅事件是指 ______。

A. 大概率且大影响的潜在危机　B. 不可预测的重大稀有事件

C. 澳大利亚动物保护组织的一次行动　D. 国际间谍事件

25. 医药行业中的 OTC，意指 ______。

A. 处方药　B. 非处方药　C. 中药　D. 西药

26. 下列句子中，数字表达规范的一项是 ______。

A. 他是八三年生人。

B. 老王今年四十五、六岁了。

C. 90 年，他来到了上海，那时的工作还很好找。

D. 文章引用的有关内容，在那本书的第 400~429 页之中。

27. 人类活动造成大气严重污染的结果包括 ______ 的“温室效应”、______ 和 ______。

A. 气温升高；沙漠化；酸雨　B. 二氧化碳；沙漠化；酸雨

C. 二氧化碳；臭氧层空洞；酸雨　D. 气温升高；河流干涸；酸雨

28. 下列作品、作家、国别（或时代）对应全部正确的一组是 ______。

A.《傲慢与偏见》——斯威夫特——英国；《琵琶行》——白朴——元末明初

B.《十日谈》——薄伽丘——意大利；《关汉卿》——田汉——中国现代

C.《西风颂》——雪莱——英国；《春鸟》——闻一多——中国现代

D.《少年维特之烦恼》——歌德——德国；《桃花扇》——孔尚任——明代

29. 以下表述不正确的是 ______。

A. 世界三大宗教是佛教、基督教、伊斯兰教　B. 佛教的创始人是释迦牟尼

C. 道教的创始人是老子　D. 儒学的创始人是孔子

30. “一把钥匙开一把锁”的说法在教育学体现了人的发展的 ______。

A. 阶段性　B. 不平衡性　C. 顺序性　D. 个别差异性

31. 下面缩写与汉语释义不符的一组是 ______。

A. GDP：国民生产总值；GNP：国内生产总值

B. NBA：美国职业篮球联赛；FIFA：国际足球联合会

C. APEC：亚太经济合作组织；OPEC：石油输出国组织

D. WTO：世界贸易组织；WHO：世界卫生组织

32. 美洲最高峰为高达 6,187 米的麦金利山峰，该山峰位于 ______。

A. 阿拉斯加东南部　B. 夏威夷的中部　C. 科罗拉多的中部　D. 怀俄明的中部

33. 下列属于扩大内需的措施是 ______。

A. 提高利率　B. 降低税率

C. 减少政府购买　D. 提高存款准备金利率

34. 经济学中，“看不见的手”最初是 ______ 提出来的。

A. 大卫·李嘉图　B. 威廉·配第　C. 约翰·凯恩斯　D. 亚当·斯密

35. 贫血的主要原因是人体内缺少哪一种元素？

A. 锌　B. 铁　C. 铜　D. 钙

36. 下列存储器中，存储速度最快的是 ______。

A. 软盘　B. 硬盘　C. 光盘　D. 内存

37. 色盲患者最普遍的不易分辨的颜色是 ______。

A. 红绿　B. 蓝绿　C. 红蓝　D. 绿蓝

38. 成年人身上有多少块骨骼？

A. 205　B. 206　C. 207　D. 208

39. 生命遗传的物质基础是 ______。

A. 细胞　B. 蛋白质　C. 核酸　D. 细胞核

40. 汉字造字的主要方法有四种：象形、指事、会意和形声。下列属于指事字的是 ______。

A. 本　B. 日　C. 明　D. 竿

41. 作为马克思和恩格斯一生最重要的理论发现，使社会主义从空想变成科学的是 ______。

A. 唯物论和辩证法学说　B. 唯物论和劳动价值学说

C. 唯物史观和剩余价值学说　D. 唯物史观和阶级斗争学说

42. 关于“一切宗教都不过是支配着人们日常生活的外部力量在人们头脑中的幻想的反映，在这种反映中，人间的力量采取了超人间的力量的形式”这句话的理解错误的是 ______。

A. 宗教信仰和崇拜的对象都是幻想出来的东西，客观上不存在

B. 宗教观念的世俗基础和客观根源是宗教本身的正确性和指导性

C. 宗教观念采取了“超人间化”的特殊表现形式，因而具有超自然、超人间的神圣性

D. 宗教信仰和崇拜的对象并不是什么超出经验之外、不可捉摸的神秘权能，而是与人们日常生活密切相关、但却支配着人们日常生活的外部力量

43. 二战后支撑世界经贸关系的三大支柱是 ______。

A. 世界银行、世贸组织、联合国

B. 联合国、国际货币基金组织、世贸组织

C. 世界银行、国际货币基金组织、关贸总协定

D. 世界银行、国际货币基金组织、世贸组织

44. 下面有错别字的一组是 ______。

A. 即使 即便 即位 若即若离　　B. 急需 须知 必须 军需品

C. 摧残 残忍 惨重 惨绝人寰　　D. 废弃 费用 废驰 半途而废

45. “世界读书日”设立目的是推动更多的人去阅读和写作。1995年，联合国教科文组织（UNESCO）确立每一年的哪一天为“世界读书日”？

A. 3月22日　　B. 4月23日　　C. 9月30日　　D. 5月18日

46. 随着珠三角经济的崛起，广州方言中的“埋单”“打包”等餐饮用语逐渐风行全国，且发展出其本义以外的含义。这表明 ______。

①文化在传播过程中得到融合与创新　　②饮食文化具有区域性与民族性

③珠三角文化推动珠三角经济的崛起　　④经济发展推动文化传播

A. ①②　　B. ②③　　C. ③④　　D. ①④

47. 建筑艺术杰作遍布世界各地，展现出多姿多彩的文化特色，如中国的故宫、印度的泰姬陵、埃及的金字塔等，它们的不同风格体现了 ______。

A. 建筑文化的趋同化倾向　　B. 建筑文化是人类宝贵的文化财富

C. 建筑文化的多样性　　D. 建筑文化的积极作用

48. 我国实行对外开放以来，随着中外贸易的发展，西方国家的某些观念、思想、思维也不知不觉进入了我们的生活中。这主要说明 ______。

A. 我国加快了中西文化交流的步伐　　B. 经济和文化相互影响、相互作用

C. 经济活动必然推动文化的进步　　D. 商贸活动具有文化传播的功能

49. 洪堡特认为“每一个人，不管什么语言，都可以看作是一种特殊世界观的承担者”。这体现出他的 ______ 观点。

A. 文化相对论　　B. 语言共相论　　C. 语言相对论　　D. 语言决定论

50. 下面关于语言的叙述正确的是 ______。

A. 古代汉语是典型的分析语　　B. 拉丁语、德语、现代英语是综合语

C. 日语和汉语是汉藏语系中的典型语言　　D. 现在人们说“通用语”指的是英语

51. AI 是 ______ 的英文缩写，是计算机科学的一个分支。自诞生以来，其理论和技术日益成熟，应用领域也不断扩大，是未来一个时期非常重要的发展领域。

A. Automatic Intelligence　　B. Automatic Information

C. Artificial Intelligence　　D. Artificial Information

52. 下列说法有误的一项是 ______。

A.《论语》是春秋战国时期儒家学派的创始人孔子所著，是记录孔子言行的著作

B. 王羲之是东晋杰出的书法家，被称为“书圣”，他的《兰亭集序》帖是我国古代书法艺术最灿烂的瑰宝，被称为“天下第一行书”

C. 莫泊桑是法国作家，被称为短篇小说的巨匠，代表作有《我的叔叔于勒》《项链》等

D.《史记》是我国第一部纪传体通史，全书一百三十篇，作者是西汉史学家、文学家司马迁，被誉为“史家之绝唱，无韵之离骚”

53. 下列说法有误的一项是＿＿＿＿。

A. 古代刻在器物上用来警诫自己或者称颂功德的文字，叫作“铭”，后来就成为一种文体，这种文体一般是用韵的

B. “说”在古代是一种表明自己观点的文体，如《马说》《黄生借书说》《爱莲说》

C. 消息一般由标题、导语、主体、背景和结语组成，常按照“次要—重要—最重要”的顺序安排材料。它的写作要求真实、及时、简明

D. 古人说“弱冠”是指男子 20 岁，“鸿雁”常用来喻指书信

54. 在经济活动中，利率按计息方式不同分为＿＿＿＿。

A. 单利和市场利率　　B. 复利与名义利率

C. 单利与复利　　D. 市场利率与固定利率

55. 下面说法是对“文化交流”的理解，不正确的一项是＿＿＿＿。

A. 文化交流包含了本土文化对外来文化的吸收和融合

B. 文化交流的过程总是双向的、对等的

C. 文化交流包含了本土文化与外来文化的冲突与排斥

D. 文化信息大多首先从先进地区流向落后地区

56. 热词“VR”是术语＿＿＿＿的缩写。

A. 虚拟现实技术　　B. 虚拟增强现实技术　　C. 增强现实技术　　D. 现实技术

57. 下列电影，哪部不是日本导演黑泽明的作品？

A.《罗生门》　　B.《影子武士》　　C.《火花》　　D.《乱》

58. 下列不完全属于联合国教科文组织“人类口述和非物质遗产”的是＿＿＿＿。

A. 昆曲、古琴、蒙古族长调民歌、中国珠算

B. 古琴、针灸、京剧、妈祖信俗

C. 昆曲、新疆维吾尔木卡姆艺术、书法、藏戏

D. 中国皮影戏、越剧、剪纸、南京云锦

59. OPEC 是＿＿＿＿的简称。

A. 亚太经济合作组织　　B. 联合国开发计划署　　C. 石油输出国组织　　D. 世界卫生组织

60. 美国＿＿＿＿是执行美国宪法规定的立法权力的机构。

A. 国务院　　B. 最高法院　　C. 白宫　　D. 国会

61. 以下哪个是弗朗茨·李斯特的作品？

A.《月光曲》　　B.《费加罗的婚礼》

C.《黎明》　　D.《匈牙利狂想曲》

62. “和平鸽”是和平的象征，这一典故出自＿＿＿＿。

A. 希腊罗马神话　　B.《山海经》　　C.《天方夜谭》　　D.《圣经·旧约》

63. 宋代著名的书法家，人称“宋四家”是指＿＿＿＿。

A. 苏轼、米芾、黄庭坚、秦观　　B. 苏轼、米芾、黄庭坚、蔡襄

C. 苏轼、米芾、苏辙、蔡襄　　D. 苏轼、米芾、苏辙、秦观

64. 巴西人最喜爱的一种舞蹈是 ______。

A. 华尔兹　　B. 桑巴　　C. 探戈　　D. 踢踏舞

65. 我国历史上最大的一部类书是 ______。

A.《永乐大典》　　B.《四库全书》　　C.《天工开物》　　D.《水经注》

66. ______ 是中国山水画抒情写意的高峰。

A. 元代　　B. 明代　　C. 清代　　D. 唐代

67. 下列税费中，不影响企业利润的是 ______。

A. 消费税　　B. 所得税

C. 一般纳税人的增值税　　D. 城市建设维护税

68. 保证合同的担保人是 ______。

A. 债权人和债务人　　B. 保证人和债务人

C. 保证人和债权人　　D. 保证人、债权人和债务人

69. 反应速度慢，注意力容易集中，稳定性强的人的气质类型属于 ______。

A. 多血质　　B. 黏液质　　C. 胆汁质　　D. 抑郁质

70. 中国第一部电视是 1905 年拍摄的 ______，是一部京剧题材的电影。

A.《霸王别姬》　　B.《四郎探母》　　C.《定军山》　　D.《春香闹学》

71. 社会主义法治理念可以概括为依法治国、执法为民、公平正义、服务大局、党的领导五个方面的内容。其中“大局”指的是什么？

A. 中国特色社会主义事业　　B. 政法工作　　C. 行业利益　　D. 全省利益

72. “三个有利于”的标准是 ______。

A. 经济标准　　B. 政治标准

C. 价值标准　　D. 判断各方面工作是非得失的标准

73. 下列说法不正确的是 ______。

A. 人民代表大会制度是我国的根本政治制度　　B. 民主集中制是党的根本组织原则

C. 我国的国体是人民代表大会制度　　D. 党的基本路线是党和国家的生命线

74. 党的十八大报告指出，建设中国特色社会主义总布局是 ______。

A. 依法治国　　B. 四位一体　　C. 五位一体　　D. 和谐社会

75. 以经济建设为中心是兴国之要，______ 仍是解决我国所有问题的关键。

A. 发展　　B. 改革开放　　C. 依法治国　　D. 以德治国

76. 我国现行分税制把税种划分为 ______。

A. 流转税、所得税和财产税　　B. 中央税、共享税和地方税

C. 增值税、营业税和消费税　　D. 企业所得税和个人所得税

77. 美联储对美国的经济、金融政策，尤其是货币政策具有决定性的重要作用。在我国，类似美联储的机构是 ______。

A. 中国人民银行　　B. 中国证券监督管理委员会

C. 中国银行业监督管理委员会　　D. 中国保险业监督管理委员会

78. 下列不属于当前我国经济新常态的是 ______。

A. 经济增长速度从高速转为低速
B. 第三产业消费需求逐步成为主体
C. 从要素驱动、投资驱动转向创新驱动
D. 城乡区域差距逐步缩小

79. 扩大国债发行规模属于积极的财政政策的主要举措。该政策对经济影响的传导顺序是 ______。

①增加财政收入 ②增加国内需求 ③扩大政府投资 ④刺激经济发展

A. ①—②—③—④
B. ①—③—②—④
C. ③—②—④—①
D. ②—④—③—①

80. 多年来，中国电子、家电制造企业因缺乏核心技术而长期为洋品牌代工。目前，中国企业正着力打造自己的国际品牌，并有了一定起色。这表明中国企业打造国际品牌必须 ______。

①加大研发投入，推进技术创新
②不断降低成本，降低产品价格
③转变发展战略，促进转型升级
④重视产品质量，提升售后服务

A. ①②
B. ①③
C. ②④
D. ③④

81. 亚洲基础设施投资银行（简称亚投行）是一个由中国倡议成立的政府间性质的亚洲区域多边开发机构，旨在支持亚洲国家基础设施建设，推动区域经济发展。尽管美国从一开始就阻挠其盟友国家加入亚投行，但英、法、德、意等欧洲多国纷纷申请成为亚投行意向创始成员国。材料反映了 ______。

① 世界多极化趋势加强
② 亚洲的发展成为世界关注的焦点
③ 国家利益是一国对外活动的出发点和落脚点
④ 亚投行能调解国际争端，缓解国家间矛盾

A. ①③
B. ①④
C. ②③
D. ③④

82. 以下关于"一带一路"描述错误的是 ______。

A. "一带一路"是指"丝绸之路经济带"和"21 世纪海上丝绸之路"，于中国共产党第十九次全国代表大会上上升为国家战略
B. "一带一路"不是一个实体和机制，而是合作发展的理念和倡议
C. 边境地区的和平稳定是"一带一路"建设向前推进的必要前提和保障
D. 张骞出使西域的主观目的是联络大月氏夹击匈奴

83. 《中华人民共和国民法典》第 301 条规定："处分共有的不动产或者动产以及对共有的不动产或者动产作重大修缮、变更性质或者用途的，应当经占份额 ______ 以上的按份共有人或者全体共同共有人同意，但是共有人之间另有约定的除外。"

A. 二分之一
B. 三分之一
C. 四分之三
D. 三分之二

84. 甲男谎称自己是国家机关干部，毕业于某名牌大学，父亲是某上市公司董事长。乙女信以为真，遂与甲结婚。婚后，乙发现自己上当受骗：甲根本未上过大学，没有固定工作，穷困潦倒。乙欲寻求法律救济。乙下面的各项主张中，可能得到人民法院支持的是 ______。

A. 要求宣告甲乙的婚姻无效
B. 要求撤销甲乙间的婚姻
C. 要求解除同居关系
D. 要求离婚

85. 我国宪法规定的公民的权利自由中，居首要地位的是 ______。

A. 出版自由　B. 结社自由　C. 言论自由　D. 示威自由

86. 按照我国《刑法》规定，刑罚的种类不包括 ______。

A. 死刑　B. 无期徒刑　C. 有期徒刑　D. 劳动教养

87. 法律规定的姓名权的内容，不包括姓名的 ______。

A. 命名　B. 使用　C. 变更　D. 转让

88. 我国第一部社会主义类型的宪法是 ______ 制定的宪法。

A. 1949 年　B. 1950 年　C. 1952 年　D. 1954 年

89. 对违法犯罪行为的制裁和惩罚，体现了法律的 ______。

A. 指引作用　B. 强制作用　C. 教育作用　D. 评价作用

90. 吊销违法者的经营许可证是 ______。

A. 行政强制执行　B. 行政命令　C. 行政处分　D. 行政处罚

91. 我国 16 周岁以上的未成年人，以自己的劳动收入为主要生活来源的，应视为 ______。

A. 无民事行为能力人　B. 限制民事行为能力人

C. 完全民事行为能力人　D. 完全限制行为能力人

92. 王某与张某是邻居，一日为琐事争吵以致互殴，公安机关进行了调解。双方对医疗费赔偿等达成了调解协议。事后，王某履行了调解协议，而张某没有履行。王某请求公安机关强制执行调解协议。公安机关的哪一做法是正确的？

A. 不予执行，告知王某向人民法院就该纠纷提起民事诉讼

B. 不予执行，告知王某提起行政附带民事诉讼以撤销该调解协议，并判决张某赔偿医疗费

C. 不执行，告知王某提起行政诉讼以撤销该调解协议

D. 强制张某履行该调解协议

93. 在我国的刑罚中，短期剥夺犯罪分子的人身自由，就近执行并实行劳动改造的是 ______。

A. 有期徒刑　B. 管制　C. 无期徒刑　D. 拘役

二、名词解释题（1~37 题解释画线部分即可）

1. 尼葛洛庞帝说：“在广大浩瀚的宇宙中，数字化生存能使每个人变得更容易接近，让弱小孤寂者也能发出他们的心声。”

2. 《兰亭集序》堪称天下第一行书。在民间流传着很多临摹本，其中冯承素的摹本被公认为最佳。

3~6. 一般而言，由于亚洲地区盛产竹材，适合各种自由曲线的结构设计，并且与神话传说相结合，所以风筝造型千变万化且富个人色彩；而西方国家因为缺少竹材而以玻纤或碳纤为材料，在风筝造型及色彩上力求鲜明、简洁，多以单纯的色块来表现。不过于材料、气候和民俗习惯的差异，而演化出各式各样、形态多变的风筝，如北方的沙燕传到东南亚后，就转化成各型月筝；而硬拍和米字结构传到韩国发展成风穴风筝，传到日本，则以浮世绘风格传扬于世。

7~11. 旅行回来，她成了环保主义者。作为地球最后一片净土，北极的冰盖融化、冰层污染已成为我们不得不面对的严酷事实。除了在新书中呼吁环保以外，她还准备到一些公共图书馆和学校做一系列针对青少年的

北极讲座，分享这次北极之行的体验，告诉青少年们一个真实的北极，让孩子们知道环保对北极气候、全球生态的重要影响。身为一名作家，她希望能以自己的绵薄之力，唤起更多人对自然的关注。

12~15. 一般认为，《哈姆雷特》是莎士比亚最杰出的作品，在自古以来的全世界文学著作中，它与歌德的《浮士德》并占登峰造极的最荣誉地位。正因为它博大精深，所以也极难了解。

16~18. 柴可夫斯基曾想以《罗密欧与朱丽叶》为题材写一个歌剧，他那时写道："罗密欧与朱丽叶由沉醉于爱情的孩子，变成了彼此热恋、痛苦，最后陷入了悲剧性的绝境的成人。"

19~20. 当代的全球化主要体现在国际化、自由化、普遍化和星球化这四个方面。国际化主要是指跨越国界的，描述不同民族和国家之间政治、经济等方面的差异。自由化常常被经济学家所使用，而普遍化则更多地为文化研究者使用，主要涉及特定的价值观念：一个更加全球性的世界在于文化上趋于同质化。星球化则涉及消息的传播与文化安全问题。

21~25. 共享单车是指企业在校园、地铁站点、公交站点、居民区、商业区、公共服务区等提供自行车共享服务，是一种分时租赁模式。共享单车是一种新型环保共享经济。共享单车就其实质是一种新型的交通工具租赁业务——自行车租赁业务，其主要依靠载体为自行车，可以充分利用城市因快速的经济发展而带来的自行车出行萎靡状况，最大化地利用了公共道路的通过率，同时又起到了健康身体的作用。共享单车已经越来越多地引起人们的注意，由于其符合低碳出行理念，政府对这一新鲜事物也处于善意的观察期。

26~30. 现在，人们无论是生活、工作还是字习，都已经无法离开互联网。我们可以阻便截取一个上班族的一天来看看，从他早晨睡醒开始，去厕所也会拿着手机刷微博和朋友圈，这似乎已经成了很多年轻人的习惯，没有网络恐怕连方便都不方便；出门之前，使用公交车定位软件看看自己要乘坐的公交车到哪一站了，或者使用打车软件预约好出租车；上班以后，第一件事就是打开电脑，办公室里每一项工作都需要使用到网络，发送电子邮件，处理门户日常事务；下班后回到家，去网上看一会更新的电视剧或者综艺节目，直到睡觉。这一天都跟网络密不可分，甚至有学者使用了"人们被困在网中，越缠越紧，总有一天会窒息"的喟叹。

31~35. "圣诞节"（Christmas）这个名称是基督弥撒的意思。弥撒是教会的一种礼拜仪式。大部分的天主教教堂都会先在 24 日的平安夜，亦即 12 月 25 日凌晨举行子夜弥撒，而一些基督教会则会举行报佳音，然后在 12 月 25 日庆祝圣诞节；基督教的另一大分支——东正教的圣诞节则在每年的 1 月 7 日。

36~37. 中国于 2001 年加入世界贸易组织，以及该组织本身的成立，都是基于一个隐含的前提：包括中国在内的各国经济将趋同于一个大致类似的模式，从而实现重大（或"深度"）的经济一体化。

38. 二十国集团
39. 国际标准化组织
40. 花鼓戏
41. 中等收入陷阱
42. 专属经济区
43. 沉没成本
44. 开门七件事
45. 《天演论》
46. 破窗效应
47. 五脏六腑
48. 马太效应
49. 《乌托邦》
50. 塑化剂
51. 裸婚
52. PM2.5
53. 山姆大叔
54. 格莱美音乐大奖
55. HSK
56. 万圣节
57. 世界博览会
58. 包容性增长
59. 《资本论》
60. 前意识
61. 消费基金
62. 新凯恩斯主义
63. 石油输出国组织
64. 生态平衡
65. 自由刑
66. 逊尼派
67. 通货紧缩

68. 静态利益
69. 拉马克主义
70. 海洋能
71. 钢琴四重奏
72. 王洛宾
73. 邓小平理论
74. “三个代表”重要思想
75. 社会主义初级阶段
76. 政治体制
77. 民主制度
78. 阳光政府
79. 低碳生活
80. 创业板
81. 产业结构调整
82. 养老金

三、填空题

1. 美国最大的通讯社是______。

2. 人的染色体共有______对。

3. “塔”是______教建筑的一部分。

4. 将括号内的中文译成英文并以适当形式填入空格中。We will effectively implement the system of ______ and ______.（“米袋子”省长负责制、“菜篮子”市长负责制）

5. ______是世界上最有影响、使用最广的股价指数，它以在纽约证券交易所挂牌上市的一部分有代表性的公司股票作为编制对象，由四种股价平均指数构成。

6. 十二届全国人大常委会第七次会议决定，将______月______日确定为南京大屠杀死难者国家公祭日。

7. 联合国教科文组织成立于______年11月4日，总部设在______。

8. 汉字以______为基础，其中包含着中国人对世界的丰富体验。

9. 人体最大的解毒器官是______。

10. 电脑中央处理器的英文简写是______。

11. 天然气的主要成分是______。

12. 世界最早、最完备的建筑学著作《营造法式》的作者是______。

13. 中国三大国粹是京剧、中医和______。

14. 在《圣经·旧约》的记载中，带领受奴役的以色列人出埃及，前往迦南的领袖是______。

15. ______收录了夏商周三代帝王用以行使政权的典、谟、誓、命、训等讲话和言辞，是先秦一部重要的散文集。

16. “发展体育运动，增强人民体质”是我国前领导人______的题词。

17. “周易”这个名称可以从广义和狭义两方面来理解。狭义的《周易》只指《易经》，而广义的《周易》除了《易经》之外，还包括解释它的______。

18. “人不可有傲气，但不可无傲骨”是______的座右铭。

19. 第一个成功地将语言学模式运用到社会学和人类学领域的结构主义大师是______。

20. “鸢尾花高傲的孤独 / 蓝得能滴下眼泪的天空 / 红头发轻叼着烟斗 / 血液般浓稠的油彩 / 那一片金黄麦田还在守望……”歌词中所描述的艺术家是______。

21. 公司的最高权力机关是______。

22. 我国证券市场的主要监管机构是______。

23. 在经济学中，能够促进所在地区或国家经济规模增长的一种具有活力的增长单位叫______。

24. ________________ 是指尽管在劳动力失业率很高，甚至日渐上升时，仍然发生的或持续存在的一种通货膨胀。

25. 最终负担税款的单位和个人称为 ________________。

26. 我国规定，完全负刑事责任的年龄是 ________________。

27. 当事人为了重复使用而预先拟定，并在订立合同时与对方协商的合同叫 ________________。

28. 法定继承的顺序中第一顺序继承人是配偶、子女、________________。

29. 法律事实分为两类：一类是法律事件，另一类是 ________________。

（答案见 143~164 页）

答案详解

一、选择题

1. [C] 拉德斯基进行曲，是奥地利作曲家老约翰·施特劳斯作于 1848 年的管弦乐曲，是其最著名的代表作，经常作为通俗的管弦乐音乐会的最后一首曲目。每年著名的维也纳新年音乐会也总是以这首曲子作为结束曲。土耳其进行曲，是奥地利音乐家莫扎特的 A 大调第十一号钢琴奏鸣曲的第三乐章。蓝色多瑙河圆舞曲，是奥地利作曲家小约翰·施特劳斯最负盛名的圆舞曲作品，每年的维也纳新年音乐会也将该曲作为保留曲目演出。维也纳森林的故事圆舞曲，是小约翰·施特劳斯的又一部作品，完成于 1868 年。

2. [A] 三弦琴，是日本传统乐器中最具代表性的，使用琴拨弹拨三根琴弦进行奏乐，主要用于歌舞伎、文乐以及其他各种演艺。神乐笛，是日本雅乐中使用的一种横吹管乐器，常用于国风歌舞和一部分近代做成的神乐中。冲绳鼓，是冲绳地方各岛屿的民间演艺中使用的鼓。海螺，是将螺贝壳的尖端切去并做一吹口，吹口上大多带有吹嘴，主要用于宗教仪式的乐奏。

3. [D] 道琼斯股票指数，世界上历史最悠久的股票指数，是在 1884 年由道琼斯公司的创始人查尔斯·亨利·道开始编制的一种算术平均股价指数。纳斯达克综合指数，是反映美国纳斯达克证券市场行情变化的股票价格平均指数，于 1971 年 2 月 8 日正式开始用于交易。标准·普尔股票价格指数，是美国最大的证券研究机构，即标准·普尔公司编制的股票价格指数，该公司于 1923 年开始编制发表股票价格指数。纽约证券交易所股票价格指数，是由纽约证券交易所编制的股票价格指数，起自 1966 年 6 月。

4. [D]《柳叶刀》，是托马斯·威克利创刊于 1823 年的英国医学杂志，是由爱思唯尔（Elsevier）出版公司主办，《柳叶刀》编辑部编辑出版的医学学术刊物，是国际上公认的四大顶级医学期刊（《新英格兰医学杂志》《英国柳叶刀》《美国医学会杂志》《英国医学期刊》）之一。

5. [C]C 项无误，在多个问句连用或表达强烈语气时，可叠用问号，但最多只能叠用三个问号。A 项有误，标有引号的并列成分之间通常不用顿号。B 项有误，句子末尾处的句号应在双引号前。因为如果是直接叙述，则句号在双引号的前面；如果是转述，则句号在双引号的外面。D 项有误，“三言”“二拍”不宜使用书名号，它是指明代五本著名传奇小说集的合称，包括冯梦龙编著的《喻世明言》《警世通言》《醒世恒言》，以及凌濛初创作的《初刻拍案惊奇》《二刻拍案惊奇》。

6. [B]《神农本草经》成书于汉代，是现存最早的中药学著作，是对中国中医药的第一次系统总结，奠定了中药学的理论基础。《黄帝内经》是中国最早的医学典籍，也是中国传统医学四大经典（《黄帝内经》《难经》

《伤寒杂病论》《神农本草经》）之首。《伤寒杂病论》，是一部论述外感病与内科杂病为主要内容的医学典籍，作者是东汉末年的医圣张仲景。《针灸甲乙经》是我国现存最早的一部理论联系实际的针灸学专著，作者是西晋医学家皇甫谧。

7. [C]17、18 世纪，西方即将开始工业革命，对原材料和商品销售市场的潜在需求使他们加大了对资源丰富地区和人口密集地区的争夺。例如，印度产的棉花正是英国棉纺织业能够在第一次工业革命中迅速崛起的原因之一。

8. [A] 销售净利率是净利润占销售收入的百分比，反映每一元销售收入带来的净利润的多少，表示销售收入的收益水平。资产负债率是用以衡量企业利用债权人提供资金进行经营活动的能力，以及反映债权人发放贷款的安全程度的指标。资金周转率是反应资金流转速度指标。市场占有率反映企业在市场上的地位。

9. [D] 英国资产阶级革命，起因是资本主义的发展促使资产阶级新贵族形成，宗教专制政策也进一步激化了阶级矛盾，最终推翻了封建统治，确立了议会君主立宪制。美国独立战争，起因是英国一直以来对殖民地进行剥削，对北美殖民地经济的发展起到严重阻碍作用，为了对抗英国的经济政策，北美人民奋起抗争，最终通过了由托马斯·杰斐逊执笔起草的《独立宣言》，宣告了美国的诞生。法国大革命，起因是过往的贵族和宗教特权不断受到自由主义政治组织及上街抗议的民众的冲击，旧的观念逐渐被全新的天赋人权、三权分立等民主思想所取代，最终巴黎人民发动七月革命，建立了以路易·菲利浦为首的七月王朝。

10. [C] 货币的本质就是一般等价物。但它与一般等价物有所区别，一是产生的时间不同；二是一般等价物在时间、地域、材料的质地上是不固定的，而货币是由金银固定充当的。在商品流通中，货币充当商品交换的媒介，但并不是只有货币才能充当商品交换媒介。价值尺度是指货币充当表现和衡量一切商品价值量大小的尺度，货币充当衡量商品价值量的尺度是外在的，衡量商品价值量的内在尺度是社会必要劳动时间。

11. [A] 北大西洋公约（NATO），是一个为实现防卫协作而建立的国际组织，1949 年 4 月 4 日，12 国在华盛顿签订了《北大西洋公约》，标志着北约正式成立。石油输出国组织（OPEC），是亚、非、拉石油生产国为协调成员国石油政策、反对西方石油垄断资本的剥削和控制而建立的国际组织，成立于 1960 年 9 月，其宗旨是协调和统一成员国石油政策，维持国际石油市场价格稳定，确保石油生产国获得稳定收入。亚太经济合作组织（APEC），是亚太地区重要的经济合作论坛，也是亚太地区最高级别的政府间经济合作机制，成立于 1989 年 11 月。南南合作（SSC），即发展中国家间的经济技术合作，是广大发展中国家基于共同的历史遭遇和独立后面临的共同任务而开展的相互之间的合作，也是促进发展的国际多边合作不可或缺的重要组成部分。

12. [A] 汇率下降，能起到促进出口、抑制进口的作用。其影响过程大体是在一国货币对内购买力不变，而对外汇率下降时，该国出口商品所得的外汇收入，按新汇率折算要比按原汇率获得更多的本国货币，出口商可从汇率贬值中得到额外利润。因而国内生产总值增加，贸易收支状况改善。

13. [A] 根据《民法典》规定，物权是权利人依法对特定的物享受直接支配和排他的权利，包括所有权、用益物权和担保物权。

14. [A]“桥段”译自英语中的“Bridge Plot”。这两个单词合起来，表示被借用的（或借鉴的）电影经典情节或精彩片段。具体来说，一部新电影采用了老电影中曾出现过的某一表现手法（包括动作、表情、场景、台词、状态等），这种被“借用”或“化用”的表现手法称为“桥段”。翘楚，意思是原指高出杂树丛的荆树，后来用来比喻杰出的人才或事物。放鸽子，本义指放飞白鸽，象征和平，现多指定下约定而不赴约的不诚信。悬壶是指行医、卖药。

15. [A] 中医学以阴阳五行作为理论基础，将人体看成是气、形、神的统一体，通过“望闻问切”四诊合参的方法，探求病因、病性、病位，分析病机及人体内五脏六腑、经络关节、气血津液的变化，判断邪正消长，进而得出病名，归纳出证型，以辨证论治原则，制定“汗、吐、下、和、温、清、补、消”等治法，使用中药、针灸、推拿、按摩、拔罐、气功、食疗等多种治疗手段，使人体达到阴阳调和而康复。

16. [D] 天主教、新教、东正教（正教）并称为基督教三大流派。犹太教不属于基督教派。犹太教，世界三大一神信仰中最古老的宗教。犹太教不主动到外族人中传教。他们“传教”的对象是已经不遵守犹太教规的犹太人。犹太人认为这就是上帝对他们的召唤，也是他们对世人的见证、他们的使命。犹太教的典籍有《希伯来圣经》《塔木德》《米德拉什》。

17. [B] 西格蒙德·弗洛伊德，奥地利精神病医师、心理学家、精神分析学派创始人。1895 年，他正式提出精神分析的概念。1899 年，他出版《梦的解析》，被认为是精神分析心理学的正式形成。1919 年，他成立国际精神分析学会，标志着精神分析学派最终形成。他开创了潜意识研究的新领域，促进了动力心理学、人格心理学和变态心理学的发展，奠定了现代医学模式的新基础，为 20 世纪西方人文学科提供了重要理论支柱。

18. [A] cf. 是 confer 的缩写，表示“比较”或“查阅”；A.D. 是 Anno Domini 的缩写，表示“公元”；M.A. 是 Master of Arts 的缩写，表示“文学硕士”；a.m. 是 ante meridiem 的缩写，表示“上午”。

19. [D] 云计算是基于互联网的相关服务的增加、使用和交互模式，通常涉及通过互联网来提供动态易扩展且经常是虚拟化的资源。云是网络、互联网的一种比喻说法。通俗来说，云计算就是通过大量在云端的计算资源进行计算。其基本原理是，通过使计算分布在大量的分布式计算机上，而非本地计算机或远程服务器上，企业数据中心的运行将更与互联网相似。

20. [D] 人工智能（Artificial Intelligence），英文缩写为AI。它是研究、开发用于模拟、延伸和扩展人的智能的理论、方法、技术及应用系统的一门新的技术科学。人工智能是计算机科学的一个分支，它企图了解智能的实质，并生产出一种新的能以人类智能相似的方式做出反应的智能机器，该领域的研究包括机器人、语言识别、图像识别、自然语言处理和专家系统等。人工智能从诞生以来，理论和技术日益成熟，应用领域也不断扩大。人工智能可以对人的意识、思维的信息过程的模拟。人工智能不是人的智能，但能像人那样思考，也可能超过人的智能。

21. [C] 病理学是研究人体疾病发生的原因、发生机制、发展规律以及疾病过程中机体的形态结构、功能代谢变化和病变转归的一门基础医学课程。生理学是研究生物机体的各种生命现象，特别是机体各组成部分的功能及实现其功能的内在机制的一门学科。解剖学是涉及生命体的结构和组织的生物学分支学科。临床医学是研究疾病的病因、诊断、治疗和预后，提高临床治疗水平，促进人体健康的科学。

22. [D]《黑客帝国》是由华纳兄弟公司发行、沃卓斯基兄弟执导的系列动作片，讲述了一名年轻的网络黑客尼奥发现看似正常的现实世界实际上是由一个名为“矩阵”的计算机人工智能系统控制的，尼奥在一名神秘女郎崔妮蒂的引导下见到了黑客组织的首领墨菲斯，三人走上了抗争矩阵征途的故事。《指环王》是由彼得·杰克逊执导的奇幻系列电影，讲述了黑暗魔君索伦在数千年前铸造了一枚具有无上权力的至尊魔戒，后来这枚魔戒辗转落到了天真无邪的男孩佛罗多的手里，他抵御住了魔戒的诱惑，在朋友们的帮助下最终前往末日山脉销毁了魔戒。《星球大战》是美国导演乔治·卢卡斯所制作拍摄的一系列科幻电影，主角是卢克·天行者，首部星球大战的人物及故事是参照越南战争还有日本导演黑泽明的《战国英豪》所创作而成。

《沉默的羔羊》是一部改编自托马斯·哈里斯同名小说的惊悚电影，由乔纳森·戴米执导，讲述了实习特工克拉丽斯为了追寻杀人狂野牛比尔的线索，前往一所监狱访问精神病专家汉尼拔博士，汉尼拔给克拉丽斯提供了一些线索，最终克拉丽斯找到了野牛比尔，并将其击毙的故事。

23. [C] 博弈论，应用数学学科分支，又称为对策论、赛局理论等，既是现代数学的一个新分支，也是运筹学的一个重要学科。博弈论主要研究公式化了的激励结构间的相互作用，是研究具有斗争或竞争性质现象的数学理论和方法。经济学是研究人类社会在各个发展阶段上的各种经济活动和各种相应的经济关系及其运行、发展的规律的学科。军事科学是军事实践的理论集成，是军事科学研究的劳动成果，是军事领域最高形态的知识产品。力学是研究物质机械运动规律的科学。

24. [B] 黑天鹅事件指非常难以预测，且不寻常的事件，通常会引起市场连锁负面反应甚至颠覆。灰犀牛事件指明显的、高概率的却又屡屡被人忽视、最终有可能酿成大危机的事件，如气候变化、金融高杠杆、房地产泡沫等。

25. [B] OTC（Over the Counter），非处方药，是指患者自己根据药品说明书，自选、自购、自用的药物。处方药（Rx），是指有处方权的医生所开具出来的处方，并由此从医院药房购买的药物。中药（TCM），指以中国传统医药理论指导采集、炮制、制剂，说明作用机理，指导临床应用的药物。西药，相对于中国传统中药而言，指现代医学用的药物，一般用化学合成方法制成或从天然产物提制而成。

26. [D] 公历世纪、年代、年、月、日和时刻均使用阿拉伯数字，年份要写全数，不能简化、省略。A 项应为“1983”；B 项，两个数字表示概数时，之间不用顿号隔开，应为“四十五六”；C 项应为“1990”。

27. [C] 人类活动的加剧，严重破坏了生物圈的环境，如大气污染，其中最主要的问题就是酸雨、温室效应和臭氧层破坏。沙漠化和河流干涸不属于大气污染结果。

28. [B]《十日谈》是意大利作家乔万尼·薄伽丘创作的短篇小说集，是欧洲文学史上第一部现实主义巨著，世界上第一部短篇小说集。《关汉卿》是 1958 年首演于北京人民艺术剧院的一出话剧，作者是田汉。《傲慢与偏见》是英国小说家简·奥斯汀创作的长篇小说。乔纳森·斯威夫特是 18 世纪英国著名文学家、讽刺作家、政治家，被高尔基誉为“世界伟大文学创造者”，代表作有寓言小说《格列佛游记》。《琵琶行》是唐代诗人白居易创作的长篇叙事诗。白朴是元代著名的杂剧作家，与关汉卿、马致远和郑光祖并称为“元曲四大家”，代表作有《梧桐雨》《墙头马上》。《西风颂》是英国浪漫主义诗人雪莱的诗作。《春鸟》是中国现代诗人臧克家所写的一首新诗。闻一多，中国现代诗人、学者、民盟盟员、民主战士，代表作有《七子之歌》。《少年维特之烦恼》是德国作家歌德创作的中篇小说。《桃花扇》是清代文学家孔尚任创作的传奇剧本。

29. [C] 老子是道家学派的创始人，并非道教的创始人。张道陵，因是东汉道教——“五斗米道”创始人，所以被道教徒尊奉为“张天师”。基督教、伊斯兰教、佛教并称为世界三大宗教。基督教相传由耶稣于公元 1 世纪在耶路撒冷创立，主要典籍是《圣经》。伊斯兰教由穆罕默德于公元 7 世纪初在阿拉伯半岛创立，《古兰经》被誉为伊斯兰教的最高经典。佛教由释迦牟尼于公元前 6 世纪至前 5 世纪创建于古印度，主要教义有四谛、缘起、五蕴以及无常、无我等。

30. [D] 一把钥匙开一把锁，常用俗语，比喻用不同的方法解决不同的问题，体现了人的发展的个别差异性。

31. [A] GDP（Gross Domestic Product），国内生产总值，是一个国家（或地区）所有常住单位在一定时期内生产活动的最终成果。GNP（Gross National Product），国民生产总值，是一个国家（或地区）所有常住单位在一定时期（通常为一年）内收入初次分配的最终结果。

32. [A] 麦金利山位于美国阿拉斯加州东南部、阿拉斯加山脉的中段，海拔 6,194 米，为北美洲最高峰。该山有南、北二峰，南峰较高，山势陡立。麦金利山原名迪纳利峰。这是当地印第安人的称呼，迪纳利在印第安语中的含意是“太阳之家”。后来，此山以美国第 25 任总统威廉·麦金利的姓氏命名为麦金利山。

33. [B] 降低税率属于扩张型的财政政策。降低企业的税率，是为了减少企业负担，帮助企业渡过难关；降低个人税负，是为了增加居民收入，扩大消费需求，保持市场平稳发展。因此，降低税率有利于扩大内需。减少政府购买属于紧缩型的财政政策。提高利率和存款准备金利率属于紧缩型的货币政策。

34. [D]1776 年，亚当·斯密在《国富论》中提出“看不见的手”，一般认为它指不受外力干扰的价格机制或市场机制。后来人们用“看得见的手”表示政府干预、宏观管理或计划管理。大卫·李嘉图，英国古典政治经济学的主要代表之一，也是英国古典政治经济学的完成者，其研究的领域主要包括货币和价格，对税收问题也有一定的研究，其代表作有《政治经济学及赋税原理》。威廉·配第，英国古典政治经济学之父，统计学创始人，最早的宏观经济学者，代表作有《赋税论》。约翰·凯恩斯，英国经济学家，现代经济学最有影响的经济学家之一，他创立的宏观经济学与弗洛伊德所创的精神分析法和爱因斯坦发现的相对论并称为二十世纪人类知识界的三大革命。

35. [B] 人体缺乏铁元素，就非常容易引起贫血，被称为缺铁性贫血。缺锌会严重影响人体生理生化代谢，导致免疫功能下降，儿童会表现为生长发育落后。缺铜会使各种生理活动发生障碍，如胆固醇、甘油三酯、尿酸升高而导致冠心病。缺钙的症状是牙齿出现松动，腰疼、驼背、食欲减退、夜里睡觉多梦、全身乏力，甚至骨质疏松导致容易骨折。

36. [D] 存储速度从快到慢排列：内存储器 > 高速缓冲存储器 > 计算机的主存 > 大容量磁盘。内存是计算机的重要部件，也称内存储器和主存储器，它用于暂时存放 CPU 中的运算数据，以及与硬盘等外部存储器交换的数据。软盘是个人计算机中最早使用的可移介质，软盘的读写是通过软盘驱动器完成的。硬盘是计算机最主要的存储设备，由一个或者多个铝制或者玻璃制的碟片组成。光盘是以光信息做为存储的载体并用来存储数据的一种物品，分为不可擦写光盘（如 CD-ROM、DVD-ROM 等）和可擦写光盘（如 CD-RW、DVD-RAM 等）。

37. [A] 先天性色觉障碍通常称为色盲，是由染色体遗传所致。色盲患者无法分辨自然光谱中的各种颜色或某种颜色，而最普遍的不易分辨的颜色是红色和绿色。

38. [B] 成年人的身上骨骼总共有 206 块，包括四肢的骨骼以及躯干的骨骼，还有头面部以及颅骨的骨骼。

39. [C] 核酸分为两类，即核糖核酸与脱氧核糖核酸，后者绝大部分存在于细胞核的染色质中，是遗传的物质基础。细胞是生物体基本的结构和功能单位。蛋白质是组成人体一切细胞、组织的重要成分。机体所有重要的组成部分都需要蛋白质的参与。细胞核是真核细胞内最大、最重要的细胞结构，是细胞遗传与代谢的调控中心，是真核细胞区别于原核细胞最显著的标志之一。

40. [A] 指事字，是一种抽象的造字法，也就是当没有、或不方便用具体形象画出来时，就用一种抽象的符号来表示，A 项“本”属于指事字。象形字，由图画文字演化而来的，是一种最古老的字体，属于表意文字，B 项“日”属于象形字。会意字，是指用两个及两个以上的独体汉字，根据各自的含义所组合成的一个新汉字，C 项“明”属于会意字。形声字是指汉字的一种造字方式，由表示意义范畴的意符（形旁）和表示声音类别的声符（声旁）组合而成，是最能产的造字形式，D 项“竽”属于形声字。

41. [C] 马克思使社会主义从空想变成科学的伟大发现是剩余价值学说和历史唯物主义。剩余价值学说是指在剥削制度下，被统治阶级剥削的，劳动者所生产的新价值中，劳动创造的价值和劳动报酬之间的差额，即“由劳动者创造的被资产阶级无偿占有的劳动”。历史唯物主义是哲学中关于人类社会发展一般规律的理论，是科学的社会历史观和认识、改造社会的科学方法论，与历史唯心主义相对。

42. [B] 这段话是恩格斯在《反杜林论》中对宗教本质的论述，高度概括、深刻揭示了宗教之所以为宗教的本质规定性，并把宗教与其他社会意识形态区别开来，包含着非常丰富的内容：①说明了宗教作为意识形式的本质特征，宗教信仰和崇拜的对象都是幻想出来的东西，客观上不存在。②揭示了宗教幻想的内容和对象乃是“支配着人们日常生活的外部力量”。这就说明宗教信仰和崇拜的对象并不是什么超出经验之外、不可捉摸的神秘权能，而是与人们日常生活密切相关、但却支配着人们日常生活的外部力量。③说明了宗教观念采取了“超人间化”的特殊表现形式，这就是说，这些支配人们日常生活的外部力量反映在人们的头脑中，并不直接以自然力量和社会力量这些“人间力量”所固有的形式表现出来，而是表现为“超人间”力量的形式，因而具有超自然、超人间的神圣性。④它说明了人间力量超人间化的原因，揭示了宗教观念的世俗基础和客观根源。

43. [C] 二战后，维持世界经济贸易稳定发展的三大支柱是世界银行、国际货币基金组织和关贸总协定。世界银行，国际复兴开发银行的通称，也是联合国的一个专门机构，成立于 1945 年。国际货币基金组织，于 1945 年在华盛顿成立，与世界银行并列为世界两大金融机构，其职责是监察货币汇率和各国贸易情况，提供技术和资金协助，确保全球金融制度运作正常。关税及贸易总协定是一个政府间缔结的有关关税和贸易规则的多边国际协定，简称关贸总协定。它的宗旨是通过削减关税和其他贸易壁垒，消除国际贸易中的差别待遇，促进国际贸易自由化，以充分利用世界资源，扩大商品的生产与流通。

44. [D] D 项“废驰”应为“废弛”。

45. [B] 1995 年 11 月 15 日，联合国教科文组织正式确定每年 4 月 23 日为“世界图书日”。其设立目的是推动更多的人去阅读和写作，希望所有人都能尊重和感谢为人类文明做出过巨大贡献的文学、文化、科学、思想大师们，保护知识产权。每年 3 月 22 日是世界水日，其宗旨是为了唤起公众的节水意识，加强水资源保护。2018 年 4 月 27 日，第十三届全国人民代表大会常务委员会第二次会议通过《中华人民共和国英雄烈士保护法》，将每年 9 月 30 日定为烈士纪念日。每年 5 月 18 日是国际博物馆日和伊斯兰世界耶路撒冷日。

46. [D] 题干讲述的是饮食文化在全国不同地区的传播和交融，并非区域性，且与饮食文化的民族性无关，故排除②。根据题干，珠三角经济的崛起推动了广州的文化进行大范围传播，③属于前后逻辑倒置，故排除。

47. [C] 题干列举了具有不同风格的各国特色建筑，体现了建筑文化的多样性。

48. [D] 题干中未体现中西文化交流的内容，排除 A 项。题干中未体现文化对经济的影响，排除 B 项。C 项说法过于绝对和片面。

49. [C] 洪堡特，德国语言学家、语文学家和政治家，被视为理论语言学和 19 世纪整个语言哲学系统的创始人。洪堡特的语言学研究思路所秉承的思路是，承认并重视文化多样性，“研究人类种族的特性，特别是民族性”。这种思路一般被称为文化相对论，引用到语言学领域，即被称为“语言相对论”。

50. [A] 分析语，也叫孤立语，不用形态变化，而用语序及虚词来表达语法关系。汉语是典型的分析语，彝语、壮语、苗语、越南语等也属于分析语。综合语，运用形态变化来表达语法关系。常见的例子有拉丁语、德语、古英语等。现代英语由古英语发展而来，保留着综合语的某些特征，但也具有分析语特点，属于综合一分析语。汉藏语系，是语言系属分类的一种，分为汉语族和藏缅语族，是用汉语和藏语的名称概括与其有亲属关系的457种语言。日本语属于黏着语，通过黏着语素表达语法功能。通用语主要用于操不同的语言的人之间进行交际的媒介，它是由于各种原因不同语言背景的人进行交际所接受的一种共同语。从广义上来说，任何一种用于贸易或交际的媒介都是通用语。

51. [C] 人工智能（Artificial Intelligence）是计算机科学的一个分支，从诞生以来，理论和技术日益成熟，应用领域也不断扩大。

52. [A]《论语》是春秋时期思想家、教育家孔子的弟子及再传弟子记录孔子及其弟子言行而编成的语录文集，并非孔子所著。

53. [B]“说”是古代用以记叙、议论或说明等方式来阐述事理的文体，也可以发表议论或记叙事物，都是为了阐明道理，并非表明自己观点的文体。

54. [C] 利率根据不同的计算方法，分为单利和复利。单利是指一笔资金无论存期多长，只有本金计取利息，而以前各期利息在下一个利息周期内不计算利息的计息方法。复利是指在计算利息时，某一计息周期的利息是由本金加上先前周期所积累利息总额来计算的计息方式，也即通常所说的“利说利”“利滚利”。市场利率，是由资金市场上供求关系决定的利率。市场利率因资金市场的供求变化而经常变化。名义利率，是央行或其他提供资金借贷的机构所公布的未调整通货膨胀因素的利率，即利息（报酬）的货币额与本金的货币额的比率。固定利率由国家规定，是在一定时期内不受社会平均利润率和资金供求变化所影响的一种利息率。

55. [B] 文化交流指的是发生于两个或者多个具有文化源差异显著的关系之间的交流。文化交流促进人们互通有无，增进文化发展与丰富。文化交流一般而言是双向的、平等的，但不是绝对的，因为文化的交流往往受到政治、经济、宗教、战争等不和谐因素的干扰。

56. [A]VR一般指虚拟现实，英文全称为Virtual Reality，是20世纪发展起来的一项全新的实用技术。虚拟现实技术囊括计算机、电子信息、仿真技术，其基本实现方式是计算机模拟虚拟环境从而给人以环境沉浸感。增强现实技术（AR），英文全称为Augmented Reality，是一种实时地计算摄影机影像的位置及角度并加上相应图像的技术，是一种将真实世界信息和虚拟世界信息“无缝”集成的新技术，这种技术的目标是在屏幕上把虚拟世界套在现实世界并进行互动。

57. [C] 日本电影《火花》的导演是板尾创路，讲述年轻的搞笑艺人德永与前辈艺人神谷在事业和生活的道路上艰辛探索的故事。黑泽明，日本电影导演编剧、制片人，世界上电影史上一代宗师。他的电影具有强烈的个人风格，开创了很多先锋的艺术手法，如蒙太奇的剪辑、长镜头的表现手法等，代表作有《罗生门》《影子武士》《乱》等。《罗生门》是剧情电影，讲述了武士被杀后，盗贼、武士的妻子以及武士的亡魂为了减轻自己的罪恶、掩饰自己的过失，三位当事人向审判长讲述了三个不同版本的案发经过的故事。《影子武士》是战争历史片，讲述了日本战国时代，武田信玄击溃织田信长与德川家康的联军，却急死于军中，危难关头几个家臣秘密找出一名面容酷似信玄的盗贼假装信玄以稳定军心，并维持了三年之久。《乱》是战争电影，取自日本战国时代的一段寓言故事，讲述了日本战国时期，一个虚构的一文字家族因自相残杀而走向灭亡的故事。

58. [D] 人类口述和非物质遗产，又称无形遗产，是相对于有形遗产，即可传承的物质遗产而言的概念。它包括各种类型的民间传统和民间知识、各种语言、口头文学、风俗习惯、民族民间音乐、舞蹈、礼仪、手工艺、传统医学、建筑及其他文化艺术。越剧不属于人类口述和非物质遗产。

59. [C] 石油输出国组织（OPEC），是亚、非、拉石油生产国为协调成员国石油政策、反对西方石油垄断资本的剥削和控制而建立的国际组织，宗旨是协调和统一成员国石油政策，维持国际石油市场价格稳定，确保石油生产国获得稳定收入。亚太经济合作组织（APEC），成立于1989年，是亚太地区重要的经济合作论坛，也是亚太地区最高级别的政府间经济合作机制。联合国开发计划署（UNDP），是世界上最大的负责进行技术援助的多边机构，其工作是为发展中国家提供技术上的建议、培训人才并提供设备，特别是对最不发达国家进行帮助。它致力于推动人类的可持续发展，协助各国提高适应能力，帮助人们创造更美好的生活。世界卫生组织（WHO），是国际上最大的政府间卫生组织，宗旨是使全世界人民获得尽可能高水平的健康。

60. [D] 美国国会是美国最高立法机构，是行使立法权的地方。美国国务院主要负责外交事务，同时掌管着美利坚合众国的国印，副署美国总统发布某些文告、保存法律和条约的原版等职权。美国最高法院是美国联邦法院系统的最高审计和最高审判机关，有权裁定联邦和各州的任何法律违宪而不被采用。白宫，又名美国总统府，是美国总统和第一家庭居住并处理人民事务的官邸、美国国家象征之一。

61. [D]《匈牙利狂想曲》是由弗朗茨·李斯特所写的钢琴曲目。弗朗茨·李斯特，匈牙利著名作曲家、钢琴家、指挥家，伟大的浪漫主义大师，是浪漫主义前期最杰出的代表人物之一。《月光曲》是德彪西创作的钢琴曲。德彪西，法国作曲家、音乐评论家，在三十余年的创作生涯里，形成了一种被称为“印象主义”的音乐风格，对欧美各国的音乐产生了深远的影响。《费加罗的婚礼》是莫扎特创作的四幕喜歌剧。莫扎特，古典主义时期奥地利作曲家，维也纳古典乐派代表人物之一。《黎明》是贝多芬创作的钢琴奏鸣曲。贝多芬，维也纳古典乐派代表人物之一，欧洲古典主义时期作曲家。

62. [D] 圣经《旧约·创世纪》记载，上古洪水之后，诺亚从方舟上放出一只鸽子，让它去探明洪水是否退尽，上帝让鸽子衔回橄榄枝，以示洪水退尽，人间尚存希望。诺亚知道洪水已开始退去，平安就要来到。洪水退去后，在世间一切生灵面前呈现了长满绿色树木的山谷和开着鲜花的幽静小道。从此，人们就用鸽子和橄榄枝来象征和平。《山海经》，与《易经》《黄帝内经》并称为上古三大奇书，包含着关于上古地理、历史、神话、天文、动物、植物等方面的诸多内容，是一部上古社会生活的百科全书。《一千零一夜》是阿拉伯民间故事集，又名《天方夜谭》。因其内容丰富，规模宏大，故被高尔基誉为世界民间文学史上“最壮丽的一座纪念碑”。

63. [B] “宋四家”是中国北宋时期四位书法家苏轼、黄庭坚、米芾和蔡襄的合称。这四个人大致可以代表宋代的书法风格，而且成就最高，故称“宋四家”。苏轼，北宋文学家、书法家、美食家、画家，历史治水名人，擅长写行书、楷书，曾经遍学晋、唐、五代的各位名家之长，再将王僧虔、徐浩、李邕、颜真卿、杨凝式等名家的创作风格融会贯通后自成一家。黄庭坚，北宋著名文学家、书法家、江西诗派开山之祖，书法独树一格，自成一家。米芾，北宋书法家、画家、书画理论家，擅篆、隶、楷、行、草等书体，长于临摹古人书法，达到乱真程度。蔡襄，北宋名臣，书法家、文学家、茶学家，其书法楷行皆妙，尤以“飞白散草”为最。

64. [B] 桑巴是巴西最具代表性的国家象征之一。桑巴是音乐加舞蹈的混合体，其音乐主要是由弦乐、打击乐和歌手来共同完成，而舞者则负责舞蹈的部分。华尔兹，一般又称圆舞曲，一种自娱舞蹈形式，是舞厅舞中最早的、也是生命力非常强的自娱舞形式。探戈，双人舞蹈，起源于美洲中西部，最早期属于拉丁舞项目，后来演变成世界舞五种舞项目，是国际标准舞大赛的正式项目。踢踏舞，现代舞蹈风格的一种，形成于18世纪20年代的北美殖民地。舞者不注重身体的舞姿，而是着重趾尖与脚跟的打击节奏的复杂技巧。

65. [A]《永乐大典》是于明朝永乐年间编成的我国最大的一部类书，内容包括经、史、子、集，涉及天文地理、阴阳医术、占卜、释藏道经、戏剧、工艺、农艺，涵盖了中华民族数千年来的知识财富。《四库全书》全称《钦定四库全书》，是清代乾隆时期编修的中国古代规模最大的丛书，可以称为中华传统文化最丰富最完备的集成之作，中国文、史、哲、理、工、农、医，几乎所有的学科都能够从中找到源头和血脉。《天工开物》，明代著名科学家宋应星所著，是世界上第一部关于农业和手工业生产的综合性著作，是中国古代一部综合性的科学技术著作，外国学者称它为“中国17世纪的工艺百科全书”。《水经注》，北魏时期地理学家郦道元所著，是古代中国地理名著，共四十卷，详细记载了一千多条大小河流及有关的历史遗迹、人物掌故、神话传说等，是中国古代最全面、最系统的综合性地理著作。

66. [A] 元代是抒情写意山水画的高峰。山水画，简称“山水”，中国画的一种，以描写山川自然景色为主体，代表画家有展子虔、王维、范宽、张宏。从山水画的萌芽期魏晋南北朝始至隋唐五代日渐成熟，直至两宋形成了繁荣的景象，到元代达到了高潮，随着明清商品经济的发展，山水画走向了辉煌。山水画的开创者是宗炳，他同时也是山水画理论的集大成者，至今人们还记得他写的《画山水序》。

67. [C] 企业所缴纳的税种里面，只有增值税的核算一般不会影响企业的利润。增值税是以商品（含应税劳务）在流转过程中产生的增值额作为计税依据而征收的一种流转税。消费税是以消费品的流转额作为征税对象的各种税收的统称，是政府向消费品征收的税项，征收环节单一，多数在生产或进口环节缴纳。所得税又称所得课税、收益税，指国家对法人、自然人和其他经济组织在一定时期内的各种所得征收的一类税收。城市建设维护税是以纳税人实际缴纳的增值税、消费税税额为计税依据，依法计征的一种税。

68. [C] 保证合同指的是保证人和债权人达成的明确相互权利义务，当债务人不履行债务时，由保证人承担代为履行或连带责任的协议。

69. [B] 早在公元前500年左右，古希腊医生希波克拉底提出著名的体液说，认为人体内存在血液、黏液、黄胆汁和黑胆汁等四种不同的体液。后来，古代医学家们又将这种分类发展为多血质、黏液质、胆汁质和抑郁质。多血质的人的特点：容易形成有朝气、热情、活泼、爱交际、有同情心、思想灵活等品质；也容易出现变化无常、粗枝大叶、浮躁、缺乏一贯性等特点。黏液质的人的特点：平静，善于克制忍让，生活有规律，不为无关事情分心，埋头苦干，有耐久力，态度持重，不卑不亢，不爱空谈，严肃认真；但不够灵活，注意力不易转移，因循守旧，对事业缺乏热情。胆汁质的人的特点：情感发生迅速、强烈、持久，动作的发生也是迅速、强烈、有力。属于这一类型的人都热情，直爽，精力旺盛，脾气急躁，心境变化剧烈，易动感情，具有外倾性。抑郁质的人的特点：体验情绪的方式较少，稳定的情感产生也很慢，但对情感的体验深刻、有力、持久，而且具有高度的情绪易感性。抑郁质的人为人小心谨慎，思考透彻，在困难面前容易优柔寡断。

70. [C] 中国人自己拍摄的第一部电影是1905年拍摄的《定军山》，于1905年12月28日在中国（清朝）上映，取材于《三国演义》第70和71回，是讲三国时期刘备与曹操用兵的故事。《霸王别姬》，1993年在中国内地以及中国香港上映，围绕两位京剧伶人半个世纪的悲欢离合，展现了对传统文化、人的生存状态及人性的思考与领悟。《四郎探母》，于1959年出品，讲述了杨四郎的故事。《春香闹学》，由商务印书馆活动影戏部于1920年出品，由梅兰芳执导，讲述了伴读丫鬟春香戏弄塾师陈最良的故事。

71. [A] 社会主义法治理念是中国共产党作为执政党，从社会主义现代化建设事业的现实和全局出发，借鉴世界法治经验，对近现代特别是改革开放以来中国经济、社会和法治发展的历史经验的总结。其中，服务大局是社会主义法治的重要使命，是由建设中国特色社会主义的根本任务所决定的。这要求各级政法机关和政法干警，必须紧紧围绕党和国家大局开展工作，立足本职，全面正确履行职责，致力于推进全面建设小康社会进程，努力创造和谐稳定的社会环境和公正高效的法治环境。

72. [D]1992 年，邓小平在南方谈话时提出"三个有利于"。其主要内容是判断改革开放中一切工作得失、是非、成败，主要看是否有利于发展社会主义社会的生产力，是否有利于增强社会主义国家的综合国力，是否有利于提高人民的生活水平。"三个有利于"标准的提出，解决了阻碍改革开放前进的"姓资姓社"问题，为继续推动改革开放事业解除了思想疑惑。

73. [C] 我国的国体是工人阶级领导的、以工农联盟为基础的人民民主专政的社会主义国家。人民代表大会制度是中国人民民主专政的政权组织形式，是中国的根本政治制度。民主集中制是我们党的根本组织原则和领导制度，是马克思主义政党区别于其他政党的重要标志。胡锦涛在中共十七大报告中指出，党的基本路线是党和国家的生命线，是实现科学发展的政治保证。

74. [C] 党的十八大报告指出，建设中国特色社会主义的总布局是经济建设、政治建设、文化建设、社会建设和生态文明建设五位一体，社会主义现代化建设必须以经济建设为中心，其他方面的工作都要服从并服务于经济建设。

75. [A] 党的十八大报告中明确指出：以经济建设为中心是兴国之要，发展仍是解决我国所有问题的关键。只有推动经济持续健康发展，才能筑牢国家繁荣富强、人民幸福安康、社会和谐稳定的物质基础。必须坚持发展是硬道理的战略思想，决不能有丝毫动摇。

76. [B] 分税制是按照中央政府与地方政府的事权划分，合理确定各级财政的支出范围，根据事权与财权相结合原则，将税种统一划分为中央税、地方税、中央与地方共享税等。中央税是由一国中央政府征收、管理和支配的一类税收，是根据税收的征收管理权及收入支配权进行的分类。地方税是由地方政府征收的税，属于地方财政的固定预算收入。中央地方共享税简称"共享税"，是中央财政和地方财政按照一定比例分享收入的各种税。按课税对象进行税收分类，可分为流转税、所得税、财产税、行为税和资源税。流转税，以商品生产流转额和非生产流转额为课税对象征收的一类税，包括增值税、营业税和消费税。所得税，亦称收益税，是指以各种所得额为课税对象的一类税，包括企业所得税和个人所得税。财产税，以纳税人所拥有或支配的财产为课税对象的一类税。增值税是以商品（含应税劳务）在流转过程中产生的增值额作为计税依据而征收的一种流转税。营业税是对在中国境内提供应税劳务、转让无形资产或销售不动产的单位和个人，就其所取得的营业额征收的一种税。消费税是以消费品的流转额作为征税对象的各种税收的统称，是政府向消费品征收的税项，征收环节单一，多数在生产或进口环节缴纳。企业所得税是对我国境内的企业和其他取得收入的组织的生产经营所得和其他所得征收的一种所得税。个人所得税是调整征税机关与自然人（居民、非居民人）之间在个人所得税的征纳与管理过程中所发生的社会关系的法律规范的总称。

77. [A] 中国人民银行是中华人民共和国的中央银行，为国务院组成部门。中国人民银行在国务院领导下，制定和执行货币政策，防范和化解金融风险，维护金融稳定。中国证券监督管理委员会依照法律、法规和国务院授权，统一监督管理全国证券期货市场，维护证券期货市场秩序，保障其合法运行。2018 年 3 月，中国银行业监督管理委员会和中国保险监督管理委员会撤销，合并为中国银行保险监督管理委员会。其主要职责是依照法律法规统一监督管理银行业和保险业，维护银行业和保险业合法、稳健运行，防范和化解金融风险，保护金融消费者合法权益，维护金融稳定。

78. [A] 习近平主席在亚太经合组织工商领导人峰会开幕式上指出，中国经济发展新常态呈现出三个特征：一是从高速增长转为中高速增长；二是经济结构不断优化升级，第三产业消费需求逐步成为主体，城乡区域差距逐步缩小，居民收入占比上升，发展成果惠及更广大民众；三是从要素驱动、投资驱动转向创新驱动。

79. [B] 扩大国债发行规模是积极的财政政策。发行国债，可以增加财政收入，扩大政府投资，从而带动需求，刺激经济发展，故该政策对经济影响的传导顺序是①—③—②—④。

80. [B] “缺乏核心技术”“为洋品牌代工”，说明了企业要打造国际品牌，就得加大研发投入，推进技术创新，同时这也反映了中国企业应转变发展战略，促进转型升级，不能一条老路走到底，故①③正确。材料突出的是核心技术、品牌，而非产品价格、售后服务等，②④不切合材料。

81. [A] 美国阻挠其盟友国家加入亚投行，但英、法、德、意等欧洲多国纷纷申请成为亚投行意向创始成员国，说明了世界多极化趋势加强，亚洲的发展成为世界关注的焦点，①②正确，③不符合题意，④夸大了亚投行的作用，错误。

82. [A]2013 年 11 月，党的十八届三中全会通过的《中共中央关于全面深化改革若干重大问题的决定》指出，“推进丝绸之路经济带、海上丝绸之路经济带的建设，形成全方位开放新格局。”“一带一路”由此升级为国家战略。

83. [D] 处分共有的不动产或者动产以及对共有的不动产或者动产作重大修缮、变更性质或者用途的，应当经占份额三分之二以上的按份共有人或者全体共同共有人同意，但是共有人之间另有约定的除外。

84. [D] 我国的无效婚姻分自始无效婚和可撤销婚两种。自始无效婚是指婚姻因欠缺实质要件，从成立时起就没有法律效力的婚姻，即有效的婚姻关系从来就没有存在过。可撤销婚姻，又称为相对无效的婚姻，是指双方当事人欠缺结婚合意的婚姻。凡是属于严重违反公益性结婚要件而形成的婚姻，属自始无效婚；一般性违反公益要件或违反公益要件的婚姻，属可撤销婚。婚姻无效原因有四种：重婚的；有禁止结婚的亲属关系的；婚前患有医学上认为不应当结婚的疾病，婚后尚未治愈的；未到法定婚龄的。因胁迫结婚的，受胁迫的一方可以向婚姻登记机关或人民法院请求撤销该婚姻。受胁迫的一方撤销婚姻的请求，应当自结婚登记之日起一年内提出。被非法限制人身自由的当事人请求撤销婚姻的，应当自恢复人身自由之日起一年内提出。人民法院审理解除同居关系案件，除当事人请求解除的同居关系属于“有配偶者与他人同居”的情形以外，人民法院不予受理。对于涉及财产分割及子女抚养纠纷的，人民法院应当依法审理。题干均不符合上述情形，因此，乙可能得到人民法院支持的要求只有 D 项。

85. [C] 根据《宪法》第三十五条，中华人民共和国公民有言论、出版、集会、结社、游行、示威的自由。言论自由是指公民有权通过各种语言形式，针对政治和社会中的各种问题表达其思想和见解的自由。由于言论是公民表达意愿、交流思想、传播信息的必要手段和基本工具，也是形成人民意志的基础，因而言论自由在公民的各项政治自由中居于首要地位。

86. [D] 按照我国《刑法》规定，主刑包括管制、拘役、有期徒刑、无期徒刑、死刑；附加刑包括罚金、剥夺政治权利、没收财产。附加刑可以独立适用。对犯罪的外国人，可以独立适用或者附加适用驱逐出境。劳动教养，即劳动、教育和培养，简称劳教。劳动教养并非依据法律条例，亦非刑法规定的刑罚，而是依据国务院劳动教养相关法规的一种行政处罚，公安机关无须经法庭审讯定罪，即可对嫌疑人投入劳教场所实行最高期限为四年的限制人身自由、强迫劳动、思想教育等措施。2013 年，《中共中央关于全面深化改革若干重大问题的决定》废止劳动教养制度。

87. [D] 法律规定的姓名权的内容包括姓名决定权(命名权)、姓名使用权、姓名变更权。姓名决定权，也称命名权，即自然人决定采用何种姓、名及其组合的权利。自然人的命名权在出生后由户主、亲属、抚养人，或者邻居行使，但这并不影响具备命名能力后的姓名变更权。姓名使用权，指自然人依法使用自己姓名的专有使用权。使用自己的姓名是自然人姓名权的重要内容，自然人在民事活动中，除法律另有规定的，可以使用本名，也可以使用自己的笔名、艺名或化名等。姓名变更权，指自然人享有的依法改变自己姓或名的权利，只要不违反法律的强制性规定和公序良俗，都是允许的，只不过需要到户籍管理部门办理变更登记手续。

88. [D] 中华人民共和国第一部社会主义类型的宪法于 1954 年 9 月 20 日经第一届全国人民代表大会第一次会议全票通过。因其在 1954 年颁布，故称其为“五四宪法”。五四宪法是一部较为完善的宪法，是在对建国前夕由全国政协制定的起临时宪法作用的《共同纲领》进行修改的基础上制定的。我国当前现行宪法为 1982 年宪法，并历经 1988 年、1993 年、1999 年、2004 年、2018 年五次修订。

89. [B] 法的作用，是指法对人与人之间所形成的社会关系所发生的一种影响，它表明了国家权力的运行和国家意志的实现。法的规范作用分为五个方面：①指引作用，是指法作为一种行为规范，为人们提供某种行为模式，指引人们可以这样行为、必须这样行为或不得这样行为，从而对行为者本人的行为产生影响；②评价作用，是指法作为一种社会规范具有判断、衡量他人行为是否合法或有效的作用；③教育作用，是指通过法的实施，法律规范对人们今后的行为发生直接或间接的诱导影响；④预测作用，是指人们可以根据法律规范的规定，事先估计到当事人双方将如何行为及行为的法律后果，从而对自己的行为作出合理的安排；⑤强制作用，是指法为保障自己得以充分实现，运用国家强制力制裁、惩罚违法行为。法的强制作用是法的其他作用的保证。

90. [D] 吊销违法者的经营许可证是行政处罚。行政处罚的种类：①警告、通报批评；②罚款、没收违法所得、没收非法财物；③暂扣许可证件、降低资质等级、吊销许可证件；④限制开展生产经营活动、责令停产停业、责令关闭、限制从业；⑤行政拘留；⑥法律、行政法规规定的其他行政处罚。行政强制执行是指特定行政机关采取强制手段保障法律、法规和行政决定得到贯彻落实的一种执法行为。行政强制执行的方式：①加处罚款或者滞纳金；②划拨存款、汇款；③拍卖或者依法处理查封、扣押的场所、设施或财物；④排除妨碍、恢复原状；⑤代履行；⑥其他强制执行方式。行政命令是行政主体依法要求相对人进行一定的作为或不作为的意思表示。行政命令具有强制力，它包括两类：一类是要求相对人进行一定作为的命令，如命令纳税、命令外国人出境；另一类是要求相对人履行一定的不作为的命令，称作为禁（止）令，如因修建马路禁止通行，禁止携带危险品的旅客上车等。行政处分，是国家行政机关依照行政隶属关系给予有违法失职行为的国家机关公务人员的一种惩罚措施，包括警告、记过、记大过、降级、撤职、开除。

91. [C] 我国法律规定，18 周岁以上的自然人是成年人，具有完全民事行为能力，是完全民事行为能力人，可以独立实施民事法律行为，承担民事法律责任。16 周岁以上的未成年人以自己的劳动收入为主要生活来源的，视为完全民事行为能力人。无民事行为能力人，是指不满 8 周岁的未成年人和不能辨认自己行为的精神病人。限制民事行为能力人，是指 8 周岁以上不满 18 周岁的未成年人、不能完全辨认自己行为的成年人。限制民事行为能力人实施民事法律行为由其法定代理人代理或者经其法定代理人同意、追认，但是可以独立实施纯获利益的民事法律行为或者与其年龄、智力、精神健康状况相适应的民事法律行为。

92. [A] 损害赔偿调解协议区别一般的民事合同，如果一方当事人不履行，对方当事人不能请求法院判决其履行，也不能追究其违约责任。一方不履行调解协议或者对调解协议有异议的，当事人可向人民法院提起民事诉讼，通过诉讼途径解决损害赔偿争议。因此，该协议不具有强制执行性，当事人在向法院起诉时，可以提起侵权之诉，即向法院起诉要求侵权人赔偿损失（还损失可以和调解协议中的数额不同），也可提起确认合同效力之诉，即要求原调解协议有效，按照愿调解协议履行。

93. [D] 拘役是一种刑事处罚手段，是我国刑法规定的刑罚种类之一，指短期剥夺罪犯人身自由，就近拘禁并强制劳动的刑罚。有期徒刑是我国刑法规定的刑罚的一种，指在一定期限内剥夺犯罪人的自由，实行强制劳动改造的刑罚方法。管制是对罪犯不予关押，但限制其一定自由，依法实行社区矫正的刑罚方法。无期徒刑是剥夺犯罪人终身自由，实行强制劳动改造的刑罚方法。无期徒刑是自由刑中最严厉的刑罚方法，主要表现在剥夺犯罪人终身人身自由。

二、名词解释题

1. **数字化生存**，是美国学者尼葛洛庞帝在其 1996 年出版的《数字化生存》一书中提出的，按照他的解释，人类生存于一个虚拟的、数字化的生存活动空间，在这个空间里人们应用数字技术（信息技术）从事信息传播、交流、学习、工作等活动，这便是数字化生存。他在书中诠释数字化生存是巧借数字化名义用于促进现实世界的人进行信息交互的平台，是一种“真实的”虚拟空间。

2. **《兰亭集序》**，又称《兰亭序》《临河序》，是东晋书圣王羲之的作品，通篇遒媚飘逸，字字精妙，点画犹如舞蹈，有如神人相助而成，被历代书界奉为极品，被誉为“天下第一行书”。

3. **神话传说**，是民间传说中不可思议或超自然故事的统称，包括神话与传说两个部分，神话偏重于指关于人神起源万物初始的来历，而传说偏重于口头流传的关于世界来源及英雄故事的说法。著名中国神话传说有“女娲补天”“猪八戒背媳妇”“鹊桥相会”等。

4. **民俗**，指一个民族或一个社会群体在长期的生产实践和社会生活中逐渐形成并世代相传、较为稳定的文化事项，可以简单概括为民间流行的风尚、习俗。民俗可分为三类：物质生活民俗、社会生活民俗、精神生活民俗。

5. **东南亚**，指亚洲东南部，包括中南半岛和马来群岛两大部分。东南亚地区共有 11 个国家：缅甸、泰国、柬埔寨、老挝、越南、菲律宾、马来西亚、新加坡、文莱、印度尼西亚、东帝汶。东南亚地处热带，中南半岛的大部分地区为热带季风气候，具有茂密的原始丛林、美丽的热带海滨、众多的名胜古迹、独特的风土人情。东南亚是地处亚洲与大洋洲、太平洋与印度洋之间“十字路口”，而马六甲海峡是这个路口的“咽喉”，战略地位十分重要。

6. **浮世绘**，即日本的风俗画、版画，是日本江户时代（1603 至 1867 年间）兴起的一种独特的民族艺术，主要描绘人们日常生活、风景和演剧。浮世绘最初以“美人绘”和“役者绘”（戏剧人物画）为主要题材，后来逐渐出现了以相扑、风景、花鸟以及历史故事等为题材的作品。浮世绘不仅推动着从印象主义到后印象主义的绘画运动，而且在西方向现代主义文化的发展中发挥着广泛的影响。代表作有葛饰北斋的《富岳三十六景》、安藤广重的《东海道五十三次》等。

7. **环保主义者**，指以环境保护主义作为行为准则或信仰的人。其核心思想是维持生态平衡尤其是自然生态的原始面貌是人类的职责和需要；人类的环境利益高于其他一切追求，诸如政治目标、经济效益；以生态中心论（代替传统的人类中心论）作为自然伦理的最高准则。这些人对于新兴的环境保护事业做出了积极贡献，但也存在一些偏激甚或狂热或悲观主义倾向。

8. **公共图书馆**，指向社会公众免费开放，收集、整理、保存文献信息并提供查询、借阅及相关服务，开展社会教育的公共文化设施，一般由国家中央或地方政府管理、资助和支持。

9. **青少年**，儿童转变成人角色的过渡时期，分为14~17岁和18~25岁两个阶段，14~17岁为中学时期，18~25岁为大学时期。这一时期的目的是让孩子能够为自己成人角色的转换做准备。

10. **生态**，指生物在一定的自然环境下生存和发展的状态，也指生物的生理特性和生活习性。生物的生存、活动、繁殖需要一定的空间、物质与能量。任何生物的生存都不是孤立的，同种个体之间既有互助又有竞争；植物、动物、微生物之间也存在复杂的相生相克关系。人类为满足自身的需要，不断改造环境，环境反过来影响人类。

11. **自然**，指自然环境，相对社会环境而言的，由水土、地域、气候等自然事物所形成的环境。自然环境是环绕生物周围的各种自然因素的总和，如大气、水、其他物种、土壤、岩石矿物、太阳辐射等，是生物赖以生存的物质基础。

12. **《哈姆雷特》**，是由英国剧作家威廉·莎士比亚创作于1599年至1602年间的一部悲剧作品。戏剧讲述了叔叔克劳狄斯谋害了哈姆雷特的父亲，篡取了王位，并娶了国王的遗孀乔特鲁德，哈姆雷特王子因此为父王向叔叔复仇的故事。《哈姆雷特》是莎士比亚所有戏剧中篇幅最长的一部，也是莎士比亚最负盛名的剧本，具有深刻的悲剧意义。其复杂的人物性格以及丰富完美的悲剧艺术手法，代表着整个西方文艺复兴时期文学的最高成就。

13. **莎士比亚**，英国文艺复兴时期剧作家、诗人，也是西方文艺史上最杰出的作家之一。他的作品深刻而生动地反映了16—17世纪英国的社会现实，集中代表了欧洲文艺复兴时期的最高文学成就。代表作有《哈姆雷特》《奥赛罗》《仲夏夜之梦》《威尼斯商人》等。

14. **歌德**，德国著名思想家、作家、科学家，魏玛的古典主义的代表人物。歌德的作品充满了狂飙突进运动的反叛精神，在诗歌、戏剧、散文等方面都有较高的成就，代表作有《少年维特之烦恼》《浮士德》等。

15. **《浮士德》**，德国作家歌德创作的一部诗剧。全剧以浮士德思想的发展变化为线索，以德国民间传说为题材，以文艺复兴以来的德国和欧洲社会为背景，描写一个新兴资产阶级先进知识分子不满现实，竭力探索人生意义和社会理想的生活道路，是一部现实主义和浪漫主义结合得十分完好的诗剧。

16. **柴可夫斯基**，俄罗斯浪漫乐派作曲家，其创作几乎涉及了所有的音乐体裁和形式，其中交响乐创作处于重要位置。他继承了格林卡以来俄罗斯音乐的发展成就，同时又注意吸取西欧音乐文化发展的经验，把高度的专业技巧同俄罗斯民族音乐传统有机结合，创造出具有戏剧性冲突和浓郁民族风格的作品。代表作有《天鹅湖》《胡桃夹子》等。

17. **《罗密欧与朱丽叶》**，英国剧作家威廉·莎士比亚创作的戏剧，讲述意大利贵族凯普莱特女儿朱丽叶与蒙太古的儿子罗密欧诚挚相爱，誓言相依，但因两家世代为仇而受到阻挠的故事，一部具有反封建意识的爱情悲剧，是莎士比亚悲剧中浪漫主义抒情色彩最浓的一部悲剧，也是一曲反对封建主义，倡导自由平等、个性解放、婚姻自主的颂歌。

18. **歌剧**，是用声乐和器乐表现剧情的戏剧作品，是音乐与诗歌、戏剧表演、舞蹈、舞台美术、服装等结合为一体的综合性艺术体裁。代表作有莫扎特的《费加罗的婚礼》、贝多芬的《费德里奥》、比才的《卡门》等。

19. 全球化，指全球联系不断增强，人类生活在全球规模的基础上发展及全球意识的崛起。国与国之间在政治、经济贸易上互相依存。全球化亦可以解释为世界的压缩和视全球为一个整体。

20. 文化安全，指一国的观念形态的文化生存和发展不受威胁的客观状态。国家文化安全的状态是随着条件的变化而不断辩证运动的。当威胁文化的不良因素增多，威胁到国家观念性的文化的存在，影响到文化健康发展趋势之时，文化就会处于危险的状态。反之亦然。要用动态、战略的眼光看待国家文化安全，既要立足于当前危险，维护文化的生存安全；又要着眼于威胁文化健康发展的隐性因素，确保文化的长治久安。

21. 企业在商品经济范畴内，作为组织单元的多种模式之一，按照一定的组织规律，有机构成的经济实体，一般以营利为目的，以实现投资人、客户、员工、社会大众的利益最大化为使命，通过提供产品或服务换取收入。它是社会发展的产物，因社会分工的发展而成长壮大。企业是市场经济活动的主要参与者。企业存在三类基本组织形式：独资企业、合伙企业和公司，公司制企业是现代企业中最主要、最典型的组织形式。

22. 公共服务，指由政府部门、国有企事业单位和相关中介机构履行法定职责，根据公民、法人或者其他组织的要求，为其提供帮助或者办理有关事务的行为。公共服务，是 21 世纪公共行政和政府改革的核心理念，包括加强城乡公共设施建设，发展教育、科技、文化、卫生、体育等公共事业，为社会公众参与社会经济、政治、文化活动等提供保障。

23. 分时租赁，指以小时计算提供随取即用的租赁服务，消费者可以按个人需求和时间预订小时数，其收费将按小时来计算。分时租赁能将产品在不同时间段分配给不同用户使用，是一种新兴商业模式。主要应用于共享单车、共享汽车、共享充电宝等领域。

24. 共享经济，指拥有闲置资源的机构或个人，将资源使用权有偿让渡给他人，让渡者获取回报，分享者通过分享他人的闲置资源创造价值。在共享经济中，闲置资源是第一要素，也是最关键的要素。它是资源拥有方和资源使用方实现资源共享的基础。

25. 低碳，指较低（更低）的温室气体（二氧化碳为主）排放。涉及诸如低碳社会、低碳经济、低碳出行和低碳生活等一系列生产及生活方式。它是人类应对气候变化的积极表现，符合温室气体减量化的发展目标，是建设环境友好型社会的重要基础。

26. 互联网，指的是网络与网络之间所串连成的庞大网络，这些网络以一组通用的协议相连，形成逻辑上的单一巨大国际网络。始于 1969 年美国的阿帕网。使用互联网可以将信息瞬间发送到千里之外的人手中，它是信息社会的基础。

27. 微博，基于用户关系的社交媒体平台，用户可以通过 PC、手机等多种移动终端接入，以文字、图片、视频等多媒体形式，实现信息的即时分享、传播互动。

28. 朋友圈，指的是腾讯微信上的一个社交功能，用户可以通过朋友圈发表文字和图片，同时可通过其他软件将文章或者音乐分享到朋友圈。用户可以对好友新发的照片、视频、链接进行“评论”或“赞”，其他用户只能看相同好友的评论或赞。

29. 打车软件，是一种智能手机应用，乘客可以便捷地通过手机发布打车信息，并立即和抢单司机直接沟通，大大提高了打车效率。

30. 电子邮件，是一种用电子手段提供信息交换的通信方式，是互联网应用最广的服务。通过网络的电子邮件系统，用户可以以非常低廉的价格（不管发送到哪里，都只需负担网费）、非常快速的方式（几秒钟之内可以发送到世界上任何指定的目的地），与世界上任何一个角落的网络用户联系。

31. **弥撒**，天主教纪念耶稣牺牲的宗教仪式，是天主教祭献天主的大礼，是整个天主教礼仪生活的中心。天主教认为举行此仪式，是以不流血的方式，重复耶稣在十字架上对天主的祭献，并认为经过祝圣的酒和饼，实质上已变成耶稣的真正身体和血。教徒参与仪式叫作"望弥撒"。

32. **天主教**，全称为"罗马天主教会"，与东正教、新教并列为基督教三大派别。天主教信奉天主和耶稣基督，尊耶稣生母玛利亚为"圣母"。《圣经》是天主教教徒信奉的宗教经典。天主教的教阶体制为"圣统制"，等级分明、中央集权、逐级管理。该教阶体制的主体由主教、神父、助祭（执事）三个品级组成。天主教最主要的宗教活动是弥撒。

33. **平安夜**，又称圣诞夜，即圣诞前夕（12 月 24 日），在大部分基督教会中是圣诞节日的一部分。传统上不少基督徒会在平安夜参与子夜弥撒或聚会，通常在教堂内举行，以表示圣诞日的开始。一些教会则会在晚上较早时间举行烛光崇拜，通常会有耶稣降生故事的话剧表演，亦会享用大餐。

34. **基督教**，对奉耶稣基督为救世主的各教派统称，亦称基督宗教。基督教与佛教、伊斯兰教并称三大宗教，主要集中分布在欧洲、美洲和大洋洲。《圣经》是教徒信奉的经典。基督教作为一神论的特色是基督教的神是"三位一体"的神，即同一个上帝具有三个位格：圣父、圣子和圣灵。

35. **东正教**，与天主教、新教并称为基督教三大流派，是基于正统派神学并强调自身正统性的宗徒继承教会。源自希腊文明的救世主信仰，因罗马帝国东部一脉相承的拜占庭帝国、俄罗斯帝国的国家宗教闻名。东正教认为耶稣基督的救赎，不是为了代赎原罪，而是要用医治的方式，使罪远离人类。人通过特定的灵修方法，可以远离罪恶。主要分布于东南欧、巴尔干半岛、小亚细亚、美国等地区。

36. **世界贸易组织**，简称世贸组织，是一个独立于联合国的永久性国际组织，总部位于瑞士日内瓦，前身是关税与贸易总协定。世界贸易组织的职能是调解纷争，它是贸易体制的组织基础和法律基础，还是众多贸易协定的管理者、各成员贸易立法的监督者以及为贸易提供解决争端和进行谈判的场所。其目标是建立一个完整的、更具有活力的和永久性的多边贸易体制。

37. **经济一体化**是国家与国家间的经济联合。一般地说，经济一体化只能在相同类型的国家间实现，相似的经济机制和经济制度是构成一个新的经济体的基础。在实行经济一体化的国家之间，产品和生产要素的流动是最基本的内容。根据各参加国的具体情况和条件以及它们的目标要求，经济一体化有特惠关税区、自由贸易区、关税同盟、共同市场和经济联盟等多种形式。

38. **二十国集团**，由七国集团财长会议于 1999 年倡议成立，由阿根廷、澳大利亚、巴西、加拿大、中国、法国、德国、印度、印度尼西亚、意大利、日本、韩国、墨西哥、俄罗斯、沙特阿拉伯、南非、土耳其、英国、美国以及欧盟 20 方组成，成立目的是防止类似亚洲金融风暴的重演，让有关国家就国际经济、货币政策举行非正式对话，以利于国际金融和货币体系的稳定。

39. **国际标准化组织**（ISO），是标准化领域中的一个国际性非政府组织，成立于 1947 年，是全球最大、最权威的国际标准化组织，负责当今世界上绝大部分领域（包括军工、石油、船舶等垄断行业）的标准化活动。全体大会是 ISO 最高权力机构，理事会是 ISO 重要决策机构，中央秘书处是日常办事机构，设在瑞士日内瓦。

40. **花鼓戏**，中国地方戏曲剧种，是全国地方戏曲中同名最多的剧种，通常特指湖南花鼓戏。源出于民歌，逐渐发展成为一旦一丑演唱的花鼓戏初级形式。2008 年入选第二批国家级非物质文化遗产名录。

41. **中等收入陷阱**是指当一个国家的人均收入达到世界中等水平后，由于不能顺利实现经济发展方式的转变，导致新的增长动力不足，最终出现经济停滞徘徊的一种状态。

42. **专属经济区**，又称经济海域，是指国际公法中为解决国家或地区之间的因领海争端而提出的一个区域概念。领海以外并邻接领海的一个区域，其宽度从测算领海的基线量起不超过 200 海里，自然空间范围包括水体、海床和底土。

43. **沉没成本**，指以往发生的，但与当前决策无关的费用。在经济学和商业决策制定过程中会用到"沉没成本"的概念，代指已经付出且不可收回的成本。

44. **开门七件事**，柴米油盐酱醋茶，是老百姓日常生活所必需的七样东西，更是平民百姓每天为生活而奔波的七件事。开门七件事的排列和内容都大有讲究，全都与中国历史悠久的饮食文化有关。直到现在，开门七件事的意义除了泛指老百姓家庭中的必需品外，更是指与人民切身利益有关的"事情"。

45. **《天演论》**，严复据英国赫胥黎《进化论与伦理学》原著译述，1895 年译成，1898 年正式出版，为中国近代较早的一部直接介绍西方哲学社会科学的著作，介绍了"物竞天择，适者生存"的生物进化论，宣扬历史进化观点，对当时国内鼓吹变法图强和提倡维新运动起过积极作用。

46. **破窗效应**，由詹姆士・威尔逊及乔治・凯林提出的犯罪学理论。此理论认为如果环境中的不良现象被放任存在，会诱使人们仿效，甚至变本加厉。

47. **五脏六腑**，统指人体内的各种器官。"脏"是指实心有机构的脏器，有心、肝、脾、肺、肾五脏；"腑"是指空心的容器，有小肠、胆、胃、大肠、膀胱等分别和五个脏相对应的五个腑，另外将人体的胸腔和腹腔分为上焦、中焦、下焦，统称为三焦，是第六个腑。

48. **马太效应**，一种强者愈强、弱者愈弱的现象，广泛应用于社会心理学、教育、金融以及科学领域，是社会学家和经济学家们常用的术语，它反映着富的更富、穷的更穷，是一种两极分化的社会现象。

49. **《乌托邦》**，是英国空想社会主义学者托马斯・莫尔创作的游记。该书分两卷，第一卷借一位旅人之口，谈他周游列国所见，由此而导入对英国当时情况的观察与批判；第二卷才是对以"乌托邦"命名的一个想象的国家的描述。《乌托邦》是欧洲第一本空想社会主义著作，它第一次完整地描述了空想社会主义的图景。在社会主义思想史上，首次批判了资本原始积累的罪恶，提出了以组织生产、普遍劳动为基础的公有制和平等的原则，奠定了空想社会主义的根基，为以后科学社会主义的发展提供了可贵的思想材料。

50. **塑化剂**，是添加到聚合物材料中能使聚合物塑性增加的物质。塑化剂的使用可以改善高分子材料的性能，降低生产成本，提高生产效益，是一类重要的化工产品添加剂，作为助剂普遍应用于塑料制品、混凝土、泥灰、水泥、石膏、化妆品及清洗剂等材料中。

51. **裸婚**，指不办婚礼甚至没有婚戒而直接领证结婚的一种简朴的结婚方式，是 2008 年兴起的网络新词汇。由于生活压力以及现代人越来越强调婚姻的自由和独立，而婚礼在年轻一代的婚姻中被重视的程度日益削弱。

52. **PM2.5**，指环境空气中空气动力学当量直径小于等于 2.5 微米的颗粒物。它能较长时间悬浮于空气中，其在空气中含量浓度越高，就代表空气污染越严重。

53. **山姆大叔**，源于 1812 年美英战争时期，是美国的绰号和拟人化形象，一般被描绘成穿着马甲礼服，头戴星条旗纹样的高礼帽、身材高瘦、留着山羊胡、帅气、精神矍铄的欧洲裔老人形象。

54. **格莱美音乐大奖**，是由美国国家科学院录音艺术与科学学院于 1958 年主办的音乐类奖项。格莱美奖与电影类的奥斯卡金像奖、电视类的艾美奖、戏剧类的托尼奖并称为美国年度四大娱乐奖项。涵盖流行、摇滚、R&B、说唱、乡村、福音、爵士、拉丁、古典等音乐类型，由专业人士投票决定奖项获得者。格莱美奖最重要的奖项为四大通类（综合类）奖项：年度专辑奖、年度制作奖、年度歌曲奖和最佳新人奖。

55. **HSK**，汉语水平考试，全称为 Hanyu Shuiping Kaoshi，是为测试母语非汉语者（包括外国人、华侨、华裔和中国少数民族考生）的汉语水平而设立的一项国际汉语能力标准化考试。HSK 由国家汉办与孔子学院总部设计研制，分为 1 ~ 6 级，6 级是最高等级，每年定期在中国国内和海外举办，凡考试成绩达到规定标准者，可获得相应等级的《汉语水平证书》。

56. **万圣节**，每年的 11 月 1 日，是天主教和东正教节日之一，是西方国家的传统节日。为庆祝万圣节的来临，小孩会在前一晚装扮成各种可爱的鬼怪逐家逐户地敲门，要求获得糖果，否则就会捣蛋。

57. **世界博览会**，简称世博会，是一项由主办国政府组织或政府委托有关部门举办的有较大影响和悠久历史的国际性博览活动，分两种形式——综合性世博会和专业性世博会。参展者向世界各国展示当代的文化、科技和产业上正面影响各种生活范畴的成果。

58. **包容性增长**，由亚洲开发银行在 2007 年首次提出。包容性增长是寻求社会和经济协调发展、可持续发展的增长方式。与单纯追求经济增长相对立，包容性增长倡导机会平等的增长，最基本的含义是公平合理地分享经济增长。

59. **《资本论》**，是德国思想家卡尔·马克思创作的政治经济学著作，1867 年至 1894 年分为三卷出版。该书以剩余价值为中心，对资本主义进行了彻底的批判。马克思在《资本论》中以唯物史观的基本思想作为指导，通过深刻分析资本主义生产方式，揭示了资本主义社会发展的规律，并使唯物史观得到科学验证和进一步的丰富发展。《资本论》跨越了经济、政治、哲学等多个领域，是全世界无产阶级运动的思想指导。

60. **前意识**，是潜意识和意识之间的中介环节。前意识处于意识和潜意识之间、担负着“稽查者”的任务，不准潜意识的本能和欲望侵入意识之中。但是，当前意识丧失警惕时，有时被压抑的本能或欲望也会通过伪装而迂回地渗入意识。

61. **消费基金**，在社会主义国家中，是指国民收入中用于个人和社会公共消费的基金。由劳动者为自己的劳动所创造的必要产品的价值和为社会的劳动所创造的一部分剩余产品的价值组成的。

62. **新凯恩斯主义**，指 20 世纪 70 年代以后在凯恩斯主义基础上吸取非凯恩斯主义某些观点与方法形成的理论。新凯恩斯主义并不是对原凯恩斯主义的简单因袭，而是认真对待各学派对原凯恩斯主义的批判，对原凯恩斯主义的理论进行深刻地反省，同时吸收并融合各学派的精华和有用的概念、论点，批判地继承发展了凯恩斯主义。

63. **石油输出国组织**，亚、非、拉石油生产国为协调成员国石油政策、反对西方石油垄断资本的剥削和控制而建立的国际组织，1960 年 9 月成立。它的宗旨是协调和统一成员国石油政策，维持国际石油市场价格稳定，确保石油生产国获得稳定收入。

64. **生态平衡**，指在一定时间内生态系统中的生物和环境之间、生物各个种群之间，通过能量流动、物质循环和信息传递，使它们相互之间达到高度适应、协调和统一的状态。在生态系统内部，生产者、消费者、分解者和非生物环境之间，在一定时间内保持能量与物质输入、输出动态的相对稳定状态。

65. **自由刑**，以剥夺人的基本权利之一的自由为主要内容的刑罚，受刑者在一定的设施内被拘禁。管制、拘役、有期徒刑和无期徒刑都属于自由刑的范围。

66. **逊尼派**，伊斯兰教主要教派之一。该派在伊斯兰世界居主导地位，人数最多，流传最广。逊尼派分为哈乃斐、马立克、沙斐仪和罕百里等四大教法学派。基本教义称为“六大信仰”，即信安拉、信使者、信天使、信经典、信前定和信后世。

67. **通货紧缩**，指市场上流通的货币量少于商品流通中所需要的货币量而引起的货币升值、物价普遍持续下跌的状况。治理通货紧缩的一般措施包括实行扩张性的财政政策和货币政策，以及加大改革，充分发挥市场机制。

68. **静态利益**，指开展贸易后，贸易双方所获得的直接经济利益。它是在资源总量不增加，生产技术条件不变的情况下，通过参与国际分工获得的实际福利的增加。贸易国的消费者可以得到的商品数量，要大于各国在封闭状态中由自己生产所得到的数量。

69. **拉马克主义**，即 19 世纪初期，法国生物学家拉马克继承和发展了前人关于生物不断进化的思想，大胆鲜明地提出了生物是从低级向高级发展进化的学说。可以说，是他第一个系统地提出了唯物主义的生物进化的理论。

70. **海洋能**，指依附在海水中的可再生能源，海洋通过各种物理过程接收、储存和散发能量，这些能量以潮汐能、波浪能、温差能、盐差能、海流能等形式存在于海洋之中。海洋能的利用是指利用一定的方法、设备把各种海洋能转换成电能或其他可利用形式的能。

71. **钢琴四重奏**，指由小提琴、中提琴、大提琴、钢琴演奏的室内音乐。代表作有约翰内斯·勃拉姆斯的《g 小调第一钢琴四重奏》、莫扎特的《G 小调钢琴四重奏》等。

72. **王洛宾**，中国民族音乐家，1934 年毕业于国立北平师范大学（北京师范大学）音乐系。1938 年，王洛宾在兰州改编了新疆民歌《达坂城的姑娘》，之后便与西部民歌结下了不解之缘，并将一生都献给了西部民歌的创作和传播事业，有“西北民歌之父”“西部歌王”之称。代表作有《在那遥远的地方》《半个月亮爬上来》等。

73. **邓小平理论**，是以邓小平为主要创立者、以建设有中国特色社会主义为主题的理论，是马克思主义中国化的一大理论成果。邓小平理论第一次比较系统地初步围绕“什么是社会主义，怎样建设社会主义”这个根本问题回答了中国社会主义的发展道路、发展阶段、根本任务、发展动力等一系列基本问题，指导我们党制定了在社会主义初级阶段的基本路线。1997年，中共十五大将邓小平理论写入党章，确立为党的指导思想。

74. **“三个代表”重要思想**，是江泽民于 2000 年 2 月 25 日在广东省考察工作时，从全面总结党的历史经验和如何适应新形势新任务的要求出发，首次提出并比较全面地阐述的重要思想。其具体内容为中国共产党始终代表中国先进生产力的发展要求、始终代表中国先进文化的前进方向、始终代表中国最广大人民的根本利益。“三个代表”重要思想是我们党的立党之本、执政之基、力量之源。2002 年，中共十六大将“三个代表”重要思想确立为党的指导思想。

75. **社会主义初级阶段**，是中国社会主义社会的一个特定的历史阶段，特指中国逐步摆脱不发达状态，基本实现社会主义现代化的历史阶段，即从 1956 年社会主义改造基本完成到 21 世纪中叶社会主义现代化基本实现。社会主义初级阶段的论断包括两层含义：一是我国已经进入社会主义社会；二是我国的社会主义社会正处于并将长期处于初级阶段。

76. **政治体制**，一般指一个国家政府的组织结构和管理体制。一个国家采取何种政体，与社会各阶层在国家政治经济中的地位有关，也同时受到社会所处的自然环境、历史传统、民族构成的制约。

77. **民主制度**是建立在人民主权概念之上，由民主和民众组合而成的社会政治秩序和规则。人民是社会主人，统治者是民主的公仆、民众的受托人，民众是公民、请托人。宪法是民主制度社会的基本规范，也是民主和民众受托关系契约文本。

78. 阳光政府是指日常行使行政管理职能行为时，就像冬天里的阳光能够给民众以清新透明、温暖亲切和满意可信赖感觉的政府。简单地说，阳光政府是责任政府，廉洁奉公、执政为民的亲民政府。阳光政府是靠完善制度的贯彻执行来保证以民为本、执政为民的。具体制度有阳光政府四项制度和责任政府四项制度。

79. 低碳生活，就是指减少二氧化碳的排放，低能量、低消耗、低开支的生活方式。低碳生活既是一种生活方式，同时更是一种可持续发展的环保责任。低碳生活要求人们树立全新的生活观和消费观，减少碳排放，促进人与自然和谐发展。低碳生活将是协调经济社会发展和保护环境的重要途径。

80. 创业板又称二板市场，即第二股票交易市场，是与主板市场不同的一类证券市场，专为暂时无法在主板市场上市的创业型企业提供融资途径和成长空间的证券交易市场。创业板是对主板市场的重要补充，在资本市场占有重要的位置。创业板市场最大的特点就是低门槛进入，严要求运作，有助于有潜力的中小企业获得融资机会。

81. 产业结构调整，指调整和建立合理的产业结构，目的是促进经济和社会的发展，以及人民物质文化生活的改善。产业结构调整包括产业结构合理化和高级化两个方面。产业结构合理化是指各产业之间相互协调，有较强的产业结构转换能力和良好的适应性，能适应市场需求变化，并带来最佳效益的产业结构；产业结构高级化，又称为产业结构升级，是指产业结构系统从较低级形式向较高级形式的转化过程。

82. 养老金也称退休金、退休费，是在劳动者年老或丧失劳动能力后，根据他们对社会所做的贡献和所具备的享受养老保险资格或退休条件，按月或一次性以货币形式支付的保险待遇，是造福社会的需要，主要用于保障职工退休后的基本生活需要。养老金本着国家、集体、个人共同积累的原则积累、运作。

三、填空题

1. [美国联合通讯社 / 美联社] 美国联合通讯社（简称美联社）是美国最大的通讯社，1846 年在芝加哥成立，与路透社、合众社、法新社并称为西方四大通讯社，获 2016 年普利策奖公共服务新闻奖。

2. [23] 正常人群的染色体共有 23 对。人类染色体可分为常染色体（体染色体）和性染色体（异体染色体）。某些遗传特征与一个人的性别有关，并通过性染色体传播。常染色体因此包含其余部分的遗传信息。常染色体和性染色体的复制、有丝分裂和减数分裂过程一致。

3. [佛] 塔起源于佛教，最初作用是供奉或收藏佛骨、佛像、佛经、僧人遗体等，塔这种建筑形式就成为佛教的象征建筑。

4. [provincial governors assuming responsibility for the "rice bag"; city mayors for the "vegetable basket"] "米袋子"省长负责制，主要指各省省长负责其粮食的供需平衡和粮价的相对稳定，特别是本省的粮食生产与储备以及市场流通等。"菜篮子"市长负责制指地方各级人民政府特别是地市级人民政府负责辖区内蔬菜、肉蛋奶、水产品等供应，统筹抓好生产发展、产销衔接、流通运输、市场调控、质量安全、保供稳价等工作。

5. [道琼斯指数] 道琼斯指数是世界上历史最悠久的股票指数，全称为股票价格平均指数，最早是在 1884 年由道琼斯公司的创始人查尔斯 · 亨利 · 道开始编制的一种算术平均股价指数。

6. [12；13]2014 年 2 月 27 日，十二届全国人大常委会第七次会议通过决定，以立法形式将 12 月 13 日设立为南京大屠杀死难者国家公祭日，以国家公祭的方式，祭奠在南京大屠杀中死亡的 30 多万同胞。决议的通过，使得对南京大屠杀遇难者的纪念上升为国家层面，表明了中国人民反对侵略战争、捍卫人类尊严、维护世界和平的坚定立场。

7. [1945；法国巴黎] 联合国教育、科学及文化组织，简称联合国教科文组织，成立于 1945 年 11 月 16 日，总部设于法国巴黎。其宗旨是促进教育、科学及文化方面的国际合作，以利于各国人民之间的相互了解，维护世界和平。其主要机构包括大会、执行局和秘书处。

8. [象形] 汉字以象形为基本的成字方式。象形字来自图画文字，但是图画性质减弱，象征性质增强，它是一种最原始的造字方法。以象形字为基础后，汉字发展成表意文字，增加了其他的造字方法，如六书中的会意、指事、形声。然而，这些新的造字方法，仍须建基在原有的象形字上，以象形字作基础，拼合、减省或增删象征性符号而成的。

9. [肝脏] 人体最大的解毒器官是肝脏，血液流经肝脏时，有害的物质会对肝脏产生的酶进行分解。

10. [CPU] 电脑中央处理器的英文是 central processing unit，简写是 CPU。作为计算机系统的运算和控制核心，它是信息处理、程序运行的最终执行单元。

11. [甲烷] 天然气的主要成分是甲烷，另外还含有少量的乙烷、丙烷和丁烷，以及硫化氢、二氧化碳、氮和水汽和少量一氧化碳及微量的稀有气体，如氦和氩等。

12. [李诫]《营造法式》，宋代李诫的建筑学著作，是北宋官方颁布的一部建筑设计、施工的规范书。《营造法式》是中国古代最完整的建筑技术书籍，标志着中国古代建筑已经发展到了较高阶段。李诫，北宋著名建筑学家，主持修建了开封府廨、太庙及钦慈太后佛寺等大规模建筑。

13. [国画] 中国三大国粹分别为京剧、国画、中医。国画，是我国的传统绘画形式，是用毛笔蘸水、墨、彩作画于绢或纸上。工具和材料有毛笔、墨、国画颜料、宣纸、绢等，题材可分人物、山水、花鸟。

14. [摩西] 摩西受上帝之命率领被奴役的以色列人逃离古埃及，前往一块富饶之地迦南。《出埃及记》是圣经的一个篇章，本书讲述以色列人在耶和华（上帝）美妙的引领下离开在埃及为奴的故事。这段路程由以色列人的先知摩西带领通过荒野到西奈山前往耶和华（上帝）应许他们的国度——迦南地。

15. [《尚书》]《尚书》所录，为虞、夏、商、周各代典、谟、训、诰、誓、命等文献。《尚书》最早名为《书》，是一部追述古代事迹著作的汇编。《尚书》是重要核心儒家经典之一，历代儒家研习之基本书籍，是我国最早的一部历史文献汇编。

16. [毛泽东]1952 年 6 月 10 日，毛泽东为新中国体育工作题写了“发展体育运动，增强人民体质”12 个大字，明确了我国体育事业发展的根本任务和方向。这一题词，是毛泽东为中华全国体育总会成立大会所作的。这句话为新中国的体育事业指明了前进方向。

17. [《易传》]《易传》是一部古代哲学伦理著作，是诠释《易经》的经典著作，属于战国时期解说和发挥《易经》的论文集，其学说据说本于孔子，具体成于孔子后学之手。

18. [徐悲鸿] 徐悲鸿，中国现代画家、美术教育家，被尊称为中国现代美术教育的奠基者。他主张发展“传统中国画”的改良，立足中国现代写实主义美术，提出了近代国画之颓废背景下的《中国画改良论》。代表作有《愚公移山图》《负伤之狮》等。

19. [克洛德 · 列维 · 斯特劳斯] 克洛德 · 列维 · 斯特劳斯，法国作家、哲学家、人类学家，结构主义人类学创始人和法兰西科学院院士。1945 年，他发表了《语言学的结构分析与人类学》，第一次将结构主义语言学方面的研究成果运用到人类学上。

20. [梵高] 题干歌词取自文雅作词，高飞作曲，尚雯婕演唱的歌曲《在梵高的星空下》，描述的艺术家是梵高。梵高，荷兰后印象派画家，作品中充满天然的悲悯情怀和苦难意识。他对农民、对田野生活、对乡村田野风光有着很高的热情，凭借着自己敏锐的艺术感知力深情地、细致地描绘着这些质朴、自然的风景、静物及人物，他也因此被称为“画家中最纯粹的画家”。梵高是表现主义的先驱，并深深影响了 20 世纪艺术，尤其是野兽派与德国表现主义。代表作有《星月夜》、自画像系列、向日葵系列等。

21. [股东大会] 股东大会是公司的最高权力机关。它由全体股东组成，对公司重大事项进行决策，有权选任和解除董事，并对公司的经营管理有广泛的决定权。股东大会分为年度大会和临时股东大会。

22. [中国证券监督管理委员会 / 证监会] 中国证券监督管理委员会依照法律、法规和国务院授权，统一监督管理全国证券期货市场，维护证券期货市场秩序，保障其合法运行。

23. [增长极] 增长极是围绕推进性的主导工业部门而组织的有活力的高度联合的一组产业，它不仅能迅速增长，而且能通过乘数效应推动其他部门的增长。它是推进型的产业或企业，在增加产品或服务时，能增加几个另外产业的产出水平和购买力，对国民经济具有直接或间接的带动作用，具有强大的关联性、辐射性和带动性。

24. [滞胀] 滞胀，全称停滞性通货膨胀，又称为萧条膨胀或膨胀衰退，在经济学，特别是宏观经济学中，特指经济停滞与高通货膨胀、失业以及不景气同时存在的经济现象。它是通货膨胀长期发展的结果。自 20 世纪 60 年代末、70 年代初以来，西方各主要资本主义国家出现了经济停滞或衰退、大量失业和严重通货膨胀以及物价持续上涨同时发生的情况。西方经济学家把这种经济现象称为滞胀。

25. [负税人] 负税人是指最终负担税款的单位和个人。而纳税人是指税法规定享有法定权利、负有纳税义务的单位和个人。纳税人与负税人可以是合一的，也可能是分离的，在不存在税负转嫁(如所得税税种)的情况下，纳税人和负税人是合一的，否则，纳税人和负税人是分离的。

26. [16 周岁] 已满 16 周岁的人犯罪，应当负刑事责任，即为完全负刑事责任年龄。已满 14 周岁不满 16 周岁的人，犯故意杀人、故意伤害致人重伤或者死亡、强奸、抢劫、贩卖毒品、放火、爆炸、投放危险物质罪的，应当负刑事责任，即为相对负刑事责任年龄。已满 12 周岁不满 14 周岁的人，犯故意杀人、故意伤害罪，致人死亡或者以特别残忍手段致人重伤造成严重残疾，情节恶劣，经最高人民检察院核准追诉的，应当负刑事责任。

27. [格式条款] 格式条款，又称标准条款，是当事人为重复使用而预先拟定，并在订立合同时未与对方协商的条款，如保险合同、拍卖成交确认书等。

28. [父母]《民法典》之继承编规定，第一顺序继承人：配偶、子女、父母。第二顺序继承人：兄弟姐妹、祖父母、外祖父母。继承开始后，由第一顺序继承人继承，第二顺序继承人不继承。没有第一顺序继承人继承的，由第二顺序继承人继承。一般情况下，同一顺序的各继承人应当按继承人的人数均等分数额。特殊情况下同一顺序各继承人可不均等分配遗产。

29. [法律行为] 法律事实大体上分为法律事件和法律行为。法律事件，是指不依权利主体的主观意志为转移的法律事实和客观现象，如时间的流逝、自然灾害、人的死亡和出生等。法律行为，是指能引起法律关系产生、变更和消灭的人的活动（行为）。与法律事件的不同之处在于，法律行为以人的意志为转移，是人们有意识的自觉活动的结果。

第4章

百科知识·真题综合训练

Test 1 北京航空航天大学

名词解释

1. "不忘初心、牢记使命"主题教育
2. "学习强国"学习平台
3. 世界园艺博览会
4. 区块链
5. 《决胜时刻》
6. 地理大发现
7. 马拉松战役
8. 《海国图志》
9. 威塞克斯小说
10. 古典主义
11. 寒山诗
12. 汤沈之争
13. 长平之战
14. 英国死亡货车事件
15. 干垃圾
16. 嬉皮士
17. 城市热岛
18. 爱豆
19. 融梗
20. 梅雨

（答案见 170~171 页）

Test 2 北京邮电大学

一、选择题

1. 南京素以"六朝古都""十朝都会"名世，以下哪个朝代不在"六朝""十朝"之列？

A. 南宋　　B. 南唐　　C. 萧齐

2. 文化传播有多种途径，其中具有全球同时、受众主动、双向互动特点的文化传播途径的是 ______。

A. 人口迁移　　B. 文学作品　　C. 互联网

3. 中国民间的"冬九九"是从 ______ 开始的。

A. 立冬　　B. 冬至　　C. 大雪

4. 一提到书法中的草书，人们便会想到"颠张醉素"，请问下列属于"颠张"作品的是 ______？

A.《自言帖》　　B.《自叙帖》　　C.《黄州寒食帖》

5. "天道有常，不为尧存，不为桀亡"是百家中 ______ 的观点。

A. 韩非子　　B. 老子　　C. 荀子

6.《在风中飘荡》是 ______ 的成名作，也是一首广为传唱的抗议歌曲，激励着数代人反战，追求和平、正义和自由。

A. 约翰·列侬　　B. 迈克尔·杰克逊　　C. 鲍勃·迪伦

7. 北宋科学家沈括的笔记体著作 ______ 被西方学者称为中国古代的百科全书。

A.《梦溪笔谈》　　B.《本草纲目》　　C.《四库全书》

8. 位于我国甘肃省境内的 ______ 是我国四大石窟之一。

A. 云冈石窟　　B. 敦煌莫高窟　　C. 龙门石窟

9.《天工开物》的作者是明朝科学家 ______。

A. 徐光启　　B. 徐霞客　　C. 宋应星

10. 费尔迪南·德·索绪尔被后世学者公认为 ______ 创始人。

A. 结构主义　　B. 解构主义　　C. 存在主义

二、名词解释

11. 法德两国首脑对欧盟峰会期间达成英国“脱欧”协议持乐观态度。法德准备签署该协议以保证英国有序“脱欧”。请解释“脱欧”。

12. 很多人把 2017 年当作一个分水岭，2017 年之前的 10 年是“互联网 + 教育”的 10 年，而 2017 年之后的 10 年是“AI+ 教育”的十年。请解释“AI”。

13. 余秋雨，生于浙江省余姚市，现任澳门科技大学人文艺术学院院长。中国著名文化学者，理论家、文化史学家、散文家。请解释“散文”。

14. 一篇题目为《第一批 90 后已经出家了》的博文介绍了现在年轻人的“佛系生活”方式。之后“佛系”迅速引爆网络。请解释“佛系”。

15. 唐代诗歌高度繁荣，就诗体而论，以由“永明体”发展而来的“近体诗”（即格律诗）为主。请解释“永明体”。

16. 截至目前，中国全国有 18 个木版年画项目入选国家级非物质遗产项目名录。其作为我国传统工艺和民间艺术的典型代表，是最具代表性的中华文化符号之一。请解释“木版年画”。

17~19. 在厄瓜多尔首都基多以北矗立着一座赤道纪念碑，此碑被联合国教科文组织确认为最准确的赤道标记，碑体上面刻有赤道的经度和纬度。请解释“联合国教科文组织”“赤道”和“纬度”。

20. 如今，手机行业发展迅速，许多公司投入大量资金进行芯片的自主研发。请解释“芯片”。

21. 报告分析指出，增值税改革将在未来三年内持续带动我国经济增长。请解释“增值税”。

22~24. 经过多年努力，哈佛燕京图书馆将馆藏的所有中文善本古籍实现了数字化阅读。此外，数字化的文献还包括中国地方志和石刻拓片等。请解释“善本”“地方志”和“拓片”。

25. 非必需品进口的减少使进出口贸易逆差同比减少百分之三十左右。请解释“贸易逆差”。

（答案见 172~174 页）

Test 3 华中师范大学

一、名词解释

1. 据俄罗斯卫星通讯社 2 日报道，日本海上保安厅拘留了一艘挂多哥国旗渔船的俄籍船长。目前日方正在调查渔船在该国专属经济区内的活动情况。

2. 最近，人们对一些国家间谍叛逃的事产生了极大兴趣。其实在整个冷战历史上，间谍叛逃的事还真不少。

3. 据主办方介绍，本届大会将以国际舞台为背景让国内物联网从业者置身于全球竞争中，看到差距，把握机遇，迎接挑战。

4. 近日，入围第二批国家生态文明建设示范市县初选名单公布，其中吉林省集安市榜上有名。

5. 最近，亚投行成为人们关注的一个焦点。其吸引力也日益展现。

6. 雅典娜神庙建于公元前 449 年至公元前 421 年间，采用爱奥尼亚柱式，台基长 8.15m，宽 5.38m，前后柱廊雕饰十分精美。

7. 沙钢集团不断调整产品结构，提升高附加值产品的出口比例，取得显著成效。

8. 该书第二章对拜占庭帝国的兴起、发展和衰亡的历史进程进行了简要讨论。

9. “百家争鸣”为后世中国确立了文化基础，成为中国人智慧和思想的来源。它是古老的东方智慧的结晶。

10. 国内的自媒体平台最近几年开始呈现增长趋势，这引起了业界人士的高度关注。

11. 对有些人来说，莫高窟表面看上去或许没什么特别，但等到进去了才知道其摄人心魄的魅力。

12. 该文结合最惠国待遇条文规定，分析服务贸易总协定中“服务”的本质，并展望服务贸易中最惠国待遇的发展前景。

二、选择题

13. 以下哪一位诗人被称作“诗佛”？

A. 李白　B. 杜甫　C. 白居易　D. 王维

14. 避雷针的发明者是 ______。

A. 富兰克林　B. 爱迪生　C. 贝尔　D. 莫尔斯

15. 世界上流量和流域面积最大的江 / 河是以下哪条江 / 河？

A. 尼罗河　B. 亚马逊河　C. 长江　D. 密西西比河

16. 下面哪一位思想家的著作奠定了近代西方政治与法律理论发展的基础？

A. 伏尔泰　B. 卢梭　C. 孟德斯鸠　D. 康德

17. 以数百尊神秘的巨型石像闻名于世的复活节岛隶属于哪个国家？

A. 智利　B. 阿根廷　C. 哥伦比亚　D. 厄瓜多尔

18. 下面哪个宗教不属于天启宗教（或不属于神信仰）？

A. 基督教　B. 佛教　C. 伊斯兰教　D. 犹太教

19. 下面哪一项反映了食品支出总额占个人消费支出总额的比重？

A. 恩格尔系数　B. β 系数　C. 基尼系数　D. CPI

20. “江山社稷”中的“稷”在古代是指 ______。

A. 土地之神　B. 黎民百姓　C. 五谷之神　D. 五谷丰登

21. 欧洲启蒙运动的核心思想是 ______。

A. 自由和平等　B. 科学和民主　C. 理性主义　D. 人文主义

22. 著名的琵琶曲《十面埋伏》描述的是以下哪个战争的情景？

A. 淝水之战　B. 赤壁之战　C. 巨鹿之战　D. 垓下之战

（答案见 175~177 页）

Test 4 国际关系学院

名词解释

1. 一般来说，服饰的作用主要有三。服饰的三个作用实际上反映了服饰文化早期进化的三个阶段。

2. 为了让历法更好地配合天象和自然季节，用以安排农业生产，古人还创制了“二十四节气”。从史料来看，中国最早出现的是“二分”与“二至”。

3. 初唐诗坛尚有齐梁艳丽诗风的余绪，至“初唐四杰”，诗风为之一变。而被称为“沈宋”的两位诗人则大作律诗、绝句，对创立近体诗做出了重要贡献。

4. 宋代书法艺术盛行帖学，值得称道的是宋代四大家和宋徽宗赵佶的瘦金体。

5. 古代文化注重“三”这个数字。古代在祭祀时，要供“三牲”。在天文历法方面还有所谓“三光”。我国传统文化中有所谓“三大传统节日”。

6. 我国古代在军事编制上设置三军。我国古人还有所谓“益者三友”“三不朽”的说法。

7. 战国以后，以五帝崇拜附会阴阳五行学说“五”的迷信进一步加强，以“五”为一组的事物于古籍中随处可见。例如，“五行”“五帝”。

8. 经过几千年的演变与发展，按各地饮食习惯和食物条件，我国的烹饪形成各地不同的风味。通常可分为“四大菜系”。

9. 中国古代历史著作浩如烟海，而最为人称道的是所谓的“前四史”。

10. 祥瑞动物发端于原始社会的动物图腾。在我国，远在周代就有所谓的“四灵”，受到人们的崇礼。

11. 《荷马史诗》中的《伊利亚特》以联军统帅阿伽门农和阿基里斯的争吵为楔入点，集中描写了战争最后几十天发生的事件。

12. 1955 年成立的北大西洋组织和以苏联为主导的华沙条约组织导致“二战”以后东西方对立越来越严重，形成冷战格局。

13. “罗马和平”时期也是罗马文学的黄金时期涌现了一批有才华的诗人。维吉尔、贺拉斯和奥维德是其中的杰出代表。

14. 古典主义音乐的最重要代表是维也纳古典乐派，其中涌现出海顿、莫扎特和贝多芬等世界一流的音乐大师。

（答案见 177~180 页）

Test 5 中山大学

一、选择题

1. 《汉书》，又称《前汉书》，是继《史记》之后我国古代又一部重要史书，与《史记》《后汉书》《三国志》并称为“前四史”，也是中国第一部纪传体断代史、“二十四史”之一。《汉书》全书主要记述了上起西汉的汉高祖元年（公元前 206 年），下至新朝王莽地皇四年（公元 23 年）共 230 年的历史。该书由中国东汉哪一位历史学家编撰?

A. 司马迁　　B. 班固　　C. 范晔　　D. 欧阳修

2. 以下国家中，哪一个不是金砖国家成员国？

A. 巴西　　B. 俄罗斯　　C. 南非　　D. 墨西哥

3. 亨利·詹姆斯（Henry James）是美国小说家、文学批评家、剧作家和散文家，被一致认为是心理分析小说的开创者之一。他对人的行为的认识有独到之处，是 20 世纪小说意识流写作技巧的先驱。以下哪一部不是亨利·詹姆斯的作品？

A. *The Portrait of a Lady*　　B. *Daisy Miller*

C. *Disgrace*　　D. *The Wings of the Dove*

4. 以下作家中，哪一位不属于世界三大短篇小说巨匠？

A. Edgar Allan Poe　　B. Guy de Maupassant

C. O. Henry　　D. Anton Chekov

5. 世界环境日是每年的几月几日？

A. 3 月 12 日　　B. 7 月 15 日　　C. 5 月 6 日　　D. 6 月 5 日

6. 诗句“落霞与孤鹜齐飞，秋水共长天一色”以落霞、孤鹜、秋水和长天四个景象勾勒出一幅宁静致远的画面，历来被奉为写景的精妙之句，广为传唱。“落霞与孤鹜齐飞，秋水共长天一色”出自哪首诗？

A.《登幽州台歌》　　B.《水调歌头·明月几时有》

C.《洛桥晚望》　　D.《滕王阁序》

7. 世界上最大的宫殿是 ______。

A. 北京故宫　　B. 克里姆林宫　　C. 爱丽舍宫　　D. 白宫

8. 每个国家都有不同的风俗习惯和有趣的节日，你知道古罗马时代的牧神节是一个什么样的节日吗？

A. 情侣们的节日　　B. 庆祝丰收的节日　　C. 祭祀祖先的节日　　D. 妇女的节日

9. 劳动合同中，试用期最长不得超过多久？

A. 3 个月　　B. 8 个月　　C. 6 个月　　D. 12 个月

10. 现代企业制度一般采用 ______。

A. 公司制　　B. 股份合作制　　C. 业主制　　D. 合伙制

二、名词解释

11. 甲骨文　　12. 意识流小说　　13. 市场调节　　14. 文艺复兴

15. 供给法则　　16. 波士顿倾茶事件　　17. 中世纪　　18. 信天游

19. 归纳法　　20. 编年体

（答案见 180~182 页）

答案详解

Test 1

1. **“不忘初心、牢记使命”主题教育**是在全党范围内开展的主题教育，是推动全党更加自觉地为实现新时代党的历史使命不懈奋斗的重要内容。2017 年 10 月 18 日，习近平总书记在十九大报告中指出，弘扬马克思主义学风，推进“两学一做”学习教育常态化制度化，以县处级以上领导干部为重点，在全党开展“不忘初心、牢记使命”主题教育，用党的创新理论武装头脑，推动全党更加自觉地为实现新时代党的历史使命不懈奋斗。

2. **“学习强国”学习平台**是由中共中央宣传部主管，以习近平新时代中国特色社会主义思想和党的十九大精神为主要内容，立足全体党员、面向全社会的优质平台，于 2019 年 1 月 1 日在全国上线。该平台首次实现了“有组织、有管理、有指导、有服务”的学习，极大地满足了互联网条件下广大党员干部和人民群众多样化、自主化、便捷化的学习需求。

3. **世界园艺博览会**是由国际园艺生产者协会批准举办的国际性园艺展会。第一届世界园艺博览会于 1960 年在荷兰鹿特丹举办。其宗旨是促进世界各国经济、文化、科学技术的交流与发展，使每个参展国家能够利用这个机会宣传自己，向全世界展示各自在各个领域所取得的建设成就。

4. **区块链**是一个又一个区块组成的链条。每一个区块中保存了一定的信息，它们按照各自产生的时间顺序连接成链条。相比于传统的网络，区块链具有两大核心特点：一是数据难以篡改，二是去中心化。基于这两个特点，区块链所记录的信息更加真实可靠，可以帮助解决人们互不信任的问题。

5. **《决胜时刻》**是由黄建新监制，黄建新、宁海强共同执导，唐国强、刘劲、黄景瑜、王丽坤领衔主演的革命历史电影。该片讲述了 1949 年中共中央领导人进驻香山，在国共和谈破裂的千钧一发之际，全力筹划建立新中国的故事。该片于 2019 年 9 月 20 日在中国大陆院线上映。

6. **地理大发现**，又名探索时代或发现时代、新航路的开辟、大航海时代，即 15 世纪到 17 世纪，欧洲的船队出现在世界各处的海洋上，寻找着新的贸易路线和贸易伙伴，以发展欧洲新生的资本主义。地理大发现使世界开始走向整体，促进资本的原始积累以及全世界物种的交流与传播，加强了各大陆之间的联系。

7. **马拉松战役**，发生在公元前 490 年，是希腊城邦联军抵抗波斯帝国的入侵，最终由雅典领导的希腊联军获胜的一场战役。马拉松战役后，希腊各城市国家进一步加强了团结，结成了三十个国家的同盟，并由斯巴达领导，加强了反对波斯帝国的力量。希腊各城邦的实力也进一步增强。

8. **《海国图志》**，由中国近代新思想的倡导者魏源写于 1842 年，是一部介绍西方国家的科学技术和世界地理历史知识的综合性图书。全书详细叙述了世界各地和各国历史政治、风土人情，主张学习西方国家的科学技术，并提出“师夷长技以制夷”的中心思想。这是一部划时代的著作，打破了传统的夷夏之辨的文化价值观，摒弃了九州八荒、天圆地方、天朝中心的史地观念，开辟了近代中国向西方学习的时代新风气。

9. **威塞克斯小说**是 19 世纪末英国批判现实主义小说家和诗人哈代的系列小说总题名，包括 14 部小说。威塞克斯是道塞特郡及其附近地区的古称。这一系列小说的内容展示了英国农村的恬静景象，闪现着人道主义的光芒，展现了“仁爱的”思想，但具有浓厚的悲观色彩。这一系列小说中的代表作有《德伯家的苔丝》《无名的裘德》等。

10. **古典主义**是 17 世纪君主政体民族国家开始建立，资本主义渐趋发展的历史阶段产生的一种文艺思潮。它形成并繁盛于 17 世纪的法国，从古希腊罗马文化里面吸取艺术形式和题材，主张拥护中央集权，尊崇王权，歌颂君主；崇尚理性，克制个人情欲。代表人物及作品有弥尔顿的《失乐园》、高乃衣《熙德》、拉辛《安德洛马克》等。

11. **寒山诗**是唐代僧人、诗人号寒山子所作的诗，被称为通俗诗、白话诗，但由于表达上的特殊性，寒山诗看似明白如话，实际上另有奥旨。寒山诗长期流传于禅宗丛林，宋以后受到诗人文士的喜爱和摹仿，号称“寒山体”。近代以来风靡欧美和日本，形成世界范围内的“寒山诗热”。

12. 明万历朝，戏曲界汤显祖和沈璟两位大家，他们在戏曲创作及其有关理论问题上，存在着尖锐的分歧，甚至达到针锋相对的地步，后人称之为“**汤沈之争**”。“汤沈之争”导致了许多戏曲艺术上的有关问题及内部矛盾“被发现、被提出而引起研究和争辩”，也暴露了明清戏曲家对戏曲音律认识的不足。

13. **长平之战**是秦昭襄王四十七年（公元前 260 年），秦国率军在赵国的长平一带同赵国军队发生的战争，最终秦军获胜，赵军几乎全军覆没。这场战争加速了秦国统一中国的进程，也是中国古代军事史上最早、规模最大、最彻底的大型歼灭战。

14. **英国死亡货车事件**，又称英国集装箱惨案、英国集装箱藏尸案，是英国夏令时 2019 年 10 月 23 日凌晨，英国埃塞克斯郡一工业园内一辆集装箱冷藏货车里惊现 39 具尸体的惨案。11 月 7 日，越南确认英国“死亡货车”39 名遇难者全为越南公民。根据伦敦中央刑事法院的判决，参与制造这起惨案的四名共犯分别被判处 13 年 4 个月至 27 年不等有期徒刑。2019 年 10 月 24 日下午，英国当地政府为这起悲剧降半旗。

15. **干垃圾**，指除可回收垃圾、有害垃圾、湿垃圾以外的其他生活废弃物，包括砖瓦陶瓷、渣土、卫生间废纸、瓷器碎片等难以回收的废弃物。对干垃圾进行卫生填埋，可有效减少对地下水、地表水、土壤及空气的污染。投放干垃圾时，要尽量沥干水分，并投入干垃圾容器内。

16. **嬉皮士**，本来被用来描写西方国家 20 世纪 60 年代和 70 年代反抗习俗和当时政治的年轻人。嬉皮士用公社式的和流浪的生活方式来表达他们对民族主义和越南战争的反对，他们提倡非传统的宗教文化，批评西方国家中层阶级的价值观。该词是通过《旧金山纪事》的记者赫柏 · 凯恩普及的，后来也被贬义使用，用来描写长发的、肮脏的吸毒者。

17. **城市热岛**效应是由于人们改变城市地表而引起小气候变化的综合现象，是城市气候最明显的特征之一。其特点是城市中的气温明显高于外围郊区。形成城市热岛效应的主要因素有城市下垫面、人工热源、水气影响、空气污染、绿地减少、人口迁徙等。该效应会造成人们生活、工业生产、交通工具运转中燃烧石化燃料而形成的大气污染物质在热岛中心区域聚集，危害人们的身体健康甚至生命。

18. **爱豆**，网络流行词，英文 idol 的音译，意为偶像艺人。该词最初来源于对年轻偶像的称呼，所以直接取自类似 idol 的发音“爱豆”。爱豆可以是歌手、演员、乐队组合等娱乐人士，受到大众的青睐和追捧。

19. **融梗**，网络流行词，指网络文学创作过程中汇集各方创意，在作品人物设定、故事套路等方面借用他人智力成果的行为。“融梗”不是简单地抄袭，因为它在文字上与原著区别很大，借鉴的可以是情节、故事演进的逻辑、线索的安排，而不是简单的文字。

20. **梅雨**是在中国长江中下游地区、台湾地区、日本中南部以及韩国南部等地，每年 6、7 月份都会出现持续天阴有雨的气候现象。由于正是江南梅子的成熟期，故称其为“梅雨”。梅雨持续时间有长有短，有的年份，梅雨锋特别活跃，暴雨频繁，造成洪涝灾害；有的年份，梅雨锋不明显，出现“空梅”，形成干旱天气。

Test 2

1. [A] 南宋都城是临安（今浙江杭州）。南京早在唐宋以前就被称为“六朝古都”。所谓“六朝”是指三国时期的吴国、两晋时期的东晋，以及南北朝时期的宋、齐、梁、陈。此外，南唐、明朝、太平天国、中华民国也在南京建都，故南京又称“十朝都会”。

2. [C] 互联网属于大众传媒，能够最大限度地超越时空的局限，集中来自世界各地的信息，日益显示出文化传递、沟通、共享的强大功能，因此具有全球同时、受众主动、双向互动特点。人口迁移、文学作品是文化传播的途径，但不具备全球同时、受众主动等特点。

3. [B] “冬九九”，又称数九，是中国民间一种计算寒天与春暖花开日期的方法，从冬至算起，每九天算一“九”，依此类推。冬至，是二十四节气中的第 22 个节气，于每年公历 12 月 21 至 23 日交节。冬至这天，太阳光直射南回归线，是北半球各地白昼最短、黑夜最长的一天。立冬，是二十四节气中的第 19 个节气，于每年公历 11 月 7 至 8 日交节。立冬，意味着生气开始闭蓄，万物进入休养、收藏状态。大雪，是二十四节气中的第 21 个节气，于每年公历 12 月 6 至 8 日交节，特点是气温显著下降、降水量增多。

4. [A] “颠张醉素”指唐代书法家张旭和怀素。张旭，字伯高，是唐代著名书法家。张旭嗜酒而且善草书，常于醉后奔走呼号，而后挥毫疾书，或以发泼墨而书，故人称“张颠”，又称“草圣”，其代表作有《古诗四帖》《心经》《自言帖》等。《自叙帖》是唐代书法家怀素的草书书法作品。它是怀素流传下来篇幅最长的作品，人称“天下第一草书”。《黄州寒食帖》是北宋文学家、书画家苏轼的行书作品。《寒食诗帖》在书法史上影响很大，被称为“天下第三行书”，也是苏轼书法作品中的上乘。

5. [C] “天行有常，不为尧存，不为桀亡”出自战国末期儒家思想家荀子的作品《荀子·天论》，意思为大自然的运行有其自身规律，这个规律不会因为尧的圣明或者桀的暴虐而改变。荀子主张“礼法并施”；提出“制天命而用之”的人定胜天的思想；反对鬼神迷信；提出性恶论；其思想集中反映在《荀子》一书中。韩非子，中国古代思想家、哲学家和散文家，法家学派代表人物。其学说一直是中国封建社会时期统治阶级治国的思想基础。韩非子著有《孤愤》《说林》《说难》等，后人收集整理编纂成《韩非子》一书。老子，中国古代思想家、哲学家、文学家和史学家，道家学派创始人和主要代表人物。老子思想对中国哲学发展具有深刻影响，其思想核心是朴素的辩证法。在政治上，老子主张无为而治、不言之教。老子传世作品《道德经》（又称《老子》），是全球文字出版发行量最大的著作之一。

6. [C]《在风中飘荡》（“Blowin’in the Wind”）是鲍勃·迪伦演唱的英文歌曲，该歌曲收录于鲍勃·迪伦 1964 年发行的专辑 *The Freewheelin’ Bob Dylan* 中。这首歌的时代背景是 1957 年越战爆发。鲍勃·迪伦，美国男歌手、词曲创作人、作家，2016 年获得诺贝尔文学奖，成为第一位获得该奖项的作曲家。约翰·列侬，英国男歌手、音乐家，摇滚乐队“披头士”的成员，代表作有“Come Together”“Imagine”“Give Peace a Chance”。迈克尔·杰克逊，美国著名男音乐家、演唱家、舞蹈家、企业家、慈善家，一生中获得了 13 座格莱美奖和 26 座全美音乐奖。其代表作包括“We are the world”“Dangerous”“Beat it”等。

7. [A]《梦溪笔谈》，北宋科学家沈括所著，是一部涉及古代中国自然科学、工艺技术及社会历史现象的综合性笔记体著作，英国科学史家李约瑟评价为“中国科学史上的里程碑”。《本草纲目》，明代医学家、药物学家李时珍所著，是我国药物学史上的一大巨著。《四库全书》，是清代乾隆时期编修的大型丛书，分经、史、子、集四部，故名四库。《四库全书》是中国古代最大的文化工程，对中国古典文化进行了一次最系统、最全面的总结，呈现出了中国古典文化的知识体系，可以称为中华传统文化最丰富最完备的集成之作。

8. **[B]** 中国四大石窟是以中国佛教文化为特色的巨型石窟艺术景观，按照石窟建造年代依次为甘肃敦煌莫高窟、甘肃天水麦积山石窟、山西大同云冈石窟、河南洛阳龙门石窟。莫高窟，俗称千佛洞，坐落在河西走廊西端的敦煌。它始建于前秦宣昭帝苻坚时期，是世界上现存规模最大、内容最丰富的佛教艺术地。云冈石窟，位于山西大同，中国规模最大的古代石窟群之一。龙门石窟，位于河南洛阳，是世界上造像最多、规模最大的石刻艺术宝库，被联合国教科文组织评为“中国石刻艺术的最高峰”。

9. **[C]**《天工开物》，明代著名科学家宋应星所著，是世界上第一部关于农业和手工业生产的综合性著作，也是中国古代一部综合性的科学技术著作，外国学者称它为“中国17世纪的工艺百科全书”。宋应星，是明末清初的科技巨人，一生致力于对农业和手工业生产的科学考察和研究，收集了丰富的科学资料；同时思想上的超前意识使他成为对封建主义和中世纪学术传统持批判态度的思想家。徐光启，明代农艺师、天文学家、数学家，毕生致力于数学、天文、历法、水利等方面的研究，尤精晓农学，和利玛窦共同翻译了《几何原本》（前6卷），代表作有《泰西水法》《农政全书》等。徐霞客，明代地理学家、旅行家、文学家，经30年考察，撰成了60万字地理名著《徐霞客游记》，被称为“千古奇人”。《徐霞客游记》开篇之日（5月19日）被定为中国旅游日。

10. **[A]** 弗尔迪南・德・索绪尔，瑞士作家、语言学家，是后世学者公认的结构主义的创始人，现代语言学理论的奠基者。结构主义，发端于19世纪的一种方法论，是20世纪下半叶最常使用来分析语言、文化与社会的研究方法之一。广泛来说，结构主义企图探索一个文化意义是透过什么样的相互关系（也就是结构）被表达出来。解构主义，60年代缘起于法国，哲学家德里达基于对语言学中的结构主义的批判，提出了“解构主义”的理论，对传统的不容置疑的哲学信念发起挑战，对自柏拉图以来的西方形而上学传统大加责难。存在主义，当代西方哲学主要流派之一，创始者是德国哲学家马丁・海德格尔。存在主义主要包括神论的存在主义、无神论的存在主义和人道主义的存在主义三大类，它以人为中心，尊重人的个性和自由。

11. **脱欧**（Brexit），指英国脱离欧洲联盟计划，于2013年由英国前首相卡梅伦首次提及脱欧公投。2020年，欧盟正式批准了英国脱欧。英国脱欧，在短期内对英国的财政收入、就业机会无疑是有利的，但从长远来看，失去欧盟成员国的资格，英国难以依托欧盟在欧洲和世界事务中发挥重要作用，其国际地位和影响将大打折扣。

12. **AI**是Artificial Intelligence的简称，意思是人工智能。它是研究、开发用于模拟、延伸和扩展人的智能的理论、方法、技术及应用系统的一门新的技术科学。人工智能是计算机科学的一个分支，它企图了解智能的实质，并生产出一种新的能以人类智能相似的方式做出反应的智能机器，该领域的研究包括机器人、语言识别、图像识别、自然语言处理和专家系统等。

13. **散文**一词最早大概出现在北宋太平兴国时期。在中国现代文学中，散文指与诗歌、小说、戏剧并行的一种文学体裁，包括杂文、随笔、游记等。狭义的散文指文艺性散文，它是一种以记叙或抒情为主，取材广泛、笔法灵活、篇幅短小、情文并茂的文学样式。

14. **佛系**是网络流行语，也是一种文化现象，主要是指无欲无求、不悲不喜、云淡风轻而追求内心平和的生活态度。该词语最早来源于2014年日本的某杂志，该杂志介绍了“佛系男子”，之后网络传播，又衍生出“佛系青年”“佛系女子”等一系列网络词语。佛系态度对于人生而言是一种慢生活态度，追求沉稳、平凡、安定的生活方式。

15. **“永明体”**，亦称“新体诗”，是南朝齐武帝永明时期所形成的一种诗体。这种诗体要求严格四声八病之说，强调声韵格律。其出现，对纠正晋宋以来文人诗的语言过于艰涩的弊病，使创作转向清新通畅起了一定的作用，也对“近体诗”的形成产生了重大影响。其代表诗人有王融、沈约等。

16. **木版年画**是中国历史悠久的汉族传统民间艺术形式。它是以木版雕刻，用一版一色传统水印法进行印刷的艺术形式，构图丰满，色彩明快，富有装饰性；多用民间故事、吉祥喜庆、神像、戏文、时事为题材，以象征、寓意、夸张手法，来表达人们美好的愿望。木版年画相传在汉代即已出现，宋代称之为“纸画”，明代则叫“画帖”，至清代始正式定名为“年画”。木版年画对日本的“浮世绘”产生了重要影响，被海外媒体誉为“东方古艺之花”。

17. **联合国教科文组织**，即联合国教育、科学及文化组织，成立于 1945 年 11 月，总部设在法国巴黎。其宗旨是促进教育、科学及文化方面的国际合作，以利于各国人民之间的相互了解，维护世界和平。其主要机构包括大会、执行局和秘书处。

18. **赤道**是地球表面的点随地球自转产生的轨迹中周长最长的圆周线，半径为 6,378.2 千米，周长为 40,075.02 千米。它把地球分为南北两半球，是划分纬度的基线。一年当中，赤道有两次太阳直射，所以赤道地区属于热带，终年天气炎热，气温很高。赤道的圆心与地心是重合的，它也是地球上最长的纬线圈，全长 4 万多千米。

19. **纬度**是地球上重力方向的铅垂线与赤道平面的夹角。从赤道到南北两极各分为 90 度，通过某地的纬线与赤道相距离若干度就是某一地点的纬度。纬度可分为低、中、高纬度，0° ~30° 为低纬度，30° ~60° 为中纬度，60° ~90° 为高纬度。

20. **芯片**是半导体元件产品的统称，又称集成电路、微电路。芯片相当于计算机中的主板，能控制计算机的整个系统，一旦芯片坏了，计算机也就瘫痪了。芯片非常薄，上面布满了密密麻麻的金属线，这些金属线的作用是帮助芯片和外界线路连在一起的，其在多种电子产品中已不可或缺。

21. **增值税**是以商品（含应税劳务）在流转过程中产生的增值额作为计税依据而征收的一种流转税。实行价外税，也就是由消费者负担，有增值才征税，没增值不征税。增值税已经成为中国最大的税种，由国家税务局负责征收，税收收入中 50% 为中央财政收入，50% 为地方收入。

22. **善本**，最早是指校勘严密、刻印精美的古籍，后含义渐广，包括刻印较早、流传较少的各类古籍。目前，善本主要指精刻、精印、精抄、精校的难得的古书、珍贵的手稿、孤本、罕见的文献等。实际上，真正的善本应当着眼于书的内容，着眼于古籍的科学研究价值和历史文物价值。

23. **地方志**一般指方志，即记述地方情况的史志，主要是指记载一地的地理环境、自然气候、产物、史迹与人文现象的书。方志分门别类，取材丰富，是研究历史及地理的重要资料。方志分为全国性的总志和地方性的州郡府县志。著名方志有《山海经》《大清一统志》等。

24. **拓片**，指将碑文石刻、青铜器等文物的形状及其上面的文字、图案拓下来的纸片，是我国一项古老的传统技艺，也是记录中华民族文化的重要载体之一。广义的拓片是将宣纸蒙在器物表面用墨拓印来记录花纹和文字，数量、内容丰富，如甲骨青铜、碑刻墓志等。狭义的拓片主要指碑拓。

25. **贸易逆差**亦称贸易入超，即各国家或地区在一定时期内进口额大于出口额的现象，一般表明一国的对外贸易处于较为不利的地位。贸易逆差反映的是国与国之间的商品贸易状况，也是判断宏观经济运行状况的重要指标。当一个国家出现贸易逆差时，即表示该国外汇储备减少，其商品的国际竞争力削弱。大量的贸易逆差将使国内资源外流加剧，外债增加，影响国民经济正常有效运行。因此，政府应该设法避免出现长期的贸易逆差。

Test 3

1. **专属经济区**又称经济海域，是为解决国家或地区之间的因领海争端而提出的一个区域概念，指从测算领海基线量起200海里、在领海之外并邻接领海的一个区域。它是第三次联合国海洋法会议上确立的一项新制度。在此区域内，沿海国为勘探、开发、养护和管理海床和底土及其上覆水域的自然资源的目的，拥有主权权利。

2. **冷战**，指1947年至1991年之间，美国、北大西洋公约组织为主的资本主义阵营与苏联、华沙条约组织为主的社会主义阵营之间的政治、经济、军事斗争。1946年，英国前首相温斯顿·丘吉尔发表“铁幕演说”，正式拉开了冷战序幕。1947年，美国杜鲁门主义的出台，标志着冷战开始。1991年，苏联解体，标志着冷战结束。

3. **物联网**即“万物相连的互联网”，是互联网基础上的延伸和扩展的网络，将各种信息传感设备与网络结合起来而形成的一个巨大网络，实现任何时间、任何地点，人、机、物的互联互通。物联网是一个基于互联网、传统电信网等的信息承载体，能让所有被独立寻址的普通物理对象形成互联互通的网络。物联网的基本特征可概括为整体感知、可靠传输和智能处理。

4. **生态文明**是人类文明的一种形态，以尊重和维护自然为前提，以人与人、人与自然、人与社会和谐共生为宗旨，以建立可持续的生产方式和消费方式为内涵，以引导人们走上持续、和谐的发展道路为着眼点。生态文明观强调人的自觉与自律，强调人与自然环境的相互依存、相互促进、共处共融。

5. **亚投行**，全称为亚洲基础设施投资银行，是一个政府间性质的亚洲区域多边开发机构。重点支持基础设施建设，成立宗旨是促进亚洲区域的建设互联互通化和经济一体化的进程，并且加强中国及其他亚洲国家和地区的合作。亚投行是首个由中国倡议设立的多边金融机构，总部设在北京。理事会是最高决策机构。

6. **雅典娜**是希腊神话中的智慧女神和战争女神，奥林匹斯十二主神之一。古希腊文献所述，雅典娜从人类诞生起就常驻凡间，教会人类各种生存知识，为人类创造了初始的生存工具。雅典娜渴望独立、坚持不婚，与阿尔忒弥斯、赫斯提亚被视为奥林匹斯山上的三处女神。她是少女未婚时期的保护神，亦是妇女劳动和生育的保护神，希腊妇女亲切地称她为“厄耳伽妮”（意为女工）。

7. **高附加值产品**主要是在生产过程中科学技术含量高的产品，包括生产某种产品采用新材料、新工艺、新技术及新兴科学管理方法，耗费的原材料和人工成本费都相对低的产品。随着科学技术进步，特别是电子信息产品日新月异地发展，更多的高新技术成果应用于生产过程中。在国际贸易中，高附加值产品的产量逐年增加，其产品的竞争力远远大于一般工业制成品，从而为出口商创造了可观的经济效益。

8. **拜占庭帝国**，即东罗马帝国。拜占庭帝国共历经12个朝代，93位皇帝，是欧洲历史上最悠久的君主制国家。都城君士坦丁堡（今为伊斯坦布尔）是在希腊古城拜占庭的基础上建立起来的。1453年5月29日，奥斯曼帝国苏丹穆罕默德二世率军攻入君士坦丁堡，标志着拜占庭帝国正式灭亡。

9. **百家争鸣**，是指春秋战国时期知识分子中不同学派的涌现及各家族流派之间争芳斗艳的局面。这一时期出现了诸子百家相互争鸣，盛况空前的学术局面，在中国思想发展史上占有重要的地位。汉武帝推行“罢黜百家，独尊儒术”的政策，于是，以孔子、孟子为代表的儒家思想成为统治阶级思想正统，统治中国思想、文化两千余年。

10. **自媒体**指普通大众通过网络等途径向外发布他们本身的事实和新闻的传播方式，是普通大众经由数字科技与全球知识体系相连之后，一种提供与分享他们本身的事实和新闻的途径。自媒体以现代化、电子化的手段，向不特定的大多数或者特定的单个人传递规范性及非规范性信息。

11. **莫高窟**，俗称千佛洞，坐落在河西走廊西端的敦煌。它始建于前秦宣昭帝苻坚时期，后历经北朝、隋朝、唐朝、五代十国、西夏、元朝等历代的兴建，是世界上现存规模最大、内容最丰富的佛教艺术地，也是第一批全国重点文物保护单位之一。1987 年，莫高窟被列为世界文化遗产。甘肃敦煌莫高窟与河南洛阳龙门石窟、山西大同云冈石窟、甘肃天水麦积山石窟并称中国四大石窟。

12. **最惠国待遇**是国际经济贸易关系中常用的一项制度，是国与国之间贸易条约和协定的法律待遇条款，又称"无歧视待遇"。它通常指缔约国双方在通商、航海、关税、公民法律地位等方面相互给予的不低于现时或将来给予任何第三国的优惠、特权或豁免待遇。

13. [D] 王维，字摩诘，号摩诘居士，唐朝诗人、画家。王维参禅悟理，精通诗书音画，因笃诚奉佛，有"诗佛"之称，代表作有《王右丞集》《画学秘诀》等。李白，唐代伟大的浪漫主义诗人，被后人誉为"诗仙"，与杜甫并称为"李杜"，代表作有《望庐山瀑布》《蜀道难》等。杜甫，自号少陵野老，唐代伟大的现实主义诗人，被后人称为"诗圣"，他的诗被称为"诗史"，代表作有《登高》《春望》等。白居易，号香山居士，又号醉吟先生，其诗歌题材广泛，形式多样，语言平易通俗，有"诗魔"和"诗王"之称，代表作有《长恨歌》《琵琶行》等。

14. [A] 现代避雷针是美国科学家富兰克林发明的。富兰克林认为闪电是一种放电现象，最开始他将金属导线连接钥匙挂在风筝上，进行测试雷云放电的实验，用来验证闪电的放电现象，而后发现了雷电会选择最高处的金属物体进行导电，由此发明了避雷针。爱迪生，世界著名的发明家、物理学家、企业家，被誉为"世界发明大王"，他发明了留声机、电影摄影机和电灯。贝尔，获得了世界上第一台可用的电话机的专利权，创建了贝尔电话公司。莫尔斯，享有盛誉的美国画家、电报之父，他发明了"莫尔斯"码，而电报就是运用"莫尔斯"码来传递信号的。

15. [B] 亚马逊河位于南美洲北部，是世界上流量、流域最大、支流最多的河流，流量达每秒 21.9 万立方米，比其他 3 条大河尼罗河、长江、密西西比河的总和还要大几倍，占世界河流流量的 20%，流域面积达 691.5 万平方千米。尼罗河，流经非洲东部与北部，自南向北注入地中海，是世界上最长的河流。长江，世界第三长河，自西而东横贯中国中部，干流的流域面积达 180 万平方千米。密西西比河，美国最大的河流，也是北美洲最长的河流，世界第四长河，流域面积为 322 万平方千米。

16. [C] 孟德斯鸠，18 世纪法国的思想启蒙家，西方现代国家学说和法学理论的奠基人，其以《论法的精神》《罗马兴衰史》《波斯人信札》为代表的著述影响广泛而深远，他对政体及其原则的思考，奠定了近代西方政治与法律理论发展的基础。伏尔泰，18 世纪法国启蒙思想家、文学家、哲学家，也是自然法学说的拥护者，代表作有《哲学通信》《路易十四时代》《老实人》等。卢梭，法国 18 世纪启蒙思想家、哲学家、教育家、文学家，民主政论家和浪漫主义文学流派的开创者，启蒙运动代表人物之一，代表作有《论人类不平等的起源和基础》《社会契约论》《爱弥儿》等。康德，德国哲学家、作家，德国古典哲学创始人，其学说深深影响近代西方哲学，并开启了德国古典哲学和康德主义等诸多流派。

17. [A] 复活节岛位于南太平洋东部，向东距离智利大陆本土约 3,600 公里，在智利和波利尼西亚之间，现属智利，其以多种石刻神像构成宗教遗迹。荷兰航海家罗赫芬于 1722 年 4 月 5 日复活节发现并登上该岛，该岛因此得名，当地人称之为拉帕努伊岛。

18. [B] 天启宗教即世界三大神宗教：犹太教、基督教、伊斯兰教，三者都给予亚伯拉罕崇高地位，且均发源于西亚沙漠地区，来源于闪族人的原始宗教。三教的经籍有着许多共同的联系，如基督教的《圣经》旧约部分是犹太教的圣经即《塔纳赫》；三教的人物也有很多相同，如伊斯兰教称亚伯拉罕为易卜拉欣。佛教是与基督教、伊斯兰教并称的世界三大宗教之一。公元前 6 世纪至前 5 世纪，释迦牟尼创建佛教于古印度，以后广泛传播于亚洲及世界各地，对许多国家的社会政治和文化生活产生重大影响。

19. [A] 恩格尔系数，食品支出总额占个人消费支出总额的比重，是衡量一个家庭或一个国家富裕程度的主要标准之一。恩格尔系数越大，一个国家或家庭生活越贫困；反之，恩格尔系数越小，生活越富裕。β 系数，也称贝塔系数，是一种风险指数，用来衡量个别股票或股票基金相对于整个股市的价格波动情况。其绝对值越大，显示其收益变化幅度相对于大盘的变化幅度越大；绝对值越小，显示其变化幅度相对于大盘越小。基尼系数，国际上通用的、用以衡量一个国家或地区居民收入差距的常用指标。基尼系数最大为“1”，最小等于“0”，基尼系数越接近 0 表明收入分配越是趋向平等。CPI 是居民消费价格指数的简称，反映了一定时期内城乡居民所购买的生活消费品和服务项目价格变动趋势和程度的相对数，是对城市居民消费价格指数和农村居民消费价格指数进行综合汇总计算的结果。

20. [C] 江山社稷，“社”指土地神大地之母（后土），“稷”指五谷神稷王（后稷），合起来代指祭祀，古时祭祀是国家大事，因此，“社稷”渐渐演变为国家的代名词。

21. [C] 欧洲启蒙运动，17 至 18 世纪欧洲资产阶级和人民大众反封建的思想文化运动，核心思想是理性主义，它是资产阶级思想在新的历史条件下的进一步发展。它不仅要求解放人和人性，而且有力地批判了封建专制制度及其精神支柱天主教会，描绘了未来“理性王国”的蓝图，要求按照资产阶级的意愿来改造社会，为资产阶级取得统治地位提供了思想上和理论上的准备。自由和平等是法国启蒙运动的口号之一。科学和民主是我国新文化运动的基本口号。人文主义是文艺复兴的核心思想。

22. [D]《十面埋伏》，又名《淮阴平楚》，是以楚汉相争的历史为题材而创作的琵琶独奏曲。该曲以公元前 202 年刘邦与项羽垓下之战的史实为内容，用标题音乐的形式描绘了激烈的战争场面。垓下之战中，汉军胜利，项羽自杀。淝水之战，是公元 383 年东晋和前秦之间发生在淝水（今安徽省寿县的东南方）的一场战争，最终东晋以少胜多。赤壁之战，是指东汉末年孙权、刘备联军于建安十三年（公元 208 年）在长江赤壁（今湖北省赤壁市西北）一带大破曹操大军的战役，是中国历史上著名的以少胜多、以弱胜强的战役之一，也是三国时期“三大战役”中最为著名的一场。巨鹿之战，是秦末大起义中项羽率领数万楚军（后期各诸侯义军也参战）同秦名将章邯、王离所率四十万秦军主力在巨鹿（现属邢台市平乡县地区）进行的一场重大决战性战役，也是中国历史上著名的以少胜多的战役之一。

Test 4

1. **服饰的三个作用**分别是御寒、遮羞、装饰。第一，服饰可以保持身体温暖，使身体不易生病或受伤害；第二，服饰可以遮羞；第三，选择适合自己的服饰，不但能树立良好的形象，而且能起到很好的修饰作用。

2. **二分**指二十四节气之中的春分、秋分。春分，春季第四个节气，于每年公历 3 月 19 至 22 日交节。春分这天南北半球昼夜平分。春分后，气候温和，雨水充沛，阳光明媚。秋分，秋季第四个节气，于每年公历 9 月 22 至 24 日交节。秋分这天太阳几乎直射地球赤道，全球各地昼夜等长。秋分日后，北半球昼短夜长，昼夜温差加大，气温逐日下降。

二至指二十四节气之中的夏至、冬至。夏至，夏季第四个节气，于每年公历 6 月 21 至 22 日交节。夏至是太阳北行的转折点，夏至过后太阳直射点开始从北回归线向南移动。气温高、湿度大、不时出现雷阵雨，是夏至后的天气特点。冬至，冬季第四个节气，于每年公历12月21至23日交节。冬至是太阳直射点南行的极致，冬至这天太阳光直射南回归线，是北半球各地白昼最短、黑夜最长的一天。

3. **初唐四杰**指王勃、杨炯、卢照邻、骆宾王。初唐四杰开拓了诗歌的题材，丰富了诗歌的内容，赋予了诗歌新的生命力，提高了当时诗歌的思想意义；同时，他们还为五言律诗奠定了基础，并且使七言古诗发展成熟。

   沈宋是中国初唐诗人沈佺期、宋之问的合称，他们的五七言近体诗歌作品标志着五七言律体的定型。沈宋以前，律诗前后失粘的相当多，且多为五律。沈宋使五律更趋精密，完全定型；又使七律体制开始规范化。沈佺期的代表作有《夜宿七盘岭》《兴庆池侍宴应制》等，宋之问的代表作有《陆浑山庄》《奉和春初幸太平公主南庄应制》等。

4. **宋代四大家**指苏东坡、黄庭坚、米芾、蔡襄，代表了宋代书法的最高水平。从书法风格上看，苏轼丰腴跌宕，黄庭坚纵横拗崛，米芾俊迈豪放，且三者都以行草、行楷见长。蔡襄以楷书见长，其书法浑厚端庄、淳淡婉美。苏轼代表作有《前赤壁赋》《黄州寒食诗帖》等。黄庭坚代表作有《松风阁诗帖》《诸上座帖》等。米芾代表作有《张季明帖》《李太师帖》等。蔡襄代表作有《万安桥记》《昼锦堂记》等。

5. **三光**指日、月、星，即太阳、月亮、星星。

   三大传统节日是指春节、端午节、中秋节。春节，时间为除夕和正月初一，俗称过年，由上古时代岁首祈岁祭祀演变而来，是集拜神祭祖、祈福辟邪、亲朋团圆、欢庆娱乐和饮食为一体的民俗大节。端午节，又称端阳节、龙舟节等，时间为农历五月初五，源于自然天象崇拜，由上古时代祭龙演变而来。主要民俗活动有扒龙船、放纸鸢、挂艾草菖蒲等。中秋节，时间为农历八月十五，由上古时代秋夕祭月演变而来。主要民俗活动有赏月、吃月饼、饮桂花酒等。

6. **三军**，古代骑马打仗的前、中、后三个兵种。前军一般是先锋营负责开路（架桥、修路）、侦察、应付小规模的战斗，带部分军需物资。中军就是统帅所处的大军有当时作战的大部分作战兵种（骑兵、步兵）。后军主要就是全军的主要军用物资、工匠以及大量的民工等。现代的三军指陆、海、空三军。

   益者三友，出自孔子《论语》，指友直、友谅、友多闻的朋友（友直是指正直的朋友，友谅是指诚信的朋友，友多闻是指见闻广博的朋友）。

   三不朽，出自《左传·襄公二十四年》，指立德、立功、立言。立德（道德成功），即需要治心修身；立功（事业成功），即需要时势机遇；立言（学问成功），即需要禀赋才能。立德者或许没有机遇或者天赋，难于立功立言；立功者可以立德，却难于立言；立言者也可以立德，却难于立功。要想做到“三不朽”或其中之一二，殊非易事。

7. **五行**，也叫五行学说，是认识世界的基本方式，五行的意义包涵借着阴阳演变过程的五种基本动态：金（代表敛聚）、木（代表生长）、水（代表浸润）、火（代表破灭）、土（代表融合）。中国古代哲学家用五行理论来说明世界万物的形成及其相互关系。它强调整体，旨在描述事物的运动形式以及转化关系。

   五帝，中国上古时期五位最具影响力的部落首领或部落联盟首领，因其伟大，被后世追尊为帝，指的是黄帝、颛顼、帝喾、尧、舜。

8. **四大菜系**，指鲁菜、川菜、粤菜、淮扬菜。鲁菜，也称山东菜，在中国最早形成了系统的烹饪理论和烹饪技法框架，是历史最悠久、最见功力的菜系。代表菜有葱烧海参、烩乌鱼蛋汤等。川菜，四川地区的菜肴，是最有特色的菜系、民间最大菜系，起源于四川地区，以麻、辣、鲜、香为特色。代表菜有麻婆豆腐、夫妻肺片等。粤菜，即广东菜，特点是丰富精细的选材和清淡的口味，代表菜有烧鹅、蜜汁叉烧等。淮扬菜由淮安、扬州及南京三种风味组成，是宫廷第二大菜系，今天国宴仍以淮扬菜系为主。淮扬菜十分讲究刀工，刀功比较精细，尤以瓜雕享誉四方。代表菜有扬州炒饭、清炖蟹粉狮子头等。

9. **前四史**，指“二十四史”中的前四部史书，即《史记》《汉书》《后汉书》《三国志》。《史记》，西汉史学家司马迁撰写的纪传体史书，是中国历史上第一部纪传体通史，撰写了黄帝时代至汉武帝太初四年间共3,000多年的历史。《汉书》，又称《前汉书》，是中国第一部纪传体断代史，由东汉史学家班固编撰，记述了汉高祖元年至新朝王莽地皇四年共230年的史事。《后汉书》，南朝宋时期历史学家范晔编撰的史类文学作品，记述了汉光武帝建武元年至汉献帝建安二十五年共195年的史事。《三国志》，由西晋史学家陈寿所著，记载中国三国时期的曹魏、蜀汉、东吴纪传体断代史。

10. **四灵**一般指四大神兽，是现代人对青龙、白虎、朱雀、玄武的叫法，实际并非神兽，而是神明，在古代又叫作四象、天之四灵，属于远古星宿崇拜的产物。四兽融入了五行和方位，以不同颜色代表：东方青色为木，西方白色为金，南方赤色为火，北方黑色为水，中央黄色为土。

11. **《荷马史诗》**是古希腊诗人荷马所作的两部长篇史诗《伊利亚特》和《奥德赛》的统称，是他根据民间流传的短歌综合编写而成。《荷马史诗》以六音步扬抑格写成，集古希腊口述文学之大成，是古希腊最伟大的作品，也是西方文学中最伟大的作品。

    阿基里斯，也称阿喀琉斯，是特洛伊战争中，希腊联军最强大的英雄，第二代英雄中的佼佼者，阿尔戈英雄珀琉斯和海洋女神忒提斯之子。和其他古希腊英雄一样，他具有半人半神的特点，是一个英勇善战、忠于朋友的人。“阿基里斯之踵”指某人或某事物的最大或者唯一弱点，即关键所在。

12. **苏联**，指苏维埃社会主义共和国联盟，是存在于1922年至1991年的联邦制社会主义国家，由苏联共产党执政，在20世纪世界舞台上拥有举足轻重的作用。1991年，随着东欧剧变，苏联解体分裂为十五个国家，且大部分经济及军事力量由最大加盟国俄罗斯联邦继承。

    二战，指第二次世界大战（1931年至1945年），亦称世界反法西斯战争，即以德意志第三帝国、意大利王国、日本帝国三个法西斯轴心国及仆从国与反法西斯同盟和全世界反法西斯力量进行的第二次全球规模的战争。1931年，日本制造九一八事变，揭开了第二次世界大战的序幕。战争最后以世界反法西斯同盟战胜法西斯告终。二战深刻地改变了人类历史，其影响广泛地涉及政治、经济、军事、外交、文化和科技各个层面，在客观上推动了科学技术的发展，带动了航空技术、原子能、重炮等领域的发展与进步。

13. **罗马和平**时期，指公元前27年元首制度建立到公元2世纪，罗马帝国没有陷入长时间内战，境内相对安宁，呈现和平、富裕的景象。罗马达到繁盛顶点，疆域已经达到了自身的极限。这一时期，它的经济、文化、军事、艺术都达到了前所未有的高峰，人才辈出，如西塞罗、维吉尔、奥维德、李维等。

    奥维德，古罗马最具影响力的诗人之一。他一生创作丰富，早期诗歌多是反映生活、爱情的哀歌体情诗。代表作有《变形记》《爱的艺术》《爱情三论》等。从文艺复兴开始，他的《变形记》向欧洲人展示了丰富多彩的古代神话世界，受到特别推崇，许多作家、艺术家从中吸取创作材料。

14. **维也纳古典乐派**，指1730年至1820年间的欧洲主流音乐，以海顿、莫扎特和贝多芬为杰出代表。其音乐作品被称为古典主义音乐。这一乐派的主要特征是反映人类普遍的思想要求，追求美的观念、强调风格的高雅，给予人们乐观向上的进取精神。

贝多芬，维也纳古典乐派代表人物之一，欧洲古典主义时期作曲家。他的音乐作品通过强烈的艺术感染力和宏伟气魄，将古典主义音乐推向高峰，并预示了19世纪浪漫主义音乐的到来。贝多芬一生创作题材广泛，代表作有《英雄交响曲》《月光奏鸣曲》等。因其对古典音乐的重大贡献，对奏鸣曲式和交响曲套曲结构的发展和创新，而被后世尊称为“乐圣”“交响乐之王”。

Test 5

1. [B]《汉书》，又称《前汉书》，由东汉历史学家班固所撰，是继《史记》之后我国古代又一部重要史书，与《史记》《后汉书》《三国志》并称为“前四史”，也是中国第一部纪传体断代史、“二十四史”之一。《汉书》记述了汉高祖元年至新朝王莽地皇四年共230年的历史。司马迁，西汉史学家、文学家、思想家，以其“究天人之际，通古今之变，成一家之言”的史识创作了中国第一部纪传体通史《史记》，该书记载了黄帝时期到汉武帝元狩元年长达3,000多年的历史，被鲁迅誉为“史家之绝唱，无韵之离骚”。范晔，南朝宋时期著名史学家、文学家，编撰了史类文学作品《后汉书》，该书记述了汉光武帝建武元年至汉献帝建安二十五年共195年的史事。欧阳修，号醉翁，晚年又号六一居士，北宋著名政治家、文学家、史学家和诗人，“唐宋八大家”之一。他是韩愈倡导的古文运动的实践者，也是北宋诗文革新运动的领袖，代表作有《新五代史》《醉翁亭记》等。
2. [D] 金砖国家（BRICS），因其引用了巴西（Brazil）、俄罗斯（Russia）、印度（India）、中国（China）和南非（South Africa）的英文首字母，且由于该词与英语单词的砖（Brick）类似，因此被称为“金砖国家”。金砖国家遵循开放透明、团结互助、深化合作、共谋发展原则和“开放、包容、合作、共赢”的金砖国家精神，致力于构建更紧密、更全面、更牢固的伙伴关系。
3. [C] 亨利·詹姆斯，英籍美裔小说家、文学批评家、剧作家和散文家，代表作有《一位女士的画像》《黛西·密勒》《鸽翼》等。《耻》是南非作家库切创作的长篇小说。库切是第一位两度获得英国文学最高奖——布克奖的作家，于2003年获得诺贝尔文学奖，是非洲第五位、南非第三位诺贝尔文学奖得主。
4. [A] 世界三大短篇小说巨匠，指莫泊桑、契诃夫、欧·亨利。莫泊桑是19世纪法国著名的批判现实主义小说家，代表作有《项链》等。契诃夫是19世纪俄国批判现实主义作家、戏剧家和短篇小说艺术大师，代表作有《变色龙》《苦恼》等。欧·亨利是19世纪末20世纪初美国现实主义著名作家，代表作有《麦琪的礼物》《警察与赞美诗》等。埃德加·爱伦·坡，19世纪美国诗人、小说家和文学评论家，美国浪漫主义思潮时期的重要成员，代表作有小说《黑猫》《厄舍府的倒塌》、诗《乌鸦》《安娜贝尔·丽》等。
5. [D] 世界环境日为每年的6月5日，它反映了世界各国人民对环境问题的认识和态度，表达了人类对美好环境的向往和追求，也是联合国促进全球环境意识、提高对环境问题的注意并采取行动的主要媒介之一。3月12日是植树节。
6. [D] “落霞与孤鹜齐飞，秋水共长天一色”出自唐朝王勃的《滕王阁序》，作者以落霞、孤鹜、秋水和长天四个景象勾勒出一幅宁静致远的画面。历来被奉为写景的精妙之句，广为传唱。《登幽州台歌》是唐代诗人陈子昂创作的诗歌。此诗通过描写登楼远眺，凭今吊古所引起的无限感慨，抒发了诗人抑郁已久的悲愤之情，深刻地揭示了封建社会中那些怀才不遇的知识分子遭受压抑的境遇，表达了他们在理想破灭时孤寂郁闷的心情，具有深刻的典型社会意义。《水调歌头·明月几时有》是宋朝文学家苏轼创作的一阕词。该词以月起兴，以与其弟苏辙七年未见之情为基础，围绕中秋明月展开想象和思考，把人世间的悲欢离合之情纳入对宇宙人生的哲理性追寻之中，表达了词人对亲人的思念和美好祝愿，也表达了在仕途失意时旷达超脱的胸怀和乐观的景致。《洛桥晚望》是唐代诗人孟郊创作的一首诗。此诗写出了“明月照积雪”的壮丽景象，展现出一个清新淡远的境界，寄寓着诗人高远的襟怀。

7. [A] 北京故宫，位于中国北京，是中国明清两代的皇家宫殿，占地面积约 72 万平方米，建筑面积约 15 万平方米，是世界上最大的宫殿，也是世界上现存规模最大、保存最为完整的木质结构古建筑之一。克里姆林宫，位于俄罗斯莫斯科，是俄罗斯联邦的象征、总统府所在地，曾是俄罗斯沙皇的居所之一，面积约 27.5 万平方米。爱丽舍宫，位于法国巴黎，是法国总统官邸以及巴黎重要建筑之一，面积约 1.1 万平方米。白宫，位于美国华盛顿，又名美国总统府，占地面积 7.3 万平方米。

8. [A] 牧神节本来是一个庆祝罗马畜牧神卢波库斯的古老节日，后来演变成情人节。牧神节于 2 月 15 日在柏伦町山上的卢波库斯洞里庆祝。随着罗马势力在欧洲的扩张，牧神节的习俗被带到了法国和英国等地。基督教的兴起使人们纪念众神的习俗逐渐淡漠。教士们不希望人们放弃节日的欢乐，于是将牧神节（Lupercalia）改成瓦沦丁节（Valentine’s Day），并移至 2 月 14 日。这一节日在中世纪的英国最为流行。未婚男女的名字被抽出后，他们会互相交换礼物，女子在这一年内成为男子的情人（Valentine）。

9. [C]《劳动合同法》对试用期长短限定为劳动合同期限三个月以上不满一年的，试用期不得超过一个月；劳动合同期限一年以上不满三年的，试用期不得超过两个月；三年以上固定期限和无固定期限的劳动合同，试用期不得超过六个月；以完成一定工作任务为期限的劳动合同或者劳动合同期限不满三个月的，不得约定试用期。

10. [A] 现代企业制度是指以市场经济为基础，以完善的企业法人制度为主体，以有限责任制度为核心，以公司企业为主要形式，以产权清晰、权责明确、政企分开、管理科学为条件的新型企业制度。其典型形式是公司制，指风险投资基金的管理人和投资人分别出资，以股份公司或有限责任公司的形式设立公司。股份合作制是以合作制为基础，吸收股份制的一些做法，劳动者的劳动联合和资本联合相结合形成的新型企业的组织形式。业主制，这一企业制度的物质载体是小规模的企业组织，即通常所说的独资企业。在业主制企业中，出资人既是财产的唯一所有者，又是经营者。企业主可以按照自己的意志经营，并独自获得全部经营收益。合伙制，即合伙合同，是指两人以上互约出资以经营共同事业的合同。

11. **甲骨文**，是中国的一种古老文字，又称“契文”“甲骨卜辞”、殷墟文字或“龟甲兽骨文”。它是现存中国王朝时期最古老的一种成熟文字，主要指商朝晚期王室用于占卜记事而在龟甲或兽骨上契刻的文字，最早出土于河南省安阳市殷墟。

12. **意识流小说**是 20 世纪 20 年代兴起的小说样式。其突出特点是打破了传统小说的表达方式，采取直接叙述意识流动过程的方法来结构篇章和塑造人物形象。它可以打破时空界限，进行立体交叉式的描写，具有较大的浓缩性和凝聚力。代表作有普鲁斯特的《追忆逝水年华》、乔伊斯的《尤利西斯》等。

13. **市场调节**是价值规律调节商品生产和商品流通的表现形式，是由价值规律自发地调节经济的运行，即由供求变化引起价格涨落，调节社会劳动力和生产资料在各个部门的分配，调节生产和流通。当商品的生产超过需要时，市场上供过于求，价格下跌，利润减少，当价格跌到价值以下时，利润率低于平均水平，商品生产者就会缩减生产，使市场上供给减少，求大于供，价格又会回升。

14. 文艺复兴是指发生在 14 世纪到 17 世纪的一场反映新兴资产阶级要求的欧洲思想文化运动，指导思想是人文主义，代表人物有但丁、达·芬奇、莎士比亚。文艺复兴揭开了近代欧洲历史的序幕，被认为是中古时代和近代的分界，是西欧近代三大思想解放运动（文艺复兴、宗教改革与启蒙运动）之一。

15. 供给法则是经济学的基本原理，即在其他条件不变的情况下，供给的变化跟商品价格的变化呈正相关系，换句话说，就是价格越高，供给量越大；价格越低，供给量越小。

16. 波士顿倾茶事件发生于 1773 年 12 月 16 日，是一场由波士顿“自由之子”所领导的政治示威事件。示威者们乔装成印第安人的模样潜入商船，将英国东印度公司运来的一整船茶叶倾入波士顿湾，以此反抗英国国会于 1773 年颁布的《茶税法》。该事件发生后，英国国会于 1774 年起陆续颁布了五条法案，最终引发了美国独立战争。

17. 中世纪，指从公元 5 世纪后期到公元 15 世纪中期，是欧洲历史三大传统划分（古典时代、中世纪、近现代）的一个中间时期。这个时期的欧洲没有一个强有力的政权来统治。封建割据带来频繁的战争，天主教会对人思想的禁锢，造成科技和生产力发展停滞，人民生活在毫无希望的痛苦中，所以中世纪或者中世纪早期在欧美普遍被称作“黑暗时代”。

18. 信天游是流传在中国西北地区的一种民歌形式。这是一部用老镢镌刻在西北黄土高原上的传世巨著，是黄坡黄水之间的一朵奇葩。其歌词是以七字格二二三式为基本句格式的上下句变文体，以浪漫主义的比兴手法见长。在陕北它叫“信天游”，又称“顺天游”“小曲子”，在山西被称为“山曲”，在内蒙古则被叫作“爬山调”。

19. 归纳法即归纳推理，是一种由个别到一般的推理，由一定程度的关于个别事物的观点过渡到范围较大的观点，由特殊具体的事例推导出一般原理、原则的解释方法。

20. 编年体是中国传统史书的一种体裁，它是以年代为线索编排有关历史事件的史书体例。编年体史书以时间为中心，按年、月、日顺序记述史事。因为它以时间为经，以史事为纬，比较容易反映出同一时期各个历史事件的联系。编年体史书的代表作有《春秋》《左传》《资治通鉴》《汉纪》等。

Test 6 北京邮电大学

一、选择填空

1. “蜘蛛” “仿佛” “奥林匹克”都属于 ______。

A. 词　　B. 短语　　C. 语素

2. ______ 不是单纯词。

A. 人　　B. 乌鲁木齐　　C. 日食

3. 这张照片请您再放大一点儿。“再”是 ______。

A. 谓语　　B. 状语　　C. 补语

4. 中国传统节日中，重视团圆的节日是 ______。

A. 清明节　　B. 端午节　　C. 中秋节

5. 中国京剧四大名旦中没有 ______。

A. 梅兰芳　　B. 程砚秋　　C. 荀小云

6. “一带一路”没涉及的国家是 ______。

A. 老挝　　B. 英国　　C. 吉尔吉斯斯坦

7. 莎士比亚的悲剧不包括 ______。

A.《威尼斯商人》　　B.《麦克白》　　C.《李尔王》

8.《清明上河图》是北宋画家 ______ 的存世精品。

A. 张择端　　B. 黄公望　　C. 顾恺之

9. “理学”（也称为“程朱理学”）的代表人物为北宋时期的程颢、程颐兄弟和南宋的 ______。

A. 陆九渊　　B. 朱熹　　C. 韩愈

10. 海顿、莫扎特和贝多芬是 ______ 音乐的杰出代表。

A. 古典主义　　B. 浪漫主义　　C. 现实主义

二、名词解释

11. 不同的语言可以有不同的词汇分布形式。但总体来讲，我们可以根据词汇的属性特征，从基本词汇和一般词汇、常用词汇和非常用词汇、古语词汇和新词汇、口语词汇和书面语词汇、标准语词汇和方言词汇、本土词汇和外来词汇六个角度来观察。请解释“基本词汇”。

12. 汉字字体从古到今的发展，经历了好几个阶段，根据字体的结构特点和发展顺序，大致可以分为“篆、隶、草、楷”。由于早期汉字数量太少，所以一般讲汉字的字体，都从甲骨文开始。请解释“草书”。

13. 很多人说，懂得并记住了“六书”，就懂得了汉字的微妙之处。请解释“六书”。

14. 常饮绿茶能防癌、降脂和减肥，对吸烟者也可减轻其受到的尼古丁伤害。请解释“绿茶”。

15. 词类是个语法概念，指根据语法方面的某个标准，即词的语法功能对词进行的分类。从语法意义和词汇意义角度同时观察，词包括实词和虚词两大类。请解释“实词”。

16. 现在租界由于其在历史上的地位及作用，被大部分历史学家认为是殖民地、半殖民地国家所特有的。历史上 19 世纪中叶以前的日本、印度、伊朗等国家均有租界的存在。1845 年 11 月 15 日，英国在中国上海设立了近代史上的第一块租界。请解释“租界”。

17~18. 科学家发现在北京故宫建筑中古代工匠广泛使用了榫卯结构。请解释“北京故宫”和“榫卯结构”。

19. 经 33 个成员国投票表决，ISO/IEC 正式通过了由中国技术专家牵头提交的物联网参考架构国际标准项目。请解释“ISO”。

20. 从16世纪末开始，中国与西方开始了直接的交流。沟通中西的使命在利玛窦那里有了充分的体现。请解释“利玛窦”。

21. 网络的高速发展催生了共享单车、手机支付等各类创新应用。请解释“共享单车”。

22~23. 一款安抚型机器人可以通过 USB 充电，续航达到 8 小时。目前其以 100 美元的价格进行众筹，预计明年上市。请解释“USB”和“众筹”。

24. 近年来，新能源汽车的发展越来越成熟，是未来汽车发展的趋势。请解释“新能源汽车”。

（答案见 196~198 页）

Test 7 湖南大学

一、选择题

1. 显性翻译（overt translation）和隐性翻译（covert translation）是由 ______ 提出的。

A. 奈达　　B. 豪斯　　C. 赖斯　　D. 诺德

2. 中国文化是以 ______ 为主体的文化。

A. 儒家文化、道家文化、法家文化　　B. 儒家文化、道家文化、墨家文化

C. 儒家文化、道家文化、佛家文化　　D. 儒家文化、道家文化、农家文化

3. 从实用翻译理论的角度来看，译文不但要保存原作的思想风格，而且必须符合译入语习惯，即提高 ______。

A. 对等性　　B. 传意性　　C. 相似性　　D. 可接受性

4. 中共十九大的主题是不忘初心，______，高举中国特色社会主义伟大旗帜，决胜全面建成小康社会，夺取新时代中国特色社会主义伟大胜利，为实现中华民族伟大复兴的中国梦不懈奋斗。

A. 继续前进　　B. 牢记使命　　C. 方得始终　　D. 砥砺前行

5. “We are interested in content that people want to share partly for pragmatic reasons.” 这句话准确的汉语翻译是 ______。

A. 我们感兴趣的，是人们部分出于实用主义原因想与人分享的内容

B. 对于在一定程度上出于实用目的而被人们分享的内容，我们很感兴趣

C. 我们之所以对人们愿意分享什么内容感兴趣，部分是出于实用的考虑

D. 我们出于实用的原因，对人们愿意分享的部分内容感兴趣

6. “Lemon market”是 ______ 的意思。

A. 次品市场　B. 期货市场　C. 股票市场　D. 水果市场

7. 1972 年，______ 在哥本哈根召开的第三届国际应用语言学会议上首次发表了《翻译学的名与实》（*The Name and Nature of Translation Studies*）一文，该论文被普遍认为是“翻译学学科的创建宣言”。

A. 图里　B. 霍姆斯　C. 卡特福德　D. 穆南

8. 康德在哲学领域掀起一场“哥白尼式的革命”，主要是因为 ______。

A. 他使哲学真正成为一门独立的学科

B. 他使哲学真正成为一门研究“人”的学问

C. 其自由平等思想推动了启蒙运动的发展

D. 其理性批判哲学，最终确立了人类的主体地位

9. 下列叙述错误的是 ______。

A. 在美国，总统选举“赢者全赢”的制度适用于全国

B. 美国总统任期为 4 年

C. 每位美国总统任期最多只能两届

D. 总统宣誓就职仪式是由美国首席大法官主持的

10.《论翻译的原则》（*Essay on the Principles of Translation*）是 ______ 的著作。

A. 德莱顿　B. 泰特勒　C. 西塞罗　D. J. 曼迪

11. 巴尔胡达罗夫按照语言形式结构划分了翻译单位，这一划分不包括 ______。

A. 音位层翻译　B. 段落层翻译　C. 话语层翻译　D. 词素层翻译

12. 意象派的特点不包括 ______。

A. 通俗上口　B. 文字简洁　C. 含蓄凝练　D. 奔放洋溢

13. 对于哲学与翻译的关系，下列说法不正确的是 ______。

A. 翻译是研究哲学的一种媒介

B. 哲学的世界观与翻译研究的方法论之间存在内在一致性

C. 哲学为翻译研究提供感性材料

D. 翻译方法论是以一定的哲学原则为内在依据和理论前提的

14. 我国是一个文明古国，早在春秋战国时期，秦国的李冰父子完成了举世闻名的 ______。

A. 三峡工程　B. 京杭大运河　C. 都江堰工程　D. 灵渠

15. ______ 没有在党的十九届一中全会中被选举为中央政治局常委。

A. 赵乐际　B. 栗战书　C. 王沪宁　D. 李源潮

二、填空题

16. 2017 年诺贝尔文学奖获得者是英国日裔作家 ________________。

17. 中共十九大报告英文版中，很多富有中国特色的表述在翻译的时候充分考虑到了外国读者的感受。在“我国物质文明、政治文明、精神文明、社会文明、生态文明将全面提升”这句话中，“精神文明、社会文明、生态文明”的英文翻译是 ________________。

18. 西方传教士的翻译活动为翻译史的研究在深度上有所突破提供了新视野。________________ 首创中西结合翻译介绍西方科学文献的历史，首次将“四书”外译，开创中国典籍外译的先河。

19. 郝景芳的小说《________________》获雨果奖。其英译本是由美籍华裔科幻作家 ________________ 翻译的。

20. 英译《红楼梦》的中国翻译家是 ________________。

21. “保兑不可撤销信用证”在商务英语中的英文表达是 ________________。

22. ________________ 节是伊斯兰教众多节日中最主要的节日，伊斯兰教把每年 9 月作为受神启示传送《古兰经》的日子。

三、名词解释

23. 归化

24. 意合

（答案见 198~201 页）

Test 8 暨南大学

一、选择题

1. 石黑一雄是一位日裔英国小说家，以下哪一部小说不是石黑一雄的作品？

A.《群山淡景》 B.《浮世画家》 C.《且听风吟》 D.《长日留痕》

2.《溪山行旅图》是中国绘画史上的杰作，此图一改常规构图，迎面耸立、雄壮浑厚的大山头被置于画面的重要位置，顶天立地，极具质感，造成一种撼人心魄的视觉效果。《溪山行旅图》是以下哪位画家的作品？

A. 北宋张择端 B. 北宋范宽 C. 南唐顾闳中 D. 东晋顾恺之

3. “天下兴亡，匹夫有责”是哪位思想家的名言？

A. 顾炎武 B. 黄宗羲 C. 王夫之 D. 王充

4. 我国煤炭资源主要集中在哪些省？

A. 陕西、新疆、四川 B. 山东、甘肃、新疆

C. 陕西、山西、内蒙古 D. 山西、山东、河南

5. 人类第一次登月是在美国东部时间 ______ 年 7 月 20 下午 4 时 17 分 42 秒，阿姆斯特朗将左脚小心翼翼地踏上了月球表面，这是人类第一次踏上月球。

A. 1969 B. 1970 C. 1971 D. 1972

6. 西洋管乐器有许多分类方法，一般按照发音的方式方法，分为吹孔气鸣乐器、单簧气鸣乐器、双簧气鸣乐器和唇簧气鸣乐器。俗称的“黑管”是指哪种乐器？

A. 小号　　B. 巴松　　C. 双簧管　　D. 单簧管

7. 世界上最长的山脉是 ________，它属于科迪勒拉山系，从北到南全长 8,900 余千米。

A. 洛基山脉　　B. 安第斯山脉　　C. 高加索山脉　　D. 乌拉尔山脉

8. 以下哪个成语的写法有误？

A. 不瘟不火　　B. 不刊之论　　C. 莫衷一是　　D. 默守成规

9. 有关尼罗河、阿姆河、印度河的下列说法，正确的是 ______。

A. 都是外流河　　B. 都流经热带沙漠地区

C. 都是沿岸地区重要的灌溉水源　　D. 都是古代文明的摇篮

10. 海洋中等深线最密集的地方是 ______。

A. 海岭　　B. 海盆　　C. 大陆架　　D. 大陆坡

11. 澳门全称为中华人民共和国澳门特别行政区，北邻广东省珠海市，西与珠海市的湾仔和横琴对望，东与香港隔海相望，相距 60 公里，南临中国南海。澳门自古以来就是中国领土，最早正式纳入中国版图是在 ______。

A. 秦朝　　B. 汉朝　　C. 唐朝　　D. 宋朝

12. 真正能够反映一个国家对外贸易实际规模的指标是 ______。

A. 对外贸易量　　B. 对外贸易额　　C. 对外贸易依存度　　D. 对外贸易值

13.《莎乐美》是英国唯美主义作家奥斯卡·王尔德于 1893 年创作的戏剧，莎乐美的故事最早记载于《圣经·新约》中的《马太福音》，是以下哪位音乐家把这个故事改编成了家喻户晓的同名歌剧？

A. 威尔第　　B. 理查·施特劳斯　　C. 普契尼　　D. 莫扎特

14. “西风残照，汉家陵阙”出自《忆秦娥·箫声咽》一词，王国维在《人间词话》中盛赞此词，称其“以气象胜”。这首词是以下哪位诗 / 词人的作品？

A. 范仲淹　　B. 晏殊　　C. 李白　　D. 欧阳修

15. 空手道是日本传统格斗术结合琉球武术唐手而形成的，起源于日本武道和琉球的唐手，空手道有三大禁忌，以下哪一项不属于空手道禁忌？

A. 用脚　　B. 用肘

C. 用膝　　D. 出击触及对方身体

16. 在《红楼梦》第四十回“史太君两宴大观园，金鸳鸯三宣牙牌令”中，林黛玉所喜欢的一句诗“留得残荷听雨声”，原诗是出自以下哪位诗人写的诗歌？

A. 白居易　　B. 李商隐　　C. 王维　　D. 张九龄

17. 1954 年，世界上第一座核电站在 ______ 建成。

A. 德国　　B. 苏联　　C. 美国　　D. 中国

18. 古代中国人在说到年龄的时候常常不用数字表示，而是用专门的称谓来代替。朝杖之年是指多少岁？

A. 60 岁　　B. 70 岁　　C. 80 岁　　D. 90 岁

19. 白鹿洞书院、应天书院、岳麓书院、嵩阳书院，被合称为中国“四大书院”，其中哪一个书院位于江西？

A. 白鹿洞书院　　B. 应天书院　　C. 岳麓书院　　D. 嵩阳书院

20. “天知、神知、我知、子知”最早是汉代人杨震说的，他说这句话的目的是 ______。

A. 拒绝收礼　　B. 劝人投案　　C. 替人投案　　D. 向人发誓

21. 《中华人民共和国国旗法》第十六条规定，在直立的旗杆上升降国旗，应当徐徐升降。升起时，必须将国旗升至杆顶；降下时，不得使国旗落地。下半旗时，是将国旗下降到什么位置？

A. 旗杆的一半处　　B. 下降 1 米

C. 下降 1.5 米　　D. 间隔杆顶的 1/3 处

22. 围棋是一种策略性两人棋类游戏，中国古时称“弈”。围棋共有多少个棋子？

A. 360　　B. 361　　C. 362　　D. 365

23. “牛郎织女”的故事是众口皆碑的神话传说，牛郎星属于什么星座？

A. 天琴座　　B. 天鹰座　　C. 天鹅座　　D. 大熊座

24. 中华人民共和国国旗五星红旗的设计者是 ______。

A. 毛泽东　　B. 周恩来　　C. 曾联松　　D. 梁思成

25. 《胡笳十八拍》是古乐府琴曲歌辞，一章为一拍，共十八章，故有此名，其作者是以下哪位古代才女？

A. 左棻　　B. 苏惠　　C. 李清照　　D. 蔡琰

二、名词解释

整个 19 世纪的法国历史进程影响着欧洲，从 1789 年法国资产阶级大革命开始，有 1830 年和 1840 年的拿破仑执政和拿破仑失败；1848 年发生资产阶级革命，法国经历了资产阶级的民主政治；到 1870 年普法战争和巴黎公社革命。它实际上也标志着整个欧洲 19 世纪的历史进程，标志着历史发展的新阶段。从艺术发展看，19 世纪欧洲的艺术同样是在法国影响下展开的。19 世纪法国产生了四个较大的艺术运动：新古典主义、浪漫主义、现实主义，以及印象派和后印象派艺术等诸艺术运动。印象派的名称是无意中产生的，是批评家对首届印象派画展上展出的一幅油画《日出·印象》的贬义评介。他们认为这些画家不会画画，只能画印象。但是印象派画家接受了这个词语，自此他们的展览就以此命名。印象派艺术受日本浮世绘的影响，重视绘画的平面性、装饰性和写意性。日本版画在博览会展出，使法国艺术家大开眼界，因而对日本的绘画一见钟情，尤其是一些年轻的画家，如莫奈、马奈、德加、雷诺阿、西斯莱以及以后的梵高和高更。

26. 法国资产阶级大革命　　27. 普法战争　　28. 新古典主义

29. 后印象派艺术　　30. 梵高

（答案见 201~205 页）

Test 9 南京师范大学

请简要解释以下段落中 20 处画线部分的知识点。

1.《经济参考报》记者日前采访多位参与上海自贸试验区的一线建设者和专家学者获悉，上海市已将建设自由贸易港的方案报送至国家有关部委征求意见。与自贸试验区相比，自由贸易港有望在一线（国境线）放开方面取得新突破，将取消或最大程度简化入区货物的贸易管制措施，有望实现不报关、不完税、转口贸易也不受限制。此外，国际融资租赁等离岸产业也将成为上海自贸港的一大亮点。

“赋予自由贸易试验区更大改革自主权，探索建设自由贸易港”，十九大报告的这一提法，引起各方热议，据了解，目前上海、浙江、福建、广东等多地都在启动或酝酿探索自由贸易港。从进度来看，上海无疑走在了前面。近期，商务部表示，正会同上海市和相关部门研究制定设立自由贸易港的有关建设方案。

“目前，上海市已将建设自由贸易港的方案报送至国家有关部委征求意见。下一步浦东将会同有关部门做好区域围网、监管平台建设等工作，为正式启动做好准备。”近日，浦东新区区长、上海自贸区管委会常务副主任杭迎伟在向浦东新区政协通报情况时表示。

2.“我们，美利坚合众国的人民，为了塑造一个更完善的联邦……”

两百多年前，在至今仍在对面街头屹立的建筑物大厅内，一群人聚集一堂，以这寥寥数语，开始了美国疑难重重的民主实验。在持续至 1787 年春天的费城制宪会议上，农夫和学者、远涉重洋前来躲避暴政和迫害的政治家和爱国者发出的《独立宣言》终于成为现实。

他们制定的文件虽最终签署完毕，但仍属未竟之业。这个文件被美国奴隶制的原罪所玷污，但因各殖民地对此意见不一，制宪会议陷入僵局。最后开国元勋们决定允许奴隶买卖至少再继续 20 多年，留待后人拿出最终解决方案。

3. 科学家与企业家前所未有的激烈碰撞，让中国在科技创新上奋勇直前，5G 等网络技术的突破性进展为众多行业带来了新的期望，生物识别的深入应用让人与机器的互动更具协同性。

无人超市、无人快递等“黑科技”不断涌现，机器人已全面拟人化。当机器试图读懂人心，现实中人与人之间的温度却愈发冰冷。当智能逐渐替代人类，普惠了大众却也让更多行业面临危机。

人与物的界限日渐模糊，物物互联正在逐渐实现。人类实体行为被搬到网络，大数据的应用建立了全新的社会信用体系，带来便捷的同时却让社会面临信任危机，不断被击穿的道德底线和代价颇低的造谣行为频频出现。

如何利用科技重建社会安全感？人与机器又将如何共存？科技的新进步又将破立怎样的规则？……世界在加速变革，人类生活正被改写，以科技的方式重拾信仰。

4. 二战结束后，很多阿拉伯国家获得独立，这是第三世界的胜利。不过，随着原有地缘政治体系的解体和重建，新的矛盾也在中东地区酝酿，并日益激化。1948 年，在犹太复国主义运动的推动下，流落于世界各地的犹太人在《旧约》中上帝赐予的迦南福地重新建立以色列国。以色列从建国那天开始，就饱受周边阿拉伯兄弟的“白眼加拳头”，这里成为基督教文明体系与伊斯兰教文明体系两大阵营对立的焦点，宛如一个活脱脱的火山口。犹太人虽然终于拥有了自己的国家，但却依然不能享受到和平与安全。

（答案见 205~207 页）

Test 10 对外经济贸易大学

1. “民为贵，社稷次之，君为轻”语出 ______。

A.《论语·微子》 B.《孟子·尽心下》

C.《明夷待访录·原君》 D.《论语·季氏》

2. 苏秦、张仪是战国时期纵横家的代表，“纵横”的具体所指是 ______。

A. 安时处顺，顺应自然 B. 不别亲疏，不殊贵贱，一断于法

C. 秉要执本，清虚自守 D. 合众弱以攻强，事一强以攻诸弱

3. 以下哪部史书属于国别体史书？

A.《史记》 B.《资治通鉴》 C.《国语》 D.《春秋》

4. 蒙学读物《三字经》中提到“为学者，必有初；小学终，至四书”。其中，“小学”和“四书”分别指 ______。

A. 初级学堂（蒙馆）；《诗经》《礼记》《易经》《春秋》

B. 诗词歌赋等“小道”；《论语》《孟子》《中庸》《大学》

C. 诸子百家；《诗经》《礼记》《易经》《春秋》

D. 文字音韵的释读之学；《论语》《孟子》《中庸》《大学》

5. 司马迁在《报任安书》中列举了历史上身处逆境、“发愤著书”的圣贤往事，其中“文王拘而演《周易》；仲尼厄而作《春秋》”分别指 ______。

A. 周文王被拘羑里，推演六十四卦；孔子困厄于陈、蔡，晚年不得志而作《春秋》

B. 周文王被拘羑里，创造八卦；孔子周游列国，颠沛流离，最终避世著书

C. 秦惠文王拘禁、车裂商鞅，推演卦象占卜；孔子反对季氏伐颛臾，著《春秋》以训诫弟子冉求、子路

D. 秦惠文王拘禁、车裂商鞅，推演卦象占卜；孔子困厄于陈、蔡，晚年不得志而作《春秋》

6.《周礼》中所谓“六艺”指的是六项基本技能，分别是 ______。

A. 书、画、文、乐、棋、数 B. 诗、书、礼、易、乐、文

C. 琴、棋、书、画、骑、射 D. 礼、乐、射、御、书、数

7. 中国古代音乐中所说的“五音”和“八音”分别指的是 ______。

A. 宫、商、角、徽、羽；阴平、阳平、阴上、阳上、阴去、阳去、阴入、阳入

B. 上平、下平、上、去、入；金、石、丝、竹、匏、土、革、木

C. 金、木、水、火、土；阴平、阳平、阴上、阳上、阴去、阳去、阴入、阳入

D. 宫、商、角、徵、羽；金、石、丝、竹、匏、土、革、木

8. 杜甫《望岳》：“岱宗夫如何，齐鲁青未了。”其中“岱宗”指的是 ______。

A. 华山 B. 恒山 C. 泰山 D. 嵩山

9. 清中叶出现了著名散文流派 ______，其代表人物有方苞、刘大櫆、姚鼐，讲究古文“义法”，以清真雅正为宗。

A. “唐宋派” B. “桐城派” C. “竟陵派” D. “公安派”

10. 中国古代科举考试制度自隋唐时期起逐渐完善，至明朝进入鼎盛时期。其考试一般分为三级，级别从低到高分别为 ______。

A. 会试、乡试、殿试 B. 童试、院试、殿试

C. 乡试、会试、殿试 D. 殿试、院试、会试

11. 明初的“靖难之役”是皇族内部争夺帝位的斗争，其结果是 ______ 夺取帝位，改元永乐，后建都北京，庙号为明成祖。

A. 朱棣 B. 建文帝 C. 朱元璋 D. 朱厚熜

12. 1901 年，清政府与西方列强签订了屈辱的 ______，规定清政府向各国支付巨额赔款，史称 ______。此后美、法等国退还部分赔款，并用于中国留学生教育项目，清华留美预备学校即是一例。

A.《北京条约》；“甲午赔款” B.《辛丑条约》；“庚子赔款”

C.《天津条约》；“庚子赔款” D.《马关条约》；“甲午赔款”

13. 欧阳修在《梅圣俞诗集序》中提到“诗人少达而多穷”“非诗之能穷人，殆穷者而后工也”。“穷而后工”具体指 ______。

A. 诗人穷困，迫于生计而做工 B. 诗人穷困，百无聊赖而作诗

C. 诗歌创作消耗诗人，使其困顿 D. 诗人人生困厄不平则鸣，方有佳作

14. “引壶觞以自酌，眄庭柯以怡颜。倚南窗以寄傲，审容膝之易安。园日涉以成趣，门虽设而常关。策扶老以流憩，时矫首而遐观。云无心以出岫，鸟倦飞而知还。景翳翳以将入，抚孤松而盘桓。”这段文字出自 ______。

A. 王羲之《兰亭集序》 B. 王粲《登楼赋》

C. 陶渊明《归去来兮辞》 D. 陶渊明《闲情赋》

15. 中国古代称画为“丹青”，称画工为“丹青师傅”。“丹青”二字的本义为 ______。

A. 水和墨 B. 朱红色和青色 C. 神话故事中的人名 D. 工笔和写意

16. 南宋诗人林升《题临安邸》诗云：“暖风熏得游人醉，直把杭州作汴州。”标题中的“临安”和诗中的“汴州”分别是 ______。

A. 南宋都城临安（今南京）；北宋故都汴州（今洛阳）

B. 东晋都城临安（今杭州）；西晋故都汴州（今洛阳）

C. 南宋都城临安（今杭州）；北宋故都汴州（今开封）

D. 南朝宋、齐梁陈的都城临安（今南京）；北宋故都汴州（今开封）

17. 我们平时所说的中国南方和北方是以 ______ 为地理分界线。

A. 长江 B. 黄河 C. 太行山—巫山 D. 秦岭—淮河

18. 中国文化中“文房四宝”中的毛笔相传是秦朝将军 ______ 所创造。

A. 蒙恬　　B. 乐毅　　C. 闻仲　　D. 管仲

19. 中国著名的古代佛雕云冈大佛最早开凿于 453 年，位于 ______。

A. 山西大同　　B. 河南洛阳　　C. 甘肃敦煌　　D. 四川乐山

20. 南宋词人史达祖的作品《双双燕 · 咏燕》中“过春社了，度帘幕中间，去年尘冷”一句中“春社”指的是 ______。

A. 古时暮春时节人们出游庆祝的活动

B. 古时在立春后清明前祭祀土神祈福的活动

C. 古时在芒种前后人们祭祀土神、祈求丰收的活动

D. 古时春节期间起诗社作诗助兴的风俗

21. 罗马帝国皇帝 ______ 于 313 年征服帝国东部，签署《米兰敕令》，宣布基督教为合法；又于 330 年建君士坦丁堡作为帝国东都。

A. 克劳狄乌斯（Claudius）　　B. 尼禄（Nero）

C. 君士坦丁一世（Constantine I）　　D. 马可 · 奥勒留（Marcus Aurelius）

22. 著名雕塑《大卫》是 ______ 的作品，取材于《圣经》中牧羊少年大卫打败 ______ 的故事。

A. 达 · 芬奇；所罗门王　　B. 米开朗基罗；非利士人哥利亚

C. 贝尼尼；扫罗和约拿单　　D. 拉斐尔；扫罗和约拿单

23. 在《圣经》中，带领以色列人逃出埃及，迁徙到上帝的应许之地——迦南的族长 / 先知是 ______。

A. 亚伯拉罕　　B. 以赛亚　　C. 摩西　　D. 耶利米

24. “碳足迹”（Carbon footprint）是当下媒体中经常出现的词汇，其具体所指是 ______。

A. 生态旅游所探索的地域和留下的足迹

B. 环境保护主义在维护环境的行动中留下的标识

C. 石油、煤炭、木材等碳元素构成的自然资源的分布图

D. 由企业机构、活动、产品或个人引起的温室气体排放的集合

25. 英国维多利亚时期思想家 ______ 将“文化”（culture）定义为“世界上被想到过和被表达过的最好的东西”（the best that has been thought and said in the world）。

A. 穆勒（J. S. Mill）　　B. 边沁（Jeremy Bentham）

C. 阿诺德（Matthew Arnold）　　D. 佩特（Walter Pater）

26. 2017 年诺贝尔文学奖颁给了英国少数族裔作家 ______。

A. 拉什迪（Salman Rushdie）　　B. 奈保尔（V. S. Naipaul）

C. 麦克尤恩（Ian McEwan）　　D. 石黑一雄（Kazuo Ishiguro）

27. ______ 是南非首位黑人总统。1993 年，诺贝尔和平委员会授予他诺贝尔和平奖，以表彰他为废除南非种族歧视政策所做出的贡献。

A. 爱德华・斯诺登（Edward Snowden）
B. 曼德拉（Nelson Mandela）
C. 阿拉法特（Yasser Arafat）
D. 查韦斯（Hugo Rafael Chávez Frías）

28. 1517 年，______ 以学术争论的方式在维登堡大教堂的大门上张贴出了《九十五条论纲》，反对天主教会赎罪券，成为欧洲宗教改革的重要事件。

A. 马丁・路德（Martin Luther）
B. 马丁・路德・金（Martin Luther King）
C. 加尔文（John Calvin）
D. 廷德尔（William Tyndale）

29. 2016年，中英文化界举行了一系列纪念英国剧作家莎士比亚和中国明代剧作家 ______ 逝世400周年的活动。

A. 王实甫
B. 关汉卿
C. 汤显祖
D. 孔尚任

30. 20 世纪 60 年代后期至 90 年代一直困扰英国政治的"北爱尔兰问题"（The Troubles）指的是 ______。

A. 英国军队、警察与爱尔兰军队、警察之间的暴力冲突

B. 北爱尔兰民族主义、天主教群体和联邦主义、新教群体之间的暴力冲突

C. 英国国教教众和不服从国教教众（Nonconformist）之间的矛盾

D. 英国政府与寻求北爱尔兰自治的民族主义者之间的暴力冲突

31. 1997 年，计算机"深蓝"战胜国际象棋世界冠军，创造了人机挑战的新历史。在此之后，人工智能程序"AlphaGo"于 2016 年和 2017 年分别战胜了哪两位围棋世界冠军？

A. 李昌镐；常昊
B. 李昌镐；古力
C. 曹薰铉；柯洁
D. 李世石；柯洁

32. 苏联导演、戏剧理论家 ______ 的作品，如《演员自我修养》《我的艺术生活》等，以及其戏剧表演体系，对中国戏剧界产生了深远影响。

A. 马雅可夫斯基
B. 斯坦尼斯拉夫斯基
C. 屠格涅夫
D. 波波夫

33. 以下哪项不是 18 世纪英国作家斯威夫特（Jonathan Swift）的《格列佛游记》（*Gulliver's Travels*）中提到的想象国度？

A. 君子国
B. 大人国
C. 小人国
D. 飞岛国

34. 荷马史诗《伊利亚特》的主要内容是 ______。

A. 特洛伊战争后，奥德修斯在海上漂流十年，终回故土

B. 希腊人联合攻打特洛伊的战争

C. 希腊神话中众神的谱系

D. 希腊神话中的创世故事

35. 我国在酒泉卫星发射中心用长征二号丁运载火箭成功将世界首颗量子科学实验卫星 ______ 发射升空，首次实现了卫星和地面之间的量子通信。

A. "高分三号"
B. "墨子号"
C. "实践十号"
D. "风云三号"

36. 电影术语“蒙太奇”（montage）是从建筑学上借用的语汇。在电影制作中，“蒙太奇”手法的含义是 ______。

A. 用没有人物出现的空镜头来抒发情感，烘托气氛

B. 将分散的镜头有顺序地剪辑组合，形成完整的电影叙事

C. 通过镜头调度，拍摄不同角度、不同构图、不同景深的画面

D. 利用渐隐、渐现、化人、化出等光学技法来表达空间转化

37. 英语《圣经》译本中所谓的钦定版圣经是指 ______ 下令组织翻译的版本。

A. 查理一世（Charles I）　　B. 伊丽莎白一世（Elizabeth I）

C. 亨利八世（Henry VII）　　D. 詹姆斯一世（James I）

38. ______ 的流域面积约占南美大陆总面积的 40%，是世界上第二长的河流，也是世界上流量最大、流域面积最广的河流。

A. 亚马逊河　　B. 密西西比河　　C. 科罗拉多河　　D. 圣劳伦斯河

39. 爵士乐作为美国本土音乐，诞生于美国南部港口城市 ______。

A. 休斯敦　　B. 圣地亚哥　　C. 新奥尔良　　D. 芝加哥

40. ______ 的《新教伦理与资本主义精神》一书探讨了新教生活伦理思想对资本主义经济发展的促进作用，是宗教社会学研究中的奠基性著作。

A. 卡尔·马克思（Karl Marx）　　B. 托克维尔（Alexis de Tocqueville）

C. 马克斯·韦伯（Max Weber）　　D. 齐美尔（Georg Simmel）

41. 大部分莎士比亚戏剧均以 ______ 的形式写作。

A. 英雄双韵体（heroic couplet）　　B. 自由诗（free verse）

C. 十四行诗（sonnet）　　D. 无韵诗（blank verse）

42. 以下哪项不是英国伦敦的标志性建筑？

A. 圣索菲亚大教堂（Hagia Sophia）　　B. 圣保罗大教堂（St. Paul’s Cathedral）

C. 威斯敏斯特教堂（Westminster Abbey）　　D. 白金汉宫（Buckingham Palace）

43. 美宪法第十三修的核心内容是 ______。

A. 公民的言论、出版、集会、请愿自由

B. 解放黑人奴隶，保证其人身自由和基本权利

C. 公民不得在任何刑事案件中被迫自证其罪

D. 女性公民的投票权

44. “一带一路”倡议的提出，使得“丝绸之路经济带”受到极大关注。中国古代陆上丝绸之路的起点是 ______。

A. 长安　　B. 咸阳　　C. 敦煌　　D. 福州

45. 西方历史上的“十字军东征”（crusade）是一场由罗马教皇、西欧封建领主和城市富商向地中海东部地区发动的战争，先后 9 次，历时近 200 年。其最初的目的之一是要收复基督教圣地 ______。

A. 伯利恒　　B. 麦加　　C. 拿撒勒　　D. 耶路撒冷

46. “反乌托邦”（dystopia）是对“乌托邦”（utopia）这一体裁的戏仿和颠覆。与“乌托邦”文学对理想国度的想象不同，“反乌托邦”刻画的是充斥着苦痛折磨的世界。以下哪部作品属于“反乌托邦”文学？

A. 柏拉图《理想国》（Plato, *The Republic*）

B. 奥古斯丁《上帝之城》（St. Augustine, *City of God*）

C. 赫胥黎《美丽新世界》（Aldous Huxley, *Brave New World*）

D. 培根《新大西岛》（Francis Bacon, *New Atlantis*）

47. 美国殖民地时期著名的“波士顿倾茶事件”（Boston Tea Party）针对的是 ______。

A. 英国国会从美国殖民地攫取大量茶叶

B. 英国政府倾销东印度公司的茶叶，颁布《茶税法》

C. 北美殖民者从东印度公司进口大量茶叶

D. 北美本土茶叶商人和“私茶”市场

48. 德国哲学家尼采在《悲剧的诞生》中探讨了艺术作品中“日神（Apollo）精神”和“______精神”的冲突与共存。

A. 月神（Artemis）　　B. 美神（Aphrodite）　　C. 酒神（Dionysus）　　D. 战神（Ares）

49. 率领船队完成人类首次环球航行，并为“太平洋”命名的葡萄牙航海家是 ______。

A. 达伽马　　B. 哥伦布　　C. 郑和　　D. 麦哲伦

50. 以下哪个不是伊斯兰教节日？

A. 开斋节　　B. 圣纪节　　C. 逾越节　　D. 盖德尔夜

（答案见 207~214 页）

答案详解

Test 6

1. [C] 语言学中，语法单位从小到大可以分为四级：语素、词、词组（短语）、句子。语素是语言中最小的音义结合的构词单位，是语言的备用单位。词是最小的能够独立运用的语言单位，是构成短语和句子的备用单位。短语是大于词而又不成句的语法单位。“蜘蛛”“仿佛”“奥林匹克”都属于语素，其中“蜘蛛”和“仿佛”属于双音节语素，双音节语素主要包括联绵词、外来词和专用名词。“奥林匹克”属于多音节语素，多音节语素主要是拟声词和音译外来词。

2. [C] 在汉语中，由一个语素构成的词语叫单纯词。这种语素以单音节为主，也有双音节的和多音节的。单纯词整个词只能表示一个意思，不能拆开。“人”是单音节单纯词；“乌鲁木齐”是多音节单纯词，多音节单纯词主要是音译词和象声词，而“乌鲁木齐”是由蒙古语音译而成的；“日食”属于合成词，即由两个或两个以上的语素组成的词。

3. [B] 谓语，对主语动作状态或特征的陈述或说明，指出“做什么”“是什么”。谓语动词的位置一般在主语之后，经常用动词和形容词搭配来充当谓语动词。中文状语，动词或形容词前面的连带成分，用来修饰、限制动词或形容词，表示动作的状态、方式、时间、处所或程度等。补语，用来述补结构中补充说明述语的结果、程度、趋向、可能、状态、数量、目的等成分。“这张照片请您再放大一点儿。”该句中，主语为“您”，谓语为“放大”，宾语为“照片”。谓语之前是状语，谓语之后是补语。“再”位于谓语“放大”之前，所以它是状语，用来修饰谓语动词。

4. [C] 中秋节，这天月亮圆满，象征团圆，因而又叫“团圆节”。主要民俗活动有赏月、舞火龙、玩花灯等。清明节，与春节、端午节、中秋节并称中国四大传统节日，在公历 4 月 5 日前后，人们主要通过扫墓来祭祀先祖、缅怀先人。端午节，又称端阳节、龙舟节等，在农历五月初五，是集拜神祭祖、祈福辟邪等为一体的民俗大节，也作为纪念屈原的节日。

5. [C] 中国京剧四大名旦是指梅兰芳、程砚秋、荀慧生、尚小云，他们是中国京剧旦角行当中四大艺术流派的创始人。梅兰芳，梅派创始人，综合了青衣、花旦、刀马旦的表演方式，创造了醇厚流丽的唱腔，代表作有《贵妃醉酒》《天女散花》等。程砚秋，程派创始人，曾拜梅兰芳为师，创造出一种幽咽婉转、若断若续的唱腔风格，代表作有《梨花记》《花舫缘》等。荀慧生，荀派创始人，塑造了许多少女、少妇的艺术形象，娇雅妩媚、清秀俊美、风格各异，代表作有《投军别窑》《花田错》等。尚小云，尚派创始人，塑造了一系列巾帼英雄、侠女烈妇的形象，代表作有《昭君出塞》《三娘教子》等。

6. [B] 一带一路是“丝绸之路经济带”和“21 世纪海上丝绸之路”的简称，它涉及 65 个国家和地区。东亚的蒙古国和东盟 10 国（新加坡、马来西亚、印度尼西亚、缅甸、泰国、老挝、柬埔寨、越南、文莱和菲律宾）；西亚 18 国；南亚 8 国；中亚 5 国（哈萨克斯坦、乌兹别克斯坦、土库曼斯坦、塔吉克斯坦和吉尔吉斯斯坦）；独联体 7 国；中东欧 16 国。其中并不涉及英国。

7. [A]《威尼斯商人》是英国戏剧家威廉·莎士比亚创作的戏剧，是一部具有讽刺性的喜剧，塑造了夏洛克这一唯利是图、冷酷无情的高利贷者的典型形象。《麦克白》是莎士比亚创作的戏剧，讲述了利欲熏心的国王和王后对权力的贪婪，最后被推翻的过程。《李尔王》是莎士比亚创作的戏剧，讲述了年事已高的国王李尔王退位后，被大女儿和二女儿赶到荒郊野外，成为法兰西皇后的三女儿率军救父，却被杀死，李尔王伤心地死在她身旁。《麦克白》《哈姆雷特》《奥赛罗》《李尔王》被公认为威廉·莎士比亚的“四大悲剧”。

8. [A] 清明上河图，中国十大传世名画之一，为北宋风俗画，北宋画家张择端仅见的存世精品，属国宝级文物。黄公望，元代画家，代表作有《富春山居图》《水阁清幽图》等。顾恺之，东晋杰出画家、绘画理论家、诗人，代表作有《洛神赋图》《女史箴图》等。

9. [B] 理学分两大流派：一称程朱理学，以“二程”（程颢、程颐兄弟）、朱熹为代表，强调理高于一切；一称心学，以陆九渊、陈献章、湛若水、王阳明为代表，强调心是宇宙万物的主宰。韩愈是唐代古文运动的倡导者，被后人尊为“唐宋八大家”之首。

10. [A] 海顿、莫扎特和贝多芬是古典主义音乐的杰出代表，由于他们都在维也纳度过自己的创作成熟时期，因而也被人称作“维也纳古典乐派”。其特点是理智和情感的高度统一，深刻的思想内容与完美的艺术形式的高度统一。浪漫主义乐派是继维也纳古典乐派后出现的一个新的流派，它产生于19世纪初。这个时期艺术家的创作上则表现为对主观感情的崇尚，对自然的热爱和对未来的幻想。代表人物有舒伯特、李斯特、理查德·施特劳斯等。

11. **基本词汇**是基本词的总和，指那些具有全民常用性、长期不变性的词，是构造新词的基础。基本词汇是从事各种不同工作的人在日常生活中进行交际都必须使用的词汇，包括两部分内容，一部分是表示人类最基本的生活所必需的概念，另一部分是起语法作用的虚词。基本词汇和语法构造是语言的基础。

12. **草书**是汉字的一种字体，形成于汉代，是为了书写简便在隶书基础上演变出来的。草书发展可分为早期草书、章草和今草三大阶段。早期草书是跟隶书平行的书体，一般称为隶草，实际上夹杂了一些篆草的形体。从东晋开始，为了跟当时的新体草书相区别，把汉代的草书称作章草。相对而言，新体草书称作今草，又分大草（也称狂草）和小草。狂草的代表人物有“草圣”张旭、怀素。

13. **六书**，首见于《周礼》，东汉许慎收集历代资料，在《说文解字》中对古文字构成规则进行概括和归纳，即象形、指事、会意、形声、假借、转注。六书是后人对汉字进行分析而归纳出来的系统，也是最早的关于汉字构造的系统理论。

14. **绿茶**，是中国的主要茶类之一，产地极为广泛。绿茶采取茶树的新叶或芽，未经发酵，经杀青、整形、烘干等工艺，保留了鲜叶的天然物质，含有茶多酚、儿茶素、叶绿素、咖啡因、氨基酸、维生素等营养成分。绿化色泽和茶汤较多保存了鲜茶叶的绿色格调，由此得名。著名品种有碧螺春、西湖龙井、蒙顶甘露、黄山毛峰等。

15. **实词**，是汉语词类中的一种，词语中含有实际意义的词，能单独充当句子成分，即有词汇意义和语法意义的词。实词一般包括名词、动词、形容词、数词、量词、代词、状态词、区别词。

16. **租界**是指两个国家议订租地或租界章程后，在其中一国的领土上为拥有行政自治权和治外法权（领事裁判权）的另一国设立的合法的外国人居住地（土地国有化）。在中国，租界是近代历史上帝国主义列强通过不平等条约强行在中国获取的租借地的简称，多位于港口城市。

17. 北京故宫旧称紫禁城，于明成祖永乐四年（1406 年）开始以南京故宫为蓝本营建，到永乐十八年（1420 年）建成，是世界上现有规模最大、保存最完整的古代木质结构宫殿，是中国明清两代的皇家宫殿，1987 年被列为世界文化遗产。

18. 榫卯结构，即中国古建筑以木材、砖瓦为主要建筑材料，以木构架结构为主要的结构方式，由立柱、横梁、顺檩等主要构件建造而成，各个构件之间的结点以榫卯相吻合，构成富有弹性的框架。榫卯结构不但可以承受较大的荷载，而且允许产生一定的变形，在地震荷载下通过变形抵消一定的地震能量，减小结构的地震响应。

19. ISO 是国际标准化组织（International Organization for Standardization）的简称，成立于 1947 年，是全球最大最权威的国际标准化组织，全体大会是 ISO 最高权力机构，理事会是 ISO 重要决策机构。其宗旨是在世界上促进标准化及其相关活动的发展，以便于商品和服务的国际交换，在智力、科学、技术和经济领域开展合作。该组织自我定义为非政府组织，是世界上最大的非政府性标准化专门机构。日常办事机构是中央秘书处，总部设在瑞士日内瓦。

20. 利玛窦，意大利人，天主教耶稣会传教士、学者，于 1582 年（明万历十年）被派往中国传教，直至 1610 年在北京逝世，在华传教 28 年，是天主教在中国传教的最早传教士之一。他的主要成就是传播天主教，开创“利玛窦规矩”，以及促进中西方文化交流，与徐光启等人合译欧几里得《几何原本》（前六卷），向中国社会传播了西方的几何学，首次将“四书”译为拉丁文，向西方传播中国文化。

21. 共享单车是一种分时租赁模式，也是一种新型绿色环保共享经济。共享单车（自行车）企业通过在校园、地铁站点、公交站点、居民区、商业区、公共服务区等提供服务，完成交通行业最后一块“拼图”，带动居民使用其他公共交通工具的热情，与其他公共交通方式产生协同效应。

22. USB，英文 Universal Serial Bus（通用串行总线）的缩写，是一个外部总线标准，用于规范电脑与外部设备的连接和通讯。USB 自推出以来，已成功替代串口和并口，成为 21 世纪大量计算机和智能设备的标准扩展接口和必备接口之一。USB 具有传输速度快、使用方便、支持热插拔、连接灵活、独立供电等优点，可以连接键盘、鼠标、大容量存储设备等多种外设，也被广泛用于智能手机中。

23. 众筹，翻译自英语 crowdfunding 一词，即大众筹资或群众筹资，由发起人、跟投人、平台构成，具有低门槛、多样性、依靠大众力量、注重创意的特征，是指一种向群众募资，以支持发起的个人或组织的行为。

24. 新能源汽车是指采用非常规的车用燃料作为动力来源（或使用常规的车用燃料、采用新型车载动力装置），综合车辆的动力控制和驱动方面的先进技术，形成的技术原理先进、具有新技术、新结构的汽车。新能源汽车包括纯电动汽车、增程式电动汽车、混合动力汽车、燃料电池电动汽车、氢发动机汽车等。

Test 7

1. [B] 朱莉安·豪斯，德国汉堡大学应用语言学教授，根据其对翻译质量评估模式的研究成果，提出了“翻译分类学”的概念，即根据原文文本功能及译文文本的功能异同，将翻译划分为“显性翻译”与“隐形翻译”，并为此提出了不同的翻译质量评估模式。尤金·A·奈达，美国语言学家、翻译家、翻译理论家，公认的现代翻译译论奠基人，建立了从“动态对等”到“功能对等”的原则，代表作有《翻译科学探索》《从一种语言到另一种语言》等。卡特琳娜·赖斯，德国目的论翻译理论的开创者，其翻译理论的核心概念是文本类型与文本功能分析。克里斯蒂安·诺德，德国功能翻译学派代表人物之一，提出了功能加忠诚的翻译理论。

2. [C] 儒释道三教是中国、韩国、朝鲜、日本、越南五国历史上的主流文化和历史文化的核心内容，反映了中国及周边国家传统文化的基本面貌之一。“儒”指的是儒家，是孔子开创的学派，也称儒教，曾长期作为中国官方意识形态存在；“释”是古印度（今尼泊尔境内）乔达摩·悉达多创立的佛教，又称释教，世界三大宗教之一；“道”即道教，发源于中国，是中国古代统治阶级的三大精神支柱之一。

3. [D] 译文的可接受性是指译文读者对译文能否完全理解，译文是否明白易懂。衡量可接受性高低的标准要看译文是否符合译语表达习惯，越接近译语表达习惯，可接受性越高。

4. [B] 习近平总书记在党的十九大报告中开宗明义宣示十九大的主题，即“不忘初心，牢记使命，高举中国特色社会主义伟大旗帜，决胜全面建成小康社会，夺取新时代中国特色社会主义伟大胜利，为实现中华民族伟大复兴的中国梦不懈奋斗”。“不忘初心，继续前进”出自习近平总书记的重要文章《在庆祝中国共产党成立95周年大会上的讲话》。“不忘初心，方得始终”出自习近平总书记发表的2022年新年贺词。“不忘初心，砥砺前行”出自习近平总书记在上海合作组织成员国元首理事会第二十一次会议上的讲话。

5. [A] 原句出自第26届韩素音翻译大赛的英译汉文章“How the News Got Less Mean”。该句准确的译文应为“我们感兴趣的，是人们部分出于实用主义原因想与人分享的内容”。

6. [A]“Lemon market”指柠檬市场，“柠檬”在美国俚语中表示“次品”或“不中用的东西”，所以柠檬市场也称次品市场或阿克洛夫模型，是指信息不对称的市场，即在市场中，产品的卖方对产品的质量拥有比买方更多的信息。期货市场（Futures market），是按达成的协议交易并按预定日期交割的金融市场。股票市场（Stock market），是已经发行的股票转让、买卖和流通的场所，包括交易所市场和场外交易市场两大类别。

7. [B]《翻译学的名与实》是霍姆斯最重要的翻译理论文章。霍姆斯，著名美籍翻译理论家，曾在荷兰阿姆斯特丹大学任教。他首次建议把翻译理论或翻译学叫作“翻译研究”，并第一次较为完整地勾勒出翻译学科的基本蓝图。图里，以色列特拉维夫大学诗学、比较文学与翻译理论教授，是将多元系统理论应用到翻译研究的代表人物，同时也是翻译描述研究理论用力最勤的理论家，代表作有《翻译理论探索》等。卡特福德，著名的英国翻译理论家，用现代语言学视角诠释翻译问题，他于1965年出版的《翻译的语言学理论》将翻译界定为“用一种等值的语言的文本材料去替换另一种语言的文本材料”，把寻求对等视作翻译研究和实践的中心问题，对翻译的不同语言层次进行描写研究。穆南，法国著名翻译理论家，他代表了法国翻译理论研究的转向和发展趋势，从结构主义语言学、可译性与不可译性理论等方面对翻译理论做了建构，代表作有《翻译的理论问题》《语言学与翻译》等。

8. [D] 哥白尼式的革命，德国康德哲学用语，喻指其批判方法在哲学上产生的影响。在哥白尼的“日心说”以前，人们认为一切星球围着地球转，哥白尼却认为地球是在围着其他星球转。康德的哲学思想认为，不是事物在影响人，而是人在影响事物。是人在构造现实世界，在认识事物的过程中，人比事物本身更重要。因此，康德的以人为主体的哲学思想带来了哲学上的“哥白尼式的转变”。

9. [A] 根据美国选举制度，美国总统由选举人团选举产生，并非由选民直接选举产生，获得半数以上选举人票者当选总统。选举人团制度中一项关键的原则是“赢者全赢”（winner-take-all）。按各州规定，除了缅因和内布拉斯加两州外，其他 48 个州和华盛顿特区的所有选举人的票都要投给在本州普选中胜选的候选人。因此，“赢者全赢”的制度并不适用于全国。1951 年开始生效的美国宪法第二十二修正案规定总统每届任期 4 年，连选连任不得多于 2 次。按近现代传统，首席大法官主持美国总统的宣誓仪式。

10. [B] 1791 年，英国爱丁堡大学历史学教授亚历山大·弗雷泽·泰特勒在其所著的《论翻译的原则》一书中提出了著名的“翻译三原则”，标志着西方译学研究从此走上了从理论推证理论的道路。约翰·德莱顿，英国诗人、剧作家、文学批评家、翻译家。他一生为贵族写作，为君王和复辟王朝歌功颂德，被封为“桂冠诗人”，代表作有《时髦的婚礼》《一切为了爱情》《悲剧批评的基础》等。西塞罗，罗马共和国晚期的哲学家、政治家，他对翻译理论的阐述主要见于《论演说家》《论最优秀的演说家》《论善与恶之定义》。J. 曼迪，英国著名翻译理论家，代表作有《翻译学导论：理论与实践》《翻译研究指南》等。

11. [B] 巴尔胡达罗夫，俄罗斯翻译理论家，代表作有《语言与翻译》。他按照语言形式结构划分了翻译单位，即音位层翻译、词素层翻译、词层翻译、词组层翻译、句子层翻译和话语层翻译。

12. [D] 意象派，1909 年至 1917 年间的一个文学流派。其宗旨是要求诗人以鲜明、准确、含蓄和高度凝练的意象生动及形象地展现事物，并将诗人瞬息间的思想感情溶化在诗行中。意象派诗歌的特点包括含蓄凝练、形象鲜明、诗情藏而不露、文字简洁、通俗上口，并富有流畅的音乐美。代表人物是埃兹拉·庞德。

13. [C] 翻译作为一种话语实践，可以为哲学提供大量的感性材料。哲学研究，特别是语言哲学中涉及大量的翻译理论问题，翻译理论也包含哲学思辨和哲学方法论的运用。在西方翻译理论史上，不少哲学大家都将翻译作为研究哲学的一种媒介。从哲学与方法论的关系看，哲学的世界观与翻译学的方法论之间存在深刻的一致性。哲学的世界观使翻译理论工作者成为自觉的主体，使经验性的方法形成理论，从而使翻译理论者在哲学观点的指导下自觉地认识翻译的本质。因此，一定的哲学原则运用于翻译实践和理论研究过程时即表现为方法论，一定的翻译方法论则总是以一定的哲学原则作为内在依据和理论前提。

14. [C] 都江堰水利工程位于岷江，是战国时期秦国蜀郡太守李冰率众修建的大型水利工程，现存至今依旧在灌溉田畴，是造福人民的伟大水利工程。其以年代久、无坝引水为特征，是世界水利文化的鼻祖。三峡水电站，世界上规模最大的水电站，也是中国有史以来建设最大型的工程项目。京杭大运河，始建于春秋时期，是世界上里程最长、工程最大的古代运河，也是最古老的运河之一，与长城、坎儿井并称为中国古代的三项伟大工程，并且使用至今。灵渠，是世界上最古老的运河之一，有着“世界古代水利建筑明珠”的美誉，沟通长江水系和珠江水系，在今广西壮族自治区兴安县境内。

15. [D] 2017 年 10 月 25 日，党的十九届一中全会选举习近平、李克强、栗战书、汪洋、王沪宁、赵乐际、韩正为中央政治局常委。李源潮，中共第十六届中央候补委员，十七届、十八届中央委员，十七届中央政治局委员、中央书记处书记，十八届中央政治局委员。

16. [石黑一雄] 2017 年诺贝尔文学奖获得者是英国日裔作家石黑一雄，获奖理由是“在他的小说中，以巨大的情感力量，发掘了隐藏在我们与世界联系的幻觉之下的深渊”。代表作有《群山淡景》《浮世画家》《长日留痕》等。石黑一雄曾获得 1989 年布克奖、大英帝国勋章、法国艺术及文学骑士勋章等多个奖项，与拉什迪、奈保尔并称“英国文坛移民三雄”。

17. **[cultural and ethical, social, and ecological advancement]** 在《政府工作报告》中，原句翻译为 New heights are reached in every dimension of material, political, cultural and ethical, social, and ecological advancement.，故“精神文明、社会文明、生态文明”的英文翻译应为 cultural and ethical, social, and ecological advancement。

18. **[利玛窦]** 利玛窦，意大利人，天主教耶稣会传教士、学者。在华传教 28 年，是天主教在中国传教的最早传教士之一。他积极向西方传播中国文化，首次将“四书”译为拉丁文。

19. **[北京折叠；刘宇昆]** 2016 年 8 月，郝景芳的小说《北京折叠》获得第 74 届世界科幻雨果奖。这是继刘慈欣的《三体》后，我国作家第二次获得该奖项。2014 年，这篇小说被《文艺风赏》《小说月报》等文学刊物选中刊发，之后又引起了《三体》英文版译者、科幻作家兼翻译家刘宇昆的注意，他把《北京折叠》译成英文，收录于《看不见的星球：中国当代科幻小说选集》中。

20. **[杨宪益]** 杨宪益，中国著名翻译家、外国文学研究专家、诗人。杨宪益曾与夫人戴乃迭合作翻译全本《红楼梦》、全本《儒林外史》等多部中国文学名著，在国外皆获得好评，产生了广泛影响。

21. **[Confirmed Irrevocable Letter of Credit]** 保兑不可撤销信用证，信用证的一种，指根据开证行的授权或要求，另一家银行保证对符合信用证条款规定的单据履行付款责任的信用证。

22. **[开斋]** 开斋节是穆斯林最隆重的节日。在新疆，穆斯林称这一节日为“肉孜节”，在伊斯兰教历 10 月 1 日。此前，9 月全月封斋，最后一天寻看新月，见月的次日即举开斋，是为开斋节。

23. **归化**，由美国著名翻译理论学家劳伦斯韦努蒂于 1995 年在《译者的隐身》中提出。归化是要把源语本土化，以目标语或译文读者为归宿，采取目标语读者所习惯的表达方式来传达原文的内容。归化翻译要求译者向目的语读者靠拢，译者必须像本国作者那样说话，原作者要想和读者直接对话，译作必须变成地道的本国语言。归化翻译有助于读者更好地理解译文，增强译文的可读性和欣赏性。

24. **意合**，不借助语言形式手段，靠词语与句子本身意义上的连贯与逻辑顺序而实现的连接，注重意义上的连贯。汉语是一种典型的意合语言。

Test 8

1. **[C]**《且听风吟》是日本作家村上春树创作的一部中篇小说，发表于 1979 年。石黑一雄，英国日裔作家，2017 年诺贝尔文学奖获得者，曾获得 1989 年布克奖、大英帝国勋章、法国艺术及文学骑士勋章等多个奖项，与拉什迪、奈保尔并称“英国文坛移民三雄”。代表作有《群山淡景》《浮世画家》《长日留痕》等。

2. **[B]**《溪山行旅图》是范宽创作的一幅绢本墨笔画，现藏于台北故宫博物院。范宽，宋代著名的“北派”山水画大师，存世作品还有《雪山萧寺图》《雪景寒林图》等。北宋张择端的代表作有《清明上河图》《金明池争标图》等。南唐顾闳中的唯一传世作品为《韩熙载夜宴图》。东晋顾恺之的代表作有《洛神赋图》《女史箴图》等。

3. [A]“天下兴亡，匹夫有责”这句话最早出自顾炎武的《日知录·正始》，背景是清军入关。他的原句是“保国者，其君其臣肉食者谋之；保天下者，匹夫之贱与有责焉耳矣。”顾炎武，明末清初思想家、经学家，与王夫之、黄宗羲、唐甄并称为明末清初“四大启蒙思想家”，代表作有《日知录》《天下郡国利病书》等。黄宗羲，明末清初经学家、史学家、思想家，提出“天下为主，君为客”的民主思想，抨击了封建君主专制制度，代表作有《明儒学案》《宋元学案》等。王夫之，人称“船山先生”，明末清初思想家，主张朴素唯物主义，代表作有《周易外传》《黄书》等。王充，东汉思想家、文学批评家，是汉代道家思想的重要传承者与发展者，丰富和发展唯物主义气一元论，开创元气自然论，代表作为《论衡》。

4. [C] 我国的煤炭资源主要集中在内蒙古自治区、新疆维吾尔自治区、陕西省、山西省、河南省。内蒙古是世界最大的“露天煤矿”之乡。中国五大露天煤矿中，内蒙古有四个，分别为伊敏、霍林河、元宝山和准格尔露天煤矿。新疆煤炭预测资源量 2.19 万亿吨，占全国的 40%。

5. [A] 阿波罗 11 号是美国国家航空航天局的阿波罗计划中的第五次载人任务，是人类第一次登月任务，在美国东部时间 1969 年 7 月 20 日下午 4 时 17 分 42 秒。

6. [D] 黑管，指单簧管，又称克拉管，是木管乐器的一种，通常用非洲黑木制造，有管弦乐队中的“演说家”和木管乐器中的“戏剧女高音”之称。小号，又名小喇叭，是铜管乐器中的一种。在所有的铜管乐器里，小号的发音及声音是最高的。巴松，又名大管，是木管类乐器的一种。低音区音色阴沉庄严，中音区音色柔和甘美、悠扬而饱满，高音富于戏剧性，适于表现严肃迟钝忧郁的感情，也适于表现诙谐情趣和塑造丑角形象。双簧管，一种西洋木木管类乐器，在乐队中常担任主旋律，是出色的独奏乐器，此外它还是交响乐队里的调音基准乐器。

7. [B] 安第斯山脉，属于科迪勒拉山系，位于南美洲的西岸，从北到南全长 8,900 余千米，是世界上最长的山脉。洛基山脉，是美洲科迪勒拉山系在北美的主干，由许多小山脉组成，被称为北美洲的“脊骨”，南北纵贯 4,800 多千米。高加索山脉，长约 1,200 千米，宽 200 千米，其最高峰为厄尔布鲁士峰，其海拔为 5,642 米，同时也是欧洲第一高峰。乌拉尔山脉，北起北冰洋喀拉海的拜达拉茨湾，南至哈萨克草原地带，绵延 2,000 多千米，是欧亚两洲的分界线，介于东欧平原和西伯利亚平原之间。

8. [D] 默守成规，正确的写法应为墨守成规，指思想保守，守着老规矩不肯改变。不瘟不火，意思是戏曲不沉闷乏味，也不急促，恰到好处，也可指表演既不沉闷，也不火爆。不刊之论，意思是比喻不能改动或不可磨灭的言论，用来形容文章或言辞的精准得当，无懈可击。莫衷一是，意思是不能决定哪个是对的，形容意见分歧，没有一致的看法。

9. [C] 尼罗河，流经非洲东部与北部，自南向北注入地中海，是世界上最长的河流，也是沿岸地区重要的灌溉水源。尼罗河流域是世界文明发祥地之一，突出的代表就是古埃及文明。阿姆河，中亚流量最大的内陆河，河水含沙量多，水力资源丰富，有灌溉之利，建有多处水电站和水库。印度河是巴基斯坦主要河流，也是巴基斯坦重要的农业灌溉水源，注入阿拉伯海。印度河文明为世界上最早进入农业文明和定居社会主要文明之一。这三条河流的相同之处在于，它们都是沿岸地区重要的灌溉水源。

10. [D] 海洋中等深线最密集的地方是大陆坡。等深线，指在海洋或湖泊中，相同深度的各点连接成封闭曲线，按比例缩小后垂直投影到平面上，所形成的曲线称为等深线。海岭，又称海脊，有时也称“海底山脉”，是海底分裂产生新地壳的地带，是板块生长扩张的边界。海盆，洋盆的别称，是在海洋的底部有许多低平的地带，周围是相对高一些的海底山脉。大陆架是大陆向海洋的自然延伸，通常被认为是陆地的一部分，又叫“陆棚”或“大陆浅滩”。

11. [A] 约前 3 世纪（即秦始皇一统中国之时），澳门被正式纳入中国版图，属南海郡番禺县地。

12. [A] 对外贸易量是剔除了价格变动因素后的对外贸易值。以货币所表示的对外贸易值经常受到价格变动的影响，因而不能准确地反映一国对外贸易的实际规模，更不能将不同时期的对外贸易值直接比较。而将以一定时期为基期的贸易量指数同各个时期的贸易量指数相比较，就可以得出比较准确反映贸易实际规模变动的贸易量指数。

13. [B] 1902 年，理查·施特劳斯在柏林观看了戏剧《莎乐美》，认为它非常适合被改编成歌剧，于是创作了同名歌剧。理查德·施特劳斯是德国浪漫派晚期的一位伟大的作曲家，同时又是交响诗及标题音乐领域中最大的作曲家。威尔第，意大利歌剧作曲家，有“意大利革命的音乐大师”之称，代表作有《弄臣》《茶花女》等。贾科莫·普契尼，意大利歌剧作曲家，代表作有《波希米亚人》《托斯卡》《蝴蝶夫人》等。莫扎特，古典主义时期奥地利作曲家，维也纳古典乐派代表人物之一，代表作有《费加罗的婚礼》《唐璜》《魔笛》《后宫诱逃》等。

14. [C]《忆秦娥·箫声咽》是唐代诗人李白的词作。此词上片伤别，下片伤逝，伤今怀古，托兴深远，与《菩萨蛮·平林漠漠烟如织》一起被誉为“百代词曲之祖”。范仲淹，北宋时期杰出的政治家、文学家，倡导“先天下之忧而忧，后天下之乐而乐”思想和仁人志士节操，代表作有《范文正公文集》。晏殊，北宋政治家、文学家，以词著于文坛，尤擅小令，风格含蓄婉丽，与欧阳修并称“晏欧”，代表作有《珠玉词》《晏元献遗文》《类要》等。欧阳修，号醉翁，晚号六一居士，北宋政治家、文学家，是在宋代文学史上最早开创一代文风的文坛领袖，“唐宋八大家”之一，代表作有《欧阳文忠公集》等。

15. [C] 空手道的三大禁忌分别是用脚、用肘、出击触及对方身体。空手道是日本传统格斗术结合琉球武术唐手而形成的，起源于日本武道和琉球的唐手。二战之后通过美军宣传而在全世界广泛传播。空手道当中包含踢、打、摔、拿、投、锁、绞、逆技、点穴等多种技术，一些流派中还练习武器术。

16. [B]“留得枯荷听雨声”出自唐朝李商隐的《宿骆氏亭寄怀崔雍崔衮》，这句话的意思是留得满地枯残的荷叶，好听深夜萧瑟的雨声。李商隐，晚唐著名诗人，和杜牧合称“小李杜”，擅长诗歌写作，骈文文学价值颇高。其诗构思新奇，风格秾丽，尤其是一些爱情诗和无题诗写得缠绵悱恻，优美动人，广为传诵。代表作有《锦瑟》等。王维，唐朝诗人、画家，尤长五言，多咏山水田园，与孟浩然合称“王孟”，因笃诚奉佛，有“诗佛”之称，代表作有《王右丞集》《画学秘诀》等。张九龄，唐朝开元名相、政治家、文学家、诗人，积极发展五言古诗，诗风清淡，以素练质朴的语言，寄托深远的人生慨望，代表作有《曲江集》。

17. [B] 1954 年，苏联建成了世界第一座核电站——奥布宁斯克核电站，成为人类和平利用原子能的典范。1960 年，德国第一座核电站——卡尔实验核电站投入使用，是为德国核电事业的开端。德国宣布将于 2022 年前关闭国内所有核电站，成为西方工业大国里第一个全面弃核的国家。1961 年，美国建成了第一座商用核电站——杨基核电站。秦山核电站是中国自行设计、建造和运营管理的第一座 30 万千瓦压水堆核电站，于 1985 年开工，1991 年建成投入运行。

18. [C] 朝杖之年，出自《礼记》，意思是年过八十就可以允许撑着拐杖入朝，指男子 80 岁。我们一般称 60 岁为花甲之年、耳顺之年、杖乡之年，70 岁为古稀之年、杖国之年、致事之年，80~90 岁为耄耋之年，90 岁为鲐背之年，100 岁为期颐。

19. [A] 白鹿洞书院，位于江西九江，始于唐、盛于宋，沿于明清，已有 1,000 多年历史。应天书院，位于河南商丘，是北宋最具影响力的书院，史载“州郡置学始于此”。岳麓书院，位于湖南长沙，古代传统的书院建筑至今被完整保存。嵩阳书院，位于河南郑州，为宋代程朱理学的发源地之一，其建筑风格是研究中国古代书院建筑、教育制度以及儒家文化的“标本”。

20. [A] 该句出自《后汉书 · 杨震传》，杨震被提拔做荆州刺史，当赴东莱郡任太守时，路过昌邑，以前被他举荐的荆州秀才王密做昌邑县令。王密去拜见他，夜里怀揣十斤金子来赠送给杨震。杨拒绝道，“天知、神知、我知、子知，何谓无知？”该句的意思是天知道，神知道，我知道，你知道，怎么能说没人知道？

21. [D] 下半旗，也称降半旗，是公众表示哀悼的重要礼节。按照我国国旗法规定，下半旗时，应当先将国旗升至杆顶，然后降至旗顶与杆顶之间的距离为旗杆全长的 1/3 处；降下时，应当先将国旗升至杆顶，然后再降下。下半旗是国家行为，一般是在某些重要人士逝世或重大不幸事件、严重自然灾害发生时来表达全国人民的哀思和悼念。

22. [B] 围棋，一种策略型两人棋类游戏，中国古时称“弈”，西方称“Go”。围棋流行于东亚国家（中、日、韩、朝），属琴棋书画四艺之一。围棋使用矩形格状棋盘及黑白二色圆形棋子进行对弈，正规棋盘上有纵横各 19 条线段，361 个交叉点，棋子必须走在空格非禁着点的交叉点上，双方交替行棋，落子后不能移动或悔棋，以目数多者为胜。围棋中，黑子 181 枚，白子 180 枚，共有 361 枚棋子。

23. [B] 牛郎星，学名河鼓二，又称牵牛星，属于天鹰座，是第十二的明亮恒星，西方称呼此星为 Altair，是阿拉伯语的“飞翔的大鹫”的缩写。织女星，属于天琴座，是天琴座中最明亮的恒星，距离地球约 25 光年。天鹅座和大熊座为北天星座。

24. [C] 曾联松，浙江瑞安人，中华人民共和国国旗图案设计者。1949 年，全国政协向全国公开征集国旗、国徽的图案。曾联松从报上获知后，设计了“五星布成椭圆形，大星导引于前，小星环绕于后，恰似众星拱北斗”的五星红旗。9 月 27 日，中国人民政治协商会议第一届全体会议上一致通过国旗议案，中华人民共和国国旗诞生。毛泽东，字润之，湖南湘潭人，中国人民的领袖，伟大的马克思主义者，伟大的无产阶级革命家、战略家、理论家，中国共产党、中国人民解放军和中华人民共和国的主要缔造者和领导人，马克思主义中国化的伟大开拓者，中国共产党第一代中央领导集体的核心，领导中国人民彻底改变自己命运和国家面貌的一代伟人。周恩来，字翔宇，于 1921 年加入中国共产党，是伟大的马克思主义者，伟大的无产阶级革命家、政治家、军事家、外交家，党和国家主要领导人之一，中国人民解放军主要创建人之一，中华人民共和国的开国元勋，是以毛泽东同志为核心的党的第一代中央领导集体的重要成员。梁思成，建筑历史学家、建筑教育家和建筑师，被誉为中国近代建筑之父，参与了人民英雄纪念碑、中华人民共和国国徽等作品的设计。

25. [D]《胡笳十八拍》相传是东汉女诗人蔡文姬（蔡琰）创作的一首乐府诗。蔡文姬，名琰，字文姬，东汉末年女性文学家，文学家蔡邕之女，代表作有《悲愤诗》二首和《胡笳十八拍》。左棻，西晋女文学家，代表作有《啄木诗》《离思赋》《感离诗》。苏惠，前秦才女，代表作有《回文璇玑图》。李清照，宋代女词人，婉约派代表，有“千古第一才女”之称，代表作有《声声慢 · 寻寻觅觅》《一剪梅 · 红藕香残玉簟秋》《夏日绝句》等。

26. **法国资产阶级大革命**，是世界近代史上一次规模最大、范围最广的资产阶级革命，它不但结束了法国 1,000 多年的封建统治，还震撼了整个欧洲大陆的封建秩序。拿破仑早期战争捍卫和发展了大革命的成果，进一步打击了欧洲封建主的统治。法国资产阶级革命的彻底性为此后各国的革命树立了榜样，法国资产阶级革命所开辟的资产阶级革命时代，已成为势不可挡的历史潮流。

27. **普法战争**，在法国称 1870 年法德战争，在德国称德法战争，是普鲁士王国为了统一德国，并与法兰西第二帝国争夺欧洲大陆霸权而爆发的战争。这次战争由法国发动，最后以普鲁士大获全胜，建立德意志帝国而告终。这次战争使普鲁士王国完成德意志统一，取代了法国在欧洲大陆的霸主地位。

28. **新古典主义**是兴起于18世纪的罗马，并迅速在欧美地区扩展的艺术运动。新古典主义是在古典美学规范下，采用现代先进的工艺技术和新材质，重新诠释传统文化的精神内涵，具有端庄、雅致、明显的时代特征。主要代表人物有巴利、卡诺瓦、富拉克斯曼等。

29. **后印象派艺术**，是法国美术史上继印象主义之后的美术现象，主张重新重视美术中形的观念，重视作者的主观个性，注意在作品中表现作者的主观感情和情绪，注意形式的表现力。主要代表人物有塞尚、梵高、高更等。

30. **梵高**，荷兰后印象派画家。他早期画风写实，受到荷兰传统绘画及法国写实主义画派的影响。梵高的作品中充满天然的悲悯情怀和苦难意识，对农民、对田野生活、对乡村田野风光有着很高的热情。梵高是表现主义的先驱，并深深影响了20世纪艺术，尤其是野兽派与德国表现主义。代表作有《星月夜》、自画像系列、向日葵系列等。

Test 9

1. **自由贸易港**，是设在国家与地区境内、海关管理关卡之外的，允许境外货物、资金自由进出的港口区。对进出港区的全部或大部分货物免征关税，并且准许在自由港内，开展货物自由储存、展览、拆散、改装、重新包装、整理、加工和制造等业务活动。主要任务是要探索我国对外开放的新路径和新模式，推动加快转变政府职能和行政体制改革，促进转变经济增长方式和优化经济结构，实现以开放促发展、促改革、促创新，形成可复制、可推广的经验，服务全国的发展。

转口贸易，又称中转贸易，指国际贸易中进出口货品的生意，不是在生产国与消费国之间直接进行，而是通过第三国易手进行的买卖。贸易的货品能够由出口国运往第三国，在第三国不通过加工（转换包装、分类、选择、收拾等不作为加工论）再销往消费国；也能够不通过第三国而直接由生产国运往消费国，但生产国与消费国之间并不发生贸易联系，而是由中转国分别同生产国和消费国发生贸易。

国际融资租赁，指含有国际因素的出租人按照承租人的要求购买物并租赁给承租人，由承租人按约定支付租金，在租期结束时，承租人得以支付租赁物象征性余值并取得租赁物所有权的交易。涉及的协议包括设备供应协议、融资租赁协议、设备维修服务协议、贷款协议。

商务部，主管我国国内外贸易和国际经济合作的国务院组成部门，承担制订和实施我国国内外经济贸易政策、推进扩大对外开放的重要职责。前身可以追溯到 1952 年成立的对外贸易部和 1961 年成立的对外经济联络总局。1982 年，上述两单位与进出口管理委员会、外国投资管理委员会合并成立对外经济贸易部，1993 年改称对外贸易经济合作部。2003 年由对外贸易经济合作部和原国家计划委员会、原国家经济贸易委员会部分职能司局合并成立商务部。

政协，中国人民政治协商会议的简称，是中国人民爱国统一战线的组织，是中国共产党领导的多党合作和政治协商的重要机构，是我国政治生活中发扬社会主义民主的重要形式，是社会主义协商民主的重要渠道和专门协商机构，是国家治理体系的重要组成部分，是具有中国特色的制度安排。团结和民主是中国人民政治协商会议的两大主题。其主要职能是政治协商、民主监督、参政议政。

2. **联邦**，又称联邦制国家，是指由两个或两个以上的成员单位（州、省、邦、共和国等）根据联邦宪法组成的国家。联邦是复合国中最主要的形式，世界上许多国家都是联邦制国家，如瑞士、俄罗斯、美国、加拿大、德国、印度等。

费城制宪会议，即美利坚合众国制宪会议，又称费城会议、联邦会议或费城大会，于 1787 年 5 月 25 日至 9 月 17 日在费城举行，制订了人类历史上的第一部成文宪法——《美利坚合众国宪法》。会议解决了美国各州之间的干系问题，也让美国人民的思想与人性得到了自由的解放；还为美国的法律列出了最科学的整体框架，为以后美国各方面的宪法起到了铺垫的作用。

《独立宣言》，由托马斯·杰斐逊起草，是北美洲十三个英属殖民地宣告自大不列颠王国独立，并宣明此举正当性之文告。1776 年 7 月 4 日，本宣言由第二届大陆会议于费城批准，这一天后成为美国独立纪念日。《独立宣言》的中心思想是宣布美国独立，它深刻地阐述了资产阶级民主主义原则。

美国奴隶制的原罪，即美国南北战争前南方实行的奴隶制是美国的原罪。当时，奴隶们种植收割棉花的效率非常高，背后的原因是奴隶主用酷刑和量化考核强迫奴隶们不断挑战自己的生理极限，而奴隶们的报酬仅仅是勉强的温饱。在奴隶制下，美国人的祖先被剥夺了自由和获得财富、教育、正当权利和基本尊严的机会，所有这些盗窃都促进了美国的经济发展，它是建立在奴隶劳动的基础上的。正是商品化、苦难与折磨，以及对美国黑人的奴役，造就了美国的强大和富有。

开国元勋，又称美国国父，是直接或间接对美国宪法产生重大影响的个人，包括《独立宣言》和《邦联条例》的起草和签署人、美利坚合众国制宪会议代表（包括起草人、签署人和未签署人），以及参与美国革命的领袖。

3. **5G**，第五代移动通信技术，是具有高速率、低时延和大连接特点的新一代宽带移动通信技术，5G 通信设施是实现人机物互联的网络基础设施。5G 的三大类应用场景包括增强移动宽带、超高可靠低时延通信和海量机器类通信。

生物识别，指通过计算机与光学、声学、生物传感器和生物统计学原理等高科技手段密切结合，利用人体固有的生理特性和行为特征来进行个人身份的鉴定。生物识别技术比传统的身份鉴定方法更具安全、保密和方便性，具有不易遗忘、防伪性能好、不易伪造或被盗、随身"携带"和随时随地可用等优点。

黑科技，网络新名词，指高科技泛滥之后演变出来的，更强大或者更先进的技术以及创新，也包括基于现有技术的改进升级和该产品的使用体验等，包括新硬件、新软件、新技术、新工艺、新材料等。

物物互联，即物联网，是互联网基础上的延伸和扩展的网络，将各种信息传感设备与网络结合起来而形成的一个巨大网络，实现任何时间、任何地点，人、机、物的互联互通。物联网的基本特征可概括为整体感知、可靠传输和智能处理。

大数据，或称巨量资料，指的是所涉及的资料量规模巨大到无法透过主流软件工具，在合理时间内达到撷取、管理、处理、并整理成为帮助企业经营决策更积极目的的资讯。大数据包括结构化、半结构化和非结构化数据，非结构化数据越来越成为数据的主要部分。

4. **第三世界**，指亚洲、非洲、拉丁美洲及其他地区的发展中国家。这些国家数目多，土地辽阔（约占世界陆地的 60%），人口众多（约占世界人口的 73%），拥有极为丰富的资源，是重要的战略要地。第三世界国家历史上长期遭受帝国主义和殖民主义的侵略、压迫和剥削，经济上大多比较落后。尽管他们中大多数国家已宣告独立，但仍然受到帝国主义特别是超级大国的经济渗透、政治控制和军事威胁，面临着彻底的政治独立和经济独立的严峻任务。

地缘政治，政治地理学中的一项理论。它主要是根据地理要素和政治格局的地域形式，分析和预测世界或地区范围的战略形势和有关国家的政治行为。它把地理因素视为影响甚至决定国家政治行为的一个基本因素。地缘政治理论的根源，可以追溯到德国地理学家弗里德里希·拉采尔在 1897 年所提出的“国家有机体”论，以及之后发表的“生存空间”概念。但是“地缘政治”这一词，则是源自瑞典学者鲁道夫·契伦。契伦进一步发展拉采尔的理论，用地理来解释政治现象。

犹太复国主义，也称锡安主义、犹太圣会主义，是一种犹太民族主义思潮，号召散居世界各地的犹太人返回巴勒斯坦，重建犹太国家，复兴犹太民族。巴以冲突的直接起源在于犹太人的复国运动。

《旧约》是基督教经典《圣经》的第一部分，指基督教继承的犹太教《希伯来圣经》，用希伯来文写成，共39卷。公元90年，犹太教雅姆尼亚会议正式确认其为犹太教正经。内容包括律法书、叙事著作、诗歌、先知书四部分。基督教新教使用的《旧约》为 39 卷版本。天主教使用的《旧约》以希腊文《七十子译本》为蓝本，共 46 卷，除上述 39 卷外，还包括 7 卷《次经》。

文明体系，是指一个民族或若干个民族所创造的文化（文明）延续时间较长又没有中断、影响较大，基础比较稳固和统一，色彩比较鲜明，能形成自己独立体系的文化体系。世界文明体系的划分观点是由美国政治学家塞缪尔·亨廷顿提出的，该观点载于其著作《文明的冲突与世界秩序的重建》一书中。其中，对文明体系划分的依据是宗教。该书中，塞缪尔·亨廷顿认为，冷战后，世界格局的决定因素表现为七大或八大文明，即基督教文明、伊斯兰文明、东正教文明、儒教文明、日本文明、拉美文明、佛教文明，还有可能存在的非洲文明。

Test 10

1. [B]“民为贵，社稷次之，君为轻”出自《孟子·尽心下》。意思是孟子说：“百姓最为重要，代表国家的土神、谷神其次，国君为轻。”《论语·微子》中著名的文句有“四体不勤，五谷不分”“往者不可谏，来者犹可追”。《明夷待访录·原君》中著名的成语有“曾不惨然”。《论语·季氏》中著名的文句有“不患寡而患不均，不患贫而患不安”“生而知之”。

2. [D]《韩非子》中说：“纵者，合众弱以攻一强也；横者，事一强以攻众弱也。”纵横家，是谋圣鬼谷子创立的学术流派，在战国时期以从事政治外交活动为主的一派。合纵派的主要代表是公孙衍和苏秦，连横派的主要代表是张仪。“安时处顺，顺应自然”属于庄子的思想；“不别亲疏，不殊贵贱，一断于法”属于法家的思想；“秉要执本，清虚自守”属于道家的思想。

3. [C]《国语》，又名《春秋外传》或《左氏外传》，相传是春秋时期左丘明所撰的中国最早的一部国别体史书。《史记》是西汉著名史学家司马迁撰写的中国历史上第一部纪传体通史，被列为“二十四史”之首，记载了黄帝时代至汉武帝共 3,000 多年的历史。《资治通鉴》，是由北宋史学家司马光主编的一部多卷本编年体史书。

《春秋》，是我国第一部编年体史书，被后人称为“春秋笔法”“微言大义”，是中国古代儒家典籍“六经”之一。

4. [D] 古人把研究文字训诂音韵方面的学问叫“小学”，这些知识学到了才能继续学习四书五经之类的学问。“四书”是《论语》《孟子》《大学》《中庸》的合称。

5. [A]《周易》即《易经》，是传统经典之一，相传系周文王姬昌所作。“文王拘而演《周易》”，指姬昌坐牢长达七年之久，对祖先智慧的结晶——“八卦”进行钻研，经过长久的苦心推导、演绎，发展成更为精深微妙的六十四卦，这便是后世所称的《周易》。孔子，名丘，字仲尼。“厄”指厄困，艰难窘迫。“仲尼厄而作《春秋》”，指孔子周游于卫、宋、陈、蔡诸国，宣传自己的政治主张。在此期间，孔子处境十分艰难，政治上屡遭打击，生活上困顿不堪。回到鲁国后，他修订了我国第一部编年体史书《春秋》。

6. [D] 六艺，指中国周朝贵族教育体系中的六种技能，即礼、乐、射、御、书、数。中国周朝的贵族教育体系，开始于公元前 1046 年的周王朝，周王官学要求学生掌握六种基本才能。

7. [D] 五音，指中国五声音阶中的宫、商、角、徵、羽。我国古代《三字经》记载：“匏土革，木石金。丝与竹，乃八音。”由此可知我国古代乐器的分类，即分成匏（páo）、土、革、木、石、金、丝、竹八类。“阴平、阳平、阴上、阳上、阴去、阳去、阴入、阳入”是中国古代汉语的八个声调。“金、木、水、火、土”指阴阳五行。

8. [C] 泰山，五岳之首，位于山东泰安。古代以泰山为五岳之首，诸山所宗，故又称“岱宗”。华山，古称“西岳”，位于陕西渭南，自古以来就有“奇险天下第一山”的说法，是中国道教主流全真派圣地。恒山，古称“北岳”，位于山西浑源，因其险峻的自然山势和地理位置的特点，古代成为兵家必争之地。嵩山，古称“中岳”，位于河南登封，是中国佛教禅宗的发源地和道教圣地。

9. [B] 桐城派是中国清代文坛上最大的散文流派，也是中国文学史上第一个拥有“专派辞典”（《桐城派大辞典》）的文学流派。戴名世、方苞、刘大櫆、姚鼐被尊为桐城派“四祖”。唐宋派是明代嘉靖年间的一个散文流派，代表人物有王慎中、唐顺之、茅坤、归有光。他们的基本观点是反对以文采取代“道统”，主张“文道合一”的传统。竟陵派又称钟谭派，是明代后期文学流派，因为主要人物钟惺、谭元春都是竟陵（即今湖北天门）人，故被称为竟陵派。竟陵派重视作家个人情性流露的体现，可以说是公安派文学论调的延续。公安派是明神宗万历年间以袁宏道及其兄袁宗道、弟袁中道三人为代表的文学流派，因三人是湖北公安人而得名。在晚明的诗歌、散文领域，以“公安派”的声势最为浩大。

10. [C] 正式的科举考试分为三级：乡试、会试、殿试。乡试通常每三年在各省省城举行一次，又称为大比。由于乡试是在秋季举行，所以又称为秋闱。会试于乡试后的第二年春天在礼部举行，所以会试又称为礼闱或春闱。殿试是皇帝主试的考试，考策问。

11. [A] 明太祖朱元璋在位时把儿孙分封到各地做藩王，藩王势力日益膨胀。因太子朱标早逝，洪武三十一年（1398 年），皇太孙朱允炆继位，是为建文帝。建文帝与亲信大臣齐泰、黄子澄等采取一系列削藩措施。朱棣于建文元年（1399 年）起兵反抗，随后挥师南下，史称“靖难之役”，又称靖难之变，于建文四年（1402 年）攻下帝都应天（今南京）。明世宗朱厚熜，明朝第十一位皇帝，年号“嘉靖”。

12. [B]《辛丑条约》，亦称《辛丑各国和约》《北京议定书》，是清政府与英、美、俄、法、德、意、日、奥、比、西、荷十一国在义和团运动失败、八国联军攻入北京后签订的不平等条约。《辛丑条约》被认为是中国近代史上失权最严重的不平等条约。《辛丑条约》的签订，进一步加强了帝国主义对中国的全面控制和掠夺，表明清政府已完全成为帝国主义统治中国的工具，标志着中国已完全沦为半殖民地半封建社会。条约规定，中国从海关银等关税中拿出4亿5千万两白银赔偿各国，并以各国货币汇率结算，按0.4%的年息，分39年还清。这笔钱史称“庚子赔款”。

13. [D]“非诗之能穷人，殆穷者而后工也”意思是如此说来，并非写诗使人穷困潦倒，大概是穷困潦倒后才能写出好诗来。欧阳修这篇序文之所以历来受人推重，主要原因在于作者提出了“穷而后工”的创作思想。吴楚材等在《古文观止》中说：“‘穷而后工’四字，是欧公独创之言，实为千古不易之论。”

14. [C] 题中这段文字出自陶渊明的《归去来兮辞》，是作者脱离仕途回归田园的宣言。全文叙述了作者辞官归隐后的生活情趣和内心感受，表现了他对官场的认识以及对人生的思索，表达了他洁身自好、不同流合污的情操。王羲之的《兰亭集序》记叙了兰亭周围山水之美和聚会的欢乐之情，抒发作者对生死无常的感慨。王粲的《登楼赋》抒写了作者生逢乱世、长期客居他乡、才能不能得以施展而产生思乡、怀国之情和怀才不遇之忧，表现了作者对动乱时局的忧虑和对国家和平统一的希望，也倾吐了自己渴望施展抱负、建功立业的心情。陶渊明的《闲情赋》既写出了美女的姿色，又写出了美人良好的品德和崇高的志趣，因此获得后人“如奇峰突起，秀出天外，词采华茂，超越前哲”的高度评价。

15. [B] 丹指丹砂，青指青雘，本是两种可作颜料的矿物。因我国古代绘画常用朱红色和青色两种颜色，所以丹青成为绘画艺术的代称。丹青比植物性颜料保存时间长，不易褪色，因此常用来比喻坚贞，如丹青不渝。

16. [C] 临安府，是杭州在南宋时期的府名，为南宋都城。开封，简称“汴”，古称汴州、汴梁、汴京、东京、大梁，是河南省辖地级市，先后有夏朝，战国时期的魏国，五代时期的后梁、后晋、后汉、后周、北宋、金朝等在此定都，素有“八朝古都”之称。东晋都城在建康（今江苏省南京市）。西晋故都为洛阳，洛阳简称“洛”，别称洛邑、洛京。

17. [D] 秦岭—淮河一线，就是人们常说的南方和北方的地理分界线，此线南北，无论是自然条件、农业生产方式，还是地理风貌以及人民的生活习俗，都有明显的不同。长江，世界第三长河，也是世界水能第一大河，发源于“世界屋脊”——青藏高原，先后流经我国11个省级行政区，并最终经由崇明岛注入东海。黄河，属世界长河之一，中国第二长河。黄河是中华文明最主要的发源地，中国人称其为“母亲河”。大兴安岭—太行山—巫山—雪峰山一线是我国第三级阶梯和第二级阶梯的分界线。

18. [A] 如今用的毛笔，相传由秦朝监督修筑万里长城的将军蒙恬改良而成，所以至今被誉为毛笔之乡的河北衡水侯店和浙江湖州善琏每逢农历三月初三，如同过年，家家包饺子，饮酒庆贺，纪念蒙恬创毛笔。乐毅，战国后期杰出的军事家、战略家，公元前284年，他统帅燕国等五国联军攻打齐国，连下七十余城，创造了中国古代战争史上以弱胜强的著名战例，报了强齐伐燕之仇。闻仲，古典小说《封神演义》重要人物，帝乙托孤大臣，纣王重臣、太师，坐下墨麒麟，手使雌雄鞭。管仲，中国古代著名经济学家、哲学家、政治家、军事家，春秋时期法家代表人物，辅佐齐桓公成为春秋五霸之首。

19. [A] 云冈大佛，位于山西大同，是云冈石窟的一尊露天大佛，第五窟三世佛的中央坐像，高达17米。云冈大佛的意义在于发展出佛教世俗化中国化，即常说的我佛如来。这些佛像在中国传统雕刻艺术的基础上，吸取、融汇了印度犍陀罗艺术及波斯艺术的精华，这是中国古代劳动人民创造性劳动的智慧结晶，也是与其他国家友好往来的历史见证。

20. [B] 春社，古代春天的社日，以祭祀土神，一般在立春后的第五个戊日。《双双燕·咏燕》是宋代词人史达祖创作的一首咏物词。此词上片写燕子飞来，重回旧巢的愉快场景；下片写燕子在春光中嬉戏，夜幕降临时回巢栖息的情景。古时暮春时节人们出游庆祝的活动称为踏青或者春游。

21. [C]《米兰敕令》又译作《米兰诏令》或《米兰诏书》，是罗马帝国皇帝君士坦丁一世和李锡尼在 313 年于意大利的米兰颁发的宽容基督教的敕令。克劳狄乌斯一世，罗马帝国朱里亚·克劳狄王朝的第四任皇帝。尼禄，罗马帝国第五位皇帝，朱里亚·克劳狄王朝第五位亦是最后一位皇帝。马可·奥勒留，罗马帝国五贤帝时代最后一位皇帝。

22. [B]《大卫》是意大利雕塑家米开朗基罗创作的大理石雕塑。大卫是圣经中的少年英雄，曾经杀死侵略犹太人的非利士人哥利亚，保卫了祖国的城市和人民。达·芬奇，意大利文艺复兴画家、科学家、发明家，与米开朗基罗、拉斐尔并称“文艺复兴后三杰”（又称“美术三杰”），代表作有《蒙娜丽莎》《最后的晚餐》等。贝尼尼，意大利雕塑家、建筑家、画家，早期杰出的巴洛克艺术家，17 世纪最伟大的艺术大师。贝尼尼主要的成就在雕塑和建筑设计，代表作有《阿波罗和达芙娜》《蒙地卡罗皇宫》等。拉斐尔，意大利著名画家，代表作有《西斯廷圣母》《雅典学派》等。

23. [C] 在《圣经》中，摩西受上帝之命率领被奴役的以色列人逃离古埃及，前往富饶之地——迦南，经历 40 多年的艰难跋涉，到达目的地时就在当地去世，享年 120 岁。亚伯拉罕，原名亚伯兰，神赐名“亚伯拉罕”，意为“多国之父”。以赛亚，《旧约》中的人物，他名字的意思是“耶和华拯救”，在其生活的年代以先知的身份侍奉上帝（耶和华）。耶利米是《圣经》记载中犹大国灭国前最黑暗时的一位先知，是《旧约》中《耶利米书》《耶利米哀歌》《列王纪上》及《列王纪下》的作者。

24. [D] 碳足迹，是指企业机构、活动、产品或个人通过交通运输、食品生产和消费以及各类生产过程等引起的温室气体排放的集合。它描述了一个人的能源意识和行为对自然界产生的影响，号召人们从自我做起。

25. [C] 马修·阿诺德，英国诗人、评论家，将文化定义为“世界上被想到过和被表达过的最好的东西”，主张诗要反映时代的要求，需有追求道德和智力“解放”的精神。其诗歌和评论对时弊很敏感，并能做出理性的评判。代表作有《评论一集》《文化与无政府主义》《郡莱布和罗斯托》等。约翰·穆勒，英国著名哲学家、心理学家和经济学家，19 世纪影响力很大的古典自由主义思想家，支持边沁的功利主义，代表作有《论自由》。杰里米·边沁，英国法理学家、哲学家、经济学家和社会改革者，被公认为伦敦大学学院的“精神之父”，代表作有《道德与立法原理导论》《政府片论》等。瓦尔特·佩特，英国作家、批评家，1873 年出版《文艺复兴史研究》，提出“为艺术而艺术”的美学主张。

26. [D] 2017 年诺贝尔文学奖获得者是英国日裔作家石黑一雄，获奖理由是“在他的小说中，以巨大的情感力量，发掘了隐藏在我们与世界联系的幻觉之下的深渊”。代表作有《群山淡景》《浮世画家》《长日留痕》等。石黑一雄曾获得 1989 年布克奖、大英帝国勋章、法国艺术及文学骑士勋章等多个奖项，与拉什迪、奈保尔并称“英国文坛移民三雄”。萨尔曼·拉什迪，英国作家，曾获得 1981 年英国布克奖、1993 年布克奖 25 周年最佳小说、2008 年布克奖 40 周年最佳小说、2014 年安徒生文学奖，代表作有《午夜之子》《羞耻》等。奈保尔，英国印度裔作家，曾获得 1971 年布克奖、2001 年诺贝尔文学奖等，代表作有《通灵的按摩师》《重访加勒比》等。麦克尤恩，英国作家，曾获得 1993 年费米娜外国小说奖、1998 年英国布克奖、2011 年耶路撒冷文学奖、2002 年美国国家书评人协会奖，代表作有《最初的爱情，最后的仪式》《赎罪》等。

27. [B] 曼德拉于 1994 年至 1999 年间任南非总统，是首位黑人总统，被尊称为“南非国父”。在任职总统前，曼德拉是积极的反种族隔离人士，同时也是非洲国民大会的武装组织民族之矛的领袖。曼德拉在 40 年来获得了超过一百项奖项，其中最显著的便是 1993 年诺贝尔和平奖。2004 年，其被选为最伟大的南非人。爱德华·斯诺登，前 CIA（美国中央情报局）技术分析员，2013 年 6 月，斯诺登将美国国家安全局关于 PRISM 监听项目的秘密文档披露给了《卫报》和《华盛顿邮报》，揭露美国“棱镜”计划，随即遭美国政府通缉。阿拉法特，巴勒斯坦政治家、军事家、巴勒斯坦前总统，自青年时代起就投身于巴勒斯坦民族的解放事业，为争取恢复巴勒斯坦人民合法的民族权利进行了长期不懈的斗争，1993 年与以色列签署《奥斯陆协议》而获得 1994 年诺贝尔和平奖。查韦斯，委内瑞拉政治家，曾任第 52 任委内瑞拉总统并创建“第五共和国运动”党。

28. [A] 马丁·路德，16 世纪欧洲宗教改革运动发起人、基督教新教的创立者、德国宗教改革家，1517 年撰写《九十五条论纲》，反对罗马教廷出售赎罪券，揭开了宗教改革的序幕。马丁·路德·金，非裔美国牧师、社会活动家、黑人民权运动领袖，1963 年在林肯纪念馆的台阶上发表了“我有一个梦想”的演讲，1964 年被授予诺贝尔和平奖。约翰·加尔文，欧洲宗教改革家，基督教新教加尔文宗创始人，1536 年发表神学著作《基督教原理》，否定罗马教廷的权威，认为人的得救与否由上帝决定，1541 年在日内瓦组成政教合一的共和政权，形成基督教新教中和路德宗同样重要的加尔文宗。威廉·廷德尔，16 世纪著名的基督教学者和宗教改革先驱，被认为是第一位清教徒、英国宗教改革家和《圣经》译者。

29. [C] 汤显祖，中国明代戏曲家、文学家，被称为“东方的莎士比亚”。威廉·莎士比亚，英国文艺复兴时期剧作家、诗人。汤显祖与莎士比亚是同时代的人，他们两人都是 1616 年逝世的，2016 年是他们逝世 400 周年。王实甫，元代著名杂剧作家，代表作有杂剧《西厢记》《丽春堂》《破窑记》等。关汉卿，元杂剧奠基人，与白朴、马致远、郑光祖并称为“元曲四大家”，代表作有《窦娥冤》《救风尘》等。孔尚任，孔子六十四代孙，清初诗人、戏曲家，与洪昇并称“南洪北孔”，被誉为康熙时期照耀文坛的双星，代表作有《桃花扇》《小忽雷传奇》等。

30. [B] 北爱尔兰问题由 30 年来在北爱尔兰的民族主义者（主要是罗马天主教徒）社区和联合主义者（主要是新教徒）社区的成员之间不断重复发生的激烈暴力冲突组成。1998 年 4 月 10 日，北爱尔兰各派在英、美和爱尔兰的推动下，达成了和平协议。

31. [D] 围棋人机大战，是指人类顶尖围棋手与计算机顶级围棋程序之间的围棋比赛，特指韩国围棋九段棋手李世石、中国围棋九段棋手柯洁分别与人工智能围棋程序“AlphaGo”之间的两场比赛。阿尔法围棋是第一个击败人类职业围棋选手、第一个战胜围棋世界冠军的人工智能机器人，由谷歌旗下 DeepMind 公司戴密斯·哈萨比斯领衔的团队开发。其主要工作原理是“深度学习”。李昌镐，韩国围棋九段棋手，曾创造多项围棋历史记录，开创了“李昌镐时代”，实现了世界职业围棋比赛“大满贯”。常昊，中国著名围棋九段棋手。古力，中国围棋职业九段棋手，世界围棋“八冠王”。曹薰铉，韩国著名围棋选手，韩国棋院九段。

32. [B] 斯坦尼斯拉夫斯基，俄国演员、导演、戏剧教育家、理论家。他有一句名言：“没有小角色，只有小演员。”代表作有《演员自我修养》《我的艺术生活》等。马雅可夫斯基，苏联诗人，十月革命后创作了思想、艺术性兼备的大量诗篇，号召人民保卫苏维埃政权，1925 年发表长诗《列宁》，被认为是苏联诗歌中社会主义现实主义的奠基作。屠格涅夫，19 世纪俄国批判现实主义作家。代表作有《罗亭》《贵族之家》等。波波夫，俄国物理学家和电工学家、无线电通信发明家、军事无线电通信的奠基人，是研究电磁波的先驱。

33. [A]《格列佛游记》是英国作家乔纳森·斯威夫特创作的一部长篇游记体讽刺小说。小说通过格列佛在利立浦特（小人国）、布罗卜丁奈格（大人国）、勒皮他（飞岛国）和慧骃国的奇遇，揭露批判了英国统治阶级的腐败和罪恶及英国资本主义在资本原始积累时期的疯狂掠夺和残酷剥削。

34. [B]《伊利亚特》，相传是由盲诗人荷马所作史诗。全诗共 15,693 行，分为 24 卷，主要内容是叙述希腊人远征特洛伊城的故事。它通过对特洛伊战争的描写，歌颂英勇善战、维护集体利益、为集体建立功勋的英雄。《奥德赛》，与《伊利亚特》并称《荷马史诗》，描写了特洛伊战争后，奥德修斯在海上漂流十年，终回故土的故事。

35. [B] 2016 年 8 月 16 日 1 时 40 分，我国在酒泉卫星发射中心用长征二号丁运载火箭成功将世界首颗量子科学实验卫星“墨子号”发射升空。这将使我国在世界上首次实现卫星和地面之间的量子通信，构建天地一体化的量子保密通信与科学实验体系。高分三号卫星是在太原卫星发射中心用长征四号丙运载火箭成功发射升空，是中国高分专项工程的一颗遥感卫星，为 1 米分辨率雷达遥感卫星，也是中国首颗分辨率达到 1 米的 C 频段多极化合成孔径雷达成像卫星。实践十号卫星，是空间科学战略性先导专项首批确定的科学卫星项目中唯一的返回式卫星，也是中国第一个专用的微重力实验卫星。风云三号气象卫星是为了满足中国天气预报、气候预测和环境监测等方面的迫切需求建设的第二代极轨气象卫星。

36. [B] 蒙太奇手法，一种电影的镜头组合理论及手法，是俄国导演发展出来的理论，指把分切的镜头有机地组接起来，形成有组织的片段、场面直至一部完整电影的手段。空镜头，又叫“景物镜头”，指用没有人物出现的空镜头来抒发情感，烘托气氛。

37. [D] 钦定版圣经，是《圣经》的诸多英文版本之一，于 1611 年出版。钦定版圣经是由英王詹姆斯一世的命令下翻译的，所以有些中文称之为英王钦定版、詹姆斯王译本或英王詹姆斯王译本等。查理一世，詹姆斯一世和丹麦公主安妮的次子，英国历史上唯一被公开处死的国王，欧洲史上第一个被公开处死的君主。伊丽莎白一世，英国都铎王朝的最后一位英格兰及爱尔兰女王，也是名义上的法国女王，英王亨利八世和他的第二任妻子安妮·博林的女儿。伊丽莎白统治时期在英国历史上被称为“黄金时代”。亨利八世，都铎王朝第二位英格兰国王及首位爱尔兰国王，推行宗教改革，使英国教会脱离罗马教廷，英国王室的权力因此达到顶峰。

38. [A] 亚马逊河，位于南美洲北部，世界第二长河，世界上流量、流域最大、支流最多的河流。密西西比河，美国最大的河流，同时也是北美洲最长的河流、世界第四长河。科罗拉多河是美国西南方、墨西哥西北方的河流，是北美洲主要河流之一。圣劳伦斯河，是北美洲中东部的大水系，连接美国明尼苏达州圣路易河的源头和加拿大东端通往大西洋的卡伯特海峡。

39. [C] 爵士乐，一种音乐类型，19 世纪末 20 世纪初源于美国，诞生于南部港口城市新奥尔良，音乐根基来自布鲁斯和拉格泰姆。

40. [C]《新教伦理与资本主义精神》是德国哲学家马克斯·韦伯的社会学著作。卡尔·马克思，马克思主义创始人之一，代表作有《资本论》《共产党宣言》等。托克维尔，法国政治思想家和历史学家，代表作有《论美国的民主》《旧制度与大革命》。齐美尔，德国社会学家、哲学家，形式社会学的开创者，代表作有《货币哲学》《社会学》。

41. [D] 不押韵的诗称无韵诗或白体诗，多用在戏剧和叙事诗中。莎士比亚的戏剧和弥尔顿的《失乐园》都是用无韵诗写成的。英雄双韵体，是一种英国古典诗体，由十音节双韵诗体演化而来，由第一位桂冠诗人约翰·德莱顿命名，最早广泛使用英雄双韵体的作家是乔叟。自由诗，是没有规则的音节、韵律及其他正规设计的诗。一般认为，美国19世纪诗人惠特曼是近现代主流自由诗的创始者。十四行诗，是欧洲一种格律严谨的抒情诗体，彼特拉克的创作使其臻于完美，又称"彼特拉克体"。代表人物有彼特拉克、莎士比亚、普希金等，代表作有《莎士比亚十四行诗》等。

42. [A] 圣索菲亚大教堂，是拜占庭帝国的主教堂，位于君士坦丁堡（今土耳其伊斯坦布尔），是拜占庭建筑最光辉的代表、东正教的中心教堂、拜占庭帝国极盛时代的纪念碑。圣保罗大教堂，是世界著名的宗教圣地、世界第五大教堂、英国第二大教堂，是伦敦的宗教中心，建筑为华丽的巴洛克风格，是世界第二大圆顶教堂，17世纪末建成。威斯敏斯特教堂（别名西敏寺），坐落在伦敦泰晤士河北岸，英国地位最高的教堂。除了王室成员，英国许多领域的伟大人物也埋葬在此。白金汉宫，是英国君主在伦敦的主要寝宫及办公处，坐落于威斯敏斯特，是英国国家庆典和王室欢迎礼举行场地之一。

43. [B] 美国宪法第十三修正案的核心内容是明确宣布奴隶制和强制劳动不能存在，并授权过会通过适当的立法实施这一条款，于1865年12月6日生效。美国宪法第一修正案，于1791年12月15日获得通过，核心内容是公民的言论、出版、集会、请愿自由。美国宪法第五修正案，明确了被告人在刑事诉讼中享有不被强迫自证其罪的特权。美国宪法第十九修正案，规定了"美利坚合众国或任何州不得以性别为由，剥夺或剥夺美利坚合众国公民的选举权"，美国各地的妇女终于获得了争取已久的投票权。

44. [A] 陆上丝绸之路起源于西汉时期，汉武帝派张骞出使西域开辟的以首都长安（今西安）为起点，经甘肃、新疆，到中亚、西亚，并连接地中海各国的陆上通道。最初作用是运输中国古代出产的丝绸，在明朝时期成为综合贸易之路。

45. [D] 十字军东征是一系列在罗马天主教教皇乌尔班二世发动的、持续近200年的、有名的宗教性军事行动，由西欧的封建领主和骑士以收复被阿拉伯、突厥等穆斯林入侵占领的土地的名义对地中海东岸国家发动的战争，前后共计9次。当时原属于罗马天主教圣地的耶路撒冷落入伊斯兰教手中，罗马天主教为了收复失地，便进行多次东征行动。耶路撒冷同时是犹太教、基督教和伊斯兰教三大亚伯拉罕宗教（或称"三大天启宗教"）的圣地。伯利恒，巴勒斯坦南部城市，由于是耶稣的出生地而闻名世界，是犹太教和基督教圣地。麦加，沙特阿拉伯城市，是伊斯兰教的圣地。拿撒勒，以色列北部城市，传说耶稣在该城附近的萨福利亚村度过青少年时期，是基督教圣城之一。

46. [C]《美丽新世界》是英国作家阿道司·赫胥黎创作的长篇小说，与《1984》《我们》被誉为"反乌托邦三部曲"，是20世纪最经典的反乌托邦文学之一。《理想国》是古希腊哲学家柏拉图的哲学对话体著作，主要论述了柏拉图心中理想国的构建、治理和正义，主题是关于国家的管理。《上帝之城》是古罗马帝国时期天主教思想家奥古斯丁创作的第一部教会历史哲学，主要论述神圣的照管及人类的历史。《新大西岛》是英国哲学家弗朗西斯·培根未完成的一部小说，集中表达了他毕生所倡导的科学的"伟大复兴"的思想信念。

47. [B]1773 年，英国政府为倾销英国东印度公司的积存茶叶，通过《救济东印度公司条例》。该条例给予东印度公司到北美殖民地销售积压茶叶的专利权，免缴高额的进口关税，只征收轻微的茶税。波士顿倾茶事件，是一场由波士顿“自由之子”所领导的政治示威事件。示威者们乔装成印第安人的模样潜入商船，将英国东印度公司运来的一整船茶叶倾入波士顿湾，以此反抗英国国会于 1773 年颁布的《茶税法》。

48. [C]《悲剧的诞生》是德国哲学家弗里德里希·威廉·尼采的哲学著作，全书围绕日神和酒神的激烈斗争而展开，认为古希腊艺术产生于日神冲动和酒神冲突。月神阿尔忒弥斯（Artemis），是古希腊神话中的狩猎女神，被称为“野兽的女主人与荒野的领主”，奥林匹斯十二主神之一。她自由独立，热爱野外生活，反对男女婚姻。世界七大奇迹之一的阿尔忒弥斯神庙就是专门为她修建的。美神阿佛洛狄忒（Aphrodite），是古希腊神话中爱情与美丽的女神，同时也是性欲女神，奥林匹斯十二主神之一。战神阿瑞斯（Ares），是古希腊神话中的战争之神，奥林匹斯十二主神之一，亦是众神之王宙斯和天后赫拉之子，被视为尚武精神的化身。他是力量与权力的象征，嗜杀、血腥，人类祸灾的化身。

49. [D]麦哲伦，葡萄牙探险家、航海家、殖民者，为西班牙政府效力探险。1519 年至 1522 年 9 月，麦哲伦率领船队完成环球航行，环球途中在菲律宾死于部落冲突中。船队在他死后继续向西航行，回到欧洲，并完成了人类首次环球航行。达伽马，葡萄牙航海家、探险家，是开拓了从欧洲绕过好望角通往印度的地理大发现家，促进了欧亚贸易的发展。哥伦布，意大利探险家、航海家，大航海时代的主要人物之一，四次横渡大西洋，发现新大陆。郑和，明朝航海家、外交家。郑和下西洋是 15 世纪初叶世界航海史上的空前壮举。

50. [C]逾越节，在犹太教历尼散月（公历 3 月、4 月间）14 日黄昏举行。据《新约圣经》记载，耶稣与十二信徒的最后晚餐，即为共度逾越节。逾越节、五旬节、住棚节为犹太教三个主要节日。开斋节，伊斯兰教主要节日之一，成年男女穆斯林在伊斯兰教历每年 9 月（俗称“斋月”）封斋 1 个月。圣纪节，伊斯兰教先知穆罕默德诞辰纪念日，时间为 3 月 12 日（伊斯兰历），届时，穆斯林在清真寺内诵经祈祷，吟诵“赞圣词”，讲述他的事迹并设宴招待来宾。盖德尔夜，伊斯兰教节日，在伊斯兰教历斋月（九月）中。据伊斯兰教传述，真主在此夜始降古兰经文。该夜，清真寺张灯结彩，举行礼拜、诵经、赞主、赞圣，发表劝善演说等。

CONTENTS 目录

第1章 应用文写作·基础训练40篇

第 2 章　命题作文写作 · 基础训练 30 篇

第1章 应用文写作·基础训练40篇

第1节 公务文书

一、函与复函

写作要点及模板

函适用于不相隶属机关之间商洽工作、询问和答复问题、请求批准和答复审批事项。函是平行公文，具有适用范围广泛、使用灵活方便等特点。复函，是指为答复受文机关所提出的问题或回复批准事项而被动制发的函。

函一般由标题、主送机关、正文和落款四部分组成。

关于……的函/复函

×××：

为了贯彻落实……精神，提高……水平，更好地开展……工作，拟于……。具体协商事宜如下：

一、……

二、……

三、……

……

如蒙慨允，恳请××月××日前函复为盼。

×××

××××年××月××日

标题：一般由发文机关、事由和文种组成。发文机关视具体情况可省略。属答复性质的函，文种均须标明“复函”。

主送机关：顶格写明全称或规范化简称，后标冒号。复函的主送机关即“来函单位”。

正文：发函的正文开头应简述发函缘由或目的；复函的正文开头应引述来函的日期、文号或标题等。发函的正文主体要写清商洽、询问、告知、请准的主要事项；复函的正文主体则要针对来函内容，做出具体、明确的答复。最后，发函一般用“特此函告”“敬请函复”等作为结束语；复函多用“此复”“特此函复”等作为结束语。

落款：在正文右下方标明发函机关和成文日期，并加盖公章。

经典真题训练 1　　上海海事大学

请根据下面提供的材料，撰写一份500字左右的公文（函）。

浙江省人民政府于20××年11月18日召开了全省科技工作会议，会议决议之一是要加强现有科技人员的业务能力。省政府为了贯彻落实省科技工作会议精神，提高科研人员的业务水平，更好地开展科研工作，拟于次年3月下旬选派渔业、粮油、印刷、化工、矿山等5个方面的机械科技人员各5名到浙江大学进修学习一年。浙江省科委于20××年11月28日就此发文联系浙江大学请求支持帮助，确定可供上述5个方面科技人员进修的具体专业，并要求12月8日前回复。

注意：答题应符合公文格式规范要求。与进修相关协商请求事项应分别一一列出。具体内容请自行拟定。

写作分析

本文要求写函，首先要注意函的格式，包括开头称呼、结尾落款的完整，将有关事宜详细、清晰罗列。具体内容需要自行拟定，这考查了考生的日常积累。建议考生可从委培内容、科研能力等方面入手，紧扣材料。

参考范文

关于确定五名科技人员进修专业的函

浙江大学：

为了贯彻落实浙江省科技工作会议精神，提高科研人员的业务水平，更好地开展科研工作，我科委拟于次年3月下旬选派渔业、粮油、印刷、化工、矿山等5个方面的机械科技人员各5名到贵校进修学习1年。恳请贵校尽快确定这5名科技人员进修的具体专业、有关代培费用及其他相关经费，我科委将按时如数拨付。具体协商事宜如下：

一、期待贵校能在机械制造及其自动化、机械设计及理论、机械电子工程、车辆工程、工业工程等方面给予宝贵支持。在填写《浙江大学讲修教师申请表》时，申请进修者可根据进修目的填写拟进修的三门课程。待进修教师入校后，恳请贵校根据实际情况尽可能地满足申请进修者提出的合理要求。若进修者所申请的课程未开设或受课容所限确实安排困难，恳请贵校与进修教师协商后做出适当调整。

二、研修期间，烦请贵校协助每名机械科技人员每学期提交一篇学术论文或研究报告，并在课题组做一次学术报告，汇报工作成果，以期科技人员结业后有能力独立承担相关科研项目。

三、进修教师期限为一学年，全脱产学习，学习时间为20××年3月至次年3月。

四、附学习人员名单及详细信息。

如蒙慨允，恳请12月8日前函复为盼。

浙江省科委

20××年11月28日

经典真题训练 2

湖南大学

人民文学出版社拟出版一套中国当代文学的海外传播丛书，想就该出版选题向国内知名专家征求意见。请你以出版社的名义写一份征求意见函。

写作分析

本文要求以出版社的名义写征求意见函，写作时除了注意开头称呼、结尾落款的完整外，还要扣住“中国当代文学海外传播丛书的出版选题”展开。开篇注重写出中国当代文学海外传播的意义；随后要介绍该选题的内容及规模；最后要表示谦逊的态度，请求专家给予宝贵的意见。

参考范文

关于征求中国当代文学海外传播丛书出版选题意见的函

尊敬的专家学者：

中国当代文学在海外传播是中国文化力量在域外的一种投射，是中国提升文化软实力和国际影响力的重要一环，有助于推动构建人类命运共同体、助力维护世界和平与发展。我们谨本着虔诚与审慎的工作态度做了中国当代文学海外传播的出版选题，选题记事年限计划起自1949年讫至2020年，分7册，旨在向海外展现中国现当代文学优秀作品。选题拟立足于全球视野下的文化视角、探究方案和思路解读，为我们重新考量全球化时代的中国文学与世界各民族文学的关系，提供更为全面的视角。

中国当代文学的海外传播有利于提升国家美誉度，故出版社前期投入较多心血。此次选题的范围以及很多细节尚未敲定，恳请各位专家学者不吝赐教，回函是盼。

您的意见和建议可发送至邮箱：740278744@qq.com；联系电话：65138394。

人民文学出版社

××××年××月××日

二、通知

写作要点及模板

通知是公文中使用频率最高的一个文种，通常属于下行文。通知适用于发布、传达要求下级机关执行和有关单位周知或者执行的事项，批转、转发公文。

通知一般由标题、主送机关、正文和落款四部分组成。

关于……的通知

×××：

为了深入贯彻……精神，加快推进……，……将在……召开。现就有关事项通知如下：

一、……

二、……

三、……

……

×××

××××年××月××日

标题：一般由发文机关、事由和文种组成。发文机关视具体情况可省略。

主送机关：顶格写明全称或规范化简称，后标冒号。

正文：说明发文原因、意图或目的；写清通知的具体事情、办理要求、注意事项及时限等。

落款：在正文右下方标明发函机关和成文日期，并加盖公章。

经典真题训练 1　　广东外语外贸大学

请根据以下文字提供的信息，撰写一份会议通知。

要求：内容完备，格式齐全；可根据实际需要，合理添加内容。

弹簧行业将举办技术交流会

本报讯　全国弹簧行业产品质量分析暨弹簧行业技术交流及产品展示会将于4月16日至4月19日在山东省济南市召开。

这次会议由机械工业通用零部件产品质量监督检测中心、全国弹簧标准化技术委员会主办。会上将通报国内外弹簧行业质量现状和发展趋势，并通过技术讲座和交流，为企业提供体系认证与ISO9000标准版转换、弹簧标准化、产品质量国家监督抽查的要求与程序等信息。大会还将举办圆柱螺旋弹簧、钢板弹簧、碟形弹簧、气弹簧等产品技术及装备的展示活动，并结合专题讲座、发布等方式进行洽谈、交易。

写作分析

本文要求写会议通知，内容较为繁琐，写作时要细心全面。首先，注意称呼的使用，既为全国范围的专题讲座，则称呼要全面；其次，要全面罗列会议内容、会议时间、会议形式以及与会人员；最后，注意落款的署名要和会议内容相匹配。

参考范文

关于举办弹簧行业技术交流会的通知

各省、自治区、直辖市及计划单列市、副省级城市和新疆生产建设兵团辖区下各弹簧企业负责人：

为了深入贯彻全国质检工作会议精神，加快推进实施质量振兴，规范弹簧行业标准化流程，全国弹簧行业产品质量分析暨弹簧行业技术交流及产品展示会将在山东省济南市召开。现就有关事项通知如下：

一、会议内容

（一）通报国内外弹簧行业质量现状和发展趋势。

（二）通过技术讲座和交流，为企业提供体系认证与 ISO9000 标准版转换、弹簧标准化、产品质量国家监督抽查的要求与程序等信息。

（三）圆柱螺旋弹簧、钢板弹簧、碟形弹簧、气弹簧等产品技术及装备的展示活动。

（四）结合专题讲座、发布等方式进行洽谈、交易。

二、会议形式

技术讲座和交流

三、与会人员

相关司（局）、认监委、标准委负责人、质检协会负责人、全国工业产品生产许可证审查中心及质量技术监督局有关人员、各弹簧企业代表人。

四、会议时间

4 月 16 日至 4 月 19 日

五、联系方式

联系人：张华主任

联系电话：××××-××××××××

全国弹簧行业产品质量分析暨弹簧行业技术交流及产品展示会组委会

××××年××月××日

经典真题训练 2　　暨南大学

华南某高校外国语学院拟与国内某著名杂志联合举办与外语教学改革有关的全国性学术会议，准备在该杂志刊登会议通知。请以会议举办方的名义写一份会议通知，会议的具体信息可以虚构，字数为 450 字左右。

写作分析

本文要求写全国性学术会议的通知。首先，要写出推进外语教学改革的意义，联系国际背景可以写得更深厚些；其次，写出会议邀请的对象及会议内容；最后，写清会议时间、会议地点及其他注意事项。

参考范文

关于举办外语教学改革全国学术研讨会的通知

各有关高等院校：

中国正在推进“一带一路”倡议，致力于构建人类命运共同体，正在逐步走近世界舞台中央，加快外语教学改革，是助力培养新时代综合型人才的重中之重，也是人才培养中不可或缺的一环。为推动我国高等院校外语教学改革，切实提升各高校外语学科的建设水平，经我校外国语学院教学改革委员会研究决定，我校拟与享誉海内外的《外语教学》杂志联合举办全国性学术会议。

本次会议拟邀请 ×× 大学外国语学院院长、×× 大学英语系主任等专家学者发言，热忱欢迎相关领域专业人士出席，探讨外语教学改革事宜。现将本次会议的相关事项通知如下：

一、会议时间

×××× 年 1 月 5 日至 1 月 6 日

二、会议地点

×× 大学外国语学院博学楼一楼报告厅

三、与会人员

各高校外国语学院院长及主管科研副院长、各高校外国语学院选派教师代表

四、会议议题

1. 改革基础要需围绕着“实”与“新”这两个关键字展开

2. 改革内容需紧跟时代步伐，力求结合实际、落到实处、形成实效

3. 改革目的需汇聚新理念、提炼新方法、取得新成就

五、会议日程及注意事项

1. 1 月 5 日 8:00~11:00 开幕式

2. 1 月 6 日 8:00~11:30 代表发言

   1 月 6 日 14:00~17:00 小组讨论

3. 会务费为 200 元 / 人（含会议材料费及餐费），住宿及交通费自理（如有需要，承办方可协助解决）。

4. 会务联系人：×××；电话：×××××××××××

我们诚意邀请您出席会议活动，恭候您的光临！

×× 大学外国语学院

×××× 年 ×× 月 ×× 日

经典真题训练 3

国际关系学院

国际关系学院拟于 20×× 年 3 月 17 日举办第 5 届国际关系学院大学生人文知识竞赛。竞赛形式为笔试，总分 100 分，包括填空题 50 分、选择题 30 分、简答题 20 分。中国文化、西方文化与唐诗宋词题目各占三分之一。指定书目：1. 张岂之《中国传统文化》，高等教育出版社；2. 赵林《西方文化概论》，高等教育出版社；3. 王步高《唐宋诗词鉴赏》，北京大学出版社。

请你以学校团委和学生会名义，拟写一篇 450 字左右的通知在校园网公布。

要求：相关信息齐备，题目自拟，不要主送机关和发文字号。

写作分析

本文要求写大学校园的知识竞赛通知。首先，要写出举办此类知识竞赛的意义；随后要写清竞赛目的、竞赛内容、竞赛形式以及指定书目；最后，写清报名方式和奖项设置。

参考范文

关于举办第五届国际关系学院大学生人文知识竞赛的通知

为了提高广大青年大学生学习人文知识、阅读人文经典的兴趣和积极性，提升广大学生阅读经典的素养，更好地感知古典文化的号召力和魅力，营造浓郁的人文氛围，我院定于20××年3月17日举办第五届国际关系学院大学生人文知识竞赛。现将有关事项通知如下：

一、竞赛目的

大赛旨在帮助广大学生提高学习人文知识（文、史、哲、艺以及必要的自然科学基础）、阅读人文经典的兴趣与积极性。

二、竞赛主题、内容及形式

（一）竞赛主题为“浸润经典，筑梦人生”。

（二）竞赛内容主要出自：1. 张岂之《中国传统文化》，高等教育出版社；2. 赵林《西方文化概论》，高等教育出版社；3. 王步高《唐宋诗词鉴赏》，北京大学出版社。

（三）竞赛形式：笔试，总分100分，包括填空题50分、选择题30分、简答题20分。中国文化、西方文化与唐诗宋词题目各占三分之一。

三、竞赛组织机构

本次竞赛由国际关系学院学生会主办，宣传部承办。

四、参赛人员要求及报名方式

（一）参赛人员要求：热爱传统文化，有一定的人文知识积累的在校学生。

（二）报名方式：有意报名参赛者请于3月1日前把报名表发送至指定邮箱（××××@uir.edu.cn），联系人张华老师，联系电话 ××××-××××××××。

五、竞赛时间及地点

（一）笔试时间：20××年3月17日上午9:00~11:00

（二）笔试地点：国际关系学院博学楼一楼101教室

六、奖项设置

竞赛设一、二、三等奖（其中一等奖3名、二等奖5名、三等奖8名，其获奖比例不超过参赛人数的5%、15%、25%）。

主办方：国际关系学院学生会

承办方：国际关系学院宣传部

20××年2月15日

根据下面的文字说明写一篇公告（限 450 字以内）。

下周六是外国语学院的校友日，学院邀请了众多毕业生前来母校参加活动。由于活动规模大，需要招募一批学生志愿者。负责本科生学生工作的你需要拟一份志愿者招募公告。注意以下事项：

1. 标题；

2. 正文：招募的原因、意义、公告的具体事项；

3. 结语及落款；

4. 不得出现与考生相关的任何信息，否则，本题以零分计。

写作分析

本文要求写招募志愿者的公告，为常见的公文写作。首先，要写出招募志愿者的原因及参加此次志愿活动的意义；其次，要详细写出对此次志愿者招募的具体能力要求；最后，写清联系方式。

参考范文

关于招募外语学院校友日活动志愿者的公告

××月 ××日（下周六）是外国语学院的校友日，学院邀请了众多毕业生前来母校参加活动。每年一届的校友活动是学校与校友联系的重要纽带，具有重要的意义。校友日接待活动有利于紧密联系校友关系，增强校友的心理归属感，提升学校美誉度。由于此次活动规模大，需要招募一批学生志愿者。具体要求如下：

一、招募要求

1. 身体健康、品行良好、具有较强的责任心；

2. 组织纪律性强，服从志愿服务工作安排；

3. 外语流利，能用英语和校友熟练交流。

二、招募人数

10 人

三、活动时间、地点

活动时间：××××年 ××月 ××日 7:00~17:00

活动地点：博学楼一楼报告厅

四、报名方式及时间

报名方式：请加微信群 ××××××××，报满截止

报名时间：××××年 ××月 ××日至 ××月 ××日

外国语学院学生会

××××年 ××月 ××日

经典真题训练 5　　广西民族大学

某县人民政府在雨季汛期来临之前发布公文，用于布置防汛抗洪工作。请代其写作一则公文（版头、版尾省略），有关公文文种、标题、正文内容、发文时间、地点等自拟。要求：格式完整、正确，内容完备，条理清晰、语言流畅。

写作分析

本文要求写雨季汛期来临之前用于布置防汛抗洪工作的政府公文，写作内容较为陌生，有一定的难度。首先，要写出防汛抗洪迫在眉睫以及雨期防汛的意义；其次，要详细说明汛期各部门的职责及注意事项；最后，要注意开头、结尾、落款的完整。

参考范文

关于布置防汛抗洪工作的通知

各乡镇人民政府、街道办事处，县防汛指挥办各成员单位、有关单位：

雨季汛期即将来临，据气象部门预测，今年汛期我县东部地区将有洪涝发生，西部地区降水偏多，防汛形势迫在眉睫。为认真贯彻防汛工作会议精神，切实保障汛期安全，现将有关事项通知如下：

一、全县各级各有关部门要高度重视，切不可掉以轻心。高度重视西区防汛抢险工作，认真落实防洪抢险责任制。

二、全县各级各有关部门要把防洪措施落到实处，备足抢险物资和器材，必要时由县防汛办统筹安排、调度。

三、认真做好值班工作，要求重点部位实施“专人专岗”，未雨绸缪，及时发现潜在问题。落实抢险人员，通知到具体人员，明确工作任务和工作地点，并将抢险人员名单于6月25日前报送防汛办。

四、防汛工作自即日起开始至9月10日止，防汛领导小组及抢险人员请在此时间段内保持通讯正常。

某县人民政府

××××年6月10日

经典真题训练 6　　中山大学

情景：假期已近，树人大学面临师生放假之事。请你以该校校长办公室的名义，制作一份规范公文，将放假的有关事宜告知全校师生。

要求：格式完整、正确，语言清楚、流畅，字数约300字。

写作分析

本文要求写放假通知。首先，要写出放假的具体时间、回校报到、注册时间以及正式上课时间；其次，要重点写出假期学校的值班时间和值班安排，以方便处理假期突发事件。

参考范文

关于2022年寒假放假安排的通知

全校各单位：

根据《国务院办公厅关于2022年部分节假日安排的通知》（国办发明电〔2021〕11号）精神，结合我校具体情况，现将2022年寒假放假安排通知如下：

一、放假时间

学生放假时间为2022年1月15日至2月21日。2月19日至20日报到注册，2月21日（星期一）开始上课。

教职工放假时间为2022年1月12日至2月17日。2月18日（星期五）正式上班。

二、工作安排

（一）放假期间，学校行政部部分科室正常上班，其余科室实行行政轮换值班制，需要办理事务的老师和学生应提前关注各科室的上班安排。

（二）确需留校学生需要履行审批手续，并经各院系相关部门严格审核后，由各相关单位于1月11日前将寒假留校学生名单报送至学生信息管理中心。

（三）学校值班室在东门门卫室，电话及传真为××××××××。

三、附件

1. 2022年树人大学行政部各科室寒假值班安排表

2. 寒暑假留校学生留校申请表

特此通知。

树人大学校长办公室
2021年12月18日

三、请示

写作要点及模板

请示适用于向上级机关请求指示、批准，属于上行文。请示的作用在于能使有些不了解、不明确，以及按原规定需要变通或难以处理的重要问题，通过向上级机关请示，进而得到妥善解决。

请示一般由标题、主送机关、正文和落款四部分组成。

关于……的请示

×××：

为了……，……拟举办……的活动。现将具体内容请示如下：

一、……

二、……

三、……

……

以上请示，请批复。

×××
××××年××月××日

标题：一般由发文机关、事由和文种组成。发文机关视具体情况可省略。

主送机关：请示应只送一个主送机关，且应为与发文机关有直接隶属关系的上级机关。

正文：一般包括请示缘由、请示事项两项内容。缘由要写得充分而周全；事项要写得明确而具体。

落款：在正文右下方标明发函机关和成文日期，并加盖公章。

经典真题训练 1 长沙理工大学

请用下面提供的材料为依据，以天心区建设局的名义向上级主管部门撰写一份请求批准类请示。要求：（1）遵守请示的行文规则；（2）理由充分，要求合理；（3）格式正确，语言得体。

【材料】

市民期盼更多管线入地，“在我所在的天心区书院路、芙蓉路、劳动路一带都刚刚经过改造，但路旁仍有很多木电线杆、水泥线杆。很多路段改造都是管线同步入地，为什么这里不行呢？”昨日，长沙市市民熊先生致电本报诉说心中的不解。记者在这几个路段看到，熊先生所称的道路已经完成刷黑，有的正在铺设人行道。路两边的人行道上，确有两排电线杆，上面密布的各种缆线与修葺一新的路面形成鲜明对比。附近不少市民有与熊先生类似的疑问。天心区建设局相关负责人解释，管线入地耗资巨大。通常主干道或者景观路段的改造，会有这方面的经费安排。次干道拓宽以后，如果电线杆立在马路当中，也会管线入地。这两条路属次干道，而且电线杆在人行道上，故暂时没有管线入地计划。该负责人还介绍说，这几个路段地处繁华商业区，关乎城市形象，确有一定的特殊性；其管线入地工程约需 800 万元资金。他表示，接受市民建议，立即着手向上级请示，力争早日给市民一个满意的答复。

写作分析

本文要求写给上级部门的拨款请示。首先，要注意称呼、开头、结尾、落款的完整；其次，要提取所给材料的核心内容，有理有据地申请拨款；最后，注意公文的语气措辞，要适合语境。

参考范文

天心区建设局关于筹建管线入地拨款的请示

长沙市建设委：

为了提升城市美誉度，打造良好的城市形象，根据市民提议和科学规划，我区于 20×× 年 3 月 1 日对芙蓉路、劳动路等多个路段进行管线入地改造。由于管线入地耗资巨大，故前期改造时只对通常主干道或者景观路段做出经费安排，但迄今仍有多个次干道路旁的电线杆没有管线入地。如果弃之不理，会影响到整个主干道的整体规划和整体美观。综合多方考虑及实地考察，我区拟于下月对其进行管线入地的筹建改造，共需 800 万元资金。

以上请示，恳请批复。

天心区建设局

20×× 年 3 月 20 日

经典真题训练 2 国际关系学院

国际关系学院英语（或日语）系拟举办全校英美（或日本）文化周。

请你以系团委、系学生会的名义写一篇 450 字左右的请示，上报校团委、校学生会，内容包括文化周的具体内容、经费预算，并请求上级批准。

格式要求：公文标题、主送机关、公文正文、发文机关署名、成文时间 5 项齐全，版头和版记部分省略。

写作分析

本文要求写大学校园举办文化周的请示。首先，要写出举行文化周的重大意义；其次，要写清楚文化周的活动内容以及具体奖项的设置；最后，注意标题、称呼、开头以及落款的完整。

参考范文

国际关系学院英语系关于举办全校英美文化周的请示

校团委、校学生会：

为了丰富我系精神文化活动，提升广大学生学习英语的热情，我系团委、系学生会拟定于近期举办"全校英美文化周"的活动。现将英美文化周的具体内容、经费预算一并请示如下：

一、活动名称

第三届全校英美文化周

二、活动主题

拓展国际视野，提升文化品位

三、活动意义

拓展我校学生的国际视野，营造校园英语学习氛围，提高广大英语爱好者学习兴趣。

四、活动时间

4月6日至4月12日

五、活动安排

1. 第三届全校英美文化周开幕式
2. "The meaning of life"主题英语演讲比赛
3. 经典英语电影配音趣味大赛
4. 英语角主题活动

六、活动奖项设置

1. 一等奖3名，颁发证书及奖金300元
2. 二等奖5名，颁发证书及奖金200元
3. 三等奖8名，颁发证书及奖金100元
4. 参与奖20名，颁发证书留念

七、活动经费预算

1. 奖金、证书：3,000元
2. 海报、宣传横幅制作：500元
3. 开幕式音响租用、场地布置：1,000元

请校团委和校学生会批示。

国际关系学院英语系

20××年3月20日

四、通报

写作要点及模板

通报适用于表彰先进、批评错误、传达重要精神和告知重要情况，属于下行文。表彰性通报要求突出主要先进事迹，从其中提炼出主要经验、重要意义和值得学习的精神；批评性通报要求抓住主要错误事实，分析可能产生的危害，指出应吸取的教训；传达性通报要求传达主要精神或事项，对其进行分析解剖，以引起人们的重视。

通报一般由标题、主送机关、正文和落款四部分组成。

关于……的通报

×××：

……

为表彰……的英勇行为和高尚品德，……决定通报表彰、奖励×××。……号召大家向×××学习……

×××

××××年××月××日

标题：一般由发文机关、事由和文种组成。发文机关视具体情况可省略。

主送机关：普发性通报可不写主送机关，非普发性通报要写主送机关。

正文：一般由通报缘由、事项、对于事项的分析评论、通报决定以及希望和要求五方面的内容组成。

落款：在正文右下方标明发函机关和成文日期，并加盖公章。

经典真题训练

辽宁大学

中国工商银行××市××区办事处××路储蓄所张×、王×、李×三位同志，在20××年××月××日该储蓄所遭歹徒纵火抢劫时，临危不惧，与歹徒进行搏斗，最后在公安干警的配合下，将歹徒当场抓获，及时扑灭大火，使所内8.5万元现金和55.8万元有价单证免遭损失，保护了国家财产，维护了人民利益，为全行干部职工树立了榜样。

请根据所给材料，按通报的写作要求，以中国工商银行××省分行的口吻写一篇400字的表彰性通报，注意要写明完整标题、主送机关、正文、落款、日期等公文要素。

写作分析

本文要求写表彰性通报。首先，文体必须符合通报格式；其次，因为具有表彰性质，所以，公文应对表彰事迹进行一定说明；最后，还应突出表彰人物的精神，号召大家学习。

参考范文

关于表彰张×、王×、李×三位同志勇斗歹徒，保护国家财产的通报

中国工商银行××市××区办事处××路储蓄所：

20××年××月××日，你所遭歹徒纵火抢劫时，张×、王×、李×三位同志面对持枪的歹徒，临危不惧、机智勇敢，与歹徒展开斗争，制止了一宗特大抢劫案件的发生。他们配合公安干警，将歹徒当场抓获，及时扑灭大火，使所内8.5万元现金和55.8万元有价单证免遭损失，保护了国家财产，维护了人民利益，为全行干部职工树立了榜样，获得了广大人民群众的赞誉。

为表彰张×、王×、李×三位同志临危不惧、奋不顾身地维护国家财产和人民利益的英勇行为和高尚品德，我行决定向你所通报表彰、奖励这三位同志。我行号召广大职工向张×、王×、李×三位同志学习，学习他们在生死关头临危不惧、奋不顾身与歹徒斗争的顽强精神，学习他们敢于斗争，保护国家财产的英勇行为。望广大职工切实加强安全防范工作，为保障国家财产安全，维护人民利益，做出自己应有的贡献。

中国工商银行××省分行

20××年××月××日

五、报告

写作要点及模板

报告适用于向上级机关汇报工作，反映情况，回复上级机关的询问，属于上行文。报告所反映的情况必须是本单位在工作实践中碰到的真实情况或问题。报告的表达方式是陈述性的，即以叙述和说明为主。报告中不能夹带请示事项。

报告一般由标题、主送机关、正文和落款四部分组成。

关于……的报告

×××：

……

现将……情况报告如下：

一、……

二、……

三、……

……

特此报告/以上报告，请审阅。

×××

××××年××月××日

标题：一般由发文机关、事由和文种组成。发文机关视具体情况可省略。

主送机关：一般是发文机关的直属上级领导机关或主管部门，且通常只报送一个主送机关，如有必要报送其他上级机关，可用抄送的形式行文。

正文：一般由报告缘由、报告事项组成。报告缘由主要交代报告的起因、理由或注明目的、意义等；报告事项包括基本情况、措施与办法、成效与问题等。

落款：在正文右下方标明发函机关和成文日期，并加盖公章。

经典真题训练 1　山东建筑大学

2015年10月，有市民反映，由力威建筑集团承建的北京丽东建筑工地连续一个星期到处堆放建筑垃圾，扬尘污染严重，没有任何防护措施。事件经媒体曝光后引起巨大社会反响。北京市建委责成力威建筑限期进行整改，并上报整改措施和效果。请以力威建筑集团的名义起草一份整改报告，说明工地污染情况、整改措施、整改效果等。注意要写标题、主送机关、正文、结尾语、落款等公文要素。

写作分析

本文要求写整改报告。首先，文体必须符合整改报告的格式；其次，公文要素缺一不可；最后，因为题目已对工地污染具体问题进行说明，所以文章整改措施、整改效果要有针对性。

参考范文

关于力威建筑集团建筑工地环境整治的整改报告

北京市建委：

2015年10月，市民反映我司承建的北京丽东建筑工地出现建筑垃圾到处堆放、扬尘污染严重、缺乏防护措施等问题。为此，我司高度重视，由董事长带队，开展建筑工地扬尘污染专项整治检查。现将整改情况报告如下：

一、工地污染情况

场区硬化率偏低，绿化加覆盖基本未得到实现。部分工程受施工现场场地限制，三区分离、材料堆放等不符合标准要求，同时对运输车辆管理不严，导致车辆未覆盖及冲洗即出场。

二、整改措施

（一）设置多个垃圾箱。加设垃圾箱，集中堆放生活垃圾，及时清理。施工区两端设置垃圾桶，收集作业区生活垃圾。

（二）洒水防尘，及时清扫。配置专用洒水车，定时对施工区扬尘路段、开挖区域、材料堆放场地等洒水抑尘，设置专人加大道路的冲洗、保洁力度。对施工现场材料、散落的渣土废土随产随清，派专人进行清扫。施工材料采用封闭性车辆运输或遮盖措施，其他易产生扬尘的骨料、土料等采取遮盖措施。

（三）配备完善防护措施。采购部按照工地实际需求，采购相应配套的防护用具，及时发放。集中组织工人观看安全施工教育视频，科普防护用具的使用方法，并进行定时抽查。

三、整改效果

通过各方配合，我司采取集中整治、专项整治、全天巡查加抽查的积极措施，严格按照扬尘防治规定整改扬尘污染、垃圾乱倾乱倒、缺乏防护措施的违规行为，始终保持了对扬尘污染治理的高压态势，迅速扭转了我司工地扬尘污染突出的困难局面。目前，垃圾乱倾乱倒现象杜绝，道路扬尘污染明显好转，防护措施实施到位。

截至目前，所有项目已整改完毕。我司对在建工地进行了全面检查，施工工地扬尘污染防控质量有了大幅提升，施工环境有了明显改善，上级要求得到了进一步落实。

力威建筑集团

2015年12月10日

经典真题训练2　　华中农业大学

假设你是外国语学院研究生学生会主席，计划在今年年底举行一次研究生学术研讨会，邀请专家、教师、学长、同学以及其他相关人员参加。请你向外国语学院院长递交一份举办本次学术研讨会的可行性分析报告。凡是涉及学校、人名、地名等具体信息的，一律用××表示。

要求：要素完备，条理清楚，文体规范，450字以上。

写作分析

本文要求写学术研讨会可行性分析报告。首先，应明确会议的背景、必要性和意义；其次，应对开展本次学术研讨会的需求情况进行分析；最后，建议对会议的可行性及预期效果进行分析。

参考范文

关于举办 ×× 大学外国语学院学术研讨会的可行性分析报告

一、会议简介

（一）会议名称

外国语学院学术研讨会

（二）会议性质

院校级学术研讨会

（三）会议规模

600 人

（四）会议议题（会议内容下设议题包括但不限于）

1. 新时代外语专业研究生的培养与发展

2. 外语课程设计与教学方法创新

3. 外语教学本土化探索与创新

4. 改革之下的外语学习的发展机遇与挑战

二、会议必要性分析

由于研究生阶段学习的特殊性，开展研究生学术研讨会是非常有必要的，它有利于专家、教师、学生们进行学术交流，了解领域前沿，启发科研思路，不断丰富专业知识和专业技能。此外，通过学术交流，彼此增进友谊，相互取长补短，开拓视野，可以在不自不觉中提高语言表达能力和综合归纳论述能力，增强团结协作精神，提升自己的综合素质和学术水平。

三、会议可行性分析

（一）学校优势

我校历史悠久，综合性强，专业性强，尤其我校外国语学院享誉世界，我校外国语学院是外国语类高等院校中历史悠久、教授语种多、办学层次齐全的重点专业，也培养了众多外交、翻译、经贸、新闻、法律、金融等涉外高素质人才。

（二）资源优势

我校拥有阵容强大、专业齐全的学术支撑团队，我院聘请的学术委员会成员、国际顾问、讲座教授和客座教授等分别来自国内外知名高校及科研院所。

我校建筑面积超过 20,000 平方米，拥有国际领先的硬件设施设备、能容纳 1,000 人以上的会议室，这也为我院举办学术研讨会提供了一流平台。

××大学外国语学院研究生学生会

××××年 ××月 ××日

第 2 节 日常应用文

一、申请书

写作要点及模板

申请书是个人或集体向有关部门、组织表达某种愿望或提出某种要求时所使用的的一种文书。申请书可以分为三类：思想政治生活方面的申请书、工作学习方面的申请书、日常生活方面的申请书。

申请书一般由标题、称谓、正文和落款四部分组成。

申请书

尊敬的 ×××：

您好！

本人名叫 ×××，×××× 年 ×× 月出生，目前就读于 ×× 学校 ×× 专业。

为了……，本人郑重申请……，以便……。

如果我有幸……，我会努力……。如果没有得到批准，我也不会灰心……。

此致

敬礼！

×××

×××× 年 ×× 月 ×× 日

标题：有两种形式，一是性质加文种，如“入党申请书”；二是只写“申请书”。

称谓：顶格写明接收申请书的单位名称或领导人姓名。

正文：一般包括申请内容、申请原因、决心和要求三部分。申请书应写得详细、具体、诚恳、有分寸，语言要朴实准确、简洁明了。

落款：在正文右下方署明申请人姓名和申请日期。

经典真题训练 1　　南京师范大学

假设你所在的省级翻译协会要吸收新的会员，你想成为该协会会员。请拟定一份入会申请书，详细阐述自己加入协会的初衷和目的以及入会后努力的方向，字数在 450 字左右。注意文中不得出现人名、地名等具体信息。

写作分析

本文要求写入会申请书。文章应提及本人对该协会的认识、加入动机和对待加入协会的态度，表明自己积极加入协会的愿望。除此之外，应涉及自己为了加入该协会前所做的准备工作，最后表明今后努力方向。

参考范文

入会申请书

尊敬的 ×× 省翻译协会领导：

您好！

本人名叫 ×××，男，汉族，×××× 年 ×× 月出生，目前就读于 ×× 学校翻译学专业，现系 ×× 市翻译协会会员、我校翻译协会会长。

语言是一门工具，翻译也是一门工具，具有独立于语言学习本身之外的工具价值。我不仅翻译专业能力较强，在翻译软件使用、中英文功底等多方面的综合能力都比较优秀。我有着较强的语言交流能力，更掌握了一定的翻译项目管理能力，能将翻译中的外语知识应用到实际工作中，从而在更具对口性的工作里获得更好的发展平台。就读研究生期间，我曾配合导师完成多部著作的翻译工作，也具备单独翻译著作的基本能力。

为了在今后的学习与实践过程中，更好地与同道、师友相互交流与学习，本人郑重申请加入贵协会，希望协会的诸位前辈、师长能够给予本人进入这个团体的机会，以便更好、更进一步地提高自己的翻译技法与翻译水平，为我国的社会主义建设事业翻译出更多、更好的作品。

如果我有幸成为贵协会的一员，我会努力向各位前辈和老师积极请教，认真学习，努力创造，为翻译事业做出自己最大的努力。如果没有得到批准，我也不会灰心，我会在今后的时间里更加努力学习，争取早日加入贵协会！

此致

敬礼！

×××

××××年××月××日

经典真题训练 2　南京航空航天大学

一年一度的社团申请活动开始了，学校团委要求创办新社团需提交申请，审核通过后可给予 1,000~2,000 元的运营经费支持。你打算新申请一个社团，请根据要求提交一份申请报告。

1. 社团名称根据自己的志趣自拟。社团活动要求具有一定的时代性和创意。

2. 报告需阐明组建社团的意义、必要性与可行性、社团的年度工作计划、所需经费的额度及分类预算（列表说明）等。

文字应言简意赅，详略得当。字数不超过 1,000 字。

写作分析

本文要求写申请报告。首先，文章应符合申请报告的格式，标题、称谓、落款缺一不可；同时，需按照题目要求阐明组建社团的意义、必要性与可行性、社团的年度工作计划、所需经费的额度等内容，且计划应具体，不可空泛。

参考范文

文学社社团申请报告

尊敬的校团委：

为使我校校园文化气氛更加浓厚，激发我校学生写作兴趣，提高其阅读和写作水平，促进其文学素养提升，现申请成立旭日文学社。

一、组建意义

针对我校现状，组建文学社可以让同学们自由地以各种不同形式来反映生活，满足同学们的文学需求，提升同学们的文学修养，辅助我校文学学习，满足社会的人才需求。

二、必要性与可行性

（一）必要性

作为传播人类先进优秀文化的地方，发展文学，培养文学新人，创造文学人健康成长的良好环境，学校责无旁贷，义不容辞。文学人的成长，需要发现，需要培育，需要搭建脱颖而出的发展平台。基于此，学校应该成立文学社。

（二）可行性

我校有一大批文学爱好者，以及更多想学好文学创作的同学，如能成立一个社团，调动其兴趣，加以引导，势必能营造新的校园文化氛围，加强我校的文学学习氛围。

三、年度工作计划

（一）做好招新工作，为文学爱好者提供平台，邀请优秀教师与社员进行交流，提高社员文学鉴赏能力。

（二）每学期出一本校刊《旭日东升》，所有文学社社员每周需提交一篇高质量原创作品，择优刊登在校刊《旭日东升》上。

（三）每月开展比赛活动，如演讲比赛、朗诵比赛、征文比赛等。

（四）结合重大节假日、重大事件等活动，为社员提供写作素材。

（五）与校广播站进行合作，通过广播宣传每周优秀作品。

（六）与校外企业积极合作，每月对本地知名企业负责人进行采访，构建校内外桥梁。

四、经费预算

项目	预算
印刷校刊	1,000 元
比赛物资	500 元
宣传用品	500 元

我希望，旭日文学社能够给大家提供自由展示自我风采的平台。我相信，旭日文学社的成立一定会成为我校的又一个亮点。我们必将赋予它生命的动力和活力，成为大家的文学之家、读书之洲、心灵之源。

×××

××××年××月××日

二、总结书

写作要点及模板

总结是通过对前一阶段的工作、学习或相关活动进行回顾、检查、分析，以期从中发现成绩、提炼经验、查找不足，并期望在此基础上形成规律性的认识，以期能在以后的工作和活动中为自己、为他人提供借鉴而写成的一种日常事务类公文。

总结一般由标题、正文和落款三部分组成。

工作总结

……现将××××年的工作总结如下：

一、……

二、……

……

在接下来的工作中，我会总结经验，取长补短，再接再厉，取得更大的成绩……

×××

××××年××月××日

标题：一般由单位名称、时间、总结对象、文种类别四部分构成。

正文：一般可以写情况和过程、成绩和经验、问题和教训。最后可以展望未来、表明态度、提出希望。

落款：在正文右下方标明总结者和总结日期。

经典真题训练 1　　山东师范大学

在××××年即将结束之际，请你为××电力公司你所熟悉的部门拟写一份年度工作总结，题目自拟，字数要求500字以上。

写作分析

本文要求写工作总结。工作总结具有回顾性、客观性、经验性等特点。首先，文章应该包含工作基本情况概述、现阶段成绩和做法、从中得出的经验等。其次，题目将范围限制在电力公司，因此应结合电力公司某部门的具体工作进行写作。

参考范文

××电力公司供电服务中心年度工作总结

本年度，在当地党委、政府的大力支持和××电力公司的正确领导下，本部门认真贯彻党的方针、政策，落实上级工作会议部署，以“人民电业为人民”为服务宗旨，坚持“优质、方便、规范、真诚”的供电服务方针，全面提升部门管理水平和服务质量，克服重重困难，经过全体员工的共同努力，今年做到了全年无客户投诉事件。现将本年度工作总结如下：

一、创建优质高效服务环境

为更好地保障全市重大项目和民生工程用电需求，本部门实行无休息日和无午休制度，开通24小时值班电话，营业人员随时接受用电申请和服务要求。严格执行“首问负责制”“一次性告知制”，落实“一口对外、内转外不转”的服务原则，全面受理“业扩变更、查询咨询、投诉建议、报修缴费”等业务。采取“一站式”服务，改变过去由多个部门、多人串联完成各项工作的方式，避免了客户“多头跑”“长时等”的麻烦，优化了工作流程，减少了中间环节，大大提高了工作效率。

二、开展暖心志愿服务活动

组织开展社区志愿服务和谐行动，与客户进行零距离接触、面对面交流和沟通，倾听来自用电客户的呼声，开展文明共建，服务和谐社会建设。党员志愿者进入社区、学校、农村等地，义务宣传用电常识和安全节约用电知识，提供电力政策法规、用电业务咨询等服务，帮助解决客户用电困难，真正做到零距离服务用电客户。

总之，这一年，我们经过积极努力，取得了一定的成绩，但与公司的要求还有一定的差距，如常规管理还存在诸多不足，一些设备的维护还不够及时，管理信息系统建设有待进一步充实、完善等。在接下来的工作中，我们一定会总结经验，取长补短，再接再厉，取得更大的成绩。

××电力公司供电服务中心

××××年××月××日

经典真题训练 2　　湖南大学

中国作协少数民族委员会在过去5年实施少数民族文学发展工程，民族文学经典外译是其中的重要项目之一。5年来，民族文学经典外译项目取得了多方面的成绩，也存在一些不足。请你写一份5年来民族文学经典外译项目的工作总结。

要求：符合文体格式，内容充实，条理清楚，不透露本人的真实信息（涉及真实的人名、地名，一律用化名）。

写作分析

本文要求写民族文学经典外译项目的工作总结，且内容涵盖近5年工作，因此，除了包含一般工作总结内容之外，还应体现民族文学经典外译项目在五年中的变化。

参考范文

民族文学经典外译项目工作总结

近五年来，中国作协少数民族委员会始终将加强各民族文学交流、推动少数民族文学对外翻译工作作为一项重要工作内容，将民族文学经典外译项目作为一项长期性的工作纳入整体工作计划。现将该项目近五年的工作总结如下：

一、加强交流，增进理解

我协会积极推进少数民族文学对外翻译实践，少数民族文学翻译工作稳步推进，增进了世界各民族人民的互信理解。近5年来，我协会多次组织中国少数民族作家出访、参加国际文学论坛、翻译出版少数民族文学作品，加强少数民族对外文学交流。

二、完善制度，成效显著

截至今年，我国当代少数民族文学作品对外翻译工程已资助×个项目。这些项目包括×位作家的×部作品，涉及多个少数民族及语种。我协会在充分了解当前我国少数民族文学作品对外推介情况的基础上，制订了相关规章和标准，并经过两次修订完善，使其更完备、更具操作性、更符合实际需要。对外译介工作的制度更加完善，流程更加规范，保证了翻译工程实施更加高效、更高质量。

三、积极推进，持续深化

我国民族文学经典外译项目在记载中国各民族独有的民族文化、促进中国各民族的团结融合、向世界展示中国多民族的民族风貌、沟通世界各民族的民族心灵等方面起到了突出作用。因此，我协会将继续积极推进少数民族文学对外翻译工作，强化我国少数民族文化的外译与宣传，增强文化自信。

四、认清不足，主动改进

虽然目前我国少数民族文学呈现繁荣发展的态势，但仍存在以下不足。例如，对外译介的系统性不强，研究成果的年份或民族较为集中等。接下来，我们应扩大研究范围，充分利用现有的研究成果，创新工作形式，进一步推进少数民族文学作品对外译介与传播。

近5年，我协会高度重视少数民族文学事业，采取了一系列举措，不断加大对少数民族文学翻译、研究的扶持力度。接下来，我协会将继续让民族文学经典对外翻译项目更加有序健康地发展，将更多更好的少数民族经典作品，通过高质量的翻译，呈现给海内外的广大读者。

×××

××××年××月××日

三、倡议书

写作要点及模板

倡议书是个人或集体提出建议并公开发起，希望共同完成某项任务或开展某项公益活动所运用的一种专用书信。其目的是让广大人民群众知道或了解某事及其意义，从而得到更多人的响应，以期在最大范围内引起共鸣。因此，倡议书的措辞要恰切，情感要真挚，同时要富有鼓动性。

倡议书一般由标题、称谓、正文和落款四部分组成。

倡议书

亲爱的朋友们：

为进一步提升……，营造良好的……环境，我们在此向……发出如下倡议：

一、……

二、……

三、……

……

×××

××××年××月××日

标题：通常只写“倡议书”三字，有时也可把倡议内容或倡议单位写上。

称谓：有明确倡议对象的，需写上倡议对象名称；若倡议面较广，则可写“亲爱的朋友们”，或直接省略。

正文：主要包括倡议目的和倡议事项。倡议目的包括倡议原因和意义，要写得充分；倡议事项要写得具体、可行，可分条例写。

落款：分集体署名和个人署名。若几个单位共同倡议的，谁牵头谁排在前面，然后逐行签写倡议单位名称。

经典真题训练 1　　山东大学

根据下面的文字说明写一篇450字左右的应用文，要求包含标题、发文字号、正文、结尾语、落款等几个要素。

“中秋”“十一国庆”佳节临近，首都文明办、北京市旅游委等12个部门在北京天坛公园宣布“文明旅游我最美”主题宣传活动启动，号召广大市民与游客在旅游时“语言美、举止美、形象美”。北京市将建立探索旅游行业文明信用体系，不文明者将上曝光台。请以北京市旅游委的名义起草一份文明旅游倡议书，倡议书内容包括此项倡议的主旨和具体倡议。

写作分析

本文要求写文明旅游倡议书。首先，倡议书应写清楚此项倡议的主旨和具体倡议。其次，题目已规定是“文明旅游我最美”主题宣传活动，号召广大市民与游客在旅游时“语言美、举止美、形象美”，文章也应主要围绕以上内容展开。

参考范文

“文明旅游我最美”倡议书

亲爱的市民、旅客朋友们：

天坛的石阶，故宫的榫卯，陶然亭的芦花，钓鱼台的柳影，西山的虫唱，玉泉的夜月，潭柘寺的钟声，这些景色无不让人心生向往。在此秋高气爽之际，为进一步提升公众文明旅游素质，强化文明出游意识，营造文明和谐的出游环境，更好地欣赏缤纷宜人的秋景，我们在此向广大市民、游客朋友们发出如下倡议：

一、爱护一花一草，善待一山一水，拍照行走不踩踏、不折枝，脚下留意，手下留情。

二、遵守公共秩序。不随地吐痰，不在禁烟场所吸烟，不在公众场所喧哗吵闹，不长时间占用公共设施，旅行过程中按秩序排队，不拥挤、不插队。

三、爱惜公共设施，节约公共用品。自觉维护公用设施、设备及卫生；不随意携带酒店用品，不随意浪费可重复使用的物品，自助用餐时适量选用，杜绝餐饮浪费，做到文明用餐。

四、保护文物古迹。不在文物古迹上涂刻，不攀爬触摸文物，拍照摄像遵守规定。

五、尊重民风民俗。尊重不同的宗教和民族文化，尊重少数民族。

六、遵守交通规则。不在山区道路任意停靠车辆，不在景区道路随意占用应急车道，不随意抛撒车内垃圾。

美景值得欣赏，美德值得敬仰。一草一木皆是景，一言一行应文明。文明旅游，从我做起。让心灵与美景呼应，让你我都成为亮丽的风景！

北京市旅游委

××××年××月××日

经典真题训练 2　　华中师范大学

××大学校工会和校团委向全校师生联合发出倡议，希望师生爱护校园环境，共同构建绿色美好校园。

请以此为题写一份 450 字左右的倡议书，要求内容完备，层次结构合理，格式规范，语言得体。

写作分析

本文要求写倡议书。首先，文章必须符合倡议书格式。其次，题目已限制倡议对象是全校师生，倡议内容为爱护校园环境，共同构建绿色美好校园。此外，写作时应说之以理，动之以情，尽量使用具有鼓动性和感召力的语言。

参考范文

共建绿色美好校园的倡议书

亲爱的老师们、同学们：

学校是育人的摇篮，在校园这片环境优美、文明高尚的净土上，我们应该爱护校园环境。为让校园绿色尽情绽放，共同建设绿色美好校园，我们向全校师生发出爱护校园环境、共建绿色美好校园的倡议：

一、树立绿色文明观念，增强环保意识，遵守校规校纪，自觉爱护校园环境，把个人环保行为视为个人文明修养的组成部分。

二、不在校园内乱扔垃圾，不随地吐痰，积极参加学校组织的劳动教育活动，做好垃圾分类工作，对垃圾和废旧电池要分别进行定时定点的分类回收和再利用。

三、爱护校园绿化，立即行动起来，关心、支持和爱护绿化，积极参与校园绿化建设和管理。

四、爱护公共设施及公共卫生资源，节约用水、用电。

五、认识环保标志，选购绿色产品，少用一次性制品，减少白色污染，在生活中积极发挥才智，变废为宝。

六、遵守公德，倡导文明，维护公共秩序，倡导师生和谐、同学友好，语言文明，行为规范。

绿色校园不只是环境绿化与垃圾处理问题，更是一种健康向上的生活态度和生活方式。创建绿色校园，不仅要有优美的硬件环境，更应该提高我们自身的修养和素质。老师们、同学们，让我们携手播撒绿色的希望，进一步创造和谐健康的生态环境和生活学习环境，为我们灿烂的人生增添一抹亮色。

××大学校工会

××大学校团委

××××年××月××日

四、建议书

写作要点及模板

建议书是指个人、单位或集体向有关单位或上级机关和领导，就某项工作提出某种建议时使用的一种常用书信。在写作中，建议要有明确的针对性；将建议内容一一列出，并针对具体问题来谈；要把握好分寸，实事求是，切实可行；语言要精练、准确。

建议书一般由标题、称谓、正文和落款四部分组成。

建议书

×××：

根据调研发现，目前在……上存在以下问题：……

针对以上情况，我提出以下建议：

一、……

二、……

……

以上建议，真诚希望……认真考虑。

×××

××××年××月××日

标题：可写“建议书”或“建议”，也可不写。

称谓：顶格写上接受建议书一方的名称。

正文：一般写建议原因和建议事项。根据内容多少决定是否分条列出。最后，写上表示敬意或祝颂语的话。

落款：在正文右下方标明提建议人或单位名称，以及成文日期。

经典真题训练 1

根据下面的文字说明写一篇 300 字左右的建议书。

你所在的大学刚刚搬入新建校区。校区面积大，教学楼和宿舍楼宽敞明亮。但是由于地处城市郊区，各项辅助设施还在完善中。目前，学校鼓励大家为优化学校环境献力献策，特向在校师生征集优化学校环境的建议。

针对这种情况，请你写一封具有建设性的建议书，内容可以包括可利用的条件、改善学校环境的具体方法以及你所做的调研等。

1. 标题

2. 正文

3. 署名及日期

写作分析

本文要求写建议书。首先，文章须符合建议书格式。其次，题目已对文章内容有所要求，应包含目前学校可利用的条件、改善学校环境的具体方法以及前期调研工作等。

参考范文

校园环境优化建议书

尊敬的校领导：

我是一名大一的新生。对于学校，我充满着憧憬和期待，学校鸟语花香，教室和楼道都很干净，但也有一些不如人意的地方。根据调研发现，目前我校在优化学校环境上存在以下问题：运动设施缺乏；自然环境不够优美，绿植较少；有些地方杂草丛生，废物堆积，无人打扫；户外公共开放空间利用率较低；食堂环境不够干净整洁。

针对以上情况，我提出以下建议：

一、加强学校运动设施建设，改善办学条件。目前学校运动设施还不够完善，建议加强学校标准化、规范化建设，美化校园，如增设健身馆、娱乐区、游泳馆、室外篮球场、羽毛球场和乒乓球台等，创设良好的育人环境，以帮助学生提高运动素质、健全体格，激发运动热情。

二、美化校园环境，创建绿色校园。校园绿地在校园环境中占主导地位，它不仅是创造教学所需舒适环境的重要设施，也是师生亲近自然的重要场所。目前，我校园林绿化不足，希望接下来学校能够加大绿化投入，安排绿化人员及时对杂草进行修剪。另外，一部分同学反馈食堂用餐环境不够干净整洁，如地面太油、太湿，容易摔倒，桌面、食堂餐具不够干净等。对此，建议学校配备食品安全监督员，对食堂环境进行督促整改。

三、学校面积大，场所多，环境文化创建要统一规划。建议学校运用现代设计手法，结合木栈道、木亭子等，在各广场上设置座椅，为学生们提供学习、休闲的场所，也为校园增添一抹动人而秀美的景色。此外，在各广场设立雕塑，在鼓励学生追求真、善、美的同时也可以美化校园环境。

以上建议，真诚希望校领导认真考虑。祝愿我校的明天更美好！

×××

××××年××月××日

经典真题训练 2

外卖送餐为人们的生活增加便利的同时，也带来了安全隐患。外卖车辆进入校园的现象，虽为学校所禁止，但仍时有发生。

请你以校学生会主席的身份给校长写一封信，说明外卖车辆进入校园的不利影响，并对解决方案提出建议。要求字数不少于 400 字。

写作分析

本文要求写建议书。首先，写作要注意内容具体明确，有针对性，用语礼貌，精炼准确。其次，根据题目要求，要写清楚外卖车辆进入校园的不利影响，并提出解决方案。

参考范文

建议书

尊敬的校长：

您好！我是校学生会主席 ×××。写信给您是想针对外卖车辆进入校园的现象谈谈我的想法。

外卖车辆进入校园，虽为学校所禁止，但仍时有发生。众所周知，外卖员送餐时间大多集中在放学这一时间段，而这一时段正是校园里人流量特别大的时候，各种送外卖的电动车在教学楼和宿舍之间穿行，给师生们的出行造成了极大的安全隐患。外卖车辆在校园撞到学生的新闻也屡见不鲜。不仅如此，外卖车辆进入校园也会造成社会人员的增多，而这部分人员素质参差不齐，给校园安全管理带来更大的负担，也给学生们的人身财产等造成了一定的威胁。

因此，在学校加大禁止外卖车辆进入校园的管理力度的同时，我建议学校应改进管理方法。比如，可以在校门附近划定区域为外卖送餐点，这样既保障了校园秩序，也避免了“一刀切”这种缺乏人性化的管理方式。

另外，学校还可以对校内食堂进行整改，引进更多好吃且实惠的商铺，让学生在用餐时有更多的选择。为什么学生宁愿选择吃外卖，也不愿意吃饭堂的饭菜？饭堂要进行自我反思，通过自我提升来赢回学生的肯定。

感谢您拨冗阅读我的建议。

×××

×××× 年 ×× 月 ×× 日

第3节 书信

一、表扬信

写作要点及模板

表扬信是对某些单位或个人的高尚风格和模范事迹表示颂扬的信件。这种信件可以是领导机关、群众团体表扬其所属的某一单位以及某一个人的，也可以是群众之间的相互表扬。

表扬信一般由标题、称谓、正文和落款四部分组成。

表扬信

×××：

……

×××的精神值得我们大家学习，特写信感谢和表扬。恳请……把×××的优秀事迹广为宣传并予以表彰。

此致

敬礼！

×××

××××年××月××日

标题：直接写“表扬信”即可。

称谓：开头顶格写明被表扬的机关、单位、团体或个人姓名。写给个人的表扬信，应在姓名之后加上“同志”“先生”等字样。

正文：首先，交代表扬的理由，用概括的语言重点叙述时间的发生、发展、结果及意义；其次，指出行为的意义，在叙事的基础上进行评价、议论；最后，提出对对方的表扬，或者向对方单位提出建议，希望对×××给予表扬。

落款：在正文右下方写明发文单位名称或个人姓名，以及成文日期。

经典真题训练

中山大学

情景：民华中学初三（2）班的郑光明同学因患肺炎住院，耽误了很多功课。同班同学赵晓亮在郑光明出院后每天晚上去他家给他补课，整整坚持了一个月，直到为郑光明同学补上所有落下的功课。请你以郑光明妈妈的名义给民华中学的校领导写一封表扬信，建议学校领导对赵晓亮同学给予表扬。

要求：格式完整、正确，语言清楚、流畅，字数约300字。

写作分析

本文要求写表扬信。在表扬信中，应结合材料给出的内容，反映出他人值得赞扬的事迹与品质，叙述要实事求是，语言要热情而简朴。

参考范文

表扬信

尊敬的民华中学领导：

您好！我是初三（2）班郑光明同学的妈妈。前段时间，光明因患肺炎住院，耽误了很多功课。同班同学赵晓亮在光明出院后每天晚上来我们家给光明补课，风雨无阻，认真细心，整整坚持了一个月，直到为光明补上了所有落下的功课。

赵晓亮同学在学业压力很大的情况下，牺牲自己的学习和休息时间，友爱互助，关心同学，充分体现了当代社会主义核心价值观。他的优秀品质和行为也证明了贵校在学生德育教育工作方面做得十分到位。

赵晓亮同学助人为乐的精神值得我们大家学习，特写信感谢和表扬，同时感谢学校领导和老师的教导有方。恳请学校领导把赵晓亮同学的优秀事迹广为宣传并予以表彰。

此致

敬礼！

初三（2）班郑光明妈妈

××××年××月××日

二、感谢信

写作要点及模板

感谢信是为了答谢对方的邀请、问候，或对支持、帮助、关心过自己的党政机关、企事业单位、社会团体或个人表示感谢的书信。感谢信具有感情鲜明、强烈的特点。

感谢信一般由标题、称谓、正文和落款四部分组成。

感谢信

×××：

我谨代表……对……表示由衷的钦佩和真挚的感谢！

……

在此，我们再次对……深表谢意！真诚地祝……一切顺利！

此致

敬礼！

×××

××××年××月××日

标题：直接写“感谢信”即可。

称谓：开头顶格写上要感谢的机关、单位、团体或个人姓名。写给个人的感谢信，应在姓名之后加上“同志”“先生”等字样。

正文：首先，写明具体何事、何地、因何原因得到过对方哪些帮助和支持；其次，描写出对方好的思想品质、精神风范，真诚地表示感谢，表示愿意向对方学习的决心。

落款：在正文右下方写明发文单位名称或个人姓名，以及成文日期。

经典真题训练

山东科技大学

2014年8月1日至20日，山东科技大学“萤火”公益助学团队的20名志愿者赴青海省湟中县加汝儿小学进行支教。为表达感激之情，请你代表加汝儿小学给山东科技大学写一封450字左右的感谢信。具体内容可做合理想象。

写作分析

本文要求写感谢信。写感谢信，既要表达出真切的谢意，又要起到表扬先进、弘扬正气的作用。结合给定材料，要注意写出加汝儿小学对山东科技大学公益助学团队支教志愿者的感激之情。

参考范文

感谢信

尊敬的山东科技大学领导、老师：

大家好！我谨代表青海省湟中县加汝儿小学，对贵校派出的“萤火”公益助学团队的20名支教志愿者表示由衷的钦佩和真挚的感谢！

爱心凝聚力量，希望成就未来。“萤火”公益助学团队的志愿者们用实际行动证明了志愿者的价值所在，用切身言行诠释了“奉献、友爱、互助、进步”的志愿者服务精神，也用自己的行动展现了山东科技大学学子关怀社会的高尚品格。

20名志愿者同甘共苦，有序开展了支教上课、家访调研、趣味运动会、“中国梦我的梦”演讲比赛、文艺汇演等系列活动，给我们小学的孩子们带来了一个全新的世界，也让孩子们感受到最纯真的爱，以及满满的正能量。孩子们从支教老师身上学到了很多东西，不仅仅是知识和能力层面，更多的是爱的传递！

有句话说得好：“基于爱心的呼唤是最深沉的呼唤，出于自愿的事业是最有生命力的事业，服务他人的行为是最高尚的行为，奉献者的语言是最易沟通的人类共同语言。”

在此，我们再次对支教的志愿者深表谢意！同样非常感谢贵校的领导和老师教导有方。真诚地祝各位领导、老师、同学一切顺利，快乐与爱心同在！

此致

敬礼！

青海省湟中县加汝儿小学

2014年8月21日

三、求职信

写作要点及模板

求职信是求职者根据自身条件和意向向用人单位自荐以谋求职位的书信，其作用是向用人单位展示自己的能力、特长和求职意愿。求职信是个人向单位、组织“发文”的一种专用书信。

求职信一般由标题、称谓、正文和落款四部分组成。

求职信

尊敬的 ××× 领导：

您好！感谢您从百忙之中抽空阅读我的自荐材料。

我是……，研究方向是……。久闻贵公司大名，特申请贵公司的……一职，恳切地盼望得到贵公司青睐。

一、专业知识方面

……

二、社会实践方面

……

如果贵公司录用我，我会努力工作，积极上进，不断学习，不辜负公司的赏识和厚爱。

此致

敬礼！

×××

××××年 ××月 ××日

标题：直接写“求职信”即可。

称谓：顶格写明求职单位的领导或负责人的姓名和称呼，有时也可直接称呼其职务。

正文：首先，交代清楚自己的身份、年龄、学历等基本情况；其次，针对用人单位的征招信息，具体介绍自己，如专业特长、业务技能、外语水平等；最后，再次强调自己的求职愿望，恳请用人单位给予面谈或录用的机会。此外，还可附上证明与支持材料，包括毕业证书、学位证书、获奖证书、有关证明等。

落款：在正文右下方写明个人姓名和成文日期。

经典真题训练 华侨大学

假设你是某大学翻译专业硕士应届毕业生，已经获得了人事部二级翻译证书，有贸易专业知识，知识面广，兴趣广泛，有秘书写作和计算机操作技能，申请某贸易公司的翻译一职，写一篇求职信。要求字数在400字以上。

写作分析

本文要求写求职信。求职信必须以真实性来赢得用人单位的好感和信任，用语应礼貌。对应届毕业生而言，可以从学业和实践等方面，向应聘单位展现自己的长处。

参考范文

求职信

尊敬的××贸易公司领导：

您好！感谢您从百忙之中抽空阅读我的自荐材料。

我是××大学翻译专业硕士应届毕业生，研究方向是商务翻译，成为一名优秀的高级商务翻译一直是我的梦想。在六年的求学生涯中，我不断充实自己，提升自我，为梦想时刻准备着。久闻贵公司大名，特申请贵公司的翻译一职，恳切地盼望得到贵公司青睐。

大学和读研期间，我十分重视专业课程的学习，具备了扎实的专业基础知识，系统地掌握了商务英语和贸易专业相关知识，也于研一期间获得了人事部二级翻译证书。同时，我还广泛阅读了其他语言类及管理、写作方面的书籍，有熟练的秘书写作和计算机操作技能。

除了学习以外，我深知个人能力的重要性，这也是成为一名企业所需人才的必备条件。在按时保质完成学业的同时，我还积极组织和参加了学生会和各类社团所组织的活动，包括英语演讲比赛、翻译比赛等，并获得了优异的成绩。此外，研二期间，我曾在××贸易公司进行翻译实习，对翻译的本职工作有一定的了解和经验。丰富的学生干部经验和实践经历既锻炼了我的人际交往能力、沟通组织能力，又让我养成了强烈的责任心和团队合作精神。

翻译工作需要细心、耐心和恒心，而脚踏实地地做事一直是我的行为准则。如果贵公司录用我，我会努力工作，积极上进，不断学习，不辜负公司的赏识和厚爱。

此致

敬礼！

×××

××××年××月××日

四、推荐信

写作要点及模板

推荐信是指写给用人单位、向用人单位推荐优秀人才或者向自己的熟人和朋友介绍某个人去做某件事以便使之采纳的专用书信。推荐信可分为自我推荐和推荐他人。

推荐信一般由标题、称谓、正文和落款四部分组成。

推荐信
×××:
我是……。很荣幸向……推荐……。
……
本人很高兴能给……写这封推荐信，希望……能获得……的认可。
推荐人：×××
××××年××月××日

标题：直接写“推荐信”即可。

称谓：顶格写明收信单位或个人名称。

正文：首先，写明自己与被推荐者的关系；其次，介绍被推荐者的基本情况，写明值得推荐的理由和事实。

落款：在正文右下方写明推荐单位或个人姓名以及成文日期。有些推荐信还可注明自己的联系方式和通信地址。

经典真题训练

浙江工商大学

根据下列材料写一封450字左右的推荐信。（要求：格式规范、文种准确、行文条理清楚，无语病、发文时间自拟）

一位杭州的高中毕业生想申请赴美，到某常春藤名校攻读大学本科课程，假设你是这位学生高中三年的班主任，请你为他/她写一份推荐信。该学生已参加SAT考试，总分2,180分（满分2,400），数学740分、阅读720分、写作720分。具体申请学校、学生志愿与你教的科目等背景内容都可自由发挥。

写作分析

本文要求写推荐信。考生要注意写清楚推荐人的身份，展现出申请人的个人技能或特点，如学习能力、成绩、工作能力、英语水平等。

参考范文

推荐信

××大学：

我是×××同学高中三年的语文老师和班主任。×××是我校优秀毕业生，现想申请赴美，到贵校攻读大学本科课程。我很荣幸向贵校推荐这位勤奋上进的优秀学生。

三年中，×××同学常在课后与我讨论他的学习情况和今后自己出国深造的愿望，他对自己的未来很有想法，并且在一直为之努力。他学习十分主动、自觉，听课认真仔细，也十分热衷于和同学一起讨论问题。在高中期间，他的各科成绩都很优秀，SAT考试的总分为2,180分（满分2,400），其中数学740分、阅读720分、写作720分。他有着较强的研究能力，富有钻研精神。

除了在学习方面表现出相当突出的能力外，×××还具有非凡的领导才能，曾任班长、组织委员等职位。他在团体中不仅是参与者，而且是决策者和发言人。性格开朗的他曾组织了班级元旦晚会，无论在活动的策划、进行还是成果回报上，均达成了师长们的要求，最终获得了圆满成功。

×××同学不但做学问脚踏实地，而且尊敬师长，是一位品学兼优的好学生。本人很高兴能给他写这封推荐信，希望他能获得贵校的认可，顺利进入他理想的学校就读。

推荐人：×××

××××年××月××日

五、求助信

写作要点及模板

求助信是指写信人希望得到收信人帮助而写的信。求助信适用于写信人希望在精神上或物质上得到收信人的帮助，这种帮助的程度可大可小。写作时要注意语气谦和，措辞委婉。

求助信一般由标题、称谓、正文和落款四部分组成。

求助信

×××：

您好！我是……。

……

冒昧给您写信，恳请您能……。期盼您的回复，万分感激！

此致

敬礼！

×××

××××年××月××日

标题：直接写“求助信”即可。

称谓：顶格写明收信单位或个人名称。

正文：首先，写明自己的身份等个人信息；其次，写明求助原因、求助事项等基本情况；最后，表明希望得到对方的帮助。

落款：在正文右下方写明个人姓名和成文日期。

经典真题训练

北京邮电大学

根据下面的文字说明写一篇 300 字左右的信件。

你正在撰写一篇论文，在阅读文献中你发现有一篇论文无法找到论文全文，而该论文是你完成自己论文写作的关键，请你给该论文的作者写信索要论文全文，并和他 / 她交流你在相关研究中遇到的问题。

1. 称呼，问候
2. 正文：陈述你的个人信息；索要论文的原因和背景；你研究遇到的问题等
3. 结语及落款

写作分析

本文要求写求助信。写作时，考生要注意用语礼貌，简明扼要写清楚个人信息、索要论文的原因和背景、研究中遇到的问题等。

参考范文

求助信

尊敬的×××老师：

您好！我是××大学外国语学院英语翻译专业的大四学生×××，正在撰写关于彼得·纽马克提出的文本类型理论的毕业论文。在阅读文献的过程中，有幸拜读了很多您关于文本类型理论的相关研究论文，非常敬佩您对学术研究严谨的态度和专业的学识。

现在我的论文写作遇到了瓶颈——翻译表达功能文本的时候应该遵循什么样的翻译原则，才能做到忠实于传达原作者的语句风格和文字背后所蕴含的思想感情。在查找文献时，看到了一篇您的论文《×××》摘要，其中的内容对我的论文写作有着莫大的帮助。然而，可惜网上无法找到这篇论文的全文，所以冒昧给您写信，恳请您能将这篇文章发给我。期盼您的回复，万分感激！

此致

敬礼！

×××

××××年××月××日

六、慰问信

写作要点及模板

慰问信是表示向对方（一般是同级、或上级对下级单位、个人）关怀、慰问的信函。它是有关机关或者个人，以组织或个人的名义在他人处于特殊的情况下（如战争、自然灾害、事故），或在节假日，向对方表示问候、关心的应用文。

慰问信一般由标题、称谓、正文和落款四部分组成。

致×××的慰问信 —— **标题**：写“慰问信”或“致×××的慰问信”。

×××： —— **称谓**：顶格写明收信单位或个人名称。

您好！……请允许我把最衷心的祝愿与最诚挚的问候送给您。

……

祝生活愉快，身体健康，万事如意！

—— **正文**：首先，简要讲述写信原因、背景；其次，全面具体地叙述事实、表示慰问或学习；最后，结合形势提出希望，表示共同的愿望和决心。

×××

××××年××月××日 —— **落款**：在正文右下方写明个人姓名和成文日期。

经典真题训练

湖南师范大学

教师节即将来临，请你给你最尊敬的一位老师写一封“慰问信”。请注意内容信息、语言表达和格式等方面的要求。（400字左右）

写作分析

本文要求写慰问信。题目要求写作对象为自己最尊敬的一位老师，所以信中不必提及其他人员。行文内容要紧扣材料，包括感谢老师在教育方面做出的贡献和祝福老师的话语。

参考范文

致×××老师的慰问信

敬爱的×××老师：

您好！在这个金秋送爽，充满温馨的丰收季节，我们即将迎来第×个教师节，请允许我把最衷心的祝愿与最诚挚的问候送给您：×××老师，您辛苦了！

都说红花离不开绿叶的扶持，花儿离不开泥土的滋润，就像学生离不开您的教诲。老师，您用汗水浇灌我们、用心血滋润未来，我们在您的爱里，感受到了春天般的温暖，我们在您的温暖中绽放出七彩的光芒。是您打开了我人生的新篇章，让我从一个胆小内敛的小女生成长为勇敢、坚强、向上的“勇士”。

“感恩的心，感谢有你，伴我一生，让我有勇气做我自己……”每当这沁人心脾的歌曲响起，我都会情不自禁地想起您，我最敬爱的×××老师。

我永远忘不了在我生病时，您递上的一杯热水，像妈妈一样嘘寒问暖；我永远忘不了当我学习上遇到难题，您反反复复、仔仔细细讲解时的耐心……

千言盛赞不能融尽我浓浓的敬意，再次向您致以节日的祝贺和崇高的敬意，祝您节日愉快，身体健康，万事如意！

您的学生：×××

××××年××月××日

七、邀请函

写作要点及模板

邀请函是党政机关、企事业单位和各种团体在举行各种纪念活动、重要会议、宴会、酒会、茶话会时所常用的一种应用文样式。邀请函既能对被邀请者表示尊重，表明邀请者的郑重态度，又能作为参加活动的凭证。邀请函一般多用于集体，很少用于个人，个人一般是用请柬。

邀请函一般由标题、称谓、正文和落款四部分组成。

邀请函

尊敬的×××先生/女士：

为……，由……组织承办的……将于××××年××月××日至××日在……举办。届时……将出席会议。特诚挚邀请您参加……。现将有关事宜通知如下：

一、……

二、……

三、……

……

×××

××××年××月××日

标题：直接写“邀请函”；或在文种前加上发文原因，如“关于××会议的邀请函”。

称谓：顶格写明被邀请的单位或个人名称。

正文：一般要写出举办活动的内容、目的、时间、地点、方式、邀请原因、邀请对象，以及邀请对象所做的工作等。如有必要，还可注明请对方回复能否应邀及其他要求。

落款：在正文右下方写明邀请人的姓名或单位名称，以及成文日期。

经典真题训练

请写一份《红楼梦》英译全国学术研讨会邀请函。

写作分析

本文要求写会议邀请函。考生应注意邀请函要写清楚组织活动的原因、活动内容、时间、地点、费用、联系地址等。由于内容丰富，为了使表达更加明晰，结构可以采用条项形式列写。

参考范文

邀请函

尊敬的 ××× 先生 / 女士：

为共同交流《红楼梦》英译相关研究的最新成果，由宁波大学组织承办的"《红楼梦》英译全国学术研讨会"将于 ×××× 年 ×× 月 ×× 日至 ×× 日在浙江宁波举办。届时全国各高等院校、中国红楼梦学会等领域的知名专家、学者将出席会议。特诚挚邀请您参加本次会议。现将有关事宜通知如下：

一、会议内容

会议重点研讨以下议题：

1.《红楼梦》英译版本探讨

2.《红楼梦》人物英文译名

3.《红楼梦》传统服饰、建筑名称翻译问题

4.《红楼梦》传统文化对外翻译问题

二、会议时间

×××× 年 ×× 月 ×× 日至 ×× 日（×× 月 ×× 日全天报到）

三、报到地点

浙江省宁波市宁波大学东校区（江北区风华路 818 号）

四、会议论文与回执

与会者请提交会议论文与回执，回执内容包括与会者信息、论文题目、论文摘要（300 字左右）。请在 ×××× 年 ×× 月 ×× 日前将回执发至邮箱：ndxbfa@nbu.edu.cn。

五、会议费用

每人 1,200 元，包括报到后会议期间三天三夜的吃、住、行、会务、资料等费用。

六、联系方式

地址：浙江省宁波市江北区风华路 818 号

联系人：××× 老师

联系电话：0574-87600248

宁波大学

×××× 年 ×× 月 ×× 日

八、祝贺信

写作要点及模板

祝贺信是行政机关、企事业单位、社会团体或个人以书信的形式，向取得成就、获得荣誉、有喜庆之事的单位或个人表示祝贺的一种专用书信。

祝贺信一般由标题、称谓、正文和落款四部分组成。

祝贺信

亲爱的 ×××：

欣闻……，我谨代表……，（并以个人的名义，）向你们表示热烈的祝贺，向……表示衷心的感谢！

……

希望……，珍惜荣誉，再接再厉、永不止步……

×××

××××年 ××月 ××日

标题：直接写“祝贺信”即可。

称谓：顶格写明被祝贺对象的姓名或名称。

正文：首先，结合当前形势，说明对方取得成绩的环境，并态度明朗地表示祝贺；其次，概括说明对方所取得的成绩，分析原因，充分肯定和赞扬其成就，以及重大意义；最后，表示热烈祝贺、由衷的祝福和真诚的慰问。

落款：在正文右下方写明发出贺信的个人姓名或单位名称，以及成文日期。

经典真题训练 浙江理工大学

祝贺信是向对方表示祝贺的信件，一般用于对方有什么喜事或取得了什么成绩，以及节日寿诞等。

今年浙江理工大学健美操队在中国大学生健康活力大赛中获得金牌，请以校长名义写一封祝贺信（时间为 11 月 20 日）。要求格式正确，用词要恰当、简练，要充满热情、喜悦，赞美对方要真诚，切实做到实事求是，并说明成绩的来之不易及其意义。（限 450 字以内）

写作分析

本文要求写祝贺信。考生要注意，题目要求以校长的名义写信，用词要得当，实事求是地祝贺对方，并说明成绩的来之不易及其意义，鼓励同学们再接再厉，顽强拼搏。

参考范文

祝贺信

亲爱的健美操队的同学们：

欣闻你们在中国大学生健康活力大赛中以优异的成绩勇夺金牌，为学校赢得荣誉，我谨代表学校，并以个人的名义，向你们表示热烈的祝贺，向各位指导老师和提供支持帮助的同志们表示衷心的感谢！

台上一分钟，台下十年功。优异成绩的取得源自你们不怕苦不怕累的顽强拼搏精神，训练场上的汗水见证了你们奋斗的艰辛。你们勇挑重担，不怕吃苦，甘于奉献，出色地完成了艰巨的比赛任务，在全国大学生面前展现了我们浙江理工大学学子的青春风采！

在前进的路途中，在向目标追逐的过程中，文明精神、强身健体是一盏永不熄灭的灯，是一把愈烧愈旺的火，是永恒的动力之源。文明精神呼唤梦想成真，强身健体呼唤理想实现。

使命在肩，奋斗有我。希望全体队员能够常怀爱国之情，时刻牢记自己肩上的责任与使命，将所学专业与全民健身和健康中国伟大事业紧密结合，珍惜荣誉，继续努力学习、刻苦训练，再接再厉、永不止步，充分展现新时代中国青年昂扬向上的精神风貌，取得运动成绩和精神文明双丰收！

浙江理工大学校长：×××

××××年 11 月 20 日

第4节 宣讲类应用文

一、演讲稿

写作要点及模板

演讲稿是指在大会或其他公开场合发表个人观点、见解和主张的文稿。演讲稿的主题要鲜明，例证要动人，感情要深厚，结构要清晰、完整，并注意跌宕。力求灵活、朴实、幽默、形象，并善于运用警句。

演讲稿一般由标题、称谓、正文三部分组成。标题可以是标明会议性质、演讲内容；也可以是正面提出自己的观点。称谓，即听众对象，对不同的对象要加上不同的称呼。正文部分要有开头、主题、结尾。首先，开门见山提出全文的中心论点或主要内容，说明演讲意图；其次，突出和强调演讲的中心问题，要分清轻重，面面俱到；最后，总结全文，给听众留下深刻印象，给人以启示或鼓舞，或发出号召等。

标题

称谓：

正文

经典真题训练

暨南大学

著名画家达·芬奇说过："人的美德的荣誉比他财富的荣誉不知大多少倍。古往今来，帝王公侯数不胜数，却没有在我们记忆中留下一丝痕迹，就因为他们只想用庄园和财富留名后世。君不见，多少人在钱财上一贫如洗，但在美德上却是真正意义上的富豪呢？"

请以《贫穷与富有》为题，为自己写一篇参加全国大学生演讲比赛使用的演讲稿。要求说理透辟，情感充沛，格式正确。（字数：400~450字）

写作分析

本文要求写演讲稿。演讲稿是一种实用性较强的文体，其特征可以概括如下：①内容上的现实性。结合作文材料分析，本题的观点应该是虽有财富而无美德，富有也贫穷；虽无财富而有美德，贫穷亦富有。②情感上的说服性。③特定情景性。不同的演讲有不同的目的、情绪，有不同的场合和不同的听众，演讲稿的写作要与这些特定情景相适应。④口语化。演讲稿的最终目的是用于讲话，因此，演讲稿要"上口""入耳"。

参考范文

贫穷与富有

尊敬的老师们、亲爱的同学们：

大家好！

现代社会商业发达，物欲横流，不少人汲汲于富贵，多少人戚戚于贫贱？选择富有，厌弃贫穷是人之常情，但如果让你在美德与金钱之间做出抉择，你是否会毫不犹豫选择前者？针对这个问题，无数前辈先贤、志士仁人给出了自己的答案——虽有财富而无美德，富有也贫穷；虽无财富而有美德，贫穷亦富有。

虽有财富而无美德，富有也贫穷。孔子曾自述心志："不义而富且贵，于我如浮云。"他认为，君子若富贵却违背仁义，就和浮云一样没有任何意义。孔子一辈子也践行仁义，淡泊名利，他对自己的美德要求应成为吾辈楷模。

虽无财富而有美德，贫穷亦富有。陶渊明不为五斗米折腰，贫贱而不移其志，淫欲而不乱其心，心有美德，虽贫却富。陶潜选择坚守美德，值得我们效仿学习。

同学们，你们可知袁隆平院士为研制出杂交水稻历经多少坎坷？而他可是为了名利？你们可知屠呦呦女士为提取青蒿素经历多少失败？而她可是为了钱财？他们都是为了心中至诚的信仰，坚定不移，不懈奋斗，这种美德才是真正的富有。

厚德者载物于身，有德者不困于贫！愿我们始终坚守美德，拥有内心的财富，做幸福的自己！谢谢大家！

二、发言稿

写作要点及模板

发言稿是参加会议者为了在会议或重要活动上表达自己意见、看法或汇报思想工作情况而事先准备好的文稿。发言稿可分为开幕词、闭幕词、会议报告等。发言稿的写法比较灵活，结构形式要求也不像演讲稿那么严格，可以根据会议的内容、一件事事后的感想等情况而有所区别。

发言稿一般由标题、称谓、正文三部分组成。标题，无固定格式，一般有四种类型：揭示主题型，如《人应该有奉献精神》；揭示内容型，如《在省科技工作会议的讲话》；提出问题型，如《当代大学生应具备什么素质》；思考问题型，如《象牙塔与蜗牛庐》。称谓，根据受听对象和讲演内容需要来决定。正文，开头要吸引听众、引出下文；中心内容可以是记叙性的、议论性的、抒情性的；结语常用来总结全文，提出希望或表示决心。

标题

称谓：

正文

经典真题训练

浙江工商大学

你接受邀请回到高中母校参加建校 50 周年校庆活动，届时，你将作为校友代表在校庆大会上发言，请你拟写一篇校友代表发言稿。（要求：不少于 400 字，符合行文规范）

写作分析

本文要求写校友代表发言稿。首先，要注意发言稿的格式规范，开头写明发言的缘由，引入正题；其次，写明发言的具体内容；最后，可适当概括、申述一下自己的主要观点。

参考范文

拳拳学子情切切，难报母校三春晖

尊敬的各位领导、嘉宾、老师，亲爱的校友和同学们：

大家好！

当和煦的阳光满怀热情地撒向冬日大地的时候，我们的母校迎来了五十周年的华诞。我是建校之初××级 ××班的毕业生。请允许我代表全体校友向母校 50 华诞之喜表示热烈的祝贺！向辛勤培育我们的老师道一声最真挚的感谢和祝福！向来自四面八方的校友致以亲切的问候，祝愿大家幸福安康！

往事如歌，岁月如诗。忆往昔，在这里，我们得益于师长的谆谆教诲，汲取了丰富的知识营养；在这里，我们感悟着人生的真谛，树立了今后的理想。虽然我们已经毕业多年，但在我们的人生历程中，每一分努力，每一分收获，无不凝聚着母校辛勤培育我们的心血和汗水，无不昭示着母校锐意进取、自强不息的精神！

拳拳学子情切切，难报母校三春晖。今天，我们怀着深厚的感激之情，重新投入母校的怀抱，共同寻觅青春的脚步，共同感谢母校、师长的哺育。在这里，我深情呼吁：××中学的新老校友们，团结起来，携手并进，为母校辉煌的明天、美好的未来尽自己的一份力。

最后，预祝校庆活动圆满成功！衷心祝愿各位领导、各位嘉宾、各位师长和校友事业有成、身体健康、生活幸福！衷心祝愿母校以五十周年校庆为新的起点，在传承光荣历史和办学经验的同时，与时俱进，开拓创新，再造新优势，再铸新辉煌！

谢谢大家！

第 5 节 策划文书

一、专题活动策划

写作要点及模板

就企业而言，专题活动主要是指对外接待、参观，举办展览、庆典、记者招待会、竞赛、赞助等大型活动。而专题活动策划就是为上述这些活动所制定的行动计划。

专题活动策划一般由标题和正文两部分组成。标题，写清策划书名称即可，可以包含活动内容或活动主题在内，要求简单明了，如“××活动策划书”。正文，一般包括活动名称、时间、地点、目的、意义、参加人员、组织人员、过程、预期效果等。

××策划书

为了加强……，进一步提高……，……拟开展……的活动。现拟定活动方案如下：

一、……

二、……

三、……

……

经典真题训练 1

长沙理工大学

长沙理工大学外国语学院负责给湖南 ××国际酒店的员工进行英语培训。目的是通过提高员工的英语水平来提高酒店的服务质量和档次。员工平时工作繁忙，基础薄弱，英语水平参差不齐。请为外国语学院写一份 400 字左右的策划书，内容包括目的、培训对象、方式、时间和预期效果等。

要求：行文规范，主题鲜明，思路清晰，文笔流畅通顺。

写作分析

本文要求写专题活动策划书。专题活动策划书的目的是将策划思路与内容客观地、清晰地、生动地呈现出来，并高效地指导实践行动。按照题目要求，要写明培训目的、培训对象、方式、时间和预期效果等。

参考范文

××国际酒店英语培训策划书

随着国家经济的迅猛发展，国内旅游业日渐兴旺，酒店行业更是百花竞艳。为了与国际社会接轨，进一步提高 ××国际酒店的服务质量，树立良好的社会形象，××国际酒店特委托长沙理工大学外国语学院，拟开展提高该酒店员工基本英语口语水平的培训工作。现拟定培训方案如下：

一、培训目的

为应对客户群体广泛性和国际性的问题，在国内、国际市场竞争中提升酒店的自身优势，提高员工的英语沟通交流水平，特开展本次英语培训。

二、培训对象

酒店全体员工

三、培训方式

1. 现场讲解：结合音频和视频，对培训内容进行深入细致讲解，理论联系实际，重在积累和提高；

2. 听力训练：播放英语单词、会话、短文音频，提高英语听力水平；

3. 会话训练：通过角色扮演、情景剧演出，让员工在实际情境中体验酒店英语的应用，并通过观看表演视频来发现自身不足，予以改正；

4. 实战演练：请若干名英语外教与员工进行互动交流，让员工在实际语言环境中，解决实际问题，提高英语会话能力。

四、培训时间

每周二晚上 18:30~20:00 和每周五下午 15:30~17:00 分批次培训，遇到节假日冲突顺延。

五、预期效果

预计经过半年培训，使得 90% 以上的员工能够通过培训考核。通过培训的员工能够在日常工作中理解英文资料、灵活使用英语与外国客人进行日常沟通交流，满足工作需要。

经典真题训练 2　　对外经济贸易大学

在“一带一路”背景下，如何讲好中国故事从而增强中国国际传播能力、提高中国国际话语权、塑造中国国家形象等议题引起全社会关注。某高校新闻传播学院拟在全校开展“讲好中国故事，传播中国声音”创意传播大赛，请以学院的名义撰写一份大赛策划书。

1. 字数：600 字以上

2. 要求：请围绕该项大赛的缘起、主旨、选题策略、创意形式、参赛细则等展开写作，策划书内容需详细、完备，切实可行，言简意赅，符合所写文体的文体规范。

写作分析

本文要求写大赛策划书。针对题目具体要求，除了一般活动策划书的常规写法外，还需要紧扣活动主题“讲好中国故事，传播中国声音”，围绕该项大赛的缘起、主旨、选题策略、创意形式、参赛细则等展开写作，在写作的过程中注意语言要简明，条理要清晰，内容要详细。

参考范文

“讲好中国故事，传播中国声音”创意传播大赛策划书

一、活动缘起

当前，中国与世界深度融合、相互激荡，“一带一路”战略规划自2013年提出以来在各个领域稳步推进。在这样的背景下，讲好中国故事，传播中国声音，向世界展现真实、立体、全面的中国，从而增强中国国际传播能力、提高中国国际话语权、塑造中国国家形象，是中国日益走近世界舞台中央、应对百年未有变局的形势所需，也是新时代青年的使命任务所在。

二、活动主旨

本次创意传播大赛以“讲好中国故事，传播中国声音”为主题，面向全校师生公开征集各领域的中国故事、中国声音、中国形象的年度官方品牌活动。

三、选题策略

主题一：中国梦的故事

【命题目的】

此命题旨在从国家叙事的层面上，用故事提高中国的国际话语权，塑造良好的国家形象，彰显中国的道路自信和制度自信，同时形成品牌的来源国效应。请围绕中华民族复兴、中国模式、一带一路、工匠精神展开故事文本创意与表现。

主题二：中国人的故事

【命题目的】

此命题旨在将承载着历史记忆和时代精神的中国人的故事进行国际化创意传播，形成具有正能量的国人品牌效应。请围绕中国人的家庭生活、个人奋斗、大学生创新创业进行微观叙事，展开故事文本创意与表现。

四、创意形式

1. 原创故事文本提交格式为 WORD 文档（字数为 3,000~5,000 字），内容主要包括参赛主题选择、故事标题、故事情节描述、故事中心思想、故事原型出处、故事表现形式。

2. 原创故事创意表现形式不限，如音视频作品、网页设计、平面设计、电子杂志、美术作品、产品设计、空间设计、VR 等，时长半小时以内。

3. 参赛者可单独或组队参赛，团队成员不超过 5 人，指导老师 1 人，每个参赛团队或个人最多可投递 3 个作品，并以故事文本 + 创意表现附件的形式提交。

4. 作品必须为参赛者原创，符合国家的相关法律法规，稿责自负。

五、参赛细则

（一）报名对象

全校师生

（二）报名时间

网上报名时间：××××年××月××日至××月××日

网上提交作品时间：××××年××月××日至××月××日

（三）报名程序

1. 申请注册

登陆××大学新闻传播学院学校官网进行注册，支持个人和机构两种注册形式。请牢记用户名及密码，以备再次登录或做有关查询时使用。请注意，同一证件号或手机号码只能注册一个账号。

2. 提交作品

根据大赛“创意形式”中的参赛作品类型与格式要求，在学院官网“讲好中国故事，传播中国声音”模块处提交作品。参赛者需以附件形式上传符合大赛主题且未发表的原创故事文本和创意表现（表现形式具体要求见大赛“创意形式”）。

二、商业广告策划

写作要点

商业广告策划是广告经营单位受广告主的委托，为实现广告促销目标，对企业广告传播活动的战略和策略进行的整体运筹规划的活动。

商业广告策划一般无固定格式。

经典真题训练

北京外国语大学

产品介绍广告是经常运用的一种广告文体，它通过文字、画面、影视形象等，把一种产品的性能、特点、使用情况以及购买方式等向人们进行宣传介绍，让人们了解这种产品。产品介绍广告是一种宣传产品的形式，是组织商品流通的手段，可以通过向消费者或用户介绍产品，以吸引顾客，达到推销产品的目的。因此，广告必须抓住产品的特点，讲清其独具的优点，同时还要了解不同消费者的心理特点，恰到好处地介绍产品，引起消费者购物的欲望。请选择你所熟悉的一种商品，替厂家拟一份产品介绍广告。字数在 450 字左右。

写作分析

本文要求写产品介绍广告。产品介绍广告一般要重点介绍产品的性能、特点、使用情况以及购买方式等，让人们了解这种产品，达到推销产品的目的。

参考范文

世界并不缺少美，缺少的是发现美的眼睛，缺少记录美的人。而儿童，对美有着强烈的感受力和发现美的独特视角。然而，随着智能手机的普及，很多人似乎都沉醉在拍照和晒图的快乐中，却忽视了孩子们对拍照的渴望与无奈。于是，××品牌决定凭着对相机的专业和专注，致力于研发出专属于孩子们的相机。

××品牌儿童相机是一款由深圳市 ×××科技发展有限公司自主研发的儿童创造力相机，拥有多项国际专利和发明专利。

××品牌儿童相机，立拍、立得，是随心随性的打印相机；

××品牌儿童相机，稳定、舒适，是双手握把的防摔相机；

××品牌儿童相机，环保、无毒，是防摔设计的硅胶相机；

××品牌儿童相机，可洗、防水，是防水设计的防水相机；

××品牌儿童相机，涂鸦、贴画，是可更换外壳的 DIY 相机；

××品牌儿童相机，高清、摄像，是简单方便的 DV 摄像机；

××品牌儿童相机，售后服务好，是省心省力的优质相机。

从摄影开始培养孩子的专注力和兴趣，让孩子看到这个世界的美好，学会创造，这就是给孩子的好礼物。××品牌儿童创造力相机，是每个孩子成长的一台启蒙相机，它益智创新，将陪伴孩子创造并记录快乐的童年。

适逢“6.18”活动，在6月1日至18日进“××品牌旗舰店”逛逛，更多优惠活动期待您的参与！

三、非商业广告策划

写作要点

非商业广告，是指为了达到某种宣传目的而做的广告，不获取盈利，如政治的、法律的、文化的广泛宣传，亦称非经济广告。非商业广告主要包括政治广告、公益广告和个人广告。

非商业广告一般无固定格式。

经典真题训练

湘潭大学

水是生命之源，地下水是水资源的重要组成部分。目前我国许多地区的地下水资源受到了严重的污染和破坏。请以“保护地下水”为主题设计一则公益广告，并简述你的创意思想。要求：字数不限，可根据需要合理添加内容。

写作分析

本文要求写公益广告。首先，要掌握公益广告形式、内容的写作技巧。其次，要掌握公益广告的常见写作方法，如对偶法、拟人法、比喻法、设问法、双关法、排比法等。最后，编写广告词还需要遵循以下三个原则：第一，求美。结构要匀称，能给人以视觉的整齐美。第二，求精。广告要简明醒目，通俗易懂，以极少的字词传递极多的信息量。第三，求巧。构思要新颖巧妙，善于运用一切手法和修辞。

参考范文

本则公益广告采取动画视频形式制作，视频中展示一个健康美丽的地球，镜头拉近是生意盎然的城市，在城市的地面下是丰富而干净的地下水，地下水滋养着大地万物，画面和谐美好。随着城市工业越来越发达，地下水不断被抽取、污染，最后只剩下一滴黑色的眼泪。最后，人类反思错误，拭去黑色眼泪，加强环境保护，恢复昔日的美好。动画视频结尾出现广告语——滴滴情深地下水，请你别让我伤悲。

广告创意：配合动画视频，本则公益广告词采用了拟人、比喻的手法，将地球人格化，写出了地下水不被珍惜与被破坏的伤心，同时把地下水比作地球滴滴情深的眼泪，写出了地下水的珍贵，也写出了地下水是大自然的馈赠。视频中拭去最后一滴黑色的眼泪，表明人类意识到地下水受到污染的危害，展示了人类保护地下水与环境的决心，点明了“保护地下水”的主题。

四、招商广告

写作要点

招商广告，是企业以招商为目的而做的广告。招商广告是对产品或项目进行展示的第一步，它要吸引经销商的注意力，阐述招商内容与市场前景，让经销商看到利润所在，同时对自己的投入与产出能做出一个初步的概算，从而引发经销商的浓厚兴趣，这样才能与招商者进一步接触、洽谈。

招商广告一般无固定格式。

经典真题训练

四川师范大学

你的家乡乌有镇盛产蜜柚。为促进乌有镇蜜柚及其他特产走进千家万户，乌有镇政府将于10月15日至11月14日期间举办“乌有蜜柚节”系列活动，届时将广泛宣传，吸引乌有镇及周边地区居民前来参加。现有蜜柚节“美食街”摊位100个面向广大餐饮、食品品牌招商。请你为“乌有镇蜜柚节筹备委员会”拟写招商广告一则。

基本要求：1）请注意包含招商广告所有必要要素；

2）书写工整、格式规范，全文不少于450字。

写作分析

本文要求写招商广告。招商广告一般包括活动背景、项目优势、合作方案、联系方式等内容，而好的招商广告题目要抓人，内容要诱人。

参考范文

乌有蜜柚节美食街火热招商中

由乌有镇政府主办，以“乌有柚都·闲适欢乐”为主题的第×届乌有蜜柚节将于10月15日至11月14日在乌有镇美食街隆重举行。本届蜜柚节将秉持节俭办节的宗旨，通过美食街及系列活动汇聚人气，扩大乌有镇影响力和知名度。

蜜柚节期间，将在乌有镇美食街举行蜜柚销售订货签约和项目签约，开展柚茶营销推介、“我和蜜柚有个故事”、乌有蜜柚下乡、蜜柚节文艺、柚王赛等系列主题活动。本次活动旨在加快乌有镇蜜柚产业提档升级步伐，增加农民收入，调动柚农生产积极性，推动“柚都生态平衡、工兴贸旺活力四射、名人故里闲适宜居”建设。

乌有蜜柚节将开展电视、网站等广告宣传活动，届时也将开通“镇长直播”渠道以扩大本次蜜柚节的宣传力度与影响力。

乌有蜜柚节期间，乌有镇美食街作为主会场，将汇聚八方来客，我们将在美食街与宾客共品美食佳果，共享节日快乐。同时，美食街也会作为“镇长直播”环节中重点介绍的对象之一。现有蜜柚节美食街摊位100个面向广大餐饮、食品品牌寻求合作伙伴或招租。

疫情正离我们的生活慢慢远去，在即将云开雾散的惊喜时刻，我们迎来了乌有蜜柚节，更迎来了美食街的无限商机，机会难得，摊位有限，我们热切期待您的加入，共创财富！

招商热线：××××-×××××××

地址：乌有镇美食街

乌有镇蜜柚节筹备委员会

××××年7月30日

第6节 说明书

写作要点

说明书，是关于商品的构造、性能、规格、用途、使用方法、维修保养等的文字说明。说明书的特点是内容的科学性、说明的条理性、样式的多样化、语言的通俗性、图文的广告性。

说明书一般由标题和正文两部分组成。标题，直接写商品名 + “说明书”即可。正文，要对商品的性能、规格、使用和注意事项进行具体说明，文字简练，数字准确，条理清晰，必要时辅之以图解。

经典真题训练 1　　河南师范大学

请为你熟悉的一种电子产品写一则说明书。

要求：450 字左右，格式正确，符合文体规范。

写作分析

本文要求写产品说明书。首先，正文要写明产品概述、构造、性能、使用方法、注意事项等内容。其次，写作时要做到内容真实，条理清晰，特点突出，通俗易懂。

参考范文

××高保真耳机使用说明书

一、概述

本耳机是参考人体工程学、电声学而设计的一款高品质、高保真立体声耳机，也是运用高科技先进的数字解码、音频放大技术设计制作而成的多功能耳机，它集耳机播放、SD/MMC/TF（MINISD）卡、MP3 解码播放和 SD/MMC/TF（MINISD）卡读卡器于一体。

二、使用与操作

1. 充电：USB 端口与电脑连接时，立即可对本机充电，充电时红灯亮，充电完成时红灯熄灭。

2. 文件存储：本机 USB 端口与电脑连接时，LED 屏上显示“USB”、存盘符号和播放转盘，即可对 MMC/SD 卡内文件进行写入和读出。

3. 开机：将 ON/OFF 开关拨至 ON 位置，长按 PLAY/PAUSE 键 3 至 5 秒开机，LED 被点亮显示卡内将播放的音频文件曲目、播放状态、电池电量。

4. 按 PLAY/PAUSE 键播放或暂停音乐，LED 显示播放音乐的时间、曲目、音量大小、播放状态。

5. 按 VOL+/VOL- 可调节音量。

6. 按 FORWARD/BACKWARD 键选择播放前一首曲目或下一首曲目。

7. 播放音效选择：短按 MENU 键选择播放音效（每短按一次变换一种音效）。

可选择音乐播放音效：POP——流行、ROCK——摇滚、CLASSIC——古典、JAZZ——爵士、STR——重低音、不显示——自然。

8. 关机：按 PLAY/PAUSE 键 3 至 5 秒，LED 停止显示，将 ON/OFF 开关拨至 OFF 位置，即可关机。

三、注意事项

1. 避免在特别热、冷、多尘、潮湿和干燥的环境中使用播放器。

2. 避免播放器与硬物摩擦撞击。

3. 请勿在播放器格式化或正在进行上传、下载时突然断开连接，否则可能导致程序出错。

很多外国游客认为，在中国生活无须携带现金，无论何时何地做何事都可以用手机付款，既方便又安全。但不少游客都遇到了一个问题：不知道如何用手机付款。请你用汉语为某旅行社撰写一份“手机支付说明书”。

要求：信息完整、思路清晰；用词得体、语言平实且文笔流畅；字数在 400 字左右。

写作分析

本文要求写手机支付说明书。首先，要写明手机支付的步骤，同时应注意条理清晰，步骤完整，有较强的可操作性。其次，按照题目给定的情境和阅读对象，可以把说明书写成书信体，拉近与读者之间的距离，也体现了说明书的针对性。

参考范文

手机支付说明书

亲爱的游客朋友：

您好！欢迎来到中国！

手机支付在中国已经十分普遍，给大家的生活带来了诸多便利。下面我们将重点为您介绍“微信支付”与“支付宝支付”两大手机支付方式。

一、微信支付

1. 首先在应用商店或者浏览器上下载微信 App，然后在登录界面使用自己的手机号注册一个微信号。

2. 注册好后登录微信，点击下方菜单中的“我”进入相关信息页面，然后点击“服务”进入相关信息页面。

3. 进入之后，点击右上角的导航按钮，在“支付管理”页面选择设置或修改支付密码。

4. 如果有朋友给您发红包，那么您就可使用零钱支付。否则，则需绑定一张扣款支付的银行卡。具体步骤是点击“钱包”，进入页面后点击“银行卡”，按提示添加并绑定银行卡。

5. 完成以上步骤后，您就可以使用微信支付了。需要付款的时候，点击微信主页面右上角的“+”，选择“扫一扫”，然后扫描商家的二维码完成支付；或者选择“收付款”，将付款二维码给商家扫一下也可以完成支付。

二、支付宝支付（步骤与微信支付类似）

1. 首先在应用商店或者浏览器上下载支付宝 App，然后在登录界面使用自己的手机号注册一个支付宝账号。

2. 注册好后登录支付宝，点击下方菜单中的“我的”进入相关信息页面，然后点击“银行卡”进入相关信息页面，按提示添加并绑定银行卡。

3. 绑定银行卡后就可以使用支付宝支付了，需要付款时打开支付宝主页，点击右上角的“扫一扫”，然后扫描商家的二维码完成支付；或者将选择“收付款”，将付款二维码给商家扫一下也可以完成支付。

祝您旅途愉快！

××旅行社

××××年××月××日

第7节 社交礼仪文书

一、答谢词

写作要点及模板

答谢词是在专门仪式、宴会、招待会上宾客对主人的热情接待表示衷心感谢的致词。答谢词篇幅力求简短，不宜冗长拖沓，且不能省略必要的客套话，措辞要得体。

答谢词一般由标题、称谓、正文三部分组成。

答谢词

×××：

今天是……，我们对……表示最热烈的欢迎、最衷心的感谢！

……

再次感谢……，祝大家身体健康，工作顺利，家庭幸福！

谢谢大家！

标题：一般写“答谢词”即可；或加上事由，如“在××上的答谢词”。

称谓：根据场合严肃性质，使用不同的称呼。

正文：首先，写明答谢的背景、原因；其次，对对方的热情接待表示由衷的感谢；接着概写活动内容、留下的美好印象、成果和愿望等。最后用感激、祝愿等礼貌语结尾。

经典真题训练

湖南师范大学

爷爷80岁生日，许多亲戚朋友都前来表示祝贺。请你以孙子的身份写一封“答谢词”。请注意身份、内容和格式等方面的要求。（400字左右）

写作分析

本文要求写答谢词。答谢词要求感情要真挚、坦诚、热烈，措辞要得体、大方，注意分寸，篇幅要简短，语言要精练。根据题目要求，考生是以孙子的身份来写答谢词，所以在感谢亲朋好友前来祝贺的同时，还要写出自己对爷爷的感恩和祝福。

参考范文

答谢词

各位亲友、各位来宾：

今天是个好日子，是我爷爷80大寿的好日子！首先，我代表自己和全家祝他老人家生日快乐，身体健康，笑口常开！值此举家欢庆之际，各位亲戚、朋友前来为我爷爷祝寿，使爷爷的80大寿倍增光彩。我们全家对各位的光临，表示最热烈的欢迎、最衷心的感谢！

人生七十古来稀，那80岁的高寿就是万福。与人为善心胸广，知足常乐顺自然。我的爷爷在80个寒来暑往中以豁达的心态阅尽世道沧桑，得以健康的体魄让儿孙心情愉悦，尽享天伦之乐。

从小爷爷就特别疼我，无论我做什么事情都无条件地支持我、鼓励我。亲爱的爷爷，我们的脉搏里流淌着您的血液，我们的性格深烙着您的印记，我们的思想里继承着您的智慧，您对我们的好，我们永远不会忘记。您用平淡朴实的方式表达您的爱，但您的爱足够我们受用一辈子。

亲爱的爷爷，儿孙祝福您福如东海，寿比南山！也再次感谢大家在百忙之中能来参加我爷爷的寿宴，祝大家身体健康，工作顺利，家庭幸福！今天略备薄酒，希望大家吃好、喝好。

谢谢大家！

二、开幕词

写作要点及模板

开幕词是会议讲话的一种，是各级党政机关、社会团体、企事业单位在会议开始时，由会议主持人或主要领导人向大会所做的重要讲话。开幕词是大会的序曲，在郑重宣布会议开幕的同时，必须阐明会议的指导思想、宗旨、重要意义，向与会者提出开好会议的中心任务和要求。

开幕词一般由标题、称谓、正文三部分组成。

开幕词

×××：

……

首先，我谨代表……，向……的成功召开表示热烈的祝贺！

……

预祝……获得圆满成功/现在我宣布：……开幕。

标题：一般由事由和文种组成，有时事由也可省略，直接写“开幕词”。

称谓：主要使用泛称，如“各位来宾”“各位朋友”等。

正文：一般包括阐明会议、活动的重要意义，说明会议要达到的目的和解决的问题，说明会议的议题和议程安排，向与会者提出要求等。最后，提出希望，发出号召，并对相关人员表示感谢。

经典真题训练

华中师范大学

××工业大学秋季运动会将于××月××日在校运动场开幕，运动会将持续两天，学校副校长周××将在运动会开幕式上致开幕词。

请写一份450字左右的运动会开幕词。要求内容完备，层次结构合理，格式规范，语言得体。

写作分析

本文要求写运动会开幕式的开幕词。首先，要点明运动会的基本情况并对运动会的召开表示祝贺；其次，点明主题、交代背景、提出问题等，最好采取分点的形式论述自己的观点，使开幕词的条理清晰；最后，做出总结，表达对本次校运动会的希望。

参考范文

赛出体育精神，展现师生风貌

尊敬的老师们、亲爱的同学们：

上午好！

在欢庆祖国华诞的喜悦未退时，我们也迎来了本校的体育盛会——××工业大学秋季运动会。首先，我谨代表学校，向运动会的成功召开表示热烈的祝贺！

一年一度的秋季运动会是我校贯彻“全面育人”教育思想的重要载体。多年来，我校体育工作始终奉行“健康体育、快乐体育、终生体育”的理念，坚持“以人为本、健康第一、强身健体、经世济民”的指导思想，开展了包括秋季运动会在内的丰富多彩的体育活动，实现了师生“育体”与学校“育人”的有机结合。

一年一度的秋季运动会也是全校师生体验激情人生的重要良机。成功的喜悦、拼搏中的顽强、竞争中的合作、运动中的智慧都将成为大家最生动、最深刻、最美妙的生命乐章。在体育精神的激励下，我们将在这里尽情释放激情和能量，执着坚守挑战极限的理想信念，让×工大精神的内涵在实现体育梦想的过程中得到充实和发扬。

我希望，运动员、裁判员和工作人员都能恪守“公开、公平、公正”的竞赛准则，严格遵守运动会各项规程和纪律，发扬勇于拼搏、乐于协作的体育精神，在运动场上比作风、比技术，赛出成绩、赛出风格、赛出友谊，展现我们×工大学子的精神风貌。

×工大与祖国共舞，梦想与青春同行。在这澄云桂影、月晏风清的十月，让我们共同努力，共圆精彩！

最后，预祝参赛运动员取得好成绩！祝秋季运动会取得圆满成功！

第2章 命题作文写作·基础训练 30 篇

第1节 命题作文题型分析和备考建议

汉语写作与百科知识考试的最后一部分是命题作文。虽然考纲将这一部分称为命题作文，但从各高校实考的试题看，考查的题型并不限于“给定标题”的作文题。总体上看，这一部分通常有三种题型：给定标题的作文题、给定话题的作文题、不给标题也不给话题的作文题。下面介绍这三种题型。

一、给定标题的作文题

这类题型会给出固定题目，并让考生以此为标题，写出文章。这类题中，有的题直接给出标题，没有材料；有的题除了给出标题，还会给出材料或相关信息。

真题范例 1 广西民族大学

题目：谈创新

要求：写议论文，主题鲜明，论据典型充分，结构完整，语言流畅，字数不少于800字。

真题范例 2 桂林电子科技大学

2014年世界语言大会形成的“苏州共识”指出：语言能力对个人、国家和整个人类意义重大，是一个国家软、硬实力发展水平的标志。有人认为，世界历史上，不少民族冲突、政治危机乃至国家分裂的导火索就是语言问题。也有中国学者指出，目前我国的社会整体语文素养出现了一定程度的滑坡，因此亟待增强语言能力意识、语言安全意识、语言规划意识和语言科学传播意识。请以“**语言能力事关国家综合实力提升**”为题写一篇议论文，从译者的角度谈谈你的看法。

要求：①论点明确、论据充分、论证有力；②语句通顺、文笔优美；③全文不少于800字。

二、给定话题的作文题

这类题型一般给出某个话题，让考生围绕该话题写文章，题目自拟。这类题中，有的题给出一段材料；有的题直接给出话题，不给材料。

真题范例 3 湖南大学

讲好中国故事，译好中国典籍。译者在翻译过程中扮演着多个角色，如评论者、文化交流的中介人、译作作者等。

请你选择一个角度，自拟标题，就译者在翻译过程中的角色写一篇议论文。要求观点明确，条理清晰，结构完整，字数在1,000字以上。

真题范例 4 华侨大学

围绕“人工智能”，自拟标题，任选角度写一篇议论文。要求字数在800字以上。

作文题无论是给定标题还是给定话题，实际上都已给出了**写作的大方向和重点**。因此，写作时要注意以下两点。

第一，在写作前一定要认真审题，保证所写文章不偏题。比如，真题范例 4 要求围绕“人工智能”写议论文，若行文中提到人工智能领域的发展，但是之后又将大量篇幅用在描述人类科技在过去几百年如何发展、如何改变自然，就会导致全文分析人工智能方面的内容很少，即是偏题，主题就会变成“人类科技的进步”了。

第二，有提供材料的题目，要注意材料反映的写作角度。材料可作为写作的参考，一般按材料暗示的角度写作会比较保险。比如，真题范例 3 给定的话题是“译者在翻译过程中的角色”，而材料又提到“讲好中国故事，译好中国典籍”，那么就可以以此来选择写作角度：中国译者在翻译中国典籍或著作时扮演的角色、责任以及该角色对中国向外传播中华文化的作用等。

三、不给标题也不给话题的作文题

除了上述题型，还有另外一种题型也很常见：只给材料让考生写作，即不给标题，也不给话题，而是让考生根据材料自选角度写作。

真题范例 5 **西南科技大学**

材料：毛嫱丽姬，人之所美也；鱼见之深入，鸟见之高飞，麋鹿见之决骤，四者孰知天下之正色哉？

——《庄子·齐物论》

你对此有何评论？请自拟题目，写一篇 800 字左右的作文。

写作时遇到这种题型，要做到两点：第一，充分理解材料，挖掘材料。第二，在理解材料的基础上选择文章切入点和中心论点。

针对这种题型，有的高校会规定要写议论文，有的则不限制文体（一般诗歌、戏剧除外）。从实际的文章构思和写作看，这种题型写成议论文会比较容易，因为材料往往反映某种观点、现象，可以引发考生的思考。若写议论文，考生就可以对某一观点或现象进行分析，进而得出结论，或者也可以表达自身的思考和对材料的理解。

如真题范例 5 的材料引用了《庄子·齐物论》，从中我们可以找到“什么是美”“人类审美于大自然有何意义”“审美本质上只是人类独有”“世界远远超过人类的认知”“人仅仅是万物之一”这些角度，也可以据此材料分析庄子的思想及其影响。像这些角度，写成议论文就比较容易成文，又能明确地向评卷老师表明自己的观点和对材料的诠释。

因此，不给标题也不给话题的作文题一般建议写**议论文**，除非题目指定以议论文外的文体写作。

第2节 命题作文写作建议

一、写作步骤

第一步：审清题目，准确立意。仔细审题，明确题目要求，把握好写作方向，确立文章的中心观点。这一步很重要，能确保后续写作总体上不偏离题目的要求。

第二步：规划各段，定好素材。围绕中心观点或主题展开文章，各段要表达什么内容，起到什么样的效果，是将中心观点分成几个分论点在各段阐述，还是先驳论后立论，开头如何引题，结尾如何总结，这些行文上的构思都在这个阶段进行。确定架构后可大致考虑每段的主要内容，进而思考需要用来佐证观点的素材（学科知识、事例、名句等），最终确定可选的素材。

第三步：列提纲，写成文。将第一、二步所思考的内容用简洁的语言列成提纲，这样行文思路和文章架构就会一目了然，也方便改进。在列提纲过程中，还可确定文章内容的详略，即切题的内容可详细写，与题目关系不大的可略写。最后根据提纲写成文章。

二、文体选择

总体上看，大部分高校对命题作文的文体要求可以分成两类，一是文体不限（一般诗歌、戏剧除外），二是要求以议论文写作。有的题目会要求写记叙文或者有文采的散文之类，但这种情况不多。

那当文体不限时，考生选择什么文体好呢？从应试作文的角度来看，选议论文会比较好。原因有三点。

第一，议论文便于表明观点态度，除了能体现考生的语言组织能力，还能直接体现考生的思辨能力和对事物观察的深度。

第二，应试作文要求在短时间内成文，而议论文的文章架构和行文思路可套用，写作时比较容易把握篇幅和时间，实用性更强。

第三，一般作文题这一部分之前是百科知识部分，而在备考百科知识时，实际上考生已经积累了一定量的事实材料，这些材料可挖掘为议论文的论据。所以从备考的效率考虑，选择议论文较好。

综上所述，当文体不限时，建议考生优先考虑议论文。当然，若按文体来划分，其实很多文章都并非泾渭分明，一篇文章难免会夹杂议论、说明、记叙乃至抒情。所以建议考生在写作时，适当提高文章的“议论”部分占比。

鉴于大部分高校的命题要求主要是“文体不限”和“要求以议论文写作”两大类，那么写好议论文就显得很重要，下面是关于议论文写作的建议。

三、议论文写作要点

第一，自拟的题目要鲜明。自拟的题目要清晰表达文章的讨论范围，或反映文章的中心观点。通常我们读文章时，第一个阅读到的信息就是文章的标题。若通过文章的标题就能知道文章的议论重点或主要观点，这会给人行文严谨、论述清晰的印象——标题不是随便拟的，而是围绕文章中心而拟的。比如，题目要求以“诚实”为话题写一篇议论文，题目自拟。下面是两个拟好的题目：

走出阴霾　　　　我愿选择诚信

第一个题目比较含蓄，读者看到的第一反应会是：“阴霾”是什么？也许文章可以将生活中的欺骗现象说成阴霾，进而扣住“诚实”这一话题，但是这时，“走出阴霾”可指治愈被人欺骗的创伤，积极乐观地生活；也可指不再参与欺骗，走向诚信。显而易见，两者的重点和主体都不一样。总之，只看这个标题一时之间难以读出很明确的信息。

相比之下，第二个题目就很鲜明，六个字就表明了文章的话题是诚信，并且读者第一时间就能知道作者的立场。文无定法，并非说第一个题目就一定拟得不好，而是第二个题目更适合应试作文。

第二，观点的表达要清晰。用来表达观点的语句，一定要清晰、无语病。议论文切忌观点模糊不清，甚至有歧义。如下面的观点：

人工智能不只是把双刃剑。

双刃剑是指某种事物有利也有弊，换言之，“人工智能不止有利也有弊。”这个观点不知道要表达什么，并且还会让人产生疑问：既然人工智能不只是把双刃剑，那还是什么？单刃剑？不开刃的剑？若换成“人工智能虽然有利也有弊，但利大于弊”，这样表达就清晰多了。

第三，论证和诠释要切合论点。提出论点后，针对论点的论证和诠释要围绕论点进行。不能论点说的是一回事，论证的内容说的却是另一回事；不能提出一个论点，而对之诠释的内容却在诠释另一个论点。论证和诠释如果不能佐证论点，会显得文章行文不通、逻辑混乱，使文章缺乏说服力。如下面这段话：

人皆有恻隐之心。“两弹一星”元勋钱学森面对美国给出优越条件，却还是毅然选择回到祖国。突破帝国主义的重重阻碍后，他终于回到了魂牵梦绕的土地，这正是因为他心中不灭的中华情。

这段话首先提出来的是“人皆有恻隐之心”这一观点，之后试图用钱学森的例子加以论证。恻隐指的是对遭遇不幸的人表示同情，但是所用的例子着重表现的却是钱学森的爱国情怀，与论点说的不是同一件事，这样的论证是乏力的。

四、议论文思路模板

议论文的行文思路并非无迹可寻，这里提供四个思路，仅供考生没思路时作为参考。这四个思路并非强制规定文章的写作模式，而是提供参考思路，考生在写文章时可灵活处理。

1. 引出话题，提出论点→从小角度论证论点→从大角度论证论点（→从更大的角度论证论点）→总结收尾

2. 引出话题，提出中心论点→论证分论点 1→论证分论点 2（→论证分论点 3）→总结收尾

3. 引出话题，提出论点→驳斥与论点对立的观点并加以论证（即反面论证论点）→正面论证论点→总结收尾

4. 引出话题，提出问题→分析问题→解决问题→总结收尾

下面这篇文章，总体上采用第四个思路，文章在提出问题和分析问题两部分的篇幅不多，重点放在解决问题上。在这部分，文章指出解决问题的策略：尽最大努力使两种文化碰撞、交流和融合；之后又细分出两个具体的方法，并进行阐释，使文章的论述更深入，不至于泛泛而谈。

科学与人文，从对立到对话

——“科学”与“人文”两种文化的冲突与融合

“在你踏入实验室之前，要把自己的情感、种族、政治立场等所有价值观念都抛弃在门外，这样你最终才能得到客观确切的实验成果。”这个流传了长达一个世纪之久的规则意识，在某种程度上生动再现了自然科学与人文社科两大文化阵营的对峙。著名的“斯诺命题”让很多有识之士开始认真思考科学与人文两种文化的冲突与融合问题。

> 引出话题，提出问题。由“在你踏入实验室……确切的实验成果。”引入话题，进而在本段最后一句提出科学（自然科学）和人文（人文社科）的融合问题。

人文是对人类精神世界和社会的研究，答案从来都不是唯一的；科学是关于物质世界的研究，是对一个个具体存在的事物的研究，目的是得到一个精确的结果。“斯诺命题”的重要性之一也在于此——揭示了某个单一学科，不可能掌握和理解整体。人文与科学是人类文化最重要的组成部分，我们应该尽最大努力使两种文化碰撞、交流和融合，而不是任由其背道而驰，最终渐行渐远。

> 分析问题，提出如何解决问题。作者给出自己对人文和科学两者不同的看法，进而分析“斯诺命题”揭示了什么，并指出该怎么做：尽最大努力使两种文化碰撞、交流和融合。

爱德华·O.威尔逊在《论契合：知识的统合》一书中明确指出“最伟大的智力劳动曾经是，而且仍将是试图将自然科学与人文科学结合起来。”很多有识之士认为，人文学家和科学家应该有广袤的胸怀，不要轻易给科学和人文划出界线和鸿沟，而应该努力合作，开发出更成熟的思想天地和领域。

> 引用爱德华的话论证上段的观点。

首先，杜绝“聋人对话”，提升开放意识。科学与人文，虽然从事的工作领域不同，但都是对同一世界的研究，问题在于研究的层面和方向不同。科学与人文的从业者唯有树立这种信念，才能摘下有色眼镜，心平气和地理解对方的立场，接受对方的观点，最终达成共识，达到对话与合作的目的。

> 促进人文和科学交流融合的方法之一：提升开放意识。

其次，大力发展交叉学科，培养通识人才。自然科学的代表性人物爱因斯坦对人文社科持肯定态度，他曾在采访中说道，“不是科学研究的成果，而是理解的冲动、脑力的激荡、创造或接受，提升了人并且丰富了自己的本性。”科技的高速发展极大提高了生产力，在物质世界得以丰富的同时，很多人也迷失了本心。因此，耗费心血努力培养“全才”，注重交叉学科的发展，对整个人类文化的进程有着不可磨灭的意义。

> 促进人文和科学交流融合的方法之二：发展交叉学科，培养通识人才。

“每一个科学思想，无论它多么神秘，从它的诞生到成熟都彻底是人性的。”这是著名科学史家萨顿对人文主义的呼唤。寻求两种文化的融合，是走出文化困境、解决社会危机的必由之路。在未来的时空领域，我们期盼科学共同体和人文共同体能够以相互尊重为底线，以弥合沟壑为准则，为人类的文化之旅涂抹更加靓丽的色彩。

> 总结收尾，重申观点。

第 3 节 真题训练 30 篇

Test 1 华东师范大学

子适卫，冉有仆。子曰：“庶矣哉！”冉有曰：“既庶矣，又何加焉？”曰：“富之。”曰：“既富矣，又何加焉？”曰：“教之。”（庶：人口众多）

阅读上面的文言文，写一篇 800 字左右议论文，标题概括有力，立意新颖。

写作分析

“富而后教”是孔子仁政学说的重要内容。他认为治理好一个国家，有三个条件：首先是“庶”，即要有足够的人口；其次是“富”，即要满足百姓的物质生活；最后是“教”，只有在富的基础上，才能对百姓进行有效的教化。因而，文章应体现这种逻辑层次，即“富”和“教”的有机关联。因“教民”层次最高，考生可对“如何教民”进行具体阐述。

仓廪实而知礼节

数千年来，孔子的思想仿佛悬挂在遥远时代的一盏明灯，指引着人们思考的方向。在孔子的眼中，教化是最好的教育方法，但他所强调的教化并不是凭空言道，而是建立在丰富的物质生活基础之上。

马斯洛的需求层次理论分为五个层级，只有在达到最低层级的生理需求后，人们才有可能思考更高层次的需求。在无法维持生活的情形下，大谈特谈人伦道德是一种不切实际的行为。孔子正是充分认识到物质对百姓的重要性，才提出了“富而后教”的思想。

富民方可教民。欲教民，首先应让其具备一定的物质生活基础和保障。《史记·管晏列传》有云：“仓廪实而知礼节，衣食足而知荣辱。”仓廪实、衣食足属于最低的生理需求；知礼节、知荣辱则可以看作社交需求及尊重需求。若百姓连基本的物质生活都无法保障，又何来修身养性？孔子富民的措施主要是“因民之所利而利之”，即实行宽惠的经济政策。他主张民富先于国富，国富建立在民富的基础上。由此可见，儒家思想认为，应在民富的基础上实施教化，充裕人民的物质财富是实施礼乐教化的基础。那是否百姓富裕了，国家就安定了呢？显然不是，《论语》有言：“富而不教，则近于禽兽。故必立学校，明礼义以教之。”

教民方可安邦。为什么人民富裕后，教育显得尤为重要？因为如果不及时进行教育，社会有可能出现堕落、腐败的现象。孔子的教化思想，是一种道德修养教育，不同于一般的知识教育。儒家认为，礼乐教化具有道德教化、规范秩序、化民成俗的作用，可以有效地推进天下大治。《礼记·乐记》记载：“是故先王之制礼乐也，非以极口腹耳目之欲也，将以教民平好恶而反人道之正也。”古人制作礼乐，不是为了满足人们口腹耳目的贪欲，而是为了以礼乐教化百姓，使人们具有是非之心，潜移默化地使其达事明理。孔子首创私学、杏坛设教，也是为了培养道德高尚、任重道远的“人格君子”。当这样的君子成了为政者，才有可能施行仁政。

千百年来，“老有所终，壮有所用，幼有所长，鳏寡孤独废疾者，皆有所养”的“大同”社会，一直是人们心中美好的愿景，但若没有“庠序之教，孝悌之义”，以德化人或许就会沦为空中楼阁。即使在今天，我们也应以仁存心、以礼存心，知礼节、知荣辱。

Test 2 东南大学

有的科学家认为宇宙因为对人有价值才被观察，反之就不会被研究，科学活动离开了人就没有意义。自拟题目，说说你的观点，写一篇800字左右的议论文。

写作分析

首先，行文要针对题目给定材料展开，表明考生的观点，或同意或反对或批判。这句话有两个重点，包括宇宙对人的价值（即人为什么要探索宇宙）、科学活动和人的关系。文章可从这两点展开。另外，材料中的“观察宇宙”暗示了人的重要性。这里的观察不是单纯的看、听，而是有目的、有计划的知觉活动，是人认识世界的途径之一。

人和宇宙

宇宙，在人类诞生之前，就已早早形成。经过亿万年的演化，位于宇宙一隅的地球，诞生了生命。草木花鸟、游鱼走兽都在宇宙中属于自己的位置生存繁衍。唯独人类，在生存繁衍之外，仰望星空，观察宇宙，思考自身和宇宙的关系。

宇宙对人有什么意义呢？为什么人类就不能乖乖地置头上星空不管，专心“地上”的事呢？为什么人类就不能像草木花鸟、游鱼走兽那样，不去探索宇宙呢？这是因为人类一直带有求知的好奇心。从原始人到现代人，无不对未知的世界充满好奇，想要一探究竟。而宇宙这个庞杂而又充满种种谜团的大体系，勾起了人类无限的好奇心和热忱的求知欲。从古埃及人建造金字塔观测太阳和其他天体，到司马迁《天官书》里详细记载天象，从开普勒总结行星运行规律，到如今流行的宇宙大爆炸理论……古往今来，人类一直受好奇心和求知欲的驱使，去观察宇宙、记录宇宙、解释宇宙。可以说，宇宙对人类的价值就是，给了人类求知的广阔空间。这个广阔的空间让人发挥思考的力量，发挥人类的智慧。人去观察宇宙，正是因为宇宙有着这样的价值。

而草木花鸟、游鱼走兽，虽也是生命，但不会思考，没有想要了解世界的求知欲，即便亿万年来，宇宙以巧妙的方式展示其规律，这些生命也不会去观察、探索。因为观察宇宙对这些生命而言，是一件做不到，也没有意义的事情。因此，地球上，只有人类在观察宇宙。对比人和其他生命之后，我们可以说，宇宙因为对人有价值才被观察，反之就不会被研究。

人观察宇宙，是怀有目的的，而目的服务于人的利益，利益体现了意义。无论是为了促进农业而观察星空、制定节气，还是夜观天象以卜算国运吉凶；无论为了心中的好奇和求知而穷尽一生观察、记录、总结天体规律，还是为了寻求类似地球一样可供人类生存的星球……自天文学发端以来，人类种种观察宇宙的行为，都指向了人的利益，体现了宇宙对人的意义。

这也是种种科学活动的意义所在。脱离了人，科学活动即是无意义的。其一，没有人，科学活动就无法进行，而其他生命也不会主动进行。其二，即使科学活动涉及其他生命，如用小白鼠、豌豆等做实验，人也是科学活动的设计者、进行者和负责者，人在科学活动中占主导地位。其三，科学活动的最终目的服务于人类的利益。其四，科学活动要符合人类的道德，受人道德规范的制约。因此，可以说，科学活动离开了人就没有意义。

飞鸟、走兽、游鱼和人都瞥了一眼璀璨的星空，之后，鸟飞兽走鱼游去，唯独人类驻足，静望星空。浩瀚的宇宙里，神奇的自然中，一闪一闪的，是烂漫星辰，是人类求索的光芒。

魏征在《谏太宗十思疏》中说道："求木之长者，必固其根本；欲流之远者，必浚其泉源；思国之安者，必积其德义。源不深而望流之远，根不固而求木之长，德不厚而思国之理，臣虽下愚，知其不可，而况于明哲乎！人君当神器之重，居域中之大，将崇极天之峻，永保无疆之休。不念居安思危，戒奢以俭，德不处其厚，情不胜其欲，斯亦伐根以求木茂，塞源而欲流长者也。"

请根据以上材料提炼观点，自拟题目，写一篇800字左右的议论文。

写作分析

本篇文章写作的重点在于要先看懂材料，找到契合点。本题材料较长，可以先选取重点片段加以阐释；其次，从"固本浚源，厚德载物，方为国之大者"和"居安思危，戒奢以俭，方成国之大义"两个角度拓展材料；最后，立足现实，结尾升华。

仁义的呼唤，历史的回响

《谏太宗十思疏》有言："求木之长者，必固其根本；欲流之远者，必浚其泉源；思国之安者，必积其德义。"《旧唐书》曾赞扬魏征的这篇奏疏"可为万代王者法"。而唐太宗也非常重视该奏疏，说它是"言穷切至"，使得自己"披览亡倦，每达宵分"。古代圣贤用睿智的话语告诉我们一个颠扑不破的真理——只有重视仁义，居安思危，一个国家方能永葆源头活水。

固本浚源，厚德载物，方为国之大者。

想要树木生长，一定要稳固它的根脉；想要泉水流得远，一定要疏通它的源泉；想要国家安定，一定要厚积道德仁义。朴素的话语道出了人心所在的力量。遥想当年，秦王朝"奋六世之余烈，振长策而御宇内，吞二周而亡诸侯，履至尊而制六合"是多么意气风发。短短数十年，却落得个"一夫作难而七庙隳，身死人手，为天下笑者"的悲惨结局，"何也？仁义不施而攻守之势异也。"正是因为没有重视仁义的力量，秦朝大一统的百年基业毁为一旦。以史为镜，可以知得失。魏征清醒地看到了大唐王朝繁荣昌盛的背后隐藏着危机，故提出了"思国之安者，必积其德义"。重视仁义，是历朝历代统治者的必修课。水能载舟，亦能覆舟。唯有施仁义，才能永葆万世基业。

居安思危，戒奢以俭，方成国之大义。

唐朝建国之初，励精图治，内外无事。而唐太宗逐渐骄奢忘本，大修庙宇宫殿，广求珍宝，四处巡游，劳民伤财。魏征对此极为忧虑。贞观十一年，他"频上四疏，以陈得失"。唐太宗看了猛然警醒，写了《答魏征手诏》，表示从谏改过。"居安思危，戒奢以俭"这八个字穿越历史的风云变幻，迄今熠熠生辉。遥想20世纪嘉兴南湖上的一艘小小红船，如何用短短百年时间在历史上涂抹厚重的一笔？正是因为共产党人一直恪守"居安思危，戒奢以俭"的古训，在百年征程中不忘初心，砥砺前行。

仁义为本，厚德载物，方为国之大者；居安思危，戒奢以俭，方成国之大义。《谏太宗十思疏》给我们的启迪，远不止这些。新世纪的征途上，我们要更加感知仁义的呼唤和历史的回响，开启新时代的新篇章。

Test 4 扬州大学

近年来，景区违建（如违建别墅）现象屡禁不止，请从公序良知和制度建设的角度，以“绿水青山就是金山银山”为题，写一篇不少于800字的议论文。

写作分析

本文要求立足中心论点“绿水青山就是金山银山”展开写作，写出广度和深度是难点。考生可从“兼顾经济与生态、开发与保护的发展新路径”入手，拓展思考空间。还可从“公序良知和制度建设的角度”入手，写出深度。

绿水青山就是金山银山

哲学家帕斯卡尔曾言：“人是一根会思考的芦苇。”身处景区违建现象屡禁不止，而绿色逐步消亡的时代，愿社会各界的有识之士做会思考的芦苇，用颠扑不破的真理去唤醒更多的人，让他们懂得绿水青山才是金山银山。

从古至今，“绿水青山就是金山银山”的观念一直深入人心，发人深思。随着历史的车轮不断前进，其历久弥新的理念越发闪烁出蓬勃的生命力。可为何这一理念能够穿越历史风云如此深得人心？一个重要的原因在于，它不是用排他性的眼光来看待经济发展和环境保护之间的关系，而是在绿水青山和金山银山之间打开一条通道，指出了一种兼顾经济与生态、开发与保护的发展新路径。

“先污染，后治理”一直是环保道路上的顽疾，很多地方政府或者以放弃经济发展为代价，一味追求环保；或者过分看重经济，而忽略环境。在绿水青山和金山银山之间进行艰难选择，要么厚此薄彼，要么满盘皆输。

一个成熟的社会应该孕育出理性的文化，而不是一遇到问题就冲向环保的底线。如何从公序良知和制度建设的角度处理绿水青山和金山银山的问题，是建设和谐社会的前提。

首先，平衡经济与生态，建设绿色经济体系。强调“绿水青山就是金山银山”，就是要尽最大可能维持经济发展与生态环境之间的精细平衡，走生态优先、绿色发展的路子，形成包括绿色消费、绿色生产、绿色流通、绿色金融等在内的完整绿色经济体系。

其次，充分运用生态优势应对变局、开拓新局。绿水青山蕴含着无尽的经济效益，这正是规避各种风险挑战、提升经济发展的可持续之路。现如今，全球都在承受疫情无所不在的冲击，我国的经济发展需要顺时而动，构建新的经济发展政策。增强生态文明建设的战略定力，首先要向绿色转型要出路、向生态产业要动力。借助电商，贵州赤水的春笋、甘肃兰州的百合、湖北秭归的脐橙走出深山、走向城市，最大限度降低了疫情对产销的影响；疫情防控取得重大战略成果之际，城市近郊游、森林旅游、休闲康养等率先回暖，释放无限商机；绿色产业创造大量就业岗位，为落实保居民就业任务提供助力……

平衡经济与生态，建设绿色经济体系。充分运用生态优势应对变局、开拓新局。我们一定可以变“绿水青山”为“金山银山”，领略“柳暗花明又一村”的无尽喜悦。

Test 5 广西民族大学

读下面一首苏轼的词，根据要求作文。

定风波·南海归赠王定国侍人寓娘

宋代·苏轼

常羡人间琢玉郎，天应乞与点酥娘。尽道清歌传皓齿，风起，雪飞炎海变清凉。

万里归来颜愈少，微笑，笑时犹带岭梅香。试问岭南应不好，却道：此心安处是吾乡。

要求：根据上述材料，写一篇议论文。题目自拟，字数不少于800字。

写作分析

文章材料是一首宋词，婉约柔美的词风中亦有“此心安处是吾乡”的人生大义。写作时，考生不能脱离材料，可先从材料中的人物“寓娘”入手，从她的选择引申到历史上的仁人志士，再到现实生活中的生动事例。结尾扣住“初心”，给予升华。

此心安处是吾乡

著名作家马尔克斯曾说：“即使你的心灵已经干枯得无法给予，总有一样东西可以拨动你的心弦。”在我看来，一直以来拨动我们心弦的，是长长久久内蕴于人生的初心。纵使一路奔波，依然初心不改。守得初心，才能心安。

贬谪与流放，是古代无数宦海浮沉的士子的噩梦。锦衣玉食与粗布芒鞋，在物质上更是有天壤之别。王定国流放之际，遣散家眷，柔弱的寓娘毅然选择了追随，一路从繁华的都城来到了条件恶劣的岭南。“万里归来颜愈少，微笑，笑时犹带岭梅香。”极其艰苦的条件并没有折损姑娘的青春容颜，为什么？因为她的初心就是伴随王定国左右。无论是锦衣玉食，还是山穷水恶，她初心不易。一句“此心安处是吾乡”，朴素的话语道出了最纯粹的人心。只要初心在，再恶劣的地方都能变成心灵的家园。

此心安处是吾乡，小到主仆情谊，大到家国情怀，我不由得想到了很多仁人志士。20世纪新中国成立之初，国家一穷二白，亟需科研人才。以钱学森为代表的一批优秀科学家，不忘回归祖国、报效祖国的初心，毅然放弃国外优渥的生活，冲破重重险阻回到中华大地。他们扎根于茫茫戈壁，用青春、用热血、用十几年如一日的踏实苦干，描绘出了新中国的科研蓝图。“试问岭南应不好，却道：此心安处是吾乡。”初心在，大漠戈壁也心安，这是内心深处蕴含的爱国热情。

20世纪90年代，年仅8岁的安徽金寨女孩苏明娟的一张照片，成为希望工程的动人标志。一双大眼睛里流露出对知识的如饥似渴，深深撼动了无数人。多年后，苏明娟学有所成，在安徽省青少年发展基金会创立了“苏明娟助学基金”，专门资助和自己当年一样的贫困学生。感恩是苏明娟的初心。21世纪初，我们都不会忘记一个家喻户晓的名字——张桂梅。华坪县是国家级贫困县，交通阻隔，贫穷落后，这里的山区教育更是让人揪心。而张桂梅老师在贫困山区扎根43年，从未想过因为物质的匮乏离开这片土地，而是更加执着地坚守下去。教育是张桂梅的初心，坚守下去不离不弃，因为心安之处即是吾乡。

心安之处，雪飞炎海也能变清凉；心安之处，即使历尽破折也能感知岭梅清香……人生道路上，这份初心是多么弥足珍贵。愿未来的人生道路上，我们也能不忘初心。

沙粒进入蚌体内，蚌觉得不舒服，但又无法把沙粒排出。好在蚌不怨天尤人，而是逐步用体内营养把沙粒包围起来，后来这沙粒就变成了美丽的珍珠。

吸血蝙蝠叮在野马脚上吸血，野马觉得很不舒服，但又无法把它赶走，于是就暴跳狂奔，不少野马就这样被活活折磨而死。

请根据以上材料自拟题目，写一篇作文，字数不少于800字。

写作分析

本文材料为大众所熟知，难点在于写出深度和新意。写作时，考生可以先回扣材料，继而引出中心论点；随后用举例论证拓展材料，可选用经典而有说服力的例子；最后，结尾要回扣材料，突出论点。

态度决定高度，格局决定结局

艺术家陈丹青曾感慨："时代的快感淹没了感情的真挚，亦淹没了认知的理性。"诚如材料中所言，对身体中的异物砂砾，蚌没有怨天尤人，而是逐步用体内营养把沙粒包围起来，最后孕育出了温润如玉的珍珠；野马暴跳狂奔，想甩掉叫上的吸血蝙蝠，最终力衰而亡。对此，我想大声疾呼：面对突如其来的祸患，不能盲目抱怨，而是要高扬理性之帆，因为态度决定了你能到达的高度，格局决定了你能拥有的结局。

就像《态度》一书中所说："每个人的命运，就藏在他自身的态度里。"做事的态度，决定人生的高度；你对人生有什么样的态度，你就会有什么样的命运。一次，一名记者为了撰写有关建筑业前景的专稿而到某个建筑区进行采访。一位建筑工人满腹牢骚地说："烈日当空，干这种活就是活受罪。"而另一位建筑工人则兴致勃勃地说："我在为人类建筑新屋，我的工作多么有价值啊！"二者的态度高下立判。同样是在砌砖，一个认为自己只是单纯地在砌砖，而另一个则认为自己是在为人类建筑新屋。由此可见，态度改变了人对各种事物的看法。如果一个人的态度消极，对所从事的行业缺乏热忱及爱心，那他肯定无法享受工作的乐趣，只能日复一日地消耗自己的生命。

纳粹德国某集中营的一位幸存者维克托·弗兰克尔说过，在任何特定的环境中，人们还有一种最后的自由，就是选择自己的态度。其实，人类几千年的文明史早已告诉我们，积极的心态能帮助我们获取健康、幸福和财富。反之，你只能与疾病、痛苦和穷困为伍一辈子。蚌的随遇而安、乐观积极，使得痛苦变成了熠熠生辉的珍珠；野马的暴躁态度，使其付出了生命的代价。这给予了人类宝贵的启示——面对突如其来的困境，态度决定了高度，格局决定了结局。

犹记20世纪，美国出现严重的经济危机，富兰克林·罗斯福总统理性地指出："我们唯一应当恐惧地就是恐惧本身。"这种积极乐观的态度最终帮助美国走出了雾霾，在世界历史上留下惊心动魄的一笔。不曾忘记世界大战期间，威灵顿将军在穷途末路之际，被一只屡战屡败、屡败屡战的蜘蛛所感发，及时调整了自己濒临绝望的心态，最终扭转了战局，改写了历史。这正是态度决定高度、格局决定结局的生动写照。

面对突如其来的困境，你是乐观积极的蚌，还是暴躁易怒的野马？愿我们都能调整态度，提升格局，最终迎来柳暗花明的美好结局。

Test 7 四川师范大学

基本要求：（1）文体不限，但要紧扣文题，结构合理，文笔流畅；（2）书写工整，格式规范，全文不少于800字。

作文题目：论读书与人生。

写作分析

从给定作文题目中的“论”字可以看出，考生写议论文最佳，也可以夹叙夹议，论述读书与人生的关系，体现读书的重要性。

论读书与人生

作家严文井曾说：“如果一个人有了‘知识’这样一个概念，并且认识了自己知识贫乏的现状，他就可能去寻求靠近知识。”因为空虚，所以想要充实，而读书是获得知识最好的途径。读书可以拓宽人生的宽度，增加生命的厚度，使生命之树变得更加繁茂丰盛。

博览群书，从中感悟人生。一个人的经历毕竟有限，而读书可以拓宽视野，激发感知，从而形成自己的价值观。读《诗经》，我们了解中华诗歌文化的起源，发现古代人民的智慧；读《论语》，我们习得“仁”“义”“礼”“孝”等优秀的传统品质；读乔万尼奥里的《斯巴达克斯》，我们发现黑暗势力与崇高的英雄人物并存；读《鲁迅杂文集》，我们深挖当时国民的劣根性……通过读书，我们可以和古今中外的圣贤伟人切磋交流，延伸自己的思想。

好的书籍是人生的向导。在阅读中，我们可以找到心灵的栖息地，万卷书香是对人生的馈赠。当人生遇到不如意之事，我们可以从书中学到“竹杖芒鞋轻胜马，一蓑烟雨任平生”的闲适从容；当人生处于迷茫低沉之时，我们从书中学会“长风破浪会有时，直挂云帆济沧海”的自信乐观；当烦躁繁杂的事务包围着我们的时候，我们又可以从书中去感受“明月松间照，清泉石上流”的淡泊宁静。书中承载的智慧、阐释的哲理、抒发的情感，都能给我们带来有益的启迪。莎士比亚说：“生活中没有书籍，就好像没有阳光。”书是开启智慧之门的钥匙，也是一座座宝藏。

人与人之间不同的人生，常常与对待读书的态度有关。正所谓知识改变命运，学习创造未来。谁先发奋读书、积极学习，精通更多知识，谁就有可能占领竞争的“高地”；谁以书为伴、潜心钻研，坚持不懈，谁就有可能业有所成。可能有人会有疑惑：“我读过很多书，但后来大部分都忘记了，那么读书究竟还有什么意义？”那我们想想，当我们还是孩子时，吃过很多食物，现在已经记不起来吃过什么了，但可以肯定的是，它们中的一部分已经为我们的肌肉和骨骼提供了必要的营养。读书对人的影响也是如此，书籍是我们的精神食粮。

鸟欲高飞先振翅，人求上进先读书。把生命沉浸在书籍的海洋里，找寻心灵的皈依，才能创造精彩的人生。

Test 8 华中师范大学

“坚守”是一种重要的人生品质。不过，也有人认为“放弃”或许同样是一种宝贵的品质。请以“坚守与放弃”为题，写一篇800字左右的议论文。要求论点清晰，结构合理，说理充分，表述正确流畅，文体恰当。

写作分析

本题属于关系型命题作文。“坚守”与“放弃”是一对权衡选择的关系概念，可以从以下几方面立意：一是坚守甲事物，放弃相对或相关的乙事物；二是坚守一个大的目标原则，放弃眼前的利益好处；三是对甲事物的放弃恰恰就是对乙事物的坚持。写作时，可以具体回答“坚守什么，放弃什么”或“什么情况下坚守，什么情况下放弃”，不能笼统地说“既要坚守，又要放弃”，更不能只谈“坚守”或“放弃”一个方面。

坚守与放弃

完成马拉松比赛的运动员脸上的激动表情告诉我，只有坚持才能胜利；第一个登上珠穆朗玛峰的人大声地对我说，是坚持换来了成功；在蓝天展翅翱翔的苍鹰自豪地告诉我，若没有当年果断放弃温暖鸟巢的勇气，哪来如今的自由与豪迈？人世间总会有许多值得你去坚守的事，也总有诸多需要放弃的人和事，该坚守什么？又该放弃什么？其实，坚守与放弃并不总是泾渭分明，放弃是另一种形式的坚守，而坚守则意味着对一些事物的放弃。

采菊东篱下，悠然见南山

朝露挂在嫩草翠绿的尖叶上，鸟儿在林间欢快歌唱，山涧小溪潺潺流淌。一名两鬓斑白的老人，扛着锄头，走在狭长的山径上，清晨的微露沾湿了长袍。傍晚夕阳西下南山时，只见他悠然地哼着小调，走在回家的路上，竹篓里装着淡黄色的野菊花，正如“山气日为佳，飞鸟相与还”。没错，这位老人就是田园诗人陶潜。虽然他为了回归田园而放弃官场官职，但这何尝不是一种对心中理想的坚守呢！

亦余心之所善兮，虽九死其犹未悔

滚滚江水，浪花滔天，惊涛拍岸，衣袂飘飘。一位以芰荷为衣、以芙蓉为裳的男子临风而站，微风掀起了他的白发，微湿的面庞，一脸的愁苦哀伤在月光中若隐若现，像是痛恨小人的狡诈阴险，又像是在怨恨楚怀王的荒淫无道，又像是哀叹自己的“美政”难以实现。这名男子就是“哀民生之多艰”的屈原。他虽然放弃了生命，但却深深地扎进人们的心里。他对生命的放弃何尝不是“宁为玉碎，不为瓦全”的坚持，何尝不是对心中崇高理想的执着坚守？

自然击你以风雪，你报之以歌唱

不惧碾作尘，无意苦争春。以怒放的生命，向世界表达倔强。崖畔的桂，雪中的梅，她就是“感动中国”的张桂梅。2008年，张桂梅创办了一所免费女子高中，希望彻底解决贫困山区的教育问题。华坪女高佳绩频出之时，张桂梅的身体却每况愈下，患上了10余种疾病。她放弃的是个人的利益，甚至是身体健康，坚守的是初心——建成全国第一所全免费女子高中。这难道不是对学生、对教育事业以及对国家的强烈责任感和爱吗？

有时放弃也是一种美，也是一种坚守。放弃了浮华，坚守了本真；放弃了名利，坚守了自由；放弃了物质，坚守了精神；放弃了生命，坚守了重于生命的理想与信念……作为新时代青年，我们应该坚守历史赋予我们的立场，铭记新时代中国青年的使命与担当。

Test 9 国际关系学院

亚里士多德说：“吾爱吾师，吾更爱真理！”牛顿说：“以柏拉图为友，以亚里士多德为友，但更重要的是以真理为友。”

根据你的理解，写一篇800字左右的议论文。以“论真理”为副标题，主标题自拟。要求观点鲜明，文字通顺，结构合理，议论有说服力。

写作分析

本题给定材料强调了追求真理的重要性，并要求以“论真理”为副标题。一般而言，主标题是议论文全文的核心论点，可以直接表达，也可以含蓄表达，即通常讲的“实写”和“虚写”；副标题是对主标题，即核心论点的进一步解释说明，是对正文主要内容的高度归纳概括。也就是说，为了让读者清楚文章的观点，主标题必须“实写”。结合题目给定副标题“论真理”，采用“实写”手法，那么本文的主标题就可以在此基础上，运用对偶、比喻、拟人、引言等手法对其进行抽象、拔高加以确定。

权威终将逝去，唯有真理长存

——论真理

面对指责自己背叛恩师的人，亚里士多德目光如炬，坚定地说：“吾爱吾师，吾更爱真理！”历史已经证明，亚里士多德的“实体论”是从唯心主义到朴素唯物主义的进步，其“吾更爱真理”的求真精神更是广为传颂，鼓励千千万万的后人为真理而奋斗。面对历史长河中的璀璨明星，牛顿不迷信权威，勇于挑战，他自信说道：“以柏拉图为友，以亚里士多德为友，但更重要的是以真理为友。”历史已经证明，牛顿以力学三大定律和万有引力定律而奠定了他在物理学史上不可撼动的地位，而他的这句名言也成为哈佛大学校训，激励了一代又一代的学子追求真理。关于追求真理，这两位西方伟人不约而同地指出：权威并非都是真理，追求真理的过程中不能盲目迷信权威。

不迷信权威，就要学会独立思考，敢于大胆质疑。日本著名音乐指挥家小泽征尔年轻时，去欧洲参加音乐指挥家大赛。决赛时，他发现乐曲中出现了一点不和谐的地方。于是，他便报告乐谱有问题。可是，在场的作曲家和评委会的权威人士都郑重声明，乐谱没有问题，是他的错觉。面对几百名国际音乐界的权威人士，小泽征尔对自己的判断产生了犹豫，甚至动摇。但是，他思虑再三，斩钉截铁地说道：“不！一定是乐谱错了！”话音刚落，评委席上的评委们立即站了起来，向小泽征尔报以热烈的掌声，祝贺他大奖夺魁。小泽征尔一举夺魁不仅是因为他有着过人的技艺，更是因为他在权威面前保持独立思考，发现问题大胆质疑，体现了不畏权威、坚持真理的精神。

不迷信权威，还必须敢于实践。“水稻是自花授粉作物，没有杂种优势。”这曾是世界经典著作《遗传学原理》中论述的结论。而袁隆平就偏不信这个“邪”，通过反复观察和实验，终于成功研究出三系杂交水稻。如果当初袁隆平迷信权威的结论，而不敢越雷池一步，那么杂交水稻的问世就可能往后推迟，我国粮食安全问题就不可能得到很好的解决。虽然真理随着时代的变化会有所改变，但实践才是检验真理的唯一标准。只有不迷信权威，用实践去重新定义真理，才可能更接近真理。

当然，不迷信权威不等于处处与权威“作对”，而是要对权威擦亮眼睛，多思考，多分析。唯此，方能不受蒙蔽，获得真知，发现真理。

我们可以以真理为师友，但我们不必以师友为真理。在追求真知的过程中，权威终将逝去，唯有真理长存，当人们自由地追求真理时，真理就会被发现。

Test 10 西南科技大学

材料：

孔子适周，将问礼于老子。老子曰："子所言者，其人与骨皆已朽也，独其言在耳。且君子得其时则驾，不得其时则蓬累而行。吾闻之，良贾深藏若虚，君子盛德，容貌若愚。去子之骄气与多欲，态色与淫志，是皆无益于子之身。吾所以告子，若是而已。"

——《史记·老子列传》

你对此有何评论？请自拟题目，写一篇800字左右的作文。

请注意：文中严禁出现任何与考生真实身份相关的信息，否则作无效答卷处理。

写作分析

本文写作时，首先要读懂材料中的文言文，精准选取论点。其次，可从"恃才傲物"和"韬光养晦"两方面正反论证，扩展文章容量，切记要选取合适的例子。最后，结尾可立足现实，谈论材料的现实意义。

大智若愚，故深藏若虚

大文豪歌德曾言："读一本好书，就像和很多高尚的人对话。"培根也曾告诉我们一个真理："读史使人明智，读诗使人聪慧。"直至读了《史记·老子列传》，我忽然悟得很多做人、做学问的真谛。

大智若愚，深藏若虚。善于经商的人把货物隐藏起来，好像什么东西也没有，君子具有高尚的品德，他的容貌谦虚得像愚钝的人。第一次见到"深藏若虚"这四个字，是在清代的一本读书笔记《五色石·选琴瑟》，其中一言让人印象深刻："少年有才的往往浮露，今宗生深藏若虚，恂恂如不能语，却也难得。"把宝贵的东西藏起来，好像没有这东西一样；就像人有真才实学，但不爱在人前卖弄。深藏若虚，这是做人多么宝贵的品质。穿越千年的历史迷雾，迄今闪耀着动人的光芒。

深藏若虚，不恃才傲物，懂得韬光养晦，这才是高明的处世之道。每次想到三国时期才子杨修恃才傲物的悲怆结局，总想到"深藏若虚"这四个字。这个世界不缺少天才，却为何很多天才最终都落得方仲永"泯然众人矣"的可悲下场？正是因为他们过于看重世俗光环，不懂得深藏若虚、大智若愚的人生真谛。以三国祢衡、杨修为代表的天资卓越的人物，很多遭逢大祸，与自恃高才、锋芒毕露是分不开的，结果木秀于林，风必摧之。鬼谷子虽有经世之谋，却甘愿一生隐居避世，培养出四大弟子孙膑、庞涓、苏秦、张仪，他们各个封将拜相，他也因此而扬名天下，青史流芳。这才是真正掌握了做人之术，称得上深藏若虚、大智若愚的人。

古语有云："圣者无名，大者无形。"真正的强者，知道人外有人，山外有山，从来不显山露水，视名缰利锁如无物，所以才深藏不露。帕斯卡尔告诉世人，人是自然界一根脆弱的芦苇，但更是一根会思考的芦苇。会思考，方能懂得韬光养晦，懂得在积蓄力量时不锋芒毕露，懂得大智若愚、深藏若虚是多么高深的人生境界。

"质胜文则野，文胜质则史，文质彬彬，然后君子。"温润如玉，深藏若虚，是我们对君子之风的向往和憧憬。大智若愚，故深藏若虚，温柔敦厚的人生哲理，穿越五千年的雨雪风霜，给予世人无限的启迪。

Test 11 中国海洋大学

阅读以下材料，以“选择”为主题，写一篇论说文，阐述你的观点。不少于800字。

生存还是毁灭，这是一个永恒的选择题，以至于到最后我们成为什么样的人，可能不在于我们的能力，而在于我们的选择。选择无处不在，面朝大海春暖花开，是海子的选择；人不是生来被打败的，是海明威的选择；人固有一死，或重于泰山，或轻于鸿毛，是司马迁的选择。选择是一次又一次自我重塑的过程。人生是一次不断选择的旅程，千帆阅尽，最终留下的就是一片属于自己独一无二的风景。

——《朗读者》

写作分析

通过分析材料可以看出，考生要论说的应该是人生中的重大选择，如何选择才能让生命活得更有价值是我们要思考的问题。

学会选择

浩渺的天空，是鸟儿的选择；辽阔的江河，是鱼群的选择；远方的大漠，是驼队的选择。在人生的旅途中，经常会出现分岔路口，向左走还是向右走，选择可能会影响一生。学会做出适合自己的选择，人生的画卷才会更加美丽，人生的舞剧才会更加精彩。

做出选择前，先要想想自己要成为什么样的人。小的时候，大人总会问：“小朋友，你的理想是什么？”或许这个时候，有人就已经带着迷茫开始思考自己将来要做什么。有人会说，我要做老师，将来桃李满天下；有人会说，我要做医生，将来妙手仁心，救死扶伤；有人会说，我要做科学家，将来设计宇宙飞船，冲向太空。然而涉世未深，他们还不知道人性的复杂、社会的险恶，也还不知道要实现理想，除了不懈的奋斗，可能还会被其他种种因素所左右，人生的选择无法一确定就永远不变。同一个选择可能会重复出现，但也都会指向同一个问题：“我到底要成为一个什么样的人？”因此，在做出选择前，先要想想自己要成为什么样的人。

面临重大的选择时，需要思考如何选择，才能让自己活得更有价值。人固有一死，或重于泰山，或轻于鸿毛，是司马迁的选择；人生自古谁无死，留取丹心照汗青，是文天祥的选择；人不是生来被打败的，是海明威的选择。在做选择时，问自己两个问题：第一，选择的结果是不是指向你的人生意义；第二，它是不是能够帮助你使更多人的人生更有意义。

让你自己做出选择。这是一个人与人之间有着复杂关系的社会。所以从小你就会发现别人的看法、别人的说法对你来说是那么重要。家长肯定的目光，老师赞许的言辞，朋友钦佩的眼神，你从中获得了幸福，于是，你习惯于被人肯定，不允许出现否定的声音。长大了，好好想想，别人想什么、说什么，以及别人如何评价你，真的那么重要吗？漫漫长路，是自己走出来的。适当听取，融入自己的判断，自己做选择，才能无愧于自己。

纷繁复杂的人生，林林总总的人生选择，其实并没有标准答案。每段不一样的人生道路，都有崎岖和平坦，上坡和下坡；每个专业、职业都有欢笑和泪水，精彩和平凡。重要的是，在善与不善的选择之间，应该选择善；在仁和不仁的选择之间，应该选择仁。

选择是一次又一次自我重塑的过程，充满着无限的智慧。正确的选择，要无愧于自己与他人，无愧于天地之间。

Test 12 华侨大学

围绕“人工智能”，自拟标题，任选角度写一篇议论文。要求字数在800字以上。

写作分析

人工智能已受到越来越广泛的应用，与人类的生活息息相关。但目前较大的争议在于，它为人类带来了诸多便利的同时，也让人类感受到了威胁。有人认为，应该警惕人工智能；也有人认为，人工智能的发展是必然，应因势利导。面对这些观点，我们应客观理性地分析，人工智能势不可挡，我们要顺应时代潮流，但与此同时，我们也要保持一份清醒，切勿被人工智能吞没。

人工智能，且行且从容

人工智能是研究、开发用于模拟、延伸和扩展人的智能的理论、方法、技术及应用系统的一门新的技术科学，它为人类所创造且造福于人类。但正如《新京报》所说：“在人工智能时代到来的前夜，我们要乐观相待，也要秉烛忧思。”

不可否认，人工智能为我们带来了许多积极的改变。自动驾驶可以减少车祸的发生概率，智慧医疗能够随时监测身体状态，智能金融可以拓展金融服务的广度和深度，人工智能艺术让我们看到了艺术的另一种可能。然而，随着智能机器人越来越多地进入职场，也可能会导致人类在越来越多的领域出现“技术性失业”，使人逐渐感受到人工智能“全面入侵”的威胁。2016年3月，阿尔法围棋与围棋世界冠军、职业九段棋手李世石进行围棋人机大战，以4比1的总比分获胜，人类几乎颜面尽失。许多人开始忧虑，或许有一天，人工智能真的会战胜人类并取而代之。可是换个角度想，人工智能又何尝不是人类智慧的产物呢？其实，无论这场人机大战的结果如何，都是人类的胜利。

不管是否愿意，人工智能的发展都是必然的趋势，谁都无法阻挡它前进的脚步，我们不必过分担忧。人工智能可以在一瞬间完成百万级的计算，能存储世界上所有图书里的知识，但它却没有感知世界美的能力，也没有喜怒哀乐和道德感。苹果公司CEO库克说：“人类从未拥有过如此强大的力量，但却没有任何能确保这种力量不被滥用的相应措施。”滥用人工智能的，大概率就是人类自己了。我们应该警惕的从来都不是人工智能，而应该是制造出一个个人工智能杰作的人类。没有人文的引导，科技可能会冲破道德的防线，打开欲望的潘多拉魔盒。因此，我们在发展人工智能的同时，要谨记人文的温情，否则南方科技大学副教授贺建奎“基因编辑婴儿事件”定会重演。

人工智能本身并没有善恶，它所呈现的都是人类意识的反映，我们应带着理性之光正视人工智能。人工智能必然会在未来扮演着重要的角色，如何让人工智能在未来熠熠发光，取决于我们是否能拥有一颗正义、向善的心。希望我们能一手握着科技的利刃一往无前，一手秉持向善的心为人们疗伤。

Test 13 华中农业大学

《论语·颜渊》里记载："樊迟问仁。子曰：'爱人。'"请你围绕这一名言，选择一个角度确立观点，展开论证，写一篇不少于800字的议论文。

要求：题目自拟，观点清晰，结构合理，说理充分，表达通顺。

写作分析

本题要求写一篇议论文，议论文有三要素：论点、论证、论据。好的议论文要做到论点明确，论据充实，论证充分。考生要结合《论语》里的这句名言，可以从"是什么"和"怎么样"的角度去展开论述。

仁者爱人

《论语》记载："樊迟问仁，子曰：'爱人。'"仁者爱人，是儒家思想的核心和基础，它把人的价值充分地凸显出来。仁者，以仁为德，以万物为尺。仁者爱人，推己及人，先修仁者之身而后爱人，发扬儒者风范，传承优秀中华文化。

仁者爱人，君子应先修己身。唐太宗登基初年，太宗谨慎用刑，社会秩序宽松纷乱，他从自身寻找问题，广纳贤臣，从善如流，他的朝堂，房谋杜断，魏征直谏，上下一致，齐心为民。此外，他还博览经史，坚持"以铜为镜，可以正衣冠；以史为镜，可以知往来"的广博远见，最终为百姓带来了"贞观之治"的盛世。君子修身是君子提升自身涵养，完善自我思想的关键方法。君子不耻于修己身，正视自我，能够体现出"仁者"的谦卑与自我检讨的能力，从而让自己不断地向仁者靠拢。自身的修养是一切行为的本源，当仁者的涵养修炼到了一定境界，就可以到达爱人的效果，"爱人"是仁者最高尚的行为。

仁者爱人，爱即为敬。孟子曾说："仁者爱人，有礼者敬人。爱人者，人恒爱之；敬人者，人恒敬之。"仁者不会看不起别人，反而会尊重、尊敬他人。君子和而不同，正是仁者的表现。司马光和王安石虽然在政治立场上不同，但却亦敌亦友，对各自的才华、人品给予很高的评价。仁者爱人，方能致远。我们要懂得尊重别人，真诚地对待他人，多用欣赏的眼光看待他人。

仁者爱人，爱即为善。仁者会帮助他人，为他人着想。身为兰考书记的焦裕禄，他以"儿子"的身份与乡亲交谈，不顾狂风暴雨去实地考察，在病床上仍为兰考的百姓担忧。感动中国人物中的华益慰老先生，从医数十年，造福百姓无数，真正做到了"医者仁心"，在他尽心尽力在手术台上为救治病人呕心沥血的同时，也受到了人民大众的尊敬与喜爱。仁者爱人，方能致远。我们要帮助他人，用热情和善良点亮和谐社会之光。

仁者爱人是中华民族永垂不朽的精神，值得我们世世代代去学习与传承。无论未来之中国，未来之世界是什么样的，我们都不应该丧失仁者爱人的本性，我们都应该守护这仁爱之心。

Test 14 河南师范大学

你所站立的那个地方，正是你的中国。你怎么样，中国便怎么样。你是什么，中国便是什么。你有光明，中国便不黑暗。

——崔卫平

根据上面这段文字，自拟题目，写一篇作文。

要求：内容充实，文笔流畅，结构合理，文体恰当，除诗歌外，文体不限，800字左右。

写作分析

崔卫平教授的这句话是当下中国社会主义现代化建设中，对公民精神阐述的最好例证，强调的是公民对祖国、对社会的责任，振兴祖国要求我们树立崇高理想和充满希望，脚踏实地做事。

仰望星空 脚踏实地

崔卫平教授在她的演讲中说道："你所站立的那个地方，正是你的中国。你怎么样，中国便怎么样。你是什么，中国便是什么。你有光明，中国便不黑暗。"中华民族的伟大复兴这一重任落在我们每一个中国人的肩上。仰望星空，充满希望；脚踏实地，踏实做事。

仰望星空，人要有理想，充满希望。理想如同航标，引领你前行；理想是一股无形的力量，推动着你不断向上。没有理想的人生，犹如寂寥的荒野，毫无生命力。只有播下理想的种子，待到春天来临，才能开出一片绚烂的春色。历经百年风雨，中国共产党从小到大、由弱到强，从建党时50多名党员，发展成为今天在14多亿人口的大国长期执政的党。正因为共产党员有着坚定的理想信念，并为之努力奋斗，才有了中国共产党现在事业兴旺发达、欣欣向荣的蓬勃气象。

我们爱我们的中国，在祖国这片土地上，我们有着许多有关亲人、朋友的种种记忆。艾青先生说："为什么我的眼里常含泪水，因为我对这土地爱得深沉！"祖国的山山水水，是我们夹杂着痛苦和喜悦、有着成功和失败的成长的见证。而我们每一个中国人，都要意识到自己重任在肩。

脚踏实地，人要对国家、对社会充满责任感，踏实做事。被誉为"中国航天之父""中国导弹之父"的钱学森先生放弃美国的优渥待遇，在国家最需要的时候，回到祖国默默治学，潜心研究。他所选择的，既是一个科学家的最高职责，也是一个炎黄子孙的最高使命。他一生的经历和成就，在中国的国家史、华人的民族史和人类的世界史上，同时留下了耀眼的光芒，照亮了未来之路。

"你怎么样，中国便怎么样。"我们要用自己看得见的行为给这个世界塑形。在任何情况下，我们都是有选择的。我到底要成为一个什么样的人？我认为要做一个善良的人。善良是人性的底色，是善良孕育了真和美。孟子曰："与人为善，予己为善。"在做选择的时候不断告诉自己，成为一个善良的人。只有这样，才不会去伤害别人，也才不会为了达到目的而不择手段。

仰望星空，脚踏实地。你有光明，中国便不黑暗！

Test 15 河北大学

近年，中国优秀文化对外输出和传播成为一个热点问题，翻译在其中承担着重要任务，请以“中国优秀文化外译问题”为题写一篇论说文（800~1,000 字。答案一律写在答题纸上，否则无效）。

写作分析

本题要求写一篇论说文，即议论文。考生可以围绕翻译在中国优秀文化对外输出和传播的重要性以及相关问题进行论述。

中国优秀文化外译问题

中国优秀文化是中华民族的命脉，是中华民族长期发展、不断进步的动力，优秀文化使中国始终屹立于世界之林。无论是“四大发明”，还是享誉世界的“丝绸之路”，中国优秀文化为人类的进步和发展做出了巨大的贡献，产生了广泛的影响。进入全球化的今天，国家更加重视中国优秀文化的推广和传播，而翻译在其中扮演着重要的角色。

中国优秀文化外译要始终坚持文化自信。王银泉教授就曾指出，在当前西方话语体系和知识体系霸占舞台的背景下，翻译必须证明其功效，即所谓“无用之用，众用之基”。中国文化外译必须坚持文化自信，打破西方中心论。无论是从学术发展本身而言，还是从提升国家文化软实力、维护国家文化安全角度而言，都需要努力提升中国学术的国际话语权。在此过程中，既要反对西方主义，也要反对自我中心主义，力争公正，客观看待中外文化与文明的内在特征，这是我们在从事中国优秀文化外译实践和研究时应该持有的基本立场。

中国优秀文化外译应当也必须深深植根于博大精深的中华文化当中。在综合国力和国际影响力大幅提高的同时，我国应在中国特色社会主义文化建设中进一步加强对中华文化的保护、传承和弘扬，进而在世界民族之林中保持中国风格，彰显中国气派。翻译作为一门以语言为基础的学科，为中华文化传播提供了重要的载体。翻译的基本功，不仅仅在于掌握一门语言，更重要的是对其中的文化深入理解，只有将其精髓融会贯通，才能在表达时更加贴切融合。所以，翻译所承担的更是振兴文化传播，促进文化交流，实现文化互融的时代重任。

中国优秀文化外译既要坚持实事求是原则，也要切忌生搬硬套。比如，中国格言俗语、文学经典都蕴含着中华民族丰富的文化内涵，若要成功地向全球传播中国传统文化，就必须具体问题具体分析，采取不同的翻译策略。除了通晓两种语言文字外，还必须了解两种文化，实事求是的同时又尊重彼此的文化。

全球化发展势不可挡，不同社会环境、地域风俗和文化背景的国家必须进行相互沟通和交流，才能产生新思想，催生新智慧和开拓新视角，而这些新事物将会转化成一股强大动力来推动社会发展。而翻译就是这样一种社会软实力。重视翻译，传播中国优秀文化，我们一直在路上。

Test 16 山东师范大学

300年前，英国哲学家约翰·洛克就说过："财产不可公有，权力不可私有。"谈谈你对这段话的认识。

写作分析

本题考查学生对人类社会学的思考以及辩证思维能力。英国哲学家约翰·洛克认为"财产不可公有，权力不可私有"，这有其合理性，但是否符合当今社会的发展则需要进行辩证分析。

"财产不可公有，权力不可私有"之我见

300年前，英国哲学家约翰·洛克说过："财产不可公有，权力不可私有。"

"财产不可公有"体现了人的本性。人对财富有与生俱来的喜好，这是由人的自然天性所决定的。人不会像机器那样不知疲倦，没有任何想法地运行；人会把提高生活质量作为追求，而拥有一定的财富是提高生活质量的保证。可以说，对财产、财富的追逐，是人之利己性的结果。

洛克认为私有财产神圣不可侵犯，劳动不但可以创造价值，而且劳动创造的成果必然成为私有财产。之所以私有财产神圣不可侵犯，是因为私有财产融合了人的劳动。所以，保护私有财产可以看作是人类道德的边界底线。如果谁侵犯了人类的私有财产权，就是破坏了人类的道德底线，会使社会处于一种无序状态。如果一个社会没有私有产权，那么道德可能随时就会塌陷。因此，我国宪法"保护公民的合法收入"。

但是从国家发展的角度而言，没有公共财产，国家就无法维持。由此可见，完全做到"财产不可公有"并不符合当今社会的发展。马克思关于共产主义社会的描述是，人类的终极目的是"以每个人的全面而自由地发展为基本原则的社会形式"。共产主义的终点在于人类的全面自由。所以，人类的终极目的不是财产权，而是自由权。自由可以让生命无限美好。

那么什么是自由？可以说，哪里没有法律，哪里就没有自由。经济学家哈耶克说过，如果一个人不需要服从任何人，只服从法律，那么他就是自由的。合理的自由就是在法律之内的自由，在法律之外是没有自由的。如果世界上有超越于法律之外的自由，那就叫特权，而特权是自由的敌人。正如洛克所说，"权力不可私有。"

"权力不可私有"体现了国家的民主。法国18世纪启蒙思想家和哲学家卢梭在其传世之作《论民主》中认为，一个民主的政府必须把权力完全交给这个国家的全体公民，然后再由全体公民把权力赋予一个组织，即民主政府。这种"主权在民"的核心思想即权力公有。当一个国家权力公有，意味着法律赋予公民最大限度的合理自由。

历史证明，封建王权特征就是权力的私有。权力私有意味着极权和暴政，极权往往不受任何权力的限制，所以暴政必然野蛮生长，而暴政的特点就是让人民产生对权力的恐惧，让人民的自由受到无理限制，从而使人成为劳动的工具，丧失了对自由的享受。

人具有自私的天性，人性也具有仁慈和智慧的本能。财产私有的价值在于能够最大限度地发展生产力，从而为社会提供更多更优质的丰富产品，满足人们不断增长的物质需求。而权力公有则能够最大限度地保障一个社会的公平正义。

Test 17 江西师范大学

2017 年 5 月 24 日，第 71 届联合国大会一致通过第 A/71/L.68 号决议，正式将每年九月三十日确定为“国际翻译日”（International Translation Day/Journee mondiale de la traduction），旨在借此机会表彰语言专家在团结各国，促进对话、了解和合作，推动发展，加强世界和平与安全等方面发挥重要作用。每年，国际译联（FIT）都会发布“国际翻译日”主题、诠释文章和海报。2017 年国际翻译日的主题是“翻译与多样性”（Translation and Diversity/Traduction et diversite）。

请结合对“翻译与多样性”的理解，写一篇不少于 800 字的现代文。题目自拟，视角、体裁不限（诗歌、戏剧除外）。

写作分析

根据材料和题目要求，考生写议论文为佳，可以着重论述翻译在文化多样性发展中所起到的重要作用。

让翻译之花灿烂绽放

前联合国秘书长加利先生曾说：“一门语言，它所反映的是一种文化和一种思维方式，表达了一种世界观。如果我们听凭语言单一化，那将导致一种新型的特权群体，即‘话语’特权群体的出现！”也就是说，我们要杜绝语言单一化，努力接受各民族语言和文化，努力维护语言和文化多样性。而翻译无疑在其中起到了不可或缺的作用。

翻译象征着一种社会软实力，它能够推动社会发展。全球化发展势不可挡，不同社会环境、地域风俗和文化背景的国家只有进行相互沟通和交流，才能产生新思想，催生新智慧和开拓新视野，而这些新事物将会转化成一股强大动力去推动社会发展。自新中国成立以来，中国社会的每一次变革与重大发展都与翻译密切相关。比如，马克思主义著作于明末清初时引入中国，其汉译主要经历了三个阶段。在不同的阶段，马克思主义著作的翻译对中国社会产生了不同程度的影响，它蕴含着丰富而深刻的哲学内涵及现实思考，其中辩证法思想、唯物史观和阶级斗争理论在中国的翻译和传播促进了文化融合和中国社会的进步与变革。

翻译作为一门以语言为基础的学科，为全球文化传播提供了重要的载体。翻译应当也必须深深植根于所对应的语言及其文化当中。翻译的基本功，不仅仅在于掌握一门语言，更重要的是对其中的文化深入理解，只有将其精髓融会贯通，才能在表达时更加贴切融合。黄友义先生曾在第 18 届世界翻译大会闭幕式上说：“在全球化的今天，文明多样性仍是人类社会的客观事实，是当今世界的基本特征，而维护人类文明多样性、促进不同文明间的对话和交融，促进人类文明的共同进步是各国翻译工作者义不容辞的使命和职责。”所以，翻译承担的更是振兴文化传播，促进文化交流，实现文化互融的时代重任。

翻译作为一种跨文化的交流活动，在世界文明进程中扮演着重要而独特的角色。社会的发展、文化的积累和丰富与文明的进步是紧密结合在一起的。让翻译之花灿烂绽放，世界文化方能生生不息！

Test 18 宁波大学

请以“无名有品，无位有尊”为题用现代汉语写一篇论说文。要求字数在800字以上。

写作分析

“无名有品，无位有尊”是一种宠辱不惊、看淡名利的精神，自古以来，中国便有布衣精神，这是一种人格独立的精神，这种精神让人即使处于泥淖中，也依然能够洁身自好。中华民族的精神，正是靠着这世代的无名布衣传承于炎黄子孙，植根于民间。考生在写作时可以抓住这种精神的本质进行议论，贯穿古今。

无名有品，无位有尊

在中国，有一种独特的精神在五千年的星河流转中依然耀眼璀璨。它就是“无名有品，无为有尊”的布衣精神，是一种与世无争的态度，是一种不羡做作去繁华的豁达。

“无名有品”意味着不被名利富贵所累。天下熙熙，皆为利来；天下攘攘，皆为利往。世间众人为名利追逐，被虚利所累，在忙碌奔波中，有人利欲熏心、唯利是图，也有人坚守正道，不易本性。在中国的文化里，利字之上，还有更多的境界追求，如道、仁、义等。范蠡三次散尽家财，扶贫济困，被后世传为美谈。富贵之上，更有道义之理。孔子也曾说：“不义而富且贵，于我如浮云。”如若是通过不当手段得到的名利富贵，就会如同浮云一般，没有什么意义。

“无位有尊”意味着不忘坚守内心正直。小隐隐于野，中隐隐于市，大隐隐于朝。布衣精神并不意味着我们一定要隐居山林，种豆南山，“穷则独善其身，达则兼济天下”一样可以成为我们的选择。面对尘世的污浊，我们始终不与其同流，隐于世，静于心，雅于行。君子处世，不可变其操履，不露其锋芒。屠呦呦低调做人，获得诺贝尔医学奖后，拒绝采访，专注研究；莫言不慕浮华，获得诺贝尔文学奖后，笔耕不辍，甘之如饴。

当然，“无名有品，无位有尊”并不是逃避现实，而是能够先天下之忧而忧。能做到这一点的人在看清了生活的真相后，不慕名、不为权、不求财，不卑不亢，一袭布衣，质朴无华，行人间正道，成傲骨无双。颜回身居陋室，依然不改其志；孔明先生为蜀汉大业殚精竭虑、位极人臣，却称自己仅一介布衣，不求闻达于诸侯，“温不增华，寒不改叶”。新时代，我们更应有这种布衣精神，不贪功名利禄，不纵一己私欲。

和光同尘，与时舒卷。人生于世，无论身在何处，都应该有“行到水穷处，坐看云起时”的坦然。日出于东而落于西，叶发于春而败于秋，盛放鲜花有凋谢之日，得意之人亦有失意之时。山海自有归期，风雨自有相逢，于无声处听惊雷，于无色处见繁花，闲看庭前花开花落，漫随天外云卷云舒。一切皆是寻常事，淡看人生且嫣然。

Test 19 昆明理工大学

著名学者费孝通先生曾说过："创新不能没有传统，没有传统就没有了生命的基础；传统也不能没有创造，因为传统失去了创造是要死的，只有不断地创造，才能赋予传统以生命。"请根据以上内容，自拟题目，写一篇除诗歌、戏剧外的现代文，不少于800字。

写作分析

传统与创新相辅相成，相得益彰。如果传统亘古不变，没有创新赋予活力，传统就会中止；而如果创新离开了传统，也可能迷失方向。写作时，既要体现传统，亦要有时代感，还可通过具体事例论述二者的辩证关系。

以传统之薪，燃创新之火

古往今来，创新一词在岁月长河中，一直熠熠发光。它是一个民族进步的灵魂，是一个国家兴旺发达的不竭动力。在激烈的国际竞争中，唯创新者进，唯创新者强。但正如费孝通先生所言，创新不能离开传统的"根"，传统也无法离开创新的"叶"。

传统与创新从来都不矛盾。传统不是因循守旧，墨守成规，创新也不意味着摈弃传统，一味求新。时代更迭，变数之中，处晦而观明，见微而知著，在变化中有所坚守，在传承中创新求解，方为智者。

岁月不居，时节如流。漫步在中华五千年的浩瀚星河，感受古往今来的斑斓。曾经，我们艳羡着"志存天地，不屑唐庭"的鲲鹏；"五丁开山"的神话让我们惊叹；屈原对日月星辰发出的追问也让我们好奇不已。如今，我们为"蛟龙"入海、"神舟"飞天而欣喜，为"嫦娥"奔月、"墨子"传信而自豪。当科技创新踏着传统故事的步伐缓缓而来，手可摘星辰的"中国式浪漫"便能薪火相传。

《孙子兵法》曾言："善战者因其势而利导之。"我们的时代也正如此，有人曾痛批当下"汉语危机"是对母语的情感淡化，我们不应去限制信息化浪潮，而是要积极将现代潮流融入中华民族的传统中，以传统之薪，燃创新之火。任何创新都不是孤立的飞跃，而是建立深厚的传统底蕴中。《中国诗词大会》《经典咏流传》《我在故宫修文物》等文化类节目吸引了无数人的目光，它们在传统的"根"上施肥，让创新的"叶"繁盛硕茂，让一片诗意悄然进驻人们的生活。当传统文化与现代科技文明有机结合，才能使悠悠文墨贯古今。

作为新时代青年，我们要"终日乾乾，与时偕行"。我们要有传承传统的担当，更要有一往无前的勇气、敢闯敢试的胆识，积极主动地自我革新，"苟日新，日日新，又日新"，以传统之薪，燃创新之火。

承百代之流，而会乎当今之变。我们守住传统之魂，厚植民族精神之根；我们激发创新之力，筑牢能工巧匠之基。沉舟侧畔千帆过，病树前头万木春。每一次继承，都是一段新的旅程。古为今用，推陈出新，方为正道。欲燃创新之火，必护传统之薪。愿我们在海底遨游时，坚守文化自信；在星河漫步中，点亮创新之灯。

Test 20 中山大学

请阅读以下诗歌，根据其中反映出的任何观点作文。

《约客》

南宋 · 赵师秀

黄梅时节家家雨，青草池塘处处蛙。

有约不来过夜半，闲敲棋子落灯花。

作文要求：思路清晰，文字通顺，用词得体，结构合理，文体恰当，文笔优美。

写作分析

根据题目要求，考生首先要读懂《约客》这首诗表达的思想感情。深入探究，可以发现诗中的“闲”字蕴含了丰富的意蕴。这恰好就可以作为写作的突破口，从“闲”字可以读出等待的焦虑、夜不能寐的无聊、不完满中的诗意……由这三种感情可以联想到三种不同的心态。

寂寥长夜中的浪漫诗意

黄梅时节，阴雨连绵，芳草萋萋，池塘水涨，蛙声不断。深夜时分，约好的客人未至，诗人一只手托着下颚，两眼呆呆地凝视着火红的灯花，另一只手百无聊赖地敲击着棋子，笃笃的敲棋声将灯花都震落了。唉，这漫漫长夜该怎样度过呢？

从结果来看，客人迟迟未至。在一些人眼里，诗人等待的是一次失败的约会，一次无果的约会。那些人从中读到的是失败后的失望、失落和焦虑。

从过程来看，客人有约未至，诗人只能闲敲棋子看灯花。在一些人眼里，诗人敲的是一地的鸡毛，一腔的无奈，一怀的无聊。那些人从中读到的是毫无诗意的无聊烦躁、落寞愤懑。

但从审美来看，久候客人未至，诗人独辟蹊径，于心灵的一刹那间寻到了独得之乐趣，让自身成了一首流淌的诗，最好地诠释了“无我之境”中的浪漫诗意。我们从中读出了浪漫诗意与生活的美感。

诚如海德格尔所说：“人生的本质是一首诗，人是应该诗意地栖居在大地上的。”于时光深处，无论生活多么拥挤，希望我们在懂得欣赏别人身上的诗意同时，在自己心中也留一块空地，以安放美丽的诗意。

诗意地生活不是水中月，我们要有善于发现诗意的眼睛。现实的生活并非至善至美，但只要我们温柔以待，心中便会一路风景。诗意，就在天青烟雨里。诗意，还在人生风景中。我们可以从史铁生的地坛中感念生与死的变迁；可以从卢梭的瓦尔登湖畔拾获人生的宁静；可以从李白的一轮明月中收获豪情逸兴的飘逸；甚至还可以从苏轼的“竹杖芒鞋”中读懂生活百味中的旷达……若能如此，我们的智慧一定便会滋润濒于干涸的心田，给灵魂注入诗意。

诗意地生活不是镜中花，我们要有善于播种诗意的双手。趁着落雨时分，在深深庭院中上栽几排翠竹，在阳台花盆中种几株蜡梅。栖居于此，暂不说什么桃花源、乌托邦，只要愿意，午后沏茶可净禅心，借酒三分能对明月。又或是一家人出门旅行，也许不是所有的旅途都一帆风顺，也不是所有的愿望都能实现。可只要能一路同行，就算行到山穷处，走到水尽时，依然能够坐看云起。如此心境，无关悲喜，无关风月，单凭临窗远眺，行在路上，也是一种落在眉间的惊喜。采菊东篱下，悠然见南山。我们相信，在那一刻，陶渊明看到的不仅是南山和诗意，还有活成了一首诗的自己。

席慕蓉在《山月》中说道：“我曾踏月而来，只因你在山中。”赵师秀在《约客》中说道：“有约不来过夜半，闲敲棋子落灯花。”去和等，都可成诗。四季轮回，阴阳更替。懂得诗意地生活，便能明白生活的真谛。要知道，万物其实都有生机勃勃的诗意，山如是，水亦是。让我们与万物一起诗意地栖息，活出诗意的人生。

Test 21 华南理工大学

以“每天太阳都是新的”为题，从变化的观点谈一谈社会和人生的道理。作文字数不少于800字。

写作分析

由题可知，给定标题“每天太阳都是新的”蕴含着社会和人生的道理，即生活每天都是新的，生命每天都是新的。因而，不要沉湎于过去，更重要的是展望未来。考生在文章中可重点议论，在变化中，人要拥有什么样的心态和姿态。

每天太阳都是新的

古希腊哲学家赫拉克利特曾说：“每天的太阳都是新的。”简简单单的一句话，却深深地触动着我的心灵——生活每天都是新的，生命每天都是新的。或许从变化的角度来看，“天地曾不能以一瞬”，但我们却可以认识变化、顺应变化、把握变化，思考如何在这每日的变化中开拓创新、积极进取、永不言弃。

变化之中，要开拓创新。十月革命的一声枪响，给中国人民送来了马克思主义。那些拘泥于过往的人们，终究都敌不过大势所趋的革故鼎新。由此可见，历史的车轮从不会因为故步自封的人而停止转动。世界变化发展，我们每个人也都在随之变化发展，如何才能让下一秒成为更好的自己呢？王健林在一次演讲中说道：“北大、人大，不如胆子大。在创业阶段一定要胆子大，敢于尝试，很多事情靠想和分析是没有用的，必须要去尝试，要摸着石头过河，才知道最终的结果。”生活亦是如此，我们要在每日的变化中积极改变心态，因为桎梏人们思想和行动的，大多不是外界的力量，而是自我编织的“思维窠臼”。僵化的思维方式会导致我们停滞不前，因而，我们要在变化中抓住机遇，拥有开拓创新的心态，学会驾驭变化，改变自己的思维模式和行为习惯，莫要让自己成为“装在套子里的人”。

变化之中，要积极进取。《礼记·大学》有云：“苟日新，日日新，又日新。”变是时代的必然，有变才有进步，才有成熟，才有完美。天道酬勤，当我们积极进取，善于思考，与时俱进，多一分进取，少一分安逸，就会有新思想、新观念、新发现，在时光和岁月中磨砺出一个全新的自我。中华民族复兴的路上，一代代人前赴后继，涉险滩、越激流，每一段都有不同的风景，也都面临不同的挑战。好事尽从难处得，少年无向易中轻。生活方式上，我们要告别“玩乐型”，健康向上；精神气质上，我们要告别“躺平型”，主动作为。当我们成为积极进取的人，即使有些幸福无法享受，有些理想无法实现，但这并不妨碍我们去做一个接近自己希望的人，始终为目标而尽力。

变化之中，要永不言弃。在变化无常的生活中，有时长期的坚持、日益的耕耘并不意味着即时的收获。面对不同际遇，我们应拥有永不言弃的态度，做自己的掌舵者。即使暂时处于黑暗中，第二天太阳依旧会升起。《小窗幽记》有言：“宠辱不惊，看庭前花开花落；去留无意，望天上云卷云舒。”坚韧之人，坦然面对生命中的坎坷崎岖，以一颗“平常心”乐观地面对生活变化，“一蓑烟雨任平生”。生活在宽阔又寂寥的戈壁上，我们应有坚韧不拔的特质。越是艰难，越要有勇气去迎战，无论何时都不轻言放弃，就是最好的生命姿态。

孔子云：“逝者如斯夫，不舍昼夜。”岁月从来不语，但终究它会给出答案。我们需要眺望每天太阳的升起，需要开拓创新的心态，需要积极进取的状态，更需要以永不言弃的姿态昂首阔步走向充满希望的未来。愿你我在物换星移中，学会告别昨天，享受今天，期待明天。愿如风有信，长与日俱中。

Test 22 桂林电子科技大学

近年来，翻译中的汉语西化问题引起了学界的热议。有的学者认为，汉语西化破坏了汉语的纯洁性，危及中国的语言安全，因此应对其保持警惕并进行自觉地抵制。但也有人认为，汉语缓慢而适度的西化是难以避免的趋势，高妙的西化甚至可以截长补短，因此可以适当提倡。请以“译者的使命”为题写一篇议论文，谈谈你对汉语西化现象的看法。

要求：①论点明确、论据充分、论证有力；②语句通顺、文笔优美；③全文不少于800字。

写作分析

针对汉语西化问题，题目提出了两种截然不同的观点：一是汉语西化危及中国语言安全；二是可适当提倡高妙的西化。虽然题目表面看起来是针对汉语西化现象谈看法，但题目要求以“译者的使命”为题，因此，作文中应有明确的情感倾向。

译者的使命

在信息化和全球化的今天，我国在国际舞台上大放异彩，翻译的重要性不言而喻。有人认为，汉语西化破坏了汉语的纯洁性，危及中国的语言安全；也有人认为，高妙的西化可以截长补短，因此可以适当提倡。我想，译者的使命在于沟通和交流，向外传播中华优秀文化，向内介绍国外先进文化。在翻译的过程中，我们应抵制恶性西化。

余光中先生在《中文的常态与变态》一文中指出，“缓慢而适度的西化甚至是难以避免的趋势，高妙的西化更可以截长补短。但是太快太强的西化，破坏了中文的自然生态，就成了恶性西化。这种危机，有心人都应该及时警觉而且努力抵制。”一个民族最重要的就是自己的语言和文字。汉语的过度西化，可能导致原本简洁灵活的汉语变得烦琐僵硬。

措辞简洁、语法对称、句式灵活、声调铿锵，是汉语的灵魂，这样的汉语才有美感。但在英译汉的过程中，总会出现各种译病。汉语在恶性西化中不仅吸收了大量的外来词，导致用词烦琐生硬及理解上的障碍，甚至可能失去了传统中文的特色。自五四运动以来，鲁迅、陈独秀、傅斯年等学者从事西方著作的翻译工作，他们认为汉语西化代表着新思想、新表达，造词的方法应随外语的用语习惯。虽然他们企图让读者通过字面上的陌生，认知不同文化的深层内涵，从而反思中国传统文化的不足之处，但结果似乎并不尽如人意。

即使是现在，学术界依然喜欢用较冗长的句子解释复杂的事物，因此想要表现专业形象的人，就会无意识地模仿这种冗长的解释方式。然而，英译汉时，常常要化繁为简，去除冗余，最大限度保留原句信息，同时也符合汉语言重逻辑、省略较多的特点。这要求我们作为译者，首先要有深厚的中文根底，体魄健全，内力深厚；其次，要避免追求拖沓冗长、表意繁复的语法结构，这样方不至于陷入“西而不化”之境。

文化之美，在于美美与共。作为译者，应牢记沟通、交流、传播的使命。译者在翻译中注入的，不仅仅是文学、思想、文化背景，更是译者的气质、担当。鲁迅曾在《拿来主义》中写道：“没有拿来的，人不能自成为新人，没有拿来的，文艺不能自成为新文艺。”我们也有许多成就得益于译者的翻译成果，这些成果并非仅来自作品的母语体系，而是译者在巧妙的西化下咀嚼、消化作品母语后“生成”的中华文化下的杰作。

真正的文明对话应在这样的转化过程中静默无声地展开，真正的文化自信，也由此建立。作为一名译者，应有“路漫漫其修远兮，吾将上下而求索”的胆量和决心，将翻译作为己任，将沟通、交流、传播文化作为使命，续写中华文脉。

Test 23 北京邮电大学

请以“耐住寂寞，不忘初心”为题写一篇800字左右的作文。要求：思路清晰，文字通顺，用词得体，结构合理，文笔优美。

写作分析

耐住寂寞是一种境界，不忘初心是不忘记自己的心愿、梦想，即在时光中能沉淀自己，在喧嚣中能守住自己，在挫折中能够坚持自己，不被世俗所扰。写作时文章应注意层次，建议先对耐住寂寞和不忘初心的内涵进行简要分析，继而阐释为何我们需要耐住寂寞、守住初心，最后谈耐住寂寞、守住初心的意义。文章可适当结合耐住寂寞最终实现梦想的事例加以佐证。

耐住寂寞，不忘初心

每一个成功的人，或许都有一段寂寞而又沉默的时光。那段时光，是付出了许多努力也无法实现梦想的日子，我们把它叫作扎根。能够耐住寂寞，在这时光中沉淀，不忘初心的人，终能如愿以偿。

王国维在《人间词话》中说道：“古今之成大事业、大学问者，必经过三种之境界：‘昨夜西风凋碧树。独上高楼，望尽天涯路。’此第一境也。‘衣带渐宽终不悔，为伊消得人憔悴。’此第二境也。‘众里寻他千百度，蓦然回首，那人却在，灯火阑珊处。’此第三境也。”欲成大事、做学问，必定心无旁骛、焚膏继晷，在浮华与喧嚣中坚守初心的苦楚心酸、寂寞孤独，除了自己，别人难以体会，但成事业、做学问只有守得云开，方见月明。

靡不有初，鲜克有终。能有初心的人数不胜数，但能够不忘初心，耐住寂寞的人却少之又少。耐得住寂寞，方能宠辱不惊，泰然处之，大有作为；耐得住寂寞，才能心无旁骛，不忘初心，坚持到底。能耐住寂寞的人，多半可以成就一番事业。即使在浮躁与喧嚣的时代，他们依然能保持清醒理智、平和淡然的心态，耐得住寂寞，潜心做自己的事，最终成就自己的人生。炎炎烈日下，为解决世界性温饱问题，袁隆平“力尽不知热”，日复一日地蹲坐在稻田旁，用自己美好寂寞的“禾下乘凉梦”成就了世界无数人的温饱梦；红墙白瓦，薄衫素鞋，青灯一盏，“故宫守门人”单霁翔几十年如一日，走遍故宫9,000多间房，走烂20余双布鞋，不忘守望故宫初心，用个人的落寞成就了中华文化的传承。当朝霞缀于天际的时候，当日落西山的时候，当星光璀璨的时候，他们踽踽独行，种下了自己的寂寞，开出了惊艳世界的花朵。

《菜根谭》有云：“宁受一时之寂寞，勿取万古之凄凉。”有梦想，能守住初心的人宁愿忍受暂时的寂寞，也不愿遭受后世耻笑的万古凄凉。得与失，成与败，荣耀与耻辱，选择不同，答案也会不同。坚持道德，遵从内心，也许会一时寂寞；但抛却初心的人，却可能沦落凄凉与孤独的下场。实现梦想的过程中总会遇到各种挫折、诱惑，但如何与其抗争、如何在喧嚣中沉淀，则考验了一个人的秉性。愿我们终能不忘初心，耐得住寂寞，不扰于喧嚣。

Test 24 浙江理工大学

“中国梦”体现了中华民族的整体利益，代表着全体中国人民的根本利益。正如习总书记所强调，“中国梦归根到底是人民的梦，必须紧紧依靠人民来实现，必须不断为人民造福。”结合你的理解，请以“中国梦、我的梦”为题目，写一篇 800 字以上的文章。

写作分析

中国梦体现的是全体中国人民的根本利益，它与每一个人息息相关，考生在写作时应体现“中国梦”与“我的梦”之间的有机联系，即只有努力实现个人梦，最后才能实现中国梦。

中国梦、我的梦

“中国梦”是实现民族复兴之梦、强国之梦，是实现人民幸福生活之梦，也是每个人心中的美好梦想。中国梦很大，因为它发自亿万华夏儿女的肺腑；中国梦很小，因为它源于每个人的点滴之愿。中国梦，与我们每个人息息相关。只有心系祖国，将个人梦想融入祖国发展的大梦中，我们每个人才会如愿以偿。中国梦，就是我的梦。

明镜所以照形，古事所以知今。忆往日，我看到了无数抗日救亡仁人志士舍生忘死的背影；我听到了五四青年奋起觉醒的呐喊；我感受到了华夏儿女为了祖国奋斗拼搏的心跳。看今朝，“90 后”“00 后”接起接力棒，守住开山岛；也有青年人甘于奉献、无悔无怨、扎根基层，助力扶贫；还有沉淀在时光里、守得住寂寞、肩负传承传统文化的年轻匠人。他们都将个人的小梦编织进中华民族复兴的大梦中，在无数个“小我与大我”的选择路口坚守初心，笃定前行。这些点点星辰汇聚成星河，即使在黑暗中，也能照亮整个夜空。在我心里，中国是充满希望的沃土，点滴之水，便能汇聚成时代的壮阔山河；中国是无所畏惧的热土，播撒火种，就能燃起燎原的熊熊烈焰；中国是风光旖旎的乐土，和衷共济，便能实现中华民族的复兴梦。

许多人心里都有梦，有人梦想着成绩优异，有人梦想着工作安稳，有人梦想着健康幸福，也有人梦想着锦衣玉食，而我的梦就是希望“中国红”照耀到世界的每一个角落。然而，当下依然还有“啃老族”，也有人喜欢“躺平”。他们丧失斗志、不愿担责，如若这样，我们如何实现民族复兴？故今日之责任，不在他人，而在我辈青年。因此，我们要勇于做梦、无畏追梦，因为善梦者才杰出。凡心所向，素履以往。我们要学会找到深植在内心的理想，这样才能在逐梦征程上笃行不怠。有理想，才会有动力；有动力，才会有计划；有计划，才会去实施。

冀以尘雾之微补益山河，荧烛末光增辉日月。距离实现中华民族伟大复兴的目标越来越近，千千万万青年将义无反顾投身其中，这是人生大幸，将自己的小我融入国家的大我，在砥砺前行中迸发力量，在踔厉奋发中走向未来。星光不问赶路人，时光不负奋斗者。漫漫追梦路，我们必将以青年之躯托举起民族复兴的责任！

Test 25 山东科技大学

《中共中央关于制定国民经济和社会发展第十三个五年规划的建议》中指出："坚持绿色发展，着力改善生态环境。"请你以"绿色发展"为主题，自拟题目，写一篇不少于800字的议论文。

写作分析

绿色发展已经成为我国高质量发展的底色，"绿树青山就是金山银山"的思想也早已深入人心，但现实依然存在着不少亟待解决的问题。因此，考生写作时可以先阐明何为"绿色发展"，继而谈到"绿色发展"的意义，最后联系现实谈"绿色发展"的具体措施。

愿这世界一片青葱

曾几何时，炊烟袅袅，一片青葱萦绕，鸡鸣狗吠，农夫耕作，恬然自得。后来，工业发展，森林被伐，雾霾严重，气候变暖，仿佛"听取蛙声一片"早已成为了奢侈。如今，人们终于意识到了绿色发展的重要性，我们高喊着"绿水青山就是金山银山"，也不过是希望我们的世界能被一片青葱萦绕。

绿色发展，体现了人类与自然和谐相处、共进共荣共发展的生活方式、行为规范、思维方式以及价值观念等文化现象的总和。《朱子家训》有言："一粥一饭，当思来之不易；半丝半缕，恒念物力维艰。"如今，我们的生活水平提高了，超市中的商品琳琅满目、应有尽有。但遗憾的是，浪费的现象也随之增加。我们提倡绿色发展，但我们是否思考过如何才能拥有绿色生活?

首先，我们应该清楚地认识到绿色发展的重要性。求木之长者，必固其根本。首先，将绿色发展作为一种观念、意识和价值取向，弘扬绿色文化，践行环保意识。只有让绿色价值观深入人心，我们才能真正做到绿色发展。其次，大力发展循环经济。发展循环经济，有利于生产绿色产品，提高民众生活水准；有利于提高资源利用效率，实现废弃物的高效利用；有利于提高科技创新水平，推动传统产业转型升级。最后，强化绿色发展中的法律保障。从明确环境保护责任主体到协调环保部门统一监督管理，从政策到法规，严守生态保护红线，对破坏绿色发展的行为予以严惩。只有从个体到国家层面都以自然和谐的绿色发展为目标，我们才能看见世界的一片美好青葱。

从地球日"熄灯一小时"到实施"史上最严环保法"；从低碳生活到垃圾分类；从"南水北调"到"双碳目标"的提出；从昔日戈壁荒滩、盐碱肆虐的不毛之地到如今的处处绿意盎然，果园连片，硕果累累。保护生态环境的共识度日趋提升，大自然的生态资源被重新唤醒。我见青山多妩媚，料青山见我应如是。我们向往着茂林修竹，姹紫嫣红，盼望着绿色成为我们国家发展的底色。唯愿岁岁春草生，这世界一片青葱。

Test 26 南京航空航天大学

子贡问曰："有一言而可以终身行之者乎？"子曰："其'恕'乎！己所不欲，勿施于人。"孔子因材施教，指导子贡以"恕"作为终身奉行的一个字。鲁迅则以"早"字来自我惕厉，要求时时早，事事早，知在人先，行在人前。你认为有哪一个字是自己可以终身奉行的呢？请以"我可以终身奉行的一个字"为题，写一篇文章。

要求：

1. 用现代汉语写作。

2. 除诗歌外文体不限，议论、叙事、抒情皆可。

3. 不少于800字。

写作分析

根据题目要求，考生在选取了终身奉行的这个字后，如果写议论文，则要论述清楚这个字的价值何在；如果写记叙文，则可记叙与抒情相结合，写出这个字对自己的触动点在哪里，以及为什么要终身奉行这个字。

我可以终身奉行的一个字

孔子因材施教，指导子贡以"恕"字作为终身奉行的一个字；鲁迅则以"早"字来自我惕厉；而"善"字是我可以终身奉行的一个字。老子认为，上善若水。上善，是善之极致。

"善"字从结构来看，充满玄机。"善"往上看，取"美"字之首；朝下看，又用"喜"字之底。所谓"善"者，必赏于心、悦于目。这个字还彰显了中华文化的含蓄魅力。取"美""喜"之上下，藏"大""吉"于纸背。正如许慎的《说文解字》所说："善，吉也。"善也引申为友好、善良、擅长、赞许等义。

孟子曰："与人为善，予己为善。"友善是中华民族千百年来形成的传统美德。它要求我们尊重人，即尊重自己、尊重他人，平等待人。现代社会是多元社会，差异性是基本的生活样态。在构建社会主义和谐社会时，我们需要营造一个友善宽容的社会氛围。社会对个人友善，人们才能安居乐业。人们在感受到友善的同时也学会互帮互助，当别人有燃眉之急时，有人能及时伸出援手；当别人伤心落泪时，有人能在一旁默默陪伴。只有这样，这个社会才能涌现出更多的好人好事。同样的，国家与国家的交往也需要彼此尊重，和平相处，友善和谐。

善良是人性的底色，是善良孕育了真和美。正因为善良，人们才会有种种善举。比如，慈善行为不是居高临下的施舍和恩赐，而是跨越民族地域、宗教信仰、意识形态的品质，是人类文明的里程碑与社会进步的重要标志。当闻名遐迩的1979年诺贝尔和平奖得主特蕾莎修女在印度加尔各答与世长辞时，世界为之震惊，联合国秘书长和许多国家政府首脑以不同的方式表示了深切的哀悼。特蕾莎修女将一生献给慈善事业，致力于消除贫困，从12岁起，直到87岁去世，从来不为自己、而只为受苦受难的人活着。特蕾莎修女如同一朵淡淡的梅花悄无声息地凋谢，只留下她的美丽静静地绽放在世界的每个国度。

人与人之间应当多一分关怀，少一分冷漠；多一分温柔，少一分粗鲁；多些理解，少些抱怨。我的一生或许达不到身居高位，也做不到手握重权，虽人微言轻，但我也会从身边事、眼前事、平凡事做起，日行一善。

Test 27 南京理工大学

阅读下面一段话，根据要求作文：

法国欧洲时报网发表文章谈中国人的阅读中称“被称为文学史上最著名的‘天书’的《芬尼根的守灵夜》中文版受到意外热捧，有人认为这恰恰证明书籍对中国中产阶层来说已成为一种装点知识的象征，其作用与LV无异”。

要求：①根据以上一段话自拟题目写一篇议论文；②论点明确，角度自选；③不少于800字。

写作分析

本题属于事实类材料作文。作文材料陈述了一个事实和一些人的观念：《芬尼根的守灵夜》中文版受到意外热捧，有人认为该书晦涩难懂，本不应受到大众追捧，如今受追捧，这也就意味着它只是中产阶级的装点。材料本身对这种观点没有明显的感情倾向，考生可以选择一个角度展开论述，可肯定、否定或辩证分析。

不要装点而要学习，无须嘲讽而需鼓励

在个别人眼里，中国人抢购奢侈品是一种用物质装点自己的虚荣；中国人追捧晦涩难懂的《芬尼根的守灵夜》，则是一种中产阶层用书籍装点知识的虚荣。这种嘲笑的背后突显的是这些评论者对阅读经典作品意义的狭隘理解，更是对他人的偏见与傲慢。

不少人认为阅读经典的意义在于完全读懂经典，如果不能完全读懂就是为了装点门面。这种观点显然是片面且狭隘的。有深度的作家作品往往不容易被普罗大众轻易读懂，因为作者在思想境界和文学天赋上，都超越了一般读者的水准。就如《芬尼根的守灵夜》，这本书不仅是爱尔兰的宗教史诗，还是对整个人类历史和人类社会的高度浓缩和概括。这样丰富深刻且有一定文化隔阂的作品当然不容易被大部分人理解，但这意味着普通读者没有接近名著的权利吗？这意味着无法完全读懂这些深奥作品的我们只是用书籍装点知识的虚荣吗？这意味着尝试拓展自己认知边界，提升自己思想境界的我们就该受到群嘲吗？我们一开始读不懂《红楼梦》，但在曹雪芹的引领下，我们了解了封建社会大家族的腐朽衰败以及人性的丰富与复杂；我们一开始读不懂《百年孤独》，但在马尔克斯的叙述中，我们感受到了南美洲特有的五彩缤纷的历史文化；我们一开始无法用常规鉴赏方法读懂李商隐的“无题诗”，但在一次又一次的尝试中，我们学会了通过鉴赏其幻想象征的手法读懂李义山的郁郁不得志……就在这一次又一次读不懂，但一次又一次尝试读懂的过程中，我们拓宽了认知边界，提升了思想境界。诚如胡适所说，不要害怕真理无穷，进一步有进一步的欢喜。而远离自己读不懂的作品，与其说是诚实且尊重作者，毋宁说是对作者的辜负，是对自身要求的降低，是对不断提升自己的放弃。

诚然，有人会说，我们反对的不是认真读了原著的人，而是那些买了书却从未翻开的人。我们虽然无法统计有多少人买了书并且认真阅读，但嘲笑中产阶级用“天书”装点门面的人也同样缺乏数据支持，往往也是以偏概全。在没有任何调查研究的前提下，仅从“天书”受热捧的事实就武断地认为这仅是装点门面的行为，其背后的逻辑是买书者不能读懂、不配读懂，这折射出的是评论者自身的傲慢与对他人的偏见，不利于思想的碰撞和文化的交流。子非鱼，安知鱼之乐？当我们嘲笑他人用“天书”装点自己时，我们伤害的不仅是追捧“天书”的中产阶级，更是千千万万遨游于书海中以求进步的人。偏见是进步的障碍，阻碍了自我与他人的进步。

书籍自诞生之日起，似乎就分化成了两种类型。一种希望把信息尽可能浅显地传达出来；而另一种，它们每一本都是一个巨大的谜团。有的是有意为之，有的是为世事所迫，还有的是因为想传达的内容过于高深。而正是第二种书让阅读成了一种无尽的乐趣和无穷的探求。作为读者，我们只需认真阅读，沉浸其中，享受其中，不断进步；作为旁观者，我们只需默默鼓励，至少不轻易指责与嘲讽，而是推动自我与他人的共同进步。

Test 28 北京外国语大学

以“人与自然的和谐”为话题，写一篇文章，自拟题目，自行立意，除诗歌外，体裁不限，字数不少于800字。

写作分析

本题要求围绕“人与自然的和谐”话题写作，在具体写作的过程中，考生可以“化大为小”，选择一个小切入口，如一件事、一个人、一样物品、一种感受、一点看法等，集中笔力加以突破，写细、写深、写透，做到“以小见大”。

人与自然，应和谐共生

老子曾言：“人法地，地法天，天法道，道法自然。”在中国传统文化中，人与自然并不截然对立，而是相互依存，所谓“物我两忘”“民胞物与”“与外化冥合”……这都是中国古典哲学“天人合一”的具体表现，也是以中华文化为代表的东方人的综合思维模式完整的体现。

中国古人一直追求与自然和谐相处，尊重自然，热爱自然。这种“和谐”的思想，也是一些西方人所具有的。几年前，温布尔登网球公开赛上，一位运动员不小心击中一只小鸟，他没有继续比赛，争夺奖杯，而是毫不犹豫地跪倒在小鸟面前忏悔。他的这一举动，怎么不令人感动呢？

我认为，每一种生物都有它存在的价值，人与自然应该和谐相处。

然而，理想很丰满，现实很骨感。随着物质文明的飞速发展，人们欲望膨胀，一些人吃肉、穿衣已经不是为了满足生存需要。于是，猎枪开始一次次地对准动物，动物的肉开始不断地涌向餐桌，动物的皮也被制成高档皮草披在人们身上，甚至不少是濒危动物。此外，一些人虐杀动物的行为也令人感到匪夷所思、不寒而栗。网络上不时可见虐待动物视频的新闻，甚至还出现直播打赏虐待动物，乃至定制死法的现象。虐待动物产业链让人触目心惊，实在令人难以理解。

动物界尚且如此，植物界也未能幸免。人类乱砍滥伐，过度放牧，导致水土流失，生态遭受破坏。有些植物因为名字寓意好而遭受“厄运”，人们一听“发菜”谐音“发财”，便疯狂采伐，导致当地土壤裸露，逐渐荒漠化。

大气被污染，酸雨频发；海洋被污染，核废水溢满；森林被滥伐，植被受到破坏……我们的家园也将不保。让人感到讽刺的是，当全球新冠病毒大爆发时，人类世界被按下暂停键，人类迫不得已减少了对大自然的伤害。于是在短短一年内，大自然以极快的速度恢复“健康”。但是这样美好的日子又能持续多久呢？

工业革命以来，物种灭绝的速度便成倍增长，很多熟悉的动植物已经离我们远去。事物是普遍联系的，照这样下去，人类还能独善其身吗？歌德说：“大自然是不会犯错误的，错误永远是人犯下的。”人类对自然，已犯下太多错误。让我们悬崖勒马，与自然和谐相处，共荣共生吧！

Test 29 辽宁大学

根据下面的文字要求写一篇现代文，体裁不限（诗歌、戏剧除外）。

每个人都有自己的理想，但是在匆匆忙忙、周而复始的工作学习节奏中，还有多少时间、多少空间能让你去关注自己的内心呢？我们所看到的往往只是一个社会的角色，被遮蔽的恰恰是我们心灵的声音。

请以“心灵的声音”为题，写一篇不少于800字的文章。

写作分析

本文审题的重点与难点在于准确理解“心灵的声音”的内涵。“心灵的声音”可以是自身的需求及感受、人生节奏与方向、自己的理想与志向……文章中心应为学会聆听自己的心灵之声，学会感受自己，接纳自己，坚持己志。

心灵的声音

我们倾听流水的声音，那是自然之音；我们倾听孩童的声音，那是纯净之音；我们倾听家人的声音，那是温馨之音……可是，我们有多久没有聆听自己的心灵之声？我们又有多久没有满足自己内心的渴望与需求？

人们常说，每个人有两只耳朵，一只耳朵听外面的世界，一只耳朵听自己的心灵。心灵之声是一种奇妙的声音，如同鸟语，如同鸣涧，如同天籁，如同星语……不论美丑，不论好坏，不论喜忧，心灵之声都是一种生命的存在，都是人生一段珍贵的体验。

倾听自己的心灵之声，找准自己的人生方向。余秋雨在《文化苦旅》中有言：“大智不群，大善无帮，何惧孤步，何惧毁谤。”所谓“大智不群”不是让我们不合群，而是让我们倾听自己内心的声音，让自己的内心有主见，有独立的判断能力和选择能力，而不轻易受到外界的影响。西汉司马迁少年时便涉猎群书，立志继承父业。正当他撰写的《史记》进展顺利的时候，“李陵事件”的牵连，使他遭受宫刑。面对这奇耻大辱，他没有受外界纷纷议论的影响，没有被世人的白眼所击倒，而是倾听自己的心灵之声，坚定自己的人生理想与方向，锐意进取，“幽而发愤”，终于写出了“究天人之际，通古今之变，成一家之言”的《史记》，从而流芳千古。

倾听自己的心灵之声，做好人生的每一次选择。木心说，很多人的失落，是违背了自己少年时的立志。当我们年少立志之后，更应学会倾听自己的心灵之声，走好每一步，做好人生的每一次选择。1950年，早有报国之志的钱学森，遵从自己内心的想法，毅然决然地放弃了国外的优渥生活待遇，放弃了他在国外科技界如日中天的学术地位和学术头衔，冲破了重重障碍，回到了自己的祖国。导弹研制成功后，钱老又放弃了功名与利禄，遵循内心，继续选择为祖国的科技事业和现代化建设专心工作。无独有偶，1912年春天，哈佛大学桑塔亚纳教授正给学生们上课，突然，一只知更鸟飞落在教室的窗台上，欢叫不停。桑塔亚纳被这只小鸟所吸引，静静地端详着它。站立良久，他才转过身来，轻声对学生们说：“对不起，同学们，我与春天有个约会，现在得去践约了。”说完，便走出了教室。那一年，49岁的桑塔亚纳选择倾听自己内心的声音，回到了他远在欧洲的故乡，沉醉于自然美丽的风景，埋头于古老大陆璀璨的文化中。数年后，《英伦独语》诞生了，桑塔亚纳遵循了内心的同时，也在他的美学研究中绘上了浓墨重彩的一笔。倾听自己的心灵之声，做好人生的每一次选择，这一原则帮助他们实现个人理想，活出精彩的人生。

天地者，万物之逆旅也；光阴者，百代之过客也。人生匆匆数十载，我们应该多倾听自己内心的声音。因为只有倾听自己，才可能了解自己；只有了解自己，才能尊重自己；也只有尊重自己，我们才能发自内心地深爱自己；而当我们深爱自己，生活的激情才会迸发，生命的力量才能被激发，我们的生命才真正属于自己。正如冯骥才先生所言：“大风可以吹起一张白纸，却无法吹走一只蝴蝶，因为生命的力量在于不顺从。”做一个有思想、有立场、有能量的人，任他潮起潮落，风云变幻，绝不随波逐流。

Test 30 中南大学

以“也谈青年人的人生价值观”为题，写一篇不少于800汉字的议论文。

写作分析

议论文的写作要注意凸显文体特征，中心论点要突出，要有理有据。写作时，考生可从“是什么”“为什么”谈起，把论述重点放在“正值青春年华的我们应该树立怎样的人生价值观念”上，突出中心。

也谈青年人的人生价值观

陈独秀曾言：“青春如初春，如朝日，如百卉之萌动，如利刃之新发于硎。”青春，正是一个人一生中快速成长且充满生命力的时期，青少年时期更是价值观形成和确立的关键时期。从更大层面看，青年人的价值观决定了未来整个社会的价值观，决定了祖国未来的发展与方向。正如我国最高国家领导人所言：“青年的价值取向决定了未来整个社会的价值取向。”因此，吾辈青年要以青春之我，树立正确之人生价值观。

那么，正值青春年华的我们应该树立怎样的人生价值观念呢？

以青春为注脚，立宏图之志，奋斗不息，逐有为人生，成就自己。

这是一个最好的时代，作为青年的我们不应有浮躁的气息，也不应一味顾着贪图享受，一边刷着短视频软件消磨时光，一边在吃喝玩乐中迷失自己。相反，我们应该以青春为注脚，早立壮志，不懈奋斗，追逐有为人生。君可见，古有少年范仲淹，分粥而食，焚膏继晷，终不负初心，成为一代文坛大师；君可见，今有中国青年曹原，少立大志，刻苦好学，发现石墨烯，震惊世界，被世界顶级科学期刊《自然》评为2018年度科学人物。这是个大有可为的时代，我们应立下鲲鹏之志，坚守理想，埋头赶路，莫问前程，去路迢迢，终将抵达。

以青春为色彩，怀感恩之心，学会回馈，追有用人生，成就他人。

正所谓“心怀感恩，所向披靡”，一个人如果不懂得感恩，只一味索取，一心做精致的利己主义者，那么这个人便没有任何福报去享受人生的美好。我们要学会感恩，感谢父母不求回报的养育之恩，感谢师长谆谆的教诲之恩，感谢挚友的帮助支持之恩，感谢国家的栽培之恩……心怀感恩，口吐莲花，用实际行动立人达人，成就他人，同时也享受到人生的美好。

以青春为底色，展爱国力量，绣锦绣中国，新长征路上，成就我们。

自古以来，“以天下为己任”是中国知识分子的优良传统，是我们应该树立的人生价值观。有张载横渠四句“为天地立心，为生民立命，为往圣继绝学，为万世开太平”响彻历史的云霄；又有范仲淹铿锵有力的“先天下之忧而忧，后天下之乐而乐”永载青史；更有周总理“为中华之崛起而读书”振聋发聩……这些将国家未来发展的前途命运与个人连接在一起的志向，值得我们为之自豪与传承。揆诸当下，不少人迷失自我，崇洋媚外，更有不少名校学子经过祖国的多年栽培，成为顶尖人才，却远赴他国。我们应该把自己投身于历史的洪流中，回馈社会，回报祖国，让自己的价值最大化。

大国泱泱，大潮滂滂。我们当代青年正处于百年未遇之新时代，国际关系错综复杂，我们应树立正确的价值观，阔步走在时代与国际的大舞台上，用自己的青春热血浇铸个人之美、他人之美、祖国之美，让自己的生命更充盈、更精彩、更有价值。

附录 名人名言

写作

1. 天才的作品是用眼泪灌溉的。——巴尔扎克
2. 真实的创作灵感，只能来源于现实生活。——邓拓
3. 要把别人写成别人，不要写成自己。——契诃夫
4. 写作的艺术，不在于知道写什么，而在于知道不该写什么。——列夫·托尔斯泰
5. 小说家的使命，并不在于叙述伟大的事件，乃是使细小的事件变得引人入胜。——叔本华
6. 文学创作的技巧，首先在于研究语言，因为语言是一切著作，特别是文学作品的基本材料。——高尔基
7. 写作要严格、严格、再严格。求快，这意味着不是往上爬，而是从上坡向下滚，到头来只有死路一条。——富尔曼诺夫
8. 一个作家必须使他的艺术给人以自然的印象，而不是矫揉造作。自然是有说服力的，而矫揉则适得其反。——亚里士多德
9. 在文学作品里，构思愈是大胆，创作愈应无懈可击。如果你要有与众不同的理由，你的理由就应该十倍于人。——雨果
10. 油滑是创作的大敌。——鲁迅
11. 要极省俭地画出一个人的特点，最好是画他的眼睛。——鲁迅
12. 作文，就是用文字把心切开给世人看。——张德祥
13. 文章合为时而著，歌诗合为事而作。——白居易
14. 为求一字稳，耐得半宵寒。——顾文炜
15. 两句三年得，一吟双泪流。——贾岛

书籍

1. 书是人类进步的阶梯。——高尔基
2. 书籍是屹立在时间的汪洋大海中的灯塔。——惠普尔
3. 人的影响短暂而微弱，书的影响则广泛而深远。——普希金
4. 书籍是在时代的波涛中航行的思想之船，它小心翼翼地把珍贵的货物运送给一代又一代。——培根
5. 书不仅是生活，而且是现在、过去和未来文化生活的源泉。——库法耶夫
6. 读万卷书，行万里路。——董其昌
7. 读而未晓则思，思而未晓则读。——朱熹
8. 旧书不厌百回读，熟读深思子自知。——苏轼
9. 立身以立学为先，立学以读书为本。——欧阳修
10. 读一本好书，像交了一个益友。——臧克家

友情

1. 友谊是一棵可以庇荫的树。——柯勒律治
2. 仇恨终将泯灭，友谊万古长青。——西塞罗
3. 真金不怕火炼，患难考验友谊。——爱默生
4. 与朋友交，只取其长，不计其短。——李煜
5. 交朋必择胜己者，讲贯切磋，益也。——何坦

6. 古人结交在意气，今人结交为势利。——冯梦龙
7. 君子与君子以同道为朋；小人与小人以同利为朋。——欧阳修
8. 人生得一知己足矣，斯世当以同怀视之。——鲁迅
9. 君子上交不谄，下交不渎。——《周易》
10. 独学而无友，则孤陋而寡闻。——《礼记》

理想

1. 你们的理想与热情，是你航行的灵魂的舵和帆。——罗曼·罗兰
2. 现实是此岸，理想是彼岸，中间隔着湍急的河流，行动则是架在河上的桥梁。——克雷洛夫
3. 理想对我来说，具有一种非凡的魅力。我的理想总是充满着生活和泥土气息。我从来都不去空想那些不可能实现的事情。——奥斯特洛夫斯基
4. 青春的光辉，理想的钥匙，生命的意义，乃至人类的生存、发展全包含在这两个字之中，奋斗！只有奋斗，才能治愈过去的创伤；只有奋斗，才是我们民族的希望和光明所在。——马克思
5. 人生最高之理想，在求达于真理。——李大钊
6. 凡事以理想为因，实行为果。——鲁迅
7. 理想使现实透明，美好的憧憬使生命充实，而人生也就有所寄托，使历史岁月延续于无穷。——柯灵
8. 一个人有了远大的理想，就是在最艰苦困难的时候，也会感到幸福。——徐特立
9. 没有人因为多活几年几岁而变老；人老只是由于他抛弃了理想，岁月使皮肤发皱，而失去热情却让灵魂出现皱纹。——巴金

时间

1. 合理安排时间，就等于节约时间。——培根
2. 在所有的批评家中，最伟大、最正确、最天才的是时间。——别林斯基
3. 世界上最快而又最慢，最长而又最短，最平凡而又最珍贵，最易被忽视而又最令人后悔的就是时间。——高尔基
4. 逝者如斯夫，不舍昼夜。——《论语》
5. 少年易学老难成，一寸光阴不可轻。——朱熹
6. 天可补，海可填，南山可移。日月既往，不可复追。——曾国藩
7. 人生天地之间，若白驹过隙，忽然而已。——《庄子》

诚信

1. 如果要别人诚信，首先要自己要诚信。——莎士比亚
2. 诚实是人生的命脉，是一切价值的根基。——德莱塞
3. 诚实是一个人得以保持的最高尚的东西。——乔叟
4. 生命不可能从谎言中开出灿烂的鲜花。——海涅
5. 走正直诚实的生活道路，必定会有一个问心无愧的归宿。——高尔基
6. 失足，你可能马上复立；失信，你也许永难挽回。——富兰克林
7. 内不欺己，外不欺人。——金缨
8. 诚者，天之道也；思诚者，人之道也。——孟子
9. 一言之美，贵于千金。——葛洪
10. 人无忠信，不可立于世。——程颐

MTI

华研外语
TOPWAYENGLISH

汉语写作与百科知识

真题册

2019

懂方法 更有效
www.huayan-edu.com

科目代码
448

目录 CONTENTS

2019 年 北京邮电大学

第一部分 百科知识（50 分）

选择填空及名词解释（每题 2 分，共 50 分）

1. 现行汉字大部分是 ______。

A. 象形字　　B. 会意字　　C. 形声字

2. ______ 又称殷墟文字。

A. 甲骨文　　B. 金文　　C. 篆书

3. ______ 是语言中最小的音义结合体。

A. 汉字　　B. 语素　　C. 词

4. 下面 ______ 是单纯词。

A. 参差　　B. 骨肉　　C. 阿姨

5. 下面 ______ 是中国传统节日。

A. 清明节　　B. 国庆节　　C. 母亲节

6. ______ 与龙、凤、麒麟合为“四灵”。

A. 鹤　　B. 龟　　C. 鹿

7. 中国名山首推五岳，分别是东岳泰山、西岳华山、南岳 ______、北岳恒山、中岳嵩山。

A. 衡山　　B. 峨眉山　　C. 普陀山

8. 被后人称为“计算机之父”和“博弈论之父”的是 ______。

A. 约翰·冯·诺依曼　　B. 约翰·纳什　　C. 蒂姆·伯纳斯·李

9. 农历二十四节气中过了 ______ 就意味着炎热离开，气温开始明显下降。

A. 白露　　B. 秋分　　C. 处暑

10. 存在主义是当代西方哲学主要流派之一，______ 是存在主义的代表人物之一。

A. 卡尔·荣格　　B. 西格蒙德·弗洛伊德　　C. 让-保罗·萨特

11. 现代汉语规范化就是确立现代汉民族共同语明确的、一致的标准，并用这种标准消除语音、词汇和语法等方面存在的一些分歧。现代汉语规范化工作主要是根据汉语的历史发展规律，结合汉语的习惯用法，对现代汉语普通话内部所存在的少数分歧和混乱现象进行研究，选择其中一些读法或用法作为规范，并加以推广，确定其中的另一些读法或用法是不规范的、应舍弃的，从而使汉语沿着纯洁和健康的道路向前发展。请解释“现代汉语普通话”。

12. 人们说话时每发一个音节，发音器官的肌肉，特别是喉部的肌肉都明显地紧张一下。请解释“音节”。

13. 按照汉语传统的分析方法，总是把一个音节分析成声母和韵母两部分，再加上一个贯通整个音节的声调。请解释“声母”。

14. 全聚德享誉中外。外国友人来到北京，一要吃全聚德，二要去登长城。请解释“全聚德”。

15. “灰犀牛”是 2017 年度十大新词语之一。请解释“灰犀牛”。

16. 2006 年 5 月 20 日，乞巧节被中华人民共和国国务院列入第一批国家级非物质文化遗产名录。请解释“乞巧节”。

17. 斯蒂芬·霍金创作的《时间简史》自 1988 年出版后广受欢迎，之后被翻译成几十种文字。请解释“《时间简史》”。

18. 外国学者对《山海经》的研究早在 1839 年就开始了，最早的外译本是法语节译本。请解释“《山海经》”。

19. 随着人口老龄化和少子女化的加剧，部分中高收入国家教育支出占 GDP 的比例有所下降。请解释“GDP”。

20~22. 近日，IMF 将今明两年全球经济增速预期下调，对于这次调整，IMF 表示，贸易保护主义和部分新兴经济体面临严峻金融环境是主要原因。请解释“IMF”“贸易保护主义”和“新兴经济体”。

23~24. 北京某高校用路面摩斯码来记录和展示校训的方式被网友盛赞极具学校特色。请解释“摩斯码”和“网友”。

25. 2010 年 8 月 1 日，经联合国教科文组织世界遗产委员会批准，中国丹霞被正式列入《世界遗产名录》。请解释“中国丹霞”。

第二部分 应用文写作（40 分）

根据下面的文字说明写一篇 450 字左右的自荐信。

你是一名在校生，希望在暑期从事一些志愿者工作。恰逢你所在的学校将要承办一场大型国际会议，届时来自世界各地的学者专家将汇聚一堂进行学术交流。学校拟招收志愿者负责协助会议的筹备、接待等工作。由于是国际会议，会务组对所有志愿者的外语水平提出了一定的要求。你非常希望能够成为此次会议的志愿者，请你给会务组负责招收志愿者的人员写一封自荐信。

1. 标题

2. 正文

3. 署名及日期（署名请以 ××× 表示，不得使用真实姓名）

第三部分 命题作文（60 分）

请以“宽容”为题写一篇 800 字左右的文章。

要求：思路清晰，文字通顺，用词得体，结构合理，文笔优美。

2019 年 暨南大学

第一部分 百科知识（50 分）

一、选择题：从四个选项中选择正确的一项（25 题，每题 1 分，共 25 分）

1. 中唐是唐诗流派纷呈的时代，除以白居易、张籍、王建等为代表的元白诗派外，主要有大历、贞元年间的一派诗人，包括刘长卿、韦应物和“大历十才子”。其中，______ 曾自称为“五言长城”，他的五绝是《逢雪宿芙蓉山主人》。

A. 张籍　　B. 韦应物　　C. 刘长卿　　D. 王建

2. 在北宋诗人中，______ 自成一家，当时其诗就被称为“山谷体”，他是江西诗派的创始人。

A. 骆宾王　　B. 王勃　　C. 杨炯　　D. 黄庭坚

3. 词究其本来性质而言，是歌辞，是广义上的诗歌的一种。晚唐的词人中以 ______ 为最著名，他是花间词派的创始人之一。

A. 温庭筠　　B. 白居易　　C. 刘禹锡　　D. 张志和

4. 元代杂剧是中国戏曲史上第一个高峰，标志着中国古代戏曲真正走向了成熟。杂剧 ______ 的故事来源于唐代白居易的诗《井底引银瓶》，这部杂剧是白朴最成功的剧作。

A.《倩女离魂》　　B.《墙头马上》　　C.《救风尘》　　D.《汉宫秋》

5. 南戏是南曲戏文的简称，它最初流行与浙东沿海一带，故又称“温州杂剧”“永嘉杂剧”或“永嘉戏曲”。南戏的形式在元末明初逐步定型下来。高明的 ______ 向来被称为“南戏之祖”。

A.《琵琶记》　　B.《赵贞女》　　C.《王魁》　　D.《荆钗记》

6. 清代是中国古代文学的最后一个时期。在诗歌方面，明末清初坛上，______ 是影响最大的诗人。他的诗歌主张是在重“性情”的同时，也重“学问”，具有向宋诗回复的意味，代表作有《初学集》《有学集》等。

A. 蒲松龄　　B. 李玉　　C. 李汝珍　　D. 钱谦益

7. 盛唐时期的边塞诗也负有盛名，______ 的诗作《燕歌行》是唐代边塞诗的压卷之作。

A. 李宝嘉　　B. 吴沃尧　　C. 高适　　D. 曾朴

8. 20 世纪 20 年代中后期出现于诗坛并且对新诗的发展形成重大影响的是“新月派”。其中 ______ 是新月社所编刊物《晨报副刊 · 诗刊》中的积极活动者和新格律诗的主要倡导者，其第一部诗集《红烛》表现了唯美的倾向和浓丽的风格。

A. 徐志摩　　B. 闻一多　　C. 朱湘　　D. 郭沫若

9. 田汉是我国现代话剧运动的先驱。他 20 世纪 30 年代的代表作品是 ______。

A.《咖啡店之一夜》　　B.《上海屋檐下》　　C.《回春之曲》　　D.《北京人》

10. 三皇五帝是中国历史上传说的人物，被认为是中华民族的祖先。一般认为，“三皇”是指伏羲、______、黄帝。

A. 尧　　B. 炎帝　　C. 舜　　D. 神农

11. 18 世纪末资产阶级反封建革命斗争的著名纲领性文件，并且以后成为法国宪法序言的是 ______。

A.《自由大宪章》　　B.《权利法案》　　C.《人权宣言》　　D.《独立宣言》

12. 下列国家中，尚未加入欧元区的是 ______。

A. 西班牙　　B. 比利时　　C. 卢森堡　　D. 英国

13. 不是德国古典哲学主要代表人物的是 ______。

A. 康德　　B. 黑格尔　　C. 谢林　　D. 尼采

14. 中华人民共和国成立后，第一个与我国建立外交关系的西方国家是 ______。

A. 英国　　B. 德国　　C. 法国　　D. 瑞士

15. 存款储蓄有多种形式，其中能够最大限度地吸收社会闲散资金的有效形式是 ______。

A. 活期存款　　B. 整存整取　　C. 零存整取　　D. 整存零取

16. 中国最早的工艺百科全书是完成于 17 世纪 30 年代的《天工开物》。它的作者是 ______。

A. 徐霞客　　B. 沈括　　C. 郦道元　　D. 宋应星

17. 下列作品《朝花夕拾》《子夜》《激流三部曲》《白洋淀纪事》与作者对应正确的一项是 ______。

A. 鲁迅、曹禺、茅盾、郭沫若　　B. 鲁迅、茅盾、巴金、孙犁

C. 郭沫若、曹禺、巴金、李健吾　　D. 鲁迅、郭沫若、巴金、孙犁

18. 自然科学中最早出现的学科是 ______。

A. 数学　　B. 天文学　　C. 医学　　D. 化学

19. 人们在谈到计算机的时候，往往要谈到计算机是 386、486 或 586。那么 X86 到底代表什么呢？简单地说，它代表着计算机 ______。

A. 内存的级别　　B. CPU 的型号和级别　　C. 硬盘的空间容量　　D. 主机板的型号和级别

20. 解某破门入室行窃，正在翻箱倒柜时，听到室主回家的脚步声，于是越窗逃跑。解某的行为属于 ______。

A. 犯罪预备　　B. 犯罪未遂　　C. 犯罪中止　　D. 犯罪既遂

21. ______ 是马克思主义的理论来源。

A. 19 世纪德国古典哲学　　B. 古希腊朴素唯物主义哲学

C. 17 世纪英国唯物主义哲学　　D. 18 世纪德国古典哲学

22. “邓小平理论”科学概念的首次提出并被确定为中国共产党的指导思想是在党的 ______。

A. 十二大　　B. 十三大　　C. 十四大　　D. 十五大

23. 下列有关我国地势特点的正确叙述是 ______。

A. 地势东高西低，呈现阶梯状分布　　B. 地势西高东低，呈现三级阶梯

C. 地形多种多样，山区面积广大　　D. 地面无起伏

24. 世界上许多国家的著名城市都是沿河而建的，下列哪一组国家、城市、河流的组合是正确的？

A. 法国——巴黎——塞纳河　　B. 匈牙利——布达佩斯——易北河

C. 德国——汉堡——莱茵河　　D. 埃及——开罗——尼日尔河

25. “世界无烟日”是在每年的哪一天？

A. 3 月 7 日　　B. 5 月 31 日　　C. 5 月 7 日　　D. 6 月 7 日

二、名词解释题：简要解释下列文章片段中画线部分的名词和术语（25 分）

《诗经》和《楚辞》是中国古代诗歌发展的源头，同时也是后世难以企及的不朽之作。而《文心雕龙》是在儒道佛三家哲学、美学和文学思想熏陶下产生的一部伟大的文学理论巨著。《文心雕龙》不仅对齐梁以前的文学创作经验和文学批评成果作了全面系统地总结，而且提出了一个完整的文学理论体系，对中国美学和文学理论的发展产生了深远的影响。儒家中庸原则是贯穿《文心雕龙》全书的基调。鲁迅先生评价：“篇章既富，评骘遂生，东则有刘严和之《文心》，西则有亚里士多德之《诗学》……开源导流，为世楷式。”

简要解释以下名词和概念，每小题各 5 分

1.《诗经》　　**2.**《楚辞》　　**3.** 美学　　**4.** 文学批评　　**5.** 亚里士多德

第二部分 应用文写作（40 分）

阅读以下现代诗，要求从诗歌主旨、诗歌意境、诗歌语言风格等方面入手撰写题为“舒婷《致橡树》简析”的赏析短评。（字数：500 字左右）

致橡树

作者：舒婷

我如果爱你——
绝不像攀援的凌霄花，
借你的高枝炫耀自己；
我如果爱你——
绝不学痴情的鸟儿，
为绿荫重复单调的歌曲；
也不止像泉源，
常年送来清凉的慰藉；
也不止像险峰，
增加你的高度，衬托你的威仪。
甚至日光，
甚至春雨。

不，这些都还不够！
我必须是你近旁的一株木棉，
作为树的形象和你站在一起。
根，紧握在地下；
叶，相触在云里。
每一阵风过，
我们都互相致意，
但没有人，
听懂我们的言语。
你有你的铜枝铁干，
像刀，像剑，也像戟；
我有我红硕的花朵，
像沉重的叹息，
又像英勇的火炬。

我们分担寒潮、风雷、霹雳；
我们共享雾霭、流岚、虹霓。
仿佛永远分离，
却又终身相依。
这才是伟大的爱情，
坚贞就在这里：
爱——
不仅爱你伟岸的身躯，
也爱你坚持的位置，
足下的土地。

（附作者简介：舒婷，女，原名龚佩瑜，1952 年出生于福建石码镇，中国当代女诗人，朦胧诗派的代表人物。1969 年下乡插队，1972 年返城当工人，1979 年开始发表诗歌作品，1980 年至福建省文联工作，从事专业写作。2008 年，获得《诗选刊》杂志社主办的“中国 2008 年度十佳诗人”荣誉。2012 两岸诗会桂冠人物奖得主。）

第三部分 现代汉语写作（60 分）

启蒙运动代表人物之一卢梭在他的《社会契约论》中有一句脍炙人口的名言：“人生而自由，却无往不在枷锁之中，一些自以为是别人主的人，其实比起别人来，还是更大的奴隶。”请以《自由与枷锁》为题，结合自己的人生经历与社会现实，论述二者之间的关系。要求论点鲜明，论据充分，说理透辟，语言流畅自然。（字数：1,000~1,200）

2019 年 中山大学

第一部分 百科知识（50 分）

一、选择题（请从 ABCD 四个选项中选出一个最佳答案。每小题 2 分，总分 20 分。）

1. 哈金，原名金雪飞，美国艺术文学院院士、波士顿大学创意写作系系主任。他的第一本短篇小说集《词海》(*Ocean of Words*) 获得 1997 年海明威文学奖。以下有关哈金的论述，哪一项不正确？

A. 哈金是第一个获得美国国家图书奖的华人作家。

B. 哈金获得美国国家图书奖的作品是《疯狂》(*The Crazed*)。

C. 哈金不仅创作小说，也创作诗歌作品。

D. 哈金是第一代美国移民，母语为汉语。

2. 联合国是第二次世界大战后成立的国际组织，是一个由主权国家组成的国际组织。1945 年 10 月 24 日，在美国旧金山签订生效的《联合国宪章》，标志着联合国正式成立。联合国致力于促进各国在国际法、国际安全、经济发展、社会进步、人权及实现世界和平方面的合作。联合国的 6 种工作语言为以下哪 6 种？

A. 英语、法语、汉语、俄语、西班牙语、德语

B. 英语、德语、汉语、法语、俄语、阿拉伯语

C. 英语、法语、俄语、汉语、阿拉伯语、西班牙语

D. 英语、法语、俄语、汉语、阿拉伯语、意大利语

3. 文理学院（Liberal Arts College），又称博雅学院，是美国高校的重要种类之一。文理学院一般指奉行博雅教育，以本科教育为主、规模小而精的大学。文理学院注重全面综合教育，强调发掘学生的思维潜能，实现真正意义上的全面发展。其课程设置以基础学科为主，涵盖艺术、人文、自然科学、社会科学等门类，以此来区别于以职业培训或科学研究为导向的综合性大学及各种专业学校、技术高校。以下美国大学当中，哪一所不是文理学院？

A. Swarthmore College　B. Bard College　C. Middlebury College　D. Johnson College

4.《猫》作为歌舞剧首次演出是在 1981 年 5 月 11 号，地点是伦敦西区的新伦敦剧院，从此在英国一炮走红。《猫》凭着再难以打破的票房纪录成为英国有史以来最成功、连续公演最久的音乐剧。《猫》是改编自以下哪一位作家的诗歌作品？

A. Robert Frost

B. T. S. Eliot

C. William Carlos Williams

D. W. B. Yeats

5. 本杰明·富兰克林（Benjamin Franklin，1706 年 1 月 17 日至 1790 年 4 月 17 日），出生于美国马萨诸塞州波士顿，是美国政治家、物理学家，同时也是出版商、印刷商、记者、作家、慈善家、更是杰出的外交家及发明家。他是美国独立战争时重要的领导人之一，参与了多项重要文件的草拟，并曾出任美国驻法国大使，成功取得法国支持美国独立。以下有关富兰克林的描述，错误的一项是 ______。

A. 富兰克林发明了避雷针，并最早提出电荷守恒定律。

B. 富兰克林创建了常青藤盟校之一的宾夕法尼亚大学。

C. 富兰克林的《常识》一书激发了美国人民为独立而战的热情。

D. 富兰克林参与起草了《独立宣言》。

6. 英语短语“under the weather”的意思是以下哪一项？

A. 身体不适　B. 享受当下　C. 顺其自然　D. 勇敢面对

7. 下列研究课题与其查阅的主要参考文献对应错误的是哪一项？

A. 商周时代的艺术成就——《中国青铜时代》　B. 南宋都城的城市建设——《从平城到洛阳》

C. 晚清的政治改良运动——《从甲午到戊戌》　D. 明末中西文化交流史——《利玛窦与中国》

8. 世界上的一切物体都是由大批分子组成的，下列现象中能说明分子在不停息运动的是哪一项？

A. 秋风瑟瑟，桂香袭人　B. 沙尘暴起，飞沙满天

C. 晚风轻拂，炊烟袅袅　D. 狂风怒吼，波翻浪涌

9. 人生的奥妙就在于与人相处。和聪明的人在一起，你才会更加睿智；和优秀的人在一起，你才会 ________。

A. 一鸣惊人　B. 脱颖而出　C. 出人头地　D. 出类拔萃

10. 关于京剧艺术，下列说法错误的是哪一项？

A.《红灯记》和《智取威虎山》是现代京剧。　B. 京剧表演的艺术手段主要有唱、念、做、打。

C. 京剧的主要题材是才子佳人的故事。　D. 京剧的脸谱一般用于净、丑两个角色。

二、名词解释题（请从以下 10 个名词中选择 6 个进行解释。每小题 5 分，共 30 分。）

1. 宗教改革　2. 唐宋八大家　3. 浮世绘　4. 独立宣言

5. 天主教　6. 打工诗歌　7. 改革开放　8. 欧洲难民危机

9. 戊戌变法　10. 康乾盛世

第二部分　应用文写作（40 分）

情景：作为大学生，你已经完成了大学三年半的学习和生活。请结合你自己的实际状况并针对在此阶段所取得的成绩和收获、所遇到的问题与不足，写一篇关于大学学习生活的个人总结。

要求：用小标题结构全篇，按照总结的规范格式写作，语言简练、准确、质朴、无语法错误，字数 500 字左右。

第三部分　命题写作（60 分）

请阅读以下诗歌，根据其中反映出的任何观点作文。

金缕衣

唐 · 杜秋娘

劝君莫惜金缕衣，劝君惜取少年时。

花开堪折直须折，莫待无花空折枝。

作文要求：思路清晰，文字通顺，用词得体，结构合理，文体恰当，文笔优美。

2019年 宁波大学

第一部分 百科知识（50分）

简要解释以下段落中画线部分的知识点。

1. 我们国家的博大精深的优秀传统文化是我们文化自信的来源。诸如“自强不息”的奋斗精神，“精忠报国”的爱国情怀，“天下兴亡，匹夫有责”的担当意识，“舍生取义”的牺牲精神，“革故鼎新”的创新思想，“扶危济困”的公德意识，“国而忘家，公而忘私”的价值理念等，一直是中华民族奋发进取的精神动力。此外，“天人合一”“天下为公”的社会理想，“以人为本”“民惟邦本”的治国理念，“载舟覆舟”“居安思危”的忧患意识，“止戈为武”“协和万邦”的和平思想，“与人为善”“己所不欲，勿施于人”的处世之道，“儒法并用”“德刑相辅”的治理思想，“和为贵”“和而不同”的东方智慧，一直是中华民族治国理政的思想渊源。甚至，我们正努力建设的小康社会的“小康”这个概念，也是出自《礼记·礼运》，是中华民族自古以来追求的理想社会状态。

2. 中国佛教协会是中国各民族佛教徒联合的爱国团体和教务组织。其宗旨是团结、带领全国各民族佛教徒爱国爱教，拥护中国共产党的领导和社会主义制度，坚定不移走中国特色社会主义道路；发扬优良传统，传承优秀文化，加强自身建设，维护合法权益，弘扬佛教教义，兴办佛教事业，践行“人间佛教”思想，庄严国土，利乐有情，为促进经济社会发展发挥积极作用，为维护宗教和睦、民族团结、社会和谐、祖国统一、世界和平作贡献，为实现“两个一百年”奋斗目标和中华民族伟大复兴的中国梦贡献力量。

3. 贞元十八年（公元802年）的冬天，白居易在吏部侍郎郑蕍瑜的主持下应考。翌年春天，他以优良的成绩及第。制科及第的几天后，白居易被授命京兆府幸屋县尉。不久，又兼摄于长安以东，管辖会清宫西北与幸屋同等级的昭应县的事务。职务虽繁忙，但白居易有时也度过了悠闲的时光，那时他所创作的诗歌中有一首就是《长恨歌》。写作《长恨歌》的翌年秋天，白居易任京兆府考官，在乡试中录取了萧浣。考官之事结束后，白居易兼任集贤殿校理。这也是“好文”的王起曾经任过职的地方。这年年末，白居易应翰林院之召，通过了一系列的制诏考试，被任命为翰林院学士。这是根据喜欢白居易诗歌的宪宗皇帝的旨意而定的。从此，白居易凭借文学，走上了参与政治的道路。

4. 目前“复兴号”中国标准动车组有“CR400AF”和“CR400BF”两种型号。按照中国铁路总公司新的动车组编制规则，新型自主化动车组均采用“CR”开头的型号，“CR”是中国铁路总公司英文缩写，也是指覆盖不同速度等级的中国标准动车组系列化产品平台。京沪高铁已开通运营6年，运送旅客6.3亿人次，积累了丰富的安全管理和运营服务经验，取得了良好的经济效益和社会效益。目前，京沪高铁日均运送旅客50.5万人次，是我国最繁忙的高速铁路干线。“复兴号”在京沪高铁率先开行，对于进一步提升京沪高铁运营服务品质，打造中国高铁国际品牌具有重要的示范引领作用。为确保安全，“复兴号”一路上都有“随行医生”严密监护。它全车部署有2,500多项监测点，能对轴承温度、冷却系统温度、制动系统状态、客室环境进行全方位实时监测，相当于随时给列车做“全身体检”。一旦发现列车“身体不适”，就会自动报警或预警，并及时“给药”，自动采取限速或停车措施。更厉害的是，通过远程数据传输，地面能实时掌握车辆状态，对列车进行同步监测、远程维护。型号中的“400”为速度等级代码，代表该型动车组试验速度可达时速400公里及以上，持续运行时速为350公里。今后，中国铁路总公司将根据运输市场需求，逐步研发CR300和CR200系列中国标准动车组。

第二部分　应用文写作（40分）

今年9月17日，教育部发文，要求加快建设高水平本科教育、全面提高人才培养能力。

题目：教育部关于加快建设高水平本科教育全面提高人才培养能力的意见；

发文字号：教高〔2018〕2号；

下发单位：各省、自治区、直辖市教育厅（教委），新疆生产建设兵团教育局，有关部门（单位）教育司（局），部属各高等学校、部省合建各高等学校；

该意见分：开头为该意见的意义，然后为10大方面的要求，40条规定，最后是教育部落款和年月日。

10大方面是：

一、建设高水平本科教育的重要意义和形势要求（共2条规定）；

二、建设高水平本科教育的指导思想和目标原则（共3条）；

三、把思想政治教育贯穿高水平本科教育全过程（共4条）；

四、围绕激发学生学习兴趣和潜能深化教学改革（共6条）；

五、全面提高教师教书育人能力（共4条）；

六、大力推进一流专业建设（共4条）；

七、推进现代信息技术与教育教学深度融合（共3条）；

八、构建全方位全过程深融合的协同育人新机制（共5条）；

九、加强大学质量文化建设（共4条）；

十、切实做好高水平本科教育建设工作的组织实施（共5条）。

请按照上级发文格式，将该意见（包括发文标题、发文字号、下发单位的称呼、开头、10段主题句标题，包括每段的各条规定、落款、年月日）按照公文格式的要求写出来。注意：40条规定的段落内容可用三行横线做省略处理。

第三部分　现代汉语写作（60分）

根据下面的文字要求写一篇现代文，体裁不限（诗歌、戏剧除外）。

在我们的高中或大学生活中，有一些同学因为他们高尚的品质或魅力给你留下终生难忘的印象或回忆。请你写一篇文章，描述一下对你影响最深的某位同学，可以是一次令你心动的表现，也可以是给你提供的帮助或谈话等。

请以“映入心影的同学”为题，写一篇不少于800字的文章。

2019 年 山东大学

第一部分 百科知识（每小题 2.5 分，共 50 分）

请简要解释以下段落中画线部分的知识点。

1. 我们要推动大众创业、万众创新。这既可以扩大就业、增加居民收入，又有利于促进社会纵向流动和公平正义。我国有 13 亿人口、9 亿劳动力资源，人民勤劳而智慧，蕴藏着无穷的创造力，千千万万个市场细胞活跃起来，必将汇聚成发展的巨大动能，一定能够顶住经济下行压力，让中国经济始终充满勃勃生机。政府要勇于自我革命，给市场和社会留足空间，为公平竞争搭好舞台。个人和企业要勇于创业创新，全社会要厚植创业创新文化，让人们在创造财富的过程中，更好地实现精神追求和自身价值。

2. 众所周知，相声是一门最擅长与观众进行交流的艺术，相声演出所产生的剧场效果，往往是其他舞台艺术无法企及的。除了喜剧性内容的原因之外，相声特有的艺术表现形式——对话的形式也是一个重要的原因。在叙事艺术中，创作者自信有力量穿透孤立的事件，抓住其“内在的本质”，赋予其因果联接的次序，从而构成故事虚构的情节和历史，并将这些内容灌输给观众。在这里，信息的流动基本上是单向的，观众基本上处于被动接受的地位。

3. 鲁迅是真正的中国作家，正因为如此，他才给全世界文学贡献了很多民族形式的、不可模仿的作品。他的语言是民间形式的。他的讽刺和幽默虽然具有人类共同的性格，但也带有不可模仿的民族特点。

4. 故宫是我国文化遗产的重要象征，汇聚了众多巧夺天工、妙造自然的文物精品，积淀了博大精深、灿烂辉煌的文化内涵，是中华民族历史见证和中华文化重要载体。90 年来，故宫与中华民族同呼吸共命运，一代又一代故宫人始终致力于“完整故宫”保护，着力为公众提供优质文化资源，全力开展人才培养与学术研究，积极影响了近现代中国博物馆的发展历程，为典守民族珍宝、保护中华文脉、弘扬传统文化做出了重要贡献。

第二部分 应用文写作 （40 分）

根据下面的文字说明写一篇 450 字左右的应用文，要求包含标题、正文、结尾语、落款等几个要素。

《中国留学发展报告（2014）》指出，中国高中生赴美国留学呈现出明显的“低龄化”趋势：高中生已经成为继研究生、本科生之后的第三大出国留学人群。2014 年低龄学生出国留学人数达到近年来的最高峰，赴海外读高中的学生比往年增加两到三成，参加“洋高考”赴海外上大学的学生比往年增加一成多。来自国家教育发展研究中心的专家表示，出国低龄化是不正常现象，只能引导。请以“××教育发展中心咨询委员会”的名义，起草一份阐明出国留学低龄化的现象及原因的调查简报。

第三部分 现代汉语写作（60 分）

根据下面的文字要求写一篇现代文。

那些在国家民族危难之际挺身而出的英雄，是我们民族和国家的脊梁。正是无数个邱少云、黄继光、董存瑞和刘胡兰们，缔造了共和国的伟业。正是他们身上的民族精神，激励了无数后来人为民族解放而战斗，为国家强盛而拼搏。这种精神不断锻造着我们的民族品格，强化着我们的民族自信和身份认同，不断筑造着社会道德和价值基底。然而，有段时间网络上出现一些对人民英烈的诋毁言论，越来越多的亲历者和英雄后人们站出来，用不容辩驳的细节和事实为英雄正名，坚决捍卫英雄的荣光和历史的庄严。

请以“历史不能遗忘，英雄不容亵渎”为题，写一篇不少于 800 字的议论文。

2019 年 天津外国语大学

第一部分 百科知识（25×2=50 分）

单项选择题

1. ______ 是孔子及其弟子的言语行止的记录。

A.《墨子》 B.《老子》 C.《论语》 D.《诗经》

2. “王师北定中原日，家祭无忘告乃翁”的诗句出自南宋诗人 ______。

A. 范成大 B. 杨万里 C. 苏轼 D. 陆游

3. 春秋战国时期的诸子百家中，主张强化法令刑律的是 ______。

A. 阴阳家 B. 法家 C. 墨家 D. 杂家

4. ______ 作为一部英雄传奇体小说的典范，塑造了一系列神态各异的英雄形象。

A.《金瓶梅》 B.《西游记》 C.《红楼梦》 D.《水浒传》

5. 在汉字的造字方法中，下列不属于“六书”的是 ______。

A. 象形 B. 形声 C. 会意 D. 书法

6. 中国最早的医学典籍 ______，奠定了中医理论的基础。

A.《黄帝内经》 B.《伤寒杂病论》 C.《针经》 D.《神农本草经》

7. 中国古代教育主张学思并重，下列句子中体现这一思想的是 ______。

A. 中人以上，可以语上也 B. 君子之教，喻也

C. 学而不思则罔，思而不学则殆 D. 学而时习之

8. 东晋的书法家 ______ 以行书见长，其作《兰亭集序》被誉为“天下第一行书”。

A. 颜真卿 B. 王献之 C. 张旭 D. 王羲之

9. 世界上最早的远洋航行是 ______。

A. 麦哲伦环球航海 B. 达·伽马发现好望角

C. 郑和下西洋 D. 哥伦布发现美洲新大陆

10. 世界上养蚕、种桑、缫丝最早的国家是 ______。

A. 中国 B. 日本 C. 印度 D. 希腊

11. 中国传统节日 ______ 的主要目的是逐疫，但在唐宋以后龙舟竞渡习俗开始盛行。

A. 重阳节 B. 中元节 C. 清明节 D. 端午节

12. 北宋真宗景德年间，______ 以青白瓷闻名天下，后以皇帝年号为名。

A. 定窑　　B. 景德镇　　C. 汝窑　　D. 钧窑

13. ______ 是现在比较完整地保存下来的帝王宫殿，经历了明清两代 24 个皇帝的统治和居住。

A. 阿房宫　　B. 布达拉宫　　C. 北京明清故宫　　D. 沈阳故宫

14. 东汉时期杰出的科学家 ______ 在其《灵宪》一文中对月食现象做了经典的论述。

A. 张衡　　B. 张仲景　　C. 祖冲之　　D. 郦道元

15. 佛教是当今世界三大宗教之一，产生于公元前 6 世纪的 ______。

A. 古中国　　B. 古埃及　　C. 古希腊　　D. 古印度

16. 鲁迅的小说 ______ 画出了国民性的弱点，并塑造了一个以“精神胜利法”为主要特征的经典文学形象。

A.《孔乙己》　　B.《药》　　C.《阿 Q 正传》　　D.《伤逝》

17. 武侠小说泰斗 ______ 的作品风靡世界，其笔下的人物郭靖、杨过等，契合了普通人心目中的英雄形象和人生境界。

A. 卧龙生　　B. 梁羽生　　C. 古龙　　D. 金庸

18. 二十四节气中最后一个节气 ______ 是中国部分地区一年中的最冷时期。

A. 小寒　　B. 大寒　　C. 冬至　　D. 立冬

19. “冬天如果来了，春天还会远吗？”出自英国浪漫主义诗人雪莱的诗作 ______。

A.《致云雀》　　B.《西风颂》　　C.《草叶集》　　D.《致杜鹃》

20. 第二次世界大战期间，英法联军在法国东北部城市 ______ 的军事撤退行动中拯救了 30 多万人，创造了二战史上的一个奇迹。

A. 敦刻尔克　　B. 南锡　　C. 里昂　　D. 斯特拉斯堡

21. 巴黎戴高乐广场中央的凯旋门是为纪念 ______ 在 1805 年击败俄奥联军而建。

A. 戴高乐　　B. 拿破仑　　C. 威灵顿公爵　　D. 库图佐夫

22. 世界著名的艺术殿堂卢浮宫拥有的艺术收藏达 40 万件以上，______ 是卢浮宫收藏的珍品。

A.《蒙娜丽莎》　　B.《清明上河图》　　C.《富春山居图》　　D.《女史箴图》

23. 英国作家 J. K. 罗琳的系列魔幻小说 ______ 创造了一个完整独特的魔法世界。

A.《指环王》　　B.《冰与火之歌》　　C.《科学怪人》　　D.《哈利·波特》

24. 1929 年设立的世界著名电影奖项是 ______。其奖杯主体是一座镀金男像。

A. 奥斯卡金像奖　　B. 金棕榈奖　　C. 格莱美奖　　D. 金马奖

25. 中国是世界上入选非物质文化遗产名录项目最多的国家，______ 不属于此列。

A. 昆曲　　B. 梅花篆字　　C. 中医针灸　　D. 长城

第二部分 应用文写作（2×20=40分）

1. 下面这则“公告”按照党政机关公文要求，存在5处不规范的地方，请你一一指出来。

住房城乡建设部关于公布2018年第十批

造价工程师初始注册人员名单

根据《注册造价工程师管理办法》（建设部令第150号）及有关规定，经审核，柏××等1,492人符合造价工程师初始注册条件，准予注册。

特此公告。

见：2018年第十批造价工程师初始注册人员名单

2018.11.7

2. 请根据下面的材料写一份“通知”。

（1）发文机关：××省教育厅。

（2）发文字号：×教通〔2019〕5号。

（3）主送机关：各高等院校。

（4）通知事项：为做好2019届毕业研究生及本、专科毕业生的就业工作，我省定于3月20日至3月25日（8:00~17:00）在省大学生就业指导服务中心举办毕业生就业供需见面会。届时用人单位提供需求信息，考核接受毕业生；毕业生持就业推荐表与用人单位双向自主落实就业单位。望各校高度重视，抓紧落实有关事宜，组织毕业生前往参加。

（5）成文日期：2019年1月10日。

（6）标题请按上述材料拟定。

第三部分 议论文写作（60分）

有人认为梦想很重要，为了实现自己的梦想一定要坚持到底；有人认为现实很残酷，要及时调整自己的方向。

要求：1. 根据上面这段话，自拟题目，写一篇不少于800字的议论文；

2. 观点明确，结构完整，语言流畅，书写规范。

2019年 湖南师范大学

第一部分 百科知识（50分）

一、单项选择，以下每道题有四个选项，请选择一个正确的选项，错选、多选均不得分。（20分）

1. “天生我材必有用，千金散尽还复来”出自李白的哪首诗歌？

A.《将进酒》　B.《梦游天姥吟留别》　C.《蜀道难》　D.《行路难》

2. 中国古代“不惑”是指男子大约多大年纪？

A. 20　B. 30　C. 40　D. 50

3. ______是美国获得世界声誉的最杰出的民主诗人、散文作家，曾写有《草叶集》。

A. 斯托夫人　B. 惠特曼　C. 霍桑　D. 爱默生

4. 中国的沙漠主要分布在哪个区域？

A. 西北　B. 华中　C. 华南　D. 漠河以北

5. 流行歌曲《当你老了》取自哪位英国诗人的同名诗歌？

A. 拜伦　B. 华兹华斯　C. 叶芝　D. 庞德

6. 下面的通讯社中哪个属于英国？

A. 塔斯社　B. 法新社　C. 共同社　D. 路透社

7. 电脑的中央处理器英文缩写是______。

A. CPU　B. CDU　C. CPM　D. CPD

8. 我国古代的六部中，哪个部门负责接待外宾？

A. 刑部　B. 工部　C. 礼部　D. 户部

9. ______是英国18世纪第一位最有影响的小说作家。其代表作有《格列佛游记》等。

A. 亨利·菲尔丁　B. 亚历山大·蒲柏　C. 丹尼尔·笛福　D. 乔纳森·斯威夫特

10. 我国古代哪位翻译家提出了“五不翻”原则？

A. 鸠摩罗什　B. 玄奘　C. 严复　D. 林纾

二、名词解释（共30分）

1. 话剧　**2.** 光伏　**3.** 四书五经　**4.** 湖畔诗人（英国）
5.《罗密欧与朱丽叶》　**6.** 孔子学院　**7.** 北约　**8.** 伊斯兰教
9. 蒙太奇　**10.** 中等收入陷阱

第二部分 应用文写作（40分）

张华在某重点大学读研究生，想要申讨助学金。

请以“张华”为名写一封“研究生助学金”申请书，内容包括你希望获得助学金的理由和等级。请按申请书的格式书写。（400字左右）

第三部分 现代汉语写作（60分）

请以“最打动我的一瞬”为题，写一篇现代文。体裁不限（诗歌、戏剧除外），立意不限，但须主题鲜明积极，内容充实。（800字左右）

2019 年 南京师范大学

第一部分 百科知识（60 分）

请简要解释以下段落中 20 处画线部分的知识点。

1. 中国将认真实施 2018 年中非合作论坛北京峰会提出的“八大行动”，支持二十国集团、亚太经合组织、上海合作组织、金砖国家等机制发挥更大作用，中国将继续推进共建“一带一路”，坚持共商共建共享，为全球提供开放合作的国际平台。

2. 中医学以阴阳五行作为理论基础，将人体看成是气、形、神的统一体，通过四诊合参的方法，探求病因、病性、病位，分析病机及人体内五脏六腑、经络关节、气血津液的变化，判断邪正消长，进而得出病名，归纳出症型，以辨证论治原则，制定“汗、吐、下、和、温、清、补、消”等治法，使用中药、针灸、推拿、按摩、拔罐、气功、食疗等多种治疗手段，使人体达到阴阳调和而康复。

3. 按照日程，欧盟将于本月下旬召开峰会讨论经英国议会批准后的脱欧方案。英国媒体分析，眼下特雷莎·梅内阁的部长们并非百分之百支持这一脱欧协议的内容。所在的保守党也并非铁板一块，留欧派代表呼吁进行第二次公投。

4. 王国维早年追求新学、接受资产阶级改良主义思想的影响，把西方哲学、美学思想与中国古典哲学、美学相融合，研究哲学与美学，形成了独特的美学思想体系。他中年后在“五大发现”中的三个方面，即甲骨学、简牍学、敦煌学上均做出了辛勤的、有成效的探索，被公认为这些国际性新学术的开拓者、奠基者。

5. 2013 年来，随着深度学习的研究取得较大进展，基于人工神经网络的机器翻译逐渐兴起。其技术核心是一个拥有海量结点（神经元）的深度神经网络，可以自动地从语料库中学习翻译知识。源语言的句子被向量化之后，在网络中层层传递，转化为计算机可以“理解”的表示形式，再经过多层复杂的传导运算，生成目标语译文。实现了“理解语言，生成译文”的翻译方式。这种翻译方法最大的优势在于译文流畅，更加符合语法规范，容易理解。相比之前的翻译技术，质量有显著提升。

第二部分 应用文写作（30 分）

假设你所在的省级翻译协会要吸收新的会员，你想成为该协会会员。

请拟定一份入会申请书，详细阐述自己加入协会的初衷和目的以及入会后努力的方向，字数在 450 字左右。注意文中不得出现人名、地名等具体信息。

第三部分 现代汉语写作（60 分）

有人认为作者是翻译主体，有人认为译者是翻译主体，有人认为读者是翻译主体。

你对上述观点有何评价？请以“谁是翻译主体”为题目，写一篇不少于 800 字的作文，体裁不限（诗歌、戏剧除外）。

2019 年 对外经济贸易大学

第一部分 百科知识（50 分）

1. 作为儒家经典之一，_______ 是中国古代论述人生修养境界的一部道德哲学专著，认为“至诚”或“至德”为人生的最高境界，并提出“博学之，审问之，慎思之，明辨之，笃行之”的学习过程和认识方法。

A.《尚书》　B.《孟子》　C.《中庸》　D.《大学》

2. “庄周梦蝶”是战国时期庄子所提出的一个哲学命题。由于它包含了浪漫的思想情感和丰富的人生哲学思考，成了文人骚客经常吟咏的题目，其中最著名的莫过于 _______ 的《锦瑟》所云：“庄生晓梦迷蝴蝶，望帝春心托杜鹃”。

A. 李清照　B. 李商隐　C. 白居易　D. 孟浩然

3.《训蒙文》是 _______ 李毓秀所作的三言韵文，后经贾存仁改编为《弟子规》。文笔自然流畅，朴实无华，影响深远。

A. 清代　B. 唐代　C. 明代　D. 宋代

4. 以下四件我国的国宝级青铜器中，哪一件不是周代铸造的？

A. 四羊方尊　B. 毛公鼎　C. 散氏盘　D. 虢季子白盘

5. 自 _______ 采纳董仲舒的“废黜百家，独尊儒术”以后，儒家理论成为延续两千多年的中国封建统治的精神支柱。

A. 汉高祖　B. 汉文帝　C. 汉景帝　D. 汉武帝

6. 宋代著名词人辛弃疾所作《青玉案》中的名句“众里寻他千百度，那人却在灯火阑珊处”中“阑珊”是什么意思？

A. 壮观、辉煌　B. 零落、凋落　C. 明亮、耀眼　D. 婉约、温和

7. 东汉著名史学家班固在汉书里用“饮马瀚海，封狼居胥，西归大河，列郡祁连”描述西汉将领 _______ 的历史功绩。

A. 李广　B. 卫青　C. 霍去病　D. 赵充国

8.《长相思》“山一程，水一程，身向榆关那畔行，夜深千帐灯。风一更，雪一更，聒碎乡心梦不成，故园无此声。”是 _______ 著名词人 _______ 的作品，描写将士在外对故乡的思念，抒发了情思深苦的绵长心情。

A. 唐代，李白　B. 北宋，柳永　C. 清代，纳兰性德　D. 南宋，陆游

9.《清明上河图》是中国十大传世名画之一，为北宋画家 _______ 的存世精品。

A. 赵孟頫　B. 吴道子　C. 张择端　D. 顾恺之

10. 孔子第 64 代孙孔尚任所作《桃花扇》艺术地展现了明朝遗民的亡国之痛。其故事框架为 _______。

A. 侯方域与李香君的爱情命运　B. 杨玉环与唐明皇的爱情悲剧

C. 杜丽娘和柳梦梅的爱情故事　D. 蔡伯喈与赵五娘的曲折经历

11. 被称为宋代五大名窑之首的是 _______，造型古朴大方，以名贵玛瑙为釉，色泽独特，有“玛瑙为釉古相传”的赞誉，被世人称为“似玉、非玉、而胜玉”。

A. 哥窑　B. 钧窑　C. 汝窑　D. 定窑

12. 唐代诗人杜甫赞颂诸葛亮有云：“丞相祠堂何处寻，锦官城外柏森森。映阶碧草自春色，隔叶黄鹂空好音。”其中的“锦官城”指今天的 _______。

A. 汉中　B. 成都　C. 襄阳　D. 重庆

13. 南宋大将岳飞在《满江红》中提到：“靖康耻，犹未雪，臣子恨，何时灭！”“靖康耻”指金军攻破东京，即今天的 ______，俘虏了 ______。

A. 洛阳，宋高宗和宋仁宗　　B. 洛阳，宋神宗和宋光宗

C. 开封，宋徽宗和宋英宗　　D. 开封，宋徽宗和宋钦宗

14. 歌曲《兰花草》被广为传唱，其歌词渊于“白话文”的倡导者、新文化运动的领导者 ______ 所作诗歌 ______。它清新、质朴、深情，对生命的期待与珍惜跃然纸上，且朗朗上口。

A. 钱钟书，《故国》　　B. 林语堂，《奇岛》

C. 徐志摩，《月夜听琴》　　D. 胡适，《希望》

15. 中国道教圣地武当山位于 ______。其“武当”之名，最早出现于《汉书》。武当山自唐代后，就得到历代封建王朝的重视。

A. 安徽徽州　　B. 贵州铜仁　　C. 湖北十堰　　D. 江西鹰潭

16. 宋代王安石无论诗、文、词都有杰出成就。他主张强调“实用”，擅长说理与修辞。以下哪句话反映了他的文学理念？

A. 所谓文者，务为有补于世而已矣　　B. 清水出芙蓉，天然去雕饰

C. 才子词人，自是白衣卿相　　D. 颖脱不群，任真自得

17. 编年体是我国传统史书的一种体裁，是以时间为经，史事为纬，如 ______。

A.《左传》　　B.《国语》　　C.《史记》　　D.《三国志》

18. “天下兴亡，匹夫有责”最早是 ______ 提出的概念。

A. 康有为　　B. 龚自珍　　C. 顾炎武　　D. 谭嗣同

19. 河套平原位于我国内蒙古和 ______ 境内，是黄河沿岸的冲积平原，为距今约 7000—5000 年的 ______ 北部所覆盖。

A. 甘肃，河姆渡文化　　B. 青海，龙山文化　　C. 宁夏，仰韶文化　　D. 陕西，半坡文化

20. 西方传教士 ______ 来自意大利，于清朝 ______ 年间来到中国，历经三朝，参加了圆明园西洋楼的设计工作，极大地影响了清代宫廷的绘画和审美趣味。

A. 利玛窦，雍正　　B. 郎世宁，康熙　　C. 马可·波罗，康熙　　D. 南怀仁，乾隆

21. 魏晋时期有著名的“竹林七贤”。《与山巨源绝交书》是“竹林七贤”中的 ______ 写给山涛的一封信，也是一篇名传千古的散文，文中强调了放任自然，体现了对世俗礼法的藐视。

A. 阮籍　　B. 向秀　　C. 刘伶　　D. 嵇康

22. 罗马帝国的建立结束了罗马共和时代。罗马帝国的第一位元首是 ______，他是世界历史最为重要的人物之一。

A. 恺撒　　B. 安东尼　　C. 屋大维　　D. 雷必达

23. 法国大革命于 1789 年爆发，结束了统治法国多个世纪的波旁王朝统治下的君主制。以下文学名著中直接反映法国大革命的是 ______。

A. 托尔斯泰的《战争与和平》　　B. 狄更斯的《双城记》

C. 罗曼·罗兰的《约翰·克利斯朵夫》　　D. 大仲马的《基督山伯爵》

24. 作为一部浪漫主义诗体小说，_______ 在口语体的运用上达到了英国史诗的最高成就。

A.《唐璜》　　B.《失乐园》　　C.《埃涅阿斯记》　　D.《荷马史诗》

25. 美国的“国殇日”（Memorial Day）是美国政府为纪念 _______ 中阵亡的将士而确立的纪念日。

A. 独立战争　　B. 南北战争　　C. 第一次世界大战　　D. 第二次世界大战

26. 日裔英国作家石黑一雄的《盛世遗踪》荣获了 1989 年布克奖，之后被改编成同名电影。其独特之处在于，这本历史小说不直接写历史重大事件，而是通过一个 _______ 的角度来看欧洲 20 世纪二三十年代这段重要历史时期。

A. 庄园管家　　B. 市井小商贩　　C. 小作坊学徒　　D. 店铺老板

27. 66 年的“第一次犹太战争”是犹太人反对罗马统治的最大规模起义。其间，_______ 成为犹太民族“宁死不愿成为奴隶”的英雄气概的象征。

A. 耶路撒冷战役　　B. 玛喀比起义　　C. 巴比伦战役　　D. 马塞达抵抗

28. 第一次世界大战使一些美国文学青年感到迷惘、困惑，他们来到欧洲并长期定居巴黎，被称为“迷惘的一代”的作家。这其中不包括 _______。

A. 海明威（Ernest Hemingway）　　B. 菲茨杰拉德（Francis Scott Fitzgerald）

C. 约翰 · 帕索斯（John Passos）　　D. 杰克 · 伦敦（Jack London）

29. 辛克莱 · 刘易斯（Sinclair Lewis）是美国第一个获得诺贝尔文学奖的作家。他的文化叙事使得此前只能被人们体验和感觉到的无形的习俗成了有形习俗，并获得了英语世界各民族文化成员的认同。例如，他笔下的经典人物“巴比特”（Babbit）成了 _______ 的代名词。

A. 庸俗的中产阶级商人　　B. 狂野的西部牛仔　　C. 没落贵族　　D. 傲慢的上流社会人士

30. “世界用图画同我说话，我的灵魂答之以音乐”出自 _______ 的《流萤集》。

A. 印度的泰戈尔　　B. 英国的威廉 · 布莱克

C. 美国的埃兹拉 · 庞德　　D. 俄国的托尔斯泰

31. 美国有史以来最大的监控事件“棱镜门”指的是，2013 年 6 月，前中情局（CIA）职员爱德华 · 斯诺登向英国《卫报》和美国的 _______ 披露美国国家安全局的一项代号“棱镜”的秘密项目。

A.《洛杉矶时报》　　B.《纽约时报》　　C.《华盛顿邮报》　　D.《今日美国》

32. 15 世纪，英国金雀花王朝的两支后裔，兰开斯特家族和约克家族围绕着继承权展开了持续 30 年的王位争夺战争。在莎士比亚的剧本 _______ 中，以两朵玫瑰花被拔标志这场战争的开始，因此后来人们将这场战争称为“玫瑰战争”。

A.《理查二世》　　B.《亨利六世》　　C.《理查三世》　　D.《亨利八世》

33. 乡村音乐（country music）是一种具有美国民族特色的流行音乐，20 世纪 20 年代兴起于美国南部。1925 年，美国 ______ 成立了一家广播电台，并开办了一个“往昔的歌剧——老乡音”的专栏节目，节目受到听众们的热烈欢迎。从此，人们统称此类音乐为“乡村音乐”。

A. 肯塔基州的伯灵顿　　B. 西弗吉尼亚州的查尔斯顿

C. 田纳西州的纳什维尔　　D. 德克萨斯州的达拉斯

34. 村上春树被誉为日本 80 年代的文学旗手。其作品在世界范围内具有广泛知名度，如《挪威的森林》和 _______。

A.《古都》　　B.《雪国》　　C.《伊豆的舞女》　　D.《海边的卡夫卡》

35. 美国拉什莫尔山国家公园因有四座美国前总统的巨型头像石雕而被称为“总统山”。请问这四座巨型石雕不包括以下哪一位总统的头像？

A. 乔治·华盛顿　　B. 托马斯·杰斐逊　　C. 富兰克林·罗斯福　　D. 亚伯拉罕·林肯

36. 2003 年，美国航天飞机 ______ 升空执行科学任务，在返回时解体失事。

A. 发现号　　B. 亚特兰蒂斯号　　C. 哥伦比亚号　　D. 挑战者号

37. 19 世纪伟大的挪威戏剧家亨利克·易卜生所创作的著名社会剧 ______，曾被比作“妇女解放运动的宣言书”。此剧通过对主人公娜拉形象的塑造，提出了资本主义社会的法律、伦理和妇女地位等社会问题，深刻地批判了现实。

A.《推销员之死》　　B.《玩偶之家》　　C.《三姐妹》　　D.《天边外》

38. 著名的音乐天才、欧洲古典主义音乐作曲家莫扎特一生创作了大量的优秀音乐作品，以下歌剧中哪一部不是他的作品？

A.《女人心》　　B.《费加罗的婚礼》　　C.《蝴蝶夫人》　　D.《魔笛》

39. 1908 年是汽车工业史上具有重要意义的一年，______ 的 T 型车以低廉的价格走入千家万户，美国从此成为“车轮上的国度”。

A. 福特汽车公司　　B. 雪佛兰汽车公司　　C. 通用汽车公司　　D. 克莱斯勒汽车公司

40. 1946 年 3 月 5 日，______ 在美国密苏里州威斯敏斯特学院发表了著名的“铁幕演说”，标志着美苏冷战的开始。

A. 杜鲁门　　B. 艾森豪威尔　　C. 丘吉尔　　D. 斯大林

41. 欧洲联盟，简称欧盟（EU），总部设在 ______，是由欧洲共同体发展而来。

A. 瑞士洛桑　　B. 法国巴黎　　C. 瑞士日内瓦　　D. 比利时布鲁塞尔

42. 以下哪部作品属于 60 年代的“黑色幽默”文学，用夸张、超现实的手法将欢乐与痛苦、可笑与可怖、柔情与残酷、荒唐古怪与一本正经糅合在一起？

A. 约瑟夫·海勒（Joseph Heller）的《第二十二条军规》

B. 约翰·司坦贝尔（John Steinbeck）的《愤怒的葡萄》

C. 西奥多·德莱塞（Theodore Dreiser）的《嘉莉妹妹》

D. 斯蒂芬·克莱恩（Stephen Crane）的《红色英勇勋章》

43. 2016 年，瑞典学院宣布著名歌手 ______ 获得诺贝尔文学奖，他是首位获得该奖的歌手。

A. 约翰·列侬（John Lennon）　　B. 鲍勃·迪伦（Bob Dylan）

C. 艾尔顿·约翰（Elton John）　　D. 乔治·哈里森（George Harrison）

44. 俄国最后一位沙皇是 ______。十月革命爆发后，他于 1917 退位，从此俄罗斯结束君主制。

A. 伊凡四世　　B. 罗曼诺夫　　C. 尼古拉二世　　D. 彼得三世

45. 亚历山大大帝是 ______ 国王，世界古代史上著名的军事家和政治家。他的远征使得古希腊文明得到了广泛传播，促进了东西方文化的交流。

A. 拜占庭帝国　　B. 马其顿王国　　C. 奥斯曼帝国　　D. 法兰克王国

46. 我国药学家屠呦呦于 2015 年获得诺贝尔生理学或医学奖，理由是她发现了青蒿素，这种药品可有效治疗 ______。她也因此成为首位获得科学类诺贝尔奖的中国人。

A. 霍乱　　B. 炭疽　　C. 疟疾　　D. 结核

47. 以下哪幅作品是印象派的代表作之一？

A. 莫奈的《睡莲》　　B. 毕加索的《格尔尼卡》

C. 达利的《记忆的永恒》　　D. 米勒的《播种者》

48. 阿加莎 · 克里斯蒂（Agatha Christie）是高产的英国侦探小说家，与日本的松本清张、英国的柯南 · 道尔并称为世界推理小说三大宗师。以下哪部小说不是她的作品？

A.《东方快车谋杀案》　　B.《阳光下的罪恶》

C.《尼罗河上的惨案》　　D.《巴斯克维尔的猎犬》

49. 美国宪法《第十八修正案》于 1920 年正式生效，1933 年被《第二十一修正案》废止，成为最短命的修正案，此“修正案”被称为 ______。

A. 禁毒令　　B. 禁酒令　　C. 禁烟令　　D. 禁赌令

50. 古巴比伦王国位于两河流域的美索不达米亚平原，是“四大文明古国”之一，有世界八大奇迹之一的“空中花园”。其首都位于今天的 ______ 附近。

A. 沙特利雅得　　B. 伊朗德黑兰　　C. 土耳其伊斯坦布尔　　D. 伊拉克巴格达

第二部分　应用文写作（40 分）

丝绸之路国际旅游博览会将在我国中西部某省的省会城市举行，开幕式上该市副市长将代表组委会致辞。参加开幕式的人员包括来自全球各地的旅游组织、旅行商代表、兄弟省市代表和该市有关部门负责人及相关行业和市民代表。该致辞讲稿由你负责起草。

1. 字数：500 字以上；

2. 要求：文笔流畅，风格得体，需要阐明博览会的指导思想、宗旨、重要意义，条理清晰，层次分明，凸显东道主的身份。

第三部分　命题作文（60 分）

1959 年英国物理学家、小说家 C. P. 斯诺（Charles Percy Snow）在剑桥大学做了一场题为“两种文化”的著名演讲。其核心主题就是自然科学与人文社科两大文化阵营的对峙，这就是著名的“斯诺命题”。此后，如何填补两大阵营之间的鸿沟、通过相互对接与相互渗透构建多元并存的和谐文化蓝图成为不同群体共同关注的焦点问题之一。

根据以上材料，请以“两种文化的冲突与融合”为题，写一篇议论文。

1. 字数：800 字以上；

2. 要求：主题明确，结构合理，语言流畅。

建议包含（但不局限于）以下几个方面的内容：如何强化人文社科的科学性，同时如何增强自然科学的人文关怀，以及科学与人文融合的现实合理性和可能性等。

2019 年 中国海洋大学

第一部分 百科知识（90 分）

一、选择填空（每小题 1 分，共 60 分）

很多人认同“世界上有四大古文明”这一说法，这个说法没有把南、北美洲的古文明计算在内。

四大古文明中被认为最古老的是发源于幼发拉底河和（**01**）______ 流域的（**02**）______ 文明或称两河文明，也因其所在地区平原被称作（**03**）______ 文明。该古文明现存于世的重要成就之一是已经发现的世界上最早的一部较为完整地保存下来的成文法典——《（**04**）______ 法典》，还有传说公元前 6 世纪由巴比伦王国的尼布甲尼撒二世建立并在现代被列为世界七大奇迹之一的（**05**）______。古巴比伦王国的主要领域位于现在的（**06**）______ 境内。

四大古文明中名列第二的是古埃及文明，发源于（**07**）______ 流域。古埃及的最高统治者汉语称作（**08**）______，其陵墓汉语称为金字塔，胡夫金字塔还被列为世界七大奇迹之一。现在还能在埃及看到一尊闻名世界的（**09**）______，此雕像起源于埃及神话中的斯芬克斯，而且斯芬克斯在西亚神话和古希腊神话中也有传诵。

四大古文明中名列第三的是古印度文明，而名列第四的是中华文明。

所谓四大古文明中真正至今从未中断过的只有中华文明。

所谓四大古文明全部都是（**10**）______ 文明或称自源性文明，所谓古希腊文明因为很明显受到了古埃及文明和古巴比伦文明的影响才产生并发展起来，是派生文明或称借源性文明。

A）巴勒斯坦　B）底格里斯河　C）额尔古纳河　D）法老

E）古巴比伦　F）古波斯　G）古米诺斯　H）汉谟拉比

I）护法　J）空中花园　K）美索不达米亚　L）尼罗河

M）狮身人面像　N）圣王　O）苏美尔　P）太阳神塑像

Q）泰姬陵　R）乌尔纳姆　S）叙利亚　T）亚马逊河

U）伊甸园　V）伊拉克　W）原创　X）原生

Y）长老　Z）自生

20 世纪下半叶，世界上已经有了数个拥有核武器的所谓核大国。早在只有美国、苏联和英国拥有核弹的 1953 年 10 月，美国艾森豪威尔（**11**）______ 就提出了大规模报复战略，并由国务卿杜勒斯于 1954 年 1 月正式宣布。这是最早出现的核威慑战略。其中心是美国以其（**12**）______ 优势的核力量为后盾，用发动全面核报复对敌方进行讹诈与威胁。60 年代初期，美、苏核力量（**13**）______ 平衡，美国政府提出以灵活反应战略替代核威慑，即在继续发展核力量的同时，（**14**）______ 常规兵力；以常规兵力为“剑”，以核力量为“（**15**）______”。60 年代中期美国又提出了以确保相互摧毁（即相互威慑，英语为 Mutual Assured Destruction，缩写为 MAD）为基础的核政策，认为核战争的（**16**）______ 是同归于尽，强调加强第二次核打击的能力，以遏制对方发动核战争。

西方理论界把威慑的手段分为“惩罚性威慑”与“抑阻性威慑”。前者亦称“（**17**）______ 威慑”，即采取迅速和压倒一切的报复行为，迫使进攻者认识到得不偿失，立足点是反击能力。后者亦称“（**18**）______ 威慑”，即以足够的、有效的防御能力，使敌方感到无法实现预期目的。

美国与苏联两个超级大国展开了核军备竞赛，既拖累了经济建设，也令许多人产生了核战争恐惧。于是，世界上出现了裁减军备的呼声。

1987 年，美、苏两国签订了《美苏消除两国中程和中短程导弹条约》，简称《中导条约》，规定双方都销毁射程介乎 500 至 1,000 公里的短程导弹，以及射程介乎 1,000 至 5,500 公里的中程导弹，包括搭载常规与核弹头的导弹、导弹的陆基（**19**）______。1991 年 12 月 25 日苏联解体以后，俄罗斯联邦继承了前苏联《中导条约》的签署国地位及条约权利和（**20**）______。

2018 年 10 月 20 日，美方指责俄方 4 年来多次违反条约规定，宣布拟以此为由退出《中导条约》。美国此举致世界舆论一片哗然。到美国宣称将退出之日为止，双方总共已经销毁导弹 2,692 枚。

A）比较	B）重建	C）达到	D）打击性
E）盾	F）发射井	G）发射器	H）防御性
I）集团	J）加强	K）甲	L）箭
M）结果	N）进攻性	O）绝对	P）目的
Q）强大	R）趋于	S）失去	T）下场
U）义务	V）预防性	W）元帅	X）振兴
Y）政府	Z）职责		

中非合作论坛（Forum on China-Africa Cooperation，简称 CACF），是中华人民共和国和非洲国家之间在南南合作范畴内的集体对话机制，成立于 2000 年。论坛的宗旨是平等（**21**）______、增进了解、扩大（**22**）______、加强友谊、促进（**23**）______。

论坛现成员包括中华人民共和国、与中国建交的 53 个非洲国家以及非洲联盟委员会。

中非合作论坛后续机制建立在三个级别上：部长级会议每（**24**）______ 年举行一届：高官级后续会议及为部长级会议做准备的高官预备会分别在部长级会议前一年及前数日各举行一次；非洲驻华（**25**）______ 与中方后续行动委员会秘书处每年至少举行两次会议。部长级会议及其高官会议轮流在中国和非洲国家举行。中国和承办会议的非洲国家担任（**26**）______ 主席国，共同主持会议并牵头（**27**）______ 会议成果。部长级会议由外交部部长和负责国际经济合作事务的部长参加，高官会由各国主管部门的司局级或相当级别的官员参加。

2018 年第七届中非合作论坛北京峰会于 2018 年 9 月 3 日至 4 日在北京举行，本次峰会主题为“合作共赢，携手构建更加（**28**）______ 的中非命运共同体”。中国国家主席习近平主持峰会并举行相关活动，在开幕式上并发表了题为《携手共命运 同心促发展》的主旨讲话，强调中非要携起手来，共同打造责任共担、合作共赢、幸福共享、文化（**29**）______、安全共筑、和谐共生的中非命运共同体，重点实施好产业促进、设施（**30**）______、贸易便利、绿色发展、能力建设、健康卫生、人文交流、和平安全“八大行动”。

A）磋商	B）发展	C）高效	D）隔三
E）巩固	F）共建	G）共荣	H）共识
I）共同	J）共兴	K）沟通	L）合作
M）和谐	N）互利	O）互通	P）机构
Q）兼容	R）紧密	S）理解	T）联通

U）轮值	V）落实	W）三	X）使节
Y）特使	Z）总结		

中国国际进口博览会（China International Import Expo，简称 CIIE）。

2017 年 5 月，习近平主席在“一带一路”国际合作（**31**）______ 上宣布，中国将从 2018 年起举办中国国际进口博览会。

2018 年 1 月 4 日，首届中国国际进口博览会新闻中心正式（**32**）______。

首届中国国际进口博览会由中华人民共和国商务部、上海市人民政府（**33**）______，于 2018 年 11 月 5 日至 10 日在国家会展中心（上海）举行，中国国家主席习近平出席开幕式并举行相关活动。

许多人士指出，中国国际进口博览会将成为共建“一带一路”的又一个重要支撑。

举办中国国际进口博览会是中国坚定（**34**）______ 贸易自由化和经济全球化、主动向世界（**35**）______ 的重大举措，有利于促进世界各国加强经贸交流合作，促进全球贸易和世界经济增长，推动开放型世界经济发展。

中国政府诚挚欢迎各国政要、工商界人士，以及参展商、专业采购商参展参会，拓展中国市场，（**36**）______ 各国经贸合作商机，实现互惠互利，共赢发展。中国愿与各国一道，将中国国际进口博览会打造成为世界（**37**）______ 的博览会，为各国开展贸易、加强合作开辟新渠道，促进世界经济和贸易共同繁荣。

中国国际进口博览会是世界上第一个以进口为（**38**）______ 的大型国家级展会，包括展会和论坛两个部分。展会即国家贸易投资综合展（简称国家展）和企业商业展（简称企业展），论坛即虹桥国际经贸论坛。国家展是本届中国国际进口博览会的重要内容，共有 82 个国家、3 个国际组织设立 71 个展台，展览面积约 3 万平方米，各参展国意图展示国家形象、经贸发展成就和特色优势产品。国家展中，印度尼西亚、越南、巴基斯坦、南非、埃及、俄罗斯、英国、匈牙利、德国、加拿大、巴西、墨西哥等 12 个（**39**）______ 国均设立了独具特色的展馆。作为东道主，中国设立了中国馆，包括港澳台展区。

中国馆以“创新、协调、绿色、开放、共享”的新发展（**40**）______ 为主线，旨在展示中国改革开放的巨大成就，以及中国发展、共建“一带一路”给世界带来的新机遇。企业展分 7 个展区、展览面积 27 万平方米，来自 130 多个国家的 3,000 多家企业签约参展。

A）策略	B）承办	C）分享	D）峰会
E）奉行	F）共享	G）贵宾	H）核心
I）开放	J）开放市场	K）投资	L）理念
M）论坛	N）目的	O）上线	P）思路
Q）通用	R）一流	S）运营	T）战略
U）支持	V）主办	W）主宾	X）主题
Y）主张	Z）主旨		

贸易战（trade war）又称“商战”，指一些国家通过高筑关税壁垒和非关税壁垒，限制别国商品进入本国市场，同时又通过倾销和货币贬值等措施争夺国外市场，由此引起的一系列报复和反报复措施。如果贸易战的武器仅限于相互提高关税税率，则称为“关税战”。

贸易战的背后是贸易保护主义理论，该理论主张，在对外贸易中通过多种（**41**）______ 和措施，限制进口，以保护本国商品在国内市场免受外国商品竞争，并向本国商品提供各种（**42**）______，以增强其国际竞争力。

贸易保护主义在限制进口方面，主要是采取关税壁垒和非关税壁垒两种措施。前者主要是通过征收高额（**43**）______ 阻止外国商品的大量进口：后者则包括采取进口许可证制、进口（**44**）______、外汇管制等一系列非关税措施来限制外国商品自由进口。

鼓励出口的常见措施主要有出口信贷、出口信贷国家担保、（**45**）______、商品倾销、外汇倾销等。

近年来的贸易保护主义有以下特点：①主要保护手段由关税转到非关税措施。一系列的国际贸易与关税（**46**）_____ 中形成的决议，大大降低了关税总水平，于是各国转而采取非关税措施来推行保护主义政策。这些措施灵活、隐蔽、限制性强，世界贸易总额一半以上受到各种非关税限制。②保护政策对产品的（**47**）______ 越来越强，如减少和降低对工业品的限制，但对农产品的保护却极少松动，对工业品中不同商品的限制也有很大差别。③实行保护政策所针对的国家和地区的区分加强了。一般地说，一国总是针对自己直接、（**48**）______ 的竞争对手加强保护主义政策，而对其他国家则适当放松。世界多数国家都是根据自己的国情和竞争对手的状况，分别采用自由贸易和保护主义政策，以期保护本国经济的持续发展，增强其在国际上的竞争力。

贸易保护的目的主要是为了保护国内市场以促进国内（**49**）______ 的发展，这与早期的重商主义保护贸易目的很不相同。重商主义限制进口、鼓励出口，目的是（**50**）______ 金银财富；贸易保护主义主张保护贸易的目的则是为了提高创造财富的能力。

A）策略	B）出口补贴	C）合作	D）积累
E）进口关税	F）进口税费	G）经济	H）掠夺
I）目的性	J）农业补贴	K）配额制	L）强劲
M）倾斜	N）申报制	O）生产	P）生产力
Q）税收减免	R）搜刮	S）谈判	T）限额制
U）相似	V）优惠	W）战略	X）针对性
Y）政策	Z）组织		

联合国教育、科学及文化组织（简称：联合国教科文组织，英文：United Nations Educational, Scientific and Cultural Organization，缩写 UNESCO）成立于 1945 年 11 月 6 日，是联合国下属的专门机构之一。

1945 年 11 月 1 日—16 日，二战刚刚（**51**）______，根据盟国教育部长会议的提议，在伦敦举行了旨在成立一个教育及文化组织的联合国会议（ECO/CONF）。约四十个国家的（**52**）______ 出席了这次会议。在饱经战争苦难的两个国家——法国和英国的推动下，会议决定成立一个以建立真正和平文化为宗旨的组织。按照他们的设想，这个新的组织应建立“人类智力上和道义上的团结”，从而防止爆发新的世界大战。会议结束时，三十七个国家（**53**）______ 了《组织法》，联合国教育、科学及文化组织由此诞生。

1946 年 11 月正式成立，同年 12 月成为联合国的一个专门机构。

总部设在法国巴黎丰特努瓦广场。其宗旨是促进教育、科学及文化方面的（**54**）______，以利于各国人民之间的相互了解，维护世界和平。

1983 年 12 月 28 日，美国通知联合国教科文组织，从 1984 年 12 月 31 日起退出该组织。1984 年 12 月 19 日，美国助理国务卿乔治・纽厄尔在一次记者会上宣布，美国正式退出教科文组织。他指称教科文组织在上年所做的改革还不够彻底，办公费用太高并向巴勒斯坦解放组织提供经费等。2003 年 10 月 1 日，在小布什任内，美国第一夫人劳拉・布什访法期间，美国正式（**55**）______ 联合国教科文组织。2017 年 10 月 12 日，美国国务院发表声明称，美国退出联合国教科文组织，但将设立一个（**56**）______ 该组织的观察团，仍愿作为观察员国继续参与该组织，协助该组织处理保护世界遗产、促进科学合作和教育等重要事务。声明称，美国的这一决定并不轻率，而是反映了美国的（**57**）______，即不断增加的欠费问题、该组织进行基本改革的必要性以及该组织持续的对以色列的偏见。联合国教科文组织总干事博科娃发表声明对美国此举深表遗憾，并称这是联合国教科文组织、联合国大家庭以及（**58**）______ 的损失。

2017 年 12 月 22 日，以色列总理本杰明・内塔尼亚胡正式宣布，以色列将于 2018 年底退出联合国教科文组织。

教科文组织主要设大会、执行局和秘书处三大部门。其中大会为（**59**）______ 机构，由会员国的代表组成，一般每两年举行一次大会，一般在总部巴黎举行。执行局负责监督该组织各项计划的实施，每年至少举行 2 次会议。秘书处是日常工作机构，分成若干部门，分别实施教育、自然科学、社会科学、文化和交流等领域的业务活动，或进行行政和计划工作。另外，该组织在包括中国在内的 200 多个其成员和准成员国家和地区设有全国委员会，作为其在各个成员国的（**60**）______ 机构。我国的全国委员会 1979 年 2 月 19 日成立于北京。

A）常设　　B）常驻　　C）重返　　D）重新承认

E）大使　　F）代表　　G）多边主义　　H）多元主义

I）发展　　J）分支　　K）改革　　L）关切

M）国际合作　　N）国际主义　　O）加入　　P）监管

Q）结束　　R）立法　　S）利益　　T）签署

U）胜利　　V）使节　　W）态度　　X）制定

Y）终结　　Z）最高

二、填空（每小题 1 分，共 30 分）

相传，有一文人于中秋之夜赏月之时忽有所感，随口出一上联，曰：

天上月圆，人间月半，月月月圆逢月半；

十五个字中竟有六个“月”字、两个“圆”字和两个“半”字，经五个其他字的连缀讲述了一项尽人皆知的客观事实，颇为自得。但苦思良久，终究难以想出合适的下联。继续沉吟之际，身旁一八岁童子开口说道，我来对对看——

今夕年尾，明朝年头，年年年尾接年头。

文人听罢又是欢喜又是惭愧，欢喜童子才思敏捷，惭愧自己思索久之未有所得。

中国传统历法中的每个月都是月亮盈亏的一个（**61**）____________，月圆之日称作（**62**）____________，一般为（**63**）____________ 日或（**64**）____________ 日，约略处于每个月的中间，即“（**65**）____________”。而月亮整夜不见的那一天历法上称作“（**66**）____________”，即每月的（**67**）____________。上联描述的正是

这种历法与月相的对应。但是，中华民国政府和中华人民共和国政府采用西历作为官方历法，其中的“月”实际上已经与月球的运动没有关联，所以，西方语言中才有了“（68）________”之说，指的是一个日历月份中第二次圆月或者出现四次月圆的一个日历年度中的第三个圆月。

下联中的“今夕”指的是（69）________，“明朝”指的是（70）________。整句叙述了传统历法中旧岁新年交替的客观情况。当然，所谓阳历的旧岁新年也是如此交替。

《诗经》是中国文学的主要起源标志之一，由（71）________时期（72）________国人（73）________（字（74）________）编订。因为《诗经》共收录商周诗歌305篇，所以常被称作“（75）________”。又因为《诗经》中的诗篇分为《（76）________》《（77）________》《（78）________》和《颂》四个部分，所以最晚至（79）________代就有班固在其《东都赋》中以能概括指代第一、二、三部分的“（80）________”二字指代《诗经》，此词后来常被用来夸奖文人的风度或举止，也被用来泛指与诗文相关之事。

81. 众里寻他千百度，________________，那人却在，灯火阑珊处。

82. 人生自古谁无死，________________。

83. ________________，长使英雄泪满襟。

84. ________________，为有源头活水来。

85. 星垂平野阔，________________。

86. 雄关漫道真如铁，________________。

87. ________________，凭君传语报平安。

88. 恰同学少年，________________；书生意气，挥斥方遒。

89. 江山代有才人出，________________。

90. ________________，坐看云起时。

第二部分 现代汉语写作（60分）

阅读以下材料，以“发展”为主题，写一篇现代文，阐述你的观点。不少于800字。

人工智能是一门强有力的学科，它试图改变人类的思维和生活习惯，延伸和解放人类智能。1956年夏季，以麦卡赛、明斯基、罗切斯特和中农等为首的一批有远见卓识的年轻科学家在一起聚会，共同研究和探讨用机器模拟智能的一系列有关问题，并首次提出了“人工智能”这一术语，它标志着“人工智能”这门新兴学科的正式诞生。20世纪80年代后期以来，随着机器学习、计算智能等研究的深入开展，人工智能技术也得到了广泛应用并渗入其他学科领域。2016年谷歌（Google）旗下人工智能程序ALphaGo完胜围棋世界冠军韩国人李世石，后化名master横扫中日韩围棋高手，取得60连胜。

人工智能已经在各类领域出现超越人类的趋势，我们正逐渐被它所影响、推动，甚至代替。

MTI

华研外语
TOPWAYENGLISH

汉语写作与百科知识

答案详解

2019

懂方法 更有效
www.huayan-edu.com

科目代码
448

目录 CONTENTS

2019 年 北京邮电大学·答案详解

第一部分 百科知识

1. [C] 现行汉字大部分是形声字。形声字是指汉字的一种造字方式，由表示意义范畴的意符（形旁）和表示声音类别的声符（声旁）组合而成，是最能产的造字形式。象形字，由图画文字演化而来的，是一种最古老的字体，属于表意文字。会意字，是指用两个及两个以上的独体汉字，根据各自的含义所组合成的一个新汉字。

2. [A] 甲骨文，又称“殷墟文字”“甲骨卜辞”，指商朝晚期王室用于占卜记事而在龟甲或兽骨上契刻的文字，是我们能见到的最早的成熟汉字，最早出土于河南安阳。金文，指铸造在殷商与周朝青铜器上的铭文，也叫钟鼎文。篆书，即象形性较强的书体，分为大篆和小篆。大篆包括甲骨文、金文等，小篆是秦始皇实施书同文采用的字体。

3. [B] 语言学中，语法单位从小到大可以分为四级：语素、词、词组、句子。语素是语言中最小的音义结合的构词单位，是语言的备用单位。词是最小的能够独立运用的语言单位，是构成短语和句子的备用单位，一部分词加上句调可以单独成句。

4. [A] 在汉语中，由一个语素构成的词语叫单纯词。这种语素以单音节为主，也有双音节的和多音节的。单纯词整个词只能表示一个意思，不能拆开。A 项“参差”是单纯词中的双声连绵词，即构成连绵词的两个音节之间存在声母相同的关系。B 项“骨肉”是并列式合成词，它是由意义相关的两个语素“骨”和“肉”并列组合而成的词。C 项“阿姨”是附加式合成词，由前缀“阿”和词根“姨”构成。

5. [A] 清明节，与春节、端午节、中秋节并称中国四大传统节日，在公历 4 月 5 日前后，人们主要通过扫墓来祭祀先祖、缅怀先人。国庆节是由一个国家制定的用来纪念国家本身的法定假日，我国的国庆节在公历 10 月 1 日，节日活动主要有阅兵仪式。母亲节，是向母亲表达感谢的西方节日，起源于美国，在每年 5 月的第二个星期日，康乃馨被视为献给母亲的花。

6. [B] 龟，在中国古代与龙、凤、麒麟并称“四灵”，是吉祥和长寿的象征。龙、凤、麒麟三者皆为虚拟想象之物，唯有龟是自然界确有的一种爬行动物。古人视龟为灵物，因此用龟甲占卜吉凶。鹤在中国文化中是长寿、吉祥和高雅的象征，常与神仙联系起来，又称为“仙鹤”。鹿作为龙和麒麟的原型之一，是古人心目中祥瑞神奇的动物。

7. [A] 中国五岳是古代民间山神崇敬、五行观念和帝王巡猎封禅相结合的产物，分别是东岳泰山（位于山东泰安）、西岳华山（位于陕西渭南）、南岳衡山（位于湖南衡阳）、北岳恒山（位于山西大同）、中岳嵩山（位于河南登封）。峨眉山和普陀山分别位于四川峨眉山和浙江舟山，都属于中国四大佛教名山。

8. [A] 约翰·冯·诺依曼，美籍匈牙利数学家、计算机科学家、物理学家，被后人称为“现代计算机之父”“博弈论之父”，代表作有《博弈论与经济行为》《计算机与人脑》等。约翰·纳什，美国著名数学家、经济学家，提出纳什均衡概念、均衡存在定理、现代博弈论等，获得 1994 年诺贝尔经济学奖。蒂姆·伯纳斯·李，英国计算机科学家，是万维网的发明者，获得 2016 年图灵奖。

9. [C] 处暑，是二十四节气中的第十四个节气，秋季的第二个节气，即为“出暑”，是炎热离开的意思。过了处暑，气温开始明显地下降，天气要凉快下来了。白露，是二十四节气中的第十五个节气，秋季的第三个节气，反映自然界寒气增长。秋分，是二十四节气中的第十六个节气，秋季的第四个节气，这天阳光直射地球赤道，全球各地昼夜等长。

10. [C] 存在主义以人为中心，尊重人的个性和自由，产生于第一次世界大战之后。德国哲学家马丁·海德格尔是西方存在主义的创始者，法国哲学家让·保罗·萨特将其发扬光大。萨特推崇无神论的存在主义，代表作是《存在与虚无》。卡尔·荣格，瑞士心理学家，创立了荣格人格分析心理学理论，代表作是《人及其象征》。西格蒙德·弗洛伊德，奥地利心理学家，精神分析学派创始人，创立精神分析理论，代表作是《梦的解析》。

11. **现代汉语普通话**，是中华人民共和国通用的现代标准汉语的别称，是以北京语言为标准音、以北方话为基础方言、以现代白话文为语法规范的一种通用语。普通话是我国的通用语言，是人们赖以交流、沟通思想感情的工具。

12. **音节**是语言中单个元音音素和辅音音素组合发音的最小语音单位，单个元音音素也可自成音节。音节是语音的基本单位，更是表达意义的语音单位，是作为语言最小音义结合体的语素的载体单位。汉语普通话的音节数量约为 400 个，读音约 1,300 个。

13. **声母**是韵母前的辅音，与韵母一起构成一个完整的音节。由于辅音的主要特点是发音时气流在口腔中要分别受到各种阻碍，因此声母发音的过程也就是气流受阻和克服阻碍的过程。声母的分类主要有两种：发音部位（b、p、m、f、z、c、s 等）和发音方法（d、t、g 、k、j、q、h 等）。现代汉语中有 21 个声母。

14. **全聚德**，闻名世界的中华老字号烤鸭店，由河北衡水人杨全仁于 1864 年创立于北京。全字，暗含着杨全仁的名字；聚德，取“以全聚德，财源茂盛”之意。多年来，全聚德菜品经过不断创新发展，形成了以独具特色的全聚德烤鸭为龙头，集“全鸭席”和 400 多道特色菜品于一体的菜系，备受人们喜爱，被誉为“中华第一吃”。

15. **灰犀牛**体型巨大，本不该被忽视，但因其相貌愚笨粗拙，容易让人低估了它的风险。在金融领域，与“黑天鹅”的小概率、大影响相对，“灰犀牛”用来比喻大概率且大影响的潜在危机，如气候变化、金融高杠杆、房地产泡沫等。对于“灰犀牛”，我们不能视而不见，也不能简单粗暴，而是要小心翼翼，着眼长远。

16. **乞巧节**，又称七夕节、七巧节、女儿节等，是中国民间的传统节日。由于七夕被赋予了与“牛郎织女”相关的美丽爱情传说，从而被认为是中国最具浪漫色彩的传统节日，在当代更是产生了“中国情人节”的文化含义。坐看牵牛织女星、祈祷姻缘、乞求巧艺等，是七夕的传统习俗。

17. **《时间简史》**是英国物理学家斯蒂芬·威廉·霍金创作的科普著作，首次出版于 1988 年。全书讲述了关于宇宙本性的最前沿知识，深入浅出地介绍了遥远星系、黑洞、粒子、反物质等知识，并对宇宙的起源、空间和时间以及相对论等古老命题进行了阐述。该书自首版以来，已成为一本畅销全世界的科学著作。

18. **《山海经》**成书于战国时期至汉代初期，与《易经》《黄帝内经》并称为上古三大奇书，包括《山经》5 卷、《海经》13 卷，含有各种神话传说。《山海经》包含着关于上古地理、历史、神话、天文、动物、植物等方面的诸多内容，是一部上古社会生活的百科全书，为后世提供了许多有用的信息。

19. **GDP**（国内生产总值），全称 Gross Domestic Product，是一个国家（或地区）所有常住单位在一定时期内生产活动的最终成果，有三种表现形态，即价值形态、收入形态和产品形态。GDP 是国民经济核算的核心指标，也是衡量一个国家或地区经济状况和发展水平的重要指标。

20. **IMF**（国际货币基金组织），全称 International Monetary Fund，根据 1944 年 7 月在布雷顿森林会议签订的《国际货币基金组织协定》，于 1945 年在华盛顿成立，与世界银行并列为世界两大金融机构，其职责是监察货币汇率和各国贸易情况，提供技术和资金协助，确保全球金融制度运作正常。总部设在美国华盛顿特区。

21. **贸易保护主义**是指在对外贸易中实行限制进口以保护本国商品在国内市场免受外国商品竞争，并向本国商品提供各种优惠以增强其国际竞争力的主张和政策。贸易保护主义在限制进口方面，主要是采取关税壁垒和非关税壁垒两种措施，前者主要是征收高额进口关税，后者则包括采取进口许可证制、进口配额制等。贸易保护主义是经济不发达国家保护民族工业、发展国民经济的一项重要手段。对发达国家来说，则是调整国际收支、纠正贸易逆差的一个重要工具。

22. **新兴经济体**，是指某一国家或地区经济蓬勃发展，成为新兴的经济实体，如“金砖国家”巴西、俄罗斯、印度、中国和南非。新兴经济体的特点有国家或地区面积较大，采用市场经济模式，在制造业上呈现出较好的发展势头等。受全球金融和经济危机影响，新兴经济体从2008年开始出现增长减速态势。但是就全球层面而言，新兴经济体依然是世界经济增长的主要来源。

23. **摩斯码**，一种早期的数字化通信形式，由美国人摩尔斯在1837年发明。摩斯码通过不同的排列顺序来表达不同的英文字母、数字和标点符号。摩斯码只使用零和一两种状态的二进制代码，它的代码包括五种：点、划、点和划之间的停顿、每个词之间中等的停顿以及句子之间长的停顿。

24. **网友**，指的是通过网络媒介物如微信、MSN、微博等相识乃至相知，而在现实中见面较少或根本没有见面的人。经常同网友积极交流，不但可以锻炼自己的语言表达能力，还能让自己的性格变得更加开朗，甚至能拓展自己的交际圈。但是，网络中存在各种各样的负面因素，人们应合理使用网络，谨慎交友。

25. **中国丹霞**是一个由陡峭的悬崖、红色的山块、密集深切的峡谷、壮观的瀑布及碧绿的河溪构成的景观系统，由广东丹霞山、浙江江郎山、江西龙虎山、福建泰宁、湖南崀（làng）山、贵州赤水六处组成，是世界自然遗产，具有景观美学价值、地球科学价值和生物与生态学价值。

第二部分 应用文写作

◎写作分析

自荐信的写作重点在于写出自己和志愿者要求之间的契合度。首先，要写出自己对参与这次国际会议的向往；其次，要写出自身的特质能力和良好的服务态度；最后，要表达自己的殷切期盼。

关于申请成为学术会议志愿者的自荐信

尊敬的会务组负责人：

感谢您在百忙中抽出时间阅读我的来信，对我校即将承办的大型国际学术会议，我充满了向往和期待，也非常希望自己能够成为一名志愿者，为此次会议贡献绵薄之力。

这场国际会议对提升我校的知名度与名誉度有着十分重要的作用，如果有幸加入志愿者服务中，我会要求自己做到以下三点：首先，尊重来自不同国家的与会嘉宾，向他们宣传中国灿烂的文化，做一名合格的文化交流使者。其次，用标准流利的英语为外国的与会嘉宾提供优质服务。英语是一种通用的国际语言，我已经顺利通过英语六级考试，平时更是学校英语角的常客，口语熟练，能和专家学者进行无障碍交流。最后，我会尽己所能，严格使用文明用语，使与会嘉宾有宾至如归的愉悦感受。此外，我还会熟悉会议流程，提前认真参与演练，保证自己在会议的每个环节都做到尽善尽美。同时，我也希望借这个宝贵的学习机会，能向来自世界各地的学者专家学习，提升自己的学习能力。

如果我有幸能成为这次会议的志愿者，我会付出百倍的努力和百倍的汗水，认真服务好来自四面八方的宾朋，担当起这份责任，不辜负这份信任。

×××

××××年××月××日

第三部分 命题作文

◎写作分析

本文为命题作文，围绕“宽容”为话题，写出深度是难点。考生可通过一些能体现“宽容”的事物或名句，引出“宽容”这个论题；论证过程可结合古今中外的事例论证，写出“宽容”的深厚意义；最后再升华观点。

宽容

千江有水千江月，万里无云万里天。

比江河更宽阔的是大海，比大海更广阔的是天空。人生在世，学会赞美，学会分享，也就拥有了万里无云万里天的博大胸怀，可以透过平凡的俗物看到那些遗失的美好，可以伴流水而歌，依明月而舞，歆享层层叠叠的朝花夕露，度过绵绵不绝的流年碎时。

一

溶溶月，淡淡风，曾经艳压枝头的花儿早已烟消云散，而拥有博大胸襟的人却名垂青史。

北宋历史的天空星光璀璨，欧阳修凭借崇高的人格和博大的胸怀博得了后世人永远的敬意。宋仁宗年间，欧阳修是当之无愧的文坛盟主，会桃花之芳园，序天伦之乐事，不有佳咏，何伸雅怀？这一年的琼林宴上，苏轼凭其灵性和努力脱颖而出，面对后生可畏的紧迫局势，欧阳修没有打压，没有排挤，而是大喜，并在京城为苏轼扬名：“二十年后，当无人再说欧阳修，唯论苏轼耳！”不遗余力地提携后进，为新人让路，北宋文坛得以保持生生不息的活力，光耀千古。

海纳百川，有容乃大。感谢历史上那一批胸襟博大的伟人，有了他们，才有了五千年生生不息的文明史。

二

真正的智者，敢于包容整个天下。博大的胸襟和气度让他们面对整个天下都举重若轻，在心中放下名利放下浮华，不争名夺利，舍下凡夫俗子割舍不下的羁绊，合心于淡，乘物以游心。

女人如花的梅艳芳，凭借精湛的演技俘获无数影迷的心，拿奖无数。又一次香港金像奖的颁奖典礼上，无数镁光灯的聚焦下，梅艳芳宣称从今以后退出各大奖项的角逐，把机会留给新人。新人有好的表现，要为他们高兴，这样香港影视界的未来才能繁花似锦。

声名鹊起的隆克拉克老师，荣获美国最佳教师奖，他的学生成绩优异，彬彬有礼。他的制胜法宝是他的班规——别人有好的表现，要为别人高兴。朴素的话语道出了直透人心的真理——大度、宽容、以爱己之心爱人。这是一种智慧，一种洞彻世界的自信；这是一种境界，一种心灵世界的洒脱。

三

真正的光明，不是从来不遭遇黑暗，而是不会被黑暗掩盖自身的光辉。

真正的智者，不仅仅有“会当凌绝顶，一览众山小”的豪迈自信，更是用宽容大度谱写人生华章，以宽容放歌于世，以大度馈赠于世。

海纳百川，有容乃大，成就大世之永恒。

2019年 暨南大学·答案详解

第一部分 百科知识

一、选择题

1. [C] 刘长（zhǎng）卿，中唐时期大历诗风的代表，工于诗，长于五言，自称“五言长城”，代表作有《逢雪宿芙蓉山主人》《送灵澈上人》等。张籍，新乐府运动的倡导者和参与者，其乐府诗与王建齐名，并称“张王乐府”，代表作有《秋思》《节妇吟》等。韦应物，世称“韦苏州”“韦左司”“韦江州”，山水田园派诗人，代表作有《滁州西涧》《淮上遇洛阳李主簿》等。王建，擅于乐府诗，代表作有《十五夜望月寄杜郎中》《水夫谣》等。

2. [D] “山谷体”指北宋江西诗派诗人黄庭坚所开创的诗体，其总体风格特征是生新硬瘦、奇峭倔强，主要艺术特点是好用拗句。因黄庭坚自号山谷道人，故名“山谷体”。黄庭坚推崇杜甫，强调诗歌的思想内容和社会功用，追求“生新”，主张“不俗”，以唐诗为参照，“山谷体”最典型地体现了宋诗的艺术特征。骆宾王，与王勃、杨炯、卢照邻合称“初唐四杰”，代表作有《咏鹅》《在狱咏蝉》等。王勃，擅长五律和五绝，代表作有《滕王阁序》《送杜少府之任蜀州》等。杨炯，善写散文，尤擅诗歌，代表作有《从军行》《战城南》等。

3. [A] 花间词派是晚唐时流行的古代诗词学流派之一，创始人是晚唐著名词人温庭筠。这一词派题材狭窄、情致单调。大都以婉约的表达手法，写女性的美貌和服饰以及她们的离愁别恨。白居易是唐代现实主义诗人，新乐府运动倡导者，其诗歌语言平易通俗，有“诗魔”“诗王”之称，代表作有《长恨歌》《卖炭翁》《琵琶行》等。刘禹锡，诗文俱佳，涉猎题材广泛，有“诗豪”之称，代表作有《陋室铭》《竹枝词》《乌衣巷》等。张志和，代表作有《渔父》《玄真子》等。

4. [B] 《墙头马上》，全名《裴少俊墙头马上》，是著名元杂剧作家白朴的代表作，它与王实甫的《西厢记》、关汉卿的《拜月亭》、郑光祖的《倩女离魂》并称为“元代四大爱情剧”。该剧的故事情节来源于白居易的《井底引银瓶》一诗，剧目也摘取自诗中“墙头马上遥相顾，一见知君即断肠”的名句。《救风尘》为关汉卿所作，是一部杰出的现实主义古典喜剧。《汉宫秋》为马致远所创，元曲四大悲剧之一。

5. [A] 高明，元代戏曲家，其代表作《琵琶记》被称为“南戏之祖”，此剧叙写东汉书生蔡伯喈与赵五娘悲欢离合的爱情故事。《赵贞女》是《琵琶记》改编创作的基础。《王魁》是温州南戏可考的最早的剧目之一，与《赵贞女》并称。《荆钗记》，作者不详，被誉为四大南戏之首。

6. [D] 钱谦益，明末清初诗人，学者称之为虞山先生，清初诗坛的盟主之一，代表作有《初学集》《有学集》等。蒲松龄，清代杰出文学家、优秀短篇小说家，别号柳泉居士，世称聊斋先生，代表作有《聊斋志异》《狼》等。李玉，明末清初戏曲作家，代表作有《清忠谱》《千钟禄》等。李汝珍，清代小说家、文学家，代表作有《镜花缘》《李氏音鉴》等。

7. [C] 高适，唐代著名边塞诗人，与岑参、王昌龄、王之涣合称“边塞四诗人”，代表作有《燕歌行》《塞下曲》等。《燕歌行》主要揭露主将骄逸轻敌，不恤士卒，致使战事失利，是唐代边塞诗中的杰作。李宝嘉，清代作家，他构思敏捷，写作快，代表作有《官场现形记》《庚子国变弹词》等。吴沃尧，清代谴责小说家，代表作有《二十年目睹之怪现状》《痛史》等。曾朴，清末民初小说家，代表作有《孽海花》等。

8. [B] 新月派，现代新诗史上一个重要的诗歌流派。早期新月派提倡新格律诗，主张“理性节制情感”，反对滥情主义和诗的散文化倾向。后期诗的艺术表现、抒情方式与现代派趋近。该派的主要成员有闻一多、徐志摩、朱湘等。《红烛》是中国现代著名诗集，闻一多的第一部诗作。徐志摩，现代诗人、散文家，代表作有《再别康桥》《翡冷翠的一夜》等。朱湘，诗人、教育家、“清华四子”之一，代表作有《夏天》《草莽》等。郭沫若，中国现代作家、历史学家、考古学家，代表作有《女神》《屈原》等。

9. [C] 田汉，剧作家、戏曲作家、中国现代戏剧三大奠基人之一。《回春之曲》是田汉于1935年1月创作的第一部抗日救亡多幕剧，共三幕。全剧表现了华侨青年的爱国主义精神，颂扬了海外儿女坚贞不渝的爱情。《咖啡店之一夜》是田汉于1920年创作的独幕话剧，是我国新文学作品中最早抒发咖啡馆情节的作品。《上海屋檐下》是戏剧作家夏衍以现实生活为题材于1937年创作的三幕悲喜剧。《北京人》是现代著名剧作家曹禺在20世纪40年代初创作的三幕剧。

10. [D] 三皇，原指远古三位优秀的部落首领，即天皇氏、地皇氏和人皇氏。五帝，原指天上的“东、西、南、北、中”五方上帝。由于后来又出现了很多优秀的部落首领，关于三皇五帝在不同著作中有不同的说法。一般认为，“三皇”是指伏羲、神农、黄帝（出自《三字经》）；“五帝”是指黄帝、颛顼（zhuān xū）、帝喾（kù）、尧、舜（出自《大戴礼记》）。

11. [C]《人权宣言》颁布于1789年，是在法国大革命时期的反封建革命斗争的纲领性文件，宣告了人权、法治、自由、分权、平等和保护私有财产等基本原则，以后成为法国宪法的序言。《自由大宪章》签署于1215年，是英国封建时期的重要宪法性文件之一。《权利法案》颁布于1689年，是英国资产阶级革命中的重要法律性文件，奠定了英国君主立宪政体的理论和法律基础，但并非宪法。《独立宣言》签署于1776年，是美国最重要的立国文书之一，是北美洲13个英属殖民地宣告自大不列颠王国独立，并宣明此举正当性之文告。

12. [D] 英国尚未加入欧元区，英镑是英国的国家货币。1999年1月1日，欧盟国家开始实行单一货币欧元和在实行欧元的国家实施统一货币政策。2002年7月，欧元成为欧元区唯一的合法货币。欧元区共有19个成员国，包括德国、法国、意大利、荷兰、比利时、卢森堡、西班牙等。

13. [D] 德国古典哲学，是18世纪末至19世纪上半叶的德国资产阶级哲学。创始人为康德，黑格尔为集大成者，费尔巴哈为最后的代表，而谢林也是最为重要的哲学家之一。德国古典哲学提出了包括认识论、本体论、伦理学等领域的各种重大问题和范畴，标志着近代西方哲学向现代西方哲学的过渡，是马克思主义的三个来源之一。尼采，德国哲学家，代表作有《权力意志》《悲剧的诞生》等，其对于后代哲学的发展影响很大，尤其是在存在主义与后现代主义上。

14. [D] 瑞士为永久中立国，自1815年以来一直奉行中立政策。瑞士于1950年同中国建交，是第一个与我国建立外交关系的西方国家。英国于1950年成为第一个承认新中国的西方国家，但直到1972年中英之间才建立全面的外交关系。中国和联邦德国于1972年10月11日建交。法国是第一个同中国正式建交的西方大国，1964年，中、法两国政府发表联合公报决定建立外交关系。

15. [A] 活期存款，即活期储蓄，是无须任何事先通知，存款户可随时存取和转让，且存款金额不限的一种储蓄方式。由于其随时存取，灵活方便，这样就能够最大限度地吸收社会闲散资金。整存整取，是指开户时约定存期，一次性存入，到期时一次性支取本息的一种储蓄方式。零存整取，是指储户在进行银行存款时约定存期，每月固定存款，到期一次性支取本息的一种储蓄方式。整存零取，是指在开户时约定存款期限，本金一次存入，固定期限分次支取本金的一种定期储蓄。后三种储蓄方式由于对存取时间、金额等有一定限制，因而不能最大限度地吸收社会闲散资金。

16. [D]《天工开物》，由明代著名科学家宋应星初刊于1637年，是世界上第一部关于农业和手工业生产的综合性著作，也是中国古代一部综合性的科学技术著作，被誉为“中国17世纪的工艺百科全书”。徐霞客，明代地理学家、旅行家和文学家，代表作是《徐霞客游记》，是一部以日记体为主的中国地理名著。沈括，北宋科学家、文学家，代表作有《梦溪笔谈》《良方》《天下州县图》等。郦道元，北魏时期地理学家、文学家，在地理学、水文等领域有重要贡献，代表作是《水经注》。

17. [B]《朝花夕拾》是现代文学家鲁迅于1926年创作的散文集。《子夜》，原名《夕阳》，是现代作家茅盾于1931年开始创作的现代长篇小说。《激流三部曲》是现代文学家巴金创作的长篇小说系列作品，包括《家》《春》《秋》三部作品。《白洋淀纪事》是作家孙犁的集大成之作，是一本描写抗战时期白洋淀人民英勇抗日、并与当地地主等恶势力进行斗争的小说散文集。曹禺，中国现代话剧史上成就最高的剧作家，代表作有《雷雨》《日出》《原野》等。郭沫若，著名作家、历史学家，代表作有《女神》《屈原》等。李健吾，近代著名作家、戏剧家、翻译家，代表作有《草莽》《这不过是春天》等。

18. [B] 天文学是研究宇宙空间天体、宇宙的结构和发展的自然科学，包括天体的构造、性质和运行规律等。天文学的萌生和发展一是源于先民渔猎和农耕社会关于判断方向、观象授时、制定历法等的需要，二是源于先人关于星象与人事神秘关系的占星术。

19. [B] X86 泛指一系列基于 Intel 8086 且向后兼容的中央处理器指令集架构。简单来说，它代表着计算机 CPU 的型号和级别。Intel 在早期以 80×86 这样的数字格式来命名处理器，包括 Intel 8086、80186、80286、80386 以及 80486，由于以“86”作为结尾，因此其架构被称为“X86”。内存级别通常用兆字节（MB）或千兆字节（GB）等标识。硬盘容量以兆字节、千兆字节或太字节（TB）为单位，主流硬盘容量为 500G~2TB。主板机型号主要有 Intel、AMD、NVIDIA 等。

20. [B] 犯罪未遂是指行为人已经着手实行犯罪，由于犯罪分子意志以外的原因而未得逞。解某正在实施犯罪，听到室主回家的脚步声而越窗逃跑，属于意志以外的原因导致其无法继续犯罪，因此构成犯罪未遂。犯罪预备是指为了犯罪，准备工具、制造条件的行为。犯罪中止是指行为人在犯罪过程中，自动放弃犯罪或者自动有效地防止犯罪结果发生。犯罪既遂是指行为人所实施的行为已经齐备了刑法分则对某一具体犯罪所规定的全部构成要件。

21. [A] 19 世纪西欧三大先进思潮为马克思主义的创立提供了直接的理论来源，包括德国古典哲学、英国古典政治经济学、英法两国的空想社会主义。德国古典哲学是指 18 世纪末至 19 世纪上半叶的德国资产阶级哲学，它提出了包括认识论、本体论、伦理学、美学、法哲学、历史哲学以及政治哲学等领域的各种重大问题和范畴，标志着近代西方哲学向现代西方哲学的过渡。创始人为康德，黑格尔为集大成者，费尔巴哈为最后的代表。古希腊朴素唯物主义哲学是用某种或某几种具体物质形态来解释世界的本原的哲学学说。它否认世界是神创造的，把世界的本原归根为某种或某几种具体的物质形态，试图从中找到具有无限多样性的自然现象的统一。代表人物有泰勒斯、伊壁鸠鲁等。17 世纪英国唯物主义哲学是近代自然科学的发展和资产阶级走上历史舞台后形成的唯物主义哲学理论。首创者是弗兰西斯·培根。

22. [D] 1997 年，中共十五大首次使用了“邓小平理论”这一概念，同时将它写入了党章，确立为党的指导思想，明确规定中国共产党以马克思列宁主义、毛泽东思想、邓小平理论作为自己的行动指南。1982 年，中共十二大正式提出“建设中国特色社会主义”的新命题。1987 年，中共十三大系统阐述了社会主义初级阶段的理论及其基本路线。1992 年，中共十四大确立了我国经济体制改革的目标是建立社会主义市场经济体制。

23. [B] 我国地势的特点是西高东低，呈现三级阶梯状分布，并且向海洋倾斜，山地、高原和丘陵约占陆地面积的 67%，盆地和平原约占陆地面积的 33%。山脉多呈东西和东北——西南走向。

24. [A] 巴黎是法国的首都和最大的城市，也是法国的政治、经济、文化和商业中心，世界五大国际都市之一，横跨塞纳河两岸。布达佩斯是匈牙利首都，也是该国主要的政治、商业、运输、经济中心和最大的城市，坐落在多瑙河中游两岸。汉堡是德国第二大城市，也是德国最重要的海港、最大的外贸中心、德国第二金融中心，坐落于易北河岸。莱茵河是西欧第一大河，在欧洲是一条著名的国际河流，最后在鹿特丹附近注入北海。开罗是埃及首都和最大的城市，位于埃及东北部，横跨尼罗河。尼日尔河是西非主要河流，是仅次于尼罗河和刚果河的非洲第三长河，流经几内亚、马里、尼日利亚等国，被称为西非的“母亲河”。

25. [B] 1987 年 11 月，世界卫生组织建议把每年的 4 月 7 日定为“世界无烟日”，并从 1988 年开始执行，但从 1989 年开始，世界无烟日改为每年的 5 月 31 日，因为第二天是国际儿童节，希望下一代免受烟草危害。

二、名词解释题

1.《诗经》，又称《诗》《诗三百》，是我国最早的一部诗歌总集，收集了西周初年至春秋中叶（前11世纪至前6世纪）的诗歌，共311篇。《诗经》在内容上分为《风》《雅》《颂》三部分。《风》是周代各地的歌谣；《雅》是周人的正声雅乐，又分为《小雅》和《大雅》；《颂》是周王庭和贵族宗庙祭祀的乐歌，又分为《周颂》《鲁颂》和《商颂》。《诗经》内容丰富，反映了劳动与爱情、战争与徭役、压迫与反抗等方方面面，是周代社会生活的一面镜子。

2.《楚辞》是中国文学史上第一部浪漫主义诗歌总集，相传是屈原创作的一种新诗体，运用楚地的文学样式、方言声韵和风土物产等，具有浓厚的地方色彩。它开创了中国浪漫主义文学的先河，因此后世称此种文体为“楚辞体”“骚体”。

3. **美学**是一个哲学分支学科，是研究人与世界审美关系的一门学科，即研究对象是审美活动。德国哲学家亚历山大·戈特利布·鲍姆嘉通在1750年首次提出“美学”概念。美学既是一门思辨的学科，又是一门感性的学科，与心理学、语言学、人类学、神话学等有着紧密联系。

4. **文学批评**是文学活动的一个重要组成部分。文学批评以文学鉴赏为基础，以文学理论为指导，对作家作品（包括文学创作、文学接受等）和文学现象（包括文学运动、文学思潮和文学流派等）进行分析、研究、认识和评价，是文学鉴赏的深化和提高。文学创作刺激文学批评的繁荣，文学批评既推动文学创作，影响文学思想和文学理论的发展，又推动文学的传播与接受。

5. **亚里士多德**，古希腊人，柏拉图的学生，亚历山大的老师。他是世界古代史上伟大的哲学家、科学家和教育家，堪称古希腊哲学的集大成者。作为一位百科全书式的科学家，他几乎对每个学科都做出了贡献。他的写作涉及伦理学、形而上学、心理学、经济学等。他的著作构建了西方哲学的第一个广泛系统，包含道德、美学、逻辑和科学、政治和玄学。

第二部分 应用文写作

◎写作分析

本文要求从诗歌主旨、诗歌意境、诗歌语言风格等方面入手，撰写题为“舒婷《致橡树》简析”的赏析短评。这三方面恰好就是本诗新颖独特之处。考生在写赏析短评时，可遵循观点先行的原则，先把主旨、意境、语言风格的特点放在开头，再结合诗歌内容来分析这些特点是如何呈现的，最后分析其艺术效果。另外，既然是诗歌赏析短评，考生应注意运用专门的鉴赏术语评论，鉴赏语言要简洁优美。

舒婷《致橡树》简析

爱情的宣言，人生的姿态。

这是一首深沉而热烈、优美而新颖的抒情诗，像一支古老而又清新的歌曲拨动着读者的心弦。一方面，诗人舒婷通过“木棉树”对“橡树”的“告白”，来否定世俗的、不平等的爱情观，呼吁个性独立、平等自由、相互扶持的爱情观，喊出了爱情中男女平等、心心相印的口号，发出新时代女性的独立宣言，表达了新时代女性对独立人格和平等爱情的憧憬与向往。另一方面，诗歌主旨也可不局限于男女爱情，诗中“木棉树”与“橡树”的关系也可以理解为人与人之间相互独立、相互理解、相互支持的关系。

新奇瑰丽的诗歌意象，优美深沉的爱情意境。

作者一反传统，别具一格地选择了“木棉树”与“橡树”两个中心意象，将两者独立平等、互相扶持的关系比喻诗人心中理想的爱情关系，将细腻委婉而又深沉刚劲的感情蕴藏在新颖生动的意象之中。诗中恰当贴切的比喻、象征手法和奇特的意象组合，在当时的诗坛具有开创性意义。诗歌围绕“相依”“分离”创设情境：“凌霄花”“鸟儿”“泉源”“险峰”“日光”“春雨”构成瑰丽优美的相依相偎图；“铜枝铁干”“像刀，像剑，也像戟”“红硕的花朵”“像沉重的叹息，又像英勇的火炬”构成了鲜明对比的分离图。而“根，紧握在地下；叶，相触在云里。每一阵风过，我们都互相致意，但没有人，听懂我们的言语”诗中有画，画中有诗，相互尊重，相互独立，意境优美深沉，感情真挚动人。

清新灵动的诗歌语言，无垠广阔的想象空间。

虽然本诗意象独特新颖且具有开创性，但诗歌的语言并非难懂晦涩，而是平实、口语化，这让诗歌在通俗易懂中带着一种清新的灵气和微妙的暗示，给人以无限的遐想空间。诗歌运用了抒情主体拟人化的手法，采取了现代诗常用的内心独白方式，直接或间接地表达抒情主体的主观感受，语言更加凝练概括、清新灵动。另外，诗歌将肯定与否定、对偶与排比、长句与短句等交错使用，使语言灵活多变、错落有致，在显出对称美的同时，也使诗歌的语言和谐自然、富有节奏感。

第三部分 现代汉语写作

◎写作分析

本题分为三部分。第一部分是写作材料，即卢梭《社会契约论》里的名言，点明自由与枷锁的辩证关系。第二部分是引导语，引导考生“结合自己的人生经历与社会现实，论述二者之间的关系”，这告诉我们要联系社会现实，论述自由与枷锁对立统一的关系。第三部分是要求，这是提升文章档次的重要因素。从这三部分内容看来，写作的重难点在于论述自由与枷锁对立统一的关系，体现文章的思辨性。

自由与枷锁

自由是鹰击长空，自由自在，无所拘束；自由是鱼翔浅底，快乐逍遥，随心所欲；自由是江河奔腾，一泻汪洋，恣意磅礴……我们都向往自由，讨厌束缚，逃避枷锁。殊不知，雄鹰的自由，建立在风的支持与目标的导引；鱼的自由，建立在水的滋养与局限；江河的自由，建立在地心引力的作用与限制……这个世界没有绝对的自由，也没有毫无限制的自由。倘若失去了枷锁，纵使我们自由翱翔，灵魂也会因为缺乏目标而找不到归宿。

诚如卢梭所言：“人生而自由，却无往不在枷锁之中。”自由与枷锁本如钱币的两面，相互依存，自由是枷锁的结果，枷锁是自由的前提。人生在世，自由与枷锁并存，戴着镣铐翩翩起舞又何妨？让我们于自由与枷锁的天秤中，找到心灵的归宿、理想的出口。

自由即枷锁，自由是枷锁的结果。所谓自由，就是有随心选择的权利，然而在现实生活中，没有无条件的自由。“普天之下，莫非王土；率土之滨，莫非王臣。”历代皇帝，看似拥有无上的权力，逍遥自在，实则是皇权的囚徒。皇权带来的自由就是皇帝身上的枷锁，让他们倍受约束，挣脱不得。览古观今，又有多少人突破了法律的底线，肆意妄为，作奸犯科？表面上看，他们不受法律约束，实则又有多少罪犯受到法律的严惩，付出了沉重的代价，即便侥幸逃脱也会一辈子活在被逮的恐惧与良心的谴责中？身负枷锁并不意味着得不到一定的自由。一个国家拥有完善的法律体系，公民头上顶着法律的枷锁，恰恰可以让社会稳定下来得以发展，公民也就能够得到相对的自由。就如南宋文学家杨万里所言：“法存则国安，法亡则国危。”正因为有了枷锁与束缚，自由才得以显现，自由是束缚的结果。枷锁之不存，自由将焉附？

枷锁即自由，枷锁是自由的前提。摆脱枷锁，并不意味着能够获得更多的自由，相反地，有时枷锁却能给我们一定的自由。影片《肖申克的救赎》的主人公安迪因为“莫须有”的罪名被送进肖申克监狱，经历了漫长的囚徒岁月。也就在这多年失去自由的囚禁生活中，他打破时空的局限，步步为营，在自己的心中播撒下希望的种子，在漫长岁月中生出一片自由而光明的花园。监狱中的他，精神是自由的，他告诉我们“自由不在外面，而在于内心”。彼时的肖申克监狱看似剥夺了安迪生命的大半时光，实则留给他一个迥然不同而又令人迷茫的新世界，这个新世界最终也让他收获精神与人身的自由，此时枷锁即自由的前提。

自由与枷锁相辅相成，互为因果。孔子曰：“从心所欲不逾矩。”人活在世界里就必须接受束缚，在束缚的过程中以随心所欲、自由自在的态度来应对人生的各种束缚和枷锁，此谓戴着镣铐翩翩起舞。

哲学家维特根斯坦曾言：“我贴在地面步行，不在云端跳舞。”拒绝于云端跳舞的轻佻，我们尚可选择戴着镣铐于地面舞蹈。因为有适度的自由，溪流才能在山谷的约束中自在流淌；因为有适度的枷锁，鸿雁才能在天空中自由翱翔而不失去方向；因为有适度的自由与枷锁，我们才能在法律的保障下幸福自在地生活；因为有适度的自由与枷锁，我们才可以在顺应祖国发展大潮中实现梦想。

2019年 中山大学·答案详解

第一部分 百科知识

一、选择题

1. [B] 哈金，原名金雪飞，祖籍山东，1956年出生于辽宁。1985年，金雪飞赴美留学，成为第一代美国移民。从1987年开始，金雪飞以哈金为笔名用英语进行文学创作，作品包括诗集《于无声处》《面对阴影》、短篇小说集《词海》《新郎》、长篇小说《池塘》《等待》《疯狂》等。1999年，《等待》以其独特的语言风格和视角获得美国国家图书奖，哈金成为第一个获得该奖的华人作家。

2. [C] 联合国的六种工作语言分别是英语、法语、俄语、汉语、阿拉伯语和西班牙语。英语被人们视为"国际语言"和"大语种"，全球有75个国家将英语定为官方语言。法国作为仅次于英国的殖民国家，在全球拥有无可取代的独特性。俄语，由于苏联解体之后，不少国家继续沿用俄语作为官方语言，于是俄语的国际地位凸显。汉语是世界上作为母语使用人数最多的语言。阿拉伯地区由于石油资源的战略性地位，所以阿拉伯语能够进入联合国工作语言的行列。西班牙语是最早在联合国中成为工作语言的语种。

3. [D] Johnson College（约翰逊学院）创立于1912年，位于宾夕法尼亚，侧重于向学生提供技术要求高的工业领域所需要的尖端技能及综合教育。Swarthmore College（斯沃斯莫尔学院）创立于1864年，位于宾夕法尼亚，是美国最顶尖的文理学院之一，2019福布斯美国大学排行榜第25名。Bard College（巴德学院）创立于1860年，位于纽约，是美国一流文理学院之一，在美国文理学院排名第49。Middlebury College（明德学院）创立于1800年，位于佛蒙特州，是一所私立文理学院，在美国文理学院排名第5。

4. [B]《猫》根据英国作家T. S. Eliot（艾略特）为儿童写的诗集《擅长装扮的老猫经》而改编。该诗集语言活泼俏皮、浅显易懂，深受孩子们喜爱。Robert Frost（罗伯特·弗罗斯特），美国诗人，代表作有《未选择的路》《雪夜林边小驻》等。William Carlos Williams（威廉·卡洛斯·威廉斯），美国诗人，代表作有《红色手推车》《巨大的数字》等。W. B. Yeats（威廉·巴特勒·叶芝），爱尔兰诗人，代表作有《当你老了》《库利的野天鹅》等。

5. [C]《常识》是英裔美国作家托马斯·潘恩于1776年发表的一部宣传小册子，主要揭露和批判了英国的黑暗与压迫本质，促进了美国独立战争的胜利。富兰克林在科学研究方面有杰出贡献，曾进行多项关于电的实验，发明避雷针，并最早提出电荷守恒定律。宾夕法尼亚大学由富兰克林创建于1740年。美国独立战争时期，富兰克林当选第二届大陆会议代表，参与起草《独立宣言》。

6. [A] "under the weather"这一习语源自18世纪中期，海员们出海，天气不佳时，很多人就会晕船，产生呕吐、发烧等症状。因此，这个习语可以用来形容人"身体不适、不舒服"。

7. [B]《从平城到洛阳》，全称《从平城到洛阳：拓跋魏文化转变的历程》，作者是逯耀东，反映的是北魏时期的都城建设。《中国青铜时代》是考古学家张光直创作的文物考古著作，是有关中国青铜时代的考古论文集。《从甲午到戊戌》是康有为于宣统年间的另作，主要记叙的是晚清资产阶级改良运动——戊戌变法。《利玛窦与中国》，作者林金水，主要记叙意大利人传教士利玛窦于明末被派往中国传教。

8. [A] 分子是物质中能够独立存在的相对稳定并保持该物质物理化学特性的最小单元，因此，分子运动通常是看不见、摸不着的。秋风瑟瑟，桂香袭人，说明了分子在不停息地运动。B项沙尘、C项炊烟和D项波浪都是肉眼可见的，不可能是分子运动。

9. [D] 本题后两句话构成并列关系，由此可知最后一句想表达的意思是，和优秀的人在一起，才会更优秀。“出类拔萃”多用于形容才德超出众人，符合语境。“一鸣惊人”比喻平时默默无闻，却突然做出了惊人的成绩。“脱颖而出”比喻人的才能全部显示出来。“出人头地”指超出一般人，高人一等，但语意过重，不如“出类拔萃”符合语境。

10. [C] 才子佳人的故事多出现在越剧中。京剧分为传统京剧和现代京剧，传统京剧多表现历史题材，如《霸王别姬》《铡美案》等；而现代京剧多反映现实题材，如《智取威虎山》《红灯记》《沙家浜》等。京剧表演的四种艺术手法是唱、念、做、打，也是京剧表演四项基本功。京剧舞台上的角色包括生、旦、净、丑四种类型，而京剧的脸谱一般用于净、丑两个角色。

二、名词解释题

1. **宗教改革**是欧洲16、17世纪前后兴起的一场自上而下的基督教宗教改革运动，以反对教会的极端统治、宗教教义的异化和教会组织对民众的压迫而闻名。其实质是新兴资产阶级反对宗教组织对社会发展的阻碍而发动的一场大规模的社会政治文化运动。该运动打破了天主教的精神束缚，为西欧资本主义发展和多元化的现代社会奠定基础。1517年，马丁·路德提出《九十五条论纲》，标志着宗教改革运动的开始。代表人物有马丁·路德、约翰·加尔文等。

2. **唐宋八大家**是唐代和宋代八位散文家的合称，分别为唐代柳宗元、韩愈和宋代欧阳修、苏洵、苏轼、苏辙、王安石、曾巩。他们是唐宋古文运动的中心人物，先后掀起古文革新浪潮，提倡散文，反对骈文，使诗文发展的陈旧面貌焕然一新，对当时和后世的文坛影响深远。

3. **浮世绘**，即日本的风俗画、版画，是日本江户时代（1603—1867年）兴起的一种独特的民族艺术，主要描绘人们日常生活、风景和演剧。浮世绘最初以“美人绘”和“役者绘”（戏剧人物画）为主要题材，后来逐渐出现了以相扑、风景、花鸟以及历史故事等为题材的作品。浮世绘不仅推动着从印象主义到后印象主义的绘画运动，而且在西方向现代主义文化的发展中发挥着广泛的影响。

4. **独立宣言**签署于1776年7月，是北美洲十三个英属殖民地宣告自大不列颠王国独立，并宣明此举正当性之文告，也是美国最重要的立国文书之一。其核心思想是提倡资产阶级的自由、平等和主权在民思想，否定等级制度和专制统治，否定英国对殖民地统治的合法性。该宣言揭示了资产阶级革命的基本原则，凝聚了北美先进分子的思想，对独立战争具有巨大的鼓舞和指导作用。

5. **天主教**，全称为“罗马天主教会”，与东正教和新教并列为基督教三大派别。天主教信奉天主和耶稣基督，尊耶稣生母玛利亚为“圣母”。《圣经》是天主教教徒信奉的宗教经典。天主教的教阶体制为“圣统制”，等级分明、中央集权、逐级管理。该教阶体制的主体由主教、神父、助祭（执事）三个品级组成。天主教最主要的宗教活动是“弥撒”，是对耶稣与门徒最后的晚餐的重演。

6. **打工诗歌**是指从20世纪80年代开始，描写或反映打工者工作、生活状况及心声的诗歌。内容多以表达农民工现实工作生活中的所感所受为主，它反映了中国社会经济发展过程中劳动群众的状况与心声。其风格特点是自由、浪漫、苦情。代表诗人有左河水、杨成军等。

7. **改革开放**是邓小平在1978年党的十一届三中全会上提出的“对内改革、对外开放”的经济政策。安徽省凤阳县小岗村实行的家庭联产承包责任制，拉开了中国农村对内改革的大幕。对外开放的城市主要有深圳、珠海、汕头、厦门等。改革开放是中国共产党在社会主义初级阶段基本路线的两个基本点之一，建立了社会主义市场经济体制和中国特色社会主义理论体系，为中国的现代化建设提供了有力保障。

8. **欧洲难民危机**，又称欧洲移民危机，指自从2010年底爆发“阿拉伯之春”（发生在阿拉伯世界的一次颜色革命浪潮）后，数量激增的难民或经济移民从中东、非洲和亚洲等地进入欧盟国家寻求居留而产生的移民潮。欧洲难民危机已在欧洲引发严重的社会及经济的危机，严重影响了欧洲的国家安全以及经济持续增长。

9. **戊戌变法**，又称百日维新、维新运动，是1898年以康有为、梁启超为代表的维新派人士发起的资产阶级改良运动。戊戌变法倡导学习西方，提倡改革政治、教育制度，发展农、工、商业等。戊戌变法是一次具有爱国救亡意义的变法维新运动，是中国近代史上一次重要的政治改革，也是一次思想启蒙运动，促进了思想解放，对思想文化的发展和促进中国近代社会的进步起了重要推动作用。

10. **康乾盛世**，是清朝的鼎盛时期，经历了康熙、雍正、乾隆三代皇帝，持续时间长达一百三十四年。在此期间，中国社会在封建体系下达到极致，改革最多，国力最强，社会稳定，经济快速发展，人口增长迅速，疆域辽阔。同时，它也是中国古代封建王朝的最后一个盛世。

第二部分 应用文写作

◎写作分析

本文要求写一份个人总结，考生需掌握总结写作的要点并采取小标题结构。除了要提到自己的成绩、收获之外，亦要提及问题、不足。同时，文章应有对象意识，内容必须贴合大三学生的实际生活。

个人总结

岁月不居，时节如流。回顾三年半的大学生活，有收获，也有不足。接下来，我将从以下两方面对自己进行总结。

一、收获与成长

（一）在学习上永无止境

这几年，我在认知程度和学习态度上有了较大进步。在学习上，我始终保持勤奋刻苦的学习态度、勇于探索的求学精神，遵守课堂纪律，上课认真听讲，牢固掌握专业知识和技能。除此之外，我还经常去学校图书馆，学习感兴趣的课程，以求拓宽知识面及思考问题的角度。

（二）在生活中绽放精彩

我热心待人，与同学相处融洽，积极参与学校各项活动，踊跃参加校外实践活动；我勤俭节约，利用课余时间勤工俭学，填补生活费用，定期为山区的孩子捐款，到养老院做志愿者；作为学院学生干部，我密切联系各系各部门，为学院创建良好学风和学术氛围，积极组织各类专业方面、日常学习方面的师生交流会。

二、问题与不足

（一）学习安排不够合理

我在学习上遇到的最大问题是在喜欢的科目上花费时间较多，而对不感兴趣的科目只有临近考试才会系统学习，导致某些科目存在基础薄弱的情况。接下来我会科学安排学习时间，尽量做到不偏科，全面发展。

（二）缺乏体育锻炼

平时生活中，我运动较少，接下来我会加强体育锻炼，更加注重身体健康。

大学是人生中重要的转折点，经过这三年半的生活，我变得更加成熟、稳重。但我深知，在专业知识上我还需提升，在为人处世上我还需更乐观。我将珍惜余下的大学时光，无悔青春。

×××

××××年××月××日

◎写作分析

题目已明确指出可从诗歌中体现的任何观点进行写作。这首诗歌含义丰富，蕴藉隽永，富有哲思，既有对人们不要重视荣华富贵的劝说，也告诫人们要珍惜时光；既有对人们要及时行乐、把握时机的劝告，也告诉人们要珍惜眼前人。综合比较几种观点，选取珍惜时光这一角度立意，结合时代背景进行写作，难度较低。在写作时，除了说明珍惜时光的原因之外，若加入正反对比论证，则内容会更加丰富。

心中有山海，莫负好时光

尼采曾说：“每个不曾起舞的日子，都是对生命的辜负。”生命的意义，在于我们翩跹起舞，珍惜时光。这个世界上，我们倾尽毕生之力都无法挽留的，除了生命，便是时光。时光不语，但它最终却用结果回答了所有问题。因此，我们应当心中有山海，莫负好时光。

人生大好光景如昙花一现般稍纵即逝，与其在灯红酒绿中挥霍自己，不如在岁月长河中绽放自己。长征途中，红军将领平均年龄不足25岁；“80后”“90后”接过守护开山岛的接力棒，用青春奋斗续写爱国奉献的薪新篇章；疫情汹涌，无数青年人主动请战……一代代心中有山海、眼眸有星辰的青年和时钟的指针赛跑，不负时光，更不负自己，在担当中历练，在尽责中成长，在历史的疆土中驰骋。

反观当下，“躺平”一词蹿红社交网络。越来越多的年轻人深感心累，只想躺平在地、浪费光阴，不再热血沸腾地拼搏奋斗。可细想后我们会发现，躺平带给我们的只是短暂的快乐，当这快乐失去之后，我们剩下的只有对虚度时光的悔恨和惶惶不可终日的迷茫。时间是一只藏在黑暗中的温柔的手，在你恍惚之间，物换星移。不辜负时间，是对自己最大的尊重。朱熹在《劝学诗》中有云：“未觉池塘春草梦，阶前梧叶已秋声。”人的一生可以很短，如白驹过隙，转瞬即逝；人的一生也可以很长，如高山大川，连绵不绝。关键在于我们如何对待人生，如果生来是鹰，不要吝惜羽翼，逆风前行；如果不是，那么也应如蜗牛，奋力爬行，顽强执着，在山顶，我们会看到和鹰眼中一样的风景。

马克思说：“一个时代的精神，是青年代表的精神；一个时代的性格，是青春代表的性格。”青年是时代的象征，是未来，是希望。时序轮替中，亘古不变的是青年奋斗的身影；历史坐标上，始终清晰的是青年前进的步伐。白云苍狗，野马尘埃，不过尔尔。往者不可谏，来者犹可追，愿你我奔赴心中山海，莫负好时光。

2019 年 宁波大学 · 答案详解

第一部分 百科知识

1. **“自强不息”**是一个成语，最早出自先秦《周易 · 乾卦 · 象曰》：“天行健，君子以自强不息。”“自强不息”指自己努力上进、永不懈怠的奋斗精神，常用来形容一种积极的人生态度。

“舍生取义”是一个成语，最早出自战国《孟子》：“生，亦我所欲也，义，亦我所欲也。二者不可得兼，舍生而取义者也。”“舍生取义”指为正义事业而牺牲生命。

“民惟邦本”是一个成语，最早出自春秋《尚书》：“皇祖有训，民可近不可下。民惟邦本，本固邦宁。”“民惟邦本”指百姓是国家的根本。民本思想是中华民族数千年治国理政的核心理念。

“协和万邦”出自春秋《尚书》：“百姓昭明，协和万邦。”“协和万邦”主张人民和睦相处，国家间友好往来，告诫统治者处事要公正，去除一己之偏爱，好恶一同于天下。

“和而不同”是一个成语，最早出自春秋《论语 · 子路》：“君子和而不同，小人同而不和。”意思是和睦地相处，但不随便附和。“和而不同”的主张，不仅对于人际交往有着重要的参考价值，对于国家与国家、民族与民族的交往，也有着重要的意义。

2. **中国佛教协会**成立于 1953 年，会址在北京广济寺，是中国各民族佛教教徒联合的宗教自治团体和教务组织。组织机构有领导机构、常设机构、工作部门、直属寺院四部分。自成立之初，中国佛教协会在团结、带领全国各民族佛教徒爱国爱教，拥护中国共产党的领导和社会主义制度，传承优秀文化，维护宗教和睦、民族团结等方面发挥了积极作用。

人间佛教是近代佛教运动的一种，主要倡导佛教的人间性、生活性、利他性等。具体表现为符合当时人们的利益，对人间社会有某种促进作用；关注现世，反对倾注于来世；关心人间，积极建设人间净土，积极入世，反对厌世、出世、脱离人间等。“人间佛教”这一思想由太虚大师提出，后来由印顺法师、证严法师、星云法师等近代法师推广。

庄严国土，别称净土、净域等，是佛教的重要理念。其根本目的是创造人间净土、回归自心净土。这里的“国土”既指佛国净土，又指人间国土，佛教力图通过教化使之成为佛国净土。这是给众生树立一个追求的目标和理想的榜样，通过“诸恶莫作，众善奉行，自净其意”，将人间国土建设成为人间净土。

两个一百年是指 1997 年党的十五大报告中首次提出的“两个一百年”奋斗目标。第一个“一百年”是到中国共产党成立 100 年时全面建成小康社会；第二个“一百年”是到新中国成立 100 年时建成富强、民主、文明、和谐的社会主义现代化国家。其中，第一个“一百年”奋斗目标——全面建成小康社会已于 2021 年在中华大地实现。

中国梦是中国共产党第十八次全国代表大会召开以来，习近平总书记所提出的重要指导思想和重要执政理念，正式提出于 2012 年。中国梦主要指实现中华民族伟大复兴的梦想，具体表现为国家富强、民族振兴、人民幸福，实现途径是走中国特色的社会主义道路、坚持中国特色社会主义理论体系、弘扬民族精神、凝聚中国力量，实施手段是政治、经济、文化、社会、生态文明五位一体建设。

3. 吏部侍郎，即吏部副长官，明代正三品，清代为从二品。在吏部仅次于尚书。吏部侍郎，一般设置两人，分别为吏部左侍郎、吏部右侍郎。吏部是中国古代主管官员的官署。汉尚书有常侍曹，主管丞相御史公卿之事。东汉改为吏曹，魏晋以后称吏部，主管官吏任免、考课、升降、调动等。班列次序，在其他各部之上。清末废，并其职掌于内阁。

县尉，古代地方官职名，负责一县的治安和抓捕盗贼的工作，与县丞同为县令佐官。县尉设置源于秦汉时期，秦汉县令、县长下置尉，掌一县治安。唐代时职掌包括行政、司法、财政等各个方面，是具体负责庶务、执行办事的官员。

《长恨歌》是唐代诗人白居易创作于元和元年（公元806年）的一首七言歌行体长篇叙事诗。诗人以精练的语言、优美的形象，通过叙事和抒情结合的手法，叙述了唐玄宗与杨贵妃在安史之乱中的爱情悲剧。诗人通过塑造的艺术形象，再现了现实生活的真实，感染了千百年来的读者。

乡试，中国古代科举考试之一，唐宋时称“乡贡”“解试”，明、清两代每3年举行一次，时间一般在8月，地点在各省省城（包括京城），各省主考官均由皇帝钦派。参加乡试的是秀才，中试称为“举人”。乡试主要考《四书》《五经》、策问、八股文等。

翰林院，中国古代官署名，唐代初置，宫廷供奉机构，安置文学、经术、卜、医、僧道等人才，陪侍皇帝游宴娱乐，并非正式官署。晚唐以后，翰林院演变成了专门起草机密诏制的秘书机构，有“天子私人”之称。在各朝各代，翰林学士始终是社会中地位最高的士人群体，集中了当时知识分子中的精英，社会地位优越。由科举至翰林，由翰林而朝臣是科举时代士大夫的人生理想，是儒家学说中“达则兼济天下”的表现。

4. 中国铁路总公司，又称中国国家铁路集团有限公司，是由中央管理的国有独资公司，组建于2013年，其前身是中华人民共和国铁道部，承担铁道部拟定铁路发展规划和政策的行政职责，隶于交通运输部。中国铁路总公司以铁路客货运输服务为主业，实行多元化经营。机关设置27个内设机构，下设18个铁路局、3个专业运输公司等企业。中国铁路总公司统一调度指挥铁路运输，实行全路集中统一管理，确保铁路运营秩序和安全，为人民群众提供安全、便捷、优质服务。

京沪高铁，是一条连接北京（北京南站）至上海（上海虹桥站）的高速铁路，是“八纵八横”高铁主通道之一。京沪高铁于2008年正式开工，2011年全线正式通车。全长1,318千米，设24个车站，途径北京、天津、济南、南京、上海等城市，设计的最高速度为380千米/小时。京沪高铁均采用动车组列车运营，以京沪高铁为代表的高铁已成为中国的一张亮丽名片。

国际品牌是指在国际市场上享有高知名度、美誉度，产品辐射全球的品牌，如可口可乐、麦当劳、奔驰等。国际品牌一般有以下特征：品牌历史悠久；经常能引领业界的发展方向；有支撑该品牌的知识。

实时监测，一般是指利用软件对系统运行的过程进行同步的监管和监测，如杀毒软件对计算机内存监测并调用系统文件的过程。实时监测通常利用已有的有效数据、图像、报表等对工况进行分析、故障诊断、险情预测，并以声光电的形式对故障和突发事件报警，是安全生产、有序运维、风险防控等的重要手段。

数据传输是指按照一定的规程，通过一条或者多条数据链路，将远程文件、多媒体信息等数据从数据源传输到数据终端的过程。它的主要作用是实现点与点之间的信息传输与交换。数据传输方式主要有并行传输、串行传输、异步传输、同步传输等。好的数据传输方式可以提高数据传输的实时性和可靠性。

◎写作分析

本文所给材料较多，需要细细梳理。首先，对发文标题、发文字号、下发单位的称呼、开头，要认真提取信息写准确；其次，对10段主题句标题，包括每段的各条规定要准确填写；最后，检查落款及年月日。

教育部关于加快建设高水平本科教育全面提高人才培养能力的意见

教高〔2018〕2号

各省、自治区、直辖市教育厅（教委），新疆生产建设兵团教育局，有关部门（单位）教育司（局），部属各高等学校、部省合建各高等学校：

为深入贯彻习近平新时代中国特色社会主义思想和党的十九大精神，全面贯彻落实全国教育大会精神，紧紧围绕全面提高人才培养能力这个核心点，加快形成高水平人才培养体系，培养德智体美劳全面发展的社会主义建设者和接班人，现就加快建设高水平本科教育、全面提高人才培养能力提出如下意见。

一、建设高水平本科教育的重要意义和形势要求

1. 深刻认识建设高水平本科教育的重要意义。……

2. 准确把握建设高水平本科教育的形势要求。……

二、建设高水平本科教育的指导思想和目标原则

3. 指导思想。……

4. 总体目标。……

5. 基本原则。……

三、把思想政治教育贯穿高水平本科教育全过程

6. 坚持正确办学方向。……

7. 坚持德才兼修。……

8. 提升思政工作质量。……

9. 强化课程思政和专业思政。……

四、围绕激发学生学习兴趣和潜能深化教学改革

10. 改革教学管理制度。……

11. 推动课堂教学革命。……

12. 加强学习过程管理。……

13. 强化管理服务育人。……

14. 深化创新创业教育改革。……

15. 提升学生综合素质。……

五、全面提高教师教书育人能力

16. 加强师德师风建设。……

17. 提升教学能力。……

18. 充分发挥教材育人功能。……

19. 改革评价体系。……

六、大力推进一流专业建设

20. 实施一流专业建设“双万计划”。……

21. 提高专业建设质量。……

22. 动态调整专业结构。……

23. 优化区域专业布局。……

七、推进现代信息技术与教育教学深度融合

24. 重塑教育教学形态。……

25. 大力推进慕课和虚拟仿真实验建设。……

26. 共享优质教育资源。……

八、构建全方位全过程深融合的协同育人新机制

27. 完善协同育人机制。……

28. 加强实践育人平台建设。……

29. 强化科教协同育人。……

30. 深化国际合作育人。……

31. 深化协同育人重点领域改革。……

九、加强大学质量文化建设

32. 完善质量评价保障体系。……

33. 强化高校质量保障主体意识。……

34. 强化质量督导评估。……

35. 发挥专家组织和社会机构在质量评价中的作用。……

十、切实做好高水平本科教育建设工作的组织实施

36. 加强组织领导。……

37. 强化高校主体责任。……

38. 加强地方统筹。……

39. 强化支持保障。……

40. 注重总结宣传。……

中华人民共和国教育部

××××年××月××日

第三部分 现代汉语写作

◎写作分析

本文要求写“映入心影的同学”，从材料中建议的几个写作方向看，写记叙文比较合适。首先，可以点明写作对象和自己的关系以及对自己的影响；其次，最好描述一件最有代表性的事件，以此写出这位同学对自己人生的影响；最后，结尾可以借助诗句、名言等升华主旨。

映入心影的同学

每个周末，当放学的钟声响起，就到了回家的时候。回家的路是那么温暖，一路同行的是一直陪伴我的朋友，她比我高一级，我亲切地称她为阿红。青葱岁月的陪伴与守护，风雪交替，日夜更替，从不停歇。

回家的路，踏过千遍万遍，本以为已经了然于心，但直至那天，我才真正懂得一路同行的友谊有多么的动人和重要。

那天早上，我看着这昏暗的天空，心里便觉得有些沉抑，走在路上，云压得低低的。到了教室，担忧着中午回家的路不顺畅，于是我一上午都望着窗外发呆。草、树、山在风里雾里狂欢，誓不把这层云布捅穿闹破不罢休！钟声响过，没有雨伞的我背上沉甸甸的书包，便跑进了昏沉的雨雾中。目光透过波澜起伏的未名湖，看到一抹明亮的黄色，原来是阿红在等我，我脚底生风，竭尽全力跑到了那抹鲜黄处。那时正值高二文理分科之际，偏爱文科的我，却因为父母的执着，选报了理科。一向都是乖孩子的我，不敢和父母说出自己的心声，一切按照大人的意思去做。交完选科表的我，心情如同天气一样昏暗。阿红发现了我的异样，她静静地听我发了很久的牢骚，直到我把烦恼全部倾泻完，她才温和地和我说：“文理分科是大事，兴趣是最好的老师，如果没有兴趣，真的很难学得好。虽然叔叔阿姨说的有道理，理科找工作时可能更占优势。但我相信，每一行业都有它的金字塔顶，文科你学得好，一样可以成为佼佼者。”我听了阿红的话，颓废的内心忽然又燃起了希望。

阿红接着说：“不要怕和爸爸妈妈产生争执，更不要觉得自己伤了他们的心，这是人生非常关键的选择，如果你有理有据，我相信叔叔阿姨会支持你的。”

“大诗人杜甫不是说了吗？‘会当凌绝顶，一览众山小。’只要肯努力、肯付出，读文科也可以有美好璀璨的未来。”

“著名作家王尔德也说过：‘我们都生活在阴沟里，但仍有人在仰望星空。’那便是梦想的力量！现在的你是懵懂的，但我明白，你内心肯定都流淌着梦想的热血。当风从海面吹来的时候，它认不出航海者的心情，却能认出高高矗立的帆，所以扬起你的梦想之帆，等风来吧！”

听完阿红的话，我的内心一扫之前的雾霾，充满了亮堂堂的光芒。这条路上的狂风暴雨也不再觉得晦涩，只觉得一路都充溢着友情的暖色。哦，映入我心影的朋友，我该如何感谢你？本来只期待一缕春风，你却给了我一整个春天的温暖。

2019 年 山东大学·答案详解

第一部分 百科知识

1. **大众创业**指中国大众借助中国改革的政策优势来创立起自己的家业，积累自己的有形资产和财富。“创”是开始做，“业”是“成就”。大众创业就是大众持续为个人做产生个人成就与个人财富的工作。大众创业是富民之本。这不仅是一种社会行为，也是一种经济调控，更是“全面建成小康社会”的动力源泉。

广义上的**劳动力**指全部人口，狭义上的劳动力则指具有劳动能力的人口。劳动力是一种特殊的商品，它的价值和使用价值具有不同于普通商品的特点，其使用价值就是它创造价值的能力。

市场是社会分工和商品生产的产物，是商品交换的场所。决定市场规模和容量的三要素包括购买者、购买力和购买欲望。市场具有自发性、盲目性和滞后性。按产品或服务供给方的状况，市场可分为完全竞争市场、完全垄断市场、垄断竞争市场和寡头垄断市场。

公平竞争原则是指各个竞争者在同一市场条件下共同接受价值规律和优胜劣汰的作用与评判，并各自独立承担竞争的结果。公平竞争既是发挥市场决定性作用的内在要求，也是建设高标准现代市场体系的重要内容，其关键在于通过规则公平、监管公平和机会公平，保障不同类型企业公平竞争，最终促进实现竞争友好型发展。

精神追求指对各种各样基本生理需要外的满足感的追逐。它不是空虚和私欲的探索，而是高尚乃至崇高的追求，包括自身精神境界的提升和理想人格的塑造。开展精神追求需切实发挥人的主观能动性。

2. **舞台艺术**指以舞台演出形式出现的艺术样式。广义的舞台艺术泛指一切在舞台的空间里展示的技艺，而狭义的舞台艺术则专指戏剧表演艺术。相声和小品都是以说为表演的一种舞台艺术。

喜剧是戏剧的一种类型，大众一般解作笑剧或笑片，以夸张的手法、巧妙的结构、诙谐的台词及对喜剧性格的刻画，从而引起人们对丑的、滑稽的嘲笑，对正常的人生和美好的理想予以肯定。基于描写对象和手法的不同，可分为讽刺喜剧、即兴喜剧、抒情喜剧、荒诞喜剧和闹剧等。

叙事艺术是研究叙事作品的科学。对叙事艺术的研究即为叙事学。随着叙事学的发展，有学者认为任何材料都适宜于叙事，除了文学作品以外，还包括绘画、电影、连环画、社会杂闻、会话，叙事承载物可以是口头或书面的有声语言、固定或活动的画面、手势，以及所有这些材料的有机混合。

传统的叙事模式主要遵循两个原则，即**因果联接**和连续性。因果式线性叙事有两个定义。一是指该结构模式主要以事件的因果关联为叙述动力来推动叙事进程。二是指其叙事线索以单一的线性时间展开，很少设置打断时间进程的插曲式叙述，更不做一条叙述线索上的并置性处理。通俗点说，就是要有一个明确的交代故事起因的开头，接着引向进一步的矛盾冲突纠葛，然后讲故事推向高潮或者转折点，之后便是结局，故事圆满结束。

情节是叙事性文学作品内容构成的要素之一，它是指叙事作品中表现人物之间相互关系的一系列生活事件的发展过程。它是由一系列展示人物性格、表现人物与人物、人物与环境之间相互关系的具体事件构成。

3. **鲁迅**，著名文学家、思想家、革命家、教育家、民主战士，新文化运动的重要参与者，中国现代文学的奠基人之一。主要作品有小说集《呐喊》《彷徨》《故事新编》以及杂文集《坟》《热风》《华盖集》等。

民间形式中的“民间”指民众方面的。这里具体说的是鲁迅的作品以社会底层民众生产、生活为背景，用简单朴实的语言反映了广大劳动人民的苦难而又愚昧落后的生活，给当时的民众带来了极大的思想冲击。其语言形式是文学性和现实性的高度统一，是为唤醒沉睡民众，拯救病态社会发出的呐喊。

讽刺是一种修辞手法，指用比喻、夸张等手法对人或事进行揭露、批评，以使大家对这些错误或弱点有更鲜明、深刻、清楚的理解认识。讽刺批评的形式，不是直接指出，而是“转个弯”，让批评披上了“讥刺”和“嘲笑”的外衣，从而产生“幽默”的效果，让批评更加深刻。

幽默一词音译自英文 humor，指某事物所具有的荒谬荒唐的、出人意料的，而就表现方式上又是含蓄或令人回味深长的特征。幽默与讽刺都是鲁迅小说中的一大特点。鲁迅的幽默尖锐、锋利、辛辣。鲁迅忧愤深广，因而鲁迅式的幽默不是心平气和的、轻松的，而是沉重的、深刻的。

民族特点是各民族在政治、经济、文化艺术和语言文字、风俗习惯、心理素质等方面的特点。鲁迅的小说深刻揭露当时国民的民族特点和劣根性。鲁迅的作品成功塑造了诸如阿Q、孔乙己这些具有民族特点的人物。

4. **文化遗产**是历史留给人类的财富。从存在形态上分为物质文化遗产（有形文化遗产）和非物质文化遗产（无形文化遗产）。文化遗产是具有历史、艺术和科学价值的文物；非物质文化遗产是指各种以非物质形态存在的、与群众生活密切相关且世代相承的传统文化。

文物是人类在社会活动中遗留下来的具有历史、艺术、科学价值的遗物和遗迹。它的基本特征：第一，必须是由人类创造的，或者是与人类活动有关的；第二，必须是已经成为历史的过去，不可能再重新创造的。

载体指以各种物化的和精神的形式承载、传播文化的媒介体和传播工具，它是文化得以形成与扩散的重要途径与手段。故宫历史悠久，文化积淀深厚，凝聚了中国人民的智慧与创意，在传递历史与文化内涵方面起着重要作用。

学术研究是借助已有的理论、知识、经验对科学问题的假设、分析、探讨和推出结论，其结果应该是力求符合事物客观规律的，是对未知科学问题的某种程度的揭示。

传统文化是文明演化而汇集成的一种反映民族特质和风貌的文化，是各民族历史上各种思想文化、观念形态的总体表现。其内容当为历代存在过的种种物质的、制度的和精神的文化实体和文化意识。故宫中的文物是反映中国传统文化的最直观体现。

第二部分 应用文写作

◎写作分析

本文要求写一篇调查简报。简报一般由报头、正文、报尾三部分组成。报头部分一般用间隔线与正文部分隔开，包括简报名称、编号、编印单位、印发日期等；正文部分包括标题和正文内容；报尾部分包括报送机关、发送机关和印发份数。

中国学生出国留学低龄化情况

调查简报

（第 × 期）

×× 教育发展中心咨询委员会　　　　×××× 年 ×× 月 ×× 日

中国学生出国留学低龄化情况的调查简报

随着经济快速发展，中国的出国留学情况日益普遍。《中国留学发展报告（2014）》指出：中国高中生赴美国留学呈现出明显的“低龄化”趋势——高中生已经成为继研究生、本科生之后的第三大出国留学人群。据调查，当前中国学生出国留学低龄化情况如下：

留学“低龄化”现象的出现，主要出于三个原因：国外的素质教育、启迪孩子的创新能力、逃避国内竞争激烈的高考“独木桥”。部分家长认为孩子在高中时期出国，有利于更快地适应国外的文化差异，攻克语言难关，对考取名校有更好的帮助。此外，随着国内经济的发展，很多家庭已经逐步步入小康，对孩子的教育有了更高的要求。家长希望孩子可以出国感受异域文化，拓宽眼界。在足够的经济实力支撑下，同时也为了规避日益紧张的升学压力，很多家长选择在孩子高中时将其送出国门。

根据调查显示，感知异域文化、开拓视野、提升创新能力和培养自主能力是出国留学热的亮点所在，但在孩子身心尚未完全成熟的情况下，贸然离开父母前去异国他乡，会和已有的人生观价值观产生冲突，甚至可能会引发一系列心理问题。出国低龄化并不是正常现象，需要社会各界切实引导好舆论走向，让“低龄化”变为“适龄化”。

本期责任编辑：×××

报送机关：×× 教育发展中心

发送机关：×× 教育发展中心各部门

（本期共印 ×× 份）

第三部分 现代汉语写作

◎写作分析

本文为命题作文，题为“历史不能遗忘，英雄不容亵渎”，有明确的命题导向，切不可偏离。亵渎英雄是不良现象，是需要批评的，同时可用举例论证英雄的高风亮节，再用正反论证凸显亵渎英雄是多么不耻。这个话题可反映当今的一些社会现象，还可联系历史立足当下，为英雄正名。

历史不能遗忘，英雄不容亵渎

著名哲学家帕斯卡说过，“人是一棵会思考的芦苇。”今天，让我们带着理性的眼光来审视“亵渎英雄”的现象。当下社会出现一种不正常的现象：戏谑英雄、抹黑英雄、诋毁英雄。为搞笑取乐而给英雄编造“段子”成为一种“流行”。对此，我想大声疾呼：面对“亵渎英雄”现象，要大力反对。

每个人心中都有自己的“英雄情结”。每个民族和国家的历史中，都不乏一个个鲜活的英雄人物、一段段壮丽的英雄事迹，这些都是民族精神的重要象征。

“英雄情结”是中华民族内心固有的一种高尚情结，在五千年的文明进程中，涌现出无数可歌可泣的英雄事迹。文天祥长叹“人生自古谁无死，留取丹心照汗青”，告诉我们什么是民族大义；林觉民挥泪泼墨写下感动世人的《与妻书》毅然走向生命的末日，让我们懂得什么是青年热血；秋瑾挥毫写下“俗子胸襟谁识我？英雄末路当磨折”，让我们看到巾帼不让须眉的英雄本色……翻阅历史的卷轴，我们看到了舍身炸碉堡的董存瑞；看到了为革命胜利用身体堵枪眼的黄继光；看到了被燃烧弹烧身却原地不动的邱少云。这些活生生的例子，用生命和热血书写了何为真正的英雄。

英雄是共和国的国家脊梁，但在互联网时代，抹黑英雄的键盘侠却常常有之。有些人认为邱少云被烈火焚烧几十分钟纹丝不动不符合生理学，有些人明目张胆质疑黄继光舍身堵枪眼的真实性……这些键盘侠喷的不仅仅是对历史的“戏谑”，更是对英雄的亵渎。

否定英雄、抹黑并诋毁英雄，仅仅是出于部分网友强烈的“猎奇”心理吗？不能否认的是，有些诋毁英雄的言论是有人为博取流量有意而为之，但从更深层面解读，抹黑英雄本质上是对民族精神的轻视，是对民族信仰的亵渎。生在新中国，长在红旗下。正因没有经历苦难，更要对英雄怀有敬仰之心。因为有了无数个邱少云、董存瑞和黄继光，才有了今日蒸蒸日上的新中国。

英雄用生命守护祖国，我们用真相守护英雄。为英雄正名，用一颗虔诚的心去看待抛头颅、洒热血的民族英雄，是对炎黄子孙的最好解读，是对历史最深沉的尊重。

2019 年 天津外国语大学 · 答案详解

第一部分 百科知识

1. [C]《论语》是记录孔子及其弟子言语行止的文集，成书于战国前期。全书共 20 篇，492 章，以语录体为主，叙事体为辅，语言简练，浅近易懂，而用意深远。自宋代以后，《论语》被列为“四书”之一，成为古代学校官定教科书和科举考试必读书。《墨子》是战国时期的哲学著作，由墨子自著和弟子记述墨子言论两部分组成，提倡兼爱、非攻、尚贤等。《老子》，又称《道德经》，是道家学派创始人老子的代表作，主张道法自然、无为而治。《诗经》，又称《诗》《诗三百》，是我国最早的一部诗歌总集，收集了西周初年至春秋中叶的诗歌，共 311 篇。在内容上，分为《风》《雅》《颂》三部分，反映了周代的社会生活。

2. [D] “王师北定中原日，家祭无忘告乃翁”出自南宋诗人陆游的《示儿》一诗，表达了诗人临终时复杂的思想情绪和忧国忧民的爱国情怀，倾注了诗人满腔的悲慨。范成大，南宋名臣、文学家，与杨万里、陆游、尤袤合称南宋“中兴四大诗人”，代表作有《四时田园杂兴》《范石湖集》等。杨万里，南宋文学家、理学家，创“诚斋体”，代表作有《小池》《竹枝词》等。苏轼，北宋文学家、书画家，豪放派代表，“唐宋八大家”之一，代表作有《赤壁赋》《题西林壁》《惠崇春江晚景》等。

3. [B] 法家，是中国历史上提倡以法治为核心思想的重要学派，提出了富国强兵、以法治国的思想，代表人物有李悝（kuī）、商鞅等。阴阳家，是盛行于战国末期到汉初的一种哲学流派，其创始人是邹衍，其核心内容是“阴阳五行”。墨家，是中国东周时期的哲学派别，创始人为墨子，主要思想主张是兼爱、非攻、节用等。杂家，中国战国末至汉初的哲学学派，以博采各家之说见长，以“兼儒墨，合名法”为特点，“于百家之道无不贯通”，代表人物有淮南王刘安、吕不韦等。

4. [D]《水浒传》，元末明初施耐庵编著的章回体长篇小说，与《三国演义》《西游记》《红楼梦》并称中国古典四大名著。全书描写了北宋末年，以宋江为首的一百零八名好汉在山东梁山泊聚义的英雄故事。《金瓶梅》，明代长篇白话世情小说，作者署名兰陵笑笑生，书名由书中三个女主人公潘金莲、李瓶儿、庞春梅名字中各取一字合成，被列为明代“四大奇书”之首。《西游记》，明代小说家吴承恩所著，中国古代第一部浪漫主义长篇神魔小说。《红楼梦》，清代作家曹雪芹创作的章回体长篇小说，是一部具有世界影响力的人情小说、中国封建社会的百科全书、传统文化的集大成者。

5. [D] 六书，首见于《周礼》，东汉许慎收集历代资料，在《说文解字》中对古文字构成规则进行概括和归纳，即象形、指事、会意、形声、假借、转注。六书是后人对汉字进行分析而归纳出来的系统，也是最早的关于汉字构造的系统理论。书法是中国及深受中国文化影响过的周边国家和地区特有的一种文字美的艺术表现形式。

6. [A]《黄帝内经》分《灵枢》《素问》两部分，是我国现存最早的医学典籍，与《难经》《伤寒杂病论》《神农本草经》并称我国传统医学四大经典著作。《伤寒杂病论》，是一部论述外感病与内科杂病为主要内容的医学典籍，作者是东汉末年的医圣张仲景。《针经》主要研究的是针刺问题，后改名为《灵枢》，是《黄帝内经》的组成部分。《神农本草经》是已知最早的中药学著作，是对中国中医药的第一次系统总结，奠定了中药学的理论基础。

7. [C] “学而不思则罔，思而不学则殆”出自《论语 · 为政》，意思是一味读书而不思考，就会陷入迷茫。而如果一味空想，而不去进行学习和钻研，则终究会一无所得。这句话指出了学习和思考相辅相成的关系。“中人以上，可以语上也”出自《论语 · 雍也篇》，意思是中等以上资质的人，可以给他讲授高深的学问。这句话强调因材施教。“君子之教，喻也”出自《学记》，意思是高明的教师善于用启发的方法教育学生。这句话强调教育方法的重要性。“学而时习之”出自《论语 · 学而》，意思是学过的内容要经常复习它。这句话强调复习的重要性。

8. [D]《兰亭集序》，又称《兰亭序》《临河序》，是东晋书圣王羲之的作品，被誉为“天下第一行书”。颜真卿，唐代书法家，创“颜体”楷书，与柳公权并称“颜筋柳骨”，代表作有《多宝塔感应碑》《颜勤礼碑》等。王献之，东晋书法家、画家、诗人，王羲之第七子，在书法史上与王羲之并称“二王”，有“小圣”之称，代表作有《鸭头丸帖》《中秋帖》等。张旭，唐代书法家，擅长草书，世称“张颠”，与怀素并称“颠张醉素”，代表作有《古诗四帖》《肚痛帖》等。

9. [C] 郑和下西洋是明代一场海上远航活动，首次航行始于永乐三年（1405 年），共计七次。郑和下西洋是中国古代规模最大、船只和海员最多、时间最久的海上航行，也是 15 世纪末欧洲地理大发现的航行以前世界历史上规模最大的一系列海上探险。麦哲伦环球航行始于 1519 年，不仅开辟了新航线，还证明了地球是圆的。1497 年，葡萄牙探险家达·伽马发现好望角。1492 年，意大利航海家哥伦布发现美洲新大陆。新大陆发现后，欧洲人口持续不断地向美洲迁移，掀起了人类迁移史上的第三次高潮。

10. [A] 相传远古时期黄帝的妻子嫘祖发明了养蚕技术，据记载，我国是世界上养蚕、种桑、缫丝最早的国家，桑树栽培已有 7,000 多年的历史，种桑养蚕也是中华民族对人类文明的伟大贡献之一。而日本、印度、希腊的养蚕种桑技术一般认为是从古代中国传入的，均在中国之后才开始从事这些技术。

11. [D] 端午节，又称端阳节、龙舟节等，农历 5 月 5 日，是集拜神祭祖、祈福辟邪等为一体的民俗大节，也作为纪念屈原的节日，与春节、清明节、中秋节并称为中国四大传统节日。重阳节，农历 9 月 9 日，主要活动有登高赏秋与感恩敬老。中元节，俗称七月半，农历 7 月 14 日（北方）或 7 月 15 日（南方），习俗主要有祭祖、放河灯、祀亡魂、焚纸锭等。清明节，公历 4 月 5 日前后，人们主要通过扫墓来祭祀先祖、缅怀先人。

12. [B] 景德，是宋真宗的年号，以青白瓷闻名天下的“世界瓷都”景德镇就是以这个年号命名的。景德镇瓷器主要有青花玲珑瓷、青花瓷、粉彩瓷等。定窑，继唐代的邢窑白瓷之后兴起的一大瓷窑体系，以产白瓷著称，主要产地在定州（今河北保定），与汝窑、官窑、哥窑、钧窑并称宋代五大名窑。汝窑，主要产地在宋时河南汝州（今河南宝丰县），位居五大名窑之首。钧窑，是在柴窑和鲁山花瓷的风格基础上综合而成的一种独特风格，主要产地在钧州（今河南禹州）。

13. [C] 北京明清故宫，旧称紫禁城，是明清两代的皇家宫殿，始建于明成祖永乐四年（1406 年），也是世界上现存规模最大、保存最为完整的木质结构古建筑之一，1987 年被列为世界文化遗产。阿房宫位于陕西西安，是秦朝著名宫殿，被誉为“天下第一宫”，1991 年，阿房宫遗址被联合国确定为世界上最大的宫殿基址，属于世界奇迹。布达拉宫位于西藏拉萨，是一座宫堡式建筑群，最初是吐蕃王朝赞普松赞干布为迎娶文成公主而兴建，于 17 世纪重建后，成为历代达赖喇嘛的冬宫居所，为西藏政教合一的统治中心。沈阳故宫，又称盛京皇宫，为清朝初期的皇宫，它不仅是中国仅存的两大皇家宫殿建筑群之一，也是中国关外唯一的一座皇家建筑群。

14. [A]《灵宪》是东汉天文学家张衡所写的天文学著作，全面阐述了宇宙的起源和结构、月食的成因等，将古代中国的天文学水平提升到了一个前所未有的新阶段，使中国当时的天文学研究居世界领先水平，对后世产生了深远的影响。张仲景，东汉末年著名医学家，被后人尊称为“医圣”，代表作有《伤寒杂病论》。祖冲之，南北朝杰出的数学家、天文学家，首次将“圆周率”精算到小数第七位，代表作有《大明历》等。郦道元，北魏地理学家，代表作有《水经注》。

15. [D] 佛教，与基督教、伊斯兰教并称为世界三大宗教。公元前 6 世纪至前 5 世纪，释迦牟尼创建佛教于古印度，以后广泛传播于亚洲及世界各地，对许多国家的社会政治和文化生活产生过重大影响。佛教的主要教义有无住涅槃、缘起性空和唯识说等。

16. [C] “精神胜利法”主要指的是国人不敢正视残酷的社会现实，用自欺、自瞒等方式使自己麻木，继以维持奴隶心态和心理平衡。《阿Q正传》正是对阿Q的“精神胜利法”的严厉批判。《孔乙己》塑造的是在封建腐朽思想和科举制度毒害下，精神上迂腐不堪、麻木不仁，生活上四体不勤、穷困潦倒的知识分子形象。《药》揭露了长期的封建统治给人民造成的麻木和愚昧，指出了辛亥革命未能贴近群众的局限性。《伤逝》描写的是争取个性解放、婚姻自主却最终以悲剧结束的故事。

17. [D] 郭靖和杨过，分别是当代武侠小说作家金庸创作的“射雕三部曲”中前两部《射雕英雄传》和《神雕侠侣》中的主要人物，第三部为《倚天屠龙记》。金庸与古龙、梁羽生、温瑞安并称中国武侠小说四大宗师。卧龙生，在古龙之前被称为“武侠泰斗”，代表作有《仙鹤神针》《飞燕惊龙》等。梁羽生，被誉为新派武侠小说的开山祖师，代表作有《白发魔女传》《七剑下天山》《萍踪侠影录》等。古龙，开创了近代武侠小说新纪元，代表作有《多情剑客无情剑》《绝代双骄》《英雄无泪》等。

18. [B] 大寒，二十四节气中的最后一个节气。同小寒一样，大寒也是表示天气寒冷程度的节气，是天气寒冷到极致的意思。小寒，二十四节气中的第二十三个节气，在大寒之前。冬至，二十四节气中的第二十二个节气，在我国北方地区，每年冬至日有吃饺子的习俗。立冬，二十四节气中的第十九个节气，代表着冬季的开始，在我国部分地区有祭祖、饮宴等习俗。

19. [B] “冬天如果来了，春天还会远吗？”出自英国浪漫主义诗人雪莱的诗作《西风颂》。“西风”象征的是革命力量，表达了诗人对反动腐朽势力的憎恨，对革命终将胜利和光明未来的热切希望和坚定信念。《致云雀》是英国诗人雪莱创作的一首抒情诗，“云雀”是诗人理想化的自我写照。《草叶集》是美国诗人惠特曼创作的浪漫主义诗集，是美国文学史上第一部具有美国民族气派和民族风格的诗集。《致杜鹃》是英国诗人华兹华斯创作的诗歌，采用移情手法，将人类的情感移植到杜鹃，属拟人手法。

20. [A] 敦刻尔克大撤退，是第二次世界大战（简称“二战”）初期，1940年英法联军历史最大规模的军事撤退行动，拯救了30多万人。此次撤离标志着英国势力撤出欧洲大陆，西欧的主要地区被纳粹德国占领。南锡，法国东北部城市，二战时期被德国占领，二战结束后，又被划回了法国境内。里昂，法国东南部城市，二战期间参加抵抗运动。斯特拉斯堡，法国东北部城市，二战时期被德军占领。

21. [B] 凯旋门，位于法国巴黎戴高乐广场中央，是一座迎接外出征战的军队凯旋的大门，也是现今世界上最大的一座圆拱门。该建筑是法兰西第一帝国皇帝拿破仑为纪念1805年打败俄奥联军的胜利，于1806年下令修建，1836年落成。戴高乐，法国第18任总统，建立自由法国，曾带领法军解放巴黎。威灵顿公爵，一般指阿瑟·韦尔斯利，英国陆军总指挥，第21位英国首相，曾在滑铁卢战役中击败拿破仑。库图佐夫，俄罗斯帝国元帅、军事家，曾在俄法1812年战争中击败拿破仑，第七次俄土战争大破奥斯曼帝国。

22. [A] 卢浮宫，位于法国巴黎塞纳河北岸，位居世界四大博物馆（另外三个分别为英国大英博物馆、俄罗斯艾尔米塔什博物馆和美国大都会博物馆）之首，以收藏丰富的古典绘画和雕刻而闻名于世，主要藏作有《蒙娜丽莎》《花园中的圣母》《断臂维纳斯》《胜利女神》等。《清明上河图》现藏于北京故宫博物院。《富春山居图》前半卷现藏于浙江省博物馆，后半卷现藏于台北故宫博物院。《女史箴图》现藏于大英博物馆。

23. [D] 《哈利·波特》是英国作家J. K. 罗琳于1997年—2007年所著的魔幻文学系列小说，共7部。作者在书中创造了一个完整独特的魔法世界。《指环王》，又称《魔戒》，是英国作家托尔金创作的长篇奇幻小说，也是《霍比特人》的续作，被公认为近代奇幻文学的鼻祖。《冰与火之歌》是美国作家乔治·R·R·马丁所著的严肃奇幻小说系列，于2011年被改编成电视剧《权力的游戏》。《科学怪人》，又名《弗兰肯斯坦》，是英国小说家玛丽·雪莱于1818年创作的文学史上第一部科幻小说，其丈夫是英国著名浪漫主义诗人珀西·比希·雪莱。

24. [A] 奥斯卡金像奖，又名美国电影艺术与科学学院奖，是由美国电影艺术与科学学院主办的电影类奖项。该奖项是美国历史最为悠久、最具权威性和专业性的电影类奖项，也是全世界最具影响力的电影类奖项，与艾美奖（电视类奖项）、格莱美奖（音乐类奖项）、托尼奖（戏剧类奖项）并称为美国演艺界四大奖（EGOT）。金棕榈奖，法国戛纳国际电影节的最高奖项，创立于 1957 年。格莱美奖，是由美国国家科学院录音艺术与科学学院于 1958 年主办的音乐类奖项。金马奖，一般指台湾电影金马奖，创办于 1962 年，与中国电影金鸡奖和香港电影金像奖并称为“华语电影三大奖”。

25. [D] 非物质文化遗产，是指各族人民世代相传，并视为其文化遗产组成部分的各种传统文化表现形式，以及与传统文化表现形式相关的实物和场所。“非物质文化遗产”与“物质文化遗产”相对，合称“文化遗产”。长城属于世界文化遗产中的物质文化遗产。

第二部分　应用文写作

1.

◎写作分析

按照党政机关公文要求，这则“公告”有明显的问题，写作难度不大。最显而易见的就是正文的首行缩进未两个字符；其次，“附件”及其位置未写清楚，这点容易被忽略；最后，成文日期之上缺少发文机关，即“住房城乡建设部”，是更明显的错漏。

第一处：第二行“名单”后加上“的公告”

第二处：第三行首行缩进两个字符

第三处：第六行“见”改为“附件”

第四处：成文日期上面一行加上“住房城乡建设部”

第五处：成文日期格式改为 2018 年 11 月 7 号

2.

◎写作分析

本文要求写一篇通知，为常见的写作格式，难度不大。注意开头称呼、结尾落款的完整，将有关事宜详细清晰罗列即可，注意事项要条理清晰，切记写清会议时间。

关于做好 2019 届毕业研究生及本、专科毕业生就业工作的通知

×教通〔2019〕5 号

各高等院校：

按照 ×× 省教育厅要求，为做好2019届毕业研究生及本、专科毕业生的就业工作，现将有关事宜通知如下：

一、省大学生就业指导服务中心于 3 月 20 日至 3 月 25 日（8:00 ~ 17:00）举办毕业生就业供需见面会。

二、需要提交的相关材料：就业推荐表。

三、注意事项：届时用人单位提供需求信息，考核接受毕业生；毕业生持就业推荐表与用人单位双向自主落实就业单位。

望各校高度重视，抓紧落实有关事宜，组织毕业生前往参加。

×× 省教育厅

2019 年 1 月 10 日

◎写作分析

材料分正反两个方面，是勇敢坚持梦想，还是在残酷现实面前调整方向？正反双方都可以写，相对而言，选择前者——勇敢坚持梦想，更容易写出决心、韧性和坚持的热忱；而选择后者——调整方向，则更容易写出人生智慧、审时度势等方面的话题。无论考生选择哪种，只要能深度引发读者的共鸣即可。

以笃行之名，谱梦想华章

英国著名作家奥斯卡·王尔德曾经说过，“即使我们都生活在阴沟里，但总有人在仰望星空。”很多人感慨梦想很丰满，现实很骨感。有时残酷的现实好比污浊的阴沟，敢于在阴沟里仰望星空，那是因为有梦想给予的力量。

提到兰考县，我们都不会忘记一个响当当的名字——焦裕禄。如何提升兰考县人民的生活水平是焦裕禄的毕生梦想。兰考是国家级贫困县，资源匮乏，贫穷落后，让多少人望而却步。“不改变兰考的面貌，我绝不离开这里！”共产党员焦裕禄掷地有声的声音仿佛仍在兰考人民的耳畔回荡，这是焦裕禄对梦想的执着与坚守，正如屈原所吟唱的“虽九死其犹未悔”。“焦裕禄精神”就如同扶贫攻坚道路上的灯塔，指引心怀信仰的共产党人排除万难，把梦想化为现实，把红色传统的史诗续写得更加辉煌夺目。

这是上个世纪的共产党人对梦想的执着和坚守，而身为新世纪的青年一代，我们该怎样对待自己的梦想？有人认为梦想很重要，为了实现自己的梦想一定要坚持到底；有人认为现实很残酷，要及时调整自己的方向。实现梦想的路途绝不可能是一帆风顺的，有荆棘、有坎坷，但路的尽头就是铺满鲜花的原野。“亦余心之所善兮，虽九死其犹未悔”，这是屈原对理想的吟唱，时至今日，依然有惊心动魄的憾人力量。

立足于坚韧笃行，方能谱梦想之华章。青年朋友们，为了心中熠熠生辉的梦想不懈努力吧！正如英国一句经典谚语所说：“如果一艘航船没有明确的目的地，那么任何方向的风都是逆风。”坚定目标，执着梦想才是对自己最好的负责。梦想如同航海道路上的不灭灯塔，指引着我们一路坚韧地前行。心中有了坚定的信念，人生必定会绘出更加斑斓的色彩！如果因为一时的荆棘和挫折，心中涌现畏难心理，随意更改梦想的方向，那么到头来只会一事无成，成为生活的弱者。只有踏实笃行，才会感受到一步步接近梦想的喜悦和自豪。

踏实笃行，百折不挠，方能谱写梦想华章。诗人汪国真告诉我们：“既然选择了远方，便只顾风雨兼程。”为了心中的梦想，去勇敢地逐梦地平线吧！

2019年 湖南师范大学·答案详解

第一部分 百科知识

一、单项选择

1. [A] “天生我材必有用，千金散尽还复来”出自李白的《将进酒》，意思是上天造就了我，一定有需要用到我的地方。金钱用尽了，这些散失去的东西以后依然会归来。这两句诗充分体现了李白积极乐观的性格，更深刻地体现了他对人生的感悟。《梦游天姥吟留别》《蜀道难》《行路难》也是李白的代表诗作。

2. [C] 中国古代“不惑”是指男子大约40岁，出自《论语·为政》。子曰：“吾十有五而志于学，三十而立，四十而不惑，五十而知天命，六十而耳顺，七十而从心所欲，不逾矩。”以后用“不惑”作40岁的代称。中国古代男子20岁称为弱冠，这时行冠礼，以示成年，但体犹未壮，还比较年少，故称“弱”。男子30岁称“而立之年”，50岁称“知天命”。

3. [B]《草叶集》是美国诗人沃尔特·惠特曼创作的浪漫主义诗集，也是美国文学史上第一部具有美国民族气派和民族风格的诗集。斯托夫人是19世纪美国作家，代表作是《汤姆叔叔的小屋》。霍桑被称为美国19世纪最伟大的浪漫主义小说家，代表作有《红字》《福谷传奇》等。爱默生是美国思想家、文学家、诗人、新英格兰超验主义最杰出的代言人，代表作有《论自然》《美国学者》等。

4. [A] 中国的沙漠主要分布在新疆、内蒙古、甘肃、青海等西北地区，主要有塔克拉玛干沙漠、古尔班通古特沙漠、毛乌素沙漠等。华中地区地形以平原、丘陵、盆地和河湖为主。华南地区地形以丘陵和三角洲平原、台地平原为主。漠河位于大兴安岭北麓，黑龙江上游南岸，是我国气温最低的县，以北地区常年被冰雪覆盖。

5. [C]《当你老了》是爱尔兰诗人叶芝于1893年创作的一首诗歌，是叶芝献给友人茅德·冈热烈而真挚的爱情诗篇。拜伦是英国浪漫主义诗人，代表作有《恰尔德·哈洛尔德游记》《唐璜》等。华兹华斯是英国浪漫主义诗人，曾当上桂冠诗人，代表作有《抒情歌谣集》《丁登寺旁》《水仙花》等。庞德是美国诗人和文学评论家、意象派诗歌运动的重要代表人物，代表作有《在地铁站内》等。

6. [D] 路透社是世界上最早创办的通讯社之一，也是英国最大的通讯社和西方四大通讯社之一。路透社是世界前三大的多媒体新闻通讯社，提供各类新闻和金融数据。塔斯社，是俄罗斯国家通讯社，总部位于莫斯科。法新社全称“法国新闻社”，1944年成立于法国巴黎。共同社，即共同通讯社，是日本最大的通讯社，总部位于东京港区。

7. [A] 中央处理器（Central Processing Unit，简称CPU），作为计算机系统的运算和控制核心，是信息处理、程序运行的最终执行单元。CDU全称为Central Display Unit，中央显示装置。CPM全称为Communication Processor Module，处理器通讯模块。CPD全称为Computer Produced Drawing，计算机绘图。

8. [C] 三省六部制度是隋唐时期创建的一种政治结构和官制体系，三省指门下、尚书、中书省，六部指礼部、户部、吏部、兵部、刑部、工部。礼部主要负接待外宾，筹划典礼、办立学校、科举考试等，相当于现在外交部、文化和旅游部、教育部的合体，最高管理者是礼部尚书。刑部负责实施国家的政令刑罚及审核全国的刑事案件。工部掌管全国的施工建筑事务。户部主要管理户籍和财经。

9. [D]《格列佛游记》是英国作家乔纳森·斯威夫特创作的一部长篇游记体讽刺小说，首次出版于1726年。乔纳森·斯威夫特，曾被高尔基称为“世界文学创造者之一”。亨利·菲尔丁，18世纪最杰出的英国小说家、戏剧家、英国启蒙运动的最伟大代表人物之一，代表作有《汤姆·琼斯》《大伟人江奈生·魏尔德传》等。亚历山大·蒲柏，18世纪英国最伟大的诗人、杰出的启蒙主义者，代表作有《夺发记》《愚人志》等。丹尼尔·笛福，英国作家，代表作有《鲁滨逊漂流记》《杰克上校》等。

10. [B] “五不翻”原则，并非指不翻译，而是指五种不用意译而用音译的情形，即秘密故不翻、多义故不翻、此无故不翻、顺古故不翻和生善故不翻。这一原则由我国古代著名佛经翻译家玄奘大师提出。鸠摩罗什，东晋十六国时期后秦高僧，中国汉传佛教四大佛经翻译家之一。严复，中国近代翻译家，提出“信、达、雅”的翻译标准，代表译作有《天演论》《原富》。林纾，中国近代翻译家，代表译作有《巴黎茶花女遗事》《黑奴吁天录》等。

二、名词解释

1. **话剧**是一种于19世纪末20世纪初来到中国的外来戏剧形式，是一种以对白和动作为主要表现手段的戏剧。不同于传统舞台剧和戏曲，话剧主要叙述手段为演员在台上无伴奏的对白或独白，但可以使用少量音乐、歌唱等。

2. **光伏**，即光伏发电系统，是利用半导体材料的光伏效应，将太阳辐射能转化为电能的一种发电系统。光伏发电系统的能量来源于取之不尽、用之不竭的太阳能，是一种清洁、安全和可再生的能源。光伏发电过程不污染环境，不破坏生态。

3. **四书五经**，是中国儒家经典"四书"和"五经"的合称。四书五经的名字最早见于南宋，由南宋著名理学家朱熹将"四书"与"五经"进行整理合并而成。四书指《大学》《中庸》《论语》《孟子》。五经指《诗经》《尚书》《礼记》《周易》《春秋》。

4. **湖畔诗人（英国）**是19世纪英国早期浪漫主义的代表，指居住在英国北部昆布兰湖区的三位诗人华兹华斯、柯勒律治、骚塞结成的诗歌流派。他们的诗作赞美大自然的湖光山色、抒发缠绵的爱情、歌颂纯真的友谊，多带有清新自然、青春亮丽、富有哲理的特点。

5. **《罗密欧与朱丽叶》**是英国剧作家威廉·莎士比亚于1595年创作的戏剧。该剧讲述意大利贵族凯普莱特女儿朱丽叶与蒙太古的儿子罗密欧诚挚相爱，誓言相依，但因两家世代为仇而受到阻挠的故事。

6. **孔子学院**是中外合作建立的非营利性教育机构，致力于为社会提供汉语教学服务，开展汉语教学和中外教育、文化等方面的交流与合作。一般下设在国外的大学和研究院之类的教育机构里。孔子学院在推动国际中文教育发展方面发挥了重要作用，成为世界认识中国的一个重要平台。

7. **北约**，北大西洋公约组织的简称，是欧洲和北美国家为实现防卫合作而建立的国际军事集团组织，于1949年在美国华盛顿成立，总部位于比利时首都布鲁塞尔。北约的最高决策机构是北约理事会，由成员国外长组成。

8. **伊斯兰教**由穆罕默德于公元7世纪初在阿拉伯半岛创立，与佛教、基督教并称为世界三大宗教。伊斯兰教教义主要包括信真主安拉，相信安拉是宇宙万物的创造者、恩养者和唯一的主宰，而《古兰经》是安拉的语言，被誉为伊斯兰教的最高经典。

9. **蒙太奇**是一种电影的镜头组合理论及手法，是俄国导演发展出来的理论。当我们在描述一个主题时，可以将一连串相关或不相关的镜头放在一起，以产生暗喻的作用。蒙太奇手法是电影艺术感染力之源，两个或者多个镜头的并列形成新特质，产生新含义。

10. **中等收入陷阱**这一概念由世界银行于2006年提出，基本含义是指鲜有中等收入的经济体成功地跻身为高收入国家，这些国家往往陷入了经济增长的停滞期，既无法在人力成本方面与低收入国家竞争，又无法在尖端技术研制方面与富裕国家竞争。

第二部分 应用文写作

◎写作分析

本文要求写一封申请书，考生要注意申请书带有明显的请求目的，从多方面说清楚希望获得助学金的理由，可以着重阐述家庭的困难情况，以获得批准。另外，考生还要注意申请书的固定格式包括标题、称谓、正文、结语、落款。

研究生助学金申请书

尊敬的学校研究生处领导：

您好！我叫张华，是××级英语专业的学生。由于家在农村，父母以务农为生，家里还有年长且身体欠佳的爷爷，一位在上大学的妹妹和两位高中在读的弟弟，负担甚重，因此不得已向学校申请第一档助学金，希望得到学校的帮助。

作为土生土长的农民，父母没有机会学习文化知识，但他们却深知知识的重要性，所以严格要求我们四兄弟姐妹从小好好学习。身为长子，我没有辜负父母的期望，正在读研深造。在思想上，我积极进取，用高标准严格要求自己；在工作上，作为学生会干部，我勤勤恳恳、尽心尽力为同学们服务；在学习上，我始终保持端正、谦虚的学习态度，努力提高自身人格素养；在生活上，我节俭朴素、作风优良。

然而，一家七口人只能靠我的父母务农来获取微薄的收入。爷爷年近八旬，已无力劳作，还患有心脏病，身体状况一直很差，经常需要药物治疗，花费较高。弟弟妹妹也都还在上学，这些年，父母为了我们的学费、生活费以及爷爷的医疗费已欠下数万元债务。

幸运的是，学校为贫困学子提供了申请助学金的机会，让我看到了为家庭减负的希望。所以，我向组织求援，恳请领导批准！无论结果如何，我都将更加勤奋刻苦，为祖国的繁荣发展做出自己的贡献。

此致

敬礼！

张华

××××年××月××日

第三部分 现代汉语写作

◎写作分析

按题目要求，考生写记叙文最佳。记叙文要写出真情实感，首先要调动自己的情感，仔细回忆往事，认真品味细节，大胆写“我”；然后选好文章的“动情点”，即题目中的“一瞬”，选材贴切；还要综合运用多种表达方式和修辞手法来增添文采。

最打动我的一瞬

睁开眼，我看到了父母眼含泪水微笑的样子，这是我一辈子都不会忘记的一瞬。

上天给我开了一个极大的玩笑，我一出生便患有先天性心脏病，据说是心脏的某种薄膜缺了一个米粒大的小口，随着年龄的增长，小口也会逐渐扩大。到我九岁读二年级那年，我的症状愈发明显，经常出虚汗，嘴唇的颜色也愈不对劲。一直小心呵护我的父母当然发现了我的变化。在经过一系列咨询后，他们将我带到市人民医院检查。医生诊断的结果是必须立即手术，否则我活不过18岁。这个消息如同当头一棒落在我的父母身上，他们面临着一个艰难的选择，手术动与不动都关乎我的性命安危。

最后父母决定冒一次险，让我动这场手术。

因为手术难度比较大，要请医院的专家前来会诊，手术前我得在医院住上一阵儿。等待手术的日子无疑是痛苦的。我记得当时每天都要输液、打针，每隔几天又要抽一次血。由于我太瘦，手臂经常抽不出血来，于是护士从我的大腿上抽，那种疼痛无以言表。但我知道我所受的只是皮肉之苦，而父母却疼在心坎上。尤其是我的母亲，整日整夜地陪在我身旁，不停地帮我按摩。父亲则会时常给我讲故事，买书给我看。

术前的那个晚上是漫长的。晚饭时，妈妈强烈要求喂我吃，我早已清楚地知道这很有可能是妈妈最后一次喂我吃饭。妈妈强忍着，尽量不在我面前流下眼泪，而我也只是嚼着口中的饭，久久不能咽下，母女之间短暂地无语，而后抱头痛哭。妈妈又抽噎地再一次嘱咐我不要害怕，爸爸妈妈会一直待在手术室门口。

第二天，我手术的日子终于到了。在打完该打的针之后，我隐隐约约地看到母亲跪在病房的阳台上拜了又拜，好像是在祈祷，要知道妈妈平时是从来都不迷信的。一会儿后，我被推进了手术室……

术后八小时，我醒了，一睁开眼看到的是父母那眼含泪水微笑的样子。

我的天空没有别人的绚丽多姿，却因为有了父母，让我能够无忧无虑地翱翔。因为他们，我有了足以支撑我一辈子飞翔的动力。生活中会有许多感动的瞬间，只要你细心体会，感受生活，将美好留在心中的那一片地方，即使只是小小的一片，但填满后溢出来的就是永远的温暖和美好。

2019 年 南京师范大学·答案详解

第一部分 百科知识

1. **亚太经合组织**，全称亚太经济合作组织（APEC），成立于 1989 年，是亚太地区重要的经济合作论坛，也是亚太地区最高级别的政府间经济合作机制。该组织在推动区域贸易投资自由化，加强成员间经济技术合作等方面发挥了不可替代的作用。它是亚太各地区之间促进经济成长、合作、贸易、投资的重要论坛。

上海合作组织，简称上合组织（SCO），是永久性政府间国际组织，成立于 2001 年，总部在中国上海。该组织在维护和加强地区和平、安全与稳定，促进地区经济、社会、文化的全面均衡发展，推动建立民主、公正、合理的国际政治经济新秩序等方面发挥了重要作用。常设机构有秘书处、地区反恐机构等。

金砖国家成立于 2009 年，引用了 5 位成员国巴西、俄罗斯、印度、中国和南非的英文名称首字母组成缩写词 BRICS，且由于该词与英语单词 Brick“砖”类似，因此被称为“金砖国家”。金砖国家遵循开放透明、团结互助、深化合作、共谋发展原则和“开放、包容、合作、共赢”的金砖国家精神，致力于构建更紧密、更全面、更牢固的伙伴关系。

一带一路（The Belt and Road）是“新丝绸之路经济带”和“21 世纪海上丝绸之路”的简称，分别于 2013 年 9 月和 10 月提出。该倡议秉承共商、共享、共建原则，旨在借用古代丝绸之路的历史符号，高举和平发展的旗帜，积极发展与沿线国家的经济合作伙伴关系，共同打造政治互信、经济融合、文化包容的利益共同体、命运共同体和责任共同体。

2. **阴阳五行**是我国古典哲学的核心，为古代朴素的唯物哲学。阴阳学说产生于夏朝，是我国古代哲学的源流和基础。而五行学说也是古代中国人民创造的一种哲学思想。阴阳，指世界上一切事物中都具有的两种既互相对立又互相联系的力量；五行即由“木、火、土、金、水”五种基本物质的运行和变化所构成，强调整体概念。中国的天文学、气象学、化学等，都是在阴阳五行的理论指导下发展起来的。

四诊是指春秋战国时期名医扁鹊在总结前人经验的基础上，提出的“四诊法”，即望、闻、问、切。这四种诊法至今依然普遍使用，是中医辨证施治的重要依据。四诊具有直观性和朴素性的特点，在感官所及的范围内，直接地获取信息，医生即刻进行分析综合，及时做出判断。

中医学认为，疾病的发生与否，取决于**邪正**两方面的作用。邪，是对一切致病因素的统称，邪气是发病的重要因素，在一定条件下，甚至起到主导作用。正，内涵广泛而丰富，主要是指人体的形体结构、精微物质及其产生的抗病能力、康复能力，以及人体对外界的适应能力、调控能力等。

食疗，即食物疗法，是指在中医理论指导下，利用食物的特性来调节机体功能，使其获得健康或愈疾防病的一种方法。通常认为，食物是为人体提供生长发育和健康生存所需的各种营养素的可食性物质。也就是说，食物最主要的是营养作用。唐代著名医药学家孟诜（shēn）开创了中医食疗养生孟余堂，被誉为“世界食疗学的鼻祖”。

3. **英国议会**是英国的最高立法机关，创建于 13 世纪。政府从议会中产生，并对其负责。英国议会由上院、下院和君主组成，行使国家的最高立法权。上院又称贵族院，议员不由选举产生，部分是世袭贵族。上院的立法职权主要是提出法案，在立法程序中可以拖延法案生效，审判弹劾案，行使司法权。下院又称平民院，是民主的代议机关，议员由直接选举产生。下院的主要职权是立法、财政和监督政府。

脱欧（Brexit），指英国脱离欧洲联盟计划，于2013年由英国前首相卡梅伦首次提及脱欧公投。2020年，欧盟正式批准了英国脱欧。英国脱欧，在短期内对英国的财政收入、就业机会无疑是有利的，但从长远来看，失去欧盟成员国的资格，英国难以依托欧盟在欧洲和世界事务中发挥重要作用，其国际地位和影响将大打折扣。

保守党是英国议会第一大党，在20世纪的英国政坛占主导地位，出过丘吉尔和撒切尔夫人等著名首相。其前身为1679年成立的托利党，1833年改称保守党。该党主张自由市场经济，严格控制货币供应量，减少公共开支，压低通货膨胀等；强调维护英国主权，反对"联邦欧洲"和欧盟制宪，不加入欧元区。

公投，即公民投票，又称全民公决，是指公民就被提议之事案，表明赞成与否时所举行的投票。公投是一种直接民主制的体现，其适用范围有宪法修正案、领土主权变更、政府单位调整、争议性的道德问题、政治问题。公投可分为强制性公投和拘束性公投。

4. 改良主义是一种试图以非革命手段解决资本主义社会矛盾的资产阶级和小资产阶级思潮。这种思潮宣扬阶级合作，主张在保存资本主义制度的前提下，实行局部的微小的社会改良；反对暴力革命和无产阶级专政。改良主义产生于19世纪中叶，代表人物有康有为、梁启超等。

甲骨学是以中国上古时期甲骨文字为主要研究对象的人文学科。甲骨文因镌刻于龟甲与兽骨上而得名，为殷商流传之书迹，打开了观察3,000年前黄河流域人们生活的窗户。1899年，王懿荣在机缘巧合之下发现了甲骨文，引发了学界的研究热潮。目前，学界在继续着力整理甲骨、公布甲骨，争取发现新字。有的学者希望能依据社会历史、考古，找到甲骨文的造字依据。

简牍学是研究简牍历史、制度及其所载图文资料的学科，也是一门跨历史学、考古学、古文献学等的新学科。20世纪10年代，王国维所著《简牍检署考》及其与罗振玉合著的《流沙坠简》，开启了简牍研究的先河。到20世纪70年代，"简牍学"作为一门新兴学科被正式命名。基础研究主要包括发掘报告、图版、释文等。应用研究主要是运用新发现的简牍材料，结合传世典籍研究当时的政治、法律、经济、军事等历史文化的各个方面。两者相辅相成，互相促进。

敦煌学是指以敦煌遗书、敦煌石窟艺术、敦煌学理论为主，兼及敦煌史地为研究对象的一门学科，形成于20世纪30年代。《敦煌学大辞典》由季羡林先生主编，可称得上百年敦煌学的总结性之作。敦煌学对于研究、发掘、整理和保护敦煌地区文物、文献，研究中国中古历史文化、中亚文化乃至世界文明，促进国际文化交流意义重大。

5. 深度学习源于人工神经网络的研究，于2006年提出，是机器学习领域中一个新的研究方向，并被引入机器学习使其更接近于最初的目标——人工智能。深度学习是学习样本数据的内在规律和表示层次，其最终目标是让机器能够像人一样具有分析学习能力，能够识别文字、图像和声音等数据。

机器翻译又称自动翻译，是利用计算机将一种自然语言（源语言）转换为另一种自然语言（目标语言）的过程。机器翻译主要包括直接翻译、转换翻译和国际语翻译。它是计算语言学的一个分支，是人工智能的终极目标之一，具有重要的科学研究价值和实用价值。机器翻译技术在促进政治、经济、文化交流等方面起到越来越重要的作用，肩负着架起语言沟通桥梁的重任。

语料库是指经科学取样和加工的大规模电子文本库，其中存放的是在语言的实际使用中真实出现过的语言材料。借助计算机分析工具，研究者可开展相关的语言理论及应用研究。根据研究目的和用途，语料库分为四种类型：异质的、同质的、系统的和专用的。此外，按照语料的语种，语料库也可以分为单语的、双语的和多语的。目前国内最大的语料交换平台是Tmxmall语料商城。

目标语即目标语言，外语翻译专业专用术语。它既可以指一个人正在学习的一种非母语语言，也可以指译者将文本翻译成另一种语言的语言。简单来说，就是母语或翻译所用的语言为源语言，要翻译的语言是目标语言。

第二部分　应用文写作

◎写作分析

申请书作为一种常见的应用文，有其特定的格式：标题、称谓、正文、结尾、署名和日期。正文主要内容可以写自己对 ××组织的认识、加入的动机和初衷、个人在政治、思想、学习、工作等方面的主要表现、今后努力方向以及如何以实际行动争取加入。此外，为了使 ××组织对自己有较全面的了解，申请人可以另写一份附加材料，包括个人的履历和推荐人、自己的政治面貌情况和奖惩情况。

XX 省级翻译协会入会申请书

敬爱的 ××省级翻译协会：

××省级翻译协会是学术性、行业性、非营利的社会组织，其宗旨是开展翻译研究和学术交流，促进翻译人才培养和翻译队伍建设，维护翻译工作者的合法权益，开展与国内外相关组织之间的交流与合作，在国内翻译领域具有影响力。

我是 ×××，现申请加入 ××省级翻译协会。

本人毕业于 ××大学英语系，有较好的英语阅读写作能力、翻译能力，并对翻译有浓厚的兴趣爱好，曾获得校级翻译大赛的一等奖，毕业后一直从事翻译方面的工作，相信加入翻译协会后更能发挥自己的特长，在会长的带领下，为翻译协会的良好发展做出贡献。

于我而言，加入 ××省级翻译协会不仅能很好地锻炼自己、提升自己，更好地体现自己的个人价值，还能贯彻“全心全意为人民服务”的宗旨，有利于个人的成长和发展。假如我有幸能加入，我将遵守协会的章程制度，积极履行成员的相关义务，积极参加翻译协会组织的活动，并将进一步加强自身修养，努力提高和完善自身的素质，时时要求自己“待人正直、公正办事”，要求自己“严于律己、宽以待人”；倘若这次不能加入，我也决不气馁，一定好好努力，争取有更好的表现！

此致

敬礼！

申请人：×××

××××年 ××月 ××日

第三部分　现代汉语写作

◎写作分析

这是一道专业性较强的作文题，要求考生要有一定的专业素养。关于“谁是翻译主体”，历来说法不一，富有争议性。在写作的过程中，考生要首先根据自己对问题的理解，明确地提出中心论点。另外，既然是关于“主体”的讨论，文章就应该有不同选择之间的对比与权衡。因此，在论证的过程中，考生应注意在译者、作者和读者三者之间进行比较，可采取“驳立结合”的论证方法增强文章的说服力，也可采用道理论证与举例论证的论证手法，使文章有理有据，条理清晰。

谁是翻译主体？

到底谁才是翻译的主体？有人提出作者是翻译主体，有人认为译者是翻译主体，有人觉得读者是翻译主体。对于这个问题，专家学者们历来说法不一，众说纷纭。“莫看江面平如镜，要看水底万丈深。”透过现象看本质，我认为译者是翻译主体，作者是创作主体，读者是接受主体。

翻译主体不是作者而是译者，认为作者是翻译主体的观点，忽略了翻译“不对称交流”的特点。著名翻译家杨武能认为，“文学翻译的主体同样是人，也即作家、翻译家和读者；原著和译本，都不过是他们之间进行思想和感情交流的工具或载体，都是他们创造的客观。”虽然我们同意主体是人，但参与翻译过程的都是人，就意味着所有人都是主体吗？显然，我们不能如此武断。另一方面，作者与译者之间往往不存在对话关系，他们一般既不在同一时间，也不在同一空间。客观而言，文本一旦完成，就会在一定程度上与作者脱离关系，文本的出现使作者与译者之间产生了必然的距离，这就是翻译的“不对称交流”。在这个“不对称交流”的过程中，与其说译者是桥梁，不如说译者的阐释是对原作世界的重构，译者在翻译过程中的主体作用不言而喻。

翻译主体不是读者而是译者，认为读者是翻译主体的观点，虽体现出一定接受美学理论中的合理性，但实际上译文读者并未参与翻译的过程，对译文的生成也缺乏决定性的影响力。从接受美学的角度看，读者对文本意义有重要的建构作用；而在翻译研究中，译者首先以读者的身份介入翻译。其次，读者对翻译意义生成的积极作用只体现在译者作为读者的主体作用上。至于译文的一般读者，在读到译文的那一刻起，他或她看到的已经是翻译过程的成果，所以读者不可能是翻译主体。

翻译就是二次创作，作为翻译主体的译者在尊重翻译对象的前提下，为实现翻译目的而在翻译活动中表现出主观能动性——译者会根据其翻译目的或动机，选取翻译文本，制定翻译方案，体现自身自觉的文化意识、人文品格和审美趣味。比如，我国近代著名的启蒙思想家、翻译家严复，在目睹第二次鸦片战争和中日甲午战争中国落后的现状后，意识到“向西方学习先进制度”的重要性，翻译了大量西方历史、法律、政治、哲学和经济等作品。他认为，要想救中国，不能只学科学技术，先进的政治、社会、文化和经济体系等同样重要。所以，他只选择翻译那些属于西方意识形态范畴的作品，这体现了译者在翻译中的主体作用。

诚然，我们认为译者是翻译主体的结论并没有否定作者和读者的作用。虽然作者与读者不是翻译主体，但他们分别属于创作主体与接受主体，在一定程度上会影响到翻译的过程。然而，翻译中最富有弹性的美学层次，便是译者笔下匠心独运、自取所需、精彩纷呈的解构空间。译者让作者创作的作品脱胎换骨，在另一种语言中获得新生，以译作的形式去面对新的读者，创造新的美学空间。

总之，在翻译过程中，译者发挥自身主体性，选择需要的文本、恰当的策略和合适的表达方式来表达原作的内涵、信息和神韵，译者确定了译文的质量。在这个意义上，译者毫无疑问是翻译主体。

2019年 对外经济贸易大学·答案详解

第一部分 百科知识

1. [C]《中庸》是儒家经典之一，原属《礼记》第三十一篇。其认为“中庸”是道德行为的最高标准，把“诚”看成是世界的本体，认为“至诚”则达到人生的最高境界。《尚书》是我国最早的一部历史文献汇编。《孟子》记载有孟子及其弟子的政治、教育、哲学、伦理等思想观点和政治活动。《大学》是一篇论述儒家修身治国平天下思想的散文，是一部中国古代讨论教育理论的重要著作。《大学》《中庸》《论语》《孟子》合称“四书”。

2. [B]《锦瑟》是唐代诗人李商隐的代表作之一。此诗大量借用庄生梦蝶、杜鹃啼血、沧海珠泪、良玉生烟等典故，采用比兴手法，运用联想与想象，把听觉的感受转化为视觉形象，以片段意象的组合创造朦胧的境界，从而借助可视可感的诗歌形象来传达其真挚浓烈而又幽约深曲的深思。

3. [A]《训蒙文》由清朝康熙年间的秀才李毓秀所著。该作品旨在启蒙养正、教育子弟敦伦尽份防邪存诚，养成忠厚家风。全书分为五个部分，具体列述弟子在家、出外、待人、接物与学习上应该恪守的守则规范。

4. [A] 四羊方尊是商代晚期青铜礼器，作为全国排名第三的十大传世国宝之一，曾多次出国展览。毛公鼎是西周晚期青铜器，因作器者毛公而得名。毛公鼎铭文长度接近五百字，在所见青铜器铭文中为最长。散氏盘是西周晚期青铜器，因铭文中有“散氏”字样而得名，记述地是矢人付给散氏田地之事，是研究西周土地制度的重要史料。虢季子白盘为西周时期盛水器，盘内底部有铭文，讲述虢国的子白奉命出战，荣立战功，周王为其设宴庆功，并赐弓马之物，虢季子白因而做盘以为纪念。

5. [D] 汉高祖刘邦、汉文帝刘恒、汉景帝刘启和汉武帝刘彻是曾、祖、父、子的关系。汉高祖建立了大汉王朝，文帝和景帝开创了文景之治。在汉武帝时期，因长期对外用兵和统治阶级的穷奢极侈，赋役日益苛重，怨声载道，西汉封建统治内部孕育着严重危机。董仲舒为了从意识形态上加强西汉中央政权，创建了“天人感应”“君权神授”（《汉书·董仲舒传》）的学说，并提出了“罢黜百家，独尊儒术”的主张。汉武帝采纳了这一主张，并开创了西汉王朝最鼎盛繁荣的时期。

6. [B] 阑珊，意思是衰落、凋零、将尽。这句词的大意是在人群里找了她千遍百遍都没找着，忽然一回头，却发现她原来在那灯火稀疏的僻静处。常见用法有“意兴阑珊”“春意阑珊”等。

7. [C] 霍去病为西汉名将。“饮马瀚海，封狼居胥”出自著名战役“漠北之战”：霍去病乘胜追杀匈奴单于至狼居胥山（今蒙古国境内），在狼居胥山举行了祭天封礼，在姑衍山（今蒙古国肯特山以北）举行了祭地禅礼，兵锋一直逼至北海（即瀚海，今俄罗斯贝加尔湖）。“西归大河，列郡祁连”则出自“河西之战”：霍去病大败浑邪王于河西走廊（祁连山与合黎山之间的狭长地带）。汉武帝将匈奴余部安置在陇西、北地、上郡、朔方等郡。李广，西汉名将、民族英雄，秦朝名将李信的后代，曾多次抗击匈奴，保卫国家。在漠北之战中，李广任前将军，因迷失道路，未能参战，遂回朝后自杀。司马迁评曰：“桃李不言，下自成蹊。”卫青，西汉将领、军事家，霍去病之舅，一生七次出击匈奴，收取河南，为汉武帝时期汉朝在汉匈战争中所取得的胜利做出巨大的贡献。赵充国，西汉名将，威震匈奴，平定西羌，施行屯田。

8. [C] 公元1682年（康熙二十一年），云南平定，康熙帝出关东巡，祭告奉天祖陵。词人纳兰性德随康熙帝诣永陵、福陵、昭陵告祭，二十三日出山海关。塞上风雪凄迷，苦寒的天气引发了词人对京师中家的思念，于是写下了这首词。李白，字太白，号青莲居士，唐代伟大的浪漫主义诗人，被后人誉为“诗仙”，代表作有《望庐山瀑布》《行路难》《蜀道难》等。柳永，北宋词人，婉约派代表人物，代表作有《乐章集》《雨霖铃·寒蝉凄切》等。陆游，南宋文学家、史学家、爱国诗人，代表作有《剑南诗稿》《渭南文集》等。

9. [C]《清明上河图》为北宋画家张择端创作的风俗画，是他仅存的传世精品，中国十大传世名画之一，属国宝级文物，被誉为“中华第一神品”。赵孟頫，宋末元初书法家、画家、诗人，代表作有《松雪斋文集》《秋郊饮马图》等。

吴道子，唐代著名画家，画史尊称画圣，代表作有《送子天王图》《明皇受篆图》《十指钟馗图》等。顾恺之，东晋杰出画家、绘画理论家，代表作有《洛神赋图》《女史箴图》等。

10. [A]《桃花扇》是描写南明兴亡的历史剧。全剧以侯方域、李香君的悲欢离合为主线，展现了明末南京的社会现实。同时，该剧也揭露了弘光政权衰亡的原因，歌颂了对国家忠贞不渝的民族英雄和底层百姓，展现了明朝遗民的亡国之痛。描写杨玉环与唐明皇的爱情悲剧的作品有唐代诗人白居易的长篇叙事诗《长恨歌》、元代文学家白朴的杂剧《梧桐雨》，该剧被誉为元杂剧四大悲剧之一。描写杜丽娘和柳梦梅的爱情故事的作品为明代剧作家汤显祖的传奇剧本《牡丹亭》。描写蔡伯喈与赵五娘的曲折经历的作品为元末戏曲作家高明的南戏《琵琶记》。

11. [C] 汝瓷位居宋代“汝、官、哥、钧、定”五大名窑之首，在中国陶瓷史上素有“汝窑为魁”之称。哥窑，主要特征是经染色后大纹片呈深褐色，小纹片为黄褐色，因此也称“金丝铁线”“墨纹梅花片”等，宋代哥窑瓷器以盘、碗、瓶、洗等为主。钧窑，有钧官窑和钧民窑之分，典型特征是“蚯蚓走泥纹”，它的形成是因钧瓷的釉厚且黏稠，所以在冷却的时候，有些介于开片和非开片之间的被釉填平的地方，会形成像雨过天晴以后，蚯蚓在湿地爬过的痕迹。定窑，是最早为北宋宫廷烧造御用瓷器的窑场，也是宋代五大名窑中唯一烧造白瓷的窑场。

12. [B]“锦官城”是古代成都的别称，也可简称锦城。三国蜀汉时期，其因成都蜀锦出名，成为蜀汉政权的重要财政收入，蜀汉王朝曾设锦官和建立锦官城以保护蜀锦生产，锦官城的称呼由此产生并声名远扬。

13. [D] 靖康耻发生于北宋荒地宋钦宗靖康年间（公元 1126—1127 年）。靖康二年四月，金军攻破北宋首都东京（今河南开封），在城内搜刮数日，掳徽宗、钦宗二帝和后妃、皇子、宗室、贵卿等数千人后北撤，东京城中公私积蓄为之一空，北宋灭亡。

14. [D]《兰花草》根据胡适先生早年写的一首诗《希望》改编，1921 年夏天胡适到西山去，友人熊秉三夫妇送给他一盆兰花草，他欢欢喜喜地带回家，读书写作之余精心照看，但直到秋天，也没有开出花来，于是他有感而发写了这首小诗。后被台湾的陈贤德和张弼二人修改并配上曲子，同时改名为《兰花草》，从而广为传唱。钱钟书，中国现代作家、文学研究家，《故国》是其创作的一首诗。林语堂，中国现代著名作家、学者、翻译家，《奇岛》是海外较早涉及文化乡愁主题的代表作，也是美国华文文学中的著名小说。徐志摩，现代新月派代表诗人，《月夜听琴》是其于 1923 年创作的一首现代诗。

15. [C] 武当山位于湖北省十堰市丹江口市境内。其东接历史名城湖北省襄阳市，西靠车城十堰市区，南望世界自然遗产神农架，北临南水北调中线源头丹江口水库。安徽徽州的著名景点有中华十大名山之一的黄山，有“五岳归来不看山，黄山归来不看岳”之名。贵州铜仁的著名景点有梵净山，中国的佛教道场和自然保护区。江西鹰潭的著名景点有龙虎山，中国道教发祥地，拥有中国典型的丹霞地貌风景。

16. [A]“所谓文者，务为有补于世而已矣”出自王安石所作书信《上人书》。《上人书》讨论了文和辞的关系，实际上也就是内容和形式的关系。文章把文和辞分开来讲，文指作文的本意，辞指篇章之美。作者的本意在于明道，而所谓道，则是可以施之于实用的经世之学。“清水出芙蓉，天然去雕饰”出自李白《经乱离后天恩流夜郎忆旧游书怀赠江夏韦太守良宰》，喻指文学作品要像芙蓉出水那样自然清新。“才子词人，自是白衣卿相”出自柳永《鹤冲天 · 黄金榜上》，表达作者视仕途为浮名的淡泊之情。“颖脱不群，任真自得”出自萧统《陶渊明传》，讲述了陶渊明的作者真挚淳朴、高洁脱俗的人格及其一生的经历。

17. [A]《左氏春秋传》，简称《左传》，旧传为春秋时期左丘明著，近人认为是战国时人所编，是我国现存第一部叙事详细的编年体史书。《国语》相传是春秋时期左丘明所撰的中国历史上第一部国别体史书。《史记》是由西汉史学家司马迁历时 14 年撰写的中国历史上第一部纪传体通史。《三国志》是由西晋史学家陈寿所著的纪传体断代史。

18. [C]“天下兴亡，匹夫有责”指国家的兴盛或衰亡，每个普通人都有一份责任。语出清代顾炎武《日知录 · 正始》：“保天下者，匹夫之贱，与有责焉耳矣。”康有为，中国晚清时期重要的政治家、思想家、教育家，资产阶级改良主义的代表人物，曾发起公车上书；组织强学会，宣传维新思想；帮助光绪帝进行戊戌变法。其代表作有《新学伪经考》《孔子改制考》等。龚自珍，清代思想家、诗人、文学家和改良主义的先驱者，主张革除弊政，抵制外国侵略，曾全力支持林则徐禁除鸦片，代表作有《定盦文集》《己亥杂诗》等。谭嗣同，中国近代著名政治家、思想家，维新派人士，倡办时务学堂，主办《湘报》，宣传变法维新，推行新政，后参加领导戊戌变法，失败后被杀，年仅33岁，为“戊戌六君子”之一。

19. [C] 河套平原位于中国内蒙古自治区和宁夏回族自治区境内，在几字形的黄河湾。河姆渡文化是指中国长江流域下游地区古老而多姿的新石器时代文化，1973年第一次发现于浙江宁波余姚的河姆渡镇。龙山文化泛指中国黄河中、下游地区约新石器时代晚期的一类文化遗存，属铜石并用时代文化，首次发现于山东省济南市历城县龙山镇。仰韶文化指黄河中游地区一种重要的新石器时代彩陶文化，1921年首次在河南省三门峡市渑池县仰韶村发现。半坡文化属黄河中游地区新石器时代的仰韶文化的一部分，是北方农耕文化的典型代表，1952年发现于陕西西安市半坡村。

20. [B] 郎世宁，天主教耶稣会修士、画家，意大利米兰人。1715年（清康熙五十四年）来中国传教，随即入皇宫任宫廷画家，历经康熙、雍正、乾隆三朝，在中国从事绘画50多年，并参加了圆明园西洋楼的设计工作，为清代宫廷十大画家之一。利玛窦，天主教耶稣会传教士、学者，明朝万历年间被派往中国传教，促进了中西文化交流。马可·波罗，意大利旅行家、商人，元朝忽必烈在位期间到达中国，代表作有《马可·波罗游记》，大大丰富了欧洲人的地理知识，打破了传统思想的束缚，对15世纪欧洲的航海事业起到了巨大的推动作用。南怀仁，天主教耶稣会传教士，1658年（即清朝顺治帝在位期间）授派抵达澳门，后到陕西传教，1660年到北京参与汤若望修订历法工作，为近代西方科学知识在中国的传播做出了重要贡献。

21. [D]《与山巨源绝交书》是嵇康听到山涛在由选曹郎调任大将军从事中郎时，想荐举他代其原职的消息后写的。信中拒绝了山涛的荐引，指出人的秉性各有所好，申明他自己赋性疏懒，不堪礼法约束，不可加以勉强。他强调放任自然，既是对世俗礼法的蔑视，也是他崇尚老庄无为思想的一种反映。阮籍，三国时期魏国诗人，作为“正始之音”的代表，著有《咏怀八十二首》《大人先生传》等，其著作收录在《阮籍集》中。向秀，魏晋时期文学家，喜谈老庄之学，曾注《庄子》，代表作有《思旧赋》《难嵇叔夜养生论》。刘伶，魏晋时期名士，好老庄之学，追求自由逍遥、无为而治，代表作有《酒德颂》《北芒客舍》。竹林七贤，即嵇康、阮籍、山涛、向秀、刘伶、王戎及阮咸七人。

22. [C] 屋大维是罗马帝国的第一位元首，元首政制的创始人，统治罗马长达40年，是世界历史上最为重要的人物之一。恺撒，罗马共和国末期杰出的军事统帅、政治家，以其优越的才能成为罗马帝国的奠基者，屋大维是其甥孙及养子。安东尼，古罗马著名政治家和军事家，早期是恺撒最重要的军队指挥官和管理人员之一，曾取得腓力比战役的胜利。雷必达，古罗马贵族政治家，公元前43年开始统治罗马的后三头同盟（安东尼、屋大维、雷必达）之一。

23. [B]《双城记》是英国作家查尔斯·狄更斯所著的一部以法国大革命为背景所写成的长篇历史小说，首次出版于1859年。故事围绕着马内特医生一家和以德发日夫妇为首的圣安东尼区展开。小说里描写了贵族如何败坏、如何残害百姓，人民心中积压对贵族的刻骨仇恨，导致了不可避免的法国大革命。书名中的“双城”指的是巴黎与伦敦。俄国作家托尔斯泰的《战争与和平》以1812年的卫国战争为中心，反映从1805到1820年间的重大历史事件。法国作家罗曼·罗兰的《约翰·克里斯朵夫》通过主人公一生经历去反映现实社会一系列矛盾冲突，宣扬人道主义和英雄主义。法国作家大仲马的《基督山伯爵》的故事背景是19世纪法国皇帝拿破仑“百日王朝”时期，以基督山扬善惩恶、报恩复仇为故事发展的中心线索。

24. [A]《唐璜》是拜伦的代表作，也是欧洲浪漫主义文学的代表作品。该诗半庄半谐、夹叙夹议，描绘了西班牙贵族子弟唐璜的游历、恋爱及冒险等浪漫故事，揭露了社会中黑暗、丑恶、虚伪的一面，奏响了为自由、幸福和解放而斗争的战歌。《失乐园》是英国政治家、学者约翰·弥尔顿创作的史诗，取材自《圣经·旧约·创世纪》，以史诗一般的磅礴气势揭示了人的原罪与堕落，与荷马的《荷马史诗》、但丁的《神曲》并称为西方三大诗歌。《埃涅阿斯记》是古罗马作家维吉尔创作的一部史诗，取材于古罗马神话传说，是叙述埃涅阿斯建立罗马国家的故事。《荷马史诗》是古希腊诗人荷马创作的两部长篇史诗——《伊利亚特》和《奥德赛》的统称，以六音步扬抑格写成，集古希腊口述文学之大成，是古希腊最伟大的作品，也是西方文学中最伟大的作品。

25. [B] 美国人最早开始举行阵亡将士纪念日的活动是在一百多年前的南北战争期间。战争结束，南部许多家庭开始祭奠战争中阵亡的将士。他们不分南北双方，在春天向双方死者的墓地都奉献鲜花，北方人为此深受感动，将这一举动视为民族团结的象征。1868 年，5 月 30 日这一天被正式批准为向为保卫祖国而英勇牺牲的士兵们敬献鲜花的日子。

26. [A]《盛世遗踪》是石黑一雄的代表作。它的叙述者是有着 200 多年历史的达灵顿庄园的现任老管家史蒂文斯。该小说通过史蒂文斯的叙事，表现出史蒂文斯在贵族绅士传统文化和大英帝国没落时期对往昔辉煌的怀旧与思考，更是揭示了二战后英国社会普遍存在的对贵族传统、绅士文化传统、贵族政治传统以及举世瞩目的大英帝国殖民霸主地位的怀旧情结。

27. [D] 第一次犹太战争期间，义军残部撤退到马塞达要塞，顽强抵抗罗马军的围攻，坚持 2 年多时间，也曾给敌人以重创。最后在公元 73 年 4 月 15 日犹太教逾越节日集体殉难。殉难前起义领导人发表演说：“……我们宁愿为自由而死，不为奴隶而生！”这次殉难总计 960 人。耶路撒冷战役是 1099 年第一次十字军东征时期的决定性战役，十字军占领了圣城耶路撒冷，建立了耶路撒冷王国，开创了基督教王国的统治序幕。玛喀比起义是公元前 167 至 160 年马加比家族领导的反抗塞琉古帝国统治和希腊文化渗透的一次犹太人大起义。巴比伦战役是巴比伦与犹太王国之间的战争。前 597 年，巴比伦国王尼布甲尼撒二世率军进攻犹太并包围了耶路撒冷，耶路撒冷陷落，犹太王尧钦姆投降，著名的耶路撒冷神庙也被洗劫一空。

28. [D] 杰克·伦敦，美国现实主义作家。在杰克·伦敦的作品中，时常能感受到英雄主义情结，以及对生命本身的崇拜，对生命、生存的意义追求原始形态与精神自由。迷惘的一代，又称迷失的一代，是美国文学评论家格特鲁德·斯坦因提出的第一次世界大战到第二次世界大战期间出现的美国一类作家的总称。他们之所以迷惘，是因为这一代人的传统价值观念完全不再适合战后的世界，可是他们又找不到新的生活准则。代表人物有海明威、菲茨杰拉德、约翰·帕索斯等。海明威，美国作家和战地记者，被认为是 20 世纪最著名的小说家之一，曾获 1954 年诺贝尔文学奖，代表作有《老人与海》《乞力马扎罗的雪》等。菲茨杰拉德，20 世纪美国最杰出作家之一，代表作有《了不起的盖茨比》《夜色温柔》等。约翰·帕索斯，小说家，代表作有《美国》三部曲。

29. [A]《巴比特》是一部反映美国商业文化繁盛时期城市商人生活的小说。它不仅塑造了一个典型的商人形象“巴比特”，还漫画式地表现出美国 20 世纪 20 年代商业文化的方方面面，具有文化观照和艺术欣赏的双重价值。

30. [A]《流萤集》是印度诗人泰戈尔创作的抒情短诗集。《流萤集》中的诗篇写作于 20 世纪 20 年代，记录了泰戈尔思想中闪现的火花和历久弥新的隽永之语，诗句简短，旨意明确，形式活泼而又自由，表现了诗人独特的情感、知觉和语言魅力。英国浪漫主义诗人威廉·布莱克，英国文学史上最重要的伟大诗人之一，主要诗作有诗集《纯真之歌》《经验之歌》等。美国诗人埃兹拉·庞德，意象派诗歌代表人物，和艾略特同为后期象征主义诗歌的领军人物。他从中国古典诗歌、日本俳句中生发出“诗歌意象”的理论，为东西方诗歌的互相借鉴做出了卓越贡献。其代表作有《在地铁站内》。托尔斯泰，19 世纪中期俄国批判现实主义作家、政治思想家、哲学家，代表作有《战争与和平》《安娜·卡列尼娜》《复活》等。

31. [C] 2013 年 6 月，前中情局（CIA）职员爱德华·斯诺登将两份绝密资料交给英国《卫报》和美国《华盛顿邮报》。按照设定的计划，6 月 6 日，美国《华盛顿邮报》披露称，过去 6 年间，美国国家安全局和联邦调查局通过进入微软、谷歌、苹果、雅虎等九大网络巨头的服务器，监控美国公民的电子邮件、聊天记录、视频及照片等秘密资料。《华盛顿邮报》是美国华盛顿最大、最老的报纸，尤其擅长报道美国国内政治动态。《洛杉矶时报》是美国西部最大的对开日报，其影响与地位仅次于《纽约时报》和《华盛顿邮报》，被称为美国的第三大报。《纽约时报》是一份在美国纽约出版的日报，在全世界发行，有相当高的影响力，美国高级报纸、严肃刊物的代表。《今日美国》是美国唯一的彩色全国性英文对开日报，1982 年 9 月创刊，属美国最大的甘尼特报团。

32. [B]《亨利六世》首版于 1623 年，上篇写英国在英法百年战争中由于贵族不和而失利；中篇写国内贵族的纷争和平民起义，导向内战；下篇写红白玫瑰战争时期的封建内战，红玫瑰贵族集团一度战败，国王被杀。《理查二世》首版于 1597 年，讲述了理查二世被波林勃洛克（夺位后成为亨利四世）政治上击败、军事上围困、俘辱后被囚被杀的故事。《理查三世》创作于1591年，描述了暴君理查三世短暂的执政时期，是莎士比亚第二长的剧本，长度仅次于《哈姆雷特》。《亨利八世》首版于1623年，讲述了亨利八世在位期间白金汉公爵被诛，凯瑟琳王后被废，大主教沃尔西被黜，安·波琳加冕，和英国教会脱离罗马教廷的统治而单独成立由英国国王直接领导的英国国教等主要情节。以上均为莎士比亚所作戏剧。

33. [C] 纳什维尔电台自开办“往昔的歌剧——老乡音”节目之后，延续数十年，成为该台传统名牌节目。而纳西维尔市也被公认为“美国乡村音乐的白宫”，所有乡村歌手都视之为“乡村音乐的圣地”。

34. [D]《海边的卡夫卡》是村上春树所著的一部长篇小说，讲述的是主人公卡夫卡的成长史，延续了村上春树一贯的虚构的故事设定，却又深刻地投射出了现实社会的影子。《古都》《雪国》《伊豆的舞女》是日本著名小说家川端康成的代表作。

35. [C] 拉什莫尔山国家纪念公园内有四座高达60英尺（约合18米）的美国历史上著名的前总统头像，他们分别是乔治·华盛顿、托马斯·杰斐逊、西奥多·罗斯福和亚伯拉罕·林肯。

36. [C]2003年2月1日，哥伦比亚号在执行代号STS-107的第28次任务重返大气层的阶段中与控制中心失去联系，并且在不久后被发现在得克萨斯州上空爆炸解体，机上7名航天员全数罹难。

37. [B] 娜拉是话剧《玩偶之家》中女主人公，具有资产阶级民主思想倾向，反抗男权主义和不合理的社会观念，争取妇女解放，追求人格独立，具有自由意志“精神的反叛”。《推销员之死》《三姐妹》《天边外》的作者分别是美国剧作家阿瑟·米勒、俄罗斯剧作家契诃夫和美国剧作家尤金·奥尼尔。

38. [C]《蝴蝶夫人》，是由意大利作曲家普契尼创作之歌剧。该剧以日本为背景，叙述女主人公巧巧桑与美国海军军官平克尔顿结婚后空守闺房，等来的却是背弃。最终以巧巧桑自杀为结局。

39. [A] 福特T型车是美国亨利·福特创办的福特汽车公司于1908年至1927年推出的一款汽车产品。雪佛兰汽车公司，是美国通用汽车公司旗下的一个汽车品牌，于1911年创立，1918年被通用汽车并购。通用汽车公司，成立于1908年，自从威廉·杜兰特创建美国通用汽车公司以来，通用汽车在全球生产和销售包括别克、雪佛兰、凯迪拉克、GMC及霍顿等一系列品牌车型并提供服务。克莱斯勒汽车公司，美国第三大汽车制造企业，以经营汽车业务为主，主要生产道奇、顺风、克莱斯勒和Jeep等品牌的汽车。

40. [C]“铁幕演说”是1946年3月英国前首相温斯顿·丘吉尔在美国富尔顿发表的反苏联、反共产主义演说。丘吉尔在演说中运用“铁幕”一词之意攻击苏联和东欧社会主义国家“用铁幕笼罩起来”，因此，此演说被称为“铁幕演说”。杜鲁门，美国第33任总统，提出“杜鲁门主义”，标志着美苏战时同盟的正式破裂，从此长达近半个世纪的冷战全面展开。艾森豪威尔，美国第34任总统，上任后半年签订《朝鲜停战协定》，支持所有反对苏联及共产党的政权。斯大林，苏联党和国家最高领导人（1924年—1953年），领导苏联工业化、农业集体化，领导苏联卫国战争取得胜利。

41. [D]1965年4月8日，德国、法国、意大利、荷兰、比利时、卢森堡六国签订《布鲁塞尔条约》，决定将欧洲煤钢共同体、欧洲原子能共同体和欧洲经济共同体统一起来，统称欧洲共同体。欧共体总部设在比利时首都布鲁塞尔。

42. [A]《第二十二条军规》是美国作家约瑟夫·海勒创作的长篇小说，号称黑色幽默的鼻祖，是《柯林斯词典》选出的1961年的标志。该书的主人公为了逃避危险的作战任务而装疯，可是逃避的愿望本身又证明了他的神志清醒。书中讽刺这个社会处于一种有组织的混乱、一种制度化的疯狂之中，这个社会的一切只服从“第二十二条军规”的荒诞逻辑。《愤怒的葡萄》是美国现代小说家约翰·司坦贝尔创作的长篇小说，描写美国20世纪30年代经济恐慌期间大批农民破产、逃荒的故事，反映了惊心动魄的社会斗争的图景，获得1940年美国普利策文学奖。《嘉莉妹妹》是美国现实主义小说家西奥多·德莱塞创作的长篇小说，深刻揭露了美国资本主义制度对贫苦人民压榨的残酷性和资产阶级生活方式对小资产阶级分子的腐蚀性。《红色英勇勋章》是美国自然主义文学家斯蒂芬·克莱恩创作的小说，描写了美国南北战争期间一个不谙世事却胸怀崇高理想的青年在战火中成长的故事。

43. [B]2016年10月13日，瑞典文学院宣布将2016年诺贝尔文学奖授予美国音乐人兼作家鲍勃·迪伦，因其“在伟大的美国民谣传统中创造出新的诗歌意境”。约翰·列侬，英国男歌手、音乐家、诗人、社会活动家，摇滚乐队“披头士”的成员，2004年入选《滚石》杂志评出的“历史上最伟大的50位流行音乐家”。艾尔顿·约翰，英国歌手、曲作者、钢琴演奏者，曾获6座格莱美奖。乔治·哈里森，英国吉他演奏家、歌手、作曲家，披头士乐队成员之一，2014年被授予格莱美终身成就奖。

44. [C] 尼古拉二世，俄罗斯罗曼诺夫王朝最后一位沙皇，也是欧洲历史上第三个被处死的君主。在其执政末期，俄罗斯先后爆发了二月革命和十月革命，前者推翻了他的统治，后者结果了他的性命。伊凡四世，俄罗斯历史上第一位沙皇，曾进行改革，使俄罗斯逐渐强大。罗曼诺夫，史称米哈伊尔一世，俄罗斯罗曼诺夫王朝首位沙皇，也是伊凡四世皇后的侄孙，建立了罗曼诺夫王朝。彼得三世，俄罗斯罗曼诺夫王朝第十一位沙皇，俄罗斯帝国第七位皇帝。1762年，彼得三世的妻子叶卡捷琳娜（后为叶卡捷琳娜二世）发动宫廷政变迫使其下台。

45. [B] 亚历山大大帝是马其顿王国（亚历山大帝国）国王，世界古代史上杰出的军事家和政治家，西方历史上四大（一说七大）军事统帅之首。拜占庭帝国，即东罗马帝国，是一个信奉东正教的帝制国家。奥斯曼帝国是土耳其人建立的多民族帝国，因创立者为奥斯曼一世而得名。法兰克王国是由日耳曼人的一支法兰克人在西欧建立的封建王国。

46. [C] 疟疾是经按蚊叮咬或输入带疟原虫者的血液而感染疟原虫所引起虫媒传染病。霍乱是因摄入的食物或水受到霍乱弧菌污染而引起的一种急性腹泻性传染病。炭疽病是炭疽杆菌引起的人畜共患的急性动物源性传染病。结核病是由结核杆菌感染引起的慢性传染病，主要传播途径是呼吸道传播。

47. [A] 印象派是19世纪后半期诞生于法国的绘画流派。该流派反对因循守旧的古典主义和虚构臆造的浪漫主义，代表画家有马奈、雷诺阿和莫奈等，他们以“光”和“色彩”作为绘画追求的主要目的，并倡导走出画室，描绘自然景物，以迅速的手法把握瞬间的印象，使画面呈现出新鲜生动的感觉。西班牙立体主义画家毕加索的《格尔尼卡》结合了立体主义和超现实主义风格。西班牙超现实主义画家达利的《记忆的永恒》充分表现了超现实主义绘画的魅力。法国近代绘画史上最受人民爱戴的画家米勒的《播种者》是巴比松画派的代表作，巴比松画派主张走出画室在自然光下对景写生，然后以写生稿为基础，进行风景画创作。

48. [D]《巴斯克维尔的猎犬》是英国作家阿瑟·柯南·道尔创作的中篇小说。该作讲述的是在巴斯克维尔家庭中，300年来一直流传着的“魔鬼般的大猎狗”的神秘传说，像传说的那样，查尔斯爵士在离伦敦不远的一块沼泽地里死于非命。

49. [B] 美国宪法第十八修正案获批于1919年1月16日，该法案宣告酒类酿造、运输和销售是违法的（但是可以私下拥有和私下饮用），实质上颁布了酒类饮料的禁制令。

50. [D] 古巴比伦王国位于美索不达米亚平原，大致在当今的伊拉克共和国版图内。它的首都位于今伊拉克境内巴格达以南幼发拉底河畔。利雅得，西亚国家沙特的首都和第一大城市，是一个典型的绿洲城市、国际大都市，阿拉伯半岛第一大城市。德黑兰，伊朗首都、最大的城市，也是西亚地区最大的城市之一。阿扎迪塔及默德塔是德黑兰的标志性建筑。伊斯坦布尔，原名君士坦丁堡，是土耳其经济、文化、交通中心，世界著名的旅游胜地，繁华的国际大都市之一。

第二部分 应用文写作

◎写作分析

本文要求写一篇致辞讲稿，考生要把握开幕式致辞的要点，明确写出丝绸之路国际旅游博览会的指导思想、宗旨、重要意义。写作时要注意穿插两点：一是丝路文化，二是思路精神，并找到和旅游业巧妙契合的点。

把握历史机遇，丝路文旅共生

今天，我们相聚在这里，一起见证本届丝绸之路国际旅游博览会扬帆起航的重要时刻。首先，我谨代表我省人民政府和全省人民，诚挚地欢迎远道而来的嘉宾朋友们！同时也向对本届丝绸之路国际旅游博览会举办给予大力支持的海内外朋友表示衷心的感谢！

“汇聚各路精英，迎来八方宾客”是我们的宗旨；“展现丝路风采，促进旅游发展”是我们的主题；“奏响思想共鸣，达成合作共识”是我们心照不宣的默契。我们热切期盼各位嘉宾朋友和客商不虚此行。从古至今，丝绸之路的风采都牵动着中外游客的心，炎黄一脉炽热的魅力更是丝路之旅的灵魂。大漠戈壁、丹霞地貌、冰川雪山等西部独有的风景，希望能让与会嘉宾们有一段历久弥新的美好回忆。

女士们、先生们，丝绸之路给旅游业带来了前所未有的勃勃生机和无限潜力，以旅游业为契机，“弘扬丝路文化、重振丝路雄风、造福丝路人民”是令人向往的崇高事业，也是国际社会的共同责任。我们愿和与会嘉宾一起，努力打造和平丝路、繁荣丝路、开放丝路、创新丝路、文明丝路，在国际旅游博览会这个平台上把握机遇，步伐一致，努力前行，把“和平合作、开放包容、互学互鉴、互利共赢”的丝路精神发扬光大！

最后，预祝丝绸之路国际旅游博览会顺利越办越好，书写人类社会文化盛事的新篇章！

第三部分　命题作文

◎写作分析

通过分析材料，可以看出材料主要通过“斯诺命题”引出对自然科学与人文社科的关注，引发读者的思考。在写作时，考生可以遵从“提出问题”“分析问题”“解决问题”的思路，理清写作脉络，力争逻辑清晰，论证深刻。

科学与人文，从对立到对话

——“科学”与“人文”两种文化的冲突与融合

“在你踏入实验室之前，要把自己的情感、种族、政治立场等所有价值观念都抛弃在门外，这样你最终才能得到客观确切的实验成果。”这个流传了长达一个世纪之久的规则意识，在某种程度上生动再现了自然科学与人文社科两大文化阵营的对峙。著名的“斯诺命题”让很多有识之士开始认真思考科学与人文两种文化的冲突与融合问题。

人文是对人类精神世界和社会的研究，答案从来都不是唯一的；科学是关于物质世界的研究，是对一个个具体存在的事物的研究，目的是得到一个精确的结果。“斯诺命题”的重要性之一也在于此——揭示了某个单一学科，不可能掌握和理解整体。人文与科学是人类文化最重要的组成部分，我们应该尽最大努力使两种文化碰撞、交流和融合，而不是任由其背道而驰，最终渐行渐远。

爱德华·O. 威尔逊在《论契合：知识的统合》一书中明确指出“最伟大的智力劳动曾经是，而且仍将是试图将自然科学与人文科学结合起来。”很多有识之士认为，人文学家和科学家应该有广袤的胸怀，不要轻易给科学和人文划出界线和鸿沟，而应该努力合作，开发出更成熟的思想天地和领域。

首先，杜绝“聋人对话”，提升开放意识。科学与人文，虽然从事的工作领域不同，但都是对同一世界的研究，问题在于研究的层面和方向不同。科学与人文的从业者唯有树立这种信念，才能摘下有色眼镜，心平气和地理解对方的立场，接受对方的观点，最终达成共识，达到对话与合作的目的。

其次，大力发展交叉学科，培养通识人才。自然科学的代表性人物爱因斯坦对人文社科持肯定态度，他曾在采访中说道，“不是科学研究的成果，而是理解的冲动、脑力的激荡、创造或接受，提升了人并且丰富了自己的本性。”科技的高速发展极大提高了生产力，在物质世界得以丰富的同时，很多人也迷失了本心。因此，耗费心血努力培养“全才”，注重交叉学科的发展，对整个人类文化的进程有着不可磨灭的意义。

“每一个科学思想，无论它多么神秘，从它的诞生到成熟都彻底是人性的。”这是著名科学史家萨顿对人文主义的呼唤。寻求两种文化的融合，是走出文化困境、解决社会危机的必由之路。在未来的时空领域，我们期盼科学共同体和人文共同体能够以相互尊重为底线，以弥合沟壑为准则，为人类的文化之旅涂抹更加靓丽的色彩。

2019 年 中国海洋大学 · 答案详解

第一部分 百科知识

一、选择填空

四大古文明中被认为最古老的是发源于幼发拉底河和（01）[B] 底格里斯河流域的（02）[E] 古巴比伦文明或称两河文明，也因其所在地区平原被称作（03）[K] 美索不达米亚文明。该古文明现存于世的重要成就之一是已经发现的世界上最早的一部较为完整地保存下来的成文法典——《（04）[H] 汉谟拉比法典》，还有传说公元前 6 世纪由巴比伦王国的尼布甲尼撒二世建立并在现代被列为世界七大奇迹之一的（05）[J] 空中花园。古巴比伦王国的主要领域位于现在的（06）[V] 伊拉克境内。

四大古文明中名列第二的是古埃及文明，发源于（07）[L] 尼罗河流域。古埃及的最高统治者汉语称作（08）[D] 法老，其陵墓汉语称为金字塔，胡夫金字塔还被列为世界七大奇迹之一。现在还能在埃及看到一尊闻名世界的（09）[M] 狮身人面像，此雕像起源于埃及神话中的斯芬克斯，而且斯芬克斯在西亚神话和古希腊神话中也有传诵。

四大古文明中名列第三的是古印度文明，而名列第四的是中华文明。

所谓四大古文明中真正至今从未中断过的只有中华文明。

所谓四大古文明全部都是（10）[X] 原生文明或称自源性文明，所谓古希腊文明因为很明显受到了古埃及文明和古巴比伦文明的影响才产生并发展起来，是派生文明或称借源性文明。

20 世纪下半叶，世界上已经有了数个拥有核武器的所谓核大国。早在只有美国、苏联和英国拥有核弹的 1953 年 10 月，美国艾森豪威尔（11）[Y] 政府就提出了大规模报复战略，并由国务卿杜勒斯于 1954 年 1 月正式宣布。这是最早出现的核威慑战略。其中心是美国以其（12）[O] 绝对优势的核力量为后盾，用发动全面核报复对敌方进行讹诈与威胁。60 年代初期，美、苏核力量（13）[R] 趋于平衡，美国政府提出以灵活反应战略替代核威慑，即在继续发展核力量的同时，（14）[J] 加强常规兵力；以常规兵力为“剑”，以核力量为“（15）[E] 盾”。60 年代中期美国又提出了以确保相互摧毁（即相互威慑，英语为 Mutual Assured Destruction，缩写为 MAD）为基础的核政策，认为核战争的（16）[M] 结果是同归于尽，强调加强第二次核打击的能力，以遏制对方发动核战争。

西方理论界把威慑的手段分为“惩罚性威慑”与“抑阻性威慑”。前者亦称“（17）[N] 进攻性威慑”，即采取迅速和压倒一切的报复行为，迫使进攻者认识到得不偿失，立足点是反击能力。后者亦称“（18）[H] 防御性威慑”，即以足够的、有效的防御能力，使敌方感到无法实现预期目的。

美国与苏联两个超级大国展开了核军备竞赛，既拖累了经济建设，也令许多人产生了核战争恐惧。于是，世界上出现了裁减军备的呼声。

1987 年，美、苏两国签订了《美苏消除两国中程和中短程导弹条约》，简称《中导条约》，规定双方都销毁射程介乎 500 至 1,000 公里的短程导弹，以及射程介乎 1,000 至 5,500 公里的中程导弹，包括搭载常规与核弹头的导弹、导弹的陆基（19）[G] 发射器。1991 年 12 月 25 日苏联解体以后，俄罗斯联邦继承了前苏联《中导条约》的签署国地位及条约权利和（20）[U] 义务。

2018 年 10 月 20 日，美方指责俄方 4 年来多次违反条约规定，宣布拟以此为由退出《中导条约》。美国此举致世界舆论一片哗然。到美国宣称将退出之日为止，双方总共已经销毁导弹 2,692 枚。

中非合作论坛（Forum on China-Africa Cooperation，简称 CACF），是中华人民共和国和非洲国家之间在南南合作范畴内的集体对话机制，成立于 2000 年。论坛的宗旨是平等（21）[A] 磋商、增进了解、扩大（22）[H] 共识、加强友谊、促进（23）[L] 合作。

论坛现成员包括中华人民共和国、与中国建交的 53 个非洲国家以及非洲联盟委员会。

中非合作论坛后续机制建立在三个级别上：部长级会议每（24）[W] 三年举行一届；高官级后续会议及为部长级会议做准备的高官预备会分别在部长级会议前一年及前数日各举行一次；非洲驻华（25）[X] 使节与中方后续行动委员会秘书处每年至少举行两次会议。部长级会议及其高官会议轮流在中国和非洲国家举行。中国和承办会议的非洲国家担任（26）[I] 共同主席国，共同主持会议并牵头（27）[V] 落实会议成果。部长级会议由外交部部长和负责国际经济合作事务的部长参加，高官会由各国主管部门的司局级或相当级别的官员参加。

2018 年第七届中非合作论坛北京峰会于 2018 年 9 月 3 日至 4 日在北京举行，本次峰会主题为"合作共赢，携手构建更加（28）[R] 紧密的中非命运共同体"。中国国家主席习近平主持峰会并举行相关活动，在开幕式上并发表了题为《携手共命运 同心促发展》的主旨讲话，强调中非要携起手来，共同打造责任共担、合作共赢、幸福共享、文化（29）[J] 共兴、安全共筑、和谐共生的中非命运共同体，重点实施好产业促进、设施（30）[T] 联通、贸易便利、绿色发展、能力建设、健康卫生、人文交流、和平安全"八大行动"。

中国国际进口博览会（China International Import Expo，简称 CIIE）。

2017 年 5 月，习近平主席在"一带一路"国际合作（31）[M] 论坛上宣布，中国将从 2018 年起举办中国国际进口博览会。

2018 年 1 月 4 日，首届中国国际进口博览会新闻中心正式（32）[S] 运营。

首届中国国际进口博览会由中华人民共和国商务部、上海市人民政府（33）[V] 主办，于 2018 年 11 月 5 日至 10 日在国家会展中心（上海）举行，中国国家主席习近平出席开幕式并举行相关活动。

许多人士指出，中国国际进口博览会将成为共建"一带一路"的又一个重要支撑。

举办中国国际进口博览会是中国坚定（34）[U] 支持贸易自由化和经济全球化、主动向世界（35）[J] 开放市场的重大举措，有利于促进世界各国加强经贸交流合作，促进全球贸易和世界经济增长，推动开放型世界经济发展。

中国政府诚挚欢迎各国政要、工商界人士，以及参展商、专业采购商参展参会，拓展中国市场，（36）[C] 分享各国经贸合作商机，实现互惠互利，共赢发展。中国愿与各国一道，将中国国际进口博览会打造成为世界（37）[R] 一流的博览会，为各国开展贸易、加强合作开辟新渠道，促进世界经济和贸易共同繁荣。

中国国际进口博览会是世界上第一个以进口为（38）[X] 主题的大型国家级展会，包括展会和论坛两个部分。展会即国家贸易投资综合展（简称国家展）和企业商业展（简称企业展），论坛即虹桥国际经贸论坛。国家展是本届中国国际进口博览会的重要内容，共有 82 个国家、3 个国际组织设立 71 个展台，展览面积约 3 万平方米，各参展国意图展示国家形象、经贸发展成就和特色优势产品。国家展中，印度尼西亚、越南、巴基斯坦、南非、埃及、俄罗斯、英国、匈牙利、德国、加拿大、巴西、墨西哥等 12 个（39）[W] 主宾国均设立了独具特色的展馆。作为东道主，中国设立了中国馆，包括港澳台展区。

中国馆以"创新、协调、绿色、开放、共享"的新发展（40）[L] 理念为主线，旨在展示中国改革开放的巨大成就，以及中国发展、共建"一带一路"给世界带来的新机遇。企业展分 7 个展区、展览面积 27 万平方米，来自 130 多个国家的 3,000 多家企业签约参展。

贸易战（trade war）又称“商战”，指一些国家通过高筑关税壁垒和非关税壁垒，限制别国商品进入本国市场，同时又通过倾销和货币贬值等措施争夺国外市场，由此引起的一系列报复和反报复措施。如果贸易战的武器仅限于相互提高关税税率，则称为“关税战”。

贸易战的背后是贸易保护主义理论，该理论主张，在对外贸易中通过多种（41）[Y] 政策和措施，限制进口，以保护本国商品在国内市场免受外国商品竞争，并向本国商品提供各种（42）[V] 优惠，以增强其国际竞争力。

贸易保护主义在限制进口方面，主要是采取关税壁垒和非关税壁垒两种措施。前者主要是通过征收高额（43）[E] 进口关税阻止外国商品的大量进口；后者则包括采取进口许可证制、进口（44）[K] 配额制、外汇管制等一系列非关税措施来限制外国商品自由进口。

鼓励出口的常见措施主要有出口信贷、出口信贷国家担保、（45）[B] 出口补贴、商品倾销、外汇倾销等。

近年来的贸易保护主义有以下特点：①主要保护手段由关税转到非关税措施。一系列的国际贸易与关税（46）[S] 谈判中形成的决议，大大降低了关税总水平，于是各国转而采取非关税措施来推行保护主义政策。这些措施灵活、隐蔽、限制性强，世界贸易总额一半以上受到各种非关税限制。②保护政策对产品的（47）[X] 针对性越来越强，如减少和降低对工业品的限制，但对农产品的保护却极少松动，对工业品中不同商品的限制也有很大差别。③实行保护政策所针对的国家和地区的区分加强了。一般地说，一国总是针对自己直接、（48）[L] 强劲的竞争对手加强保护主义政策，而对其他国家则适当放松。世界多数国家都是根据自己的国情和竞争对手的状况，分别采用自由贸易和保护主义政策，以期保护本国经济的持续发展，增强其在国际上的竞争力。

贸易保护的目的主要是为了保护国内市场以促进国内（49）[P] 生产力的发展，这与早期的重商主义保护贸易目的很不相同。重商主义限制进口、鼓励出口，目的是（50）[D] 积累金银财富；贸易保护主义主张保护贸易的目的则是为了提高创造财富的能力。

联合国教育、科学及文化组织（简称：联合国教科文组织，英文：United Nations Educational, Scientific and Cultural Organization，缩写 UNESCO）成立于 1945 年 11 月 6 日，是联合国下属的专门机构之一。

1945 年 11 月 1 日—16 日，二战刚刚（51）[Q] 结束，根据盟国教育部长会议的提议，在伦敦举行了旨在成立一个教育及文化组织的联合国会议（ECO/CONF）。约四十个国家的（52）[F] 代表出席了这次会议。在饱经战争苦难的两个国家——法国和英国的推动下，会议决定成立一个以建立真正和平文化为宗旨的组织。按照他们的设想，这个新的组织应建立“人类智力上和道义上的团结”，从而防止爆发新的世界大战。会议结束时，三十七个国家（53）[T] 签署了《组织法》，联合国教育、科学及文化组织由此诞生。

1946 年 11 月正式成立，同年 12 月成为联合国的一个专门机构。

总部设在法国巴黎丰特努瓦广场。其宗旨是促进教育、科学及文化方面的（54）[M] 国际合作，以利于各国人民之间的相互了解，维护世界和平。

1983 年 12 月 28 日，美国通知联合国教科文组织，从 1984 年 12 月 31 日起退出该组织。1984 年 12 月 19 日，美国助理国务卿乔治·纽厄尔在一次记者会上宣布，美国正式退出教科文组织。他指称教科文组织在上年所做的改革还不够彻底，办公费用太高并向巴勒斯坦解放组织提供经费等。2003 年 10 月 1 日，在小布什任内，美国第一夫人劳拉·布什访法期间，美国正式（55）[C] 重返联合国教科文组织。2017 年 10 月 12 日，美国国务院发表声明称，美国退出联合国教科文组织，但将设立一个（56）[B] 常驻该组织的观察团，仍愿作为观察员国继续参与该组织，协助该组织处理保护世界遗产、促进科学合作和教育等重要事务。声明称，美国的这一决定并不轻率，而是反映了美国的（57）[L] 关切，即不断增加的欠费问题、该组织进行基本改革的必要性以及该组织持续的对以色列的偏见。

联合国教科文组织总干事博科娃发表声明对美国此举深表遗憾，并称这是联合国教科文组织、联合国大家庭以及（58）[G] 多边主义的损失。

2017 年 12 月 22 日，以色列总理本杰明·内塔尼亚胡正式宣布，以色列将于 2018 年底退出联合国教科文组织。

教科文组织主要设大会、执行局和秘书处三大部门。其中大会为（59）[Z] 最高机构，由会员国的代表组成，一般每两年举行一次大会，一般在总部巴黎举行。执行局负责监督该组织各项计划的实施，每年至少举行 2 次会议。秘书处是日常工作机构，分成若干部门，分别实施教育、自然科学、社会科学、文化和交流等领域的业务活动，或进行行政和计划工作。另外，该组织在包括中国在内的 200 多个其成员和准成员国家和地区设有全国委员会，作为其在各个成员国的（60）[A] 常设机构。我国的全国委员会 1979 年 2 月 19 日成立于北京。

二、填空

相传，有一文人于中秋之夜赏月之时忽有所感，随口出一上联，曰：

天上月圆，人间月半，月月月圆逢月半；

十五个字中竟有六个“月”字、两个“圆”字和两个“半”字，经五个其他字的连缀讲述了一项尽人皆知的客观事实，颇为自得。但苦思良久，终究难以想出合适的下联。继续沉吟之际，身旁一八岁童子开口说道，我来对对看——

今夕年尾，明朝年头，年年年尾接年头。

文人听罢又是欢喜又是惭愧，欢喜童子才思敏捷，惭愧自己思索久之未有所得。

中国传统历法中的每个月都是月亮盈亏的一个（61）周期，月圆之日称作（62）望日，一般为（63）十五日或（64）十六日，约略处于每个月的中间，即“（65）月半”。而月亮整夜不见的那一天历法上称作“（66）朔日”，即每月的（67）初一。上联描述的正是这种历法与月相的对应。但是，中华民国政府和中华人民共和国政府采用西历作为官方历法，其中的“月”实际上已经与月球的运动没有关联，所以，西方语言中才有了“（68）Blue Moon”之说，指的是一个日历月份中第二次圆月或者出现四次月圆的一个日历年度中的第三个圆月。

下联中的“今夕”指的是（69）除夕，“明朝”指的是（70）正月初一 / 元朔。整句叙述了传统历法中旧岁新年交替的客观情况。当然，所谓阳历的旧岁新年也是如此交替。

《诗经》是中国文学的主要起源标志之一，由（71）春秋时期（72）鲁国人（73）孔子 / 孔丘（字（74）仲尼）编订。因为《诗经》共收录商周诗歌 305 篇，所以常被称作“（75）诗三百”。又因为《诗经》中的诗篇分为《（76）风》《（77）大雅》《（78）小雅》和《颂》四个部分，所以最晚至（79）汉代就有班固在其《东都赋》中以能概括指代第一、二、三部分的“（80）风雅”二字指代《诗经》，此词后来常被用来夸奖文人的风度或举止，也被用来泛指与诗文相关之事。

81. 众里寻他千百度，蓦然回首，那人却在，灯火阑珊处。

82. 人生自古谁无死，留取丹心照汗青。

83. 出师未捷身先死，长使英雄泪满襟。

84. 问渠那得清如许，为有源头活水来。

85. 星垂平野阔，月涌大江流。

86. 雄关漫道真如铁，而今迈步从头越。

87. 马上相逢无纸笔，凭君传语报平安。

88. 恰同学少年，风华正茂；书生意气，挥斥方遒。

89. 江山代有才人出，各领风骚数百年。

90. 行到水穷处，坐看云起时。

第二部分 现代汉语写作

◎写作分析

本文写作难度较高，首先要有人工智能方面的常识，其次要能辩证地看待人工智能的发展问题。材料最后一句是一种观点，可赞成也可反对，也可辩证分析。范文首段点题，要理性看待人工智能的强势发展；其次，从道德高度和文化繁衍角度来论证人工智能无法超越人类的事实；结尾用《吕氏春秋》的名句来升华主题。

以发展之名，谱人类新曲

清华大学陈丹青教授曾言："时代的快感淹没了感情的真挚，亦淹没了认知的理性。"今天，让我们带着理性的眼光来审视一个热点问题——人工智能是否能超越人类？人工智能已然成为一种风靡全球的现象，各式各样的人工智能涌入人们的生活。对此，我想大声疾呼：面对铺天盖地的人工智能现象，要高扬理性之帆。

上个世纪"人工智能"这一术语进入人们的视野，标志着"人工智能"这门新兴学科的正式诞生。时至今日，人工智能已经在各类领域出现超越人类的趋势。很多人在感慨，我们正逐渐被人工智能所影响、推动，甚至代替。如果从发展的眼光看问题，人工智能可以影响推动人类，但在某些领域，人工智能是无法代替人类思考的。

首先，从道德高度来看，人工智能无法超越人类。

研究表明，人工智能不具备独立承担道德责任的能力。"根据自主性的发展逻辑，人工智能不能独立承担道德责任，就难以反作用于自由意志生成较强的自由意志。"有部分专家认为，"人工智能可以具有形式自我意识、弱自由意志和道德能力，不大可能具有实质自我意识，也不能独立承担道德责任。"贯穿千年的儒家学说告诉我们，人贵有羞耻之心，而人工智能没有羞耻之心，也就无法接受道德的约束。缺乏道德约束的人工智能，在很多情况下，是无视社会纲常的存在。故从发展的眼光来看，人工智能无法代替人类。

其次，从文化繁衍的视角，人工智能无法媲美人类。

不可否认，在人工智能时代，那些程式化的、重复性的、仅依靠记忆与练习就可以掌握的技能将是最没有价值的，基本可以由机器完成。但从文化繁衍的角度来说，人类对文学、哲学等学科的独特审美能力和创作能力是人工智能永远无法代替的。李开复在风靡全球的《人工智能》一书中强调："人对于复杂系统的综合分析、决策能力，对于艺术和文化的审美和创造性思维，基于爱、恨等情感与他人互动的能力，人的综合素质，则在人工智能时代最有价值，也是最不容易被替代的。"社会越发展，越要依仗人的综合素质。

《吕氏春秋》有言："闻而不审，不若无闻矣。"流传千古的古训告诉我们一个质朴的道理——理性思考，追求真理。以发展之名，谱人类新曲。毋庸置疑，人工智能在现代社会已有一席之地，但站在文化发展的高度，我们更相信人类的力量。

MTI

华研外语
TOPWAYENGLISH

汉语写作与百科知识

真题册

2020

懂方法 更有效
www.huayan-edu.com

科目代码
448

目录 CONTENTS

2020 年 暨南大学

第一部分 百科知识（50 分）

一、选择题：从四个选项中选择正确的选项。（25 题，每题 1 分，共 25 分）

1. 关于纳米材料的说法，不正确的是 ______。

A.“纳米材料”中的纳米是一个表示长度的计量单位

B. 纳米材料具有奇特的光、电、磁、热、力和化学方面的性质

C. 用纳米级的颗粒组成的材料就叫纳米材料

D. 用纳米技术制成的银粉会在空气里自燃

2. 下列哪一句不是《大学》中的句子？

A. 物有本末，事有始终，知所先后，则近道矣　　B. 自天子以至于庶人，一是皆以修身为本

C. 是故君子不用其极　　D. 父母在，不远游，游必有方

3. 下列哪部作品不是莫言所著？

A.《红高粱》　B.《幻城》　C.《丰乳肥臀》　D.《蛙》

4. 北京是一个有着 3,000 余年建城史和 800 余年建都史的城市，在下列称谓中，______ 不是北京历史上的别称。

A. 大都　B. 中都　C. 上都　D. 南京

5. 这是 24 个节气的第六个节气，一般是每年的 4 月 20 日或者 21 日，是春季的最后一个节气，也是播种、移苗和点豆种瓜的最佳时节。这个节气是 ______。

A. 芒种　B. 谷雨　C. 雨水　D. 春分

6. 新疆地区有“三山夹两盆”，其中的三山指的是阿尔泰山、天山和 ______。

A. 太行山　B. 昆仑山　C. 石门山　D. 祁连山

7. 地理学上的“低山”其高程范围是 ______。

A. 500 米以下　B. 1,000 米以下　C. 2,000 米以下　D. 3,000 米以下

8. ______ 是美国最长的河流，印第安语称其为“老人河”。

A. 密苏里河　B. 密西西比河　C. 格兰德河　D. 科罗拉多河

9. 不属于英国工业城市的是 ______。

A. 都柏林　B. 阿伯丁　C. 考文垂　D. 伯明翰

10. 国道的编号根据其地理走向，______ 字头表示南北方向，______ 字头表示东西方向。

A. 1，2　B. 2，3　C. 3，4　D. 4，5

11. 古汉语中，关于“阴”“阳”的说法正确的是 ______。

A. 山南为阳，水北为阳　　B. 山南为阴，水北为阳

C. 山南为阳，水北为阴　　D. 山南为阴，水北为阴

12. 北美洲最长的河流是 ______。

A. 尼罗河　　B. 密西西比河　　C. 科罗拉多河　　D. 圣劳伦斯河

13. 关于美国人口的分布，叙述正确的是 ______。

A. 美国的人口分布比较均匀，东、南、西部沿海和北部内陆人口较多

B. 美国城市人口密度大，全国 50% 左右的人口分布在城市

C. 西部太平洋沿岸的人口最为集中，特别是西北部人口密度最大

D. 美国一半以上人口集中分布在沿海平原和五大湖地区

14. 英国和法国之间的英吉利海峡非常狭窄，最狭窄的部分叫 ______ 海峡。

A. 直布罗陀海峡　　B. 多佛尔海峡　　C. 巴士海峡　　D. 霍尔木兹海峡

15. 美国最重要的湖泊是五大湖，其中 ______ 是唯一完全在美国境内的湖泊。

A. 密歇根湖　　B. 苏必利尔湖　　C. 休伦湖　　D. 伊利湖

16. 网络语言是伴随着网络的发展而新兴的一种有别于传统平面媒介的语言形式。它以简洁生动的形式，一诞生就得到了广大网友的偏爱，发展神速。以下哪一组词不是 BBS（网络论坛）中跟帖常用的词汇？

A. 杯具、表、酱紫　　B. 刘明、马克、灌水

C. 隔壁、歪楼、太监　　D. 楼上、楼下、楼主

17. 研究中把实际观测或调查的一部分个体称为样本，研究对象的全部称为总体。抽样误差是指抽样方法本身所引起的误差，即样本指标值与被推断的总体指标值之差。根据上述定义，下列不涉及抽样误差的是 ______。

A. 调查员因为粗心、疏忽等原因将样本数据登记错误

B. 通过随机拨打电话了解大众对某品牌沐浴露的忠诚度

C. 要了解某班学生英语水平，将他们的英语期中考试成绩进行统计分析

D. 要调查全国城市居民婚姻满意度，选取北京 200 名已婚者作为调查对象

18. 2011 年 11 月 16 日 18 时 30 分，中国的 ______ 飞船与 ______ 目标飞行器成功分离，并于 11 月 17 日 19 时许成功返回地面。

A. 神舟八号　　B. 神舟九号　　C. 天宫二号　　D. 天宫一号

19. 空气污染指数（Air Pollution Index，简称 API）是一种反映和评价空气质量的方法，就是将常规监测的几种空气污染物的浓度简化成为单一的概念性数值形式，并分级表征空气质量状况与空气污染的程度。空气质量的好坏取决于各种污染物中危害最大的污染物的污染程度。空气污染指数根据环境空气质量标准和各项污染物对人体健康和生态环境的影响来确定污染指数的分级及相应的污染物浓度限值，如空气污染指数值在 101~200 范围时，空气质量为 ______。

A. 一级　　B. 二级　　C. 三级　　D. 四级

20. 欧美接送学生的校车车身一般为黄色，是因为黄色是 ______ 的颜色。

A. 最漂亮　　B. 最安全　　C. 最温暖　　D. 最干净

21. HSK 指 ______，是为测试母语非汉语者（包括外国人、华侨和中国少数民族考生）的汉语水平而设立的国家级标准化考试。

A. 中国汉语水平考试 B. 孔子学院 C. 孔子课堂 D. 对外汉语

22. 110 米栏是径赛项目的一种，由 110 米跑道和 ______ 个跨栏组成。

A. 8 B. 9 C. 10 D. 11

23. 人体内含量最多的金属元素是 ______。

A. 铁 B. 钙 C. 锌 D. 锰

24. QS 标志由“质量安全”英文（Quality Safety）字头 QS 和“质量安全”中文字样组成。标志主色为蓝色，字母“Q”与“质量安全”四个中文字样为蓝色，字母“S”为白色。QS 标志是我国的 ______ 标志。

A. 质量安全认证 B. 商品市场准入 C. 药品市场准入 D. 食品市场准入

25. 大气平均臭氧含量大约是 0.3ppm，而平流层的臭氧含量接近 10ppm，大气层中 90% 的臭氧集中在这里，所以又称臭氧层。平流层中臭氧的存在对于地球生命物质至关重要，因为它阻挡了高能量的紫外辐射到达地面。虽然这样，如果大气中平流层的臭氧被破坏，不会出现的结果是 ______。

A. 造成地面光化学反应加剧，使对流层臭氧浓度增高，光化学烟雾污染加重

B. 地面失去保温层，全球气候趋向严寒

C. 影响到大气层的温度和运动，也影响了全球的热平衡和全球的气候变化

D. 太阳紫外线大量到达地表，伤害生物与人类

二、名词解释题：简要解释下列文章片段中画线部分的名词与术语。（25 分）

一战百年纪念，警惕民粹主义

2018 年 11 月 11 日是第一次世界大战停战 100 周年，包括美国总统特朗普、俄罗斯总统普京、法国总统马克龙、德国总理默克尔等欧盟领导人在内的 70 多位各国、各国际组织领导人当天在一战协定签署地法国出席纪念活动，以示团结、支持和平。不少媒体指出，本次活动是近年来最重要的国际领导人聚会之一，在当前充满危机的世界局势下具有重要意义。

据路透社 11 日报道，本次纪念活动当天 11 时在巴黎拉开帷幕：像 1918 年停战日时一样，法国全国各地教堂响起钟声，各国领导人在香榭丽舍大街上排成一列，肩并肩冒着阴雨缓缓走向凯旋门。这一场景被认为极具象征意义：当年交战的国家，如今齐聚一堂纪念停战。

一战造成大约 1,000 万人丧生，欧洲陷入分裂衰弱。谈及列日当年的战事，高克承认，“它打开了潘多拉魔盒”。

马克龙在纪念活动中发表重要演讲，他首先回顾了一战给欧洲、给世界带来的可怕灾难与疯狂，并着重指出全世界都要接受历史教训：“过去的恶魔还会重现。”他告诫要警惕狭隘的民粹主义，称爱国主义与民粹主义并不相容。

在昨晚法国巴黎举行的一战停战百年纪念仪式上，其中一个环节是朗读当年参战的士兵和劳工们撰写的信件，而一位华裔女孩操着浓厚法国口音所朗读的一封来自中国劳工的信，则引起了一些中国网友的关注。

而在当年中国劳工的贡献被掩盖、被遗忘的同时，他们的祖国也遭受着极为相似的不公正对待。在一战结束后的巴黎和会上，作为战胜国的我们却震惊地发现我们并没有得到战胜国应有的公正对待，反而像一个战败国一样被羞辱、出卖和进一步的瓜分！在1919年的5月4日这一天，著名的五四运动爆发了，沉睡的中国人开始觉醒。

1. 第一次世界大战　　**2.** 路透社　　**3.** 潘多拉魔盒　　**4.** 民粹主义　　**5.** 五四运动

第二部分　应用文写作 （40分）

假如你是即将参加演讲大赛的选手，请阅读以下有关老一辈翻译家们的简介文字，对照当今翻译界粗制滥造之行业风气，撰写一篇题为《我们这一代翻译工作者的历史使命》的演讲稿，要求视角独特，见解精辟，发人深思，语言表达形象、生动，富有感染力。（字数：400~500）

从中国“睁眼看世界”伊始，翻译活动就担当起了开启民智、救亡图存的历史使命。因而，老一辈翻译家们身上那种历史担当精神与家国情怀似乎与生俱来：

严复：首次将涵盖社会科学多个领域的西方学术名著引进到中国，系统地介绍西方民主和科学，宣传维新变法思想。曾有“一名之立，旬月踟蹰”名言，陈述自己在翻译过程中之甘苦。

朱生豪（1912—1944）：从24岁起，朱生豪以宏大的气魄、坚韧的毅力，经数年呕心沥血，翻译出版了《莎士比亚戏剧全集》（含戏剧31种）。积劳成疾，英年早逝，短短三十二春秋。朱译《莎士比亚全集》由世界书局出版后，轰动文坛，被时人叹为“宏伟的工程”“伟大的业绩”。

罗念生（1904—1990）：1933年起，罗念生开始翻译希腊古典文学。此后近半个世纪，“在中国文化大地上搬来了一座希腊群神聚居的奥林波斯山”。主要译著有：亚里士多德的《诗学》《修辞学》，三大悲剧家的悲剧共13种，阿里斯托芬喜剧6种，荷马史诗《伊利亚特》。秋水般明净不染尘的独特文字，既是他个人性情气质的自然流露，更与希腊精神的知性品格密合无间。

草婴：“文革”结束后，草婴放弃出任上海译文出版社总编辑的机会，甘当“无工资、无编制、无职称”的三无人员，不计个人功利翻译托尔斯泰。自1978年起，翻译家草婴先生用20年时间完成了托尔斯泰全部小说翻译，计400万字。他的名言是“作为翻译家，首要的条件是要甘于寂寞。一个人关在屋子里，几本外语书、几本词典、几张稿纸、一支笔，在这样的环境里，你不是过一天两天，不是一个礼拜两个礼拜，而是终身。”

第三部分　现代汉语写作（60分）

林语堂先生曾经这样解读孤独：“孤独这两个字拆开来看，有孩童，有瓜果，有小犬，有蚊蝇，足以撑起一个盛夏傍晚间的巷子口，人情味十足。稚儿擎瓜柳棚下，细犬逐蝶窄巷中，人间繁华多笑语，惟我空余两鬓风。孩童水果猫狗飞蝇当然热闹，可都和你无关，这就叫孤独。”

请围绕“孤独”二字作文，体裁不限。要求主题突出，视角独特，情感真挚，文字流畅。（字数：1,000~1,200）

2020 年 北京外国语大学

第一部分 百科知识（50 分）

名词解释（每题 2 分，共 50 分）

1. 官渡之战
2. 王熙凤
3. 庞氏骗局
4. 世界地球日
5. 凯恩斯主义
6. 奥尔加 · 托卡尔丘克
7. 英美法系
8. 江户
9. 印欧语系
10. 丝绸之路
11. 抗生素
12. 中亚五国
13. 九月九日（原文《九月九日忆山东兄弟》）
14. 《伤寒杂病论》
15. 霍尔木兹海峡
16. 四大国（二战后托管朝鲜的四国）
17. 新教
18. 天人感应
19. 二重证据法
20. 五言律诗
21. 和平共处五项原则
22. “三言”
23. 自由港
24. 纽伦港
25. 喀斯特地貌

第二部分 应用文写作（40 分）

所谓经费请示，就是各单位、组织向上级请求批准使用经费的请示，凡是本单位、组织无权、无力决定和解决的事项都可向上级请示。为便于领导批复，请示必须一文一事，请批对应，且请示应在问题发生前或处理前行文。

请针对某单位将要举行的一次活动写一篇经费请示，字数在 350 字左右。

第三部分 现代汉语写作（60 分）

以“我们应该营造一颗什么样的心”为话题，写一篇文章，题目可以自拟，自行立意，除诗歌以外，体裁不限，字数不少于 800 字。

2020 年 天津外国语大学

第一部分 百科知识（25×2=50 分）

单项选择题

1. 世界上的历法基本可以分为 3 类，中国传统历属于 ______。

A. 阴历　B. 阳历　C. 公历　D. 阴阳合历

2. 2019 年，中国的 ______ 被列入《世界遗产名录》。

A. 仰韶文化遗址　B. 良渚古城遗址　C. 龙山文化遗址　D. 北京猿人遗址

3. 19 世纪法国浪漫派文学的典范作品《巴黎圣母院》的作者是 ______。

A. 卢梭　B. 司汤达　C. 大仲马　D. 雨果

4. 英国女作家夏洛蒂·勃朗特在小说 ______ 中以一个平民女子为主人公，探讨了情感与理智的矛盾与平衡。

A.《包法利夫人》　B.《简·爱》　C.《呼啸山庄》　D.《傲慢与偏见》

5. “巧言令色，鲜仁矣”中“鲜”的意思是 ______。

A. 新鲜　B. 鲜艳　C. 水产　D. 很少

6. “一点浩然气”的下句是 ______。

A. 千里快哉风　B. 杂然赋流形　C. 万里赴戎机　D. 城春草木深

7. “落日故人情”的上句是 ______。

A. 斜光照墟落　B. 劝君多采撷　C. 浮云游子意　D. 人闲桂花落

8.《人间词话》的作者是 ______。

A. 刘勰　B. 王国维　C. 梁启超　D. 黄遵宪

9. 14 世纪初到 17 世纪初，欧洲出现的 ______ 是新兴的资产阶级反封建反教会的思想文化运动。

A. 浪漫主义运动　B. 古典主义运动　C. 文艺复兴运动　D. 启蒙运动

10. 唐宋八大家中，不属于宋代散文家的是 ______。

A. 苏辙　B. 苏洵　C. 王安石　D. 韩愈

11. 下列诗人中属于田园诗人的是 ______。

A. 李白　B. 岑参　C. 陶渊明　D. 杜甫

12. 下列作品中，______ 的作者是鲁迅。

A.《天狗》　B.《故乡》　C.《沉沦》　D.《倪焕之》

13. 中国古人将 ______ 视为道德的象征。

A. 金　B. 银　C. 玉　D. 铜

14. 北京话是 ______。

A. 普通话　B. 汉语方言的一种　C. 现代汉民族共同语　D. 标准语

15. 下面四个词中后一个音节不读轻声的是 ______。

A. 桌子　B. 莲子　C. 帘子　D. 竹子

16. “画”和“画儿”这两个词 ______。

A. 意思一样，没有区别

B. 意思没有区别，词性有区别，“画”是动词，“画儿”是名词

C. 感情色彩有强弱，“画儿”的感情色彩强

D. 词性有区别，“画”是动词，“画儿”是名词，意义也有区别

17. 下列各项，______ 项的“什么”表示疑问。

A. 我什么也不想吃　B. 吃什么买什么　C. 这里什么也没有　D. 你想吃什么

18. 最早出土于河南安阳市殷墟，被认定为中国最古老的文字的是 ______。

A. 金文　B. 甲骨文　C. 钟鼎文　D. 篆书

19. 与闻一多一起开创新月诗派的诗人是 ______。

A. 曹雪芹　B. 郭沫若　C. 贺敬之　D. 徐志摩

20. 被称为“杂交水稻之父”的是 ______。

A. 邓稼先　B. 杨振宁　C. 袁隆平　D. 谢华安

21. 成语“充耳不闻”中，“充”是 ______ 之意。

A. 充满　B. 塞住　C. 补充　D. 充当

22. 中国古代 ______ 的发明，开创了书籍历史的新纪元。

A. 金石篆刻　B. 指南针　C. 印刷术　D. 火药

23. 下列 ______ 不属于先秦诸子百家的著作。

A.《论语》　B.《老子》　C.《庄子》　D.《淮南子》

24. 二十四节气中，意味着万物起始、天气回暖的节气是 ______。

A. 立春　B. 春分　C. 立冬　D. 立夏

25. 人类历史上，第二次工业革命的引发是以 ______ 为标志的。

A. 煤　B. 电　C. 计算机　D. 蒸汽机

第二部分　应用文写作（2×20=40 分）

1. 下面这则“批复”按照党政机关公文要求，存在 5 处错误或不规范的地方，请你分别指出并改正，如“……”，应为“……”。

××大学团委关于同意成立 ××大学舞蹈协会

你们报来的《关于成立舞蹈协会的请示》等材料收悉。经审查，申报材料齐全，条件成熟，符合《××大学学生团体管理办法》的规定，同意筹备成立 ××大学舞蹈协会，自批准之日起，六个月内召开成立大会，通过协会章程，产生管理机构。

此复。

2019.11.17

2. 请根据下面的材料写一份“商洽函”。要求：格式正确，内容完整。

（1）发文机关：大江师范大学

（2）主送机关：育英中学

（3）商洽内容：为切实落实学生实习工作，保证实习质量，为学生实习工作的顺利进行提供有力保障，大江师范大学有意与育英中学商洽关于在育英中学建立实习基地事宜。若育英中学同意，大江师范大学将按统一规定支付实习费用，并且在实习期间派出带队教师，协助育英中学对实习生进行督促和管理。

（4）时间：2019 年 12 月 10 日

第三部分　议论文写作（60 分）

马云说：素质教育是我们追求的方向。但是，素质教育不是低质教育。素质教育不等于可以放松教育的标准，不等于教育不需要严格。”

要求：1. 根据上面这段话，自拟题目，写一篇不少于 800 字的议论文；

2. 观点明确，结构完整，语言流畅，书写规范。

2020 年 北京第二外国语学院

第一部分 百科知识（共 50 分，每小题各 2.5 分）

1.《三国演义》

2. 顾炎武

3. 苏轼

4. 辛弃疾

5. “三教”

6. “三皇”

7. “五岳”

8. “五湖”

9. 文艺复兴

10. 但丁

11. 米开朗基罗

12. 达·芬奇

13. 下沉市场

14. 上市

15. 社交裂变

16. 粉丝经济

17. “嫦娥四号”

18. “玉兔二号”

19. 月幔

20. 阿波罗计划

第二部分 应用文写作 （40 分）

学校将举办百年校庆活动。请以校庆工作办公室的名义，给校友写一封邀请函。

要求：1. 格式完整、正确。

2. 书写工整。

3. 不少于 450 字。

4. 不得出现与考生相关的任何信息，否则，本题以零分计。

第三部分 现代汉语写作（60 分）

爱默生曾说：“克服民族性是文化的进步”。请围绕此话题，自拟题目，写一篇议论文。

要求：1. 书写工整。

2. 不少于 800 字。

3. 不得出现与考生相关的任何信息，否则，本题以零分计。

2020 年 西安外国语大学

第一部分 百科知识（50 分）

名词解释（每题 2 分，共 50 分）

1. 近者悦，远者来
2. 无为
3. 《周易》
4. 《孙子兵法》
5. 解会（禅宗）
6. 活水的“活”
7. 不安作劳
8. 经络
9. 胡琴
10. 做（唱念做打）
11. 琴（琴棋书画）
12. （王献之）“一笔书”
13. 墨猪
14. 同自然之妙有
15. 斗彩（瓷器）
16. 叠山（园林）
17. 望（望闻问切）
18. 唐装四要素
19. 饕餮纹
20. 饮酒孔嘉，维其令仪
21. 纳米技术
22. 智能革命
23. 微电子技术
24. 生物工程
25. 中欧班列

第二部分 应用文写作（40 分）

材料一：

9 月 14 日至 15 日，由国家文化和旅游部、陕西省人民政府主办，陕西省文化和旅游厅、陕西省商务厅、陕西省工信厅等单位承办，陕西动漫产业平台管理中心、西安西部文化产业博览会有限公司等运营执行的第六届丝绸之路国际艺术节西安数字互动娱乐文化周活动在西安曲江国际会展中心盛大举行。

材料二：

9 月 7 日至 21 日，由文化和旅游部、陕西省人民政府共同主办，陕西省文化和旅游厅承办的第六届丝绸之路国际艺术节在陕西举办。艺术节中外文化荟萃，更通过跨区域、跨语言的对话与合作，呈现文化繁荣、艺术交流和文旅融合发展的新局面。21 日晚，本届艺术节在西安举行了盛大的闭幕仪式，以文化艺术为纽带的跨文化交流，成为西安与世界缔结丝路友谊的见证。

材料三：

艺术创造幸福感

作为第六届丝绸之路国际艺术节的重要组成部分，9 月 7 日，以“丝路精神，时代丹青”为主题的 2019 今日丝绸之路国际美术邀请展在西安开幕，展出了 116 个国家和地区艺术家的 1,000 余件作品，包括中国画、油画、雕塑、书法等艺术种类。

国际美术学院联盟主席、荷兰国际艺术中心董事汤姆·哈根曼在展览开幕式上表示，艺术让我们得以深入相互了解，内啡肽是大脑中产生快乐激素的小腺体，其在艺术带来的愉悦中会变得更为活跃，可以说艺术创造了幸福感。丝绸之路国际艺术节作为全球艺术文化交流互动的先锋，在当今世界发挥着重要作用。

聚焦文旅融合

本届丝绸之路国际艺术节是陕西省文化和旅游厅组建后承办的第一届丝绸之路国际艺术节，特别举办了文旅融合高峰论坛，邀请国内外专家和业界代表为陕西文旅融合发展建言献策，探讨新时代文旅深度融合发展的路径，推动旅游演艺产业高质量发展。

请根据以上材料写一篇新闻报道，字数在 450 字左右。

第三部分 现代汉语写作（60 分）

“郑和下西洋”和“海上丝绸之路”传播了中华文化，沟通了中国与世界的贸易。中国开放的大门只会越开越大。只有开放才能有未来。

请以此为话题，写一篇 800 字左右的文章。

2020年 南京师范大学

第一部分 百科知识（60分）

请简要概述以下段落中20处画线部分的知识点。

1. 受邀参加开幕式的牙买加总理霍尔尼斯在致辞中说，举办进博会体现了习近平主席杰出的领导力和远见卓识，进博会所展现的包容性理念和中国致力于加强国际贸易投资和合作的具体措施，让世界人民都能从中国的发展中受益。“上海自由贸易试验区临港新片区已经正式设立，我们还在其他省份新设6个自由贸易试验区”；“上海证券交易所设立科创板并试点注册制已经正式实施”；“长三角区域一体化发展已经作为国家战略正式实施”。这些举措让世界人民真切地把握中国的发展脉动。

2. 郭沫若既是中国的，也是世界的。郭沫若的文化系统中有着若干世界性的元素。在郭沫若的文学创作中吸纳融合了西方近现代重要的文艺理论思想。他借助于浪漫主义、泛神论等创作理念，抒写出了中国真正意义上的白话新诗，将凤凰涅槃的青春精神传遍了现代中国。在郭沫若的翻译作品中，他凭借对世界文学和文化的熟稔，进行了创造性的译介，将浮士德、维特等世界经典文学形象介绍给渴求新知的国人，以此实现文化复兴的愿景。

3. 第一个人类基因测序投入几十亿美元、花了13年。但是现在只需要几个小时、花费数百元即可完成这一过程。正是人工智能技术让收集和分析数据的能力有了惊人的提升。数据至关重要，它是新人工智能时代的一个基础设施。医疗诊断手段如今越来越发达了，但这一切发展的基础其实是数字共享。当人们有意愿和其他人共享数据的时候，数据才有意义。人工智能和许多相关技术，如自动化、机器学习、自然语言处理、大数据分析以及机器人技术将在广泛的领域和行业中被采用，为数十亿人带来福祉。

4. 近日，教育部印发的《关于一流本科课程建设的实施意见》指出，要全面开展一流本科课程建设，立起教授上课、消灭“水课”、取消“清考”等硬规矩，严把考试和毕业出口关，打造金课、教师强起来、学生忙起来、管理严起来、效果实起来。对学生来说，“躺”着过大学的日子将一去不复返，“严进严出”将成为大学的新常态。“严进严出”制度以学生为中心，聚焦立德树人和人才培养基本理念，围绕课程、教师、课堂、制度、教学等高标准、严要求实施，将培养更多高质量，有担当精神的“创新型、复合型、应用型”人才，为国家经济建设和中华民族伟大复兴提供强有力的人才支撑。

5. 西南联大有关通识教育与专才教育曾出现过较大争论。最终，前者占据上风，并逐步成为广大师生的共识。大家普遍认为文理相通，自然科学与社会科学相互融合、渗透，才能构建合理的知识结构，尤其是将“明明德”放在至高无上地位，通过中国传统的“君子”人格培养，进而承担起社会责任。联大许多教授学贯中西，却没有食洋不化。他们都具有深厚的中国传统文化底蕴。冯至讲浮士德时，可以用“天行健，君子以自强不息”来诠释《浮士德》书中“一个越来越高尚越纯洁的努力，直到死亡”的主题。而陈寅恪讲魏晋南北朝史、冯友兰讲中国哲学史时既能将中国古典语言信手拈来，又能够巧妙地将西方哲学、历史研究方法用中国传统的研究方式融会其中。

第二部分 应用文写作（30分）

假设你被所报考的院校录取，将进行为期两年的翻译专业硕士学习。

请拟定一份学业计划书，详细阐述未来两年的翻译学习目标和翻译理论及实践学习计划，字数在450字左右。注意文中不得出现人名、地名等具体信息。

第三部分 命题作文（60分）

根据以下要求写一篇现代汉语作文，题材不限（诗歌、戏剧除外），字数不少于800字。

翻译实践是一个不断修改并完善的过程，请以“译者要甘于并善于‘悔棋’”为题，写一篇不少于800字的作文。

2020 年 东北师范大学

第一部分 百科知识（50 分）

请简要解释以下段落中画线部分的知识点。（25 小题，共 50 分）

1. 上海世博会已经过去 9 年时间了，作为中国举办的最大盛事之一，上海世博会是中国第一次举办世博会，对中国的发展有着莫大的影响。

2. 莫言曾经说过，他愿意用自己一生所有的荣誉和所有的作品来换取鲁迅的《狂人日记》，这也充分表明鲁迅的《狂人日记》在莫言心目中至高无上的地位。

3. 2017 年，党的十九大报告称：打虎拍蝇无禁区，全覆盖，零容忍。其压倒性态势已经形成并巩固发展。

4. 积极财政从扩大支出、减税降费两方面发力“维稳”经济，推动了财政赤字规模扩张。资金调入和结转结余，成为地方政府弥补超预算赤字的重要手段，为财政扩张提供有力支持。

5. 科举制产生以前的人才选拔方式，主要包括西周的世袭世禄制、两汉的察举制、魏晋南北朝的九品中正制等。

6. 镜泊湖是中国最大的高山堰塞湖，也是世界第二大高山堰塞湖，湖水的深度平均到了 40m，算是比较深的湖泊。

7. 工信部指出，将加强二维码技术在各行业应用的顶层设计和标准体系建设，加快相关标准制定工作，积极推动我国二维码国家标准成为国际标准。

8. 虽然坂东玉三郎并非出于梨园世家，但是在歌舞伎旦角（女性）方面展现了独一无二的魅力，以高超的艺术水准，赢得了无数观众的倾心，在日本歌舞伎以及其他表演艺术方面的贡献得到一致认可。

9. 《战舰波将金号》里，由于爱森斯坦过分依赖于蒙太奇理论，甚至达到极端的地步，从而在影片中也出现蒙太奇理论过度运用所造成的瑕疵。

10. 如果说自主航行船舶是海运行业的未来，那么网络威胁就是它的阿基里斯之踵。

11. 2014 年 1 月 4 日，国家减灾办、民政部首次将危害健康的雾霾天气纳入 2013 年自然灾害进行通报。

12. 文艺复兴时期，科学也得到了一些发展。哥白尼之前的新柏拉图主义者认为，圆是最完美的，运动比静止更加接近神性。

13. 温室效应越来越强的今天，人们忧心忡忡。科学家一直在研究降低二氧化碳的浓度的方法，以延续或彻底消除这种隐患。

14. 在众多同类题材的绘画作品里，《最后的晚餐》被认为是空前杰作。画家在构图时将画面展现于饭厅一端的整块墙面，厅堂的透视构图与饭厅建筑结构相联结，使观望者有身临其境之感。

15. 国家主席习近平在博鳌论坛提出共建“一带一路”建设的愿景与行动文件已经制定。

16. 在美国的南北战争之时，因为将领格兰特屡次在战场上立下重大的功劳，也因此得到了林肯的赏识，于是在 1864 年的 3 月，他被正式任命为军队的总司令。

17. 14 世纪时，契约租地农的出现标志着英国农业资本主义萌芽的产生。15 世纪末，圈地运动的兴起，进一步促进了农业资本主义的发展。

18. 文汇阁《四库全书》颁布于乾隆五十五年。咸丰四年（1854 年），太平军占领镇江后，随即渡江进克扬州，文汇阁及所藏《四库全书》被付之一炬。

19. 《汉书·艺文志》说儒家“游文于六经之中”。这些文献，当时并没有称“经”，直到战国后期，庄子转述孔子对老子谈论这六部著作时，才开始有“六经”之说。

20. 坐落在中亚腹心地带的乌兹别克斯坦，曾经是古商道上的绿洲名城，很早就与中国通过丝绸之路联系起来，张骞、玄奘都曾在这里留下过足迹。

21. 人类有没有可能重建“通天塔”，发明一门在全世界通用的世界语言呢？

22. 120 年前，“一片甲骨惊天下”，沉睡多年的甲骨文开始走进人们视野。120 年后的今天，甲骨文的价值愈发受到珍视。

23. 傅雷先生毕生孜孜不倦，译介许多西欧名著，其中以莫泊桑及雨果的作品，用力最深，译品自成一格，倍受肯定，是影响译坛深远的名家。

24. 从戊戌变法到辛亥革命，思想界经历了几次大变动，民主共和的思想逐渐进入大众视野。尤其是 1900 年之后，随着废科举思想的诞生，旧的思想和格局不再适用。随后，最重要的思想运动便是新文化运动和五四运动。

25. 总体上看，中国国防费是公开透明的，开支水平是合理适度的，与世界主要国家相比，国防费占国内生产总值和财政支出的比重、人均国防费是偏低的。

第二部分 应用文写作（40 分）

2020 年春节即将到来，请你以大学校长的名义，给全校师生写一封春节慰问信。

要求：字数不少于 400 字。

第三部分 命题作文（60 分）

以下列材料为参考，以“慢慢走，欣赏啊”为题，写一篇 800 字以上的文章，体裁不限（诗歌、戏剧除外）。

阿尔卑斯山谷中有一条大汽车路，两旁景物极美，路上插着一个标语牌劝告游人说：“慢慢走，欣赏啊！”许多人在这车如流水马如龙的世界过活，恰如在阿尔卑斯山谷中乘汽车兜风，匆匆忙忙地疾驰而过，无暇一回首流连风景，于是这丰富华丽的世界便成了一个了无生趣的囚牢。这是一件多么可惋惜的事啊！

2020 年 对外经济贸易大学

第一部分 百科知识（50 分）

单项选择题（每小题 1 分，共 50 分）

1. 孟子认为，如果人“饱食、暖衣、逸居而无教，则近于禽兽。”因此，必须 ______。

A. 以知识来开启民众的蒙昧　B. 以道德教化来帮助人建立伦理秩序

C. 以法治来节制人的欲望，惩戒恶行　D. 以农业生产来保证人的生存的可延续性

2. 明清时期，大批西方传教士来到中国。在传教之余，也引入了西方科学技术和文化，开启了西学东渐的潮流。例如，______ 和徐光启等人合作翻译了《几何原本》《同文算指》等科学著作。

A. 汤若望　B. 南怀仁　C. 利玛窦　D. 闵明我

3. 以下哪部作品是中国古代医学著作？

A.《黄帝内经》　B.《齐民要术》　C.《梦溪笔谈》　D.《天工开物》

4. “居庙堂之高则忧其民，处江湖之远则忧其君”是范仲淹《岳阳楼记》中的名句。其中“庙堂”和“江湖”分别指的是？

A. 宗祠；田园　B. 寺庙；民间　C. 朝廷；民间　D. 高堂；田园

5.《三国演义》描绘了自汉灵帝到西晋武帝期间近一百年的历史画卷。在呈现这段三足鼎立的历史时，带着明显的 ______ 的思想倾向。

A. “尊刘贬曹”　B. “尊曹贬刘”　C. “成王败寇”　D. “谈禅讲道”

6. 成语“匏瓜徒悬”出自《论语・阳货》：“吾岂匏瓜也哉，焉能系而不食？”王粲的《登楼赋》中也有“惧匏瓜之徒悬兮”之句。该成语的意思是 ______。

A. 无才却身居高位　B. 才能招致嫉妒

C. 才能得不到施展　D. 无才无德

7. 自隋朝以来逐渐完善的 ______ 在一定程度上激发了社会中下层“朝为田舍郎，暮登天子堂”的梦想。

A. 九品中正制　B. 察举征辟制　C. 科举制　D. 中央集权制

8. 明代王守仁的“心学”融合了禅宗心论和宋代理学中的“心本论”，认为 ______。

A. 致中和，天地位焉，万物育焉　B. 人之性恶，其善者伪也

C. 虚静恬淡寂漠无为者，万物之本也　D. 心外无物，心外无理

9. 近年来，恩格尔系数的不断下降表明我国经济发展水平和居民生活水平在不断提高。恩格尔系数指的是什么？

A. 居民贫富差距和收入分配差距　B. 通货膨胀率

C. 居民家庭中食物支出占消费总支出的比重　D. 消费者支付商品和劳务的价格变化情况

10. “言之不足故嗟叹之，嗟叹之不足故咏歌之，咏歌之不足，不知手之舞之，足之蹈之也。”这段论述是关于 ______ 的阐释。

A. 舞蹈　B. 戏曲　C. 诗歌　D. 音乐

11.《沧浪诗话》认为，盛唐诗人写诗重在“兴趣”，讲究“羚羊挂角，无迹可求”“莹彻玲珑，不可凑泊”。以下哪项是对此境界的确切解释？

A. 追求“言有尽而意无穷”，不涉理路，不落言筌。

B. 虽“无一字无来处”，但能以“夺胎换骨”“以故为新”的方式借鉴前人作品。

C. 在吟咏情性的同时，“厚人伦，美教化，移风俗”。

D. 以浅近通俗的语言来“补察时政，泄导人情”。

12. “诸行无常，诸法无我，有漏皆苦，涅槃寂静”是 ______ 的基本信条。

A. 道教　B. 基督教　C. 伊斯兰教　D. 佛教

13. 禅宗有南禅和北禅之分。“南顿北渐”概括了南北禅的主要分歧之一。其中“顿”“渐”分别指？

A. 剧变；渐变　B. 顿悟；渐悟　C. 速成；缓成　D. 顿灭；渐灭

14. 在宋代，“说话”成为职业化的技艺，并有了固定的演出场所______，成为话本小说的起源。

A. 舞榭歌台　　B. 勾栏瓦肆　　C. 流觞曲水　　D. 里坊牌楼

15. 苏轼曾以“山抹微云秦学士，露花倒影柳屯田”来戏指秦观、柳永两位词人的______风格。

A. 豪放　　B. 田园　　C. 婉约　　D. 博学

16. 我国第一个成功申报联合国教科文组织非物质文化遗产的剧种是______。此剧至今已有 600 多年历史，被称为“百戏之祖，百戏之师”。

A. 京剧　　B. 昆曲　　C. 元曲　　D. 越剧

17. ______是中国首个自主研制的载人空间试验平台，于 2011 年 9 月 29 日从酒泉卫星发射中心发射。

A. 天宫一号　　B. 天宫二号　　C. 神舟八号　　D. 神舟九号

18. 三星堆遗址位于______，距今已有 3,000 至 5,000 年历史，被称为 20 世纪人类最伟大的考古发现之一，昭示了长江流域与黄河流域一样，同属中华文明的母体，被誉为“长江文明之源”。

A. 湖南　　B. 湖北　　C. 四川　　D. 江西

19. “六国相印”的故事有关战国时期著名的纵横家、外交家和谋略家______。他成功说服六国实行他的合纵主张，成为六国宰相，兼佩六国相印。

A. 张仪　　B. 苏秦　　C. 管仲　　D. 范雎

20. 历代文人墨客对西湖吟诗赋词。因此，西湖为后人留下了底蕴丰厚的文学资源。以下哪个诗句是描写西湖的？

A. 水光潋滟晴方好，山色空蒙雨亦奇。　　B. 山重水复疑无路，柳暗花明又一村。

C. 两岸青山相对出，孤帆一片日边来。　　D. 风回云断雨初晴，返照湖边暖复明。

21. 叙事诗是诗歌体裁的一种，用诗的形式刻画人物，通过写人叙事来抒发情感。以下叙事诗中，出现最早的是______。

A.《木兰诗》　　B.《长恨歌》　　C.《琵琶行》　　D.《孔雀东南飞》

22. 1279 年，元军在______取胜，南宋流亡政权灭亡，结束了自唐末以来长期的混乱局面，蒙元最终统一整个中国。

A. 雅克萨之战　　B. 淝水之战　　C. 崖山海战　　D. 宁远之战

23. 以下哪座山脉高度在海拔 6,000m 左右，是长江、澜沧江、怒江等河流的发源地？

A. 唐古拉山　　B. 阿尔泰山　　C. 昆仑山　　D. 贺兰山

24. 我国的______是目前世界上最长的跨海大桥，全长 55 km。这一超级工程集桥梁、隧道和人工岛于一体，其建设难度之大，被誉为桥梁界的“珠穆朗玛峰”。

A. 杭州湾大桥　　B. 胶州湾大桥　　C. 港珠澳大桥　　D. 东海大桥

25.《富春山居图》被誉为“画中之兰亭”，属国宝级文物，具有珍贵的历史和艺术价值。其作者为______。

A. 元代的黄公望　　B. 东晋的顾恺之　　C. 唐代的阎立本　　D. 北宋的王希孟

26. 二战期间，______确立了中国的重要地位，最终达成中、英、美三国联合反击日本的目的。

A. 波茨坦会议　　B. 雅尔塔会议　　C. 开罗会议　　D. 德黑兰会议

27.《四库全书》是中国古代最大的文化工程，是对中国古典文化进行的一次最系统、最全面的总结，呈现出了中国古典文化的知识体系。这套丛书是在______年间完成编修的。

A. 康熙　　B. 乾隆　　C. 雍正　　D. 嘉庆

28. 鲁迅创作的第一部短篇白话日记体小说是______，也是中国第一部现代白话文小说。

A.《阿 Q 正传》　　B.《狂人日记》　　C.《社戏》　　D.《孔乙己》

29. 在 16 世纪席卷欧洲的宗教改革运动中，三大新教派系______从神学思想、敬拜形式等方面脱离了罗马天主教廷。

A. 循道宗、浸信会、长老会　　B. 路德宗、加尔文宗、安立甘宗

C. 循道宗、路德宗、加尔文宗　　D. 耶稣会、方济各会、多明我会

30. ______认为君主应兼具狐狸和狮子的特性，君主为达到获取权力和保持权力的目的而采取的手段应该被人称颂。

A. 马基雅维利（Machiavelli）　　B. 伊拉斯谟（Erasmus）

C. 莫尔（Thomas More）　　D. 培根（Francis Bacon）

31. ______ 被史学家称为“肥沃的新月形地带”（fertile crescent）。

A. 黑海沿岸　　B. 爱琴海沿岸　　C. 克里特岛　　D. 两河流域

32. 大约公元前 3000 年左右，______ 开始使用楔形文字，其笔画形如楔子，在演化过程中逐渐从最初的图画式发展为初步的文字系统。

A. 埃及人　　B. 苏美尔人　　C. 希腊人　　D. 罗马人

33. 物理学家 ______ 论证了杠杆原理，并声称“给我一个支点，我将撬起整个地球。”

A. 托勒密　　B. 德谟克利特　　C. 毕达哥拉斯　　D. 阿基米德

34. 中世纪欧洲历史上的“加洛林文化复兴”出现在法兰克王国的加洛林王朝 ______ 统治时期，体现了基督教文化、古希腊罗马文化和日耳曼文化的融合。

A. 查理曼　　B. 格里高利　　C. 君士坦丁　　D. 英诺森

35. 1215 年的 ______ 被认为是英国自由民主制度的基石。

A. 大宪章（Magna Carta）　　B. 宪章运动（Chartism）

C. 议会改革法（Reform Law）　　D. 谷物法（Corn Law）

36. 以下哪部作品通常被视为意识流小说的代表作？

A.《德伯家的苔丝》　　B.《一九八四》

C.《达洛维夫人》　　D.《纳尼亚传奇》

37. 斯诺（C. P. Snow）在《两种文化》中提到：“科学在经历了奥本海默式的自责（Oppenheimerian self-criticism）之后，变得更加自信了。”这里“奥本海默”和“奥本海默式的自责”分别指的是？

A. 天文学家，黑洞理论的提出者；科学技术被滥用而造成对人类社会的威胁。

B. 生物科学家，基因工程的先驱；科学技术所造成的伦理混乱。

C. 物理学家，曼哈顿计划科学家；科学技术被滥用而造成对人类社会的威胁。

D. 人工智能领域科学家；科学技术所造成的伦理混乱。

38.《圣经》中《旧约》和《新约》的原始语言分别是 ______ 和 ______。中世纪教会使用的拉丁文通用本，或称“武加大译本（Vulgate）”是由 ______ 翻译成拉丁文的。

A. 希伯来文，希腊文；圣杰罗姆　　B. 希伯来文，亚兰文；奥古斯丁

C. 希伯来文，希腊文；威克利夫　　D. 希伯来文，亚兰文；七十贤士

39. 17 世纪的 ______ 被黑格尔称为“近代哲学之父”。他留下名言“我思故我在。”同时，他又被称为“近代科学的始祖”。他所建立的解析几何在数学史上具有划时代的意义。

A. 康德　　B. 培根　　C. 开普勒　　D. 笛卡尔

40. 马岛战争是 1982 年 4 月到 6 月间，______ 和 ______ 两国为争夺马岛的主权而爆发的一场战争，被视为冷战期间规模最大、战况最激烈的一次海陆空联合作战。

A. 英国；西班牙　　B. 阿根廷；巴西　　C. 英国；阿根廷　　D. 美国；苏联

41. 哥特式建筑发源于 12 世纪，特点之一是以尖形拱门代替罗马式的半圆形拱门，使人产生一种向上升华、超脱尘世的感觉。以下建筑中，______ 是著名的哥特式建筑。

A. 土耳其的索菲亚大教堂　　B. 德国的科隆大教堂

C. 意大利的比萨大教堂　　D. 希腊的帕特农神庙

42. 德国哲学家尼采被认为是西方现代哲学的开创者，他的著作对于宗教、道德、现代文化、哲学等诸多领域提出了广泛的批判和讨论。尼采的哲学思想的核心是 ______。

A. 功利主义　　B. 权力意志论　　C. 怀疑主义　　D. 实证主义

43. 古希腊神话中，为了追寻亡妻的灵魂而下到冥界，用音乐感动了冥王哈里斯的诗人、音乐家是 ______。

A. 俄耳甫斯（Orpheus）　　B. 俄狄浦斯（Oedipus）

C. 普罗米修斯（Prometheus）　　D. 西绪福斯（Sisyphus）

44. 柴可夫斯基是19世纪伟大的俄罗斯作曲家。其作品充满强烈的戏剧冲突和炽热的感情色彩。以下哪部音乐作品为柴可夫斯基所作?

A.《英雄交响曲》 B.《幻想交响曲》 C.《悲怆交响曲》 D.《复活交响曲》

45. 世界新七大奇迹之一的马丘比丘(Machu Picchu)是南美洲最重要的考古发掘中心,也是 ______ 的标志。

A. 印加文明 B. 玛雅文明 C. 阿兹特克文明 D. 苏美尔文明

46. 关于日本文化的文化人类学著作《菊与刀》的作者是美国学者 ______。

A. 米德(Margaret Mead) B. 本尼迪克特(Ruth Benedict)

C. 涂尔干(Emile Durkheim) D. 韦伯(Max Weber)

47. 美国历史上的“门罗主义”所表明的当时美国的主张为 ______。

A. 美国应接管欧洲列强在美洲的殖民地

B. 美国应加强在亚太地区的军事影响力

C. 欧洲列强不应再涉足美洲国家事务

D. 美国不应干涉其他国家的内政

48. 以下哪位著名作家是德国杰出抒情诗人,被称为“德国古典文学的最后一位代表”,擅长以平常的词汇、普通的语句构造出思想深刻、生动优美的诗篇?

A. 塞万提斯 B. 雨果 C. 海涅 D. 弥尔顿

49. 英国历史上的“征服者威廉”(William the Conqueror)指的是哪位?

A. 诺曼底公爵(Duke of Normandy) B. 威灵顿公爵(Duke of Wellington)

C. 兰开斯特公爵(Duke of Lancaster) D. 约克公爵(Duke of York)

50. 在世界著名歌剧中,著名歌剧作曲家 ______ 所创作的《图兰朵》讲述了一个西方人想象中的中国传奇故事。

A. 比才 B. 马斯卡尼 C. 威尔第 D. 普契尼

第二部分 应用文写作(40分)

某高校团委拟以“2019,中国与世界并肩前行”为题举办大学生演讲比赛。

请以主办方身份,撰写一份演讲比赛的策划书(文中不得出现本人真实姓名及学校名称)。

1. 字数:500字以上

2. 要求:文笔流畅,风格得体,需要包括活动目的与意义、活动流程、活动规则、参赛要求等几个方面,条理清晰,层次分明,主题突出。

第三部分 命题作文(60分)

2019年是新中国成立70周年,70年的砥砺奋进,中华民族迎来了从站起来、富起来到强起来的伟大飞跃。

请以“我和我的祖国”为题,写一篇议论文。(文中不得出现本人真实姓名及学校名称)。

1. 字数:800字以上

2. 要求:主题明确,结构合理,语言流畅。

建议包含(但不局限于)以下几个方面的内容:个人命运与国家命运的紧密关系、青年与国家、大学教育与家国情怀等。

2020 年 中国海洋大学

第一部分 百科知识（90 分）

一、选择填空（每小题 1 分，共 60 分）

有人认为工业革命在1750年左右已经开始，但直到1830年(庚寅年)，还没有真正蓬勃展开。大多数观点认为，工业革命发源于英格兰中部地区。

英国工人哈格里夫斯(**01**)______了珍妮纺纱机；18世纪中叶，英国人瓦特改良了(**02**)______。……一系列技术革命引起了从手工劳动向动力(**03**)______生产转变的重大飞跃。随后工业革命传遍英格兰并再传到整个欧洲大陆，19世纪传播到北美地区。后来，工业革命逐渐传播到世界其他地区。

传统观点认为，工业革命发生的主要原因是18世纪时英国的工场手工业的生产已不能满足(**04**)______的需要，这就对工场手工业提出了技术改革的要求。但是，为何工业革命率先发生在了英国而非欧洲大陆国家或是亚洲国家？学者们提出了许多不同的观点，主要内容如下：

1. 政治前提：英国较早地(**05**)______了君主立宪制度，资产阶级在英国的统治日益加强；相对进步的政治制度为英国经济的发展提供了相对(**06**)______的国内外环境，进入18世纪以后英国本土没有出现过较大规模的战乱。

2. 农业进步：英国在17—18世纪基本完成了农业革命，具体表现为轮作制的(**07**)______、生产工具的进步、新作物的耕种以及肥料的使用等。通过圈地运动，地主获得了大量成块土地，提高了生产效率。而大量失地农民则向城镇转移或转而为资本主义农业服务，进而扩大了国内市场。值得一提的是，英国的农奴制度早在中世纪晚期就已基本绝迹，英国农业社会的发展受到封建残余的阻碍相比欧洲大陆一些国家和地区(西班牙、德意志)(**08**)______。英国农业产量提高，农产品价格(**09**)______，这也就意味着英国人可以通过较低的消费获取较多的生活资料。

3. 较高的工资水平：……

4. 工场手工劳动时积累的经验和生产技术的进步，由于英国较早地废除了行会制度，城镇手工业的发展不再受地方行会势力的(**10**)______，具有更加自由的环境。

……

A）安静	B）发明	C）发现	D）更大
E）更小	F）巩固	G）国民	H）机器
I）减轻	J）平静	K）破坏	L）汽轮机
M）确立	N）使用	O）市场	P）提出
Q）统治	R）推广	S）推进	T）稳定
U）系统	V）下降	W）限制	X）增长
Y）蒸汽机	Z）装置		

产业转型目前有两种解释，一种是较宏观的，是指一个(**11**)______或地区在一定历史时期内，根据(**12**)______和国内经济、科技等(**13**)______现状和趋势，通过(**14**)______的产业、财政金融等政策措施，对其(**15**)______产业结构的各个方面进行直接或间接的调整。也就是该经济体内国民(**16**)______主要构成中，产业结构、产业规模、产业组织、产业技术装备等发生显著变动的(**17**)______或过程。从这一角度说，产业转型是一个(**18**)______的过程，包括了产业在结构、组织和技术等多方面的转型。另一种解释是指一个行业内，资源(**19**)______在产业间的再配置，也就是将资本、劳动力等生产要素从(**20**)______产业向新兴产业转移的过程。

A）存量	B）当今	C）国际	D）国家
E）发达	F）发展	G）经济	H）经济体

I）跨国	J）类型	K）漫长	L）强制性
M）亏损	N）收入	O）数量	P）衰退
Q）特定	R）特殊	S）现存	T）现今
U）消费	V）运行	W）政府	X）状况
Y）状态	Z）综合性		

区块链是分布式数据存储、点对点传输、共识机制、加密算法等计算机技术的新型(**21**)_______模式，本质上是一个去中心化的数据库，同时作为比特币的底层技术，是一串使用密码学方法相关联产生的数据块，每一个数据块中包含了一批次比特币网络交易的(**22**)_______，用于验证其信息的有效性(防伪)和生成下一个区块。

(**23**)_______互联网信息办公室2019年1月10日发布《区块链信息服务管理规定》，自2019年2月15日起施行。

区块链起源于比特币……

近年来，世界对比特币的态度起起落落，但对比特币底层技术之一区块链技术却日益(**24**)_______。在比特币形成过程中，区块是一个一个的存储单元，(**25**)_______了一定时间内各个区块节点全部的交流信息。各个区块之间通过(**26**)_______散列(也称哈希算法)实现链接，后一个区块包含前一个区块的哈希值，随着信息交流的扩大，区块与区块相继接续，形成的结果就叫区块链。

2016年1月20日，中国人民银行数字货币研讨会宣布对数字货币的研究取得阶段性成果。会议(**27**)_______了数字货币在降低传统货币发行成本等方面的价值，并表示央行在探索发行数字货币。中国人民银行数字货币研讨会的表达(**28**)_______了数字货币行业的信心。这是继2013年12月5日央行五部委发布关于防范比特币风险的通知之后，第一次对数字货币表示明确的态度。

区块链在国际汇兑、信用证、股权登记和证券交易等(**29**)_______领域有着潜在的巨大应用价值。将能够省去第三方中介环节，实现点对点的直接对接，从而在降低(**30**)_______的同时，快速完成交易支付。

A）成本	B）促进	C）打击	D）等距
E）高涨	F）国家	G）花费	H）记录
I）技术	J）纪录	K）金融	L）肯定
M）评估	N）数字	O）随机	P）随意
Q）消息	R）信贷	S）信息	T）严重
U）研究	V）应用	W）影响	X）增强
Y）中国	Z）重视		

物联网 (IoT, Internet of things) 即“万物相连的互联网”，是互联网基础上的延伸和扩展的网络，将各种信息(**31**)_______设备与互联网结合起来而形成的一个巨大网络，实现在任何时间、任何地点人、机、物的互联互通。

物联网是新一代信息技术的重要组成部分，IT行业又叫“泛互联”，意指物物相连，万物万联。由此，“物联网就是物物相连的互联网”。这有两层意思：第一，物联网的(**32**)_______和基础仍然是互联网；第二，其用户端延伸和扩展到了任何物品与物品之间，进行信息(**33**)_______和通信。因此，物联网的定义是通过射频识别、红外感应器、全球定位系统、激光扫描器等设备，按约定的协议，把任何物品与互联网相连接，通过信息交换和通信实现对物品的智能化(**34**)_______、定位、跟踪、监控和管理的一种网络。

从通信对象和过程来看，物与物、人与物之间的信息交互是物联网的核心。物联网的基本特征可概括为(**35**)_______感知、可靠传输和(**36**)_______整体处理。

物联网的应用涉及方方面面，在工业、农业、环境、交通、物流、安保等基础设施领域的应用，有效推动了这些方面的智能化发展，使得有限(**37**)_______能更加合理地使用、分配，从而提高行业效率、效益。在家居、医疗健康、教育、金融与服务业、旅游业等与生活息息相关的领域的应用，从服务范围、服务方式到服务质量等各方面都有了极大改进，显著提高了人们的生活质量；在国防军事领域，虽然还处在研究探索(**38**)_______，但带来的影响不可小觑，大到卫星、导弹、飞机、潜艇等装备(**39**)_______，小到单兵作战装备，物联网技术的嵌入能有效提升军事智能化、信息化、精准化程度，极大提升战斗力，是未来军事变革的关键。

物联网技术在道路交通方面的应用比较成熟……

智能家居是物联网在家庭中的基础应用，家中无人，可利用手机等客户端远程操作智能空调，空调甚至还可以(**40**)_______用户的使用习惯，从而实现全自动的温控操作。

A）传播	B）传感	C）存储	D）改变
E）核心	F）交换	G）阶段	H）联通
I）判断	J）全面	K）全息	L）设施
M）识别	N）时期	O）实际	P）收集
Q）数据	R）系统	S）学习	T）硬件
U）预判	V）整体	W）智慧	X）智能
Y）资金	Z）资源		

长臂管辖（权）(long-arm jurisdiction) 是美国法院在民事诉讼中确定对案件是否拥有管辖权的一项规则。在1945年的国际鞋业公司诉华盛顿州案中，美国联邦最高法院以“最低限度联系”理论为基础，创立了特殊属人管辖权(specific jurisdiction)规则，即只要非本州被告与(**41**)_______法院之间具有某种“最低限度联系”，法院就对该被告拥有管辖权。之后，美国各州和联邦政府相继制定了长臂管辖法案或条款(long-arm statute or long-am clause)，因而特殊属人管辖权也被称为长臂管辖权。

起初，长臂管辖权作为美国(**42**)_______法，仅适用于美国居民。其后，随着国际贸易的发展，美国法院越来越多地对非美国居民实施长臂管辖，即只要美国法院认为外国被告与法院之间具有最低限度联系，即便该被告不在美国国内，美国法院仍可能对案件拥有管辖权。实践中，美国法院常常依据长臂管辖权，将外国(**43**)_______或个人纳入管辖范围，并按照美国法律判决其承担责任，无论有关行为是否发生在美国。因此，长臂管辖常常遭到其他国家的反对。

目前，很多外国银行在美国设有(**44**)_______机构，美国法院通常以这些机构作为“连接点”，认定这些银行与美国法院之间具有最低限度联系，从而对其总行甚至其母国境内分行行使管辖权。即便是那些在美国没有任何机构的外国银行，只要利用美元清算系统开展(**45**)_______业务，也可能被美国法院以从该系统获益为由，认定这些银行与美国法院之间存在最低限度联系。

当前，一些外国银行遭遇美国法院长臂管辖的通常情况是，这些外国银行境内机构的(**46**)_______是美国法院案件的被告或被执行人，他们仅因其身为被告或被执行人在母国境内的开户机构而被卷入诉讼，并被美国法院判决(**47**)_______跨境送达、调查取证及协助冻结、扣划财产等义务。银行若不顺从，就有极大可能被美国法院判定为藐视(**48**)_______并被处以高额罚金等。这些案件中，外国银行本身往往并无不当行为，与案件原、被告双方的争议也没有任何关联，却无辜被美国法院用长臂管辖权卷入美国法院的案件中，饱受讼累。

值得注意的是，美国法院的类似做法明显违反《商业银行法》《民事诉讼法》《国际刑事司法协助法》等一系列法律的相关规定……

通过司法(**49**)_______途径从其他国家获取证据材料是一种国际社会公认的合理取证方式，被广泛运用，比如中美两国之间也有相应的制度(**50**)_______，并且实施渠道畅通、有效。具体而言：在民事领域，中美两国都是《关于从国外调取民事或商事证据的公约》的缔约国；在刑事领域，中美两国之间也订有相关协定。……

A）安排	B）承担	C）储户	D）储蓄
E）代理	F）法官	G）法律	H）法庭

I）分支　J）国内　K）互助　L）机构
M）客户　N）跨境　O）履行　P）民事
Q）民诉　R）判决　S）企业　T）起诉
U）受诉　V）条约　W）协议　X）协助
Y）信贷　Z）执行

世界军人运动会(Military World Games)，简称“军运会”，是国际军事体育理事会(Conseil International du Sport Militaire，缩略为CISM；英语名称为International Military Sports Council)主办的全球军人最高规格的大型综合性运动会，每四年举办一届，会期7至10天，比赛目前设27个大项，参赛规模约100多个国家800余人，仅次于(**51**)_______，是和平时期各国军队展示实力形象、增进友好交流、扩大国际(**52**)_______的重要平台，被誉为“军人奥运会”。

首届军运会于1995年在意大利举行，第二至五届(**53**)_______在克罗地亚、意大利、印度、巴西举行，第六届于2015年10月在韩国举行。前六届中除第三届外的五届军运会上，东道主国家元首均(**54**)_______了开幕式。此外，包括国际奥委会主席在内的国际体育组织负责人的参加，都扩大了军运会的影响力。

国际军事体育理事会于1948年2月在法国成立，创始国为丹麦、比利时、法国、卢森堡和荷兰。1990年“华沙条约成员国军体育组织”解体，其成员国也加入该理事会。理事会现有138个(**55**)_______。

理事会(**56**)_______是鼓励各类军事体育运动并发展各有关国家军队之间的友好关系；促进体育运动的发展，为争取(**57**)_______和平做出贡献。该组织的格言是“通过体育运动加强友谊”。

该理事会的最高权力机构为代表大会，大会(**58**)_______期间的权力机构为执委会，由主席1人、副主席4人(分别来自非、亚、欧、美各洲)、委员10人组成。理事会的运行机构为常设秘书处，设在(**59**)_______首都布鲁塞尔。

中国人民解放军于1979年正式加入该组织。

根据各方达成的共识，第七届军运会定于2019年10月18日至27日在中国(**60**)_______举行，共设置射击、游泳、田径、篮球等27个大项、329个小项。其中，空军五项、军事五项、海军五项、定向越野和跳伞5个项目为军事特色项目，其他项目为奥运项目。

中国人民解放军代表队在第七届军运会上获得了辉煌战果。

A）奥运会　B）比利时　C）闭会　D）参加
E）参与国　F）长期　G）成员　H）出席
I）范围　J）分别　K）荷兰　L）会员国
M）口号　N）理事　O）目的　P）南昌
Q）普遍　R）如约　S）世界杯　T）武汉
U）西班牙　V）形象　W）休会　X）影响
Y）主持　Z）宗旨

二、填空（每小题 1 分，共 30 分）

对仗是汉语使用者的基本功，历来的受教育者一般都要接受对仗方面的训练。清朝时期的李渔编写了一部名为《笠翁对韵》的少年启蒙教材，通过背诵，学习者不但能掌握字词之间的对仗关系，还能学到历朝历代各种名句和典故。

《笠翁对韵·四支》最后一段最后一联曰：

金屋闭来 赋乞茂陵题柱笔

玉楼成后 记须昌谷负囊词

上联前半部分涉及成语“(**61**)_______”,说的是当年(**62**)_______帝刘彻年幼时,姑母馆陶(**63**)_______一问他,“儿欲得妇,阿娇好否?”帝曰,“若得阿娇,当以金屋贮之。”二人婚后恩爱时期过后,阿娇因自己未育而嫉妒卫夫人遭贬,独居长门宫,此所谓金屋关闭。后半部分说的是阿娇为重得宠爱,奉黄金百两,请托辞赋家(**64**)_______(字长卿)写成《(**65**)_______》。长卿因病免官后居住茂陵,又据《华阳国志·蜀志》的说法,长卿离蜀赴长安,于成都城北昇仙桥题句于(**66**)_______,自述致身通显之志,曰:“不乘赤车驷马,不过汝下也!”故曰“茂陵题柱笔”。长卿因以扬名的《子虚赋》也为后世留下了成语(**67**)_______。

下联说的是人称(**68**)_______的(**69**)_______朝诗人李贺(字长吉,家居福昌昌谷即今洛阳市宜阳县),相传李贺出行,常让小童背一锦囊,每得佳句,即记下投入囊中。后梦神人曰:“上帝白玉楼成,命君作记”。不久诗人逝世,终年29岁。李贺诗歌风格显著,被后人称作“(**70**)_______体”。

汉语中的颜色词很复杂,一方面,有的颜色词可以指一种以上的颜色,比如,(**71**)_______天其实是(**72**)_______色的天,(**73**)_______却是(**74**)_______色的草,而李白《将进酒》中“君不见高堂明镜悲白发,(**75**)_______________”中第二句第三字又分明指的是(**76**)_______色。另一方面,基本相同的颜色可以有不同的名称,比如,(**77**)_______旗一词中的第一字、杜甫《自京赴奉先县咏怀五百字》中“(**78**)_______________,路有冻死骨”中的第一字、毛泽东《菩萨蛮·大柏地》“(**79**)_______________,谁持彩练当空舞?”中的第一字以及地理奇观名称“(**80**)_______地貌”中的第一字所指算是同一种颜色。

81. 天高云淡,_______________________。不到长城非好汉,屈指行程二万。

82. 明月楼高休独倚,酒入愁肠,_______________________。

83. _______________________?悠悠。不尽长江滚滚流。

84. _______________________,清风半夜鸣蝉。

85. _______________________,三千里地山河。

86. 山随平野尽,_______________________。

87. 牢骚太盛防肠断,_______________________。

88. _______________________,山形依旧枕寒流。

89. _______________________,千载谁堪伯仲间!

90. 为我引杯添酒饮,_______________________。

第二部分 现代汉语写作(60分)

阅读以下材料,以“开放与合作”为主题,写一篇论说文,阐述你的观点。不少于800字。

2019年11月5日,国家主席习近平出席第二届中国国际进口博览会开幕式并发表题为《开放合作命运与共》的主旨演讲,强调各国要以更加开放的心态和举措,共建开放合作、开发创新、开放共享的世界经济,重申中国开放的大门只会越开越大,中国坚持以开放促改革、促发展、促创新,持续推进更高水平的对外开放。放眼未来,开放合作是促进人类社会不断进步的时代要求。人类可以认识、顺应、运用历史规律,但无法阻止历史规律发生作用。历史大势必将浩荡前行。

2020 年 西南科技大学

第一部分 百科知识（25*2=50 分）

请简要解释以下段落中画线部分的知识点。

1. 中国参与全球治理尚处于初级阶段，还面临着诸多方面的限制与瓶颈，而人才问题则是关键性问题。参与全球治理需要一大批熟悉党和国家方针政策，了解我国（1）国情，具有全球视野，熟练运用外语，通晓国际规则，精通国际谈判的专业型人才。毋庸置疑，国家实施全方位“走出去”战略，对翻译（2）人才培养提出了更高的要求。翻译学科建设要从增强国家文化（3）软实力和提升国际传播能力、国际影响力的战略高度出发，把复合型、专业型翻译人才的培养和提高翻译能力作为一项长期、系统、战略性的工作，从学科设置、资源配置、翻译事业与翻译产业规划与管理、翻译水平评价体系等诸多方面进行统筹规划、科学布局，而（4）翻译学研究也要具有超越学科的开放性，具备（5）国际视野，以（6）国家战略为创新的强劲动力，主动承担起新时代发展赋予的（7）社会责任和（8）历史使命。

2. 举办（9）中国国际进口博览会是中国政府坚定支持（10）贸易自由化和（11）经济全球化、主动向世界开放市场的重大举措，有利于促进世界各国加强经贸交流合作，促进全球贸易和世界经济增长，推动开放型（12）世界经济发展。

3. 古人交际，主要得益于面谈和（13）尺牍往来。《（14）苏轼文集》有“尺牍”14 卷，给后人留下了别样的文化遗产——（15）书法艺术。（16）“苏黄米蔡”的书法作品，很大一部分也是以尺牍形式留存下来的。另外，五四（17）新文化运动以降，鲁迅、茅盾、俞平白等所留下的书简，除了它们的文学、史学、哲学价值外，其书法艺术也都具有很高的水平。

4. 当前中国（18）区域发展形势是好的，同时经济发展的空间结构正在发生深刻变化，（19）中心城市和（20）城市群正在成为承载发展要素的主要空间形式。会议指出，加快构建高质量发展的动力系统，增强中心城市和城市群等经济发展优势区域的经济和人口承载能力。

5. 实施（21）乡村振兴战略，是前无古人、后无来者的伟大创举。要推动（22）社会事业向农村覆盖、（23）公共服务向农村延伸，就要建立健全城乡基本公共服务均等化的体制机制。要推动资本、土地、人才等要素在城乡间双向流动，加快城乡（24）基础设施互联互通，增加对农业农村基础设施建设投入，健全多元投入保障机制，加快建立健全（25）城乡融合发展体制机制和政策体系，就要向改革要动力，走城乡融合发展之路。

第二部分 应用文写作（40 分）

1. 请你根据自己熟悉的景点写一篇解说词。

2. 请自拟标题、介绍对象、景观特色等内容。

3. 字数 450 字左右。

请注意：文中严禁出现与考生真实身份相关的信息。

第三部分 现代汉语写作（60 分）

材料：毛嫱丽姬，人之所美也；鱼见之深入，鸟见子高飞，麋鹿见之决骤，四者孰知天下之正色哉？

——《庄子·齐物论》

你对此有何评论？请自拟题目，写一篇 800 字左右的作文。

请注意：文中严禁出现任何与考生真实身份相关的信息。

MTI

华研外语
TOPWAYENGLISH

汉语写作与百科知识

答案详解

2020

懂方法 更有效
www.huayan-edu.com

科目代码
448

目录 CONTENTS

2020 年 暨南大学·答案详解

第一部分 百科知识

一、选择题

1. [D] 用纳米技术制成的银粉具有高膨胀率、高强度、高比热等性质，在空气中不会自燃。纳米是一个物理学上的长度计量单位，1 纳米是 1 米的十亿分之一。纳米材料在光、电、磁、热、力和化学等性质方面存在特性。纳米材料是由无数超微粒子组合成的聚合体。

2. [D] D 项出自《论语》，意思是，父母在世，不出远门，如果要出远门，必须告知自己所去的地方。A 项意思是，每样东西都有根本和枝末，每件事情都有开始和终结。明白了这本末始终的道理，就接近事物发展的规律了。B 项意思是，无论是天子还是普通百姓，都无一例外必须以修养自己的品德作为人生的根本。C 项意思是，所以君子在任何方面都应尽心竭力，达到至善至美。

3. [B]《幻城》是当代作家郭敬明创作的首部长篇小说，小说设定在虚构的幻雪帝国，讲述了冰族皇子卡索与弟弟樱空释等人被命运反复操弄的故事。莫言，中国当代作家，2012 年成为首位中国籍诺贝尔文学奖获得者，代表作有《红高粱》《檀香刑》《丰乳肥臀》《生死疲劳》《蛙》等。

4. [C] 上都是元朝陪都，位于今内蒙古自治区锡林郭勒盟正蓝旗草原。大都是元朝时北京的别称，是元朝首都。中都是金朝时北京的别称，是金朝首都。南京是辽朝时北京的别称，也称燕京，是辽国陪都。

5. [B] 谷雨，二十四节气中的第六个节气，春季的最后一个节气，一般是每年的 4 月 19、20 或 21 日。太阳到达黄经 30° 时为谷雨，源自古人“雨生百谷”之说，此时降水明显增加，是播种、移苗和点豆种瓜的最佳时节。芒种，二十四节气中的第九个节气，夏季的第三个节气，一般是每年的 6 月 5、6 或 7 日。这个时节气温显著升高、雨量充沛，适宜晚稻等谷类作物种植。雨水，二十四节气中的第二个节气，春季的第二个节气，一般是每年的 2 月 18、19 或 20 日，预示降雨开始。春分，二十四节气中的第四个节气，春季的第四个节气，一般是每年的 3 月 19、20 或 22 日。春分这天南北半球昼夜平分。

6. [B]“三山夹两盆”是指位于新疆地区的一个特殊地形，山脉与盆地相间排列，盆地被高山环抱。三山自北向南依次是阿尔泰山、天山、昆仑山。两盆是南部的塔里木盆地和北部的准噶尔盆地。

7. [B] 地理学上的“低山”是指海拔 500 米~1,000 米、山坡坡度 5° ~10° 的山形。海拔 500 米以下属于丘陵，海拔 1,000 米~3,500 米属于中山，海拔 3,500 米~5,000 米属于高山，海拔在 5,000 米以上属于极高山。

8. [B] 密西西比河是美国最大的河流，同时也是北美洲流程最长、流域面积最广、水量最大的河流，世界第四长河，全长 6,021 千米，最终注入墨西哥湾。密苏里河是密西西比河最长的支流，主流全长 3,725 千米。格兰德河是北美洲第五大河流，流经美国和墨西哥，全长 3,030 千米，注入墨西哥湾。科罗拉多河是北美洲主要河流之一，全长约 2,333 千米，流经美国和墨西哥。

9. [A] 都柏林是爱尔兰共和国的首都及最大城市，也是爱尔兰的政治、经济、文化、旅游和交通中心，有着“欧洲硅谷”的称号。阿伯丁是英国苏格兰地区的主要城市之一，位于苏格兰东北部，被称为“欧洲的石油首都”。考文垂位于英国英格兰中部，曾以纺织业驰名于世，工业以汽车、飞机、机械等为主。伯明翰是仅次于伦敦的英国第二大国际化大城市，地处英格兰中部，16 世纪是欧洲举足轻重的工业和商业中心，现为全国主要制造业中心之一，以重工业为主。

10. [B] 我国的国道编号根据国道的地理走向分为三类：以北京为中心的呈放射状的国道，编号以 1 开头；南北走向的国道，编号以 2 开头；东西走向的国道，编号以 3 开头。另外，“五纵七横”主干线的国道，编号以 0 开头，《国家公路网规划（2013—2030 年）》中新增联络线国道，编号以 5 开头。

11. [A] 我国位于北半球，以我们的视点来观察太阳是从东方升起经由南方最后落到西方，山的南面是向阳坡，山的北面是背光坡，南面的日照一定较北面充足，所以山南为阳、山北为阴。我国地势西高东低，河流在流动时会倾向于向东南方向流动，南岸较容易受到河水的侵蚀，形成南湿北干的情形，故称水北为阳、水南为阴。

12. [B] 密西西比河，全长 6,021 千米，长度仅次于非洲的尼罗河、南美洲的亚马逊河和中国的长江，是整个北美大陆的第一长河。尼罗河，全长 6,670 千米，是世界上最长的河流。科罗拉多河，全长约 2,333 千米，是北美洲的主要河流之一。圣劳伦斯河，全长约 4,000 千米，是北美洲中东部的大水系。

13. [D] 美国的人口主要集中分布在沿海平原和五大湖地区，这是美国乃至全球的人口稠密带。这里地形较平坦，农业条件好，工业、商业、贸易、金融发达，交通便利。历史、资源和经济等条件是形成该人口密集地区的主要因素。美国的人口分布不均匀，东北部人口稠密，西部高原人口稀少。美国有 70% 以上的人口分布在城市，城市人口密度较大。

14. [B] 多佛尔海峡，位于英吉利海峡的东部，介于英国和法国之间，是连接北海与大西洋的通道，长 30~40 千米，最窄处仅 28.8 千米，是英吉利海峡中最狭窄的部分。直布罗陀海峡，位于西班牙最南部和非洲西北部之间，是地中海与大西洋的通道。巴士海峡，位于中国台湾与菲律宾北部巴丹群岛之间，是中国与菲律宾分界的海峡。霍尔木兹海峡，是连接波斯湾和阿曼湾的狭窄海峡，也是阿拉伯海进入波斯湾的唯一水道。

15. [A] 五大湖是位于美国与加拿大交界处的几座大型淡水湖泊，是世界最大的淡水湖群，按面积从大到小分别为苏必利尔湖、休伦湖、密歇根湖、伊利湖和安大略湖。除密歇根湖完全在美国境内之外，其他四湖均为美国和加拿大所共有。

16. [B] BBS 是 Bulletin Board System 的缩写，国内统称论坛。在网络论坛中，跟帖的常用词汇有杯具（悲剧）、表（不要）、酱紫（这样子）、灌水（无意义的发帖或回帖）、隔壁（相邻论坛或论坛中的另一个主题）、歪楼（偏离主题的回复帖或引导其他成员发表偏离主题的回复帖）、太监（无下文的帖子）、楼上（一个讨论序列中前一个发帖的人）、楼下（一个讨论序列中后一个发帖的人）、楼主（一个讨论序列中第一个发帖的人）等。

17. [A] 抽样误差是指抽样方法本身所引起的误差，B、C、D 三项与此定义相符，而 A 项则是由于调查员的人为原因而导致产生误差，故不涉及抽样误差。

18. [AD] 2011 年 11 月 16 日 18 时 30 分，我国的神舟八号飞船与天宫一号目标飞行器成功分离，并于 11 月 17 日 19 时许成功返回地面。2012 年 6 月 28 日，神舟九号与天宫一号目标飞行器分离。天宫二号于 2016 年 9 月 15 日在酒泉卫星发射中心发射升空，先后与神舟十一号、天舟一号进行对接。

19. [C] 空气污染指数的取值范围为 0~500，分为 0~50、51~100、101~200、201~300 和大于 300，分别对应国家空气质量标准中日均值的Ⅰ级（优）、Ⅱ级（良）、Ⅲ级（轻度污染）、Ⅳ级（中度污染）和Ⅴ级（严重污染）标准的污染物浓度限定数值。当空气污染指数达到轻度污染（Ⅲ级）时，健康人群会出现刺激症状，心脏病和呼吸系统疾病患者应减少体力消耗和户外活动。

20. [B] 欧美校车呈黄色的原因是，心理学上黄色的东西更容易吸引人注意，在黎明前的黑暗中以及暮色苍茫时，黄色校车行驶在路上可以从其他车辆中脱颖而出，提示人们注意避让，从而保证学生的安全。

21. [A] HSK 指中国汉语水平考试，是为测试母语非汉语者（包括外国人、华侨和中国少数民族考生）的汉语水平而设立的国家级标准化考试。HSK 由国家汉办与孔子学院总部设计研制，分为 1~6 级，6 级是最高等级，每年定期分别在国内和海外举行。孔子学院是中外合作建立的非营利性中文教育机构；孔子课堂是为了在外国中小学推广汉语和普及中国文化而建立的教育机构；对外汉语是将汉语作为第二语言的教学。

22. [C] 110 米栏是 110 米跨栏的简称，由 110 米跑道和 10 个跨栏组成，是田径中径赛项目的一种，也是奥运会项目。跨栏跑最早在 19 世纪出现于英国。

23. [B] 钙是人体常量元素之一，人体含钙 1.5%，其含量仅次于氧、碳、氢、氮，居第五位，是人体内含量最多的金属元素。铁、锌是人体必需的微量元素，对人体健康具有有益作用。锰是人体可能必需的微量元素，锰摄入过量则会导致锰中毒。

24. [D] QS 标志是我国的食品市场准入标志，它代表着质量安全认证。实施食品质量安全市场准入制度的食品，出厂前必须加（印）贴 QS 标志，没有该标志的，不得出厂销售。食品生产企业要获得 QS 标志必须经过国家质量监督部门审批。

25. [B] 臭氧是温室气体，如果被破坏，会影响大气层的运动，造成大气层温度升高，从而引起温室效应，影响全球的热平衡和全球的气候变化。如果大气中平流层的臭氧被破坏，会造成地面光化学反应加剧，从而使对流层臭氧浓度增高，而臭氧是光化学烟雾中的主要成分之一，会加重化学烟雾污染。臭氧能吸收对人体有害的紫外线，防止其到达地球。

二、名词解释题

1. **第一次世界大战**，简称“一战”，是 1914 年至 1918 年资本主义国家为重新瓜分世界和争夺全球霸权而发动的一场世界级的侵略性、非正义战争。参战方分为同盟国和协约国两大阵营。战争结果是以英、法为首的协约国获胜。一战是欧洲历史上破坏性最强的战争之一，给人类带来了深重的灾难，但在客观上促进了科学技术的发展。

2. **路透社**由德国人保罗·朱利叶斯·路透于 1850 年在德国创办，次年迁往英国伦敦。路透社是世界上最早创办的通讯社之一，也是英国最大的通讯社，与美联社、合众社、法新社并称为西方四大通讯社。路透社提供各类新闻和金融数据，主要对象是国外，其国际新闻紧密配合英国政府的外交活动，对体育新闻也很重视。

3. **潘多拉魔盒**出自古希腊神话，喻指“灾祸之源”。潘多拉，意思是“具有一切天赋的女人”，是希腊神王宙斯命令众神共同创造的第一个完美形象的人类女人，主要是用来报复人类。因为先觉之神普罗米修斯过分关心人类，盗取火种并将火种带回人间。出于好奇心，潘多拉打开了众神送的小盒子，瞬间释放出人世间的所有邪恶：贪婪、虚伪、诽谤、嫉妒、痛苦等。慌乱中，潘多拉及时地盖住盒子，但一切都已经太迟，盒子内只剩下了“希望”。

4. **民粹主义**，又称平民主义，是在 19 世纪的俄国兴起的一股社会思潮。19 世纪下半叶，民粹主义在北美和东欧兴起。其基本原则是反对精英主义与贵族政治，极端强调平民群众的价值和理想，把平民化和大众化作为所有政治运动和政治制度合法性的最终来源；依靠平民大众对社会进行激进改革，并把普通群众当作政治改革的唯一决定性力量。民粹主义表面上以人民为核心，但实际上最缺乏公民个人尊严与个人基本权利的观念。

5. **五四运动**是 1919 年 5 月 4 日发生在北京的一场以青年学生为主，广大群众、市民、工商人士等阶层共同参与的，通过示威游行、请愿、罢工、暴力对抗政府等多种形式进行的彻底的反帝反封建的爱国运动。导火索是 1919 年 1 月巴黎和会上中国外交的失败。五四运动的口号是“外争主权，内除国贼”，主要领导人物有陈独秀、李大钊、蔡元培等。五四运动打开了中国新民主主义的大门，中国无产阶级开始登上政治舞台，促进了马克思主义在中国的传播。

第二部分 应用文写作

◎写作分析

本文要求写一篇演讲大赛的演讲稿。演讲稿要主题鲜明，逻辑清晰，语言富有感染力。考生写作时要先分析题目所给材料，概括出老一辈翻译家们身上的历史担当精神与家国情怀，再将其融入演讲。

我们这一代翻译工作者的历史使命

尊敬的老师、朋友们：

大家好！从中国“睁眼看世界”开始，翻译活动就担当起了开启民智、救亡图存的伟大历史使命。进入了信息全球化的今天，翻译界却扬起了粗制滥造之行业风气，究竟译者使命何在？

老一辈翻译家们的担当精神和家国情怀值得我们传承和发扬。感慨“一名之立，旬月踟蹰”的严复先生，拥有宏大气魄、坚韧毅力的朱生豪先生，甘于寂寞，不计个人功利的草婴先生，都是我们这一代翻译工作者学习的榜样！

在新时期，译者必须勇于承担维护不同文化和谐共存的重任。黄友义曾在第18届世界翻译大会闭幕式上说：“在全球化的今天，文明多样性仍是人类社会的客观事实，是当今世界的基本特征，而维护人类文明多样性、促进不同文明间的对话和交融，促进人类文明的共同进步是各国翻译工作者义不容辞的使命和职责。”

译者作为文化使者，承担着传播本民族文化和将外来文化介绍给本民族的重任。翻译不仅仅是从一种文字转换成另一种文字，更重要的是要反映出文字背后的文化习俗和思想内涵，因为不同文化之间有差别。译者要尽力向世界展示中国文化的本来面目，也要将外来文化更本真地介绍给本民族。

我的演讲结束，谢谢大家！

第三部分 现代汉语写作

◎写作分析

材料引用的是林语堂先生的话，用极具画面感的文字来解读“孤独”。根据本题要求，考生可以夹叙夹议，写出真情实感，阐述出自己对“孤独”的看法。

享受孤独

孤独是什么？孤独是夜晚一个人走在喧嚣的大街，看着灯红酒绿，车水马龙，心中短暂的落寞；孤独是在热闹的庙会中，看着别人家的孩童牵着父母的双手在嬉戏玩闹时内心的平静；孤独是在阳光正好的冬日独自泡着温泉时细数头顶树枝时的那份闲暇。正如林语堂先生所说：“稚儿擎瓜柳棚下，细犬逐蝶窄巷中，人间繁华多笑语，惟我空余两鬓风。孩童水果猫狗飞蝇当然热闹，可都和你无关，这就叫孤独。”

孤独是一种心境，学会享受孤独，是人生的一场修行。呱呱坠地，一个人来到这个世界；垂垂老矣，一个人百年离开这个世界。生和死本就是一个人孤独完成的事情。而人这一生，就像是一场修行，修的就是一颗能够享受孤独的心。能享受孤独的人，内心是平和的。人生路漫漫，只有当你的内心真正平和了，当你的情绪真正稳定了，生活才会愈发美好，人生也才会愈发有它存在的意义。80后女子青山摒弃纷扰的万丈红尘，隐入山中，参禅读经，临窗煮茶，于茅蓬与僧院中穿行，过起了如古人般的山林寺院生活，她在终南山发现了纯粹的美好，和自己的心灵进行对话，写就了一部《孤独是一种修行》的亲历者隐居书。

在人生这段旅途中享受孤独，或许能收获别样风采。孤独有时候是一种精神动力，可以成为创作的源泉。卡森·麦卡勒斯是20世纪美国著名的作家，29岁瘫痪，1967年辞世。在50年的短暂人生中，她给人们留下了一笔宝贵的文学财富，包括二十余部小说、戏剧、散文、儿童诗集和一些零散的诗歌。麦卡勒斯作品的主题几乎都离不开“孤独”二字。比如，她的小说《婚礼的成员》明显体现了孤独的意味，小说的整个故事就是由以她本人为原型的主人公弗兰淇在成长过程中感受到的孤独而引发。

享受孤独的人，更有力量，也更能拥有自由。著名诗人曾卓在其代表作《悬崖边的树》中，曾这样写道：“它孤独地站在那里，显得寂寞而又倔强；它弯曲的身体，留下了风的形状；它似乎即将跌进深谷里，却又像是要展翅飞翔……”比起那些生长在园林庭院中的树，悬崖边的树似乎更有一种动人的力量。虽身处困境，却从未向命运低过头；虽历经风雨，却依旧向往着自由。贫瘠的土壤，孤独的环境，无情的风雨……无论外界环境如何恶劣，始终打不倒它那颗顽强向上的心。人也一样，学会和自己相处的时光里，很多事情会变得纯粹而极致。哪怕孤独，心若向阳，又何惧黑暗，所有孤独都会带你通向自由之路。

英国作家赫胥黎曾说：“越伟大、越有独创精神的人越喜欢孤独。”每一个超越孤独的你，一定都是夜空中最闪亮的星。

2020 年 北京外国语大学 · 答案详解

第一部分 百科知识

1. **官渡之战**，是东汉末年“三大战役”之一，也是中国历史上著名的以弱胜强的战役之一。建安五年（公元 200 年），曹操军与袁绍军相持于官渡，在此展开战略决战。曹操奇袭袁军在乌巢的粮仓，继而击溃袁军主力。此战奠定了曹操统一中国北方的基础。

2. **王熙凤**，曹雪芹所著中国古典小说《红楼梦》中的人物，金陵十二钗之一，贾琏的妻子，王夫人的侄女，贾府通称凤姐、琏二奶奶。在贾府掌握实权，为人心狠手辣，八面玲珑，敢爱敢恨，做事决绝，治理宁国府和打理荣国府上下事务时也可见她具有惊人的管理组织能力和治家手段。

3. **庞氏骗局**是对金融领域投资诈骗的称呼，是金字塔骗局的始祖。在中国，庞氏骗局又称“拆东墙补西墙”或“空手套白狼”。简言之，就是利用新投资人的钱来向老投资者支付利息和短期回报，以制造赚钱的假象，进而骗取更多的投资。这种骗术是一个名叫查尔斯 · 庞兹的投机商人“发明”的。

4. **世界地球日**，即每年的 4 月 22 日，由盖洛德 · 尼尔森和丹尼斯 · 海斯于 1970 年发起，是一个专为世界环境保护而设立的节日，旨在提高民众对现有环境问题的意识，并动员民众参与到环保运动中，通过绿色低碳生活，改善地球的整体环境。

5. **凯恩斯主义**，也称凯恩斯主义经济学，是建立在凯恩斯著作《就业、利息和货币通论》的思想基础上的经济理论。凯恩斯主义主张国家采用扩张性的经济政策，通过增加需求促进经济增长，即扩大政府开支，实行赤字财政，刺激经济，维持繁荣。凯恩斯的和其他建立在凯恩斯理论基础上的经济学理论被称为宏观经济学。

6. **奥尔加 · 托卡尔丘克**，波兰女作家、诗人、心理学家，2018 年诺贝尔文学奖得主。2021 年 11 月，奥尔加获得英国皇家文学学会国际作家终身荣誉奖。代表作有《太古和其他的时间》《白天的房子，夜晚的房子》《云游》等。

7. **英美法系**，亦称“普通法系”“英国法系”“判例法系”“海洋法系”。英美法系指英国从 11 世纪起主要以源于日耳曼习惯法的普通法为基础，逐渐形成的一种独特的法律制度以及仿效英国的其他一些国家和地区的法律制度。

8. 12 世纪初，**江户**城是豪族江户氏的居馆，因此得名。江户城是日本江户幕府所在地（今东京都千代田区），日本首都东京旧称，明治维新时也叫千代田城，日本首都从京都迁至江户，因位于京都之东的关东平原而于 1868 年改名东京。

9. **印欧语系**是 18 世纪英国人威廉 · 琼斯提出的一个语言学概念，即印度和欧洲的大部分语言都是从“原始印欧语”分化出来的，这些语言彼此之间具有亲属关系和相似性。按照母语人口来排名，印欧语系是世界上第一大语系。从 15 世纪开始，随着欧洲殖民势力不断扩张，一些欧洲语言陆续传到世界其他许多地区，导致印欧语系成为当代世界上分布区域最广的一个语系，使用者几乎遍及欧洲、亚洲、美洲、大洋洲。

10. **丝绸之路**，简称丝路，一般指陆上丝绸之路，广义上又分为陆上丝绸之路和海上丝绸之路，是最早最重要的东西方文明交流通道。陆上丝绸之路起源于西汉汉武帝派张骞出使西域开辟的陆上通道，最初作用是运输中国古代出产的丝绸，在明朝时期成为综合贸易之路。海上丝绸之路是古代中国与外国交通贸易和文化交往的海上通道，形成于秦汉时期，是已知的最为古老的海上航线。

11. **抗生素**是指由微生物（包括细菌、真菌、放线菌属）或高等动植物在生活过程中所产生的具有抗病原体或其他活性的一类次级代谢产物，能干扰其他生活细胞发育功能的化学物质，主要用于治疗微小病原体等引起的感染。

12. **中亚五国**即乌兹别克斯坦、吉尔吉斯斯坦、土库曼斯坦和塔吉克斯坦四国及哈萨克斯坦南部。中亚五国地处亚欧大陆的结合部，是贯通亚欧大陆的交通枢纽。冷战结束后，中亚作为重要的战略缓冲地带，其地缘政治意义更加凸显出来。

13. **九月九日**，在《九月九日忆山东兄弟》中指重阳节，中国民间传统节日。重阳节源自天象崇拜，起始于上古，普及于西汉，鼎盛于唐代以后。登高赏秋与感恩敬老是当今重阳节日活动的两大重要主题。

14. **《伤寒杂病论》**是一部论述外感病与内科杂病为主要内容的传统医学典籍，由东汉末年“医圣”张仲景编写，系统地分析了伤寒的原因、症状、发展阶段和处理方法，创造性地确立了对伤寒病的“六经分类”的辨证施治原则，奠定了理、法、方、药的理论基础。

15. **霍尔木兹海峡**，连接中东地区的重要石油产地波斯湾和阿曼湾的狭窄海峡，亦是阿拉伯海进入波斯湾的唯一水道，是海湾地区石油输往世界各地的唯一海上通道，被誉为西方的“海上生命线”“世界油阀”“石油海峡”。

16. **四大国（二战后托管朝鲜的四国）**即中国、美国、英国和苏联。1945 年 2 月，雅尔塔会议确定了战后由中、美、苏、英四国对朝鲜实行临时托管的方案。

17. **新教**，亦称基督新教，与天主教、东正教并称为基督教三大流派。《圣经》在新教中具有最高权威，新教信仰耶稣基督，总纲为爱神与爱人，不参与世俗，主要仪式有洗礼、圣餐礼。

18. **天人感应**，指天意与人事的交感相应，是中国古代哲学术语，是中国哲学中关于天人关系的一种唯心主义学说。古人认为天能影响人事、预示灾祥，人的行为也能感应上天。其理论基础是“天人合一”，代表人物有董仲舒。

19. **二重证据法**，即把发掘的出土文物和史书的记载相互验证，是一种公认科学的学术正流。王国维、陈垣、胡适是 20 世纪中国新历史考证学的奠基人和出色代表人物。

20. **五言律诗**是中国传统诗歌的一种体裁，简称五律，属于近体诗范畴。此体发源于南朝齐永明时期，成熟于盛唐时期。全篇共八句，每句五个字，有仄起、平起两种基本形式，中间两联须作对仗。代表作品有李白的《送友人》、杜甫的《春望》、王维的《山居秋暝》等。

21. 1953 年 12 月 31 日，周恩来总理在接见印度政府代表团时，首次完整地提出了**和平共处五项原则**，即互相尊重领土主权（后改为互相尊重主权和领土完整）、互不侵犯、互不干涉内政、平等互惠（后改为平等互利）和和平共处。

22. **“三言”**，明代冯梦龙纂辑的三个短篇小说集《喻世明言》《警世通言》《醒世恒言》的合称，是明代通俗小说的代表作。“三言”主要是对宋元话本、明代拟话本进行编辑与修订，以反映城市市民生活为主，内容庞杂，有惩劝世风之意。

23. **自由港**是指不受海关管辖的港口或港区。在该区域内，外国商品可以自由加工、分装、改装等，不受海关管制，免征关税。自由港可以是有明确边界的港口的一部分，或整个港口，还可包括港口所在的城市。设置自由港主要是为了吸引外资，发展加工工业和仓储业，促进对外贸易和转口贸易的发展，创造就业机会，繁荣地区经济。

24. **纽伦港**是世界三座重要的城市：纽约、伦敦、香港的合称。这三座城市是世界上排名前三的金融中心，同时也是全球现代化的国际大都市。

25. 喀斯特地貌是地下水与地表水对可溶性岩石溶蚀与沉淀、侵蚀与沉积，以及重力崩塌、坍塌、堆积等作用形成的地貌，以斯洛文尼亚的喀斯特高原命名，中国亦称之为岩溶地貌，为中国五大造型地貌之一。

第二部分 应用文写作

◎写作分析

本文要求写一篇经费请示，考生要写清经费的用途和具体的活动设计，合情合理合规。同时，经费的用途要具体到每一项的支出。最后，标题、开头、结尾、落款要细致、周详。

关于申请经费的请示

尊敬的公司领导：

今年中秋佳节将至，为提升集体凝聚力，激发员工的工作热情，我部门准备组织中秋晚会，促进部门之间、同事之间的沟通交流，以期在新的一年有更好的精神面貌。现就活动经费请示如下：

1. 公司全体人员参与聚餐，聚餐暂定在 ×× 饭店。按预定 12 人一桌，一桌预定 10 个荤菜、6 个素菜，每桌的费用约 1,000 元（含酒水）。公司有 72 名员工，开支约 6,000 元。

2. 聚餐结束后，每人发放 1 盒月饼、1 瓶红酒。月饼每盒 200 元，红酒每瓶 300 元，开支为 36,000 元。

3. 为增强部门合作的默契性，聚餐时设计了互助游戏环节，最终获胜的三个部门将获得奖金：一等奖奖金 1,000 元，二等奖奖金 800 元，三等奖奖金 500 元。

以上活动总共需要开支 44,300 元，恳请纳入公司财务预算。希望公司领导酌情考虑，给予经费支持。

请批示。

××公司人事处

×××× 年 ×× 月 ×× 日

第三部分 现代汉语写作

◎写作分析

本文要求以“我们应该营造一颗什么样的心”为题，考生可以写记叙文，亦可写议论文，但相对而言，写议论文更容易写出深度。善用举例论证，可以更好地拓展文章的广度。结尾最好能联系现实，会更有说服力和感染力。

我们应该营造一颗什么样的心

“人皆有不忍之心。”这是《孟子》一书中最具人性光辉的一句话，写出了五千年华夏文化最温柔、敦厚的一面。生而为人，皆应拥有不忍之心。在此基础上，我们的心，还需要多加淬炼，营造一颗勇敢的心，方能在人世浮沉中，向心而行，不负初衷。

营造一颗勇敢的心，无论遭遇多么恶劣的境遇，都能直面现实勇敢面对。还记得奥斯卡最佳影片《美丽人生》吗？在让人闻之色变的纳粹集中营里，一位普通的父亲，为了让孩子的心灵免受战争的荼毒，以游戏的方式巧妙地为孩子营造监狱里的一片蓝天。这是人世间伟大的父爱，这位父亲也获得世人长久的赞誉。

但若这位父亲没有面对纳粹的那份勇敢，恐怕他不敢做出任何举动，父爱大概只能默默藏在内心，无法向孩子传达。而正是因为拥有一颗勇敢的心，这位父亲才保护了一颗稚嫩的童心。

在国难当头，众生愚昧时，鲁迅先生毅然弃医从文，担当起用笔唤醒国人的重任。勇敢地屹立在白色恐怖的洪流中，用一篇篇似匕首似投枪的犀利文章，直刺敌人的心脏。这是多么有勇气的事，鲁迅先生必然有一颗勇敢的心，让他不惧职业转变带来的混乱不安和反动派的嚣张敌意，毅然走在救国之路上。在新中国成立一穷二白之际，“两弹一星”元勋钱学森在回国的征途中经历千辛万苦，面对恐吓威胁始终没有屈服，勇敢踏上回国的征途。正是因为胸腔里跳跃着一颗勇敢的心，才突破帝国主义的阻挠和阴谋，在中华大地上书写了“尽凝铸中华豪情，霜鬓不坠青云志”的科研奇迹，让他的“爱国情怀”落到实处。

庚子年初，荆楚大疫，无数医护人员为守护人民而逆行，他们有担当，有大义。前方有病毒，心里也不能说不害怕，但仍逆“风”而行，直面战斗，靠的正是他们那颗勇敢的心。犹记得快递员汪勇，在金银潭医院的护士苦等几个小时叫不到车回家的困局中挺身而出。在那一刻，他的心中不是没有畏惧、没有忐忑，但如果人人都退缩，那谁来守护武汉这座城？正是因为这颗勇敢的心，我们看到了时代浪潮中涌出一个个像汪勇这样的人。疫情蔓延，并且有成持久战的趋势，我们的生活和学习都会不同程度地受到影响。唯有打造一颗勇敢的心，我们方能透过雾霾，看到希望，最终守得云开见月明。

可以说，真正的爱，无论是对亲人、对朋友，还是对陌生人；对社会、对人民，还是对国家，它的背后都深藏着“勇敢”二字。在环境安宁时，人心从容，也许我们看不到。但在环境变坏乃至危险时，勇敢的心就会在背后支撑起“爱”。父爱不会因纳粹而隐匿，爱国热情不会因反动派和帝国主义的威胁而浇灭，对人民的守护不会因病毒而退缩……正是因为这些值得我们尊敬的人，将勇敢的心融入了爱。

华夏泱泱五千年，几度风云变幻。“醉卧沙场君莫笑，古来征战几人回”，用一颗勇敢的心笑傲沙场，把生死置之度外；“人生自古谁无死，留取丹心照汗青”，无数仁人志士用至勇之心写出动人的千古绝唱……穿越历史风云的我们，正在经历时代变化的我们，更应打造一颗勇敢的心！

2020 年 天津外国语大学·答案详解

第一部分 百科知识

1. [D] 世界上的历法基本可以分为 3 类，即阴历、阳历和阴阳合历。中国传统历又称农历，是在阴历（夏历）基础上融合了阳历成分的一种阴阳合历，取月相的变化周期即朔望月为月的长度，加入干支历“二十四节气”成分，参考太阳回归年为年的长度，通过设置闰月以使平均历年与回归年相适应。阴历，在中国传统历法中主要指按月球的月相周期变化来安排的历法。阳历，又称太阳历，是以地球绕太阳公转的运动周期为基础而制定的历法。公历，一般指公历纪年法，是一种源自西方社会的纪年方法，实际上是一种阳历。

2. [B] 2019 年，良渚古城遗址获准列入《世界遗产名录》，位于浙江杭州，是长江下游地区首次发现的新石器时代城址，被誉为“中华第一城”。仰韶文化遗址，位于河南三门峡，是黄河中游地区重要的新石器时代彩陶文化遗址。龙山文化遗址，位于山东济南，泛指中国黄河中、下游地区约新石器时代晚期的一类文化遗存。北京猿人遗址，位于北京房山周口店，是旧石器时代的重要遗址，于 1987 年被列入《世界文化遗产名录》。

3. [D] 雨果，法国 19 世纪前期浪漫主义文学的代表作家，代表作有《巴黎圣母院》《悲惨世界》《“诺曼底号”遇难记》等。《巴黎圣母院》以离奇和对比手法写了一个发生在 15 世纪法国的故事，揭露了宗教的虚伪，歌颂了下层劳动人民的善良、友爱、舍己为人，反映了雨果的人道主义思想。卢梭，法国 18 世纪启蒙思想家、哲学家、教育家、文学家，启蒙运动代表人物之一，代表作有《论人类不平等的起源和基础》《社会契约论》等。司汤达，法国 19 世纪批判现实主义作家，代表作有《红与黑》《帕尔马修道院》等。大仲马，法国 19 世纪浪漫主义作家，代表作有《三个火枪手》《基督山伯爵》等。

4. [B]《简·爱》是英国作家夏洛蒂·勃朗特创作的长篇小说，是一部具有自传色彩的作品。小说通过孤女简·爱坎坷不平的人生经历，成功塑造了一个不安于现状、不甘受辱、敢于抗争的女性形象，探讨了情感与理智的矛盾与平衡。《包法利夫人》是法国作家福楼拜创作的长篇小说。《呼啸山庄》是英国作家勃朗特姐妹之一艾米莉·勃朗特的作品。《傲慢与偏见》是英国小说家简·奥斯汀创作的长篇小说。

5. [D]“巧言令色，鲜仁矣”出自《论语·学而》，意思是，不管做什么事都喜欢用花言巧语来骗人，这种人是不会有什么仁德的。“鲜”是很少的意思。

6. [A]“一点浩然气，千里快哉风”出自北宋苏轼的《水调歌头·黄州快哉亭赠张偓佺》，意思是，一个人只要具备至大至刚的浩然之气，就能在任何境遇中都处之泰然，享受到无穷快意的千里雄风。这抒发了作者旷达豪迈的处世精神。“天地有正气，杂然赋流形”出自南宋文天祥的《正气歌》；“万里赴戎机，关山度若飞”出自北朝民歌《木兰辞》；“国破山河在，城春草木深”出自唐代杜甫的《春望》。

7. [C]“浮云游子意，落日故人情”出自唐代李白的《送友人》，意思是，浮云像游子一样行踪不定，夕阳徐徐下山，似乎有所留恋。这两句情景交融，隐喻诗人对友人依依惜别的心情。“斜光照墟落，穷巷牛羊归”出自唐代王维的《渭川田家》；“劝君多采撷，此物最相思”出自唐代王维的《相思》；“人闲桂花落，夜静春山空”出自唐代王维的《鸟鸣涧》。

8. [B]《人间词话》，中国近代学者王国维于 1908 年至 1909 年所著的一部文学批评著作，是作者在接受了西洋美学思想之洗礼后，以崭新的眼光对中国旧文学所作的评论。刘勰，南朝文学理论家、文学批评家，代表作是《文心雕龙》。梁启超，中国近代思想家、政治家、文学家，戊戌变法领袖之一、近代维新派代表人物，代表作有《中国近三百年学术史》《中国历史研究法》《饮冰室合集》等。黄遵宪，被誉为“近代中国走向世界第一人”、中日友好的先驱使者，清朝思想家、政治家、文学家，代表作有《人境庐诗草》《日本国志》等。

9. [C] 文艺复兴运动，是发生在 14 世纪初到 17 世纪初的一场反映新兴资产阶级要求的欧洲思想文化运动。其指导思想是人文主义精神，提出以人为中心，肯定人的价值和尊严，认为人是现实生活的创造者和主人。代表人物有但丁、达・芬奇、莎士比亚等。浪漫主义运动兴起于 18 世纪末到 19 世纪初，是一场涉及政治、文化、社会、哲学各个领域的宏大变革。古典主义运动，主要指 17 世纪君主政体民族国家开始建立，资本主义渐趋发展的历史阶段产生的一种文艺思潮。启蒙运动，发生在 17 至 18 世纪的一场继文艺复兴后资产阶级又一次伟大的反封建思想解放运动。

10. [D] 唐宋八大家，是唐代和宋代八位散文家的合称，分别为唐代柳宗元、韩愈和宋代欧阳修、苏洵、苏轼、苏辙、王安石、曾巩。他们是唐宋古文运动的中心人物，先后掀起古文革新浪潮，提倡散文，反对骈文，使诗文发展的陈旧面貌焕然一新，对当时和后世的文坛影响深远。

11. [C] 田园诗是一种以描写自然风光、农村景物以及安逸恬淡的隐居生活见长的诗歌流派。陶渊明，东晋末年杰出的诗人、辞赋家、散文家，被誉为“田园诗派之鼻祖”，代表作有《归园田居》《饮酒》《桃花源记》等。李白，唐代伟大的浪漫主义诗人，被后人誉为“诗仙”，代表作有《望庐山瀑布》《蜀道难》《将进酒》等。岑参，唐代边塞诗人代表，代表作有《白雪歌送武判官归京》《逢入京使》等。杜甫，唐代伟大的现实主义诗人，代表作有《茅屋为秋风所破歌》《望岳》《春望》等。

12. [B]《故乡》，是鲁迅于 1921 年创作的一篇短篇小说。小说以“我”回故乡的活动为线索，着重描写了闰土和杨二嫂的人物形象，从而反映了辛亥革命前后农村破产、农民痛苦生活的现实；同时深刻指出了劳苦大众所受的封建思想的束缚，表达了作者对现实的强烈不满和改造旧社会、创造新生活的强烈愿望。《天狗》，是郭沫若于 1920 年创作的一首诗，是其第一本新诗集《女神》中的名篇。《沉沦》，是郁达夫于 20 世纪 20 年代创作的短篇小说。《倪焕之》，是叶圣陶于 20 世纪 20 年代创作的一部长篇小说。

13. [C]“玉”字在古人心目中是一个美好、高尚的字眼，古代诗文中，常用玉来比喻和形容一切美好的人或事物，视其为道德的象征。儒家讲究“君子必佩玉”“君子比德于玉”“无故，玉不去身”等。

14. [B] 北京话，也叫北京土话，是主要流行于北京的一种方言。北京话虽然比其他方言更接近普通话，但是北京话不等于普通话。普通话，是以北京语音为标准音，以北方话为基础方言，以典范的现代白话文著作为语法规范的现代汉民族共同语。同理，现代汉民族共同语就是普通话。标准语，是语言学分支社会语言学的重要术语，通常以在一个国家的政治、文化中心地区受过教育的本族语的口语和书面语为基础，如汉语标准语为汉语普通话。

15. [B] 轻声是汉语中所具有的一种特殊变调现象，即在语音序列中有许多音节常常失去原有的声调，读成一个又轻又短的调子。轻声字词包括名词后缀“子、头、儿”等，如桌子、帘子、竹子。而莲子中“子”的读音为三声 zǐ。

16. [D]“画”和“画儿”这两个词，词性有区别，意义也有区别。“画”是动词，表示画画的动作，如画鸡、画山水等。“画儿”是名词，表示已经完成的画作，如一幅画儿等。“画”也可以用作名词，表示画成的艺术品，如年画、山水画等。感情色彩，指词义中所反映的主体对客观对象的情感倾向、态度、评价等内容，分为褒义、贬义和中性三种。“画”和“画儿”都是中性词，感情色彩无强弱之分。

17. [D]“什么”在人们日常生活中是一个时刻也离不开的词，它的用法较为复杂，概括起来有三大类：一是表询问，二是表指代，三是表否定、贬斥、惊讶。D 项中的“什么”是表询问的疑问代词，表示不确定的事物。A、B、C 三项中的“什么”是指示代词，泛指一般事物。

18. [B]甲骨文，又称“殷墟文字”“甲骨卜辞”，主要指商朝晚期王室用于占卜记事而在龟甲或兽骨上契刻的文字，被认定为中国最古老的文字，最早出土于河南安阳。金文，是指铸造在殷商与周朝青铜器上的铭文，也叫钟鼎文。篆书，是一种字体，分为大篆和小篆，是秦始皇实施书同文采用的字体。

19. [D]新月派，现代新诗史上一个重要的诗歌流派，受泰戈尔《新月集》影响。早期新月派提倡新格律诗，主张“理性节制情感”，反对滥情主义和诗的散文化倾向；后期诗的艺术表现、抒情方式与现代派趋近。新月派主要代表人物有闻一多、徐志摩、朱湘等。曹雪芹，清代学者，代表作是《红楼梦》。郭沫若，中国现代作家、历史学家、考古学家，代表作有《女神》《屈原》《蔡文姬》等。贺敬之，中国现代诗人、剧作家，代表作有《白毛女》《回延安》等。

20. [C]袁隆平，首届国家最高科学技术奖得主，中国杂交水稻事业的开创者和领导者，被誉为“杂交水稻之父”。邓稼先，中国科学院院士、核物理学家，为中国核武器、原子武器的研发做出了重要贡献，被称为“两弹元勋”。杨振宁，中国科学院院士、诺贝尔物理学奖获得者，在粒子物理学、统计力学和凝聚态物理等领域作出了里程碑式贡献。谢华安，中国科学院院士、植物遗传育种学家，主持育成中国稻作史上种植面积最大的水稻良种“汕优 63”。

21. [B]“充耳不闻”出自《诗经・邶风》：“叔兮伯兮，褎如充耳。”“充耳不闻”的意思是塞住耳朵不听，形容有意不听取别人的意见。“充”是塞住的意思。

22. [C]印刷术，与造纸术、指南针和火药并称为我国古代四大发明。雕版印刷术发明于唐朝，并在唐朝中后期普遍使用。北宋毕昇发明了活字印刷术。印刷术开创了书籍历史的新纪元，为知识的广泛传播、交流创造了有利条件。金石篆刻，是一种古老的中国传统工艺美术品，属于中国石文化中的重要组成部分。指南针的发明对航海、大地测量、旅行及军事等方面意义重大。火药以其杀伤力和震慑力，在人类历史中起到消停战事、安全防卫的作用。

23. [D]诸子百家，是后世对先秦时期学术思想人物和派别的总称，其中流传中最为广泛的是儒家、法家、道家、墨家、阴阳家、杂家等。《论语》是儒家的代表作。《道德经》（又称《老子》）和《庄子》是道家的代表作。《淮南子》是西汉时期淮南王刘安及其门客收集史料集体编写而成的一部哲学著作。该书在继承先秦道家思想的基础上，综合了诸子百家学说中的精华部分，对后世研究秦汉时期文化起到了不可替代的作用。

24. [A]立春，是二十四节气之首，立，是“开始”之意；春，代表着温暖、生长。立春标志着万物闭藏的冬季正慢慢过去，开始进入风和日暖、万物生长的春季。春分，是二十四节气中的第四个节气，这天南北半球昼夜平分。立冬，是二十四节气中的第十九个节气，意味着冬季开始，万物进入休养、收藏状态。立夏，是二十四节气中的第七个节气，意味着夏季开始，农作物进入了茁壮成长阶段。

25. [B] 第二次工业革命，始于19世纪60年代后期，以电力的发明和广泛应用、内燃机的使用为主要标志，这一时期，科学技术的发展突飞猛进，各种新技术、新发明层出不穷，并被迅速应用于工业生产，大大促进了经济的发展。蒸汽机的使用是第一次工业革命的标志。计算机的使用是第三次科技革命的主要标志。

第二部分 应用文写作

1.

◎写作分析

批复是指答复下级机关的请示事项时使用的文种，是机关应用写作活动中的一种常用公务文书。批复一般分为审批事项批复、审批法规批复和阐述政策的批复三种，一般由标题、主送机关、正文、落款构成。比对时，重点检查批复的结构内容、写法是否有不规范之处。

第一处：标题缺少文种，应改为“××大学团委关于同意成立 ××大学舞蹈协会的批复”

第二处：标题与正文之间缺少主送机关，应在标题下方顶格添加“××大学舞蹈协会：”

第三处：正文首行未缩进，应缩进两个字符

第四处：落款缺少署名，应在时间上方添加“××大学团委”

第五处：落款的日期格式有误，应改为“2019年11月17日”

2.

◎写作分析

商洽函，属于邀请函的一种。这类函在平行机关或不相隶属机关之间相互协商或联系工作时使用。正文通常由商洽缘由（发函的原因）和商洽事项两个部分组成。本文应按照商洽函的格式进行写作，对大江师范大学在育英中学建立实习基地相关事宜做详细解释。

关于在育英中学建立实习基地事宜的商洽函

育英中学：

感谢贵校长期以来对我校毕业生就业工作的大力支持。

为切实落实学生实习工作，保证实习质量，为学生实习工作的顺利进行提供有力保障，我校拟在贵校建立大江师范大学实习基地。若贵校同意，我校将按统一规定支付实习费用，并且在实习期间派出带队教师，协助贵校对实习生进行督促和管理。

欢迎贵校提出宝贵意见，期待贵校与我校达成协作意向，具体事宜请垂询我校负责老师：×××，联系电话为0123-1234567。

特此函达，请函告。

大江师范大学

2019年12月10日

◎写作分析

当下，素质教育已成为大势所趋。文章首先可以解释何为素质教育并提及实施素质教育的必要性，还可以对题目中所提到的素质教育的误区进行详细分析，建议将素质教育与应试教育进行对比分析，从而得出素质教育是高标准教育的结论。

素质教育，行之所往

爱因斯坦曾说：“学校的目标应当是培养有独立行动和独立思考的个人，不过他们要把为社会服务看作是自己人生的最高目标。”素质教育的使命也正是培养具有独立思考能力、全面发展的个人。

德国著名哲学家雅斯贝尔斯说：“教育的本质是一棵树摇动另一棵树，一朵云推动另一朵云，一个灵魂召唤另一个灵魂。”真正的教育应该是震撼心灵、开启智慧、健全人格的教育，而素质教育的目的是要学生学会独立思考、独立判断，进而达到独立行动，成为一个心灵博大、精神坚强的人。相对于被演绎到极致的、以升学率为唯一评价标准的应试教育，素质教育从长远来看对人更加有利。应试教育或许给我们带来了即时性的效果，也让无数的学生起早贪黑、刻苦学习，但功利教育的沉疴不禁让我们思考：难道我们需要的是生产线上模式化的考试机器吗？如果教育仅是“唯分数论”，那我们国家最后培养的又是怎样的人？

素质教育的钟声已经敲响，我们的学习和生活也发生了翻天覆地的变化：作业减少了，在校时间减少了，体育课程增加了，劳动教育受重视了……同时也有人不禁疑问，这难道不是降低了教育的标准吗？诚然，从花费在传统科目上的时间上来看，素质教育较应试教育必定减少了许多，但这并不意味着素质教育降低了标准，放松了要求。即使是基础学科，也会有“显性成绩”和“隐性成绩”之分，“显性成绩”是考试的量化，“隐性成绩”体现的则是生命的成长，两者是相辅相成的。这其中，“隐性成绩”才是通向人全面发展的门扉，而打开这扇门的密钥则是素质教育。显而易见，素质教育并不是简单的“减负教育”，表面上课程、作业的减少，并不意味着它对学生学业的要求比应试教育低，反而是让课程、作业变得更有意义、更丰富。

从高等教育来讲，素质教育应包括思想道德素质、文化素质、身体素质、心理素质、业务素质等方面。从这个层面来看，培养德智体美劳全面发展的人，非但没有降低教育的标准，反而要求更高。素质教育强调人的全面发展，使人们在基本方面达到统一标准，实现共同发展，并在此基础上，重视差异性，为不同的人提供不同的教育，提出不同的要求，促进他们的个性发展。因为素质教育不只是注重智力和体力的发展，更要求关怀人的精神世界，充分发挥人的主动性和创造性，使人的主体性得以充分地弘扬。

百年大计，教育为先。素质教育，发展为先。素质教育是“造就适合学生的教育”。每个人都有自己的花期，即使是再不起眼的花，也能在罅隙中生存，细小而执着。愿我们都能为素质教育贡献属于自己的微薄力量，愿素质教育之树永远长青。

2020 年 北京第二外国语学院 · 答案详解

第一部分 百科知识

1. **《三国演义》**，全名为《三国志通俗演义》，又称《三国志演义》，是元末明初小说家罗贯中创作的长篇章回体历史演义小说，与《西游记》《水浒传》《红楼梦》并称为中国古典四大名著。该书可大致分为黄巾起义、董卓之乱、群雄逐鹿、三国鼎立、三国归晋五大部分，讲述了东汉末年的群雄割据混战和魏、蜀、吴三国之间的政治和军事斗争的故事。

2. **顾炎武**，本名顾绛，字宁人，人称亭林先生，明末清初杰出的思想家、经学家、史地学家和音韵学家，提出经世致用、明道救世思想，著有《日知录》《天下郡国利病书》《肇域志》等，与王夫之、黄宗羲、唐甄并称为明末清初"四大启蒙思想家"。

3. **苏轼**，字子瞻，号铁冠道人、东坡居士，世称苏东坡、苏仙、坡仙，北宋文学家、书法家、美食家、画家，历史治水名人。苏轼是北宋中期文坛领袖，在诗、词、散文、书、画等方面取得很高成就，为豪放派代表、"唐宋八大家"之一。诗文作品有《东坡七集》《东坡易传》《东坡乐府》等，书画作品有《赤壁赋》《潇湘竹石图》《枯木怪石图》等。

4. **辛弃疾**，原字坦夫，后改字幼安，中年后别号稼轩，南宋官员、将领、文学家，豪放派词人，有"词中之龙"之称，与苏轼合称"苏辛"，与李清照并称"济南二安"。主要作品有词集《稼轩长短句》等，词作有《永遇乐·京口北固亭怀古》《摸鱼儿·更能消几番风雨》等。

5. **"三教"**，一般指儒释道，"儒"指的是儒家，是孔子开创的学派，也称儒教，曾长期作为中国官方意识形态存在；"释"是古印度（今尼泊尔境内）乔达摩·悉达多创立的佛教，又称释教，世界三大宗教之一；"道"即道教，发源于中国，是中国古代统治阶级的三大精神支柱之一。以"三教"统称儒释道，始于北周时期，中国文化逐渐形成儒释道三足鼎立之势。经过隋唐时期的三教讲论与融通，三教合流在北宋已经大致成型，明代以后则成社会主流思想。

6. **"三皇"**，起源于中国上古传说，原指天皇氏、地皇氏、人皇氏，后增补原始社会时期的三个杰出的部落首领或部落联盟首领，即燧人、伏羲、神农（即炎帝）作为"三皇"。后期增补的后三皇在不同文学著作中分别有不同的说法，一般认为，"三皇"是指伏羲、神农、黄帝（出自《三字经》）。

7. **"五岳"**，中华传统文化中五大名山的总称，是古代民间山神崇敬、五行观念和帝王巡猎封禅相结合的产物。五岳分别是中岳嵩山（河南登封）、东岳泰山（山东泰安）、西岳华山（陕西渭南）、南岳衡山（湖南衡阳）和北岳恒山（山西大同）。五岳曾是封建帝王封禅祭祀之地，也是封建帝王受命于天的象征。

8. **"五湖"**，近代一般指洞庭湖（湖南）、鄱阳湖（江西）、太湖（江苏和浙江交界处）、洪泽湖（江苏）、巢湖（安徽）。古代的说法不同，如《国语》《史记》中的五湖专指太湖，或太湖及其附近的湖泊。

9. **文艺复兴**是指发生在 14 世纪到 17 世纪的一场反映新兴资产阶级要求的欧洲思想文化运动，指导思想是人文主义，代表人物有但丁、达·芬奇、莎士比亚。文艺复兴揭开了近代欧洲历史的序幕，被认为是中古时代和近代的分界，是西欧近代三大思想解放运动（文艺复兴、宗教改革与启蒙运动）之一。

10. **但丁**，意大利中世纪诗人，现代意大利语的奠基者，欧洲文艺复兴时代的开拓者，以史诗《神曲》留名后世。但丁、彼特拉克、薄伽丘是文艺复兴的先驱，被称为"文艺复兴三巨头"。

11. 米开朗基罗，意大利文艺复兴时期伟大的绘画家、雕塑家、建筑师和诗人，文艺复兴时期雕塑艺术最高峰的代表，与拉斐尔和达·芬奇并称为文艺复兴后三杰。代表作有《大卫》《创世纪》等。

12. 达·芬奇，意大利文艺复兴画家、科学家、发明家，文艺复兴后三杰之一。达·芬奇思想深邃，学识渊博，是人类历史上少见的全才。其最大的成就是绘画，代表作有《蒙娜丽莎》《最后的晚餐》等。

13. 下沉市场指三线以下城市、县镇与农村地区的市场。其基本特征是范围大而分散，且服务成本更高。下沉市场爆发对我国整体宏观经济健康发展的作用是不言而喻的，甚至可以形容是中国经济增长的新的源头活水。

14. 上市是一个证券市场术语。狭义的上市即首次公开募股，指企业通过证券交易所首次公开向投资者增发股票，以期募集用于企业发展资金的过程。广义的上市除了公司公开（不定向）发行股票，还包括在中国多层次资本市场挂牌交易，以及新产品或服务在市场上发布。

15. 社交裂变指的是以利益驱动，借助用户的社交关系促进产品传播和销售的一种营销模式。社交裂变的三个基础条件是存量流量池、传播驱动力、有效互动能力，主要模式有邀请裂变、助理裂变、拼团裂变、红包裂变、老带新裂变、打卡晒单裂变等。

16. 粉丝经济泛指架构在粉丝和被关注者关系之上的经营性创收行为，是一种通过提升用户黏性并以口碑营销形式获取经济利益与社会效益的商业运作模式。商家借助一定的平台，通过某个兴趣点聚集朋友圈、粉丝圈，给粉丝用户提供多样化、个性化的商品和服务，最终转化成消费，实现盈利。

17. “嫦娥四号”是中国探月工程二期于 2018 年 12 月 8 日发射的月球探测器，由着陆器和巡逻机组成，巡逻机命名为“玉兔二号”。“嫦娥四号”作为世界上第一艘巡视和探测月球背面软着陆的航天器，其主要任务是在月球表面着陆，继续更深入、更全面地探索月球地质和资源，完善月球档案。

18. “玉兔二号”是“嫦娥四号”任务月球车，于 2019 年 1 月 3 日完成与“嫦娥四号”着陆器的分离，驶抵月球背面。这是首次实现月球背面着陆，成为中国航天事业发展的又一座里程碑。

19. 月幔是月球的内部构造之一，月球由月壳、月幔和月核组成。月壳以下到 1,000 千米处是月幔，占月球一半以上的体积。

20. 阿波罗计划是美国国家航空航天局在 1961 年到 1972 年组织实施的一系列载人登月飞行任务。其目的是实现载人登月飞行和人对月球的实地考察，为载人行星飞行和探测进行技术准备，它是世界航天史上具有划时代意义的一项成就。

第二部分 应用文写作

◎写作分析

本文要求写校庆邀请函，需要注意以下几点：首先，开头写出举办校庆的意义；其次，要注意写清校庆活动的具体时间安排和详细地点，联系方式可以多附上几种；最后，要注意标题、开头、结尾、落款的完整。

北京第二外国语学院百年校庆邀请函

亲爱的校友：

北京第二外国语学院即将迎来百年华诞，我们向海内外心系母校的广大校友们致以亲切的问候和诚挚的祝福！

北京第二外国语学院的历史，是美的历史，更是薪火相传、人才辈出的历史。阳春布德泽，万物生光辉。这一百年，青春在美丽中闪光，梦想在卓越里绽放。“明德、勤学、求是、竞先”是我们闪烁百年的校训。在过去的一百年间，多少人的青春在这里闪光，多少莘莘学子的梦想在这里绽放。而在这里最难忘的却是师恩的浩荡，为了让我们成为国家的栋梁，老师们甘愿让白霜伴着孤灯生长。时值母校百年华诞，我们诚挚地邀请您在百忙之中抽空来参加母校华诞庆典，新老校友共聚一堂，同庆佳日。

为更好地方便您了解相关活动，合理安排行程，现将 ××月 ××日校庆活动的最新安排简列如下：

时间	活动内容	具体地点
7:00~9:00	在西门指定地点接待校友返校，发放校庆材料	西门口
9:00~11:00	北京第二外国语学院百年华诞纪念大会	博学楼会议厅
11:00~13:00	午餐时间	博雅餐厅
14:30~17:30	校庆文艺演出	运动场

如能拨冗出席，请您填写附件《校友返校回执单》，并于校庆开始前三日发给我们。可能有部分校友因工作单位或住址变更无法收到邀请函，望各位校友相互转告。如有任何疑问，请随时联系我们。

联系人：李老师

电话：010-65778005

邮箱：bisuaa@bisu.edu.cn

微信公众号：北京第二外国语学院校庆工作办公室

地址：北京市朝阳区定福庄南里 1 号

邮编：100000

北京第二外国语学院校庆工作办公室

××××年 ××月 ××日

附：校友返校回执单

回执：

<table>
<tr><td>姓名</td><td></td><td>性别</td><td></td><td>就读院系</td><td></td><td>毕业年份</td><td></td></tr>
<tr><td>职业</td><td></td><td>电话</td><td></td><td colspan="2">电子邮件地址</td><td colspan="2"></td></tr>
<tr><td rowspan="2">何时来/离北京</td><td>来</td><td></td><td rowspan="2">选住房间类型（单/双人间）</td><td rowspan="2"></td><td rowspan="2">是否预定返程票</td><td rowspan="2" colspan="2"></td></tr>
<tr><td>离</td><td></td></tr>
</table>

第三部分 现代汉语写作

◎写作分析

本文要求写一篇议论文。材料涉及爱默生的观点，考生可以同意该观点，也可以批判该观点。“克服民族性”，既然是克服，那么克服的应该是不好的东西。考生可以以此为思路，指出克服民族性中那些不好的东西，或者给“民族性”定义，进而讨论克服的问题。在论述到“文化的进步”时，要注意什么才是文化的进步，如果不明确这个对象，那么论证效果无法做到很好，用来佐证的例子也会站不住脚。

民族性与文化进步

我们身处文化全球化的当代，打开电脑、手机，进入网络世界，本国的乃至世界的各类事物都将如潮水般涌进来。不同国家的民俗风情、科技优势、音乐流派、文学作品、自然景观、建筑雕塑……我们都能一窥究竟。在古代，不同地方的人们也有文化上的交流，从西汉的丝绸之路，到唐朝的文成公主入藏，再到明代的郑和下西洋……从古代区域性的文化交流，到当代全球性的交流，可以说，人类文化的发展，是一个逐渐走向文化交融的过程，而这个过程中出现的文化进步，乃是克服民族性带来的。

从文化先进和落后的角度看，克服民族性，是克服民族发展中自身落后的文化，学习先进的文化，以取得进步。在世界历史中，各国民族的发展并非总是同步的。有的民族发明了文字，而有的民族还没有自己的文字；有的地方已进入资本主义或社会主义时代，而有的地方还停留在封建制时代；有的国家已经商业经济高度发达，而有的国家仍停留在农业时代的小农经济……如果一个民族落后于其他民族，故步自封，而不学习、引进外族先进的东西，那么这个民族就很容易被越甩越远。日本古代一开始没有文字，“上古之世，未有文字，贵贱老少，口口相传”，到了应神天皇时代，才开始接触汉语。在漫长的发展过程中，日本人使用汉字，借鉴汉字创造日语的文字，这成为日语乃至日本文化的重要组成部分。假如古代日本人一开始接触汉字时，认为这是外族的东西，予以排斥，那么今天日本的文字就很可能不复存在，而依赖文字流传的历史、教育、科技也难以进行有效积累。古代日本人一开始就克服了自身的民族性，向文化更先进的民族学习，促进了自身文化的进步。

从多民族国家的角度看，克服民族性，是让各族人民共同进步的重要条件。世界上有许许多多的国家拥有不止一个民族。一个国家的不同民族，风俗各异，价值观不尽相同，甚至在历史发展的过程中矛盾重重。若各族只看重自身的利益，完全不顾他族，若各族以己为尊，歧视他族，乃至奴役他族，则一国之中，民族矛盾必然加剧，严重时甚至可能导致国家分裂。人心不齐，国家不安，便会在国与国之间的竞争中失利乃至落后，甚至遭遇危险。因此，民族性中狭隘排外、唯我独尊等诸多不良缺点，是需要克服的，这些是民族融合的阻碍。克服民族性，促进民族融合，各族文化交融不仅带来文化繁荣，而且促进国家稳定。保障了这种繁荣，也会给经济、科技、教育、文学、艺术等方面的发展提供安全保障。相比狭隘民族性带来的矛盾、相互压迫乃至意图消灭对方文化的行动，这种克服民族性、促进民族融合的气度，使各民族文化共同繁荣，是一种文化的进步。

自然，克服民族性不等于消灭民族性。克服民族性，是克服缺点，不是将全部有民族特色的东西消除。无论是向外族学习也好，还是促进民族融合也好，均不能走极端。

当今，文化全球化的进程还在继续，让我们克服民族性，迎接人类文化的进一步发展。

2020 年 西安外国语大学 · 答案详解

第一部分 百科知识

1. **“近者悦，远者来”**出自《论语》：“叶公问政。子曰：‘近者悦，远者来。’”意思是，叶公问怎样治理政事。孔子说：“先让境内的人民欢悦无怨，于是远方的人就会慕名前来投奔。”主要指当权者要想巩固统治，应该先施行仁政，使人民都欢悦。

2. **无为**是先秦时期道家思想术语，出自老子的《道德经》，是老子对统治者的告诫。无为，并非要君主不求有所作为，而是指君主凡事要“顺天之时，随地之性，因人之心”，不违反“天时、地性、人心”，不能仅凭主观愿望和想象行事。其实质是君主不与民争，顺应民众，不妄为。

3. **《周易》**即《易经》，先秦时期传统典籍，相传为周文王姬昌所作，是对四百五十卦易卦典型象义的揭示和相应吉凶的判断。《周易》是中国传统思想文化中自然哲学与人文实践的理论根源，被誉为“大道之源”，对中国几千年来的政治、经济、文化等各个领域都产生了极其深刻的影响。

4. **《孙子兵法》**是中国现存最早的兵书，也是世界上最早的军事著作，被誉为“兵学圣典”。作者是春秋时期吴国将军孙武。《孙子兵法》继承和发展了前人的军事理论，把政治作为决定战争胜败的首要因素，归纳出战争的原理原则，是古代军事思想精华的集中体现。

5. **解会**是禅宗中的参禅方法，强调在实践过程中不断领悟、体会，以达到佛法中的高尚境界。

6. **活水的“活”**与“死”相对，指一直不断流动，不断发展变化。活水，是指静流之水或有源头、常流动的水。

7. **不妄作劳**，出自《黄帝内经》中的养生长寿之道。作劳，即劳作，指消耗体力、精力的各种活动和行为。妄，指不遵循法度。不妄作劳的意思是，除了正常的劳动外，不要过度操劳，以免影响身体。常用于指导中医养生。

8. **经络**是经脉和络脉的总称，是运行全身气血、联络脏腑形体官窍、沟通上下内外、感应传导信息的通路系统，是人体结构的重要组成部分，最早记载于《黄帝内经》中。经络学说是我国中医学基础理论的核心之一，一直为保障中华民族的健康发挥着重要作用。

9. **胡琴**是一种民族拉弦、弹弦乐器，来源于北方少数民族，因古代汉人常称北方少数民族为“胡”而得名。胡琴始于唐代，分为琴筒、琴杆、琴头、丝弦等，音色柔和浑厚，富有草原风味，可用于独奏、合奏或伴奏。胡琴流行于内蒙古自治区各地，尤以东部科尔沁、昭乌达盟一带最为盛行。

10. **做（唱念做打）**，泛指表演技巧，一般又特指舞蹈化的形体动作，是戏曲有别于其他表演艺术的主要标志之一。演员在创作角色时，手、眼、身、步各有多种程式，髯口、翎子、甩发、水袖也各有多种技法，灵活运用这些程式化的舞蹈语汇，以突出人物性格、年龄、身份上的特点。

11. **琴（琴棋书画）**，具体指弹琴，泛指懂音律，会演奏乐器，如琴、箫、筝、琵琶、笛等。2003 年，古琴艺术被联合国教科文组织列入世界人类非物质文化遗产代表作名录。

12. **（王献之）“一笔书”**又名草书、连绵草，是书法术语，指草书文字间自始至终笔画连绵相续，宛如一笔直下而成，由东晋书法家王献之所创。王献之“一笔书”的代表作品是《中秋帖》。

13. **墨猪**是书法术语，比喻字体笔画丰肥、臃肿而乏筋骨。因字如墨团，故名。唐代张彦远《法书要录》引东晋卫夫人《笔阵图》称：“多骨微肉者，谓之筋书；多肉微骨者，谓之墨猪。”书写粗笔道的字而不见筋骨，易犯此病。懂蘸墨的技巧，是避免形成墨猪的有效解决方法。

14. **“同自然之妙有”**出自唐代孙过庭的《书谱》：“同自然之妙有，非力运之能成。”说的是书法艺术的形态、意象同大自然一样神奇美妙，并不是靠人力运作就能成就的。这一思想不提倡将文字的形态写成自然事物的形态，但又要让人在作品中感受到自然的气息，将自然万象的精神意趣自然而然地融汇于书法作品中。

15. **斗彩（瓷器）**，中国传统制瓷工艺的珍品，创烧于明朝宣德年间，明成化时期的斗彩最受推崇，是釉下彩（青花）与釉上彩相结合的一种装饰品种。斗彩以其绚丽多彩的色调、沉稳老辣的色彩，形成了一种符合明人审美情趣的装饰风格。

16. **叠山（园林）**又称堆山、掇山，是指人工堆造假山的方法。和单纯的置石相比较，叠山规模大、用材多、结构复杂，需要更高超的技艺。叠山讲求“虽由人作，宛自天开”，以“小中见大”的手法，用写意的方式来模拟自然中的山体，使其具有真山的神韵。

17. **望（望闻问切）**，中医四诊之一，最早源于《难经》。望，指观气色，是对病人的神、色、形、态、舌象等进行有目的的观察，以测知内脏病变。通过望诊可以对病人的病情进行预估，为后续准确诊断和科学治疗提供坚实基础。

18. **唐装四要素**，一是对襟，女式唐装多为斜襟，这样的处理既有民俗化的特征，又不失优雅的风韵；二是立领，上衣前中心开口，立式领型；三是连袖，即袖子和衣服整体没有接缝，以平面裁剪为主；四是盘扣，即直角扣，扣子由纽结和纽袢两部分组成。

19. **饕餮纹**，青铜器上常见的花纹之一，最早发现于长江中下游地区的良渚文化陶器和玉器上。饕餮纹一般以动物的面目形象出现，具有虫、鱼、鸟、兽等动物的特征，装饰性很强。饕餮是古人融合了自然界各种猛兽的特征，同时结合自己的想象而形成的，充分体现了古代劳动人民的智慧和创造力。

20. **“饮酒孔嘉，维其令仪”**出自《诗经·小雅》，主要描写的是贵族饮酒的场面。意思是，饮酒本是件非常美好的事情，关键是要保持形象、讲究风度。古代君子饮酒提倡节制酒量，不酗、不湎、不沉，讲究适度和适量，这在“酒桌文化”盛行的今天仍具有十分重要的借鉴意义。

21. **纳米技术**是用单个原子、分子制造物质的科学技术，研究结构尺寸在 1 至 100 纳米范围内材料的性质和应用。纳米技术是动态科学、现代科学和现代技术结合的产物。当前纳米技术的研究和应用主要在材料和制备、微电子和计算机技术、医学与健康等方面。用纳米材料制作的器材重量更轻、硬度更强、寿命更长、维修费更低、设计更方便。利用纳米材料还可以制作出生物材料和仿生材料。

22. **智能革命**是一场以人工智能和互联网为主要标志的生产与科技的革命。当前，人们常常把智能革命看成是工业革命的延续和范畴，称之为第四次工业革命。但是智能革命无论是从深度和广度上，都正在突破工业革命的范畴，从根本上改造人类社会的面貌。

23. **微电子技术**是在电子电路和电子系统的超小型化及微型化过程中逐渐形成和发展起来的，以集成电路为核心的电子技术。微电子技术影响着一个国家的综合国力，以及人们的工作方式、生活方式和思维方式，被看作是新技术革命的核心技术。当代微电子技术正在向着高集成度、高速、低功耗、低成本的方向发展。

24. **生物工程**是20世纪70年代初开始兴起的一门新兴的综合性应用学科，是以生物学的理论和技术为基础，结合化工、机械、电子计算机等现代工程技术，充分运用分子生物学的最新成就，以生产大量有用代谢产物或发挥它们独特生理功能的一门新兴技术。生物工程的应用范围十分广泛，包括控制和消灭传染病、药物研发等。

25. **中欧班列**是指按照固定车次、线路等条件开行，往来于中国与欧洲及一带一路沿线各国的集装箱国际铁路联运班列，途径中国、俄罗斯、波兰、德国、法国、西班牙等。2011年3月，首趟中欧班列从重庆发出开往德国杜伊斯堡，开启了中欧班列创新发展的序章。10多年来，中欧班列开创了亚欧陆路运输新篇章，铸就了沿线国家互利共赢的桥梁纽带。

第二部分 应用文写作

◎写作分析

首先，新闻报道作为一种以叙事为主的文体，内容上一般应包含六要素，即人物、时间、地点、事件、原因、发生过程。新闻报道的结构一般包括标题、导语、主体、背景、结语。其次，三则材料主要围绕第六届丝绸之路国际艺术节的具体活动、意义等内容展开，报道内容也应以此为重点。

举行国际艺术节，缔结丝路友谊

9月7日至21日，由文化和旅游部、陕西省人民政府共同主办，陕西省文化和旅游厅承办的第六届丝绸之路国际艺术节在陕西举办。

以“丝路精神，时代丹青”为主题的2019今日丝绸之路国际美术邀请展作为第六届丝绸之路国际艺术节的重要组成部分于9月7日在西安开幕，该展览展出了116个国家和地区艺术家的1,000余件作品，包括中国画、油画、雕塑、书法等艺术种类。国际美术学院联盟主席、荷兰国际艺术中心董事汤姆·哈根曼在展览开幕式上表示，“艺术让我们得以互相了解，创造了幸福感。”9月14日至15日，本次艺术节在西安曲江国际会展中心举行了盛大的西安数字互动娱乐文化周活动，该活动对推动我省数字文化产业发展、扩大文化和旅游消费具有重大意义。

本次艺术节特别举办了文旅融合高峰论坛，邀请了国内外专家和业界代表为陕西文旅融合发展建言献策，探讨新时代文旅深度融合发展的路径，推动旅游演艺产业高质量发展。本次艺术节通过跨区域、跨语言的对话与合作，呈现文化繁荣、艺术交流和文旅融合发展的新局面，作为全球艺术文化交流互动的先锋，在当今世界发挥着重要作用。“相知无远近，万里尚为邻。”在丝绸之路国际艺术节的活动里，“一带一路”牵动着千万人的情思，在这条路上，我们并肩同行，友谊长存。

第三部分 现代文写作

◎写作分析

本题的倾向性非常明显，文章立意可以围绕“中国坚持开放才能拥有未来”展开，可以涉及“什么是开放”“为什么需要开放”“开放需要我们做什么”这三个问题给出答案。目前，中国已积极进行对外开放，文章也可以借助相关事例加以佐证。

坚持开放，面向未来

“郑和下西洋”和“海上丝绸之路”传播了中华文化，沟通了中国与世界的贸易，从人类文明进步的要求来看，文明因多样而交流，因交流而互鉴，因互鉴而发展。历史告诉我们：只有开放才能有未来，坚持开放是构建人类命运共同体的必然选择。开放，不是崇洋媚外，而是为了增进和维护国家利益。

曾经的“闭关锁国”致使我们与世界隔绝，阻碍了我们吸收先进文化和科学技术，让中国逐渐和世界脱轨，无数后人哀其不幸、怒其不争。所幸，华夏历史星群里总有一些星星在熠熠发光。近代中国睁眼看世界第一人——林则徐，让那时的人们了解到世界五大洲30多个国家的地理、历史和政治状况；编著《海国图志》、提出“师夷长技以制夷”的魏源，告诉大家要通过学习西方的先进军事技术寻求御侮强国之道——以彼之道，还之彼身；“中国留学生之父”容闳为使西方之学术，灌输于中国，大学毕业后毅然回到祖国，他胸怀松柏之志，常葆赤子之心，为西学东渐、富强国家而不懈奋斗。他们敢于“吸收外来”，因为他们都“不忘本来”，牢记着开放的内核是爱国，是使中国日趋于文明富强之境。

《墨子》有言：“江河之水，非一源之水也；千镒之裘，非一狐之白也。”随着对外经济贸易的快速发展，我国已构建了以港口、航空口岸为中心，以公路、水路、铁路为网络的立体化的口岸物流基础设施体系；在G20峰会、亚太经济合作组织、上海合作组织中，中国扮演着举足轻重的角色；深圳经济特区、自由贸易港、自由贸易试验区、粤港澳大湾区等作为中国更高水平开放型经济新体制的“试验田”，不仅能适应国内服务型消费需求，还将形成与各国、各地区合作共赢的巨大市场空间；“继续扩大市场开放”“继续完善开放格局”“继续优化营商环境”“继续深化多双边合作”“继续推进共建‘一带一路’”，这些话语告诉我们：开放，不仅能让我们三省吾身，也能让我们见贤思齐。坚持开放，是追随世界经济发展趋势的客观选择，更是加速我国社会主义现代化建设的迫切需要。

历史大戏的主角们已经远去，留下这风云散尽的舞台，静静地倾听着我们的足音。孤举者难起，众行者易趋。让我们以昂扬的姿态，勇敢地向前迈步，不忘本来、吸收外来，坚持开放，才能放眼未来。中国离不开世界，世界离不开中国，未来的寰宇，必定被中国的光辉照亮。

2020 年 南京师范大学·答案详解

第一部分 百科知识

1. **进博会**，全称是中国国际进口博览会，于 2018 年首次在上海举办，是世界上第一个以进口为主题的大型国家级展会。进博会的主题口号是“新时代，共享未来”。举办进博会是中国着眼推进新一轮高水平对外开放做出的一项重大决策，是中国主动向世界开放市场的重大举措。

上海自由贸易试验区，简称上海自贸区，是中国政府设立在上海的区域性自由贸易园区，成立于 2013 年。上海自贸区是中国大陆境内第一个自由贸易区，是中国经济新的试验田，力争建设成为具有国际水准的投资贸易便利、货币兑换自由、监管高效便捷、法制环境规范的自贸区。

科创板，由国家主席习近平于 2018 年在首届进博会开幕式上宣布设立，设立地点是上海证券交易所，是独立于现有主板市场的新设板。科创板重点支持新一代信息技术、新材料、新能源等高新技术产业和战略性新兴产业，推动互联网、大数据、云计算等和制造业深度融合，推动质量变革、效率变革、动力变革。

长三角区域一体化是指包括上海、江苏、浙江和安徽在内的长江三角洲地区一体化发展规划，于 2010 年由国务院正式批准实施，2018 年上升为国家战略。长三角区域一体化有利于这一地区进一步消除国际金融危机的影响，加快转变发展方式，不断提升发展水平，带动长江流域乃至全国经济又好又快发展。

2. **郭沫若**，本名郭开贞，中国现代作家、历史学家、考古学家，曾多次当选中国文联主席。郭沫若在诗歌、历史剧、古代文化研究等方面颇有建树。其代表作有诗集《女神》、历史剧《屈原》《蔡文姬》、论著《中国古代社会研究》《甲骨文字研究》等。

浪漫主义是文艺的基本创作方法之一，与现实主义被并称为文学艺术上的两大主要思潮。浪漫主义产生于 18 世纪末，是法国大革命催生的社会思潮的产物，并在 19 世纪上半叶达到繁荣时期。浪漫主义在反映客观现实上侧重从主观内心世界出发，抒发对理想世界的热烈追求，常用热情奔放的语言、瑰丽的想象和夸张的手法来塑造形象。代表作家有雪莱、卢梭、拜伦等。

泛神论是一种将自然界与神等同起来，以强调自然界的至高无上的哲学观点。其认为神就存在于自然界一切事物之中，并没有另外的超自然的主宰或精神力量。泛神论主张神是万物的本体，“自然法则”是神的化身，否认物质的客观实在性、万事万物不断发展的多样性等。代表人物有庄子、色诺芬尼、斯宾诺莎等。

白话新诗指产生于五四运动前后，有别于古典、以白话作为基本语言手段的诗歌体裁。白话新诗在建立和发展过程中，受到外国诗歌影响较大，在表现方法上产生了现实主义、浪漫主义、象征主义等多种艺术潮流，在艺术形式上出现了自由体、新格律体、十四行诗、阶梯式诗、散文诗等多种形式。其主要流派有新月派、现代派、朦胧诗派等。

3. **人类基因测序**是一种新型基因检测技术，能够从血液或唾液中分析测定基因全序列、预测罹患多种疾病的可能性。它能锁定个人病变基因，提前预防和治疗。这颠覆了传统的健康观念，帮助人们从被动预防治疗走向主动预知健康，是一次医学史上的全新改变。

人工智能是计算机科学的一个分支，于 1956 年首次提出，是研究、开发用于模拟、延伸和扩展人的智能的理论、方法、技术及应用系统的一门新的技术科学。该领域的研究包括机器人、语言识别、图像识别、自然语言处理和专家系统等。人工智能目前对自然科学、经济和社会均产生了积极影响，但其长期发展很可能触及伦理底线，需要针对可能产生的冲突及早预防。

机器学习是一门多领域交叉学科，涉及概率论、统计学、逼近论等多门学科，最早可追溯到 17 世纪。机器学习是专门研究计算机怎样模拟或实现人类的学习行为，以获取新知识或技能，重新组织已有的知识结构，使之不断改善自身的性能。它是人工智能的核心，也是使计算机具有智能的根本途径。其应用主要包括数据分析与挖掘、模式识别、在生物信息学上的应用等。

自然语言处理是计算机科学领域与人工智能领域中的一个重要方向。它研究能实现人与计算机之间用自然语言进行有效通信的各种理论和方法，是一门融语言学、计算机科学、数学于一体的科学，主要应用于机器翻译、舆情监测、自动摘要、观点提取、文本分类等方面。

4. **水课**指大学课堂的一种现象，主要表现为专业师资力量较为缺乏，多数专业课皆由非业界或非专业的老师教学，课堂内容乏味，学生收获小。“水课”的共同点有作业少、课堂管理松、课程绩点高，利于学生顺利获取学分，但是不利于学生的就业发展。“水课”出现的主要原因有新专业准入门槛低、评价机制缺失、教育科学缺失、教材老化陈旧等。

清考是指大学一门课程结业时，若期末考试没有通过，参加补考也没有通过，但学校又不允许重修，或重修考试仍然没有通过，于是学校在毕业前再给学生一次考试机会。“清考”能否通过直接关系到学生是否能够顺利拿到学校的毕业证书，能否成为一名合格的毕业生。2018 年，教育部发文，要求高校严把毕业出口关，坚决取消“清考”制度。

金课指教育部实施一流课程“双万计划”建设的国家级一流课程和省级一流课程。2018 年，教育部高等教育司司长吴岩提出了“两性一度”的金课标准，即高阶性、创新性和挑战度，并指出各高校要全面梳理各门课程的教学内容，打造“金课”，切实提高课程教学质量。目前国家致力打造的五大“金课”包括线上“金课”、线下“金课”、线上线下混合式“金课”、虚拟仿真“金课”和社会实践“金课”。

立德树人，立德，就是坚持德育为先，通过正面教育来引导人、感化人、激励人；树人，就是坚持以人为本，通过合适的教育来塑造人、改变人、发展人。习近平总书记反复强调立德树人是我国高校的立身之本。只有把立德树人贯彻到教育事业发展的各领域、各方面、各环节，做到以树人为核心、以立德为根本，培养社会主义建设者和接班人，才能真正建成教育强国。

5. **西南联大**，国立西南联合大学的简称，是抗日战争开始后高校内迁设于昆明的一所综合性大学。西南联大创立于 1937 年，由国立北京大学、国立清华大学、私立南开大学三所高校组成，1946 年三校复员北返后撤销。西南联大保存了抗战时期的重要科研力量，培养了一大批卓有成就的优秀人才，如邓稼先、杨振宁、李政道等，为中国和世界的发展进步作出了杰出贡献。

“明明德”出自儒家经典《大学》：“大学之道，在明明德，在亲民，在止于至善。”第一个“明”是动词，是彰明、弘扬的意思；“明德”指极为完美的德性。“明明德”是说人要弘扬内心完美高尚的德性。“明明德”不是一般的品德修养，而是圣人所追求的一种形而上的完美精神境界，一般很难达到。

《浮士德》是德国作家歌德于 1768 年开始创作的一部诗剧，是歌德的代表作，是他毕生思想和艺术探索的结晶。全剧以浮士德思想的发展变化为线索，以德国民间传说为题材，以文艺复兴以来的德国和欧洲社会为背景，描写一个新兴资产阶级先进知识分子不满现实，竭力探索人生意义和社会理想的生活道路，是一部现实主义和浪漫主义结合得十分完好的诗剧。

陈寅恪，中国现代集历史学家、古典文学研究家、语言学家、诗人于一身的百年难见的人物，与叶企孙、潘光旦、梅贻琦一起被列为清华大学百年历史上四大哲人，与吕思勉、陈垣、钱穆并称为“前辈史学四大家”，先后任职任教于清华大学、西南联大、香港大学等。他在历史研究、新考据学、区域文化、宗教语言、诗文、教育等方面均有很大成就，代表作有《隋唐制度渊源略论稿》《唐代政治史述论稿》《元白诗笺证稿》等。

第二部分 应用文写作

◎写作分析

本文要求写一份学业计划书。计划书除了要包含题目要求的信息之外，还应结合翻译专业来拟定。该计划书针对硕士阶段，因此，既要兼顾校内课程，也应考虑校外与工作接轨的实践。

翻译专业硕士学习计划书

为了完成硕士期间学习任务，根据课程安排，结合自身情况，我拟定如下计划：

一、翻译学习目标

翻译专业硕士学制为2年，第一年以校内课程为主，第二年以校外实习为主。希望经过两年学习，我能成为具有宽阔的国际视野、深厚的人文素养和良好的职业道德、能适应国家经济、文化、社会建设需要的、具备较强的双语能力、跨文化能力、笔译能力、思辨能力和创新能力的高层次、应用型、专业性笔译人才。

二、翻译理论计划

前期我会注重学习翻译技巧，坚持每天练习翻译英汉文章各一篇，将政治、经济、法律和科技方面的翻译学习作为重点，也会适当重视经典文章和旅游文章。后期我会阅读大量翻译理论相关书籍，了解翻译理论知识，为自己提升翻译能力打下夯实的基础。

三、实践学习计划

我将培养翻译实践及翻译案例的分析能力作为重点，在校期间至少完成15万字以上的笔译实践，争取参加为期6个月的工作实习，并在结束后递交证明材料，同时就实习的过程写出不少于15,000词的实习报告。

四、结语

希望自己能够认真执行自我设定的计划，心存高远、全力以赴、全神贯注地去推进，争取高质量完成目标计划。

计划人：×××

××××年××月××日

第三部分 现代汉语写作

◎写作分析

首先考生要明确何为“悔棋”，写作时应对相关概念进行解释；其次，文章应对译者要甘于、善于“悔棋”的原因进行一定阐释；最后，由“甘于”到“善于”体现了译者翻译能力的提升，因此文章应有层次。

译者要甘于并善于“悔棋”

著名散文家、翻译家蔡濯堂先生曾在《翻译研究》一书提到：“翻译最重要的工作是思想，译而不思，虽然译得久也没有用，不但没有用，反而养成习气。”译而不思，资格越老，毛病越深。蔡先生所谓的“思想”，就是指作为译者，要细心研究文章或著作的原义，细读自己译文的毛病，甘于并善于“悔棋”。

翻译一部作品就好比下一盘棋，有时候需要译者有敢于悔棋的勇气，这“悔棋”实际就是指不断修改自己的译文。作为译者，焚膏继晷、兀兀穷年，每一部作品如同自己的骨肉般难以割舍，因此，对自己的作品进行修改、否定，需要莫大的勇气。译者翻译时所经历的人和事不同，对作品的理解也会有所不同，这也导致即使是同一位译者，在人生的不同时期，对于同一部作品的译文也会有所出入。“悔棋”既有可能是在听取他人意见后而悔，也有可能是自悔。相比前者，后者更加伟大。

然而，仅仅甘于“悔棋”，只能体现译者的态度。如果说甘于“悔棋”是一种扬弃，那么善于“悔棋”，更能体现译者的能力。译有《地中海史诗三部曲》的翻译家陆大鹏曾谈到，回头看自己曾经翻译的作品，轻易就可以看出很多错误、硬伤。他在出版前将《地中海史诗三部曲》后期的精装本从头到尾全部修改了一遍。日本翻译家伊藤漱平先生在1958年至1997年间翻译《红楼梦》，前前后后修订和重译大致有五次，仅《红楼梦》一部作品的翻译，他便花费了近四十年时间。译者的翻译过程就好像一次旅行，在这条路上有荆棘，也有风景，有时也许会误入歧途，这时候应学会迷途知返，敢于自悔。

若将翻译比作下棋，译者则应是胸有成竹的掌局者，目无全牛，识局者生，破局者存。翻译的作品呈现后或许会有各种各样嘈杂的声音，但是作为译者要拒绝人云亦云，对如何“悔棋”应有自己的看法。

傅雷先生曾云：“翻译工作要做得好，必须一改再改，三改四改。”文字工作总难一劳永逸，完美无疵。文章千古事，得失寸心知。甘于“悔棋”是一种勇气，善于“悔棋”是一种能力。作为一名译者，应有“路漫漫其修远兮，吾将上下而求索”的胆量和决心，将翻译作为己任，从而使人们对翻译作品知之、好之、乐之。

2020 年 东北师范大学 · 答案详解

第一部分 百科知识

1. **世博会**，全称为世界博览会，分两种形式——综合性世博会和专业性世博会。世博会是一项有较大影响和悠久历史的国际性博览活动。参展者向世界各国展示当代的文化、科技和产业上正面影响各种生活范畴的成果。

2. **《狂人日记》**是鲁迅创作的第一本短篇白话文日记体小说，也是中国第一部现代白话小说。小说通过被迫害者“狂人”的形象以及“狂人”的自述式的描写，揭示了封建礼教的“吃人”本质，表现了作者对以封建礼教为主体内涵的中国封建文化的反抗。

3. **打虎拍蝇**是“反腐”热词，是“老虎苍蝇一起打”的简称。“老虎”喻指位居高层的腐败官员，“苍蝇”则指身处基层的腐败官员。“打虎拍蝇”行动是党风廉政建设和反腐败工作的重要行动。

4. **财政赤字**也叫预算赤字，指年度财政支出大于财政收入的差额，会计上通常用红字表示，所以叫财政赤字。财政赤字是衡量财政政策状况的重要指标，受通货膨胀、政府负债等因素影响。

5. **科举制**是古代中国及受中国影响的日本、朝鲜、越南等国家通过考试选拔官吏的制度。隋炀帝设进士科，唐代进一步完善，明清时期已完备。科举考试通常分为地方上的乡试、中央的省试与殿试。乡试第一名为“解元”，中央省试第一名为“会元”，殿试第一名为“状元”。科举制是封建时代所能采取的最公平的人才选拔形式，吸收了大量出身中下层社会的人士进入统治阶级，但也束缚了知识分子的思想。

6. **堰塞湖**是由火山熔岩流、冰碛物或由地震活动使山体岩石崩塌等原因引起山崩滑坡体等堵截山谷、河谷或河床后贮水而形成的湖泊，常见于藏东南峡谷地区。

7. **二维码**，是用某种特定的几何图形按一定规律在平面（二维方向上）分布的、黑白相间的、记录数据符号信息的图形；在代码编制上巧妙地利用构成计算机内部逻辑基础的“0”“1”比特流的概念，使用若干个与二进制相对应的几何形体来表示文字数值信息，通过图像输入设备或光电扫描设备自动识读以实现信息自动处理。

8. **歌舞伎**是日本所独有的一种戏剧，也是日本传统艺能之一。歌舞伎起源于 17 世纪江户初期，1600 年发展为成熟的一个剧种，演员只有男性。近 400 年来，歌舞伎与能剧、狂言一同传世，在 2005 年被联合国教科文组织列为非物质文化遗产。

9. **蒙太奇**是一种电影的镜头组合理论及手法，是俄国导演发展出来的理论。当我们在描述一个主题时，可以将一连串相关或不相关的镜头放在一起，以产生暗喻的作用。蒙太奇手法是电影艺术感染力之源，两个或者多个镜头的并列形成新特质，产生新含义。

10. **阿基里斯之踵**，原指阿基里斯的脚后跟，因是其身体唯一一处没有浸泡到冥河水的地方，成为他唯一的弱点。阿基里斯后来在特洛伊战争中被毒箭射中脚踝而丧命。现引申为“致命的弱点，要害”。

11. **雾霾**是雾和霾的组合词，常见于城市，是特定气候条件与人类活动相互作用的结果。高密度人口的经济及社会活动必然会排放大量细颗粒物，一旦排放超过大气循环能力和承载度，细颗粒物浓度将持续积聚，此时如果受静稳天气等影响，极易出现大范围的雾霾。雾霾的主要成分为二氧化硫、氮氧化物和可吸入颗粒物。

12. **哥白尼**，文艺复兴时期波兰天文学家、数学家、教会法博士、神父。他提出了日心说，改变了人类对自然、对自身的看法。著作有《天体运行论》。

13. **温室效应**又称“花房效应”，是大气保温效应的俗称。大气能使太阳短波辐射到达地面，但地表受热后向外放出的大量长波热辐射线却被大气吸收，这样就使地表与低层大气温度增高。温室效应主要是由于现代化工业社会过多燃烧煤炭、石油和天然气，产生的和大量排放的汽车尾气中含有的二氧化碳气体进入大气造成的。

14. **《最后的晚餐》**由意大利艺术家达·芬奇所创作，以《圣经》中耶稣跟十二门徒共进最后一次晚餐为题材，现收藏于意大利米兰圣玛利亚感恩教堂。该作品标志着达·芬奇艺术成就的最高峰。

15. **一带一路**是“丝绸之路经济带”和“21世纪海上丝绸之路”的简称，它充分依靠中国与有关国家既有的双多边机制，借助既有的、行之有效的区域合作平台，高举和平发展的旗帜，积极发展与沿线国家的经济合作关系。

16. **南北战争**，即美国内战，是美国历史上一场规模最大的内战，参战双方为北方美利坚合众国和南方的美利坚联盟国。战争以南方联盟炮击萨姆特要塞为起点，最终北方联邦胜利，消灭了奴隶制，为美国的资本主义迅速发展扫清了道路。

17. **圈地运动**是西欧新兴资产阶级和新贵族地主使用暴力大规模侵占农民土地的活动。其目的是使农民与土地分离，土地与资本结合，用暴力消灭小农经济，建立资本主义农场，为资本主义发展创造条件。在欧洲，英国的圈地运动最为典型，规模也最大。

18. **《四库全书》**，全称《钦定四库全书》，是清代乾隆时期编修的大型丛书，分经、史、子、集四部。《四库全书》是中国古代最大的文化工程，对中国古典文化进行了一次最系统、最全面的总结，呈现出了中国古典文化的知识体系。

19. **六经**，是指经过孔子整理而传授的六部先秦古籍，分别是《诗》《书》《礼》《易》《乐》《春秋》。《诗》即《诗经》，是我国历史上第一部诗歌总集。《书》，又称《尚书》，是周王室外史所藏的政治文件。《礼》，又称《周礼》《周官》，是周王室的宗伯管理的典章制度。《周易》是群经之首，是一部渊源邃古、博大精深的哲学著作。《乐》是隶属周王室司乐的音乐作品。《春秋》之名，是先秦人们对史书的通称。

20. **玄奘**，唐代高僧，我国汉传佛教四大佛经翻译家之一，中国汉传佛教唯识宗创始人。从贞观十九年开始，约二十年间，玄奘主要从事译经事业，其中主要有《大般若经》《解深密经》《大菩萨藏经》等。他还曾把《老子》和《大乘起信论》译为梵文，传入印度；将入印路途见闻撰写《大唐西域记》十二卷。

21. **“通天塔”**，指巴别塔，是《圣经·旧约·创世记》中人们建造的塔。根据篇章记载，当时人类联合起来兴建希望能通往天堂的高塔；为了阻止人类的计划，上帝让人类说不同的语言，使人类相互之间不能沟通，计划因此失败。

22. **甲骨文**，又称“契文”“甲骨卜辞”“殷墟文字”或“龟甲兽骨文”，是中国的一种古老文字，是我们能见到的最早的成熟汉字，主要指中国商朝晚期王室用于占卜记事而在龟甲或兽骨上契刻的文字。

23. **雨果**，法国19世纪前期积极浪漫主义文学的代表作家，人道主义的代表人物，法国文学史上卓越的资产阶级民主作家，被人们称为“法兰西的莎士比亚”。代表作有《巴黎圣母院》《九三年》《悲惨世界》等。

24. **新文化运动**是20世纪初中国一些先进知识分子发起的反对封建主义的思想解放运动，提倡民主和科学，倡导进化论观点和个性解放思想，猛烈抨击以孔子为代表的“往圣先贤”，大力提倡新道德、反对旧道德，提倡新文学、反对文言文。新文化运动的开端是1915年陈独秀创办《新青年》，代表人物有陈独秀、李大钊、鲁迅、胡适等。

这次运动有力地打击和动摇了长期以来封建正统思想的统治地位，使中国的知识分子尤其是广大青年受到一次西方民主和科学思想的洗礼，为马克思主义在中国传播创造了有利的条件。

25. **国内生产总值**是一个国家（或地区）所有常住单位在一定时期内生产活动的最终成果，是衡量一个国家或地区经济状况和发展水平的重要指标。

第二部分 应用文写作

◎写作分析

本文要求写春节慰问信，信的内容除了包含春节祝福，也应体现校长对师生的期待。同时，题目中的特定限制时间为 2020 年春节，因此，慰问信可结合时代背景来写作。

春节慰问信

亲爱的老师、同学们：

豕去呈丰稔，鼠来报吉祥。新年将至，我们以同样的方式重逢在这条看不见的起点线上。当 2019 年的最后一页日历在新年的钟声中缓缓脱落时，时间又迅速垒起 365 个闪光的日子。值此新春佳节到来之际，我谨代表学校向我校全体师生致以节日的祝贺和诚挚的慰问！

老师们，过去一年里，你们以自己丰富的阅历和专长，在不同的领域、不同的岗位上，为社会稳定、校园和谐、学校发展、家庭和睦增温献热，不断发挥积极作用、体现价值，充分展示了我校教师的风采。2020 年，将是我校充满梦想与憧憬的新起点，我们要争做有理想信念、有道德情操、有扎实学识、有仁爱之心的“四有”好教师。我们既要教育引导学生培育和践行社会主义核心价值观，踏踏实实修好品德，成为有大爱大德大情怀的人，也要引导学生树立高远志向，历练敢于担当、不懈奋斗的精神。

同学们，时光浩荡，风起青萍。你们要学会做有文明、有礼貌、会学习、会生活、勇担当、乐奉献的时代新人；要努力奔向比远方更远的地方，不负浩瀚时光，不负芳华时代，去拥抱整个春天。无惧前路山高水远，只要不忘初心，起而行之，和光同尘、与时舒卷，征途必定是星辰大海，未来必定是其道大光。

2019 年，我们追逐远方，行远自迩，笃行不怠；2020 年，我们叩问初心，解放思想，踔厉奋发。光阴不系过往，岁月奔腾向前，在通往梦想的征程上，荡出无数涟漪。待凛冬离去，雪融草青，一定会有新的相逢将温暖延续。愿大家未来的日子，永远热烈可期。

校长：×××

2020 年 1 月 20 日

第三部分 命题作文

◎写作分析

本文具有深刻的现实意义——现代人生活节奏快，紧张、焦虑、压力也随之而来，学会“慢”生活至关重要。因此，作文可以涉及现实背景。此外，考生还可以对“慢”的内涵有所解释，“慢”不是散漫，而是心态上的闲适、坦然。

慢慢走，欣赏啊

现代快节奏的生活，让我们总是在追赶、前进，奔驰在社会的各个角落，我们可曾想过偶尔停下急促的脚步，驻足在疾驰的社会车轮前，感受忙里偷闲的惬意？

木心先生在《从前慢》中写道：“从前的日色变得慢，车，马，邮件都慢，一生只够爱一个人。”这首诗被谱成了歌曲，在悠缓的旋律中，一次又一次地被人演绎，令无数人心向往之。大家向往其中的恬淡清雅，其中的安静诗意，这“慢”中有人性的朴素、纯真、浪漫……从前的慢与今天愈来愈快的世界形成一种鲜明的对比。从前我们接触的人不多，但都朴朴素素、诚诚恳恳；现在我们可以交很多朋友，可能够说上几句真话的人，寥寥可数。我们慌慌张张，匆匆忙忙，聚到城市，在路上仓促地吃着早餐，没有言谈，没有欢笑，早已忘记了生活原本的样子。

阿尔卑斯山谷中有一条大汽车路，两旁景物极美，路上的标语牌劝告游人说：“慢慢走，欣赏啊！”我想这句“慢慢走”，并不仅仅指速度上的慢，更重要的是欣赏风景的闲适，是放下世俗的豁达，是面对挫折的从容。快节奏的生活固然让我们勇往直前，可也让我们变得焦虑急躁，那些工作中的压力、生活中的琐事，都把我们压得喘不过气来，我们是否有时间去抬头观星、低头观心？

苏子瞻在经历“乌台诗案”后，却依旧能回首人生萧瑟处，吟出“竹杖芒鞋轻胜马”；陶渊明在误入官场后，仍可以在依依墟里烟中悠然见南山；林清玄在32岁那年毅然辞掉所有工作，一个人上山修行，在文字的清欢中徜徉，温一壶月下酒，静看莲花开落，任凭世事浮沉；梭罗在瓦尔登湖畔，搭起木屋，开荒种地，写作看书，深深扎入生活，吮尽生活的骨髓，看到了岁月挨过冬季，迎来春天。他们在慢时光里感受生活的美，把灵魂沉静安放其中，养就心中一段诗意。所以我们是不是也可以和他们一样？把急躁、功利的心暂时停下来缓一缓，用心去感受生活，拥抱点滴幸福。生活是自己的，也许我们不能选择生活，但我们可以拥有一个好的心态，在每一个日暮黄昏，在心间修篱种菊，在匆匆往返的公交车上淡看云卷云舒，静赏花木枯荣、落叶飘零。

米兰·昆德拉曾说：“他愈往前进，步伐愈缓慢。在这缓慢里，我相信自己能重新体认出幸福的标记。”我们应学会在世事的喧嚣中寻一方净土，在快生活中活出属于自己的慢节奏。即使慢，驰而不息，纵令落后，纵令失败，但也一定能够达到目标。宠辱不惊，闲看庭前花开花落；去留无意，漫随天外云卷云舒。让我们学会拥抱生活，站在山巅与日月星辰对话，一起欣赏朝暾夕月、落崖惊风。

2020 年 对外经济贸易大学·答案详解

第一部分 百科知识

1. [B]“饱食、暖衣、逸居而无教，则近于禽兽”的意思是，人吃饱、穿暖、安居而没有教化，便和禽兽相近了。孟子的这一观点强调了道德、人伦的重要性，即倡导以道德教化来帮助人建立伦理秩序。

2. [C]最早的中文译本《几何原本》是由意大利传教士利玛窦和明代科学家徐光启于 1607 年合作完成的，奠定了中国现代数学的基本术语，如三角形、角、直角等。此外，利玛窦还与徐光启、李之藻等人共同翻译了《同文算指》，是中国第一部系统介绍欧洲笔算的著作。汤若望，德国传教士，是继利玛窦之后最重要的来华传教士之一，代表作有《进呈书像》《主教缘起》等。南怀仁，比利时传教士，汤若望的学生，是清初最有影响的来华传教士之一，代表作有《教要序论》《新制灵台仪象志》等。闵明我，明末来华传教士，代表作有《方星图解》等。

3. [A]《黄帝内经》，分为《灵枢》《素问》两部分，是我国最早的中医医学典籍，与《难经》《伤寒杂病论》《神农本草经》并称为我国传统医学四大经典著作，成书于战国至秦汉时期，是中国劳动人民长期与疾病做斗争的经验总结。《齐民要术》是北魏农学家贾思勰所著的一部综合性农学著作，是中国现存最早的一部完整的农书，被誉为“中国古代农业百科全书”。《梦溪笔谈》是北宋科学家沈括所著的一部涉及古代中国自然科学、工艺技术及社会历史现象的综合性笔记体著作。《天工开物》是明代科学家宋应星所著的世界上第一部关于农业和手工业生产的综合性科技著作，被誉为“中国 17 世纪的工艺百科全书”。

4. [C]“居庙堂之高则忧其民，处江湖之远则忧其君”的意思是，在朝廷里做高官就应当心系百姓；处在僻远的民间也不能忘记关注国家安危。“庙堂”和“江湖”分别指的是“朝廷”和“民间”。

5. [A]《三国演义》主要描写魏、蜀、吴三个统治集团之间的政治斗争和军事斗争，尤其把曹操与刘备两大集团之间的斗争作为主要矛盾来展开，写曹操则着力揭露他的奸险狡诈、残暴害民，写刘备则着力歌颂他的诚信天下、仁厚爱民。小说有较明显的“尊刘贬曹”倾向，作者认为继承了汉室的刘备蜀汉势力是正统，因此跟刘备作对的或多或少都受到贬低。

6. [C]“吾岂匏瓜也哉，焉能系而不食？”的意思是，自己难道也只是一个味苦不能食的匏瓜，挂在那里而不被人食用吗？匏瓜，指葫芦。“惧匏瓜之徒悬兮”的意思是，担心自己像葫芦一样徒然挂在那里（而不被任用）。因此，成语“匏瓜徒悬”的意思是，徒有才能而不被任用，比喻才能得不到施展。

7. [C]“朝为田舍郎，暮登天子堂”出自宋代汪洙的《神童诗》，意思是，早些时候只是普通的农田村夫，晚些时候却登堂入室，成为天子臣下。这句诗句反映的是我国古代的科举制度。科举制从隋代开始实行，是封建王朝通过考试选拔官吏的最公平的人才选拔形式。九品中正制，是魏晋南北朝时期重要的选官制度。察举征辟制，是汉代的选拔官员制度。中央集权制，是以国家职权统一于中央政府，削弱地方政府力量为标志的政治制度，起源于秦朝，在清朝达到顶峰。

8. [D]王守仁，号阳明，明代思想家，“心学”集大成者。“心外无物，心外无理”的意思是，要了解宇宙的奥秘，达到对事物真相的认识，只需返视探求自己的心性良知即可，这是“心学”的重要体现。“致中和，天地位焉，万物育焉”出自《中庸》，意思是，有修养的君子如果能达到“中”与“和”两种境界，那么天地都会安居正位，万物也都可以顺遂生长。“人之性恶，其善者伪也”出自《荀子》，意思是，人的本性是恶的，善良的人是通过后天努力达到的。“虚静恬淡寂漠无为者，万物之本也”出自《庄子》，意思是，虚静、恬淡、寂寞、无为，是万物的根本。

9. [C] 恩格尔系数是居民家庭中食物支出占消费总支出的比重，由 19 世纪德国统计学家恩格尔提出。恩格尔系数是用来衡量家庭富足程度的重要指标，它随家庭收入的增加而下降，与家庭收入成反比。衡量居民贫富差距和收入分配差距的指标为基尼系数。通货膨胀率，指一般物价总水平在一定时期（通常为一年）内的上涨率，通常用价格指数的上升和货币购买力的下降来表现。消费者支付商品和劳务的价格变化情况，用消费者价格指数（CPI）表示，是对一个固定的消费品价格的衡量。

10. [C] 这段论述出自《毛诗序》（古代中国诗歌理论著作），前一句为“诗者，志之所之也，在心为志，发言为诗，情动于中而形于言。”意思是，诗是人表现志向所在的，在心里就是志向，用语言表达出来就是诗。情感在心里被触动必然就会表达为语言，语言不足以表达，就会吁嗟叹息，吁嗟叹息不足以表达，就会长声歌咏，长声歌咏不足以表达，就会情不自禁地手舞足蹈。由此可见，这段论述是关于诗歌的阐释。

11. [A] “羚羊挂角，无迹可求”“莹彻玲珑，不可凑泊”是说诗的意象超脱，犹如羚羊挂角，没有办法找到任何雕琢的痕迹，因此能有晶莹透彻、四照玲珑，而不是勉强拼附的妙处，即“言有尽而意无穷”，这是《沧浪诗话》的作者——南宋诗论家严羽认为唐诗追求的境界。“无一字无来处”“夺胎换骨”“以故为新”是北宋文学家黄庭坚的著名诗论，强调汲古博学，以提高诗歌创作水平。“厚人伦，美教化，移风俗”出自《毛诗序》，赋予了诗歌以极强的政教、功利色彩。“补察时政，泄导人情”是唐代诗人白居易提出的诗论，体现了他的诗歌美学的现实主义精神。

12. [D] “诸行无常，诸法无我，有漏皆苦，涅槃寂静”是佛教的基本信条，意思是，一切和合事物皆无常，一切事物皆无自性，一切情绪皆苦，涅槃灭一切生死之苦，根除烦恼，让人们脱离苦海。道教，是发源于中国的本土宗教，基本信条是“尊道贵德、长生不老、得道成仙”等。基督教，信奉耶稣基督为救世主，《圣经》是教徒信奉的经典。伊斯兰教，由穆罕默德在阿拉伯半岛创立，信奉真主安拉，而《古兰经》是安拉的语言，被誉为伊斯兰教的最高经典。

13. [B] “南顿北渐”，是指惠能与神秀南北二宗分别在南北两派禅宗中不同的修炼方法。“顿”和“渐”分别指顿悟与渐悟这两种不同的觉悟方式和觉悟过程。顿悟是突然的、当下的觉悟，是不经次第、阶段而直下证入真理，契合真性的觉悟。渐悟是不断修习，渐次悟入，运用种种权宜方法，经历由低到高的阶段，进而把握真理，体悟真性。

14. [B] 宋代兴起了一种“说话”表演，类似于现在的说书，讲述的内容主要包括传奇故事、历史故事等，大多在勾栏瓦肆中举行。瓦肆，又名瓦舍、瓦市，是随着宋代市民阶层的形成而兴起的一种游乐商业集散场所。勾栏是瓦肆中用栏栅和绳子围起来的演出场地，相当于现在的露天剧场。舞榭歌台，指歌舞场所，也泛指寻欢作乐的地方。流觞曲水，是旧时上巳节的一种饮宴风俗，指文人墨客诗酒唱酬的雅事。里坊牌楼，是古代地标式建筑，是各种表彰形式的重要载体。

15. [C] “山抹微云”出自北宋词人秦观的代表词作《满庭芳》，“露花倒影”出自北宋词人柳永所作的《破阵乐》。婉约派为中国宋词流派，特点主要是内容侧重儿女风情，结构深细缜密，音律婉转和谐，有一种柔婉之美。婉约派的代表人物有柳永、秦观、李清照、李煜等。豪放派的代表人物有苏轼、辛弃疾等。田园风格的代表人物有陶渊明、王维等。在古代诗词史上并无博学这一明确风格。

16. [B] 昆曲，是发源于 14 世纪苏州昆山的曲唱艺术体系，是一门糅合了唱念做表、舞蹈及武术的表演艺术，被称为“百戏之祖，百戏之师”，于 2001 年被联合国教科文组织列为“人类非物质文化遗产”。京剧，中国国粹之一，是中国影响最大的戏曲剧种，于 2010 年被联合国教科文组织列为“人类非物质文化遗产”。元曲，盛行于元代的一种文艺形式，包括杂剧和散曲，代表人物有关汉卿、马致远、郑光祖、白朴等。越剧，中国第二大剧种，发源于浙江嵊州，多以“才子佳人”题材为主。

17. [A] 天宫一号，是中国首个自主研制的载人空间试验平台，于 2011 年 9 月 29 日从酒泉卫星发射中心发射，2018 年 4 月 2 日返回。天宫二号，为中国载人航天工程发射第二个目标飞行器，是中国首个具备补加功能的载人航天科学实验空间实验室，于 2016 年在酒泉卫星发射中心发射。神舟八号，为中国载人航天工程发射的第八艘飞船，是中国首次进行交会对接航天飞行任务，于 2011 年在酒泉卫星发射中心发射，并与天宫一号完成刚性连接。神舟九号，为中国载人航天工程发射的第九艘飞船，是中国首次载人交会对接任务，于 2012 年在酒泉卫星发射中心发射，完成与天宫一号载人交会对接任务。

18. [C] 三星堆遗址位于四川省广汉市三星堆镇，是一座由众多古文化遗存分布点所组成的一个庞大的遗址群。三星堆出土的青铜面具、青铜大立人、青铜神树等是古蜀文明的代表，是宝贵的人类文化遗产，也是最具历史、科学、文化、艺术价值和最富观赏性的文物群体之一。湖南著名的文化遗址有马王堆等。湖北著名的文化遗址有曾侯乙墓等。江西著名的文化遗址有吴城遗址等。

19. [B] 苏秦，鬼谷子的弟子，战国时期著名的纵横家、外交家和谋略家，提出“合纵”六国以抗秦的战略思想，并最终组建合纵联盟，成为六国宰相，兼佩六国相印。张仪，鬼谷子的弟子，苏秦同门，首创“连横”的外交策略，以“横”破“纵”，游说六国入秦，两为秦国宰相。管仲，春秋时期齐国著名政治家，对内大兴改革、富国强兵，对外尊王攘夷、九合诸侯、一匡天下，辅佐齐桓公成为春秋五霸之首。范睢，战国著名政治家、纵横家、秦国宰相，主张远交近攻、蚕食诸侯、瓦解合纵等。

20. [A] “水光潋滟晴方好，山色空蒙雨亦奇”出自北宋苏轼的《饮湖上初晴后雨二首 · 其二》，描写了西湖的水光山色和晴姿雨态。“山重水复疑无路，柳暗花明又一村”出自南宋陆游的《游山西村》，表现了诗人与众不同的思维与精神：在逆境中往往蕴涵着无限的希望。“两岸青山相对出，孤帆一片日边来”出自唐代李白的《望天门山》，写活了天门山（今安徽省境内）浑阔茫远的水势。“风回云断雨初晴，返照湖边暖复明”出自唐代白居易的《南湖早春》，描写的是鄱阳湖早春明媚动人的景色。

21. [D]《孔雀东南飞》是中国文学史上第一部长篇叙事诗，创作于东汉时期，后人将它与《木兰诗》并称为“乐府双璧”。《木兰诗》创作于北朝时期，《长恨歌》和《琵琶行》是唐代诗人白居易创作的长篇叙事诗。

22. [C] 崖山海战，是 1279 年宋朝军队与蒙古军队在崖山（今广东江门）进行的大规模海战。崖山海战最后元军以少胜多，宋军全军覆灭。这意味着南宋残余势力的彻底灭亡，蒙元最终统一整个中国。雅克萨之战，发生在 1653 年至 1689 年，是沙俄侵略者妄图侵占中国黑龙江流域大片领土，中国军民被迫进行的一次反对侵略、收复失地的自卫战争，最终清朝胜利，签订了《尼布楚条约》。淝水之战，是公元 383 年东晋和前秦之间发生在淝水的一场战争，最终东晋胜利，是历史上著名的以少胜多的战例。宁远之战，是 1626 年明朝在宁远（今辽宁兴城）与后金进行的作战，明军取得胜利。

23. [A] 唐古拉山，位于西藏自治区东北部与青海边境处，山脉高度在海拔 6,000 米左右，是长江、澜沧江、怒江等河流的发源地。阿尔泰山，斜跨中国、哈萨克斯坦、俄罗斯、蒙古国境，海拔 1,000 ~ 3,000 米，是额尔齐斯河和鄂毕河的发源地。昆仑山，西起帕米尔高原东部，横贯新疆、西藏，伸延至青海境内，平均海拔 5,500 ~ 6,000，是黄河的发源地。贺兰山，位于宁夏回族自治区与内蒙古自治区交界处，海拔 2,000 ~ 3,000 米。

24. [C] 港珠澳大桥，是连接香港、广东珠海和澳门的跨海大桥，全长 55 公里，于 2018 年底建成通车。它的建成，不仅标志着中国从桥梁大国走向桥梁强国，也意味着粤港澳大湾区建设正式驶入快车道。杭州湾大桥，是连接嘉兴和宁波的跨海大桥，于 2008 年通车运营，全长 36 公里。胶州湾大桥，是山东青岛黄岛区、城阳区、李沧区以及胶州市的跨海通道，于 2011 年通车运营，全长约 42 公里。东海大桥，是连接上海浦东新区与浙江舟山的跨海通道，于 2005 年通车运营，全长 32.5 公里。

25. [A]《富春山居图》是元代画家黄公望于1350年创作的纸本水墨画，中国十大传世名画之一，被誉为“画中之兰亭”，属国宝级文物。东晋顾恺之的代表画作有《洛神赋图》《女史箴图》等，唐代阎立本的代表画作有《步辇图》《历代帝王像》等，北宋王希孟的代表画作是《千里江山图》。

26. [C] 开罗会议，于 1943 年由中、英、美在埃及开罗召开，签署了《开罗宣言》，确立中国成为世界四强的地位，最终达成中、英、美三国联手反攻日本的目的。波茨坦会议，是 1945 年美、英、苏三国首脑在柏林近郊的波茨坦举行的第二次世界大战战时第三次会晤，是为了商讨对战后德国的处置问题和解决战后欧洲问题的安排，以及争取苏联尽早对日作战。雅尔塔会议，是由美、英、苏三国在 1945 年举行的关于制定二战后世界新秩序和列强利益分配问题的一次关键性的首脑会议，会议后形成的雅尔塔体系对战后世界格局产生了深远影响。德黑兰会议，是二战期间苏、美、英三国首脑于 1943 年在伊朗首都德黑兰举行的会议。会议的主要议题是讨论美英开辟西欧第二战场，东西方配合对德作战问题。

27. [B]《四库全书》，是清代乾隆时期编修的古代规模最大的丛书。在乾隆帝的主持下，由纪昀等 360 多位高官、学者编撰，耗时十三年编成，分为经、史、子、集四部，对中国古典文化进行了一次最系统、最全面的总结。《四库全书》可以称为中华传统文化最丰富最完备的集成之作。中国文、史、哲、理、工、农、医等，几乎所有学科都能够从中找到源头和血脉。

28. [B]《狂人日记》，鲁迅于 1918 年创作的第一部短篇白话日记体小说，也是中国第一部现代白话文小说。小说通过被迫害者“狂人”的形象以及“狂人”的自述式描写，揭示了封建礼教的“吃人”本质，表现了作者对封建文化的反抗，也表现了作者深刻的忏悔意识。《阿 Q 正传》，鲁迅于 1921 年创作的中篇小说，表达了作者对“精神胜利法”的严厉批判。《社戏》，鲁迅于 1922 年创作的短篇小说，表达了作者对少年时代生活的怀念，特别是对农家朋友诚挚情谊的眷念。《孔乙己》，鲁迅于 1919 年创作的第二部短篇白话小说，深刻揭露了当时科举制度对知识分子精神的毒害和封建制度“吃人”的本质，具有强烈的反封建意义。

29. [B] 以马丁·路德为首的宗教改革派家，于 16 世纪初掀起了一场席卷欧洲的宗教改革运动，产生了脱离罗马教廷的三大新教：路德教、加尔文教和安立甘宗。其实质是新兴资产阶级在宗教外衣下进行的反封建斗争，沉重打击了罗马教廷，实现了教会民族化，促进了欧洲资本主义的发展。循道宗和长老会是基督教新教的重要流派。浸信会是 17 世纪从英国清教徒独立派中分离出来的一个主要宗派。耶稣会、方济各会、多明我会是天主教的主要派别。

30. [A] 马基雅维利，文艺复兴时期意大利著名的政治思想家、历史学家。他的政治思想主要反映在他的代表作，也是他的第一部作品《君主论》中。他主张政治非道德化，认为君主应兼具狐狸的狡猾和狮子的凶残，君主为夺取政权、维护统治的手段应该被人称颂。伊拉斯谟，荷兰中世纪哲学家，代表作有《愚人颂》《基督教骑士手册》等。莫尔，英国文艺复兴时期空想社会主义学说创始人，代表作有《乌托邦》。培根，英国文艺复兴时期散文家、唯物主义哲学家，代表作有《新工具》《学术的进步》《培根随笔》等。

31. [D] 两河，指的是西亚文明的发源地——幼发拉底河与底格里斯河。两河流域地处地中海沿岸地带，平原从西北伸向东南，形似新月，古时农业发达，依灌溉之便利，河渠纵横，土地肥沃，故有“肥沃新月”之称。黑海是欧洲和亚洲之间的一个内陆海，爱琴海是地中海东部海湾，克里特岛位于地中海东部的中间，是希腊的第一大岛。

32. [B] 苏美尔人，是两河流域早期的定居民族，建立了世界已知最早的文明——苏美尔文明。苏美尔人发明了人类最早的象形文字——楔形文字，被公认为是世界上最早的文字记录。埃及人使用的主要是象形文字。希腊人改进了腓尼基文字，也改变了文字的书写顺序。罗马人把希腊的 24 个字母进行更为简单的改造，形成拉丁文。

33. [D] 杠杆原理，是一种力学定理，指置放联结在一个支撑点上的硬棒，这根硬棒可以绕着支撑点旋转。古希腊物理学家家阿基米德在《论平面图形的平衡》一书中提出了杠杆原理，而“给我一个支点，我将撬起整个地球”便是其流传许久的名言。托勒密，古希腊数学家、天文学家，提出“地心说”。德谟克利特，古希腊哲学家，提出原子论。毕达哥拉斯，古希腊数学家、哲学家，发现勾股定理，证明了正多面体的个数。

34. [A] 加洛林文化复兴，指法兰克王国加洛林王朝查理曼在位时（768 年至 814 年）文化教育事业的复兴，体现了基督教文化、古希腊罗马文化和日耳曼文化的融合，被称为是“欧洲的第一次觉醒”。查理曼在行政、司法、军事制度及经济生产等方面都有杰出的建树，被后世认为是欧洲历史上最重要的统治者之一，享有“欧洲之父”的荣誉。格里高利是古罗马教皇的称号，共有十六世。君士坦丁是古罗马帝国皇帝，重新统一罗马帝国，授予基督教合法地位。英诺森是意大利籍教皇。

35. [A] 大宪章，又称《自由大宪章》，签署于1215年，是英国封建时期的重要宪法性文件，英国君主立宪制的法律基石。其主要内容是限制王权，奠定了英国自由民主制度的基础。宪章运动，是 1836 年至 1848 年英国工人们为得到自己应有的权利而掀起的全国性的工人运动。议会改革法，是英国在 1832 年、1867 年和 1884 年通过的英国议会法。谷物法，是一道于 1815 年至 1846 年强制实施的进口关税，藉以“保护”英国农夫及地主免受来自从生产成本较低的外国所进口的谷物的竞争。

36. [C] 意识流小说是 20 世纪 20 年代兴起的小说样式，特点是唯主观、反理性，采取直接叙述意识流动过程的方法来构建篇章和塑造人物形象。代表作家有马塞尔·普鲁斯特、威廉·福克纳、弗吉尼亚·伍尔夫等。《达洛维夫人》是英国作家弗吉尼亚·伍尔夫创作于1925年的长篇意识流小说;《德伯家的苔丝》是英国作家托马斯·哈代创作于 1891 年的长篇小说；《一九八四》是英国作家乔治·奥威尔于 1949 年出版的长篇政治小说；《纳尼亚传奇》是英国作家 C. S. 刘易斯于 1950 年至 1956 年出版的一套系列小说。

37. [C] 奥本海默，著名美籍犹太裔物理学家、曼哈顿计划（美国陆军部研制原子弹计划）的领导者，于 1945 年主导制造出世界上第一颗原子弹，被誉为“原子弹之父”。1945 年，当美国在日本广岛投下第一枚原子弹时，奥本海默成为举世闻名的人物，但他也陷入了自责的深渊，因为他觉得自己双手沾满了鲜血。“奥本海默式的自责”指的是科学技术被滥用而造成对人类社会的威胁。

38. [A]《圣经》，基督教经典，又名《新旧约全书》，分为《旧约》和《新约》两大部分，二者以耶稣的出生为界限。《旧约》用希伯来文（和极少量亚兰文）写成，共 39 卷，记述了犹太及邻近民族的人文历史资料。《新约》用希腊文写成，共 27 卷，记载的是耶稣及其使徒的言行和故事、早期教会的情况等。圣杰罗姆，是早期基督教会最重要的学者之一，他将圣经翻译成拉丁文通用本，成为整个中世纪的标准版本。奥古斯丁，古罗马天主教思想家，代表作有《忏悔录》《论三位一体》等。英国翻译家威克利夫首次将《圣经》从拉丁文翻译成英文。七十贤士曾最早将《旧约》翻译成希腊文。

39. [D] 笛卡尔，法国哲学家、数学家和科学家，西方现代哲学的奠基人之一，解析几何之父，近代唯心论的开拓者，提出了“普遍怀疑”的主张。关于笛卡尔的哲学思想，最著名的就是他那句“我思故我在”。其代表作有《方法论》《几何》《哲学原理》等。康德，德国古典哲学创始人，代表作有《纯粹理性批判》《实践理性批判》等。培根，英国文艺复兴时期散文家、哲学家，代表作有《新工具》《学术的进步》《培根随笔》等。开普勒，德国天文学家、数学家，发现行星运动三大定律，代表作有《宇宙的奥秘》《天文学的光学需知》等。

40. [C] 马岛战争，是 1982 年 4 月到 6 月间，英国和阿根廷为争夺马岛（马尔维纳斯群岛）的主权而爆发的一场战争，被视为冷战期间规模最大、战况最激烈的一次海陆空联合作战，这场战争同时也创造了海上战略投送的经典战例。最终英军获胜并夺回马岛的控制权，但是阿根廷仍未放弃对马岛的主权要求。

41. [B] 德国的科隆大教堂，是一座天主教教堂，科隆市的标志性建筑物。它是欧洲北部最大的教堂，集宏伟与细腻于一身，被誉为哥特式教堂建筑中最完美的典范。土耳其的索菲亚大教堂，因其巨大的圆顶而闻名于世，是一幢拜占庭式的建筑典范。意大利的比萨大教堂，是罗马式教堂建筑的典型代表。希腊的帕特农神庙，采用多立克柱式，是古希腊风格的典型代表。

42. [B] 权力意志论，尼采的哲学思想的核心，是把追求权力、要求统治一切事物、征服所有妨碍“自我扩张”的东西的意志看作宇宙本原的唯心主义理论。功利主义，指以实际功效或利益作为道德标准的伦理学说，提倡追求“最大幸福”，代表人物有约翰·斯图亚特·密尔、杰瑞米·边沁等。怀疑主义，是哲学上对客观世界是否存在、客观真理能否被人们认识表示怀疑的学说和体系，代表人物有笛卡尔、高尔吉亚等。实证主义，强调感觉经验、排斥形而上学传统，代表人物有孔德、穆勒和斯宾塞。

43. [A] 俄耳甫斯，古希腊神话中的人物，是一位著名的诗人与音乐家，生来便具有非凡的艺术才能。传说他为了追寻亡妻的灵魂而下到冥界，用音乐感动了冥王哈里斯，将亡妻还给了他。俄狄浦斯，是希腊神话中典型的悲剧人物，他在不知情的情况下，杀死了自己的父亲并娶了自己的母亲。心理学上的俄狄浦斯情结又称“恋母情结”。普罗米修斯，与智慧女神雅典娜共同创造了人类，并反抗宙斯，将火种带到人间。西绪福斯，以其狡猾机智闻名，因绑架死神而触犯了众神，他的生命在无效又无望的推巨石劳作中慢慢消耗殆尽。

44. [C]《悲怆交响曲》于 1893 年完成，是柴可夫斯基作品中最著名、最杰出的乐曲之一。该曲旨在描写人生的奋斗、爱情、兴奋直至恐怖、绝望、失败等，充满了挣扎、追忆和悲恸的情绪，强烈地表现出“悲怆”的情绪，是作曲家一生的写照。《英雄交响曲》是德国作曲家贝多芬创作于 1804 年的四乐章交响曲。《幻想交响曲》是法国音乐家柏辽兹创作于 1830 年的交响曲，开启了音乐的浪漫主义大门。《复活交响曲》又名《马勒第二交响曲》，是奥地利作曲家马勒创作于 1894 年的五乐章交响曲。

45. [A] 马丘比丘，被称作“失落的印加城市”，位于秘鲁，是印加文明的标志，也是世界新七大奇迹之一。1983 年，马丘比丘被联合国教科文组织定为世界遗产，是世界上为数不多的文化与自然双重遗产之一。印加文明、玛雅文明和阿兹特克文明并列为美洲三大文明。玛雅文明，分布于墨西哥东南部、危地马拉、洪都拉斯等，是拉丁美洲古代印第安人文明，美洲古代印第安文明的杰出代表。阿兹特克文明，是墨西哥古代阿兹特克人所创造的印第安文明，主要分布在墨西哥中部和南部。苏美尔文明，是指以苏美尔语文献为主要标志的文明，位于幼发拉底河和底格里斯河下游。

46. [B]《菊与刀》是美国文化人类学家鲁思·本尼迪克特创作的文化人类学著作，首次出版于 1946 年。书中作者以日本皇室家纹“菊”和象征武士身份的“刀”作为一组对比鲜明的矛盾的意象，从他者的角度对日本文化中看似矛盾的方方面面进行了阐释和解说，指出日本文化是一种耻感文化。米德，美国人类学家，被誉为人类学之母，代表作有《萨摩亚人的成年》《三个原始部落的性别与气质》等。涂尔干，法国犹太裔社会学家、人类学家，与马克思及韦伯并列为社会学的三大奠基人，代表作有《社会分工论》《社会学方法的规则》等。韦伯，德国社会学家，代表作是《新教伦理与资本主义精神》。

47. [C] 门罗主义，由美国第五任总统詹姆斯·门罗发表于 1823 年的国会演说中，表明美国当时的观点，即欧洲列强不应再殖民美洲，或涉足美国与墨西哥等美洲国家之主权相关事务。而对于欧洲各国之间的争端，或各国与其美洲殖民地之间的战事，美国保持中立。

48. [C] 海涅，德国抒情诗人和散文家，被称为“德国古典文学的最后一位代表”，擅长以平常的词汇、普通的语句构造出思想深刻、生动优美的诗篇，代表作有《罗曼采罗》《佛罗伦萨之夜》《德国，一个冬天的童话》等。塞万提斯，西班牙小说家，代表作是《堂吉诃德》，标志着欧洲近代现实主义小说的创作进入了一个新的阶段。雨果，法国 19 世纪前期积极浪漫主义文学的代表作家、诗人，代表作有《巴黎圣母院》《悲惨世界》等。弥尔顿，英国诗人，代表作有《失乐园》《复乐园》等。

49. [A] “征服者威廉”，指的是威廉一世，诺曼王朝的首位英格兰国王，于1035年继承法国诺曼底公爵之位，号私生子威廉。威灵顿公爵，即阿瑟·韦尔斯利，英国陆军元帅，在滑铁卢战役中击败拿破仑。兰开斯特公爵，趁国王理查二世远征爱尔兰时发动政变，夺取王位，成为兰开斯特王朝的第一位国君。约克公爵，通常被授给英国国王的第二个儿子，埃利克·布拉戴克斯是约克王朝的最后一位国王，也是约克的第一位公爵。

50. [D]《图兰朵》是意大利著名歌剧作曲家普契尼根据童话《杜兰铎的三个谜》改编的三幕歌剧，是普契尼影响力最大的作品之一，讲述了一个西方人想象中的中国传奇故事。比才，法国作曲家，世界上演率最高的歌剧《卡门》的作者。马斯卡尼，意大利作曲家、指挥家，代表作有《友人弗里兹》《伊利丝》等。威尔第，意大利歌剧作曲家，有“意大利革命的音乐大师”之称，代表作有《弄臣》《茶花女》等。

第二部分 应用文写作

◎写作分析

文章应体现策划书的特点，要求中的活动目的与意义、活动流程、活动规则、参赛要求缺一不可，演讲比赛的主题应该突出。因为是比赛，还涉及奖项设置等内容。

“2019，中国与世界并肩前行”演讲比赛策划书

一、活动主题

2019，中国与世界并肩前行

二、活动目的与意义

引导大学生关注国家发展、关注世界发展，激发大学生积极进取的热情、开拓进取的精神，增强民族自豪感、以天下为己任的责任感，充分展示当代大学生的风貌和能力。

三、组织单位

主办单位：××大学

承办单位：××大学团委

四、活动参与对象

全校学生

五、活动内容

（一）参赛要求

1. 演讲作品要求：观点新颖，具有较强的时代性，有一定的理论高度，能反映当代大学生积极向上的精神风貌。

2. 选手可以围绕主题畅谈自己的所见所闻，也可以根据个人思想，抒发自己的感想，内容要求积极向上。

3. 演讲必须脱稿，演讲过程中要求选手语言流畅、演讲技巧娴熟，具有较强的感染力。选手可以根据需要在演讲过程中播放背景音乐，可借助多媒体设备。

4. 时间限制：每位选手的演讲时间限时5~8分钟。

5. 着装：穿戴得体大方。

（二）参赛人数

各系至少选派10人参加初赛，初赛由各系自行组织，于××月××日前上交参加决赛选手名单至校团委。

（三）比赛形式

本次比赛分为初赛和决赛，各系参加初赛的优胜者参加学校决赛。

（四）活动时间地点

决赛：××月××日 14:30

地点：学校报告厅

（五）具体分工

1. 院社联：会场布置（负责会场器材，调试话筒，准备音响，保证赛场的音响正常工作）、海报宣传。

2. 宣传部：负责宣传工作，包括广播宣传、海报、展板等。

3. 学习部：负责外事工作，包括邀请嘉宾和评委、联系参赛选手、协调选手出场顺序等。

六、活动流程

（一）宣传及报名

1. 宣传部：制作宣传片、海报和横幅，借助校广播站进行宣传，安排相关人员到各班进行宣传动员。

2. 各班级团支书将选手名单交至各系团总支组织部负责人。

（二）活动规则

1. 评委：学校校长、副校长、各系系主任、学校团委书记

2. 比赛流程

（1）主持人开场白。

（2）选手按照赛前抽签顺序依次上台演讲，评委评分并点评。

（3）演讲结束后，观看本次演讲比赛宣传片，工作人员统计选手得分。

（4）主持人宣布比赛成绩和名次。

（5）活动参与者合影，主持人宣布活动结束。

七、注意事项

1. 参赛选手必须在赛前 15 分钟入场，找相关人员签到。

2. 比赛顺序由抽签决定。

3. 比赛开始后，参赛选手不得无故退出比赛。

八、评分过程

得分从高到低依次排列，决出前三名，评分过程力求做到公平、公正、公开。

九、奖项设置

一等奖（1 名）：证书和奖品（100 元左右）

二等奖（2 名）：证书和奖品（80 元左右）

三等奖（3 名）：证书和奖品（60 元左右）

最佳口才奖（4 名）：证书和奖品（40 元左右）

十、评分规则

演讲比赛本着民主、平等、公平、公正的原则，对选手将进行公开竞选，根据形象气质、普通话、仪态、效果等要求对选手进行严格的评审，公正打分。分数汇总后去掉一个最高分和一个最低分，平均分为选手最后得分。具体评分规则如下：

1. 内容：围绕演讲主题，内容新颖，富有感染力。（4 分）

2. 仪表：举止大方，动作自然，衣着得体，较好体现大学生的精神面貌。（3 分）

3. 表达：发音准确，语言流畅，吐字清晰，感情充沛。（3 分）

十一、活动预算

活动奖励：600 元

横幅：60 元

会场布置及嘉宾用水：80 元

合计：740 元

校团委

××××年××月××日

第三部分　命题作文

◎写作分析

题目中有两个主体：一个是“我”，另一个是“我的祖国”，从题目可以看出文章应该由“我”这个个体延伸至“祖国”这个集体，二者之间应构成有机联系。文章应有层次感，考生可以由个人和国家命运的关系，过渡到家国情怀，最后回归现实，结合青年身份，谈一谈青年的自我奋斗与国家的前途命运之间的关系。

我和我的祖国

如果信仰有颜色，那一定是中国红。

70 载砥砺奋进，70 载栉风沐雨，70 载岁月峥嵘，中华民族迎来了从站起来、富起来到强起来的伟大飞跃。1949 年，第一面五星红旗冉冉升起，中华民族任人宰割、饱受欺凌的时代一去不返；如今，华夏土地生机勃勃、欣欣向荣。从古至今，中华民族危难之际，正是家国情怀彰显之时。无数华夏儿女为了救亡图存，不惜一切、慷慨赴死，一个个炎黄子孙将自己的生命和灵魂铸成盾牌，守护着我们祖国的每一寸疆土。

作为一名中国人，我无比自豪，我的脚下有先辈们流过的热血，我的血液里有炎黄的印记，我的身后是五千年的文明，我的面前是飞速发展的中国，我们用中文谈论世界，我们因历史而倍感自豪。孟子曰：“天下之本在国，国之本在家，家之本在身。”家与国休戚与共，个人命运与民族存亡息息相关。家国情怀是个体对命运共同体的归属感与责任感，是个体成员对家庭宗族的身心依附，对故土山河的眷恋守护，对传统文化的认同承续，对家国民族的责任担当。“不论树的影子有多长，根永远扎在土里。”家是最小国，国是千万家，家国两相依。家国情怀，深藏于一个人的血脉里，承载着生命的痕迹。家国情怀是大爱，是心怀天下的仁爱，是源源不竭的动力，是舍生忘死的担当。内心有家的人，有责任，有担当；内心有国的人，有力量，有远方。明白家与国的分量，更会爱身边的人。因为他深深懂得，他所站立的地方，正是中国，每一个生命的个体组成了有爱的家与国。

不同的年代有不同的爱国方式，但爱国的共同底色从未改变，那就是对这片土地的眷恋。作为新时代的青年人，我们何其有幸，生逢其时，但也重任在肩。我们不仅要有扎实的学科知识，还要于内心深处厚植爱国主义情怀，坚持以德立身，从家国情怀中汲取精神养分，以家国天下为重，以民族大义为念，把个人理想追求与国家民族命运维系在一起，继承弘扬“以民为本”与“天下为公”的优秀传统，强化责任担当意识，为实现中华民族伟大复兴中国梦不懈奋斗。

把爱国当作武器，必能驱散黑暗，穿越阴霾，用勇敢和坚毅书写中国人的成长与担当。过去，我们依靠团结奋斗，走过万水千山；未来，我们同心向前，创造更加灿烂的辉煌。功成不必在我，功成必定有我。愿以寸心寄华夏，且将岁月赠山河。

2020 年 中国海洋大学·答案详解

第一部分 百科知识

一、选择填空

有人认为工业革命在 1750 年左右已经开始，但直到 1830 年（庚寅年），还没有真正蓬勃展开。大多数观点认为，工业革命发源于英格兰中部地区。

英国工人哈格里夫斯（01）[B] 发明了珍妮纺纱机；18 世纪中叶，英国人瓦特改良了（02）[Y] 蒸汽机。……一系列技术革命引起了从手工劳动向动力（03）[H] 机器生产转变的重大飞跃。随后工业革命传遍英格兰并再传到整个欧洲大陆，19 世纪传播到北美地区。后来，工业革命逐渐传播到世界其他地区。

传统观点认为，工业革命发生的主要原因是18世纪时英国的工场手工业的生产已不能满足（04）[O] 市场的需要，这就对工场手工业提出了技术改革的要求。但是，为何工业革命率先发生在了英国而非欧洲大陆国家或是亚洲国家？学者们提出了许多不同的观点，主要内容如下：

1. 政治前提：英国较早地（05）[M] 确立了君主立宪制度，资产阶级在英国的统治日益加强；相对进步的政治制度为英国经济的发展提供了相对（06）[T] 稳定的国内外环境，进入 18 世纪以后英国本土没有出现过较大规模的战乱。

2. 农业进步：英国在 17—18 世纪基本完成了农业革命，具体表现为轮作制的（07）[R] 推广、生产工具的进步、新作物的耕种以及肥料的使用等。通过圈地运动，地主获得了大量成块土地，提高了生产效率。而大量失地农民则向城镇转移或转而为资本主义农业服务，进而扩大了国内市场。值得一提的是，英国的农奴制度早在中世纪晚期就已基本绝迹，英国农业社会的发展受到封建残余的阻碍相比欧洲大陆一些国家和地区（西班牙、德意志）（08）[E] 更小。英国农业产量提高，农产品价格（09）[V] 下降，这也就意味着英国人可以通过较低的消费获取较多的生活资料。

3. 较高的工资水平：……

4. 工场手工劳动时积累的经验和生产技术的进步，由于英国较早地废除了行会制度，城镇手工业的发展不再受地方行会势力的（10）[W] 限制，具有更加自由的环境。

……

产业转型目前有两种解释，一种是较宏观的，是指一个（11）[D] 国家或地区在一定历史时期内，根据（12）[C] 国际和国内经济、科技等（13）[F] 发展现状和趋势，通过（14）[Q] 特定的产业、财政金融等政策措施，对其（15）[S] 现存产业结构的各个方面进行直接或间接的调整。也就是该经济体内国民（16）[G] 经济主要构成中，产业结构、产业规模、产业组织、产业技术装备等发生显著变动的（17）[Y] 状态或过程。从这一角度说，产业转型是一个（18）[Z] 综合性的过程，包括了产业在结构、组织和技术等多方面的转型。另一种解释是指一个行业内，资源（19）[A] 存量在产业间的再配置，也就是将资本、劳动力等生产要素从（20）[P] 衰退产业向新兴产业转移的过程。

区块链是分布式数据存储、点对点传输、共识机制、加密算法等计算机技术的新型（21）[V] 应用模式，本质上是一个去中心化的数据库，同时作为比特币的底层技术，是一串使用密码学方法相关联产生的数据块，每一个数据块中包含了一批次比特币网络交易的（22）[S] 信息，用于验证其信息的有效性（防伪）和生成下一个区块。

（23）[F] 国家互联网信息办公室2019年1月10日发布《区块链信息服务管理规定》，自2019年2月15日起施行。

区块链起源于比特币……

近年来，世界对比特币的态度起起落落，但对比特币底层技术之一区块链技术却日益（24）[Z] 重视。在比特币形成过程中，区块是一个一个的存储单元，（25）[H] 记录了一定时间内各个区块节点全部的交流信息。各个区块之间通过（26）[O] 随机散列（也称哈希算法）实现链接，后一个区块包含前一个区块的哈希值，随着信息交流的扩大，区块与区块相继接续，形成的结果就叫区块链。

2016年1月20日，中国人民银行数字货币研讨会宣布对数字货币的研究取得阶段性成果。会议（27）[L] 肯定了数字货币在降低传统货币发行成本等方面的价值，并表示央行在探索发行数字货币。中国人民银行数字货币研讨会的表达（28）[X] 增强了数字货币行业的信心。这是继2013年12月5日央行五部委发布关于防范比特币风险的通知之后，第一次对数字货币表示明确的态度。

区块链在国际汇兑、信用证、股权登记和证券交易等（29）[K] 金融领域有着潜在的巨大应用价值。将能够省去第三方中介环节，实现点对点的直接对接，从而在降低（30）[A] 成本的同时，快速完成交易支付。

物联网（IoT，Internet of things）即"万物相连的互联网"，是互联网基础上的延伸和扩展的网络，将各种信息（31）[B] 传感设备与互联网结合起来而形成的一个巨大网络，实现在任何时间、任何地点人、机、物的互联互通。

物联网是新一代信息技术的重要组成部分，IT行业又叫"泛互联"，意指物物相连，万物万联。由此，"物联网就是物物相连的互联网"。这有两层意思：第一，物联网的（32）[E] 核心和基础仍然是互联网；第二，其用户端延伸和扩展到了任何物品与物品之间，进行信息（33）[F] 交换和通信。因此，物联网的定义是通过射频识别、红外感应器、全球定位系统、激光扫描器等设备，按约定的协议，把任何物品与互联网相连接，通过信息交换和通信实现对物品的智能化（34）[M] 识别、定位、跟踪、监控和管理的一种网络。

从通信对象和过程来看，物与物、人与物之间的信息交互是物联网的核心。物联网的基本特征可概括为（35）[V] 整体感知、可靠传输和（36）[X] 智能整体处理。

物联网的应用涉及方方面面，在工业、农业、环境、交通、物流、安保等基础设施领域的应用，有效推动了这些方面的智能化发展，使得有限（37）[Z] 资源能更加合理地使用、分配，从而提高行业效率、效益。在家居、医疗健康、教育、金融与服务业、旅游业等与生活息息相关的领域的应用，从服务范围、服务方式到服务质量等各方面都有了极大改进，显著提高了人们的生活质量；在国防军事领域，虽然还处在研究探索（38）[G] 阶段，但带来的影响不可小觑，大到卫星、导弹、飞机、潜艇等装备（39）[R] 系统，小到单兵作战装备，物联网技术的嵌入能有效提升军事智能化、信息化、精准化程度，极大提升战斗力，是未来军事变革的关键。

物联网技术在道路交通方面的应用比较成熟……

智能家居是物联网在家庭中的基础应用，家中无人，可利用手机等客户端远程操作智能空调，空调甚至还可以（40）[S] 学习用户的使用习惯，从而实现全自动的温控操作。

长臂管辖（权）（long-arm jurisdiction）是美国法院在民事诉讼中确定对案件是否拥有管辖权的一项规则。在1945年的国际鞋业公司诉华盛顿州案中，美国联邦最高法院以"最低限度联系"理论为基础，创立了特殊属人管辖权（specific jurisdiction）规则，即只要非本州被告与（41）[U] 受诉法院之间具有某种"最低限度联系"，法院就对该被告拥有管辖权。之后，美国各州和联邦政府相继制定了长臂管辖法案或条款（long-arm statute or long-am clause），因而特殊属人管辖权也被称为长臂管辖权。

起初，长臂管辖权作为美国（42）[J] 国内法，仅适用于美国居民。其后，随着国际贸易的发展，美国法院越来越多地对非美国居民实施长臂管辖，即只要美国法院认为外国被告与法院之间具有最低限度联系，即便该被告不在美国国内，美国法院仍可能对案件拥有管辖权。实践中，美国法院常常依据长臂管辖权，将外国（43）[S] 企业或个人纳入管辖范围，并按照美国法律判决其承担责任，无论有关行为是否发生在美国。因此，长臂管辖常常遭到其他国家的反对。

目前，很多外国银行在美国设有（44）[I] 分支机构，美国法院通常以这些机构作为“连接点”，认定这些银行与美国法院之间具有最低限度联系，从而对其总行甚至其母国境内分行行使管辖权。即便是那些在美国没有任何机构的外国银行，只要利用美元清算系统开展（45）[N] 跨境业务，也可能被美国法院以从该系统获益为由，认定这些银行与美国法院之间存在最低限度联系。

当前，一些外国银行遭遇美国法院长臂管辖的通常情况是，这些外国银行境内机构的（46）[M] 客户是美国法院案件的被告或被执行人，他们仅因其身为被告或被执行人在母国境内的开户机构而被卷入诉讼，并被美国法院判决（47）[O] 履行跨境送达、调查取证及协助冻结、扣划财产等义务。银行若不顺从，就有极大可能被美国法院判定为藐视（48）[H] 法庭并被处以高额罚金等。这些案件中，外国银行本身往往并无不当行为，与案件原、被告双方的争议也没有任何关联，却无辜被美国法院用长臂管辖权卷入美国法院的案件中，饱受讼累。

值得注意的是，美国法院的类似做法明显违反《商业银行法》《民事诉讼法》《国际刑事司法协助法》等一系列法律的相关规定……

通过司法（49）[X] 协助途径从其他国家获取证据材料是一种国际社会公认的合理取证方式，被广泛运用，比如中美两国之间也有相应的制度（50）[A] 安排，并且实施渠道畅通、有效。具体而言：在民事领域，中美两国都是《关于从国外调取民事或商事证据的公约》的缔约国；在刑事领域，中美两国之间也订有相关协定。……

世界军人运动会（Military World Games），简称“军运会”，是国际军事体育理事会（Conseil International du Sport Militaire，缩略为 CISM；英语名称为 International Military Sports Council）主办的全球军人最高规格的大型综合性运动会，每四年举办一届，会期 7 至 10 天，比赛目前设 27 个大项，参赛规模约 100 多个国家 800 余人，仅次于（51）[A] 奥运会，是和平时期各国军队展示实力形象、增进友好交流、扩大国际（52）[X] 影响的重要平台，被誉为“军人奥运会”。

首届军运会于 1995 年在意大利举行，第二至五届（53）[J] 分别在克罗地亚、意大利、印度、巴西举行，第六届于 2015 年 10 月在韩国举行。前六届中除第三届外的五届军运会上，东道主国家元首均（54）[H] 出席了开幕式。此外，包括国际奥委会主席在内的国际体育组织负责人的参加，都扩大了军运会的影响力。

国际军事体育理事会于 1948 年 2 月在法国成立，创始国为丹麦、比利时、法国、卢森堡和荷兰。1990 年“华沙条约成员国军体育组织”解体，其成员国也加入该理事会。理事会现有 138 个（55）[L] 会员国。

理事会（56）[Z] 宗旨是鼓励各类军事体育运动并发展各有关国家军队之间的友好关系；促进体育运动的发展，为争取（57）[Q] 普遍和平做出贡献。该组织的格言是“通过体育运动加强友谊”。

该理事会的最高权力机构为代表大会，大会（58）[C] 闭会期间的权力机构为执委会，由主席 1 人、副主席 4 人（分别来自非、亚、欧、美各洲）、委员 10 人组成。理事会的运行机构为常设秘书处，设在（59）[B] 比利时首都布鲁塞尔。

中国人民解放军于1979年正式加入该组织。

根据各方达成的共识，第七届军运会定于2019年10月18日至27日在中国（60）[T]武汉举行，共设置射击、游泳、田径、篮球等27个大项、329个小项。其中，空军五项、军事五项、海军五项、定向越野和跳伞5个项目为军事特色项目，其他项目为奥运项目。

中国人民解放军代表队在第七届军运会上获得了辉煌战果。

二、填空

对仗是汉语使用者的基本功，历来的受教育者一般都要接受对仗方面的训练。清朝时期的李渔编写了一部名为《签翁对韵》的少年启蒙教材，通过背诵，学习者不但能掌握字词之间的对仗关系，还能学到历朝历代各种名句和典故。

《签翁对韵·四支》最后一段最后一联曰：

金屋闭来 赋乞茂陵题柱笔

玉楼成后 记须昌谷负囊词

上联前半部分涉及成语“（61）金屋藏娇”，说的是当年（62）汉武帝刘彻年幼时，姑母馆陶（63）长公主一问他，“儿欲得妇，阿娇好否？”帝曰，“若得阿娇，当以金屋贮之。”二人婚后恩爱时期过后，阿娇因自己未育而嫉妒卫夫人遭贬，独居长门宫，此所谓金屋关闭。后半部分说的是阿娇为重得宠爱，奉黄金百两，请托辞赋家（64）司马相如（字长卿）写成《（65）长门赋》。长卿因病免官后居住茂陵，又据《华阳国志·蜀志》的说法，长卿离蜀赴长安，于成都城北昇仙桥题句于（66）桥柱，自述致身通显之志，曰：“不乘赤车驷马，不过汝下也！”故曰“茂陵题柱笔”。长卿因以扬名的《子虚赋》也为后世留下了成语（67）子虚乌有。

下联说的是人称（68）“诗鬼”的（69）唐朝诗人李贺（字长吉，家居福昌昌谷即今洛阳市宜阳县），相传李贺出行，常让小童背一锦囊，每得佳句，即记下投入囊中。后梦神人曰：“上帝白玉楼成，命君作记”。不久诗人逝世，终年29岁。李贺诗歌风格显著，被后人称作“（70）长吉体”。

汉语中的颜色词很复杂，一方面，有的颜色词可以指一种以上的颜色，比如，（71）青天其实是（72）蓝色的天，（73）青草却是（74）绿色的草，而李白《将进酒》中“君不见高堂明镜悲白发，（75）朝如青丝暮成雪”中第二句第三字又分明指的是（76）黑色。另一方面，基本相同的颜色可以有不同的名称，比如，（77）红旗一词中的第一字、杜甫《自京赴奉先县咏怀五百字》中“（78）朱门酒肉臭，路有冻死骨”中的第一字、毛泽东《菩萨蛮·大柏地》“（79）赤橙黄绿青蓝紫，谁持彩练当空舞？”中的第一字以及地理奇观名称“（80）丹霞地貌”中的第一字所指算是同一种颜色。

81. 天高云淡，望断南飞雁。不到长城非好汉，屈指行程二万。

82. 明月楼高休独倚，酒入愁肠，化作相思泪。

83. 千古兴亡多少事？悠悠。不尽长江滚滚流。

84. 明月别枝惊鹊，清风半夜鸣蝉。

85. 四十年来家国，三千里地山河。

86. 山随平野尽，江入大荒流。

87. 牢骚太盛防肠断，风物长宜放眼量。

88. 人世几回伤往事，山形依旧枕寒流。

89. 出师一表真名世，千载谁堪伯仲间！

90. 为我引杯添酒饮，与君把箸击盘歌。

第二部分 现代汉语写作

◎写作分析

本文要求写一篇论说文，根据材料可以看出，开放与合作是国家发展和世界发展的历史趋势。考生可以着重论述开放合作带来的好处。

开放合作 互利共赢

人们总说："世上没有绝对的朋友，有的只是利益一致与否。"抱着这样的心态其实未免太过狭隘。在不惜一切手段谋取利益的同时，为什么不思考一下，这样做是否能让自己长远发展？当今世界，真正能让世界共同发展的是合作，是以一种更加宽广的心态与他人握手，以一颗真诚之心提出合作，达成共赢。第二届中国国际进口博览会已经向世界展示了中国的态度——开放与合作。

早在2,500多年前，大圣人孔子就提出过"为政以德"的思想，在那个时候便强调不要以暴制暴，以德服人才能带来长久发展。以德服人，与人为善，用包容开放的心态对待他人，不斤斤计较，目光要放长远，方能够"居其所而众星拱之"。宽容的开放合作姿态，必将带来更多的朋友，美美与共，合作共赢，每个国家都会在合作中得利，因而也会多付出一份真心，世界才能成为真正和平且充满欢笑的大家庭。

回望历史，清朝闭关锁国的历史教训至今仍留在人们心中。清朝的封建统治者被封锁在一个狭窄的天地中，沾沾自喜，从不睁眼看世界，极度缺乏持续发展的眼光，顽固守旧，使得中国在那个时期处于停滞状态，在别国科技、工业蓬勃发展时，我国却远远落后于世界。这种遏制了历史进程的做法大不可取。

以更加开放的心态和举措，共建开放合作、开放创新、开放共享的世界经济，才是顺应历史规律的正确举措。儒家经典《礼记·礼运》提出了"大道之行也，天下为公"的著名论断，中华优秀传统文化中的"天下"观念是包含所有人在内的整个人类社会，具有"世界"的内容和"人类"的价值，超越了民族、种族、国家等界限，期望能够化天下为一家、四海为兄弟，从而使整个天下成为一个人类休戚与共的命运共同体。人类只有一个地球，各国共处一个世界，开放合作，才能互利共赢。

伊朗电影《樱桃的颜色》中有一句经典台词："生命是向死亡终点疾驰的列车，途中有许多风景值得我们留恋。"如果生活是一场竞争，我们为何要将同为参赛者的对手置于死地，并以为那样才是获得最后的胜利？合作互利，就如沿途的美景。拥抱转身，那一刻所传递的能量，已超越了结果本身。

"亮剑"精神，本为狭路相逢勇者胜。而新时代的"新亮剑"精神，应为狭路相逢，互利共赢。亮出胸襟，亮出合作，亮出友谊，以达共赢。

2020 年 西南科技大学·答案详解

第一部分 百科知识

1.（1）**国情**是指一个国家的文化历史传统、自然地理环境、社会经济发展状况以及国际关系等各个方面的总和，也指某一个国家某个时期的基本情况。国情可以具体分为七个方面：自然环境和自然资源、科技教育状况、经济发展状况、政治状况、社会状况、文化传统、国际环境和国际关系。

（2）**人才培养**指对人才进行教育、培训的过程。人才培养的目标是培养具有良好人文、科学素质和社会责任感，学科基础扎实，具有自我学习能力、创新精神和创新能力的人才。人才培养的方式有多种，除了在各级各类学校中进行系统教育的进修外，还可采取业余教育，脱产或不脱产的培训班、研讨班等形式，充分利用成人教育、业余教育、电化教育等条件，提倡并鼓励自学成材。

（3）**软实力**是相对于国内生产总值、城市基础设施等硬实力而言的，是指一个国家的文化、价值观念、社会制度等影响自身发展潜力和感召力的因素。“软实力”主要包括文化的吸引力和感染力、意识形态和政治价值观的吸引力、外交政策的道义和正当性、处理国家间关系时的亲和力等。由于软实力在国际关系中的影响日增，世界主要大国在注重硬件的建设之时，也十分重视增强自身的软实力。

（4）**翻译学**是研究翻译的基本理念、基本方法以及译文校对、审核、格式处理等技巧的学科。具体表现为在把握翻译古今发展的基础上，融合中西视野，介绍当前主要翻译流派、翻译原则和策略；以基本理论问题为中心，采取中西比较的方法，凸显翻译的内涵和特色；坚持发展性，采用历史、发展的目光审视与思考翻译问题，注重揭示各种流派或理论之间内在的、历史的联系等。

（5）**国际视野**，即国际眼光或国际视角，指能够站在全球或更广阔的角度上观察经济、政治、社会、文化、科学、学术等方面的发展，以全球的视野看问题。在全球化的今天，各种竞争日趋激烈，培养具有国际视野的人才至关重要。转变学习者的理念、培养批判性思维意识、发展文化胜任力等是培养国际视野的重要途径。

（6）**国家战略**是为实现国家总目标而制定的总体性战略概括，指导国家各个领域的总方略，是战略体系中最高层次的战略。国家战略的任务是依据国际国内情况，综合运用政治、军事、经济、科技、文化等国家力量，指导国家建设与发展，维护国家安全，达成国家目标。

（7）**社会责任**，通常是指组织承担的高于组织自己目标的社会义务。一个组织应以一种有利于社会的方式进行经营和管理。社会责任超越了法律与经济对组织所要求的义务，是组织管理道德的要求，完全是组织出于义务的自愿行为。社会责任包括组织环境保护、安全生产、社会道德以及公共利益等方面。

（8）**历史使命**，古时指使者奉命而出行，后引申为肩负重大的任务和责任。当今时代，历史使命具体可以概述为以下三个方面：继往开来，建设中国特色社会主义；勇于创新，实现中华民族的伟大复兴；积极努力，为世界和平发展，人类社会的进步事业做贡献。

2.（9）**中国国际进口博览会**，简称进博会，于 2018 年举办首次在上海举办，是世界上第一个以进口为主题的大型国家级展会。进博会的主题口号是“新时代，共享未来”。举办进博会是中国着眼推进新一轮高水平对外开放作出的一项重大决策，是中国主动向世界开放市场的重大举措。

（10）**贸易自由化**是指一国对外国商品和服务的进口所采取的限制逐步减少，为进口商品和服务提供贸易优惠待遇的过程并且主张以市场为主导。其理论基础来源于亚当·斯密和大卫·李嘉图的比较优势论。关贸总协定和世贸组织，都以贸易自由化为宗旨。贸易自由化需要限制和取消一切妨碍和阻止国际间贸易开展与进行的所有障碍，包括法律、法规、政策和措施等。

（11）**经济全球化**是指世界经济活动超越国界，通过对外贸易、资本流动、技术转移、提供服务、相互依存、相互联系而形成的全球范围的有机经济整体的过程。经济全球化使世界经济日益成为紧密联系的一个整体，是当代世界经济的重要特征之一，也是世界经济发展的重要趋势。

（12）**世界经济**是不同发展水平的国家与经济组织所组成的相互联系、相互依赖、共同运动的经济有机整体，包括世界市场、国际贸易、国际金融、国际投资和国际经济协调等。当代世界经济基本包括三类国家经济：发达国家经济、发展中国家经济和社会主义经济。世界经济的行为主体主要有主权国家和非国家行为主体（国际经济组织和跨国公司）两大类。迄今为止，主权国家依然是世界经济运行的基本主体，构成世界经济的最主要部分。

3.（13）**尺牍**指古人用于书写的长一尺的木简，多用于书法、绘画。在纸张发明之前，人们用尺牍记事、叙情表意、传递消息，由于尺牍用得最早也最多，因此尺牍也成为信件的代称。同时，尺牍也是研究古人生活方式、行为习惯、审美情调、艺术修养以及书法艺术的一个重要媒介。

（14）**苏轼**，北宋文学家、书画家，号东坡居士，世称苏东坡。苏轼是北宋中期文坛领袖，诗词开豪放一派，为唐宋八大家之一。他在诗、词、散文、书、画等方面都取得很高成就。其代表作有《东坡七集》《东坡乐府》《潇湘竹石图》《枯木怪石图》等。

（15）**书法**是中国及深受中国文化影响过的周边国家和地区特有的一种文字美的艺术表现形式。书法按照文字特点及其含义，以其书体笔法、结构和章法书写，使之成为富有美感的艺术作品。汉字书法字体主要包括篆书、隶书、楷书、行书、草书等。我国古代书法的代表人物有王羲之、颜真卿、欧阳询等。

（16）**"苏黄米蔡"**是北宋时期四位书法家苏轼、黄庭坚、米芾和蔡襄的合称，他们大致可以代表宋代的书法风格，而且成就最高。从书法风格上看，苏轼丰腴跌宕，黄庭坚纵横拗崛，米芾俊迈豪放，且三者都以行草、行楷见长。蔡襄以楷书见长，其书法浑厚端庄、淳淡婉美。

（17）**新文化运动**是20世纪初中国一些先进知识分子发起的反对封建主义的思想解放运动，其基本口号是拥护"德先生"和"赛先生"，即提倡民主和科学。新文化运动的倡导者以进化论观点和个性解放思想为主要武器，猛烈抨击以孔子为代表的"往圣先贤"，大力提倡新道德，反对旧道德，提倡新文学，反对文言文。新文化运动的主要阵地是《新青年》和北京大学，代表人物有陈独秀、李大钊、鲁迅等。

4.（18）**区域发展**是指改善某一地区社会条件和经济条件的一系列行为，即某一特定地区多个独立的政府为解决共同的问题而进行合作的过程。当这些活动是由某一地区多个政府联合实施时，就成为区域性活动。

（19）**中心城市**是指在一定省份区域内和全国社会经济活动中处于重要地位、具有综合功能或多种主导功能、起着枢纽作用的大城市、特大城市和超大城市，包括直辖市、省会城市、计划单列市、重要节点城市等。中心城市是区域发展的增长极，它通过和区域的互动作用，实现各种要素与资源的最优配置，带动城市—区域共同体的发展。

（20）**城市群**是城市发展到成熟阶段的最高空间组织形式，是指在特定地域范围内，一般以1个以上特大城市为核心，由3个以上大城市为构成单元，依托发达的交通通信等基础设施网络所形成的空间组织紧凑、经济联系紧密，并最终实现高度同城化和高度一体化的城市群体。

5.（21）**乡村振兴战略**是习近平总书记于2017年10月18日在党的十九大报告中提出的战略。十九大报告指出，农业农村农民问题是关系国计民生的根本性问题，必须始终把解决好"三农"问题作为全党工作的重中之重，实施乡村振兴战略。实施乡村振兴战略，是解决新时代我国社会主要矛盾、实现“两个一百年”奋斗目标和中华民族伟大复兴中国梦的必然要求，具有重大现实意义和深远历史意义。

（22）**社会事业**是指国家为了社会公益目的，由国家机关或其他组织举办的从事教育、科技、文化、卫生等活动的社会服务，包括教育事业、医疗卫生、劳动就业、社会保障等。作为关系最广大人民群众切身利益和保障社会民主、公平和稳定的重要手段和途径，社会事业具有维系社会公正、体现社会公益性的作用。推进社会事业发展，是完善政府社会管理和公共服务职能、统筹经济社会协调发展的重要任务。

（23）**公共服务**是指由政府部门、国有企事业单位和相关中介机构履行法定职责，根据公民、法人或其他组织的要求，为其提供帮助或办理有关事务的行为。公共服务事项是由法律、法规、规章或者行政机关的规范性文件设定，是相关部门必须有效履行的义务。公共服务是21世纪公共行政和政府改革的核心理念，包括加强城乡公共设施建设，发展教育、科技、文化、卫生、体育等公共事业，为社会公众参与社会经济、政治、文化活动等提供保障。

（24）**基础设施**是指为社会生产和居民生活提供公共服务的物质工程设施，是用于保证国家或地区社会经济活动正常进行的公共服务系统。基础设施包括交通、邮电、供水供电、商业服务、科研与技术服务等市政公用工程设施和公共生活服务设施等。它们是社会赖以生存发展的一般物质条件，也是国民经济各项事业发展的基础。完善的基础设施对加速社会经济活动起着巨大的推动作用。

（25）**城乡融合**，又称城乡经济社会发展一体化，是指在社会发展战略上把城市、农村视为一个整体，使城乡协调发展、共同繁荣，城乡差别逐渐消失，最终融为一体的过程。城乡融合主要包括城乡发展规划一体化、城乡产业发展一体化、城乡基础设施建设一体化等。城乡融合有利于坚持扩大内需方针和实现经济协调发展，有利于维护社会稳定和推进城乡经济社会的全面进步，有利于保护生态环境和资源的有效利用。

第二部分 应用文写作

◎写作分析

本文要求写解说词。首先，考生应对景点的相关背景有所了解；其次，还应在解说词中穿插该景点的景观特色或意义，做到语言优美。

情侣路上，邂逅“渔女”

在中国的南方有一座浪漫的海滨城市——珠海，这里一年四季鲜花盛开，风景怡人。在珠海美丽的香炉湾里，有一尊眺望远方的渔女石雕像，她是珠海市的象征，位于珠海市情侣南路。

珠海渔女雕像矗立在海边，她颈戴项珠，身捎渔网，裤脚轻挽，双手高举着一颗晶莹璀璨的珍珠，向世界昭示着光明，向人们奉献着珍宝。这座由中国著名雕塑家潘鹤根据南海渔民的美丽传说而设计制作的大型石雕，身高8.7米，重量达10吨，用花岗岩分七十件组合而成。

如今，这座石雕已成为珠海市的象征，凡来珠海旅游的人，都要争先一睹其芳容，而优美的渔女雕像背后还隐藏了一个美好的爱情故事。相传南海龙王的第七个女儿小玉龙玩耍时，被香炉湾美丽的风光迷住，不愿返回仙境，决意扮成渔女下凡。后来她结识了一位憨厚老实的渔民青年海鹏，两情缱绻，朝夕相依，定下山盟海誓，不料渔女却被小人设计陷害致死。九洲长老为这深情厚爱所感动，救活了渔女。成亲当日，渔女把她挖到的一颗举世无双的宝珠，献给了德高望重的九洲长老。

在很多人眼里，或许她如今只是毫不起眼的免费景点，但以珠海渔女浪漫爱情而命名的情侣路，每天却吸引了无数情侣驻足。她是无数美好爱情的庇佑者，更是珠海城市发展的见证者。

◎写作分析

毛嫱、丽姬在人们眼中很美，然而鱼见了她们会潜入水里，鸟见了她们会飞走，鹿见了她们会逃跑，在人、鱼、鸟、鹿的眼里，究竟什么才是美的标准呢？谁的标准才是对的呢？其实材料想告诉我们的道理是美没有统一的标准，因而，我们应该善于发现美。本题有一定的审题难度，材料只提供了一句文言文，写作时，考生可以先对该句进行一定解释，再引出观点。

愿你我皆成伯乐

《庄子·齐物论》曾言："毛嫱丽姬，人之所美也；鱼见之深入，鸟见之高飞，麋鹿见之决骤，四者孰知天下之正色哉？"庄子认为毛嫱、丽姬是人们眼中的美女，这一点毋庸置疑。然而，虫鱼鸟兽见了她们却避之不及，这说明了世上对美没有统一的标准。这个世界上的美丑，无统一标准判断之。一句"千里马常有，而伯乐不常有"的哀叹引无数后人感慨，我们也应拥有一双善于发现美的眼睛，做一个能够感知美、发现美、欣赏美的伯乐。

在有些人的眼里，楚楚动人的林黛玉美，在有些人的眼里，举止娴雅的薛宝钗美，在有些人的眼里，断臂的维纳斯美；有人认为圆满是美，有人认为遗憾更美，也有人看不见任何美。《巴黎圣母院》里，众人只能看到卡西莫多丑陋的形体，却极少能有人窥视到他身上所闪耀的善良、美好的人性火花。哲学家尼采说过："没有什么是美的，只有人是美的——审美判了，所以世界上才有美。"他认为世界本没有美，是人把世界"人化"。也就是说，每个人心中都有自己的审美标准。人的审美标准不同，评判也不同。因此，我们更应学会尊重不同的美，欣赏不同的美。以何眼观世界，世界便是如何，只有做独具慧眼、善于发现美的伯乐，才能感受到世界的美好。

苏轼在凤翔府任职时，董传曾跟随苏轼学习，当时董传生活贫困，衣衫朴素，但苏轼却能看到董传平凡衣着掩盖不住的乐观积极的精神风骨，因而引后世传诵"腹有诗书气自华"。屈原饮木兰之露，餐秋菊之英，司马迁盛赞他可与日月争辉。苏轼、司马迁能够独具慧眼、不囿于外在，这种品质实属可贵。《小王子》里写道："生命中真正重要的东西，我们的眼睛是看不见的，我们只能用心去发现。"因此，对于我们而言，相较于外在美，内在美更值得我们品味。如果我们无法挣脱只见外在美的桎梏，最终或许只能落得"千里马常有，而伯乐不常有"的慨叹。

朱光潜曾说："精于审美之人，往往有独立的人格，他能看轻一般人所看重的，也能看重一般人所看轻的。"有些美好，如昙花一现，稍纵即逝；有些美景，只能偶遇，不会重现。若我们能随时发现善、感知美，美就会无处不在。愿你我终成为能发现美、欣赏美、拥有美的伯乐。

MTI

华研外语
TOPWAYENGLISH

汉语写作与百科知识

真题册

2021

懂方法 更有效
www.huayan-edu.com

科目代码
448

目录 CONTENTS

2021 年 暨南大学

第一部分 百科知识（50 分）

一、选择题：从四个选项中选择正确的一项（25 题，每题一分，共 25 分）

1. 在中国现代文坛上，以诗歌创作为主的作家是 ______。

A. 巴金　　B. 艾青　　C. 郁达夫　　D. 朱自清

2. “中国旧式士子出而问世必须具备的四个条件：一团和气，两句歪诗，三斤黄酒，四季衣裳。”出自哪一位现代作家的作品？

A. 周作人　　B. 老舍　　C. 钱钟书　　D. 梁实秋

3. 《史记》是中国第一部纪传体通史，共 130 卷，全书包括 ______ 五大部分。

A. 西周、表、书、世家和列传　　B. 本纪、表、书、世家和列传

C. 本纪、表、春秋、世家和列传　　D. 西周、表、书、春秋和列传

4. 下列各句中，没有语病的一句是 ______。

A. 青藏铁路纵贯青海、西藏两省区，是连接西藏与内地的一条具有重要战略意义的铁路干线。

B. 这家老字号食品厂生产的食品一直都是新老顾客备受信赖的。

C. 天安门广场等七个红色旅游景点是否收门票的问题，国家旅游局新闻发言人已在记者招待会上予以否认。

D. 中央财政将逐年扩大向义务教育阶段家庭经济困难的学生免费提供教科书。

5. “执子之手，与子偕老”的出处是以下哪部典籍？

A.《诗经》　　B.《论语》　　C.《楚辞》　　D.《庄子》

6. 唐三彩是我国唐代兴起的釉色陶器，其釉色以 ______ 为主。

A. 红、蓝、黑　　B. 黄、绿、蓝　　C. 红、绿、白　　D. 黄、绿、白

7. “少妇今春意，良人昨夜情”属于汉语特殊表现手段的哪一种？

A. 对偶　　B. 叠映　　C. 联边　　D. 重言

8. “同心之言，其臭如兰”句中“臭”的意思是 ______。

A. 气味　　B. 臭味　　C. 闻味　　D. 香味

9. “子公怒，染指于鼎，尝之而出。”“染指”的意思是 ______。

A. 手伸到鼎中去染色　　B. 用鼎中的热水洗手

C. 用手在热水中蘸了蘸　　D. 用手指着鼎

10. 现代乒乓球运动以 ______ 为一局。

A. 21 分　　B. 25 分　　C. 11 分　　D. 20 分

11. 我国医疗卫生机构分为三级（一、二、三级）二等（甲、乙等），其中 ______ 最高。

A. 一级甲等　　B. 一级乙等　　C. 三级甲等　　D. 三级乙等

12. 下列 ______ 不属于西方世界四大通讯社之一。

A. 塔斯社　　B. 法新社　　C. 美联社　　D. 路透社

13. 索尼公司创始人之一是 ______。

A. 松下幸之助　　B. 稻盛和夫　　C. 盛田昭夫　　D. 本田宗一郎

14. 英国的传播媒介比较丰富，其中每周评论是英国出版业的重要组成部分，______ 是历史最悠久的周刊。

A.《观察家》　　B.《每周新闻》　　C.《旁观者》　　D.《读者文摘》

15. 英国首都伦敦的地铁是世界上最早的地铁，它建成于 ______。

A. 1863 年　　B. 1873 年　　C. 1864 年　　D. 1874 年

16. 度量衡是我国古代使用的计量单位，其中“衡”是指 ______ 方面的标准。

A. 长度　　B. 面积　　C. 体积　　D. 重量

17. 拥有世界上最快的火车的国家是 ______。

A. 中国　　B. 法国　　C. 日本　　D. 德国

18. 下列说法正确的是 ______。

A. 常温下即能进行的反应一定是放热反应

B. 化学反应限度大，该反应的速度也大

C. 在相同条件下，分子分裂为原子所吸收的能量与相应原子结合成分子所放出的能量相等

D. 化石燃料的开采与使用，有利于节能减排与环境保护

19. 村民委员会和居民委员会的性质是 ______。

A. 基层行政机关　　B. 基层政权机关的派出机关

C. 基层群众性自治组织　　D. 基层群众性组织

20. “政府的主要作用是掌舵，而不是划桨”这一说法是指 ______。

A. 政府应该强化集权

B. 政府的主要作用是决策，而不是执行

C. 政府应该加强自身组织的建设

D. 政府应该成为现代社会的导航员

21. 下列不属于县市级以上行政机关政务公开内容的是 ______。

A. 主要领导成员的履历、分工

B. 政府以监管为目的对监管对象的调查信息

C. 在制定发展战略、规划、政策过程中形成的记录、报告、咨询意见等

D. 政务公开服务机构的名称、办公地址、办公时间以及联系方式

22. 公务员在涉外活动中，要特别注意国际礼仪。以下不符合国际礼仪的是 ______。

A. 起乘坐电梯及上车时，请女士先行

B. 闲谈时询问美国客人前一段时间得了什么病

C. 接待来访的外国客人时，请客人坐右边的座位

D. 在德国，提前抵达访问地点后等到了约定的时间再敲门

23. 民族区域自治制度、特别行政区制度是我国宪法制度中具有自身特色的两项制度。下列对这两项制度的表述不正确的是 ______。

A. 民族自治地方包括自治区、自治州、自治县

B. 自治区可以制定自治条例、单行条例，报全国人大常委会批准后生效

C. 特别行政区行政长官在当地通过选举或协商产生，由中央人民政府任命

D. 特别行政区的高度自治权包括立法权、行政管理权、独立的司法权和终审权、独立的外交权

24. 小李是某市工商局副局长，因工作需要派到某国有企业担任一定职务，在该国有企业工作时间为一年，工作期间，其人事行政关系仍在原单位。这种公务员交流的形式称为 ______。

A. 调任　　B. 转任　　C. 轮岗　　D. 挂职锻炼

25. 经济学上所推崇的“橄榄型”收入分配结构，是指低收入和高收入相对较少、中等收入占绝大多数的分配结构。我国正在采取措施，实施“提低、扩中、调高、打非、保困”的方针，使收入分配朝着“橄榄型”方向发展。这主要是为了促进 ______。

A. 生产的发展　　B. 效率的提高　　C. 社会的公平　　D. 内需的扩大

二、名词解释题：简要解释下列文章片段中画线部分的名词与术语（25 分）

以人类文学的标准对目前的人工智能文学进行评价，后者仍是不成熟甚至失败的。为什么呢？从中国古代文论的角度分析，人工智能文学无法媲美人类文学的根本原因在于其徒有“机芯”而没有“文心”。

何谓“文心”？《文心雕龙》中给出了两种解释，其一为“言之文也，天地之心哉”，其二为“夫文心者，言为文之用心也”，二句都揭示出“文”与“心”之间的密切关系。“天文”与“人文”本质相通，天人合一在于文，而一切“言”与“文”发起的根源皆在心，“文”是“心”的载体，“心”是“文”的内核与根本精神。

“心”范畴是中国古代哲学的核心思想之一：心被古人视为身体的主宰，如王阳明曰“心者，身之主宰也”；也被视为思维的中心，指导人们进行认知活动，如孟子认为“心之官则思，思而得之，不思则不得也”；更是被抽象为形而上学的本原性哲学范畴，如《易经》记载道“复其见天地之心乎”……

而机器写作的核心在于机芯，“机芯”指的是机器的核心部分，一般包括硬件和软件两部分，硬件是指人工智能芯片，软件则是芯片中的程序。“机芯”创造出的人工智能文学没有人类文学由“心”生发的神思过程、性情寄托，正是这些决定了目前人工智能文学的劣势。

简要介绍以下名词或术语：

1. 人工智能　　2.《文心雕龙》　　3. 天人合一　　4. 形而上学　　5.《易经》

第二部分 应用文写作（40 分）

《后汉书·蔡伦传》一文记述了蔡伦在原有造纸技术的基础上勇于创新，发现新的造纸原料和方法的故事。文章写道："自古书契多编以竹简，其用缣帛者谓之为纸。缣贵而简重，并不便于人。伦乃造意，用树肤、麻头及敝布、鱼网以为纸。元兴元年奏上之，帝善其能，自是莫不从用焉，故天下咸称"蔡侯纸"。

请以此材料为基础，以《传承与创新》为题，写一篇 450~500 字的短评，要求观点独到、说理精辟、发人深思。

第三部分 现代汉语写作（60 分）

希腊哲学大师柏拉图在《理想国》第七卷提出洞穴之喻：有一些囚徒从小就住在洞穴中，头颈和腿脚都被绑着，不能走动也不能转头，只能朝前看着洞穴后壁。在他们背后的上方，远远燃烧着一个火炬。在火炬和人的中间有一条隆起的道路，同时有一堵低墙。在这堵墙的后面，向着火光的地方，又有些别的人。他们手中拿着各色各样的假人或假兽，把它们高举过墙，让他们做出动作，这些人时而交谈，时而又不做声。于是，这些囚徒只能看见投射在他们面前的墙壁上的影像。他们将会把这些影像当作真实的东西，他们也会将回声当成影像所说的话。此时，假如有一个囚徒被解除了桎梏，被迫突然站起来，可以转头环视，他现在就可以看见事物本身了；但他们却以为他现在看到的是非本质的梦幻，最初看见的影像才是真实的。而假如有人把他从洞穴中带出来，走到阳光下面，他将会因为光线的刺激而觉得眼前金星乱蹦。

请根据阅读材料，以《认知的桎梏》为题写一篇论说文。要求论点鲜明，论据充分，逻辑严密，说理透辟，语言流畅（字数：1,000~1,200）。

2021 年 宁波大学

第一部分 百科知识（25×2）

请简要解释以下段落中画线部分的知识点：

1. 今年 1 月份和 2 月份的新冠疫情对中国经济，特别是就业，产生了一定的影响，但随着企业生产秩序的逐渐恢复，企业用工开工情况在不断好转，对用工的需求也会不断增加。从政策上来看，这两年宏观政策中，积极的财政政策、稳健的货币政策、就业优先的政策，就是把就业政策和财政货币政策放在一起来考虑，这说明了对就业问题的高度重视。总的来看，虽然今年就业的形势还是比较严峻的，就业总量的压力，还有结构性的矛盾都存在，但是，一方面，中央会加大宏观政策的对冲力度，努力稳住企业，特别是用工需求大的中小企业，稳住企业、稳住经济运行也就稳住了就业。另一方面，就业优先的政策会进一步加大力度，比如增加对就业人员、转岗人员或者农民工的就业培训，会更好地发挥就业基金的作用，会加大对重点人群，包括大学生、农民工的就业培训等帮扶，进而进一步推动灵活就业。总的来看，通过更大力度的政策作用，会促使全年的就业形势保持总体稳定。

2. 张骞是中国汉代杰出的外交家、旅行家、探险家，丝绸之路的开拓者。故里在陕西省汉中市城固县的博望村。西汉建元二年（前 139 年），他奉汉武帝之命从长安出发，甘父做向导，率领一百多人出使西域，打通了汉朝通往西域的南北道路，即赫赫有名的“丝绸之路”。司马迁称赞张骞出使西域为“凿空”，意思是“开通大道”。张骞先后两次出使西域，打开了中国与中亚、西亚、南亚以至通往欧洲的陆路交通，从此中国人通过这条通道向西域和中亚等国出售丝绸、茶叶、漆器和其他产品，同时从欧洲、西亚和中亚引进宝石、玻璃器等产品。张骞被誉为“丝绸之路的开拓者”“第一个睁开眼睛看世界的中国人”。

3. 李提摩太（Timothy Richard，1845—1919），字菩岳，英国传教士，属于大英浸信会。1869 年 11 月 17 日他离开英国，在 1870 年 12 月抵达上海，随后去山东烟台、青州等地传教，并同时学习佛教、儒家和伊斯兰教著作。1886 年，李提摩太来到北京，发表了《七国新学备要》，介绍西方各国的教育情况，并建议清朝政府每年拿出 100 万两白银作为教育改革的经费。在戊戌变法运动中，他与梁启超、康有为建立了较好的个人关系。李提摩太以西方文化吸引知识分子和社会上层人士。他和许多政府官员，如李鸿章、张之洞都有较深的交往，因而对中国的维新运动有很大影响。

4. “共产党宣言”译名来自日语，最初是“共产主义者宣言”的意思，后来在 1904 年 11 月 13 日日本《周刊·平民报》上，这部著作首次被译成《共产党宣言》。1847 年 11 月共产主义者同盟第二次代表大会委托马克思和恩格斯起草一个周详的理论和实践的党纲。马克思、恩格斯取得一致认识，并研究宣言的整个内容和结构，由马克思执笔写成。在 19 世纪中叶，基于资本扩张的逻辑，马克思在《共产党宣言》中做出这样的判断：资产阶级，由于开拓世界市场，使一切国家的生产和消费成为世界性的。各民族的精神产品成为公共的财产。民族的片面性和局限性日益成为不可能，由许多种民族的和地方的文学形成一种世界的文学。《宣言》第一次阐述科学社会主义理论，指出共产主义运动已成为不可抗拒的历史潮流。

5. 会试是中国古代科举制度中的中央考试，会试者，共会一处，比试科艺，又叫春闱。应考者为各省的举人，录取者称为“贡士”，第一名称为“会元”。由礼部主持，在京师（明清两代即北京）内城东南方的贡院举行。会试的主考官 4 人（明代为 2 人）称总裁，以进士出身的大学士、尚书以下副都御史以上的官员，由部都请派充。会试后贡士再由皇帝亲自御殿覆试、择优取为进士。殿试试期一天，依成绩分甲赐及第、出身、同出身，然后释褐授官。清朝规定，每逢辰、戌、丑、未年，即乡试的次年举行，若乡试有恩科，则次年亦举行会试，称会试恩科。考期初在二月，乾隆时改三月，亦分三场。考中者称贡士，经殿试合格后称进士。

第二部分 应用文写作（1×40）

中国 ××股份公司于 ××××年 ××月 ××日至 ××日派专人去 ××国 ××地，了解 ××工程材料价格预算的谈判结果。根据中国 ××办公室的指示，现要给其上级部门即中国 ××办公室提交《关于 ××工程材料价格预算判结果的报告》，要求介绍谈判过程及结果，并指出产生“价格预算”额度高低分歧的原因等。

请以中国 ××股份公司的名义起草一份说明情况的答复性报告（约450字），提交给中国 ××办公室。关于“材料价格预算”的谈判过程和结果，以及产生额度高低分歧的原因和今后工作的建议等两大项报告内容，请根据你所具有的公文格式的知识对这份报告进行框架格式的简约性文字表述。

注意：报告中须有标题、发文字号、正文、结尾语、落款、公章、年月日等公文格式要素。

第三部分 现代汉语写作（1×60）

在我们的实际翻译工作中，我们接到的原文可能是各种各样的，这就需要译者具有相当的百科知识与语文水平才能深刻理解和准确把握。同时，我们的译文需要按照译入语的行文和语言文化习惯来完成，这就要求我们对译入语的语言文化有相当程度的了解和运用。作为一个未来的译者，你应该从多方面训练，这样才能使自己成为具有专业素质的译者。

请根据上面的文字说明，以“译者的素质”为题，用现代汉语写一篇三段式论说文，论说译者应该具有什么样的素质或哪些方面素质（不少于800字）。

2021年 扬州大学

第一部分 百科知识（共25题，每小题2分，共50分）

这部分共25题，每题有四个选项，每题只有一个正确答案。

1. “大学之道，在明明德，在亲民，在止于至善”出自______。

A.《春秋》　B.《史记》　C.《大学》　D.《孟子》

2. 据说，释迦牟尼是在______树下悟道的，因而人们将此树称为智慧树。

A. 菩提　B. 松树　C. 橡树　D. 无花果树

3.《汉书·五行志》中“日出黄，有黑气，大如钱，居日中央”是世界公认的最早关于______的记录。

A. 日食　B. 太阳　C. 月亮表面　D. 太阳黑子

4. 作为二十四史的开端，《史记》是一部______通史。

A. 纪传体　B. 编年体　C. 国别体　D. 纪事本末体

5.《格萨尔》是我国______的著名史诗。

A. 汉族　B. 白族　C. 藏族　D. 蒙古族

6. 中国四大发明中______的源头可以追溯到战国时期。

A. 指南针　B. 火药　C. 造纸　D. 印刷术

7. 目前公认的中国最早的文字是______。

A. 金文　B. 甲骨文　C. 石鼓文　D. 汉字

8. 周代实行的是______。

A. 宗法制　B. 奴隶制　C. 原始社会　D. 原始共产主义

9.《人间词话》的作者是______。

A. 钟嵘　B. 严羽　C. 朱光潜　D. 王国维

10. 严复的信、达、雅是在其翻译______时所提出的翻译原则。

A.《天演论》　B.《原富》　C.《法意》　D.《群学肄言》

11. ______是以道教为题材的著名神魔小说。

A.《搜神记》　B.《封神演义》　C.《西游记》　D.《东周列国志》

12. 宋代书法的一大特色是当时所流行的______。

A. 楷书　B. 隶书　C. 行书　D. 草书

13. 中国四大发明中，蔡伦首创了______造纸术。

A. 树皮　B. 麻头　C. 麻布　D. 麻皮纤维

14. The difference between culture and civilization lies in the fact while the former describes the status of human life, the latter describes the ______ of human beings.

A. value system　B. norms of behavior

C. extent of chaos　D. degree of progress

15. It is ______ who said “Give me a place to stand, and I will move the world.”

A. Heraclitus　B. Archimedes　C. Socrates　D. Aristotle

16. The oldest and most important of the *Old Testament* of 39 books are the first five books, called _______.

A. *Deuteronomy* B. *The Pentateuch* C. *Exodus* D. *Genesis*

17. Generally speaking, Renaissance refers to the period between _______.

A. the 13th and 15th centuries B. the 14th and 16th centuries

C. the 15th and 16th centuries D. the 14th and mid-17th centuries

18. The *Odyssey* deals with the return of Odysseus after the _______ war to his home island Ithaca.

A. Trojan B. Peloponnesian C. 100-year D. Roman Conquest

19. The Greeks loved sports. _______ every four years, they had a big festival on Olympus Mount which included contests of sports.

A. Four times B. Three times C. Twice D. Once

20. Graham Allison, professor of _______, coined the term of the Thucydides' Trap.

A. Stanford University B. Harvard University

C. Yale University D. Columbia University

21. Thomas More's best-known contribution was his _______.

A. *Utopia* B. *Oliver Twist* C. *Wealth of Nations* D. *Vanity Fair*

22. *Notre Dame de Paris* was written by _______ .

A. Honore de Balzac B. Jean-Jacques Rousseau

C. Victor Hugo D. Voltaire

23. As the father of the American short story, Washing Irving is famous for his _______.

A. *Walden* B. *The Grapes of Wrath*

C. *Great Expectations* D. "*The Legend of Sleepy Hollow*"

24. Aleksander Pushkin is a great _______ poet.

A. English B. American C. Russian D. German

25. *Manifesto of the Communist Party* was written by Marx and Engels in _______.

A. 1848 B. 1917 C. 1840 D. 1776

第二部分 应用文写作（40 分）

在"新冠"疫情时断时续的今天，戴口罩出行，仍然是最基本的防疫举措之一。但是，你仍然会看到，即使在人群密集的公共场所，还有人不戴口罩，有人即使戴了口罩，但戴姿不正确，形同虚设。请你以一名公民的身份写一封不少于 400 字的倡议书。文中严禁出现任何与考生真实身份有关的信息。

第三部分 现代汉语写作（60 分）

在城市的一些生活小区，小区管理方种植花草，美化小区的环境，但禁止种植蔬菜。可小区居民，尤其是老年人，珍惜土地，他们种植蔬菜是认为蔬菜既能美化环境，又能食用，小区管理方和小区居民往往因此而发生冲突。请你自拟题目，写一篇不少于 800 字的议论文。

2021 年 北京外国语大学

第一部分 百科知识（50 分）

名词解释（每题 2 分，共 50 分）

1.《春秋》
2. 四夷馆
3. 太学
4. “三清”
5. 丁忧
6. 注疏
7. 水墨画
8. 三纲
9. 苏辛
10. 杜丽娘
11. 写本
12. 景泰蓝
13. 靖康之变
14.《人间词话》
15.《骆驼祥子》
16.《红星照耀中国》
17. 泰戈尔
18. 桑巴舞
19. 马六甲海峡
20. 世界卫生组织
21. IPO
22. 伯希和
23. 慕课
24. 娜拉（《娜拉走后怎么样》）
25. 奥林匹克标志

第二部分 应用文写作 （40 分）

请你以北外学生会的名义，为文体部撰写一则招募启事，字数 300~400 字。

第三部分 现代汉语写作（60 分）

鉴真历经五次磨难，终于东渡传教。

请根据材料，自拟题目，写一篇现代文，除诗歌外，体裁不限，字数不少于 800 字。

2021年 安徽师范大学

第一部分 百科知识（50分）

名词解释：解释以下知识点（每个2分，共25个，50分）

1. 知行合一
2. 诸法无我
3.（儒家）四书
4. 古文经
5. 美国独立宣言
6. 暗能量
7. 世界三大宗教
8. 蒙太奇
9. 四大文明古国
10.（老子）无为
11. 程朱理学
12. 竹林七贤
13. 楷书
14.《史记》
15. 新华社
16. 三千大千世界
17. 孟德斯鸠
18. 黄梅戏
19. 三一律
20. 神舟飞船
21. 太极拳
22. 全真道
23. 唐宋八大家
24. 微软（Microsoft）
25. 泡沫经济

第二部分 应用文写作（40分）

请先阅读以下文字：

有位资深教授指出：学习人文学科有没有用呢？当然有用。虽然学习人文学科不能带来立竿见影的经济效益，不能马上改变人们的生活条件，但它往往能改变人们的观念、影响人们的世界观，受到人文学科潜移默化积极影响的人可以在工作中取得更大成就。从这个意义上说，人文学科的作用是一种"大用"。它的价值无法用短期经济效益来衡量，但从长远来看，它能产生包括经济效益在内的巨大效益。

假设你是某人文学科大一新生辅导员，请你结合以上内容，用汉语准备一篇演讲稿。字数不少于450字。

第三部分 现代汉语写作（60分）

老子《道德经》第八章："上善若水。水善利万物而不争，处众人之所恶，故几于道。居善地，心善渊，与善仁，言善信，政善治，事善能，动善时。夫唯不争，故无尤。"

大意为最高的善就像水那样。水善于帮助万物，但不与万物相争，停留在众人所不喜欢的地方，所以接近于道。对于上善的人来说，居住要像水那样安于卑下；存心要像水那样深沉；交友要像水那样相亲；言语要像水那样真诚；为政要像水那样有条有理；办事要像水那样无所不能；行为要像水那样待机而动。正因为他像水那样与万物无争，因而没有烦恼。

请根据这段文字自拟题目，写一篇作文，字数不少于800字。

2021年 广东工业大学

第一部分　百科知识（每题2分，共50分）

1. 根据《中华人民共和国民法典》规定，民事主体从事民事活动，应当遵循的原则不包括 ______。

A. 自愿原则　B. 公平原则　C. 诚信原则　D. 公序良俗原则

2. 阿尔法狗系列机器人曾与 ______ 出战过围棋比赛。

A. 谢军　B. 聂卫平　C. 柯洁　D. 王积薪

3. 食品支出总额占个人消费支出总额的比重被称为 ______。

A. 基尼系数　B. 恩格尔系数　C. 道琼斯指数　D. 菲利普斯曲线

4. 股票中的"猴市"指的是 ______。

A. 持续上涨　B. 持续下跌
C. 市场方向不明显　D. 风险较大、上涨和下降幅度大

5. 联合国五个常任理事国包括中国、英国、美国、俄罗斯和 ______。

A. 德国　B. 法国　C. 西班牙　D. 日本

6. 我国南方和北方的地理分界线是 ______。

A. 乌蒙山—长江　B. 祁连山—黄河　C. 伏牛山—淮河　D. 秦岭—淮河

7. 以下哪一类茶不是发酵茶？

A. 绿茶　B. 乌龙茶　C. 红茶　D. 白茶

8. 我国的京剧脸谱色彩含义丰富，红色一般表示忠勇侠义，白色一般表示阴险奸诈，那么黑色一般表示什么？

A. 忠耿正直　B. 阴险狡诈　C. 神怪形象　D. 凶暴残忍

9. 世界现存最大、最完整的木质结构的古代皇宫建筑群是 ______。

A. 卢浮宫　B. 北京故宫　C. 凡尔赛宫　D. 曲阜孔庙

10. 我国是一个文明古国，早在春秋战国时期，秦国的李冰父子完成了举世闻名的 ______。

A. 三峡工程　B. 都江堰工程　C. 京杭大运河　D. 大亚湾工程

11. 马可·波罗来中国的时候，中国处于 ______。

A. 唐朝　B. 宋朝　C. 元朝　D. 明朝

12. 下面哪一项不是中国的四大发明之一？

A. 造纸术　B. 地动仪　C. 火药　D. 指南针

13. 近3,000年来，我国经历了三个气候温暖湿润时期和三次大规模的变冷时期，每次气候变冷，北方游牧民族政权南部疆域的版图都必须扩大，如果不能扩大，这些游牧民族政权就会灭亡。由此可以得知，______ 时期出现了气候变冷的情况。

A. 战国　B. 西汉　C. 隋唐　D. 南宋

14. 下列著名战争（役）与参战将领，对应错误的是 ______。

A. 台儿庄战役——李宗仁　B. 平型关大捷——林彪
C. 美国南北战争——华盛顿　D. 滑铁卢之战——拿破仑

15. 毛泽东同志的词句"往事越千年，魏武挥鞭，东临碣石有遗篇"，"遗篇"指的是魏武帝曹操的 ______。

A.《观沧海》　B.《龟虽寿》　C.《长歌行》　D.《短歌行》

16. 如果让你规划“重走长征路”的活动路线，下列不应列入活动路线的地方是 ______。

A. 江西瑞金　B. 湖北宜昌　C. 贵州遵义　D. 四川阿坝

17. 湄公河是东南亚重要的国际河流，其上游是我国境内的 ______。

A. 怒江　B. 长江　C. 澜沧江　D. 珠江

18. 五大湖中完全在美国境内的是 ______。

A. 伊利湖　B. 密歇根湖　C. 安大略湖　D. 苏必利尔湖

19. 下列美国的大学都位于东北部的六州，即新英格兰地区，除了 ______。

A. 斯坦福大学　B. 哈佛大学　C. 麻省理工学院　D. 耶鲁大学

20. 下列各项中不属于世界三大宗教的是 ______。

A. 基督教　B. 伊斯兰教　C. 道教　D. 佛教

21. 下面哪一位不是世界三大著名的短篇小说家？

A. 契诃夫　B. 海明威　C. 莫泊桑　D. 欧·亨利

22. 惠特曼是美国最伟大的浪漫主义诗人，他的代表作是 ______。

A.《纽约外史》　B.《瓦尔登湖》　C.《自然》　D.《草叶集》

23. ______ 于 1776 年发表伟大著作《国民财富的性质和原因的研究》（简称《国富论》）。该书是现代政治经济学研究的起点，被誉为“西方经济学的‘圣经’”。

A. 亚当·斯密　B. 大卫·李嘉图　C. 约翰·凯恩斯　D. 卡尔·马克思

24. 1920 年翻译《共产党宣言》第一本中文全译本的是 ______。

A. 陈望道　B. 梁实秋　C. 傅雷　D. 朱生豪

25. ______ 不但把佛经由梵文译成汉文，而且把老子著作的一部分译成梵文，成为第一个把汉文著作向国外介绍的中国人。

A. 鸠摩罗什　B. 利玛窦　C. 玄奘　D. 安世高

第二部分　应用文写作（40 分）

你将于 2021 年 7 月大学毕业，了解到全国普通高校毕业生人数预计接近 900 万，就业形势十分严峻。你发现，2020 年新冠疫情期间，公务员、文教卫生界的从业人员工资收入比较稳定，生活基本未受影响。此事对你触动较大，引发你深思，最终促使你对毕业后的就业规划甚至职业发展方向作出调整。于是，你决定放弃原先想进贸易公司的念头，改而去竞聘一个编制内的中学教师岗位。

请根据以上信息，按格式要求写一份教师岗位竞聘演讲稿，陈述你对中学教师岗位的了解与认识，你目前已经具备的教学岗位所要求的各种条件与一些具有竞争力的优势，以及为之所做的准备。所学专业、毕业院校类型自定。

演讲稿不少于 400 字；不要写成抒情诗歌或散文。

注意：文中严禁出现任何与考生真实身份有关的信息。否则，一经查实，该作文判为零分。

第三部分　现代汉语写作（60 分）

请以“共享单车，想说爱你不容易”为题，写一篇不少于 800 字的议论文，除诗歌与戏剧外，体裁不限。

注意：文中严禁出现任何与考生真实身份有关的信息。否则，一经查实，该作文判为零分。

2021年 浙江工商大学

第一部分 百科知识（50分）

单项选择题（共25题，每题2分，共50分）

1. 华为公司于2019年1月向业界发布的高性能数据中心处理器“鲲鹏”得名于一种中国古代神话中的上古神兽，在《列子·汤问》_______ 等古籍中都有所记载。

A.《庄子·逍遥游》　B.《阿房宫赋》　C.《两都赋》　D.《滕王阁序》

2. _______ 是明代嘉靖时期确立的赋税及徭役制度，由桂萼在嘉靖十年（1530）提出，之后张居正于万历九年（1581）推广到全国。

A.“一条鞭法”　B. 青苗法　C. 摊丁入亩　D. 天朝田亩制度

3. _______ 是英语文学史上最著名的宗教寓言。

A.《天路历程》　B.《失乐园》　C.《神曲》　D.《坎特伯雷故事集》

4. _______ 是美国超验主义最杰出的代表作家。

A. 鲍德温（BALDWIN）　B. 德莱赛（DREISER）　C. 艾默生（EMERSON）　D. 埃里森（ELLISON）

5. 19世纪最伟大的英语作家之一王尔德以其剧作、诗歌、童话和小说闻名，以下哪部（些）作品是他的代表作？

A.《温德米尔太太的扇子》　B.《道林·格雷的画像》　C.《快乐王子》　D. 以上皆是

6. 牛一般有四个胃，依次是瘤胃、网胃、重瓣胃和皱胃，其中 _______ 才是真正的胃，具有分泌胃液的腺体，其他三个胃都是食管特化形成的。

A. 瘤胃　B. 网胃　C. 重瓣胃　D. 皱胃

7. 毛泽东诗词“往事越千年，魏武挥鞭，东临竭石有遗篇”，遗篇指的是 _______ 的《观沧海》。

A. 曹操　B. 曹丕　C. 曹植　D. 曹真

8. 中国历史上第一部宪法性文件是 _______。

A.《中华民国约法》　B.《中华苏维埃共和国宪法大纲》

C.《中华民国临时约法》　D.《钦定宪法大纲》

9. 维也纳古典乐派代表人物之一莫扎特（1756—1791）少年早慧，在他短暂的人生中创作了大量脍炙人口的音乐作品，如 _______。

A.《魔笛》　B.《费加罗的婚礼》　C.《唐璜》　D. 以上皆是

10. 奥斯曼土耳其帝国的苏丹（国王）穆罕默德二世（1432—1481）亲率20万大军和300艘战舰，从西线对君士坦丁堡发动大规模进攻，1453年5月29日，_______ 灭亡。

A. 东罗马帝国　B. 西罗马帝国　C. 神圣罗马帝国　D. 马其顿帝国

11. _______ 是一个信息技术领域的术语。从本质上讲，它是一个共享数据库，存储于其中的数据或信息，具有“不可伪造”“全程留痕”“可以追溯”“公开透明”“集体维护”等特征。

A. 二维码　B. 区块链　C. 物联网　D. 比特币

12. _______ 是一座位于塞纳河畔、法国巴黎市中心、西堤岛上的哥特式基督教教堂建筑，是法国历史上最为辉煌的建筑之一。

A. 巴黎圣母院　B. 沙特尔大教堂　C. 鲁昂大教堂　D. 圣心大教堂

13. “草蛇灰线”的意思是 _______。

A. 比喻事物留下隐约可寻的线索和迹象

B. 文学术语，指文中埋藏伏笔，使小说环环相扣，前后呼应

C. 比喻事情向意料之外的方向发展

D. AB皆是

14. 伟大的荷兰画家 _______ （1606—1669）是天才的光影魔术师，最擅长画人物画像，他的诸多自画像与《夜巡》《大卫与押沙龙的和解》都是脍炙人口的名画。

A. 伦勃朗　　B. 鲁本斯　　C. 弗尔美　　D. 卡拉瓦乔

15. 最早见载于 _______ 的“九州”既不是中国古代的行政区划，也不是战国时的托古假设，而是自公元前 2000 年前后就实际存在的、源远流长的、自然形成的人文地理区系。

A.《大学》　　B.《论语》　　C.《孟子》　　D.《尚书·禹贡》

16. 欧阳询、_______、柳公权与赵孟頫被并称为中国楷书四大家。

A. 米芾　　B. 颜真卿　　C. 蔡襄　　D. 鲜于枢

17. 下列财产中应该归国家所有的是 _______。

A. 遗失物　　B. 漂流物

C. 失散的动物　　D. 所有人不明的埋藏物、隐藏物

18. 张三出差前将家中电脑委托李四保管，李四却在此期间将电脑卖给王五；王五购买时以为电脑属于李四，且给出了合理市场价格。那么张三可以主张 _______。

A. 要求王五无偿归还电脑

B. 要求王五赔偿损失

C. 要求李四和王五共同分担损失

D. 不可要求王五无偿归还电脑，但可以要求李四赔偿相应损失

19. 明朝科学家宋应星编著的 _______ 是中国古代一部综合性的科学著作，有“中国 17 世纪的工艺百科全书”的美誉。

A.《齐民要术》　　B.《天工开物》　　C.《梦溪笔谈》　　D.《文心雕龙》

20. 有些人一接触鲜花就会产生花粉过敏，轻者会出现眼痒、鼻塞、流涕等症状，严重者可诱发支气管哮喘、过敏性皮炎、喉头水肿、荨麻疹等病症，这其实是 _______ 造成的。

A. 人体的保护性免疫反应　　B. 细菌入侵人体

C. 病毒入侵人体　　D. 人体过度的保护性免疫反应

21. 清朝中期，在商业经济繁荣发展的城市扬州，出现了一批卖画为生的在野文人画家，形成了“扬州画派”。其中，汪士慎、黄慎、金农、高翔、郑燮、李方膺、罗聘等人被称作“扬州八怪”，他们中的 _______ 以画竹闻名天下。

A. 汪士慎　　B. 金农　　C. 郑燮　　D. 罗聘

22. 与地球、海洋并称为三大生态系统的 _______，也被称作“地球之肾”。

A. 沼泽　　B. 湿地　　C. 高山　　D. 湖泊

23. 体操运动员在手上涂白色粉末是为了 _______。

A. 有效加大摩擦力来防滑　　B. 减少由于手掌出汗而引起的麻烦

C. 为了表演的美观　　D. AB 皆是

24. 关于 P2P 的论述，以下哪条不正确？

A. 即点对点网络借款，是一种将小额资金聚集起来、借贷给有资金需求人群的民间小额借贷模式。

B. 在营 P2P 网贷机构不能接入央行征信系统。

C. 属于互联网金融（ITFIN）产品的一种。

D. P2P 平台安全问题仍然面临诸多挑战。

25. 墨子号 _______ （简称墨子号），于 2016 年 8 月 16 日 1 时 40 分，在酒泉用长征二号丁运载火箭成功发射升空。此次发射任务的圆满成功，标志着我国空间科学研究又迈出重要一步。

A. 量子科学实验卫星　　B. 农业试验卫星　　C. 脉冲星实验卫星　　D. 组网卫星

第二部分 应用文（40分）

撰写一份450字左右的推荐图书的软性广告，要求包含图书的核心信息：书籍作者、图书的主要内容与风格；能够吸引图书对应的目标读者，达到商业推广的目的。考生可以选择任意一本自己喜爱、熟悉的图书创作推荐文。（要求：450字左右，格式规范、文种准确、行文条理清楚，无语病）

第三部分 现代汉语写作（60分）

请以我国自主研发的北斗三号全球卫星导航系统于2020年7月31日正式开通为背景，结合“北斗”系统背景材料和当前国际形势。自拟题目，写一篇不少于800字的论说文，探讨我国自主研发高新科技的重要性（要求：观点突出、结构合理、思路清楚、逻辑性强、有说服力）。

材料：北斗卫星导航系统介绍

（一）概述

北斗卫星导航系统（以下简称北斗系统）是中国着眼千国家安全和经济社会发展需要，自主建设运行的全球卫星导航系统，是为全球用户提供全天候、全天时、高精度的定位、导航和授时服务的国家重要时空基础设施。

北斗系统提供服务以来，已在交通运输、农林渔业、水文监测、气象测报、通信授时、电力调度、救灾减灾、公共安全等领域得到广泛应用，服务国家重要基础设施，产生了显著的经济效益和社会效益。基于北斗系统的导航服务已被电子商务、移动智能终端制造、位置服务等厂商采用，广泛进入中国大众消费、共享经济和民生领域，应用的新模式、新业态、新经济不断涌现，深刻改变着人们的生产生活方式。中国将持续推进北斗应用与产业化发展，服务国家现代化建设和百姓日常生活，为全球科技、经济和社会发展做出贡献。

北斗系统秉承“中国的北斗、世界的北斗、一流的北斗”发展理念，愿与世界各国共享北斗系统建设发展成果，促进全球卫星导航事业蓬勃发展，为服务全球、造福人类贡献中国智慧和力量。北斗系统为经济社会发展提供重要时空信息保障，是中国实施改革开放40余年来取得的重要成就之一，是新中国成立70年来重大科技成就之一，是中国贡献给世界的全球公共服务产品。中国将一如既往地积极推动国际交流与合作，实现与世界其他卫星导航系统的兼容与交互操作，为全球用户提供更高性能、更加可靠和更加丰富的服务。

（二）发展历程

20世纪后期，中国开始探索适合国情的卫星导航系统发展道路，逐步形成了三步走发展战略：2000年年底，建成北斗一号系统，向中国提供服务；2012年年底，建成北斗二号系统，向亚太地区提供服务；2020年，建成北斗三号系统，向全球提供服务。

（三）发展目标

建设世界一流的卫星导航系统，满足国家安全与经济社会发展需求，为全球用户提供连续、稳定、可靠的服务；发展北斗产业，服务经济社会发展和民生改善；深化国际合作，共享卫星导航发展成果，提高全球卫星导航系统的综合应用效益。

（四）建设原则

中国坚持“自主、开放、兼容、渐进”的原则建设和发展北斗系统。

——自主。坚持自主建设、发展和运行北斗系统，具备向全球用户独立提供卫星导航服务的能力。

——开放。免费提供公开的卫星导航服务，鼓励开展全方位、多层次、高水平的国际合作与交流。

——兼容。提倡与其他卫星导航系统开展兼容与交互操作，鼓励国际合作与交流，致力于为用户提供更好的服务。

——渐进。分步骤推进北斗系统建设发展，持续提升北斗系统服务性能，不断推动卫星导航产业全面、协调和可持续发展。

（五）远景目标

2035 年前还将建设完善更加广泛、更加融合、更加智能的综合时空体系。

（六）基本组成

北斗系统由空间段、地面段和用户段三部分组成。

——空间段。北斗系统空间段由若干地球静止轨道卫星、倾斜地球同步轨道卫星和中圆地球轨道卫星等组成。

——地面段。北斗系统地面段包括主控站、时间同步 / 注入站和监测站等若干地面站，以及星间链路运行管理设施。

——用户段。北斗系统用户段包括北斗兼容其他卫星导航系统的芯片、模块、天线等基础产品，以及终端产品、应用系统与应用服务等。

（七）发展特色

北斗系统的建设实践，走出了在区域快速形成服务能力、逐步扩展为全球服务的中国特色发展路径，丰富了世界卫星导航事业的发展模式。

北斗系统具有以下特点：一是北斗系统空间段采用三种轨道卫星组成的混合星座，与其他卫星导航系统相比高轨卫星更多，抗遮挡能力强，尤其低纬度地区性能优势更为明显。二是北斗系统提供多个频点的导航信号，能够通过多频信号组合使用等方式提高服务精度。三是北斗系统创新融合了导航与通信能力，具备定位导航授时、星基增强、地基增强、精密单点定位、短报文通信和国际搜救等多种服务能力。（材料来自“北斗网”）

2021 年 中国海洋大学

第一部分 选择填空（本部分共 60 分，每大题 10 分，每小题 1 分）

一 殖民主义是西方强国压迫、奴役和剥削“落后”国家并将其变成自己的殖民地、半殖民地的一种侵略政策。其表现形式随着资本主义（**01**）_______ 阶段的不同而有所变化。在资本（**02**）_______ 积累时期，大都采取赤裸裸的暴力手段，如武装占领、海外移民、海盗式的掠夺、欺诈性的贸易、血腥的奴隶买卖等。在（**03**）_______ 资本主义时期，主要通过“自由贸易”形式，把不发达国家、民族和地区变成自己的商品（**04**）_______、原料产地、投资场所，以及廉价劳动力和雇佣兵的来源地。在帝国主义时期，除采取上述各种手段外，（**05**）_______ 输出成为剥削这些国家、民族和地区的主要形式。

19 世纪末 20 世纪初，世界上沦为殖民地、半殖民地的国家和地区形成了帝国主义殖民体系。第二次世界大战后，殖民地、半殖民地的（**06**）_______ 独立运动蓬勃发展，大批亚洲、非洲国家推翻了殖民统治，摧毁了帝国主义的殖民体系。奉行殖民主义政策的国家转而采用间接的、比较隐蔽的、具有更大（**07**）_______ 的形式，来维护和谋求殖民利益。

在政治上，一方面允许和承认殖民地、半殖民地独立，另一方面通过培养或扶植（**08**）_______ 来实行控制；经济上以提供“援助”的形式，通过附加苛刻条件的贷款、不平等贸易、组织跨国公司等手段，控制这些国家的经济命脉，对这些国家实行掠夺；军事上以提供军事“援助”的形式，在这些国家建立军事基地、驻扎军队、派遣军事顾问、帮助训练军队等，实行（**09**）_______ 的军事占领。为了实现其战略目的，它们甚至策动政变、挑起内战、扶植傀儡政权。这些被统称为新殖民主义。

两极世界理论将帝国主义殖民体系分为土地侵占资本主义殖民体系、土地贡税资本主义殖民体系和原料市场资本主义殖民体系三个阶段。英国崛起到 19 世纪中叶是土地侵占殖民阶段，殖民体系的社会形态类似于原始社会和（**10**）_______ 社会时期以侵占土地为目的的奴隶制；

19 世纪中叶到二战结束是土地贡税殖民阶段，19 世纪中叶到 19 世纪末是土地贡税殖民的第一环节，19 世纪末到二战结束是土地贡税殖民的第二环节，殖民体系的社会形态类似于封建社会时期的以获取基于一定土地上生存的人民上缴的贡税为目的的农奴制；二战后到 21 世纪上半叶是原料市场殖民阶段，二战后到 20 世纪 70 年代是原料市场殖民阶段的第一环节，20 世纪 70 年代到 21 世纪上半叶是原料市场殖民阶段的第二环节，殖民体系的社会形态是以获取基于国际不平等分工的原料和市场为目的的经济殖民形态。

A）变相	B）残酷	C）成长	D）初级
E）粗暴	F）代理人	G）地方势力	H）发展
I）国家	J）基地	K）可信性	L）劳务
M）民族	N）农奴	O）农业	P）奴隶
Q）欺骗性	R）市场	S）威胁性	T）文化
U）卧底	V）原始	W）早期	X）政治
Y）资本	Z）自由		

二 所谓单边主义是指举足轻重的特定大国，不考虑大多数国家和民众的愿望，单独或带头退出或挑战已制订或商定的维护国际性、地区性、集体性和平、发展、进步的规则和制度，并对全局或局部的和平、发展、进步有破坏性的影响和后果的行为与倾向。

有关专家从各自理解的角度对单边主义发表了自己的看法。注重外交政策的人士中有人说单边主义是小布什上台之后，美国政府（**11**）_______ 其经济实力和综合国力在处理国际事务时为了谋求美国的私利而我行我素的行为。

也有人说所谓单边主义即独自处理外交政策与事务的倾向。具体表现为美国在所有事务上都要以美国利益为重，而不能让美国受到其他国家、国际组织或者一些（**12**）______ 和联盟的制约。

看重经济政策的人士中有人说单边主义就是从美国的实力地位与（**13**）______ 利益出发来决定美国的政策走向，而不是通过与国际社会保持密切合作来实现美国的利益。具体而言，美国要根据自己的利益和判断，而不是根据国际社会的需求和意见来做出有关全人类（**14**）______ 与安全的政策决定。在国际社会中我行我素，不理会其他国家的合理利益考虑及（**15**）______ 舆论的批评与谴责。

也有人从行为特点角度归结说，单边主义是（**16**）______ 保守主义施行的一种对外政策，当前人们使用"单边主义"这个词是特指美国作为世界上唯一超级大国在国际关系中所表现的一种行为方式。在处理国际事务时仅仅从自己的判断和自身国家利益出发，从来都不与其他国家进行磋商，这是美国追求（**17**）______ 霸权的一种表现。

很明显，前述三类概念的共同特点是将单边主义（**18**）______ 地定义为美国的政策，显然不合适。难道除美国之外其他国家就不存在单边主义？显然不是。正如北京大学国际关系学院副院长贾庆国教授指出："从某种意义上讲，（**19**）______ 国家在处理对外关系时都或多或少地采取单边主义做法，美国也不例外。"所以，有人指出，广义而言，"单边主义"是用来定义外交政策行为（**20**）______ 的专有名词，是指国际社会中实力地位较强的某一个国家，为了落实外交政策而无视多数其他国家的意愿，违反国际社会潮流，不顾他国利益，拒绝协商途径，凭借自己的力量我行我素的行为。

A）错误	B）地球	C）多数	D）各国
E）规范	F）国际	G）国家	H）绝对
I）利益	J）媒体	K）美国	L）模式
M）契约	N）任意	O）世界	P）所有
Q）条约	R）西方	S）狭隘	T）狭义
U）需要	V）仰仗	W）依仗	X）意志
Y）准则	Z）组织		

三　病毒是一种个体微小，结构简单，只含一种核酸（DNA 或 RNA），必须在活细胞内寄生并以（**21**）______ 方式增殖的非细胞型生物。

病毒是一种非细胞生命（**22**）______，它由一个核酸长链和蛋白质外壳构成，病毒没有自己的代谢机构，没有酶系统。因此病毒若（**23**）______ 了宿主细胞，就成了没有任何生命活动，也不能独立自我繁殖的化学物质。其复制、转录和转译都只能在宿主细胞中（**24**）______。进入宿主细胞后，病毒就可以利用细胞中的物质和（**25**）______ 完成生命活动，按照其核酸所包含的遗传信息产生相同的新一代病毒。

狭义的生物病毒是一种独特的传染因子，它是能够利用宿主细胞的营养物质自主复制自身的 DNA 或 RNA、蛋白质等生命（**26**）______ 物质的微小生命体。而广义的病毒复杂得多，包括拟病毒、类病毒和病毒粒子（virion），其中拟病毒和类病毒仅是一条简单的 ssRNA 链，virion 是一种类似酶的蛋白分子。因此生物病毒很难有确定、明确的定义。

生物病毒不管是烈性噬菌体还是温和型噬菌体，都仅在活的宿主细胞中才能（**27**）______ 复制繁殖，利用宿主细胞的核苷酸和氨基酸来自主合成自身的一些组件，装配下一代个体，并达到他们的目的。

复制后的生物病毒裂解宿主细胞而被释放出去，感染（**28**）______ 宿主细胞。

虽然生物病毒对人类有一定的益处，例如利用噬菌体可以（**29**）______ 一些细菌感染；利用昆虫病毒可以治疗、预防一些农业病虫害等，但却危害很大，例如，HIV、狂犬病毒等都严重威胁人类生命；流感病毒、肝炎病毒等会导致疾病；TMV、马铃薯 Y 病毒会造成财产损失。

病毒是一种可以在其他生物体间（**30**）_______ 并感染生物体的微小生物（其实因为病毒本身不能进行新陈代谢，所以某种程度上还不能说病毒就是“生物”）。有时使用“病毒”描述那些在真核生物中传播和感染的生物；使用“噬菌体”或“吞噬体”来描述那些在原核生物间传播的生物。对于病毒的起源人类至今尚不清楚。

A）重生	B）传播	C）传递	D）从事
E）得到	F）得以	G）对抗	H）分裂
I）复制	J）基本	K）健康	L）较多
M）进行	N）精神	O）离开	P）能量
Q）散布	R）失去	S）施行	T）消灭
U）新的	V）形态	W）营养	X）治疗
Y）状态	Z）组成		

四　从古至今，人类遭遇了无数的瘟疫，其中有些瘟疫特别严重，对人类影响巨大的有：非典、鼠疫、天花、流感、霍乱、疟疾等。总的来说，瘟疫是由于一些强烈（**31**）_______ 物质——如细菌、病毒——引起的传染病。经常在天灾或人祸后的恶劣环境卫生状况下发生。

瘟疫在中国史料中早有记载。如《周礼·天官·冢宰》记载：“疾医掌养万民之疾病，四时皆有疠疾。”《吕氏春秋·季春纪》记载：“季春行夏令，则民多疾疫。”说明当时对瘟疫的（**32**）_______ 已经达到了一定水平，认为瘟疫一年四季皆可发生，原因之一是由于时令之气的异常，是由“非时之气”造成的。

现存最早的中医古籍《黄帝内经》也有记载。如《素问·刺法论》指出：“五疫之至，皆向染易，无问大小，病状相似……，正气存内，邪不可干，避其毒气。”《素问·本能病》篇：“厥阴不退位，即大风早举，时雨不降，湿令不化，民病温疫，疵废。风生，民病皆肢节痛、头目痛，伏热内烦，咽喉干引饮。”指出瘟疫具有（**33**）_______、流行性、临床表现相似、发病与气候有关等特点，并认为只要“正气存内”，就能“避其毒气”。

流感

1918年，一场致命的流感席卷全球，造成2,000万至5,000万人死亡。尽管这场流感在美国被称为“西班牙女士”，但是它似乎首先（**34**）_______ 于美国，有可能是从猪身上传播开来。那一年，近1/4的美国人得了流感，导致50多万人死亡，几乎一半的死者是健康的年轻人。平时流行的流感虽然通常并非如此致命，但平均每年在美国也导致11万多人住院，约3.4万人死亡。作为一种由病毒引起的传染病，流感没有（**35**）_______ 可治，但可以注射流感疫苗进行（**36**）_______，有效率为70%至90%。由于流感病毒极易发生变异，每年流行的流感病毒类型不一样，因此每年都需要疫苗。

天花

天花原来只在“旧世界”（亚洲、欧洲和非洲）流行，在17和18世纪，天花是西方最（**37**）_______ 的传染病，但是在历史上的影响却比不上鼠疫，这可能是因为其受害者以儿童为主（约1/10的儿童因天花夭折），活下来的成年人大多已有（**38**）_______。天花由天花病毒引起，无药可治，世界卫生组织1980年5月28日宣布人类（**39**）_______ 了天花。此后，人们对如何处置天花病毒展开了唇枪舌剑的争论。1990年，第22届世卫大会作出（**40**）_______，将世界上仅有的天花病毒储存于俄罗斯的科尔索沃国家病毒和生物技术研究中心，还有美国的亚特兰大疾病控制中心。销毁天花病毒的最后期限仍然没有明确。

A）传染性	B）防止	C）感染力	D）规定
E）决定	F）抗体力	G）免疫力	H）破坏性
I）起源	J）清除	K）认识	L）特效药

M）完成　　N）消灭　　O）研究　　P）严峻
Q）严重　　R）有效药　　S）预测　　T）预防
U）治疗　　V）治愈　　W）致病性　　X）致死性
Y）制造　　Z）重要

五　所谓“免疫”，顾名思义即免除瘟疫（古代的瘟疫指各种疫病）。免疫是指机体免疫系统识别自身与异己物质，并通过免疫应答排除抗原性异物，以维持机体生理平衡的功能。

就人类而言，免疫是人体的一种生理功能，人体依靠这种功能（**41**）_______“自己”和“非己”成分，从而破坏和排斥进入人体的抗原物质（如病菌等）或人体本身所产生的损伤细胞和肿瘤细胞等，以维持人体的健康，抵抗或（**42**）_______微生物或寄生物的感染或其他所不希望的生物侵入。免疫涉及特异性成分和非特异性成分。非特异性成分不需要事先暴露，可以立刻响应，可以（**43**）_______地防止各种病原体的入侵。特异性免疫是在主体的寿命期内发展起来的专门针对某个病原体的免疫。

免疫可以分为天然和获得性两大类。天然免疫又称先天免疫或固有免疫，指机体先天具有的正常的（**44**）_______防御功能，对各种不同的病原微生物和异物的入侵都能作出（**45**）_______的免疫应答，是人类在漫长的进化过程中形成的一种遗传特性。

获得性免疫也称适应性免疫，只针对一种病原体，是人体经（**46**）_______感染（病愈或无症状感染）或人工预防接种（菌苗、疫苗、类毒素、免疫球蛋白等）而使机体获得的抵抗感染的能力。一般是在微生物等抗原物质（**47**）_______后才形成的（免疫球蛋白、免疫淋巴细胞），并能与该抗原起特异性反应。获得又可以分为自动和被动两种，一般免疫时间长，可能（**48**）_______终生，如麻疹、天花、痄腮等。自动获得有自然和人工两种方式，自然获得如有被天花病毒感染发病史的人，一般不会再次感染。人工获得如接种牛痘可终生免疫天花。被动获得性免疫一般免疫时间较短，也有自然和人工两种方式。自然获得如婴儿在母体胎盘或初乳中获得，人工获得如通过注射具有免疫力的血清获得，具体如治疗蛇毒时注射的血清蛋白。

群体免疫（herd immunity/protection，group/community immunity），是指人类或牲畜（**49**）_______对传染的抵抗力。群体免疫水平高，表示群体中较高百分比的个体对传染具有抵抗力。因为，疾病发生流行的可能性不仅取决于动物群体中有抵抗力的个体（**50**）_______，而且与动物群体中个体间接触的频率有关。如果一个群体中有 70% 至 80% 的动物有抵抗力，通常就不会发生大规模的爆发性流行。

2020 年 3 月 13 日，英国政府首席科学顾问帕特里克·瓦兰斯表示，将需要大约 60% 的英国人口感染新冠病毒以获得“群体免疫力”。他还称，新冠肺炎很可能“年复一年”卷土重来。此论一经发表即引发了巨大争议。

A）持续　　B）刺激　　C）防止　　D）攻击
E）故意　　F）规模　　G）后天　　H）激活
I）激烈　　J）疾病　　K）连续　　L）评判
M）群体　　N）生理　　O）识别　　P）数目
Q）素质　　R）团体　　S）外部　　T）完全
U）维护　　V）物理　　W）相应　　X）有效
Y）阻止　　Z）最佳

六　《区域全面经济伙伴关系协定》（Regional Comprehensive Economic Partnership—RCEP）是 2012 年由东盟发起，历时八年，由包括中国、日本、韩国、澳大利亚、新西兰和东盟十国共十五方协商签订的协定。

2020 年 11 月 15 日，区域全面经济伙伴关系协定签署（**51**）_______以视频方式举行，十五个 RCEP 成员国经贸部长在仪式上正式签署该协定。协定的签署标志着当前世界上（**52**）_______最多、经贸规模最大、最具发展潜力的自由贸易区正式启航，是地区国家以实际行动（53）______多边贸易体制、建设（54）______世界经济的重要一步，对深化区域经济一体化、稳定全球经济具有标志性意义。

2012 年发起时，参与谈判的共有十六个国家。2020 年 7 月 5 日，有新闻报道援引政府高级别消息人士的话称，（55）______已决定不考虑加入任何由中国主导的贸易协定，其中包括“区域全面经济伙伴关系协定”。所以，正式签署的协定有十五个成员国。

中国（56）______部副部长兼国际贸易谈判副代表王受文表示，这是一个互惠互利的自贸协定，在货物贸易、服务贸易、投资和规则领域等各方面，都要体现一个（57）______。特别是，这个协定里还设置了一些比如经济技术合作等方面的规定，对于老挝、缅甸、柬埔寨等最不发达国家，给予了一些过渡期安排，以便他们能够更好地融入。

根据有关条款的规定，协定（58）______需获得十五个成员国中至少九个国家的批准，其中要至少包括六个东盟成员国和中国、日本、韩国、澳大利亚和新西兰中至少三个国家。鉴于协定已签署，接下来 RCEP 各成员国将各自履行（59）______法律审批程序，推动协定早日生效实施。

机构普遍认为相关主题将迎来投资机会。（60）______航运、跨境电商、纺织服装、轻工家电等领域都将出现长期利好。

A）保护	B）朝鲜	C）典礼	D）俄罗斯
E）港口	F）国家	G）国内	H）海空
I）海上	J）行业	K）互惠型	L）经贸
M）开放型	N）平等	O）平衡	P）起效
Q）人口	R）人数	S）商务	T）生效
U）实施	V）维持	W）维护	X）仪式
Y）印度	Z）自由		

第二部分　填空（本部分共 30 分，每大题 10 分，每小题 1 分）

七　中华民族是一个自强不息、创新不止的民族，有史以来进行过无数次改革，每次改革，都能一定程度上增强国家治理能力，提高治理效率，重振社会活力，推动社会发展。

明朝以前的改革一般称作变法。国人经常谈论的古代改革不胜枚举。如，春秋时期（61）______管仲（字夷吾）通过“相地而衰征”等改革，辅佐（62）______富国强兵，成就了所谓“九合诸侯，一国天下”的功绩。再如，公元前 594 年，（63）______进行了初税亩改革，承认了私田的合法性。又如，战国时期的楚国也发生了（64）______变法，使楚国迅速摆脱了落后挨打的局面，跻身“战国七雄”之列。战国以后的各个朝代基本上也都进行过变法改革。如，西汉与东汉之间的（65）______改制，北魏时期的（66）______改革，唐朝的永贞革新，（67）______时期的庆历新政和王安石变法，明朝时期的嘉靖新政和张居正改革，清朝时期的（68）______运动（亦称自强运动）和戊戌变法（亦称百日维新或维新运动）。

中华人民共和国成立后对前朝方方面面所进行的翻天覆地的变革根本改变了百余年来中国受列强掠夺欺凌的惨状，并在各个方面不断探索创新，学习追赶经济、技术方面的先进国家，勒紧裤带完成了“（69）______一星”等建国伟业，继以 40 余年前启动的“改革开放”，于今已经开创出了非常接近中华民族复兴这一伟大目标的良好局面。当然，“（70）______是光明的，道路是曲折的。我们面前困难还多，不可忽视。”（毛泽东）只要充满改革精神的中国人民“团结起来，共同努力，一定能够排除万难，达到胜利的目的。”（毛泽东）

八　对仗是汉语语言文学和中国文化中的一大特色，对仗的写作也是中国历代启蒙教育中的重要内容。明清时期的李渔编写了一部《笠翁对韵》，被广泛采用为儿童启蒙教材。通过此类学习，少年儿童可以体味对仗的基本规则并学习众多的历史知识、掌故以及有关内容所蕴含的传统道德。

《笠翁对韵·六鱼》第一段末尾一联曰：

疏影暗香，和靖孤山梅蕊放；

轻阴清昼，渊明旧宅柳条舒。

上联涉及宋代诗人林逋（字君复，后人称为（71）______先生），史称林逋通晓经史百家，孤高自好，曾漫游江淮间，后隐居杭州西湖，结庐（72）______。终生不仕不娶，惟喜植梅养鹤，自谓"以梅为妻，以鹤为子"，人称"梅妻鹤子"。林和靖《山园小梅》"疏影横斜（73）______，暗香（74）______月黄昏"一联被广为传诵，《笠翁对韵》此处显然化用了林和靖诗句。

下联涉及东晋田园诗人陶渊明。陶渊明字元亮，晚年更名（75）______，字渊明。私谥靖节，世称靖节（76）______。因为陶渊明自号（77）______先生，所以此处说"柳条舒"；出于同样原因（78）______诗人王维在《老将行》中也说"门前学种（79）______"。又因为陶渊明"（80）______东篱下，悠然见南山"两句几乎尽人皆知且靖节谥号被广泛认可，《笠翁对韵》也在《五微》中有"请菊对夷薇"之语。

九

81. ________________，莽昆仑，阅尽人间春色。

82. 征蓬出汉塞，________________。大漠孤烟直，长河落日圆。

83. 天地有正气，________________。下则为河，上则为日星。

84. ________________，屈指行程二万。

85. ________________，事定犹须待阖棺。

86. 千古兴亡多少事，悠悠，________________。

87. ________________，江湖夜雨十年灯。

88. 雪暗凋旗画，风多杂鼓声。________________，胜作一书生。

89. 梅须逊雪三分白，________________。

90. 红雨随心翻作浪，________________。

第三部分　现代汉语写作（60分）

阅读以下材料，以"岂曰无衣，与子同裳"为主题，写一篇论说文，阐述你的观点。不少于800字。

无衣

朝代：先秦

作者：佚名

岂曰无衣？与子同袍。王于兴师，修我戈矛。与子同仇！

岂曰无衣？与子同泽。王于兴师，修我矛戟。与子偕作！

岂曰无衣？与子同裳。王于兴师，修我甲兵。与子偕行！

——《诗经·国风·秦风》

2021 年 西南科技大学

第一部分 百科知识（25*2=50 分）

请简要解释以下段落中画线部分的知识点。

1. 屈原是中国历史上一位伟大的爱国诗人，中国浪漫主义文学的奠基人，“（1）楚辞”的创立者和代表作家，开辟了“（2）香草美人”的传统，被誉为“楚辞之祖”，楚国有名的辞赋家宋玉、唐勒、景差都受到屈原的影响。屈原作品的出现，标志着中国诗歌进入了一个由大雅歌唱到浪漫独创的新时代，其主要作品有（3）《离骚》《九歌》《九章》《天问》等。以屈原作品为主体的《楚辞》是中国浪漫主义文学的源头之一，以最著名的篇章《离骚》为代表的《楚辞》与（4）《诗经》中的（5）《国风》并称为“风骚”，对后世诗歌产生了深远影响。

2. 经济全球化是指世界（6）经济活动超越国界，通过对外贸易、（7）资本流动、（8）技术转移、提供服务、（9）相互依存、相互联系而形成的全球范围的有机经济整体的过程。经济全球化是商品、技术、信息、服务、（10）货币、人员、资金、管理经验等生产要素跨国跨地区的流动，也就是世界经济日益成为紧密联系的一个整体。经济全球化是当代世界经济的重要特征之一，也是世界经济发展的重要趋势。

3. 在文化领域，（11）尼采“重估一切”的极端主张，对德语世界的（12）表现主义文学产生了深远的影响；奥地利精神病学家（13）弗洛伊德的精神分析学理论，引导文学家深入开掘潜意识和无意识领域，直接影响了（14）意识流小说。然而，对现代主义文学影响最大的，却是法国哲学家亨利·柏格森。他的直觉主义理论在一定程度上奠定了整个现代主义文学的理论基调。此外，康德（15）不可知论、荣格的集体无意识理论和克罗齐的直觉美学理论，也对现代主义文学的发展产生了不同程度的影响。

4. 柏拉图作为西方（16）唯心主义哲学的创始人，和他的老师（17）苏格拉底、学生（18）亚里士多德并称为希腊三贤。他创造或发展的概念包括：柏拉图思想、（19）理念论、（20）柏拉图式爱情等。柏拉图的主要作品为对话录，其中绝大部分都有苏格拉底出场。但学术界普遍认为，其中的苏格拉底形象并不完全是历史上真实存在的苏格拉底。

5. 在 1935 年英国的 Tansley 提出了（21）生态系统的概念之后，生态学成为一门有自己的研究对象、任务和方法的比较完整和独立的学科。近年来，（22）系统论、控制论、信息论的概念和方法的引入，促进了生态学理论的发展。如今，由于与人类生存与发展的紧密相关而产生了多个生态学的研究热点，如（23）生物多样性的研究、（24）厄尔尼诺现象、受损生态系统的恢复与重建、（25）可持续发展研究等。

第二部分 应用文写作（40 分）

××大学外国语学院决定建设“语料库翻译实验室”，请代表该学院向 ××大学（校方）撰写一篇实验室建设的论证报告。

要求：

1. 包含标题、正文、结尾语、落款等要素。

2. 请自拟公文标题、建设缘由、建设意义、建设目标、建设规划等内容。

3. 字数 400 字左右。

请注意：文中禁止出现与考生真实身份相关的信息。

第二部分 现代汉语写作（60 分）

材料：“确实，翻译是一种形式的征服。译者不仅仅可以省略掉历史含义的东西，还可以给现在增添新的暗示。总之，抹去诗人的名换上自己的名字——这样做没有一丝一毫的到窃感，而是像罗马帝国铸成伟业那样，问心无愧。”

——尼采《快乐的科学》

你对此有何评论？请自拟题目，写一篇 800 字左右的作文。

请注意：文中严禁出现任何与考生真实身份相关的信息。

2021 年 广西民族大学

第一部分 百科知识（70 分）

一、判断题（下列命题正确的打“√”；错误的打“×”，每小题 2 分，共 20 分）

1.《茶花女》的作者是大仲马。（ ）

2. 中国最大的淡水湖是洪泽湖。（ ）

3. 汇入大西洋最长的河流是亚马逊河。（ ）

4. 世界文学奖中奖金最多的奖项是诺贝尔文学奖。（ ）

5. 中国人常说的“五金”指的是“金、银、铜、铁、铝”。（ ）

6. 美国的国庆日是 7 月 4 日。（ ）

7. “超市”是借自英语的外来词。（ ）

8. “但愿人长久，千里共婵娟”语出苏东坡。（ ）

9.《史记》中的“世家”是给诸侯王作的传。（ ）

10. 我国最早的中医学专著是《本草纲目》。（ ）

二、填空题（每小题 1 分，共 10 分）

1. 世界探明石油储量最多的国家是 ________。

2. “三过家门而不入”说的是历史人物 ________ 的故事。

3. “韦编三绝”中的“韦”指的是 ________。

4. 成年人的牙齿有 ________ 颗。

5. 最清洁的能源是 ________。

6. 中国有 ________ 个少数民族。

7. “广东”由“________”简化而来。

8. “人间正道是沧桑”的前一句是 ________。

9. 心理学家、行为学家马斯洛认为人的最低级需要是 ________ 的需要。

10. 世界第一台通用电子计算机诞生于 ________ 年。

三、选择题（每小题 2 分，共 20 分）

1. 最早的校园歌曲出现在 ______。

A. 日本　B. 台湾　C. 香港　D. 韩国

2. 月球环绕地球一周的时间约为 ______。

A. 一小时　B. 一日　C. 一月　D. 一年

3.《掀起你的盖头来》是 ______ 的民歌。

A. 汉族　B. 蒙古族　C. 壮族　D. 维吾尔族

4. 划分湖南、湖北的“湖”指的是 ______。

A. 洞庭湖　　B. 鄱阳湖　　C. 洪湖　　D. 洪泽湖

5. 我国古代项羽“破釜沉舟”战胜秦军的战役是 ______。

A. 牧野之战　　B. 巨鹿之战　　C. 官渡之战　　D. 昆阳之战

6. 下列不属于人体肝脏的功能的是 ______。

A. 解毒功能　　B. 防御功能　　C. 消化功能　　D. 血糖转化功能

7. 唯物辩证法的实质和核心是 ______。

A. 质量互变规律　　B. 对立统一规律　　C. 否定之否定规律　　D. 联系和发展的观点

8. “冬天到了，春天还会远吗？”语出 ______。

A. 拜伦　　B. 但丁　　C. 雪莱　　D. 惠特尼

9. 下面哪一个历史时期不是封建社会？

A. 秦　　B. 周　　C. 汉　　D. 明

10. “知天命”是指 ______ 岁。

A. 30~39　　B. 40~49　　C. 50~59　　D. 60~69

四、简答题（每小题 5 分，共 20 分）

1. 古人所指“五音”是哪五音？

2. 十八届五中全会提出的五大发展理念包含哪些？

3. 试列举五项端午节的习俗。

4. 联合国安理会常任理事国包括哪几个国家？

第二部分　应用文写作（20 分）

全面建成小康社会，一个民族都不能少。2020 年 5 月，广西环江毛南族自治县退出贫困县序列，毛南族已实现整族脱贫。你和调研组其他成员即将前往环江毛南族自治县对毛南族“普通话使用情况”进行专题调研，请你为调研组写一份调研提纲。

要求：格式完整、正确，内容完备，条理清晰，语言流畅。

第三部分　现代汉语写作（60 分）

主题：扶贫先扶志，扶志先扶智。

要求：根据主题写一篇议论文。题目自拟，字数不少于 800 字。

华研外语
TOPWAYENGLISH

MTI

汉语写作与百科知识

答案详解

2021

懂方法 更有效
www.huayan-edu.com

科目代码
448

目录 CONTENTS

2021 年 暨南大学 · 答案详解

第一部分 百科知识

一、选择题

1. [B] 艾青，中国现代诗的代表诗人之一。在中国新诗发展史上，艾青是继郭沫若、闻一多等人之后又一位推动一代诗风、并产生过重要影响的诗人，在世界上也享有盛誉，代表作有《大堰河——我的保姆》《艾青诗选》等。巴金，中国当代作家，作品以小说为主，代表作有爱情三部曲《雾》《雨》《电》、激流三部曲《家》《春》《秋》等。郁达夫，中国著名作家，作品以小说、散文和剧本为主，代表作有《沉沦》《故都的秋》等。朱自清，中国现代作家，作品以现代散文为主，代表作有《背影》《荷塘月色》《朱自清全集》等。

2. [D] “中国旧式士子出而问世必须具备的四个条件：一团和气，两句歪诗，三斤黄酒，四季衣裳。”出自中国现当代文学家梁实秋所著散文《衣裳》，以此说明衣裳的重要性。周作人，中国现代著名散文家、文学理论家，中国民俗学开拓人，新文化运动的杰出代表，是鲁迅（周树人）之弟，代表作有《自己的园地》《雨天的书》等。老舍，中国现代小说家、作家、人民艺术家，代表作有小说《骆驼祥子》《四世同堂》、剧本《茶馆》《龙须沟》等。钱钟书，中国现代作家、学者，代表作有《围城》《管锥编》等。

3. [B]《史记》是西汉史学家司马迁撰写的纪传体史书，是中国历史上第一部纪传体通史，记载了黄帝时代至汉武帝太初四年间共 3,000 多年的历史。《史记》全书包括十二本纪（记历代帝王政绩）、三十世家（记诸侯国和汉代诸侯、勋贵兴亡）、七十列传（记重要人物的言行事迹）、十表（大事年表）、八书（记各种典章制度），共一百三十篇。

4. [A] B 项误用了被动句，是产品备受信赖，而不是顾客备受信赖，应改为“食品一直备受新老顾客的信赖”。C 项是以“是否”为语言标志的两面和一面搭配不当，应去掉“是否”。D 项为多项修饰成分不当，即句子的修饰成分过长，易导致搭配不当、语序不当或成分残缺等语病。“扩大”缺宾语，应在“教科书”后加“的范围”。

5. [A] “执子之手，与子偕老”出自中国古代第一部诗歌总集《诗经》中的《邶风·击鼓》，意思是今生拉着您的手永结美好，与您永不分离白头到老。此诗描写主人公被迫从军南征，调停陈、宋两国关系，长期不得归家而怀念家乡亲人。这两句千百年来一直被人传诵，成了生死不渝的爱情的代名词。《论语》，春秋时期思想家、教育家孔子的弟子及再传弟子记录孔子及其弟子言行而编成的语录文集，被列为“四书”之一。《楚辞》，中国文学史上第一部浪漫主义诗歌总集，开创了中国浪漫主义文学的诗篇，后世称此种文体为“楚辞体”、骚体。《庄子》又名《南华经》，是战国中后期庄子及其后学所著道家学说汇总。

6. [D] 唐三彩是中国古代陶瓷烧制工艺的珍品，全名唐代三彩釉陶器，是盛行于唐代的一种低温釉陶器，釉彩有黄、绿、白、褐、蓝、黑等色彩，而以黄、绿、白三色为主，所以人们习惯称之为“唐三彩”。因唐三彩最早、最多出土于洛阳，亦有“洛阳唐三彩”之称。

7. [A] “少妇今春意，良人昨夜情”出自唐代诗人沈佺期的《杂诗》。该诗通过描写闺中怨情，揭露了战争给人民生活带来的痛苦，表达了诗人对人民的关切和同情。对偶是用字数相等、结构相同、意义对称的一对短语或句子来表达两个相对应或相近或相同的意思的修辞方式。而该句中“少妇”对“良人”，“今春”对“昨夜”，“意”对“情”，属于对偶。叠映是在语句前后相应位置有间隔地用同样的字（或词）复叠出现而形成对应的修辞方式。联边是指在一个句子中连用三个或更多的相同偏旁部首的字以增强语力、形成动感的一种修辞方式。重言指两个相同的汉字重叠在一起，通常是一个词，从字上来说，也称为“叠字”。

8. [A]“同心之言，其臭如兰”出自《周易·系辞上》，前一句为“二人同心，其利断金”。该句意思是在语言上谈得来，说出话来像兰草那样芬芳、高雅，没有污秽的语言。比喻彼此情意相投或志同道合。这里的“其臭如兰”指气味像兰草一样。这里的“臭”读 xiù，是气味之总名，古时古者香气秽气皆名之臭。

9. [C]“子公怒，染指于鼎，尝之而出”出自先秦·左丘明《左传·宣公四年》：“及食大夫鼋，召子公而弗与也。子公怒，染指于鼎，尝之而出。”翻译为“等到郑灵公把甲鱼赐给大夫们吃的时候，也把公子宋召来但偏不给他吃。公子宋发怒，用手指头在鼎里蘸了蘸，尝到味道后才退出去。”意思是把手指伸到鼎里蘸点汤，常用来比喻占取非分的利益。

10. [C]现代的乒乓球比赛以 11 分为一局，一场比赛应采用七局四胜制或五局三胜制。一场比赛应连续进行，但在局与局之间，任何一名运动员都有权要求不超过两分钟的休息时间。比赛分团体、单项（男单、女单；男双、女双、混双）。

11. [C]医院等级划分标准，是我国根据医院规模、科研方向、人才技术力量、医疗硬件设备等对医院资质评定指标。按照《医院分级管理标准》，医院经过评审，确定为三级，每级再划分为甲、乙、丙三等，其中三级医院增设特等级别，因此医院共分三级十等。其中三级特等医院和三级甲等医院，这两种是等级医院中最具权威的医院。

12. [A]世界四大通讯社分别是美国的美联社和合众国际社、英国的路透社、法国的法新社。塔斯社，即俄通社—塔斯社，是俄罗斯国家通讯社。塔斯社是国际性通讯社之一，但不属于四大通讯社。

13. [C]盛田昭夫，日本著名企业家，索尼公司创始人之一，被誉为“经营之圣”。1946 年 5 月 7 日，盛田昭夫与好友井深大一同创办了“东京通信工业株式会社”，盛田昭夫出任常务理事，主管营销。1958 年，“东京通信工业株式会社”正式更名为“索尼”（SONY）。松下幸之助是日本松下电器创始人；稻盛和夫 27 岁创办京都陶瓷株式会社（现名京瓷 Kyocera），52 岁创办第二电信；本田宗一郎是日本本田汽车创始人、日本本田技研工业株式会社创始人、HONDA 品牌创始人。

14. [C]《旁观者》是 1828 年由英国著名文学家、诗人约瑟夫·艾迪生和他的好朋友理查德·斯蒂尔创办，是英国周刊中历史最悠久的杂志。《观察家》是乍得共和国报刊。《每周新闻》是英国第一家定期刊物，创刊于 1621 年，历史上也简称为《新闻周刊》。《读者文摘》是美国杂志，于 1922 年创刊，是一本能引起大众广泛兴趣的内容丰富的家庭杂志。

15. [A]世界上最早的地铁是现伦敦大都会地铁的一段，于 1863 年建成通车，其长度约 6.5 公里，每 10 分钟一班，采用的是蒸汽机车。

16. [D]度量衡传统上是计量长度、体积、轻重的标准的统称。“度”是指计量长短，“量”是指计量对某物质的容量，“衡”是指计量轻重，所谓“长可度，容可量，质可衡”。

17. [A]2014 年中国南车制造的 CIT500 型的试验速度达到了 605 千米 / 小时，打破了法国高速列车 TGV 在 2007 年 4 月 3 日创造的 574.8 千米 / 小时的世界纪录，是目前世界上最快的火车。

18. [C]根据能量守恒定律，在相同条件下，分子破裂为原子所吸收的能量与相应原子结合成分子所放出的能量数值相同。硫酸铵结晶水合物和氢氧化钡的反应在常温下就能进行，但属于吸热反应，有些放热反应需在高温条件下进行，如铝热反应。化学反应限度大，该反应的速率不一定大。燃料的开采与使用会增加污染物的排放量。

19. [C]村民委员会的性质同城镇居民委员会一样，都是基层群众性自治组织。所谓群众自治，就是人民群众在无产阶级政党和社会主义国家的领导下，自己教育自己，自己管理自己，自己为自己服务。村民委员会作为一种按照农村村民居住地区设立的，代表本居住区村民利益和意愿的自我教育、自我管理、自我服务的组织，是享有一定自主权的政治、经济、文化的社会共同体。

20. [B]“掌舵”象征最后决策和指挥，“划桨”是命令的承受者和执行者。“掌舵，而不是划桨”说明在环境瞬息万变、需求多元化的当今社会，政府的主要职责是决策，而不是执行。

21. [C] 行政机关政务公开，是指行政机关将依法管理事项向社会公开，便于公民、法人和其他组织知晓、监督的制度。政务公开的内容主要包括工作职责、办事依据、条件、程序、纪律、期限、过程和结果、服务承诺、投诉处理途径等。政务公开的形式包括用文字张榜、报刊、电视、网络、广播等形式对社会群众进行政务公开，为群众提供快捷、方便的服务，自觉接受群众的监督。而“在制定发展战略、规划、政策过程中形成的记录、报告、咨询意见等”不属于县市级以上行政机关政务公开内容。

22. [B] 疾病属于个人隐私问题，询问客人得了什么病是不礼貌的行为。

23. [D]《中华人民共和国香港特别行政区基本法》第二条规定，全国人民代表大会授权香港特别行政区依照本法的规定实行高度自治，享有行政管理权、立法权、独立的司法权和终审权。民族区域自治制度，是指在国家统一领导下，各少数民族聚居的地方实行区域自治，设立自治机关，行使自治权的制度。民族自治地方包括自治区、自治州、自治县。自治区可以制定自治条例、单行条例，报全国人大常委会批准后生效。特别行政区行政长官由年满四十周岁，在当地通常居住连续满二十年并在外国无居留权的特别行政区永久性居民中的中国公民担任，在当地通过选举或协商产生，由中央人民政府任命。

24. [D] 挂职锻炼是指国家行政机关有计划地选派在职国家公务员在一定时间内到基层机关或者企业、事业单位担任一定职务。其特点是具有计划性、时限性，到基层机关或企、事业单位任职。本题中小李属于挂职锻炼。调任，是指国家行政机关以外的工作人员调入国家行政机关担任领导职务或担任助理调研员以上的非领导职务，以及国家公务员调出国家行政机关任职的人事行为。转任，是国家公务员在国家公务员系统内的流运。通过转任，达到人与职位最佳配置。轮岗，是指国家行政机关对担任领导职务和某些工作性质特殊的非领导职务的国家公务员，在同一政府工作部门内有计划地调换职位任职。

25. [C] 十七大调整收入分配格局，概括地说，就是十个字：“提低、扩中、调高、打非、保困”。所谓“提低”，就是提高低收入者收入水平，这是缓解收入差距扩大的基础性工作。“扩中”，就是扩大中等收入者比重。“调高”，就是有效调节过高收入。“打非”，就是坚决取缔非法收入。“保困”，就是保障困难群众的基本生活。总之，就是要深化收入分配制度改革，更加注重分配公平，逐步扭转收入分配差距扩大趋势。

二、名词解释题

1. 人工智能，是研究、开发用于模拟、延伸和扩展人的智能的理论、方法、技术及应用系统的一门新的技术科学。1956年夏，以麦卡赛、明斯基、罗切斯特和申农等为首的一批有远见卓识的年轻科学家在一起聚会，共同研究和探讨用机器模拟智能的一系列有关问题，并首次提出了“人工智能”这一术语，它标志着“人工智能”这门新兴学科的正式诞生。人工智能是计算机科学的一个分支，它企图了解智能的实质，并生产出一种新的能以人类智能相似的方式做出反应的智能机器，该领域的研究包括机器人、语言识别、图像识别、自然语言处理和专家系统等。

2.《文心雕龙》是南朝文学理论家刘勰创作的文学理论著作，是中国现存最早的一部文章学论著，由于书中所论多涉及文学创作，故现代学者又多视之为现存最早的一部用中文撰写的综合性的文学批评专著。作为一部体大思精之作，它既总结了先秦以来文学创作的经验，又继承和发扬了前人文学理论的丰富遗产，在文学的各个方面提出了自己精辟的见解，形成了完整的理论体系。它的产生在中国文艺理论史上具有重大的意义，对后世产生了巨大而深远的影响。

3. 天人合一为中国哲学思想，儒、道、释等诸家各有阐述。“天”指天空，也指天道，还指自然大道，道家道教所说的天，多指自然、天道。天人合一，多指人与道合而“天地与我并生，万物与我为一”的境界，也指天人相合相应。

4. 形而上学是指对世界本质的研究，即研究一切存在者，一切现象（尤其指抽象概念）的原因及本源。最早由亚里士多德所构建，称其为“第一哲学”“第一科学”。形而上学的主要问题包括世界的本原是什么、灵魂是否存在、自由意志、因果关系等。形而上学是古代的思辨哲学，是唯心主义的基础所在。在以黑格尔作为起点的现代哲学开始之后，西方开始普遍质疑形而上学，开始重新开辟道路，开展对传统的革命，加上科学哲学的大体完善，形而上学在 19 世纪的西方渐成衰落之势。

5. 《易经》是阐述天地世间万象变化的古老经典，是博大精深的辩证法哲学书，包括《连山》《归藏》《周易》三部易书，其中《连山》《归藏》已经失传，现存于世的只有《周易》。《易经》蕴涵着朴素深刻的自然法则和辩证思想，是中华民族五千年智慧的结晶。其从整体的角度去认识和把握世界，把人与自然看作一个互相感应的有机整体，即“天人合一”。《易经》被誉为诸经之首，是中华传统文化的总纲领。其内容涉及哲学、政治、生活、文学、艺术、科学等诸多领域，是各家共同的经典。

第二部分 应用文写作

◎写作分析

本文要求以蔡伦改良造纸术的材料为基础，写一篇以《传承与创新》为题的短评。对于事实类材料短评，考生可以按照“引——提——议”的结构写作，即先概括引用材料事实，再提出中心论点，最后用辩证的视角分析“传承与创新”的关系。

传承与创新

如果蔡伦之前没有造纸技术，他就不可能在短时间内成功改进造纸术；如果没有蔡伦的创新改进，古人可能还要长时间深陷在丝帛的贵重与竹简的沉重的泥淖里。蔡伦成功改进造纸术，是因为他吸收和传承原有的造纸术，更是因为他在此基础上进行突破和创新。传承与创新犹如树根与大树，相辅相成，缺一不可。

传承是创新之基。若无前人留下来的大量知识作为基础，只靠自身的能力来创新，哪怕你是爱迪生，是爱因斯坦，又能有怎样的创新呢？同样的，5G 技术也是在 1G、2G、3G、4G 的基础上发展而来的。人类文明薪尽火传，代代延续，若无传承，难道要由刀耕火种开始另辟蹊径？那么神农受断肠之苦，仓颉苦作数十载，孔子苦编《春秋》……一切的艰辛又有何意义？可见，传承是创新的基础和前提。

创新是传承之翼。户枢不蠹，流水不腐，儒家文化之所以历经千年而不朽，正因为它能够不断地吐故纳新，保持活力，除旧布新，彰显生机；从地动仪到四大发明，再到如今我国在多项领域弯道超车，都离不开创新创造的助力。创新是引领发展的第一动力，谋创新就是谋未来，而将传承与创新结合在一起，才能在平凡中创造非凡的力量。若一味墨守成规，只会消耗先辈积蓄的能量，再多的传承只能原地踏步，甚至不进则退。

顾炎武说：“不似则失其所以为诗，似则失其所以为我。”唯有立足过去，善采纳、善吸取，一个人才能站得更高，走得更远；唯有注重创新，善传承、懂突破，一个民族才能以不败之姿屹立于世界民族之林。

◎写作分析

本文是材料作文题，读懂材料是写作的前提。材料是关于希腊哲学大师柏拉图在《理想国》第七卷提出的洞穴之喻，读懂材料的深层寓意是准确审题的关键。要读懂材料就要懂得抓住关键语句，如材料结尾处提到，“他们以为他现在看到的是非本质的梦幻，最初看见的影像才是真实的”，即便“有人把他从洞穴中带出来，走到阳光下面，他将会因为光线的刺激而觉得眼前金星乱蹦”。从这些关键语句可知，我们一直以来的认知很可能是影响我们了解真相、探索真知的障碍，这就是材料的核心内涵，也是考生要论证的中心。文章可以此为核心话题，按“是什么——为什么——怎么样”的顺序展开论述，尽量做到层层深入，逻辑严密。

认知的桎梏

假如有人一生下来就活动受限，只能看见投射在他们面前的墙壁上的影像，只能听到回声，那么他就会把自己看到的和听到的当作是真实的景象，随后即便被带到真实的世界里，他们也会把真实当虚幻，把虚幻当真实。诚如爱因斯坦所说：“你无法在制造问题的同一思维层次上解决这个问题。”同样地，一个人也很难通过错误的认知去接近真理，甚至很多时候，我们的认知如浮云遮望眼，像障碍难翻越，似桎梏难挣脱……

客观而言，天高地迥，古往今来，真理总是动态发展的，人类的固有认知总是相对有限的。人类从远古走来，向永恒走去，一路以来历经愚昧，走向科学，历经野蛮，奔向文明，生命不息，探索不止。人类一路探索未知世界，不断追求真理的过程却往往是一个“真理”不断被证伪的过程。从迷信神灵到客观认知世界，从认为天圆地方到发现、证实地球为球体，从日心说到地心说，从眼见为实到人工智能虚拟仿真……每次人类的进步总是伴随着对固有认知的颠覆以及对惯性思维的打破，人类进步永不止步，这种颠覆与打破就永不止息。只要人类仍有未知的领域，就有认知的枷锁。

从人类自身来看，由于教育的先入为主，我们过早地形成了“认知闭环”，并且被紧紧地禁锢其中，如果不主动打破认知的桎梏，我们往往无法看到更大的世界。假如你坚信神主宰一切，那么你将失去探索未知的欲望，对世界的错误认知就是你认知的枷锁；假如你死守牛顿的三大定律，那么你就无法理解爱因斯坦的相对论，牛顿三大定律就是你认知的牢笼；假如你认定只有归纳法才是硬道理，那么你就很难相信演绎法的可行性，归纳法就是你认知的桎梏……真理不断迭代，我们难以用固有的认知闭环去认知不断迭代的科技或思想。叔本华说过，世界上最大的监狱，是人的思维。诚然，我们每个人都生活在自己的认知牢笼里且不自知，并且认知越多，桎梏越大，突破难度自然就越大。

另一方面，随着共享时代的到来，万物可联，信息爆炸，搜索引擎普及，知识付费盛行，人们的认知水平达到前所未有的高度。世界各地的人通过互联网相互认识、相互认同、相互肯定，并经过长时间的交流后达成共识。通过网络，我们掌握大量的信息，获得更多的知识，但很可能只是把偏见当作思想，把认知当作能力，把思维的懒惰当作真理的获得，把一个青蛙的井口当作全世界人的井口。

这不仅是一个埋头苦干的时代，更是一个需要智慧的时代！

既然追求真理的道路永无尽头，既然真理总是相对而言的，那么要想用有限的认知去追寻无限的真理，就需要我们勇于打破固有的认知桎梏，勇于打破前人和自己的知识与思维体系。

吾生虽有涯，而知无涯，进一步有进一步的欢喜。唯愿吾辈终身学习，勇于打破认知的桎梏，以期无数个我的一小步汇聚成人类的一大步。

2021 年 宁波大学·答案详解

第一部分 百科知识

1. **新冠疫情**指新型冠状病毒性肺炎暴发后的流行与发展情况，又称“新冠肺炎疫情”。2020 年新冠疫情的暴发给全球人民生命安全带来严重威胁。新冠疫情深化了我们对国家治理、国际合作及国际格局变化的理解。抗击疫情需要世界各国积极合作，在疫苗研发、医疗物资、防控经验等方面相互交流，共同构建人类卫生健康共同体。

宏观政策是指保持经济总量的基本平衡，促进经济结构的优化，引导国民经济持续、迅速、健康发展，推动社会全面进步的经济措施。所谓的宏观调控是与市场经济相对应的，是政府调节市场的主要手段。

对冲是金融学术语，指特意减低另一项投资风险的投资。它是一种在减低商业风险的同时仍然能在投资中获利的手法。一般对冲是同时进行两笔行情相关、方向相反、数量相当、盈亏相抵的交易。对冲即为正反两方力量相互抵消。**对冲力度**就是在形容这个正向力度跟反向力度之间的差。而宏观政策就是通过政策释放信息释放利好起到正向力度来抵消反向。

转岗人员是指在企业内部转换岗位的人员。能在企业里实现转岗，是个难得的好机会。但是否适合自己，则需要详加评估。有时看似相近的两个工作，其实核心工作内容完全不同，对个人职业技能、工作能力的要求也完全不同，因此，在转岗时，一定要将新岗位的任职要求与自身实际能力做全面的评估。

农民工也称进城务工人员，指为用人单位提供劳动的农村居民，是中国改革开放和工业化、城镇化进程中涌现的一支新型劳动大军。他们户籍仍在农村，主要从事非农产业，有的在农闲季节外出务工、亦工亦农，流动性强，有的长期在城市就业，已成为产业工人的重要组成部分。

2. **丝绸之路**，简称丝路，一般指陆上丝绸之路，广义上讲又分为陆上丝绸之路和海上丝绸之路。陆上丝绸之路起源于西汉，汉武帝派张骞出使西域开辟的以首都长安（今西安）为起点，经甘肃、新疆，到中亚、西亚，并连接地中海各国的陆上通道。海上丝绸之路形成于秦汉时期，是古代中国与外国交通贸易和文化交往的海上通道。随着时代发展，丝绸之路成为古代中国与西方所有政治经济文化往来通道的统称。

西汉（公元前 202 年—公元 8 年），是中国历史上的朝代，定都长安（今陕西西安）。秦末时期，天下揭竿而起，经过楚汉之争，刘邦击败项羽。公元前 202 年，刘邦在山东称帝。汉初实行轻徭薄赋、休养生息的国策，文帝与景帝统治时期并称为“文景之治”。汉武帝继位后，推行推恩令、独尊儒术、加强中央集权。汉元帝继位后，皇权旁落、外戚与宦官势力兴起，西汉开始走向衰败。直到公元 8 年，王莽废除孺子婴太子之位，建立新朝，西汉灭亡。

汉武帝刘彻，西汉第七位皇帝，杰出的政治家、战略家、文学家。其在位五十四年，功业甚多。对内，为加强中央集权，颁行推恩令；设十三州刺史部，加强对郡国的控制；改革币制，禁止郡国铸钱；建立正规的察举制度；实行尊崇儒术的文化政策等。对外，派卫青、霍去病多次出击匈奴，迫其远徙漠北；命张骞出使西域，沟通汉与西域各族联系。

西域是汉以后对玉门关、阳关以西地区的总称，始见于《汉书·西域传》。狭义专指葱岭以东而言，广义则凡通过狭义西域所能到达的地区，包括亚洲中、西部，印度半岛，欧洲东部和非洲北部在内。

司马迁，字子长，西汉史学家、文学家、思想家，出任太史令，被后世尊称为史迁、太史公、历史之父。司马迁编著中国第一部纪传体通史《史记》，开创纪传体史学。司马迁写文章“不拘于史法，不囿于字句，发于情，肆于心而为文”，因而《史记》被鲁迅评价为“史家之绝唱，无韵之《离骚》”。

3. **浸信会**，又称浸礼宗，是17世纪从英国清教徒独立派中分离出来的一个主要宗派，因其施洗方式为全身浸入水中而得名。此宗派的特点是反对婴儿受洗，坚持成年人始能接受浸礼；实行公理制教会制度。该宗的国际组织为浸礼宗世界联盟，建立于1905年，有106个教会团体参加，成员遍及各大洲。

佛教是与基督教、伊斯兰教并称的世界三大宗教之一。公元前6世纪至前5世纪，释迦牟尼创建佛教于古印度，以后广泛传播于亚洲及世界各地，对许多国家的社会政治和文化生活产生重大影响。原始佛教的主要教义有四谛、缘起、五蕴以及无常、无我等。佛教传入中国后，教义上有许多创新，主要包括三谛圆融、一念三千以及顿悟、十玄、六相和三观等。

伊斯兰教由穆罕默德于公元7世纪初在阿拉伯半岛创立，与佛教、基督教并称为世界三大宗教。伊斯兰教教义主要包括信真主安拉，相信安拉是宇宙万物的创造者、恩养者和唯一的主宰，而《古兰经》是安拉的语言，被誉为伊斯兰教的最高经典。

戊戌变法，又称百日维新、维新变法、维新运动，是晚清时期以康有为、梁启超为代表的维新派人士通过光绪帝进行倡导学习西方，提倡科学文化，改革政治、教育制度，发展农、工、商业等的资产阶级改良运动。戊戌变法是一次具有爱国救亡意义的变法维新运动，是中国近代史上一次重要的政治改革，也是一次思想启蒙运动，这次变法促进了思想解放，并且对思想文化的发展和促进中国近代社会的进步起了重要推动作用。

4. **《共产党宣言》**（又译《共产主义宣言》）是马克思和恩格斯为共产主义者同盟起草的纲领，全文贯穿马克思主义的历史观，是马克思主义诞生的重要标志。1848年2月21日在伦敦第一次以单行本问世。2月24日，《共产党宣言》正式出版。《宣言》用鲜明透彻的语言阐述了一个新的世界观，为认识人类社会发展提供科学的方法论，为无产阶级革命提供行动指南。

共产主义者同盟于1847年6月在伦敦成立，是第一个以科学社会主义为指导思想的国际无产阶级的政党，其国际主义口号为“全世界无产者联合起来”，目的是推翻资产阶级，建立无产阶级统治，消灭旧的以阶级对立为基础的资产阶级社会和建立无阶级、无私有制的新社会。1852年科隆共产党人审判案后共产主义者同盟被正式解散。

资本扩张是指在现有的资本结构下，通过内部积累、追加投资、吸纳外部资源即兼并和收购等方式，使企业实现资本规模的扩大。资本扩张是资本自身生存发展的需要，也是资本具有的本质属性。资本扩张分为横向型资本扩张、纵向型资本扩张和混合型资本扩张。

世界市场，是世界范围的商品交换和商品流通，是通过商品交换把各国市场紧密联系起来的总体。它发端于15世纪末16世纪上半期的地理大发现，形成于19世纪末20世纪初。其形成的历史，就是资本主义势力从欧洲扩张到全世界的历史，就是把所有国家和地区的经济，纳入资本主义国际分工体系的历史。

科学社会主义是马克思和恩格斯于19世纪40年代创立的，是关于社会主义的本质、性质、特征和发展规律的科学理论，人类关于社会发展理论的最新成果。19世纪初期三大空想社会主义的学说是科学社会主义产生的思想条件或直接思想来源。社会主义之所以能实现从空想社会主义到科学社会主义的发展，就在于以科学的哲学、经济学理论为基础。中国特色社会主义理论体系，就是科学社会主义在当代中国的新发展。

5. **科举制度**是通过考试选拔官吏的制度。由于采用分科取士的办法，所以叫作科举。科举制从隋朝开始实行，到清朝1905年举行最后一科进士考试为止，经历了1,300年。科举制彻底否定了以门第和出身作为选拔标准的特权制度，为封建国家选官用人搭建了一个相对公开、公平、公正的平台，促进了教育事业和文学艺术的发展。但是，科举制有利于统治者加强思想控制，禁锢了思想，严重阻碍了中国古代社会的进步和发展。

礼部，是中国古代官署之一。北魏始置，隋朝以后为中央行政机构六部之一，掌管五礼之仪制及学校贡举之法。长官为礼部尚书，其后历代相沿不改。隋至宋属尚书省，元属中书省，明、清为独立机构，直接听命于皇帝。隋置尚书一人。

大学士，为辅助皇帝的高级秘书官，又称内阁大学士（明及以后）、殿阁大学士等，也有协办大学士。明清时流行的中堂一称，一般是指大学士或首辅大学士。内阁大学士是皇帝的参政顾问和最高幕僚，负责起草诏令及审议奏章。

殿试是唐、宋、元、明、清时期科举考试之一，由武则天首创，在宋朝正式成制，明、清沿用。殿试是科举考试中最高一级考试，由皇帝亲自于殿廷内主持，故亦称“御试”“廷试”。目的是对会试合格者进行区别、选拔官员等。会试中选者始得参与。第一名称为状元。

恩科是指科举制度中于正科外皇帝特恩开科取士。宋时科举，承五代后晋之制，科举制度每三年举行乡、会试，是为正科。遇皇帝亲试时，可别立名册呈奏，特许附试，称为特奏名，一般皆能得中，故称“恩科”。恩科始于宋，明、清亦用此制。

第二部分 应用文写作

◎写作分析

本文要求写一份说明情况的答复性报告。一般而言，报告包括标题、发文字号、主送机关、正文、结尾语、落款、公章、成文日期等内容。其次，根据题目要求，还要在正文部分说明谈判过程和结果、产生额度高低分歧的原因及今后工作的建议等，语言表达要准确简明，符合公文用语的要求。

关于××工程材料价格预算谈判结果的报告

〔2022〕×号

中国××办公室：

本公司派×××于××××年××月××日至××日到××国××地了解××工程材料价格预算的谈判结果，现将谈判过程和结果、产生额度高低分歧的原因及今后工作的建议报告如下：

××××年××月××日9:00时（北京时间），在××国××地××宾馆××会议室，本公司与××公司准时进行谈判。期间，谈判双方就××工程材料价格预算进行为期×天谈判，最终由于双方对工程材料价格预算额度存在××,×××元（人民币）分歧，谈判无法达成一致。

关于××工程材料价格预算，本公司报价为××,×××元（人民币），××公司报价为××,×××元（人民币），存在价格预算额度高低分歧的原因及今后工作建议：

1. 施工图阶段设计的变更增加了工程使用材料，抬高预算造价。为实现对材料预算精准化，具体需做好如下两方面工作：（1）基于价值工程实现对成本的控制。对建设项目的成本规划工作，引入价值工程有助于调整项目产品成本。价值工程重点针对的是研制阶段成本，对其实行有效协调，以项目实际情况为立足点，结合用户需求以及项目质量目标两方面因素，实现与项目成本的紧密连接，通过对产品功能的深入分析，从中探讨在维持项目质量正常化的状态下允许的最小周期成本。（2）限额设计。通过实行限额设计的方式可强化设计工作，相关人员的造价控制意识得以提高，在加强单位内部设计的同时，实现与概预算的对接，以免发生相互脱节的问题。

2. 预算阶段是否把一些不可控因素加入考虑范围，以提高工程材料价格预算。双方分歧的另一原因是关于不可控因素的界定，建议参考同行做法及相关规定，对不可控因素进行明确界定及核算，以调整预算价格。

特此报告。

中国××股份公司（盖章）

××××年××月××日

◎写作分析

本文属于材料＋命题式作文，除了要用常规的材料作文审题方法分析材料外，还要注意本文要求写一篇三段式论说文。三段式论说文指全文分为开头、主体、结尾三部分的议论文，一般按照“提出问题——分析问题——解决问题”的结构模式展开论述。文章开头，考生可以先提出问题——“译者自身专业素养的完备非常关键”；接着主体部分分析问题——译者需要哪些素养以及为什么需要这些素养；最后结尾部分解决问题——作为新时代译者的我们应该怎么做以提高相关素养。三段式结构能帮助我们快速构建写作框架，让行文富有条理、逻辑清晰严密。

译者的素质

日月其迈，岁律更新；文化交流，共融共生。

随着时代的发展，科技的进步，信息的共享，世界各国越来越密不可分，各国间的交流合作也变得愈发的紧密与频繁。翻译作为不同文化沟通的桥梁，亦不可避免地承担着比以往更多的责任。另一方面，随着我国和平崛起步伐的加快，我国在国际中的角色越来越重要，翻译不仅把国外先进的科学技术与思想文化等翻译过来，让我们了解世界；也把我国的优秀文化、科技成果等推向世界，让世界了解我们。在这彼此交流促进，相互沟通学习的过程中，作为语言沟通桥梁和二度创作者的译者，其自身专业素质的完备非常关键。

夯实沟通基础，厚积百科知识，为搭好沟通的桥梁做充分的准备，这需要译者广泛学习，不断积累，扩大知识面，改善知识结构，成为名副其实的“杂家”。余光中先生说：“译者肩负的任务很重，虽然既没有作家的声誉，也未必有学者的权威，但是能成正果的翻译家，学问之博不能输于学者，文笔之妙应能追摹作家。”诚然，广博的学问是译者的基本功，因为大到历史哲学、经济文化、法律政治、航天航空、工商贸易、风土人情，小到诗词歌赋、花鸟名称、菜式名称、宠物分类、潮流时尚等都可能成为翻译材料。因而，构建丰富的知识框架，熟知基本常识，了解我国的外交政策，中外的政治、经济等各方面的情况、风俗习惯等是译者的基本素养，是搭建语言沟通桥梁的坚实基础。

搭好输入的桥梁，提高语文水平，这就需要译者提高阅读能力，从而深刻理解和准确把握原文内容与感情，成为语言表达的“专家”。被誉为“中国译诗第一人”的当代翻译大师许渊冲，他将博大精深的中国古典文学推向了世界，他的翻译理论独树一帜，为译界所推崇，译作深得原作精髓，还原中国古典诗词之美。这一切都建立在许渊冲先生对原作深刻而独到的见解之上。无独有偶，花开两朵，文坛巨擘余光中是“作者、学者、译者”三“者”合一的翻译大家，极高的语文水平让余光中先生成为著名的作家，更让他成为闻名遐迩的译者。

架好输出的桥梁，实现完美输出，这就需要译者了解和适应译入语的行文和语言文化习惯，按照译入语的行文和语言文化习惯完成翻译，成为文化交流的“赢家”。翻译是不同民族、语种间进行思想文化交流的中介手段和转换形式，它“是把一种语言的言语产物，在保持不变的情况下改变为另一种语言的言语产物。”（巴尔胡达罗夫著：《语言与翻译》）也就是说，翻译是在两种语言间进行的，也是在两种文化间进行的。进行文化交流，实现文化的多样性，促进社会进步，是翻译的根本任务和重大意义所在。因此，一个理想的译者必须熟知两种语言背后的行文习惯与文化背景乃至民族文化心理。

翻译不只是一种文化的复制，也不只是语言的转换，更不只是字典上一词一句对应的蹩脚翻译。确实，一国的区别不只是语言上的差异，思维方式、宗教习惯，还有深厚的文化、历史上的不同，这都对译者提出全方位、深层次的要求。

翻译是一门学问，也是一种交流工具，更是一门耐人寻味的艺术。于纷繁之巅，方见博学之基础；于专业之巅，更觉实学之必须；于翻译之际，须记理解与运用。挺立潮头，方知浪高风急之雄浑；登高望远，才见文化交流之精彩。

2021 年 扬州大学·答案详解

第一部分 百科知识

1. [C] “大学之道，在明明德，在亲民，在止于至善”出自《大学》。意思是大学的宗旨，在于彰显光明的品德；在于反省提高自己的道德并推己及人，使人人都能改过自新、弃恶从善；在于让整个社会都能达到完美的道德之境并长久地保持下去。《大学》原为《礼记》中的第四十二篇。宋朝程颢、程颐兄弟把它从《礼记》中抽出，编次章句。朱熹将《大学》《中庸》《论语》《孟子》合编注释，称为“四书”。《春秋》，中国古代儒家典籍“六经”之一，是我国第一部编年体史书，也是周朝时期鲁国的国史，被后人称为“春秋笔法”“微言大义”。《史记》，西汉史学家司马迁撰写的纪传体史书，是中国历史上第一部纪传体通史，被列为“二十四史”之首。《孟子》是儒家的经典著作，战国中期孟子及其弟子著。

2. [A] 传说在 2,000 多年前，佛祖释迦牟尼是在菩提树下修成正果的，在印度，无论是印度教、佛教还是耆那教都将菩提树视为“神圣之树”。

3. [D] 这段话的意思是太阳生病了，正中间有黑气的东西，大概有铜钱的大小，讲述的是发生在公元前 28 年的太阳黑子活动，这也是世界上最早关于太阳黑子的记录。那时地球上的人用肉眼看到太阳光球中的黑斑、黑气。

4. [A]《史记》是西汉著名史学家司马迁撰写的中国历史上第一部纪传体通史，被列为“二十四史”之首，记载了黄帝时代至汉武帝共3,000 多年的历史。纪传体以为人物立传记的方式记叙史实。编年体史书以时间为中心，按年、月、日顺序记述史事，主要代表作品有《春秋》《左传》《资治通鉴》等。国别体以国家为单位，分别记叙历史事件，主要代表作品有《国语》《战国策》。纪事本末体以历史事件为主，将重要史事分别列目，独立成篇；各篇又按年月的顺序编写，可补编年、纪传体之不足，主要代表作品有《通鉴纪事本末》《宋史纪事本末》等。

5. [C]《格萨尔》是一部传颂千年的藏族传奇英雄格萨尔王降妖伏魔、抑强扶弱、造福百姓的征战史，是世界上最长的一部英雄史诗，也是目前世界上唯一的活态史诗。2009 年，《格萨尔》入选世界非物质文化遗产名录。《格萨尔》是我国藏族人民创作的一部伟大的英雄史诗，它全面地反映和记述了古代藏族社会的民族关系、语言、宗教、民俗等，内容博大精深，被列为世界著名史诗之一。

6. [A] 司南是中国古代辨别方向用的一种仪器，是古代华夏劳动人民在长期的实践中对物体磁性认识的发明。目前发现的唯一一件司南实物在四川成都，这也是现在所用指南针的始祖。四大发明是中国古代创新的智慧成果和科学技术，包括造纸术、指南针、火药、印刷术。造纸术是东汉时期蔡伦改良发明的，雕版印刷术发明于唐朝，而到了宋代，毕昇发明出了活字印刷术，火药是由隋唐时期的炼丹师发明的。

7. [B] 甲骨文指中国商朝晚期王室用于占卜记事而在龟甲或兽骨上契刻的文字，是中国目前已知最早的成系统的文字形式，世界四大古文字之一。它具备了象形、指事、会意、形声、转注、假借等造字方法，标志着已进入了成熟阶段。金文指的是铸造在殷商与周朝青铜器上的铭文，也叫钟鼎文。石鼓文是先秦时期的刻石文字，因其刻石外形似鼓而得名。汉字，又称中文、中国字，别称方块字，是汉语的记录符号，属于表意文字的词素音节文字，世界上最古老的文字之一。

8. [A] 宗法制最初是由夏朝确立的，而后发展于商朝，完备于周朝。宗法制源于原始社会后期的父权家长制，是由氏族社会父系家长制演变而来的，是王族贵族按血缘关系分配国家权力，以便建立世袭统治的一种制度。宗法制的目的在于保持奴隶主贵族的政治特权、爵位和财产权不致分散或受到削弱，同时也有利于维系统治阶级内部的秩序，加强对奴隶和平民的统治。奴隶制是指奴隶主拥有奴隶的制度。中国的奴隶制是从商开始，魏晋南北朝时期奴隶制已逐步消亡。

9. [D]《人间词话》是王国维所著的一部文学批评著作。王国维早年追求新学，接受资产阶级改良主义思想的影响，把西方哲学、美学思想与中国古典哲学、美学相融合，研究哲学与美学，形成了独特的美学思想体系。该作是作者接受了西洋美学思想之洗礼后，以崭新的眼光对中国旧文学所作的评论，是晚清以来最有影响的著作之一。钟嵘，中国南朝文学批评家，著有诗歌评论专著《诗品》，提出了一套比较系统的诗歌品评的标准。严羽，南宋诗论家、诗人，所著《沧浪诗话》名重于世，被誉为宋、元、明、清四朝诗话第一人。朱光潜，现当代著名美学家、文艺理论家、教育家、翻译家，代表作有《朱光潜选集》《悲剧心理学》《无言之美》等。

10. [A]“信达雅”是清末新兴启蒙思想家严复在翻译《天演论》的“译例言”中提到的。何谓“信达雅”，通俗一点来讲就是译文要符合汉语言的特点，注重句子的完整性，语法结构的顺畅以及语言载体的文采文学性。《天演论》，原作者是英国博物学家赫胥黎。该书认为万物均按“物竞天择”的自然规律变化，结合介绍达尔文生物进化论及西方哲学思想，使当时处于“知识饥荒”时代的中国知识界如获至宝，产生了振聋发聩的影响。《原富》，原作者是苏格兰经济学家亚当·斯密，该书最早明确提出财富形成的泉源和过程，揭示出财富在社会各阶层的分配。《法意》，原作者是法国思想家孟德斯鸠。《群学肄言》，原作者是英国哲学家斯宾塞，是一部研究社会方法的著作，它的出版对社会学在中国的传播起了重要的推动作用。以上四本书均为严复所译。

11. [B]《封神演义》俗称《封神榜》，是明代许仲琳所著的神魔小说，主要以姜子牙辅佐周室讨伐商纣的历史为背景，描写了玉虚宫元始天尊为代表的阐教、碧游宫通天教主为代表的截教诸仙斗智斗勇、破阵斩将封神的故事。《封神演义》以篇幅之巨大、幻想之奇特而闻名于世，其写作出发于道教的道统，以道教为尊，其中的许多人物都化用了道教中的角色。《搜神记》是东晋史学家干宝著录的笔记体志怪小说集，共有大小故事454个。其主角有鬼，也有妖怪和神仙，杂糅佛道，所记多为神灵怪异之事，也有一部分属于民间传说。《西游记》是吴承恩所著中国古代第一部浪漫主义章回体长篇神魔小说，主要以西天取经为脉络，内容以描写佛教为主。《东周列国志》是明末小说家冯梦龙著、清代蔡元放改编的长篇历史演义小说，叙述春秋战国五百年间的历史故事，熔铸成一部结构完整的历史演义。

12. [C]北宋时期，行书、草书、楷书三者俱备。北宋著名代表书法家有蔡襄、苏轼、黄庭坚、米芾四大家。四家之外，宋徽宗赵佶独树一帜，亦堪称道。南宋时期书法没有北宋盛行，以行书成就较高，其著名代表书法家有赵构、陆游、朱熹、范成大等。

13. [A]蔡伦是中国古代四大发明中造纸术的改进者。他改进了造纸术，用树皮、渔网和竹子压制成纸，极大地方便了当时人们的学习生活，并且为后世产生了极大的影响。

14. [D]文化，广义指人类在社会实践过程中所获得的物质、精神的生产能力和创造的物质、精神财富的总和，狭义指精神生产能力和精神产品，包括一切社会意识形态。A项“价值体系”和B项“行为规范”都属于文化。文化包括文明，即文化所包含的概念要比文明更加广泛。不少学者认为，文明是文化的最高形式或高等形式。文明是在文字出现、城市形成和社会分工之后形成的。尤其在历史学和考古学界，普遍认为文明是较高的文化发展阶段。D项“进步程度”与之相符。

15. [B]“给我一个支点，我就能撬起整个地球。”是阿基米德（Archimedes）的名言，他是伟大的古希腊哲学家、百科式科学家、数学家、物理学家、力学家，静态力学和流体静力学的奠基人，并且享有“力学之父”的美称。赫拉克勒斯（Heraclitus）是古希腊神话中的大力神。苏格拉底（Socrates）是古希腊哲学家，他的名言有“认识你自己。”亚里士多德（Aristotle）是古希腊哲学家、科学家和教育家，他的名言有“吾爱吾师，吾尤爱真理。”

16. [B]《旧约》是《圣经》的第一部分，共39卷，前5卷分别为《创世纪》《出埃及记》《利未记》《民数记》《申命记》，被犹太教、基督教传称为摩西所作，故又称“摩西五经”（*The Pentateuch*）。《申命记》（*Deuteronomy*）《出埃及记》（*Exodus*）《创世纪》（*Genesis*）分别是前5卷书之一。

17. [D]文艺复兴（Renaissance）是14世纪到17世纪中期的一场反映新兴资产阶级要求的欧洲思想文化运动。

18. [A]《奥德赛》讲述了奥德修斯在特洛伊战争（Trojan war）后回到家乡伊萨卡岛的故事。伯罗奔尼撒半岛战争（Peloponnesian war）是指斯巴达同雅典之间的和约就被彻底撕毁，希腊两大强国之间争夺霸权的在伯罗奔尼撒半岛进行的战争。百年战争（100-year war）是发生在金雀花王朝治下的英格兰王国和瓦卢瓦王朝治下的法兰西王国之间，针对法兰西统治权的战争。古罗马帝国兼并不列颠的战争（Roman Conquest war）是罗马皇帝克罗迪斯率领四万人马，用三年时间征服了不列颠岛的中部和中南部，整个英格兰被罗马牢牢控制。

19. [D] 题中希腊人每四年在奥林匹斯山上举行一次的体育竞赛，指的就是著名的奥林匹克运动会。

20. [B] 格雷厄姆·艾利森是哈佛大学肯尼迪政府学院的创始院长，著有《注定开战：美国和中国能否逃脱修昔底德陷阱？》一书。“修昔底德陷阱”，指一个新崛起的大国必然要挑战现存大国，而现存大国也必然会回应这种威胁，这样导致战争变得不可避免。

21. [A] 托马斯·莫尔是欧洲早期空想社会主义学说的创始人，才华横溢的人文主义学者和阅历丰富的政治家，以其名著《乌托邦》（*Utopia*）而名垂史册。《雾都孤儿》（*Oliver Twist*）是英国作家狄更斯于 1838 年出版的长篇写实小说。《国富论》（*Wealth of Nations*）是英国古典经济学家亚当·斯密于 1776 年创作的经济学著作。《名利场》（*Vanity Fair*）是 19 世纪英国批判现实主义作家萨克雷创作的长篇小说。

22. [C]《巴黎圣母院》（*Notre Dame de Paris*）是法国文学家维克多·雨果（Victor Hugo）创作的长篇小说。巴尔扎克（Honore de Balzac）是法国小说家，被称为“现代法国小说之父”，著有《高老头》《人间喜剧》等。让·雅克·卢梭（Jean-Jacques Rousseau）是法国 18 世纪启蒙思想家、哲学家、教育家、文学家，民主政论家和浪漫主义文学流派的开创者，启蒙运动代表人物之一，代表作有《论人类不平等的起源和基础》《社会契约论》《爱弥儿》等。伏尔泰（Voltaire）是 18 世纪法国启蒙思想家、文学家、哲学家，代表作有《哲学通信》《路易十四时代》《老实人》等。

23. [D] 华盛顿·欧文是 19 世纪美国最著名的作家，号称美国短篇小说之父，著有《睡谷的传说》（*The Legend of Sleepy Hollow*）《纽约外史》《见闻札记》等。《瓦尔登湖》（*Walden*）是美国作家亨利·戴维·梭罗创作的散文集。《愤怒的葡萄》（*The Grapes of Wrath*）是美国现代小说家约翰·斯坦贝克创作的长篇小说。《远大前程》（*Great Expectations*）是英国作家查尔斯·狄更斯晚年写成的长篇小说。

24. [C] 亚历山大·普希金是俄罗斯的伟大诗人，代表作有《自由颂》《叶甫盖尼·奥涅金》《黑桃皇后》《假如生活欺骗了你》等。

25. [A]《共产党宣言》是由马克思和恩格斯于 1848 年为共产主义者同盟起草的纲领，是马克思主义诞生的重要标志。

第二部分 应用文写作

◎写作分析

本文要求写一篇倡议书。倡议书一般由标题、称呼、正文、结尾、落款五部分组成。倡议书的正文应包括此次发起倡议的背景原因、目的、具体内容和要求等。注意，倡议的具体内容一般是分条开列的，这样写往往清晰明确，一目了然。最后，结尾部分要表示倡议者的决心和希望或者写出某种建议。

关于出行佩戴口罩的倡议书

广大市民朋友们：

当前，新冠肺炎疫情形势复杂多变，国内多点频发，防控工作一刻也不能松懈。正确佩戴口罩是降低传播风险、阻断疫情扩散蔓延、减少公众交叉感染、保障群众身体健康最方便、经济、有效的措施。为保护公众健康，做好个人防护，我向广大市民朋友们发出倡议：

一、请您养成随身携带口罩的良好习惯，时刻牢记正确佩戴口罩要领，科学佩戴口罩，不乱丢废弃口罩。

二、如您进入医疗卫生机构、商场超市、集贸市场、交通车站、服务大厅、电影院、健身房等人员密集场所，或乘坐公共交通工具，使用电梯等公共设施，请您全程正确佩戴口罩。

三、若您有发热、咳嗽、打喷嚏等感冒症状，或是从事餐饮、环卫、冷链、快递、外卖、美容美发、窗口服务、交通运输等工作的人员，请您一定要时刻牢记主动佩戴口罩。

广大党员干部、公职人员，要做好表率与模范，争当自觉正确佩戴口罩的“践行者”“监督者”与“宣传者”，全面提高群众自觉正确佩戴口罩的意识。

万众一心，没有翻不过的山；心手相连，没有跨不过的坎。广大居民朋友们，为了你我的健康，让我们养成正确佩戴口罩的习惯，齐心协力，共克时艰！

市民：×××

××××年××月××日

第三部分 现代汉语写作

◎写作分析

本文属于时事新闻类材料作文，审题立意时应注意以下方面：第一，要有针对性。时事新闻类材料作文不能像一般材料作文那样，从材料中引出一个道理，然后进行哲理化写作，而是必须针对材料所给出的现象进行评论，有的放矢；第二，要有准确的立意角度。文章题目、开头、主体、结尾等部分应有明确的观点态度，行文时应紧扣中心论点展开论述；第三，要有说理性。议论文应以理服人，让读者能一目了然地知道这种现象的本质是什么、原因是什么、如何解决，论证的条理须清晰。

整治小区“菜园”，还居民绿地

种西蓝花还是玫瑰花？种油菜花还是山茶花？希望映入眼帘的是韭菜大葱，还是萋萋芳草？希望满目皆是绿篱，扑鼻皆是花香，还是食材俯拾皆是，空气中萦绕的都是肥料的刺鼻气味？

表面上，小区花园与“菜园”之争是关于美的争议，是花美还是菜美的争论，是美学价值与实用价值的矛盾，实际上却是个人侵蚀绿化成果、破坏人居环境的问题，是个人侵占公共空间、损害公共权益的问题。我以为，面对愈演愈烈的“小区种菜热”，我们应明确制止，还居民花园与绿地。

采菊东篱下，悠然见南山，是田园诗意；种豆楼房下，施肥小区中，则是大煞风景。也许是源于农耕情怀，对自己种的蔬菜格外中意；也许是想打发一下时间，顺便实现节省菜钱、锻炼身体的目的；也许是出于实用主义心理，认为有用的就是美丽的……不管种菜者的出发点是什么，最终的结果都是自己吃上了新鲜的蔬菜，而他人却承受了花草被毁、蚊虫叮咬、环境受损等弊端。另一方面，小区菜地越变越多，根源在于此举投入小、风险低、收益可观。小区种菜无挑水浇灌之累，锄头挖下去就成菜地，省去买地、租赁的麻烦；绿地是公共资源，只要没有具体侵犯个体利益，也许没人来管这些“闲事”，即使有人要管，也是法不责众。正是出于此类侥幸心理、现实原因，导致个别小区毁绿种菜成风。

一方面，在情感上，我们不能让小区绿地变为菜地，不能让一部分居民以牺牲大部分业主的利益为代价来满足自身私欲；另一方面，在法理上，这种行为也是被禁止的。根据《民法典》《物业管理条例》等有关规定，小区绿地、楼顶、公共道路、楼宇外墙属于全体业主共有，不是哪一家居民的自留地。也就是说，私自改变小区绿化区域用途、圈地种菜，就是侵占了全体业主的利益，是一种损公肥私的行为。何况，从经济效益来说，将小区绿地变成菜地，也是对公共资源的一种浪费。

小区是我家，和谐美好靠大家。小区良好环境的维护，既要靠全体居民的自觉，也需要相关单位的及时出手。除了相关部门要加大宣传力度外，物业公司也要持续优化服务，对毁绿种菜等现象做到早发现、早报告、早制止，该出手时就出手。另外，有关执法部门还要及时督促种菜者恢复原状，并对屡教不改者给予相应处罚，不能让其肆无忌惮。

整治小区“开心农场”非一日之功，既考验着城市管理者的智慧，也折射出市民的文明素质，建立健全长效工作机制是必由之路。

2021 年 北京外国语大学 · 答案详解

第一部分 百科知识

1. 《春秋》又称《春秋经》《麟经》等，是我国古代儒家典籍“六经”之一，相传由孔子创作于春秋时期。《春秋》用于记事的语言极为简练，然而几乎每个句子都暗含褒贬之意，被后人称为“春秋笔法”“微言大义”。《春秋》是我国第一部编年体史书，也是周朝时期鲁国的国史，是一部蕴涵着作者深刻政治思想的政治学著作，也为后世了解历史提供了宝贵的资料。

2. **四夷馆**是由明成祖朱棣于永乐五年（公元 1407 年）下令在南京所设立的专门翻译边疆少数民族及邻国语言文字的机构，也是我国古代历史上开办的第一所外国语学校。四夷馆专门负责四夷往来文书的翻译，并在此教习诸蕃语言文字。目的是培养了解诸夷历史地理、夷情的翻译人才，储备翻译人才，以备应急之用。

3. **太学**是汉代出现的设在京师的全国最高教育机构，是我国古代的国立最高学府，始设于西汉汉武帝时期。汉代太学的建立，标志着我国封建官立大学制度的确立。太学开设讲解《易经》《诗经》《尚书》《礼记》《公羊传》等课程，主要是为了培养统治人民的封建官僚，但在客观上也促进了文化的传播。

4. **“三清”**指道教三清大殿中，通常供奉着的神态庄严的三位尊神，即道教的最高神，包括玉清元始天尊、上清灵宝天尊、太清道德天尊。“三清”为道家哲学“三一”学说的象征，认为一化为三，三合为一，“用则分三，本则常一”。后来道教以此衍化出居于三清胜境的三位尊神。

5. **丁忧**指遭逢父母的丧事，也称“丁艰”。后多专指官员居丧。丁忧是我国封建社会传统的道德礼仪制度，最早出自《晋书》。根据儒家传统的孝道观念，朝廷官员在位期间，如若父母去世，则无论此人担任何官何职，从得知丧事的那一天起，必须辞官回到祖籍，为父母守制二十七个月。

6. **注疏**是注文和疏解的合称。注，是对经书字句的注解，又称传、笺、解、章句等；疏，是对注的注解，又称义疏、正义、疏义等。注疏内容关乎经籍中文字正假、语词意义、音读正讹、语法修辞以及名物、典制、史实等。“注疏”之称始流行于宋代，代表作是清代的《十三经注疏》。

7. **水墨画**是由水和墨调配成不同深浅的墨色所画出的画，是绘画的一种形式。水墨画被视为中国传统绘画，也是国画的代表。水墨画的特点是近处写实，远处抽象，色彩微妙，意境丰富。水墨画是具有渊源历史传承与深厚文化积淀的一门精深的东方艺术。代表画家有吴道子、张择端、仇英、张宏等。

8. **三纲**指父为子纲、君为臣纲、夫为妻纲，是封建礼教所提倡的人与人之间的道德标准。三纲要求为臣、为子、为妻的必须绝对服从于君、父、夫，同时也要求君、父、夫为臣、子、妻作出表率，它反映了封建社会中君臣、父子、夫妇之间的一种特殊的道德关系。三纲作为君权社会的文化产物，已不适用于人权平等的现代社会。

9. **苏辛**是北宋文学苏轼与南宋辛弃疾的并称，二人同为豪放词派的代表。苏轼开创豪放词派，扩大了词的题材范围，开拓了词的表现领域，使词体获得了解放。辛弃疾继承了苏轼的豪放风格，并把它推向了一个新的发展阶段。苏辛在词的发展史上起了重要而积极的促进作用。苏轼的代表词作有《江城子·密州出猎》《念奴娇·赤壁怀古》《定风波》等。辛弃疾的代表词作有《破阵子·为陈同甫赋壮词以寄之》《永遇乐·京口北固亭怀古》《南乡子·登京口北固亭有怀》等。

10. **杜丽娘**是明代戏曲家、文学家汤显祖创作的《牡丹亭》中的女主角。杜丽娘出身官宦之家，聪明、娴静而又美丽，不甘于封建礼教的压抑束缚，追求理想的爱情生活。杜丽娘因情而死，以死殉情，是对程朱理学和封建礼教的抗议与挑战，其形象闪耀着晚明进步思想家的思想光辉。

11. **写本**，指书写在纸张等载体上的文献，又称抄本。在印刷术发明以前，文献的制作除了铸刻、雕刻在金石上以外，主要是依靠手工抄写。东汉时期蔡伦改进了造纸术以后，纸作为书写材料逐步得到了广泛的传播和应用。明代编纂的大型类书《永乐大典》和清代编纂的丛书《四库全书》是世界上最著名的写本文献。在印刷技术相当发达的现当代，写本文献仍占有一定的地位，如手稿等常受到图书馆或档案馆的重视。

12. **景泰蓝**，我国的著名特种金属工艺品类之一，因其在明朝景泰年间盛行，制作技艺比较成熟，使用的珐琅釉多以蓝色为主，故而得名。景泰蓝诞生于皇宫，是皇宫大殿的主要陈设，更是身份与地位的象征。北京是景泰蓝的发祥地，也是最为重要的产地。由于其历史意义及工艺，景泰蓝于2006年被国家列为第一批非物质文化遗产。

13. **靖康之变**又称靖康之乱、靖康之难、靖康之祸，是指靖康二年（1127年）金朝南下攻取北宋都城东京（今河南开封），掳走宋徽宗、宋钦宗以及整个赵家皇室，从而导致北宋灭亡的历史事件。靖康之变后，宋室南迁，后建都于临安（今浙江杭州），史称南宋。同时大量北方少数民族迁至南地，带去了先进的生产技术和文化，增加了南方的军事力量，促进了北方少数民族和汉族的融合，完成了经济重心的南移。

14. **《人间词话》**是王国维于1908年—1909年所著的一部文学批评著作，是近代最负盛名的一部词话著作，是作者在接受了西洋美学思想之洗礼后，以崭新的眼光对中国旧文学所作的评论。在词论界里，许多人把它奉为圭臬，把它的论点作为词学、美学的根据，影响深远，是晚清以来最有影响力的著作之一。

15. **《骆驼祥子》**是人民艺术家老舍于1936年所著的长篇小说，通过讲述北平城里一个年轻好强、充满生命活力的人力车夫祥子三起三落的人生经历，描绘了20世纪20年代军阀混战时期半殖民地半封建社会劳苦大众的悲惨命运。

16. **《红星照耀中国》**又名《西行漫记》，是美国记者埃德加·斯诺所著的纪实文学作品，于1937年在伦敦首次出版，1938年首次出版中文版。该作品真实地记录了作者于1936年在中国西北革命根据地进行实地采访的所见所闻，报道了中国和中国工农红军的情况，从多个方面展示了中国共产党为民族解放而艰苦奋斗和牺牲奉献的精神，瓦解了种种歪曲、丑化中国共产党的谣言。

17. **泰戈尔**，印度诗人、文学家、社会活动家、哲学家和印度民族主义者。1913年，泰戈尔以《吉檀迦利》成为第一位获得诺贝尔文学奖的亚洲人。他在诗歌、体裁、语言及表现方法上大胆创新，别具一格。在创作方法上，他把现实主义和浪漫主义有机地结合起来。代表作有《飞鸟集》《眼中沙》《园丁集》《新月集》等。泰戈尔的诗风对中国现代文学产生过重大影响，启迪了郭沫若、徐志摩、谢婉莹等一代文豪。

18. **桑巴舞**是源于巴西的一种舞蹈和音乐类型，最早根源于非洲土著带有宗教仪式性的舞蹈。桑巴现已被公认为巴西和巴西狂欢节的象征，是最大众化的巴西文化表达形式之一。其特点是群众性、表演性、韵律性和活泼性。

19. **马六甲海峡**是位于马来半岛与印度尼西亚的苏门答腊岛之间的漫长海峡，由新加坡、马来西亚和印度尼西亚三国共同管辖。海峡呈东南—西北走向，全长约1,080千米，西北部最宽达370千米，东南部最窄处只有37千米，是连接沟通太平洋与印度洋的国际水道。马六甲海峡是日本、中国和韩国最主要的能源运输通道，被称为“海上生命线”。

20. **世界卫生组织**，简称世卫组织，是联合国下属的一个专门机构，总部设在瑞士日内瓦，是国际上最大的政府间卫生组织。世卫组织的宗旨是使全世界人民获得尽可能高水平的健康。世界卫生组织的主要职能包括促进流行病和地方病的防治；提供和改进公共卫生、疾病医疗和有关事项的教学与训练；推动确定生物制品的国际标准。

21. **IPO**，全称为Initial Public Offering，指首次公开募股，即一家企业第一次将它的股份向公众出售。通常，上市公司的股份是根据相应证监会出具的招股书或登记声明中约定的条款通过经纪商或做市商进行销售。一般来说，一旦首次公开上市完成后，这家公司就可以申请到证券交易所或报价系统挂牌交易。

22. **伯希和**，知名法国汉学家、探险家，欧美公认的汉学界领袖。伯希和利用流利的汉语和丰富的中国历史文化知识，在1906年—1908年活动于中国甘肃、新疆一带，对库车图木舒克以及敦煌石窟进行了广泛的考察。伯希和在我国语言文字、考古艺术、宗教文化以及边疆史地等方面都有论著，代表作有《摩尼教流行中国考》《郑和下西洋》《伯希和敦煌石窟笔记》等。伯希和最知名的是把敦煌藏经洞中所有遗书中的精华盗运到欧洲，这也让他在中国学界毁誉均有。

23. **慕课**，即MOOC（Massive Open Online Courses），指大型开放式网络课程。2012年，美国的顶尖大学陆续设立网络学习平台，在网上提供免费课程，给更多学生提供了系统学习的可能。2013年，慕课大规模进入亚洲，清华大学、北京大学、复旦大学、上海交通大学老师相继开启慕课。慕课的课程特征包括工具资源多元化、课程易于使用、受众面广、参与自主性。

24. **娜拉**是挪威戏剧家亨易卜生创作的话剧《玩偶之家》中的女主人公，具有资产阶级民主思想倾向，反抗男权主义和不合理的社会观念，争取妇女解放，追求人格独立。虽然《玩偶之家》被称为妇女解放运动的宣言书，但《玩偶之家》却只是以娜拉出走为最终结局，至于她走了以后会怎么样，易卜生没有给出答案。对此，鲁迅先生在他的演讲稿《娜拉走后怎样》中提出了一个世纪命题，并发出了一声旷世的质问，即“娜拉走后怎样？”，并揭示出娜拉的命运：不是堕落，就是回来。

25. **奥林匹克标志**又称奥运五环标志，是由《奥林匹克宪章》确定的奥林匹克运动在全球范围内的视觉形象标识。它由五个奥林匹克环从左到右互相套接组成，上方是蓝色、黑色、红色三环，下方是黄色、绿色二环，整体造型为一个底部小的规则梯形，由现代奥林匹克运动之父顾拜旦于1913年设计。奥林匹克标志象征五大洲和全世界的运动员在奥运会上相聚一堂，同时强调所有参赛运动员应以公正、坦诚的运动精神在比赛场上相见。

第二部分 应用文写作

◎写作分析

本文要求写一则招募启事。启事一般包括标题、正文、结尾、落款和日期。考生应该简明扼要说清招募对象、岗位职责、要求、流程等内容，还应注意用语礼貌。

北京外国语大学学生会文体部招募启事

为了给广大同学提供展示与锻炼自我的舞台，同时也为了更好地开展学校工作，我校学生会文体部招募干事6名，具体要求如下：

一、招募对象

××级大一新生

二、岗位职责

1. 协助组织学生开展文娱及竞赛活动；

2. 负责指导、协调各学院学生会文体部开展文娱活动，以文体活动为桥梁，增进各学院之间的了解与交流；

3. 积极配合部长的工作，认真对待，保质保量完成任务。

三、招募要求

1. 思想端正，为人热情，愿意为广大学生服务；

2. 有工作责任心和团结协作的精神；

3. 有文艺特长者优先。

四、招募流程

（一）报名

1. 报名时间：11月1日至11月10日。

2. 报名方式：填写《北京外国语大学学生会干事报名表》电子版，邮件主题为“文体部干事应聘”，发送至学生会邮箱。

（二）面试

报名通过者将会收到面试的邮件通知。学生会将成立考核小组进行面试，面试主要考察应聘人员的语言表达能力、组织沟通能力及仪表风度等。

附：《北京外国语大学学生会干事报名表》

北京外国语大学学生会

××××年××月××日

◎写作分析

虽然材料只有简单的一句话，但考生应细细品味其中的意蕴。“终于东渡传教”说的是理想的实现，而“历经五次磨难”说明在理想达成的过程中会经历种种挫折。这句话所传达的哲理是要有矢志不渝的信念和不畏困难的精神，才能实现理想。

矢志不渝 逐梦前行

清代的蒲松龄写过一副很有名的自勉联:“有志者、事竟成，破釜沉舟，百二秦关终属楚; 苦心人、天不负，卧薪尝胆，三千越甲可吞吴。”这告诉我们，做事一定要有恒心、有毅力；想成功，就要做一个有志者、一个苦心人。要有矢志不渝的信念和不畏困难的精神，方能逐梦前行，实现理想。

理想是什么？理想是精神的支柱，是勇气的诞生，是信念的力量。我国唐代的佛教高僧鉴真达成许多方面的文化成就，他的声名获得日本佛教界的尊敬，日本一心想邀请他去传教。鉴真认为，日本是“有缘之国”，愿意到日本去传法。他的弟子祥彦却说，日本远隔大海，路途危险，少有去者能安全到达。鉴真说:“为是法事也，何惜生命？诸人不去，我即去耳！”由于种种原因，鉴真前五次东渡都失败了，但他不畏艰险，矢志不渝，哪怕双目失明，仍不放弃，终于在第六次成功东渡日本，讲授佛学理论，传播博大精深的中国文化，对日本的许多领域都带来深远影响，受到中日人民的尊敬。试想，如果鉴真没有崇高的传教理想，那怎能在饱受苦难后仍然坚定地坚持传教？

在人生路上，要有崇高的理想，不灭的信念，勇敢地走下去，不懈地去奋斗，不要在意身后是否袭来寒风冷雨，脚下是否会有坎坷崎岖。宝剑锋从磨砺出，梅花香自苦寒来。宝剑的锋利是反复磨砺的结果；梅花的清香是经过严冬腊月寒冷的考验才散发出来；而每个人的追梦路上也必定会经历种种挫折，不畏困难，勇敢前行，最终才能收获成功的喜悦。

禾下乘凉梦是“杂交水稻之父”袁隆平毕生的理想追求。他在饥荒年间，放弃了安稳的工作，转身投入到研究杂交水稻这项不被人看好的事业。在特殊时期，他的研究事业受到冲击，试验田被毁，备受业界质疑，但他仍不断地坚持理想追求，最终杂交水稻研究取得了成功。是他，让每一个中国人吃上了饱饭。

既然选择了远方，便只顾风雨兼程。作为青年，奋进前行中的我们挑着人民的未来、社会的希望，肩负着新的使命，是时代的领航者，是时代的缔造者，是时代的传播者。因此，我们唯有矢志不渝，不忘初心，不惧苦难，才能继续逐梦前行，开拓新的篇章。

2021 年 安徽师范大学 · 答案详解

第一部分 百科知识

1. **知行合一**是由明朝思想家王守仁提出的哲学理论，即道德意识、认识事物的道理与践行道德、积极实践，是密不可分的。“知”，主要指人的道德意识和思想意念。“行”，主要指人的道德践履和实际行动。它是中国古代哲学中认识论和实践论的命题，主要是关于认知实践方面的。知行合一、致良知，是阳明文化的核心。

2. **诸法无我**，佛教用语，指一切都是无常的，没有一个永恒不变的主宰，凡夫所感受到的自我意识只是错觉，其实这个自我意识并不是我。在佛教中，所谓“我”，是指对存在的一种标记。佛教认为万物都是因缘和合而成的，有意识的生命为了寻求和标记自我的存在，将和合之身称为我。然而，因缘会合，也会散，而且因缘无时无刻不在变化中，其中并没有一个实质存在的主体，这就是无我观。

3. **（儒家）四书**指《大学》《中庸》《论语》《孟子》，确立于宋代，是历代儒客学子研学的核心书经。四书详细记载了我国早期思想文化发展史上政治、军事、外交、文化等各个方面的史实资料以及孔孟等思想家的重要思想，在中国传统文化的诸多文学作品当中，四书占据着相当重要的位置。

4. **古文经**指秦始皇统一中国以前的儒家经书。秦始皇时期，六经、诸子都被焚毁。汉武帝时期，陆续发现许多战国时期遗留下来的儒家经典，这些旧籍都是用先秦古写籀（zhòu）文（即六国文字）写成的，篇章内容也与其时流行的已立于学官的隶书今文经不同，故称“古文经”。古文经学在新朝盛极一时，到东汉时又获得了更大发展，东汉后期，出现了马融、许慎、郑玄等著名的古文经学大师。

5. **美国独立宣言**是美国最重要的立国文书之一，是北美洲十三个英属殖民地宣告自大不列颠王国独立，并宣明此举正当性之文告。《独立宣言》由托马斯 · 杰斐逊起草，于 1776 年 7 月 4 日签署于宾夕法尼亚州的费城，这一天也成为美国独立纪念日。《独立宣言》的中心思想是宣布美国独立，它深刻地阐述了资产阶级民主主义原则。

6. **暗能量**是宇宙学专有术语，指驱动宇宙运动的一种能量。暗能量的基本特征是具有负压，在宇宙空间中几乎均匀分布或完全不结团；总是以一种旋涡运动的形式出现；会与光发生中和作用，作用域为同级暗能量的分布范围。由于暗能量并不会吸收、反射或者辐射光，所以人类无法直接使用现有的技术进行观测。天文学家们一直以来通过观测一些宇宙结构和物质受引力的影响以及能够探测到的辐射来研究这一概念。

7. **世界三大宗教**为基督教、伊斯兰教、佛教。基督教相传由耶稣于公元 1 世纪在耶路撒冷创立，主要典籍是《圣经》，主要分布在欧美国家。伊斯兰教由穆罕默德于公元 7 世纪初在阿拉伯半岛创立，《古兰经》被誉为伊斯兰教的最高经典，主要分布在中亚、西亚和北非国家。佛教由释迦牟尼于公元前 6 世纪至前 5 世纪创建于古印度，主要教义有四谛、缘起、五蕴以及无常、无我等，主要分布在东亚和东南亚国家。

8. **蒙太奇**是一种电影的镜头组合理论及手法，是俄国导演发展出来的理论。当我们在描述一个主题时，可以将一连串相关或不相关的镜头放在一起，以产生暗喻的作用。蒙太奇手法是电影艺术感染力之源，两个或者多个镜头的并列形成新特质，产生新含义。

9. **四大文明古国**是世界四大古代文明的统称，分别是古巴比伦、古埃及、古印度和中国。四大文明古国实际上对应着世界四大文明发源地，分别是两河流域、尼罗河流域、印度河流域和黄河流域。四大文明古国孕育了历史上最伟大的文明，这些文明使欧亚大陆成为起重大作用的世界历史中心地区，极大地促进了人类历史进步。

10. **（老子）无为**，先秦时期道家思想术语，出自老子的《道德经》，是老子对统治者的告诫。无为，并非要君主不求有所作为，而是指君主凡事要“顺天之时，随地之性，因人之心”，不违反“天时、地性、人心”，不能仅凭主观愿望和想象行事。无为的实质是君主不与民争，顺应民众，不妄为。

11. **程朱理学**也称程朱道学，是宋明理学的主要派别之一，也是理学各派中对后世影响最大的学派之一，由北宋程颢、程颐兄弟开始创立，到南宋时期朱熹集为大成。程朱理学认为理是宇宙万物的起源，存天理、灭人欲，天理构成人的本质，在人间体现为伦理道德“三纲五常”。程朱理学在南宋后期开始为统治阶级所接受和推崇，经元到明清正式成为国家的统治思想。

12. **竹林七贤**指魏晋时期嵇康、阮籍、山涛、向秀、刘伶、王戎及阮咸七位名士，因七人常集于竹林之下喝酒纵歌、肆意酣畅，故世谓竹林七贤。竹林七贤的作品基本上继承了建安文学的精神，但由于当时的血腥统治，他们不能直抒胸臆，所以不得不采用比兴、象征、神话等手法，隐晦曲折地表达自己的思想感情。

13. **楷书**，汉字的一种字体，也叫楷体、正楷、真书、正书，在隶书的基础上逐渐演化而来，其“形体方正，笔画平直，可作楷模”，是现代通行的汉字手写正体字。楷书始于汉末，是南北魏到晋唐最为流行的一种书体，著名的楷书四大家是唐朝的欧阳询、颜真卿、柳公权和元代的赵孟頫（fǔ）。

14. **《史记》**被列为“二十四史”之首，最初称为《太史公记》《太史公书》《太史记》，是西汉史学家司马迁撰写的纪传体史书，是我国历史上第一部纪传体通史，记载了黄帝时代至汉武帝太初四年间共3,000多年的历史。《史记》共一百三十篇，包括本纪、世家、列传、表和书，规模巨大，体系完备，对后世史学和文学的发展都产生了深远影响，被鲁迅誉为“史家之绝唱，无韵之《离骚》”。

15. **新华社**，新华通讯社的简称，是中国国家通讯社和世界性通讯社。新华社前身是1931年在江西瑞金成立的红色中华通讯社，1937年在陕西延安改为现名，总部位于北京。新华社建立了覆盖全球的新闻信息采集网络，形成了多语种、多媒体、多渠道的新闻发布体系，集通讯社供稿业务、报刊业务、电视业务、经济信息业务、互联网和新媒体业务等为一体，每天24小时不间断向世界各类用户提供实时文字新闻、经济信息、图片图表、音频视频等各种新闻和信息产品。

16. **三千大千世界**，简称“大千世界”，是佛教的宇宙观。佛教认为，一大千世界有小、中、大三种“千世界”，小千世界里有一千个世界，中千世界里有一千个小千世界，大千世界里有一千个中千世界，因为三个千连乘，所以大千世界叫三千大千世界。佛教里所说的三千大千世界的范围包括欲界、色界和无色界等。佛认为所有的大千世界都在成、住、坏、空的过程当中迁流变幻、循环不息，没有片刻的静止。每个大千世界的过去、现在和未来都会有佛出世，教化那里的众生。

17. **孟德斯鸠**，法国启蒙运动时期著名的思想家，西方国家学说和法学理论的奠基人，与伏尔泰、卢梭合称“法兰西启蒙运动三剑侠”。孟德斯鸠提出三权分立学说、法制、君主立宪等思想，曾被欧美资产阶级革命家用作反对封建暴政的锐利武器，对世界资产阶级革命运动产生过巨大而又深刻的影响。其代表作是《论法的精神》。

18. **黄梅戏**，原名黄梅调、采茶戏等，中国五大戏曲剧种之一，起源于湖北黄梅，发展壮大于安徽安庆。黄梅戏是由山歌、秧歌、茶歌、采茶灯、花鼓调，先于农村，后入城市，逐步形成发展起来的一个剧种。它吸收了汉剧、楚剧、高腔、采茶戏、京剧等众多剧种的因素，逐渐形成了自己的艺术特点。黄梅戏唱腔淳朴流畅，以明快抒情见长，具有丰富的表现力；表演质朴细致，以真实活泼著称。代表剧目有《天仙配》《女驸马》等，2006年黄梅戏被列入第一批国家级非物质文化遗产名录。

19. **三一律**，也称“三整一律”，是一种关于戏剧结构的规则，是西方戏剧结构理论之一。它要求戏剧创作在时间、地点和情节三者之间保持一致性。三一律先由文艺复兴时期意大利戏剧理论家钦提奥约于1554年提出，后由法国新古典主义戏剧家确定和推行。遵循三一律的优点是剧情集中、紧凑，缺点是人物类型化，千篇一律，千人一面。

20. **神舟飞船**是中国自行研制，具有完全自主知识产权，达到或优于国际第三代载人飞船技术的飞船。神舟飞船采用三舱一段，即由返回舱、轨道舱、推进舱和附加段构成，由13个分系统组成。神舟飞船具有起点高、具备留轨利用能力等特点。神舟飞船由专门为其研制的长征二号F火箭发射升空，发射基地是酒泉卫星发射中心。

21. **太极拳**，国家级非物质文化遗产，是以中国传统儒、道哲学中的太极、阴阳辩证理念为核心思想，集颐养性情、强身健体、技击对抗等多种功能为一体的中国传统拳术。常见的太极拳流派有陈式、杨式、武式、吴式等派别。由于太极拳是近代形成的拳种，流派众多，群众基础广泛，因此是中国武术拳种中非常具有生命力的一支。

22. **全真道**又称全真派，与正一道并为道教两大派别。由金代王重阳创立，奉《道德经》《清静经》《孝经》《心经》等为主要经典。全真道主张儒、佛、道三教合一，其宗旨是“三教圆融、识心见性、独全其真”。三大祖庭是山西永乐宫、陕西重阳宫和北京白云观。

23. **唐宋八大家**是唐代和宋代八位散文家的合称，分别为唐代柳宗元、韩愈和宋代欧阳修、苏洵、苏轼、苏辙、王安石、曾巩。他们是唐宋古文运动的中心人物，先后掀起古文革新浪潮，提倡散文，反对骈文，使诗文发展的陈旧面貌焕然一新，对当时和后世的文坛影响深远。

24. **微软（Microsoft）**是一家美国跨国科技企业，由比尔·盖茨和保罗·艾伦于1975年创立。公司总部设立在华盛顿州雷德蒙德，以研发、制造、授权和提供广泛的电脑软件服务业务为主。微软最为著名和畅销的产品是Windows操作系统和Office系列软件，是全球最大的电脑软件提供商，世界个人计算机软件开发的先导。

25. **泡沫经济**指资产价值超越实体经济，极易丧失持续发展能力的宏观经济状态。泡沫经济往往伴随着商品价格的大起大落，即由于过度投机而导致的商品价格严重偏离商品价值，先暴涨后骤跌的现象。泡沫经济寓于金融投机。如果金融投机交易过度膨胀，同实体资本和实业部门的成长脱离越来越远，便会造成社会经济的虚假繁荣，形成泡沫经济。

第二部分 应用文写作

◎写作分析

本文要求写一篇演讲稿。演讲稿要求内容明确，观点鲜明；演讲语言要通俗明白，生动流畅；演讲叙述要短小精悍，逻辑严谨。考生应注意演讲对象是大一新生，要说清楚人文学科的重要性，才能鼓励学生入校后扎实学习。

人文学科有“大用”

亲爱的同学们：

大家好！我是你们的辅导员×××，今天我演讲的主题是“人文学科有‘大用’”。

人文学科主要包括我们常说的文学、历史、哲学、艺术等学科，它与自然科学相对，是关于人类内心世界的学问。著名的人文学者哈派姆曾提到，即使在当今全球化时代，经济所占的主导作用是不可阻挡的，但人文学术研究依然要得到大力弘扬。那么人文学科，到底有什么用呢？

人文学科对自然科学的发展具有根本性与指导性的作用。它虽然不能直接产生经济效益，但能为自然科学提供正确的价值观念和导向。历史上颇有成就的大科学家，如居里夫人、爱因斯坦等人，无不具有伟大的人文情怀。

对个人而言，人文学科可以提升人的素养。学文学，你能感悟宽广仁厚的传统美德，丰富内心的情感世界，去思考人生和生命的意义；读历史，你能学习乐观进取的人生追求、务实求真的科学态度、舍我其谁的献身精神；读哲学，你能锻炼辩证思维能力，敢于质疑，学会和他人进行良性沟通；学艺术，你能获得心灵的净化、开阔的心胸、美的熏陶！对国家和民族而言，发展人文学科，是提升国家文化软实力的必然要求。在中国经济腾飞发展的同时，我们要将中国文化，包括人文学术推广到全世界！

亲爱的同学们，人文学科的衰弱，将使一个国家的发展变成无源之水、无本之木。我们渴望人文学科的兴盛，只有这样，才能为一个国家带来真正的兴旺发达，同时也会为人类带来长久的福祉。因此，在座的各位重任在肩！

谢谢大家！

第三部分　现代汉语写作

◎写作分析

题目中的材料出自《道德经》，通过分析材料，我们可以看出为什么最高的善就像水一样。这里的“善”不仅仅指善良，而更多的是良好道德品质的总称。写作时，考生可以围绕“上善若水”，联系古今中外的事例，去讨论为人处世的道理。

上善若水

玻璃杯中干瘪的茶叶在倾注了热水后盘旋上升，慢慢伸展，变得柔软，像极了那些枯萎的花朵在受到雨露灌溉后重获新生，肆意地绽放，素雅清新中蕴藏着一股顽强的生命力。《道德经》有言：“水善利万物而不争。”又言：“上善若水。”一个人做到至善的最高境界就如同水一样。

水善于帮助万物，但不与万物相争。柔弱之水体现出了极大的包容性，正所谓“海纳百川，有容乃大”。一个人能得到多少，能收获多少，靠的是一个人“容量”的大小，而不是盲目地争取。唯有不争，才能润物于无声；唯有不争，才能低调如水、以柔克刚；唯有不争，才能见自己，见天地，见众生。苏轼一生颇为坎坷，很多人都曾与他有过矛盾，可他却说：“眼前见天下无一个不好人。”无论别人如何对他，他都没有真的怨过谁，恨过谁。这是藏在苏轼骨子里的宽容与豁达，也是至善的一种境界。被贬黄州，仕途无望，他说：“寄蜉蝣于天地，渺沧海之一粟。”再大的不公，再多的痛苦，在天地宇宙面前，都可以小到忽略不计。

“居善地，心善渊”，这是一种如水般低调深沉、宁静淡泊的生活态度。19世纪美国科学家爱迪生总是不修边幅，一位友人在街上遇到衣冠不整的他，笑话他的落伍打扮，他淡然地摆手笑道：“没关系，反正大家都不认识我。”而当他被誉为“发明大王”，享誉世界以后，依然是老样子，面对友人的嬉笑，他幽默地回答：“没关系，反正大家都认识我了。”这种不拘小节、淡然处世的生活态度，低调而不低俗，平凡而不平庸。低调者波澜不惊、心静如水，用对本质的渴望与追求遮盖了身上巨大的光环，在自己的生活领域内过得踏踏实实。

“与善仁，言善信”，这是一种如水般慈爱真诚、友爱诚信的处世哲学。我们身处在一个浮躁的社会，人们在为生计而奔波劳碌。当努力变成泡沫后，我们想要寻求的便是心灵的慰藉。一颗孤独的心需要爱的滋润；一颗冰冷的心需要友谊的温暖；一颗绝望的心需要力量的托慰；一颗苍白的心需要真诚的帮助。

“政善治，事善能，动善时”，这是一种如水般随机应变、灵活高效的做事原则。水该流则流，当止则止，因物赋形，随形就势，具有极大的灵活性。因此，面对人生的各种选择，应该灵活而不失原则，有为而顺其自然。萧伯纳说：“明智的人使自己适应世界，而不明智的人只会坚持要世界适应自己。”

老子曰：“上善若水。”孔子曰：“智者乐水。”庄子曰：“鉴于止水。”水有太多值得我们学习的智慧。

2021 年 广东工业大学·答案详解

第一部分 百科知识

1. [D]《民法典》第五至第七条规定，民事主体从事民事活动，应当遵循自愿原则、公平原则和诚信原则。自愿原则指按照自己的意思设立、变更、终止民事法律关系；公平原则指合理确定各方的权利和义务；诚信原则指秉持诚实，恪守承诺。虽然《民法典》第八条提到，民事主体从事民事活动，不得违反法律，不得违背公序良俗，但并不称之为“公序良俗原则”。

2. [C]2017 年 5 月 23 日至 27 日，围棋世界冠军柯洁与阿尔法围棋（AlphaGo）进行人机大战，三番棋全败。谢军是国际象棋女子国际特级大师、女子国际象棋世界冠军、北京棋院院长，曾获“全国十佳运动员”称号。聂卫平是中国著名围棋职业棋手、杰出围棋教练、中国棋院技术顾问，1988 年被授予围棋“棋圣”称号，著有《我的围棋之路》《聂卫平自战百局》等书。王积薪是唐玄宗时的棋手，常在宫中陪唐玄宗下棋。

3. [B] 恩格尔系数是食品支出总额占个人消费支出总额的比重，是衡量一个家庭或一个国家富裕程度的主要标准之一。恩格尔系数越大，一个国家或家庭生活越贫困；恩格尔系数越小，生活越富裕。基尼系数是国际上通用的、用以衡量一个国家或地区居民收入差距的常用指标，其数值在 0 和 1 之间，越接近 0 表明收入分配越是趋向平等。道琼斯指数最早是在 1884 年由道琼斯公司的创始人查尔斯·亨利·道开始编制的一种算术平均股价指数。道琼斯指数是世界上历史最为悠久的股票指数，全称为股票价格平均指数。菲利普斯曲线是用来表示失业与通货膨胀之间交替关系的曲线，通货膨胀率高时，失业率低；通货膨胀率低时，失业率高。

4. [D]“猴市”形容股市的大幅振荡的情况。从大盘来看，市场分化比较严重，反复的大幅震荡，而猴子总是蹦蹦跳跳的，所以用它来比喻股市的大幅振荡。股市上涨叫牛市，下跌叫熊市，前景不明朗叫鹿市。

5. [B] 联合国安全理事会常任理事国是联合国安全理事会中的五位创始成员国，是二战期间反法西斯同盟国中的五大国，包括中国、英国、美国、俄罗斯和法国。

6. [D] 秦岭—淮河是中国南北地理分界线。乌蒙山区与金沙江—长江流域的生态安全是乌蒙山国家级自然保护区的主要保护管理目标。祁连山以北，黄河以西，是河西走廊。伏牛山为秦岭东段的支脉，是淮河与汉江的分水岭。

7. [A] 发酵茶是指在茶叶制作中有“发酵”这一工序的茶的统称，茶树芽叶经过萎凋、揉切、发酵、干燥等初制工序制成毛茶后，再经精制制成的茶，就是发酵茶。茶叶中发酵程度的轻重不是绝对的，其发酵程度为红茶 95% 发酵，乌龙茶 60%~70% 发酵，白茶约 5%~10% 发酵，绿茶完全不发酵。

8. [A] 京剧脸谱色彩十分讲究，黑色是指直爽刚毅、忠耿正直，如“包公戏”里的包拯。阴险狡诈是白色；神怪形象多用金银色；凶暴残忍一般是黄色。

9. [B] 北京故宫是世界上现有规模最大、保存最完整的古代木质结构宫殿，是中国明清两代的皇家宫殿，旧称为紫禁城，1987 年被列为世界文化遗产。卢浮宫原是法国的王宫，是法国古典主义时期最珍贵的建筑物之一，位居世界四大博物馆之首。凡尔赛宫是巴黎著名的宫殿之一，也是世界五大宫殿之一。曲阜孔庙，又称“阙里至圣庙”，是祭祀中国古代著名思想家和教育家孔子的祠庙。

10. [B] 都江堰水利工程位于岷江，是战国时期秦国蜀郡太守李冰率众修建的大型水利工程，现存至今依旧在灌溉田畴，是造福人民的伟大水利工程。其以年代久、无坝引水为特征，是世界水利文化的鼻祖。长江三峡水利枢纽工程，简称三峡工程，是世界上规模最大的水电站，也是中国有史以来建设最大型的工程项目。京杭大运河始建于春秋时期，是世界上里程最长、工程最大的古代运河，也是最古老的运河之一，与长城、坎儿井并称为中国古代的三项伟大工程。大亚湾核电站，是中国大陆第一座大型商用核电站，也是中国大陆首座使用国外技术和资金建设的核电站。

11. [C] 马可·波罗，意大利旅行家、商人，17 岁时跟随父亲和叔叔前往中国，于 1275 年到达元朝的首都，与元世祖忽必烈建立了友谊。其著作《马可·波罗游记》记述了马可·波罗在中国的所见所闻，后来在欧洲广为流传，激起了欧洲人对东方的热烈向往，对以后新航路的开辟产生了巨大的影响。

12. [B] 四大发明是中国古代创新的智慧成果和科学技术，包括造纸术、指南针、火药、印刷术。地动仪是中国东汉时期的科学家张衡创造的传世杰作，是用于监测地震方向的仪器。

13. [D] 中国第三个冷期发生在宋元之间。经历长时段的气候变冷、草木凋零、粮食减产和连年瘟疫与战争，中国的政权达到了一个新的临界点。在公元 1234 年，和宋朝征战百年的游牧民族大金国瞬间崩溃，被新兴壮大的蒙古人政权消灭；1279 年南宋覆灭，蒙古人建立了牧者王朝——元朝。中国历史上第一次大规模变冷发生在西周。《竹书纪年》中有公元前 903 年长江、汉江结冰的记载。西周青铜器铭文中随处可见中国与夷、狄、戎、羌、犹交战的纪录。这些侵略者大多是北方游牧民族。第二个寒冷期对应的是中国历史上的魏晋南北朝。当时的年平均气温比现在低 2℃ ~4℃。这个时代出现的是五胡乱华之后的十六国割据局面。

14. [C] 南北战争（1861 年—1865 年）是美国历史上一场最大规模的内战，参战双方为北方美利坚合众国和南方的美利坚联盟国，战争最终以北方联邦胜利告终。华盛顿（1732 年—1799 年）是美国首任总统。台儿庄战役是抗日战争期间中国军队取得的一次重大胜利，由李宗仁、白崇禧、孙连仲等抗日将领指挥。平型关大捷是指 1937 年 9 月八路军在平型关为了配合第二战区的友军作战，阻挡日军攻势，由 115 师师长林彪、副师长聂荣臻指挥，首次集中较大兵力对日军进行的一次成功伏击战。滑铁卢战役是 1815 年由法军与反法联军在比利时小镇滑铁卢进行的决战，也是拿破仑一世的最后一战。

15. [A]《观沧海》是曹操于汉献帝建安十二年(207 年)率军平定乌桓(又称乌丸，是北方的少数民族)后，在班师途中，登临当年秦始皇、汉武帝曾登过的碣石山（今河北秦皇岛附近），俯瞰大海壮观景象时所作。1954 年夏，毛泽东在北戴河期间，就曾多次谈起《观沧海》，并因此酝酿并创作了气势雄伟的《浪淘沙·北戴河》一词。其中“东临碣石有遗篇”指的便是《观沧海》。《龟虽寿》是曹操创作的一首四言乐府诗；《长歌行》是汉乐府诗作；《短歌行》是曹操以乐府古题创作的两首诗。

16. [B] 红军长征从 1934 年 10 月开始，到 1936 年 10 月结束。路线：江西瑞金—突破敌四道防线—强渡乌江(贵州)—占领遵义（贵州）—四渡赤水（贵州）—巧渡金沙江（云南）—强渡大渡河（四川）—飞夺泸定桥（四川）—翻雪山（四川）—过草地—陕北吴起会师（1935 年 10 月）—甘肃会宁会师（1936 年 10 月）—宁夏西吉县将台堡会师。红军长征从江西瑞金出发，在贵州遵义召开遵义会议，而夹金山是中央红军长征时在阿坝州翻越的第一座雪山。

17. [C] 湄公河发源于中国唐古拉山，在中国境内叫澜沧江，流入中南半岛后的河段称为湄公河，是世界第九长河，于越南胡志明市流入南海。怒江又被称为潞江，是中国西南地区的大河之一，发源于唐古拉山南麓，最终注入印度洋，是中国唯一一条没有建造水电站的河流。长江是世界第三长河，也是世界水能第一大河，发源于“世界屋脊”——青藏高原，先后流经我国 11 个省级行政区，并最终经由崇明岛注入东海。珠江是中国第二大河流，发源于云贵高原，注入南海。其航运价值仅次于长江。

18. [B] 北美五大湖从西到东分别为苏必利尔湖、密歇根湖、休伦湖、伊利湖和安大略湖。其中全部位于美国的是密歇根湖，该湖是由冰川作用形成的。其余四湖均跨美国和加拿大两国。苏必利尔湖是世界上最大的淡水湖。

19. [A] 根据地理位置，美国教育资源可以划分为 5 大区域：新英格兰地区、大西洋沿岸、南部、中西部、西部。新英格兰区包括缅因州、新罕布什尔州、佛蒙特州、马萨诸塞州、康涅狄格州和罗得岛州。名校有哈佛大学、麻省理工学院、耶鲁大学、波士顿大学等。而斯坦福大学则坐落于西部地区的加利福尼亚州，位于旧金山的硅谷。

20. [C] 基督教、伊斯兰教、佛教并称为世界三大宗教。道教是发源于中国、由中国人创立的宗教，所以又被称为本土宗教。

21. [B] 世界三大短篇小说家一般是指契诃夫、莫泊桑、欧·亨利。契诃夫是 19 世纪俄国批判现实主义作家、戏剧家和短篇小说艺术大师，代表作有《变色龙》《苦恼》《万卡》等。莫泊桑是 19 世纪法国著名的批判现实主义小说家，代表作有《项链》等。欧·亨利是19世纪末20世纪初美国现实主义著名作家，代表作有《麦琪的礼物》《警察与赞美诗》等。海明威，美国作家、记者，被认为是20世纪最著名的小说家之一，早期以“迷惘的一代”的代表著称，代表作有《老人与海》《太阳照常升起》等。

22. [D] 惠特曼，美国浪漫主义诗人，创造了诗歌的自由体。1855年，惠特曼出版诗集《草叶集》，其中著名的诗歌有《船长啊，我的船长！》《自己之歌》等。《纽约外史》是美国著名作家华盛顿·欧文所著一部具有独特风格的诙谐之作。《瓦尔登湖》是美国作家梭罗创作的散文集，记录了梭罗独居瓦尔登湖畔的所见、所闻和所思。《自然》是瑞典诗人哈里·埃德蒙·马丁逊所著诗集，马丁逊是1974年诺贝尔文学奖得主。

23. [A]《国富论》，是英国古典经济学家亚当·斯密创作的经济学著作，首次出版于1776年。这部著作奠定了资本主义自由经济的理论基础，标志着古典政治经济学理论体系的建立，堪称西方经济学界的“圣经”。大卫·李嘉图，英国古典政治经济学的主要代表之一，受《国富论》影响，于1817年完成《政治经济学及赋税原理》，书中阐述了他的税收理论。约翰·凯恩斯，英国经济学家，被后人称为“宏观经济学之父”，代表作为《就业、利息和货币通论》。卡尔·马克思是德国的思想家、政治学家、哲学家，马克思主义的创始人之一，无产阶级的精神领袖，主要著作有《资本论》《共产党宣言》。

24. [A]《共产党宣言》首个中文全译本由陈望道于1920年译出。陈望道是我国现代著名的思想家、社会活动家、教育家和语言文学家，五四新文化运动的积极推动者。梁实秋是中国现当代散文家、学者、文学批评家、翻译家，中国翻译《莎士比亚全集》第一人。傅雷是中国翻译家、作家、教育家、美术评论家，中国民主促进会的重要缔造者之一，代表作有《傅雷家书》，译著有《约翰·克利斯朵夫》《夏倍上校》《人间喜剧》等。朱生豪是中国著名翻译家，中国翻译莎士比亚作品较早的人之一，代表作有《仲夏夜之梦》《威尼斯商人》《第十二夜》中译本。

25. [C] 玄奘，唐代高僧，我国汉传佛教四大佛经翻译家之一，不仅将佛经由梵文译为汉文，而且把老子著作的一部分译为梵文，成为第一个把汉文著作向外国介绍的中国人，代表译作有《大般若经》《解深密经》等。鸠摩罗什是东晋十六国时期后秦高僧，中国汉传佛教四大佛经翻译家之一，译出《大品般若经》《阿弥陀经》《金刚经》等经。利玛窦于1582年（明万历十年）被派往中国传教，是天主教在中国传教的最早传教士之一。利玛窦与徐光启等人合译欧几里得《几何原本》，还与徐光启、李之藻等共同翻译了《同文算指》和《测量法义》等。安世高，到中国传播说一切有部阿毗昙学说和禅法的第一位外籍僧人，原为安息国太子，在汉桓帝初年到中国传播禅法，译有《安般守意经》《阴持入经》《十二因缘经》等。

第二部分 应用文写作

◎写作分析

本文要求写一篇教师岗位的竞聘演讲稿。演讲稿要求内容明确，观点鲜明；演讲语言要通俗明白，生动流畅；演讲叙述要短小精悍，逻辑严谨。考生要注意突出自己具有竞争力的优势。

争做“四有”好教师，当好学生引路人

尊敬的各位评委老师：

大家好！我是即将毕业于 ×× 大学 ×× 专业的学生，竞聘的岗位是中学语文教师。今天，我演讲的主题是“争做‘四有’好教师，当好学生引路人”。

教书育人，是教育必须坚守的本真。一千多年前，韩愈就说过：“师者，所以传道授业解惑也。”当今，中国《教师法》明确提出，教师要教书育人、坚持立德树人。我认为中学教师尤其如此，教师要当好学生的引路人——做学生锤炼品格、学习知识、创新思维、奉献祖国的引路人。

在四年的大学学习中，我一直用“四有”好教师的标准来要求自己——有理想信念、有道德情操、有

扎实学识、有仁爱之心。当老师是我从小的理想，我一直为之努力奋斗。在踏上工作岗位后，我会把教书育人当成我一生的事业。

要给学生一杯水，自己必须先有一桶水。教师要具备扎实的专业基础知识和渊博的文化知识。在大学期间，我认真学习，刻苦钻研，取得了优秀的学习成绩，绩点全院排名前三，每年都获得一等奖学金；在学报发表了一篇论文，在《××都市报》发表了自己的几篇文章；除此之外，我还加入了学生会，担任外联部部长，锻炼了自己的领导组织能力和沟通交际能力；在××市××中学实习期间，获得了老师和学生的一致好评，荣获“优秀实习生”称号；学习之余，我还加入了学校义工服务队，给有需要的困难家庭提供无偿家教。

性格上，我活泼开朗，为人亲切，有耐心。我相信自己一定能胜任中学语文教师这个工作岗位。我会继承发扬老一辈教育工作者“捧着一颗心来，不带半根草去”的精神，以赤诚之心、奉献之心、仁爱之心投身教育事业。

希望大家给我这个宝贵的机会，谢谢大家！

第三部分 现代汉语写作

◎写作分析

本文为命题作文，并要求写议论文。议论文具有观点明确、论据充分、语言精练、论证合理、逻辑严密的特点。从题目中可以看出，本文可以着重写共享单车存在的弊端，论述清楚为什么“爱你不容易”。

共享单车，想说爱你不容易

近几年来，在城市的大街小巷，各种品牌的共享单车映入我们的眼帘，也给城市增添了一抹亮色。共享单车带来的好处是显而易见的——经济环保、缓解交通拥堵、提升市民的身体素质……城市出行的“最后一公里”，这道困扰政府、企业和个人多年的难题，似乎被它轻松破解。共享单车俨然成了继网约车之后另一个共享经济的明星领域。

然而，作为城市交通体系的重要组成部分，单车回归城市面临更为底层的思考和挑战。共享单车，想说爱你不容易！

“乱停乱放”是制约共享单车和城市慢交通系统发展的“瓶颈”。侵占盲道、机动车道、公交车站等不规范停放问题，是共享单车入市以来所遭遇的一大尴尬。而乱放问题不仅于此，街巷、马路边总能见到零零散散的共享单车，从长期来看，这对城市环境并不是什么好事。

由于共享单车不是自己的单车，所以大家对其的爱惜程度非常低，人为损坏现象也层出不穷。有的车座被戳了个大窟窿；有的车轮不翼而飞；有的二维码被恶意损毁；而那些看起来完好无损的车辆也被人上了私锁，变成私人独享的交通工具等。这些不文明行为大大降低了车辆的使用效率。

没有专用车道，共享单车与机动车同行，还带来极大的安全隐患。一些投放了共享单车的城镇乃至城市，很多道路都没有设置专门的自行车道，骑共享单车的人们要么占用机动车道，要么占用并不宽阔的人行道，既影响了人们的通行安全，也影响了城市的市容市貌。

共享单车带来的问题值得我们深思。从个人来看，人们对“新事物”——共享单车的认识水平不够高，社会大众在对使用和维护共享单车等方面缺乏基本的意识，民众素质亟待提高。从企业来看，企业只顾着投放单车和抢占市场，盲目扩张背后带来的是管理经营不善，对用户管理的监督也不到位。比如，在市场上的一部分共享单车没有配备定位装置，有的定位装置精准度低，这样企业就无法对本企业的单车进行精准化管理，从而给那些乱停放的用户有可乘之机。从政府层面看，城市基础建设不足，面对共享单车的迅猛发展势头，很多地方政府还没有做好准备，特别是原有的自行车公共停放区数量不足，布局不合理，有些路段隔很远还找不到公共停放区，让赶路的人无所适从。

让共享单车变得更完美，需要我们一起努力！

2021 年 浙江工商大学·答案详解

第一部分 百科知识

1. [A] 鲲鹏之名，最早出现于道家经典《庄子·逍遥游》："北冥有鱼，其名为鲲。鲲之大，不知其几千里也，化而为鸟，其名为鹏；鹏之背，不知其几千里；怒而飞，其翼若垂天之云。"《阿房宫赋》是唐代文学家杜牧的赋作，通过对阿房宫兴建及毁灭的描写，生动形象地总结了秦朝统治者骄奢亡国的历史教训。《两都赋》是东汉文学家、史学家班固创作的大赋，分《西都赋》《东都赋》。《滕王阁序》是唐代文学家王勃创作的一篇骈文。

2. [A] "一条鞭法"是明代嘉靖时期确立的赋税及徭役制度，规定把各州县的田赋、徭役以及其他杂征总为一条，合并征收银两，按亩折算缴纳。这样大大简化了税制，方便征收税款；同时使地方官员难于作弊，进而增加财政收入。青苗法，宋朝王安石变法的措施之一。摊丁入亩，在清雍正时期开始实行，将历代相沿的丁银并入田赋征收，标志着中国实行两千多年人头税（丁税）的废除。《天朝田亩制度》是洪秀全在太平天国时期于 1853 年颁发的一部纲领性文件，目的是建立"天下一家，共享太平"社会。

3. [A] 17 世纪的英国文学中，作家、基督教布道家约翰·班扬的作品《天路历程》开创了宗教寓言文学的先河，被认为是"英国文学中最著名的寓言"。《失乐园》是英国政治家、学者约翰·弥尔顿创作的史诗，取材自《圣经·旧约·创世纪》，以史诗一般的磅礴气势揭示了人的原罪与堕落，与荷马的《荷马史诗》、但丁的《神曲》并称为西方三大诗歌。《神曲》是意大利诗人但丁于 1307 年至 1321 年创作的长诗，全诗分《地狱》《炼狱》《天堂》三部，带有"百科全书"性质，从中可隐约窥见文艺复兴时期人文主义思想的曙光。《坎特伯雷故事集》是一部诗体短篇小说集，叙述朝圣者一行 30 人会聚在泰巴旅店的故事。

4. [C] 艾默生，美国思想家、文学家、诗人，是确立美国文化精神的代表人物，也是新英格兰超验主义最杰出的代言人。其代表作《论自然》被认为是新英格兰超验主义的圣经，而《美国学者》被誉为"美国思想文化领域的独立宣言"。鲍德温，美国黑人作家、散文家、戏剧家和社会评论家，代表作是小说《向苍天呼吁》。德莱赛，美国现代小说的先驱、现实主义作家之一，也是自然主义者，代表作是《美国悲剧》。埃里森，美国作家，创作领域包括科幻小说、侦探悬疑小说、剧本创作等，代表作是《危险影像》。

5. [D] 奥斯卡·王尔德，19 世纪英国最伟大的作家与艺术家之一，以其剧作、诗歌、童话和小说闻名，唯美主义代表人物，19 世纪 80 年代美学运动的主力和 90 年代颓废派运动的先驱，代表作有《温德米尔太太的扇子》《道林·格雷的画像》《快乐王子》等。

6. [D] 牛有四个胃，即瘤胃（草肚）、网胃（蜂巢胃、麻肚）、重瓣胃（百叶），最后一个才是真胃（皱胃）。瘤胃是反刍动物的第一胃，瘤胃是迄今已知的降解纤维物质能力最强的天然发酵罐，反刍时，食糜逆呕至口腔重新咀嚼。网胃位于瘤胃前部，实际上这两个胃并不完全分开，因此饲料颗粒可以自由地在两者之间移动。重瓣胃是反刍动物的第三胃，位于腹腔前部右侧，前通网胃，后接皱胃（有些反刍动物如骆驼等瓣胃与皱胃不分）。皱胃是反刍动物的第四个胃，基本构造和功能相当于单胃动物的胃，皱胃附有消化腺，可分泌胃酸及消化酶，具备真正意义上的消化功能，因此又被称为真胃、腺胃。

7. [A]《观沧海》是东汉末年诗人曹操创作的四言诗。这首诗是曹操在碣石山登山望海时，用饱蘸浪漫主义激情的大笔，所勾勒出的大海吞吐日月、包蕴万千的壮丽景象；描绘了祖国河山的雄伟壮丽，既刻画了高山大海的壮阔，更表达了诗人以景托志，胸怀天下的进取精神。曹丕，三国时期政治家、文学家，曹操之子，代表作有《燕歌行》《陌上桑》等。曹植，三国时期著名文学家，曹丕之弟，代表作有《洛神赋》《七步诗》等。曹操、曹丕、曹植并称“建安三曹”。曹真，三国时期曹魏名将，曹操养子。

8. [D]1908 年《钦定宪法大纲》是中国历史上第一部宪法性文件，这部宪法以“君上大权”为核心，是清政府在内外交困、四面楚歌的情况下，为挽救摇摇欲坠的统治而颁布的。1914 年《中华民国约法》，又称“袁记宪法”，是袁世凯在窃取辛亥革命成果后公布实施的第一部宪法，与真正的宪法精神根本对立，但为袁世凯复辟帝制提供了“合法”的依据。1931 年《中华苏维埃共和国宪法大纲》是中国历史上第一部无产阶级的宪法性文件，是中国共产党领导人民政权制定的，在中华工农兵苏维埃第一次全国代表大会上通过。1912 年《中华民国临时约法》是中国历史上唯一一部资产阶级共和国性质的宪法性文件，它规定了资产阶级共和国的国家、政府组织机构以及人民享有的各项民主权利，带有鲜明的革命性、民主性。

9. [D] 莫扎特，古典主义时期奥地利作曲家，维也纳古典乐派代表人物之一，在短短的 35 年生活历程里完成了 600 余部（首）不同体裁与形式的音乐作品，包括歌剧、交响曲、协奏曲、奏鸣曲、四重奏和其他重奏、重唱作品，大量的器乐小品、独奏曲等，几乎涵盖了当时所有的音乐体裁。他的音乐体现了古典主义时期的风格，完善了多种音乐体裁形式，并与海顿一起，确立了维也纳古典乐派，代表作有《费加罗的婚礼》《唐璜》《魔笛》等。

10. [A] 公元 395 年，最后一位统一罗马帝国的皇帝狄奥多西一世驾崩，将罗马帝国分给两个儿子分别继承，从此罗马帝国正式分裂为东西罗马帝国。东罗马帝国（395—1453 年），又译拜占庭帝国，是欧洲历史上最悠久的君主制国家。1453 年 5 月 29 日，奥斯曼帝国苏丹穆罕默德二世率军攻入君士坦丁堡（今为伊斯坦布尔），东罗马帝国正式灭亡。西罗马帝国于公元 476 年覆灭，标志是罗马雇佣兵领袖日耳曼人奥多亚克废黜西罗马末代皇帝。神圣罗马帝国（962—1806 年）是欧洲君主制国家，1806 年，在拿破仑的勒令下，弗朗茨二世放弃神圣罗马皇帝尊号，神圣罗马帝国从此灭亡。马其顿王国（公元前 808—前 168 年）位于希腊西北部，于亚历山大大帝统治时期不断向外扩张，也被后世称为亚历山大帝国。公元前 146 年，罗马占领希腊全境，标志着马其顿王国的彻底瓦解。

11. [B] 区块链是一个信息技术领域的术语。从本质上讲，它是一个共享数据库，存储于其中的数据或信息，具有“不可伪造”“全程留痕”“可以追溯”“公开透明”“集体维护”等特征。二维码又称二维条码，常见的二维码为 QR Code，是近几年来移动设备上流行的一种编码方式，它比传统的 Bar Code 条形码能存更多的信息，也能表示更多的数据类型。物联网即“万物相连的互联网”，是互联网基础上的延伸和扩展的网络，将各种信息传感设备与网络结合起来而形成的巨大网络，实现任何时间、任何地点，人、机、物的互联互通。比特币是一种加密数字货币，比特币的运行以区块链技术为依托，比特币与区块链有着密不可分的关系。比特币是一种资产，而区块链就是为这种资产设定好运行规则的底层技术，从而保证每一笔交易顺利进行。

12. [A] 巴黎圣母院位于法国巴黎市中心塞纳河畔的西堤岛上，是天主教巴黎总教区的主教座堂。巴黎圣母院有着无与伦比的地位和历史价值，是历史上最辉煌的建筑之一。巴黎圣母院最开始建造于 1163 年，在 1345 年建造完成，耗时将近两个世纪，这是法国哥特式建筑的旷世杰作。沙特尔大教堂，全称沙特尔圣母大教堂，坐落在法国厄尔—卢瓦尔省省会沙特尔市的山丘上，是法国著名的天主教堂。鲁昂大教堂是法国鲁昂的一座大型哥特式教堂，以建筑和巨大的管风琴著称。圣心大教堂位于巴黎的蒙马特高地，教堂建筑风格独特，既似罗马式，又似拜占庭式。

13. [D]“草蛇灰线”出自《花月痕》第五回回评：“写秋痕，采秋，则更用暗中之明，明中之暗……草蛇灰线，马迹蛛丝，隐于不言，细入无间。”常比喻事物留下的隐约可寻的线索和迹象。也常指文中埋藏伏笔，使小说环环相扣，前后呼应，一般关于红楼梦的写作手法的评说中经常用到这个成语。

14. [A] 伦勃朗是欧洲17世纪最伟大的画家之一，也是荷兰历史上最伟大的画家，擅长肖像画、风景画、风俗画、宗教画、历史画等领域，代表作有《木匠家庭》《夜巡》《三棵树》等。鲁本斯是佛兰德斯画家，是巴洛克画派早期的代表人物，代表作有《阿玛戎之战》《强劫留西帕斯的女儿》《美惠三女神》。弗尔美是17世纪荷兰最独特的风俗画家，代表作有《戴珍珠耳环的少女》。卡拉瓦乔是16世纪末至17世纪初的意大利画家，代表作有《圣马太殉难》《圣马太蒙召》《基督下葬》等。

15. [D] “九州”最早出现于先秦时期典籍《尚书·禹贡》中，是中国汉族先民自古以来的民族地域概念。《尚书·禹贡》是中国第一篇区域地理著作，是战国时魏国的人士托名大禹的著作，因而就以《禹贡》名篇。《大学》是一篇论述儒家修身治国平天下思想的散文，相传为曾子所作，实为秦汉时儒家作品，是一部中国古代讨论教育理论的重要著作。《论语》是春秋时期思想家、教育家孔子的弟子及再传弟子记录孔子及其弟子言行而编成的语录文集。《孟子》是儒家的经典著作，战国中期孟子及其弟子万章、公孙丑等著。《孟子》《大学》《中庸》《论语》被南宋朱熹并列为“四书”。

16. [B] 楷书四大家，是对书法史上以楷书著称的四位书法家的合称，分别是唐朝欧阳询、唐朝颜真卿、唐朝柳公权、元代赵孟頫。米芾和蔡襄均是北宋书法家，与苏轼、黄庭坚合称“宋四家”。鲜于枢是元代著名书法家，传世书法作品多为行草书。

17. [D]《中华人民共和国民法通则》第七十九条规定，所有人不明的埋藏物、隐藏物，归国家所有。而遗失物、漂流物、失散的饲养动物，应归还原所有人。

18. [D] 我国对善意取得的要求是第三人为善意不知情，王五是用合理市场价格买到的电脑，那么就是善意取得。电脑是以占有为公示条件的，在这个案例中王五有足够的理由相信电脑是李四的，因此买卖是有效的。而张三是电脑的原所有人，当王五购买该电脑后，张三就失去了电脑的所有权，因此损失应该向李四请求赔偿。

19. [B]《天工开物》由明代著名科学家宋应星编著，是世界上第一部关于农业和手工业生产的综合性著作，中国古代一部综合性的科学技术著作，被称为“中国17世纪的工艺百科全书”。《齐民要术》大约成书于北魏末年，是中国杰出农学家贾思勰所著的一部综合性农学著作，中国现存最早的一部完整的农书。《梦溪笔谈》由北宋科学家、政治家沈括所著，是一部涉及古代中国自然科学、工艺技术及社会历史现象的综合性笔记体著作。英国科学史家李约瑟评价其为“中国科学史上的里程碑”。《文心雕龙》是南朝文学理论家刘勰创作的文学理论著作，是现存最早的一部用中文撰写的综合性的文学批评专著。

20. [D] 正常人体都有一种生理上的保护性免疫反应，就是当外来物质（即抗原）侵入人体时，人体会通过免疫淋巴细胞产生免疫球蛋白（即抗体），将抗原中和或消化掉，以保护人体。但是对过敏体质的人来说，由于免疫反应超出了应有的程度和范围，所以他们会对正常物质（过敏源）产生不正常的、过激的反应，从而伤害到人体的一些正常细胞、组织或器官，发生过敏现象。

21. [C] 郑板桥，原名郑燮，又号板桥，人称板桥先生，是清代书画家、文学家。郑板桥一生只画兰、竹、石，自称“四时不谢之兰，百节长青之竹，万古不败之石，千秋不变之人”。汪士慎是清代著名画家、书法家，善画梅。金农是清代书画家，扬州八怪之首，善用淡墨干笔作花卉小品，尤工画梅。罗聘擅长画人物、佛像、山水、花果等，无所不工，笔调奇创，超逸不群，别具一格。

22. [B] 湿地，被称为“地球之肾”，与森林、海洋并列为全球三大生态系统类型，它是水陆相互作用形成的独特生态系统，具有季节或常年积水、生长或栖息喜湿动植物等基本特征，是自然界最富生物多样性的生态景观和人类最重要的生存环境之一。

23. [D] 体操运动员的手上涂的白色粉末是碳酸镁粉，一方面有效地加大了摩擦力，防止运动员们在做动作的时候失误，另一方面还能够减少由于手掌出汗而引起的麻烦。

24. [B] P2P 贷款是指个人与个人之间的小额信用借贷交易，根据《关于加强 P2P 网贷领域征信体系建设的通知》可知，P2P 网贷机构将全面接入征信系统。

25. [A] 墨子号量子科学实验卫星在酒泉卫星发射中心用长征二号丁运载火箭于 2016 年 8 月 16 日发射升空，是由我国自主研制的世界上首颗空间量子科学实验卫星，也是中科院空间科学战略性先导科技专项于 2011 年首批确定的五颗科学实验卫星之一。

第二部分 应用文

◎写作分析

软性广告是由企业的市场策划人员或广告公司的文案人员来负责撰写的文字广告。与硬广告相比，软文之所以叫作软文，精妙之处就在于一个“软”字，它追求的是一种“春风化雨、润物无声”的传播效果。想要写好软广，有以下几个重点：第一，找准宣传焦点；第二，做好营销计划；第三，拟好吸人眼球的标题；第四，撰写生动趣味的内容。

我们所处的世界从何时开始了全球化的进程?

当我们在越南街头喝咖啡时，当我们在中国青岛的德国风情街流连时，当我们在印度泰姬陵观光时，当我们在美国自由女神像旅游时……我们可曾想到欧洲人在 600 年的时间里到达了世界各地，占领了世界，也剥削了世界？我们可曾知道他们对当今世界的形成众多深远的影响，也在扩张的过程中接受了各国诸多刺激因素？我们不难发现，欧洲的扩张不是单向的，而是交互的，我们也许能从史实中发掘到欧洲扩张史的独特之处——全球性。

回顾历史，在全球化的过程中，科学知识、宗教信仰乃至欧洲近代政治理念的传播，给全球既带来各种进步，又不断制造新的问题和矛盾，而殖民地的一切亦持续影响着欧洲社会。揆诸当下，今天的欧洲仍然具有扩张的属性与可能性。古老的欧洲未来将立足何处？向何方扩张？这是一个值得深思的问题。也许，这就是读史的意义——从过去拾取散发着未来光芒的羽片。

这是一段具有宏大时空维度的世界历史进程，这是一本讲述古代和中世纪欧洲扩张至 20 世纪去殖民化和新型扩张的书籍。无论是重现亚洲的贸易体系，还是描写种植园及其奴隶的生活；无论是分析扩张造成的生态后果，抑或是探究它孕育着冲突的政治遗产，作者沃尔夫冈·赖因哈德都未割裂地对待每个国家的情况，而是视之为有机的整体，关注交互的过程中各国扮演的角色。

读史的意义何在？翻开沃尔夫冈·赖因哈德的《征服世界：一部欧洲扩张的全球史，1415—2015》，你也许能找到答案。

第三部分 现代汉语写作

◎写作分析

本文要求以北斗三号全球卫星导航系统正式开通的素材为背景，结合背景材料和当前国际形势，写一篇探讨我国自主研发高科技重要性的论说文。根据题目要求，考生可以把文章写成“引——提——议——联——结”式的议论文章，以达到题中“观点突出、结构合理、思路清楚、逻辑性强、有说服力”的要求。具体而言，“引”为概括背景材料，“提”是提出中心论点，“议”是利用材料中提供的信息分析议论，“联”即多角度、多侧面展开论述，“结”乃收束全文。这是常见的论证模式和框架，可以帮助我们快速作文，写出条理清晰、逻辑性强的文章。

以不懈奋斗之姿，扬自主创新之帆

2020 年 7 月 31 日，北斗三号全球卫星导航系统正式开通。由我国坚持“自主、开放、兼容、渐进”原则而建设和发展的北斗系统，从此走向了服务全球、造福人类的时代舞台。

自 20 世纪后期，一代代北斗人传承着“两弹一星”前辈们留下的宝贵精神，以“祖国利益高于一切、党的事业大于一切、忠诚使命重于一切”的精神扛起时代的重担；二十多年以来，一批批科员人员参研参建，一路披荆斩棘，一直奋斗不息，用信念之火点燃希望之光；追求卓越、坚持自主创新的“北斗精神”，推动北斗卫星导航系统实现了从无到有、从有到优、从区域到全球的跨越，实现了从一片空白、受制于人到自力更生、自主创新的跨越……充分彰显了中国精神、中国智慧、中国速度，更充分体现了自主研发高新科技的重要性。

茫茫宇宙任遨游，科技匠心催利刃。国际竞争激烈，若无自主创新方面之能力，只靠技术引进之途径，就永远难以摆脱技术落后之局面。自主创新可能是一个卫星导航系统、一张芯片、一部光刻机、一种生物医药……也可能是一项大飞机的发动机技术、一个制造业的精密机床技术等需要长期积累、需要解决世界级难题的核心技术。这些核心科技的缺失，使我国在高新科技领域面临被“卡脖子”的窒息困境，动弹不得，发展不得，前进不得。我们要迅速地提高我国的生产力水平，提高我国综合竞争力，缩小与发达国家的差距，就必须加快科技发展，以期量变成质变，小流汇江河；以望积累变涌现，微土垒高山；以愿以不懈奋斗之姿，扬自主创新之帆。

洪荒之力铸重器，民族复兴责在肩。科技是大国重器，国家赖之以强，企业赖之以赢，人民生活赖之以好。中国要变强，民族要复兴，企业要发展，人民生活要变好，都必须有强大的科技后盾。正如北斗一号卫星总指挥李祖洪所说：“北斗的研制，是中国人自己干出来的。‘巨人’对我们技术封锁，不让我们站在肩膀上，唯一的办法就是自己成为‘巨人’。”今天，北斗导航卫星单机和关键元器件国产化率达到 100%，北斗导航系统为我们带来的将不仅是更精准的定位、更精确的数据，更是充足的战略底气和安全感；今天，从地质灾害多发地区实现实时监测，到在广袤农田上助力提高劳动生产效率，再到营运车辆上守护交通运输安全，越来越“接地气”的北斗导航系统，正在为各行各业赋能，产生显著的经济效益和社会效益；今天，北斗正在与新一代通信、区块链、人工智能等新技术加速融合，应用新模式、新业态、新经济不断涌现……

诚然，在科技发展的道路上，小国能依附，大国则只能自立自强。“俄乌冲突”的发生，我们更能感受到自主研发高新科技的重要性与必要性，更能感受到只有不断地自主创新，才可能拥有核心科技，只有拥有了核心科技，民族才可能更有希望，国家才可能更有力量。

河汉纵且横，北斗横复直。如今，世界上已经有半数以上的国家在全球范围内使用北斗导航系统，中国方案、中国智慧正在随着“太空桥梁”不断延展，体现了我们作为大国的担当。未来，熠熠生辉的北斗卫星，也将引领人类的梦想和脚步走向更远的远方，绘就一个更和谐美好的人类未来。

让我们以不懈奋斗之姿，扬自主创新之帆，在中华民族伟大复兴的道路上走得更坚定、更自信。

2021 年 中国海洋大学 · 答案详解

第一部分 选择填空

一 殖民主义是西方强国压迫、奴役和剥削“落后”国家并将其变成自己的殖民地、半殖民地的一种侵略政策。其表现形式随着资本主义（01）[H] 发展阶段的不同而有所变化。在资本（02）[V] 原始积累时期，大都采取赤裸裸的暴力手段，如武装占领、海外移民、海盗式的掠夺、欺诈性的贸易、血腥的奴隶买卖等。在（03）[Z] 自由资本主义时期，主要通过“自由贸易”形式，把不发达国家、民族和地区变成自己的商品（04）[R] 市场、原料产地、投资场所，以及廉价劳动力和雇佣兵的来源地。在帝国主义时期，除采取上述各种手段外，（05）[Y] 资本输出成为剥削这些国家、民族和地区的主要形式。

19 世纪末 20 世纪初，世界上沦为殖民地、半殖民地的国家和地区形成了帝国主义殖民体系。第二次世界大战后，殖民地、半殖民地的（06）[M] 民族独立运动蓬勃发展，大批亚洲、非洲国家推翻了殖民统治，摧毁了帝国主义的殖民体系。奉行殖民主义政策的国家转而采用间接的、比较隐蔽的、具有更大（07）[Q] 欺骗性的形式，来维护和谋求殖民利益。

在政治上，一方面允许和承认殖民地、半殖民地独立，另一方面通过培养或扶植（08）[F] 代理人来实行控制；经济上以提供“援助”的形式，通过附加苛刻条件的贷款、不平等贸易、组织跨国公司等手段，控制这些国家的经济命脉，对这些国家实行掠夺；军事上以提供军事“援助”的形式，在这些国家建立军事基地、驻扎军队、派遣军事顾问、帮助训练军队等，实行（09）[A] 变相的军事占领。为了实现其战略目的，它们甚至策动政变、挑起内战、扶植傀儡政权。这些被统称为新殖民主义。

两极世界理论将帝国主义殖民体系分为土地侵占资本主义殖民体系、土地贡税资本主义殖民体系和原料市场资本主义殖民体系三个阶段。英国崛起到 19 世纪中叶是土地侵占殖民阶段，殖民体系的社会形态类似于原始社会和（10）[P] 奴隶社会时期以侵占土地为目的的奴隶制；

19 世纪中叶到二战结束是土地贡税殖民阶段，19 世纪中叶到 19 世纪末是土地贡税殖民的第一环节，19 世纪末到二战结束是土地贡税殖民的第二环节，殖民体系的社会形态类似于封建社会时期的以获取基于一定土地上生存的人民上缴的贡税为目的的农奴制；二战后到 21 世纪上半叶是原料市场殖民阶段，二战后到 20 世纪 70 年代是原料市场殖民阶段的第一环节，20 世纪 70 年代到 21 世纪上半叶是原料市场殖民阶段的第二环节，殖民体系的社会形态是以获取基于国际不平等分工的原料和市场为目的的经济殖民形态。

二 所谓单边主义是指举足轻重的特定大国，不考虑大多数国家和民众的愿望，单独或带头退出或挑战已制订或商定的维护国际性、地区性、集体性和平、发展、进步的规则和制度，并对全局或局部的和平、发展、进步有破坏性的影响和后果的行为与倾向。

有关专家从各自理解的角度对单边主义发表了自己的看法。注重外交政策的人士中有人说单边主义是小布什上台之后，美国政府（11）[W] 依仗其经济实力和综合国力在处理国际事务时为了谋求美国的私利而我行我素的行为。也有人说所谓单边主义即独自处理外交政策与事务的倾向。具体表现为美国在所有事务上都要以美国利益为重，而不能让美国受到其他国家、国际组织或者一些（12）[Q] 条约和联盟的制约。

看重经济政策的人士中有人说单边主义就是从美国的实力地位与（13）[G] 国家利益出发来决定美国的政策走向，而不是通过与国际社会保持密切合作来实现美国的利益。具体而言，美国要根据自己的利益和判断，而不是根据国际社会的需求和意见来做出有关全人类（14）[I] 利益与安全的政策决定。在国际社会中我行我素，不理会其他国家的合理利益考虑及（15）[F] 国际舆论的批评与谴责。

也有人从行为特点角度归结说，单边主义是（16）[K] 美国保守主义施行的一种对外政策，当前人们使用“单边主义”这个词是特指美国作为世界上唯一超级大国在国际关系中所表现的一种行为方式。在处理国际事务时仅仅从自己的判断和自身国家利益出发，从来都不与其他国家进行磋商，这是美国追求（17）[O] 世界霸权的一种表现。

很明显，前述三类概念的共同特点是将单边主义（18）[S] 狭隘地定义为美国的政策，显然不合适。难道除美国之外其他国家就不存在单边主义？显然不是。正如北京大学国际关系学院副院长贾庆国教授指出：“从某种意义上讲，（19）[P] 所有国家在处理对外关系时都或多或少地采取单边主义做法，美国也不例外。”所以，有人指出，广义而言，“单边主义”是用来定义外交政策行为（20）[L] 模式的专有名词，是指国际社会中实力地位较强的某一个国家，为了落实外交政策而无视多数其他国家的意愿，违反国际社会潮流，不顾他国利益，拒绝协商途径，凭借自己的力量我行我素的行为。

三　病毒是一种个体微小，结构简单，只含一种核酸（DNA 或 RNA），必须在活细胞内寄生并以（21）[I] 复制方式增殖的非细胞型生物。

病毒是一种非细胞生命（22）[V] 形态，它由一个核酸长链和蛋白质外壳构成，病毒没有自己的代谢机构，没有酶系统。因此病毒若（23）[O] 离开了宿主细胞，就成了没有任何生命活动，也不能独立自我繁殖的化学物质。其复制、转录和转译都只能在宿主细胞中（24）[M] 进行。进入宿主细胞后，病毒就可以利用细胞中的物质和（25）[P] 能量完成生命活动，按照其核酸所包含的遗传信息产生相同的新一代病毒。

狭义的生物病毒是一种独特的传染因子，它是能够利用宿主细胞的营养物质自主复制自身的 DNA 或 RNA、蛋白质等生命（26）[Z] 组成物质的微小生命体。而广义的病毒复杂得多，包括拟病毒、类病毒和病毒粒子（virion），其中拟病毒和类病毒仅是一条简单的 ssRNA 链，virion 是一种类似酶的蛋白分子。因此生物病毒很难有确定、明确的定义。

生物病毒不管是烈性噬菌体还是温和型噬菌体，都仅在活的宿主细胞中才能（27）[F] 得以复制繁殖，利用宿主细胞的核苷酸和氨基酸来自主合成自身的一些组件，装配下一代个体，并达到他们的目的。

复制后的生物病毒裂解宿主细胞而被释放出去，感染（28）[U] 新的宿主细胞。

虽然生物病毒对人类有一定的益处，例如利用噬菌体可以（29）[X] 治疗一些细菌感染；利用昆虫病毒可以治疗、预防一些农业病虫害等，但却危害很大，例如，HIV、狂犬病毒等都严重威胁人类生命；流感病毒、肝炎病毒等会导致疾病；TMV、马铃薯 Y 病毒会造成财产损失。

病毒是一种可以在其他生物体间（30）[B] 传播并感染生物体的微小生物（其实因为病毒本身不能进行新陈代谢，所以某种程度上还不能说病毒就是“生物”）。有时使用“病毒”描述那些在真核生物中传播和感染的生物；使用“噬菌体”或“吞噬体”来描述那些在原核生物间传播的生物。对于病毒的起源人类至今尚不清楚。

四　从古至今，人类遭遇了无数的瘟疫，其中有些瘟疫特别严重，对人类影响巨大的有：非典、鼠疫、天花、流感、霍乱、疟疾等。总的来说，瘟疫是由于一些强烈（31）[W] 致病性物质——如细菌、病毒——引起的传染病。经常在天灾或人祸后的恶劣环境卫生状况下发生。

瘟疫在中国史料中早有记载。如《周礼·天官·冢宰》记载："疾医掌养万民之疾病，四时皆有疠疾。"《吕氏春秋·季春纪》记载："季春行夏令，则民多疾疫。"说明当时对瘟疫的（32）[K] 认识已经达到了一定水平，认为瘟疫一年四季皆可发生，原因之一是由于时令之气的异常，是由"非时之气"造成的。

现存最早的中医古籍《黄帝内经》也有记载。如《素问·刺法论》指出："五疫之至，皆向染易，无问大小，病状相似……，正气存内，邪不可干，避其毒气。"《素问·本能病》篇："厥阴不退位，即大风早举，时雨不降，湿令不化，民病温疫，疵废。风生，民病皆肢节痛、头目痛，伏热内烦，咽喉干引饮。"指出瘟疫具有（33）[A] 传染性、流行性、临床表现相似、发病与气候有关等特点，并认为只要"正气存内"，就能"避其毒气"。

流感

1918 年，一场致命的流感席卷全球，造成 2,000 万至 5,000 万人死亡。尽管这场流感在美国被称为"西班牙女士"，但是它似乎首先（34）[I] 起源于美国，有可能是从猪身上传播开来。那一年，近 1/4 的美国人得了流感，导致 50 多万人死亡，几乎一半的死者是健康的年轻人。平时流行的流感虽然通常并非如此致命，但平均每年在美国也导致 11 万多人住院，约 3.4 万人死亡。作为一种由病毒引起的传染病，流感没有（35）[L] 特效药可治，但可以注射流感疫苗进行（36）[T] 预防，有效率为 70% 至 90%。由于流感病毒极易发生变异，每年流行的流感病毒类型不一样，因此每年都需要疫苗。

天花

天花原来只在"旧世界"（亚洲、欧洲和非洲）流行，在 17 和 18 世纪，天花是西方最（37）[Q] 严重的传染病，但是在历史上的影响却比不上鼠疫，这可能是因为其受害者以儿童为主（约 1/10 的儿童因天花夭折），活下来的成年人大多已有（38）[G] 免疫力。天花由天花病毒引起，无药可治，世界卫生组织 1980 年 5 月 28 日宣布人类（39）[N] 消灭了天花。此后，人们对如何处置天花病毒展开了唇枪舌剑的争论。1990 年，第 22 届世卫大会作出（40）[E] 决定，将世界上仅有的天花病毒储存于俄罗斯的科尔索沃国家病毒和生物技术研究中心，还有美国的亚特兰大疾病控制中心。销毁天花病毒的最后期限仍然没有明确。

五　所谓"免疫"，顾名思义即免除瘟疫（古代的瘟疫指各种疫病）。免疫是指机体免疫系统识别自身与异己物质，并通过免疫应答排除抗原性异物，以维持机体生理平衡的功能。

就人类而言，免疫是人体的一种生理功能，人体依靠这种功能（41）[O] 识别"自己"和"非己"成分，从而破坏和排斥进入人体的抗原物质（如病菌等）或人体本身所产生的损伤细胞和肿瘤细胞等，以维持人体的健康，抵抗或（42）[C] 防止微生物或寄生物的感染或其他所不希望的生物侵入。免疫涉及特异性成分和非特异性成分。非特异性成分不需要事先暴露，可以立刻响应，可以（43）[J] 疾病地防止各种病原体的入侵。特异性免疫是在主体的寿命期内发展起来的专门针对某个病原体的免疫。

免疫可以分为天然和获得性两大类。天然免疫又称先天免疫或固有免疫，指机体先天具有的正常的（44）[N] 生理防御功能，对各种不同的病原微生物和异物的入侵都能作出（45）[W] 相应的免疫应答，是人类在漫长的进化过程中形成的一种遗传特性。

获得性免疫也称适应性免疫，只针对一种病原体，是人体经（46）[G] 后天感染（病愈或无症状感染）或人工预防接种（菌苗、疫苗、类毒素、免疫球蛋白等）而使机体获得的抵抗感染的能力。一般是在微生物等抗原物质（47）[B] 刺激后才形成的（免疫球蛋白、免疫淋巴细胞），并能与该抗原起特异性反应。获得又可以分为自动和被动两种，一般免疫时间长，可能（48）[A] 持续终生，如麻疹、天花、痄腮等。自动获得有自然和人工两种方式，自然获得如有被天花病毒感染发病史的人，一般不会再次感染。人工获得如接种牛痘可终生免疫天花。被动获得性免疫一般免疫时间较短，也有自然和人工两种方式。自然获得如婴儿在母体胎盘或初乳中获得，人工获得如通过注射具有免疫力的血清获得，具体如治疗蛇毒时注射的血清蛋白。

群体免疫（herd immunity/protection，group/community immunity），是指人类或牲畜（49）[M] 群体对传染的抵抗力。群体免疫水平高，表示群体中较高百分比的个体对传染具有抵抗力。因为，疾病发生流行的可能性不仅取决于动物群体中有抵抗力的个体（50）[P] 数目，而且与动物群体中个体间接触的频率有关。如果一个群体中有 70% 至 80% 的动物有抵抗力，通常就不会发生大规模的爆发性流行。

2020 年 3 月 13 日，英国政府首席科学顾问帕特里克·瓦兰斯表示，将需要大约 60% 的英国人口感染新冠病毒以获得“群体免疫力”。他还称，新冠肺炎很可能“年复一年”卷土重来。此论一经发表即引发了巨大争议。

六 《区域全面经济伙伴关系协定》（Regional Comprehensive Economic Partnership—RCEP）是 2012 年由东盟发起，历时八年，由包括中国、日本、韩国、澳大利亚、新西兰和东盟十国共十五方协商签订的协定。

2020 年 11 月 15 日，区域全面经济伙伴关系协定签署（51）[X] 仪式以视频方式举行，十五个 RCEP 成员国经贸部长在仪式上正式签署该协定。协定的签署标志着当前世界上（52）[Q] 人口最多、经贸规模最大、最具发展潜力的自由贸易区正式启航，是地区国家以实际行动（53）[W] 维护多边贸易体制、建设（54）[M] 开放型世界经济的重要一步，对深化区域经济一体化、稳定全球经济具有标志性意义。

2012 年发起时，参与谈判的共有十六个国家。2020 年 7 月 5 日，有新闻报道援引政府高级别消息人士的话称，（55）[Y] 印度已决定不考虑加入任何由中国主导的贸易协定，其中包括“区域全面经济伙伴关系协定”。所以，正式签署的协定有十五个成员国。

中国（56）[S] 商务部副部长兼国际贸易谈判副代表王受文表示，这是一个互惠互利的自贸协定，在货物贸易、服务贸易、投资和规则领域等各方面，都要体现一个（57）[O] 平衡。特别是，这个协定里还设置了一些比如经济技术合作等方面的规定，对于老挝、缅甸、柬埔寨等最不发达国家，给予了一些过渡期安排，以便他们能够更好地融入。

根据有关条款的规定，协定（58）[T] 生效需获得十五个成员国中至少九个国家的批准，其中要至少包括六个东盟成员国和中国、日本、韩国、澳大利亚和新西兰中至少三个国家。鉴于协定已签署，接下来 RCEP 各成员国将各自履行（59）[G] 国内法律审批程序，推动协定早日生效实施。

机构普遍认为相关主题将迎来投资机会。（60）[E] 港口航运、跨境电商、纺织服装、轻工家电等领域都将出现长期利好。

第二部分 填空

七 中华民族是一个自强不息、创新不止的民族，有史以来进行过无数次改革，每次改革，都能一定程度上增强国家治理能力，提高治理效率，重振社会活力，推动社会发展。

明朝以前的改革一般称作变法。国人经常谈论的古代改革不胜枚举。如，春秋时期（61）政治家 / 法家代表人物管仲（字夷吾）通过“相地而衰征”等改革，辅佐（62）齐桓公富国强兵，成就了所谓“九合诸侯，一匡天下”的功绩。再如，公元前 594 年，（63）鲁国进行了初税亩改革，承认了私田的合法性。又如，战国时期的楚国也发生了（64）吴起变法，使楚国迅速摆脱了落后挨打的局面，跻身“战国七雄”之列。战国以后的各个朝代基本上也都进行过变法改革。如，西汉与东汉之间的（65）王莽改制，北魏时期的（66）孝文帝改革，唐朝的永贞革新，（67）

北宋时期的庆历新政和王安石变法，明朝时期的嘉靖新政和张居正改革，清朝时期的（68）洋务运动（亦称自强运动）和戊戌变法（亦称百日维新或维新运动）。

中华人民共和国成立后对前朝方方面面所进行的翻天覆地的变革根本改变了百余年来中国受列强掠夺欺凌的惨状，并在各个方面不断探索创新，学习追赶经济、技术方面的先进国家，勒紧裤带完成了“（69）两弹一星”等建国伟业，继以40余年前启动的“改革开放”，于今已经开创出了非常接近中华民族复兴这一伟大目标的良好局面。当然，“（70）前途是光明的，道路是曲折的。我们面前困难还多，不可忽视。”（毛泽东）只要充满改革精神的中国人民“团结起来，共同努力，一定能够排除万难，达到胜利的目的。”（毛泽东）

八　对仗是汉语语言文学和中国文化中的一大特色，对仗的写作也是中国历代启蒙教育中的重要内容。明清时期的李渔编写了一部《笠翁对韵》，被广泛采用为儿童启蒙教材。通过此类学习，少年儿童可以体味对仗的基本规则并学习众多的历史知识、掌故以及有关内容所蕴含的传统道德。

《笠翁对韵·六鱼》第一段末尾一联曰：

疏影暗香，和靖孤山梅蕊放；

轻阴清昼，渊明旧宅柳条舒。

上联涉及宋代诗人林逋（字君复，后人称为（71）和靖先生），史称林逋通晓经史百家，孤高自好，曾漫游江淮间，后隐居杭州西湖，结庐（72）西湖孤山。终生不仕不娶，惟喜植梅养鹤，自谓“以梅为妻，以鹤为子”，人称“梅妻鹤子”。林和靖《山园小梅》“疏影横斜（73）水清浅，暗香（74）浮动月黄昏”一联被广为传诵，《笠翁对韵》此处显然化用了林和靖诗句。

下联涉及东晋田园诗人陶渊明。陶渊明字元亮，晚年更名（75）潜，字渊明。私谥靖节，世称靖节（76）先生。因为陶渊明自号（77）五柳先生，所以此处说“柳条舒”；出于同样原因（78）唐代诗人王维在《老将行》中也说“门前学种（79）先生柳”。又因为陶渊明“（80）采菊东篱下，悠然见南山”两句几乎尽人皆知且靖节谥号被广泛认可，《笠翁对韵》也在《五微》中有“请菊对夷薇”之语。

九

81. 横空出世，莽昆仑，阅尽人间春色。

82. 征蓬出汉塞，归雁入胡天。大漠孤烟直，长河落日圆。

83. 天地有正气，杂然赋流形。下则为河，上则为日星。

84. 不到长城非好汉，屈指行程二万。

85. 位卑未敢忘忧国，事定犹须待阖棺。

86. 千古兴亡多少事，悠悠，不尽长江滚滚流。

87. 桃李春风一杯酒，江湖夜雨十年灯。

88. 雪暗凋旗画，风多杂鼓声。宁为百夫长，胜作一书生。

89. 梅须逊雪三分白，雪却输梅一段香。

90. 红雨随心翻作浪，青山着意化为桥。

◎写作分析

本文要求以“岂曰无衣，与子同裳”为主题，写一篇论说文。《诗经·国风·秦风》是《诗经》中最为著名的爱国主义诗篇，它是产生于秦地（今陕西中部和甘肃东南部）人民抗击西戎入侵者的军中战歌，表现了奴隶社会时期人民保家卫国、团结对敌、英勇献身的思想感情，真实感人，慷慨雄壮。从诗歌的思想感情来看，考生讨论的主题可以是团结、凝聚力量，结合如今特殊的时代背景，可以讨论弘扬团结协作的精神，推动中华民族的伟大复兴。此外，这篇诗歌已有几千年历史，联想到时间跨度，考生还可从“忆往昔”“看今朝”“望未来”三个方面来论述团结的重要性。

高举团结旗帜，凝聚“同袍”力量

历史的回响总能穿透时空的阻隔，通过文字，经由诗歌，回荡在万里长空之上。遥远的大秦给我们留下深刻印象的，也许不是衣、食、住、行的点点滴滴，不是开疆辟土、殊死搏斗的金戈铁马，不是风云变幻、波谲云诡的政治改革，更不是尔虞我诈、成王败寇的宫廷斗争，而是那句透过历史时空、触摸柔软内心的诗句“岂曰无衣？与子同裳”。

三千年前，秦国将士并肩作战，唱出这句激动人心的“岂曰无衣？与子同裳”；三千年后，我们被这种强烈的家国情怀、同仇敌忾的团结精神感动。在这百年未遇之大变局的当今世界，在这更趋复杂严峻的国际环境中，在这新冠病毒反复肆虐的疫情背景下，我们更应高举团结的旗帜，凝聚一往无前的力量，推动中华民族伟大复兴的航船乘风破浪、扬帆远航。

人心齐，泰山移。忆往昔，团结是我们取得辉煌成就的重要保障与制胜法宝。新中国建立以来，中国人民披荆斩棘，筚路蓝缕，成功开辟中国特色社会主义道路，成为全球第二大经济体，国内生产总值从1952年至2018年实际增长174倍，7亿多农村贫困人口实现脱贫，近14亿人民摆脱了物质短缺、生活总体达到小康水平，人均预期寿命从35岁增加到77岁，初步构建起世界上规模最大的社会保障体系……中国人民迎来了从站起来、富起来到强起来的伟大飞跃，这都是中国人民在中国共产党坚强领导下，发愤图强、团结一致、艰苦创业的成果。70年的历史与实践充分证明：团结是铁，团结是钢，团结就是力量。

山川异域，日月同天。看今朝，团结、奋斗是我们继续前进的保障与动力。靠着这两个法宝，我们乘风破浪，孜孜矻矻，创造了昨日的辉煌，书写了人类发展史上最伟大的篇章。全党的团结奋斗，全国各族人民的团结奋斗，是我们推进伟大事业的重要前提，我们要像爱护眼睛一样来精心维护团结，以凝聚起中华民族的伟大力量，不断奋斗。不积细流，无以成江海。随着我们取得越来越大的进步，离中华民族伟大复兴的目标越来越接近，但国际形势越来越复杂，我们面临的任务越来越艰巨，在这关键时刻，我们更要高举团结的旗帜，把各方面智慧和力量凝聚起来，形成无坚不摧的强大合力。

凡是过往，皆为序章。过去七十多年团结一心很重要，未来近三十年团结一心也很重要，这是我们实现“两个一百年”奋斗目标的时间，更是全国各族人民实现中国梦的伟大历程。中国梦是国家的、民族的，也是我们每个人的。只要我们紧密团结，万众一心，为实现共同梦想而奋斗，实现梦想的力量就无比强大，攻坚的动力就更加强劲，奋进的步伐就更加坚定。

岂曰无衣？与子同袍，携手前行，同仇敌忾，荆棘漫野不踌躇。

岂曰无衣？与子同泽，扬帆起航，共朝理想，浪遏飞舟不畏惧。

岂曰无衣？与子同裳，葳蕤蓬勃，守正创新，携手与共不分离。

与子共勉！

2021 年 西南科技大学 · 答案详解

第一部分 百科知识

1. （1）**楚辞**，也作“楚词”，是中国文学史上第一部浪漫主义诗歌总集，相传是屈原创作的一种新诗体。屈原的抒情长诗《离骚》，具有浪漫主义风格，是楚辞的代表作，楚辞因此又称为“骚体”。“楚辞”的名称，西汉初期已有之，至刘向乃编辑成集。东汉王逸作章句。全书以屈原作品为主，其余各篇也是承袭屈赋的形式。以其运用楚地的文学样式、方言声韵和风土物产等，具有浓厚的地方色彩，故名《楚辞》，对后世诗歌产生深远影响。

（2）**香草美人**出自汉 · 王逸《离骚序》。香草比喻贤臣，美人比喻君主，香草美人比喻忠贞贤良之士，也作“美人香草”。旧时诗文中用以象征忠君爱国的思想。

（3）**《离骚》**，战国时楚国屈原的抒情长诗，是我国古典文学史上最长最伟大的浪漫主义抒情诗作。《离骚》作于屈原放逐江南之时，是诗人充满爱国激情的忧愤之作。作品表达了关心国家命运、要求改革政治的进步理想，倾诉了理想不能实现的苦闷和忧愁，表现了对保守势力毫不妥协的斗争精神，塑造了诗人自己的忧国忧民、忠贞不渝的艺术形象。作品采用比喻夸张的手法，穿插大量神话，充满了积极浪漫主义色彩，集中体现了诗人的美政思想和爱国主义精神。它虽是一首抒情诗，却反映了丰富的社会现实性，并开创了中国文学史上的“骚体”诗歌形式，对后世产生了深远的影响，是我国文学史上具有深刻现实性的积极浪漫主义的伟大诗篇。

（4）**《诗经》**是中国古代最早的一部诗歌总集，收集了西周初年至春秋中叶（前 11 世纪至前 6 世纪）的诗歌，共 305 篇，反映了周初至周晚期约五百年间的社会面貌。诗经在内容上分为《风》《雅》《颂》三个部分。《风》采自民间乐曲，是周代各地的歌谣；《雅》是王都附近的乐曲，即周人的正声雅乐，又分《小雅》《大雅》；《颂》是周王庭和贵族宗庙祭祀的乐歌，又分为《周颂》《鲁颂》《商颂》。形式以四言为主，采用了赋、比、兴的艺术表现手法。《诗经》内容丰富，反映了劳动与爱情、战争与徭役、压迫与反抗、风俗与婚姻等方方面面，是周代社会生活的一面镜子。

（5）**《国风》**是《诗经》的一部分，大抵是周初至春秋间各诸侯国民间诗歌。《国风》是《诗经》中的精华，包括《周南》《召南》《邶风》等，也称为“十五国风”，共一百六十篇。《国风》中的周代民歌以绚丽多彩的画面，反映了劳动人民真实的生活，表达了他们对受剥削、受压迫的处境的不平和争取美好生活的信念，是中国现实主义诗歌的源头。

2. （6）**经济活动**是指在一定的社会组织与秩序之下，人类为了求生存而经由劳动过程或支付适当代价以取得及利用各种生活资料的一切活动。简言之，经济活动是以满足人的需求为目的。经济活动主要是以劳力等生产资料换取商品和服务。经济活动需要资源，特别是活动空间；而各活动的空间分布，也是非常重要的。

（7）**资本流动**是资本由货币形式转变为商品形式，再由商品形式转变为货币形式的运动过程。资本流动是资本循环的组成部分，但只包括资本循环的前后两个阶段，即购买阶段（货币转化为生产资料和劳动力）和销售阶段（生产出来的商品通过出售转化为货币，实现了价值和剩余价值）。资本流动有利于促进世界生产水平的提高与经济效益的增长，有利于各国国际收支的调节和国内外突发事件不良影响的缓解。

（8）**技术转移**指某种技术由其起源地点或实践领域转而应用于其他地点或领域的过程。按其转移方向，一般可分为地理空间位置上的双向传播和不同实践领域的单向扩散两大类；按转移方式，可分为有偿转移和无偿转移；按转移的范围，可分为国际转移和国内转移。技术转移具有定向性、功利性、重复性和市场化等特点。

（9）**相互依存**是解释组织间关系的一种概念。一般认为，组织中的相互依存即组织的行为，这种行为会对其他组织产生影响。相互依存可分为水平相互依存、垂直相互依存、共生相互依存。当组织相互竞争以争夺资源或提供相同的服务时，就形成了水平相互依存，这时的组织体现了市场结构的功能；当几个组织处于一个完整生产链中各不同阶段时候，他们之间就形成了垂直相互依存；当两个组织在功能上相互补充，为第三方提供服务时，他们之间是互惠互利的，产生共生相互依存关系。

（10）**货币**是商品交换的产物，是在商品交换过程中从商品世界分离出来的固定地充当一般等价物的商品，是通货的一种。货币是购买货物、保存财富的媒介，是财产的所有者与市场关于交换权的契约，本质上是所有者之间的约定。货币的契约本质决定了它可以有不同的表现形式，如一般等价物、贵金属货币、纸币、电子货币等，它可以用作交易媒介、储藏价值、延期支付标准和记账单位。

3.（11）**尼采**，德国唯心主义哲学家，唯意志论哲学的主要代表。他认为，意志的本质在于提高权力、发挥权力和增长权力，最根本的意志是权力意志，由权力意志决定世界的运动变化，自然界和社会的一切现象都是“权力意志”的表现。主要著作有《权力意志》《悲剧的诞生》《不合时宜的考察》《查拉图斯特拉如是说》等。

（12）**表现主义文学**是以表现主观感受而著称的反传统的现代主义流派。其口号是“表现精神，不是描写现实”，竭力反对现实主义按照现实的本来面貌来描写现实的原则，主张表现外部世界在人的内心世界的折光。代表作家有奥地利小说家弗朗兹·卡夫卡、美国戏剧家尤金·奥尼尔、捷克作家卡莱尔·恰佩克等。他们主张向人的内心世界进行挖掘，即着意于表现主观感受的精神。

（13）**弗洛伊德**，奥地利精神病医师、心理学家、精神分析学派创始人，被世人誉为“精神分析之父”，20世纪最伟大的心理学家之一。他开创了潜意识研究的新领域，促进了动力心理学、人格心理学和变态心理学的发展，奠定了现代医学模式的新基础，为20世纪西方人文学科提供了重要理论支柱。他提出“潜意识”“自我”“本我”“超我”“俄狄浦斯情结”等概念。1899年出版《梦的解析》，被认为是精神分析心理学的正式形成，虽然精神分析学后来被认为并非有效的临床治疗方法，但激发了后人提出各式各样的精神病理学理论，在临床心理学的发展史上具有重要意义。

（14）**意识流小说**是20世纪20年代兴起的小说样式。其突出特点是打破了传统小说的表达方式，采取直接叙述意识流动过程的方法来结构篇章和塑造人物形象。它可以打破时空界限，进行立体交叉式的描写，具有较大的浓缩性和凝聚力。公认的意识流小说代表作有普鲁斯特的《追忆逝水年华》、乔伊斯的《尤利西斯》、伍尔夫的《到灯塔去》、福克纳的《喧哗与骚动》等。

（15）**不可知论**是一种哲学的认识论，认为思维与存在没有同一性，即认为人的意识不能或不能彻底认识客观世界及其规律。最初由英国生物学家T. H. 赫胥黎于1869年提出。不可知论对宗教实体的批判、对物质实体的否定、对精神实体的怀疑，强烈地冲击了旧形而上学赖以存身的根基，激起人们对传统的道德观念、人生价值观念进行反思的渴望与热情。主要代表人物有休谟、康德等。

4.（16）**唯心主义**是哲学两大基本派别之一，主张理念是世界的第一性质，物质是世界的第二性质。唯心主义分为客观唯心主义和主观唯心主义。主要代表人物有中国的朱熹、陆九渊、古希腊的柏拉图、德国的黑格尔、费希特等。唯心主义是信仰主义的一种精巧圆滑的形式。在阶级社会中，它通常是反动阶级和保守势力的世界观，是反动阶级维护其阶级利益和对劳动人民进行精神奴役的工具。

（17）**苏格拉底**，古希腊著名的思想家、哲学家、教育家，被后人认为是西方哲学的奠基者。苏格拉底重视伦理学，是古希腊第一个提出要用理性和思维去寻找普遍道德的人，他是道德哲学的创始人，强调道德是由理性指导的，所以"美德就是知识"，认为善出于知，恶出于无知。

（18）**亚里士多德**，世界古代史上伟大的哲学家、科学家和教育家之一，堪称希腊哲学的集大成者。作为一位百科全书式的科学家，他几乎对每个学科都做出了贡献。亚里士多德的著作构建了西方哲学的第一个广泛系统，包含道德、美学、逻辑和科学、政治和玄学。代表作有《工具论》《物理学》《形而上学》。

（19）**理念论**指柏拉图哲学。由于柏拉图哲学的核心概念是"理念"，他的哲学因此被称为"理念论"。"理念"是指心灵或理智所"看"到的东西，即普遍的概念、共相或形式。柏拉图把可见的现实世界与抽象的"理念世界"区分开来，认为前者事不过是后者的摹本或影子，以此建立起了本质思维的抽象世界。他认为理念世界才是永恒不变的，而人类所感官到的现实世界由各种现象组成，它会因时空等客观因素而表现出暂时变动的特征。

（20）**柏拉图式爱情**是以西方哲学家柏拉图命名的一种爱情观，追求心灵沟通和理性的精神上的纯洁爱情。柏拉图式爱情最早由意大利思想家费奇诺于15世纪提出，与苏格拉底式爱情是同义词。柏拉图式爱情根植于古希腊的理性主义传统和同性恋爱风尚。

5.（21）**生态系统**，简称ECO，是ecosystem的缩写，指在自然界的一定的空间内，生物与环境构成的统一整体，在这个统一整体中，生物与环境之间相互影响、相互制约，并在一定时期内处于相对稳定的动态平衡状态。生态系统是生态学领域的一个主要结构和功能单位，属于生态学研究的最高层次。

（22）**系统论**是科学名词，由美籍奥地利人、理论生物学家L. V.贝塔朗菲创立。它是研究系统的结构、特点、行为、动态、原则、规律以及系统间的联系，并对其功能进行数学描述的新兴学科。系统论的基本思想是把研究和处理的对象看作一个整体系统来对待。系统论的主要任务就是以系统为对象，从整体出发来研究系统整体和组成系统整体各要素的相互关系，从本质上说明其结构、功能、行为和动态，以把握系统整体，达到最优的目标。

（23）**生物多样性**是生态学术语，是一个描述自然界多样性程度的一个内容广泛的概念。生物多样性是生物及其环境形成的生态复合体以及与此相关的各种生态过程的综合，包括动物、植物、微生物和它们所拥有的基因以及它们与其生存环境形成的复杂的生态系统。生物多样性使地球充满生机，也是人类生存和发展的基础。保护生物多样性有助于维护地球家园，促进人类可持续发展。

（24）**厄尔尼诺现象**一般指厄尔尼诺暖流，是太平洋一种反常的自然现象。该现象发生时，热带太平洋海温异常增暖，大范围热带太平洋增暖，会造成全球气候的变化。这个状态维持3个月以上，则认定发生了厄尔尼诺事件。厄尔尼诺是一种周期性的自然现象，大约每隔7年出现一次。厄尔尼诺现象可以产生毁灭性的影响，可能在拉丁美洲引发洪水、导致澳大利亚出现干旱和印度的农作物歉收。

（25）**可持续发展**是关于自然、科学技术、经济、社会协调发展的理论和战略，是科学发展观的基本要求之一。最早出现于1980年国际自然保护同盟的《世界自然资源保护大纲》。实施可持续发展战略，有利于促进生态效益、经济效益和社会效益的统一；有利于促进经济增长方式由粗放型向集约型转变，使经济发展与人口、资源、环境相协调；有利于国民经济持续、稳定、健康发展，提高人民的生活水平和质量。

◎写作分析

本文要求写一篇实验室建设的论证报告，考生要掌握建设论证报告的基本写法、模式，了解语料库翻译实验室的功能，充分表达建设实验室的缘由、意义，以及拟建实验室概况的描述说明，需要达成的建设目标及具体的建设规划等内容。

××大学外国语学院语料库翻译实验室建设论证报告

一、建设缘由

近年来，语料库愈来愈广泛地应用于人文科学、社会科学和自然科学之中，具体包括语言学、文学、翻译学、舆情研究、国别与区域研究、医学和人工智能等领域，为中国外语教学，尤其是英语写作教学，提供了积极反馈。我校作为国内“双一流”建设高校，外语学院英语专业是国家首批一流建设点，恰逢迎评促建的关键时期，急需建设语料库翻译实验室以开展教学、科研工作。

二、建设意义

为推进语料库在不同学科研究中的应用，本学院拟成立语料库翻译实验室，以回应大数据时代和人工智能发展，为学校乃至国家的语料库研究和应用的高水平可持续发展奠定基础。语料库翻译实验室的设立将有利于整合学校资源，实现跨学科资源整合，服务于人才培养和社会发展。

三、建设目标

建设语料库翻译实验室的总体目标是建设“一带一路”多语平行语料库、国别与区域研究多语语料库、语料库建设平台、语料库检索与应用平台，以及语言智能实验室和数字人文实验室等基础设施，有序推进基于语料库的跨学科研究以及语言智能研究，推动语料库建设与应用方面的产学研合作，培养语言数据开发与应用等领域的高端人才。

四、建设规划

1. 筹备论证

2. 全面、系统地收集各学科的语料和其对应的翻译语料，并进行审核校对

3. 实验设备、硬件、实验平台配备

4. 语料的整合、抽样检查、加工，选择语料库索引程序

5. 实验室管理人员培训规划

五、实验室管理

1. 建设期间管理措施

（略）

2. 拟制定的制度

（略）

综上所述，本学院拟建设语料库翻译实验室，这将有利于整合学校资源，实现跨学科资源整合，服务于人才培养和社会发展。实验室建设过程方向明确、方法具体、风险可控，预期教学教研目标能够实现。

××大学外国语学院

××××年××月××日

◎写作分析

本文属于材料作文，作文的重难点在于理解材料的内涵，然后根据题目要求，评论材料内涵、核心观点或价值观。要把握材料内涵，首先要学会抓住关键语句，找准切入点。在材料中，“翻译是一种形式的征服”是关键语句，材料中心是译者在翻译的过程中可以根据自己所需对译文进行增删，并问心无愧。针对这一核心观点，我们可以肯定、否定或辩证分析。

返璞和谐形神兼备，平等交流文化共生

有人说，历史是任人打扮的小姑娘；也有人认为，翻译是译者心安理得的帝国伟业重铸。在这重塑与重铸的过程中，历史真相是否重要？原作的真貌是否重要？

尼采在其《快乐的科学》中，简要阐述了“翻译是一种形式的征服”的思想，而这一思想源于他的非历史主义的“超人”思想。他反对翻译中的盲从、趋附，主张译者“要放开手脚，不拘于泥于原文”，可根据需要对译文进行增删。在尼采所处的时代，甚至上溯到法国大革命时代，法国人在翻译的过程中完成自我的重塑，他们正是以这般令人惊讶的勇气，心安理得地吸收了古罗马的知识。然而，在我看来，尼采这种思想是建立在非忠实的前提下的归化，过分强调和夸大了译者的主观臆造性，并且这种毫无约束的自由发挥在某种程度上会失去原作品翻译的意义。

假如尼采的翻译哲学是特殊历史时期的产物，那么这种“征服式的翻译原则”显然已经不适应当下的时代潮流。大风泱泱，大潮滂滂，历史车轮滚滚向前，翻译与各国文化交流密不可分。在各国平等交流的当下，翻译不再是一种形式的征服，而应是一种形式的交流。我们应回归原文，翻译要追求“形神兼备”，以期达到不同文化间的平等交流的目的。

从表层来看，“征服式的翻译”不是尊重，翻译应回归真实，追求形神兼备。尊重的前提是理解，理解的前提是直面真实，在不理解之花上无法结出尊重之果，在不真实的根上无法长出理解之树。纵观中国译论，从古代支谦的“循本旨不加文饰”、道安的“五失本三不易”、玄奘的“既须求真又须喻俗”，再到近代严复的“信、达、雅”、傅雷的“神似”论与钱钟书的“化境”说等都将忠实作为首要原则。而西方古代、近代译论直到现代卡特福德的“语篇等值”、纽马克的“文本中心论”都以原作为中心，追求译文与原文的全方位契合。可见，无论是民间交往、日常翻译还是作品翻译，都将忠于原文、再现真实放在最重要位置，都将形神再现作为翻译的目标和要求。也就是这种对形神兼备翻译原则的追求与坚持，成就了一批又一批伟大的翻译家、思想家与文化传播的使者，更造就了一次又一次思想、文化上的沟通浪潮。

从深层来看，“征服式的翻译”不是文化的平等交流，无法促进不同文化的交融共生。如果说个别翻译家不顾翻译作品的真实，而对翻译作品恣意修改、再创造是个人行为，那么集体的、有组织地翻译再创造则体现了一种文化霸权。历来，翻译体现的不是文化交流的平等性，而是文化的权力之争。比如，殖民语境下存在着强势文化与弱势文化之间的权力差异，这种权力差异使翻译具备文化上的征服性，彼时的翻译不过是殖民者用以征服弱势文化的工具罢了。己所不欲，勿施于人。为了避免文化霸权，我们也不应该以自身文化为中心，也一样要避免狭隘的民族文化自恋，我们应倡导尊重真实，返璞和谐，努力实现平等交流，文化共生。

山不让尘，川不辞盈。君可见，唯独“尊重真实，平等交流”才能实现文化的交流共生；君可见，唯独“尊重真实，平等交流”才能奏响多元文化时代的最强音；君可见，唯独“尊重真实，平等交流”才能更好地构建人类命运共同体……而这一切必须建立在提高本土文化免疫力，不断提高自身文化地位的基础上。

2021 年 广西民族大学·答案详解

第一部分 百科知识

一、判断题

1. [×]《茶花女》是法国作家小仲马创作的长篇小说，讲述了一个青年人与巴黎上流社会一位交际花曲折凄婉的爱情故事。通过一个妓女的爱情悲剧，揭露了法国七月王朝上流社会的糜烂生活，对贵族资产阶级的虚伪道德提出了血泪控诉。《茶花女》后来被改编成歌剧，由意大利的音乐家威尔第作曲，影响更为深远。

2. [×] 中国最大的淡水湖是位于江西省的鄱阳湖。湖南省的洞庭湖、江苏省的太湖和洪泽湖、安徽省的巢湖和江西省的鄱阳湖并称为中国的五大淡水湖。

3. [×] 汇入大西洋最长的河流是尼罗河，全长 6,670 千米，是世界最长的河流，流经非洲东部与北部，自南向北注入地中海，而地中海属于大西洋的一部分。亚马逊河是世界上水量最大、流域面积最广的河流，自西向东注入大西洋。

4. [√] 诺贝尔文学奖是根据瑞典著名化学家诺贝尔在 1895 年留下的巨额遗产设立的五个诺贝尔奖之一，旨在奖励在文学领域创作出具理想倾向之最佳作品者。奖金为 800 万瑞典克朗，金额会随着诺贝尔基金会当年的收入而变动。

5. [×]“五金”指金、银、铜、铁、锡五种金属，不包括铝。

6. [√] 美国国庆日也叫独立日，是美国的主要法定节日之一，日期为每年 7 月 4 日，以纪念 1776 年 7 月 4 日大陆会议在费城正式通过《独立宣言》。

7. [√]“超市”源自英文 supermarket，由 super“超”和 market“市”组成。这一吸收外来词的方式为“摹借”，即是把外语中的一个词（或一个成语），用同样的构成方式搬到自己的语言里来。这种词往往有两个以上的构成部分，摹借的时候就按照这些构成部分进行意译，然后拼凑成词。

8. [√]“但愿人长久，千里共婵娟”出自宋代苏轼的《水调歌头》。苏轼，字子瞻，号东坡居士，世称苏东坡。他是北宋文学家、书法家、美食家、画家，历史治水名人。

9. [√]“世家”是《史记》中用以记载侯王家世的一种传记。“世家”之体古已有之，司马迁撰《史记》时以之记王侯诸国之事，著《世家》三十篇；欧阳修撰《新五代史》亦著《列国世家》十篇。因王侯开国，子孙世代承袭，故称“世家”。

10. [×] 我国最早的中医学专著是《黄帝内经》，为古代医家托轩辕黄帝名之作，为医家、医学理论家联合创作，一般认为成书于春秋战国时期。《黄帝内经》《难经》《伤寒杂病论》《神农本草经》被称为中国传统医学四大经典著作。《本草纲目》是明代李时珍撰写的药学著作。

二、填空题

1. [委内瑞拉] 世界石油储量主要集中在中东和南美洲地区，委内瑞拉被公认为拥有世界上探明石油储量最多的国家，但其在石油出口上仍旧无法与沙特阿拉伯比较。

2. [大禹]大禹治水是中国古代的神话传说故事。传说大禹治水治了十三年，在外与民众一起奋战，置个人利益于不顾，“三过家门而不入”，即三次经过自己的家门，也没有时间进去看看家人。

3. [熟牛皮]“韦”，指熟牛皮；“韦编”，指用熟牛皮把竹简编联起来；“三”是概数，表示多次；“绝”是指断裂。“韦编三绝”本指孔子勤读《周易》，致使穿连竹简的皮条多次脱断，后用来形容读书勤奋。

4. [28至32]正常成年人有28~32颗牙齿不等。从牙齿排列上看，左右对称，每半边上下两排各有2个切牙、1个尖牙、2个双尖牙和3个磨牙，排在最后面的四颗磨牙叫智齿，但智齿不是每个人都长，有的人会长出1颗、2颗、3颗，甚至4颗智齿，所以成人牙齿的正常数量应该在28颗到32颗之间。

5. [氢能]氢气的燃烧产物是水和少量氮化氢，少量的氮化氢经过适当处理也不会污染环境，而且燃烧生成的水还可继续制氢，反复循环使用，属于最清洁的能源。

6. [55]中国有56个民族，除了汉族外，还有55个少数民族。中国各民族分布的特点是大散居、小聚居、交错杂居。

7. [广南东路]997年（宋太宗至道三年），广南路分为广南东路和广南西路，东路治所在广州，西路治所在桂州，广东大部分属广南东路，“广东”即广南东路的简称。元设海北广东道；明置广东省，后改广东布政使司；清改广东省，省名至今未变。

8. [天若有情天亦老]“人间正道是沧桑”来自毛泽东的《七律·人民解放军占领南京》，前一句“天若有情天亦老”是借用唐朝李贺《金铜仙人辞汉歌》中的诗句，原句的意思是，对于这样的人间恨事，倘若上天也有感情，也要因悲伤而衰老。这里是说，倘若上天也有感情，见到国民党反动统治的黑暗残酷，也要因痛苦而变衰老。

9. [生理]马斯洛的需求层次结构是心理学中的激励理论，把人的需要分为五个层级，通常被描绘成金字塔内的等级，从底部向上分别是生理需要、安全需要、社交需要、尊重需要和自我实现需要，其中最低级的是生理需要。

10. [1946]1946年2月14日，世界上第一台通用电子计算机于美国宾夕法尼亚大学诞生，名为ENIAC。

三、选择题

1. [A]校园歌曲，是广受学生喜爱、流行于校园、体现校园生活和学子心境或感受的创作，或称为“校园民谣”“现代民歌”“乐府民风”等。最早的校园歌曲出现在日本，即品川弥二郎创作于1868年的《阿宫先生》。20世纪70年代中期，校园歌曲在台湾兴起，并且发展迅猛。如果说日本的校园歌曲是校园歌曲未定型前的最初形式，那么台湾则是校园歌曲真正成型的诞生地，并将校园歌曲推向了辉煌。

2. [C]月球环绕地球一周的时间约为29天12时44分3秒，是一个朔望月。地球自转一周的时间约为一日；地球绕太阳公转一周约为一年。

3. [D]《掀起你的盖头来》是中国民族音乐家王洛宾先生根据在甘肃河西走廊采集的维吾尔族民歌《亚里亚》（又一说为乌孜别克族民歌《卡拉卡西乌开姆》）改编而成的，最初由“青海儿童抗战剧团”的孩子们用群舞的形式在舞台上表演。汉族民歌主要包括劳动号子、山歌、小调，代表歌曲有《挑担不怕扁担弯》《茉莉花》等。蒙古族民歌主要分为礼仪歌和牧歌，代表歌曲有《嘎达梅林》《达那巴拉》等。壮族民歌包括勒脚歌、排歌、散歌等，代表歌曲有《布伯》《布洛陀》等。

4. [A]湖北和湖南是以洞庭湖划分的。洞庭湖，古称云梦、九江和重湖，处于长江中游荆江南岸。鄱阳湖位于江西省北部，是中国第一大淡水湖，也是中国第二大湖，仅次于青海湖。洪湖位于湖北省荆州市，是中国第七大淡水湖，也是湖北省第一大湖。洪泽湖位于江苏省西部淮河下游，是中国第四大淡水湖。

5. [B] 巨鹿之战，是秦末大起义中，项羽率领数万楚军（后期各诸侯义军也参战），同秦名将章邯、王离所率四十万秦军主力在巨鹿（现属邢台市平乡县地区）进行的一场重大决战性战役，也是中国历史上著名的以少胜多的战役之一。牧野之战是武王伐纣的决胜战，是周武王联军与商朝军队在牧野（今淇县南、卫河以北，新乡市附近）进行的决战。官渡之战是东汉末年“三大战役”之一，建安五年（公元200年）曹操军与袁绍军相持于官渡（今河南中牟东北）的决战，也是中国历史上著名的以弱胜强的战役之一。昆阳之战是新朝末年，新汉两军在中原地区进行的一场战略决战，主战场在昆阳一线（今河南省叶县）。

6. [B] 肝脏具有解毒功能，能参与药物和有毒物质的代谢，随着尿液和体液排出体外。肝脏能够分泌和排泄胆汁，促进脂肪在小肠的消化和吸收。肝脏能够合成白蛋白、球蛋白、凝血因子，而且脂肪、蛋白质、糖主要是在肝脏进行代谢，其相当于人体的化工厂，当血糖高时，机体就会把多余的葡萄糖，在肝脏中以肝糖原的形式储存起来。当血糖下降时，肝脏又会将肝糖原释放入血，以保证血糖浓度的平稳。肠道已经有淋巴组织起到防御功能了，因此防御功能不是肝脏的主要功能。

7. [B] 唯物辩证法是由对立统一规律、质量互变规律、否定之否定规律和一系列其他范畴构成的科学体系。唯物辩证法的实质和核心是对立统一规律。对立统一规律揭示了事物发展的动力和源泉；质量互变规律揭示了事物发展的状态和形式；否定之否定规律揭示了事物发展的趋势和道路；联系和发展的观点是唯物辩证法的两个总特征。

8. [C] “冬天到了，春天还会远吗？”出自英国浪漫主义诗人雪莱的诗作《西风颂》。预言革命春天即将来临，给生活在黑夜及困境中的人们带来鼓舞和希望。

9. [B] 中国第一个封建王朝是秦朝。公元前221年，历经两千余年的奴隶制社会之后，中国历史上第一个统一的中央集权的封建王朝——秦诞生了。秦的诞生对于中国历史具有极其重要的意义。汉和明都是秦之后出现的朝代，同样属于封建社会，而秦之前的周朝是属于奴隶社会。

10. [C] 孔子在面对不同的人生阶段时，对自己有一个非常著名的自我评价：“吾十有五而志于学，三十而立，四十而不惑，五十而知天命，六十而耳顺，七十而从心所欲，不逾矩。”“五十而知天命”，是说五十岁之后，知道了理想实现之艰难，故而做事情不再追求结果。五十之前，全力以赴希望有所成就，而五十之后，虽然仍是“发愤忘食”“乐以忘忧”，但对个人荣辱已经淡然。

四、简答题

1. [宫、商、角、徵、羽] 古代五音按音高顺序排列，为1、2、3、5、6，没有4和7这两个音阶。五音是中国古乐基本音阶，故有“五音不全”成语。

2. [创新、协调、绿色、开放、共享] 十八届五中全会提出的五大发展理念把创新提到首要位置，指明了我国发展的方向和要求，代表了当今世界发展潮流，体现了我们党认识把握发展规律的深化。用以创新为首的“五大发展理念”引领时代发展，必将带来我国发展全局的一场深刻变革，为全面建成小康社会、实现中华民族伟大复兴中国梦提供根本遵循，注入强劲动力。

3. [吃粽子、赛龙舟、戴葫芦、系五色绳、门插艾] 吃粽子是全国人民的共同习俗，据传是始于悼念屈原，便在端午节以竹筒贮米投入水中祭吊。赛龙舟是端午节的主要习俗。相传起源于古时楚国人因舍不得贤臣屈原投江死去，许多人划船追赶拯救。小孩、成人佩戴葫芦，不但有避邪驱瘟之意，而且有襟头点缀之风。佩戴传统文化寓意“福禄”的葫芦，可以化戾气为平和，增强福缘气场。端午节当天把五色绳拴在小孩的手腕、脚腕和脖颈上，据说可以避邪和防止五毒近身。五月正直艾草生长旺期，此时功效最好。端午这一天，人们采摘艾草，悬挂在自家门口，祈祷消除毒灾。

4. [中国、俄罗斯、英国、法国、美国] 联合国安理会常任理事国均为第二次世界大战的五大战胜国，自二战来保留最强军事实力，在联合国有一票否决权。

第二部分 应用文写作

◎写作分析

本文要求写一份调研提纲。提纲应很好地体现分析问题的方法和逻辑性，简明扼要，思路清晰，为调研提供方向，涵盖背景、目的、对象、方式、安排等要素。

关于广西环江毛南族自治县普通话使用情况调研提纲

一、调研主题

广西环江毛南族自治县普通话使用情况

二、调研背景

1973年12月18日，28届联合国大会通过汉语为联合国六种法定语言之一，而普通话，即现代标准汉语，是现代中华民族共同的语言，使中国走向世界的标识语言。中国是一个多民族的国家，地域辽阔，人口众多，方言复杂，十分需要统一语言。大力推广、积极普及全国通用的普通话，有利于消除语言隔阂，促进社会交往，对社会经济政治、文化建设和社会发展具有重要意义。全面建成小康社会，一个民族都不能少。2020年5月，广西环江毛南族自治县退出贫困县序列，毛南族已实现整族脱贫，普通话的使用和推广也刻不容缓。

三、调研目的

语言是人类最重要的交际工具，又是人类文化的载体，人们运用共同的语言来交流思想，才能互相了解和组织生产。语言文字的运用是否合乎规范标准往往反映了一个国家、一个民族的文明程度。随着我们的祖国日益强大，我国社会主义经济的迅速发展和语言文字信息技术的不断改革，对我们的普通话要求也越发突显出来。为了解广西环江毛南族自治县普通话使用情况，并进一步在少数民族推广普通话，使语言文字规范化工作不断深入，构建社会主义和谐社会营造良好的语言环境，进行此次调研。

四、调研对象

广西环江毛南族自治县民众

五、调研方式

以问卷调查为主，并辅以访问的形式。

六、调研预期及安排

1. 前期准备阶段：2月8日到2月15日。调研提纲和调查问卷的起草。

2. 中期调查阶段：2月18日到2月20日。调查问卷的核对与完善，通过一定数量的试问卷调查，检验问卷设计是否合理；准备一定量的访问题目。

3. 正式调查阶段：2月21日到3月20日。调查问卷的发放、回收及数据录入等。

4. 后期总结阶段：3月22日到4月10日。调查数据的分析和调研报告的撰写。

◎写作分析

本文要求写一篇议论文，议论文要做到论点清晰，论据充分，论证方法多样。考生可以围绕主题，论述“扶志”与“扶智”在“扶贫”过程中起到的关键作用。

扶贫关键点，勿忘志与智

我国一直是世界减贫事业的积极倡导者和有力推动者。贫困问题，是中国全面建成小康社会的“拦路虎”。要想真正扶贫，勿忘“志”“智”双扶是关键。

扶贫先扶志。扶志是什么？扶志就是扶思想、扶观念、扶信心，帮助贫困群众树立起摆脱困境的斗志和勇气。我国明代著名的思想家王阳明先生说：“志不立，天下无可成之事。”英国著名的社会改革家塞·斯迈尔斯也说：“人若有志，万事可为。”由此可见，志向、思想对人的发展和社会的进步都起到了非常重要的作用。

扶志为先，重在帮助贫困地区群众转变思想观念，形成积极向上的决心和勇气。脱贫仅依靠政府支持是不够的，“输血”在一定程度上可以缓解贫穷，但并不能从根本上解决问题。要让贫困户切实理解“幸福美好生活不是从天上掉下来的，而是要靠艰苦奋斗创造得来”，帮助贫困户树立信心、坚定信念、拥有自我“造血”功能才能根治贫困。

如何扶志？政府通过培育树立自主脱贫典型，营造脱贫光荣的浓厚氛围，注重扶贫工作中的精神激励和思想引导，减少简单发钱发物式帮扶，形成有尊严的劳动增收脱贫。贫穷并不可怕，可怕的是懒惰的思想，精神上的贫穷比物质上的贫困更难治愈。扶贫工作中要转变少数贫困户等、靠、要的心态，为其树立起脱贫志气，变“要我脱贫”为“我要脱贫”。

扶贫必扶智。扶智是什么？扶智就是扶知识、扶技术、扶思路，帮助和指导贫困群众着力提升脱贫致富的综合素质。摆脱贫困需要智慧，如何扶智？教育是根本，教育是拔穷根，阻止贫困代际传递的重要途径。因此，再穷不能穷教育。张桂梅校长创办免费女子高中，就是扶贫的壮举，扶智的典型。要抓好基础教育扶贫，保障落实贫困家庭子女就学，唯有狠抓控辍保学，让贫困地区的孩子接受良好的义务教育，才能让贫困地区的家庭看到希望之光，让帮扶工作真正扶到点上、扶到根上。

扶智还要做到“授人以渔”，可以从职业教育入手。聚焦贫困地区产业和就业需求，因地制宜开展职业技能培训，激发致富活力，将贫困地区的人口资源转化为人才资源，满足当地经济社会发展需要，为实现高质量就业、脱贫致富打下坚实基础。

扶贫关键点，勿忘志与智。身为青年学子的我们，更要勇担时代使命，时刻铭记：青年当怀家国志，融入智慧思扶贫，为实现中华民族的伟大复兴贡献自己的青春和力量！

华研外语
TOPWAYENGLISH

汉语写作与百科知识

真题册

2022

懂方法 更有效
www.huayan-edu.com

科目代码
448

目录 CONTENTS

2022 年 暨南大学

第一部分　百科知识（“百科知识”分为两部分，共 50 分）

一、选择题：从四个选项中选择正确的一项（25 题，每题一分，共 25 分）

1. “世界环境日”是在每年的哪一天？

A. 6 月 5 日　　B. 7 月 5 日　　C. 8 月 5 日　　D. 9 月 5 日

2. 君主专制中央集权是中国古代政治制度的重要特点，最早在哪个朝代确立？

A. 周朝　　B. 秦朝　　C. 汉朝　　D. 唐朝

3. 有人这样描述一位航海家：“他把欧洲强盗带到了美洲，掠夺了美洲财富，是一个恶魔；但他‘发现’了新大陆，使落后的美洲走向文明，同时也是一个功臣。”这里的“他” ______。

A. 曾到达了非洲最南端的“好望角”　　B. 向东航行后横渡印度洋到达印度

C. 坚信地圆学说并四次横渡大西洋　　D. 完成了人类史上第一次环球航行

4. 法国著名昆虫学家、动物行为学家、生物学家、科普作家让·亨利·卡西米尔·法布尔，被世人称为“昆虫界的荷马”“昆虫界的 ______”。

A. 维吉尔　　B. 修昔底德　　C. 托尔斯泰　　D. 柏拉图

5. 下列词语中，有错别字的一项是 ______。

A. 啜泣　喑哑　齐心协力　迥乎不同　　B. 撺掇　崔巍　歇斯底里　销声匿迹

C. 悲怆　睥睨　粗制滥造　味同嚼腊　　D. 禁锢　帷幕　吹毛求疵　通宵达旦

6. 下列词语中，粗体字的读音都相同的一项是 ______。

A. 和**煦** / **酗**和　**诓**骗 / 热泪盈**眶**　　B. 遗**骸** / 惊**骇**　拜**谒** / **竭**尽全力

C. **狩**猎 / 墨**守**成规　归**省** / 不**省**人事　　D. 喷**薄** / 厚积**薄**发　**殚**精竭虑 / **箪**食壶浆

7. 下列句子表达有误的一项是 ______。

A. 习近平主席在“一带一路”高峰论坛上强调，“一带一路”建设不是另起炉灶推倒重来，而是实现战略对接、优势互补。

B. 古诗是中华民族文化中的瑰宝，它短小精悍，字不虚设但言简义丰，意境深美。

C. “二十四节气”被国际气象界誉为“中国第五大发明”。在中国北方，很多农村居民可能不知道一些现代节日，但是对于“二十四节气”却耳熟能详。

D. 2019 年度淄博市青少年“中国达人”挑战赛决赛在张店区举行，比赛内容涵盖中华传统哲学、史学、文学、服饰、饮食、建筑等多个方面，可谓琳琅满目。

8. 下列句子中，没有语病的一项是 ______。

A. “大国工匠年度人物”评选活动自 2018 年 6 月启动以来，全国各地工会、社会各界人士和广大职工广泛参与、积极响应。

B. 大学生要提升文学素养，养成爱读书，尤其是读经典名著，让书香浸润心灵。

C. 从中国的简帛、埃及的莎草纸、欧洲的羊皮卷到今天的电子屏，人类的阅读载体不断演进，但人们对阅读的热爱，对精神世界的守望却从未改变。

D. 善待自然就是善待自己，自然生态环境保护得好决定着灾害发生时损失的大小。

9. ______ 被后人推崇为我国养蚕取丝的创始人。

A. 黄帝 B. 尧帝 C. 仓颉 D. 嫘祖

10. 以下故事情节都出自中国古典名著《水浒传》，哪个情节与鲁智深无关？

A. 火烧草料场 B. 大闹野猪林 C. 倒拔垂杨柳 D. 拳打镇关西

11. 下面哪个国家号称“骑在羊背上的国家”？

A. 新西兰 B. 澳大利亚 C. 荷兰 D. 阿根廷

12. 以下哪部作品不是莎士比亚四大悲剧之一？

A.《哈姆雷特》 B.《奥赛罗》 C.《第十二夜》 D.《麦克白》

13. 中国女科学家屠呦呦因为哪一项研究而分享 2015 年诺贝尔医学奖？

A. 牛胰岛素结晶 B. 抗生素青霉素 C. 抗疟新药青蒿素 D. 麻风病疫苗

14. 森林与海洋还有 ______ 并称为地球最重要的三大生态系统。

A. 湿地 B. 草原 C. 湖泊 D. 沼泽

15. 我国古代的一个时辰相当于现在几个小时？

A. 1 小时 B. 2 小时 C. 3 小时 D. 4 小时

16. 我国的根本政治制度是 ______。

A. 人民代表大会制度 B. 人民民主专政制度 C. 社会主义制度 D. 全民所有制

17. 宏观经济学的中心理论是 ______。

A. 价格决定理论 B. 薪水决定理论 C. 国民收入决定理论 D. 汇率决定理论

18. 20 世纪 90 年代初，三位日本及日裔美国科学家制造出高效蓝光二极管即 LED 灯，从根本上改变了人类照明技术。2014 年，瑞典皇家科学院将 2014 年诺贝尔物理学奖授予这三位科学家。以下哪一位诺贝尔物理学奖获得者<u>不在</u>这一年的获奖者之列？

A. 赤崎勇 B. 真锅淑郎 C. 中村修二 D. 天野浩

19. 以小说《伊豆的舞女》《雪国》《古都》等著称的日本作家 ______，因“以非凡的敏锐表现了日本人的精神特质”，夺得了 1968 年诺贝尔文学奖。获奖词是“由于他高超的叙事性作品以非凡的敏锐表现了日本人精神特质”。

A. 夏目漱石 B. 村上春树 C. 大江健三郎 D. 川端康成

20. 我们现在日常使用的很多东西都是日本人首先发明的。以下哪一项不是日本人首先发明的？

A. 电饭煲 B. 卡拉 OK C. 复印机 D. 全自动麻将桌

21. 在国民收入核算体系中，测定一定时期所有最终产品和劳务的最后货币量的是 ______。

A. 国民收入 B. 可支配收入总和 C. 国民生产总值 D. 国内生产总值

22. 建筑是一个民族传统文化的缩影。______ 建于公元 1 世纪，是柱式建筑与拱门建筑结合的典范之作。

A. 帕特农神庙　　B. 罗马竞技场　　C. 麦加清真寺　　D. 巴黎圣母院

23. 先秦时代，教育内容以“六艺”为主。下列不属于“六艺”的是 ______。

A. 射　　B. 御　　C. 礼　　D. 武

24. ______ 是波兰著名钢琴家、作曲家，在钢琴演奏方面自成风格，以委婉如歌、精致典雅为特征，素有“钢琴诗人”之称。在作曲方面，他大胆革新，有独创性，丰富了旋律、节奏、和声、衬腔复调音乐，使波兰音乐提高到欧洲音乐艺术最高水平。

A. 贝多芬　　B. 舒伯特　　C. 莫扎特　　D. 肖邦

25. 马斯洛将人类的需求由低到高依次分为五个不同的层次，其中最高的层次是 ______。

A. 受尊敬的需要，包括地位、荣誉和财富等

B. 社会需要，包括人际交往

C. 自我实现的需要，包括获得成就和实现理想

D. 安全需要，包括生命、职业和财产的安全及保障

二、名词解释题：简要解释下列文章片段中画线部分的名词与术语（25 分）

西方哲学批量涌入中国造成思想史上难得一见的景观：无论哪个时代的西方哲学，对于中国全都具有当代性。当然，中国会按照西方时间表对西方哲学进行排序，但在中国时间表里，从希腊、中世纪、文艺复兴、启蒙运动、现代或后现代乃至当代的西方哲学，全都具有中国当地时间的当代性。在中国时间里，西方时间性被压缩空间性，被压平的西方时间呈现为一个丰富到拥挤的思想空间，于是形成所有西方思想都被赋予当代性而成为平行选项的奇观。

西方思想两次涌入中国，一次是晚清到上世纪 30 年代，另一次是上世纪 80 年代到今天。批量涌入意味着西方长时间积累的思想同时到达中国，于是具有同时到港的当代性，对于中国都同样具有取经价值。以第二次批量涌入为例，其中虽有部分西方思想在第一次涌入时曾经到达，却在中断后卷土重来而再次具有新意。从希腊哲学到康德和黑格尔，从法兰克福学派到结构主义和存在主义、从古典自由主义到保守主义，从尼采到海德格尔，从现象学到解释学，从维特根斯坦到分析哲学和科学哲学，在 80 年代同时涌入，接着在 90 年代又涌入后现代主义、后殖民主义、新自由主义、社群主义、激进左派、福柯、德里达、哈贝马斯和罗尔斯等。到 2000 年后，西方思想就几乎现场同步涌入中国了。80 至 90 年代涌入的西方思想跨度极大，几乎是整个西方哲学史。这个时间变空间的奇观形成了应有尽有的思想市场。

柏拉图、亚里士多德、康德、黑格尔、海德格尔等经典理论因地位重要而有着持久的吸引力，但并非所有经典都得到平等重视，其中可见中国偏好。马克思、康德、尼采、海德格尔和罗尔斯获得了最为持久而广泛的支持，但也有阶段性热点，近十多年来的新热点是法式哲学（不限于法国），然而怀疑论、英国哲学、分析哲学、休谟和维特根斯坦则一直被相对冷遇，尤其是分析哲学，与儒家和玄学传统大相径庭，素为中国学者所不喜。

1. 文艺复兴　　2. 结构主义　　3. 后现代主义　　4. 柏拉图　　5. 儒家

第二部分　应用文写作（40分）

孔子曾说："见义不为，无勇也。"但孔子又说："君子有三畏：畏天命，畏大人，畏圣人之言，小人不知天命而不畏也，狎大人，侮圣人之言。"

请你以"勇与畏"为题，写一篇短评，阐述"维护正义之勇"与"敬畏自然法则"之间的关系。要求观点明确、论证充分，说理透辟。字数在400~500之间。

第三部分　现代汉语写作（60分）

阅读以下材料后作文。

1. 孟子曰："孔子登东山而小鲁，登泰山而小天下。故观于海者难为水，游于圣人之门者难为言。观水有术，必观其澜。日月有明，容光必照焉。流水之为物也，不盈科不行；君子之志于道也，不成章不达。"

——《孟子·尽心上》

2. 愿中国青年都摆脱冷气，只是向上走，……此后如竟没有矩火：我便是唯一的光。倘若有了矩火，出了太阳，我们自然心悦诚服的消失，不但毫无不平，而且还要随喜赞美这炬火或太阳；因为他照了人类，连我都在内。

尼采说："真的，人是一个浊流。应该是海了，能容这浊流使他干净。"

"咄，我教你们超人：这便是海，在他这里，能容下你们的大侮蔑。"（《札拉图如是说》的《序言》第三节）

——鲁迅《随感录——四十一》片段，1919年

请根据阅读材料，以《日月有明，容光必照》为题作文，体裁不限，议论、抒情、叙事均可。要求思路开阔，视角独特，语言流畅自然。（字数：1,000~1,200）

2022 年 扬州大学

第一部分 百科知识（共 25 题，每小题 2 分，共 50 分）

1.《黄帝内经》全面奠定了中医理论的基础，其中的核心理论不包括 ______。

A. 阴阳五行说　B. 经络学说　C. 天人学说　D. 六经论治伤寒

2. 原始儒学的经典包括《诗》《书》《礼》《乐》《易》《春秋》，称为六经，其中 ______ 没有流传下来。

A.《春秋》　B.《诗》　C.《乐》　D.《易》

3. 二战后，美国凭借占绝对优势的综合国力取得霸主国地位，逐步建立了以 ______ 为核心的国际金融体系、以关贸总协定为核心的国际贸易体系、以北大西洋公约组织为核心的国际安全体系。

A. 布雷顿森林体系　B. 关贸总协定　C. 联合国　D. 北大西洋公约组织

4. 秦始皇为加强中央集权统治，在文化上，一方面实行“书同文”，另一方面又在 ______，虽在短时间内加强了思想控制，但却毁灭了古代许多重要的典籍，造成文化史上难以弥补的损失。

A. 车同轨　B. 修建长城　C. 焚书坑儒　D. 寻觅仙药

5. 祖冲之，我国历史上伟大的数学家，他第一次把圆周率的数值，准确到小数点后的 ______ 位数字，比欧洲要早 1,100 多年。

A. 一　B. 三　C. 五　D. 七

6. ______ 的《齐民要术》是我国现存的一部最早、最完整的农书，也是世界农学史上的优秀著作之一。

A. 仓颉　B. 毕昇　C. 贾思勰　D. 祖冲之

7. 北魏地理学家郦道元著有 ______，收集有关水、山陵城邑建筑名胜珍物异事等项的文记，详为叙述，使地理著作进入到一个新的阶段。

A.《水经注》　B.《山海经》　C.《石鼓文》　D.《徐霞客游记》

8. 王羲之是东晋时期的著名书法家，有“书圣”之称。以下哪一部不是他的作品？

A.《兰亭序》　B.《快雪时晴帖》　C.《十八贴》　D.《黄庭经》

9. 魏晋时期清谈家称 ______ 三本为“三玄”，所以“玄学”之名由此而来。

A.《论语》《孟子》《荀子》　B.《周易》《老子》《庄子》

C.《韩非子》《周书》《周易》　D.《老子》《大学》《中庸》

10. 孟子是我国古代著名的 ______，被认为是孔子学说的正宗继承者，与孔子并称为“孔孟”，尊为“亚圣”。

A. 思想家、政治家、美学家　B. 思想家、政治家、小说家

C. 思想家、政治家、教育家　D. 思想家、哲学家、修辞学家

11. 苏轼是我国宋代著名的词人，文学家、书画家，“唐宋八大家”之一。他写的词笔力纵横、豪迈奔放，对后世影响很大，故被尊为“______”。

A. 圣人　B. 神人　C. 诗圣　D. 词圣

12. “曲圣”关汉卿是元代杂剧作家。以下哪一部不是他的作品？

A.《单刀会》　B.《拜月亭》　C.《窦娥冤》　D.《赵氏孤儿》

13. ______ 是我国古代著名的茶叶专家，著有《茶经》3卷，属于世界上第一部茶叶专著，从而开茶叶研究的先河，被后人誉为“茶神”或“茶圣”。

A. 陆羽　　B. 李时珍　　C. 炎帝　　D. 李龟年

14. IPR stands for intellectual property rights, which does not include ______.

A. patent　　B. trade mark　　C. invention　　D. copyright

15. In response to Francis Fukuyama's 1992 book ______ Samuel P. Huntington published his well-known *The Clash of Civilization and the Remaking of World.*

A. *The Ugly American*　　B. *The Ugly Chinese*

C. *On China*　　D. *The End of History and the Last Man*

16. As an Austrian physician and neurologist as well as the father of psychoanalysis, Sigmund Freud contributed all the following except ______.

A. sexual theory　　B. social contract

C. interpretation of dreams　　D. Oedipus Complex

17. D. H. Lawrence is an English novelist, poet, and essayist, and he is the author of all but ______.

A. *The Scarlet Letter*　　B. *Sons and Lovers*

C. *Women in Love*　　D. *Lady Chatterley's Lover*

18. As a result of the Treaty of Versailles, the sovereignty of China's Shandong Province was changed hand from ______ to Japan.

A. Russia　　B. the United States　　C. Germany　　D. France

19. Which of the following Japanese cities was bombed during the Second World War?

A. Tokyo.　　B. Hiroshima.　　C. Fukuoka.　　D. Osak.

20. Which of the following is not true of the Enlightenment Movement?

A. The Age of Reason.　　B. The Age of Faith.

C. Originated from France.　　D. During the second half of the 18th century.

21. The author of the statement "Man was born free, and everywhere he is in chains. " is ______.

A. Rousseau　　B. Voltaire　　C. Montesquieu　　D. Diderot

22. Wolfgang von Goethe is famous for all the following except ______.

A. Rococo Art　　B. *The Sorrows of Young Werther*

C. *Faust*　　D. *Wilhelm Meister's Travels*

23. Which of the following is not among the world major religions?

A. Taoism.　　B. Judaism.　　C. Islam.　　D. Christianity.

24. Which of the following is not true of Alexander the Great?

A. A pupil of Aristotle.　　B. Son of Philip Ⅱ.

C. Not interested in literature.　　D. Fearless and brave.

25. All of the following are great tragedy dramatists in ancient Greece except ______.

A. Aeschylus　　B. Sophocles　　C. Euripides　　D. Aristophanes

第二部分　应用文写作（40 分）

习近平总书记指出，网络文明是新形势下社会文明的重要内容，是建设网络强国的重要领域，号召网络平台、社会组织、广大网民等发挥积极作用，共同推进文明办网、文明用网、文明上网，以时代新风塑造和净化网络空间，共建网上美好精神家园。**请你以一名公民的身份写一封不少于 400 字的倡议书。文中严禁出现任何与考生真实身份相关的信息。**

第三部分　现代汉语写作（60 分）

习近平总书记号召讲好中国故事，传播好中国声音，展示真实、立体、全面的中国，这是加强我国国际传播能力建设的重要任务。**请你自拟题目，写一篇不少于 800 字的议论文。**

2022 年 重庆邮电大学

第一部分 百科知识（70 分）

一、名词解释（25 题，每题 2 分，共 50 分）

1. 四大名著
2. 《骆驼祥子》
3. 广义相对论
4. 九二共识
5. 马丁·路德·金
6. 圆明园
7. 红船精神
8. 核酸检测
9. 网络爬虫
10. 语料库
11. 基因工程
12. 社死
13. 柏拉图
14. 克隆
15. 温室效应
16. 大禹治水
17. 文房四宝
18. 小品
19. 人工智能
20. 抖音
21. 和平共处五项原则
22. 金字塔
23. 金砖国家
24. 楔形文字
25. 《时间简史》

二、名词填空题（10 题，每题 2 分，共 20 分）

1. 《清明上河图》是北宋时期的一幅绘画，创作时代距今近九百年，今藏于北京故宫博物院，作者是北宋末年一位名叫 ______________ 的宫廷画家。

2. 孔子思想的核心是 ______________。它的实质是爱，是对生命的尊重。在孔子的影响下，中国人有一种强烈的生态意识，认为人与天地万物一体，都属于一个大生命世界，因而人应该从爱人推广到爱天地万物。

3. 能量守恒和转化定律、细胞学说和 ______________ 被认为是“19 世纪三大发现”，是这一时期科学进步的主要标志。这三大发现为辩证唯物主义思想的形成提供了广泛的自然科学基础。

4. 陕西西安发掘的 ______________，被称为“世界第八大奇迹”，是中华民族的大遗产，也从一个侧面展示了中国古老的灿烂文化。

5. 牛顿是经典力学的集大成者，他除了为经典力学提出一套基本概念，如质量、动量和力等外，还发现了运动三定律和 ______________ 定律，使经典力学上升到理论体系的高度。

6. 在通信发展的历史中，从 1875 年 6 月世界第一部电话（贝尔）诞生到近百年后 1973 年 4 月世界第一台手机——______________ 手机面世，再到 2007 年 1 月第一台苹果 iPhone 诞生，无论是通信技术还是移动终端的发展都围绕着人与人之间的通信展开。

7. 5G 系统与之前无线通信系统的最大不同之处就在于应用场景从人与人的通信扩大到人与物和物与物，不仅可以进一步提升无线网络的数据传输速率，也将以 ______________ 为目标打造未来通信新世界。

8. 公元前 8 世纪的盲诗人荷马，把一些口头流传的诗歌整理编纂成《伊利亚特》和 ______________ 两部史诗，即著名的《荷马史诗》。

9. 标准条码是由厂商识别代码、商品项目代码、校验码三部分组成的 ______________ 位数字代码。

10. 莎士比亚的四大喜剧是 ______________《仲夏夜之梦》《皆大欢喜》和《第十二夜》。

第二部分　应用文写作（30分）

假设近期某地出现新冠肺炎确诊病例，疫情防控形势严峻。根据地区疫情防控工作会议精神，×大学需要确保学生的生命安全和身体健康，落实好疫情防控各项措施。**请以×大学校团委的名义，从提高防控意识、加强健康观测、做好个人防护、遵守管理要求、端正防控心态等角度，面向全体学生写一封450字左右的倡议书。**

第三部分　命题作文（50分）

孟子曰："天将降大任于斯人也，必先苦其心志，劳其筋骨，饿其体肤，空乏其身。"苏联作家奥斯特洛夫斯基也曾谈道："人的生命似洪水奔流，不遇着岛屿和暗礁，难以激起美丽的浪花。"**请以"成功与挫折"为题，写一篇不少于800字的议论文。**

2022 年 武汉工程大学

第一部分 百科知识（本大题共 25 小题，每小题 2 分，共 50 分）

1. 庄子

2.《孙子兵法》

3.《左传》

4. 瓷器

5.《诗经》六义

6. 屈原

7. 唐代传奇

8. 竟陵派

9. 文学研究会

10. 徐志摩

11.《荷马史诗》

12. 现实主义翻译方法

13. 信息功能文本

14. 社会主义初级阶段

15. 京剧

16. 知识产权

17.《三字经》

18. 颜真卿

19. 丝绸之路

20. 旗袍

21.《周易》

22. 中国古代四大发明

23. 傅雷

24. 格林兄弟

25. 中国梦

第二部分 应用文写作（本大题共 1 小题，共 40 分）

根据下面的文字说明写一篇 450 字左右的应用文，注意应用文写作的相关要素，如标题、正文和落款等。文中严禁出现任何与考生真实身份有关的信息。

2021 年 11 月 18 日，中国科学院、中国工程院公布 2021 年院士增选情况，现年 46 岁的宋教授成功当选为中国科学院院士，成为本年度最年轻的院士之一。请你以宋教授高中母校（××一中）的名义写一封祝贺信，向其当选表示祝贺。

第三部分 命题作文（本大题共 1 小题，共 60 分）

朱熹《观书有感》云："半亩方塘一鉴开，天光云影共徘徊。问渠那得清如许？为有源头活水来。"全诗以方塘做比喻，形象地表达了一种奇妙难言的读书感受。**请你根据以上材料，并联系实际，写一篇 800 字左右的文章（诗歌除外）。**

2022 年 天津商业大学

第一部分 百科知识（50 分）

一、选择题：请从 ABCD 四个选项中选出一个最佳答案。每小题 2 分，共 30 分

1. ______ 是世界上著名的法国天主教堂，是一座典型的哥特式教堂，是供奉耶稣的母亲玛利亚神像的修道院，位于巴黎塞纳河中的西堤岛上。它始建于 12 世纪，其挺秀、高耸、轻便、灵巧、明亮的独特风格是欧洲建筑史上一个划时代的标志。2019 年 4 月 15 日，这座大教堂突发火灾，屋顶和塔尖被烧毁，但主体建筑得以保存。

A. 圣保罗大教堂　　B. 威斯敏斯特教堂

C. 圣巴希尔大教堂　　D. 巴黎圣母院

2. ______ 是中国第一古刹，位于河南洛阳老城以东 12 公里处，占地面积约为 200 亩。它始建于东汉永平十一年（公元 68 年），是佛教传入中国后兴建的第一座寺院，有中国佛教的“祖庭”和“释源”之称。寺内保存了大量元代干漆造像，如三世佛、二天将、十八罗汉等，弥足珍贵。

A. 白马寺　　B. 寒山寺　　C. 鸡鸣寺　　D. 悬空寺

3. ______ 指宋太祖赵匡胤解除将领兵权的事件。赵匡胤称帝后，鉴于唐末五代藩镇割据战乱不已的教训，决定剥夺高级将领兵权。961 年，赵国胤借由一次酒宴，以威胁利诱的方式，迫使将领们交出兵权。此举加强了中央集权，巩固了北宋的统治。

A. 鸿门宴　　B. 杯酒释兵权　　C. 渑池之会　　D. 群英会

4. ______ 指第二次世界大战期间，英法盟军在德军的包围中从该港口进行的战略撤退。1940 年 5 月，约 40 万英法军队被围困在法比交界处，前有英吉利海峡，后有紧追不舍的德军，情况十分危急。英国紧急动用了几乎全部能使用的舰船，将 33.6 万人撤回英国，为未来的反攻保存了有生力量。

A. 基斯卡岛撤退　　B. 西伯利亚撤退　　C. 敦刻尔克撤退　　D. 地中海撤退

5. ______ 是分析商品供求均衡、价格决定等领域经常运用的一个重要概念，指每一单位新增生产的产品（或者购买的产品）带来的总成本的增量。用公式表示为 MC=（△TC）/（△Q），其中△TC 为总成本变化量，△Q 为产品变化量。

A. 边际效用　　B. 沉没成本　　C. 机会成本　　D. 边际成本

6. “才高八斗”出自《南史・谢灵运传》，南朝诗人谢灵运自恃才高，说：“天下文才共一石，______ 独得八斗，我得一斗，天下共分一斗。”该成语形容才气很高。

A. 曹孟德　　B. 曹子建　　C. 左思　　D. 孔融

7. “精卫填海”的典故出自《山海经》，旧时比喻仇恨极深、立志报复，后比喻意志坚决、不畏艰难。其中“精卫”指的是一种 ______，传说为炎帝的小女儿溺亡于东海后魂魄所化。

A. 小鱼　　B. 灵狐　　C. 小鸟　　D. 蛟龙

8. ______ 是 19 世纪英国著名的诗人、戏剧家和童话作家，也是英国唯美主义文学的代表人物，提出了“为艺术而艺术”的主张。他的作品辞藻华美、立意新颖、观点鲜明，代表作有小说《道林格雷的画像》、剧本《温德米尔夫人的扇子》《无足轻重的女人》《认真的重要性》、童话集《快乐王子和其他故事》。

A. 阿瑟・兰波　　B. 奥斯卡・王尔德　　C. 埃德加・爱伦・坡　　D. 保罗・魏尔伦

9. 结构性失业亦称“隐性失业”，是指由于经济结构、体制、增长方式等的变动，使劳动力在包括技能、经验、工种、知识、年龄、性别、主观意愿、地区等方面的供给结构与需求结构不吻合而导致的失业。结构性失业的特点是 ______ 和失业同时并存。

A. 薪资上升　　B. 薪资下降　　C. 人员流动频繁　　D. 职位空缺

10. ______ 是商务部和上海市人民政府主办的以进口为主题的大型国家级展会。举办此展会是中国政府坚定支持贸易自由化和经济全球化、主动向世界开放市场的重大举措，有利于世界各国加强经贸交流合作。2018 年 11 月 5 日—10 日，第一届展会在上海国家会展中心成功举办，2021 年 11 月 4 日，第四届展会开幕式在上海举行，国家主席习近平通过视频发表主旨演讲。

A. 进博会　　B. 世博会　　C. 园博会　　D. 水博会

11. 刺绣是中国优秀的民族传统工艺之一，刺绣的起源可追溯到商周时代，最早主要用于服饰，后来逐步扩展到枕套、椅垫、台布等日用品，以及挂屏等陈设品。在我国，______、湖南的湘绣、四川的蜀绣、广东的粤秀合称“四大名绣”。

A. 山东的鲁绣　　B. 河南的豫绣　　C. 苏州的苏绣　　D. 杭州的杭绣

12. 钱钟书在《林纾的翻译》一书中，提出 ______ 说。他认为，文学翻译的最高标准是“化”，把作品从一种文字转化成另一种文字，不因语文习惯而露出生硬牵强的痕迹，还能完全保存原有的风味，那就算达到理想的境界。

A. “美的标准”　　B. “化境”　　C. “译味”　　D. “神似”

13. ______ 出自《圣经·创世纪》，是诺亚的后裔未建造完成的一座通天塔。大洪水之后，诺亚的子孙希望建一座通过天堂的高塔。上帝为了阻止他们的计划，混淆了他们的语言，使彼此听不懂对方的话。这个传说旨在说明人类语言纷杂各异的原因。翻译行为即重新修建这座通天塔的行为。

A. 沉默之塔　　B. 巴比伦塔　　C. 巴别塔　　D. 诺亚塔

14. 编年体是我国史书的一种体裁，指体例上没有篇目组织，各种记事和资料均按照年代顺序编入史书的体裁。______ 是我国最早的一部编年体史书，此外《左传》《资治通鉴》等均为编年体史书。

A.《春秋》　　B.《汉书》　　C.《史记》　　D.《三国志》

15. ______ 指宋淳熙二年（1175 年）朱熹与陆九龄、陆九渊兄弟应吕祖谦之约在信州（今江西上饶）铅山探讨哲学问题的一次学术辩论会。与会者还有朱、陆门人若干。双方就为学之道、尊德性与道问学、太极与无极等问题进行了激烈的辩论。此次辩论会是中国古代思想史上第一次著名的哲学辩论会。

A. 临川之会　　B. 鸡鸣之会　　C. 鹅湖之会　　D. 龙场之会

二、选词填空题：请从下列词语中选择一个最佳答案，填入空白处。每小题 2 分，共 20 分

1. 底格里斯河　　尼罗河　　恒河　　象形文字
楔形文字　　字母文字　　太阳历　　太阴历

古埃及文明是（1）______ 下游流域奴隶制时代的古老文明，最早形成于约公元前 5450 年法尤姆地区，终止于公元前 30 年罗马征服托勒密王朝。古埃及人创造了（2）______，对拼音字母文字的形成产生了重要影响。古埃及人绘制星座分布图，制定了（3）______，并在制作木乃伊的过程中初步了解了有关解剖学的知识。两河文明是西亚的（4）______ 和幼发拉底河之间的平原上发展出来的文明。他们发明了（5）______ 和（6）______ 等。古巴比伦王国是两个流域文明发展的一个高峰。

2. 白朴　　马致远　　孔尚任　　《窦娥冤》
《倩女离魂》　　《西厢记》

元曲四大家指的是四位著名的元杂剧作家。其中成就最高的是关汉卿，他利用激动人心的情节、通俗易懂的语言，塑造了众多鲜明的艺术形象，代表作有（7）______《救风尘》《拜月亭》等。（8）______ 最出色的作品是《墙头马上》，此外还有《梧桐雨》《天籁集》等。（9）______ 以散曲的方式创作杂剧，“枯藤老树昏鸦，小

桥流水人家”是他脍炙人口的散曲词，杂剧代表作有《汉宫秋》《青衫泪》等。郑光祖的代表作是（10）______，讲述了女子的魂魄离开躯体追随指腹为婚的王文举赴京赶考的故事。

第二部分　应用文写作（40分）

生活赋予我们一种巨大的和无限高贵的礼品，这就是青春；充满着力量，充满着期待、志愿，充满着求知和斗争的志向，充满着希望、信心的青春。

——奥斯特洛夫斯基《钢铁是怎样炼成的》

根据此则材料，提炼出自己的观点，写一篇演讲稿，要求说理连辟，感情充沛，格式正确，不少于400字。

第三部分　现代汉语写作（60分）

王国维在《人间词话》中，引用宋词论述道：“古今之成大事业、大学问者，罔不经过三种之境界：‘昨夜西风凋碧树。独上高楼，望尽天涯路。’此第一境界也。‘衣带渐宽终不悔，为伊消得人憔悴。’此第二境界也。‘众里寻他千百度，蓦然回首，那人却在，灯火阑珊处。’此第三境界也。”

根据以上材料，提炼出自己的观点，写一篇议论文，要求说理透辟，条理清晰，不少于800字。

MTI

华研外语
TOPWAYENGLISH

汉语写作与百科知识

答案详解

2022

懂方法 更有效
www.huayan-edu.com

科目代码
448

目录 CONTENTS

2022 年 暨南大学 · 答案详解

第一部分 百科知识

一、选择题

1. [A] 世界环境日为每年的 6 月 5 日，它反映了世界各国人民对环境问题的认识和态度，表达了人类对美好环境的向往和追求，也是联合国促进全球环境意识、提高对环境问题的注意并采取行动的主要媒介之一。每年 7 月 5 日为世界羽毛球日。由于国际羽球联合会（现世界羽联）于 1934 年 7 月 5 日成立，为纪念这一重要日子，这一天成为全球羽毛球迷的庆祝日。

2. [B] 秦始皇统一中国后，继承了商鞅变法的成果并实践了韩非子的理论，正式确立了君主专制中央集权的政治制度，这对巩固国家统一、维护封建统治基础有十分重要的作用。西汉建立后，为解决实施郡国并行制导致的王国问题，景帝在削藩的基础上，平定七国之乱，收回王国官吏任免权，武帝颁布了推恩令及其他举措，又接受了董仲舒的建议，实行“罢黜百家，独尊儒术”，从此，封建政治制度的政体基本定型，君主专制中央集权的制度得以巩固。隋朝实行三省六部制，这项新措施被唐朝沿袭并有所发展，从而使中央集权制度得以完善。周朝是中国最后一个世袭奴隶制王朝，其政治制度是宗法制和分封制。

3. [C] 1492 年，哥伦布首次横渡大西洋，到达美洲的古巴、海地等地，发现了美洲大陆。美洲大陆发现后，欧洲殖民者对美洲展开了数百年的殖民掠夺，给美洲人民带来了深重灾难。由此可知，材料中的“他”指的是哥伦布。哥伦布，意大利探险家、航海家，大航海时代的主要人物之一，四次横渡大西洋，发现新大陆。他相信地球是圆的，认为从欧洲西航可达东方的印度。迪亚士，葡萄牙航海家，曾经带领船队航行至非洲大陆最南端并发现好望角，为葡萄牙开辟通往印度的新航线奠定了坚实的基础。达伽马，葡萄牙航海家、探险家。1497 年 7 月 8 日，达伽马受葡萄牙国王派遣，率船从里斯本出发，寻找通向印度的海上航路，于 1498 年 5 月 20 日到达印度西南部卡利卡特。这条航路的通航也是葡萄牙和欧洲其他国家在亚洲从事殖民活动的开端。麦哲伦，葡萄牙探险家、航海家，于 1519 年—1522 年 9 月率领船队完成人类史上第一次环球航行。

4. [A] 让 · 亨利 · 卡西米尔 · 法布尔，法国著名的昆虫学家、文学家、博物学家，被世人称为“昆虫界的荷马”“昆虫界的维吉尔”。代表作有《昆虫记》《自然科学编年史》等。维吉尔，意大利诗人，在欧洲文学发展中占据关键地位。他开创了一种新型的史诗，在他手里，史诗脱离了在宫廷或民间集会上说唱的口头文学传统和集体性。他的作品具有历史感和思想的成熟性，可以说是第一个近代意义上的作家。修昔底德，古希腊历史学家、文学家和雅典十将军之一，以其著《伯罗奔尼撒战争史》而在西方史学史上占有重要地位。列夫 · 尼古拉耶维奇 · 托尔斯泰，19 世纪中期俄国批判现实主义作家、政治思想家、哲学家，代表作有《战争与和平》《安娜 · 卡列尼娜》《复活》等。柏拉图，古希腊哲学家，西方客观唯心主义的创始人，主张理想国学说，代表作有《理想国》。

5. [C] “味同嚼腊”应为“味同嚼蜡”，表面意思是像吃蜡一样，没有一点儿味。形容语言或文章枯燥无味。

6. [D] A 项“和煦”（hé xù）与“酬和”（chóu hè）的“和”字读音不同；B 项“遗骸”（yí hái）与“惊骇”（jīng hài）的“骸”字与“骇”字读音不同，“拜谒”（bài yè）与“竭尽全力”（jié jìn quán lì）的“谒”字与“竭”字读音不同；C 项“狩猎”（shòu liè）与“墨守成规”（mò shǒu chéng guī）的“狩”字与“守”字读音不同。

7. [D] 琳琅满目，形容各种美好的东西很多（多指书籍或工艺品）。D 项用“琳琅满目”来形容比赛内容，不符合语境。

8. [C] A 项“广泛参与、积极响应”语序不当，应为“积极响应、广泛参与”；B 项句子成分残缺，缺少宾语中心语，应在“读书”之后加上“的习惯”；D 项前后不一致，“保护得好”仅包含一个方面，而“损失的大小”包含两个方面。

9. [D] 黄帝的妻子嫘祖被后人推崇为我国养蚕取丝的创始人。黄帝，中国古代部落联盟首领，五帝之首，被尊祀为“人文初祖”。尧帝，又称唐尧，传说中父系氏族社会后期部落联盟领袖，帝喾之子。仓颉，黄帝史官，汉字创始人，以造字传闻后世，被尊为“造字圣人”。

10. [A] A 项“火烧草料场”出自《水浒传》第十回“林教头风雪山神庙 陆虞候火烧草料场”，与鲁智深无关。

11. [B] 澳大利亚，位于南太平洋和印度洋之间，四面环海，是世界上唯一国土覆盖一整个大陆的国家，首都为堪培拉。作为南半球经济最发达的国家和全球第十二大经济体、全球第四大农产品出口国，其也是多种矿产出口量全球第一的国家，因此被称作“坐在矿车上的国家”。同时，澳大利亚也是世界上放养绵羊数量和出口羊毛最多的国家，也被称为“骑在羊背上的国家”。新西兰，位于太平洋西南部，西隔塔斯曼海与澳大利亚相望，首都为惠灵顿。荷兰，位于欧洲西偏北部，与德国、比利时接壤，首都为阿姆斯特丹。荷兰以海堤、风车、郁金香和宽容的社会风气而闻名，被称为“风车之国”，也是全球第一个同性婚姻与安乐死合法化的国家。阿根廷，位于南美洲东南部，首都为布宜诺斯艾利斯。阿根廷与巴西和智利并称为 ABC 国家。

12. [C] 威廉·莎士比亚的四大悲剧是《哈姆雷特》《奥赛罗》《李尔王》《麦克白》。《哈姆雷特》讲述了叔叔克劳狄斯谋害了哈姆雷特的父亲，篡取了王位，并娶了国王的遗孀乔特鲁德，哈姆雷特王子因此为父王向叔叔复仇的故事。《哈姆雷特》是莎士比亚所有戏剧中篇幅最长的一部，也是莎士比亚最负盛名的剧本，具有深刻的悲剧意义。《奥赛罗》的主题包括爱情与嫉妒、轻信与背信、异族通婚等。奥赛罗是威尼斯城邦雇用的一个将军，是黑皮肤摩尔人，与威尼斯一个贵族的女儿结婚。他受阴谋家摆布，杀死了心爱的妻子；当他得知真相后，悔恨之余拔剑自刎，倒在了妻子身边。《李尔王》最富于哲学意义，主要写李尔王从一个有绝对权威的封建君主变为一个人文主义者心目中的“人”的过程；处理了权威与爱的矛盾、权威与社会正义的矛盾、“真诚的”爱与虚伪爱的对比、人性与大自然的善恶问题。《麦克白》在更广泛的意义上探索人性的善转变为恶的过程。主人公麦克白是苏格兰大将，由于野心的驱使，杀死了慈祥的国王；他是个立过功、有所作为的英雄，性格中有善良的一面，由于女巫和夫人的诱惑，他想干一番大事业的雄心变成了野心；一旦野心实现，必然引起一连串新的犯罪，最后导致灭亡。《第十二夜》与《威尼斯商人》《仲夏夜之梦》《皆大欢喜》并称为莎士比亚的四大喜剧，讴歌了人文主义对爱情和友谊的美好理想，表现了生活之美、爱情之美。

13. [C] 屠呦呦，药学家。2015 年 10 月，屠呦呦与威廉·坎贝尔和大村智共同获得诺贝尔生理学或医学奖，理由是她发现了青蒿素，可以有效降低疟疾患者的死亡率。她也是首获科学类诺贝尔奖的中国人。结晶牛胰岛素是牛的胰岛素结晶。牛胰岛素是牛胰脏中胰岛 β-细胞所分泌的一种调节糖代谢的蛋白质激素。从 1958 年开始，王应睐、龚岳亭、邹承鲁等人组成协作组，探索用化学方法合成胰岛素，确立了合成牛胰岛素的程序。王应睐也因此被著名英国学者李约瑟誉为“中国生物化学的奠基人之一”。青霉素，又称盘尼西林，是由青霉菌中提炼出的抗生素。1945 年，英国细菌学家弗莱明、澳大利亚病理学家弗洛里和德国化学家钱恩因“发现青霉素及其临床效用”而共同荣获了诺贝尔生理学或医学奖。

14. [A] 地球上有三大生态系统，即森林、海洋、湿地。湿地生态系统具有较高的生态多样性、物种多样性和生物生产力，覆盖地球表面仅有 6%，却为地球上 20% 的已知物种提供了生存环境，被人们称为“地球之肾”。森林，是集中的乔木与其他植物、动物、微生物和土壤之间相互依存相互制约，并与环境相互影响，从而形成的一个生态系统的总体，被称为“地球之肺”。海洋，是许多动植物的生活之地，被称为“地球之心”，海洋中的绿藻是大气层氧气的主要生产者之一。绿地被称为是“地球之肝”，土壤被称为是“地球之脾”。

15. [B] 古代的一个时辰相当于现在的 2 个小时。时辰是中国传统计时单位。古代人把一昼夜平分为十二段，每段叫作一个时辰。十二个时辰分别以地支为名称，从半夜起算，半夜十一点到一点是子时，中午十一点到一点是午时。

16. [A] 人民代表大会制度是中国人民民主专政的政权组织形式，是中国的根本政治制度。我国的国体是工人阶级领导的、以工农联盟为基础的人民民主专政的社会主义国家。

17. [C] 宏观经济学的中心理论是国民收入决定理论。宏观经济学以国民经济一般过程中的活动为研究对象，主要考察总就业水平、国民总收入等经济总量。因此，宏观经济学也被称为就业理论或收入理论。

18. [B] 2014 年诺贝尔物理学奖被授予日本名古屋大学、名城大学教授赤崎勇，名古屋大学教授天野浩，以及美国加州大学圣芭芭拉分校教授、美籍日裔科学家中村修二，以表彰他们发明了蓝色发光二极管（LED 灯），并因此带来的新型节能光源。赤崎勇和天野浩曾经为名古屋大学的一对师徒。真锅淑郎，美籍日裔物理学家，与德国科学家克劳斯·哈斯曼被共同授予 2021 年诺贝尔物理学奖，以表彰对地球气候的物理建模、量化变化和可靠地预测全球变暖做出的贡献。

19. [D] 川端康成，日本文学界“泰斗级”人物，著名小说家，善于用意识流写法展示人物内心世界，因写《伊豆的舞女》而成名。1968 年，川端康成以《雪国》《古都》《千只鹤》三部代表作获得诺贝尔文学奖，成为亚洲第三位获诺贝尔文学奖的人。夏目漱石，日本近代作家。夏目漱石在日本近代文学史上享有很高的地位，被称为“国民大作家”。他对东西方的文化均有很高造诣，既是英文学者，又精擅俳句、汉诗和书法。代表作有《我是猫》《心》等。村上春树，日本当代作家，代表作有《且听风吟》《挪威的森林》《海边的卡夫卡》等。大江健三郎，日本著名作家，1994 年诺贝尔文学奖获得者，代表作有《广岛札记》《万延元年的足球》《饲育》等。

20. [C] 复印机是美国工程师查斯特·卡尔森发明的。世界上第一台电饭煲是由日本人井深大的东京通信工程公司发明于 1950 年代。卡拉 OK 最早起源于日本，是日本对世界的三大发明（方便面、卡拉 OK、随身听）之一。全自动麻将桌由日本率先发明、生产，它刚开始是由日本少量原装进口到中国的，之后因为中国的市场庞大，20 世纪 90 年代初日本人在中国开厂大批量生产，就这样把麻将机带到了中国。

21. [C] 国民生产总值（简称 GNP），是一个国家（或地区）所有常住单位在一定时期（通常为一年）内收入初次分配的最终结果，是一定时期内本国的生产要素所有者所占有的最终产品和服务的总价值。国民收入，是指物质生产部门劳动者在一定时期所创造的价值，是一国生产要素（包括土地、劳动、资本、企业家才能等）所有者在一定时期内提供生产要素所得的报酬，即工资、利息、租金和利润等的总和。国内生产总值（简称 GDP），是一个国家（或地区）所有常住单位在一定时期内生产活动的最终成果。

22. [B] 罗马斗兽场，又译为罗马角斗场、科洛西姆竞技场，是古罗马帝国专供奴隶主、贵族和自由民观看斗兽或奴隶角斗的地方，建于 72—80 年间，是希腊柱式建筑与罗马拱门建筑技术结合的典范，在工程技术上达到了极高的水平。帕特农神庙，又译为巴特农神庙，位于希腊雅典卫城的最高处石灰岩的山岗上，是卫城最重要的主体建筑，也是供奉雅典娜女神的最大神殿，从公元前 447 年开始兴建，采用多立克柱式，代表了全希腊建筑艺术的最高水平。麦加清真寺是世界著名的清真大寺，位于沙特阿拉伯麦加城中心，是伊斯兰教第一大圣寺，世界各国穆斯林向往的地方和去麦加朝觐礼拜的圣地。据《古兰经》经文启示，在此禁止凶杀、抢劫、械斗，故又称禁寺。巴黎圣母院大教堂，位于法兰西共和国首都巴黎市中心城区，为哥特式基督教教堂建筑，始建于 1163 年。

23. [D] 六艺，指中国周朝贵族教育体系中的六种技能，包括礼、乐、射、御、书、数。中国周朝的贵族教育体系，开始于公元前 1046 年的周王朝，周王官学要求学生掌握六种基本才能。

24. [D] 肖邦，历史上最具影响力和最受欢迎的钢琴作曲家之一，是波兰音乐史上最重要的人物之一，欧洲 19 世纪浪漫主义音乐的代表人物。他的作品以波兰民间歌舞为基础，同时又深受巴赫影响，多以钢琴曲为主，被誉为“浪漫主义钢琴诗人”。代表作有《降 E 大调华丽大圆舞曲》《C 小调革命练习曲》等。贝多芬，维也纳古典乐派代表人物之一，欧洲古典主义时期作曲家，被后世尊称为“乐圣”“交响乐之王”。代表作有《英雄交响曲》《月光奏鸣曲》等。弗朗茨·舒伯特，奥地利作曲家，被称为“歌曲之王”，既是维也纳古典音乐传统的继承者，又是西欧浪漫主义音乐的奠基人。代表作有《b 小调第八交响曲》《冬之旅》等。莫扎特，古典主义时期奥地利作曲家，维也纳古典乐派代表人物之一，代表作有《费加罗的婚礼》《唐璜》等。

25. [C] 马斯洛的需求层次结构是心理学中的激励理论，把人的需要分为五个层级，通常被描绘成金字塔内的等级，从底部向上分别是生理需要、安全需要、社交需要、尊重需要和自我实现需要，其中最高级的是“自我实现需要”。

二、名词解释题

1. **文艺复兴**是指发生在14世纪到17世纪的一场反映新兴资产阶级要求的欧洲思想文化运动，指导思想是人文主义，代表人物有但丁、达·芬奇、莎士比亚。文艺复兴揭开了近代欧洲历史的序幕，被认为是中古时代和近代的分界，是西欧近代三大思想解放运动（文艺复兴、宗教改革与启蒙运动）之一。

2. **结构主义**，发端于19世纪的一种方法论，由瑞士语言学家索绪尔创立，经过维特根斯坦、让·皮亚杰、拉康、克洛德·列维–斯特劳斯等人的发展与批判，已成为当代最常使用来分析语言、文化与社会的研究方法之一。结构主义企图探索文化意义是透过什么样的相互关系（也就是结构）被表达出来。

3. **后现代主义**，源自现代主义但又反叛现代主义，是20世纪60年代以来在西方出现的具有反西方近现代体系哲学倾向的思潮，是对现代化过程中出现的主体性和感觉丰富性、整体性、中心性、同一性等思维方式的批判与解构。代表人物有美国的理查德·罗蒂、法国的雅克·德里达和让·弗朗索瓦·利奥塔等。

4. **柏拉图**，古希腊伟大的哲学家、教育家，也是整个西方文化中最伟大的思想家之一。柏拉图和老师苏格拉底、学生亚里士多德并称为希腊三贤。他是西方客观唯心主义的创始人，主张理想国学说。柏拉图的著作大多是用对话体裁写成的，代表作有《理想国》。

5. **儒家**是孔子所创立、孟子所发展、荀子所集其大成，之后延绵不断，为历代儒客推崇，仍有一定生命力的学术流派。儒家思想基本分为“内圣”与“外王”，即个人修养与政治主张两类。儒家学派主张实行“仁政”“德治”等，重视伦理道德教育。代表作有《大学》《论语》《孟子》《中庸》等。

第二部分 应用文写作

◎写作分析

本文要求写一篇短评。短评一般由标题和正文组成，内容重点在于针对一件事或一种现象，发表自己的观点或者看法，并简要说明自己的理由和证据。根据材料要求，考生要着重阐述“维护正义之勇”与“敬畏自然法则”之间的关系。

勇与畏

社会正义和秩序需要人勇于维护，不仅要发挥司法系统和治安系统的作用，也要倡导公民“见义勇为”。这是因为，人类社会离不开正义和秩序。若失去正义和秩序，社会即将混乱，国家难以繁荣，人民也会生活在不安之中。因此，见义，要勇为。司法和治安的“勇”更是重中之重。

“勇”意味着要采取措施，挫败不义，细究起来，这也是一种对人类社会重要法则的敬畏。正是明白正义和秩序对社会的重要作用，正是敬畏正义和秩序，才会勇于维护；而违法的不义者，说到底就是缺乏对人类社会法则的敬畏。

不义者破坏秩序，践踏正义。然而无论人类正义与否，均无法撼动自然法则，更别提破坏了。这是因为人类只能发现、认识、利用自然法则，而无法更改之。所以，要敬畏自然法则，摆正自身位置，才能以虚心的态度去发现、认识乃至利用自然规律。否则，盲目自大，让自然法则运行出现对人类不利的局面，终将自食恶果。

不难看出，“维护正义之勇”与“敬畏自然法则”均体现了人类对法则的态度和做法，区别在于前者是对待人类社会，后者是对待大自然。人类社会的法则，由人而生，也会遭人破坏，需要人类维护；自然法则，作用于宇宙万物，不由人生，不会遭人破坏，但需要人类心存敬畏。

◎写作分析

本题是多则材料命题作文，准确审题是第一步。首先应“先分后总”，先分别概括两则材料的主要内容，再寻找两则材料的共同话题与中心，从而选择合适的立意角度，确定文章的中心论点。第一则材料告诉我们：一方面，立志要高远，胸襟要开阔；另一方面，基础要扎实，要循序渐进，逐步通达。第二则材料告诉我们：一方面，年轻人应该积极向上，有责任担当，奉献社会；另一方面，年轻人也要像大海那样无畏，不必理会别人的侮辱。另外，题目已给定标题《日月有明，容光必照》，意思是太阳、月亮都有光辉，不放过每条小缝隙。结合两则材料的内容以及标题的含义，本文主题可以确定为：我们应志存高远，循序渐进，成就有为人生，为祖国建设添砖加瓦。其次，虽然题目对写作体裁并无要求，但在写作过程中选择议论性散文的文体更容易贴合材料，也更容易写出“思路开阔，视角独特，语言流畅自然”的文章。

日月有明，容光必照

夫天地者，万物之逆旅也。文人先贤曾在江上之清风中观赏美景，在舞榭歌台上慨叹历史，在南山东篱旁升华超脱，在黑暗寒冷中发光发热，在时代洪流中奉献自我……观山望月、逐步通达的孟子，明白了日月照耀山川大地，一切隙隅皆得容光的道理；于噬人黑暗中仰望星空的鲁迅，感叹着“此后如竟没有炬火，我便是唯一的光”，彷徨呐喊，唤醒国民，启迪民众……无论是孟子、鲁迅，还是历史长河中众多“民族的脊梁”，他们都告诉我们：“涓流虽寡，浸成江河；爝火虽微，卒能燎原。”每个人都是明亮温暖的日月，都是自己生命的主角，不荒废人生而志存高远，实干笃行而勤积跬步，融入热腾腾的时代，便有活泼泼的中国。

日月在天常照耀，了无尘垢污清光。立鲲鹏鸿鹄之志，塑皎皎日月之魂，成就有为人生。古有王守仁年少立志为圣人，十五岁即屡次上疏皇帝，献策平定叛乱，为自己有为的一生奠定基础；昔有钱学森立志报效祖国，五年归国路，十年两弹成；今有潘建伟少年立志探索宇宙造福人类，终得站在世界最前列，与宇宙对话，成功助推“墨子号”圆满成功；还有 1919 年 5 月 4 日，北京高校 3,000 名学生云集天安门，以天下为己任，打出“誓死力争，还我青岛”“外争国权，内惩国贼”等口号，拉开了“五四运动”的序幕……而一百多年后，“五四精神”从来没有被遗忘，它流淌在青年人的血脉里，成就了今日辉煌之中国。可见，立鸿鹄之志，胸怀天下，不驰于空想，不骛于虚声，方能成就有为人生。

于高山之巅，方见大河奔涌；于汪洋之中，更需小流涓涓。君子志道而勤积跬步，实干笃行而奋力争先，成就有为人生。纵观世界，凡是有所成就的人，都是脚踏实地、不断奋斗，从而取得成就。而那些空有理想、理论却不付诸实践的空谈家都湮没在历史的风沙中，被后人淡忘。“水稻之父”袁隆平凭借着丰富的种植经验，以及大胆的想象力和创造力，完成了他对杂交良种的设想。袁隆平和妻子连续四年顶着烈日，大海捞针般地在稻田内寻找符合要求的植株。他承受着身体上的劳累、学术界权威的质疑与反对，还有巨大的舆论压力，取得了举世闻名的成就。无论是科学道路上的挫折失败，还是人为的干扰破坏，所有的磨难都无法动摇袁隆平的梦想，因为他坚信实干笃行、循序渐进才是真正的权威！

人若缺乏壮志，只一味蛮干，何以斗志昂扬？何以明确方向？同样，国若持梦，凝聚有魂，发展有向，复兴可望。人若缺乏了实干笃行的精神，而一味空想，何以化理想为现实？何以夯实基础，踔厉奋发？同样，国若实干，神州穿穹，嫦娥天问，兢兢业业，砥砺万舛。

红日初升，其道大光；河出伏流，一泻汪洋。一个人如视自己为日月，只温暖自己，即便成就再大，也成为不了日月，最多也不过是“精致的利己主义者”。而真正的日月熠熠生辉，照亮康庄大道，也照亮瓦缝墙隅，照亮自己，也温暖他人。愿青年成为朗朗日月，容光必照，有一分热，发一分光，有壮志，能实干，成就自我，为民族复兴铺路架桥，为祖国建设添砖加瓦！

2022 年 扬州大学 · 答案详解

第一部分 百科知识

1. [D] 六经论治伤寒是《伤寒杂病论》的核心理论。《黄帝内经》，分《灵枢》《素问》两部分，是我国最早的中医学专著，传统医学四大经典著作之一。中医学五大核心理论——阴阳五行学说、脏象学说、经络学说、形神学说和天人学说，均肇始于此书。《黄帝内经》奠定了人体生理、病理、诊断以及治疗的认识基础，是中国影响极大的一部医学著作，被称为医之始祖。

2. [C] 六经，是指经过孔子整理而传授的六部先秦古籍，分别是《诗》《书》《礼》《易》《乐》《春秋》。《诗》即《诗经》，是我国历史上第一部诗歌总集。《书》，又称《尚书》，是周王室外史所藏的政治文件。《礼》，又称《周礼》《周官》，是周王室的宗伯管理的典章制度。《周易》是群经之首，是一部渊源邃古、博大精深的哲学著作。《乐》是隶属周王室司乐的音乐作品，已失传。《春秋》之名，是先秦人们对史书的通称。

3. [A] 布雷顿森林体系是指第二次世界大战后以美元为中心的国际货币体系。1944 年 7 月，西方主要国家的代表在联合国国际货币金融会议上确立了该体系，因为此次会议是在美国新罕布什尔州布雷顿森林举行的，所以称之为“布雷顿森林体系”。布雷顿森林体系的建立，促进了战后资本主义世界经济的恢复和发展。关税及贸易总协定是一个政府间缔结的有关关税和贸易规则的多边国际协定，简称关贸总协定。它的宗旨是通过削减关税和其他贸易壁垒，消除国际贸易中的差别待遇，促进国际贸易自由化，以充分利用世界资源，扩大商品的生产与流通。关贸总协定于 1947 年 10 月 30 日在日内瓦签订，并于 1948 年 1 月 1 日开始临时适用。联合国，是在二战后成立的一个由主权国家组成的政府间国际组织。1945 年 10 月 24 日，在美国旧金山签订的《联合国宪章》生效，联合国正式成立。联合国的宗旨是维护国际和平与安全；发展国际间以尊重各国人民平等权利及自决原则为基础的友好关系；进行国际合作，以解决国际间经济、社会、文化和人道主义性质的问题，并促进对于全体人类的人权和基本自由的尊重。北大西洋公约组织，简称北约组织或北约，二战后，美国为了遏制苏联，维护其在欧洲的主导地位，联合西欧一些国家于 1949 年 4 月 4 日正式成立了北大西洋公约组织。其总部位于比利时布鲁塞尔。北约拥有大量核武器和常规部队，是西方的重要军事力量。这是二战后资本主义阵营军事上实现战略同盟的标志，是马歇尔计划在军事领域的延伸和发展，使美国得以控制欧洲联盟的防务体系，是美国世界超级大国领导地位的标志。

4. [C] 焚书坑儒是秦始皇统一六国后为统制思想文化而采取的两项重大措施，在短时间内加强了思想控制，却毁灭了古代许多重要的典籍，造成文化史上难以弥补的损失。在秦始皇统一中原之前，列国向来是没有统一的制度的，各地的马车大小就不一样，因此车道也有宽有窄。秦朝制定车同轨法令，使全国各地的道路在几年之内压成宽度一样的硬地车道，不仅能够减少商品和旅客运输过程的成本，而且有利于帝国军队有能力带着物资快速到全国任何郡县。秦始皇三十三年（公元前 214 年）遣大将蒙恬北逐匈奴，筑长城万余里，以防匈奴南进，史称秦长城。

5. [D] 祖冲之，南北朝时期杰出的数学家、天文学家。一生钻研自然科学，其主要贡献在数学、天文历法和机械制造方面。他在刘徽开创的探索圆周率的精确方法的基础上，首次将圆周率精算到小数第七位，即在 3.1415926 和 3.1415927 之间，他提出的“祖率”对数学的研究有重大贡献。由他撰写的《大明历》是当时最科学最进步的历法，对后世的天文研究提供了正确的方法。

6. [C]《齐民要术》是中国杰出农学家贾思勰所著的一部综合性农学著作，也是中国现存最早的一部完整的农书。全书 10 卷 92 篇，系统地总结了 6 世纪以前黄河中下游地区劳动人民农牧业生产经验等，被誉为“中国古代农业百科全书”。仓颉，黄帝时期造字的左史官，见鸟兽的足迹受启发，分类别异，加以搜集、整理和使用，在汉字创造的过程中起了重要作用，被尊为“造字圣人”。毕昇，北宋发明家，活字印刷术的发明者。毕昇创造发明的胶泥活字、木活字排版，是中国印刷术发展中的一个根本性的改革，是对中国劳动人民长期实践经验的科学总结，对中国和世界各国的文化交流做出伟大贡献。祖冲之，南北朝时期杰出的数学家、天文学家。

7. [A]《水经注》，是6世纪前中国第一部全面、系统的综合性地理著述，对研究中国古代历史和地理具有重要的参考价值。作者是北魏晚期的郦道元。它名义上是注释《水经》，实际上是在《水经》基础上的再创作。此书不仅开创了古代“写实地理学”的历史，而且在世界地理学发展史上也占有重要的地位。《山海经》成书于战国时期至汉代初期，与《易经》《黄帝内经》并称为上古三大奇书。《山海经》包含着关于上古地理、历史、神话、天文、动物、植物等方面的诸多内容，是一部上古社会生活的百科全书。石鼓文是先秦时期的刻石文字，因其刻石外形似鼓而得名。石鼓文发现于唐初，共计十枚，高约三尺，径约二尺，分别刻有大篆四言诗一首，共十首，计七百一十八字。内容最早被认为是记叙秦王出猎的场面，故又称“猎碣”。《徐霞客游记》是明代地理学家徐霞客创作的一部散文游记，主要按日记述作者于1613年至1639年间旅行观察所得，对地理、水文、地质、植物等现象，均做了详细记录。

8. [C] 王羲之，东晋大臣、书法家，有“书圣”之称。兼擅隶、草、楷、行各体，广采众长，摆脱汉魏笔风，自成一家，影响深远。其书法风格平和自然，笔势委婉含蓄，遒美健秀。行书作品有《兰亭序》《快雪时晴帖》，草书作品有《十七帖》，楷书作品有《黄庭经》等。

9. [B] 魏晋时期，谈玄之风兴起，道家思想重新复活。玄学即是研究幽深玄远问题的学说，“玄”这一概念，最早出现于《老子》：“玄之又玄，众妙之门。”魏晋时，人注重《老子》《庄子》和《周易》，称之为“三玄”，而《老子》《庄子》则被视为“玄宗”。

10. [C] 孟子，名轲，字子舆，战国时期政治家、思想家、教育家，是孔子之后、荀子之前的儒家学派的代表人物，与孔子并称“孔孟”。孟子宣扬“仁政”，最早提出“民贵君轻”思想，被韩愈列为先秦儒家继承孔子“道统”的人物，元朝追封为“亚圣”。孟子的言论著作收录于《孟子》一书。

11. [D] 苏轼，字子瞻，号铁冠道人、东坡居士，世称苏东坡、苏仙、坡仙，北宋文学家、书法家、美食家、画家，历史治水名人。苏轼是北宋中期文坛领袖，在诗、词、散文、书、画等方面取得很高成就，为豪放派代表、“唐宋八大家”之一，后世尊称他为“词圣”。代表作有《东坡七集》《东坡易传》《东坡乐府》等。被称为“圣人”的是孔子；被称为“诗圣”的是杜甫。

12. [D]《赵氏孤儿》是元代纪君祥创作的杂剧，与关汉卿的《窦娥冤》、马致远的《汉宫秋》、白朴的《梧桐雨》被列为元杂剧四大悲剧。关汉卿，元杂剧奠基人，与白朴、马致远、郑光祖并称为“元曲四大家”，关汉卿居四大家之首。代表作有《窦娥冤》《救风尘》《拜月亭》《单刀会》等。

13. [A] 陆羽，唐代茶学家，被誉为“茶仙”，尊为“茶圣”，祀为“茶神”，撰《茶经》三卷，对茶的性状、品质、产地、种植、采制、烹饮、器具等皆有论述，是世界上第一部茶叶专著。李时珍，明代著名医药学家，被后世尊为“药圣”。代表作有《本草纲目》。炎帝，是中国上古时期姜姓部落的首领尊称，号神农氏。李龟年，唐朝音乐家，被后人誉为“唐代乐圣”，善歌，还擅吹筚篥，擅奏羯鼓，也长于作曲等。

14. [C] 知识产权（Intellectual Property Rights），指权利人对其所创作的智力劳动成果所享有的专有权利，一般只在有限时间期内有效。主要分类有专利权（patent）、商标权（trade mark）、著作权（copyright）等。

15. [D] 弗朗西斯·福山（Francis Fukuyama），日裔美籍政治学者，曾师从塞缪尔·亨廷顿（Samuel P. Huntington）。《历史的终结及最后之人》（*The End of History and the Last Man*）是弗朗西斯·福山创作的社会科学类著作，于1992年首次出版。该书全面论述了20世纪下半期人类在迅猛的科技发展的条件下，社会意识形态、道德伦理观念，以及文明演进模式等发生的相应变化。《文明的冲突与世界秩序的重建》（*The Clash of Civilization and the Remaking of World*）是美国政治学家塞缪尔·亨廷顿创作的政治类著作，于1996年首次出版。该书认为，冷战后，世界格局的决定因素表现为七大或八大文明。冷战后的世界，冲突的基本根源不再是意识形态，而是文化方面的差异，主宰全球的将是“文明的冲突”。

16. [B] 弗洛伊德，奥地利精神病医师、心理学家、精神分析学派创始人，被世人誉为“精神分析之父”，20世纪最伟大的心理学家之一。1899年，他出版《梦的解析》，被认为是精神分析心理学的正式形成。弗洛伊德后出版《性学三论》，主要研究人类性欲的本质及其发展过程。他开创了潜意识研究的新领域，他提出“潜意识”“自我”“本我”“超我”“俄狄浦斯情结”等概念，促进了动力心理学、人格心理学和变态心理学的发展，奠定了现代医学模式的新基础，为20世纪西方人文学科提供了重要理论支柱。

17. [A]《红字》（*The Scarlet Letter*）是美国浪漫主义作家霍桑创作的长篇小说，讲述了发生在北美殖民时期的恋爱悲剧。它不仅是美国浪漫主义小说的代表作，同时也被称作是美国心理分析小说的开创篇。D. H. 劳伦斯，英国诗人、小说家、散文家。代表作有《儿子和情人》《恋爱中的女人》《查泰莱夫人的情人》等。《儿子和情人》描写矿工沃特·毛瑞尔一家处于工业社会环境中的痛苦与不幸。《恋爱中的女人》完成于第一次世界大战期间，反映了西方世界深刻的危机。《查泰莱夫人的情人》运用康妮的女性心理和历程以及她为追求真爱和美满的婚姻所做的努力，体现了他希望通过康妮与守林人的两性关系来争取女性存在和摆脱现代文明社会对人性的压抑，建立男性与女性、人与社会之间的和谐，达到改造社会的理想。

18. [C]《凡尔赛和约》（*Treaty of Versailles*），全称《协约国和参战各国对德和约》，是第一次世界大战后，战胜国（协约国）对战败国（同盟国）签订的和约，其主要目的是削弱德国的势力，标志着第一次世界大战正式结束。《凡尔赛和约》规定德国在中国山东的全部权益由日本继承，从而引发了中国的五四运动。

19. [B] 第二次世界大战末，出于对盟军官兵生命的保护，尽快迫使日本投降，并以此抑制苏联，美国总统杜鲁门和军方高层人员决定在日本投掷原子弹以加速战争进程。1945年8月6日和9日，美军对日本广岛（Hiroshima）和长崎投掷原子弹，造成大量平民和军人伤亡。8月15日，日本天皇裕仁发布诏书，宣布日本无条件投降。

20. [B] 启蒙运动，是发生在17至18世纪的一场资产阶级和人民大众反封建、反教会的思想文化运动，是继文艺复兴之后又一次伟大的反封建的思想解放运动。18世纪后半期，启蒙运动在法国达到顶峰。启蒙运动以法国为中心，其核心思想是“理性崇拜”，用理性之光驱散愚昧的黑暗。代表人物有孟德斯鸠、伏尔泰、卢梭等。启蒙运动有力地批判了封建专制主义、宗教愚昧及特权主义，宣传了自由、民主和平等的思想，为欧洲资产阶级革命做了思想理论准备和舆论宣传。

21. [A] “人是生而自由的，却处处受到束缚。”（Man was born free, and everywhere he is in chains.）出自卢梭（Jean-Jacques Rousseau）的《社会契约论》。伏尔泰（Voltaire），18世纪法国启蒙思想家、文学家、哲学家，提出“生命在于运动”的格言和体育哲学运动观和生命观等重要命题。孟德斯鸠（Montesquieu），法国启蒙运动时期著名的思想家，西方国家学说和法学理论的奠基人，与伏尔泰、卢梭合称“法兰西启蒙运动三剑侠”。狄德罗（Diderot），法国启蒙思想家、哲学家、戏剧家、作家，百科全书派代表人物。

22. [A] 沃尔夫冈·冯·歌德（Wolfgang von Goethe），德国著名思想家、作家、科学家，魏玛的古典主义的代表人物。歌德的作品充满了狂飙突进运动的反叛精神，在诗歌、戏剧、散文等方面都有较高的成就，代表作有《少年维特之烦恼》（*The Sorrows of Young Werther*）《浮士德》（*Faust*）《威廉·迈斯特的漫游时代》（*Wilhelm Meister's Travels*）等。

23. [A] 道教是唯一发源于中国、由中国人创立的宗教，所以又被称为本土宗教。道教对我国古时代的政治、经济和文化都发生过深刻的影响，是统治阶级的三大精神支柱之一。世界五大宗教包括佛教、犹太教、伊斯兰教、基督教、印度教。犹太教（Judaism）是一神信仰中最古老的。犹太教不主动到外族人中传教。他们“传教”的对象是已经不遵守犹太教规的犹太人。伊斯兰教（Islam）由穆罕默德于公元7世纪初在阿拉伯半岛创立。伊斯兰教教义主要包括信真主安拉，相信安拉是宇宙万物的创造者、恩养者和唯一的主宰，而《古兰经》是安拉的语言，被誉为伊斯兰教的最高经典。基督教（Christianity），对奉耶稣基督为救世主的各教派统称，亦称基督宗教，主要集中分布在欧洲、美洲和大洋洲。《圣经》是教徒信奉的经典。

24. [C] 亚历山大大帝（Alexander the Great），马其顿国王腓力二世（Philip Ⅱ）之子，马其顿王国（亚历山大帝国）国王，世界古代史上杰出的军事家和政治家。亚历山大少年时师从古希腊学者亚里士多德，16 岁时代父统治马其顿。亚历山大在 13 年内征服了约 500 万平方公里的领土，使马其顿成为当时世界上领土面积最大的国家。经由亚历山大在军事上的征服，古希腊文明得到了广泛传播与繁荣发展，东西方文化、经济进行密切的交流，开启了希腊化时代。

25. [D] 古希腊三大悲剧作家分别是古希腊时期的埃斯库罗斯（Aeschylus）、索福克勒斯（Sophocles）和欧里庇得斯（Euripides）。而埃斯库罗斯的《被缚的普罗米修斯》、索福克勒斯的《俄狄浦斯王》和欧里庇得斯的《美狄亚》，则被称为“三大悲剧”。阿里斯托芬（Aristophanes），古希腊早期喜剧代表作家，有“喜剧之父”之称。代表作有《阿卡奈人》《骑士》等。公元前 5 世纪，雅典产生三大喜剧家：克拉提诺斯、欧波利斯、阿里斯托芬。

第二部分 应用文写作

◎写作分析

本文要求写一篇倡议书。倡议书一般由标题、称谓、正文和落款四部分组成。其目的是让广大人民群众知道或了解某事及其意义，从而得到更多人的响应，以期在最大范围内引起共鸣。因此，倡议书的措辞要恰切，情感要真挚，同时要富有鼓动性。

号召广大网民共同建设网络文明社会的倡议书

广大网民们：

为全面响应习近平总书记关于“建设网络强国”的号召，全面落实“共建和谐清新、文明向上”的网络家园，我向广大网民发出如下倡议：

一、文明上网，弘扬正确价值观

网络是人类文明社会的产物，是我们共同的精神家园。正因如此，网络不能成为文明的荒原，而是应该与现实社会一样，用人道的光芒来照耀，用积极向上、向善的精神力量来守护。身为网络公民的我们，要积极弘扬社会主义核心价值观，传播崇尚奋斗、崇尚美德的思想观念，为励志进取点赞，为好人善举点赞，对社会中的假丑恶现象坚决说“不”，让我们的网络空间风清气正，充满正能量。

二、理性上网，自觉抵制不良信息

利用网络，人们可以宣泄对现实世界的不满，也可以对某些事情提出质疑，这是网络的真实性，但这一切必须建立在高尚的道德、文明的言行的基础上。比如，在论坛上看到一些违背社会主义核心价值观的言论或片面极端、别有用心的言论时，我们要拿出作为新时代良好网络公民的正义感和担当精神，倡导正确的思想，驳斥错误的言论，避免让网络成为消减国家发展信心、消解民族凝聚力、妨碍社会平安稳定、影响青年健康成长的负面舆论场。

三、依法上网，严格自律

网络不能成为法外之地，人人在网上知法守法，网络秩序才有规范，网络才能健康发展。我们要为自己的网络行为负责，讲诚信、守底线，不信谣、不传谣，远离网络诈骗、网络暴力，从自身做起，为法制网络、法治国家的建设添砖加瓦。

朋友们，网络安全事关国家安全、社会和谐，让我们从现在做起、从自己做起，坚持文明上网、文明办网，携手共建绿色网络空间，奏响网络文明的和谐之音！

倡议人：×××

××××年××月××日

第三部分　现代汉语写作

◎写作分析

本题要求自拟标题，写一篇议论文。首先，根据题目可知，作文的主题应围绕着“讲好中国故事，传播好中国声音”；其次，考生可以通过谁来讲好中国故事、怎样讲好中国故事等维度展开写作。

讲好中国故事

在遥远而神秘的东方，有这么一个大国——中国，她有着自己独特的故事，有着自己独特的声音。作为中华儿女，我们要讲好中国故事，让这样一个美丽的国家在世界面前永恒绽放。

讲好中国故事，我们应有“盖举世列强，虽新而不古；希腊罗马，有古而无今，惟我国家，亘古亘今”的自信，向世界唱响“中国之声”。

中国故事的历史，远远不是一张纸就能讲完的，它是一部教科书，是一卷荡气回肠的传奇。在这里，吟诵诸子百家，能明了修身行事之要义；鉴赏近代佳作，与天工巨笔相会，能知晓利钝兴衰之道理，明了历代兴亡之规律，领悟万物变化之神奇。这些优秀的文化基础，是我们自信的根源。如今，中国正一步一步走向世界舞台的中央，无数聚光灯般的关注下，是机遇又是挑战。面对一次又一次展现中国魅力的机会，我们要把握住机会，有底气，有信心地站起来，用洪亮的声音讲好中国故事，让世界了解这样一个源远流长的中国。

讲好中国故事，我们应有“愿得此身长报国，何须生入玉门关”的责任，勇于向抹黑中国的行为发出我们的声音。

当霸权主义日渐盛行，国际关系逐渐恶化，即使中国持以最美的姿态拥抱世界，难免遭到恶意的揣测与针对。诸如“中国没有民主、自由”“中国对外扩张”等毫无根据的谣言犹如病毒般在互联网的加持下席卷全球，为真实的中国蒙上一层不属于她的纱布。庆幸的是，中华儿女遍布世界，不变的是那颗只属于华夏的赤子之心，他们有的在网络论坛上面对万千的抹黑中国的话，据理力争、英勇奋战；有的在科研领域用最有分量的成果来回击歧视；还有的走上街头，团结众人的力量，为反对一条条对中国不公的政策而呐喊……面对恶意，我们绝不能就此作罢，助长他人威风，而是应该据理力争，用正当的语言去回击，用实际行动证明自己的观点。

讲好中国故事，我们应有“国之交在于民相亲，民相亲在于心相通”般的胸怀来讲好中国故事，传播好中国声音。

今天的中国已进入与世界深度互动的阶段，价值观念的差异、历史文化的不同、行为意见的分歧乃至隔阂、误解、诋毁，无不考验着一个国家的开放度和国民心态的包容度，检视着一个民族取长补短、择善而从的创造力。讲好中国故事，应立足中国，放眼世界，树立国际化的思维方式，融合中外，贯通东西，精心构建话语体系，用受众乐于接受的方式、易于理解的语言，更好地与世界沟通交流，彰显中华文化强大的影响力和感召力。

中国之大，一眼望不尽；中国之美韵，一曲唱不详。“雄关漫道真如铁，而今迈步从头越。”“怅寥廓，问苍茫大地，谁主沉浮？”而如今，中国的故事，由我们讲述，由我们传承，由我们书写。中国的故事，还很长，需要用一生去讲。

2022 年 重庆邮电大学 · 答案详解

第一部分 百科知识

一、名词解释

1. **四大名著**，即中国古典长篇小说四大名著，是指《水浒传》《三国演义》《西游记》《红楼梦》这四部巨著。四大古典名著是中国文学史中的经典作品，是世界宝贵的文化遗产，其中的故事、场景、人物已经深深地影响了中国人的思想观念、价值取向，可谓中国文学史上的四座伟大丰碑。

2. **《骆驼祥子》**，是人民艺术家老舍所著的长篇小说，描述了 20 世纪 20 年代军阀混战时期人力车夫祥子的悲惨命运。《骆驼祥子》中的背景世界是黑暗的、畸形的、失衡的中国旧社会，人民过着贫苦的生活，祥子只是广大劳苦大众的代表。

3. **广义相对论**，是描述物质间引力相互作用的理论。其基础由阿尔伯特·爱因斯坦于 1915 年完成，1916 年正式发表。这一理论首次把引力场等效成时空的弯曲。广义相对论在天体物理学中有着非常重要的应用：它直接推导出某些大质量恒星会终结为一个黑洞。

4. **九二共识**，指海峡两岸于 1992 年达成的“海峡两岸均坚持一个中国原则”的共识。其核心意涵是大陆和台湾同属一个中国，两岸不是国与国关系，从而明确界定了两岸关系的根本性质。“九二共识”的达成，体现了两岸双方搁置争议、求同存异的政治智慧，确立了两岸商谈的政治基础，为两会开展协商并取得成果提供了必要前提。

5. **马丁·路德·金**，非裔美国牧师、社会活动家、黑人民权运动领袖，1963 年在林肯纪念馆的台阶上发表了“我有一个梦想”的演讲，1964 年被授予诺贝尔和平奖。

6. **圆明园**，中国清代大型皇家园林，位于北京市。圆明园不仅汇集了江南若干名园胜景，还移植了西方园林建筑，集当时古今中外造园艺术之大成，堪称人类文化的宝库之一，是当时世界上最大的一座博物馆。清光绪二十六年（1900 年），八国联军侵占北京，圆明园的建筑和古树名木遭到彻底毁灭。清朝灭亡后，圆明园的遗物又长期遭到官僚、军阀、奸商巧取豪夺。新中国成立后，中国政府对圆明园开始了保护整修工作。

7. **红船精神**是红色革命精神之一，指开天辟地、敢为人先的首创精神，坚定理想、百折不挠的奋斗精神，立党为公、忠诚为民的奉献精神，出自习近平于 2005 年 6 月 21 日在《光明日报》上刊发的文章《弘扬“红船精神” 走在时代前列》。“红船精神”的核心内涵孕育了勇于创新、富于进取精神的中国共产党。

8. **核酸检测**通过查找患者的呼吸道标本、血液或粪便中是否存在外来入侵的病毒的核酸，来确定患者是否被新冠病毒感染。因此，核酸检测呈阳性可以作为新型冠状病毒感染确诊的标准。常规核酸检测采集的样本类型包括咽拭子、鼻拭子等。

9. **网络爬虫**，又称为网页蜘蛛、网络机器人，是一个自动提取网页的程序，它为搜索引擎从万维网上下载网页，是搜索引擎的重要组成部分。按照系统结构和实现技术，网络爬虫大致可以分为通用网络爬虫、聚焦网络爬虫、增量式网络爬虫、深层网络爬虫。实际的网络爬虫系统通常是几种爬虫技术相结合实现的。

10. **语料库**是指经科学取样和加工的大规模电子文本库，其中存放的是在语言的实际使用中真实出现过的语言材料。借助计算机分析工具，研究者可开展相关的语言理论及应用研究。根据研究目的和用途，语料库分为四种类型：异质的、同质的、系统的和专用的。此外，按照语料的语种，语料库也可以分为单语的、双语的和多语的。目前国内最大的语料交换平台是 Tmxmall 语料商城。

11. **基因工程**，又称基因拼接技术、DNA重组技术，是以分子遗传学为理论基础，以分子生物学和微生物学的现代方法为手段，将不同来源的基因按预先设计的蓝图，在体外构建杂种DNA分子，然后导入活细胞，以改变生物原有的遗传特性、获得新品种、生产新产品的遗传技术。基因工程技术为基因的结构和功能的研究提供了有力的手段。

12. **社死**，即社会性死亡，是网络流行语，主要指在大众面前出丑，也泛指在社交圈中做了很丢人的事情，抬不起头，没有办法再去正常地进行社会交往。

13. **柏拉图**，古希腊伟大的哲学家、教育家，也是整个西方文化中最伟大的思想家之一。柏拉图和老师苏格拉底、学生亚里士多德并称为希腊三贤。他是西方客观唯心主义的创始人，主张理想国学说。柏拉图的著作大多是用对话体裁写成的，代表作有《理想国》。

14. **克隆**，指生物体通过体细胞进行的无性繁殖，以及由无性繁殖形成的基因型完全相同的后代个体。通常是利用生物技术由无性生殖产生与原个体有完全相同基因的个体或种群。

15. **温室效应**，又称"花房效应"，是大气保温效应的俗称。大气能使太阳短波辐射到达地面，但地表受热后向外放出的大量长波热辐射线却被大气吸收，这样就使地表与低层大气温度增高。温室效应主要是由于现代化工业社会过多燃烧煤炭、石油和天然气，产生的和大量排放的汽车尾气中含有的二氧化碳气体进入大气造成的。

16. **大禹治水**，是中国古代的神话传说故事。大禹率领民众，与自然灾害中的洪水斗争，置个人利益于不顾，"三过家门而不入"，最终获得了胜利。在治水过程中，大禹依靠艰苦奋斗、因势利导、科学治水、以人为本的理念，形成以公而忘私、民族至上、民为邦本、科学创新等为内涵的大禹治水精神。

17. **文房四宝**，中国独有的书法绘画工具（书画用具），即笔、墨、纸、砚。这些文具的制作历史悠久，品类繁多，历代都有著名的制品和艺人，如安徽泾县的宣纸、歙县的徽墨、浙江吴兴的湖笔、广东高要的端砚，以及与端砚齐名的有甘肃省的洮砚、歙县的歙砚。

18. **小品**，指简短的戏剧表演。它的基本要求是语言清晰、形态自然，能够充分理解和表现出各角色的性格特征和语言特征，最有代表性的是喜剧小品。我国喜剧小品起源于20世纪80年代初，它继承和发展了话剧、二人转、小戏等戏剧形式的优点。代表人物有陈佩斯、朱时茂、宋丹丹、蔡明等。

19. **人工智能**是计算机科学的一个分支，于1956年首次提出，是研究、开发用于模拟、延伸和扩展人的智能的理论、方法、技术及应用系统的一门新的技术科学。该领域的研究包括机器人、语言识别、图像识别、自然语言处理和专家系统等。人工智能目前对自然科学、经济和社会均产生了积极影响，但其长期发展很可能触及伦理底线，需要针对可能产生的冲突及早预防。

20. **抖音**，是由字节跳动孵化的一款音乐创意短视频社交软件。该软件于2016年9月20日上线，是一个面向全年龄的短视频社区平台，用户可以通过这款软件选择歌曲，拍摄音乐作品形成自己的作品。

21. 1953年12月31日，周恩来总理在接见印度政府代表团时，首次完整地提出了**和平共处五项原则**，即互相尊重领土主权（后改为互相尊重主权和领土完整）、互不侵犯、互不干涉内政、平等互惠（后改为平等互利）和和平共处。

22. **金字塔**是古埃及国王的陵寝，在埃及和美洲等地均有分布。因其巨大的陵墓外形形似汉字的"金"字而得名。胡夫金字塔是世界上最大、最高的埃及式金字塔，被喻为"世界古代七大奇迹"之一。

23. **金砖国家**成立于2009年，引用了5位成员国巴西、俄罗斯、印度、中国和南非的英文名称首字母组成缩写词BRICS，且由于该词与英语单词Brick"砖"类似，因此被称为"金砖国家"。金砖国家遵循开放透明、团结互助、深化合作、共谋发展原则和"开放、包容、合作、共赢"的金砖国家精神，致力于构建更紧密、更全面、更牢固的伙伴关系。

24. **楔形文字**，由苏美尔人所创，演变自象形文字。19 世纪以来，楔形文字被陆续译解，从而形成一门研究古史的学科——亚述学。已被发现的楔形文字多写于泥板上，少数写于石头、金属或蜡板上。由于多在泥板上刻画，所以线条笔直形同楔形。

25. **《时间简史》**，是英国物理学家斯蒂芬·威廉·霍金创作的科普著作，首次出版于 1988 年。全书共十二章，讲述了关于宇宙本性的最前沿知识，深入浅出地介绍了遥远星系、黑洞、粒子、反物质等知识，并对宇宙的起源、空间和时间以及相对论等古老命题进行了阐述。该书自首版以来，已成为一本畅销全世界的科学著作。

二、名词填空题

1. [张择端] 张择端，北宋绘画大师，存世作品有《清明上河图》《金明池争标图》等，皆为我国古代的艺术珍品。《清明上河图》，中国十大传世名画之一，属国宝级文物，被誉为“中华第一神品”。该作品生动记录了中国北宋都城东京（又称汴京，今河南开封）的城市面貌和当时社会各阶层人民的生活状况，是北宋时期都城东京当年繁荣的见证，也是北宋城市经济情况的写照。

2. [仁] 孔子思想的核心内容是“仁”，主张“仁者爱人”。孔子把“仁”作为人的最高道德标准和境界，形成了以“仁”为核心的伦理思想构造，包括孝、悌、忠、恕、礼、知、勇、恭、宽、信、敏、惠等内容，对后世产生很大的影响。

3. [生物进化论] 19 世纪自然科学三大发现，即细胞学说、能量守恒定律、生物进化论。细胞学说，指细胞是动植物结构和生命活动的基本单位，是 1838—1839 年间由德国植物学家施莱登和动物学家施旺最早提出。生物进化论，是对物种起源的一种猜测而提出的一种假说。达尔文是进化论的奠基人，在其《物种起源》一书中提出生物进化论。

4. [秦始皇陵兵马俑] 秦始皇陵兵马俑，简称兵马俑、秦兵马俑或秦俑，位于陕西西安是中国古代辉煌文明的一张金字名片，又被誉为世界十大古墓稀世珍宝之一。1987 年，秦始皇陵兵马俑被联合国教科文组织批准列入《世界遗产名录》，被誉为“世界第八大奇迹”。

5. [万有引力] 万有引力定律是牛顿于 1687 年在《自然哲学的数学原理》上所发表的一种自然规律，即任何两个质点都存在通过其连心线方向上的相互吸引的力，该引力大小与它们质量的乘积成正比，与它们距离的平方成反比，与两物体的化学组成和其间介质种类无关。

6. [摩托罗拉 DynaTAC 8000X] 1973 年 4 月 3 日，位于纽约的摩托罗拉实验室诞生了世界上第一部手机，发明者马丁·库帕打通了全球第一个移动电话。这部手机重 2 磅，只能通话 35 分钟，充电需要 10 个小时，但这部手机的诞生意味着无线通信时代的开始。

7. [万物互联] 5G，第五代移动通信技术，是具有高速率、低时延和大连接特点的新一代宽带移动通信技术，5G 通信设施是实现人机物互联的网络基础设施。5G 时代的物联网也在实现真正的“万物互联”。

8. [《奥德赛》] 《荷马史诗》是古希腊诗人荷马所作的两部长篇史诗——《伊利亚特》和《奥德赛》的统称，是他根据民间流传的短歌综合编写而成。《荷马史诗》以六音步扬抑格写成，集古希腊口述文学之大成，是古希腊最伟大的作品，也是西方文学中最伟大的作品。《伊利亚特》的主要内容是叙述希腊人远征特洛伊城的故事。《奥德赛》讲述了奥德修斯在特洛伊战争后回到家乡伊萨卡岛的故事。

9. [13] 常见的零售商品一般采用 13 位代码结构，分别由厂商识别代码、商品项目代码和校验码三部分组成。厂商识别代码由 7~10 位数字组成，中国物品编码中心负责分配和管理，其中前 3 位代码为前缀码，我国的条形码前缀为 690~695，这是国际物品编码协会分配的。商品项目代码由 5~2 位数组成，一般由厂商编制，也可以由中国物品编码中心负责编制。校验码为 1 位数字，用于检验整个编码的正误。

10.［《威尼斯商人》］莎士比亚的四大喜剧包括《威尼斯商人》《仲夏夜之梦》《皆大欢喜》和《第十二夜》。《威尼斯商人》是一部具有讽刺性的喜剧，塑造了夏洛克这一唯利是图、冷酷无情的高利贷者的典型形象。《仲夏夜之梦》是一部富有浪漫色彩的喜剧，讲述了一个有情人终成眷属的爱情故事。《皆大欢喜》描述了被流放的公爵的女儿罗瑟琳到森林寻父和她的爱情故事。剧名《皆大欢喜》表明剧中受迫害的好人全都得到好报，恶人受到感化，有情人双双喜结良缘。《第十二夜》讴歌了人文主义对爱情和友谊的美好理想，表现了生活之美、爱情之美。

第二部分 应用文写作

◎写作分析

本文要求写一封倡议书。倡议书一般由标题、称谓、正文和落款四部分构成。考生要注意写清楚倡议的背景、理由和需要倡议的具体事项，措辞恰当，情感真挚，富有鼓动性。

倡议书

亲爱的同学们：

近日，我市××区通报了×例新冠肺炎确诊病例，疫情的警报再次在我们身边拉响。为了贯彻我市疫情防控工作会议精神，确保我校师生的生命安全和身体健康，落实疫情防控的各项措施要求，我校团委向全体同学发出如下倡议：

一、提高疫情防控意识，做好个人防护。高度重视当前复杂严峻的疫情形势，绷紧做好疫情防控的安全之弦；养成良好生活习惯，常通风、戴口罩、勤洗手、不聚集；加强体育锻炼，保持充足睡眠；加强健康观测，如出现发热、咳嗽等呼吸道不适症状，主动报告校方，及时就医，并按要求定期做核酸检测。

二、遵守管理要求。认真贯彻好疫情防控要求，严格遵守法律法规和校纪校规，积极主动配合学校安排，坚决做到一切命令听指挥，一同筑起校园防疫的钢铁长城。

三、端正防控心态。主动学习了解有关疫情的专业知识，主动关注官方渠道发布的疫情信息，做到不信谣、不传谣、不造谣，不传播虚假信息，避免造成恐慌。

生命重于泰山，防控是命令，遵守是责任。在这个疫情的特殊时期，我们应顾全大局，服从管理，听从指挥，齐心协力，共克时艰，为坚决做好我校疫情防控工作贡献出自己的力量。

×大学校团委

2022年××月××日

第三部分 命题作文

◎写作分析

本题是给定材料的命题作文，要求写一篇议论文。首先，要论述清楚“成功与挫折”的关系。其次，材料的观点是一个人的成功需要经历挫折，写作时可着重谈谈一个人经历了挫折后要有怎样的心态和行为才能走向成功。

成功与挫折

《孟子》有言：“天将降大任于斯人也，必先苦其心志，劳其筋骨，饿其体肤，空乏其身。”挫折在人生路上是不可避免的，挫折给了我们锻炼的机会，给了我们向前的动力，也给了我们成功的机遇。挫折，是我们打开成功之门的钥匙，一个人面对挫折的态度尤为重要。

面对挫折，我们要有不惧挑战、坚持不懈的态度。在人生的漫漫旅途中，那些不惧挫折，始终坚定地向着既定目标前进的奋斗者是可敬的。

电磁学家法拉第早在1821年就开始思索：既然电流能产生磁，那么磁能否产生电流呢？为解决这个问题，他开始了上百次的实验，经过十年的试验、失败、再试验、再失败，迟迟无法找寻到答案。1831年，他终于发现了电磁感应的第一个效应，即以一个电流产生另一个电流。法拉第告诫他的学生：“拼命去争取成功，但不要期望一定会成功；每一次挫折，都可能是向成功迈进了一步。”是啊，我们经常说“失败乃成功之母”，在经历了无数次挫折、失败后仍选择坚持的人终有一日会走向成功，而选择放弃的人或许就此碌碌无为，走向没落。

大家熟悉的美国总统林肯，在他大半生的奋斗进取中，遭遇了九次失败，只有两次成功，而第二次成功就是当选美国第十六届总统。林肯并没有因那些屡次失败与挫折而动摇自信，反倒不怕挫折，迎难而上。在南北矛盾不可调和之际，国家面临分裂的战争时，林肯更是领导美国结束战争，而美国的国运就此转折，走向了世界强国之列。

无论是法拉第还是林肯，心中都有成功的目标，在达到目标的路上有很多挫折，但都无法让他们停下脚步。犹如大江大河不断奔流，或遇险阻，撞起浪花；或须转弯，蜿蜒而行；或遇干涸，待时而动，但终流入大海。人生遇到几处险阻之势，几个转弯之地，几次干涸之时，若有不惧挑战、坚持不懈的态度，就能如江河一样不可阻挡，这些成功路上的挫折看似难以战胜，其实只不过是路上有惊无险的风景而已。

正如苏联作家奥斯特洛夫斯基所说：“人的生命似洪水奔流，不遇着岛屿和暗礁，难以激起美丽的浪花。”我们的人生必然会经历挫折，我们的成功也需要经历挫折，用什么样的心态去面对挫折，是在经历了挫折过后选择放弃，一蹶不振？还是在经历了挫折后无所畏惧，坚持不懈？这决定了我们能否到达成功的彼岸。

2022年 武汉工程大学·答案详解

第一部分 百科知识

1. **庄子**，名周，战国中期思想家、哲学家、文学家，道家学派代表人物，与老子并称“老庄”，最早提出的“内圣外王”思想对儒家影响深远。他洞悉易理，指出“《易》以道阴阳”，其“三籁”思想与《易经》三才之道相合。其作品收录于《庄子》一书，代表作有《逍遥游》《齐物论》《养生主》等。

2. **《孙子兵法》**是中国现存最早的兵书，也是世界上最早的军事著作，被誉为“兵学圣典”。作者是春秋时期吴国将军孙武。《孙子兵法》继承和发展了前人的军事理论，把政治作为决定战争胜败的首要因素，归纳出战争的原理原则，是古代军事思想精华的集中体现。

3. **《左传》**以《春秋》为本，通过记述春秋时期的具体史实来说明《春秋》的纲目，归为儒家重要经典之一，主要记录了周王室的衰微、诸侯争霸的历史，对各类礼仪规范、典章制度、社会风俗、民族关系、道德观念、天文地理、历法时令、古代文献、神话传说、歌谣言语均有记述和评论。

4. **瓷器**是由瓷石、高岭土、石英石、莫来石等烧制而成，外表施有玻璃质釉或彩绘的物器。瓷器的成形要通过在窑内经过高温（约1,280℃～1,400℃）烧制，瓷器表面的釉色会因为温度的不同从而发生各种化学变化。中国是瓷器的故乡，瓷器是中国劳动人民的重要创造，也是展示中华文明的瑰宝。

5. **《诗经》六义**，指“风、雅、颂”三种诗歌形式与“赋、比、兴”三种表现手法。“风”是周代各地的歌谣；“雅”

是周人的正声雅乐，又分为《小雅》和《大雅》；“颂”是周王庭和贵族宗庙祭祀的乐歌，又分为《周颂》《鲁颂》和《商颂》。“赋”，指平铺直叙，铺陈、排比，相当于如今的排比修辞方法。“比”，指类比，对人或物加以形象的比喻，使其特点更鲜明。“兴”，指以其他事物为发端，引起所要歌咏的内容。

6. **屈原**，战国时期楚国诗人、政治家，是中国历史上一位伟大的爱国诗人，中国浪漫主义文学的奠基人，“楚辞”的创立者和代表作家，开辟了“香草美人”的传统，被誉为“楚辞之祖”，代表作有《离骚》《九歌》《九章》《天问》等。

7. **唐代传奇**，指唐代文人创作的文言短篇小说。它的出现标志着中国古代短篇小说趋于成熟。其主要内容为传述奇闻异事。唐代传奇对小说、戏曲、讲唱文学有着较大的影响，传奇体成为宋以后历代文言短篇小说的主要样式。代表人物有元稹、白行简等。代表作品有《莺莺传》《李娃传》等。

8. **竟陵派**，又称钟谭派，是明代后期文学流派，因为主要人物钟惺、谭元春都是竟陵（今湖北天门）人，故被称为竟陵派。竟陵派主张文学应抒写性灵，反对拟古之风。其创作特点包括刻意雕琢字句，求新求奇，语言佶屈，形成艰涩隐晦的风格。

9. **文学研究会**是新文学运动中成立最早、影响和贡献最大的文学社团之一，由周作人、郑振铎、沈雁冰、郭绍虞、朱希祖、瞿世英、蒋百里、孙伏园、耿济之、王统照、叶绍钧、许地山十二人发起，其宗旨是“研究介绍世界文学，整理中国旧文学，创造新文学”。文学研究会作为中国历史上最早的新文学团体，对中国现代文学和白话诗歌的发展起到了重要的作用，在介绍外国进步的现实主义文学方面做出了很大努力。

10. **徐志摩**，现代诗人、散文家，新月派诗人，新月诗社成员。在剑桥大学学习两年，深受西方教育的熏陶及欧美浪漫主义和唯美派诗人的影响，奠定其浪漫主义诗风。代表作有《再别康桥》《翡冷翠的一夜》等。

11. **《荷马史诗》**是古希腊诗人荷马所作的两部长篇史诗《伊利亚特》和《奥德赛》的统称，是他根据民间流传的短歌综合编写而成。《荷马史诗》以六音步扬抑格写成，集古希腊口述文学之大成，是古希腊最伟大的作品，也是西方文学中最伟大的作品。

12. **现实主义翻译方法**作为文学翻译的基本方法，由俄国20世纪文艺学派代表人物卡什金首先提出，后经加切奇拉泽等人完善，成为较为完备的理论架构。现实主义翻译方法主张真实、忠实、创造性地再现原文，即形式和内容要忠于现实，并在保全形式和内容统一的情况下，最小限度地做出改变。

13. **信息功能文本**是德国目的论翻译理论开创者赖斯提出的，她将文本类型分为信息功能文本、表情功能文本和操作性功能文本。信息功能主要是给读者传递真实世界中的事物和现象，语言和风格的选择都要从属于这个功能。在翻译信息功能文本时，译者需注意译文应充分传达原文的指涉功能，且为了目的语读者的理解需要，信息翻译应直白易懂，必要时需要将原文外显化。

14. **社会主义初级阶段**，是中国社会主义社会的一个特定的历史阶段，特指中国逐步摆脱不发达状态，基本实现社会主义现代化的历史阶段，即从1956年社会主义改造基本完成到21世纪中叶社会主义现代化基本实现。社会主义初级阶段的论断包括两层含义：一是我国已经进入社会主义社会；二是我国的社会主义社会正处于并将长期处于初级阶段。

15. **京剧**，我国国粹之一，是我国影响最大的戏曲剧种，与豫剧、越剧、黄梅戏、评剧并称“中国五大戏曲剧种”，由清代中叶的徽调、汉调相继传入北京合流演变而成。腔调以徽调“二簧”和汉调“西皮”为主，兼收昆曲、秦腔等地方戏精华，用胡琴和锣鼓等伴奏，后流行于全国。代表剧目有《智取威虎山》《霸王别姬》等。

16. **知识产权**，是基于创造成果和工商标记依法产生的权利的统称。最主要的三种知识产权是著作权、专利权和商标权，其中专利权与商标权也被统称为工业产权。我国《民法典》规定，民事主体依法享有知识产权。知识产权是权利人依法就下列客体享有的专有的权利：①作品；②发明、实用新型、外观设计；③商标；④地理标志；⑤商业秘密；⑥集成电路布图设计；⑦植物新品种；⑧法律规定的其他客体。

17. **《三字经》**，是中国的传统启蒙教材。《三字经》取材典范，包括中国传统文化的文学、历史、哲学、天文地理、人伦义理、忠孝节义等，而核心思想又包括了“仁、义、诚、敬、孝”。在格式上，三字一句朗朗上口，因其文通俗、顺口、易记等特点，使其与《百家姓》《千字文》并称为中国传统蒙学三大读物。

18. **颜真卿**，唐代著名书法家，创立了“颜体”楷书，与唐代柳公权、欧阳询、元代赵孟頫并称“楷书四大家”，和柳公权并称“颜筋柳骨”。颜真卿的楷书端庄雄伟，用笔浑厚强劲，善用中锋笔法，饶有筋骨，亦有锋芒。代表作有《颜勤礼碑》《颜氏家庙碑》《多宝塔碑》等。

19. **丝绸之路**，简称丝路，一般指陆上丝绸之路，广义上讲又分为陆上丝绸之路和海上丝绸之路。陆上丝绸之路起源于西汉，汉武帝派张骞出使西域开辟的以首都长安（今西安）为起点，经甘肃、新疆，到中亚、西亚，并连接地中海各国的陆上通道。海上丝绸之路形成于秦汉时期，是古代中国与外国交通贸易和文化交往的海上通道。随着时代发展，丝绸之路成为古代中国与西方所有政治经济文化往来通道的统称。

20. **旗袍**，又称祺袍，中国和世界华人女性的传统服装，被誉为中国国粹和女性国服。其典型特征是右衽大襟、立领盘扣、侧摆开叉。旗袍在中华民国 20 世纪 20 年代之后成为最普遍的女子服装，现已成为我国外事场合礼仪服装、国际盛会礼服。

21. **《周易》**即《易经》，先秦时期传统典籍，相传系周文王姬昌所作，是对四百五十卦易卦典型象义的揭示和相应吉凶的判断，内容包括《经》和《传》两个部分。《周易》是中国传统思想文化中自然哲学与人文实践的理论根源，是古代汉民族思想、智慧的结晶，被誉为“大道之源”，对中国几千年来的政治、经济、文化等各个领域都产生了极其深刻的影响。

22. **中国古代四大发明**，指造纸术、指南针、火药、印刷术。四种发明对中国古代的政治、经济、文化的发展产生了巨大的推动作用，经各种途径传至西方，对世界文明发展史产生巨大的影响力。造纸术的发明为人类提供了经济、便利的书写材料，掀起一场人类文字载体革命；雕版印刷术的发明大大促进了文化的传播；指南针的发明为欧洲航海家的航海活动，提供了条件；火药武器的发明和使用改变了作战方式，帮助欧洲资产阶级摧毁了封建堡垒，加速了欧洲的历史进程。

23. **傅雷**，中国翻译家、作家、教育家、美术评论家，中国民主促进会的重要缔造者之一。傅雷追求“神似而非形似”的风格，翻译了大量的法文作品，其中包括巴尔扎克、罗曼·罗兰、伏尔泰等名家著作，后被编成《傅雷译文集》。

24. **格林兄弟**是雅各布·格林和威廉·格林兄弟两人的合称，他们是德国 19 世纪著名的历史学家、语言学家，民间故事和古老传说的搜集者。两人因经历相似，兴趣相近，合作研究语言学、搜集和整理民间童话与传说。他们共同整理了销量仅次于《圣经》的“最畅销的德文作品”——《格林童话》。

25. **中国梦**是中国共产党第十八次全国代表大会召开以来，习近平总书记所提出的重要指导思想和重要执政理念，正式提出于 2012 年。中国梦主要指实现中华民族伟大复兴的梦想，具体表现为国家富强、民族振兴、人民幸福，实现途径是走中国特色的社会主义道路、坚持中国特色社会主义理论体系、弘扬民族精神、凝聚中国力量，实施手段是政治、经济、文化、社会、生态文明五位一体建设。

第二部分 应用文写作

◎写作分析

本文要求写一篇祝贺信。祝贺信一般由标题、称谓、正文和落款四部分组成。首先，要态度明朗地表示祝贺；其次，概括说明对方所取得的成绩，充分肯定和赞扬其成就；最后，表示热烈祝贺和由衷祝福。

贺信

宋教授：

欣闻您在中国科学院、中国工程院 2021 年院士的增选中成功当选，成为本年度中国科学院最年轻的院士之一。在此，母校送上衷心的祝福和诚挚的祝愿，祝愿宋教授在未来的工作和生活中，进一步继承和发扬“博学而笃志，切问而近思”的校训精神，不断增强创新意识，投身创新实践，提高创新能力，蓄势期远，再创佳绩！

“少年辛苦终身事，莫向光阴惰寸功。”宋教授当年在××一中求学的时候，一直秉承自强不息的精神，勤读书、爱学习，多次获得校级优秀“三好学生”的称号，彰显了智慧和担当，是当之无愧的优秀校友。“试玉要烧三日满，辨材须待七年期。”宋教授当选中国科学院院士正是天道酬勤的体现，母校为此深感振奋和自豪。

正如《礼记》所言：“博学之，审问之，慎思之，明辨之，笃行之。”这是学术型专家必要的成长之路，期待宋教授戒骄戒躁，在学术研究的道路上披荆斩棘，再创新辉煌，为个人成长成才再谱新篇，为母校增光添彩，为国家和社会做出更大贡献！

××一中

2021年11月25日

第三部分　命题作文

◎写作分析

本题是一则材料作文。通过材料可知，朱熹的这首诗以方塘做比喻，形象地表达了一种奇妙难言的读书感受，故作文的主题应围绕着读书展开。此外，题目要求写作联系实际，考生可以联系自己，谈谈新一代青年对读书的感受。

守正创新，与时代同频共振

培根曾言：“读诗使人聪慧，读史使人明智。”乌皮特感慨：“书籍就像一盏神灯，它照亮人们最遥远最黯淡的生活道路。”高尔基则对书籍深情地表白道：“我扑在书上，就像饥饿的人扑在面包上。”关于读书，名家大师们不约而同地写出了很多令人受益匪浅的收获。而宋代大家朱熹对读书的比喻，更显新奇和妙不可言——“半亩方塘一鉴开，天光云影共徘徊。”

像镜子一样清澈的半亩方塘，给予诗人许多遐想。这是一个能够倒映“天光云影”的半亩方塘，足见湖水的清澈。朱熹做了一个生动的比喻，把优良的书籍比作明净的湖水，唯有读一些字字珠玑的书籍，才能陶冶情操，才能修身养性，才能真正做到治国齐家平天下。反之，如果阅读一些污秽的书籍，人们不但无法从中汲取养分，甚至三观的塑造也会受到影响。“鉴”，就是“镜”，“半亩方塘”像一面镜子那样打开了，恰如优良的书籍开卷有益，妙笔生花的作者用文字为读者勾勒出了一片浩瀚的天地，在这片天地里，鹰击长空，鱼翔浅底，万类霜天竞自由。

普希金曾言：“人的影响短暂而微弱，书的影响则广泛而深远。”书籍是人类永远的精神食粮，千百年来博大精深，启迪智慧促人进步。如何永葆精神世界的纯粹崇高？朱熹给了我们一个很有启发意义的答案——“问渠那得清如许，为有源头活水来。”为何半亩方塘能永葆清澈明净？正是因为有活水源源不断地注入，所以它永不枯竭，永不陈腐，永不污浊，永远保持“深”且“清”。读书也一样，一代有一代之文化，一代有一代之经典。因循守旧是无法与时代同频共振的，唯有不停地汲取新的知识、新的养分，才能吐故纳新、与时俱进。

书籍具有不朽的能力，它是人类活动的最长久的果实。爱迪生曾深切地赞美书籍：“书籍是天才留给人类的遗产，世代相传，更是给予那些尚未出世的人的礼物。”时代的责任赋予青年，时代的光荣属于青年，青年一代，在无尽的书海尽情遨游吧，书籍给予的源头活水，一定可以让青年一代守正创新，与时代同频共振！

2022 年 天津商业大学 · 答案详解

第一部分 百科知识

一、选择题

1. [D] 巴黎圣母院位于法国巴黎市中心塞纳河畔的西堤岛上，是天主教巴黎总教区的主教座堂。巴黎圣母院有着无与伦比的地位和历史价值，是历史上最辉煌的建筑之一。巴黎圣母院最开始建造于 1163 年，在 1345 年建造完成，耗时将近两个世纪，是法国哥特式建筑的旷世杰作。圣保罗大教堂，是世界著名的宗教圣地、世界第五大教堂、英国第二大教堂，是伦敦的宗教中心，建筑为华丽的巴洛克风格，是世界第二大圆顶教堂，17 世纪末建成。威斯敏斯特教堂（别名西敏寺），坐落在伦敦泰晤士河北岸，英国地位最高的教堂。除了王室成员，英国许多领域的伟大人物也埋葬在此。圣巴西尔大教堂是一座东正教教堂，坐落在莫斯科红场，是俄罗斯传统建筑的象征，由俄罗斯历史上第一位沙皇伊万四世于 1555 年到 1561 年间兴建。

2. [A] 白马寺，位于河南洛阳，中国第一古刹、世界佛教圣地，始建于东汉永平十一年（公元 68 年），是佛教传入中国后兴建的第一座官办寺院，也是中国、越南、朝鲜、日本及欧美国家的“释源”（释教发源地）和“祖庭”（祖师之庭）。寒山寺，位于江苏苏州，属于禅宗中的临济宗，由寒山、希迁两位高僧于唐代贞观年间创建。鸡鸣寺，位于江苏南京，是南京最古老的梵刹和皇家寺庙之一，香火一直旺盛不衰，自古有“南朝第一寺”“南朝四百八十寺之首”的美誉，南朝时期与栖霞寺、定山寺齐名，是南朝时期中国的佛教中心。悬空寺，位于山西大同，是佛、道、儒三教合一的独特寺庙。“悬空寺”建筑极具特色，以如临深渊的险峻而著称，素有“悬空寺，半天高，三根马尾空中吊”的俚语。

3. [B] 杯酒释兵权是指宋太祖赵匡胤通过酒宴威逼利诱高阶军官交出兵权的一次政治事件。杯酒释兵权是宋太祖为加强中央集权、巩固统治所采取的一系列政治军事改革措施的开始，使用和平手段，不伤君臣和气就解除了大臣的军权，成功地防止了军队的政变，是历史上有名的安内方略。鸿门宴出自《史记 · 项羽本纪》，指秦朝灭亡后（公元前 206 年）两支抗秦军队的领袖项羽和刘邦在秦朝都城咸阳郊外的鸿门举行的一次宴会。渑池之会出自《史记 · 廉颇蔺相如列传》，指战国时赵国蔺相如在渑池会上不畏秦王，为赵国立下功勋的一次事件。群英会出自《三国演义》，赤壁之战的前夕，在东吴文官武将的一次宴会上，周瑜说：“今日此会可名群英会。”现在借指英雄人物或先进人物的集会。

4. [C] 敦刻尔克撤退，是第二次世界大战初期，1940 年英法联军历史最大规模的军事撤退行动，拯救了 30 多万人。此次撤离标志着英国势力撤出欧洲大陆，西欧的主要地区被纳粹德国占领。基斯卡岛战役是 1943 年美国和日本的一次战役，因战斗于基斯卡岛而得名，此战也是第二次世界大战太平洋战场的阿留申群岛战役中的一个重要组成部分，最终以日本成功组织了号称“奇迹作战”的撤离行动，美军登陆占领基斯卡岛而告终。

5. [D] 边际成本，指每一单位新增生产的产品（或者购买的产品）带来的总成本的增量。这个概念表明每一单位的产品的成本与总产品量有关。在微观经济学中，边际效用又译为边际效应，是指每新增（或减少）一个单位的商品或服务，它对商品或服务的收益增加（或减少）的效用。经济学通常认为，随着商品或服务的量增加，边际效用将会逐步减少，称为边际效应递减定律。沉没成本，指以往发生的，但与当前决策无关的费用。在经济学和商业决策制定过程中会用到“沉没成本”的概念，代指已经付出且不可收回的成本。机会成本，是指企业为从事某项经营活动而放弃另一项经营活动的机会，或利用一定资源获得某种收入时所放弃的另一种收入。

6. [B] “才高八斗”的原义是形容曹子建文才出众。曹植，字子建，三国时期著名文学家，建安文学的代表人物之一与集大成者，代表作有《洛神赋》《七步诗》等。曹操，字孟德，中国古代杰出的政治家、军事家、文学家、书法家、诗人。曹操善诗文，知兵法，开建安文风。代表作有《曹操集》。左思，西晋著名文学家。其《三都赋》颇被当时称颂，造成“洛阳纸贵”。孔融，东汉末年官员、名士、文学家，孔子的二十世孙。孔融能诗善文，为“建安七子”之一。代表作有《孔北海集》。

7. [C] 精卫填海，中国上古神话传说之一。相传精卫本是炎帝神农氏的小女儿，到东海游玩，溺于水中，死后化作神鸟，每天从山上衔来石头和草木，投入东海，然后发出“精卫、精卫”的悲鸣。

8. [B] 奥斯卡·王尔德，19 世纪英国最伟大的作家与艺术家之一，以其剧作、诗歌、童话和小说闻名，唯美主义代表人物，19 世纪 80 年代美学运动的主力和 90 年代颓废派运动的先驱。代表作有《道林·格雷的画像》《温德米尔夫人的扇子》等。让·尼古拉·阿蒂尔·兰波，又译阿瑟·兰波，19 世纪法国著名诗人，早期象征主义诗歌的代表人物，超现实主义诗歌的鼻祖。代表作有《醉舟》《地狱一季》等。埃德加·爱伦·坡，19 世纪美国诗人、小说家和文学评论家，美国浪漫主义思潮时期的重要成员，代表作有小说《黑猫》《厄舍府的倒塌》、诗《乌鸦》《安娜贝尔·丽》等。保罗·魏尔伦，法国诗人，象征主义派别的早期领导人。魏尔伦的诗歌以优雅、精美且富有音乐性而著称。代表作有《农神体诗》《美好之歌》等。

9. [D] 经济产业的每次变动都要求劳动力供应能迅速适应变动，但劳动力市场的结构特征却与社会对劳动力需求不吻合，由此而导致的失业被称为“结构性失业”。满足不了需求结构变化的那部分劳动者成了失业人员，得不到满足的工作岗位则成了空位，这就构成了结构性失业的重要特征：失业和空位并存。

10. [A] 进博会，全称是中国国际进口博览会，于 2018 年首次在上海举办，是世界上第一个以进口为主题的大型国家级展会。进博会的主题口号是“新时代，共享未来”。举办进博会是中国着眼推进新一轮高水平对外开放作出的一项重大决策，是中国主动向世界开放市场的重大举措。世博会，全称是世界博览会，是一项由主办国政府组织或政府委托有关部门举办的有较大影响和悠久历史的国际性博览活动，参展者向世界各国展示当代的文化、科技和产业上正面影响各种生活范畴的成果。园博会，全称是中国国际园林博览会，创办于 1997 年，是由国家住房和城乡建设部和地方政府共同举办的园林绿化界高层次的盛会，是我国园林绿化行业层次最高、规模最大的国际性盛会。中国水博览会是经中国商务部批准，并得到国家众多相关部委、司局处支持的专业涉水展会。作为综合型行业盛会，展会充分迎合了水行业的实际需求，通过国内外参展商带来最新的产品和技术，为全球迫切需要支持的涉水建设领域提供最佳解决方案。

11. [C] 四大名绣，指的是中国刺绣中的苏州苏绣、湖南湘绣、四川蜀绣、广东粤绣。苏绣自古便以精细素雅著称于世，构图简练，主题突出，技巧精湛。湘绣以中国画为神，充分发挥针法的表现力，达到构图严谨、形象逼真、形神兼备的艺术境界。蜀绣针法多达 100 多种，充分发挥了手绣的特长。粤绣题材广泛，在针法上具有“针步均匀、纹理分明、处处见针、针针整齐”的特点。鲁绣是山东地区的代表性刺绣，博采“苏、粤、蜀、湘”四大名绣之长，而又独具一格，作品擅长表现中国书画的笔墨效果，绣品清隽淡雅、质感逼真、风格粗犷中见精微。杭绣，中国优秀的民族传统工艺之一，至南宋为极盛时期。杭绣讲究针法，品种很多，尤以盘金绣、包金绣、银线绣、彩丝绣等著称于世。在装饰上运用夸张和变形，也是杭绣一大特色。

12. [B] 钱钟书在《林纾的翻译》一书中，提出“化境”说。他认为，文学翻译的最高标准是“化”，即把作品从一国文字转变成另一国文字时，既能不因语文习惯的差异而露出生硬牵强的痕迹，又能完全保存原有的风味。他的“化境”翻译思想融合中西文化之精髓，对中西方文学中的互解、互译有着重要的价值与借鉴意义。“美的标准”是林语堂提出的，即“翻译于用之外，还有美一方面须兼顾的，理想的翻译家应将其工作当作一种艺术”。金岳霖在其哲学代表作《知识论》中，设专题讨论了语言和翻译问题，从哲学家的视角开创性地提出了“译意”和“译味”的划分。傅雷在 1951 年出版的《〈高老头〉重译本序》中开篇明义，提出了鲜明的观点：“以效果而论，翻译应当像临画一样，所求的不在形似而在神似。”

13. [C] 巴别塔是《圣经·旧约·创世记》第 11 章故事中人们建造的塔。根据篇章记载，当时人类联合起来兴建希望能通往天堂的高塔; 为了阻止人类的计划,上帝让人类说不同的语言,使人类相互之间不能沟通,计划因此失败，人类自此各散东西。此事件为世上出现不同语言和种族提供了解释。

14. [A]《春秋》，中国古代儒家典籍“六经”之一，是我国第一部编年体史书，也是周朝时期鲁国的国史，被后人称为“春秋笔法”“微言大义”。《汉书》，又称《前汉书》，是中国第一部纪传体断代史，由东汉史学家班固编撰，记述了汉高祖元年至新朝王莽地皇四年共 230 年的史事。《史记》，西汉史学家司马迁撰写的纪传体史书，是中国历史上第一部纪传体通史，撰写了黄帝时代至汉武帝太初四年间共 3,000 多年的历史。《三国志》，由西晋史学家陈寿所著，记载中国三国时期的曹魏、蜀汉、东吴纪传体断代史。

15. [C] 南宋淳熙二年（1175 年）六月，吕祖谦为了调和朱熹“理学”和陆九渊“心学”之间的理论分歧，使两人的哲学观点“会归于一”，于是出面邀请陆九龄、陆九渊兄弟前来与朱熹见面。六月初，陆氏兄弟应约来到鹅湖寺，双方就各自的哲学观点展开了激烈的辩论，这就是中国思想史上著名的“鹅湖之会”。

二、选词填空题

（1）尼罗河	（2）象形文字	（3）太阴历	（4）底格里斯河	（5）楔形文字
（6）太阳历	（7）《窦娥冤》	（8）白朴	（9）马致远	（10）《倩女离魂》

第二部分　应用文写作

◎写作分析

本文要求写演讲稿。首先，写作必须符合演讲稿的格式，要有称呼、结束语，注意演讲稿的文体特征；其次，观点应鲜明，语言还要具备煽动性；此外，题目内容和青春相关，而考生们大多正值青春，因而最好能结合自身的做法来写。

青春朝气，我们书写未来

亲爱的同学们：

大家好！奥斯特洛夫斯基曾在《钢铁是怎样炼成的》一书中告诉我们青春的定义，很荣幸能在这里与大家分享我的看法。今天，我要演讲的题目是《青春朝气，我们书写未来》。

提起青春，我们便会想到蓬勃的朝气。陈独秀同志曾说：“青春如初春，如朝日，如百卉之萌动，如利刃之新发于硎，人生最宝贵之时期也。青年之于社会，犹新鲜活泼细胞之在身。”青春是生活赐予我们的礼物，正值青春的我们，有着一生中最旺盛的精力，如若浪费，岂不可惜？

青春这个词充满着期待和奋斗，大有可为的青春，亦是奋斗的最佳时期。西汉名将霍去病 19 岁时便两次指挥河西之战，歼灭和招降匈奴近十万人；航天工程师高健 28 岁便成为神舟 13 号载人飞船任务的总调度。他们用奋斗写青春，铸就了属于自己的篇章。

青春是有限的，区区数载，我们如何让它的价值最大化？“少年易老学难成，一寸光阴不可轻”只告诉我们抓紧时间专心学习，却没有告诉我们学习后应该怎么做。我们经过十数载的用功学习，凭借自己的努力考上了好大学，但大家是否曾迷惘过，不知应将自己的知识用在何处？我的答案是精忠报国。乌鸦有尚有反哺之情，国家哺育我们，我们更应该用青春报效祖国。中华民族正逢百年未有之大变局，将青春奉献于祖国，将热血挥洒于山河，便是我们青年的使命。

我的演讲到此结束，谢谢大家！

第三部分 现代汉语写作

◎写作分析

王国维所说的三层境界是逐层递进的。第一层强调的是成大事业、大学问需要树立目标；第二层强调的则是成大事业、大学问需要持之以恒的行动；第三层则是强调在树立目标并为之奋斗后迎来成功的结果，而这份成功或许在我们豁然开悟之后才会发现。写作时要注意这三层境界之间的有机联系。

人生三境

国学大师王国维在《人间词话》中说道："古今之成大事业、大学问者，罔不经过三种之境界：'昨夜西风凋碧树。独上高楼，望尽天涯路。'此第一境界也。'衣带渐宽终不悔，为伊消得人憔悴。'此第二境界也。'众里寻他千百度，蓦然回首，那人却在，灯火阑珊处。'此第三境界也。"欲成大事、做学问者必须经过这三种境界。虽然这里说的是"成大事，做学问"的人，但于我们而言，人生也会有此三种境界，而经过这三种境界，必定要树立志向，焚膏继晷，知行合一。

成大事、做学问，首先应耐住寂寞，树立志向。"昨夜西风凋碧树，独上高楼，望断天涯路"中的"独"字扣人心弦，只有不畏孤独寂寞、愿上高楼者，才能探索有成。探索的，正是自己要确立的志向。无论周围热闹非凡还是萧条沉寂，都应探索自己的志向，立蹈历之志，拒绝外界诱惑。当志向明确，立高楼之上，虽西风萧瑟枯叶零落，却能在孑然一身之时"望断天涯路"。实现志向的路浮现在眼前，才算到达了人生的第一境界。

有目标远远不够，还应付诸行动，努力奋斗，这也正是"衣带渐宽终不悔，为伊消得人憔悴"的意义。扎根大漠，坚守敦煌，一腔爱，一洞画，从青春到白发，为了守护敦煌文明，樊锦诗无怨无悔奉献半生；炎炎烈日，风吹日晒，也从未让吴明珠院士的热情退散，为了让老百姓吃上皮薄肉甜的西瓜，她在瓜田里播种翻耕、任劳任怨。《孟子》有云："天将降大任于是人也，必先苦其心志，劳其筋骨，饿其体肤，空乏其身，行拂乱其所为，所以动心忍性，曾益其所不能。"在人生的路上，承起生命之重，不惧考验，为了志向而奋斗，让生命熠熠生辉，虽憔悴，也不悔，终能达到人生的第二境界。

在奋斗的过程中，我们常常心无旁骛、付诸努力，却总觉得结果不尽如人意。针对这个问题，"众里寻他千百度，蓦然回首，那人却在，灯火阑珊处"告诉了我们答案。"独上高楼"是对人生志向的探索，"衣带渐宽"是追求目标过程中的奋斗。为了理想不断奋斗，经年累月，已经到了"衣带渐宽"的地步，这其中有失败的痛苦，也有成功的喜悦，但有一天或许会突然醒悟，最终发现自己苦苦追寻的成功原来就在眼前的灯火阑珊处。或许这个成功与当初"独上高楼"立志时所想的有出入，抑或是与"衣带渐宽"努力奋斗时所想的有差异，但正是经历了高楼望路的孤独与求索、为伊憔悴的艰苦与拼搏，经历了知与行，才使得自己对人生豁然领悟，于灯火阑珊处明白自己的真正所求。我想，努力奋斗，去实现立下的志向，在实现的过程做到知行合一，回望一路走来的风景，或许就能达到人生的第三境界。

迷茫时，要有"大鹏一日同风起，扶摇直上九万里"的志向；奋斗时，应有"不经一番寒彻骨，怎得梅花扑鼻香"的执着。或许我们终究会在高楼望路、为伊憔悴之后，回首人生的某个时刻，才发现灯火阑珊处的那人。